HEYNE FILMBIBLIOTHEK

# FILM-JAHRBUCH 1997

Herausgegeben von Lothar Just

Originalausgabe

WILHELM HEYNE VERLAG
MÜNCHEN

HEYNE FILMBIBLIOTHEK
Nr. 32/252

Herausgeber: Bernhard Matt

BILDNACHWEIS:

ARD, Buena Vista, CIC Video, Columbia TriStar, Concorde, Edition Salzgeber, Filmcooperative, Filmwelt, Filmfest München, Int. Forum des Jungen Films, Jugendfilm, Kinowelt, MFA, Constantin, NIL, Pandora, Prokino, SAT.1, Senator, Scotia, Tobis, Twentieth Century Fox, UIP, VCL Video, VMP Video, Viennale, Warner-Bros., Warner Home Video, ZDF


Umschlagfoto-Vorderseite: Clive Coote (© 1995 by Columbia TriStar)
Rückseitenfoto: © 1995 by Danjaq, Inc. United Artist Coporation
(Pierce Brosnan in GOLDEN EYE)
Printed in Germany 1997
Umschlaggestaltung: Atelier Ingrid Schütz, München
Herstellung: H+G Lidl, München
Satz: Satz & Repro Grieb, München
Druck und Verarbeitung: Ebner Ulm

ISBN 3-453-11862-6

# Inhalt

## Das Filmjahrbuch 1997

Herausgeber: Lothar Just.
Redaktion: Wolf Jahnke (Festivals, Preise und Auszeichnungen, In Memoriam), W. O. P. Kistner (Video), Rolf Selas (Filmliteratur).
Mitarbeit: Brita Geisler, Ursula Hecker, Angelika Schaffer.
Herstellung: Computergestützte Datenverarbeitung in Zusammenarbeit mit Filmdata. Das Filmjahrbuch wird ständig aktualisiert im INTERNET http://www.movieline.de

## Kritiken

Die abgedruckten Kritiken und Texte stammen hauptsächlich aus den Zeitungen und Zeitschriften: Abendzeitung, München; multimedia, Wien; tip, Berlin; Zoom, Zürich; Zitty, Berlin.
Wir danken den Redaktionen und Autoren, die uns erlaubten, ihre Kritiken und Texte abzudrucken: Lars-Olaf Beier, Angie Dullinger, Frauke Hanck, Margret Köhler, Ponkie, Frank Schnelle, Christoph Terhechte, Ralph Umard und all denen, die namentlich unter den Kritiken stehen.

## Die Filme des Jahres 1996

Wir bedanken uns bei allen, die neben Redaktion und Mitarbeitern an der Urteilsfindung mitwirkten, u. a. bei Klaus Eder, Bodo Fründt, Wilfried Geldner, Beat Gluer, Stefan Grissemann, Ulrich Greiwe, Norbert Grob, Frauke Hanck, Reinhard Hauff, Jan-Christopher Horak, Margret Köhler, Wolfgang Längsfeld, Ponkie, Hans Helmut Prinzler, Günther Rohrbach, Hans Schifferle, Angela Schmitt-Gläser, Frank Schnelle, Hans-Dieter Seidel, Peter Steinhardt, Joseph Vilsmaier, Attila Wiebe und Meinolf Zurhorst.
Mehrfach genannt wurden auch die Filme: Crash, Das Glück liegt in der Wiese, Leaving Las Vegas, Lügen und Geheimnisse, Nelly & Monsieur Arnoud, Ridicule, ... und jeder sucht sein Kätzchen, Unter der Milchstraße, Vorsicht: Zerbrechlich, Wolken ziehen vorüber.

## Danksagung

Die umfangreiche Arbeit an diesem Jahrbuch wäre nicht zu leisten gewesen ohne vielseitige Hilfe. Deshalb einen herzlichen Dank an alle, die uns dabei unterstützten: Silvia Andresen, Sabine Bachmann, Elisabeth Berg, Unifrance, Wolfgang Crass, Christel Drawer, Klaus Eder, Thomas Engel, Redaktion und Verlag Filmecho/Filmwoche, Deutsches Institut für Filmkunde, Robert Fischer, Bodo Fründt, Freiwillige Selbstkontrolle der Filmwirtschaft (FSK), Filmbewertungsstelle Wiesbaden (FBW), Gerd Glogger, Leonhard Gmür, Werner Gondolf, Birgit Hermes, Kerstin Hinze, Jakobine Just, Jochen Kahn, Hans Kohl, Virgilio Lafrate, Marlies Messinger, Michael Mues, Hans-Joachim Neumann, Carsten Pfaff, Uta Schitthelm, Rolf Thissen, Rudy Tijo, Attila Wiebe, Werkstatt-Kino.
Ein weiterer Dank an alle Mitarbeiter in den Presseabteilungen der Verleih- und Videofirmen sowie in den Fernsehanstalten und allen, die mit Informationen und Material zum Gelingen dieses Jahrbuches beitrugen.

## DIE FILME DES JAHRES 1996

ANTONIAS WELT
Marleen Gorris
*
DAS BEGRÄBNIS
Abel Ferrara
*
BREAKING THE WAVES
Lars von Trier
*
BROKEN SILENCE
Wolfgang Panzer
*
CASINO
Martin Scorsese
*
DEAD MAN WALKING
Tim Robbins
*
FARGO
Joel Caen
*
HEAT
Michael Mann
*
HIPPOLYTES FEST
Laurent Bénégui
*
JENSEITS DER STILLE
Caroline Link
*
NIXON
Oliver Stone
*
SINN UND SINNLICHKEIT
Ang Lee
*
A TICKLE IN THE HEART
Stefan Schwietert
*
TRAINSPOTTING
Danny Boyle
*
DIE ÜBLICHEN VERDÄCHTIGEN
Brian Singer

## Erläuterungen

Die Sternchenbewertung dient zur schnellen Einschätzung des Films. Dabei ist es durchaus möglich, daß die Bewertung im Gegensatz zur Meinung des Autors oder auch der FBW steht. Sie gibt Vorlieben der Mitarbeiter wieder, bemüht sich aber um eine objektive Beurteilung. Der Film wird beurteilt im Vergleich zu anderen Filmen seines Genres. Die Sternchen besagen:

| | |
|---|---|
| * = Schrott, vergessen, ärgerlich | **** = Sehenswert, sollte man sehen |
| ** = Zwiespältig, uninteressant | ***** = Spitzenklasse, muß man sehen |
| *** = Annehmbar, kann man sehen | □ = Keine Bewertung |

**Stab und Besetzung** Regie, Drehbuch, Kamera, Musik, Schnitt und Produktions-Design werden in der Regel genannt. Die Schauspieler, soweit das festzustellen ist, mit ihren Rollen. Produzent, Produktion, Herkunftsland und Entstehungsjahr werden in einem Eintrag zusammengefaßt. Bei der Jahresangabe wird das Jahr der ersten öffentlichen Vorführung genannt. In Ausnahmen, bei denen Fertigstellung und Erstaufführung erheblich abweichen, auch das Herstellungsjahr.

**Längenangabe** Die Angaben dazu sind häufig widersprüchlich. Wir haben bei den meisten Filmen die gemessene Länge der FSK wiedergegeben. Wenn die nicht vorlag, Längenangaben aus Festivalkatalogen oder Int. Filmzeitschriften. Bei TV-Movies wurde die Sendelänge angegeben.

**Verleihangaben** Es wird der Verleih in Deutschland, Österreich und der Schweiz in dieser Reihenfolge angegeben, danach folgt der Videovertrieb für den deutschen Markt. Lief der Film bis Redaktionsschluß noch nicht oder nur in einem Land, so ist dies durch die Striche ersichtlich. Der Verleih »Freunde der deutschen Kinemathek« wird als »Freunde« wiedergegeben.

**TV/Video** Die Längenangaben beziehen sich häufig auf die Kinolänge des Films, durch die unterschiedliche Bildgeschwindigkeit verliert ein auf Video oder im Fernsehen abgespielter Film pro 25 Minuten Laufzeit eine Minute. Erfaßt wurden die Kinofilme und TV-Movies sowie Pilotfilme zu neuen Fernsehserien. Weil Filme auf Video nicht immer sofort zu beurteilen sind, wurden auch noch welche aufgenommen, die gegen Ende des Jahres 1995 erschienen sind. Um möglichst vollständig zu sein, wurden auch nicht bewertete Filme mitaufgenommen.

**Literaturangaben** Im Anschluß an die Kritik wird, soweit das möglich ist, auf die Veröffentlichung in anderen Zeitungen und Zeitschriften hingewiesen. Filmzeitschriften sind dabei nicht berücksichtigt, denn die sollte man abonnieren. Diese Kritiken sind im Bedarfsfall über das Institut für Filmkunde, Frankfurt/Main, zu beziehen.

**Abkürzungen** Nach Möglichkeit sind Abkürzungen vermieden worden, bis auf jene Zeitungsnamen, die allgemein bekannt sind:

| | |
|---|---|
| AZ = Abendzeitung München | FR = Frankfurter Rundschau |
| FAZ = Frankfurter Allgemeine Zeitung | SZ = Süddeutsche Zeitung |

Abkürzungen bei der FSK (Freiwillige Selbstkontrolle der Filmwirtschaft) – Freigabe: FBW = Filmbewertungsstelle Wiesbaden, o. A. = ohne Altersbeschränkung, d. h. auch Kleinstkinder können diesen Film sehen.

# In der dunklen Höhle – Das Filmjahr 1996

*von Ponkie*

Wenn berühmte Filmregisseure wie Truffaut, Wenders, Fassbinder oder Woody Allen über ihren frühen Hang zum Kino befragt wurden, dann stellte sich immer heraus, daß sie die meiste Zeit ihres jugendlichen Sinnsucher-Daseins, im Glücksfall 24 Stunden am Tag, in den dunklen Höhlen verschlissener Filmpalast-Etablissements verbracht hatten, um sich fünfmal hintereinander denselben Hitchcock hineinzuziehen oder die gesamte Filmgeschichte vorwärts und rückwärts abzuklappern: Das Cineasten-Bleichgesicht tauchte ab in die Licht-und-Schatten-Magie des Films.
Heute arbeitet sich der kreative Go-to-Hollywood-Wicht durch gezieltes Internet-Know-how in Richtung Filmhochschule vor und wird nach seiner Teenie-Phase in den Münchner MaxX-Kinos (Videoclip-Krawall mit Popcorn) nahtlos in die Entertainment-Schiene des laufenden Filmjahrs (weicher Keks in weichen Sesseln) eingeschleust: 1996 war wieder ein brüllendes Amerikaner-Filmjahr im Marketing-Trommelfeuer. Mit ein paar wegweisenden Sonderanfertigungen (wie etwa Tim Robbins' Todesstrafendrama »Dead Man Walking«, Jim Jarmuschs Träumer-Western »Dead Man«, Jodie Fosters Thanksgiving-Psycho »Familienfest und andere Schwierigkeiten« oder David Cronenbergs Blechschaden-Orgasmus »Crash«), mit viel Allerweltsballermann-Action (Servus, Schwarzenegger) und dem großen »Independence-Day«-Hammer (Deutsche stolz auf deutsche Export-Wertarbeit).
Die Europäer triumphierten immerhin mit Danny Boyles Drogenknaller »Trainspotting«, mit Lars von Triers dänisch-schottischer Gefühlswoge »Breaking the Waves« oder mit Greenaways »Bettlektüre«. Aber unser junges Filmgenie von morgen nimmt vor allem Maß an der nunmehr kräftig unter Erfolgsdampf stehenden deutschen Kinokomödie der Neunziger. Da hagelte es »Workaholik«, »Superweib« und »Weibsbilder«, »Echte Kerle« und »Irren ist männlich« auf der »Putzfraueninsel« und in der »Männerpension«.
Nörgler fragen sich vielleicht, warum amerikanische Beziehungspurzelbäume wie »She's the one« oder »Flirting with Desaster« um soviel witziger, frecher und komischer ausfielen als unsere wackeren Gesellenstücke tüchtiger deutscher Spaßhandwerkerei. Aber wir sind ja schon froh, wenn der deutsche Film überhaupt noch da ist – und wenn er sich nicht jeden starken Stoff vom Nivellierungsapparat der Recycling-Sender zum Allzweck-Konsumlappen einschrumpfen läßt.
Die zwei schönsten Beispiele für künstlerischen Eigensinn im Filmjahr '96: Caroline Links Selbstbefreiungsdrama aus der Welt der Gehörlosen »Jenseits der Stille« – und Matthias X. Obergs bizarr surrealistische Schlafwagenschaffner-Odyssee »Unter der Milchstraße«. Zwei Debütfilme von extrem individueller Konsequenz. Die Anarchie der Visionen, das Wagnis gegen den Strom und der sechste Sinn für das Komische im Tragischen – das ist es doch, was uns schließlich immer wieder in die dunkle Höhle des Kinos zieht: Fürs Gelächter und für die Gruselgänsehaut.

*Ponkie ist Filmkritikerin und Kolumnistin der Münchner Abendzeitung*

# Die Filmbranche: Jahresrückblick 1996

## Januar

• Die bayerische Landesregierung, Landeszentrale für neue Medien und die TV-Sender Bayerischer Rundfunk, Pro Sieben, TM 3 und RTL 2 einigen sich auf den Gesellschaftervertrag des Film-Fernseh-Fonds Bayern.

• Buena Vista schließt mit Til Schweigers »Mr. Brown Entertainment« einen Kooperationsvertrag ab.

• Joseph Vilsmaier erhält für die Produktion von »Schlafes Bruder« seinen vierten »Bayerischen Filmpreis«.

• Polygram übernimmt von Universal den 50prozentigen Anteil des US-Verleihs Gramercy, der 1992 als gemeinsames Joint-venture gegründet wurde.

• Harrison Ford erhält 20 Millionen Dollar für die Rolle des US-Präsidenten in Wolfgang Petersens »AFO«.

## Februar

• Die deutschen Majors stellen während der Berlinale das Konzept für die generische Kampagne »Der Sommerhit: Kino« vor.

• Ang Lees »Sinn und Sinnlichkeit« gewinnt auf der Berlinale den Goldenen Bären.

• John Woo und John Travolta setzen ihre Zusammenarbeit nach dem Boxoffice-Erfolg von »Broken Arrow« mit dem SF-Thriller »Face Off« fort.

• Nach Joel Schumachers Absage springt Taylor Hackford als Regisseur für Warners »The Devil's Advocate« ein, für den man Al Pacino und Keanu Reeves als Hauptdarsteller gewinnen konnte.

• Til Schweiger engagiert sich erstmals als Produzent in dem Actionproject »Knockin' on Heaven's Door«, in dem er auch die Hauptrolle übernimmt.

## März

• Warner vereinbart Kooperationen mit den Produktionsfirmen Bioskop und Ena.

• Die Synchronfirma FFS feiert in München ihr 25jähriges Firmenjubiläum.

• Der Stuttgarter Medienkaufmann und Musical-Milliardär Rolf Deyhle wird Partner eines 115 Millionen Mark schweren Filmfinanzierungsfonds. Partner des Fonds, mit dem Hollywood-Produktionen kofinanziert werden sollen, ist die Stuttgarter Kapital Consult.

• Hanns Eckelkamp löst den Atlas-Konzernverband auf. Der Firmengründer behält lediglich Atlas Air sowie den Kinoverleih und die Produktion.

• »Hass« von Mathieu Kassovitz und Claude Sautet (für seine Regie von »Nelly und Monsieur Arnoud«) erhielten einen César.

• Sylvester Stallone verzichtet auf seine gewohnten Gagenforderungen, um in James Mangolds »Copland« die Hauptrolle spielen zu können. Kurz darauf steigen noch Robert De Niro und Harvey Keitel in das Projekt ein.

• Arnold Schwarzenegger stößt zur »Batman and Robin«-Crew – für 25 Millionen Dollar Gage.

## April

• Die Rehs-Gruppe und die Ufa-Theater-AG gründen eine gemeinsame Firma für den Betrieb von zehn geplanten Imax-3-D-Kinos.

• Das Kinowelt-Tochterunternehmen Studio GmbH übernimmt die Futura Kinobetriebs-GmbH des Filmverlags der Autoren.

• McDonald's schließt mit Disney eine zehnjährige, exklusive Promotionpartnerschaft ab.

• Die deutsche Lotto-Stiftung sichert mit einer 2,4-Millionen-Mark-Zusage den Fortbestand der *European Film Academy* und des EFA-Preises Felix.

• Jean-Pierre Jeunet vom »Delicatessen«-Regieduo rückt an die Stelle von Danny Boyle, um »Alien Resurrection« zu inszenieren.

## Mai

• Der Hamburger Verleih Connexion-Impuls, 1995 mit »Fünf Hochzeiten und ein Todesfall« und 6,2 Prozent Marktanteil erfolgreichster deutscher Verleih, stellt seine Tätigkeit ein.

• Arri, schon zuvor als stiller Teilhaber Mehrheitsgesellschafter, übernimmt offiziell den Filmverlag der Autoren.

• Splatter-Spezialist Peter Jackson kündigt ein Remake von »King Kong« als seine nächste Regiearbeit an.

• Keanu Reeves steigt bei »Speed 2« aus. Monate später wird mit Jason Patric ein Ersatz gefunden.

## Juni

• Der Beginn der Fußballeuropameisterschaft in England beschert der deutschen Kinobranche mit 477.939 Besuchern das schlechteste Wochenendergebnis seit der WM 1994.

• Alfred Hürmer kündigt seinen Rücktritt als Geschäftsführer der Filmförderung Hamburg an.

• *Canal Plus* erwirbt *UGC DA*, die Filmrechte-Filiale von UGC, und wird damit zum zweitgrößten europäischen Filmrechte-Inhaber nach der Münchner Kirch-Gruppe.

• Disney-Chef Michael Elsner und Disney-Studio-Chairman *Joe Roth* kündigen an, den Film-Output des US-Majors um die Hälfte zu verringern.

## Juli

• »Werner – Das muß kesseln!!!« legt mit einer Million Besuchern am ersten Wochenende den besten Kinostart eines deutschen Films bislang hin.

• Der HDF-Beirat spricht sich nach zeitweiser hitziger Debatte für die Umwandlung des HDF in einen Mitgliederverband zum 1. Januar 1998 aus.

• Der Münchner Verleih Movienet wird gegründet.

• Roland Emmerichs *Independence Day* hat den besten US-Start aller Zeiten und erreicht in nur sechseinhalb Tagen die 100-Millionen-Dollar-Grenze.

• *MGM/UA* geht für 1,3 Milliarden Dollar an die Bieter-Allianz des Multimilliardärs *Kirk Kerkorian*, des australischen TV-Konzerns *Seven Network* und der MGM-Führungsspitze um *Frank Mancuso*.

• Das Brüsseler *MEDIA-Komitee* vergibt die »Intermediäre Organisation« für den MEDIA-2-Vertrieb an *D&S Media Service*, das mit Büros in Brüssel (Kino), München (Förderbereich Fernsehen, ehemals GRECO) und Dublin (Video, ehemals EVE) vertreten sein wird.

• Mit drei Filmen (Etienne Chatiliez' *Das Glück liegt in der Wiese*, Edouard Molinaros *Beaumarchais* und Cedric Klapischs *Un air de famille*), die in Frankreich immerhin acht Millionen Besucher gefunden haben, wurde Charles Gassot 1996 zum erfolgreichsten Produzenten von rein französischen Produktionen.

## August

- In Berlin findet die Deutschland-Premiere von »Eraser« mit Arnold Schwarzenegger statt.
- Die Frankfurter Filmproduktion gründet eine Münchner Tochterfirma für die Produktion von TV-Movies und Kinofilmen.
- James Cameron will in dem futuristischen Epos »Avatar« erstmals computergenerierte Hauptdarsteller auftreten lassen.
- Acht Millionen Dollar zahlen Warner und Regency für John Grishams neuen Roman »The Runaway Jury«.

## September

- Spielfilmchef Ulrich Limmer kündigt an, daß er die Bavaria zum Jahresende verlassen werde. Seine Nachfolgerin wird die TV-Produzentin Uschi Reich.
- »Independence Day« bricht mit 1,9 Millionen Besuchern am ersten Wochenende auch in Deutschland alle Kassenrekorde. Bislang sahen den Film 9.116.262 Besucher. Schon nach neun Tagen ist die Goldene Leinwand erreicht.
- Herbert Kloibers *Tele München Gruppe (TMG)* beteiligt sich an einer Bietergruppe um MCA/Universal, NBC und Seven Network, die *Castle Rock Entertainment* übernehmen will.
- Romuald Karmakar hat sich als neues Projekt »Für eine Mark und acht« ausgesucht, ein Drama, das am Sylvesterabend 1999 spielt.
- John Travolta ist mit jeweils 20 Millionen Dollar Gage in Mike Nichols' »Primary Colors«, »A Civil Action« und in der Filmfassung der Fünfziger-Jahre-Westernserie »Have Gun, Will Travel« dabei.

## Oktober

- Die Flebbe-Gruppe eröffnet in Hamburg ihr »Cinemaxx«.
- Die Wirtschaftsverbände der Filmtheater Ost und Berlin vollziehen die geplante Fusion zum WdF Ost.
- Die *Kirch-Gruppe* beteiligt sich mit fünf Prozent bei Warner-Hit-Lieferant *New Regency.*
- Nach den Plänen des britischen *Arts Council* sollen 1998 vier Studiolizenzen an britische Produktionsfirmen gegeben werden, die so Zugang zu den jährlichen Lotterieerlösen im Wert von einer Million bis acht Millionen Pfund erhalten.
- Das neue Projekt der Coen-Brüder ist »The Big Lebowski«, in dem Jeff Bridges, John Goodman und Steve Buscemi spielen sollen.
- Für zehn Millionen Dollar gehen die Filmrechte an Michael Crichtons heiß begehrtem neuem Werk »Airframe« an Buena Vista.
- Für »US Marshals«, das Spinoff von »Auf der Flucht« mit der Tommy-Lee-Jones-Figur in der Hauptrolle, übernimmt Stuart Baird die Regie.

## November

- Studio Hamburg kündigt für 1997 den Einstieg in die Kinofilmproduktion an. Erste Projekte sollen mit Rainer Kaufmann, Andy Bausch und Miguel Alexandre realisiert werden.
- Sachsen kündigt die Gründung einer Filmförderungsgesellschaft gemeinsam mit den Nachbarländern Thüringen und Sachsen-Anhalt an.
- *Turner Pictures* stellt als Folge des Time Warner/TBS-Mergers seinen Betrieb ein. Mit Ausnahme (Nora Ephrons »Michael«) übernimmt Warner Bros. den Verleih der Turner-Titel.

• Bereits fünf Wochen vor Jahresfrist erreicht *Buena Vista* in den nordamerikanischen Kinos die Milliarden-Dollar-Grenze, die der Disney-Verleih 1994 und 1995 als bislang einziger Verleih überschritten hatte.
• Horst Wendlandt kündigt neue Filme von Otto und Loriot für das nächste Jahr an.
• Die Filmförderungsanstalt prognostiziert ein Jahresergebnis von 135 bis 137 Millionen Kinobesuchern für 1996.
• *MCA Inc.* wechselt Name und Logo zu *Universal Studios Inc.*
• Nach nur 14 erfolglosen Monaten tritt *Michael Ovitz* als Nummer zwei der *Walt Disney Co.* zurück.

## Dezember

• Warner kündigt den Bau von 20 neuen Multiplexen in Deutschland an.

*Mit freundlicher Genehmigung des Branchenmagazins* BLICKPUNKT: FILM.

*Peter Stormare und Steve Buscemi*

*Ethan und Joel Coen*

# »Gut und Böse an und für sich sind nicht interessant«

*Gespräch mit Ethan Coen und Joel Coen, den Regisseuren von FARGO*

*Was finden Sie am* film noir *so attraktiv?*

ETHAN COEN: Entführung und Mord, Verbrechen eignen sich im allgemeinen sehr als dramatischer Filmstoff. Aber bei FARGO würde ich nicht von *film noir* sprechen, da gibt es zuviel Schnee, als daß man ihn *noir* nennen könnte.

JOEL COEN: Wir haben eine Schwäche für Kriminalgeschichten, und wir haben eine besondere Vorliebe für Entführungen. Das ist wohl immer ein Drama, bei dem viel auf dem Spiel steht.

*Hätten Sie die Tatsachengeschichte verfilmt, wenn sie sich nicht in Minnesota ereignet hätte?*

J. C.: Vermutlich, aber der Minnesota-Aspekt war für uns das Interessanteste, denn es spielt in der Gegend, wo wir herkommen, wo wir aufgewachsen sind. Gerade über diese Gegend einen Film zu drehen und über die Menschen, die da leben, war reizvoll, insbesondere weil das eigentlich noch nie jemand gemacht hatte. Auch die Amerikaner haben im allgemeinen keine Ahnung von dieser Gegend, sie kommt den meisten ganz exotisch vor, wohl fast so exotisch wie einem europäischen Publikum.

*Wie haben Sie von der Geschichte gehört?*

E. C.: Von einem Freund, der immer noch in dieser Gegend wohnt und der davon in der Zeitung gelesen hatte.

*Haben Sie Figuren hinzuerfunden, die in Wirklichkeit nicht existierten?*

E. C.: Eine ganze Menge Nebenfiguren, aber keine Hauptfigur. Was die Details betrifft, ist natürlich alles erfunden oder das Ergebnis von Mutmaßungen und nicht etwa wirklichkeitsgetreu. Wir waren ja nicht an einem Dokumentarfilm interessiert.

*Die einleitende Bemerkung ist ungewöhnlich: Sie sagen, aus Achtung vor den Toten würden Sie die Geschichte so erzählen, wie sie sich ereignet habe. Das klingt nach einer moralischen Absicht.*

J. C.: Es klingt etwas geschwollen, etwas großspurig. Wir sind bei dieser Einleitung vielleicht etwas zu weit gegangen. Aber angesichts der Art und Weise, wie wir die Geschichte erzählen wollten, des Stils, den wir dafür wählten, dachten wir, daß das Publikum viel empfänglicher wäre für die seltsame Architektur dieser Geschichte, wenn man ihm im voraus und ganz unmißverständlich sagte, daß sie wahr sei. Denn wenn das Publikum eine Art Thriller im fiktionalen Sinne erwartet, dann muß jedes Ereignis auf das Vorantreiben der Erzählung ausgerichtet werden und zum Plot beitragen. Da ist man weniger frei, auch mal abzuschweifen und die Geschichte weniger geradlinig zu erzählen. Da hat man nicht die Freiheit, die Geschichte so zu konstruieren, daß die Heldin erst gegen die Mitte des Films in Erscheinung tritt.

*In* FARGO *sind die Leute ständig am Essen. Ist das eine regionale Eigenheit?*

E. C.: Das gehört schon zum Lokalkolorit. Im mittleren Westen im allgemeinen und besonders in Minnesota sieht man viele Buffets, wo man essen kann soviel man will. In Minnesota nennt man das ein Smörgåsbord, weil da viele aus Skandinavien Eingewanderte leben, aber angeboten wird dann in der Regel gebratenes Huhn und dergleichen.

Das hat uns auch gefallen, weil wir ja diesen Eindruck von wirklichem Leben vermitteln und nicht theatralisch oder wie Hollywood wirken wollten. Diese alltäglichen, banalen Dinge. Besonders bei Marge und ihrem Mann wollten wir das Porträt einer erfolgreichen, aber unscheinbaren Ehe zeichnen, wo vieles sich von selbst versteht, ohne ausgesprochen zu werden, eine solide Ehe. Daß man sie immer zusammen essen sieht, schien uns dabei zu helfen.

*Ist das auch der Grund, weshalb Sie eine Frau als Polizeibeamtin gewählt haben?*

E. C.: Das war uns vorgegeben, denn in dem tatsächlichen Fall war eine Polizistin mit den Ermittlungen befaßt.

FARGO *endet wie ein Märchen. Marge und ihr Mann sehen fern und finden, daß ihr Baby jetzt zur Welt kommen könne, weil alles wieder gut werde.*

E. C.: Wir fanden einfach, daß sich diese Szene von der Stimmung her als Schluß eignen würde.

*Es ist ja wirklich ein Happy-End, und daß Marge zum Schluß in dieser Szene sagt, sie verstehe nicht, wie diese Typen wegen etwas Geld so handeln konnten, wirkt schon fast wie eine Selbstparodie.*

E. C.: Ich sehe das nicht so.

J. C.: Das entspricht ganz einfach dieser Figur.

E. C.: Die Figur ist durch und durch gut.

*Sicher, aber wie steht's mit Ihrer eigenen Einstellung.*

J. C.: Nein, es soll nicht in diesem Sinne parodistisch oder ironisch sein.

E. C.: Was Marge da sagt, ist etwas, das man manchmal persönlich nachfühlen kann, die Unfähigkeit zu verstehen, wenn man etwa in der Zeitung von einem außergewöhnlich schrecklichen Verbrechen liest, wie sich die Leute manchmal verhalten.

*Ethan, schreiben Sie als Produzent, oder produzieren Sie als Drehbuchautor?*

E. C.: Diese Funktionen sind sehr vage. Da ist zum einen, was man tatsächlich macht, und zum anderen sind da diese Titel, die recht willkürlich und künstlich sind. Beim Schreiben denken wir nicht ans Geld, sondern an das, was die Geschichte erfordert, was interessant ist in bezug auf die Charakterisierung.

Aber man ist sich beim Schreiben durchaus bewußt, was man da macht. Beim Schreiben von THE HUDSUCKER PROXY war uns klar, daß das ein großer, teurer Film werden würde, und als wir FARGO schrieben, wußten wir, daß er billig sein würde. Man ist sich dieser Dinge bewußt, aber man läßt sich davon nicht wirklich beeinflussen.

*Musik, Kamera und Ausstattung sind in all Ihren Filmen sehr sorgfältig.*

*Wie arbeiten Sie mit diesen Chargen zusammen?*

E. C.: Der Komponist Carter Burwell ist derselbe wie bei all unseren Filmen, der Kameramann Roger Deakins hat auch schon drei Filme für uns gedreht, nur der Ausstatter Rick Heinrichs ist neu.

*Und wie sieht die Zusammenarbeit aus? Geben Sie ihnen genaue Vorgaben?*

E. C.: Das ist von Fall zu Fall verschieden. Manchmal haben wir sehr spezifische Bedürfnisse, etwa für ein bestimmtes Dekor, das für die Inszenierung der Handlung nötig ist, oder etwas, das wir einfach im Film sehen wollen, und in anderen Belangen geben wir mehr Spielraum. Aber es geht sehr kollegial zu, vor allem wenn man mit den Leuten bereits in mehreren Filmen gearbeitet hat. Da entwickelt sich ein richtiges Geben und Nehmen.

J. C.: FARGO war so etwas wie eine Premiere für Rick, denn der Film wurde ganz an Originalschauplätzen gedreht, ohne gebaute Dekors, und so baten wir ihn immer, die langweiligsten, am wenigsten interessanten Innenräume zu finden. Wir wollten nichts, das entweder architektonisch von Interesse war oder kitschig. Wir wollten durchschnittliche mittelamerikanische Geschäftsräume und Eigenheime. Wenn man von einem Ausstatter so etwas verlangt, ist das gegenüber einem solchen Künstler irgendwie grausam. Andererseits begriff Rick vollkommen, was wir brauchten und warum. Das ist eine seiner Qualitäten. Ein richtiger Ausstatter versteht das, und er fand dann auch, was wir suchten.

E. C.: Das einzige Vergnügen für ihn war, daß er als ausgebildeter Bildhauer die Paul-Bunyan-Statue machen konnte. Es gibt in Brainerd zwar eine echte Statue, aber die konnten wir nicht verwenden.

*Können Sie etwas zum Budget und zur Finanzierung des Films sagen?*

E. C.: Der Film hat 6,5 Millionen Dollar gekostet. Das ganze Geld kam von Working Title, das ein Teil von Polygram ist. Polygram hatte unseren letzten Film zur Hälfte finanziert, zusammen mit Warner Brothers. Es war recht einfach, denn es war ein sehr billiger Film, und sie waren gerne bereit, ihn ganz zu finanzieren.

*Fühlen Sie sich immer noch als Independent-Filmemacher?*

J. C.: Wir machen immer noch alles genauso wie eh und je. Ich finde es schwierig, im Kontext des amerikanischen Filmgeschäfts zu definieren, was genau ein unabhängiger Filmemacher ist. Aber in gewisser Weise scheinen wir doch unter diese Definition zu fallen.

E. C.: Wir befinden uns allerdings in einer Grauzone. Unser letzter Film wurde ja, wie gesagt, von Warner und Polygram kofinanziert und in den USA von Warner verliehen. Andererseits behielten wir unsere übliche Kontrolle über den Film. Ob das nun Unabhängigkeit bedeutet oder nicht, weiß ich nicht.

*Francis Coppola hat gesagt, Hollywood sei wie Wall Street geworden, es sei unmöglich für Cineasten, gute Filme zu machen und da zu arbeiten. Würden Sie dem beipflichten?*

J. C.: Nicht ganz. Ich meine, es gibt Leute, die am Hollywood-Ende des Geschäfts arbeiten und interessante

Filme hervorbringen. Das soll aber nicht heißen, daß diese Aussage nicht einige Gültigkeit hat. Es kann schwierig sein, unter diesen Bedingungen. In mancher Hinsicht verschwört sich dieses System gegen eine bestimmte Art von Film und macht es einem in gewissen Situationen schwer. Im Umgang mit einzelnen Studios müssen sich manche Filmemacher mit Komitees herumschlagen, und das ist bekanntlich nicht die beste Art, intelligente Entscheidungen zu erreichen.

*Liegt es denn nicht einfach beim Regisseur, keinen teuren Film zu machen?*

E. C.: Man erweitert seine Möglichkeiten, wenn man einen billigen Film dreht.

J. C.: Da würde wohl jeder beipflichten. Man könnte tatsächlich sagen, wenn dir soviel an deiner Freiheit liegt, solltest du nicht für ein Studio arbeiten. Andererseits gibt es Geschichten, die man nicht unter einem bestimmten Budget erzählen kann, die sich nicht billig auf die Leinwand bringen lassen. So klipp und klar ist die Sache nicht.

*Träumen Sie denn von großen Budgets?*

E. C.: Nein. Das Budget steht immer im Verhältnis zu dem, was man zu machen versucht. Wenn man unsere beiden letzten Filme vergleicht, dann verlangte THE HUDSUCKER PROXY von der Geschichte her nach enormen, überlebensgroßen Dekors und Spezialeffekten, die unweigerlich teuer sind, und die Dreharbeiten waren entsprechend kompliziert, was viel Geld verschlingt. FARGO war aufgrund seiner Geschichte schneller, einfacher und billiger zu drehen.

*Jack Valenti meinte neulich, das Problem beim Independent-Film sei nicht so sehr, das Budget für die Produktion aufzutreiben, sondern das Geld für das Marketing, und daß der Independent-Film besser vermarktet werden müsse.*

J. C.: Da ist was Wahres dran, denn Marketing und Vertrieb eines Films sind fast so teuer geworden wie die Produktion selbst. Es ist sehr hart, einen Film zu lancieren und ihn bei den Leuten bekannt zu machen, zumindest in den USA. Andererseits aber interessieren sich die Medien immer mehr für Independent-Filme.

*Das Gespräch mit Ethan und Joel Coen führte Michael Bodmer.*
*Es erschien vollständig zuerst im FilmBulletin, 5/96. Wir danken Autor und Redaktion für den Abdruck.*

# Aram und der Regen

*Eine Geschichte aus dem Schneideraum/Von Hal Hartley*

Fast alles, was ich über das Filmemachen weiß, habe ich an einem Schneidetisch gelernt. Meine Kenntnisse als Autor und Regisseur entwickelten sich bei dem Versuch, erbärmlich schlecht gedrehtes Material zu retten; Material, das erbärmlich schlecht gedreht wurde, weil es erbärmlich schlecht geschrieben worden war. Also verbrachte ich jede Menge Zeit in einem dunklen, kleinen Raum mit meinem Lehrer Aram Avakian. Er saß immer seitlich hinter mir und grunzte vor sich hin, während ich über den Schneidetisch bretterte. Wenn ich einen Blick nach hinten warf, sah ich nichts als meinen Film in seinen Brillengläsern und seinen grauen Bart, der in der Glut seiner Zigarette aufleuchtete.

Ich schnitt an meinem Abschlußfilm und versuchte mir einzureden, daß er kurz vor der Fertigstellung stünde, daß ich kein Fitzelchen mehr nachdrehen müßte und daß er selbstverständlich gut sei. Ich machte mir etwas vor, und Aram wußte das. Aber er wußte noch eine Menge mehr. Er wußte, daß ich niemals erkennen würde, was an meinem Film falsch war, wenn er es mir nur einfach erzählte, was daran falsch sei. Ich war unfähig einzugestehen, daß ich nicht »allwissend« war. Aber Aram, ein Genie im Manipulieren eines dreiundzwanzigjährigen Monumentalegos, verschaffte mir immer wieder Möglichkeiten, meinen Größenwahn zu überwinden.

Wir gingen also die Schnittfassung durch, indem wir sie ungefähr alle dreißig Sekunden anhielten, damit er mich in aller Ruhe terrorisieren konnte.

»Was hat sie gesagt?« fragte er, lehnte sich vor und spitzte die Ohren.

»Sie sagte, es wird Regen geben.«

»Warum?«

»Was?«

»Warum sagt sie, es wird Regen geben, nachdem er sie so geküßt hat?«

»Sie will das Thema wechseln.«

»Welches Thema?«

»Den Kuß.«

»Der Kuß ist das Thema?«

»Nicht direkt.«

»Das war ein ziemlich guter Kuß. Warum redet sie über das Wetter?«

»Sie ist einsam.«

»Und ob sie einsam ist! Also warum redet sie dann übers Wetter?«

»Sie ist durcheinander.«

»Aber sie glaubt es.«

»Glaubt was?«

»Das es wirklich regnen könnte.«

»Schon.«

»Hat sie vielleicht Wäsche zum Trocknen draußen oder so was?«

»Nein, nein, nein!« Ich blieb standhaft. »Ich versuche zu sagen, daß, naja, wenn es *regnet*, alles fortgespült wird. So in der Art, eben … emotional.«

Mit dem Ausdruck unendlicher Geduld nickte Aram, überlegte und hakte dann nach: »Glaubst Du, sie weiß das?«

»Sie ist nicht so jemand.«

»Sie ist nicht poetisch.«

»Genau. Sie ist nicht poetisch.«

Er hätte jetzt leicht fragen können: »Und Du *bist* es?«, aber er hat es nicht getan und dafür bin ich ihm bis heute dankbar. Statt dessen fläzte er sich wieder in seinen Stuhl und rückte sein New-York-Yankees-Baseballmützchen zurecht.

»Warum um Himmels willen rennt sie dann durch die Küche und sagt, daß es Regen gibt, nachdem dieser hübsche kleine Mistkerl sie auf den Mund geküßt hat?«
»Sie sagt nicht, was sie meint«, mußte ich zugeben.
»Du meinst, sie ist poetisch.«
Schweigen. Ich saß einfach da und kaute am Ende meines schmierigen Bleistifts, während Aram raus in die Halle ging und sich eine neue Zigarette ansteckte. Schließlich lehnte er sich in den Türrahmen und tat so, als wiederholte er nur eine Erkenntnis, die mir gerade selbst gekommen war.

*Hal Hartley*

»Nicht wirklich, weil es poetisch ist! Poetisch, weil es wirklich ist!«
»Wirklich und dadurch poetisch!«
Ich fand mich ziemlich klug und war ziemlich dankbar, es war mir aber peinlich, das zu sagen. Aram warf einen Blick in die Halle und murmelte irgendwas Anerkennendes über eine bildschöne Musikstudentin, die vorüberschwebte.
»Also warum sagt sie, daß es Regen gibt?«
»Sie hofft, daß es Regen gibt?«
»Hast Du irgendwo Material von diesem Mädchen, wo sie hofft, daß es Regen gibt?«
»Nein.«
Er kam zurück, nahm seinen Platz ein und munterte mich auf.
»Okay. Also jetzt sind wir an einem Punkt.«
»Ich könnte eine Aufnahme machen, wie sie in der Tür steht, ganz am Anfang vom Film, und in den Himmel schaut und …«
Es ist immer noch dasselbe. Aber jetzt ist Aram, der 1986 gestorben ist, eine Stimme in meinem Kopf, die ich immer höre, wenn ich mich an die Arbeit mache.

*Hal Hartley (›Simple Men‹, ›Flirt‹) gehört zu den interessantesten Independents-Regisseuren Amerikas. 1992 widmete ihm das Filmfest München eine erste Werkschau. Abdruck mit freundlicher Genehmigung.*

## Abbuzze! – Der Badesalz-Film

1
**

*Regie:* Roland Willaert
*Darsteller:* Gerd Knebel, Henni Nachtsheim, Ottfried Fischer
*Kamera:* Roland Willaert (Farbe)
*Musik:* Gerd Knebel, Henni Nachtsheim
*Schnitt:* Ariane Traub
*Prod.Des.:* Egon Strasser
*Prod.:* Reinhard Klooss für Babelsberg Film mit Constantin/D & D, BRD 1995; 89 Min.
*UA:* 18.1.1996, Massenstart
*Verleih:* Constantin/-/-/VCL Video; 18.1.1996
*FSK:* ab 6, ffr.

In einer lose verknüpften Folge von Sketchen schlüpfen die hessischen Berufskomiker Gerd Knebel und Henni Nachtsheim in Rollen von Typen wie Bodybuilder, Hardrocker oder Zivilschützer, um sich karikierend über Zeiterscheinungen wie Piercing oder Rinderwahnphobie lustig zu machen. Als »Badesalz«-Bühnenshow im Festzelt mag das witzig wirken, beim isolierten Zuschauer im dunklen Kinosaal stellt sich nur manchmal ein müdes Lächeln ein. *Ralph Umard, tip, 3/96*

Das Frankfurter Duo »Badesalz« zielt mit seinem Film auf den Bereich knapp oberhalb des totalen Flachsinns à la Tom Gerhard – und trifft auch dort auf weitgehend komikfreien Raum. Bisweilen mit dem Hauch eines satirischen Anspruchs wird in dieser Zwei-Mann-Nummernrevue auch die dünnste Idee gnadenlos ausgewalzt.
*Kölner Stadt-Anzeiger, 20.1.1996*

Joachim Auch in: Stgt. Zeitung, 20.1.96

## Abel

2
****

ABEL

*Regie:* Alex van Warmerdam
*Darsteller:* Alex van Warmerdam (Abel), Henri Garcin (Victor), Olga Zuiderhoek (Dove), Annet Malherbe (Zus), Loes Luca (Christine)
*Drehbuch:* Alex van Warmerdam
*Kamera:* Marc Felperlaan (Farbe)
*Musik:* Vincent van Warmerdam
*Schnitt:* Hans von Donegen

*Henni Nachheim und Gerd Knebel*

*Prod.Des.:* Harry Ammerlaan
*Prod.:* Laurens Gels, Dick Maas, Robert Swaab für First Floor Features, Niederlande 1986; 105 Min.
*Verleih:* Kairos, OmU/-/-; 14.3.1996

Mit 31 Jahren lebt Abel noch immer bei seinen Eltern und weigert sich beharrlich, jemals einen Schritt vor die Tür zu setzen. Mutters Freude ist Papas Verdruß: Eines Tages setzt er das Muttersöhnchen einfach vor die Tür. Abel nimmt Rache, indem er dem Vater die Geliebte ausspannt und sich endlich von der Über-Mutter emanzipiert. Diese bizarr-phantastische Komödie ist der erste Film des Amsterdamer Theatermannes Alex van Warmerdam (»Noorderlingen«), der hier mit scharfen Blick für Neurosen jeder Art auch die Hauptrolle spielt. *Christoph Terhechte, tip, 7/96*

Gerald Jung in: Zitty, 6/96; Susanna Nieder in: Der Tagesspiegel 21.3.96; Ruprecht Skasa-Weiß in: Stgt. Zeitung, 30.5.96

## Die Abenteuer eines Sommers

3
***
TV

THE RANGER, THE COOK AND A HOLE IN THE SKY

*Regie:* John Kent Harrison
*Darsteller:* Sam Elliot (Bill Bell), Jerry O'Connell (Mac), Ricky Jay (Hawkes), Molly Parker (Sue), Don S. Davis (Mr. Smith),

Robert Wisden (Canada), Michael Tayles (Red), Tom Butler (Mr. McBride), Jay Brazeau, Callum Keith Rennie
*Drehbuch:* Robert W. Lenski, nach einer Story von Norman Maclean
*Prod.:* Signboard Hill, USA 1994; 89 Min.
*TV:* 21.9.1996, RTL2, 17.45

Ein Grünschnabel von einem Förster geht in die Berge Montanas, um dort aufregende Abenteuer zu bestehen, tiefe Männerfreundschaften zu knüpfen und um schließlich seine Traumfrau zu finden. *Pressetext*

## Die Abenteuer von Two Bits & Pepper 4

TWO BITS AND PEPPER **

Video

*Regie:* Corey Michael Eubanks
*Darsteller:* Lauren Eckstrom, Rachel Crane, Perry Stephens, Kathrin Lautner, Dennis Weaver
*Kamera:* Jacques Haitkin (Farbe)
*Prod.:* Richard Pepin, Joseph Merhi für PM Ent., USA 1995; 89 Min.
*Vertrieb:* VMP Video; 20.9.1996
*FSK:* ab 12 J.

Zwei Mädchen, ein Pferd und ein Pony, die beide sprechen können – Zutaten zu einem Kinderfilm der eher harmlosen Sorte.

## Abschlußklasse 1995: Ihr eigenes Leben 5

LES ANNEES LYCEE 1995: SA VIE A ELLE ***

TV

*Regie:* Romain Goupil
*Darsteller:* Sabrine Houicha (Yaqine), Sephora Haymann (Fatine), Zaida Ghorab-Volta (Fathia), El Kebir (Vater), Daniel Martin (Schuldirektor), Tassadit Mandi (Mutter), Elisabeth Commelin, Alain Guillo
*Drehbuch:* Zaida Ghorab-Volta, Jean-François Goyet, Romain Goupil
*Kamera:* William Lubtchansky (Farbe)
*Schnitt:* Fransou Prenant
*Prod.:* Vertigo/La Sept/Arte, Frankreich 1995; 84 Min.
*TV:* 19.4.1996, Arte, 20.45

1995 in einem Pariser Vorort: Yaqine, 17jährige Tochter algerischer Immigranten, erscheint verschleiert im Schulunterricht. Keiner hat dies erwartet, keiner versteht, warum. Der Schleier provoziert schwere Konflikte in der Familie, mit den Freunden und ihren Lehrern. *Pressetext*

## Achtung Staatsgrenze 6

****

*Regie:* Sabine Derflinger, Bernhard Pötscher
*Drehbuch:* Sabine Derflinger, Bernhard Pötscher
*Kamera:* Bernhard Pötscher, Daniel Pöhacker (Farbe)
*Schnitt:* Zuzana Brejcha
*Prod.:* Michael Seeber, Heinz Stussak für Prisma, Österreich 1996; 79 Min.
*Verleih:* -/filmladen, mdU/-; Mai 1996

Dokumentarfilm über die »Schubhaft« von Männern verschiedener Herkunft, die oft jahrelang eingesperrt sind, weil ihre Papiere nicht in Ordnung sind und keine angemessenere Unterbringung und »Verwaltung« vorgesehen ist. Nüchtern in der Bildführung, karg im Ton, informativ in den Interviews, anrührend in der Zeichnung von Menschen, die gezwungen werden, in einem für sie unbegreiflichen Milieu auf eine ungewisse Zukunft zu warten. *multimedia*

## Acts of Love 7

CARRIED AWAY ***

Video

*Regie:* Bruno Barreto
*Darsteller:* Dennis Hopper (Joseph Svendon), Amy Irving (Rosealee Henson), Amy Locane (Catherine Wheeler), Julie Harris (Josephs Mutter), Gary Busey (Major Nathan Wheeler), Hal Holbrook (Dr. Evans), Christopher Pettiet (Robert Henson), Priscilla Pointer (Lily Henson), Gail Cronauer (Beverly Wheeler, Catherines Mutter)
*Drehbuch:* Ed Jones, nach dem Roman »Farmer« von Jim Harrison
*Kamera:* Declan Quinn (Alpha Cine)
*Musik:* Bruce Broughton
*Schnitt:* Bruce Cannon
*Prod.Des.:* Peter Paul Raubertas
*Prod.:* Lisa M. Hansen, Paul Hertzberg für CineTel Films, USA 1995; 113 Min.
*UA:* 24.1.1996, Sundance Film Festival, Utah; 29.3.1996, New York
*EA:* 22.2.1996, Int. Filmfestspiele Berlin, »Panorama«
*Vertrieb:* BMG Video; Juli 1996
*FSK:* ab 12 J.

Alternder, leicht verschrobener Dorfschullehrer läßt sich auf eine Affäre mit einer frühreifen 17jährigen Schülerin ein.
Unspektakulär und anrührendes Psychodrama – weitab von gängigen Klischees und geschmackssicher in Szene gesetzt.

(...) Am Schluß hat das Nymphchen Unglück gebracht, alles brennt, die Geigen schwellen und Joseph humpelt mit Rosealee ins Meer. Happy End.
*Simone Mahrenholz, Der Tagesspiegel, 24.2.96*

## Adieu, mon ami

8
**
TV

*Regie:* Franz Peter Wirth
*Darsteller:* Constanze Engelbrecht (Dagmar), Hans Kremer (Laurent), Julie Charon-Engelbrecht (Dagmar, jung), Jens Harzer (Laurent, jung)
*Drehbuch:* Nach dem Roman »Der Zwillingsbruder« von Barbara Noack
*Kamera:* Franz Rath (Farbe)
*Prod.:* BRD 1995; 105 Min.
*TV:* 10.4.1996, ARD, 20.15

(...) Die kleine Hamburgerin Dagmar, die 1943 bei einem Bombenangriff alle Angehörigen verloren hat, schlägt sich nach Bayern durch. Und findet im ebenso einsamen französischen Zwangsarbeiter Laurent einen zärtlichen und verständnisvollen Beschützer. (...) Beim Wiedersehen viele Jahre später bahnt sich eine große Liebe an. Doch dann erfährt Dagmar, daß ihr Freund in einer homosexuellen Beziehung gelebt hat. (...) In der Erwachsenenwelt seiner Protagonisten verblaßt der Glanz. Es wird geschwätzig, langatmig – und ein bißchen banal.
*Sigrid Feuerstein, AZ, 12.4.96*

## Adrenalin

9
**
TV

*Regie:* Dominique Othenin-Girard
*Darsteller:* Til Schweiger (Stephan Renner), Geno Lechner (Tatjana Sassmann), Ralph Herforth (Karly Schuster), Lena Gryczka (Jakkie), Anya Hoffmann (Annette Schaper), Thomas Balou Martin (Frank Schaper), Sven Martinek (Jochen Wagner)
*Drehbuch:* Douglas Scott-Hessler, Douglas Graham
*Prod.:* Phoebus Film für RTL, BRD 1996; 90 Min.
*TV:* 17.11.1996, RTL, 20.15

Ex-und-hopp-Aufheizer vom Explosiv-Fließband: Der Rache-Sado-Thriller hetzt den Exkomplizen und die Terroristenwitwe samt Kindergeisel in den Achterbahn-Countdown. Viel Blut und viel Geknalle. *Ponkie, AZ, 19.11.96*

## The Affair

THE AFFAIR

10
**
TV

*Regie:* Danny Taylor
*Darsteller:* Raelyn Saalman (Jennifer), Will Potter (Greg), Jenna Bodnar (Alexis), Robert L. Newman (Mark), Courtney B. Vance (Travis), Kathleen Scott (Linda), Kim Blair, Tatiana Alvarez, Kim Lombardi
*Drehbuch:* Eric Mandelbaum
*Kamera:* Brooks Robinson (Farbe)
*Musik:* Alan Williams
*Schnitt:* Kim Martin
*Prod.Des.:* Neal W. Zoromski
*Prod.:* Samantha Kash; H.C. Ritter (Line-Prod.) für Cameo Film, USA 1995; 85 Min.
*TV:* 23.2.1996, Premiere, 0.00

Neid, Eifersucht, Intrigen und eine Menge Sex für Langseher zur mitternächtlichen Stunde.

## Affair Play

AFFAIR PLAY

11
□
TV

*Regie:* Roeland Kerbosch
*Darsteller:* Derek de Lint (Alex Witsen), Lysette Anthony (Lisa Parks/Lucy), Bill Sage (Mikkey), Ann Hasekamp (Caroline), Valerie Valentine (Julia), Boudewijn de Groot (Simon West)
*Drehbuch:* Roeland Kerbosch, Bastiaan Gieben
*Kamera:* Nils Post (Farbe)
*Musik:* Laurens van Rooyen
*Schnitt:* Ewoud Hendriksen
*Prod.:* Matthijs van Heijingen, Niederlande 1995; 94 Min.
*TV:* 17.7.1996, Premiere, 20.15

Der Diamantenhändler Alex Witsen verliebt sich in seine Zufallsbekanntschaft Lisa und heiratet sie kurz darauf. Bald jedoch tyrannisiert er seine Frau mit rasender Eifersucht und Lisa erfährt, daß ihre Vorgängerin bei einem mysteriösen Autounfall ums Leben kam.

## Affäre mit dem Tod 12

MIND GAMES **

TV

*Regie:* Kevin Alber
*Darsteller:* Brian Krause (Matt Jarvis), Maria Ford (Ivory/Tess), Soleil Moon Frye (Becky Hanson), Raina Paris (Danielle Bocca), Richard Paul (Dean Meyer), Ingrid Sthare (Ashley), John Wildman (Jim Harvey), Christopher Burgard (Mike), Bill Rojas (Det. Mandel), Danielle Michonne (Sheila)
*Drehbuch:* Kevin Alber
*Kamera:* Andrea V. Rossotto (Farbe)
*Musik:* Deeji Mincey
*Schnitt:* Brett Hedlund
*Prod.:* John King III, Josh Wookward für Skyline/Smoke Ring Films, USA 1996; 95 Min.
*TV:* 5.11.1996, RTL2, 20.15

Ein junger Psychologe lernt eine Frau kennen, die seiner toten Geliebten bis aufs Haar gleicht. Und weil er Psychologe ist beginnt er zu zweifeln, auch an sich selbst. *Pressetext*

## Agent 00 – Mit der Lizenz zum Totlachen 13

SPY HARD **

*Regie:* Rick Friedberg
*Darsteller:* Leslie Nielsen (Dick Steele, »Agent WD-40«), Nicolette Sheridan (Veronique Ukrinsky, »Agent 3.14«), Charles Durning (Der Direktor), Marcia Gay Harden (Miss Cheevus), Barry Bostwick (Norman Coleman), John Ales (Kabul), Andy Griffith (General Rancor), Elya Baskin (Professor Ukrinsky)
*Drehbuch:* Rick Friedberg, Dick Chudnow, Jason Friedberg, Aaron Seltzer, nach einer Idee von Jason Friedberg, Aaron Seltzer
*Kamera:* John R. Leonetti (Technicolor)
*Musik:* Bill Conti – *Schnitt:* Eric Sears
*Prod.Des.:* William Creber
*Prod.:* Rick Friedberg, Doug Draizin, Jeffrey Konvitz für Hollywood Pic., USA 1996; 81 Min.
*Verleih:* Buena Vista/dto./dto./Buena Vista; 25.7.1996
*FSK:* ab 12, ffr. – *FBW:* Wertvoll

Im Stil der »Naked Gun«-Parodien bewahrt dessen Hauptdarsteller hier als Agent WD-40 die Welt vor einem armlosen Superschurken. An seiner Seite, wie in den »Vorbildern« von James Bond über »Speed« bis zu »True Lies« üblich, kämpft eine weibliche Schön-

*Nicolette Sheridan und Leslie Nielsen*

heit, Agentin 3.14, für den Weltfrieden und um die Liebe des Helden. Lieblos zusammengeschusterte Gags von unterschiedlichster Qualität und ein paar nette Cameo-Auftritte reichen weder an Nielsens frühere Parodien noch an humoristisches Mittelmaß heran.

*Zoom, 8/96*

Albert Baer in: Rheinische Post, 26.7.96; Thomas Klingenmaier in: Stgt. Zeitung, 26.7.96

## Les Agneaux 14

LES AGNEAUX ***

*Regie:* Marcel Schüpbach
*Darsteller:* Richard Berry (Vater), Brigitte Rouan (Mutter), Julia Maraval (Marie), Alexis Tomassian (Daniel), Noémie Kocher (Nadia), Roger Jendly, Christine Rossigneux, Geneviève Pasquier
*Drehbuch:* Pascal Bonitzer, Marcel Schüpbach, Olivier Dazat, Jean-François Goyet, nach dem gleichn. Roman von Ania Carmel
*Kamera:* Denis Jutzeler (Farbe)
*Musik:* Johann Sebastian Bach
*Schnitt:* Bruno Zincone
*Prod.:* Jean-Marc Henchoz, Jacques Perrin für JMH/Galatée/TSR/France 3, Schweiz/Frankreich 1996; 90 Min.
*UA:* 11.8.1996, Int. Filmfestival Locarno
*Verleih:* -/-/JMH; Nov. 1996

Zwei Geschwister, obwohl nicht Zwillinge, von irritierender Übereinstimmung und stets beisammen, leiden unter ihrem aufbrausenden, brutalen Vater, der sie zur Härte erzieht, während die Mutter vor sich hinkränkelt. Die Flucht der beiden stellt einerseits deren symbiotische Beziehung auf die Probe, andererseits provoziert sie eine Auseinandersetzung auf Leben und Tod mit dem Vater. Symbolhaft aufgeladene Individuations- und Ablösungsgeschichte, welche für ihre literarische Vorlage die adäquate filmische Umsetzung nicht findet und ein oftmals bemühtes Märchen mit bösem Ende serviert. *Zoom, 11/96*

## Aids ist nicht gleich Tod 15

***

*Regie:* Claus-Constantin Rüttinger, Thees Klahn
*Darsteller:* Claus-Constantin Rüttinger, Andreas Meyer-Hanno, Silvia Struller, Gudrun Krüger
*Drehbuch:* Claus-Constantin Rüttinger, Thees Klahn
*Kamera:* Peter Dörfler (Farbe)
*Schnitt:* Judith Futár-Klahn
*Prod.:* Thees Klahn für Dragon Ciné/Venture/Image Ent./SFB/SWF, BRD 1996; 103 Min.
*UA:* 24.2.1996, Int. Filmfestspiele Berlin, »Panorama: Dokumente«
*Verleih:* Salzgeber/-/-; 7.11.1996
*FSK:* ab 18, ffr.

Beobachtungen am Puls von Langzeitüberlebenden der Immunschwächekrankheit. Quer durch alle Bevölkerungsschichten und Betroffenengruppen versammelt der Film eine Reihe von Porträts von Aidskranken sowie Aktivisten, Aidshilfen und Selbsthilfegruppen aus der ganzen Republik.

## A. K. A. Don Bonus 16

A.K.A. DON BONUS ☐

*Regie:* Spencer Nakasako, Sokly ›Don Bonus‹ Ny
*Kamera:* Sokly ›Don Bonus‹ Ny (Farbe)
*Schnitt:* Ruby Yang, Debbie Lam, Sean Thomas
*Prod.:* NAATA, USA 1995; 55 Min.
*UA:* 7.3.1995, San Francisco Asian American Filmfestival
*EA:* 19.2.1996, Int. Forum des Jungen Films, Berlin
*Verleih:* Freunde/-/-; Winter 1996

Film-Tagebuch eines 18jährigen Schülers, der in San Francisco trotz Familienkrisen und Wohnungsproblemen seinen Abschluß macht.

## Akte X: 82517 17

THE X-FILES: 82517 ***

Video

*Regie:* David Nutter (NISEI), Rob Bowman (731)
*Darsteller:* David Duchovny (Fox Mulder), Gillian Anderson (Dana Scully), Mitch Pileggi (Walter S. Skinner), Steven Williams (X), William B. Davis (»Kettenraucher«), Gillian Barber (Penny), Raymond J. Barry, Brendan Beiser, Tom Braidwood, Dean Haglund
*Drehbuch:* Chris Carter, Howard Gordon, Frank Spotnitz (NISEI), Frank Spotnitz (731)
*Kamera:* John S. Bartley (Farbe)
*Musik:* Mark Snow
*Schnitt:* Jim Gross, Stephen Mark

*Prod.Des.:* Graeme Murray
*Prod.:* Rob Bowman, Kim Manners, Joseph Patrick Finn für Ten Thirteen/Twentieth Television, USA 1995; 88 Min.
*Vertrieb:* 20th Century Fox Home Video; 19.9.1996
*FSK:* ab 16 J.

Ein Video mit Bildern einer Alien-Obduktion führt die FBI-Agenten Mulder und Scully auf die Spur einer Organisation, die mit Menschen experimentiert. Aus zwei Folgen der SF-Serie zusamengestoppelte, holprige Mystery-Story für die Fans.

## Akte X: Der Fall Tooms 18

THE X-FILES: TOOMS ***

Video

*Regie:* Harry Longstreet (Squeeze Das Nest); David Nutter (Tooms Ein Neues Nest)
*Darsteller:* David Duchovny (Fox Mulder), Gillian Anderson (Dana Scully), William B. Davis (»Zigarettenraucher«), Mitch Pileggi (Walter S. Skinner), Doug Hutchison (Eugene Victor Tooms), Henry Beckman (Sheriff), Donald Logue (Tom Colton), Kevin McNutly (Fuller), Terence Kelly, Timothy Webber
*Drehbuch:* Glen Morgan, James Wong
*Kamera:* John S. Bartley (Farbe)
*Musik:* Mark Snow
*Prod.Des.:* Graeme Murray
*Prod.:* Ten Thirteen/20th Century TV/20th Century Fox Film Prod.:, USA 1993,1994; 87 Min.
*Vertrieb:* 20th Century Fox Home Video; März 1996
*FSK:* ab 16 J.

Auskoppelung aus der zur Kultserie avancierten US-Science-fiction-Reihe, die von Genreklischees durchsetzte Stories im 90er-Jahre-Tempo aufbereitet.
Diesmal stellt in Baltimore eine unheimliche Mordserie die Polizei vor immer neue Rätsel. Die FBI-Agenten stoßen auf Tooms, der zwar ein perfektes Alibi besitzt, aber in seiner Behausung sehr unkonventionelle Gäste beherbergt.

## Akte X: Die Kolonie 19

THE X-FILES: ABDUCTION ***

Video

*Regie:* Rick Marc
*Darsteller:* David Duchovny (Fox Mulder), Gillian Anderson (Dana Scully), Mitch Pileggi (Walter S. Skinner), Garry Däne (Captain), Andrew Johnston (Agent Weiss), Allan Lisse (Abel Gardner), J.B. Bivens, Oliver Becker, Beatrice Zelliger, Bonnie Hay
*Drehbuch:* Chris Carter, nach einer Story von David Duchovny, Chris Carter
*Kamera:* John S. Bartley (Farbe)
*Musik:* Mark Snow
*Schnitt:* James Goblentz
*Prod.:* Joseph Patrick Fing, Rob Bowman für Ten Thirteen/20th Century TV/20th Century Fox Film, USA 1995; 132 Min.
*Vertrieb:* 20th Century Fox Home Video; Juli 1996
*FSK:* ab 16 J.

Die FBI-Agenten stoßen auf geklonte Außerirdische, die, auf der Erde angesiedelt einer Mordserie zum Opfer fielen. Der sich ständig verwandelnde Mörder will offensichtlich die ganze Kolonie der Klons ausrotten.

## Akte X: Die ungeöffnete Akte 20

THE X-FILES: THE UNOPENED FILE ***

Video

*Regie:* R.W. Goodwin, Rob Bowman
*Darsteller:* David Duchovny (Fox Mulder), Gillian Anderson (Dana Scully), William B. Davis (»Kettenraucher«), Jerry Hardin, Bruce Harwood, Dean Haglund, Tom Braidwood, Mitch Pileggi (Walter S. Skinner), Steven Williams (X), Nicholas Lea (Krycek)
*Drehbuch:* Chris Carter
*Kamera:* John Bartley (Farbe)
*Musik:* Mark Snow
*Prod.Des.:* Graeme Murray
*Prod.:* Joseph Patrick Finn für Ten Thirteen/ 20th Century TV, USA 1995; 128 Min.
*Vertrieb:* 20th Century Fox Video; 8.2.1996
*FSK:* ab 12 J.

Eine weitere Folge der Kultserie, in der es diesmal um von der US-Regierung sanktionierte Genmanipulationen an Außer- wie Innerirdischen.

## Akte X: Master Plan 21

THE X-FILES: MASTER PLAN ***

Video

*Regie:* R.W. Goodwin
*Darsteller:* David Duchovny (Fox Mulder), Gillian Anderson (Dana Scully), Mitch Pileggi (Walter S. Skinner), Steven Williams (Mr. »X«), William B. Davis (»Kettenraucher«),

Roy Thinnes (J. Smith/»Wunderheiler«), Brian Thomson, Hrothgar Mathews, Rebecca Toolan, Jerry Hardin
*Drehbuch:* Chris Carter (Herrenvolk); Chris Carter, David Duchovny (Talitha Cumi)
*Kamera:* Ron Stannett (Herrenvolk); John S. Bartley (Talitha Cumi) (Farbe)
*Musik:* Mark Snow
*Prod.:* Joseph Patrick Finn, Kim Manners, Rob Bowman, USA 1996; 90 Min.
*Vertrieb:* 20th Century Fox Home Video; 28.11.1996
*FSK:* ab 16 J.

Diesmal fahndet Mulder nach einem angeblichen Wunderheiler, der seine schwer erkrankte Frau Mutter heilen soll.
Wie »82517« eine aneinandermontierte Doppelfolge und dramaturgisch ebenso fragwürdig.

## Die Aktion

22
***
TV

*Regie:* Thomas Bohn
*Darsteller:* Désirée Nosbusch (Gräfin Tatjana von Selasinsky), Hannes Jaenicke (Paul Gauert), Ingo Naujoks (Droste), Adolf Laimböck (Holger Mauss)
*Drehbuch:* Thomas Bohn
*Prod.:* BRD 1995; 80 Min.
*TV:* 15.5.1996, ARD, 23.00

(...) Nicht nur als Racheakt einer reichen Erbin am Umweltschänder-Vater übers Grab hinaus, sondern auch als pfiffiger Wiedererkennungs-Comic der gesamten regierungsverknäuelten Umweltverschmutzer-Szene von Plastikbecher-Joghurtfabrikanten, korrupten Baugenehmigungs-Kunglern und Wakkersdorfer Althelden. (...) Ein kindisch rivalisierendes Wühlteam im Dienste der Rache-Erbin gegen die Grundwasser-Sau – boshaft und saukomisch.
*Ponkie, AZ, 17.5.96*

## Alaska

ALASKA

23
**

*Regie:* Fraser C. Heston
*Darsteller:* Thora Birch (Jessie Barnes), Vincent Kartheiser (Sean Barnes), Dirk Benedict (Jake Barnes), Charlton Heston (Perry), Gordon Tootoosis (Ben)
*Drehbuch:* Andy Burg, Scott Myers
*Kamera:* Tony Westman (Technicolor)
*Musik:* Reg Powell
*Schnitt:* Rob Kobrin
*Prod.Des.:* Douglas Higgins
*Prod.:* Carol Fuchs, Andy Burg für Castle Rock Ent., USA 1996; 109 Min.
*EA:* 14.8.1996, New York
*Verleih:* Concorde/Constantin/Monopole Pathé/Columbia TriStar Home Video; 26.9.1996
*FSK:* ab 6, ffr.
*FBW:* Wertvoll

Zwei Jugendliche begeben sich heimlich auf die Suche nach ihrem verschollenen Vater, der mit seinem Flugzeug in Alaska abgestürzt und spurlos verschwunden ist. Dabei bekommen sie Hilfe von einem jungen Polarbären, den sie aus den Händen von Wilderern befreien. Schablonenhafter Kinder- und Abenteuerfilm, der einfachste Regeln mißachtet und jegliche Authentizität vermissen läßt. Zaghafte Versuche, die märchenhaften Züge zu unterstreichen, bleiben in Anfängen stecken. Eigentlicher Star des Films sind die Landschaften und Gebirge Alaskas. *Zoom, 16/96*

(...) Ein durch ein recht dummes und simples Drehbuch belasteter und obendrein schlampig und anfängerhaft inszenierter Film. *multimedia*

Martina Knoben in: SZ, 26.9.96

## Albert Kahn – Architekt der Moderne

24
***

*Regie:* Dieter Marcello
*Darsteller:* Michael Schenk, Susana Fernandez-Genebra
*Drehbuch:* Dieter Marcello
*Kamera:* Christian Lehmann (Farbe)
*Musik:* Charles Ives, Gustav Holst, Albrecht Imbescheid
*Schnitt:* Christel Maye
*Prod.:* Dieter Marcello für Dieter Marcello Projekt + Film, BRD 1993; 84 Min.
*Verleih:* Sputnik/-/-; 11.1.1996
*FSK:* o.A., ffr.

Dokumentation über den Architekten Albert Kahn (1869–1942), der maßgeblich die amerikanische Industrie-Architektur Anfang unseres Jahrhunderts prägte.

## Alf – Der Film 25

PROJECT: ALF **

*Regie:* Dick Lowry
*Darsteller:* Alf (Originalstimme Paul Fusco), Martin Sheen (Col. Milfoil), Miguel Ferrer (Dr. Dexter Moyers), William O'Leary (Lt. Rick Mullican), Jensen Daggett (Capt. Melissa Hill), Ray Walston (Motelbesitzer), Scott Michael Campbell (Lt. Reese)
*Drehbuch:* Tom Patchett, Paul Fusco
*Kamera:* Henry Lebo (Farbe)
*Musik:* Mark Snow
*Schnitt:* William B. Stitch
*Prod.Des.:* Guy Barnes
*Prod.:* Tom Patchett für Patchett Kaufman Ent. mit Paul Fusco Prod./Ufa Babelsberg, USA 1995; 92 Min.
*Verleih:* Tobis/Constantin/-/VCL Video; 9.5.1996
*FSK:* o.A., ffr.

Alf, der aus dem Fernsehen vertraute Außerirdische, wird als vermeintliche Gefahr für die Menschheit von einem Oberst der US-Air Force in seiner Existenz bedroht, aber von Wohlmeinenden gerettet. Trotz einiger guter Dialogpointen reicht es nicht für einen abendfüllenden Film. *multimedia*

(...) Doch wie die Schlußpointe wirkungslos verpufft, so verblaßt die Erinnerung an das schlappe Filmchen bereits wenige Minuten nach Verlassen des Kinos: Sogar für Fast-food-Fans wie Alf selbst eine Zumutung.
*Joseph Heinrichs, Rheinische Post, 10.5.96*

## Alien Nation: Body and Soul 26

ALIEN NATION: BODY AND SOUL **
Video

*Regie:* Kenneth Johnson
*Darsteller:* Gary Graham (Matthew Sikes), Eric Pierpoint (George Francisco), Michele Scarabelli (Susan), Terri Freas (Cathy Frankel), Lauren Woodland (Emily), Sean Six (Buck), Jeff Marcus (Albert Einstein), Ron Fassier (Capt. Grazier), Jenny Gago (Det. Zepeda), Josie Kim (Dr. Lois Kim)
*Drehbuch:* Diane Frolov, Andrew Schneider, Renee Longstreet, Harry Longstreet
*Kamera:* Shelly Johnson (Farbe)
*Musik:* David Kurtz
*Schnitt:* Alan C. Marks
*Prod.Des.:* Colin Irwin
*Prod.:* Paul Kurta für 20th Century Fox TV, USA 1995; 86 Min.
*Vertrieb:* 20th Century Fox Home Video; 29.8.1996 – *FSK:* ab 12 J.

US-TV-Film um zwei eineiige Zwillinge, die als Kreuzung zwischen Mensch und Alien zur Welt kamen. Science-fiction-Plunder.

Oliver Rahayel in: film-dienst, 22/96

## Alle haben geschwiegen 27

****
TV

*Regie:* Norbert Kückelmann
*Darsteller:* Dorotheé Harbinger (Corinna Klein), Wolfram Berger (Kommissar Werner), Heinz Josef Braun (Kommissar Kronauer), Robert Giggenbach (Georg Habich), Winfried Frey (Rick Brenner), Mario Irrek (Andi Kiefer), Gerhard Wittmann (Lutz Kern), Ilona Grandke (Corinnas Mutter), Gerald A. Held (Staatsanwalt), Dominic Raacke (Verteidiger)
*Drehbuch:* Norbert Kückelmann, Dagmar Kekulé, nach einer Vorlage von Norbert Kückelmann
*Kamera:* Jürgen Jürges (Farbe)
*Musik:* Frank Loef
*Schnitt:* Siegrun Jäger
*Prod.Des.:* Franz Bauer
*Prod.:* FFAT für ZDF/Arte/SRG, BRD 1996; 114 Min.
*EA:* Filmfest München 1996
*TV:* 12.7.1996, Arte, 20.45; 3.10.1996, ZDF, 20.15

Verschwörung des Schweigens: Der Mord an der 20jährigen Corinna Klein, sie wurde brutal mißhandelt und erwürgt, in einer süddeutschen Kleinstadt bleibt unaufgeklärt. Die drei jugendlichen Tatverdächtigen halten dicht. Erst Jahre später beginnt einer von ihnen zu reden; offenbar von seinem Gewissen getrieben. Es kommt zum Prozeß vor dem Schwurgericht. *AZ TV Beilage*

Hans-Peter Kunisch in: SZ, 15.7.96

## Alle reden über Snooky 28

T'AR SPRINGET **
Video

*Regie:* Jorgen Vestergaard
*Darsteller:* Bjarke Smitt Vestermark (Eigil), Jannie Faurschou (Eigils Mutter), Soeren Saetter-Lassen (Eigils Vater), Kurt Ravn (Prof. Pflaume), Sos Egelind (seine Frau), Niels Olsen (Edvin)
*Drehbuch:* Benny Andersen, Jorgen Vestergaard

*Dorothée Harbinger, Winfried Frey, Gerhard Wittmann, Mario Itrek in ›Alle haben geschwiegen‹*

*Kamera:* Claus Loof (Farbe)
*Musik:* Fuzzy
*Schnitt:* Jorgen Kastrup
*Prod.:* Lars Kolvig für Nordisk Film/Jorgen Verstergaard Film/TV 2 Danmark/Svensk Filmindustri/Benny Andersen, Dänemark/ Schweden 1994; 78 Min.
*Vertrieb:* Starlight Video; Januar 1996
*FSK:* o.A.

Der kleine Eigil zieht mit seinem Kobold Snooky aus, um das von Immobilienhaien bedrohte Elternhaus zu retten. Vergleichsweise oberflächlicher und mit Vordergründigkeit operierender Kinderfilm.

## Die Allee des Königs

29
***
TV

L' ALLEE DU ROI

*Regie:* Nina Companeez
*Darsteller:* Dominique Blanc (Françoise d'Aubigné), Didier Sandre (Ludwig XIV), Valentine Varela (Madame de Montespan), Michel Duchaussoy (Scarron), Samuel Labarthe (Villarceaux)
*Drehbuch:* Nina Companeez, nach dem Roman von Françoise Chandernagor
*Kamera:* Dominique Brabant (Farbe)
*Musik:* Bruno Bontempelli
*Schnitt:* Nicole Berckmans
*Prod.Des.:* Yves de Marseille
*Prod.:* Mag Bodard für France 2/Ciné Mag Bodard/SFP Productions/La Sept-Arte, Frankreich 1995; 2 x 120 Min.
*EA:* Filmfest München 1996
*TV:* 20.12.1996, Arte, 20.45

Aus ärmsten Verhältnissen stammend, wird Françoise d'Aubigné nach dem Tod ihres Mannes Gouvernante der unehelichen Kinder von Ludwig XIV. am Hof von Versailles. Zwischen ihr und dem Sonnenkönig entsteht ein mehr als vertrauensvolles Verhältnis.

## Alles kein Problem!

30
***

LES TROIS FRERES

*Regie:* Didier Bourdon, Bernard Campan
*Darsteller:* Bernard Campan (Bernard Latour), Didier Bourdon (Didier Latour), Pascal Legitimus (Pascal Letour), Antoine du Merle (Michael), Anne Jacquemin (Marie), Marine Jolivet (Christine), Pierre Meyrand (Rouge-

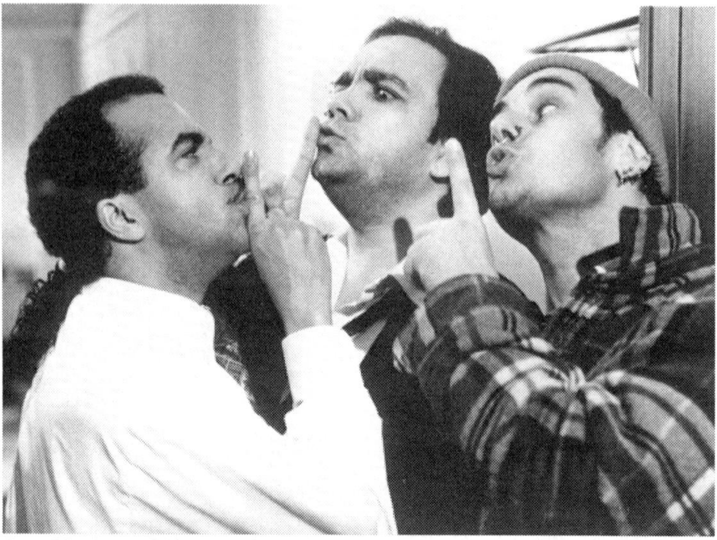

*Pascal Legitmus, Didier Bourdon und Bernard Campan haben doch ein Problem*

mont), Annik Alane, Isabelle Gruault
*Drehbuch:* Didier Bourdon, Bernard Campan, Michel Lengliney
*Kamera:* Alain Choquart (Farbe)
*Musik:* Olivier Bernard, Didier Bourdon
*Schnitt:* Gérard Klotz
*Prod.Des.:* Christian Marti
*Prod.:* Paul und Alexandre Ledermann für Renn/Paul et Alexandre Ledermann/ TF1 Films mit Canal Plus, Frankreich 1995; 109 Min.
*EA:* Filmfest München 1996
*Verleih:* NIL/-/Monopole Pathé; 26.9.1996
*FSK:* ab 6, ffr. – *FBW:* Wertvoll

Ein Testament bringt es ans Tageslicht: Der verhinderte Regisseur Bernard, der smarte Designer Pascal und der kleine Angestellte Didier sind Halbbrüder. Der Tod der Mutter beschert den Dreien nicht nur die Aussicht auf eine satte Erbschaft, sondern auch eine schöne Haßliebe unter Geschwistern. Die Komiker Campan, Bourdon und Legitimus, die seit Jahren eng zusammenarbeiten sind als Regisseure und Hauptdarsteller reflexhaft aufeinander eingespielt. Situationen lösen sich regelmäßig in wildem Grimassieren und Chaos auf, was den Film schnell vorhersehbar und langweilig macht.
*Bettina Bromme, tip, 20/96*

(...) Sozialkomödie des in Frankreich erfolgreichen Komikertrios »Les inconnus«, das sich leidlich um Tempo und witzige Einlagen bemüht, jedoch in althergebrachten Rollenvorgaben der traditionellen Familie (Vater, Mutter, Kind) versandet. *Zoom, 11/96*

Margret Köhler in: AZ, 26.9.96; Anke Sterneborg in: SZ, 26.9.96

## Alles nur Tarnung 31

**

*Regie:* Peter Zingler
*Darsteller:* Mario Adorf (Willi Butzbach), Ben Becker (Harry Butzbach), Heinz Hoenig (Prottengeier), Elke Sommer (Jutta), Muriel Baumeister (Marlies), Claude-Oliver Rudolph (Schleimer), Martin Semmelrogge (Heinzi), Thierry van Werveke (Pfeife), Uwe Fellensieck (Freddie), Brigitte Janner (Lisbeth)
*Drehbuch:* Peter Zingler
*Kamera:* Jörg Seidl (Farbe)
*Musik:* Günter Möll
*Schnitt:* Ulli Leipold

*Prod.Des.:* B. Gaebler
*Prod.:* Peter Zingler, Daniel Zuta für ZZ Film, BRD 1996; 94 Min.
*Verleih:* UIP/UIP/-; 14.11.1996
*FSK:* ab 12, ffr.
*FBW:* Wertvoll

Es ist schon ein sehr großer Zufall, wenn Vater und Sohn sich eine Gefängniszelle teilen müssen und ausgerechnet ein Stock tiefer die Freundinnen der Männer inhaftiert sind.
Einem jungen Burschen gelingt es, in der gleichen Haftanstalt wie sein Vater, ein alter Ganove, zu landen. Er kommt jedoch ebenso wie seine Freundin bald frei, während der Vater weiterhin den gewohnten Gefängnisalltag genießt. Deutsches Lustspiel, das in seinen Grundmustern an Klamotten der Zwischenkriegszeit anschließt, aber neben einigen oberflächlichen Karikaturen kaum Humor zu bieten hat. *multimedia*

(…) Zingler, ein früherer Einbrecher, kennt den Gefängnisalltag aus eigener Erfahrung. Sein Drehbuch überzeugt daher mit Insider-Wissen, seine Inszenierung jedoch ist hölzern und leblos und vermag den Witz und Charme, der in den Dialogen steckt, nicht zum Funkeln zu bringen. *tip, 24/96*

(…) Es mag ja sein, daß mit den Erfahrungen des Ex-Einbrechers und Ex-Knackis Peter Zingler Details in den Film eingeflossen sind, die nicht so sehr an den Haaren herbeigezogen sind, wie sie wirken, doch ist dieser analfixierte Humor für den auf freiem Fuß befindlichen Kinogänger alles andere als komisch: Nur unwesentlich unterhaltsamer als vier Wochen Einzelhaft.
*Christian Seebaum, Kölner Stadt-Anzeiger, 16.11.96*

Heiko R. Blum in: Rheinische Post, 15.11.96; Rupert Koppold in: Stgt. Zeitung, 14.11.96; Susanna Nieder in: Der Tagesspiegel, 14.11.96

## Alles wegen Robert De Niro 32
***
TV

*Regie:* Helmut Förnbacher
*Darsteller:* Götz Alsmann (Lothar Alzheim), Angelika Milster (Mechthild), Markus Paßlick, Ilse Werner
*Drehbuch:* Angelina Maccarone
*Prod.:* BRD 1996; 90 Min.
*TV:* 4.12.1996, ARD, 20.15

*Die Schauspieler waren gut, aber: Mario Adorf und Ben Becker in ›Alles nur Tarnung‹*

*Pascal Duquenne und Daniel Auteuil*

(...) Draller Ausflug in die Hollywood-Ladenmädchenphantasie: Einen Wurstverkäuferinnentraum von der Liza-Minelli-Blitzkarriere – direkt von der Supermarkt-Wursttheke weg an die Seite des Haartollentyps von Kasse 3, der sich als Nachtclub-Bandleader seine Freizeit verschönt und von seinen Musikgesellen mit der Forderung nach einer Sängerin gequält wird. (...) Der Haartollen-Entertainer und Top-Musiker liefert für diesen kreativen Supermarkt-Freak und Kondomtrottel Witz und Typenkomik, aber die Längen der Schmalspurstory läppern sich zusammen, samt Running Gag mit Ilse Werner. *Ponkie, AZ, 6.12.96*

## Am achten Tag 33

LE HUITIEME JOUR ****

*Regie:* Jaco Van Dormael
*Darsteller:* Pascal Duquenne (Georges), Daniel Auteuil (Harry), Miou-Miou (Julie), Isabelle Sadoyan (George's Mutter), Henri Garcin, Michèle Maes, Laszlo Harmati, Helene Roussel, Fabienne Loriaux, Didier De Neck
*Drehbuch:* Jaco Van Dormael
*Kamera:* Walther Van Ende (Farbe)
*Musik:* Pierre Van Dormael
*Schnitt:* Susana Rossberg
*Prod.:* Philippe Godeau für Pan-Européenne/Home Made/TF1 Films/RTL/TVI/Working Title/D.A. mit Canal Plus, Frankreich/Belgien 1996; 118 Min.
*UA:* 15.5.1996, Int. Filmfestspiele Cannes
*Verleih:* Pandora/filmladen/Filmcooperative; 5.12.1996
*FSK:* ab 6, ffr.

Georges ist mongoloid und lebt seit dem Tod seiner Mutter im Heim. Harry ist Marketingexperte, seine Familie ist an seiner Karriere zerbrochen. Als Georges mit seiner unberechenbaren Lebensart in Harrys durchorganisierte Terminplanung einbricht, gerät dessen Welt ins Wanken. Mit Witz und Charme wird von Begegnung und Freundschaft zweier gegensätzlicher Menschen erzählt. Während Georges, durch die Anlage des Szenarios begünstigt, als eindrückliche Persönlichkeit erfahren wird, krankt die Figur Harrys an ihrer Konstruiertheit. Der augenzwinkernde, sympathische Erzählstil rettet den Film über die etwas zu märchenhaften Stellen hinweg. *Zoom, 8/96*

(...) Im zweiten Teil des Films bricht Jaco Van Dormael seinen Stil der stillen, assoziativen Bilder zwischen Realität und Phantasie, macht aus der Annäherung der beiden so unterschiedlichen Freunde eine wilde Ausbruch-Klamotte und Behinderten-Freakshow. Dabei geht die vorher so stimmige Atmosphäre unter, ertrinkt in hemmungsloser Sentimentalität.

*Angie Dullinger, AZ, 5.12.96*

*Mögen Sie den Vergleich mit »Rain Man« und »Forrest Gump« oder ärgert Sie das?*

Ich finde nicht, daß sich die Filme gleichen, und wenn, macht das nichts. Im Gegensatz zum Autisten in »Rain Man« liebt Georges die ganze Welt. Aber schon bei den Schauspielern gibt es einen Unterschied. Pascal Duquenne ist mongoloid und gleichzeitig ein toller Schauspieler, er mußte nicht ›spielen‹ wie Tom Hanks oder Dustin Hoffman. Ihr Film endet fast wie ein Märchen.

Jedenfalls nicht naturalistisch. Die beiden Charaktere Harry und Pascal verschmelzen. Ich glaube nicht, daß sich Pascal tötet. Das Pralinenessen macht ihm Spaß, er will zu seiner Mutter zurück in eine andere Welt. Aber er verläßt unser Universum nicht, sondern bleibt unsichtbar präsent. Ich finde es auch furchtbar, den Zuschauer in ein tiefes Loch zu stürzen. Er soll glücklich aus dem Film kommen, offen für andere und anderes sein und mit Optimismus wieder in seine, vielleicht etwas geänderte Realität zurückkehren.

*Jaco Van Dormael im Interview mit Margret Köhler, 1996*

Elke Biesel in: Kölner Stadt-Anzeiger, 7.12.96; Bettina Bremme in: tip, 25/96; Joseph Heinrichs in: Rheinische Post, 6.12.96; Thomas Klingenmaier in: Stgt. Zeitung, 5.12.96; Simone Mahrenholz in: Der Tagesspiegel, 5.12.96; Christiane Peitz in: Die Zeit, 6.12.96; H.G. Pflaum in: SZ, 5.12.96; Frank Schnelle in: FR, 5.12.96

## Die Ameisenstraße

34
****

*Regie:* Michael Glawogger
*Darsteller:* Robert Meyer (Alfred Navratil), Bibiane Zeller (Frau Gerhartl), Nikolaus Paryla (Roland Wanecek), Monika Tajmar (Frau Wanecek), Wolfgang Böck (Ernstl Freitag), Brigitte Kren (Rosi Freitag), Branko Samarovski, Maresa Hörbiger, Josef Hendrichs, Julius Mitterer
*Drehbuch:* Michael Glawogger, Barbara Zuber
*Kamera:* Jirí Stibr (Farbe)
*Musik:* Marcus Davy
*Schnitt:* Andrea Wagner
*Prod.Des.:* Christoph Kanter
*Prod.:* Danny Krausz, Milan Dor für Dor Film, Österreich 1995; 87 Min.
*UA:* 22.10.1995, Viennale, Wien
*Verleih:* -/filmladen/-; April 1996

Aus einer Ansammlung von Individualisten und Egoisten wird eine tatkräftige Notgemeinschaft, als der skrupellose Besitzer ein altes Wiener Mietshaus »zu Tode sanieren« will. Abwechslungsreich inszenierte, quirlige, gelungene Milieustudie mit treffender Charakterzeichnung, deren Skurrilität manchmal kafkaeske Ausmaße erreicht, amüsant auf der Ebene des (stellenweise recht sarkastischen) Humors, aber mit ihrem Hintergrund rührender menschlicher Momente auch nachdenklich stimmend. *multimedia*

## Amelia Earhart – Der letzte Flug

35
AMELIA EARHART: THE FINAL FLIGHT
***
TV

*Regie:* Yves Simoneau
*Darsteller:* Diane Keaton (Amelia Earhart), Rutger Hauer (Fred Noonan), Bruce Dern (George Putnam), Paul Guilfoyle (Paul Mantz), David Carpenter (Harry Kanning), Denis Arndt (Joseph Laughlin), Diana Bellamy (Mrs. Atkinson), Warren Munson (Präsident Elliot), Marilyn Rockafellow (Mrs. Elliot), Hansford Rowe
*Drehbuch:* Anna Sandor, Doris L. Rich, nach dem Buch »Amelia Earhart: A Biography« von Doris L. Rich
*Kamera:* Lauro Escorel (Farbe)
*Musik:* George S. Clinton
*Schnitt:* Michael Ornstein
*Prod.Des.:* Bill Malley
*Prod.:* Cary Brokaw; Gordon Wolf (Line-Prod.), USA 1994; 94 Min.
*TV:* 5.9.1996, Premiere, 22.00

Porträt der Amerikanerin Amelia Earhart, der berühmtesten Pilotin der Welt, die zweimal den Atlantik überquert und Weltrekorde aufgestellt hat. 1937 will sie auf ihrem Flug die Erde auf der Äquator-Linie umrunden. Von diesem Flug kehrt sie nicht mehr zurück.

## American Blue Note 36

AMERICAN BLUE NOTE □ TV

*Regie:* Ralph Toporoff
*Darsteller:* Peter MacNicol (Jack), Carl Capotorto (Jerry), Tim Guinee (Bobby), Bill Christopher-Myers (Lee), Jonathan Walker (Tommy), Charlotte d'Amboise (Benita), Trini Alvarado (Lorraine), Louis Guss, Zohra Lampert, Eddie Jones
*Drehbuch:* Gilbert Girion, nach einer Geschichte von Ralph Toporoff und Gilbert Girion
*Kamera:* Joey Forsyte (Technicolor)
*Musik:* Larry Schanker
*Schnitt:* Jack Haigis
*Prod.Des.:* Charles Lagola
*Prod.:* Ralph Toporoff für Vested Interrests Prod., USA 1989; 97 Min.
*TV:* 11.8.1996, SWF, 14.00

## American Buffalo 37

AMERICAN BUFFALO **

*Regie:* Michael Corrente
*Darsteller:* Dustin Hoffman (Teach), Dennis Franz (Don), Sean Nelson (Bobby)
*Drehbuch:* David Mamet, nach seinem gleichn. Theaterstück
*Kamera:* Richard Crudo (Farbe)
*Musik:* Thomas Newman
*Schnitt:* Kate Sanford
*Prod.Des.:* Daniel Talpers
*Prod.:* Gregory Mosher für Punch Prod. mit Channel Four, USA 1996; 88 Min.
*UA:* Int. Filmfestspiele Venedig 1996
*Verleih:* Tobis/-/-; 17.10.1996
*FSK:* ab 12, ffr.

(…) Mag sein, daß Mamets Bühnenstück einen speziellen amerikanischen Nerv trifft: Die Abstiegsangst der erfolgsfixierten »Versager«, gepeinigt von Lebenslüge und Selbstbetrug. Doch der Redeschwall der Teach-Monologe und der philosophischen Don-Einlagen wird von der metaphorischen Symbolgewalt wie mit einem Zementsack erschlagen.
Eine Tirade der Selbstzerstörung als

*Dustin Hoffman*

Kehrseite des American Way of Life – Star-Solo für Dustin Hoffman.
*Ponkie, AZ, 24.10.96*

(…) 84 Minuten dauert das gute Stück, aber es wird darin so pausenlos und rasant geredet, soviel Dialog zelebriert, daß man am Ende meinen kann, zwei Stunden der Suada von Dustin Hoffman ausgesetzt gewesen zu sein. Was aber nichts daran ändert, daß die nervtötende Rederei eine absolute Leistung ist.
*Peter W. Jansen, Der Tagesspiegel, 16.10.96*

(…) Dieser über die Maßen zähe Film kann sich ja an keiner Stelle lösen vom Theater. Corrente sperrt seine Schauspieler in Kulissen ein und hält dann mit der Kamera drauf auf deren Gesichter. Und fast alle Nebengeräusche filtert er weg, weil er den Dialog sozusagen pur will und dafür jede Raumwirkung opfert.
Wobei dieser Dialog in seiner mutwilligen Redseligkeit so klingt, als habe

Herbert Reinecker versucht, ein Harold-Pinter-Stück zu schreiben. Ein bißchen Tennessee Williams und Arthur Miller (die damals so beliebten Lebenslügen!) kann man auch noch raushören, ja, es steht dieses ebenso verschwätzte wie nichtssagende Kammerspiel sowieso merkwürdig neben seiner Zeit. (...) *Rupert Koppold, Rheinische Post, 18.10.96*

Peter Buchka in: SZ, 17.10.96; Christiane Peitz in: Die Zeit, 18.10.96

## American Quilt 38

AMERICAN QUILT ***

*Regie:* Jocelyn Moorhouse
*Prod.:* USA 1995
*R:* Jocelyn Moorhouse

Videotitel für → Ein amerikanischer Quilt

## American Tigers 39

AMERICAN TIGERS *

Video

*Regie:* David Worth
*Darsteller:* Sam Jones, Rorion Gracie, Don Gibb, Cynthia Rothrock
*Prod.:* USA 1996; 95 Min.
*Vertrieb:* Madison Video; 18.9.1996
*FSK:* ab 18 J.; gekürzte Fassung 92 Min. ab 16 J.

Sechs zum Tode Verurteilte werden zum Anti-Terror-Kommando gedrillt. Völlig bedeutungsloses, langweiliges Kampfsport- und Actionfilmchen.

## Amerika 40

***

TV

*Regie:* Ronald Eichhorn
*Darsteller:* Sophie von Kessel (Lillian Feuerbach), Stephan Ullrich (Rudi), Gudrun Okras (Karla), Hagen Mueller-Stahl (Otto), Weijian Liu (Thien), Michael Kind (Kleiber), Horst Krause (Fritz), Ezard Hausmann (Lillis Vater)
*Drehbuch:* Joseph Orr, nach der Idee von Ronald Eichhorn
*Kamera:* Gero Steffen (Farbe)
*Musik:* Dieter Schleip
*Prod.:* BRD 1995; 89 Min.
*TV:* 12.2.1996, ZDF, 19.25

(...) Hier hat eine Frau die Moral auf ihrer Seite. Lillian (mitreißend: Sophie von Kessel, die als blauäugige Alice im Wunderland Boden unter die Füße bekommt) sieht sich bei der Testamentseröffnung schon als Erbin eines Edelrestaurants in den Staaten. Doch der Gasthof ist eine auf Bockwurst spezialisierte Bruchbude, die Bevölkerung mißtrauisch und schadenfroh, ein Bodenspekulant mit Kakerlaken und Sprengstoff zu allem bereit. Die neue Besitzerin kriegt die Kurve und Lkw-Fahrer auf die Feinschmecker-Spur. Dann aber kommt der große Knall. Ein opulentes Märchen mit Road-Movie-Flair, Witz, Romantik – und liebevollem Blick für skurrile Typen am Wegesrand. *Sigrid Feuerstein, AZ, 14.2.96*

## Ein amerikanischer Quilt 41

HOW TO MAKE AN AMERICAN QUILT ***

*Regie:* Jocelyn Moorhouse
*Darsteller:* Winona Ryder (Finn), Anne Bancroft (Glady Joe), Ellen Burstyn (Hy), Maya Angelou (Anna), Kate Capshaw (Sally), Melinda Dillon (Mrs. Darling), Jared Leto (Beck), Dermont Mulroney (Sam), Kate Nelligan (Constance), Derrick O'Connor (Dean)
*Drehbuch:* Jane Anderson, nach dem gleichn. Roman von Whitney Otto
*Kamera:* Janusz Kaminski (Farbe)
*Musik:* Thomas Newman
*Schnitt:* Jill Bilock
*Prod.Des.:* Leslie Dilley
*Prod.:* Sarah Pillsbury, Midge Sanford für UIP/Universal, USA 1995; 117 Min.
*UA:* 6.10.1995, New York
*Verleih:* UIP/UIP/UIP/CIC Video, Titel: American Quilt; 1.2.1996
*FSK:* ab 6, ffr. – *FBW:* Wertvoll

Kurz vor ihrer Hochzeit verbringt eine Studentin die Ferien bei Großmutter und Großtante. Während Verwandte und Familienfreundinnen den »Quilt«, ihre Hochzeitsdecke nähen, entwickeln sich in Rückblenden noch einmal deren Liebeserfahrungen und -enttäuschungen. Der Film erzählt von Frauenschicksalen, spannende Liebesgeschichten von Glück, Schmerz und geplatzten Träumen bis an die Grenze zum Kitsch. Das sehr konventionelle Ende ist ein Hohelied an Ehe und Treue. *Margret Köhler*

*Anne Bancroft, Ellen Burstyn, Wynona Ryder, Alfre Woodard und Kate Nelligan in ›Ein amerikanischer Quilt‹ von Jocelyn Moorhouse*

(...) Eine konventionelle, schönfärberisch inszenierte Sommeridylle, die nur vorgeblich weibliche Selbstverwirklichung propagiert, tatsächlich aber konservative Ideale propagiert. *Zoom*

Albert Baer in: Rheinische Post, 2.2.96; Thomas Klingenmaier in: Stgt. Zeitung, 1.2.96; Milan Pavlovic in: Kölner Stadt-Anzeiger, 3.2.96

## Amnesia 42

AMNESIA **

Video

*Regie:* Kurt Voss
*Darsteller:* Ally Sheedy (Marthe Keller), John Savage (Tim Bishop), Sally Kirkland (Charlene Hunt), Nicholas Walker (Pfarrer Paul Keller), Data Tomanovich (Lehrerin)
*Drehbuch:* David Henry, Chris Belden, Kurt Voss
*Kamera:* Feliks Parnell (Farbe)
*Musik:* Reg Powell
*Schnitt:* Pamela Martin
*Prod.:* Larry Rattner, Ehud Bleiberg, Yitzhak Ginsberg, Steven Reich für Dream Ent./Flores Street, USA 1996; 84 Min.
*Vertrieb:* VMP Video; 31.10.1996
*FSK:* ab 16 J.

Ehebrecherischer Prediger landet nach fehlgeschlagenem und vorgetäuschtem Selbstmordversuch in den Händen einer psychotischen Verehrerin. Etwas wirrer, uneinheitlicher Thriller mit interessanter Besetzung.

## Amore! 43

AMORE **

TV

*Regie:* Lorenzo Doumani
*Darsteller:* Jack Scalia (Saul Schwartz), Kathy Ireland (Taylor Christopher), Elliott Gould (George Levine), Betsy Russell (Cheryl), George Hamilton (Rudolfo »Rudy« Carbonera), James Doohan (Dr. Albert Landon), Joey DePinto (Joey De Toro), Brenda Epperson (Louise »Louie« Armstrong)
*Drehbuch:* Lorenzo Doumani
*Kamera:* (Farbe)
*Musik:* Harry Manfredini
*Prod.:* USA 1993; 89 Min.
*TV:* 30.1.1996, Pro7, 10.25

Kurz nach seinem 40. Geburtstag ändert der frustrierte Multi-Millionär Saul Schwartz radikal sein Leben. Er gibt alles auf und geht nach Hollywood, um Schauspieler zu werden. Saul ändert Namen und Aussehen, als Salvatore Giuliano kommt der erhoffte Erfolg. Nur mit der Liebe zur schönen Autorin Taylor will es nicht so recht klappen.
*Pressetext*

## L' Amore Molesto 44

L' AMORE MOLESTO ***

*Regie:* Mario Martone
*Darsteller:* Anna Bonaiuto (Delia), Angela Luce (Amalia), Carmela Pecoraro (Delia als Kind), Licia Maglietta (Amalia als junge Frau), Gianni Cajafa (Onkel Filippo), Anna Calato (Signora De Riso), Giovanni Viglietti (Caserta), Peppe Lanzetta (Antonio), Italo Celoro (Delias Vater), Francesco Paolantoni
*Drehbuch:* Mario Martone, nach dem gleichn. Buch von Elena Ferrante
*Kamera:* Luca Bigazzi (Technicolor)
*Musik:* Steve Lacy, Alfred Schittke, Daniele Sepe, Alan Sorrenti
*Schnitt:* Jacopo Quadri
*Prod.:* Angelo Curti, Andrea Occhipinti, Kermit

Smith für Lucky Red/Teatri Uniti mit RAI-3, Italien 1995; 104 Min.
*UA:* Int. Filmfestspiele Cannes 1995
*Verleih:* -/-/Filmcooperative; Februar 1996

Nach dem angeblichen Selbstmord ihrer Mutter Amalia forscht Delia im heimatlichen Neapel nach den Hintergründen. Hat Amalias Liebhaber Caserta, den Delia bereits für die Trennung der Eltern verantwortlich machte, Amalias Tod verursacht? Begegnungen mit Caserta und seinem Sohn sowie mit ihrem eigenen Vater führen zur schokkierenden Erkenntnis, daß Delia selbst am Zerfall ihrer Familie mitschuldig war. Gut gespielte, aber dennoch mehr spröde als fesselnde Studie einer Mutter-Tochter-Beziehung und Kindheitsaufarbeitung. *Zoom, 1/96*

## Die andere Mutter 45
LOSING ISAIAH ***
Video

*Regie:* Stephen Gyllenhall
*Darsteller:* Jessica Lange (Margaret Lewin), Halle Berry (Khaila Richards), David Strathairn (Charles Lewin), Samuel L. Jackson (Kadar Lewis), Cuba Gooding jr. (Eddie Hughes), Daisy Eagan (Hannah Lewin), Marc John Jeffries (Isaiah), Joie Lee (Marie), Regina Taylor (Gussie), LaTanya Richardson (Caroline Jones)
*Drehbuch:* Naomi Foner, nach dem Roman von Seth Margolis
*Kamera:* Andrzej Bartkowiak (Farbe)
*Musik:* Mark Isham
*Schnitt:* Harvey Rosenstock
*Prod.Des.:* Jeannine Claudia Oppewall
*Prod.:* Howard Koch jr., Naomi Foner für Paramount, USA 1995; 102 Min.
*Vertrieb:* CIC Video; Mai 1996
*FSK:* ab 12 J.

Weiße Ärztin adoptiert farbiges Findelkind, das nach Jahren von seiner ehemals drogensüchtigen Mutter zurückgefordert wird.
Emotionales Drama, zuweilen gemächlich und selten berührend, trotz guter schauspielerischer Leistungen.

## Der andere Wolanski 46
***
TV

*Regie:* Hartmut Griesmayr
*Darsteller:* Hans-Peter Korff (Bosch), Stefanie Stappenbeck (Mascha), Jürgen Holtz (Wolanski), Andrea L'Arronge (Vivian), Bernd Michael Lade (Boris), Holger Handtke (Polizist), Thomas van Hoorn, Alfred Urankar, Bernd Tauber, Lauretta Hickman
*Drehbuch:* Detlef Michel
*Kamera:* Charly Steinberger (Farbe)
*Musik:* Roland Baumgartner
*Prod.:* BRD 1995; 90 Min.
*TV:* 23.2.1996, Arte, 20.45; 29.4.1996, ZDF, 19.25

Ein kleiner Betrüger verliert auf der Flucht sein Geld durch eine Verwechslung an einen anderen. Um sein Geld wiederzubekommen, nimmt er dessen Namen an: Wolanski. Er ahnt allerdings nicht, daß der andere Wolanski ein Mörder ist. *Pressetext*

## Angel Baby 47
ANGEL BABY ****

*Regie:* Michael Rymer
*Darsteller:* John Lynch (Harry), Jacqueline McKenzie (Kate), Colin Friels (Morris), Deborra-Lee Furness (Louise), Daniel Daperis (Sam), David Argue (Dave), Geoff Brooks (Rowan), Humphrey Bower (Frank), Glynis Angell (Joanne), Lois Collinder
*Drehbuch:* Michael Rymer
*Kamera:* Ellery Ryan (Farbe)
*Musik:* John Clifford White
*Schnitt:* Dany Cooper
*Prod.Des.:* Chris Kennedy
*Prod.:* Timothy White, Jonathan Shteinman für Stamen Films/Meridian Films, Australien 1995; 104 Min.
*Verleih:* Nil/polyfilm/Rialto/BMG Video; 18.4.1996
*FSK:* ab 12, ffr. – *FBW:* Wertvoll

Während seiner Gruppentherapiesitzungen verliebt sich der unter psychotischen Anfällen leidende Harry in seine Mitpatientin Kate. Im Glauben an die Kraft ihrer rauschhaften Liebe riskiert das junge Paar den Schritt zu einem gemeinsamen »normalen« Leben. Als Kate schwanger wird und die beiden sich gegen den Widerstand ihrer Umgebung für das Kind entscheiden und ihre Medikation absetzen, kommt es zur Katastrophe. Mit hervorragenden Darstellern besetztes, anrührendes Porträt zweier Außenseiter in ihrem Kampf um ein selbstbestimmtes Leben, das auf

*Jacqueline McKenzie und John Lynch in ›Angel Baby‹ von Michael Rymer*

Schuldzuweisungen verzichtet und ganz auf Emotionen setzt. *Zoom, 5/96*

Kerstin Decker in: Der Tagesspiegel, 19.4.96; Thomas Klingenmaier in: Stgt. Zeitung, 18.4.96; Tobias Kniebe in: SZ, 19.4.96; Heike Kühn in: FR, 18.4.96; Christiane Peitz in: Die Zeit, 3.5.96

## Angels and Insects 48

ANGELS AND INSECTS ***

*Regie:* Philip Haas
*Darsteller:* Mark Rylance (William Adamson), Kristin Scott Thomas (Matty Crompton), Patsy Kensit (Eugenia Alabaster), Jeremy Kemp (Sir Harald Alabaster), Douglas Henshall (Edgar), Annette Badland (Lady Alabaster), Chris Larkin (Robin), Anna Massey (Miss Mead), Saskia Wickham (Rowena Alabaster)
*Drehbuch:* Belinda Haas, Philip Haas, nach der Novelle »Morpho Eugenia« von A. S. Byatt
*Kamera:* Bernard Zitzermann (Technicolor)
*Musik:* Alexander Balanescu
*Schnitt:* Belinda Haas
*Prod.Des.:* Jennifer Kernke
*Prod.:* Joyce Herlihy, Belinda Haas für Playhouse/Samuel Goldwyn, GB/USA 1995; 117 Min.
*UA:* 5.5.1995, Int. Filmfestspiele Cannes
*Verleih:* -/-/Cinetell; August 1996

Ein mittelloser Forscher bescheidener Herkunft wird in frühviktorianischer Zeit mittels Heirat in eine vermögende Familie vorgelassen, über die wahren Gründe seiner Begünstigung aber im dunkeln gelassen. Heutiges englisches Kino in fast idealer Verfassung.
*Zoom, 8/96*

Mit »Angels & Insects« mußte Regisseur Philip Haas so manchen unbeabsichtigten Lacher einstecken. Ist ja auch lustig, wie dampfend triebhaft es hinter den Tüllvorhängen des Himmelbetts der Adelslady Eugenia (Blondfee mit Abgründen) zur Sache geht. Insektenforscher William, gerade vom Amazonas zurückgekehrt ins viktorianische England, verfällt als Gast des Hobby-Insektologen Alabaster schnell den Reizen von dessen Tochter Eugenia und wird als gehörnter Ehemann und Papa entsetzter Augenzeuge von Eugenias inzestuösem Tun mit Bruder Edgar (beachtliche Physis. Wer regt sich da noch über Bruce Willis' Präsentation in »Colour of Night« auf?) Bevor alles zu spät ist, entdeckt William die Forscherqualitäten der Hausdame und haut mit ihr zu neuen Amazonas-Abenteuern ab.
*Angie Dullinger, AZ, 21.5.95*

## Die Angst vor der Idylle 49

***
TV

*Regie:* Götz Spielmann
*Darsteller:* Margot Vuga (Sandra), Marcus Bluhm (Konrad), Regina Fritsch (Claudia), Roswitha Soukup (Anna), Katharina Stemberger (Karin), Herbert Föttinger (Andreas), Hakon Hirzenberger (Gerhard), Holger Gotha (Rainer), Michael Kreihsl (Mike), Monika Tajmar (Claudias Mutter)
*Drehbuch:* Götz Spielmann
*Kamera:* Peter Zeitlinger (Farbe)
*Musik:* Michael Henning
*Schnitt:* Hubert Canaval
*Prod.:* Thalia-Film für ORF/ZDF, Österreich/BRD 1994; 90 Min.
*EA:* 10.2.1995, Int. Filmfestspiele Berlin, »Panorama: art & essai«
*TV:* 14.1.1996, ZDF, 22.30; 29.10.1996, 3sat, 20.15

Den unterschiedlichen Umgang von vier jungen Frauen mit ihrem Alltag, ihrem Glück und Unglück. Eine subtile Geschichte über die Wahrheit und Wirklichkeit von Beziehungen junger Frauen, die sich noch gegen das Erwachsenwerden wehren.

## Angus – voll cool 50

ANGUS

***

*Regie:* Patrick Read Johnson
*Darsteller:* Kathy Bates (Meg Bethune), George C. Scott (Ivan), Charles Talbert (Angus Bethune), Rita Moreno (Madame Rulenska), Chris Owen (Troy Wedberg), Lawrence Pressman (Principal Metcalf), Ariana Richards (Melissa Lefevre), Anna Thompson (April Thomas), Robert Curtis-Brown (Alexander), Kevin Connolly (Andy)
*Drehbuch:* Jill Gordon, nach einer Kurzgeschichte von Chris Crutcher
*Kamera:* Alexander Gruszynski (Farbe)
*Musik:* David Russo
*Schnitt:* Janice Hampton
*Prod.Des.:* Larry Miller
*Prod.:* Dawn Steel, Charles Roven für Atlas Ent., USA 1995; 90 Min.
*Verleih:* Concorde/-/Monopole Pathé/ VCL Video; 8.2.1996
*FSK:* ab 6, ffr. – *FBW:* Wertvoll

Angus, Sprößling einer etwas unkonventionellen Familie, ist zwar hell auf der Platte und ein rasanter Football-Spieler, wird aber seiner Korpulenz wegen von der tonangebenden Collegeclique, zu der auch sein Schwarm Melissa gehört, gemieden und mit miesen Streichen traktiert. So haben Angus und sein mickriger Freund einiges auszustehen, bevor er mit Melissa als Königspaar am Schulball triumphieren kann. Das etwas klischeehafte, aber gut besetzte Teenagerstück hat einen typisch amerikanischen Traum zum Thema: ein Außenseiter riskiert Kopf und Kragen, um trotz widrigster Hindernisse sein Ziel zu erreichen. *Zoom, 2/96*

(...) Das wenig originell und verlogen wirkende Pubertätsdrama mag erzieherisch wertvoll sein, hat aber kaum etwas mit der Realität, sondern eher mit Wunschdenken zu tun. *tip, 4/96*

(...) So hat auch der Film selbst, vorsichtig gerechnet, mindestens drei Probleme: er ist zu ernst, nicht ernst genug und ein klein wenig zu pädagogisch korrekt. *Joachim Auch, Stgt. Zeitung, 8.2.96*

Joseph Heinrichs in: Rheinische Post, 10.2.96; Frank Noack in: Berliner Tagesspiegel, 8.2.96

## Anna, die Leihmutter 51

A MAGZAT

**
TV

*Regie:* Márta Mészáros
*Darsteller:* Adél Kovács (Anna Balázs), Aliona Antonova (Teréz Kincses), Jan Nowicki (Peter), Barbara Hegyi (Judit), Lászlo Bolyki (János Balázs), Lili Monori (Marcsi), Enikö Börcsök (Fürsorgerin Erzsébet Kord), Teri Torday, Zsuzsa Czinkoczi, Miklos B. Szekely
*Drehbuch:* Márta Mészáros, Eva Pataki
*Kamera:* Nyika Jancso (Eastmancolor)
*Musik:* Michal Lorenc
*Schnitt:* Eva Karmento
*Prod.:* Ferenc Kardos für Budapest Film Studio/Magyar Televizio/Telewizja Polska, Ungarn/Polen 1993; 102 Min.
*UA:* 15.2.1994, Int. Filmfestspiele Berlin
*TV:* 12.5.1996, ARD, 23.00

Die renommierte ungarische Regisseurin Márta Mészáros nervt mit ihrem Drama um eine mißglückte Leihmutterschaft. Kein Klischee wird vermieden (Herztöne-Abhorchen am schwangeren Bauch, Geheule, Gezärtel und Hysterie), keine Peinlichkeit ausgelassen in der Geschichte der neureichen

Budapester Geschäftsfrau, die sich das ungewollte dritte Kind einer Verkäuferin kaufen will. Dazu kommen Fehler (Februar ist gewiß auch in Ungarn kein Frühlingsmonat), Stilbrüche (Achtung, Klamotte, und schwups, steht der Smoking-Gatte im Swimmingpool) und Sentimentalitätsdrücker (Frauen weinen für den Frieden).
*Angie Dullinger, AZ 17.2.94*

Kaum zu glauben, daß die ungarische Regisseurin, die bedeutende Filme gedreht hat (...), sich auf eine solche Peinlichkeit wie diese parfümierte Fruchtbarkeitssülze einließ. Ein Hang zum Frauenkitsch? *Ponkie, AZ, 19.5.96*

## Annabelles größter Wunsch 52

FREAKY FRIDAY ***
TV

*Regie:* Melanie Mayron
*Darsteller:* Shelley Long (Ellen Andrews), Gaby Hoffman (Annabelle Andrews), Catlin Adams (Mrs. Barab), Sandra Bernhard (Frieda Debny), Andrew Bilgore (Mr. Sweet), Alan Rosenberg (Bill), Asher Metchik, Eileen Brennan, Carol Kane, Drew Carey
*Drehbuch:* Stu Krieger, nach dem Roman von Mary Rodgers
*Kamera:* Russ Alsobrook (Farbe)
*Musik:* James McVay, Lisa Harlow Stark
*Schnitt:* Henk van Eeghen
*Prod.Des.:* Peg McClellan
*Prod.:* Joan Van Horn für ZM Prods. für Walt Disney Television, USA 1995; 90 Min.
*UA:* 6.5.1995, ABC, 20.00
*TV:* 21.7.1996, Premiere, 7.05

Nach dem Anlegen eines wunderkräftigen chinesischen Talismannes, erwachen Mutter Ellen und ihre 13jährige Tochter am nächsten Tag mit vertauschten Rollen. Mutter Ellen muß nämlich zur Schule gehen, während Annabelle jetzt Mutters Modefirma übernimmt.

## Annie II – Ein königliches Abenteuer 53

ANNIE – A ROYAL ADVENTURE ***
Video

*Regie:* Ian Toynton
*Darsteller:* George Hearn (Oliver »Daddy« Warbucks), Ashley Johnson (Annie), Joan Collins (Lady Hogbottom), Jayne Ashbourne (Charity), Carol Cleveland (Miss Hannigan), Buffy Davis (Mrs. Webb), Ian Redford (David Webb), Timothy Bateson (Derwood), Deborah McLaren (Madame Charlotte), Ian McDiarm
*Drehbuch:* Trish Soodik, nach dem Bühnenstück »Little Orphan Annie« von Thomas Meehan
*Kamera:* Alan Hume (35mm)
*Musik:* David Michael Keith
*Schnitt:* James Galloway
*Prod.Des.:* Robin Tarsnane
*Prod.:* Lindsay Doran für TriStar Television, USA/GB 1995; 88 Min.
*Vertrieb:* Columbia TriStar Home Video; 17.9.1996
*FSK:* o.A.

Annie und ihre Freundinnen decken in London ein Komplott auf und drehen den Verbrechern eine Nase. Von der ersten Minute an schwächelnde Kinder-Krimi-Komödie, in der nur Joan Collins überzeugt.

## Der Anschlag 54

DE AANSLAG ****
TV

*Regie:* Fons Rademakers
*Darsteller:* Derek de Lint (Anton), Marc van Uchelen (Anton als Kind), Monique van de Ven (Truus/Saskia), John Kraaykamp (Cor Takes), Huub van der Lubbe (Ploeg/Vater und Sohn), Elly Weller (Frau Beumer), Ina van der Molen (Karin Korteweg), Caspar De Boer (Peter), Amadeus August (Hauptsturmführer), Ludwig Haas (General)
*Drehbuch:* Gerard Soeteman, nach dem gleichn. Roman von Harry Mulisch
*Kamera:* Theo van de Sande (Farbe)
*Musik:* Jurriaan Andriessen
*Schnitt:* Kees Linthorst
*Prod.:* Fons Rademakers, Jos van der Linden für Cannon, Niederlande 1986; 148 Min.
*EA:* Filmfest München 1987
*TV:* 2.5.1996, ZDF, 0.35

Der niederländische Krieg-und-Frieden-Film beginnt mit der Erschießung eines Kollaborateurs – was Repressalien der Deutschen nach sich zieht: Das Kind Anton erlebt die Ermordung seiner Familie.
Wie der erwachsene Anton, ein bewußt unpolitischer Arzt, im Nachkriegs-Europa immer wieder alten Bekannten begegnet, neue (antikommunistische) Repressalien mitansieht, sich raushalten will, aber mit seinen eigenen Kin-

*Willeke van Ammelrooy und Els Dottermans in ›Antonia's Welt‹ von Marleen Gorris*

dern in Anti-Atombomben-Demos landet (wobei sich der Anschlag von damals in immer neuem, anderem Licht darstellt) – das gewinnt trotz überbordender und oft verwirrender Form eine Kraft der Realität: Schuld ist überall, Haß bringt nichts, Vergessen aber auch nicht. *Ponkie, AZ, 4.5.96*

## Antonia's Welt 55

ANTONIA / ANTONIA'S LINE ****

*Regie:* Marleen Gorris
*Darsteller:* Willeke van Ammelrooy (Antonia), Els Dottermans (Danielle), Dora van der Groen (Allegonde), Jan Declair (Bauer Bas), Marina De Graaf (Deedee), Mil Seghers (Krummfinger), Veerle van Overloop (Thérèse), Elsie de Brauw (Lara, Lehrerin), Jan Steen (Lippen Willem)
*Drehbuch:* Marleen Gorris
*Kamera:* Willy Stassen (Farbe)
*Musik:* Ilona Sekacz
*Schnitt:* Michiel Reichwein, Wim Louwrier
*Prod.Des.:* Harry Ammerlaan
*Prod.:* Hans de Weers; Antonio Lombardo, Judy Counihan für Bergen Film/Prime Time/ Bard Entertainments/NPS Televisie, Niederlande/Belgien/GB 1995; 97 Min.
*UA:* Toronto Filmfestival
*EA:* Filmfest München 1996
*Verleih:* MFA/polyfilm/Rialto/VMP Video; 5.9.1996
*FSK:* ab 12, ffr.

Kurz nach dem Zweiten Weltkrieg kehrt Antonia mit ihrer Tochter ins Heimatdorf zurück. So ganz will die alleinerziehende Mutter nicht ins ländliche Bild passen. Im Laufe der Jahre wird ihr Haus zu einer Art Landkommune für alle, die ein bißchen anders sind. Klingt kitschig, doch Marleen Gorris inszeniert die Idylle mit so rotzfrecher Selbstverständlichkeit, daß man sich gerne einlullen läßt. Mit heiterer Gelassenheit wird eine Familienchronik mit matriarchaler Utopie erzählt. Doch leider müssen sich die Männer in dieser Frauenmär irgendwann von ihrer schlechtesten Seite zeigen.
*Anke Lewerke, tip, 19/96*

(...) Die Regisseurin skizziert mit leichter Hand, mit Witz und Ironie eine von der weiblichen Linie geprägte Familienchronik, verknüpft geschickt die Geschichte von fünf Frauengenerationen. Ein streckenweise leicht sentimentaler Film mit guten darstellerischen Leistungen. *Zoom, 3/96*

Silvia Hallensleben in: Der Tagesspiegel, 5.9.96; W.O.P. Kistner in: AZ, 5.9.96; H.G. Pflaum in: SZ, 5.9.96; Oliver Rahayel in: Kölner Stadt-Anzeiger, 7.9.96; Angela Schmitt-Gläser in: FR, 10.9.96

## Anwesenheit 56

PRISUTSTWIJE □

*Regie:* Tolib Chamidow
*Darsteller:* Tolib Chamidow (Darwesch, der Regisseur), Sergej Chatschaturow (Schauspieler), Safar Iskandarow (Der Physiker), Angelika Gomon, Bachodur Miralibekow
*Drehbuch:* Tolib Chamidow
*Kamera:* Okil Chamidow, Georgi Dsalajew, Sikrijo Israilow, Rustam Muchamedshanow (Farbe)
*Musik:* Tolib Schachidi
*Schnitt:* Tolib Chamidow
*Prod.:* Obid Chamidow, Sochib Tachirow für Sinamo, Tadshikistan 1995; 83 Min.
*UA:* 18.2.1996, Int. Forum des Jungen Films, Berlin
*Verleih:* Freunde/-/-; Winter 1996

Film über das Filmemachen in einem vom Bürgerkrieg gespaltenen Land.

## Apollo 13 – In den Weltraum und zurück 57

APOLLO 13 – TO THE EDGE AND BACK *** Video

*Regie:* Noel Buckner, Rob Whittlesey
*Drehbuch:* Noel Buckner, Rob Whittlesey
*Kamera:* Tom Taylor (Farbe)
*Musik:* Sheldon Mirowitz
*Schnitt:* Mark Steele, Dan Lesiw, Jim Deering
*Prod.:* Noel Buckner, Rob Whittlesey für WGBH mit TV Asahi/Central TV, USA 1995; 90 Min.
*UA:* 20.7.1994, PBS TV
*Vertrieb:* CIC Video; Juni 1996

Dokumentation über die Beinahe-Katastrophe der US-Weltraumfahrt im April 1970, die lange nach ihrer Entstehung und nur im Zuge des Erfolges der Hollywood-Version »Apollo 13« zu Videoehren kommt.

## Apropos de Joye 58

****

*Regie:* Isolde Marxer
*Darsteller:* Mitwirkende: Guido von Salis, Walter Marti (Stimme von Abbé Joye), Rosina Frosch, Sibylle Birkenmayer (Stimme von Sylvine Anklin)
*Drehbuch:* Isolde Marxer
*Kamera:* Helena Vagnières (Farbe)
*Schnitt:* Jürg Hassler
*Prod.:* Franziska Reck, Isolde Marxer, Schweiz 1995; 101 Min.
*Verleih:* -/-/Bernard Lang; Januar 1996

Der Jesuitenpater Joseph Joye (1852 bis 1919), genannt Abbé Joye, setzte als einer der ersten in der Schweiz Lichtbilder und Filme für die Jugendarbeit und Seelsorge am Basler Borromäum ein und hinterließ eine bedeutende Filmsammlung. Isolde Marxers raffiniert geschnittener Film schlägt inhaltliche und visuelle Brücken zwischen Joyes Zeit und der Gegenwart, hinterfragt Joyes Beziehung zu seiner wichtigsten Mitarbeiterin und thematisiert die Bedeutung von Religion und Sakralem für die Menschen von damals und heute – ein in Konzeption und Gestaltung ungewohntes originelles Werk.
*Zoom, 1/96*

## Around the Block 59

***

*Regie:* Alain Klarer
*Kamera:* Jürg Hassler (Farbe)
*Musik:* Sam Bisbee
*Schnitt:* Kristina Boden, Rachel Warden, Joanna Kiernan
*Prod.:* Ruth Waldburger, Alain Klarer für Vega, Schweiz/Frankreich/USA 1996; 80 Min.
*EA:* Int. Hofer Filmtage 1996
*Verleih:* -/-/Filmcooperative; Dezember 1996

Neun ehemalige Drogenabhängige aus New York, die den Ausstieg geschafft haben und seit längerer Zeit ›clean‹ sind, porträtiert der größtenteils konventionell gefilmte und strukturierte Dokumentarfilm. Teilweise energischeres Nachhaken von seiten des Regisseurs wäre erwünscht gewesen, wenn auch der ungewöhnliche (nämlich positive) Standpunkt neue, hoffnungsvolle Perspektiven zu diesem aktuellen Thema aufzeigt. *Zoom, 12/96*

## Asphaltflimmern 60

***

*Regie:* Johannes Hebendanz
*Darsteller:* Fati Sengül (Gena), Thorsten Schätz (Micka), Oda Pretschner (Phillipa), Sergeij Gritsai (Rotarmist), Utz Krause (Tankwart), Jens Weisser (Polizist), Waltraud

Borchmann (Heimleiterin), David Kyungu (Rollstuhlfahrer), Bodo Schielicke (Friseur), Udo Molkentin (Chef)
*Drehbuch:* Johannes Hebendanz
*Kamera:* Peter Jochen Krause (Farbe)
*Musik:* Wolfgang von Henko
*Schnitt:* Johannes Hebendanz, Bruno Knoche
*Prod.Des.:* Stephanie Wirth
*Prod.:* Bruno Knoche für Bruno Knoche Film für ZDF, BRD 1994; 80 Min.
*EA:* Int. Filmfestspiele Berlin 1995, »Neue deutsche Filme«
*Verleih:* Basis/-/-; 18.1.1996
*FBW:* Wertvoll

Zwei halbwüchsige Autodiebe auf der Flucht vor der Polizei bilden eine unfreiwillige Solidargemeinschaft mit einer jungen Frau, halten sich mit »Brüchen« und kleinen Gaunereien über Wasser und entdecken in gestohlenen Autos die neuen Bundesländer.

## Atemlose Jagd 61

DIAMOND RUN □

TV

*Regie:* David Giancola
*Darsteller:* Richard Lynch (Sloan), Linda Ljoca (Megan Marlow), Michael J. Valentine (Jack Cates), Fred Gleek (Deputy), Peter Harrington (Walker)
*Drehbuch:* Marty Poole, Derrick J. Costa
*Prod.:* USA 1996; 110 Min.
*TV:* 25.9.1996, RTL2, 20.15

Juwelendiebin und New Yorker Detektiv geraten in das Schußfeld eines sadistischen Sprengstoffexperten.

## Attwengerfilm 62

***

*Regie:* Wolfgang Murnberger, Florian Flicker, Bernhard Weirather
*Darsteller:* Markus Binder, Hans-Peter Falkner
*Drehbuch:* W. Murnberger, F. Flicker, B. Weirather, nach einer Idee von Wolfgang Murnberger
*Kamera:* Fabian Eder (Farbe und s/w)
*Musik:* Attwenger
*Schnitt:* Bernhard Weirather, Evi Romen
*Prod.:* Erich Lackner für Lotus, Österreich 1995; 90 Min.
*Verleih:* Ventura/polyfilm/-; 22.8.1996/ Sept. 1995 Österr.

Porträt des oberösterreichischen Duos »Attwenger«, das mit minimalistischen Mitteln der Volksmusik neue Impulse gab. Der Film ist eine Montage aus Konzertmitschnitten, Interviews und Trickfilmen, die speziell zur Musik konzipiert wurden.

Roland Rust in: film-dienst, 17/96

## Auch Männer mögen's heiß 63

PEDALE DOUCE ***

*Regie:* Gabriel Aghion
*Darsteller:* Patrick Timsit (Adrien), Fanny Ardant (Eva), Richard Berry (Alexandre), Michèle Laroque (Marie), Jacques Gamblin (André), Boris Terra (Cyril), Christian Bujeau (Dr. Séverine), Axelle Abbadie (Claire), Facundo Bo (Pepito), Yan Duffas
*Drehbuch:* Gabriel Aghion, Patrick Timsit, Pierre Palmade
*Kamera:* Fabio Conversi (Farbe)
*Musik:* Hervé Masini, Philippe Chopin
*Schnitt:* Luc Barnier
*Prod.Des.:* Carlos Conti
*Prod.:* Marie-Dominique Girodet für MGD Productions/TF1 Films/Tentative D'Evasion mit Canal Plus, Frankreich 1996; 102 Min.
*EA:* Filmfest München 1996

*Fanny Ardant in ›Auch Männer mögen's heiß‹*

*Verleih:* Tobis/Constantin/Sadfi/Universum Film; 8.8.1996
*FSK:* ab 12, ffr.

Adrien verdient tagsüber seine Brötchen als erfolgreicher Banker, darf sich nur abends als Schwuler amüsieren. Als sich seine platonische Liebe, eine Discowirtin, in seinen verheirateten Chef verliebt, wird Adrien eifersüchtig und spinnt einige böse Intrigen.
Eine schräge Mischung aus Witz, Komik, Klamauk und Klischee mit teilweise äußerst deftigen Scherzen. Dennoch ein Schwulenfilm, der sich wohltuend von der abgenudelten Drag-Queen-Welle abhebt. *Margret Köhler*

Albert Baer in: Rheinische Post, 9.8.96; Thomas Klingenmaier in: Stgt. Zeitung, 8.8.96; Margret Köhler in: AZ, 8.8.96 (Interview Aghion); Dietrich Kuhlbrodt in: FR, 8.8.96

## Auf Bewährung 64

REFORM SCHOOL GIRLS **
Video

*Regie:* Jonathan Kaplan
*Darsteller:* Aimée Graham (Donna Patterson), Teresa DiSpina (Carmen), Matt LeBlanc (Vince), Nick Chinlund (Dr. Ted Meeks), Carolyn Seymour (Mrs. Turnbull)
*Drehbuch:* Bruce Meade, nach einer Erzählung von Edward Berus, Bruce Meade
*Kamera:* James Chressanthis (Farbe)
*Musik:* Hummie Mann
*Schnitt:* Michael Ornstein
*Prod.:* Debra Hill, Lou Arkoff, Willie Kutner für Spelling Ent., USA 1994; 79 Min.
*Vertrieb:* VCL Video; April 1996
*FSK:* ab 12 J.

Dünnes US-TV-Filmchen über das Schicksal einer Handvoll weiblicher Gefängnisinsassinnen in den 50er Jahren. Wieder ein Remake, das man sich hätte sparen können.

Klaus Brühne in: film-dienst, 10/96

## Auf der Spur des großen Bären 65

WALKING THUNDER □
TV

*Regie:* Craig Clyde
*Darsteller:* John Denver (John McKay), Klara Irene Miracle (Emma McKay), David Tom (Jacob McKay), Kevin Connors (Toby McKay), James Read (Abner Murdock), Chief Ted Thin Elk (Medizinmann Darkwind), Christopher Neame (Ansel Richter), Kasey Clyde (Danny McKay), Marjorie Hilton, David Chambers
*Prod.:* USA 1994; 105 Min.
*TV:* 3.2.1996, Vox, 14.20

Die Siedlerfamilie McKay verschlägt es 1850 in die Rocky Mountains, wo sie einen rauhen Winter erleben. Sie lernen von einem alten Sioux-Medizinmann, sich der unbezwingbaren Natur anzupassen und erleben aufregende Abenteuer.

## Auf der Spur einer Beichte 66

ACTS OF CONTRITION □
TV

*Regie:* Jan Egelson
*Darsteller:* Mark Harmon (Jonathan Frayne), Julianne Phillips (Becka Sharp), Ron Perlman (Chas Brawley), Sarah Trigger (Laura Ebersale), Gustave Johnson (Det. Mark Kanin), David Clennon (Jimbo), Betty Miller (Doris Campesi)
*Drehbuch:* John Pielmeier
*Kamera:* Andrzej Sekula (Farbe)
*Musik:* Gary Chang
*Prod.:* USA 1995; 86 Min.
*TV:* 6.2.1996, Premiere, 22.30

Jonathan Frayne moderiert eine Radiosendung, in der sich Menschen in psychischer Not Rat holen. Die Polizei vermutet, daß auch Kriminelle unter den Anrufern sein könnten. Mit einer Fangschaltung hoffen sie, dem Serienkiller Campesi auf die Spur zu kommen. (...) *Pressetext*

## Auf der Suche nach der magischen Maske 67

MAX IS MISSING □
TV

*Regie:* Mark Griffiths
*Darsteller:* Toran Caudell (Max), Victor Rojas (Juanito), Matthew Sullivan (Robbie), Alexandra Hedison (Rebecca), Charles Napier (Bekker), Rick Dean, Ramsay Ross, Iris Peynado, Ramon Garcia
*Drehbuch:* Gordon Cassidy, Mark Griffiths
*Kamera:* Blake T. Evans (Farbe)
*Musik:* Arthur Kempel
*Prod.:* USA 1995; 92 Min.
*TV:* 3.10.1996, Pro7, 17.35

Als Max mit seinem Vater nach Peru reist, wird er dort zufällig Zeuge eines Mordes. Der Junge ahnt nicht, daß ihm das Opfer kurz vor seinem Tod noch eine wertvolle Inka-Statue zustecken konnte. Und so beginnt für Max ein lebensgefährliches Abenteuer. *Pressetext*

## Auf der Suche nach Jimmy Hoyt 68

THE SEARCH FOR ONE-EYE JIMMY ***
TV

*Regie:* Sam Henry Kass
*Darsteller:* Nick Turturro (Junior), Holt McCallany (Les), Ray »Boom Boom« Mancini (Lefty), Michael Badalucco (Joe Head), Jennifer Beals (Ellen), Sam Rockwell (Jimmy), Anne Meara (Holly Hoyt), John Turturro, Steve Buscemi, Wayne Maugans
*Drehbuch:* Sam Henry Kass
*Schnitt:* Mark Juergensen
*Kamera:* Robert Nickson, Chuck Levey (Farbe)
*Musik:* Bill Bloom, George Small
*Prod.:* Lisa Bruce, Robert Nickson, USA 1993; 79 Min.
*TV:* 16.5.1996, Premiere, 22.00

Les plant einen Dokumentarfilm über die Wirklichkeit in South-Brooklyn. Das plötzliche Verschwinden von Jimmy und die Suche nach ihm liefern den Stoff für die Handlung. FBI, Mutter Holly, die Kirche und die ganze Nachbarschaft beteiligen sich an der Fahndung.

## Auf Kriegsfuß mit Major Payne 69

MAJOR PAYNE **
Video

*Regie:* Nick Castle
*Darsteller:* Damon Wayans (Major Payne), Karyn Parsons (Emily), Michael Ironside (Lt. Colonel Stone), William Hickey (Dr. Phillips), Ross Bickell (Colonel Braggart), Mark Conway (Police Sergeant), Dean Lorey (Mr. Shipman), David DeHart (Wellington Cadet Captain), Michael Gabel (Lt. Wiseman), Albert Hall (General Decker)
*Drehbuch:* Dean Lorey, Damon Wayans, Gary Rosen
*Kamera:* Richard Bowen (Farbe)
*Musik:* Craig Safan
*Schnitt:* Patrick Kennedy
*Prod.Des.:* Peter S. Larkin
*Prod.:* Eric L. Gold, Michael Rachmil für Universal/Major Payne Prod., USA 1995; 93 Min.
*Vertrieb:* CIC Video; Februar 1996
*FSK:* ab 12 J.

Zwischen »Police Academy 133« und Militärklamotte angesiedeltes Märchen vom rüden Kommißstiefel, dem die ihm anvertraute Kindertruppe allmählich ans Herz wächst. Das übliche Klischee-Unkraut aus Hollywood.

## Auf Streife 70

MINJING GUSHI ***

*Regie:* Ning Ying
*Darsteller:* Li Zhanho, Wang Liangui, Li Jian, Shen Zhen'ou, Wan Jianjun
*Drehbuch:* Ning Ying
*Kamera:* Zhi Lei, Wu Hong Wei (Farbe)
*Musik:* Cong Su – *Schnitt:* Ning Ying
*Prod.:* Eurasia Communications Ltd., China 1995; 102 Min.
*EA:* 16.2.1996, Int. Forum des Jungen Films, Berlin
*Verleih:* Freunde/-/-; Oktober 1996

(...) In Ning Yings Spielfilm wird die Polizeistation zum Vergrößerungsglas des modernen Peking. Spitzelnde Omas, kotzende Trunkenbolde, Spielkartenbetrüger, streunende Hunde und der Frust der wichtigtuerischen Beamten reihen sich zu einer Sittenkomödie, die alle Genregesetze sprengt, weil das wirkliche Leben sie nicht braucht.
*Anke Leweke, tip, 21/96*

## Auf Teufel komm raus 71

****
TV

*Regie:* Wolfgang Murnberger
*Darsteller:* Udo Samel (Turbo-Leo), Judith Földesi (Marika), Wolfram Berger (Gerhard Koller), Alexander Waechter (Andreas Lang), Günther Rainer (Willy Mayer), Michael Walde-Berger (Michael Fuchs), Serge Falck (Chefredakteur), Gudrun Tielsch (Sekretärin), Karl Markovics (Gendarm Weghofer)
*Drehbuch:* Wolfgang Murnberger
*Kamera:* Fabian Eder (Farbe)
*Prod.:* Österreich 1995; 88 Min.
*TV:* 21.1.1996, ZDF, 22.30

Böse Magie einer Berufstragödie: Die nüchterne Arbeit eines Fotoreporters für den Lebensunterhalt wurde in dem Film zum bitteren Konkurrenzkampf um das Erstrecht am Unfallort. Udo Samel als »Turbo-Leo«, der schnellste bei jedem Auto-Crash im Burgenland, der bei Zeitung und Fernsehsender von einem jüngeren ausgetrickst wird: Das ist ein von der Brutalität des Berufs aus dem normalen Leben herausgeschleuderter Katastrophenlieferant, der von der Futterkrippe geschubst wird. Mit Hilfe seines Tankwart-Freundes läßt er sich schließlich auf getürkte Aufgeiler-Unfallfotos fürs Pornogeschäft ein. Wie er dennoch die letzte Konkurrenztour gewinnt (der »Feind« geht an der eigenen Raserei zugrunde, verbrennt in seinem Auto), das ist im Zynismus der Realität härter als jeder »Tatort«-Krimi: Kein Action-Effektdrücker ist nötig, um das Blut in den Adern gefrieren zu lassen. Die Perversion der Bildbedienung für den Unfallgaffer.

*Ponkie, AZ, 23.1.96*

## Auf Wiedersehen, Prinzessin 72

ADEUS PRINCESA ****

TV

*Regie:* Jorge Paixao da Costa
*Darsteller:* Miguel Molina (Joaquim), Judith Henry (Mito), Lydia Bosch (Barbara), Inês Medeiros (Mila), Antonio Capelo (Sebastiao), Jacques Gamblin (Helmut), Diogo Infante (Luciano), Patrick Floersheim (Carolino), Cucha Carvalheiro (Vanda), Nicolau Breyner (Bernardo)
*Drehbuch:* Jean Leon, Jorge Paixao da Costa, nach dem Roman von Clara Pinto Correia
*Kamera:* Dominique Brenquier (Farbe)
*Musik:* Nuno Rebelo
*Schnitt:* Antonio De Macedo
*Prod.:* Jean Brehat, Antonio Cardenal, Amilcar Lyra, Nicolas Tronc für Cinequanon/3B/Origen, Portugal/Spanien/Frankreich 1992; 93 Min.
*TV:* 20.9.1996, 3sat, 23.30, OmU

In der portugiesischen Provinz wird ein NATO-Soldat ermordet aufgefunden und seine Freundin des Mordes verdächtigt. Zwei Reporter aus Lissabon wollen Zusammenhänge aufdecken, stoßen aber auf eine verschwiegene Gemeinschaft.

## Aufregung um Weihnachten 73

ZIEMASSVETKU JAMPADRACIS ****

*Regie:* Varis Brasla
*Darsteller:* Liga Zostina (Vater), Lasma Zostina (Mutter), Liene Zostina, Jemar Zostins, Edgars Eglitis, Kaspars Adamsons, Dace Everss (Kinder), Jánis Paukstello (Raimund)
*Drehbuch:* Alvis Lapins, nach dem Kinderbuch »Familie Päffling« von Agnes Sapper
*Kamera:* Davis Simanis (Farbe)
*Musik:* Martins Brauns
*Schnitt:* Zigrida Geistarte
*Prod.:* Filmstudio ALKO, Lettland/BRD 1993; 81 Min.
*EA:* Int. Filmwochenende Würzburg 1994
*Verleih:* wild utopia/-/-; 21.11.1996
*FSK:* o.A., ffr.

In einzelnen Episoden von Dur bis Moll erzählt dieser Kinderfilm vom armen Klavierlehrer, der sich in den zwanziger Jahren mit Frau und fünf Kindern ohne feste Stellung mühsam durchs Leben schlagen muß. Skurrile Personen bevölkern diese lettische Märchenstadt, in der allerlei passiert. Das ist hübsch, langsam und leise, auch wenn viel gesungen wird.

*Heiko R. Blum, Kölner Stadt-Anzeiger, 23.11.96*

(...) Doch was eine humorvolle, vielleicht auch satirische Parodie auf das bürgerliche heile Weltbild hätte sein können, ist ein langweiliger Film, indem sich die Protagonisten so benehmen, wie sie es weder im Märchen noch im richtigen Leben tun würden.

*tip, 24/96*

## Aufstieg in den Tod 74

STORM AND SORROW □

TV

*Regie:* Richard Colla
*Darsteller:* Lori Singer (Molly Higgins), Todd Allen, Steven Anderson, Tom O'Brian, Jay Baker, Agnes Banfalvy, John David Bland, Marcia Cross, Istvan Fazekas, Dezsö Garas
*Drehbuch:* Leigh Chapman, nach dem Roman »Storm and Sorrow In the High Pamirs« von Robert Craig
*Kamera:* Lászlo George, Ivan Mark (Farbe)
*Musik:* Gabor Presser
*Schnitt:* Robert Kimble, Marianna Miklos, Zsuzsa Posan
*Prod.:* András Hámori, Richard Colla für Hearst Ent., USA 1990; 120 Min.
*UA:* 22.11.1990, Lifetime TV, 21.00
*TV:* 27.2.1996, RTL2, 20.15

Die 25jährige Molly Higgins nimmt an einer gefährlichen Expedition zum

Berg Pik Lenin (7134 m) im Pamirgebirge in Rußland teil.
Molly ist zwar ein Kletter-As, hat jedoch keine Erfahrung mit Eis und Schnee. Bergdrama nach einer wahren Begebenheit.

## Auge um Auge 75

EYE FOR AN EYE ***

*Regie:* John Schlesinger
*Prod.:* USA 1995

Videotitel für → Eye for an Eye – Auge um Auge

## Die Augen meines Vaters 76

REDWOOD CURTAIN ***

TV

*Regie:* John Korty
*Darsteller:* Lea Salonga (Geri), John Lithgow (Laird Riordan), Catherine Hicks (Julia Riordan), Jeff Daniels (Lyman Fellers), Debra Monk (Geneva)
*Drehbuch:* Ed Namzug, nach dem gleichn. Broadway-Theaterstück von Lanford Wilson
*Kamera:* Ronnie Taylor (Farbe)
*Musik:* Lawrence Shragge
*Schnitt:* Scott Vickrey
*Prod.Des.:* Fred Harpman
*Prod.:* Rick Rosenberg, Bob Christiansen für Hallmark Hall of Fame, USA 1995; 120 Min.
*UA:* 23.4.1995, ABC, 21.00
*TV:* 5.2.1996, Premiere, 20.15

Die Halbvietnamesin Geri, eine gefeierte Pianistin, lebt bei Adoptiveltern. Nach dem Tod des Stiefvaters fährt sie zu seiner Schwester in die Redwood-Berge. Dort lebt, abgeschieden vom Rest der Welt, eine Gruppe Vietnam-Veteranen, denen es nach dem Krieg nicht gelang, sich wieder in der amerikanischen Gesellschaft einzuleben. In dem zurückhaltenden Lyman glaubt Geri, ihren Vater entdeckt zu haben. *Pressetext*

## August 77

AUGUST **

Video

*Regie:* Anthony Hopkins
*Darsteller:* Anthony Hopkins (Ieuan Davies), Kate Burton (Helen Blathwaite), Leslie Phillips (Professor Alexander Blathwaite), Gawn Grainger (Dr. Michael Lloyd), Rhian Morgan (Sian Blathwaite), Hugh Lloyd (Thomas »Pokky« Prosser), Rhoda Lewis (Mair Davies), Menna Trussler (Gwen)
*Drehbuch:* Julian Mitchell, nach »Onkel Wanja« von Anton Tschechow und dem Schauspiel »August« von Julian Mitchell
*Kamera:* Robin Vidgeon (Metrocolor)
*Musik:* Anthony Hopkins
*Schnitt:* Edward Mansell
*Prod.Des.:* Eileen Diss
*Prod.:* June Wyndham Davies, Pippa Cross für Majestic Films/Newcomm/Granada, USA 1996; 93 Min.
*Vertrieb:* Highlight Video; Oktober 1996
*FSK:* ab 6 J.

Nein, das hätte nicht sein müssen, daß uns Hopkins nun als Regiedebüt seine Filmversion von Tschechows »Onkel Wanja« präsentiert. Ein schwerblütiges, hübsch bebildertes Bildungsfernsehstück, das reichlich überkommen wirkt.

## Aus den Tagebüchern Jean Sebergs 78

FROM THE JOURNALS OF JEAN SEBERG ***

*Regie:* Mark Rappaport
*Darsteller:* Mary Beth Hurt (Jean Seberg)
*Drehbuch:* Mark Rappaport
*Kamera:* Mark Daniels (Farbe und s/w)
*Schnitt:* Mark Rappaport
*Prod.:* Mark Rappaport für Couch Potato, USA 1995; 97 Min.
*EA:* Filmfest München 1996
*Verleih:* Media Luna/-/-

In einer fiktiven Autobiografie spielt Mary Beth Hurt die Rolle der Seberg und kommentiert als Seberg ihre Rollen und ihren Platz innerhalb des Kinos und der Boulevardpresse, in deren Klatschspalten sie immer wieder auftauchte. Der Film verwendet Filme als gesellschaftliche und kulturelle Artefakte. Und so ist er selbst auch zu einer Betrachtung über die Künstlichkeit und die Konventionen des Kinos geworden – zu einer Reflexion über die Widersprüche, die allen Methoden filmischer Darstellung innewohnen.
*Katalog Filmfest München 1996*

*Michelle Pfeiffer und Robert Redford in einer TV-Karriere-Schmonzette*

## Aus der Wiege entführt 79 □ TV

SLEEP, BABY, SLEEP

*Regie:* Armand Mastroianni
*Darsteller:* Tracey Gold (Sylvie Pierson), Thomas Calabro (Det. Martinson), Kyle Chandler (Peter Walker), Joanna Cassidy (Hanna Pierson), Missy Crider (Joanna Blessing), Brian Brophy (Agent Donovan), Karla Tamburelli (Tracy Corbett), Fredi Olster (April), Joe Minjares, Jeff Heston
*Drehbuch:* John Gray
*Kamera:* Gideon Porath (Farbe)
*Musik:* Don Davis
*Prod.:* USA 1994; 91 Min.
*TV:* 30.10.1996, Pro7, 20.00

Baby-Kidnapping, verübt vom Freund.

## Aus nächster Nähe 80 ***

UP CLOSE AND PERSONAL

*Regie:* Jon Avnet
*Darsteller:* Robert Redford (Warren Justice), Michelle Pfeiffer (Tally Atwater), Stockard Channing (Marcia McGrath), Joe Mantegna (Bucky Terranova), Kate Nelligan (Joanna Kennelly), Glenn Plummer (Ned Jackson), James Rebhorn (John Merino), Scott Bryce (Rob Sullivan), Raymond Cruz (Fernando Buttanda), Dedee Pfeiffer (Luanne Atwater)
*Drehbuch:* Joan Didion, John Gregory Dunne, inspiriert von dem Buch »Golden Girl« von Alanna Nash
*Kamera:* Karl Walter Lindenlaub (Technicolor)
*Musik:* Thomas Newman
*Schnitt:* Debra Neil-Fisher
*Prod.Des.:* Jeremy Conway
*Prod.:* Jon Avnet, David Nicksay, Jordan Kerner für Touchstone/Cinergi, USA 1996; 124 Min.
*Verleih:* Constantin/dto./Monopole Pathé; VCL Video, 12.9.1996
*FSK:* ab 12, ffr. – *FBW:* Wertvoll

Tally Atwater, Kellnerin aus der Provinz, will zum Fernsehen. Bei einem Lokalsender in Miami schafft sie es tatsächlich, vom Mädchen für alles zur Lokalreporterin aufzusteigen. Mit Hilfe des renommierten Nachrichtenredakteurs Warren Justice steigt sie bis zur Anchorwoman von NBC auf. Vor allem Michelle Pfeiffer fasziniert in dieser manchmal arg süßlichen Liebesgeschichte. (…) *Annette Kilzer, tip, 19/96*

Mit Hilfe eines eiskalten Profis erfüllt sich eine junge Frau ihren Traum, TV-

Reporterin und -Nachrichtensprecherin zu werden, und erlebt dabei eine leidenschaftliche, tragisch endende Liebesgeschichte. *Aus dem Gutachten der FBW*

Der Aufstieg einer jungen Frau aus der Provinz zur beliebten Nachrichtensprecherin und die bittersüße Beziehung zu ihrem Chef. Eine vollsynthetische Liebesgeschichte vor dem Hintergrund des nur an der Oberfläche erfaßten Fernsehmilieus. Für die Reißbrett-Konstruktion der Story entschädigt das stimmige Zusammenspiel der beiden Hauptdarsteller. *Zoom, 10/96*

(...) Michelle Pfeiffer gibt sich alle Mühe, als 20jähriges Gänschen wie als 40jährige gereifte Pofi-Journalistin zu überzeugen, doch sie bleibt kläglich im stereotypen Story-Gestrüpp hängen, während sich Kollege Redford auf seine Standardmimik verläßt und den Film nonchalant an sich abtropfen läßt. (...)
*W.O.P. Kistner, AZ, 12.9.96*

Peter Buchka in: SZ, 14.9.96; Thomas Klingenmaier in: Stgt. Zeitung, 12.9.96; Simone Mahrenholz in: FAZ, 14.9.96; Milan Pavlovic in: Kölner Stadt-Anzeiger, 14.9.96; Frank Schnelle in: FR, 13.9.96

## Außer Kontrolle 81

CHAIN REACTION ***

*Regie:* Andrew Davis
*Darsteller:* Keanu Reeves (Eddie Kasalivich), Morgan Freeman (Paul Shannon), Rachel Weisz (Lily Sinclair), Fred Ward (FBI-Agent Leon Ford), Kevin Dunn (FBI-Agent Doyle), Brian Cox (Lyman Earl Collier), Joanna Cassidy (Maggie McDermott), Chelcie Ross (Ed Rafferty), Nicholas Rudall, Tzi Ma
*Drehbuch:* John F. Lawton, Michael Bortman, nach einer Story von Arne L. Schmidt, Rick Seaman, Josh Friedman
*Kamera:* Frank Tidy (Astrolab)
*Musik:* Jerry Goldsmith
*Schnitt:* Donald Brochu, Dov Hoenig, Arthur Schmidt
*Prod.Des.:* Maher Ahmad
*Prod.:* Arne L. Schmidt, Andrew Davis für Zanuck Comp./Chicago Pacific Ent./Arne L. Schmidt Prod., USA 1996; 106 Min.
*Verleih:* 20th Century Fox/dto./dto.; 21.11.1996
*FSK:* ab 12, ffr. – *FBW:* Wertvoll

Eine erfolgreich getestete Anlage, die aus Wasser Energie erzeugen kann, wird durch einen Sabotageakt zerstört. Ein Computerspezialist und eine Physikerin geraten in das Fadenkreuz konkurrierender Geheimdienste.

*Keanu Reeves, Morgan Freeman und der unbekannte Charakterdarsteller in ›Außer Kontrolle‹ von Andrew Davis*

(...) Die grüne Botschaft dient als Feigenblatt für einen salonfähigen, politisch korrekten Actionfilm, dessen sich seine Macher nicht zu schämen brauchen. *W.O.P. Kistner, AZ, 21.11.96*

Die Zerstörung eines universitären Forschungslabors, dem es gelungen war, aus Wasser Energie zu gewinnen, und die Ermordung von dessen Leiter werden einem Studenten in die Schuhe geschoben. Fortan ist er der Gejagte, der, um seine Unschuld zu beweisen, selbst zum Jäger wird und schließlich ein gigantisches Komplott aufdeckt. Das klingt deshalb vertraut, weil Regisseur Andrew Davis bereits für »The Fugitive« verantwortlich war. Leider ist »Chain Reaction« nicht nur eine aufgewärmte Geschichte, sondern in allen Belangen weit weniger gelungen als sein Vorgänger. *Zoom, 12/96*

(...) ein fast schon rührend dusseliger Ökothriller, der seine Zuschauer für noch dümmer hält als den CIA. Bloß gut, daß ab und an ein Reaktor explodiert. Da kapiert auch der letzte Zweifler, daß die blubbernden Wassertanks mit dem lustigen Laserstrahl waaahnsinnig gefährlich sind. *Patrick Rösler, Stgt. Zeitung, 21.11.96*

Albert Baer in: Rheinische Post, 22.11.96; Claudius Seidl in: SZ, 21.11.96

## Autsch!!! 82

***
TV

*Regie:* Paul Harather
*Darsteller:* Serge Falck (Chris), Gabriela Benesch (Birgit), Reinhard Nowak (Peter), Ewa Bukowska (Clara), Dolores Schmidinger (Frau Koch), Hanno Pöschl (Willie), Hakon Hirzenberger (Wolfi), Alexandra Haring (Kathrin), Erwin Steinhauer, Otto Wanz
*Drehbuch:* Serge Falck, Paul Harather
*Kamera:* Helmut Pirnat (Farbe)
*Musik:* Ulrich Sinn
*Prod.Des.:* Fritz Hollergschwandtner
*Prod.:* ORF/ZDF, Österreich 1995; 90 Min.
*TV:* 17.6.1996, ZDF, 19.25

Der Hallodri Chris hat seine Lebensgefährtin Birgit nach ihrem Geldbeutel und seine Freunde aus geschäftlichen Gründen ausgewählt. Seine Lebensphilosophie gerät ins Wanken, als er sich ernsthaft in das bulgarische Model Clara verliebt. Das bringt ihn in Schwierigkeiten und unmögliche Situationen.

## Avalanche – Geisel im Schnee 83

AVALANCHE
**
TV

*Regie:* Paul Shapiro
*Darsteller:* David Hasselhoff (Duncan Snyder), Michael Gross (Brian Kemp), Deanna Milligan (Deidre), Myles Ferguson (Max), Don S. Davis (Whitney), Ben Cardinal, George Josef
*Drehbuch:* Tim Redman
*Kamera:* Alar Kivilo (Farbe)
*Musik:* Jonathan Goldsmith
*Schnitt:* Michael Robison
*Prod.Des.:* Michael Joy
*Prod.:* Jonathan Goodwill, USA 1994; 91 Min.
*TV:* 8.12.1996, Pro7, 20.00

Als seine Berghütte durch eine Lawine verschüttet wird, beginnt für Brian Kemp und seine beiden Kinder der Überlebenskampf. Doch gefährlicher als der meterhohe Schnee ist der Gangster Duncan Snyder, der ebenfalls in der Hütte eingeschlossen ist. *Pressetext*

## The Axe – Eine verhängnisvolle Ehe 84

THE EX
**
Video

*Regie:* Mark L. Lester
*Darsteller:* Yancy Butler (Deidre Kenyon), Nick Mancuso (David Kenyon), Suzy Amis (Molly Kenyon), Hamish Tildesley (Michael), Babs Chula (Dr. Lillian Jones), Claire Riley (Det. Lang), Barry Levy (Frank), Roger Barnes, Tom Pickett, Barry »Bear« Horton
*Drehbuch:* Larry Cohen, John Lutz, nach dem Roman von John Lutz
*Kamera:* Richard Leiterman (Farbe)
*Musik:* Paul J. Zaza
*Schnitt:* David Bercatsky
*Prod.Des.:* Paul Joyal
*Prod.:* Dana Dubovsky, Mark L. Lester für American World Pic., USA 1995; 81 Min.
*Vertrieb:* VPS Video; 10.10.1996
*FSK:* ab 16 J.

Aus Psychoklinik entwichene Frau rückt der neuen Familie ihres Ex-Gatten auf die Pelle und terrorisiert sie. Nicht gerade anspruchsvoller Psychothriller im Kammerspielton und mit Gewalteinlagen.

Joe Hill in: film-dienst, 24/96

## Babe Watch – Die Nichtschwimmer von Malibu
85

BIKINI SQUAD

**

TV

*Regie:* Valerie Brieman
*Darsteller:* Lucky O'Boyle (David), J.C. Palermo (Biff), Rebecca Rocheford (Cathy), Clayton Halsey (Jeff), Maureen Flaherty (Summer Anderson), Donna Baltron (Muffy), Rob Steinberg (Fred), Cornellia Johnson (Yuli), Rif Coogan, Julie Strain
*Drehbuch:* Clark Kent
*Kamera:* Denis Maloney (Farbe)
*Musik:* Marc David Decker
*Schnitt:* Clayton Halsey
*Prod.Des.:* Darcy Kaye
*Prod.:* Christian Halsey Solomon, Brad Wyman; Nanda Rao (Line-Prod.), USA 1993; 84 Min.
*TV:* 25.10.1996, RTL2, 20.15

Die Jung-Regisseurin Cathy soll in nur drei Tagen eine Soap-Opera fertigstellen und hat dabei mit erheblichen Schwierigkeiten zu kämpfen: Das Team besteht aus Vollidioten, der Produzent boykottiert seine eigene Serie und irgendjemand hat alle Kameras gestohlen. (…) *Pressetext*

## Baby Deal
86

XY

***

TV

*Regie:* Jean-Paul Lilienfeld
*Darsteller:* Clémentine Célarié (Sandrine Rey), Patrick Braoudé (Eric Fleury), Maurice Chevit (Erics Vater), Patricia Malvoisin (Erics Mutter), Jean-Paul Lilienfeld (Patrick), Chantal Lauby (Denise), Jean-Paul Comart (Paul), Jean-Francois Balmer (Lamauve)
*Drehbuch:* Jean-Paul Lilienfeld
*Kamera:* Michel Cenet (Farbe)
*Musik:* Jacques Davidovici
*Prod.:* Frankreich/Belgien 1995; 100 Min.
*TV:* 12.11.1996, Premiere, 22.15

Das kleine Familienunternehmen von Eric Fleury soll von der Mehrheitsteilhaberin Sandrine Rey nach Asien umgesiedelt werden. Da Sandrine unbedingt ein Kind haben möchte, schlägt sie Eric vor, sie zu heiraten, ein Kind zu zeugen und sich danach scheiden zu lassen. Als Gegenleistung kann Eric die Firma zurückkaufen und in Frankreich bleiben.

## Babylon: Mörderische Lügen
87

BABYLON: LA PAURA E LA MIGLIORE AMICA DELL'UOMO

***

TV

*Regie:* Guido Chiesa
*Darsteller:* Paolo Lorimer (Francesco), Valeria Milillo (Carla), Sophie Bernhard (Gabrielle), Bill Sage (Charles), Andrea Prodan (Tonino)
*Drehbuch:* Guido Chiesa, Antonio Leotti
*Kamera:* Gherardo Gossi (Farbe und s/w)
*Musik:* Giuseppe Napoli, Marlene Kuntz
*Schnitt:* Anna Napoli
*Prod.:* Brooklyn Films, Italien 1994; 94 Min.
*UA:* Int. Filmfestspiele Locarno 1994, »Wettbewerb«
*TV:* 17.6.1996, NDR3, 00.15

## Der Babysitters-Club
88

THE BABY-SITTERS CLUB

**

Video

*Regie:* Melanie Mayron
*Darsteller:* Schuyler Fisk (Kristy Brewer), Bre Blai (Stacey), Rachael Leigh Cook (Mary Anne Spier), Larisa Oleynik (Dawn), Tricia Joe (Claudia), Stacey Linn Ramsower (Mallory), Zelda Harris (Jessi), Christian Oliver (Luca), Brooke Adams (Elizabeth Thomas Brewer), Bruce Davison (Watson)
*Drehbuch:* Dalene Young, nach Buchserien von Ann M. Martin
*Kamera:* Willy Kurant (Technicolor)
*Musik:* David Michael Frank
*Schnitt:* Christopher Greenbury
*Prod.Des.:* Larry Fulton
*Prod.:* Jane Startz, Peter O. Almond für Scholastic Prod., USA 1995; 94 Min.
*Vertrieb:* Columbia TriStar Home Video; November 1996
*FSK:* ab 6 J.

Rührige Teenies um die 13 gründen zwecks Taschengeldaufbesserung Sommercamp für Kinder. Nettes, albernes bis kitschiges Entertainment für Kids.

## Back to Back
89

BACK TO BACK

**

Video

*Regie:* Roger Nygard
*Darsteller:* Michael Rooker (Bob Malone),

Ryo Ishibashi (Koji), Danielle Harris (Chelsea Malone), John Laughlin (Dussecq), Koh Takasugi (Hideo), Bob Goldthwait (Brick), Vincent Schiavelli (Leonardo), Stephen Furst, Tim Thomerson, Leland Orser
*Drehbuch:* Roger Nygard, Lloyd Keith
*Kamera:* Mark W. Gray, Steve Adelson, Jerry Hill (Stadycam) (Farbe)
*Musik:* Walter Werzowa
*Schnitt:* Roger Nygard
*Prod.Des.:* Anthoney Stabley
*Prod.:* W.K. Border, Aki Komine für Overseas Filmgroup, USA 1995; 86 Min.
*Vertrieb:* VPS Video; 27.8.1996
*FSK:* ab 18 J.

Yakuza und Mafia liegen in L.A. miteinander im Clinch. Uninteressantes Gewaltspektakel, mit Anleihen bei John Woo und Quentin Tarantino.

## Backfire – Die total verrückte Feuerwehr 90

BACKFIRE! **
TV

*Regie:* A. Dean Bell
*Darsteller:* Robert Mitchum (Marshal Marc Marshall), Shelley Winters (Lt. Shithouse), Josh Mosby (Jermey Jackson), Telly Savalas (»Bösewicht«), Kathy Ireland (Jessica Luvintryst)
*Drehbuch:* A. Dean Bell
*Kamera:* Richard Connors (Farbe)
*Musik:* Jeffrey Schmitt
*Schnitt:* Gary Scharfin, Jim Fleming
*Prod.:* J. Christian Ingvordsen, USA 1994; 85 Min.
*TV:* 13.3.1996, Premiere, 20.15

Weibliche Feuerwehr versucht zu löschen was es zu löschen gibt, auch die Toilettenhäuschen der Stadt, die ein Pyromane zur Übung schon mal abfakkelt. Schwache Persiflage auf »Backdraft«.

## Backstage Baywatch 91

BACKSTAGE BAYWATCH **
Video

*Regie:* Stefan Sargent
*Drehbuch:* Stefan Sargent
*Kamera:* Don Morea (Farbe)
*Schnitt:* Robin Parsons, Scott Thomas
*Prod.:* Jason Pollock für Firecrest Group, USA 1995; 30 Min.
*Vertrieb:* Arcade Video; April 1996
*FSK:* o.A.

Das hat uns noch gefehlt: der halbstündige Blick hinter die Kulissem der TV-Schrottserie »Baywatch« als Kaufcassette!

## Bad Boys Never Die 92

ROADRACERS **
Video

*Regie:* Robert Rodriguez
*Darsteller:* David Arquette (Dude Delaneyddd), Salma Hayek (Chicanna), William Sadler (Sheriff Sarge), Jason Wiles (Teddy), John Hawkes (Nixer), O'Neal Compton (J.T.), Tammy Brady Conrad (Julie), Christian Klemash, Karen Landry, Lance LeGault
*Drehbuch:* Tommy Nix, Robert Rodriguez
*Kamera:* Roberto Schaefer (Farbe)
*Musik:* Paul Boll, Johnny Reno
*Schnitt:* Robert Rodriguez
*Prod.Des.:* Brian Spencer Kasch, Kathleen M. McKernin
*Prod.:* Lou Arkoff, David Giler, Debra Hill, Willie Kutner für Drive-in Classics Cinema, USA 1994; 90 Min.
*EA:* Int. Filmfestspiele Locarno, 1994, »Sondervorführung«
*Vertrieb:* VCL Video; 3.9.1996
*FSK:* ab 16 J.

Dude, ein tougher Außenseiter, kämpft gegen den Rest der Stadt.
Eines der zahllosen »Drive-In-Classics«-Remakes nach Vorbildern aus den 50er und 60er Jahren, dem auch Robert »El Mariachi« Rodriguez wenig Interessantes abringen konnte.

## Bad Guys 93

BAJA **
Video

*Regie:* Kurt Voss
*Darsteller:* Molly Ringwald (Bebe), Donald Logue (Alex), Michael Nickles (Michael Hart), Lance Henriksen (Tom Burns), Corbin Bernsen (John Stone)
*Drehbuch:* Kurt Voss
*Kamera:* Denis Maloney (Farbe)
*Musik:* Garry Shyman
*Schnitt:* Gail Yasunaga
*Prod.Des.:* Elisabeth Scott
*Prod.:* Larry Rattner, Ehud Bleiberg, Yitzhak Ginsberg für Dream Ent., USA 1995; 88 Min.
*Vertrieb:* Warner Home Video; 29.3.1996
*FSK:* ab 18 J.

Drogenhandel lohnt sich nun mal nicht: Als es Bebe und Alex probieren, müssen sie prompt nach Mexiko fliehen – verfolgt von Ex-Gatten und Profikillern. Viel Atmosphäre und schräge Charaktere, wenig Action und kaum Spannung.

Günter H. Jekubzik in: film-dienst, 10/96

## Bad Heat – Highway des Todes

94
**
BAD COMPANY

Video

*Regie:* Victor Salva
*Darsteller:* Eric Roberts (Adrian), Lance Henriksen (Jack Powell), Sasha Jenson, Ana Gabriel, Eloy Casados, Brion James (Sheriff Gordon)
*Drehbuch:* Victor Salva
*Kamera:* Levie Isaacks (Farbe)
*Musik:* Bennett Salvay
*Schnitt:* W. Peter Miller
*Prod.Des.:* Stephen Greenberg
*Prod.:* Daniel Grodnik, Robert Snukal, John Tarnoff für Itaska Pic.,
USA 1994; 87 Min.
*Vertrieb:* Warner Home Video; Febr. 1996
*FSK:* ab 16 J.

Scheinbar biederem Geschäftsmann drängt sich auf dem Highway ein dubioser Anhalter auf, der sich als psychopathischer, drogenabhängiger Serienkiller zu entpuppen scheint. Spannung meist auf Sparflamme, Lösung unlogisch, Figuren schwach.

## Balance of Power

95
*
BALANCE OF POWER

Video

*Regie:* Rick Bennett
*Darsteller:* Billy Blanks (Niko), Mako (Matsumoto), James Lew (Takamura), Dennis Akiyama (Hastishita), Lisa Boyton (Jasmine)
*Drehbuch:* Phillip M. Good, Otto Pozzo, Robert Tubbs
*Kamera:* Gilles Corbeil (Farbe)
*Musik:* Daniel LeBlanc
*Schnitt:* Nick Rotundo
*Prod.Des.:* William Layton
*Prod.:* Phillip M. Good für Complete mit Amsell Ent., Kanada 1995; 88 Min.
*Vertrieb:* Highlight Video; 25.6.1996
*FSK:* ab 16 J.

Böse Drogenonkels in L.A. und tapfere Kampfsportler: Handlung Nebensache, Hauptsache kräftiges Profiprügeln – auch heuer nichts Neues aus der Karate-Action-Ecke.

Joe Hill in: film-dienst 19/96

## Barb Wire

96
***
BARB WIRE

*Regie:* David Hogan
*Darsteller:* Pamela Anderson Lee (Barb Wire), Temuera Morrison (Axel), Jack Noseworthy (Charlie Kopetski), Victoria Rowell (Cora D), Steve Railsback (Colonel Pryzer), Xander Berkeley (Alexander Willis), Udo Kier (Curly), Andre Rosey Brown (Big Fatso), Tony Bill (Foster), John Paxton (Smooth)
*Drehbuch:* Chuck Pfarrer, Ilene Chaiken, nach einer Story von Ilene Chaiken
*Kamera:* Rick Bota (Farbe)
*Musik:* Michel Colombier
*Schnitt:* Peter Schink
*Prod.Des.:* Jean-Philippe Carp
*Prod.:* Brad Wyman, Mike Richardson, Todd Moyer für Propaganda/Dark Horse Ent., USA 1996; 99 Min.
*Verleih:* Scotia/Constantin/Elite/BMG Video; 17.10.1996
*FSK:* ab 16, ffr.; ungekürzte Langfass., ab 18 J.

Eine Barbesitzerin mit Vorliebe für aktionsreiche Händel erkämpft einer Wissenchaftlerin den Weg ins freie Kanada, obwohl diese mit ihrem ehemaligen Geliebten liiert ist. Dadurch gelangen brisante Informationen über eine despotische US-Regierung an die Weltöffentlichkeit. Die in eine chaotische Zukunft versetzte banale Action-Version von »Casablanca« preist die körperlichen Reize ihrer schwachen Hauptdarstellerin unverhüllt als Hauptattraktion an. Mehr hat der Film nicht zu bieten. *Zoom 11/96*

(…) Als ihre Diskothek verwüstet und ihr blinder Bruder getötet wird, kollaboriert Barb schlagfertig und schußstark mit Rebellen in diesem kurzweiligen Actionkrimi, dessen Mangel an Substanz und Psychodramatik durch knallige visuelle und akustische Oberflächenreize kaschiert wird.

*Ralph Umard, tip, 23/96*

Albert Baer in: Rheinische Post, 25.10.96; SH in: FR, 24.10.96; Milan Pavlovic in: Kölner Stadt-Anzeiger, 26.10.96; Hans Schifferle in: SZ, 17.10.96

## Basquiat 97
BASQUIAT ****

*Regie:* Julian Schnabel
*Darsteller:* Jeffrey Wright (Jean-Michel Basquiat), David Bowie (Andy Warhol), Dennis Hopper (Bruno Bischofberger), Gary Oldman (Albert Milo), Michael Wincott (Rene Ricard), Claire Forlani (Gina Cardinale), Benicio Del Toro (Benny Dalmau), Christopher Walken (der Interviewer), Willem Dafoe (Greg), Jean Claude Le Marre (Shenge)
*Drehbuch:* Julian Schnabel, nach einer Story von Lech Majewski
*Kamera:* Ron Fortunato (Farbe)
*Musik:* John Cale
*Schnitt:* Michael Berenbaum
*Prod.Des.:* Dan Leigh
*Prod.:* Jon Kilik, Randy Ostrow, Joni Sightvatsson für Miramax, USA 1996; 106 Min.
*UA:* 16.8.1996, New York; Int. Filmfestspiele Venedig 1996
*Verleih:* Kinowelt/-/Rialto; 12.12.1996
*FSK:* ab 12, ffr.

Eine Art Hommage an den aus Haiti stammenden Jean-Michel Basquiat, der anfangs der achtziger Jahre von der New Yorker Kunstszene entdeckt wurde, als Maler reüssierte und ein paar Jahre später an einer Überdosis Heroin gestorben ist. Unterhaltendes Spielfilmdebüt des Malers Julian Schnabel, formal gekonnt und adäquat inszeniert, mit bestechend agierenden Darstellern. Leider geht das Porträt aber kaum in die Tiefe und ist von daher für Nichtkenner der damaligen Kunstszene weniger interessant. *Zoom, 10/96*

Michael Althen in: SZ, 12.12.96; Norbert Grob in: Die Zeit, 13.12.96; Joseph Heinrichs in: Rheinische Post, 13.12.96; Thomas Klingenmaier in: Stgt. Zeitung, 12.12.96; Simone Mahrenholz in: Der Tagesspiegel, 12.12.96

## Die Bastarde von Peking 98
BEIJING ZAZHONG □ TV

*Regie:* Zhang Yuan
*Kamera:* (Farbe)
*Prod.:* China 1993; 88 Min.
*TV:* 26.9.1996, Arte, 23.05

Karzi, der Besitzer einer Musikbar, sucht nach seiner schwangeren Freundin Maomao, die ihn nach einer Auseinandersetzung verlassen hat. Daqing versucht seinem Freund zu helfen. *AZ TV Journal*

*Kevin Kostner und Elijah Wood*

## Das Baumhaus 99
THE WAR ***

*Regie:* Jon Avnet
*Darsteller:* Elijah Wood (Stu), Kevin Costner (Stephen), Mare Winningham (Lois), Lexi Randall (Lidia), Christine Baranski (Miss Strapford), Raynor Scheine (Mr. Lipnicki), Bruce A. Young (Moe), LaToya Chisholm (Elvadine), Charlette Lewis (Amber), Christopher Fennell (Billy)
*Drehbuch:* Kathy McWorter
*Kamera:* Geoffrey Simpson (Deluxe)
*Musik:* Thomas Newman
*Schnitt:* Debra Neil
*Prod.Des.:* Kristi Zea
*Prod.:* Jon Avnet, Jordan Kerner für Island World Prod./Avnet/Kerner Prod., USA 1994; 125 Min.
*Verleih:* UIP/UIP/UIP/CIC Video; 6.6.1996
*FSK:* ab 12, ffr. – *FBW:* Besonders wertvoll

Sommer 1970: Der Dad der elfjährigen Zwillinge Stu und Lidia Simmons ist als seelisches Wrack aus Vietnam zurückgekehrt. Er lehrt seine Kinder, lieber nach Kompromissen zu suchen als zu streiten. Was aber, wenn die Lipnicki-Gang das von Stu und seinen Freunden gebaute Baumhaus für sich beansprucht und auf kein Friedensangebot eingeht? Angesiedelt im heißen Süden der USA, schuf »Grüne Tomaten«-Regisseur Avnet eine Parabel über Krieg und Frieden, die streckenweise arg prätentiös und aufgesetzt erscheint. Mit den kleinen Schwächen versöhnt jedoch sein tief berührender Blick auf die unendlich groß scheinenden Schmerzen der Kindheit.
*Annette Kilzer, tip, 12/96*

US-Veteran, der an einem Vietnam-Trauma leidet, versucht, sich im Leben wieder zurecht zu finden und seinen Kindern, die sich im permanenten »Krieg« mit anderen Kids befinden, seine Philosophie der Gewaltlosigkeit zu vermitteln. (Aus dem Gutachten der FBW)

(...) Der formal unbedeutende Film neigt zu rührseliger Melodramatik.
*multimedia*

Klaus Haas in: FR, 6.6.96; Joseph Heinrichs in: Rheinische Post, 8.6.96; Susanna Nieder in: Der Tagesspiegel, 6.6.96; Christian Seebaum in: Kölner Stadt-Anzeiger, 8.6.96

## Beastmaster – Das Auge des Braxus 100

BEASTMASTER III – THE EYE OF BRAXUS **
Video

*Regie:* Gabrielle Beaumont
*Darsteller:* Marc Singer (Beastmaster), Casper van Dien (König Tal), David Warner (Lord Agon), Tony Todd (Seth), Lesley-Anne Down (Morgana), J. D. Hall (Braxus), Sandra Hess (Shada), Patrick Kilpatrick (Jaggart), Olaf Pooley (Maldor), Kimberly Stanphill (Kala)
*Drehbuch:* David Wise
*Kamera:* Michael Davis III (Fotokem)
*Musik:* Jan Hammer
*Schnitt:* Ken Bornstein
*Prod.Des.:* Nigel Clinker
*Prod.:* Lisa M. Cochran, David Wise für Universal, USA 1995; 87 Min.
*Vertrieb:* CIC Video; Juni 1996
*FSK:* ab 12 J.

Überraschend prominent besetztes Armutszeugnis für Drehbuch (soweit vorhanden) und Regie (in weiblicher Hand).

Jim Osterberg in: film-dienst 20/96

## Beaumarchais – der Unverschämte 101

BEAUMARCHAIS, L'INSOLENT ***

*Regie:* Edouard Molinaro
*Darsteller:* Fabrice Luchini (Beaumarchais), Manuel Blanc (Gudin), Sandrine Kiberlain (Marie-Therese), Jacques Weber (Herzog von Chaulnes), Michel Piccoli (Prinz von Conti), Claire Nebout (Chevalier d'Eon), Jean-François Balmer (Sartine), Florence Thomassin (Marion Menard), Axelle Laffont (Mariette Lejay), Michel Serrault (Louis XV.)
*Drehbuch:* Jean-Claude Brisville, Edouard Molinaro, nach einem nichtveröffentlichten Werk von Sacha Guitry
*Kamera:* Michael Epp (Farbe)
*Musik:* Jean-Claude Petit
*Schnitt:* Véronique Parnet
*Prod.Des.:* Jean-Marc Kerdelhue
*Prod.:* Charles Gassot für Téléma/Le Studio Canal Plus/France 2 Cinéma/France 3 Cinéma, Frankreich 1996; 100 Min.
*EA:* Filmfest München 1996 »Eröffnungsfilm«
*Verleih:* Nil/filmladen/-; 7.11.1996
*FSK:* ab 6, ffr. – *FBW:* Wertvoll

Das gefällige Historien-Spektakel von Regisseur Edouard Molinaro müht sich mit erlesener Optik, mäßigem Witz und biographischem Eifer, uns die schillernde Person von Tausendsassa Beaumarchais (ständig übertourt: Fabrice Luchini) ans Herz zu legen. Das mag dem sonst so verläßlichen Routinier Molinaro nicht recht gelingen: Der »Unverschämte« wirkt zu brav, auch wenn er keinen Bettfederntest williger Damen ausläßt und ihn selbst König Ludwig XVI. nicht schrecken kann. So bleibt der Film ein erbaulicher Nachhilfeunterricht in französischer Geschichte. (...) *Angie Dullinger, AZ, 7.11.96*

Joseph Heinrichs in: Rheinische Post, 15.11.96; Tobias Kniebe in: SZ, 9.11.96; Heike Kühn in: FR, 8.11.96; Gerhard Midding in: Kölner Stadt-Anzeiger, 8.11.96

*Fabrice Luchini und Michel Piccoli in ›Beaumarchais‹ von Edouard Molinaro*

## Beautiful Girls

102

BEAUTIFUL GIRLS

***

*Regie:* Ted Demme
*Darsteller:* Matt Dillon (Tommy »Birdman« Rowland), Noah Emmerich (Michael »Mo« Morris), Annabeth Gish (Tracy Stover), Lauren Holly (Darian Smalls), Timothy Hutton (Willie Conway), Rosie O'Donnell (Gina Barrisano), Max Perlich (Kev), Martha Plimpton (Jan), Natalie Portman (Marty), Michael Rapaport (Paul Kirkwood)
*Drehbuch:* Scott Rosenberg
*Kamera:* Adam Kimmel; Tony Jannelli (Technicolor/Deluxe)
*Musik:* David A. Stewart
*Schnitt:* Jeffrey Wolf
*Prod.Des.:* Dan Davis
*Prod.:* Cary Woods für Woods Ent. Prod., USA 1996; 113 Min.
*UA:* 9.2.1996, New York
*Verleih:* Kinowelt/dto./Frenetic; 3.10.1996
*FSK:* ab 12, ffr.

Die Einladung zum Klassentreffen in sein verträumtes und verschneites Heimatkaff kommt dem dreißigjährigen Willie gerade recht, um in Ruhe darüber nachzudenken, ob er seine Freundin heiraten und den Job als Barpianist gegen was Solideres eintauschen soll. Daheim in Knights Ridge trauern seine alten Kumpel am Tresen ihrer Jugendzeit hinterher und träumen von Frauen mit Idealmaßen. Das ironische Porträt einer Clique auf der Kippe zwischen Spätpubertät und vorgezogener Midlife-Crisis plätschert oft vor sich hin, bekommt aber interessante Kicks durch die ausgezeichneten Darsteller und Darstellerinnen.

*Bettina Bremme, tip, 21/96*

(...) Ein Film mit originellen Ansätzen, der aber kaum einen Charakter wirklich schlüssig entwickelt. Abgesehen von einigen feinen Beobachtungen insgesamt zu oberflächlich und ohne innere Spannung. *Zoom, 9/96*

(...) Ted Demmes dritter Film kreist um das ewige Thema der Beziehungen zwischen Mann und Frau und besticht dabei durch witzig-pointierte Dialoge, teilweise gute schauspielerische Leistungen und das sympathische Porträt einer amerikanischen Kleinstadt. Wie in vielen Produktionen aus den USA wirkt der Schlußteil plakativ versöhnend und so gleitet das anfangs gelungene Filmwerk langsam aber hoffnungslos in den Kitsch ab. *multimedia*

Michael Althen in: SZ, 2.10.96; Daniel Blum in: FR, 2.10.96; Frauke Hanck in: AZ, 2.10.96; Joseph Heinrichs in: Rheinische Post, 5.10.96; Thomas Klingenmaier in: Stgt. Zeitung, 2.10.96

## Das Begräbnis 103

THE FUNERAL ****

*Regie:* Abel Ferrara
*Darsteller:* Christopher Walken (Ray Tempio), Christopher Penn (Cesarino Tempio), Vincent Gallo (Johnny Tempio), Annabella Sciorra (Jean Tempio), Isabella Rossellini (Clara Tempio), Benicio Del Toro (Gaspare), Gretchen Mol (Helen), John Ventimiglia (Sali), Paul Hipp (Ghouly)
*Drehbuch:* Nicholas St. John
*Kamera:* Ken Kelsch (DuArt)
*Musik:* Joe Delia
*Schnitt:* Mayin Lo
*Prod.Des.:* Charles Lagola
*Prod.:* Mary Kane für October Films, USA 1996; 99 Min.
*UA:* Int. Filmfestspiele Venedig, 1996
*Verleih:* Kinowelt/dto./-; 24.10.1996
*FSK:* ab 16, ffr.

Zum Begräbnis des erschossenen jüngsten Bruders versammelt sich eine italienische Gangster-Dynastie und wird mit der eigenen hoffnungslosen Verstrickung in den Teufelskreis der Gewalt konfrontiert. Ein ungemein düsterer Film, der die Chiffren des traditionellen Gangsterfilms nutzt, um eine Tragödie klassischen Ausmaßes zu erzählen. Vielschichtig angelegt, hervorragend gespielt und inszeniert, erweitert er das Genre um eine philosophisch-theologische Tiefendimension und stellt Fragen nach der Verantwortung für das Böse, Schuld, Gnade und Erlösung. *multimedia*

(...) Es sind die Frauen, die – wie so oft, aber noch nie so beeindruckend wie bei Ferrara – die wirklich starken Figuren sind: Annabella Sciorra und Isabella Rossellini als Ehefrauen der vom Clangesetz gepeinigten Brüder sind souverän und auf der Hut vor der Unberechenbarkeit ihrer Männer. Und Ferraras dunkle Thriller-Poesie ist wilder, wenn auch oft vorhersehbarer Genre-Existentialismus.
*Frauke Hanck, AZ, 24.10.96*

Mein Drehbuchautor lehrt den Katholizismus und geht mindestens dreimal pro Woche in die Kirche. In meinen Filmen ist die Religion mehr als eine Metapher. Man könnte meinen, es sei völlig altmodisch zu sagen, Jesus starb für unsere Sünden. Man kann daran glauben oder nicht.

*Die Clique mit Matt Dillon und Uma Thurman (Mitte) in ›Beautiful Girls‹*

*Vincent Gallo, Chris Penn, Christopher Walken in ›Das Begräbnis‹ von Abel Ferrara*

*Glauben Sie denn daran?*
Pfff ... (langer Seufzer) Für mich ist das alles sehr kompliziert. Meiner Erziehung nach müßte ich heute ein eiserner Katholik sein, aber ... Ich will nicht das Gute ins Böse mischen, ich würde gerne Jesus mit meinen eigenen Mitteln entdecken, aber dann klänge ich vielleicht später wie einer dieser New-Age-Typen. Ich muß nicht unbedingt die Bibel öffnen – ich will mein eigenes Buch schreiben, aber ich will Sein Leben leben – nur ohne das Kreuz. Die Etappe spar' ich mir (lacht). (...)
*Bei allen Exzessen müssen sich Ihre Figuren am Ende doch immer der Verantwortung stellen.*
Ich bin mit dem Existenzialismus einverstanden: Jeder ist für die Verbrechen auf dieser Erde mitverantwortlich. Wir sind Opfer und Henker zugleich. Wem die Stunde schlägt! Das ist das Herz meiner Filme. Ich bin oft rasend vor Wut und frage mich oft, warum wirfst du den Typen nicht einfach zum Fenster raus? Diese Gewalt muß ich ständig in mir selber bekämpfen; aber ich will sie nicht mehr mit der Brutalität meiner Umgebung rechtfertigen.
*Riskieren Sie bei der engen Verbindung zwischen Ihrem Leben und Ihren Filmen nicht eine Selbstzerstörung, etwa wie Fassbinder oder Pasolini?*
Die Selbstzerstörung hält mich am Leben. Ich muß dieses Spiel immer wieder spielen. Für mich ist das leben, dieser Fluß, eine Art Droge – Abhängigkeit und Laster.

*Abel Ferrara im Gespräch mit Marcus Rothe, SZ, 24.10.96*

Heiko R. Blum in: Rheinische Post, 25.10.96; Norbert Grob in: Die Zeit, 25.10.96; Thomas Klingenmaier in: Stgt. Zeitung, 24.10.96; Margret Köhler in: AZ, 24.10.96; Christian Seebaum in: Kölner Stadt-Anzeiger, 26.10.96; Anke Sterneborg in: SZ, 24.10.96

## Beim nächsten Kuß knall ich ihn nieder! 104

****

*Regie:* Hans-Christoph Blumenberg
*Darsteller:* Peter Fitz (Reinhold Schünzel), Bettina Kupfer (Marianne, seine Tochter), Jörg Holm (Meydam, Mayer, Yates), Lutz Herkenrath (Hinkel, Reinhardt, Wulf), Patricia

Thielemann (Die eine Blonde)
*Drehbuch:* Hans-Christoph Blumenberg
*Kamera:* Klaus Peter Weber (Farbe und s/w)
*Musik:* Gast Waltzing
*Schnitt:* Florentine Bruck
*Prod.:* Hans-Christoph Blumenberg für Rotwang Filmprod. mit Arte/ZDF, BRD 1995; 85 Min.
*UA:* Int. Hofer Filmtage, 1995
*Verleih:* Karelia/-/-; 11.4.1996
*FSK:* ab 12, ffr.

Hans-Christoph Blumenberg hat 33 Stationen aus Schünzels Leben in Szene gesetzt: Dan Kampf mit Goebbels, die überstürzte Flucht, das Feilschen mit MGM, die Intrigen in Hollywood, die Konkurrenz unter den Emigranten, das versuchte Comeback nach dem Krieg.
Dazu die Schilderung des persönlichen Umfeldes, vor allem des Verhältnisses zu seinem Produzenten Günther Stapenhorst, die Liebe zu seiner Tochter, die Affären mit seinen Frauen, die aus Gründen der Bequemlichkeit einfach alle »Goldstück« genannt werden.
Es sind präzise, theaterhaft-inszenierte Vorfälle und Situationen, von denen mancher sagen mag, es fehle ihnen das Kinospezifische, das Spektakuläre. Aber wer Interesse hat an der Film- und Emigrationsgeschichte, dem wird hier menschlich und fachlich Aufschlußreiches geboten. Vor allem ein Film für Cineasten. Und Peter Fitz, der Darsteller des Schünzel, spielt hervorragend.

*Thomas Engel, Der Gildendienst, Dez. 95*

Michael Althen in: Die Zeit, 12.4.96; Sebastian Feldmann in: Rheinische Post, 9.5.96; Frauke Hartmann in: FR, 12.4.96; Peter W. Jansen in: Der Tagesspiegel, 11.4.96; Thomas Klingenmaier in: Stgt. Zeitung, 5.6.96; Wilfried Reichart in: Kölner Stadt-Anzeiger, 18.5.96

## Besser und besser 105
****

*Regie:* Alfredo Knuchel
*Drehbuch:* Alfredo Knuchel
*Kamera:* Norbert Wiedmer (auch Co-Regie); Peter Guyer (Videokamera) (Farbe)
*Schnitt:* Regina Bärtschi
*Prod.:* Norbert Wiedmer, Alfredo Knuchel für Biograph, Schweiz 1996; 80 Min.
*UA:* Int. Filmfestspiele Locarno 1996
*Verleih:* -/-/Fama Film; Mai 1996

Porträt einer Schweizer Familie, der es nach zwei Jahren Arbeitslosigkeit dank einer Erbschaft materiell wieder besser geht, deren Mitglieder sich jedoch auf der Flucht befinden: Der Mann lamentiert über ein verpaßtes Leben und träumt von einem Neubeginn, die Frau findet Halt in einer Sekte, der Sohn ist drogensüchtig. Sie streiten und äußern sich vor der Kamera, als existiere diese nicht. An der Situation dieser Durchschnittsfamilie wird exemplarisch das innere Drama einer Art Wohlstandsverwahrlosung sichtbar: Werteverlust, Kommunikationsnotstand, Einsamkeit.

*Zoom, 5/96*

## Besuchen Sie Europa! 106
IF IT'S TUESDAY, IT STILL MUST BE BELGIUM ***
TV

*Regie:* Bob Sweeney
*Darsteller:* Claude Akins (Mo Wyshocki), Lou Liberatore (Marty Bacon), Bruce Weitz (Martini), Courtney Cox (Hana Wyshocki), Faith Ford (Kalin), Stephen Furst (Leo Fletch), Peter Graves (Mr. Wainwright), Kene Holliday (Bob Sperling), Anna Maria Horsford, Lou Jacobi
*Drehbuch:* Alan Eisenstock, Larry Mintz
*Kamera:* Ernest Vincze (Farbe)
*Musik:* Henry Mancini, Ken Thorne
*Schnitt:* Richard E. Rabjohn
*Prod.:* Mel Swope für MGM, USA 1987; 110 Min.
*TV:* 13.10.1996, RTL2, 8.55

Eine Busladung voll amerikanischer Touristen wird von dem halbverrückten Busfahrer Mo Wyshocki kreuz und quer durch Europa kutschiert. So lernt man Land und Leute kennen.

## Die Bettlektüre 107
THE PILLOW BOOK ***

*Regie:* Peter Greenaway
*Darsteller:* Vivian Wu (Nagiko), Ewan McGregor (Jerome), Yoshi Oida (Der Verleger), Ken Ogata (Der Vater), Hideko Yoshida (Die Tante/die Dienerin), Judy Ongg (Die Mutter), Ken Mitsuishi (Der Ehemann), Yutaka Honda (Hoki), Barbara Lott (Jeromes Mutter), Chizuru Ohnishi (Nagiko als Kind)
*Drehbuch:* Peter Greenaway
*Kamera:* Sacha Vierny (Cineco)

*Schnitt:* Chris Wyatt, Peter Greenaway
*Prod.Des.:* Wilbert van Dorp, Andree Putman; Emi Wada (auch Kostüme)
*Prod.:* Kees Kasander für Kasander & Wigman Prods./Alpha/Woodline mit Channel Four Films/Studio Canal Plus/De Lux, GB/Niederlande/Frankreich 1996; 126 Min.
*UA:* 12.5.1996, Int. Filmfestspiele Cannes »Un Certain Regard«
*Verleih:* Prokino/filmladen/Monopole Pathé; 24.10.1996
*FSK:* ab 12, ffr.

Im Leben der jungen Japanerin Nagiko verschmelzen die Schriftzeichen auf ihrem Körper mit dem »Kopfkissenbuch« der Sei Shonagon, einem um das Jahr 1000 entstandenen Meisterwerk der japanischen Literatur. Greenaway kreist um die literarische Quelle, nimmt ästhetische Prinzipien auf und verwebt sie zu einer überkonstruierten Geschichte. Die betörende Erotik des Schreibens – im Wechselspiel von Körper und Bildzeichen – verliert sich in einem Labyrinth der Bedeutungsebenen. *Zoom, 11/96*

(...) Die Ästhetik japanischer Rituale, die Radikalität der Liebe und die Abgründe der Sexualität prägen die bizarre Schönheit und Sinnlichkeit dieser Schriftpoesie zwischen Kioto und Hongkong: Kultur-Ornamente eines Meisters der grenzüberschreitenden Phantasie. *Ponkie, AZ, 24.10.96*

(...) Um Schönheit gehe es überhaupt in diesem Film, sagte Greenaway in einem der unzähligen Interviews, mit denen er den Ausstoß seiner Produktion als Filmemacher und Künstler kommentierend und kontrollierend begleitet. Was Grennaway unter Schönheit versteht, könnte glatt zum anregenden Musterkatalog für Edeldesigner umgearbeitet werden. Es wirkt geschmäcklerisch, weil es leblos ist, die kalte Pracht der Bilder genügte sich selbst und erdrückt die Momente sprechender Schönheit, überführt auch die luzide Poesie von Sei Shonagons knappen Beschwörungen ins lediglich Illustrative.
Mit der Erotik ist es wie mit der Schönheit. Im Übermaß beschworen, bis hin

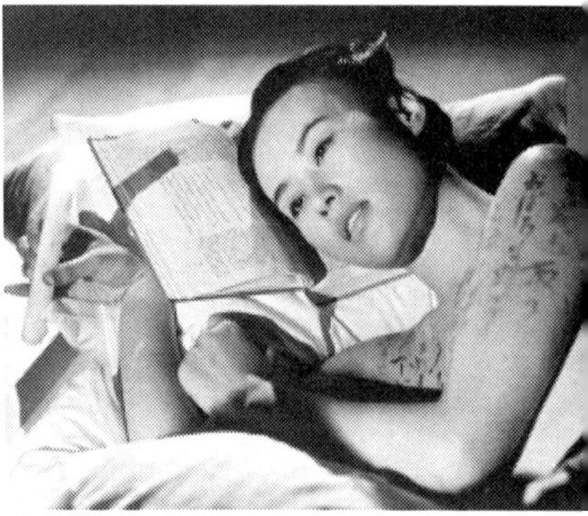

*Vivian Wu in ›Die Bettlektüre‹ von Peter Greenaway*

zum satten Maß der Vollkörperansichten und geschmackvoll arrangierter Sexakrobatik, bleibt sie leeres Versprechen. Die Situation, in die einen Greenaways Kino versetzt, gleicht der eines Voyeurs in der traurigen Einsamkeit der Nachmittagsvorstellung eines Schachtelkinos. Er bleibt allein mit seinem Bilderhunger, und seine unbefriedigte Ersatzleidenschaft wirkt realer als der Köder vor seinen Augen.
*Brigitte Desalm, Kölner Stadt-Anzeiger, 36.10.96*

(...) »Es gibt kein realistisches Kino. Freue Dich auf die Welt, wie sie ist, und sehe das Kino als Fiktion.« (Peter Greenaway)

Andreas Kilb in: Die Zeit, 25.10.96; Tobias Kniebe in: SZ, 24.10.96; Rupert Koppold in: Stgt. Zeitung, 24.10.96; Heike Kühn in: FR, 25.10.96; Simone Mahrenholz in: Der Tagesspiegel, 24.10.96; Hans-Joachim Neumann in: Zitty, 22/96

## Die Bibel – Josef 108
JOSEPH ***
TV

*Regie:* Roger Young
*Darsteller:* Ben Kingsley (Potifar), Paul Mercurio (Josef), Martin Landau (Jakob), Lesley Ann Warren (Potifars Frau), Alice Krige (Rahel), Dominique Sanda (Lea), Warren Clarke, Monica Bellucci, Stefano Dionisi, Valeria Cavalli
*Drehbuch:* Lionel Chetwynd, James Carrington

*Kamera:* Raffaele Mertes (Farbe)
*Musik:* Marco Frisina, Ennio Morricone
*Schnitt:* Benjamin A. Weissman
*Prod.Des.:* Enrico Sabbatini, Paolo Biagetti
*Prod.:* Lorenzo Minoli für LUBE/RAI/TNT, BRD/Italien/USA 1994; Jeweils 89 Min.
*UA:* 16.4.1995/17.4.1995, TNT, 20.00,
*TV:* 24.5.1996/26.5.1996, ARD, 20.15

Ein wackeres Pharao-Traktätchen zum Lobe des Gottvertrauens: Der Film ließ Potifars Weib sündenlüstern auf Josefs schmucken Sklavenboy blicken, derweil seine eifersüchtigen Brüder, die ihn heimtückisch verkauft hatten, ihrem schlechten Gewissen anheimfallen. Und befriedigt darf der Zuschauer teilhaben am Traumdeuter-Aufstieg des Josef (edler Schafhirtenblick) am Hofe der Pharao-Statisten (alle überragend). Der Bibelmarkt ist fest im Griff: Vielleicht fühlt sich Leo Kirch jetzt besser.

*Ponkie, AZ, 28.5.96*

## Die Bibel – Moses 109

MOSES ***

TV

*Regie:* Roger Young
*Darsteller:* Ben Kingsley (Moses), David Suchet (Aaron), Sonia Braga (Zippora), Geraldine McEwan (Mirjam), Enrico lo Verso (Joshua), Christopher Lee (Pharao), Anita Zagaria (Jochebed), Federico Pacifici (Hur), Anton Lesser (Eliav), Anthony Higgins (Korach)
*Drehbuch:* Lionel Chetwynd
*Kamera:* Raffaele Mertes (Farbe)
*Musik:* Ennio Morricone, Marco Frisina
*Schnitt:* Benjamin A. Weissman
*Prod.:* Lorenzo Minoli, Gerald Rafshoon für Lube/TNT/Quinta/RAI/France 2/Antena3/ ARD/MTM/Czech TV/NCRV/BSKYB, BRD/Italien/USA 1995; 86 Min.
*Taurus Video,*
*TV:* 25./26.12.1996, ARD, 18.30
*FSK:* ab 12 J.

Kirchs Gemeinschaftspredigt über die Zustände bei Pharaos im alten Ägypten bescherte uns Ben Kingsley in der Rolle des Moses. Immer wenn er nachdachte, konnte man es an seinem Gesicht sehen – besonders wenn er Angst hatte, ob der göttliche Zauber mit der Verwandlung seines Hirtenstabes in eine Kobra auch funktionieren würde. Und die Sache mit dem Tanz ums Goldene Kalb ist als Besinnungs-Entertainment ja auch nicht zu verachten. Viel Bosheit bei Pharaos, viel Dummheit beim Hebräervolk und erhabenes Stottern aus dem biblischen Schullesebuch.

*Ponkie, AZ, 27.12.96*

## Big Bully – Mein liebster Feind 110

BIG BULLY **

Video

*Regie:* Steve Miner
*Darsteller:* Rick Moranis (David Leary), Tom Arnold (Rosco Bigger »Fang«), Julianne Phillips (Victoria), Carol Kane (Faith), Jeffrey Tambor (Art), Curtis Armstrong (Clark), Faith Prince (Betty), Tony Pierce (Ulf), Don Knotts (Prinicpal Kokelar), Blake Bashoff (Ben)
*Drehbuch:* Mark Steven Johnson
*Kamera:* Daryn Okada (Farbe)
*Musik:* David Newman
*Schnitt:* Marshall Harvey
*Prod.Des.:* Ian Thomas
*Prod.:* Lee Rich, Gary Foster für Morgan Creek mit Lee Rich Prods., USA 1996; 93 Min.
*Vertrieb:* Warner Home Video; Juli 1996
*FSK:* ab 6 J.

Alte Jugendfeinde treffen nach Jahren wieder aufeinander und verfallen in die alten Rollen: der eine feiger Verlierer, der andere sadistischer Quäler. Nette Idee, die ohne psychologisches Feingefühl simplem Klamauk geopfert wurde.

## Billy Madison 111

BILLY MADISON **

Video

*Regie:* Tamra Davis
*Darsteller:* Adam Sandler (Billy Madison), Darren McGavin (Brian Madsion), Bridgette Wilson (Veronica), Bradley Whitford (Eric Gordon), Josh Mostel (Max Anderson), Norm MacDonald (Frank), Mark Beltzman (Jack), Larry Hankin (Carl Alphonse), Theresa Merritt (Juanita)
*Drehbuch:* Tim Herlihy, Adam Sandler
*Kamera:* Victor Hammer (Deluxe)
*Musik:* Randy Edelman
*Schnitt:* Jeffrey Wolf
*Prod.Des.:* Perry Blake
*Prod.:* Robert Simonds für Universal, USA 1995; 86 Min.
*Vertrieb:* CIC Video; Januar 1996
*FSK:* ab 6 J.

Debiles Millionärssöhnchen will in Rekordzeit sein Abitur nachholen. Die Trottelwelle, die uns nach »Dumm und Dümmer« immer neue Hirnfraß-Patienten in Hauptrollen anspült, ebbt offensichtlich immer noch nicht ab.

Georg Röwekamp in: film-dienst, 3/96

## The Birdcage – Ein Paradies für schrille Vögel 112

THE BIRDCAGE ***

*Regie:* Mike Nichols
*Darsteller:* Robin Williams (Armand Goldman), Gene Hackman (Senator Keeley), Nathan Lane (Albert), Dianne Wiest (Louise Keeley), Dan Futterman (Val Goldman), Calista Flockhart (Barbara Keeley), Hank Azaria (Agador), Christine Baranski (Katharine), Tom McGowan (Harry Radman), Grant Heslov (Fotograf)
*Drehbuch:* Elaine May, nach dem Bühnenstück »La Cage Aux Folles« von Jean Poiret
*Kamera:* Emmanuel Lubezki (Technicolor)
*Musik:* Jonathan Tunick
*Schnitt:* Arthur Schmidt
*Prod.Des.:* Bo Welch

*Robin Williams*

*Prod.:* Mike Nichols für United Artists, USA 1995; 119 Min.
*UA:* 8.3.1996, New York
*Verleih:* UIP/UIP/UIP/Warner Home Video; 16.5.1996
*FSK:* ab 12, ffr.
*FBW:* Besonders wertvoll

Neuverfilmung der Boulevardkomödie »La cage aux folles« um einen homosexuellen Vater, dessen Sohn die Tochter eines konservativen Patriarchen heiraten will und der darauf nichts unversucht läßt, bürgerliches Familienglück vorzutäuschen. Brillante Darstellerleistungen in den Hauptrollen und eine Inszenierung, die sich sehr bewußt zu ihrer Theatralik bekennt, sorgen für kurzweilige Unterhaltung. *Zoom*

Albert Baer in: Rheinische Post, 18.5.96; Volker Gunske in: tip, 11/96; Andreas Kilb in: Die Zeit, 31.5.96; Milan Pavlovic in: Kölner Stadt-Anzeiger, 18.5.96; Anke Sterneborg in: SZ, 15.5.96

## Birthday – Dorothea Tanning 113

****

*Regie:* Horst Mühlenbeck
*Prod.:* Bernd Mosblech für Bernd Mosblech Filmprod./WDR/Arte, BRD 1994; 99 Min.
*Verleih:* Basis/-/-; 25.4.1996
*FBW:* Wertvoll

Künstlerisch engagiertes, eigenwilliges Porträt der Malerin Dorothea Tanning, ihres Lebens und ihres gemeinsamen Lebensweges (1942-1956) mit Max Ernst. *(Aus dem Gutachten der FBW)*

(...) Wer von den Beobachtungen, Interviews und Kamerafahrten durch Tannings Gemälde Aufschlußreiches über die Bohème-Szene der 50er Jahre erwartet, sieht sich getäuscht. Stattdessen hat Mühlenbeck sich ganz auf die alte Dame konzentriert, die im Reigen großer Namen – Ernst, Duchamp, Breton – stets das Nachsehen hatte. Sein Blick auf Dorothea Tanning, der Vergangenheit und Gegenwart zum sensiblen Porträt verschmilzt, entwickelt das Bild einer autonomen Künstlerin ohne kokette Schwenks auf deren illustre Zeitgenossen.

*Kölner Stadt-Anzeiger, 27.4.96*

## Die Bitte einer Mutter
114
A MOTHER'S PRAYER
***
Video

*Regie:* Larry Elikann
*Darsteller:* Linda Hamilton (Rosemary Holmstrom), Noah Fleiss (T.J.), Bruce Dern (John), Kate Nelligan (Sheila), S. Epatha Merkerson, Jenny O'Hara, Corey Parker, RuPaul
*Drehbuch:* Lee Rose
*Kamera:* Eric van Haren Noman (Farbe)
*Prod.:* Sally Young für Universal, USA 1995; 89 Min.
*Vertrieb:* CIC Video; Januar 1996
*FSK:* ab 12 J.

HIV-infizierte, alleinerziehende Mutter sucht via TV nach Ersatzeltern für ihren Sohn. Gediegenes US-Fernsehspiel, das sein brisantes Thema nüchtern unspektakulär behandelt.

## Black Cat 2
115
FOX HUNTER
*
Video

*Regie:* Stephen Tung Wai
*Darsteller:* Jade Leung (Jennifer), Jordan Chan, Yu Wing-Kwong, Andy Yim, Roger Lee
*Drehbuch:* New Prima Creative Unit
*Kamera:* William Yim (Farbe)
*Musik:* Ha Kwan Leung, Mak Chun Tung
*Schnitt:* Poon Hung
*Prod.:* Chiu Ng Ling, Benz Kong, Poon Kin Kwan für Kingsway Prod., Hongkong 1995; 92 Min.
*Vertrieb:* Splendid Video; 29.7.1996
*FSK:* ab 18 J.

Waffenhändler tötet aus Rache den Onkel einer Polizistin, die nun ihrerseits auf Rache sinnt. Lausig produzierter Hongkong-Schund.

René Claßen in: film-dienst, 22/96

## Black Day Blue Night
116
BLACK DAY BLUE NIGHT
**

*Regie:* J.S. Cardone
*Darsteller:* Gil Bellows (Dodge), Michelle Forbes (Rinda Wooley), Mia Sara (Hallie Schrag), J.T. Walsh (Lt. John Quinn), Tim Guinee (Bo Schrag), John Beck (Morris Reed), F.J. Flynn (Lt. Begay)
*Drehbuch:* J.S. Cardone
*Kamera:* Michael Cardone (Farbe)
*Musik:* Johnny Lee Schell, Joe Sublett
*Schnitt:* Tom Meshelski, Claudia Hoover
*Prod.Des.:* Jerry Fleming

*Mia Sara*

*Prod.:* Scott Einbinder, Carol Kottenbrook für Sandstorm/Capella, USA 1995; 96 Min.
*UA:* 4.11.1995, Fort Lauderdale Film Festival
*Verleih:* CI/-/-; 25.7.1996
*FSK:* ab 16, ffr.

Zwei gegensätzliche Frauen fahren raus aus der Kleinstadt, hinein in eine bessere Zukunft wie sie hoffen. Auf ihrem Trip nehmen sie einen Tramper mit, der beiden den Kopf verdreht und zudem im Verdacht steht, einen Cop ermordet und zwei Millionen Dollar geklaut zu haben.
Eine läppische Mischung aus Road-Movie und Krimi mit heißem Sex in freier Natur. *Margret Köhler*

Heiko R. Blum in: Rheinische Post, 26.7.96; Fritz Göttler in: SZ, 25.7.96; Thomas Klingenmaier in: Stgt. Zeitung, 26.7.96; Angela Schmitt-Gläser in: FR, 27.7.96

## Black List
117
LISTE NOIR
***
Video

*Regie:* Jean-Marc Vallee
*Darsteller:* Michel Côté (Jacques Savard), Geneviève Brouillette (Gabrielle Angers), Sylvia Bourque (Francine Savard), Raymond Cloutier (Claude Laberge), André Chamgagne

(Michel Gauthier), Aubert Pallascio (Harvey Dansereau), Jean-Louis Roux, Louis-George Girard, Serge Houde, Denis Mercier
*Drehbuch:* Sylvain Guy
*Kamera:* Pierre Gill (Farbe)
*Musik:* Serge Arcuri, Luc Aubry
*Schnitt:* Jean-Marc Vallee
*Prod.:* Marcel Giroux für GPA Films mit SODEC/Telefilm Canada, Kanada 1995; 83 Min.
*UA:* 30.8.1995, World Film Festival, Montreal
*Vertrieb:* BMG Video; 4.11.1996
*FSK:* ab 16 J.

Inhaftierte Prostituierte spielt einem Juristen die Liste mit ihren Kunden aus der hohen Politik zu und schlägt einen Deal vor. Gemächlicher Polit-Thriller, der gegen Ende an Spannung gewinnt, gleichzeitig aber auch an Glaubwürdigkeit verliert.

## Black Zombies 118

BLACK DEMONS **
TV

*Regie:* Umberto Lenzi
*Darsteller:* Keith van Hoven (Dick), Joe Balogh (Kevin), Sonia Curtis (Jessica), Philip Murray (José), Juliana Texeira (Sonja)
*Drehbuch:* Olga Pehar, nach einer Story von Umberto Lenzi
*Kamera:* Maurizio Dell'Orco (Technicolor)
*Musik:* Franco Micalizzi
*Schnitt:* Vanio Amici
*Prod.:* Giuseppe Gargulo für Filmakers Prod., Italien 1991; 84 Min.
*TV:* 8.1.1996, Sat.1, 0.00; 3.2.1995, Sat.1, 0.10

Drei junge New Yorker, die zu Forschungszwecken in den südamerikanischen Busch gereist sind, schlüpfen in einer verfallenen Plantage unter. Auf dem Gelände, so heißt es, liegt ein Fluch: Die schwarzen Sklaven, die hier zu Tode gequält wurden, sollen eines Tages aus ihren Gräbern steigen, um sich an den Weißen zu rächen. *Pressetext*

## Blackmail 119

LETTER TO MY KILLER ***
Video

*Regie:* Janet Mayers
*Darsteller:* Mare Winningham (Judy Parma), Nick Chinlund (Nick Parma), Rip Torn (Russel Vanik), Josef Sommer (Martin Prescott), Eddie Jones (Wilson Hartwick)
*Drehbuch:* Norman Strum
*Kamera:* Stephen M. Katz (Farbe)
*Musik:* Masin Daring
*Schnitt:* Anita Brandt-Burgoyne
*Prod.:* Vicky Herman für Sanford/Pillsbury Prod. für Universal, USA 1995; 87 Min.
*Vertrieb:* CIC Video; Juli 1996
*FSK:* ab 12 J.

Drei scheinbar seriöse Geschäftsleute werden nach 30 Jahren von ihrer dunklen Vergangenheit eingeholt: Es tauchen Papiere auf, die einen Mord beweisen und einen Umweltskandal aufdecken. Überdurchschnittlich differenzierter und ernsthafter Öko-Psycho-Thriller.

Joe Hill in: film-dienst, 19/96

## Blackmail – Blutige Abrechnung 120

BLOOD MONEY **
Video

*Regie:* John Shephird
*Darsteller:* James Brolin (Kincade), Traci Lords (Wendi), Sonny Carl Davis (Grisham), Billy Drago, Dean Tarrolly, Alison Moir, Bentley Mitchum, Katherine Armstrong
*Drehbuch:* Steve Jankowski, John Shephird
*Kamera:* Neal O. Brown (Farbe)
*Musik:* Terry Plumeri
*Schnitt:* Larry Maddox
*Prod.Des.:* Hunter Cressall
*Prod.:* Brian Schuster, James Ian Lifton für Somerset Films, USA 1996; 89 Min.
*Vertrieb:* Highlight Video; 23.9.1996
*FSK:* ab 18 J.

Mörder flieht aus dem Knast und nimmt die Familie seines Ex-Partners als Geiseln. Ein öder Krimi.

## The Blade – Das zerbrochene Schwert 121

THE BLADE *
Video

*Regie:* Tsui Hark
*Darsteller:* Wing Zhao, Xiong Xinxin, Su Tsui Yu
*Prod.:* Hongkong 1996; 90 Min.
*Vertrieb:* Splendid Video; 20.12.1996
*FSK:* ab 18 J.

X-te Variation eines Storyfragments: Schwertkampferprobter Sohn will ermordeten Vater rächen. Schnell geschnittenes Kampfgetümmel – mehr nicht.

## Der Blaue

122
**
TV

*Regie:* Lienhard Wawrzyn
*Darsteller:* Manfred Krug (Dr. Otto Skrodt), Ulrich Mühe (Kalle Kaminski), Meret Becker (Isabelle Skrodt), Marijam Agischewa (Mandy Skrodt), Klaus Manchen (Skrodts Führungsoffizier Werner), Hanns Zischler (Minister), Margret Völker (Briefträgerin), Jean Claude Mawila (Martin), Ralf Hirsch, Lienhard Wawrzyn
*Drehbuch:* Lienhard Wawrzyn, nach seinem gleichn. Buch
*Kamera:* Martin Kukula (Farbe)
*Musik:* Wolfgang Hammerschmid
*Schnitt:* Bettina Böhler
*Prod.Des.:* Dieter Döhl
*Prod.:* Klaus Volkenborn für Journal Film Klaus Volkenborn mit Studio Babelsberg, BRD 1993; 100 Min.
*UA:* 18.2.1994, Int. Filmfestspiele Berlin
*TV:* 1.6.1996, WDR, 20.15; 2.10.1996, BR3, 22.00

(...) Krug spielt einen Tierarzt und ehemaligen Stasispitzel. Der IM »Brandenburger« hat es im neuen Deutschland zum Bundestagsabgeordneten gebracht. Nun taucht ein ehemaliges Opfer auf, ein verratener Freund von damals. Der Spitzel weiß nicht, wieviel der andere weiß. Der andere bittet höflich um Geld, ist er also ein Erpresser? Und schon gleitet die Geschichte ins Allgemeine, in das Reich, in dem man fragt »Wer war's?« und wo die Autos explodieren. Die Menschen haben in diesem Film immer nur Prime-Time-Gefühle. Dabei ist »Der Blaue« kein schlechter Film, die Dialoge sind stellenweise sogar witzig. Nur ein viel zu glatter, unverbindlicher, der sich selbst nicht einmal zwischen Krimi und Komödie entscheiden kann. (...)
*Harald Martenstein, Der Tagesspiegel, 19.2.94*

## Der blaue Pfeil

123
***

LA FRECCIA AZZURRA

*Regie:* Enzo d'Alo
*Drehbuch:* Enzo d'Alo, Umberto Marino, nach dem Roman von Gianni Rodari
*Musik:* Paolo Conte
*Schnitt:* Rita Rossi
*Prod.Des.:* Paolo Cardoni
*Prod.:* La Lanterna Magica/Fama/Monipoly mit Media Investement Club, Italien/-Schweiz/Luxemburg 1996; 93 Min.
*Verleih:* Kinowelt/filmladen/Fama 5.12.1996
*FSK:* o.A., ffr.
*FBW:* Besonders wertvoll

Der erste von der Schweiz mitproduzierte Zeichentrickfilm erzählt, wie die italienische Gräfin und Hexe Befana, welche den Kindern am Dreikönigstag Geschenke bringt, einst von einem Gauner betrogen wurde, ihre Spielsachen deswegen die Flucht ergriffen und ihnen der kleine Francesco zu Hilfe kam. Mit sozusagen naivem Strich liebevoll gezeichneter Trickfilm ohne große Schnörkel, der sich auch in seiner Erzählweise und musikalischen Untermalung wohltuend von gängigen Produktionen abhebt. Die auf eine möglichst große dialektale Bandbreite angelegte Synchronisation, die sich offenbar am Erfolg von »Babe, the Gallant Pig« orientiert, ist allerdings ein Wermutstropfen. *Zoom, 11/96*

Heiko R. Blum in: Rheinische Post, 6.12.96; Bodo Fründt in: SZ, 5.12.96

## Blind Attack

124
*
Video

BLIND VENGEANCE

*Regie:* Stephen Lieb
*Darsteller:* Rod Kei, Carl Vanmeter, Cheryl Kalanoc
*Musik:* Johnny Marcello
*Prod.:* Bob Kronovet für Gun for Hire, USA 1994; 83 Min.
*Vertrieb:* Allround Video; 28.8.1996
*FSK:* ab 16 J.

Böser Karatelehrer provoziert braven Konkurrenten – der übliche Kickbox-Quatsch eben.

## Der Blinde

125
□
TV

*Regie:* Peter Keglevic
*Darsteller:* Joachim Kemmer (Inspektor Higgins), Julia Bremermann (Barbara Lane), Leslie Phillips (Sir John), Christiane Reiff (Ann Pattison), Romy Kühnert (Emma Higgins), Eddi Arent (Flatter), Yvonne De Bark (Olivia Howard), Olaf Hensel-Kirscht (Chris), Doris Kunstmann (Mrs. Harper), Peter Simonischek

*Drehbuch:* Simone Browiak, Hans Kantereit, frei nach Edgar Wallace
*Prod.:* BRD 1995; 60 Min.
*TV:* 5.3.1996, RTL, 20.15

Seit einiger Zeit verschwinden in London auf mysteriöse Weise junge Mädchen auf offener Straße – und immer wurde ein Blinder in ihrer Nähe gesehen. Das nächste Opfer ist die junge Susan Howard. Nach einem Kinobesuch fällt sie dem »Blinden« in die Arme und wird brutal gekidnappt. Der Fall landet beim Scotland Yard, und Barbara Lane und Inspektor Higgins nehmen sofort die Ermittlungen auf.
*Pressetext*

## Blond ist die Rache 126
AN UNFINISHED AFFAIR □
TV

*Regie:* Rod Hardy
*Darsteller:* Jennie Garth (Sheila Hart), Tim Matheson (Alex Connor), Leigh Taylor Young (Cynthia Connor), Peter Facinelli (Rick Connor)
*Drehbuch:* Rama Laurie Stagner, Dan Witt
*Kamera:* David Connell (Farbe)
*Musik:* Lee Holdridge
*Schnitt:* Richard Bracken
*Prod.Des.:* Leslie Binns
*Prod.:* William Shippey für Longbow Prod., USA 1996; 89 Min.
*TV:* 2.12.1996, Pro7, 20.00

Mißgunst, Habsucht, Sex und eine intrigante Liebschaft: Wieder wie im echten Leben, oder?

## Bloodhunter 127
NIGHTHUNTER *
Video

*Regie:* Rick Jacobsen
*Darsteller:* Don »The Dragon« Wilson (Jack Cutter), Melanie Smith (Raimy Bauer), Nicholas Guest (Bruno Fischer), Sid Sham (Sid O'Mack), Cash Casey (Detektive Browning
*Drehbuch:* William C. Martell
*Kamera:* John Aronson (Farbe)
*Musik:* Penny Plumeri
*Schnitt:* John Gilbert
*Prod.:* Ashok Amritraj für Amritraj Ent, USA 1995; 87 Min.
*Vertrieb:* Vipro Video; 28.6.1996
*FSK:* ab 18 J.

Vampirjagd mit Schrotflinte und blanken Fäusten in L.A. Auch diese bizarre Genre-Mischung aus Action und Horror besticht durch Talentlosigkeit.
Kai Mihm in: film-dienst, 17/96

## Bloodline 128
THE TIE THAT BINDS **
Video

*Regie:* Wesley Strick
*Darsteller:* Daryl Hannah (Leann Netherwood), Keith Carradine (John Netherwood), Moira Kelly (Dana Clifton), Vincent Spano (Russell Clifton), Julia Devin (Janie), Cynda Williams (Lisa-Maria Chandler), Bruce A. Young (Gil Chandler), Ned Vaughn (Officer Carrey), Jenny Gago (Maggie), Carmen Argenziano (Phil Hawkes)
*Drehbuch:* Michael Auerbach
*Kamera:* Bobby Bukowski (Technicolor)
*Musik:* Graeme Revell
*Schnitt:* Michael N. Knue
*Prod.Des.:* Marcia Hinds-Johnson
*Prod.:* David Madden, Patrick Markey, John Morrissey, Susan Zachary für Interscope Communications/PolyGram Filmed Ent., USA 1995; 98 Min.
*Vertrieb:* VCL Video; 24.9.1996
*FSK:* ab 16 J.

Yuppie-Paar adoptiert die Göre von Killern, die ihre Brut mit Gewalt zurückfordern. Banaler Quatsch.

## Bloody Secret 129
DARK SECRETS/BUCKET OF BLOOD **
Video

*Regie:* Michael James McDonald
*Darsteller:* Anthony Michael Hall, Justine Bateman, Alan Sues, Shadoe Stevens
*Drehbuch:* Brendan Broderick
*Prod.:* Mike Elliott für Libra Pic., USA 1995; 90 Min.
*Vertrieb:* VMP Video; 20.9.1996
*FSK:* ab 16 J.

Zahnlose, selten komische Satire um ein Möchtegern-Genie, das in erlauchte Künstlerkreise aufgenommen werden möchte.

## Blue Eyed 130
****

*Regie:* Bertram Verhaag
*Darsteller:* Mit: Jane Elliott
*Drehbuch:* Bertram Verhaag, in Kooperation mit Jane Elliott
*Kamera:* Waldemar Hauschild, Hans-Albrecht Lusznat (Farbe)

*Musik:* Wolfgang Neumann, Frank Loef
*Schnitt:* Uwe Klimmeck
*Prod.:* Claus Strigel, Bertram Verhaag für DENKmal-Film/WDR/3sat/BR, BRD/USA 1996; 93 Min.
*UA:* Filmfest München 1996
*Verleih:* Denkmal/-/-; 13.10.1996, Arri; 21.11.1996

Seit Jahren führt Jane Elliott in den USA ein aufsehenerregendes Experiment durch. In ihren Workshops setzt sie Weiße, die sich freiwillig gemeldet haben, einer diskriminierenden Behandlung aus, wie sie üblicherweise den Farbigen und anderen Minderheiten der Gesellschaft zuteil wird. Obwohl die Teilnehmer über die »Spielregeln« informiert sind, können sich viele ihrer Rolle nicht entziehen.
Aus dem Spiel wird grausame Realität, die zu persönlichen Erschütterungen führt und zu einer Erfahrung, die das gesellschaftliche Bewußtsein verändert. *Ulrich Maas*

(…) Regisseur Verhaag begleitet Elliott bei ihrem Experiment, doch das Resultat geht über Schuldgefühle und das obligatorische schlechte Gewissen nicht hinaus. *tip, 25/96*

## Blue in the Face 131

BLUE IN THE FACE ***

*Regie:* Wayne Wang, Paul Auster
*Darsteller:* Harvey Keitel (Auggie Wren), Lou Reed, Michael J. Fox, Roseanne, Mel Gorham (Violet), Jim Jarmusch, Lily Tomlin, Jared Harris (Jimmy Rose), Giancarlo Esposito (Tommy), Malik Yoba
*Drehbuch:* Paul Auster, Wayne Wang mit den Schauspielern
*Kamera:* Adam Holender (DuArt)
*Musik:* John Lurie
*Schnitt:* Christopher Tellefsen
*Prod.Des.:* Kalina Ivanov
*Prod.:* Greg Johnson, Peter Newman, Diana Phillips für Blue in the Face Prod., USA 1995; 89 Min.
*UA:* 16.2.1995, Int. Filmfestspiele Berlin, »Wettbewerb: Sondervorführung«
*Verleih:* Kinowelt/top-film/Monopole Pathé/ Arthaus Video; 4.1.1996
*FSK:* ab 12, ffr.

Noch vor Abschluß der Dreharbeiten zu »Smoke« gab der Produzent Peter Newman dem Schriftsteller Paul Auster

*Rauchzeichen: Harvey Keitel und Jim Jarmusch in ›Blue in the Face‹ von Wayne Wang*

*Sean Pertwee, Steven Macintosh, Peter Gunn, Ewan McGregor in ›Blue Juice‹ von Carl Prechezer*

grünes Licht für einen weiteren Film in und um Auggie Wrens Tabakladen in Brooklyn. Nach Austers Skizzen improvisierten einige Darsteller aus »Smoke« sowie prominente Gäste in nur sechs Drehtagen eine Art filmischer Nummernoperette, die interpunktiert wird von Interviews mit Bewohnern von Brooklyn über die Besonderheit ihres Stadtteils. Einige Nummern sind brillant ausgefallen, andere schwach, und das Ganze verleiht der Köstlichkeit »Smoke« nachträglich einen eher faden Nachgeschmack. *Zoom*

(...) In der Summe wirkt das Material nun wie eine genial komponierte visuelle Fuge. Jeder über sein Budget klagende Filmemacher sollte zum mehrfachen Sehen verpflichtet werden. *H.G. Pflaum, SZ, 4.1.96*

Heiko R. Blum in: Rheinische Post, 5.1.96; Angie Dullinger in: AZ, 18.2.95; Jane Faber in: Berliner Morgenpost, 17.2.95; Heike Kühn in: FR, 4.1.96; Harald Martenstein in: Der Tagesspiegel, 17.2.95; Stefan Reinecke in: Der Tagesspiegel, 28.12.95; Christian Seebaum in: Kölner Stadt-Anzeiger, 6.1.96; Ruprecht Skasa-Weiß in: Stgt. Zeitung, 4.1.96

## Blue Juice 132

BLUE JUICE ***

*Regie:* Carl Prechezer
*Darsteller:* Sean Pertwee (JC), Catherine Zeta Jones (Chloe), Steven Mackintosh (Josh Tambini), Ewan McGregor (Dean Raymond), Peter Gunn (Terry Colcott), Heathcote Williams (Shaper), Colette Brown (Junior), Michelle Chadwick (Sarah), Keith Allen (Mike), Robin Soans
*Drehbuch:* Peter Salmi, Carl Prechezer, nach einer Idee von Peter Salmi, Carl Prechezer, Tim Veglio
*Kamera:* Richard Greatrex (Farbe)
*Musik:* Simon Davison
*Schnitt:* Michael Ellis
*Prod.Des.:* Mark Tildesley
*Prod.:* Simon Relph, Peter Salmi für Skreba Filmprod. für Pandora Cinema/Channel Four, GB 1995; 98 Min.
*EA:* Int. Hofer Filmtage 1995
*Verleih:* Intertainment, Central/-/-/Starlight Video; 6.6.1996
*FSK:* ab 12, ffr.

Surfen im kühlen Klima von Cornwall: »Blue Juice« verbindet liebenswürdige englische Exzentrik mit der Charakterstudie einer Gruppe von jungen Männern um die 30, die sich hartnäckig weigern, erwachsen zu werden. Für einen

Film über eine zeitgenössische Jugendsubkultur erweist sich das Debüt als erstaunlich geschichtsbewußt.

*Frank Arnold, tip, 12/96*

Frank Arnold in: Kölner Stadt-Anzeiger, 8.6.96; Silvia Hallensleben in: Der Tagesspiegel, 6.6.96; Hermann Kewitz in: Rheinische Post, 8.6.96; Tobias Kniebe in: SZ, 5.6.96

## Blutige Liebe 133

BAD BLOOD **

TV

*Regie:* Chuck Vincent
*Darsteller:* Georgina Spelvin (Arelene Billings), Gregory Patrick (Ted Barnes), Troy Donahue (Jack Barnes), Carolyn Van Bellinghen (Wanda), Linda Blair (Evie Barnes), Harvey Siegel (Jasper), Scott Baker (Henry), Christina Veronica (Crystal), Daniel Chapman, Jane Hamilton
*Drehbuch:* Craig Horrall
*Kamera:* Larry Revene (Farbe)
*Musik:* Joey Mennonna
*Schnitt:* James Davalos
*Prod.:* Chuck Vincent für Platinum Pic., USA 1989; 103 Min.
*TV:* 28.1.1996, Sat.1, 24.00

Eine wohlhabende Künstlerin findet ihren lange vermißten Sohn wieder, dem sie sich inzestuös nähert, weil sie in ihm ihren verstorbenen Ehemann sieht. Spannender Gothic Thriller mit einer grandiosen, zügellosen Hauptdarstellerin in einem melodramatischen Plot mit einigen Längen.

## Blutiger Befehl 134

IN PURSUIT OF HONOR ***

Video

*Regie:* Ken Olin
*Darsteller:* Don Johnson (Sgt. John Libbey), Craig Sheffer (Lt. Marshall Buxton), Gabrielle Anwar (Jessica Stuart), Robert Gunton (Col.John Hardrety), James Sikking (Gen. Douglas MacArthur), John Dennis Johnston, Robert Coleby, Neil Melville, Rod Steiger (Col. Owen Stuart), Terence Crawford
*Drehbuch:* Dennis Lynton Clark
*Kamera:* John Stokes (Farbe)
*Musik:* John Debney
*Schnitt:* Elba Sanchez-Short
*Prod.:* Anne Hopkins für HBO, USA 1995; 110 Min.
*Vertrieb:* 20th Century Fox Home Video; Mai 1996
*FSK:* ab 12 J.

US-TV-Militärwestern mit ansehnlicher Besetzung und familienfreundlichem Thema: Die nach 1934 wegen allgemeiner Motorisierung nicht mehr benötigten Pferde sollen getötet werden, aber eine Handvoll mutiger Soldaten nimmt sich der gefährdeten Kreaturen selbstlos an.

Klaus Brühne in: film-dienst, 11/96

## Blutiges Familiengeheimnis 135

A FAMILY DIVIDED ***

Video

*Regie:* Donald Wrye
*Darsteller:* Faye Dunaway (Karen Billingsly), Stephen Collins (Roger Billingsly), Cameron Bancroft (Chad Billingsly), Aidan Pendleton (Melissa), Emmanuelle Vaugier (Rosalie Frank), Diane D'Aquila, Judson Mills (Carter), Michael Shanks, Andy Skelly, Matt Hill (Johnny)
*Drehbuch:* Philip Rosenberg, nach einem Roman von Judith Henry Wall
*Kamera:* Laszlo George (Farbe)
*Musik:* Dana Kaproff
*Schnitt:* Sharyn L. Ross

*Faye Dunaway*

*Prod.:* Steven McGlother für Citadel Ent., USA 1994; 89 Min.
*Vertrieb:* Twentieth Century Fox Home Video; Februar 1996
*FSK:* ab 12 J.

Fürs amerikanische Fernsehen inszeniertes, solides und vergleichsweise anspruchsvolles Drama um den Sohn eines angesehenen Anwalts, der mit vier Kommilitonen ein 17jähriges Mädchen vergewaltigt, das daraufhin stirbt.

Dieter Krusche in: film-dienst, 8/96

## Blutspur in die Vergangenheit 136

WITH A VENGEANCE *
TV

*Regie:* Michael Switzer
*Darsteller:* Melissa Gilbert Brickman (Jenna King), Jack Scalia (Mike Barcetti), Matthew Lawrence (Philipp), Roger Aaron Brown (Arnold), Michael Gross (Frank Tanner), John Cullum (Fred Mitchell), Robert Donner (Det. Max Borovey), Russell Johnson (Dr. Jesse Butler), Victoria Otto (Myra Tanner), Beata Jachulski Baker (Dr. Julie Silas)
*Drehbuch:* Renee Schonfeld Longstreet
*Kamera:* Robert Draper (Farbe)
*Musik:* Peter Robinson
*Schnitt:* Martin Nicholson
*Prod.Des.:* Anthony Cowley
*Prod.:* Michael O. Gallant, Harry Longstreet, USA 1992; 92 Min.
*TV:* 5.3.1996, Pro7, 20.00

24jährige verliert Gedächtnis und kommt gar schrecklichen Geheimnissen auf die Spur. Als Psychothriller getarnte Einfallslosigkeit.

## Der Bockerer II – Österreich ist frei 137

***

*Regie:* Franz Antel
*Darsteller:* Karl Merkatz, Caroline Vasicek, Sascha Wussow, Ida Krottendorf, Heinz Petters, Heinz Marecek, Heinrich Schweiger, Marianne Nentwich, Michael Schottenberg, Dolores Schmidinger
*Drehbuch:* Franz Antel, Martin Becher, Beatrice Ferolli, Wilhelm Pritil, Carl Szokoll
*Kamera:* Helmut Pirnat (Farbe)
*Musik:* Gerhard Heinz
*Schnitt:* Charlotte Müllner
*Prod.:* Dieter Pochlatko für epo/Terra, Österreich 1996; 100 Min.
*Verleih:* -/Constantin/-; November 1996

In dieser Fortsetzung des ersten Bockerer-Films (1981) beliefert der rührige Wiener Fleischhauer auch die sowjetische Besatzungsmacht, mit der er im Zuge der ersten Nachkriegswirren mehrfach in Konflikt gerät, vor allem, als er ein Liebespaar – einen Kriegsheimkehrer und eine russische Dolmetscherin – in die rettende amerikanische Zone schmuggelt. Als volkstümliche Unterhaltung halbwegs gelungen, beinhaltet der Film doch auch ein wichtiges Stück österreichischer Nachkriegsgeschichte. *multimedia*

## Bodies – Geschändetes Fleisch 138

FOREIGN BODIES **
Video

*Regie:* Jim Purdy
*Darsteller:* Shirley Blanco, Gerry Mendicino, Gigi De Leon
*Prod.:* S-Entertainment, Kanada 1994; 81 Min.
*Vertrieb:* VPS Video; 11.1.1996
*FSK:* ab 18 J.

Thriller um illegale Einwanderin in Kanada, die ins Rotlichtmilieu gerät. Der reißerische Titel führt in die Irre, denn die Story wird vor realistischem Hintergrund ohne Sensationslust nüchtern erzählt.

## Body Language 139

BODY LANGUAGE **
Video

*Regie:* George Case
*Darsteller:* Tom Berenger, Nancy Travis, Heidi Schanz, Eddie Jones, Robert Patrick
*Drehbuch:* Eric Harlacher
*Kamera:* Andrzej Sekulata (Farbe)
*Prod.:* Bill Borden, Diane Nabatoff für HBO mit Interscope, USA 1995; 96 Min.
*Vertrieb:* BMG Video; 2.12.1996
*FSK:* ab 16 J.

Mafia-Anwalt verfällt einer schönen Frau und verstrickt sich immer mehr in eigener Schuld. Sehr durchschnittliche US-Kabel-TV-Produktion mit hoher Klischeerate.

## Bogus 140
BOGUS ***

*Regie:* Norman Jewison
*Darsteller:* Whoopi Goldberg (Harriet Franklin), Gérard Depardieu (Bogus), Haley Joel Osment (Albert Franklin), Denis Mercier (M. Antoine), Andrea Martin (Penny), Nancy Travis (Lorraine Franklin), Ute Lemper (Babette), Sheryl Lee Ralph (Ruth Clark), Barbara Hamilton (Mrs. Partridge), Kevin Jackson (Bob Morrison)
*Drehbuch:* Alvin Sargent, nach einer Story von Francis X. McCarthy, Jeff Rothberg
*Kamera:* David Watkin (Farbe)
*Musik:* Marc Shaiman
*Schnitt:* Stephen E. Rivkin
*Prod.Des.:* Ken Adam
*Prod.:* Norman Jewison, Arnon Milchan, Jeff Rothberg für Yorktown/New Regency/ Monarchy Ent., USA 1996; 111 Min.
*Verleih:* Warner Bros./dto./-; 12.12.1996
*FSK:* ab 6, ffr.

Nach dem Tod seiner Mutter wächst ein Junge bei einer gestreßten Bekannten auf und flüchtet sich in die »Komplicenschaft« mit einem Geist, der nur für ihn sichtbar ist.
»Norman Jewison hat den altmodischsten Film der Saison gedreht – und den sentimentalsten. Aber wer Kitsch pur liebt, dem wird dieses Märchen vom Waisenjungen und seinem «unsichtbaren» Phantasiefreund Bogus gefallen – zumindest in einer emotionalen Seelenecke«. (...) *Frauke Hanck, AZ, 12.12.96*

Albert Baer in: Rheinische Post, 13.12.96; Patrick Rössler in: Stgt. Zeitung, 13.12.96; Frank Schnelle in: FR, 13.12.96

## Bohai Bohau 141
***
TV

*Regie:* Didi Danquart
*Darsteller:* Georg von Manikowski (Vater Armbruster), Tobias Langhoff (Meinrad), Robert Hunger-Bühler (Gerald)
*Drehbuch:* Thomas Strittmatter
*Kamera:* Jürgen Carle (Farbe)
*Schnitt:* Gitta Butt
*Prod.:* Dr. Dietrich Mack, BRD 1995; 82 Min.
*TV:* 15.3.1996, Arte, 20.45

Eine Straße soll mitten durch den Schwarzwald gebaut werden. Überall wird heftig darüber gestritten, vor allem im Landgasthof der Familie Armbruster. Zwischen den Brüdern Meinrad und Gerald spitzt sich der Konflikt immer mehr zu. *Pressetext*

## Bolsche Vita 142
BOLSE VITA ***
TV

*Regie:* Ibolya Fekete
*Darsteller:* Jurij Fomitschow (Jura), Igor Tschernewitsch (Wadim), Alexej Serebrjakow (Sergej), Agnes Máhr (Erzsi), Helen Badenxale (Maggie), Caroline Loncq (Susan), Leonid Maximow, Iván Kamarás, Eduardo R. Flores, Gennadij Sachowzow
*Drehbuch:* Ibolya Fekete, nach wahren Begebenheiten
*Kamera:* Andras Szalay (Farbe)
*Musik:* Jurij Fomitschow, Ferenc Muc
*Schnitt:* Klara Majoros
*Prod.:* Istvan Darday für MIT Studio/ZDF, Ungarn 1996; 97 Min.
*UA:* 10.2.1996, Ungarische Filmwoche Budapest
*TV:* 18.10.1996, 3sat, 23.30; 23.6.1996, ZDF, 23.20, »Das kleine Fernsehspiel«, OmU

Aus dem Blickwinkel einiger junger Menschen aus Ost und West schildert die Regisseurin einen Moment der nahen Vergangenheit, »als Osteuropa für einen kurzen Augenblick glücklich war«. Es sind die Jahre 1989 und 1990, als sich die Grenzen öffnen, das Sowjetreich wie von selbst zusammenbricht und die Besetzer nach fast 50 Jahren das Land über Nacht verlassen. (...) *Pressetext*

## The Bomber Boys 143
THE BOMBER BOYS **
Video

*Regie:* Charles Gale
*Darsteller:* Joe Mantegna (Joey Franelli), Martin Sheen (Jeff Snyder), Joanna Pacula (Brenda Franelli), Rod Steiger (The President), Joe Piscopo (Mr. Wareman), Ryan Thomas Johnson (The Slug), Joshua Schaefer (Mickey Boyle), Michael Bower (Frank Pescoe), Kate Mulgrew, Wanda de Jesus
*Drehbuch:* Charles Gale
*Kamera:* David Leonard Rudd (Farbe)
*Musik:* Kevin Kliner
*Schnitt:* Louvis Cioffi, Eric L. Beason
*Prod.:* Mike Elliot für Concorde/New Horizons/ Hillwood Future, USA 1994; 84 Min.
*Vertrieb:* Starlight Video
*TV:* 31.8.1996, Pro7, 17.50; 24.4.1996
*FSK:* ab 12 J.

Drei verpickelte Teenies sollen Los Angeles vor einem terroristischen Bombenüberfall bewahren. Lahm und lächerlich.

Joe Hill in: film-dienst 13/96

## Book of Evil 144

BOOK OF EVIL *

Video

*Regie:* Bill Travis (1), Richard Glass (2), Ted Gershuny (3), John Sutherland (4), Christopher T. Welch (5)
*Darsteller:* Frank Hamilton, Richard Clarke (1), Huckleberry Fox, Paula Trueman (2), Kim Greist, John Aprea (3), Deborah Harmon, Arthur Taxier (4), Jack Carter, Jill Jaress (5)
*Drehbuch:* Mark Patrick Carducci (1), Michael McDowell (2), Ted Gershuny (3), Stephen King (4), Julie Selbo (5)
*Prod.:* Jan Saunders (1), William Teitler (2), Anthony Santa Croce (3,4,5) für Tales from the Dark Side,
USA 1996; 101 Min.
*Vertrieb:* Madison Video; 20.3.1996
*FSK:* ab 12 J.

Dümmliche, billigst aufbereitete Gruselstories im Fünfer-Pack: The Spirit Photographer, The Cutty Black Sow, Going Native, Sorry, Right Number, Barter. Ein gescheiterter Versuch, der »Tales From the Crypt«-Serie Konkurrenz zu machen.

René Claßen in: film-dienst, 13/96

## Bottle Rocket 145

BOTTLE ROCKET **

*Regie:* Wes Anderson
*Darsteller:* Luke Wilson (Anthony Adams), Owen C. Wilson (Dignan), Robert Musgrave (Bob Mapplethorpe), Lumi Cavazos (Inez), James Caan (Mr. Henry), Jim Ponds (Applejack), Takayuki Kubota (Rowboat), Andrew Wilson, Ned Dowd, Shea Fowler
*Drehbuch:* Owen C. Wilson, Wes Anderson
*Kamera:* Robert Yeoman (Farbe)
*Musik:* Michael Mothersbaugh
*Schnitt:* David Moritz
*Prod.Des.:* David Wasco
*Prod.:* Polly Platt, Cynthia Hargrave für Gracie Films, USA 1996; 95 Min.
*Verleih:* -/Columbia TriStar/-/Columbia TriStar Home Video (Titel: Durchgeknallt); Dezember 1996 (Österreich); 10.1.1997 (Video)
*FSK:* ab 12 J.

Drei Freunde touren durch Texas und suchen dabei vergeblich ihr Glück. Ein von den Charakteren her uninteressantes, dramaturgisch flaches Road-Movie, das auch regielich und schauspielerisch keine Qualitäten aufzuweisen hat.

*multimedia*

## Bound – Gefesselt 146

BOUND ***

*Regie:* Larry Wachowski, Andy Wachowski
*Darsteller:* Jennifer Tilly (Violet), Gina Gershon (Corky), Joe Pantoliano (Ceasar), John P. Ryan (Mickey Malnato), Christopher Meloni (Johnnie Marconi), Richard C. Sarafian (Gino Marconi), Barry Kivel (Shelly), Mary Mara (Barfrau), Peter Spellos (Lou), Susie Bright (Jesse)
*Drehbuch:* The Wachowski Brothers
*Kamera:* Bill Pope (Deluxe)
*Musik:* Don Davis
*Schnitt:* Zach Staenberg
*Prod.Des.:* Eve Cauley
*Prod.:* Andrew Lazar, Stuart Boros für Dino De Laurentiis mit Summit Ent./Newmarket Capital Group, USA 1996; 108 Min.
*UA:* Sundance Filmfestival 1996
*Verleih:* Constantin/dto./Monopole Pathé; 31.10.1996
*FSK:* ab 16, ffr. – *FBW:* Besonders wertvoll

(...) Wenngleich die Wachowski-Brothers wenig Berührungsängste mit körperlicher Gewalt zeigen, hält sich auch die Spektakularität in geschmackssicheren Grenzen. Eine in kühles Licht getauchte Film Noir-Hommage, flüssig und ironisch erzählt, mit überraschenden Wendungen und einem vorzüglichen Gespür für Spannung.

*W.O.P. Kistner, AZ, 5.11.96*

Corky, die wegen Diebstahl fünf Jahre im Knast war, lernt bei einem Gelegenheitsjob die Mafiabraut Violet kennen. Die beiden Frauen verlieben sich und beschließen, der Mafia zwei Millionen Dollar abzunehmen. Dabei kommt Violets Mann ums Leben. Den beiden Frauen gelingt mit dem Geld die Flucht. Prätentiös gestylter Mafia-Lesbenfilm, der mit geschmäcklerischen Kameraeinstellungen die Handschrift der Brüder Coen zu kopieren versucht. *Zoom, 12/96*

Gregor Dotzauer in: FR, 2.11.96; Rupert Koppold in: Stgt. Zeitung, 31.10.96; Anke Leweke in: tip, 22/96; Hans Schifferle in: SZ, 1.11.96; Jan Schulz-Ojala in: Der Tagesspiegel, 23.10.96; Christian Seebaum in: Kölner Stadt-Anzeiger, 2.11.96

## Brain X Change 147

DRENGEN UDEN KROP / THE BOY WITHOUT THE BODY **

*Regie:* Jörn Faurschou
*Darsteller:* Ulf Pilgaard (Per Wahlin/Jonas), Morten Schaffalitzky (Jonas/Per Wahlin), Kenn Godske (Teis), Helle Fagralid (Lina), Anne Werner Thomsen (Grethe Wahlin), Lars Lippert (Simon), Charlotte Sieling (Jonas' Mutter), Peter Hesse Overgaard (Jonas' Vater), Jörn Faurschou
*Drehbuch:* Thorstein Thomsen, Jörn Faurschou
*Kamera:* Eric Kress (Farbe)
*Musik:* Stefan Nilsson
*Schnitt:* Camilla Skousen
*Prod.:* Michael Obel für Thura/Moviola/TV AB, Dänemark 1996; 97 Min.
*Verleih:* Starlight/-/-/Starlight Video; 13.6.1996
*FSK:* ab 12, ffr.

Alter Mann und Teenager tauschen die Körper – was sonst meist für Komödien taugt, ist hier der Stoff für einen Low-Budget-Horrorfilm. Denn der junge Jonas unternimmt den Bodyswitch beileibe nicht freiwillig. Per Wahlin, Typ »Verrückter Wissenschaftler«, will mit diesem Experiment sein eigenes Leben verlängern. Jonas und sein Freund Teis, ein wahres Computer-Whiz-Kid, haben nur wenige Tage Zeit, die Flucht des bösen Doktors in und mit Jonas' Körper zu verhindern. Die Beschränktheit der Mittel hat in diesem dänischen Fantasyfilm leider kein kreatives Potential zum Explodieren gebracht. Die Story ist durchsichtig, die Inszenierung fade.

*Annette Kilzer, tip, 15/96*

W.O.P. Kistner in: AZ, 4.7.96

## Breaking the Waves 148

BREAKING THE WAVES ****

*Regie:* Lars von Trier
*Darsteller:* Emily Watson (Bess McNeill), Stellan Skarsgard (Jan), Katrin Cartlidge (Dodo McNeill), Jean-Marc Barr (Terry), Udo Kier (Mann auf dem Fischkutter), Adrian Rawlins (Doktor Richardson), Jonathan Hackett (Pfarrer), Phil McCall (Großvater), Mikkel Gaup (Pits), Sandra Voe (Bess' Mutter)
*Drehbuch:* Lars von Trier
*Kamera:* Robby Müller (Farbe)

*Priester und Opfer vor einer Landschaft mit Kreuzen: ›Breaking the Waves‹*

*Musik:* Joachim Holbek
*Schnitt:* Anders Refn
*Prod.:* Vibeke Windelov, Peter Aalbäk Jensen für Zentropa Ent. mit Trust Film Svenska/ Liberator/Argus Film/Northern Lights/La Sept Cinema/Swedish Television Drama/Media Investment, Dänemark/Frankreich 1996; 158 Min.
*UA:* 13.5.1996, Int. Filmfestspiele Cannes
*EA:* Filmfest Hamburg
*Verleih:* Pandora/polyfilm/Monopole Pathé; 3.10.1996

In einem Dorf an Schottlands Westküste heiratet die junge Bess zum Mißfallen ihrer puritanischen Umgebung den Skandinavier Jan. Als er seine Arbeit auf einer Ölbohrinsel wieder aufnimmt, bittet Bess Gott um seine baldige Heimkehr. Jan kehrt tatsächlich zurück – schwer verletzt. Bess gibt sich die Schuld an seinem Unglück. Der gelähmte Jan verlangt von Bess, andere Liebhaber zu nehmen und ihm von ihren Erlebnissen zu erzählen, um ihn am Leben teilhaben zu lassen. Innerlich zerrissen, entschließt sich Bess zur Prostitution, wird zur Verfemten und Ausgestoßenen. Der thematisch und stilistisch ungewöhnliche Film reflektiert über den Glauben an Gott, an die Liebe und an das individuelle »Gute«, das in einem System erstarrter moralischer Regeln auf Ablehnung stößt. Hinreißend vor allem Emily Watson als Bess.
*Zoom, 10/96*

(...) Daß die vordergründige Passionsgeschichte den Film dennoch nicht erstickt, liegt an den herausragenden Darstellern. Zusammen mit der bewegten Cinemascope-Handkamera schaffen sie Momente, die nicht loslassen, einen Sog, der in den Film hineinzieht.
*Anke Leweke, tip, 21/96*

Der Däne Lars von Trier, ein kinematographischer Einzelgänger, singt in »Breaking the Waves« ein ungewöhnlich dissonantes, herzergreifendes und kühnes Lied von bedingungsloser Liebe. Und diese 158 Minuten grausamsten Realismus, entsetzlichster Rigorosität und tapferster Hingabe wollen durchlitten sein. Am Ende ist man als Zuschauer so plattgewalzt wie seinerzeit nach Jean Eustaches »La maman et la putain«, als dessen zeitgenössisches Gegenstück »Breaking the Waves« denkbar ist. Wie sich jeder der beiden Liebenden hier bis an alle physischen und psychischen Grenzen für den andern entäußert, ist jedenfalls von einer Radikalität, die im gegenwärtigen Kino ihresgleichen sucht.
*Peter Buchka, SZ, 15.5.96*

Albert Baer in: Rheinische Post, 11.10.96; Angie Dullinger in: AZ, 2.10.96; Peter Körte in: FR, 2.10.96; Christiane Peitz in: Die Zeit, 4.10.96; Jan Schulz-Ojala in: Der Tagesspiegel, 2.10.96; Ruprecht Skasa-Weiß in: Stgt. Zeitung, 2.10.96; Anke Sterneborg in: SZ, 2.10.96

## Die brennende Schnecke 149

□
TV

*Regie:* Thomas Stiller
*Darsteller:* Max Haas (Peter), Barbara Auer (Sarah), Tobias Nath (Axel), Sebastian Koch (Gerd), Jonas Kipp (Detlev), Michael Huml (Matthias), Wasja Stettner (Christian)
*Kamera:* Frank Griebe (Farbe)
*Musik:* Stefan Rager, Lars von Mars, Margarete Heidtmüller
*Prod.:* BRD 1995; 82 Min.
*TV:* 9.10.1996, WDR, 21.15

Geschichte des 14jährigen Peter, der allein mit seiner Mutter lebt und sich in der schwierigen Phase pubertärer Selbstsuche befindet.

*Laura di Mariano in ›Broken Hearts‹*

## Broken Hearts

150
***

*Regie:* Eckhart Schmidt
*Darsteller:* Laura di Mariano (Stella), Daniele Liotti (Raoul), Massimo Ciprari (Vater), Claudio Rosetti (Mafioso 1), Roberto Proietti (Mafioso 2), Francesco Risa (Mafioso 3), Bruno Romagnoli (Mafioso 4), Claudio Lattes (Mafioaso 5), Marco Scalambretti (Mafioso 6), Massimiliano Borolin (Mafioso 7)
*Drehbuch:* Eckhart Schmidt
*Kamera:* Stefano Moser (Farbe)
*Musik:* Joe Landis
*Schnitt:* Raoul Sternberg
*Prod.:* Raphaela mit Roxy/Tele Norm/ Provobisfilm, BRD 1996; 96 Min.
*Verleih:* Kinowelt/-/-; 13.6.1996
*FSK:* ab 16, ffr.

Ein Mafiosi-Töchterlein möchte endlich mal geküßt und geliebt werden und kidnappt ihren Bodyguard, der sie aber nicht anrührt, schließlich kennt er die ehernen Gesetze des Clans. Als sie endlich sein Herz gewinnt, folgt die tödliche Rache des Vaters.
Ein Lolita-Drama ohne bestimmte Dramaturgie mit mimisch überforderten Schauspielern, die Dialoge sind eine Qual und der Einsatz der Musik kaum erträglich. *Margret Köhler*

(...) die Geschichte einer verbotenen Liebe als wilde Kolportage, voller Pathos und manchmal kitschig – aber eben deswegen auch so wahr. *tip, 13/96*

(...) Daß auch Stellas infantiler Kampf um den ersten Sex in einen leisen, tragischen Liebestod mündet, paßt gut zu dem kleinen, unspektakulären, aber schönen B-Movie. *FR, 18.6.96*

Marc Hairapetian in: Zitty, 12/96; Hans Schifferle in: SZ, 15.6.96; Angela Schmitt-Gläser in: FR, 18.6.96

## Broken Silence

151
****

*Regie:* Wolfgang Panzer
*Darsteller:* Martin Huber (Fried Adelphi), Ameenah Kaplan (Ashaela), Michael Moriarty (Father Mulligan), Colonel Kapoor (Direktor der Immigrationsbehörde), Ligia Thompson
*Drehbuch:* Wolfgang Panzer
*Kamera:* Wolfgang Panzer (Hi8-Video), Edwin Horak (35mm) (Farbe)
*Musik:* Filippo Trecca

*Martin Huber und Ameenah Kaplan in ›Broken Silence‹ von Wolfgang Panzer*

*Schnitt:* Claudio di Mauro
*Prod.:* Wolfgang Panzer für DMR Edizioni Cinematografiche, Schweiz 1995; 110 Min.
*Verleih:* Movienet, OmU/-/Camera obscura; 11.7.1996

Ein Kartäusermönch wird von seinen Mitbrüdern nach Indonesien geschickt, um bei der dort weilenden Besitzerin den Pachtvertrag für sein Kloster zu verlängern. Er lernt eine junge, kranke Afroamerikanerin kennen und reist mit ihr auf dem Landweg durch Indien. Zwischen den beiden entwickelt sich zaghaft eine Beziehung. Vor der Rückkehr ins Kloster beichtet der Mönch in einer Kirche in New York. Der versierte Fernsehregisseur Wolfgang Panzer erzählt den abenteuerlichen Ausflug des Mönchs in die profane Welt in großen Rückblenden. Entstanden ist ein kleiner, feiner Film über spirituelle Dimensionen des Alltags, lebendig und berührend. *Zoom, 2/96*

(...) Auch wenn manches, Dialoge eingeschlossen, arg hausgemacht wirkt, in Panzers Arbeit werden alles in allem Dokument und Argument auf schöne und sinnvolle Weise miteinander verbunden. Typisch für die in dem Film gepflegte Dialektik ist die Frage: »Was hat Gott vor der Erschaffung der Welt getan?«. *Thomas Engel, Der Gildendienst, 514/15*

Frauke Hanck in: AZ, 11.7.96; Rupert Koppold in: Stgt. Zeitung, 25.7.96; H.G. Pflaum in: SZ, 11.7.96; Angela Schmitt-Gläser in: FR, 15.7.96; Jan Schulz-Ojala in: Der Tagesspiegel, 18.7.96; Sabine Wringer in: Kölner Stadt-Anzeiger, 14.12.96

## Brothers in Trouble 152

BROTHERS IN TROUBLE ****

*Regie:* Udayan Prasad
*Darsteller:* Om Puri (Hussein Shah), Angeline Ball (Mary), Pavan Malhotra (Amir), Pravesh Kumar (Sakib), Ahsen Bhatti (Irshad), Badi Uzzaman (Ram), Bhasker (Gholam), Kulvinder Ghir (Agent), Lesley Clare O'Neill (Prostituierte)
*Drehbuch:* Robert Buckler, nach dem Roman »Wapsi Ka Safa« The Return Journey von Abdullah Hussein
*Kamera:* Alan Almond (Farbe)
*Musik:* Stephen Warbeck
*Schnitt:* Barrie Vince
*Prod.Des.:* Chris Townsend
*Prod.:* Robert Buckler für Renegade/ BBC/ Kinowelt/Mikado, GB/BRD/Italien 1995; 102 Min.
*EA:* 16.2.1996, Int. Filmfestspiele Berlin, »Panorama: art & essai«
*Verleih:* Kinowelt/dto./-; 12.9.1996
*FSK:* ab 12, ffr.

Der Film beschreibt das Schicksal des illegalen indischen Emigranten Amir, der in England landet, um sich dort ein neues Zuhause aufzubauen. Doch die Hoffnung auf das erhoffte schnelle Geld im »goldenen Westen« erweist sich rasch als Illusion. Die Auseinandersetzung mit der so ganz anderen Kultur, das Ausgeliefertsein an skrupellose Fabrikanten und Schlepperorganisationen und das Alleinsein in der Fremde macht den ersehnten Neuanfang zu einem harten Kampf. In einer sehr differenzierten, nicht plakativ wertenden Erzählform, unterstützt von einer außerordentlich einfühlsamen Regie- und Kameraarbeit, wird mit dem Film ein Thema aufgegriffen, das – obwohl die Handlung in den 60er Jahren spielt – gerade heute eine hohe Aktualität besitzt. *multimedia*

Frauke Hanck in: AZ, 13.9.96; Thomas Klingenmaier in: Stgt. Zeitung, 12.9.96; Angela Schmitt-Gläser in: FR, 16.9.96; Christian Seebaum in: Kölner Stadt-Anzeiger, 14.9.96; Anke Sterneborg in: SZ, 13.9.96; Ralph Umard in: tip, 19/26

## Brüder auf Leben und Tod 153

*** TV

*Regie:* Friedemann Fromm
*Darsteller:* Felix Eitner (TS), Ralph Herforth (Manuel), Gottfried John (Renato Calvi), Helmut Berger (Kommissar Böhm), Ina Weisse (Anja Bach), Katja Studt (Speed), Martin Armknecht (Rainer-Maria), Ulrich Bähnk (Werner), Ralph Willmann, Arne Fuhrmann
*Drehbuch:* Friedemann Fromm
*Kamera:* Torsten Breuer (Farbe)
*Prod.:* Gloria Burkert für MTM Cineteve für Pro 7, BRD 1995; 93 Min.
*TV:* 27.2.1996, Pro7, 20.00

Schon lange ist Kommissar Böhm hinter dem Drogenboß Calvi her. Der hat inzwischen Probleme mit seinem Vertrauten Manuel, der sich mit seinem Verteilerring von Calvi lösen möchte. Aus Rache zieht Calvi Manuels 17jährigen Bruder TS in seine Geschäfte hinein, nicht ahnend, daß der bereits einen anderen Auftraggeber hat – Kommissar Böhm! *Pressetext*

## Bublegum Crisis – Die Cyberpunk Saga 1 & 2 154

BUBBLEGUM CRISIS 1 & 2 ** Video

*Regie:* Katsuhioto Akiyama (Episoden 1–3), Hiroli Hayashi (Episode 4)
*Drehbuch:* Kenichi Matsuzaki, Hideki Kakinuma, Shinji Aramaki (1+2), Katsuhito Akiyama (1–3), Emu Arii (4), nach einer Original-Story von Kenichi Sonoda
*Musik:* Kouji Makaino
*Prod.:* Artmic/Youmex, Japan 1987/88; 100 Min.
*Vertrieb:* OVA Films Video, O.m.U.; Juli 1996
*FSK:* ab 16 J.

Insgesamt fünf Zeichentrick-Episoden, eine schrille, krude Mixtur aus Action, Science-fiction, Fantasy und Erotik – oder war da noch was?

## Buch der Sinne 155
LE LIVRE DES DESIRS □ TV

*Regie:* Servais Mont
*Darsteller:* Anne, Fabien, Allen, Carlos, Leila, Jade
*Drehbuch:* Marc Soudain, Lea Ellyna
*Kamera:* Norbert Marfaing-Sintés (Farbe)
*Musik:* Franz Fagot
*Prod.:* Frankreich 1996; 88 Min.
*TV:* 8.11.1996, Premiere, 0.00

Sexfilm für die Mitternachts-Kabelgebühren-Zahler.

## Bud und Doyle 156
BIO-DOME * Video

*Regie:* Jake Bloom
*Darsteller:* Pauly Shore (Bud Macintosh), Stephen Baldwin (Doyle Johnson), William Atherton (Dr. Noah Faulkner), Joey Adams (Monique), Teresa Hill (Jen), Henry Gibson (William Leaky), Kylie Minogue (Petra von Kant), Denise Dowse (Olivia Biggs), Data Tomanovitch (Mimi Simkins), Kevin West (T.C. Romulus)
*Drehbuch:* Kip Koenig, Scott Marcano, nach einer Idee von Adam Leff, Mitchell Peck, Jason Blumenthal
*Kamera:* Phedon Papamichael (Farbe)
*Musik:* Andrew Gross
*Schnitt:* Christopher Greenbury
*Prod.Des.:* Michael Johnston
*Prod.:* Brad Krevoy, Steve Stabler, Brad Jenkel für Motion Pic. of America/Weasel Prod./ 3 Arts Ent., USA 1995; 95 Min.
*UA:* 12.1.1996, New York
*Vertrieb:* Warner Home Video; 26.7.1996
*FSK:* ab 6 J.

Zwei Diplom-Vollidioten geraten in ein hermetisch abgeschlossenes wissenschaftliches Experiment. Bestürzend, daß sich ein halbwegs akzeptabler Darsteller wie Stephen Baldwin in diesem hirn-, witz- und gagfreien Machwerk als Partner von Oberdumpfbacke Pauly Shore hergegeben hat.

Anselm Jungeblodt in: film-dienst 18/96

## The Buddy Factor 157
SWIMMING WITH SHARKS ****

*Regie:* George Huang
*Darsteller:* Kevin Spacey (Buddy Ackerman), Frank Whaley (Guy), Michelle Forbes (Dawn Lockard), Benicio Del Toro (Rex), Jerry Levine (Jack), Matthew Flint (Manny), Patrick Fischler (Joe), T.E. Russell (Foster Kane), Roy Dotrice (Cyrus Miles)
*Drehbuch:* George Huang
*Kamera:* Steven Finestone (Foto-Kem)
*Musik:* Tom Hiel
*Schnitt:* Ed Marx
*Prod.Des.:* Veronika Merlin, Cecil Gentry
*Prod.:* Steve Alexander, Joanne Moore; Kevin Spacey, Buzz Hays (Co.-Prod.) für Cineville/Keystone/Mama'Z Boy/Neo Fight, USA 1994; 93 Min.
*UA:* 4.9.1994, Telluride-Filmfest
*Verleih:* -/-/Cinetell/E.A.T. Medien, Essen; November 1996
*FSK:* ab 16 J.

Ein junger Absolvent der Filmschule erträgt jede Beleidigung, Schikanierung und Ausbeutung von einem Produzenten, nur um Fuß fassen und die Karriereleiter im harten Filmgeschäft erklimmen zu können. Das gelingt ihm schließlich auch, aber nicht ohne vorher mit seinem fiesen Chef abgerechnet zu haben. Packender, mit kleinem Budget realisierter, jedoch hervorragend besetzter und dialogstarker Einblick ins Metier. *Zoom, 12/96*

## Bullet – Auge um Auge 158
BULLET ** Video

*Regie:* Julien Temple
*Darsteller:* Mickey Rourke (Butch, genannt »Bullet«), Tupac Shakur (Tank), Ted Levin (Louis), Adrien Brody (Ruby), John Enos III (Lester)
*Drehbuch:* Bruce Rubenstein, Eddie Cook
*Kamera:* Crescendo G. P. Notarile (Farbe)
*Musik:* Randall Poster
*Schnitt:* Niven Howie
*Prod.:* John Flock für Village Roadshow Clipsal, USA 1995; 92 Min.
*Vertrieb:* Starlight Video; Mai 1996
*FSK:* ab 18 J.; gekürzte Fass. 86 Min. ab 16 J.

Von der Boxerlaufbahn driftete er in die Kriminellenlaufbahn ab, landete unschuldig 8 Jahre hinter Gittern und will danach von vorne beginnen. Tristes, wenig ansprechendes Looser-Drama um Rache, Verrat, Drogen und Bruderliebe, das in keiner Hinsicht zu überzeugen vermag.

## Bundles – Ein Hund zum Verlieben 159

THE SHAGGY DOG **

TV

*Regie:* Dennis Dugan
*Darsteller:* Ed Begley jr. (Ron Daniels), Sharon Lawrence (Beth Daniels), Jon Polito (Detective Al), Jordan Blake Warkol (Moochie), Scott Weinger (Wilby), James Cromwell (Charlie Mulvihill), Jeremy Sisto, Sarah Lassez, Natasha Wagner, Bobby Slayton
*Drehbuch:* Tim Doyle
*Kamera:* Russ T. Alsobrook (Farbe)
*Schnitt:* Jeff Gourson
*Prod.:* USA 1994; 88 Min.
*TV:* 5.5.1996, Premiere, 7.20

Wilby hat Pech bei Mädchen. Als er seinen Dad, einen Museumsdirektor, um Rat bittet, gibt ihm dieser den magischen Ring aus seiner Ausstellung. Jetzt hat er nochmal Pech, denn er verwandelt sich in einen Hund.

## Die burmesischen Jahre 160

OUR BURMESE DAYS ***

*Regie:* Lindsey Merrison
*Darsteller:* Mit: Sally Merrison, William Franklin, Daw Kyi Kyi Lwin, U Kyaw Sein, U Aung Gyi, Daw Aye Aye Thwe
*Drehbuch:* Lindsey Merrison
*Kamera:* Lars Barthel (Farbe)
*Musik:* Rudyard Kipling, Oley Spaaks (Songs)
*Schnitt:* Brand Thumim
*Prod.:* Lindsey Merrison für Lindsey Merrison Filmprod./WDR, BRD/Burma 1996; 94 Min.
*UA:* 23.2.1996, Int. Forum des Jungen Films, Berlin
*Verleih:* Freunde/-/-; Herbst 1996

Sally Merrison, die 1935 in Rangun geboren wurde, kam mit 16 Jahren nach London, heiratete einen Engländer und wollte fortan nur eins sein: Engländerin. Sie verleugnete ihre anglo-burmesische Herkunft aus Furcht, als »Mischling« diskriminiert zu werden. Erst ihre Tochter, die Filmemacherin Lindsey Merrison, konnte sie zu einer Reise in das Land ihrer Kindheit und Jugend überreden. Diese Reise, auf der sie ihr Bruder William Franklyn begleitet, wird zu einem Dokument der unbewältigten europäischen Kolonialgeschichte und führt in ein unzugängliches Land, das durch eine Militärdiktatur jahrzehntelang hermetisch von der Außenwelt abgeschottet wurde.

## Bye Bye Love 161

BYE BYE LOVE **

Video

*Regie:* Sam Weisman
*Darsteller:* Matthew Modine (Dave), Randy Quaid (Vic), Paul Reiser (Donny), Janeane Garofalo (Lucille), Amy Brenneman (Susan), Eliza Dushku (Emma), Ed Flanders (Walter), Maria Pitillo (Kim), Lindsay Crouse (Grace, Ross Malinger (Ben)
*Drehbuch:* Gary David Goldberg, Brad Hall
*Kamera:* Kenneth Zunder (Farbe)
*Musik:* J.A.C. Redford
*Schnitt:* Roger Bondelli
*Prod.Des.:* Linda DeScenna
*Prod.:* Gary David Goldberg, Brad Hall, Sam Weisman, USA 1995; 102 Min.
*Vertrieb:* 20th Century Home Video; März 1996
*FSK:* ab 6 J.

Über die Sorgen und Nöte dreier geschiedener Väter, die Probleme mit der Koordination von Ex-Frau, Jetzt-Freundin und Kindern haben. Weder als Soziosatire noch als Komödie tauglich.

## Cable Guy – Die Nervensäge 162

THE CABLE GUY ***

*Regie:* Ben Stiller
*Darsteller:* Jim Carrey (Chip Douglas), Matthew Broderick (Steven Kovacs), Leslie Mann (Robin Harris), Jack Black (Rick), George Segal (Earl Kovacs), Diane Baker (Mrs. Kovacs), Ben Stiller (Sam Sweet), Harry O'Reilly (Hal), Misa Koprova (Heather), Eric Roberts
*Drehbuch:* Lou Holtz jr.
*Kamera:* Robert Brinkman (Technicolor)
*Musik:* John Ottman
*Schnitt:* Steven Weisberg
*Prod.Des.:* Sharon Seymour
*Prod.:* Andrew Licht, Jeffrey A. Mueller, Judd Apatow für Bernie Brillstein/Brad Grey/ Licht-Mueller Film Corp.,
USA 1996; 95 Min.
*Verleih:* Columbia TriStar/-/
20th Century Fox/Columbia TriStar Home Video;
10.10.1996
*FSK:* ab 12, ffr.

Ein Kabelmann, der in Wohnungen für Fernsehanschlüsse zu sorgen hat, drängt einem Kunden seine Freundschaft auf. Ein Unlustspiel, das keine sinnvolle Story entwickeln kann und dem Zuschauer durch die kretinhafte Komik von Jim Carrey, die das Hauptgewicht auf Grimassenschneiderei legt, gehörige Pein bereitet.

*multimedia*

(...) Die erste »ernste« Rolle für Jim Carrey zeigt seine skurrile Komik in neuem Licht, als Zerrbild des heutigen Medien-Konsumenten, der zwischen Schein und Wirklichkeit nicht mehr unterscheidet und sein Verhalten nach dem Muster von Szenen aus Filmen und Serien richtet. Eine gewitzte Reflexion über die Bewußtseinsinhalte der Menschen, die mit Fernsehen aufgewachsen sind.

*Zoom, 11/96*

Silvia Hallensleben in: Der Tagesspiegel, 10.10.96; Joseph Heinrichs in: Rheinische Post, 11.10.96; Thomas Klingenmaier in: Stgt. Zeitung, 10.10.96; Tobias Kniebe in: SZ, 10.10.96; Ralph Umard in: tip, 21/96

## Candy und die Rivalinnen der Rennbahn 163

HORSES AND CHAMPIONS **

Video

*Regie:* Jonathan Tydor
*Darsteller:* Christopher Pettiet, Timothy Bottoms, Kenny Morrison, Wendy Rhoads, Ramsay Midwood, Kiki Huygelen, David J. Partington, Julie Garfield, Christopher Boyer, Quincy Davis (Katherine)
*Drehbuch:* Jonathan Tydor
*Kamera:* Glenn Kershaw (Farbe)
*Musik:* Alex Shapiro
*Schnitt:* James L. Eaton
*Prod.:* Joe Ruiz, Jonathan Tydor für Augusta Grace Prod.,
USA 1995; 90 Min.
*Vertrieb:* Highlight Film/Arcade Video;
Febr. 1996
*FSK:* o.A.

Mädel aus Unterschicht beißt sich auf High-Society-Pferde-Ranch durch. Für weibliche Pferdefans unter 14 Jahren.

## Candyman 2 – Die Blutrache 164

CANDYMAN : FAREWELL TO THE FLESH **

Video

*Regie:* Bill Condon
*Darsteller:* Tony Todd (Candyman), Kelly Rowan (Annie Tarrant), William O'Leary ) Ethan Tarrant), Bill Nunn (Referend Ellis), Matt Clark (Thibideaux), Timothy Carhart, Veronica Cartwright
*Drehbuch:* Rand Ravich, Mark Krüger, nach einer Erzählung von Clive Barker
*Kamera:* Tobias A. Schiessler (Farbe)
*Musik:* Philip Glass
*Schnitt:* Virginia Katz
*Prod.:* Sigurjon Sighvatsson, Gregg Fienberg für Polygram,
USA 1995; 91 Min.
*Vertrieb:* VCL Video; 24.9.1996
*FSK:* ab 18 J.

Um ihren Bruder vor der Todeszelle zu bewahren, macht sich Annie auf die Suche nach »Candyman«, den wahren Mörder. Leidlich gruseliger Horrorfilm für Freunde des Genres.

Anselm Jungeblodt in: film-dienst 22/96

*Joe Pesci und Robert De Niro in ›Casino‹ von Martin Scorsese*

## Captain Zoom 165

ADVENTURES OF CAPTAIN ZOOM IN OUTHER SPACE **

Video

*Regie:* Max Tash
*Darsteller:* Nichelle Nichols (Sagan), Daniel Riordan (Capt. Zoom), Liz Vassey (Tyra), Ron Perlman (Lord Vox), Gia Carides (Vesper), Duane Davis (Simulu), Gregory Smith (Bale), Rick Copp
*Drehbuch:* Rick Copp, David A. Goodman
*Kamera:* Jan Kieser (Farbe)
*Musik:* Shirley Walker
*Schnitt:* Robert P. Seppey
*Prod.:* Tony Dow, Peter V. Ware für Telvan für Universal TV, USA 1995; 87 Min.
*Vertrieb:* CIC Video; April 1996
*FSK:* ab 12 J.

Alberne Science-fiction-& Superman-Parodie üblichen Zuschnitts: Eitler Feigling reift zu heldenmutigem Rächer der Enterbten.

Rainer Heinz in: film-dienst, 19/96

## Casa Scelsi oder die Innenansicht des Klangs 166

****

*Regie:* Fred van der Kooij
*Mitwirkende:* Liliana Heimberg, Antje Schumacher, Frances-Marie Uitti, Jürg Wyttenbach, Michiko Hirayama
*Drehbuch:* Fred van der Kooij
*Kamera:* Curt Chmel (Farbe)
*Musik:* Giacinto Scelsi
*Schnitt:* Margarete Schlager
*Prod.:* SWF/SFB/BR mit Arte, BRD 1994; 61 Min.
*Verleih:* -/-/Eigenverleih; Januar 1996

Der Holländer Fred van der Kooij, der in Zürich als freischaffender Filmemacher und Musikkenner lebt, mobilisiert in diesem phantastischen Werk alle medialen Möglichkeiten, um sich dem italienischen Komponisten Giacinto Scelsi (1905–1988) und dem Wesen des Klangs zu nähern.
Der römische Palazzo, in dem der exzentrische Scelsi – der mehr Legenden in die Welt setzte, als Kompositionen von ihm aufgeführt wurden – von der Außenwelt abgeschottet lebte, wird zu einem Geisterhaus voller surrealistischer Szenen und computeranimierter Verbiegungen der sichtbaren Realität umfunktioniert. Ein kreativer Musikfilm der überraschenden, ungewohnten Art. *Zoom, 1/95*

## Casino

167

CASINO

****

*Regie:* Martin Scorsese
*Darsteller:* Robert De Niro (Sam »Ace« Rothstein), Sharon Stone (Ginger McKenna), Joe Pesci (Nicky Santoro), James Woods (Lester Diamond), Don Rickles (Billy Sherbert), Alan King (Andy Stone), Kevin Pollak (Phillip Green), L.Q. Jones (Pat Webb), Dick Smothers (Senator), Frank Vincent (Frank Marino)
*Drehbuch:* Nicolas Pileggi, Martin Scorsese, nach einem Buch von Nicolas Pileggi
*Kamera:* Robert Richardson (Technicolor)
*Schnitt:* Thelma Schoonmaker
*Prod.Des.:* Dante Ferretti
*Prod.:* Barbara De Fina für De Fina/Cappa Prod. für Universal, USA 1995; 178 Min.
*UA:* 22.11.1995, New York
*Verleih:* UIP/UIP/UIP/CIC Video; 14.3.1996
*FSK:* ab 16, ffr. – *FBW:* Wertvoll

Hinter der Glitzerfassade von Las Vegas zieht in den 70er Jahren die Mafia die Fäden. Ihr Statthalter in vier Spielcasinos verfällt einem verführerischem Vamp, sein Jugendfreund sorgt mit groben Methoden für Ordnung. Das Imperium des schönen Scheins zerbricht.
Ein dreistündiges Meisterwerk mit einer exquisiten Kombination von Sünde und Sühne. *Margret Köhler*

(...) Der epische Film blickt hinter die Glitzerfassaden von Las Vegas und entlarvt das Spiel-Geschäft streckenweise dokumentarisch genau. Die Musik – Rock und Pop aus den letzten vier Jahrzehnten – ironisiert, verstärkt oder kontrastiert die Figuren. In gewissen Szenen gewalttätiges, perfekt fotografiertes Mafia-Epos, im Stil von Scorseses »Good Fellas« (1990). *Zoom, 3/96*

Traditionell brillant geschnitten hat den Film wieder Thelma Schoonmaker. Und der Meister selbst besorgte die genaue Zusammenstellung der Musik jener Zeit, die die Handlung glänzend kommentiert, von Bach bis Dean Martin, von Richard Strauß bis zu den Rolling Stones. »Casino« ist ein Film, bei dem man sich im Kino wieder so richtig gut fühlt. *Frauke Hanck, AZ, 14.3.96*

Michael Althen in: SZ, 14.3.96; Sebastian Feldmann in: Rheinische Post, 13.3.96; Rupert Koppold in: Stgt. Zeitung, 14.3.96; Peter Körte in: FR, 14.3.96; Simone Mahrenholz in: Der Tagesspiegel, 13.3.96; Milan Pavlovic in: Kölner Stadt-Anzeiger, 16.3.96

## The Celluloid Closet

168

THE CELLULOID CLOSET

****

*Regie:* Rob Epstein, Jeffrey Friedman
*Darsteller:* Interviews mit Shirley MacLaine, Whoopi Goldberg, Tony Curtis, Gore Vidal u.a.; Kommentar: Armistead Maupin; Sprecher: Lily Tomlin
*Drehbuch:* Rob Epstein, Jeffrey Friedman, Sharon Wood, nach dem Roman »The Celluloid Closet: Homosexuality in the Movies« von Vito Russo
*Kamera:* Nancy Schreiber (Farbe)
*Musik:* Carter Burwell
*Schnitt:* Jeffrey Friedman, Arnold Glassman
*Prod.Des.:* Scott Chambliss
*Prod.:* Rob Epstein, Jeffrey Friedman für Telling Pic., USA 1995; 102 Min.
*UA:* 5.9.1995, Int. Filmfestspiele Venedig
*EA:* 16.2.1996, Forum des Jungen Films, Berlin
*Verleih:* Freunde/-/Rialto; August 1996 (CH)

Was es mit der schwulen und lesbischen Liebe im kommerziellen Hollywoodkino auf sich hat, das zeigt dieser Dokumentarfilm in einer raffinierten Clip-Kompilation aus über hundert Filmen. Die exzellenten Ausschnitte öffnen den Blick für manches Klischee und sorgen für ungeahnte Aha-Erlebnisse. Den verbindenden Kommentar hat der Schriftsteller Armistead Maupin verfaßt, Statements von Filmschaffenden liefern wertvolle Zusatzinformationen. Ein unterhaltsames Lehrstück über die Verlogenheit der puritanischen, moralinsauren Hollywoodindustrie und mehr noch ein kluges Plädoyer für die Toleranz gegenüber Menschen, die anders lieben als die Mehrheit.
*Zoom, 8/96*

Das Kino ist 100 Jahre alt, und homosexuelle Charaktere haben uns dabei von Anfang an begleitet. Der Film zeigt von 1895 bis zur Gegenwart zum ersten Mal in farbenprächtigen, unterhaltsamen, informierenden und bewegenden Bildern, wie homosexuelle Frauen und

Männer auf der Leinwand dargestellt wurden.

Silvia Hallensleben in: Der Tagesspiegel, 2.11.96; Anke Leweke in: tip, 23/96; Carla Rhode in: Der Tagesspiegel, 23.2.96; Martin Schwarz in: Zitty, 22/96

## The Chain – No Escape 169

THE CHAIN **

Video

*Regie:* Luca Bercovici
*Darsteller:* Gary Busey (Frank Morrisey), Victor Reeves (Carlos), Jamie Rose (Ellen Morrisey), Rez Cortez (Colonel Cortez), Craig Judd (Zalit)
*Drehbuch:* Luca Bercovici, Sam Bernard
*Kamera:* Steven Wacks (Farbe)
*Musik:* Kendall Schmidt
*Schnitt:* Sherwood Jones
*Prod.:* Natan Zahavi, Sam Bernard für Warnervision Films/Tapestry, USA 1996; 96 Min.
*Vertrieb:* Ascot Video; 17.5.1996
*FSK:* ab 16 J.

Waffenhändler und Bulle fliehen von Rebellen gejagt und aneinandergekettet durch den Dschungel. Action ohne Tiefgang, aber mit schier ununterbrochenen Stunts und Salven.

René Claßen in: film-dienst, 17/96

## Das Chamäleon 170

CHAMELEON ***

Video

*Regie:* Michael Pavone
*Darsteller:* Anthony Lapaglia (Willie Serling), Kevin Pollak (Matt Gianni), Melora Harding (Jill Hallmann), Andy Romano (Giovanni Pazzatto), Wayne Knight (Stuart Langston), Derek McGrath (Morris Steinfeld)
*Drehbuch:* Michael Pavone, Dave Alan Johnson
*Kamera:* Ross Berryman (Farbe)
*Musik:* John Debney
*Schnitt:* Joannie D'Antonio
*Prod.:* Michael Pavone, Dave Alan Johnson für Rysher Ent., USA 1995; 124 Min.
*Vertrieb:* VCL Video; 25.6.1996
*FSK:* ab 16 J.

Weil er sich perfekt verkleiden kann, gilt Willie als Top-Agent des FBI. Er läßt sich in ein Drogensyndikat einschleusen... Psychologisch oberflächlicher, aber generell recht kurzweiliger Action-Thriller mit einem hervorragenden Hauptdarsteller.

Oliver Rahayel in: film-dienst, 19/96

## Chaos unterm Korb 171

SLAM DUNK ERNEST **

Video

*Regie:* John Cherry
*Darsteller:* Jim Varney (Ernest), Kareem Abdul-Jabbar, Jay Brazeau, Cylik Cozart (Barry), Aaron Joseph (Quincy)
*Drehbuch:* John Cherry, Daniel Butler
*Kamera:* David Geddes (Farbe)
*Schnitt:* Craig Bassett, Chris Ellis
*Prod.Des.:* Chris August
*Prod.:* Stacy Williams für Emshell Prod., USA 1994; 94 Min.
*Vertrieb:* Warner Home Video; 26.1.1996
*FSK:* ab 6 J.

Diplom-Blödian Jim Varney, neuerdings schon als Kultkomiker tituliert, wirft auf Teufel komm raus als Basketballspieler dank »Magic Shoes« grimassierend viele, viele Bällchen ins Körbchen,

## Chaos! Schwiegersohn Junior im Gerichtssaal 172

JURY DUTY *

Video

*Regie:* John Fortenberry
*Darsteller:* Pauly Shore (Tommy), Tia Carrere (Monica), Shanley Tucci (Frank), Abe Vigoda (Richter Powell), Brian Doyle-Murray (Harry), Charles Napier (Jed), Richard Edson, Richard Riehle
*Drehbuch:* Neil Tolkin, Barbara Williams, Samantha Adams
*Kamera:* Avi Karpick (Farbe)
*Musik:* David Kitay
*Schnitt:* Stephen Semel
*Prod.Des.:* Deborah Raymond
*Prod.:* Yoram Ben-Ami, Peter M. Lenkov für TriStar Pic., USA 1995; 84 Min.
*Vertrieb:* Columbia TriStar Home Video; 2.7.1996
*FSK:* ab 12 J.

Weil sie als Geschworene bei Gericht gut verpflegt werden, versuchen Tommy und seine Kollegen das Urteil hinauszuzögern – und verhindern dadurch einen Justizirrtum.
Pauly Shores präpubertäre Klamaukattacken werden von Film zu Film unerträglicher.

Jochen Rack in: film-dienst, 19/96

## Charley's Tante

173
***
TV

*Regie:* Sönke Wortmann
*Darsteller:* Thomas Heinze (Stephan Lohmann), Anya Hoffmann (Lucia D'Alvarez), Horst Krause (Waldemar Pückler), Dorkas Kiefer (Barbie Pückler), Kerstin Landsmann (Claudie), Heinrich Eyerund (Frank), Niels Ruf (Karl-Heinz), Max Raabe (Attila)
*Drehbuch:* Hermann Weigel, Robert Kulzer
*Kamera:* Lucas Strebel (Farbe)
*Prod.:* Bernd Eichinger, Uschi Reich, Constantin Film für SAT.1, BRD 1996; 120 Min.
*Vertrieb:* Taurus Video
*TV:* 28.12.1996, Sat.1, 20.00
*FSK:* ab 6 J.

Natürlich soll jeder ordentliche Komödienregisseur einmal im Leben »Charleys Tante« verfilmen dürfen und Sönke Wortmann hat sich seinen Klamotten-Bonus ehrlich verdient. Aber nur, weil in diesem lauwarmen Neunziger-Aufguß des Dauerbrenners »Charleys Tante« das Wort »Rinderwahnsinn« vorkommt und die Internet-Kids eine Techno-Party aufs Parkett hauen, ist da noch kein moderner Pfiff drin. Zäh das Drehbuch, langatmig-lustlos Wortmanns Regie – da können Thomas Heinze und »Metzger« Horst Krause soviel strampeln wie sie wollen: es funktioniert nicht. Opas Kino im Rinderwahnsinn. *AZ*

*Horst Krause und Thomas Heinze*

## Charms Zwischenfälle

174
****

*Regie:* Michael Kreihsl
*Darsteller:* Johannes Silberschneider (Charms), Ela Piplits (Maria), Ulrich Tukur, Wolfgang Hübsch (Professor), Elzbieta Czyzewska, Roswitha Soukup, Justus Neumann
*Drehbuch:* Michael Kreihsl, nach den Werken von Daniil Charms
*Kamera:* Oliver Bokelberg (Farbe)
*Musik:* Georg Friedrich Händel
*Schnitt:* Andrea Wagner, Michael Kreihsl
*Prod.:* Veit Heiduschka für Wega-Filmprod., Österreich 1995; 88 Min.
*UA:* 17.2.1996, Int. Forum des Jungen Films, Berlin
*Verleih:* Ventura/Stadtkino/Xenix; 10.10.1996

Basierend auf Texten des 1942 im Gefängnis gestorbenen russischen Dichters Danijl Charms, entwickelt sich hier das surrealistisch getönte Portrait eines sensiblen Künstlers, dessen schwierige, oft absurde Lebensumstände die Ebenen des Realen und Irrealen ineinanderfließen lassen. In seiner Mischung aus russischem Lebensgefühl und wienerischer Atmosphäre manchmal ein bißchen spröde, aber voll ironisch-treffender Einfälle, gut bis hervorragend (der Hauptdarsteller) gespielt, ist dieser Streifen ein interessanter Versuch, das Phänomen der künstlerischen Kreativität – in Relation zu persönlichem Schicksal und gesellschaftlichen Bedingungen – auszuleuchten. *multimedia*

(...) Charms muß sich erotischen Attacken einer ältlichen Nachbarin erwehren, der zerstreute Professor von nebenan stört das mit peinlicher Akribie inszenierte Abendessen mit der angebeteten Maria. Als Heilige Drei Könige verkleidete Polizisten suchen Charms immer wieder heim, alle Versuche, dem elenden Dasein ein bißchen Vergnügen abzutrotzen, scheitern grotesk....
Der junge österreichische Regisseur und Autor Michael Kreihsl hat Fragmente aus dem Werk des russischen Schriftstellers Charms, der 1942 in

*Johannes Silberschneider, Ela Piplits und Justus Neumann*

einer Leningrader Gefängniszelle verhungerte, in seinen minimalistisch-absurden Film integriert. Beklemmende, oft surreale Bilder verstärkt Kreihsl mit makabrem Humor und bösartig-sozialkritischen Pointen. (...)

*Angie Dullinger, AZ, 10.10.96*

Bettina Bremme in: tip, 21/96; Thomas Klingenmaier in: Stgt. Zeitung, 9.11.96; Martina Knoben in: SZ, 10.10.96; Carla Rhode in: Der Tagesspiegel, 5.10.96

## Chicken Park 175

CHICKEN PARK *

Video

*Regie:* Jerry Cala
*Darsteller:* Jerry Cala, Demetra Hampton, Lawrence Steven Meyers (Mr. Eggs), Rossy De Palma (Necrophelia Addams), Alessia Marcuzzi, Blynn Jeffrey Mark, Simone Camosa
*Drehbuch:* Gino Capone
*Kamera:* Blasco Giurato (35mm)
*Musik:* Umberto Smaila
*Schnitt:* Sergio Montanari
*Prod.:* Galliano Juso für Metrofilm, Italien 1995; 97 Min.
*Vertrieb:* BMG Video; 8.7.1996
*FSK:* ab 16 J.

Ultrabanale »Jurassic Park« – Parodie mit aggressiven Monsterhühnern.

## China Swordsman II 176

TUNG FONG BAT BAI III / **
THE EAST IS RED Video

*Regie:* Ching Siu-Tung, Raymond Lee
*Darsteller:* Brigitte Lin (Asia), Joey Wang (Snow), Yu Rong-Guang (Koo), Jean Wang
*Drehbuch:* Tsui Hark, Roy Szeto, Carbon Cheung
*Kamera:* Lau Moon-Tong (Farbe)
*Musik:* Wu Wai-Lap
*Schnitt:* Chiang Chuen-Tak
*Prod.:* Tsui Hark für Film Workshop, Hongkong 1993; 95 Min.
*UA:* 4.6.1993, San Francisco Lesbian & Gay Int. Film Festival
*Vertrieb:* Splendid Video
*TV:* 15.8.1996, Pro7, 22.00
*FSK:* ab 18 J.; gekürzte Fass. 89 Min. ab 16 J.

Asia, der Unbesiegbare, wurde einst als Kämpfer zu einer chinesischen Legende, bis er spurlos verschwand. Seit seinem angeblichen Tod geben sich viele Leute als Asia aus, unter ihnen seine einstige Geliebte Snow. Doch Asia lebt als Einsiedler unter den Blauen Klippen. Eines Tages kehrt er zurück, um die Legende wieder aufleben zu lassen. *Pressetext*

Daniel Kothenschulte in: film-dienst, 4/96

## Chronik des Warschauer Ghettos 177

KRONIKA POWSTANIA W GETCIE WARSZAWSKIM ****
TV

*Regie:* Jolanta Dylewska
*Drehbuch:* Jolanta Dylewska
*Kamera:* Jolanta Dylewska
*Musik:* Jan Kanty Pawluskiewicz, Arthur Brauner
*Schnitt:* Wanda Zeman
*Prod.:* Jolanta Dylewska für Studio Filmowe Logos, Polen 1993; 70 Min.
*UA:* 1993, Lodz/Polen
*EA:* Dokumentarfilmfestival München 1995
*TV:* 23.4.1996, BR, 22.40

Eindringlicher Dokumentarfilm über den Aufstand im Warschauer Ghetto.

## Chronik eines Verschwindens 178

CHRONICLE OF A DISAPPEARANCE □
TV

*Regie:* Elia Suleiman
*Drehbuch:* Elia Suleiman
*Prod.:* Israel/BRD 1996; 90 Min.
*TV:* 15.12.1996, ZDF, 0.25, OmU

Suleiman beschreibt in dem Film seine Reise auf der Suche nach seiner Identität als Palästinenser. Als Erzähler, der sich selbst mitten in und gleichzeitig außerhalb der Geschichte befindet, überschreitet er Genres und Medien, um mögliche Wahrheiten zu definieren. Dabei sind die Grenzen von Realität und Fiktion fließend. (…) *ZFD-Journal*

## Chungking Express 179

CHONGQING SENLIN / CHUNGKING SAMLAN ****

*Regie:* Wong Kar-wai
*Darsteller:* Brigitte Lin Ching-hsia (Frau mit der blonden Perücke), Takeshi Kaneshiro (Cop Nr. 223), Faye Wang (Faye), Tony Leung Chiu-wai (Cop Nr. 663), Valerie Chow (Stewardess), Piggy Chan, Guan Lina, Huang Zhiming, Liang Zhen, Zuo Songshen
*Drehbuch:* Wong Kar-wai
*Kamera:* Christopher Doyle, Lau Wai-keung (Farbe)
*Musik:* Frankie Chan, Roel A. Garcia
*Schnitt:* William Chang, Hai Kit-wai, Kwong Chi-leung
*Prod.Des.:* William Chang
*Prod.:* Chan Yi-kan für Jet Tone Prod., Hongkong 1994; 102 Min.
*UA:* Int. Filmfestspiele Locarno 1994, »Wettbewerb«
*EA:* 12.2.1995, Int. Forum des Jungen Films, Berlin
*Verleih:* Kinowelt/poly-film/Filmcooperative/ Arthaus Video; 7.7.1995 (CH); 28.3.1996 (BRD)
*FSK:* ab 12, ffr.

Nacheinander erzählt der Film zwei Varianten der Geschichte »Boy lost girl«: Die Polizisten Nummer 223 und 663 lamentieren über den Verlust ihrer jeweiligen Freundinnen, nicht ohne dabei schon mit dem potentiellen »Ersatz« zu flirten. Der Film hat die Stimmung eines frühen Godard: Die Lebensvorstellungen der Protagonisten beruhen auf den Kinofilmen, die sie gesehen haben, und die Suche nach

*›Chungking Express‹*

Erfahrungen mit dem anderen Geschlecht bestimmt ihre Gedanken. Größtenteils aus der Hand gedreht, vermittelt der Film eine erfrischende Lebhaftigkeit. *Zoom, 6/95*

*(...) Mögen Sie Quentin Tarantino?*
Ich mag seine Filme, weil er sie selber mag. Man kann erkennen, ob ein Regisseur seine eigene Arbeit liebt. Vielleicht kommen wir einfach aus derselben Generation. Es gibt heute Filmemacher, die nicht von den Hochschulen kommen, sondern aus den Videotheken und Kinos, und Filme machen, weil sie Filme lieben. Tarantino und ich lieben Filme und bestimmte Genres, und versuchen etwas Ähnliches zu machen.
*Wong Kar-wei im Gespräch mit Daniel Kothenschulte, SZ, 28.3.96*

Michael Althen in: SZ, 28.3.96; Heiko R. Blum in: Rheinische Post, 29.3.96; Brigitte Desalm in: Kölner Stadt-Anzeiger, 30.3.96; Andreas Kilb in: Die Zeit, 29.3.96; Patrick Rössler in: Stgt. Zeitung, 28.3.96

## Circle of Friends 180
CIRCLE OF FRIENDS ***

*Regie:* Pat O'Connor
*Darsteller:* Chris O'Donnell (Jack), Minnie Driver (Benny), Geraldine O'Rawe (Eve), Alan Cummings (Sean), Saffron Burrows (Nan), Colin Firth (Simon Westward), Mick Lally (Dan Hogan), Stanley Townsend (Dr. Boyle), Ciaran Hinds (Professor Flynn), Seamus Forde (Pfarrer)
*Drehbuch:* Andrew Davies, nach dem gleichn. Roman von Maeve Binchy
*Kamera:* Kenneth MacMillan (Farbe)
*Musik:* Michael Kamen
*Schnitt:* John Jympson
*Prod.Des.:* Jim Clay
*Prod.:* Frank Price, Arlene Sellers, Alex Winitsky für Price/Lantana, USA/Irland 1995; 102 Min.
*Verleih:* CI/-/Columbus Film/VCL Video; 15.2.1996
*FSK:* ab 6, ffr. – *FBW:* Wertvoll

Drei Freundinnen fliehen aus ihrem spießigen Heimatstädtchen nach Dublin und entdecken die Liebe. Ihrem Hunger nach (sexuellen) Erfahrungen stehen die rigiden Normen der irisch-katholischen Gesellschaft entgegen. Durch seine unspektakuläre Feinfühligkeit zeichnet der Film zeitweise ein genaues Bild von den Konflikten der jungen Leute. Mit deren grober Zuspitzung verliert er diese Qualität jedoch, banale Allerweltsdramatik ersetzt die leise Präzision. *Zoom, 8/95*

*Minnie Driver*

Heiko R. Blum in: Rheinische Post, 16.2.96; Thomas Klingenmaier in: Stgt. Zeitung, 15.2.96

## Citizen X 181
CITIZEN X ****
Video

*Regie:* Chris Gerolmo
*Darsteller:* Stephen Rea (Kommissar Burakow), Donald Sutherland (Oberst Fetisor), Max von Sydow (Psychiater Bukhanowsky), Jeffrey DeMunn (Andrej Chikalito), Joss Ackland (Bondarhuk), John Wood (Staatsanwalt Gorbunor)
*Drehbuch:* Chris Gerolmo, nach einem Roman von Robert Cullen
*Kamera:* Robert Fraisse (Farbe)
*Musik:* Randy Edelman
*Schnitt:* William Goldenberg
*Prod.:* Timothy Marx für HBO/Rysher Ent., USA 1995; 100 Min.
*Vertrieb:* VCL Video
*TV:* 13.11.1996,
Premiere, 20.15; 21.5.1996
*FSK:* ab 16 J.

Vom US-Kabel-TV-Sender HBO aufbereitete Chronik der grausamen Ereignisse zwischen 1982 und 1990 in der

Sowjetunion, wo im Windschatten der kommunistischen Ideologie ein Massenmörder sein Unwesen trieb – 52 Opfer bis zu seiner Ergreifung. Das ausgefeilte, detailfreudige Skript und die hochkarätige Besetzung verleihen diesem Fernsehfilm Spannung und Dichte.

Anselm Jungeblodt in: film-dienst, 16/96

## City Fear 182

NO EXIT ***

Video

*Regie:* Michael DiCerto, David DiCerto
*Darsteller:* Frank Zagarino (Luca), Nick Sandow (Benny Lentini), Michael Aparo (Vinny Mazzarino), Yelba Osorio (Mercedes Colon), Vincent Pastore (»Fat Tony« Landano), Arthur Nascarella, Lou LaGalante, Lenny Mangiapane, Frank Pietrangolare, Sal LoCasio
*Drehbuch:* Michael DiCerto, David DiCerto
*Kamera:* Richard E. Brooks (Farbe)
*Musik:* Kerryn Tolhurst
*Schnitt:* Barry Malawski
*Prod.Des.:* Russell Durham
*Prod.:* Russell Maggio, Michael DiCerto, David DiCerto für Now! Comm. Group, USA 1996; 85 Min.
*Vertrieb:* VPS Video; 5.12.1996
*FSK:* ab 18 J.

Wirre Actiongeschichte aus New Yorks Little Italy.

## City Hall 183

CITY HALL ***

*Regie:* Harold Becker
*Darsteller:* Al Pacino (Bürgermeister John Pappas), John Cusack (Kevin Calhoun), Bridget Fonda (Marybeth Cogan), Danny Aiello (Frank Anselmo), Martin Landau (Richter Walter Stern), David Paymer (Abe Goodman), Tony Franciosa (Paul Zapatti), Richard Schiff (Larry Schwartz), Lindsay Duncan (Sydney Pappas), Nestor Serrano (Det. Eddie Santos)
*Drehbuch:* Ken Lipper, Paul Schrader, Nicholas Pileggi, Bo Goldman
*Kamera:* Michael Seresin (Technicolor)
*Musik:* Jerry Goldsmith
*Schnitt:* Robert C. Jones, David Bretherton
*Prod.Des.:* Jane Musky
*Prod.:* Edward R. Pressman, Ken Lipper, Charles Mulvehill, Harold Becker für Castle Rock Int., USA 1996; 108 Min.
*UA:* 16.2.1996, New York
*Verleih:* Concorde/Constantin/Monopole

*Bridget Fonda und John Cusack in ›City Hall‹ von Harold Becker*

Pathé/Columbia TriStar Home Video; 18.4.1996
*FSK:* ab 12, ffr.
*FBW:* Besonders wertvoll

Der New Yorker Bürgermeister macht beim Wahlvolk als Saubermann Punkte. Verehrt wird er von seinem jungen Stellvertreter, der bei der Untersuchung einer Straßenschießerei entdeckt, daß sein Idol mit der Mafia kungelt und in Bestechungsfälle verwickelt ist.
Ein spannender Blick hinter die Fassade der Macht, auf dem schmalen Grat zwischen Recht und Unrecht
*Margret Köhler*

Der die Grenze zum Kriminellen streifende politische Pragmatismus eines New Yorker Bürgermeisters gerät durch einen Schußwechsel, bei dem ein sechsjähriges Kind ums Leben kommt, ins Zwielicht. Ein überkomplizierter und dramaturgisch wenig origineller Film, dem bei der Behandlung seines Themas – die Korrumpierbarkeit des Gutwilligen – mehr Klarheit und Direktheit gut getan hätte. *Zoom, 4/96*

(...) Der von der Charakterzeichnung her interessante, flüssig, sorgfältig und möglichst authentisch inszenierte Streifen um persönliche Integrität, die Grauzone der Macht und die Probleme, an der Spitze einer fast unregierbaren Großstadt zu stehen, erschließt sich eher über den Intellekt, da der starke emotionale Hintergrund oft eigenartig kühl und zurückhaltend wirkt.
*multimedia*

Peter Buchka in: SZ, 20.4.96; Hans-Joachim Neumann in: Zitty, 8/96; Veronika Rall in: FR, 19.4.96; Christian Seebaum in: Kölner Stadt-Anzeiger, 20.4.96

## Clando 184
CLANDO □
TV

*Regie:* Jean Marie Teno
*Darsteller:* Paulin Fodouop (Anatole Sobgui), Henriette Fenda (Madeleine Sobgui), Caroline Redl (Irene), Joseph Momo (Chamba Rigobert), Guillaume Nana (Tchobe), Avs Bodule Moukilo (Kwame), Raphael de Chedjou (Raphael)
*Drehbuch:* Jean Marie Teno
*Prod.:* Kamerun/BRD 1996; 96 Min.
*TV:* 7.12.1996, Arte, 23.40, OmU

Der Programmierer Sobgui wird in Kamerun als Oppositioneller im Auftrag der Regierung verhaftet. Als er nach seiner Entlassung als »Clando«, als illegaler Taxifahrer, arbeitet, sind seine Probleme mit der Polizei längst nicht ausgestanden. *Pressetext*

## Clash – Showdown in L.A. 185
LOOKIN' ITALIAN *
Video

*Regie:* Guy Magar
*Darsteller:* Jay Acovone (Vinny Pallazzo), Matt LeBlanc (Anthony Manetti), Stephanie Richards (Danielle), John La Motta (Don Dinardo), Ralph Manza (Manza), Lou Rawls, Daniel O'Callaghan, Real Andrews, Tommy Morgan, Nichole Carter
*Drehbuch:* Guy Magar
*Kamera:* Gerry Lively (Farbe)
*Musik:* Jeff Beal
*Schnitt:* Gregory Harrison
*Prod.Des.:* William Matthews
*Prod.:* Guy Magar; Mickey Cottrell (Ass.) für A Wing & A Prayer Prod., USA 1995; 97 Min.
*Vertrieb:* VPS Video; 12.3.1996
*FSK:* ab 16 J.

Ex-Mafioso kehrt für leichtsinnigen Neffen wieder ins »Geschäft« zurück. Dümmlich, klischeehaft und selten dämlich.

## Claudia und das Geheimnis des Engels 186
FROM THE MIXED-UP FILES OF □
MRS. BASIL E. FRANKWEILER TV

*Regie:* Marcus Cole
*Darsteller:* Lauren Bacall (Mrs. B.E. Frankweiler), Jean-Marie Barnwell (Claudia), Jesse Lee (Jamie), M. Emmett Walsh (Morris), Devon Gummersall (Steve)
*Drehbuch:* Betty Goldberg
*Kamera:* Kees van Oostrum (Farbe)
*Musik:* Ron Ramin
*Prod.:* USA 1995; 88 Min.
*TV:* 17.3.1996, Premiere, 6.45

Familienfilm über zwei kindliche Ausreißer, die im Metropolitan Museum die Geheimnisse der Kunst kennenlernen.

*Harvey Keitel, Mekhi Phifer und John Turturro in ›Clockers‹ von Spike Lee*

## Clockers 187

CLOCKERS ***

*Regie:* Spike Lee
*Darsteller:* Harvey Keitel (Rocco Klein), John Turturro (Larry Mazilli), Delroy Lindo (Rodney), Mekhi Phifer (Strike), Isaiah Washington (Victor), Keith David (Andre the Giant), Pee Wee Love (Tyrone), Regina Taylor (Iris Jeeter), Tom Byrd (Errol Barnes), Sticky Fingaz (Scientific)
*Drehbuch:* Richard Price, Spike Lee, nach dem gleichn. Roman von Richard Price
*Kamera:* Malik Hassan Sayeed (Technicolor/Deluxe)
*Musik:* Terence Blanchard
*Schnitt:* Sam Pollard
*Prod.Des.:* Andrew McAlpine
*Prod.:* Spike Lee, Martin Scorsese, Jon Kilik für 40 Acres and a Mule Filmworks für Universal, USA 1995; 128 Min.
*UA:* Int. Filmfestspiele Venedig, 1995
*EA:* Filmfest München 1996
*Verleih:* Abaton, OmU/-/UIP/CIC Video; 11.7.1996
*FSK:* ab 16 J.

Um einem Krimi aus dem afro-amerikanischen Unterschicht-Milieu zu universeller Spannung zu verhelfen, bedarf es eben mehr als ehrbarer Intentionen und einer Handvoll guter Darsteller. *W.O.P. Kistner, AZ, 14.8.96*

Nach dem Mord an einem Restaurantbesitzer gerät ein junger Drogendealer aus Brooklyn unter Tatverdacht. Als sich sein Bruder der Polizei stellt, haben zwei weiße Detektive plötzlich ein Problem und müssen sich in der heißen Szene umsehen. Der Film will ein Sozialthriller sein, ist aber leider weder Thriller noch Sozialdrama. Themen wie Rassismus, Arbeitslosigkeit und Drogenmißbrauch dienen nur als Vorwand für ein politisch korrektes, moralisierendes Drama. Trotz eindrücklichen Jungdarstellern und dem bewährten Harvey Keitel als Polizeimann ist der Film nur Dutzendware und bleibt klar unter dem Niveau, das man sogar von schwächeren Filmen Spike Lees gewohnt ist. *Zoom, 1/96*

Susanna Nieder in: Der Tagesspiegel, 1.8.96; Gerhard Midding in: FR, 13.8.96; Milan Pavlovic in: Kölner Stadt-Anzeiger, 27.7.96; Ruprecht Skasa-Weiß in: Stgt. Zeitung, 7.11.96; Willi Winkler in: Die Zeit, 12.7.96

*Frauenpower: Diane Keaton, Goldie Hawn und Bette Midler in ›Der Club der Teufelinnen‹ von Hugh Wilson*

## Der Clown 188

***

*Regie:* Hermann Joha TV
*Darsteller:* Sven Martinek (Max Zander), Diana Frank (Claudia Diehl), Volkmar Kleinert (Joseph Ludowski), Thomas Anzenhofer (Dobs), Hanns Zischler (Baklanov), Markus Knüfken (Bulkow), Oliver Korritke (Leo), Ursula Staack (Olga)
*Drehbuch:* Claude Cueni
*Kamera:* Reinhard Köcher (Farbe)
*Prod.:* Jan Fantl, BRD 1996; 93 Min.
*TV:* 3.11.1996, RTL, 20.15

Die Russen-Mafia plant, Düsseldorf zu ihrer europäischen Zentrale zu machen. Ein Mann jedoch hat den Verbrechern den Kampf angesagt und vereitelt jedes ihrer schmutzigen Geschäfte – der Clown. *Pressetext*

Das deutsche RTL-Abziehbild eines Actionthrillers hatte einen Sack von Pyromanenknaller auf Lager, und Sven Martinek durfte als forscher 007-Vetter und Antimafia-Agent Max den Düsseldorfer Verbrecherclub mit pubertären Kriegsphantasien aufladen. Im Verein mit der Motorrad-Amazone Claudia bolzte er sich durch alle Waffensysteme, und wenn nicht gerade was explodierte, düngten heidnisch-sentimentale Männersprüche den dekorativen Frauenleichenbrei. Peng-peng-peng, wumm-krach. *Ponkie, AZ, 5.11.96*

## Der Club der Teufelinnen 189

THE FIRST WIVES CLUB ****

*Regie:* Hugh Wilson
*Darsteller:* Bette Midler (Brenda), Diane Keaton (Annie Paradise), Goldie Hawn (Elise), Maggie Smith (Gunilla Goldberg), Sarah Jessica Parker (Shelly), Dan Hedaya (Morty), Bronson Pinchot (Duarto), Jennifer Dundas (Chris), Eileen Heckart (Catherine), Stephen Collins (Aaron)
*Drehbuch:* Robert Harling, nach dem gleichn. Roman von Olivia Goldsmith
*Kamera:* Donald E. Thorin (Farbe)
*Schnitt:* John Bloom
*Prod.Des.:* Peter Larkin
*Prod.:* Scott Rudin für Paramount, USA 1996; 102 Min.
*UA:* 20.9.1996, New York
*Verleih:* UIP/UIP/UIP, CIC Video; 12.12.1996
*FSK:* ab 12, ffr.
*FBW:* Wertvoll

Drei Frauen über vierzig beschließen, sich an ihren Ehemännern, die sich allesamt jüngeren Geliebten zugewendet haben, zu rächen, deren gesellschaftliches Ansehen und Finanzen zu mindern. Eine Komödie mit bestechend agierenden Hauptdarstellerinnen, in der sich Frauen erfreulicherweise entscheiden, nicht Opfer, sondern Täterinnen zu sein. Der Weg zur erfolgreichen Rache ist mit komischen Situationen gepflastert, leider hat der dialogstarke Film dramaturgisch einige Durchhänger und ist nicht wirklich böse. *Zoom, 12/96*

(...) Der konzertierte Rachefeldzug hat anfangs starke strategische, im liebguten Charakter begründete Schwächen, wächst sich dann aber, auch mit Hilfe weniger skrupulöser Sympathisanten, zum gelungenen Showdown aus. Die Kerle werden trickreich fertiggemacht, moralisch, finanziell und sozial. Das versöhnlerische Happy-End tut dem Bosheits-Spaß keinen Abbruch.
*Angie Dullinger, AZ, 12.12.96*

Heiko R. Blum in: Rheinische Post, 13.12.96; Vera Graaf in: SZ, 14.10.96; Thomas Klingenmaier in: Stgt. Zeitung, 12.12.96; Angela Schmitt-Gläser in: FR, 14.12.96;

## The Colony
190

THE COLONY
**

Video

*Regie:* Rob Hedden
*Darsteller:* John Ritter (Rick Knowlton), Mary Page Keller (Leslie Knowlton), Hal Linden (Philip Denig), Tod Jeffriers (Mike Knowlton), June Lockhart (Mrs. Billingsley), Cody Dorkin (Andy Knowlton), Alexandra Picatto (Danielle Knowlton), Marshall R. Teague (Doug)
*Drehbuch:* Rob Hedden
*Kamera:* David Geddes (Farbe)
*Musik:* Dennis McCarthy
*Schnitt:* Barry B. Leirer
*Prod.:* Fern Field für Universal/MCA/Kevin Brown, USA 1994; 89 Min.
*Vertrieb:* CIC Video; Juni 1996
*FSK:* ab 16 J.

Sicherheitsspezialist soll in Nobelviertel umziehen, in dem zuviel Zucht und ominöse Ordnung herrscht. Etwas einfallsloser Thriller.

Klaus Brühne in: film-dienst, 15/96

## Confessionnal
191

LE CONFESSIONNAL
****

*Regie:* Robert Lepage
*Darsteller:* Lothaire Bluteau (Pierre Lamontagne), Patrick Goyette (Marc Lamontagne), Jean-Louis Millette (Raymond Massicotte), Kristin Scott Thomas (Mr. Hitchcock's Assistentin), Ron Burrage (Mr. Hitchcock), Richard Frechette (Andre), Francois Papineau (Paul-Emile Lamontagne), Marie Gignac (Francoise Lamontagne), Normand Daneau, Anne-Marie Cadieux
*Drehbuch:* Robert Lepage
*Kamera:* Alain Dostie (Farbe)
*Musik:* Ray Williams (Produzent); Sacha Puttnam
*Schnitt:* Emmanuelle Castro
*Prod.:* Denise Robert, David Puttnam, Philippe Carcassonne für Cinemaginaire/Enigma Film/Cinea mit Telefilm Canada/Sogic/Channel Four, Kanada/GB/Frankreich 1995; 101 Min.
*UA:* 18.5.1995, Int. Filmfestspiele Cannes, »Directors Fortnight«
*Verleih:* TiMe/poly-film/Elite; 18.4.1996
*FSK:* ab 12, ffr.

Zur Zeit der Dreharbeiten von Hitchcocks »I confess« 1952 in Québec lastet die verfrühte Schwangerschaft schwer auf einer Sechzehnjährigen, die den Vater des Kindes nicht preisgeben will. 47 Jahre später erkennen ein jun-

*Lothaire Bluteau in ›Confessionnal‹ von Robert Lepage*

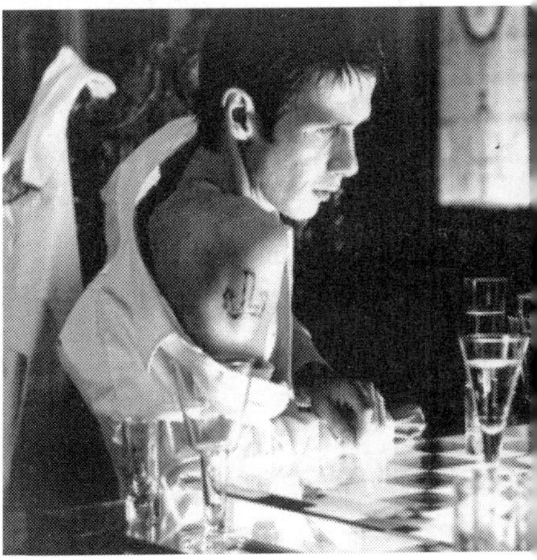

ger Mann und dessen Adoptivbruder, daß ihre Herkunft mit jenen vergangenen Ereignissen geheimnisvoll zusammenhängt. In einem ästhetisch reizvollen und ungewohnten Vexierspiel aus Splittern der Gegenwart und Vergangenheit – auf visueller wie akustischer Ebene – erschließen sich dem Publikum zusammen mit dem Protagonisten langsam die Zusammenhänge, auch wenn sich die Konstruktion gegen Ende etwas verselbständigt und allzu geschmäcklerisch präsentiert. *Zoom, 7/96*

Fritz Göttler in: SZ, 18.4.96; Susanna Nieder in: Der Tagesspiegel, 18.4.96; Christian Seebaum in: Kölner Stadt-Anzeiger, 4.5.96; Christiane Peitz in: Die Zeit, 26.4.96

## Cool and Crazy 192

THE COOL AND CRAZY **

Video

*Regie:* Ralph Bakshi
*Darsteller:* Alicia Silverstone (Roslyn), Matthew Flint (Joey), Jennifer Blanc (Joannie), Jared Leto (Michael), Christine Harnos (Lorraine), Tuesday Knight (Brenda), Bradford Tatum, Christian Frizzell, John Hawkes, John Kapelos
*Drehbuch:* Ralph Bakshi
*Kamera:* Roberto Schaefer (Farbe)
*Musik:* Hummie Mann
*Prod.:* Lou Arkoff, Debra Hill, Willie Kutner für Spelling Ent., USA 1994; 82 Min.
*Vertrieb:* VCL/Carolco Video; 26.3.1996
*FSK:* ab 16 J.

Teeniepärchen mit Kind gerät, als die Herzdame sich in einen Taugenichts verliebt, in arge Turbulenzen. Gesichtslose, wenngleich quietschbunte Wiederverfilmung eines alten »Drive-In«-Klassikers.

## Der Cop-Killer von Manhattan 193

HARRISON: CRY OF THE CITY ***

TV

*Regie:* James Frawley
*Darsteller:* Edward Woodward (Harrison), Jeffrey Nordling (Frank Jeffries), Cynthia Harris (Helen Lawson), Elizabeth Hurley (Cecilia Harrison), Felicity Huffman (Peggy), Jude Ciccolella (Macklin), Robert Montano (Ruiz), James Kidnie (Mason), Elva Mai Hoover (Anna Wiecek), Silvio Oliviero
*Drehbuch:* Michael Gleason
*Kamera:* Robert Primes (Farbe)
*Musik:* Ken Harrison
*Prod.:* USA 1995; 94 Min.
*TV:* 14.5.1996, Pro7, 20.00

Während der pensionierte Scotland-Yard-Kommissar Harrison in New York mit den Hochzeitsvorbereitungen seiner Tochter beschäftigt ist, wird er in einen Kriminalfall verwickelt: Er versucht, die Unschuld eines Mannes zu beweisen, der einen beliebten Polizisten getötet haben soll. *Pressetext*

## Cops 194

POLIZIOTTI ***

TV

*Regie:* Giulio Base
*Darsteller:* Claudio Amendola (Lorenzo/Lazarus), Kim Rossi Stuart (Andrea), Michele Placido (Carella), Nadia Fares (Stella), Stefania Rocca (Valeria), Luigi Diberti (Berardi), Roberto Citran (Guido), Fulvio Milani (Aureli), Mario Aterrano (Cantu), Franco Diogene (Bunny)
*Drehbuch:* Sandro Petraglia, Franco Bertini, Giulio Base
*Kamera:* Dante Della Torre (Technicolor)
*Musik:* Oscar Prudente
*Schnitt:* Claudio Di Mauro
*Prod.:* Vittorio Cecchi Gori, Claudio Bonivento, Rita Cecchi Gori für CGG Tiger Cinematografica/CGG Leopard/Numero Cinque/Flach Film, Italien/Frankreich 1995; 92 Min.
*TV:* 26.6.1996, Vox, 20.00

Der Polizist Lorenzo und sein Kollege und Freund Andrea werden zur Bewachung des Mafiosos Carella abkommandiert, der im Krankenhaus liegt. Als Andrea eines Nachts mit Carella allein ist, gelingt diesem die Flucht. Aus Angst vor der drohenden Entlassung und der Schande für seine Familie bringt sich Andrea um. Lorenzo ist verbittert über den Tod des Freundes und fest entschlossen, Carella zu stellen.

## Copykill 195

COPYCAT ****

*Regie:* Jon Amiel
*Darsteller:* Sigourney Weaver (Helen Hudson), Holly Hunter (MJ Monahan), Dermont Mulroney (Ruben Goetz), William McNamara

*Sigourney Weaver*

(Peter Foley), Harry Connick jr. (Daryll Lee Cullum), J.E. Freeman (Lt. Quinn), Will Patton (Nicoletti), John Rothman (Andy), Shannon O'Hurley (Susan Schiffer), Bob Greene (Pachulski)
*Drehbuch:* David Madsen, Ann Biderman
*Kamera:* Laszlo Kovacs (Farbe)
*Musik:* Christopher Young
*Schnitt:* Alan Heim, Jim Clark
*Prod.Des.:* Jim Clay
*Prod.:* Arnon Milchan, Mark Tarlov
für New Recency,
USA 1995; 124 Min.
*UA:* 27.10.1995, New York
*Verleih:* Warner Bros./dto./dto./Warner Home Video; 25.1.1996
*FSK:* ab 16, ffr.

Ein Serienmörder hält San Francisco in Atem. Das Besondere an ihm: er kopiert die Methoden anderer Serienmörder. Dahinter steckt ein perfider Plan, den eine Kriminologin, die wegen eines Traumas ihre Wohnung nicht verlassen kann, und eine Polizistin gemeinsam entschlüsseln müssen. Amiel macht daraus einen eleganten, stilvollen Thriller, der weniger auf vordergründige Spannung setzt als auf intellektuelles Raffinement.

*Frank Schnelle, tip, 3/96*

Otto Heuer in: Rheinische Post, 26.1.96; Thomas Klingenmaier in: Stgt. Zeitung, 25.1.96; Tobias Kniebe in: SZ, 25.1.96; Simone Mahrenholz in: Der Tagesspiegel, 25.1.96; Milan Pavlovic in: Kölner Stadt-Anzeiger, 27.1.96; Veronika Rall in: FR, 25.1.96

## Cosi 196

COSI ***

*Regie:* Mark Joffe
*Darsteller:* Ben Mendelsohn (Lewis), Barry Otto (Roy), Toni Collette (Julie), Rachel Griffiths (Lucy), Pamela Rabe (Ruth), Jacki Weaver (Cherry), Paul Chubb (Henry), Colin Hay (Zac), David Wenham (Doug), Colin Friels (Errol)
*Drehbuch:* Louis Nowra
*Kamera:* Ellery Ryan (Farbe)
*Schnitt:* Nicholas Beauman
*Prod.Des.:* Chris Kennedy
*Prod.:* Richard Brennan, Timothy White; Lynn Gailey (Ass.Prod.) für Miramax/Australian Film Finance mit New South Wales Film, USA/Australien 1996; 101 Min.
*EA:* Int. Hofer Filmtage 1996
*Verleih:* Senator/-/-; 12.12.1996
*FSK:* ab 12, ffr. – *FBW:* Besonders wertvoll

Gescheiterter Student bemüht sich, in einer psychiatrischen Klinik auf Drängen der Patienten eine eigenwillige Interpretation von Mozarts Oper zu realisieren.
Joffe erzählt die Geschichte eines gescheiterten Studenten, der in einer

*Toni Collette in ›Cosi‹*

Nervenklinik mit Patienten eine Oper zur Aufführung bringen soll. In der nichtssagenden Inszenierung Joffes, die sich obendrein mit »Einer flog übers Kuckucksnest« messen lassen muß, bleiben die Handlung vorhersehbar, die meisten Charaktere flach.

*W.O.P. Kistner, AZ, 29.10.96*

Christian Seebaum in: Kölner Stadt-Anzeiger, 14.12.96; Frank Schnelle in: tip, 26/96; Anke Sterneborg in: SZ, 12.12.96

## Eine Couch in New York 197

UN DIVAN A NEW YORK ***

*Regie:* Chantal Akerman
*Darsteller:* Juliette Binoche (Béatrice Saulnier), William Hurt (Henry Harriston), Stephanie Buttle (Anne), Barbara Garrick (Lisbeth Honeywell), Paul Guilfoyle (Dennis), Richard Jenkins (Campton), Ken Broadhurst (Tim), Henry Bear (Stein), Barbara Garrick (Lisbeth), Bernard Breuse (Jerome)
*Drehbuch:* Chantal Akerman, Jean-Louis Benoit
*Kamera:* Dietrich Lohmann (Farbe)
*Musik:* Sonia Wieder-Atherton; Song: Paolo Conte
*Schnitt:* Claire Atherton
*Prod.Des.:* Christian Marti
*Prod.:* Régine Konckier, Jean-Luc Ormières für Les Films Balenciaga/France 2/M6/Studio Babelsberg/Paradise Films/ RTBF mit Canal plus, Frankreich 1996; 109 Min.
*UA:* 2.2.1996, Rotterdam Film Festival
*EA:* Filmfest München 1996

*Juliette Binoche und William Hurt*

*Verleih:* Tobis/Constantin/Frenetic; 22.8.1996
*FSK:* ab 6, ffr. – *FBW:* Wertvoll

Star-Analytiker tauscht seine New Yorker Luxuswohnung gegen die Mansarde einer Pariser Tänzerin. Während er in ihrer Bohemienbleibe die Briefe ihrer Liebhaber liest, übernimmt sie in N.Y. mit durchschlagendem Erfolg seine Praxis. Die Begegnung der beiden führt voraussehbar, aber nicht sehr glaubwürdig, zu amouröser Verstrikkung und einem Happy-End. Dialogstarke Komödie, die sich ironisch mit der Therapiesüchtigkeit und -gläubigkeit unserer Zeit auseinandersetzt, die gegen das Ende hin merklich an Schwung verliert und wegen der Plumpheit der Slapstick-Einlagen und der Klischierung der Figuren einen doch etwas zwiespältigen Eindruck hinterläßt. *Zoom, 7/96*

(...) Weibliches Einfühlungsvermögen triumphiert hier in recht sympathischer Weise über männlich-nüchterne Ratio, doch erweist sich der Handlungsfaden der »Psychokomödie« als etwas zu dünn, die Ausführung als zu wenig griffig; es entstehen Längen, die die amüsante Wirkung verringern. Trotz der hochkarätigen Besetzung – die beiden Hauptdarsteller wirken manchmal etwas verlorener, als das Sujet erfordert – geht auch die Lovestory nicht besonders unter die Haut. *multimedia*

*›Ihre Filme verraten viel Gespür für die Familie, für familiäre Atmosphäre.‹*
Vielleicht weil ich kaum noch eine Familie habe; sie ist umgekommen beim Holocaust...Meine Familie kommt aus Polen, deshalb fühle ich mich den mitteleuropäischen Filmemachern sehr verwandt, Lubitsch ganz besonders, aber auch Billy Wilder. Und dann liebe ich jene Art des Heiligen im Kino, wie ich es bei Dreyer und Bresson finde. Phantastisch bei den neuen Filmemachern finde ich auch, was Kirostami macht, das ist ein außerordentlicher Cineast. Aber ich gehe nicht oft ins Kino, und wenn, dann eher in die Samstagsabendfilme. Da sitze ich dann

auch nicht als Filmemacherin drin, nicht auf Distanz. Ich will mich überraschen, verblüffen, überwältigen lassen. Ich verlange eben viel vom Kino.

*Chantal Akerman im Gespräch mit Fritz Göttler, SZ, 29.8.96*

Katharina Blum in: Rheinische Post, 30.8.96; Brigitte Desalm in: Kölner Stadt-Anzeiger, 31.8.96; Fritz Göttler in: SZ, 29.8.96; Thomas Klingenmaier in: Stgt. Zeitung, 29.8.96; Margret Köhler in: AZ, 29.8.96; Frank Schnelle in: FR, 28.8.96

## Countdown des Schreckens 198

TOM CLANCY'S OP CENTER **

TV

*Regie:* Lewis Teague
*Darsteller:* Harry Hamlin (Paul Hood), Patrick Bauchau (Kurt), Kabir Bedi (Abdul), Tom Breznahan (Matt), William Bumiller (Lou Bender), David Garrison (Phil Katzen), Deidre Hall, Bo Hopkins, Ken Howard, Sherman Howard
*Drehbuch:* Steve Sohmer, nach der Story von Tom Clancy, Steve Pieczenik, Steve Sohmer
*Kamera:* Alan Otino Caso (Farbe)
*Musik:* Patrick Williams
*Schnitt:* Tina Hirsch
*Prod.Des.:* Donald Light Harris
*Prod.:* Richard L. O'Connor für MT3 Services mit New World Ent., USA 1994; 85 Min.
*UA:* 26.2.1995/27.2.1995, NBC, 21.00
*TV:* 1.5.1996/3.5.1996, ARD, 20.15

Was sich da »Thriller« nennt, ist eine Aufwärmaktion des Kalten Krieges mit neuer Moralmunition: Der pathetisch-missionarisch aufgeblasene US-Agentenaufmarsch findet, nachdem ein grinsender ukrainischer KGB-Teufel drei Atomsprengköpfe nach Nahost verhökert hat, vorzugsweise an Krisenstab-Telefonen statt, und im Kreise teils grimmig, teils hämisch intrigant blikkenden Mini-James-Bond-Imitatoren werfen sich smarte Hartholz-Ladies in steile Partyfummel und auf die US-Präsidentenmatraze. Countdown des Gähnens. *Ponkie, AZ, 3.5.96*

## Cover Girl Mörder 199

COVER ME □

TV

*Regie:* Michael Schroeder
*Darsteller:* Rick Rossovich (Bobby Colter), Courtney Taylor (Holly Jacobsen), Paul Sorvino (J.J. Davis), Stephen Nichols (Dimitri), Elliott Gould, Corbin Bernsen
*Drehbuch:* Steve Johnson
*Kamera:* Jacek Laskus (Farbe)
*Musik:* Marcus Barone
*Prod.:* Playboy, USA 1995; 91 Min.
*TV:* 1.11.1996, Premiere, 0.00

Undercover-Polizistin ermittelt als Stripperin im Rotlichtmilieu. Mitternachts-Sexfilm.

## Coyote Run 200

COYOTE RUN **

Video

*Regie:* Shimon Dotan
*Darsteller:* Michael Paré (Quinn Pershing), Peter Greene (Clifton Santier), Macha Grewon (Sierra), Michel Perron (Arnold Kling), Ian McDonald (Lester Kling)
*Drehbuch:* Rod Hewitt
*Kamera:* Sylvain Brault (Farbe)
*Musik:* Walter Christian Rothe
*Schnitt:* Netaya Anbar
*Prod.:* Shimon Dotan, Netaya Anbar für Moonstone/Cinequest, USA 1996; 97 Min.
*Vertrieb:* VMP Video; 13.12.1996
*FSK:* ab 18 J.; gekürzte Fassung 94 Min. ab 16 J.

Hahnebüchene Geschichte um zwei Ex-Söldner, die sich jetzt wieder als Kontrahenten gegenüberstehen.

Anselm Jungeblodt in: film-dienst, 26/96

## Crash 201

CRASH ***

*Regie:* David Cronenberg
*Darsteller:* James Spader (James Ballard), Holly Hunter (Helen Remington), Elias Koteas (Vaughan), Deborah Unger (Catherine Ballard), Rosanna Arquette (Gabrielle), Peter MacNeill (Colin Seagrave)
*Drehbuch:* David Cronenberg, nach einem Roman von J.G. Ballard
*Kamera:* Peter Suschitzky (Deluxe)
*Musik:* Howard Shore
*Schnitt:* Ronald Sanders
*Prod.Des.:* Carol Spier
*Prod.:* David Cronenberg für Alliance Comm. mit Telefilm Canada/Movie Network, Kanada 1996; 98 Min.
*UA:* 16.5.1996, Int. Filmfestspiele Cannes
*EA:* Filmfest Hamburg 1996
*Verleih:* Jugendfilm/Constantin/Elite; 31.10.1996
*FSK:* ab 18, ffr.

Als Folge eines Autounfalls gerät der Werbemann Ballard in eine Gemein-

*Deborah Unger in ›Crash‹*

schaft von Crash-Fanatikern und wird mit seiner Gattin und der Frau des Unfallopfers in einen Reigen von sexuellen und gewaltsamen Begegnungen hineingezogen; Sex, Tod und Autos verquicken sich auf fatale Weise. David Cronenberg erkundet seine Lieblingsthemen, aber sein Film bleibt selbst der kühl-mechanistischen Oberflächenästhetik der Autowerbung verhaftet, statt sie zu hinterfragen und die psychologischen Abgründe jenseits der bizarren Ereignisse wirklich auszuleuchten.

*Zoom, 10/96*

(…) Seine und des Autoren artifiziell entwickelte These, daß Opfer traumatischer Autounfälle eine pervers-sexuelle Stimulierung erführen (Mensch-Maschine-Erotik), ist hier so hanebüchen makaber und oft unfreiwillig komisch vorgeführt, daß man sich oft in fassungsloses Gelächter rettet. (…)

*Angie Dullinger, AZ, 6.11.96*

(…) Wie in einer biosoziologischen Versuchsanordnung steckt der Regisseur sein Thema ab – das Ergebnis ist kein Science-fiction, sondern verstörend nah an der Wirklichkeit. (…)

*Christoph Terhechte, tip, 23/96*

Wie soll man aber einen Film ernst nehmen, der nichts beweist als das Scheitern der pornographischen Mittel am psychologischen Anspruch und umgekehrt? Der seine Figuren hängenläßt im Irgendwo der absurden Banalität. Dem der Sarkasmus vor lauter Perversionssentimentalität abhanden gekommen ist. »Crash« ist bloß ein sexualanalytischer Bluff und am Ende ein todlangweiliger Sexfilm: In jeder Beziehung zu züchtig, um uns von der realen Gefahr einer emotional ständig stärker pervertierenden Vertrottelung zu überzeugen.

*Neue Zürcher Zeitung*

(…) Man muß Cronenbergs Film als eine bitterböse Parabel auf den Empfindungsstand heutiger Industriegesellschaften lesen, wenn man in »Crash« nicht bloß die unangenehme, ja peinliche Spekulation sehen will, als die er in Cannes mit überheblicher Abgeklärtheit aufgenommen wurde. (…)

*Peter Buchka, SZ, 22.5.96*

(…) Der kanadische Regisseur David Cronenberg inszeniert in seinem neuesten Film die hedonistisch motivierte Suche nach dem »ultimativen Kick«, läßt sein Publikum dabei jedoch gekonnt im Zwiespalt, ob er diese aktuelle gesellschaftliche Tendenz nun wohlwollend beobachtet oder kritisch bricht, was »Crash« – ungeachtet seiner bemerkenswerten originären filmkünstlerischen Ausdrucksformen – für manchen Betrachter wohl zu einem der unangenehmsten Filme der letzten Zeit machen kann. *multimedia*

Heiko R. Blum in: Rheinische Post, 2.11.96; Brigitte Desalm in: Kölner Stadt-Anzeiger, 2.11.96; Sabine Horst in: FR, 31.10.96; Andreas Kilb in: Die Zeit, 1.11.96; Anke Sterneborg in: SZ, 2.11.96

## Crashkids

202
□
TV

*Regie:* Petra Haffter
*Darsteller:* Isabell Gerschke (Laura), Marek Harloff (Nik), Christopher Erbslöh (Charlie), Barbara Rudnik (Ute), Jenny

Slawik (Moni), Sascha Posch (Mark), Oliver Ohene-Dokyi (Flip)
*Drehbuch:* Petra Haffter
*Prod.:* BRD 1996; 89 Min.
*TV:* 13.12.1996, Arte, 20.45

Laura, behüteter Teenager aus bürgerlichem Haus, ist hingerissen, als sie dem coolen Autocrasher Nik begegnet. Doch aus der wilden Romanze wird ein gefährliches Abenteuer, denn plötzlich befinden sich die beiden auf der Flucht.
*Pressetext*

## Crashpoint
203
CRASH
**
Video

*Regie:* Charles Wilkinson
*Darsteller:* Michael Biehn (Casey), Leilani Sarelle-Ferrer (Madeline), Matt Craven (Rodney Powell), Miguel Sadoval (Carlo Sanchez), C. Ernst Harth (Doorman), Vladimir Kulich (Floyd Bracco), Ed Lauter (Kreuger), Kim Coates (Palmer Davis), Melvin Cragg, Mitchell Davies
*Drehbuch:* Gordon Basichis, Raul Inglis
*Kamera:* Michael Slovis (Farbe)
*Musik:* Graeme Coleman
*Schnitt:* Richard Martin
*Prod.Des.:* Lynne Stopkewich
*Prod.:* Robert Vince, William Vince für Bad Boys Films für Keystone/Republic Pic., Kanada 1995; 92 Min.
*Ascot Video,*
*TV:* 12.8.1996,
Premiere, 22.15; Januar 1996
*FSK:* ab 18 J.; gekürzte Fass. 89 Min. ab 16 J.

Polizistin und Ganove jagen Bandenführer und der jagt die beiden weil sie im Besitz einer unersetzlichen Diskette sind. Das faszinierendste an dieser Dutzendware sind immer wieder die immer wieder neuen Kombinationen von Reizworten im Titel.

Oliver Rahayel in: film-dienst, 9/96

## Crazy Party Girl
204
PARTY GIRL
***
TV

*Regie:* Daisy von Scherler-Mayer
*Darsteller:* Parker Posey (Mary), Omar Townsend (Mustafa), Sasha von Scherler (Mrs. Lindendorf), Guillermo Diaz (Leo), Anthony DeSando (Derrick), Donna Mitchell (Rene), Liev Schreiber (Nigel), Nicole Bobbitt (Venus)
*Drehbuch:* Harry Birckmayer, Daisy von Scherler Mayer, nach einer Story von Daisy von Scherler Mayer, Sheila Gaffney
*Kamera:* Michael Slovis (Duart)
*Musik:* Anton Sanko
*Schnitt:* Cara Silverman
*Prod.Des.:* Kevin Thompson
*Prod.:* Harry Birckmayer, Stephanie Koules für Party Pic., USA 1994; 94 Min.
*TV:* 24.7.1996, Premiere, 22.00

Die fröhlich frustrierte Partymaus Mary (Neuentdeckung Posey) ist die Holly Golightly für die 90er, obwohl ihre Idee von lukullischer Labung eher ein Falafel mit Baba Kanoush und Selters, als ein »Frühstück bei Tiffany's« ist. Dieser Debütspielfilm ist ein äußerst gelungenes Märchen über Jugend, Träume, Arbeit und Ambitionen, das technisch professionell in Szene gesetzt, gleichzeitig auch das Leben der Bohemians von Manhattan's East Village zelebriert. (...) *Andreas Fuchs, Filmecho/Filmwoche, 26/95*

## Le Cri de la Soie
205
LE CRI DE LA SOIE
***

*Regie:* Yvon Marciano
*Darsteller:* Marie Trintignant (Marie), Sergio Castellitto (Gabriel), Anémone (Cecile), Alexandra London, Adriana Asti, Monique Couturier
*Drehbuch:* Yvon Marciano, Jean-François Goyet
*Kamera:* William Lubtchansky (Farbe)
*Musik:* Alexandre Desplat
*Schnitt:* Catherine Quesemand
*Prod.:* Sylvain Bursztejn für Mimosa/La Sept/Scarabée/Ingrid/T&C/TSR/CMC, Frankreich/Schweiz/Belgien 1996; 110 Min.
*UA:* 29.4.1996, Paris
*Verleih:* -/-/Columbus; Sept. 1996

Eine Pariser Schneiderin nähert sich immer wieder zwanghaft Seidenstoffbahnen in Warenhäusern und gerät ob dem Gewebe in sexuelle Erregung. Ein Psychiater untersucht das Fetisch-Phänomen und baut dabei zur Patientin eine schicksalhafte, tragische Beziehung auf, die weit über das Wissenschaftliche hinausreicht. Formal weitgehend geglücktes Spielfilmdebut, interessant besetzt, aber auch geprägt von einem kopflastigen, nüchtern unemotionalen Erzählstil, der die Perversion und ihre Bedeutung im Kontext des Zeitgeistes von 1914 nur bedingt spiegelt. *Zoom, 9/96*

## Criminal Hearts 206
CRIMINAL HEARTS ***
Video

*Regie:* David Payne
*Darsteller:* Kevin Dillon (Rafe), Amy Locane (Keli), Don Stroud, Michael James McDonald, Carlos Palomino
*Drehbuch:* David Payne
*Kamera:* Christopher Baffa (Farbe)
*Musik:* Tyler Bates
*Schnitt:* Brian Katkin
*Prod.:* Mike Elliott für Capital Arts, USA 1995; 87 Min.
*Vertrieb:* Splendid Video; Januar 1996
*FSK:* ab 18 J.

Rafe überfällt Läden und läuft der Anhalterin Keli in die Arme. Man verliebt sich natürlich – und muß feststellen, daß keiner das ist, was er vorgibt. Halbwegs passabler Road-Movie-Krimi mit ein paar Überraschungen.

Jochen Rack in: film-dienst, 9/96

## Cronos 207
CRONOS ***
Video

*Regie:* Guillermo del Toro
*Darsteller:* Federico Luppi (Jesus Gris), Ron Perlman (Angel de la Guardia), Claudio Brook (Dieter de la Guardia), Margarita Isabel (Mercedes Gris), Tamara Shanath (Aurora Gris), Daniel Gimenez Cacho
*Drehbuch:* Guillermo del Toro
*Kamera:* Guillermo Navaro (Farbe)
*Musik:* Javier Alvarez
*Schnitt:* Raul Davalos, Paul O'Brien
*Prod.Des.:* Tolita Figueroa
*Prod.:* Bertha Navarro, Arthur H. Gorson für Ventana Films/Producciones Iguana, Mexiko 1992; 95 Min.
*EA:* 25.10.1994, Viennale, Wien; Fantasy Filmfestival
*Vertrieb:* Warner Home Video; 12.4.1996 – *FSK:* ab 16 J.

Fantasy- & Horror-Thriller um ein geheimnisvolles Gerät, das das ewige Leben zu versprechen scheint. Dem hohen technischen Standard und einigen ungewöhnlichen Einfällen steht der Hang zu Brutalismen und eine Vielzahl von Ungereimtheiten gegenüber.

## Crossing Guard 208
THE CROSSING GUARD ***

*Regie:* Sean Penn
*Darsteller:* Jack Nicholson (Freddy Gale), Anjelica Huston (Mary), David Morse (John Booth), Robin Wright (JoJo), John Savage (Bobby), Piper Laurie (Helen Booth), Richard Bradford (Stuart Booth), Robbie Robertson (Roger), Priscilla Barnes (Verna), Kari Wuhrer (Mia)
*Drehbuch:* Sean Penn
*Kamera:* Vilmos Zsigmond (Farbe)
*Musik:* Jack Nitzsche
*Schnitt:* Jay Cassidy
*Prod.Des.:* Michael Haller
*Prod.:* Sean Penn, David S. Hamburger für Miramax, USA 1995; 114 Min.
*UA:* 5.8.1995, Int. Filmfestspiele Venedig
*Verleih:* Scotia/Constantin/Focus/BMG Video; 18.1.1996
*FSK:* ab 12, ffr.

Der Juwelier Gale hat die Trennung von seiner Frau ebensowenig überwunden wie den Verlust seiner Tochter, die von einem Betrunkenen zu Tode gefahren wurde. Als der Delinquent aus dem Gefängnis kommt, entschließt sich Gale, den Mann umzubringen. Ein psychologisch interessanter Stoff – doch trotz schauspielerischer und inszenatorischer Glanzmomente versinkt die Story bald im Gefühlskitsch. An die anrührende Intensität seines Debüts »The Indian Runner« reicht Sean Penn mit diesem Film nicht heran. *Zoom, 10/95*

(...) Sean Penn besaß als Regisseur nicht das Stehvermögen, um Jack Nicholson als Rächer seiner von einem angesoffenen Muskelprotz überfahrenen Tochter die Grimassen-Marotten auszutreiben. *Veit Mölter, AZ, 8.9.95*

(...) Penn überstrapaziert zwar gelegentlich den Einsatz filmischer Mittel, streift dabei auch zuweilen die Grenze zum Phatos, aber er entwickelt seine Story bravourös mit einer geradezu klassischen Dramaturgie. Wie er die beiden gebrochenen Helden aufeinander zustolpern läßt, wie sich ihre Wege wieder und wieder kreuzen, wie Freddys Rache vom Lebenselexier zum hohlen Ritual gerinnt, das hat Tiefe und Klasse. (...) *W.O.P. Kistner, 18.1.96*

Michael Althen in: SZ, 18.1.96; Sebastian Feldmann in: Rheinische Post, 19.1.96; Thomas Klingenmaier in: Stgt. Zeitung, 20.1.96; Peter Körte in: FR, 18.1.96; Harald Martenstein in: Der Tagesspiegel, 18.1.96

## Crosswinds 209

CROSSWINDS ***

TV

*Regie:* Allan A. Goldstein
*Darsteller:* David Soul (Jeremiah Quill), Grace de Capitani (Marie), Vlasta Vrana (Harry), Carl Marotte (Jake), Jean-Francois Blanchard (Pascal), Danielle Schneider (Francoise), André Champagne (Carlo), Martin Watier (Ollie), Jean-Pierre Bergeron (Diego)
*Drehbuch:* Robert Geoffrian
*Kamera:* Sylvain Brault (Farbe)
*Musik:* Roger Bellon
*Prod.:* Kanada 1994; 86 Min.
*TV:* 2.2.1996, Premiere, 22.15

Ex-Cop mit Boot als Touristen-Schipper tätig, nimmt drei Schiffbrüchige auf, die ihn wieder in die Realität des Bösen zurückbringen.

## Crowfoot 210

CROWFOOT **

Video

*Regie:* James Withmore Jr.
*Darsteller:* Jim Davidson (Nick Crowfoot), Tsai Chin (USA Ishma), Kate Hodge (Rachel), Bruce Locke, Larry Manetti
*Drehbuch:* Donald P. Bellisario
*Kamera:* Michal Watkins (Farbe)
*Musik:* Ray Bunch
*Schnitt:* Boug Ibold, Jon Koslowsky
*Prod.:* Donald P. Bellisario, Harker Wade für Paramount Pic.,
USA 1995; 86 Min.
*Vertrieb:* CIC Video; 22.8.1996
*FSK:* ab 12 J.

Halbindianer jagt auf Maui Serienkiller. Hanebüchener, esoterisch angehauchter Billigthriller vor Urlaubskulisse.

Tobias Keßler in: film-dienst, 21/96

## Crying Freeman – Der Sohn des Drachen 211

CRYING FREEMAN ***

Video

*Regie:* Christophe Gans
*Darsteller:* Marc Dacascos (Yo Hinomura), Julie Condra Douglas (Emu), Tchecky Karyo (Nitta), Mako (Shimazaki), Rae Dawn Chong (Forge), Byron Mann (Koh), Massayo Kato (Ryuji Hanada), Yoko Shimada (Lady Hanada), Mako (Shuda Shmizaki)
*Drehbuch:* Christophe Gans, Thiery Casals, nach den »Crying Freeman«-Comics von Kazuo Koike, Ryoichi Ikegami
*Kamera:* Thomas Burstyn (CFI)
*Musik:* Patrick O'Hearn
*Schnitt:* David Wu, Christopher Roth
*Prod.Des.:* Douglas Higgins, Alex McDowell
*Prod.:* Brian Yuzna, Samuel Hadida für Davis Film/Ozla Pic./Brian Yuzna Prod. mit Toei Video,
USA 1995; 98 Min.
*UA:* 13.9.1996, Toronto Film Festival
*Vertrieb:* Warner Home Video; 13.12.1996
*FSK:* ab 18 J.

Die alte Mär vom Profikoller, der sich in eine zu beseitigende Mordzeugin verliebt, den Dienst quittiert und von den alten Auftraggebern gejagt wird. (...) Der mythische Action-Thriller basiert auf einem berühmten japanischen Comic-Buch, das 1990 schon einmal spektakulär für das Kino adaptiert wurde mit der Hongkong-Produktion »Dragon from Russia«. Die Filmemacher aus dem Westen orientieren sich hier sichtlich an populären kantonesischen Krimivorbildern à la John Woo (den Schnitt besorgte Tsui Harks ehemaliger Haus-Cutter David Wu), doch ihre mit elegischer Musik untermalte Inszenierung orgiastischer Schlachtengemälde mit Mega-Feuerpower und Zeitlupenstudien wirkt weniger stilvoll, eher mariniert. Der trotzdem aus der Masse der Video-Genreware herausragende Film bestätigt mal wieder die alte Killerweisheit, daß Liebe das Aus für eine professionelle Mörderkarriere bedeutet.

*Ralph Umard, tip, 20/96*

Anselm Jungeblodt in: film-dienst, 15/96

## Cuba libre 212

***

TV

*Regie:* Christian Petzold
*Darsteller:* Richy Müller (Tom), Catherine Flemming (Tina), Wolfram Berger (Jimmy), Mark Schlichter (Pendler), Andrea Brose (Frau im Bistro), Anette Guther (Verkäuferin), Eleonore Weisgerber, Marquard Bohm, Jörg Friedrich, Wilfried Gronau

*Catherine Flemming und Richy Müller*

*Drehbuch:* Christian Petzold, Harun Farocki
*Kamera:* Hans Fromm (Farbe)
*Musik:* Stefan Will
*Schnitt:* Bettina Böhler
*Prod.Des.:* Kade Gruber
*Prod.:* Schramm-Film/Cine Images/ZDF, BRD 1996; 92 Min.
*UA:* Max-Ophüls-Preis, Saarbrücken 1996
*TV:* 10.11.1996, ZDF, 23.40, »Das kleine Fernsehspiel«

Die melancholisch-komische Geschichte zweier Verlierer, die endlich einmal auf der Sonnenseite des Lebens stehen wollen.

## Cybertech P.D. 213

CYBERTECH P.D. *
Video

*Regie:* Rick King
*Darsteller:* Lorenzo Lamas (Bobby Chase), Chris Sarandon (Reginald Matthews), Kari Salin (Pamela Travis), Peter Coyote (Deacon Vivyan), Barry Flatman (Philipps)
*Drehbuch:* Wynn McLaughlin, Frederick Bailey
*Kamera:* Chris Holmes (Farbe)
*Musik:* Michael Hoenig
*Schnitt:* Jeff Bessner
*Prod.Des.:* Tim Bider
*Prod.:* David Lancaster für Action Pix, USA 1995; 90 Min.
*Vertrieb:* Starlight Video; 4.9.1996
*FSK:* ab 16 J.

Diesmal schlachtet ein Serienkiller geklonte Frauen ab und Lorenzo Lamas als Polizist heftet sich an seine Fersen. Unsäglich einfältig.

Joe Hill in: film-dienst, 21/96

## Cyberzone 214

DROID GUNNER – CYBERZONE *
Video

*Regie:* Fred Olen Ray
*Darsteller:* Marc Singer (Jack Ford), Matthias Hues (Hawks), Rochelle Swanson (Beth), Robin Clarke (Humberstone), Kim Shriner (Walsh), Cal Bartlett (Mr. Reginald), Robert Quarry, Ross Hagen, Brinke Stevens, Bob Bragg
*Drehbuch:* William C. Martell
*Kamera:* Howard Wexler (Farbe)
*Musik:* Jeffrey Walton
*Schnitt:* Peter Miller, Hugo Rynders
*Prod.:* Fred Olen Ray, Roger Corman für Royal Oaks für New Horizons, USA 1995; 88 Min.
*Vertrieb:* Highlight Video; 26.3.1996
*FSK:* ab 16 J.

Nach der Zerstörung Kaliforniens durch ein Erdbeben suchen Replikanten-Jäger die Amüsier-Androiden zu vernichten. Science-fiction-Action vom Grabbeltisch mit sichtlich talentlosem Billigpersonal.

## Cyborg 3 215

CYBORG 3: THE RECYCLER **
Video

*Regie:* Michael Schroeder
*Darsteller:* Richard Lynch (Anton Lewellyn), Zach Galligan (Evans), Evan Lurie (El Sid), Andrew Bryniarski (Jocko), Khrystyne Haje (Cash), Michael Bailey Smith (Donovan), Margaret Avery (Doc Edford), Rebecca Ferratti (Elexia), Bill Quinn (Halo), Malcolm McDowell (Lord Talon)
*Drehbuch:* Barry Victor, Troy Bolotnick
*Kamera:* Phil Parmet (Farbe)
*Musik:* Kim Bullard, Julian Raymond
*Schnitt:* Barry Zetlin
*Prod.Des.:* George Costello
*Prod.:* Alan Mehrez für Trimark Pic., USA 1995; 83 Min.
*Vertrieb:* Columbia TriStar Home Video; 14.5.96
*FSK:* ab 18 J.

Malcolm McDowell mag seine Gründe für die Mitwirkung in diesem actionorientierten Endzeit-Science-fiction-Schund gehabt haben, in dem zum erstenmal eine Maschine schwanger wird. Irgendwelche Gründe sich dies anzusehen, gibt es keine.

Günter J. Jekubzik in: film-dienst, 13/96

## Dalva
216
**
TV

DALVA

*Regie:* Ken Cameron
*Darsteller:* Farrah Fawcett (Dalva Northridge), Powers Boothe (Sam Creekmouth), Peter Coyote (Michael), Carroll Baker (Naomi), Rod Steiger (Großvater), Jesse Borego (Duane Stone Horse), Will Marchetti (Lundquist)
*Drehbuch:* Judith Paige Mitchell
*Kamera:* Tony Imi (Farbe)
*Musik:* Lee Holdridge
*Prod.:* USA 1995; 92 Min.
*TV:* 14.8.1996, Premiere, 20.15

Edelschmonzette um eine leidenschaftliche Liebe und deren Ergebnis.

## Dangerous Dreams – Gefährliche Träume
217
**
TV

DREAM A LITTLE DREAM 2

*Regie:* James Lemmo
*Darsteller:* Corey Feldman (Bobby), Corey Haim (Dinger), Ken Lerner (James), Robyn Lively (Rachel), Michael Nicolosi (Hanke), Tom McCleister (Little Tim), Stacie Randall (Lena Drago), William James Jones (Case), Bobby Costanzo (McVie), Lorning Pickering
*Drehbuch:* David Weissman, Susan Forman, nach einer Story von Mark Sevi und Charakteren von Daniel Jay Franklin
*Kamera:* Russ Brandt (Farbe)
*Musik:* Scott Grusin, Johnny Caruso
*Schnitt:* Nina Gilberti
*Prod.Des.:* Jeannie M. Lomma
*Prod.:* Paul Hertzberg für Cintel, USA 1994; 92 Min.
*TV:* 24.7.1996, Pro7, 20.00

Zufällig geraten Bobby und seine Freunde in den Besitz von wundersamen Sonnenbrillen, mit denen die Sinne des Trägers beeinflußt werden können. Dadurch stehen sie im Mittelpunkt verschiedener Interessen.

## Dangerous Hell
218
**
Video

DANGEROUS HELL

*Regie:* Salome Breziner
*Darsteller:* Tom Berenger, Valeria Golino, Kari Wuhrer, Robert Davi
*Kamera:* (Farbe)
*Prod.:* USA 1996; 90 Min.
*Vertrieb:* Ascot Video; 16.12.1996
*FSK:* ab 18 J.

Obwohl Ernest Dewalt den Polizeidienst quittiert hat, willigt er ein, den Mörder eines Ex-Kollegen zu finden. Gut besetzter Dutzendthriller mit raren Überraschungen.

## Dangerous Minds – Wilde Gedanken
219
***

DANGEROUS MINDS

*Regie:* John N. Smith
*Darsteller:* Michelle Pfeiffer (LouAnne Johnson), George Dzundza (Hal Griffith), Courtney B. Vance (Mr. George Grandey), Robin Bartlett (Ms. Carla Nichols), Bruklin Harris (Callie Roberts), Renoly Santiago (Raul Sanchero), Wade Dominguez (Emilio Ramirez), Beatrice Winde (Mary Benton), Lorraine Toussaint (Irene Roberts), John Neville
*Drehbuch:* Ronald Bass, nach dem Roman »My Posse Don't Do Homework« von LouAnne Johnson
*Kamera:* Pierre Letarte; Kim Marks (2nd unit) (Technicolor)
*Musik:* Weny & Lisa; Kathy Nelson (supervisor)
*Schnitt:* Tom Rolf
*Prod.Des.:* Donald Graham Burt

*Michelle Pfeiffer*

*Prod.:* Don Simpson, Jerry Bruckheimer für Simpson/Bruckheimer Prod. mit Via Rosa Prods. für Hollywood Pic., USA 1995; 99 Min.
*Verleih:* Buena Vista/dto./dto./Buena Vista Home Video; 4.1.1996
*FSK:* ab 12, ffr.
*FBW:* Besonders wertvoll

Eine ehemalige Marinesoldatin kriegt einen Job als Englischlehrerin in einer heruntergekommenen Schule. Mit unkonventionellen Unterrichtsmethoden gewinnt sie das Vertrauen der Straßenkids. Doch dann folgen knüppeldick die Enttäuschungen. Eine gefährliche Gratwanderung zwischen Sozialromantik, Sozialkritik und sozialer Realität. *Margret Köhler*

(...) Das Happy End ist naiv märchenhaft: Die aufsässige, wilde Ghetto-Bande überzeugt die nach vielen bösen Erfahrungen frustrierte Lehrerin, sie nicht zu verlassen, ihren Job zu behalten. Dagegen scheint Richard Brooks Film »Die Saat der Gewalt« von 1955 noch heute brisant.
*Angie Dullinger, AZ, 4.1.96*

(...) Der gut gemachte Film ist viel zu schön, um glaubwürdig zu sein oder auch nur zu fesseln. Seichte Unterhaltung mit Sozialtouch. *Zoom, 1/96*

Der Film »Dangerous Minds«, der den jungen Leuten einzuhämmern sucht, sie hätten, wenn sie nur wollten, stets die Wahl, steht in guter Kinotradition. Doch in der Reihe von Richard Brooks' »Blackboard jungle« aus den fünfziger Jahren zu Christopher Cains »Prinzipal – Einer gegen alle« und »Stand and deliver« von Ramon Menendez in den Achtzigern ist er mit Abstand der argloseste. *Hans-Dieter Seidel, FAZ, 2.1.96*

Frank Arnold in: tip, 1/96; Joseph Heinrichs in: Rheinische Post, 5.1.96; Milan Pavlovic in: Kölner Stadt-Anzeiger, 6.1.96; Hans Schifferle in: SZ, 5.1.96; Angela Schmitt-Gläser in: FR, 5.1.96

## Dangerous Prey 220
DANGEROUS PREY
*
Video

*Regie:* Lloyd A. Simandl
*Darsteller:* Shannon Whirry (Robin), Clara Hunter (Tanya), Joseph Laufer (Dr. Drexel), Beatrice de Borg (Yanna), Carlo Cartier (Karin), Michael Rogers (Paul Travkin)
*Drehbuch:* Christopher Hyde
*Kamera:* Danny Nowak (Farbe)
*Musik:* Peter Allen
*Schnitt:* Richard Benwick, Derek Whelan
*Prod.:* Michael Mazo für North American Pic., Kanada 1995; 83 Min.
*Vertrieb:* BMG Video; 22.1.1996
*FSK:* ab 18 J.

Völlig abstruser Schmuddel-Streifen über eine in Tschechien entführte amerikanische Touristin, die nicht in einer Supertruppe mitwirken will, die per Geschlechtsverkehr ihre Gegner zur Strecke bringt.

## Dark Breed – Invasion aus dem All 221
DARK BREED
*
Video

*Regie:* Richard Pepin
*Darsteller:* Jack Scalia (Nicholas Saxon), Lance LeGault (Cutter), Jonathan Banks (Joseph Shay), Donna W. Scott (Deborah), Robin Curtis (Marian), Carlos Carrasco (Fox)
*Drehbuch:* Richard Preston jr.
*Kamera:* Ken Blakey (Farbe)
*Musik:* Louis Febre
*Schnitt:* Paul G. Volk
*Prod.:* Joseph Merhi, Richard Pepin für PM Ent., USA 1996; 91 Min.
*Vertrieb:* Madison Video; 30.10.1996
*FSK:* ab 18 J.

Ärmliche Science-fiction-Action und eine dürftige, recycelte Story: Im All verschollene Crew leidet unter Alienbefall und will die Erde angreifen.

## Dark Force 222
SILENCERS
*
Video

*Regie:* Richard Pepin
*Darsteller:* Jack Scalia (Rafferty), Dennis Christopher (Comdor), Carlos Lauchu (Lekin), Lucinda West (Sarah), Clarence Williams III (General Greenboro), Stephen Rowe (Senator Maxwell), Lance LeGault (Kirby), Madison Mason (Senator Rawlings), Terri Power, Bill Frenzer
*Drehbuch:* Joseph John Barmettler, William Applegate Jr., Richard Preston Jr.
*Kamera:* Ken Blakey (Farbe)
*Musik:* Louis Febre
*Schnitt:* Chris Worland

*Prod.Des.:* Gregory Martin
*Prod.:* Scott McAboy, Joseph Merhi, Richard Pepin, Jack Scalia für PM Ent., USA 1996;
97 Min.
*Vertrieb:* VMP Video; 20.9.1996
*FSK:* ab 16 J.

Aliens in Menschengestalt (hatten wir doch schon mal, oder?) rüsten sich zur Übernahme der Macht auf dem blauen Planeten. Ebenso wertloser wie überflüssiger Science-fiction-Horror-Action-Mix aus der berüchtigten Pepin/Merhi-Werkstatt.

## Dark Love 223

DARE TO LOVE **

Video

*Regie:* Armand Mastroianni
*Darsteller:* Josie Bisset (Jessica Wells), Jill Eikenberry (Alicia Wells), James B. Sikking (Ron Wells), Jason Gedrick (Patrick Sherman), Chad Lowe (Stephen Wells)
*Drehbuch:* Sara Flanigan, Rama Laurie Stagner
*Kamera:* James Bagdonas (Farbe)
*Musik:* Ron Ramin
*Schnitt:* Scott Vickrey
*Prod.:* Jeff Morton für WildRice Prod. für CBS Ent., USA 1995; 90 Min.
*Vertrieb:* 20th Century Fox Home Video; Juli 1996
*FSK:* ab 12 J.

Nach Schicksalsschlag bricht bei höherer Tochter Schizophrenie aus ... Adäquat in Szene gesetztes US-Fernsehspiel.

## Dark Tales I + II 224

DARK TALES I + II **

Video

*Regie:* Don McGlasham, Harry Sinclair
*Darsteller:* Harry Sinclair, Don McGlasham, Lucy Sheehan
*Prod.:* New Zealand Film, Neuseeland 1987/1996; 93/86 Min.
*Vertrieb:* Kurzfilm Agentur Video (Jelinski & Buttgereit); 2.9.1996
*FSK:* ab 16 J.

Vierzehn neuseeländische Gruselstories um das Leben und Sterben. Versehen ist der Film mit deutschen Untertiteln. Ein sehr exotischer Genuß für Genrefreunde.

## Darkman III – Das Experiment 225

DARKMAN III – DIE DARKMAN DIE **

Video

*Regie:* Bradford May
*Darsteller:* Arnold Vosloo (Dr. Peyton Westlake/Darkman), Jeff Fahey (Peter Rooker), Darlanne Fluegel (Bridget Thorne), Roxanne Biggs-Dawson (Angela Rooker), Nigel Bennett (Nico)
*Drehbuch:* Michael Colleary, Mike Werb
*Kamera:* Bradford May (Farbe)
*Musik:* Randy Miller
*Schnitt:* Daniel Cahn
*Prod.:* David Roessell für Renaissance Pic., USA 1995; 83 Min.
*Vertrieb:* CIC Video; 14.11.1996
*FSK:* ab 18 J.; gekürzte Fassung 80 Min. ab 16 J.

Diesmal legt sich Darkman mit einem Drogenbaron an. Zweiter Aufguß eines ohnehin schon fragwürdigen Originals.

## Das kommt davon, wenn man im Mai einen Hut trägt 226

SKUTI NOSZENIA KAPELUSZA W MAJU ***

TV

*Regie:* Krystyna Krupska-Wysocka
*Darsteller:* Ala Gorzynska (Julia), Ola Rosinska (Susie), Wieslaw Michnikowski (Matthäus), Barbara Krafftowna (Sophie), Slawomira Lozinska (Maryla), Katarzyna Chrzanowska (Anja), Marek Kondrat, Piotr Skarga, Piotr Grabowski
*Prod.:* Polen 1993; 79 Min.
*TV:* 6.6.1996, ZDF, 15.15

Einfühlsamer Kinderfilm über die Freundschaft zwischen einem menschenscheuen und seit dem Tod seiner Mutter einsamen Mathematiker und zwei kleinen Mädchen.

## Dating the Enemy 227

DATING THE ENEMY ***

*Regie:* Megan Simpson Huberman
*Darsteller:* Claudia Karvan (Tash), Guy Pearce (Brett), Matt Day, Lisa Hensley, Pippa Grandison, John Howard, Arthur Dignam
*Drehbuch:* Megan Simpson Huberman
*Kamera:* Steve Arnold (Farbe)
*Musik:* David Hirschfelder

*Schnitt:* Marcus D'Arcy
*Prod.Des.:* Tim Ferrier
*Prod.:* Sue Milliken für Total Film and Television mit Australian Film Finance, Australien 1996; 104 Min.
*Verleih:* -/-/Rialto; November 1996

Einem jungen Paar – sie Typ Mauerblümchen, er eher ein muskulöser Smartling – mit Beziehungsproblemen zuhauf widerfährt Ungewöhnliches: Eines Tages wachen die zwei in verschiedenen Wohnungen lebenden mit vertauschten Körpern auf, Charakter, Denken und Mimik sind aber ganz die alten. Das gibt Gelegenheit, typisch weibliches und männliches Verhalten zu durchleuchten. Ein komödiantisches Märchen, das ein wenig lange braucht, um in Schwung zu kommen, immerhin jedoch geprägt ist von einer spritzigen Idee, witzigen Szenen und beachtlichen darstellerischen Leistungen.

*Zoom, 11/96*

## Der Daunenträger 228

WARSZAWA ANNEE 5703 ***

TV

*Regie:* Janusz Kijowski
*Darsteller:* Lambert Wilson (Alex), Hanna Schygulla (Stefania), Julie Delpy (Fryda), Piotr Cieslak (Vikar), Pawel Novisz (Küster), Wladyslaw Kowalsi (Fotograf)
*Drehbuch:* Janusz Kijowski, nach der Novelle »Der Federträger« von Jerzy Janicki
*Kamera:* Przemyslaw Skwirczynski (Farbe)
*Musik:* Jan Kanty-Pawliskiewicz
*Schnitt:* Wanda Zeman
*Prod.Des.:* Andrzey Przedworski
*Prod.:* Artur Brauner, Henry Lange für CCC-Filmkunst/Molecule/Zodiak, BRD/Frankreich/Polen 1992; 107 Min.
*TV:* 5.4.1996, ZDF, 23.00

Das Getto von Lodz im 2. Weltkrieg: Vor dem Abtransport riskiert Dalek zusammen mit seiner jungen Frau Fryda die Flucht vor den Nazis. Die Polin Jadwiga nimmt ihn und seine als Schwester vorgestellte Frau in ihrer kleinen Wohnung auf. Dort spitzt sich die Situation zu, als Dalek sich mehr und mehr zu Jadwiga hingezogen fühlt. Der Film erhielt den Filmproduzenten-Preis der Artur Brauner-Stiftung, d. h. er fiel dem Produzenten des Films, Artur Brauner zu.

*Und von der Stiftung bekamen Sie keine Nachricht?*

Kijowski: Sie haben mich nicht einmal zu der Preisverleihung eingeladen. Das heißt, schließlich haben sie es doch getan. Ich ließ ihnen keine Wahl. Mehrere Male habe ich in dieser Angelegenheit aus Brüssel telefoniert, wo ich an der Filmhochschule unterrichte. Ich konnte das Gefühl nicht loswerden, man wollte mich abwimmeln.

*Zu diesem Zeitpunkt wußten Sie schon, daß der Artur-Brauner-Preis nicht Ihnen, sondern Artur Brauner zuerkannt wurde.*

K: Ja. Es war schwer begreiflich, aber ich konnte es nicht ändern. Dann sagte ich mir, daß eine so mächtige Filmproduktionsfirma wie CCC einem so preisgünstigen Filmregisseur wie mir wenigstens ein Flugticket zu der Preisverleihung nach Berlin spendieren könnte.

*Und? Hat sie das nicht getan?*

K: Artur Brauner ist ein sehr sparsamer Mensch. Ich mußte mich selbst darum kümmern, wie ich nach Berlin komme. Nach einer schlaflosen Nacht stieg ich um vier Uhr morgens aus dem Zug – in the middle of nowhere, irgendwo bei Schönefeld. Am gleichen Tag fand die Preisverleihung statt.

Darf ich Sie fragen, wie hoch Ihr Regiehonorar angesetzt war?

K: Achttausend Mark.

*Regisseur Janusz Kijowski im Tagesspiegel, 26.9.1993*

## Davor und Danach – Nichts ist wie es war 229

BEFORE AND AFTER ***

*Regie:* Barbet Schroeder
*Darsteller:* Meryl Streep (Carolyn Ryan), Liam Neeson (Ben Ryan), Edward Furlong (Jacob Ryan), Julia Weldon (Judith Ryan), Alfred Molina (Panos Demeris), Daniel von Bargen (Fran Conklin), John Heard (Wendell Bye), Ann Magnuson (Terry Taverner), Alison Folland (Martha Taverner), Kaiulani Lee (Staatsanwältin Marian Raynor)
*Drehbuch:* Ted Tally, nach dem gleichn. Roman von Rosellen Brown

*Meryl Streep, Liam Neeson, Edward Furlong in ›Davor und Danach‹ von Barbet Schroeder*

*Kamera:* Luciano Tovoli (Technicolor)
*Musik:* Howard Shore
*Schnitt:* Lee Percy
*Prod.Des.:* Stuart Wurtzel
*Prod.:* Barbet Schroeder, Susan Hoffman für Caravan Pic. für Hollywood Pic., GB 1995; 108 Min.
*UA:* 23.2.1996, New York
*Verleih:* Buena Vista/dto./dto./Buena Vista Home Video; 11.4.1996
*FSK:* ab 12, ffr.
*FBW:* Wertvoll

Ein 16jähriger wird des Mordes an einem Mädchen verdächtigt. In Panik unterschlägt der Vater belastendes Beweismaterial, die Familie gerät unter Druck, die psychische Belastung übersteigt ihre Kräfte. Es geht nur noch darum, den Sohn vor dem Gefängnis zu bewahren.
Barbet Schroeder durchleuchtet den Zusammenbruch aller familiären Strukturen mit analytischem Blick. Im Mittelpunkt dieses spannenden und intelligent gemachten Psychodramas steht die Hilflosigkeit der Eltern.

*Margret Köhler*

(...) Barbet Schroeder deutet zwar an, daß die Geschichte noch klischeehafter verlaufen könnte, verzichtet aber nicht auf Halbherzigkeiten. Verbunden mit den eindimensionalen Darstellungen der männlichen Hauptdarsteller ist ein Film entstanden, der seinen hehren Intentionen nur bedingt gerecht wird.

*Frank Arnold, tip, 8/96*

Thomas Klingenmaier in: SZ, 11.4.96; Carla Rhode in: Der Tagesspiegel, 13.4.96; Anke Sterneborg in: SZ, 11.4.96

## The Day The Sun Turned Cold 230

****

TIANGUO NIEZI

*Regie:* Yim Ho
*Darsteller:* Siqin Gaowa (Die Mutter), Tuo Zhong Hua (Der Sohn), Ma Jing Wu (Der Vater), Waii Zhi (Liebhaber), Shu Zhong (Der Sohn, als Junge), Li Hu (Polizeikommandant)
*Drehbuch:* Yim Ho, Wong Hing-Dong
*Kamera:* Hou Young (Farbe)
*Musik:* Otomo Yoshid
*Schnitt:* Wong Yee-shun, Chao King-Wu

*Prod.Des.:* Jessinta Liu
*Prod.:* Yim Ho, Ann Hui für Pineast Prod., Hongkong 1994; 99 Min.
*UA:* Filmfestival Tokyo 1994; Vancouver Film Festival
*EA:* 16.2.1995, Int. Forum des Jungen Films, Berlin; Filmfest München 1995
*Verleih:* -/-/Filmcooperative OmU; Januar 1996

»Mit dem Gewinner des diesjährigen Festivals von Tokio kommt Freud nach China – mit einer aufwendigen Studie über kindliche Loyalität und Hamlet-ähnliche Lebensangst, Spitzentechnik, ein provokativer Handlungsaufhänger und die faszinierende Ausstrahlung Siqin Gowa…« *Ken Eisner, Variety*

(…) Der Film ist ein ungemein spannender Krimi, in dem sich eine bizarre Hamlet-Geschichte verbirgt. *Hans Schifferle, SZ, 21.2.95*

Yim Ho erzählt von einem jungen Fabrikarbeiter, der einen lange zurückliegenden Mord anzeigt: Seine Mutter habe vor zehn Jahren ihren Mann umgebracht. Die Recherche führt weit hinauf in den kalten Norden und macht ganz beiläufig Lebensumstände sichtbar, die wie aus einem früheren Jahrhundert wirken. Auch hier funktioniert die Familie nicht mehr.

## Dead Cold 231

DEAD COLD **
Video

*Regie:* Kurt Anderson
*Darsteller:* Lysette Anthony (Alicia), Chris Mulkey (Eric Thornson), Peter Dobson (Kale), Alina Thompson, Michael Champion
*Drehbuch:* Richard Brandes, nach einer Story von Kurt Anderson, Richard Brandes
*Kamera:* M. David Mullen (Farbe)
*Musik:* Richard Bowers
*Schnitt:* Daniel Lowenthal
*Prod.:* Pierre David für Image Org. mit Mentana Prod., USA 1995; 88 Min.
*Vertrieb:* Starlight Video; Januar 1996
*FSK:* ab 16 J.

Psychopath (oh!) taucht bei Ehepaar (oh!) in einsamer Berghütte (oh!) auf und beginnt mit seinem schmutzigen Werk. Lächerliches Genrestückchen.

## Dead Man 232

DEAD MAN ****

*Regie:* Jim Jarmusch
*Darsteller:* Johnny Depp (William Blake), Gary Farmer (Nobody), Lance Henriksen (Cole Wilson), Michael Wincott (Conway Twill), Mili Avital (Thel Russell), Crispin Glover (The Fireman), Eugene Byrd (Johnny »The Kid« Pikkett), Iggy Pop (Salvatore »Sally« Jenko), Billy Bob Thornton (Big George Drakoulious), Jared Harris (Benmont Tench)
*Drehbuch:* Jim Jarmusch
*Kamera:* Robby Müller (Duart und s/w)
*Musik:* Neil Young
*Schnitt:* Jay Rabinowitz
*Prod.Des.:* Bob Ziembicki
*Prod.:* Demetra J. MacBride für 12-Gauge Prod. mit Pandora/JVC/Newmarket, GB 1995; 120 Min.
*UA:* 26.5.1995, Int. Filmfestspiele Cannes, »Wettbewerb«
*Verleih:* Pandora/Stadtkino/Filmcooperative/Arthaus Video; 4.1.1996
*FSK:* ab 16, ffr.

Eher zufällig wird ein Buchhalter im Wilden Westen zum Mörder. Er wird gejagt, angeschossen und irrt fliehend durch die Wildnis. Sein einziger Freund ist ein Indianer, Ausgestoßener wie er. Seit 1990 ist das Western-Genre wieder populär. Mit diesem Film erweist ihm auch Jim Jarmusch seine Reverenz. Gewohnt ruhig und lakonisch gefilmt, zeigt der Regisseur den Wilden Westen aus der Perspektive eines sterbenden Desperado wider Willen: Der Held nimmt wahr, (fast) ohne zu handeln – eine interessante Variation eines eigentlich actiongeladenen Genres. *Zoom, 1/96*

Daniel Blum in: FR, 4.1.96; Fritz Göttler in: Kölner Stadt-Anzeiger, 6.1.96; Andreas Kilb in: Die Zeit, 5.1.96; Rupert Koppold in: Stgt. Zeitung, 4.1.96

## Dead Man Walking 233

DEAD MAN WALKING ****

*Regie:* Tim Robbins
*Darsteller:* Susan Sarandon (Schwester Helen Prejean), Sean Penn (Matthew Poncelet), Robert Prosky (Hilton Barber), Raymond J. Barry (Earl Delacroix), R. Lee Ermey (Clyde Percy), Celia Weston (Mary Beth Percy), Lois Smith (Helen's Mutter), Scott Wilson (Chaplain Farley), Roberta Maxwell (Lucille Poncelet), Margo Martindale (Schwester Colleen)

*Drehbuch:* Tim Robbins, nach dem Buch von Sister Helen Prejean
*Kamera:* Roger A. Deakins (DuArt)
*Musik:* David Robbins
*Schnitt:* Lisa Churgin
*Prod.Des.:* Richard Hoover
*Prod.:* Jon Kilik, Tim Robbins, Rudd Simmons für Working Title Films/Havoc Prod., USA 1995; 122 Min.
*UA:* 29.12.1995
*EA:* 22.2.1996, Int. Filmfestspiele Berlin
*Verleih:* Pandora/filmladen/Elite Film/ PolyGram Video; 11.4.1996
*FSK:* ab 12, ffr.

Die Ordensschwester Helen Prejean, C.S.J., begleitet im Staatsgefängnis von New Orleans einen wegen zweifachen Mordes zum Tode Verurteilten bis zur Vollstreckung des Urteils in der Todeszelle. Tim Robbins inszenierte im Stil des US-amerikanischen Dokudramas und überzeugt durch die vielschichtige Darstellung menschlicher Konflikte im Umgang mit Schuld, Verlust und Schmerz, Vergebung und Erlösung. Das meisterhafte, vielschichtige Werk, das dank seinem strengen Realismus und den hervorragenden Darstellern ein intensives Gefühlserlebnis auslöst, ist weit mehr als nur ein weiterer Film gegen die Todesstrafe. *Zoom, 4/96*

*Susan Sarandon*

Thomas Klingenmaier in: Stgt. Zeitung, 11.4.96; Margret Köhler in: AZ, 11.4.96 (Interview Robbins); Peter Körte in: FR, 10.4.96; Harald Martenstein in: Der Tagesspiegel, 22.2.96; Christiane Peitz in: Die Zeit, 12.4.96; Christian Seebaum in: Kölner Stadt-Anzeiger, 13.4.96; Anke Sterneborg in: SZ, 11.4.96; Ulf Erdmann Ziegler in: Die Zeit, 5.4.96

## Dead Presidents 234

DEAD PRESIDENTS ***

Video

*Regie:* Allen Hughes, Albert Hughes
*Darsteller:* Larenz Tate (Anthony Curtis), Keith David (Kirby), Chris Tucker (Skip), N'Bushe Wright (Delilah Benson), Freddy Rodriguez (Jose), Rose Jackson (Juanita Benson), Michael Imperioli (D'Ambrosio), David Barry Gray (Devaughn), Jaimz Woolfett (Lt. Dugan), Jenifer Lewis (Mrs. Curtis)
*Drehbuch:* Michael Henry Brown, nach einer Story von Allen und Albert Hughes und Michael Henry Brown
*Kamera:* Lisa Rinzler; David Waterston (2nd unit) (Technicolor)
*Musik:* Danny Elfman; Bonnie Greenberg (supervision)
*Schnitt:* Dan Lebental
*Prod.Des.:* David Brisbin
*Prod.:* Hughes Brothers für Underworld Ent. für Hollywood Pic., USA 1995; 119 Min.
*UA:* 4.10.1995, New York
*EA:* Filmfest München 1996
*Vertrieb:* Buena Vista Home Video; 24.10.1996

Schwarzer Vietnam-Veteran gerät auf die schiefe Bahn und sieht mit zwei Kumpanen sein einziges Heil im Überfall eines Geldtransports. Ein harter Problemfilm mit einer penetrant entwickelten Botschaft.

Patrick Rösler in: Stgt. Zeitung, 28.11.96

## Dead Weekend 235

DEAD WEEKEND **

Video

*Regie:* Amos Poe
*Darsteller:* Stephen Baldwin (Weed), David Rasche (Payne), Alexis Arquette (McHacker), Nicholas Worth (Hayden), Tom Kenny (Joe Blow), Bai Ling (Amelia)
*Drehbuch:* Joel Rose
*Kamera:* Gary Tieche (Foto-Kem)
*Musik:* Steve Hunter
*Schnitt:* Fabienne Rawley
*Prod.Des.:* Gustav Alsina, Wayne Beswick
*Prod.:* Larry Estes für IRS Media/Century Group Prod., USA 1995; 84 Min.
*Vertrieb:* Concorde Video; Januar 1996

Nach der Landung eines seltsamen Raumschiffs auf der Erde hat ein L.A.-Cop eine sexuelle Begegnung der außerirdischen Art. Unterirdisch dummes, mit expliziten Sexszenen aufgemotztes Kuddelmuddel aus Stilen, Genres und Motiven.

## Deadlocked: Flucht aus Zone 14

236

DEADLOCKED – ESCAPE FROM ZONE 14 **

TV

*Regie:* Graeme Campbell
*Darsteller:* Esai Morales (Tony Archer), Nina Peeples (Allie Thompson), Stephen McHattie (Jack Claremont), Jon Cuthbert (Jekel), Sarah Strange (Layia), Douglas Arthurs (Rollins), Doug Abrahams, Cindy Smith, Deejay Jackson, Dave Cameron
*Drehbuch:* Broderick Miller, Cris Cosby, Mel Friedman
*Musik:* Peter Manning Robinson
*Prod.:* Lisa Richardson, USA/Kanada 1995; 91 Min.
*TV:* 27.9.1996, Pro7, 22.00

Durch den Finanzhai Claremont, der ihm einen Mord anhängt, gerät das Computergenie Tony in Zone 14 – ein modernes Gefängnis, in dem es keine Mauern und Zäune gibt. Dafür aber trägt jeder Gefangene ein Halsband, das bei einer Flucht explodiert. Hier lernt Tony die hübsche Allie kennen, die ebenfalls mit Claremont noch eine Rechnung offen hat. Die Geschichte erinnert an …

## Deadly Rivals – Ein Professor sieht rot

237

DEADLY RIVALS □

TV

*Regie:* James Dodson
*Darsteller:* Andrew Stevens (Kevin), Cela Wise (Rebecca), Joe Bologna (Canberra), Richard Roundtree (Peterson), Margaux Hemingway (Howerton), Randi Ingerman (Rachel), Francesco Quinn (Buny Wedman)
*Drehbuch:* Redge Mahaffey
*Kamera:* James Dodson, Owen Stephens (Farbe)
*Musik:* Ashley Irwin
*Prod.:* USA 1992; 89 Min.
*TV:* 27.3.1996, Premiere, 20.15

Der Professor und Laserspezialist Kevin Fitzgerald verliebt sich in die mysteriöse Rebecca und gerät in ein Netz von Mafia, FBI-Agenten und Spionen.

## Deadly Takeover

238

DEADLY TAKEOVER *

Video

*Regie:* Rick Avery
*Darsteller:* Jeff Speakman (Dutton Hatfield), Ron Silver (Col. Baron), Rochelle Swanson (Dr. Allie Levin), Jonathan Sagalle (Gallo)
*Drehbuch:* Harel Goldstein, Charles Morris jun.
*Kamera:* Avi Koren (Farbe)
*Musik:* Harvey Mason
*Schnitt:* Alain Jakubovicz
*Prod.:* Harel Goldstein, David Goldstein, Bill Barnett für Nu Image, USA 1995; 87 Min.
*Vertrieb:* VMP Video; 15.3.1996
*FSK:* ab 18 J.; gekürzte Fassung 79 Min. ab 16 J.

Terroristen überfallen in Israel ein Labor für Chemiewaffen – doch einer stellt sich ihnen entgegen. Durch die Luft fliegen Blei und Fäuste, die Story wurde schon siebzehn Mal recycelt und Ron Silver spielt mal wieder den Bösen.

Joe Hill in: film-dienst, 8/96

## Deadly Voyage

239

DEADLY VOYAGE ***

Video

*Regie:* John Mackenzie
*Darsteller:* Omar Epps (Kingsley Ofusu), Joss Ackland (Captain), Sean Pertwee (Ion), David Suchet (Vlachos), Maxine Burth (Agnes), Michael Byrne (Kommissar), Tomas Lukes (Palamarchouk), Henry Nartey (Moses), Oscar Provencal (Charles), Omanza Eugene Shaw (Anduse)
*Drehbuch:* Stuart Urban
*Kamera:* (Farbe)
*Prod.:* Bradley Adams, John Goldschmidt für BBC/HBO, USA 1996; 89 Min.
*UA:* 14.6.1996, USA TV
*Vertrieb:* MIC Video; 27.11.1996
*FSK:* ab 16 J.

Überdurchschnittliche, handwerklich wie inhaltlich überzeugende Kabel-TV-Produktion über das Schicksal afrikanischer Emigranten, die als blinde Passagiere mit einem russischen Frachtschiff nach Kanada fliehen wollen. Nur einer erreicht das Ziel....

## Death Race 240

OVERKILL *

Video

*Regie:* Dean Ferrandini
*Darsteller:* Aaron Norris (Jack Hazard), Michael Nouri (Lloyd Wheeler), Pamela Dikkerson, David Rowe, Kenny Moskow (Gary Steiner)
*Drehbuch:* Ron Swanson, Jerry Lazarus, nach einer Story von John Langlev und Jerry Lazarus
*Kamera:* John M. Stephens (Farbe)
*Musik:* Jim Ervin
*Schnitt:* David Kern
*Prod.Des.:* Howard Smith
*Prod.:* Andy Howard, Carrie Chambers; Sanford Hampton (Co Prod.) für Tanglewood Ent./East & West Prod.,
USA 1995; 88 Min.
*Vertrieb:* Highlight Video; April 1996
*FSK:* ab 16 J.

Kaputter Drogenpolizist wächst im Zwangsurlaub in den Tropen über sich heraus und erledigt eine illegale Organisation.
Laut und gewalttätig, ansonsten aber fast story-, spannungs- und logikfrei.

## Der Debütant 241

LE DEBUTANT ***

TV

*Regie:* Daniel Janneau
*Darsteller:* Francis Perrin (François Veber), Christiane Jean (Valérie Michel), Julien Guiomar (Lucien Berger), Dominique Lavanant (Marguerite), Jean-Claude Brialy (Willy), Francois Perrot (Jean Rex), Philippe Lelièvre, Christian Charmetant, Cécile Magnet, Valérie Rojan
*Drehbuch:* Daniel Janneau, Francis Perrin, nach der Originalstory von Francis Perrin
*Kamera:* Robert Fraisse (Agfa)
*Musik:* Yves Gilbert
*Schnitt:* Ghislaine Desjonquères
*Prod.:* Alain Terzian für T. Films/Films A2, Frankreich 1986; 88 Min.
*UA:* 25.6.1986, Paris
*TV:* 20.9.1996, ORB3, 23.30

Weil es weder in der Ehe noch im Beruf richtig klappt, bricht François aus und schließt sich einer Schauspieltruppe an.

## Decoy – Tödlicher Auftrag 242

DECOY **

Video

*Regie:* Victor Rambaldi
*Darsteller:* Peter Weller, Robert Patrick (Decoy), Charlotte Lewis, Darlene Vogel, Mark Adler, Peter Breck
*Drehbuch:* Robert Sarno
*Kamera:* Jon Kranhouse (Farbe)
*Musik:* Mark Adler
*Schnitt:* Frank Irvine, Jay Miracle
*Prod.Des.:* Andrew Deskin
*Prod.:* Gary Kaufman, Antonio Cortese für Prism/Floyd Group/F.Y.D.O.E. mit Minds Eye, USA 1995; 97 Min.
*Vertrieb:* Warner Home Video; Februar 1996
*FSK:* ab 18 J.

Zwei Ex-Söldner werden als Leibwächter für Millionärstochter engagiert, die für Überraschung sorgt... Dank Story und Darstellern etwas über dem Level der obligaten Actionware.
(...) In der unablässigen Folge von Verfolgungsjagden, Ballereien und Explosionen hinterläßt nur Charlotte Lewis als Chefin des Killertrios einen bleibenden Eindruck. Sie hat einen langen Weg zurückgelegt von der ätherisch-zerbrechlichen Schönheit in Polanskis »Piraten« und dem Eddy-Murphy-Vehikel »Auf der Suche nach dem goldenen Kind«, um hier, ultracool, in schwarzem Leder und mit großkalibrigen Feuerwaffen zu brillieren. Was man von Peter Breck als dem doppelzüngigen Auftraggeber nicht gerade sagen kann. Ihn behält man lieber als einstigen Helden einiger Sam-Fuller-Filme in Erinnerung.

*Frank, Arnold, tip, 8/96*

## Deine Tochter und mein Mann 243

BETRAYED – A STORY OF THREE WOMEN **

TV

*Regie:* William Graham
*Darsteller:* Meredith Baxter (Amanda Nelson), Swoosie Kurtz (Joan Bixler), Clare Carey (Dana Bixler), John Terry (Rob Nelson), John Livingston (Paul Nelson), Breckin Meyer (Eric Nelson), Nicholas Pryor
*Drehbuch:* James Duff
*Kamera:* Robert Steadman (Farbe)
*Musik:* Patrick Williams
*Schnitt:* Drake Silliman

*Prod.Des.:* Michael Helmy
*Prod.:* Hearst Ent., USA 1995; 89 Min.
*TV:* 29.7.1996, ZDF, 19.25

Amanda Nelson und Joan Bixler, seit der Schulzeit die besten Freundinnen, planen gemeinsam eine Europa-Reise. Da überrascht Joan ihre 19jährige Tochter Dana in den Armen von Amandas Ehemann Rob und muß feststellen, daß die beiden schon seit längerem eine heiße Affäre haben.

## Demoliton High 244

DEMOLITON HIGH **

Video

*Regie:* Jim Wynorski
*Darsteller:* Corey Haim (Lenny), Alan Thicke, Jeff Kober, Dick van Patten, Melissa Brasselle
*Drehbuch:* Steve Jankowski
*Kamera:* Zoran Hochstatter (Farbe)
*Musik:* Kevin Kiner
*Schnitt:* Richard Gentner
*Prod.Des.:* Fanee Aaron
*Prod.:* Angela Baynes für Sunset Film, USA 1995; 81 Min.
*Vertrieb:* Highlight Video; 28.5.1996
*FSK:* ab 16 J.

Terroristen auf der Flucht besetzen eine High School und nehmen Lehrer und Schüler als Geiseln. Ein flotter Schüler läßt sich was einfallen und wird zum Retter.

## Demon House 245

SANDMAN **

Video

*Regie:* Eric Wooster
*Darsteller:* Eric Wooster, Frank Rhodes, Ramon Sheen
*Kamera:* (Farbe)
*Prod.:* USA 1995; 89 Min.
*Vertrieb:* Splendid Video; 26.8.1996
*FSK:* ab 16 J.

Das Böse ist umgezogen: Jetzt wohnt es am Stadtrand von L.A. und quält die Bewohner eines alten Hauses. Horrorfilm ohne Überraschungen, aber passabel besetzt.

## The Dentist 246

THE DENTIST **

Video

*Regie:* Brian Yuzna
*Darsteller:* Corbin Bernsen, Linda Hoffman, Molly Hagan, Ken Foree, Virginya Keehne, Patty Toy, Jan Hoag, Lise Simms, Michael Stadvec, Christopher Kriesa
*Drehbuch:* Dennis Paoli, Stuart Gordon, Charles Finch
*Kamera:* Levie Isaacks (Farbe)
*Musik:* Alan Howarth
*Schnitt:* Christopher Roth
*Prod.Des.:* William V. Rider
*Prod.:* Pierre David für Trimark/Novocaine, USA 1996; 87 Min.
*EA:* Fantasy Filmfest 1996
*Vertrieb:* Highlight Video; 11.12.1996
*FSK:* ab 18 J.; gekürzte Fass., 80 Min., ab 16 J.

Daß niemand früher auf diese Idee kam: Sadistischer Zahnarzt quält Patienten mit überdimensionalen Bohrern. Nichts für Zartbesaitete oder gar Cineasten, sondern absonderliche Gruselware.

## Derby 247

DERBY □

TV

*Regie:* Bob Clark
*Darsteller:* Darren McGavin (Lester Corbett), David Charvet (Cass), Joanne Vannicola (Katie), Len Cariou (Henry Woods), Felton Perry (Jessup), Dean McDermott (Eric McDowell), Wayne Robson (Rooster McCoy), Mimi Kuzyk (Nita Chambers)
*Drehbuch:* Heather Conkie, Charles Rath, Joseph Pipher
*Musik:* Paul Zaza
*Prod.:* USA/Kanada 1995; 89 Min.
*TV:* 8.12.1996, Pro7, 15.20

Nach ihrer Rückkehr auf die väterliche Pferde-Ranch kommen auf die 21jährige Katie eine Menge Probleme zu. Obwohl sie verlobt ist, entflammt ihre Liebe zu ihrem Jugendfreund Cass erneut auf. Zudem ist die Ranch ihres Vaters völlig überschuldet – nur ein Sieg beim berühmten Kentucky-Derby kann den Besitz vor dem Ruin retten.
*Pressetext*

## Desperate – Verzweifelt 248

DESPERATE MEASURES **

Video

*Regie:* Nikolai Müllerschön
*Darsteller:* Nicolette Krebitz (Anna Richter), Matt McCoy (Derek Mitchelson), Marita Geraghty (Carla Mitchelson), Carroll Baker (Elaine), Marco Leonardi (Eddie Sanchez),

Paul Winfield (William Stone), Danny Nucci (Rico Sanchez), Pepe Serna, Jessika Cardinahl, Harry Murphy
*Drehbuch:* Jennifer Gruskoff, David Gordon, nach einer Story von Al Corley, Nikolai Müllerschön
*Kamera:* Bernd Neubauer (Farbe)
*Musik:* Gary Chang
*Schnitt:* Richard Fields, Ronald David Krehel
*Prod.Des.:* Anthony Stabley
*Prod.:* Al Corley, Bart Rosenblatt, Uwe Schott für Showcase mit Pro Sieben, USA 1991; 91 Min.
*Vertrieb:* VPS Video; 13.6.1996
*FSK:* ab 16 J.

Amerikanisch-deutsche Melange wiederverwertbar als TV-Movie unter der Headline »Wilde Geschichten«.

Anselm Jungeblodt in: film-dienst, 15/96

## Devil Hunter Yohko 1 249

DEVIL HUNTER YOHKO 1 *

Video

*Regie:* Katsuhisa Yamada
*Prod.:* Japan 1990-93; 110 Min.
*Vertrieb:* OVA Video; 2.9.1996
*FSK:* ab 16 J.

16jährige designierte Dämonenjägerin muß aus Berufsethos Jungfrau bleiben, Zeichentrickschund für die Fan-Gemeinde.

## Devils don't Dream! – Nachforschungen über... 250

***

*Regie:* Andreas Hoessli
*Mitwirkende:* Maria Cristina Vilanova de Arbenz (Ehefrau), Howard E. Hunt (CIA-Agent), Pio Quinto Hernandez (Bauer), Manual Pellecer (Freund und Verräter)
*Drehbuch:* Andreas Hoessli
*Kamera:* Matthias Kälin (Farbe)
*Schnitt:* Fee Liechti
*Prod.:* Isabella Huser für Espaces Film, Schweiz 1995; 90 Min.
*UA:* 10.8.1995, Int. Filmfestival Locarno
*EA:* 20.2.1996, Int. Forum des Jungen Films, Berlin
*Verleih:* Freunde/-/Bernard Lang; April 1996

In seinen »Nachforschungen über Jacobo Arbenz Guzmán« rekonstruiert Andreas Hoessli in behutsamer Annäherung die Lebensgeschichte des 1951 zum Präsidenten von Guatemala gewählten Politikers schweizerischer Abstammung, der die Latifundien der United Fruit Company und anderer Großgrundbesitzer an die Bauern verteilte und darum 1954 durch einen vom amerikanischen Geheimdienst CIA inszenierten Putsch gestürzt wurde. Über die Person des gescheiterten und aus der Geschichte gleichsam ausgemerzten Reformers hinaus vermittelt der Film ein beklemmendes Bild des Kalten Krieges und seiner noch heute unabsehbaren Folgen. *Zoom, 2/96*

Eberhard von Elterlein in: Berliner Morgenpost, 22.2.96; Martina Knoben in: SZ, 6.5.96

## Devotion 251

DEVOTION □

TV

*Regie:* Rob Spera
*Darsteller:* Jane Daniels (Elisabeth Atkins), Johnny Gardella (Tom), Jerry Brownlee (Bill), Susan Jay (Susan), Jack Huang (Teddy), Noel Toy (Bea), Caron (Dr. Williams), Amy Lyndon, Nina Mann, Kristen Spear
*Prod.:* USA 1995; 85 Min.
*TV:* 13.7.1996, Vox, 23.55

Elisabeth Atkins, von merkwürdigen Visionen gequält, erlebt auf einer mysteriösen Reise durch ihr vergangenes Leben noch einmal ihre Liebesabenteuer.

## Diabolisch 252

DIABOLIQUE **

*Regie:* Jeremiah Chechik
*Darsteller:* Sharon Stone (Nicole Horner), Isabelle Adjani (Mia Baran), Chazz Palminteri (Guy Baran), Kathy Bates (Shirley Vogel), Spalding Gray (Simon Veatch), Shirley Knight (Edie Danziger), Allen Garfield (Leo Katzman), Adam Hann-Byrd (Erik Pretzer), Donal Logue, Diana Bellamy
*Drehbuch:* Don Roos, nach dem Roman »Celle qui n'etait plus« von Pierre Boileau, Thomas Narcejec und dem Film »Les Diaboliques« von Henri-Georges Clouzot
*Kamera:* Peter James (Technicolor)
*Musik:* Randy Edelman
*Schnitt:* Carol Littleton
*Prod.Des.:* Leslie Dilley
*Prod.:* Marvin Worth, James G. Robinson für Morgan/Creek Prod. mit Marvin Worth Prod./ ABC, USA 1996; 108 Min.

*Überflüssiges Remake: Sharon Stone und Isabelle Adjani in ›Diabolisch‹*

*Verleih:* Warner Bros./-/Warner Bros./Warner Home Video; 23.5.1996
*FSK:* ab 16, ffr.
*FBW:* Wertvoll

Ehefrau und Geliebte eines sadistischen Internatsdirektors schaffen ihren Peiniger beiseite. Doch dann verschwindet die Leiche, die Frage, wer das Opfer ist, und wer die Täter, muß neu gestellt werden. Die Neuauflage eines Klassikers von Henri-Georges Clouzot zählt zu den peinlichsten Remakes der letzten Jahre: Glaubwürdig erscheint die umständliche mörderische Intrige nur vor ihrem katholischen Provinzhintergrund. Den hat der Film einerseits beibehalten, andererseits ist die Handlung ins Amerika der Neunziger verpflanzt worden – eine groteske Mischung, die sämtliche Charaktere im Nichts agieren läßt. Allein Sharon-Stone-Fans werden ihrer zwielichtigen Film-Gestalt gewisse Reize abgewinnen können.
*Christoph Terhechte, tip, 11/96*

Sebastian Feldmann in: Rheinische Post, 24.5.96; Andreas Kilb in: Die Zeit, 31.5.96; Thomas Klingenmaier in: Stgt. Zeitung, 25.5.96; Peter Körte in: FR, 23.5.96; Milan Pavlovic in: Kölner Stadt-Anzeiger, 25.5.96; Jan Schulz-Ojala in: Der Tagesspiegel, 23.5.96

## Diebinnen

253
***

*Regie:* Peter Weck
*Darsteller:* Christiane Hörbiger (Klara Herzog), Jennifer Nitsch (Michaela Ritter), Lena Stolze (Sabine Heyer), Francis Fulton-Smith (Martin Gruber), Peter Ehrlich (Karl Herzog), Ulrich Meyer (Bert Meller), Gert Haucke (Hans-Georg Spitzer), Heinz Baumann (Polizeichef), Wolf Roth (Rolf Stutz)
*Drehbuch:* John Salvati, Peter Weck, nach dem Roman »The Thiefs« von John Salvati
*Kamera:* Wolfgang Treu (Eastman)
*Musik:* Christian Kolonowitz
*Schnitt:* Sonja Glanz
*Prod.Des.:* Egon Strasser
*Prod.:* Luggi Waldleitner für Roxy-Film mit Sat.1 , BRD 1995; 94 Min.
*Verleih:* Zorro/-/-/Starlight Video; 20.6.1996
*FSK:* o.A., ffr. – *FBW:* Wertvoll

Drei nicht nur altersmäßig sehr unterschiedliche Frauen brechen als »Engel der Gerechtigkeit« bei fiesen Ganoven ein, um erbeutetes Beweismaterial der Polizei zuzuspielen. Peter »Ich heirate eine Familie« Weck hat diese vollkommen unwitzige Komödie mit schlappen Dialogen und dem biederen Charme des Vorabendprogramms in Szene gesetzt. Alles wirkt hier »kleiner als das Leben« – und das ist bekanntlich genau das Gegenteil von Kino. *Christian Seebaum, Kölner Stadt-Anzeiger, 22.6.96*

*Lena Stolze, Jennifer Nitsch und Christiane Hörbiger*

(...) Gegen diesen Murks, der nie und nimmer auf die große Leinwand, sondern auf die Mattscheibe gehört, ist sogar noch »Das Superweib« supergut.
*Albert Baer, Rheinische Post, 21.6.96*

Thomas Klingenmaier in: Stgt. Zeitung, 20.6.96; Katja Nicodemus in: tip, 14/96

## Dino Kids 3 254
PREHYSTERIA! 3 **
Video

*Regie:* Julian Breen
*Darsteller:* Fred Willard (Thomas MacGregor), Pam Matteson (Michelle MacGregor), Whitney Anderson (Ella), Bruce Weitz (Hal), Dave Buzzotta (Heath), Matt Letscher (Needlermeyer), John Fujioka (Mr. Yamamoto)
*Drehbuch:* Michael Davis, Neil Ruttenberg, nach einem Buch von Brent Friedman
*Kamera:* James Lawrence Spencer (Farbe)
*Musik:* Michael Wetherwax, nach der Originalmusik von Richard Band
*Schnitt:* Paul Petschek
*Prod.:* Karen L. Spencer für Moonbeam Ent. für Paramount, USA 1995; 82 Min.
*Vertrieb:* CIC Video; Januar 1996
*FSK:* o.A.

Fünf lebende Latexsaurier retten mit der kleinen Ella die Minigolfanlage ihres Vaters. Das klingt nicht nur bescheuert, das ist es auch. Dritter Aufguß einer Billigstproduktion, die schamlos aufs kindliche Publikum schielt.

Anselm Jungeblodt in: film-dienst, 8/96

## DNA – Die Insel des Dr. Moreau 255
THE ISLAND OF DR. MOREAU **

*Regie:* John Frankenheimer
*Darsteller:* Marlon Brando (Dr. Moreau), Val Kilmer (Montgomery), David Thewlis (Edward Douglas), Fairuza Balk (Aissa), Daniel Rigney (Hyena-Swine), Temuera Morrison (Azazello), Nelson De La Rosa (Majai), Peter Elliott (Assassimon), Mark Dacascos (Lo-Mai), Ron Perlman
*Drehbuch:* Richard Stanley, Ron Hutchinson, nach einem Roman von H.G. Wells
*Kamera:* William A. Fraker (Farbe)
*Musik:* Gary Chang
*Schnitt:* Paul Rubell
*Prod.Des.:* Graham Walker
*Prod.:* Edward R. Pressman für Edward R. Pressman Prod., USA 1996; 97 Min.
*UA:* 23.8.1996, New York
*Verleih:* Constantin/dto./-; 14.11.1996
*FSK:* ab 16, ffr.
*FBW:* Wertvoll

H. G. Wells' ehrgeiziger Wissenschaftler, der auf einer entlegenen Insel den perfekten Menschen durch die Kreuzung von Menschen und Tieren schaffen will, ist in dieser Neuverfilmung nicht das sadistische Monster, als das ihn Charles Laughton 1932 porträtierte, sondern eher eine tragische Figur, die Marlon Brando mit gewohnt bizarren Zügen versieht. In Anbetracht der Produktionsgeschichte (Regisseur Richard Stanley wurde nach fünf Tagen gefeuert, David Thewlis löste Rob Morrow als Darsteller ab) ist es verständlich, daß am Ende Flickwerk herauskam: ein Werk zwischen Mainstream und bildgewordener Barbarei, zwischen Weiterdenken der Vorlage und exzentrischen Auftritten, unterlegt mit Musik der Einstürzenden Neubauten.
*Frank Arnold, tip, 25/96*

(...) Die Handlung verliert sich in einer diffus-unklaren Buchadaption, maskenbildnerische Aufwendigkeiten müssen zwecks Fehlen einer inneren Spannung als einsame und daher bald ermüdende Sensation herhalten und Dialoge mit plakativen und moralisierenden Weltklugheiten ersetzen schmerzhaft die fehlende Sinnhaftigkeit dieses Streifens. *multimedia*

Albert Baer in: Rheinische Post, 15.11.96; Fritz Göttler in: Kölner Stadt-Anzeiger, 16.11.96; Tobias Kniebe in: SZ, 14.11.96; Frank Noack in: Der Tagesspiegel, 16.11.96; Angela Schmitt-Gläser in: FR, 16.11.96

## Dogman 256
LAST OF THE DOGMEN ***

*Regie:* Tab Murphy
*Darsteller:* Tom Berenger (Lewis Gates), Barbara Hershey (Prof. Lillian Sloan), Steve Reevis (Yellow Wolf), Kurtwood Smith (Sheriff Deegan), Andrew Miller (Briggs), Gregory Scott Cummins (Sears)
*Drehbuch:* Tab Murphy
*Kamera:* Karl Walter Lindenlaub (Farbe)

*Musik:* David Arnold
*Schnitt:* Richard Halsey
*Prod.Des.:* Trevor Williams
*Prod.:* Joel B. Michaels für Joel B. Michaels Prod. mit Carolco Pic./Guild Ent./Savoy Pic., USA 1995; 111 Min.
*Verleih:* Scotia/-/-/BMG Video; 23.5.1996
*FSK:* ab 6, ffr.

Im Nordwesten Montanas gibt es noch einsame Berglandschaften und richtige Kerle. Als ein Fährtensucher entflohene Sträflinge ins Gebirge verfolgt, stößt er auf die Spur von Cheyenne-Indianern, die sich dort seit hundert Jahren vor dem weißen Mann verstecken. Bei seinem Abenteuer begleiten ihn sein schlauer Hund und Barbara Hershey als Anthropologin. O-Ton Berenger: »Das wird kein Picknick, Lady.« Klischeehaft und schwülstig wie ein schlechter Western aus den 50ern. Ein gewisser Reiz entsteht durch die unfreiwillige Komik. *Bettina Bremme, tip, 12/96*

Heiko R. Blum in: Rheinische Post, 24.5.96; Thomas Klingenmaier in: Stgt. Zeitung, 25.5.96

## Donnergrollen 257

TARKALJASCHTI SE KAMANI / THUNDERING STONES ***

*Regie:* Iwan Tscherkelow
*Darsteller:* Georgi Tscherkelow (Vater), Stefan Mawrodiew (Assen), Georgi Kazurin (Pianist), Alexander Trifonow
*Drehbuch:* Iwan Tscherkelow
*Kamera:* Rali Raltschew (Farbe)
*Schnitt:* Anna Koevska
*Prod.Des.:* Georgi Todorow
*Prod.:* V. Andreew, Christo Bakalski, C. Jaques, P. Sandrin für Borough Films/ Zelie Prod., Bulgarien/Frankreich 1995; 116 Min.
*UA:* 3.12.1995, NDK-Kino, Sofia
*EA:* 17.2.1996, Int. Forum des Jungen Films, Berlin
*Verleih:* Freunde/-/-; Herbst 1996

Drei Brüder ziehen auf die Bitte ihres Vaters in seine Wohnung, während er nach Amerika auswandert. Schließlich wollen sie ihm nachfahren, um Fragen über ihr unzufriedenes Leben beantwortet zu bekommen, aber sie erfahren, daß er tatsächlich aufs Land gezogen ist.

## Das Dorf der Verdammten 258

VILLAGE OF THE DAMNED **

Video

*Regie:* John Carpenter
*Darsteller:* Christopher Reeve (Alan Chaffee), Kirstie Alley (Dr. Susan Verner), Linda Kozlowski (Jill McGowan), Michael Paré (Frank McGowan), Meredith Salenger (Melanie Roberts), Mark Hamill (Rev. George), Pippa Pearthree (Mrs. Sarah Miller), Peter Jason (Ben Blum), Constance Forslund (Callie Blum), Karen Kahn (Barbara Chaffee)
*Drehbuch:* David Himmelstein, nach dem Buch »The Midwich Cuckoos« von John Wyndham und einem Drehbuch aus 1960 von Stirling Silliphant, Wolf Rilla und George Barclay
*Kamera:* Gary B. Kibbe (Foto-Kem)
*Musik:* John Carpenter, Dave Davies
*Schnitt:* Edward A. Warschilka
*Prod.Des.:* Rodger Maus
*Prod.:* Michael Preger, Sandy King für Alphaville Prod., USA 1995; 98 Min.
*Vertrieb:* CIC Video; April 1996
*FSK:* ab 16 J.

In einem US-Kaff wachsen von Außerirdischen gezeugte Monster heran. Zu mehr als einem läppischen Mini-Grusel scheint der seit Jahren glücklose Carpenter nicht mehr in der Lage zu sein: eines der zahllosen, überflüssigen Remakes.
(...) John Carpenter kann man nur das Geld wegnehmen und hoffen, daß kleine Budgets seine Phantasie wieder freisetzen. *Frank Arnold, tip*

## Dornenvögel – Die fehlenden Jahre 259

THE THORNBIRDS – THE MISSING YEARS **

Video

*Regie:* Kevin James Dobson
*Darsteller:* Richard Chamberlain (Ralph De Bricassart), Amanda Donohoe (Meggie Cleary O'Neil), Maximilian Schell (Cardinal Vittorio), Simon Westaway (Luke Cleary), Julia Blake, Olivia Burnette, Zach English, Robert Taylor, Jack Thompson (Richter)
*Drehbuch:* David Stevens, nach dem Roman »The Thorn Birds« von Colleen McCollough
*Kamera:* Ross Berryman (Farbe)
*Musik:* Garry McDonald, Lawrence Stone
*Schnitt:* Philip Reid
*Prod.Des.:* Stewart Burnside

*Prod.:* Darryl Sheen für Village Roadshow/Wolper Org., USA 1995; 170 Min.
*Vertrieb:* Warner Home Video; 26.7.1996
*FSK:* ab 12 J.

Liebesprobleme zwischen Vatikan und Australier. Ach, haben da noch einige Jahre gefehlt? Die 181 Minuten kommen allerdings wie Jahre vor. Ein Schicksalsdrama einfachsten Zuschnitts.

## Double Cross – Eine heiße Intrige 260

DOUBLE CROSS □ TV

*Regie:* Michael Keusch
*Darsteller:* Patrick Bergin (Jack Keneally), Kelly Preston (Vera Blanchard), Kevin Tighe (Brian Code), Jennifer Tilly (Melissa)
*Drehbuch:* Henry C. Parke
*Kamera:* Tobias Schliesser (Farbe)
*Prod.:* USA 1994; 88 Min.
*TV:* 1.7.1996, ZDF, 22.15

Bei einem harmlosen Autounfall in der Wüste lernt Jack Keneally die attraktive Blondine Vera Blanchard kennen, die ihn bittet, gegen eine Liebesnacht mit ihr bei der Polizei eine falsche Aussage zu machen. Jack willigt ein und gerät in eine tödliche Intrige.

## Downdraft 261

DOWNDRAFT ** Video

*Regie:* Michael Mazo
*Darsteller:* Vincent Spano (Jack), Kate Vernon (Alexa), Paul Koslo (General Devlin), John Novak (Standish), William S. Taylor (Rudy), Sandra P. Grant (Babe), John Pyper-Ferguson
*Drehbuch:* Christopher Hyde
*Kamera:* Danny Novak (Farbe)
*Musik:* Peter Allen
*Schnitt:* Richard Benwick
*Prod.:* Lloyd A. Simandl, Deborah Thompson, Michael Mazo für North American/Minotaur Prod., USA 1995; 93 Min.
*Vertrieb:* BMG Video; 11.11.1996
*FSK:* ab 18 J.; gekürzte Fass., ab 16 J.

Aus Protest gegen die Schließung eines Atomangriffsareals übernimmt verrückter Wissenschaftler ihr Kommando. Simpel gestrickte Actionstory ohne sonderliche Vorkommnisse.

## Dr. Jekyll und Ms. Hyde 262

DR. JEKYLL & MS. HYDE ** Video

*Regie:* David F. Price
*Darsteller:* Sean Young (Helen Hyde), Tim Daly (Dr. Richard Jacks), Lysette Anthony (Sarah Carver), Harvey Fierstein (Yves DuBois), Stephen Tobolowsky (Oliver Mintz), Polly Bergen (Mrs. Unterveldt), Stephen Shellen (Larry), Thea Vidale (Valerie), Sheena Larkin (Mrs. Mintz)
*Drehbuch:* Tim John, Oliver Butcher, William Davies, William Osborne, nach einer Story von David Price, angeregt durch den Roman »The Strange Case of Dr. Jekyll & Mr. Hyde« von Robert Louis Stevenson
*Kamera:* Tom Priestley (Technicolor)
*Musik:* Mark McKenzie
*Schnitt:* Tony Lombardo
*Prod.Des.:* Gregory Melton
*Prod.:* Robert Shapiro, Jerry Leider für Rastar/Leider-Shapiro Prod., USA 1995; 89 Min.
*Vertrieb:* VCL Video; Juli 1996
*FSK:* ab 12 J.

Wissenschaftler verwandelt sich mittels selbst entwickelter Droge in eine – seinem Charakter sehr konträre – Frau, die er nicht mehr los wird. Die Pointen dieses Horrorkomödchens wirken allzu mühsam entwickelt, die Story vermag nicht zu fesseln, die Darsteller schwächeln…

## Dracula – Tot aber glücklich 263

DRACULA: DEAD AND LOVING IT **

*Regie:* Mel Brooks
*Darsteller:* Leslie Nielsen (Dracula), Peter MacNicol (Renfield), Steven Weber (Harker), Amy Yasbeck (Mina), Lysette Anthony (Lucy), Harvey Korman (Dr. Seward), Mel Brooks (Professor Van Helsing), Mark Blankfield (Martin), Megan Cavanagh (Essie), Clive Revill (Sykes)
*Drehbuch:* Mel Brooks, Rudy De Luca, Steve Haberman, nach Motiven des Romans »Dracula« von Bram Stoker und nach einer Story von Rudy De Luca, Steve Haberman
*Kamera:* Michael D. O'Shea (Technicolor)
*Musik:* Hummie Mann
*Schnitt:* Adam Weiss
*Prod.Des.:* Roy Forge Smith
*Prod.:* Mel Brooks für Castle Rock/Brooksfilms, USA 1995; 91 Min.
*UA:* 22.12.1995, New York

*Mel Brooks*

*Verleih:* Columbia TriStar/dto./Monopole Pathé/Starlight Video; 18.4.1996
*FSK:* ab 12, ffr.

In den siebziger Jahren war Mel Brooks Meister der hemmungslosen Genreparodie. 1996 ist der Meister müde geworden und liefert mit seiner Dracula-Version einen Vampirfilm ohne Biß ab, der in seiner Handlung sklavisch den früheren Verfilmungen des Stoffes folgt, in den Bildern nur wenige Male die visuelle Schönheit seines »Frankenstein Junior« erreicht und bei dem die Gags zählbar bleiben. Von der »Nackten Kanone« hat er zwar deren Star Leslie Nielsen ausgeborgt, aber wahrlich nicht deren überbordenden Einfallsreichtum. *Frank Arnold, tip, 10/96*

Bodo Fründt in: SZ, 18.4.96

## Dragon Kids 264
CHINA DRAGON *
Video

*Regie:* Kevin Chu
*Darsteller:* Ronald Hao, Jimmy Shi, Kaneshiro Takeshi
*Prod.:* Hongkong 1995; 81 Min.
*Vertrieb:* Splendid Video; 27.2.1996
*FSK:* ab 16 J.

Die Abenteuer eines fünfjährigen Karatechampions in Amerika. Klingt schrecklich und ist auch völlig daneben geraten.

## Dragonheart 265
DRAGONHEART ***

*Regie:* Rob Cohen
*Darsteller:* Dennis Quaid (Bowen), David Thewlis (Einon), Pete Postlethwaite (Gilbert), Julie Christie (Aislinn), Dina Meyer (Kara), Sean Connery (Stimme von »Draco«, deutsch: Mario Adorf), Jason Isaacs (Felton), Brian Thompson (Brok), Lee Oakes (Einon
*Drehbuch:* Charles Edward Pogue, nach einer Story von Patrick Read Johnson, Edward Pogue
*Kamera:* David Eggby (Deluxe)
*Musik:* Randy Edelman
*Schnitt:* Peter Amundson
*Prod.Des.:* Benjamin Fernandez
*Prod.:* Raffaela De Laurentiis für Raffaella De Laurentiis Prod., USA 1996; 103 Min.
*Verleih:* UIP/UIP/UIP, CIC Video; 21.11.1996
*FSK:* ab 12, ffr. – *FBW:* Wertvoll

(...) Die Spezialeffekte speien Feuer, Blitz und Donner, Nebelschwaden und Lärm aller Arten. Man spürt, daß Menschen und Monster vor der Kamera nie zusammen waren. So spielt Dennis Quaid ziemlich lustlos vor sich hin, wurde doch sein Drachenpartner erst später digital ins Bild gebeamt. Synthetischer kann Kino kaum sein, lieb- und fantasy-los. *Frauke Hanck, AZ, 21.11.96*

Ein Ritter ist erzürnt, weil sein Schützling, ein frecher Prinz, gegen alle Ehrenkodexe verstößt und sich mit dem letzten Drachen anlegt. Nun muß die

*Dennis Quaid*

mittelalterliche Welt in Ordnung gebracht werden. Ein uninspirierter Fantasy- und Märchenfilm, der zwar mit ein paar amüsanten Computertricks gespickt ist, aber durch seine holzschnittartig-klischeehafte Handlung narkotisiert und den magischen Charme des Genres vermissen läßt. *Zoom, 12/96*

Tobias Kniebe in: SZ, 21.11.96; Rupert Koppold in: Stgt. Zeitung, 21.11.96; Dietrich Kuhlbrodt in: FR, 26.11.96; Karim Zendagui in: Rheinische Post, 22.11.96

## Drei in fremden Betten 266

**
TV

*Regie:* Otto W. Retzer
*Darsteller:* Helmut Fischer (Ludwig König), Fritz Wepper (Otto König), Heidelinde Weis (Nane Faltermeier), Gerhard Zemann (Nikolaus von Altenstein), Thekla Mayhoff (Frau Strauß), Hans Brenner (Schneider Rudi), Gert Anthoff (Dr. Eduard Brösel), Bettina Redlich, Andreas Borcherding, Miguel Herz-Kestranek
*Drehbuch:* Cornelia Willinger-Zaglmann
*Kamera:* Igor Luther (Farbe)
*Musik:* Georg Reichelt, Alexander Sonntag
*Prod.:* BRD 1995; 90 Min.
*TV:* 15.11.1996, ARD, 20.15

Der Titel suggerierte Anzügliches, aber die TV-Komödie verplätscherte sich nach vielversprechendem Anfang in den seichten Niederungen des klamottig-muffigen Mottenkugel-Humors.
Die Brüder Ludwig und Otto, Hoteliers in München, müssen ihre flatterhafte Schwester Nane, Besitzerin des »Sacher« in Wien, eins ums andere Mal vor libidogesteuerten Torheiten bewahren. Zuerst verliebt sich die ahnungslose Kapriziöse in den »stinkreichen und stockschwulen« Nikolaus, dann läßt sie sich von Gemüse-Rudi schwängern, um schließlich nach Klinikeinweisung und Fehlgeburt vom feschen Doktor gefreit zu werden. (…)
*W.O.P. Kistner, AZ, 18.11.96*

## Dreieck der Sinne 267

WATCH ME
☐
TV

*Regie:* Lipo Ching
*Darsteller:* Jennifer Burton, Robert Medford, Kelly Burns, Steve Sherwin
*Drehbuch:* Beth Salmon
*Kamera:* Andreas Kossak (Farbe)
*Musik:* Yoav Goren
*Prod.:* Samantha Kash, USA 1996; 87 Min.
*TV:* 27.9.1996, Premiere, 0.00

Erotik-Film aus dem Playboy-Movie-Paket.

## Dreieck der Sünde 268

SAINTS AND SINNERS
**
TV

*Regie:* Paul Mones
*Darsteller:* Damian Chapa (Dave Poochia), Jennifer Rubin (Eva), Scott Plank (Big Boy), William Atherton (McCone), Damon Whitaker (Rockitt), Charles Guardino (Tommy »The Cow«), Panchito Gomez (Juanito), Dejuan Guy (Arthur), Bob Larkin, Bob Delegall
*Drehbuch:* Paul Mones
*Kamera:* Michael Bonvillain (Farbe)
*Musik:* Tom Varner, Steven Miller
*Schnitt:* Leo Trombetta
*Prod.:* Paul Mones für Signature/Farm, USA 1994; 100 Min.
*TV:* 7.7.1996, Pro7, 23.00

Nach einem beruflichen Fehltritt erhält der Polizist Dave Poochia eine Chance zur Rehabilitierung: Er soll in seinem Heimatviertel aufräumen, in dem durch Drogenkriminalität unerträgliche Mißstände herrschen. Problematisch dabei: Auch Big Boy ist in der Drogenszene aktiv – und er war früher Poochias bester Freund. *Pressetext*

## Drei und 93 Million Miles from the Sun 269

93 MILLION MILES FROM THE SUN
***

*Regie:* Paul Budnitz
*Darsteller:* Dylan Kussman, Dena Martinez, Aaron Davidman, Leith M. Burke
*Drehbuch:* Paul Budnitz
*Kamera:* Michael Knight (Farbe)
*Musik:* Peter Foley, Kathy Cheun
*Schnitt:* Paul Budnitz
*Prod.Des.:* Aaron Davidman
*Prod.:* Kathy Cheun für Big Prod. mit Berkeley Theatre Project, USA 1995; 100 Min.
*UA:* 17.2.1996, Int. Forum des jungen Films, Berlin
*Verleih:* Freunde/-/-; Juli 1996

Vier Menschen, ein Musiker, ein Buchhalter, ein Neuling und ein Einzelgänger erfahren die Isolation und Entfremdung des nächtlichen San Franciscos.

Judith Seither in: Zitty, 15/96

## Der dritte Frühling 270

GRUMPIER OLD MEN ***

*Regie:* Howard Deutch
*Darsteller:* Walter Matthau (Max Goldman), Jack Lemmon (John Gustafson), Sophia Loren (Maria Ragetti), Ann-Margret (Ariel Gustafson), Burgess Meredith (Großvater Gustafson), Kevin Pollak (Jacob Goldman), Daryl Hannah (Melanie Gustafson), Ann Guilbert (Francesca Ragetti), Katie Sagona (Allie Gustafson), Wayne A. Evenson
*Drehbuch:* Mark Steven Johnson
*Kamera:* Tak Fujimoto (Technicolor)
*Musik:* Alan Silvestri
*Schnitt:* Billy Weber, Seth Flaum, Maryann Brandon
*Prod.Des.:* Gary Frutkoff
*Prod.:* John Davis, Richard C. Berman für John Davis/Lancaster Gate Prod.,
USA 1995; 101 Min.
*UA:* 22.12.1995, New York

*Sophia Loren*

*Verleih:* Warner Bros./dto./-/Warner Home Video; 2.5.1996
*FSK:* ab 6, ffr.
*FBW:* Wertvoll

Zwei schrullige Alte, die einander durchaus mögen, bekriegen sich ständig, bis sich ihre Kinder vereinen und der eine von beiden noch ein spätes Glück findet. Ein vor allem wegen der Brillanz des Komikerduos Jack Lemmon–Walter Matthau sehenswerter Film. *multimedia*

Heiko R. Blum in: Rheinische Post, 3.5.96; Silvia Hallensleben in: Der Tagesspiegel, 2.5.96; Annette Kilzer in: tip, 10/96

## Drohung aus dem Dunkeln 271

TERROR IN THE SHADOWS **
TV

*Regie:* William Graham
*Darsteller:* Genie Francis (Sarah), Leigh J. McCloskey (Alex), Marcy Walker (Christine), Jacob Loyst (Brian), Victoriy Wyndham (Kay Nealy)
*Drehbuch:* Matt Dorff, nach dem Roman »Night of Reunion« von Michael Allegretto
*Kamera:* Robert Steadman (Farbe)
*Prod.:* Louis Luger, Freyda Rothstein für Hearst Ent.,
USA 1995; 87 Min.
*TV:* 9.9.1996, ZDF, 22.15

Horror im trauten Heim: Eine geistesgestörte Mörderin schleicht sich ins Haus ihres vermeintlichen Feindes ein. Sarah, Brian, ihr Sohn aus erster Ehe und ihr Mann Alex ahnen nichts von ihrer Mitbewohnerin im Keller: Christine ist aus der geschlossenen Anstalt ausgebrochen, um sich den Jungen zu holen, den sie für ihr zur Adoption freigegebenes Kind hält. (...) Aber im Film löst sich alles in Wohlgefallen auf, wandelt sich der Grusel trotz lauernder Gefahr auf Schritt und Tritt allmählich in Langeweile.
*Sigrid Feuerstein, AZ, 11.9.96*

## Drunken Master 272

DRUNKEN MASTER II/TSUI KUN II **
Video

*Regie:* Lau Kar-leung
*Darsteller:* Jackie Chan (Wong Fei-hong), Anita Mui (Madam Wong), Ti Lung (Wong Kei-ying), Felix Wong (Master Tsan),

Lau Kar-leung (Fu Min-chi), Andy Lau (Generalssohn)
*Drehbuch:* Tseng, Yun Kai-chi
*Kamera:* Cheung Yiu-tsou, Wong Man-wan, Jingle Ma, Cheung Tung-leung (Farbe)
*Musik:* Wu Wai-lap
*Schnitt:* Peter Cheung
*Prod.:* Leonard K.C. Ho für Mou Hip mit China Film, Hongkong 1994; 98 Min.
*Vertrieb:* Ascot Video; 18.9.1996
*FSK:* ab 16 J.

Die Abenteuer von Wong, der Ginseng schmuggeln will, wobei ihm ein wertvolles Jadesiegel in die Hände fällt. Hongkong-Action in der Sprache der Fäuste und mit einer Story von Hohlköpfen.

## Du bist nicht allein – Die Roy-Black-Story 273

***
TV

*Regie:* Peter Keglevic
*Darsteller:* Christoph Waltz (Roy Black), Jenny Shily (Silke), Mariella Ahrens (Nadine), Wolfgang Bathke (Bertram)
*Drehbuch:* Winfried Bonengel
*Kamera:* David Slama (Farbe)
*Musik:* Jürgen Ecke
*Prod.:* RTL/Premiere, BRD 1996; 90 Min.
*TV:* 9.10.1996, Premiere, 20.15

TV-Biographie über das Schicksal, die Karriere und Krisen des Schlagerstars Roy Black, der 1991 plötzlich starb.

Christoph Waltz im Interview mit Birgit Weidinger, SZ, 9.10.96

## Duell im Eis 274

THE ICE RUNNER
**
TV

*Regie:* Barry Samson
*Darsteller:* Edward Albert (Jeffrey West), Eugene Lazarev (Nikolai Antonov »Kolya«), Alexander Kuznitsov (Petrov), Basil Hoffman (J.C. Kruck), Victor Wong (Fyodor), Olga Kabo (Lena), Bill Bordy (Ed Ross), Sergei Ruban (Gorsky)
*Drehbuch:* Joyce Warren, Clifford Coleman, Joshua Stallings
*Kamera:* Brian Capener (Foto-Kem)
*Musik:* Emilio Kauderer
*Schnitt:* Joshua Stallings
*Prod.Des.:* Victor Zenkov, Eric Davies
*Prod.:* Jeffrey M. Sneller für Monarch Pic., USA 1992; 116 Min.
*TV:* 17.10.1996, RTL2, 20.15

Ein amerikanischer Agent wird zu Zwangsarbeit in Sibirien verurteilt und versucht verzweifelt, aus der unmenschlichen Haftanstalt zu fliehen.

## Dunston – Allein im Hotel 275

DUNSTON CHECKS IN
***

*Regie:* Ken Kwapis
*Darsteller:* Jason Alexander (Robert Grant), Faye Dunaway (Mrs. Dubrow), Eric Lloyd (Kyle Grant), Rupert Everett (Lord Rutledge), Graham Sack (Brian Grant), Paul Reubens (Buck La Farge), Glenn Shadix (Lionel Spalding), Nathan Davis (Victor), Jeniffer Bassey
*Drehbuch:* John Hopkins, Bruce Graham, nach einer Story von John Hopkins
*Kamera:* Peter Collister (Deluxe)
*Musik:* Miles Goodman
*Schnitt:* Jon Pol
*Prod.Des.:* Rusty Smith
*Prod.:* Joe Wizan, Todd Black für Wizan/ Black Prod., USA 1996; 88 Min.
*UA:* 12.1.1996
*Verleih:* 20th Century Fox/dto./dto.; 4.7.1996
*FSK:* o.A., ffr. – *FBW:* Wertvoll

Ein dressierter Orang-Utan bringt die reibungslose Routine in einem Luxus-Hotel durcheinander. Eine lieblos erdachte und stereotyp inszenierte Familien-Unterhaltung, die ganz auf die Publikumswirksamkeit des tierischen Hauptdarstellers setzt, sich dabei aber als zunehmend unsensibler erweist.
*Zoom, 8/96*

(…) Ein amüsanter, streckenweise ziemlich rasanter Kinderfilm, in dem Rupert Everett die köstliche Karikatur eines Fieslings gibt.
*Anette Kilzer, tip, 14/96*

(…) nicht gerade das Gelbe vom Ei, was uns Regisseur Ken Kwapis (»Na, typisch«) hier als Story vorsetzt. Aber sein Film macht gute Laune bis hin zum Happy-End. Das liegt vor allem an der Situationskomik, den Slapstick-Einlagen und nicht zuletzt an dem urigen Orang-Utan, der allen menschlichen Darstellern die Show stiehlt. (…)
*Albert Baer, Rheinische Post, 5.7.96*

Patrick Rösler in: Stgt. Zeitung, 4.7.96

## Duplicate 276
POISON IVY II **

Video

*Regie:* Anne Goursaud
*Darsteller:* Alyssa Milano (Lily), Xander Berkeley (Donald Falk), Jonathon Schaech (Gredin), Belinda Bauer (Angela Falk), Camilla Belle (Daphne Falk), Kathryne Dara Brown (Tanya), Walter Kim, Robert), Victoria Haas (Bridgette(, Tara Ellison (Catherine)
*Drehbuch:* Chloe King
*Kamera:* Suki Medencevic (Farbe)
*Schnitt:* Teri Shropshire
*Prod.Des.:* Robert DeVico
*Prod.:* Paul Hertzberg, Catalaine Knell für New Line Cinema, USA 1995; 106 Min.
*Vertrieb:* VMP Video; 26.4.1996
*FSK:* ab 16 J.

Mädel vom Lande kommt zwecks Kunststudium in die große Stadt und verfängt sich in erotischen Abenteuern und Tagträumen. Ein Sexdramolettchen, handwerklich nichtssagend, harmlos, steril, stil- und ziellos.

## Durchgeknallt 277
BOTTLE ROCKET ***

*Regie:* Wes Anderson
*Prod.:* USA 1995
*R:* Wes Anderson

Videotitel für: → Bottle Rocket

## Durchgeknallt und auf der Flucht 278
BUSHWHACKED **

*Regie:* Greg Beeman
*Darsteller:* Daniel Stern (Max Grabelski), Jon Polito (Agent Palmer), Brad Sullivan (Jack Erickson), Ann Dowd (Mrs. Patterson), Anthony Heald (Bragdon), Tom Wood (Agent McMurrey), Blake Bashoff (Gordy), Corey Carrier (Ralph), Michael Galeota (Dana), Max Goldblatt (Barnhill)
*Drehbuch:* John Jordan, Danny Byers, Tommy Swerdlow, Michael Goldberg, nach einer Story von John Jordan, Danny Byers
*Kamera:* Theo van de Sande (Deluxe)
*Musik:* Bill Conti
*Schnitt:* Ross Albert
*Prod.Des.:* Sandy Veneziano, Mark W. Mansbridge
*Prod.:* Paul Schiff, Charles B. Wessler für 20th Century Fox, USA 1995; 88 Min.
*UA:* 4.8.1995, New York
*Verleih:* 20th Century Fox/dto./-/20th Century Fox Home Video; 4.1.1996
*FSK:* ab 6, ffr.

Max Grabelski, ein leicht größenwahnsinniger Verlierertyp, gerät unter Mordverdacht und im Zuge seiner Flucht in die Berge an eine führerlose Pfadfindergruppe. Elemente der Verfolgungsjagd, einer Verwechslungskomödie, Action und kaum verhohlen autoritäre Züge kennzeichnen diesen durch und durch konventionell gefertigten Streifen, der formal nie über das stereotype Grundmuster einer Nummernrevue hinausgeht. *multimedia*

Christian Seebaum in: Kölner Stadt-Anzeiger, 6.1.96

## Das durchgeknallte Krankenhaus 279
THE CLINIC **

TV

*Regie:* Anthony Morina
*Darsteller:* Adam West (Horton Van Hoon), Deborah Shelton (Erica Nettle), Jim Hanks (Gyre Hobbes), Tom Burke (Dr. Lance Coit), Debra Stricklin (Betty Rose), Regina Rieck (Gamine), Joe Frank (Dr. Rand), Henry Tenney (Charlie Rand), John Damita (Nicky), Lauren Parker (Sylvia Van Hoon)
*Drehbuch:* Matt Wickline, Sandy Frank, Mark Drop
*Kamera:* Bruce Finn (Farbe)
*Musik:* Jez Davidson Guito, Terry Sampson
*Prod.:* USA 1995; 101 Min.
*TV:* 12.12.1996, Pro7, 9.25

Falsche Behandlungen, steuerliche Probleme und mysteriöse Todesfälle – auf Klinikchef Horton Van Hoon kommen durch eine offizielle Untersuchung eine Menge Probleme zu. Trunkenbold Van Hoon bemüht sich zwar nun, das Hospital zu retten, doch seine völlig durchgeknallte Mannschaft ist ihm dabei keine große Hilfe. *Pressetext*

## Dürers Erben 280
****

*Regie:* Lutz Dammbeck
*Darsteller:* Werner Tübke, Bernhard Heisig, Heinrich Witz, Sonja Kurella, Hans Lauter; *Sprecher:* Wolf-Dieter Sprenger
*Drehbuch:* Lutz Dammbeck

*Kamera:* Eberhard Geick, Thomas Plenert (Farbe)
*Musik:* J.U. Lensing
*Schnitt:* Margot Neubert-Maric
*Prod.:* Lutz Dammbeck Filmprod./MDR/ Arte, BRD 1995; 60 Min.
*UA:* Februar 1996, Int. Filmfestspiele Berlin, »Neue deutsche Filme«
*EA:* 26.4.1996, Dokumentarfilm Festival, München
*Verleih:* Silver Cine/-/-

(...) Ein Bild aber steht heute noch im Depot. Ein Gruppenbild zeigt bekannte wie unbekannte Maler, damals anscheinend eine Gruppe. Was verbindet ehemalige »Malerfürsten« der DDR wie Werner Tübke oder Bernhard Heisig mit dem heute vergessenen Maler Heinrich Witz? Das Bild entstand Anfang der 60er Jahre in Leipzig, als der Aufstieg der Maler begann. (...) Der Film reflektiert diese Entwicklung bis zum Bau der Mauer am 13. August 1961 in Berlin. (...) *Lutz Dammbeck, Katalog Filmfestspiele Berlin*

Jan Gympel in: Der Tagesspiegel, 10.11.96; Andreas Kühne in: SZ, 11.4.96

## Echte Kerle

281
***

*Regie:* Rolf Silber
*Darsteller:* Christoph M. Ohrt (Christoph Schwenk), Tim Bergmann (Edgar Sänger), Carin C. Tietze (Helen Renmark), Oliver Stokowski (Mike Niemcek), Rudolf Kowalski (Kallenbach), Dieter Brandecker (Deichsel), Daniela Ziegler (Iris Sänger), Ina Weisse (Karin), Andreas Pietschmann (Marco), Edgar M. Böhlke (Nikolajew)
*Drehbuch:* Rolf Silber, Rudi Bergmann
*Kamera:* Jürgen Herrmann (Eastman)
*Musik:* Peter W. Schmitt
*Schnitt:* Inez Regnier
*Prod.Des.:* Claudia Bodenburg, Agnette Schlößer, Götz Harmel
*Prod.:* Gerd Huber, Renate Seefeldt für Cobra Film mit BR, BRD 1996; 100 Min.
*Verleih:* Buena Vista/dto./dto./Buena Vista Home Video; 30.5.1996
*FSK:* ab 12, ffr.
*FBW:* Wertvoll

Nachdem ihn seine Freundin vor die Tür gesetzt hat, landet ein Polizist im Suff bei einem Schwulen, der ihn von den Freuden der Homosexualität überzeugen will. Als sich dann noch die neue Kollegin in den flotten Cop verliebt, gibt es turbulente Verwicklungen. Eine amüsante Verwechslungskomödie über sexuelle Vorurteile, Gefühle, Enttäuschungen und Irrtümer.

*Margret Köhler*

(...) Unauffällig-glatt inszenierte, unterhaltsame »Beziehungskomödie«, die bis auf die allzu spröde weibliche Hauptrolle zwar von launigen Darstellern und witzigen Dialogen getragen wird, sich aber nie zu einem rundum gelungenen Kinoerlebnis verdichtet.

*Zoom, 6/96*

Sebastian Feldmann in: Rheinische Post, 31.5.96; Tobias Kniebe in: SZ, 30.5.96; Daniel Kothenschulte in: Kölner Stadt-Anzeiger, 1.6.96; Dietrich Kuhlbrodt in: FR, 1.6.96; Patrick Rössler in: Stgt. Zeitung, 30.5.96

## Die Ehre zu fliegen

282
***

THE TUSKEGEE AIRMEN

Video

*Regie:* Robert Markowitz
*Darsteller:* Laurence Fishburne (Hannibal Lee), Cuba Gooding jr. (Bill Roberts), Malcolm

*Carin C. Tietze und Christoph M. Ohrt (Mitte) in ›Echte Kerle‹ von Rolf Sieber*

Jamal-Warner (Lercy Cappy), Mekhi Phifer (Lewis Johns), John Lithgow (Senator Conyers), Allen Payne, Courtney Vance, Andre Braugher, Christopher McDonald, Daniel Hugh Kelly
*Drehbuch:* Paris Qualles, Trey Ellis, Ron Hutchinson
*Kamera:* Ronald Orieux (Farbe)
*Musik:* Lee Holdridge
*Schnitt:* David Beatty
*Prod.Des.:* Christiaan Wagener
*Prod.:* William C. Carraro für Price Ent. für HBO, USA 1995; 106 Min.
*UA:* 26.8.1995, HBO
*Vertrieb:* MIC Video; 30.4.1996
*FSK:* ab 16 J.

Vom US-Kabel-TV produziertes, prominent besetztes Fliegerdrama um die Gleichberechtigung schwarzer Piloten, die für ihr Land als Flieger in den Zweiten Weltkrieg ziehen möchten.

Stefan Rogall in: film-dienst, 15/96

## Eierkopf 283
EGGS □ TV

*Regie:* Bent Hamer
*Darsteller:* Sverre Hansen (Moe), Kjell Stormoen (Pa), Leif Andree (Konrad), Juni Dahr, Ulf Wengard, Trond Hovik, Alf Conrad Olsen, Leif Malmberg
*Drehbuch:* Bent Hamer
*Kamera:* Erik Poppe (Farbe)
*Musik:* The Flesh Quartet
*Schnitt:* Skafti Gudmundsson
*Prod.:* Finn Gjerdrum für BulBul Film Prod., Norwegen 1995; 86 Min.
*UA:* 18.5.1995, Int. Filmfestspiel Cannes »Directors Fortnight«
*TV:* 4.11.1996, NDR3, 00.00

## Einmal dein Lachen hören 284
DOVE SIETE? IO SONO QUI *** TV

*Regie:* Liliana Cavani
*Darsteller:* Chiara Caselli (Elena), Gaetano Carotenuto (Fausto), Anna Bonaiuto (Mutter), Giuseppe Perucio, Doriana Chieric, Carla Cassola, Valeria D'Obici, Paola Mannoni, Ines Nobili
*Drehbuch:* Liliana Cavani, Italo Moscati
*Kamera:* Armando Nannuzzi (Farbe)
*Prod.:* Italien 1993; 100 Min.
*TV:* 15.9.1996, ARD, 22.30

Melodram aus der Welt der Gehörlosen: Der Film ist ein soziales Klassendrama und Schülerlehrstück. Die junge Liebe des reichen Fausto zur armen Elena wächst aus der gemeinsamen Behinderung und setzt Lernerlebnisse gegen Vertuschungsrituale. Rührsam.
*Ponkie, AZ, 17.9.96*

## Eins und eins macht vier 285
IT TAKES TWO ***

*Regie:* Andy Tennant
*Darsteller:* Kirstie Alley (Diane Barrows), Steve Guttenberg (Roger Callaway), Mary-Kate Olsen (Amanda Lemmon), Ashley Olsen (Alyssa Callaway), Philip Bosco (Vincenzo), Jane Sibbett (Clarice Kensington), Michelle Grisom (Carmen), Desmond Roberts (Frankie), Ernie Grunwald (Harry Butkis), Ellen Ray Hennessey (Fanny Butkis)
*Drehbuch:* Deborah Dean Davis
*Kamera:* Kenneth Zunder (Deluxe)
*Musik:* Sherman Foote, Ray Foote
*Schnitt:* Roger Bondelli
*Prod.Des.:* Edward Pisoni
*Prod.:* James Orr, Jim Cruickshank für Orr & Cruickshank Prod. mit Dualstar, USA 1995; 101 Min.
*UA:* 17.11.1995, New York
*Verleih:* Concorde/Constantin/-/VCL Video; 28.3.1996
*FSK:* o.A., ffr. – *FBW:* Besonders wertvoll

Zwei Neunjährige, die einander sehr ähnlich sehen, bringen den verwitweten Vater der einen, einen Millionär, und die kinderliebende Betreuerin der anderen in einem Waisenhaus zusammen. US-Lustspiel, das in Slapstickmanier bescheidenste Unterhaltung »für die Familie« bietet. *multimedia*

(...) Als hätte Joseph Vilsmaiers Remake des Kinderbuchklassikers nicht schon gereicht, verwurstet nun auch noch Hollywood Erich Kästners Stoff mit schrill überzeichneten Charakteren, dumm-dreisten Dialogen und zwei affektierten Kinderdarstellern, die man lieber gar nicht als doppelt sähe.
*Annette Kilzer, tip, 8/96*

Albert Baer in: Rheinische Post, 29.3.96; Thomas Klingenmaier in: Stgt. Zeitung, 28.3.96; Frank Noack in: Der Tagesspiegel, 5.4.96

## Einsame Entscheidung 286
EXECUTIVE DECISION ****

*Regie:* Stuart Baird
*Darsteller:* Kurt Russell (David Grant), Steven

*Halle Berry und Kurt Russell*

Seagal (Lt. Colonel Austin Travis), Halle Berry (Jean), John Luguizamo (Rat), Oliver Platt (Cahill), Joe Morton (Cappy), David Suchet (Nagi Hassan), B.D. Wong (Louie), Len Cariou (Charles White), Whip Hubley (Baker)
*Drehbuch:* Jim Thomas, John Thomas
*Kamera:* Alex Thomson, Don Burgess (Technicolor)
*Musik:* Jerry Goldsmith
*Schnitt:* Dallas Pruitt, Frank J. Urioste, Stuart Baird
*Prod.Des.:* Terence Marsh
*Prod.:* Joel Silver für Silver Pic., USA 1996; 133 Min.
*UA:* 15.3.1996, New York
*Verleih:* Warner Bros./-/Warner Bros./Warner Home Video; 9.5.1996
*FSK:* ab 16, ffr.

Ein Spezialkommando im Einsatz gegen Terroristen, die einen Jumbo-Jet mit 406 Passagieren und eine Ladung hochwirksamen Nervengases in ihrer Gewalt haben. Ein geschickt inszenierter Actionfilm mit überraschenden Wendungen, der seine Spannung mehr aus technischen Details als aus dem Verhalten der fanatischen Terroristen bezieht. Routiniert und einfallsreich fotografiert und geschnitten, mit einem guten Schuß Ironie versetzt. *Zoom, 5/96*

Frank Arnold in: tip, 10/96; Albert Baer in: Rheinische Post, 10.5.96; Holger Kreitling in: Der Tagesspiegel, 9.5.96; Milan Pavlovic in: Kölner Stadt-Anzeiger, 11.5.96

## Einsamkeit und Mord 287

THE KILL-OFF ***
TV

*Regie:* Maggie Greenwald
*Darsteller:* Loretta Gross (Luane Devore), Jackson Sims (Pete Pavlov), Steve Monroe (Ralph Devore), Cathy Haase (Danny Lee), Andrew Lee Barrett (Bobbie Ashton), Jorjan Fox (Myra Pavlov), William Russell (Rags McGuire)
*Drehbuch:* Maggie Greenwald, nach dem Roman von Jim Thompson
*Kamera:* Declan Quinn (Farbe)
*Musik:* Evan Lurie
*Schnitt:* James Y. Kwei
*Prod.Des.:* Pamela Woodbridge
*Prod.:* Lydia Dean Pilcher für Films Around The World, USA 1989; 92 Min.
*TV:* 30.11.1996, Kabel 1, 23.00

Winter in einem fast verlassenen Städtchen am Meer. Die wenigen Bewohner, die noch nicht weggezogen sind, leben mehr schlecht als recht. Die bettlägerige Luane Devore hat alle unter Kontrolle; niemand wird von ihren bösartigen Klatschgeschichten verschont. Dabei haben alle schon genug Probleme: Pete braucht dringend Geld, oder er muß seinen Nachtklub schließen. Um dem Schuppen wieder etwas Glanz zu verleihen, engagiert er Danny Lee, eine melancholische Stripperin. Ralph, Luanes junger, einfältiger Gatte, verliebt sich in die Tänzerin. Myra, Petes Tochter, hat unter ihrem strengen Vater zu leiden und fühlt sich zu dem Dealer Bobbie hingezogen, der in der Stadt gern den großen Mann markiert. Bobbie ist es schließlich, der als erster gegen Luanes Autorität rebelliert. Und bald folgen Pete, Ralph und Danny Lee seinem Beispiel. Jeder möchte Luane am liebsten umbringen, und jeder hat gute Gründe dafür.

## Einsteins Baby 288

**

*Regie:* Rudolf Steiner, Ted Tetzke
*Darsteller:* Theresa Hübchen (Nadja), Marie Gruber (Melissa), Thomas Rühmann (Eisfeld), Kurt Naumann (Houter), Christian Kuchenbuch (Daktari)
*Drehbuch:* Rudolf Steiner, Ted Tetzke

*Kamera:* Claus Neumann, Ingo Barr (Farbe)
*Musik:* René Decker, Pascal von Wroblewsky
*Schnitt:* Hans H. Selinski
*Prod.:* Rudolf Steiner für Rudolf Steiner Prod., BRD 1995; 90 Min.
*Verleih:* Karelia/-/-; November 1996

In der Komödie haben Frauen nur eines im Sinn: Ein Erzeuger muß her. Doch der für die spermaorientierten Mütter in spe einzig akzeptable Mann ist leider schon tot: Albert Einstein. Sinn für Humor bewiesen die Regisseure bei der Besetzung zweier Nebenrollen: Der Hund Robert und der Mann Nr. 22 sind großartig. Auch Theresa Hübchens Flirt- und Brunft-Blicke beeindrucken. Ansonsten dümpelt der Film wie ein nicht enden wollendes Vorspiel dahin – zum Höhepunkt kommt es nicht.

*tip, 11/96*

## Eiskalte Wut 289

FAMILY OF COPS

**
Video

*Regie:* Ted Kotcheff
*Darsteller:* Charles Bronson (Paul Fein), Angela Featherstone (Jackie Fein), Simon MacCorcindale (Adam Novacek), Lesley-Anne Down (Anna Novacek), Daniel Baldwin (Ben Fein)
*Drehbuch:* Joel Blasberg
*Kamera:* Francois Protat (Farbe)
*Musik:* Peter Manning Robinson
*Schnitt:* Ron Wisman
*Prod.:* Peter Bray für Alliance Comm., USA 1995; 87 Min.
*Vertrieb:* Splendid Video; Mai 1996
*FSK:* ab 12 J.

TV-Film mit Charles Bronson als Polizist, der seine Tochter vom Mordverdacht befreien möchte. Noch unter Fernsehdurchschnitt.

René Claßen in: film-dienst, 13/96

## Emigration N.Y. – Die Geschichte einer Vertreibung 290

****

*Regie:* Egon Humer
*Drehbuch:* Egon Humer; Amos Vogel (Recherche und Beratung)
*Kamera:* Peter Roehsler (Farbe und s/w)
*Musik:* Shelly Hirsch, Dave Tarras, Lisa Grad
*Schnitt:* Karina Ressler
*Prod.:* Heinz Stussak, Michael Seeber für Prisma Film, Österreich 1995; 88 Min.
*UA:* 15.10.1995, Viennale, Wien
*EA:* Int. Forum des Jungen Films, 1996
*Verleih:* -/polyfilm/-; März 1996

Sehr interessant, lebendig und anschaulich erzählte Erinnerungen von 12 Personen, die – aus österreichisch-jüdischen Familien stammend – während des nationalsozialistischen Regimes nach Amerika emigrierten und in New York eine zweite »Heimat« fanden. Sie bieten einen erschütternden Einblick in die damals kaum begriffenen Erfahrungen mit einer in jeder Beziehung »vernichtenden« Zeit, die in den Seelen dieser Kinder und Jugendlichen tiefe Spuren hinterlassen hat. Sparsam mit privaten Bildern und entsprechenden Archivaufnahmen illustriert, überwiegend aus »Monologen« der Interviewten montiert, ist diese zeitgeschichtliche Dokumentation wertvoll als Informationsquelle, Denkanstoß und Diskussionsgrundlage. *multimedia*

## Das Empire-Team 291

EMPIRE RECORDS

**
Video

*Regie:* Allan Moyle
*Darsteller:* Anthony LaPaglia (Joe), Rory Cochrane (Lucas), Johnny Whitworth (A.J.), Liv Tyler (Corey), Renee Zellweger (Gina), Robin Tunney (Debra), Ethan Randall (Mark), Maxwell Caulfield (Rex), Debi Mazar (Jane), Coyote Shivers
*Drehbuch:* Carol Heikkinen
*Kamera:* Walt Lloyd (Farbe)
*Musik:* Mitchell Leib
*Schnitt:* Michael Chandler
*Prod.Des.:* Peter Jamison
*Prod.:* Arnon Milchan, Alan Riche, Tony Ludwig, Michael Nathanson für New Regency, USA 1995; 100 Min.
*Vertrieb:* Warner Home Video; April 1996
*FSK:* ab 12 J.

Angestellte eines heruntergekommenen, aber ausgeflippten Plattenladens verhindern, daß sie einer Ladenkette angeschlossen werden. Ein uninteressantes Episodenwerk im MTV-Viva-Clip-Design.

## Encounters – Unheimliche Begegnung 292

ENCOUNTERS **

Video

*Regie:* Murray Fahey
*Darsteller:* Kate Raison (Madaline Garr), Martin Sacks (Martin Garr), Maggie Kirkpatrick (Tante Helen), Tiana Fahey-Leigh (junge Madaline), Allan Fahey-Leigh (kleine Thomas), Vince Gill (Pete Evans, Farmer), John Krummel, Peter Carmody, Anne Fahey
*Drehbuch:* Murray Fahey
*Kamera:* Peter Borosh (Farbe)
*Musik:* Frank Strangio
*Schnitt:* Brian Kavanagh
*Prod.Des.:* Robin Monkhouse
*Prod.:* Murray Fahey für Conventry Films, Australien 1994; 84 Min.
*Vertrieb:* Columbia TriStar Home Video; 6.2.1996
*FSK:* ab 16 J.

Preiswert inszenierter Horrorkrimi, um eine von Alpträumen geplagte Frau und ihrem undurchsichtigen Ehemann, der mehr an Spannung verspricht, als er schließlich halten kann.

## Endstation Sehnsucht 293

A STREETCAR NAMED DESIRE ****

Video

*Regie:* Glenn Jordan
*Darsteller:* Jessica Lange (Blanche), Alec Baldwin (Stanley Kowalski), Diane Lane (Stella), John Goodman (Mitch), Rondi Reed (Eunice Hubbell)
*Drehbuch:* Glenn Jordan, nach dem gleichn. Bühnenstück von Tennessee Williams
*Kamera:* Ralf Bode (Farbe)
*Musik:* David Mansfield
*Schnitt:* David Simmons
*Prod.Des.:* Fred Harpman
*Prod.:* Glenn Jordan für CBS Ent., USA 1995; 150 Min.
*Vertrieb:* 20th Century Fox Home Video; 14.11.1996
*FSK:* ab 12 J.

Der Tennessee-Williams-Klassiker in einer erstmals ungekürzten US-TV-Version und getragen von einem hervorragenden Ensemble. Auch handwerklich eine herausragende Inszenierung.

## Ein Engel für Sam 294

DAD, THE ANGEL & ME ***

TV

*Regie:* Rick Wallace
*Darsteller:* Judge Reinhold (Dr. Jason Fiedler), Carol Kane (Gloria), Stephi Lineburg (Sam), Alan King (Bernie), Eve Gordon (Maggie), Shirley Knight (Betty), Betsy Brantley (Susan Lerner), Jane Carr (Julia), Caroline Aaron (Abby), Kristin Minter (Rita)
*Drehbuch:* Josh Goldstein
*Kamera:* Sandi Sissel (Farbe)
*Musik:* Stewart Levin
*Schnitt:* Victor Du Bois, Martin Nicholson
*Prod.Des.:* Pamela B. Warner
*Prod.:* Gene Desclos, Cyrus Yavneh, USA 1995; 105 Min.
*TV:* 3.10.1996, RTL2, 17.15

Familienfilm über ein Mädchen, das nach dem Tod seiner Mutter zu ihrem Vater zieht, der nur sehr wenig Zeit für sie hat.

## Der Engel, der vom Himmel fiel / Der Engel ohne Flügel 295

**

Video

*Regie:* Maria Theresia Wagner
*Darsteller:* Julia Brendler (Libelle), Günter Lamprecht (Paul), Thomas Kretschmann (Achim Kretschmann), Maja Maranow (Ulla), Hans-Michael Rehberg (Becker)
*Drehbuch:* Maria Theresia Wagner
*Kamera:* Axel Block (Farbe)
*Musik:* Chris Walden
*Schnitt:* Michael Feick
*Prod.Des.:* Winfried Hennig
*Prod.:* Alena Rimbach, Herbert Rimbach für Avista Film mit WDR, BRD 1993; 82 Min.
*UA:* Int. Filmtage Hof 1994
*Vertrieb:* VCL Video; Juli 1996
*FSK:* ab 6 J.

Flugzeugkatastrophen-Findelkind »Libelle« (!) wächst bei isoliert lebenden Eremiten auf, wird von Sensationsreporter entdeckt und vermarktet. Gänzlich ungenießbares Öko-Märchen, in dem sich mystisch verbrämter, säuerlicher Kitsch und eklatantes Unvermögen die Hände reichen.

W.O.P. Kistner, AZ, 2.11.93

*Tara Fitzgerald und Hugh Grant in ›Der Engländer, der auf einen Hügel stieg ...‹ von Christopher Monger*

## Der Engländer, der auf einen Hügel stieg ... 296

****

THE ENGLISHMAN WHO WENT UP A HILL BUT CAME DOWN A MOUNTAIN

*Regie:* Christopher Monger
*Darsteller:* Hugh Grant (Reginald Anson), Tara Fitzgerald (Betty of Cardiff), Colm Meaney (Morgant the Goat), Ian McNeice (George Garrad), Ian Hart (Johnny Shellshocked), Kenneth Griffith (Rev. Robert Jones), Tudor Vaughn (Thomas Twp), Hugh Vaughn (Thomas Twp, Too)
*Drehbuch:* Christopher Monger, nach seinem gleich. Roman
*Kamera:* Vernon Layton (Farbe)
*Musik:* Stephen Endelman
*Schnitt:* David Martin
*Prod.Des.:* Charles Garrad
*Prod.:* Sarah Curtis für Parallax Pic., GB 1995; 95 Min.
*UA:* 12.5.1995, Los Angeles; Int. Filmfestspiele Cannes 1995 »Un Certain Regard«
*Verleih:* Buena Vista/dto./dto./Buena Vista Home Video; 11.1.1996
*FSK:* ab 12, ffr. – *FBW:* Wertvoll

Im Spätsommer 1917 kommen zwei englische Landvermesser in ein walisisches Nest, um die Anhöhe hinter dem Dorf zu vermessen. Zum großen Frust der Dörfler fehlen dem Hügel einige Fuß zum Eintrag als Berg, worauf sie alles in Bewegung setzen, um die Engländer an der Abreise zu hindern und den Hügel aufzustocken. Mit verschmitztem Charme servierter Filmspaß mit schrulligen Originalen und faustdick aufgetragener Charakterkomik.
*Zoom, 6/95*

(...) Der Waliser Christopher Monger, verantwortlich für Skript und Regie, setzte ein übermütiges Schelmenstück in Szene, das seine Landsleute als verschlagene Spitzbuben zeigt und einiges an skurrilem Witz aus dem liebenswerten Lokalkolorit schöpft.
Auch wenn man zuweilen etwas warten muß, bis der nächste Gag um die Ecke biegt und den Weg auf die Leinwand findet: Diese gemütliche Provinzschrulle hebt die Laune und unterhält ganz unprätentiös.
*W.O.P. Kistner, AZ, 11.1.96*

Michael Althen in: SZ, 11.1.96; Peter Körte in: FR, 15.1.96; Rupert Koppold in: Rheinische Post, 12.1.96; Susanna Nieder in: Der Tagesspiegel, 10.1.96; Christian Seebaum in: Kölner Stadt-Anzeiger, 13.1.96

## Enter the Blood Ring 297
ENTER THE BLOOD RING *
Video

*Regie:* Tom Oliver
*Darsteller:* Robert Z'Dar (Sal D'Angelo), Malibu (Gregor), Benjamin Kobby (Luke), Sheila Meldoy (Nancy), Wenndy Pitts (Lisa)
*Drehbuch:* Matt Diagostine
*Kamera:* Doug Froebe (Farbe)
*Musik:* Kaiko Zartoshty
*Schnitt:* Craig Devilliers
*Prod.:* Bob Kronovet für Gun For Hire Films, USA 1995; 96 Min.
*Vertrieb:* Madison Video; Januar 1996

Vorhang zu für die nächste Kickbox-Prügelorgie aus irgendwelchen ominösen Geldgeier-Studios.

Joe Hill in: film-dienst, 5/96

## Entfesselte Helden 298
UNSTRUNG HEROES ****

*Regie:* Diane Keaton
*Darsteller:* Andie MacDowell (Selma Lidz), Michael Richards (Danny Lidz), John Turturro (Sid Lidz), Nathan Watt (Steven/Franz Lidz), Maury Chaykin (Arthur Lidz), Kendra Krull (Sandry Lidz), Joey Andrews (Ash), Celia Weston (Amelia), Jack McGee (Lindwuist), Candice Azzara (Joanie)
*Drehbuch:* Richard LaGravenese, nach dem Buch von Franz Lidz
*Kamera:* Phedon Papamichael (Fotokem/Technicolor)
*Musik:* Thomas Newman
*Schnitt:* Lisa Churgin
*Prod.Des.:* Garreth Stover
*Prod.:* Susan Arnold, Donna Roth, Bill Badalato für Hollywood Pic., USA 1995; 94 Min.
*UA:* 18.5.1995, Int. Filmfestspiele Cannes »Un Certain Regard«
*Verleih:* Buena Vista/dto./dto./Buena Vista Home Video; 8.2.1996
*FSK:* ab 6, ffr.

In ihrem Spielfilm-Regiedebüt erzählt die Schauspielerin Diane Keaton die Geschichte einer jüdischen New Yorker Familie in den sechziger Jahren. Ein emotional gehemmter Vater verliert das Vertrauen des 12jährigen Sohnes, als die warmherzige Ehefrau und Mutter krebskrank wird. Der Junge sucht nun Kontakt mit zwei Onkeln, die als schwarze Schafe der Familie gelten. Das Engagement des Jungen führt schließlich die Gemeinschaft wieder zusammen, was Kräfte freisetzt für die Bewältigung der Zukunft. *Zoom, 2/96*

(…) Ein bewegender, humorvoller Film über Abschiednehmen und Trauer. *tip, 4/96*

Albert Baer in: Rheinische Post, 9.2.96; Thomas Klingenmaier in: Stgt. Zeitung, 8.2.96; Martina Knoben in: SZ, 8.2.96; Daniel Kothenschulte in: Kölner Stadt-Anzeiger, 10.2.96; Veronika Rall in: FR, 10.2.96

## Entführt, kein Lösegeld 299
BLOOD SPORT □
TV

*Regie:* Harvey Hart
*Darsteller:* Ian McShane, Heath Lamberts, Lloyd Bochner, Kenneth Welsh, Patrick MacNee, Carolyn Dunn, Jennifer Dale
*Prod.:* Irland/Kanada 1989; 89 Min.
*TV:* 29.9.1996, Sat.1 , 0.35

Auf einem Pferdetransport verschwindet ein sechs Millionen Dollar teurer Hengst spurlos. Privatdetektiv David Cleveland erhält den Auftrag, ihn aufzuspüren.

## Entscheidung für die Liebe 300
A STRANGE AFFAIR □
TV

*Regie:* Ted Kotcheff
*Darsteller:* Judith Light (Lisa McKeever), Jay Thomas (Eric), Linda Sorensen, Robin Dunne, Rachel Wilson, William Russ (Art Speers)
*Prod.:* USA 1995; 95 Min.
*TV:* 28.10.1996, Vox, 20.15

Lisa ist von ihrem Mann Eric enttäuscht und verläßt ihn. Bald darauf kehrt sie pflichtbewußt zu ihm zurück, denn Eric ist zu einem Pflegefall geworden. Da hilft nur noch ein Kompromiß.

## Eraser 301
ERASER ***

*Regie:* Chuck Russell
*Darsteller:* Arnold Schwarzenegger (Eraser), James Caan (Deguerin), Vanessa Williams (Lee), James Coburn (Beller), Robert Pastorelli (Johnny C.), James Cromwell (Donahue), Danny Nucci (Monroe), Andy Romano (Harper), Nick Chinlund (Calderon), Michael Papajohn (Schiff)

*Drehbuch:* Tony Puryear, Walon Green, nach einer Story von Tony Puryear, Walon Green, Michael S. Chernuchin
*Kamera:* Adam Greenberg (Technicolor)
*Musik:* Alan Silvestri
*Schnitt:* Michael Tronick
*Prod.Des.:* Bill Kenney
*Prod.:* Arnold Kopelson, Anne Kopelson für Arnold Kopelson Prod., USA 1996; 114 Min.
*UA:* 21.6.1996, New York
*Verleih:* Warner Bros./dto./dto./Warner Home Video; 22.8.1996
*FSK:* ab 16, ffr. – *FBW:* Wertvoll

US-Marshall Kruger beschafft gefährdeten Zeugen eine neue Identität und eine neue Zukunft. Als er eine attraktive FBI-Lady schützen muß, geraten beide in tödliche Gefahr. Und Kruger macht eine furchtbare Entdeckung: ein skrupelloser Verräter steckt in den eigenen Reihen.
Special-Effekt-Experte Charles Russell läßt Ex-Terminator Arnold Schwarzenegger kämpfen, daß die Schwarte kracht. Ein Action-Film mit Comic-Einlagen, ironischen Selbstzitaten und Leichen am laufenden (Film-)Meter.
*Margret Köhler*

(…) Der österreichische Muskelberg festigt damit zweifelsohne seinen Ruf als »Terminator« und zerstört jegliche Hoffnung auf schauspielerisches Talent, die er mit seinen Ausflügen ins Komödienfach hatte aufkommen lassen. Seinem Namen als »Auslöscher« alle Ehre machend, sprengt er so ziemlich alles in die Luft, was ins Visier der geheimen Superwaffe kommt.
*Zoom, 9/96*

*Arnold Schwarzenegger und Vanessa Williams*

*Wieviel hat »Eraser« wirklich gekostet?*
Arnold Kopelson: »Entgegen anderer und falscher Zeitungsberichte hat der Film nicht 130, sondern 87 Millionen Dollar gekostet. Das ist genug.«
*Frauke Hanck, AZ, 22.8.96*

Heiko R. Blum in: Rheinische Post, 23.8.96; Milan Pavlovic in: Kölner Stadt-Anzeiger, 24.8.96; Angela Schmitt-Gläser in: FR, 23.8.96; Claudius Seidl in: SZ, 22.8.96; Ruprecht Skasa-Weiß in: Stgt. Zeitung, 22.8.96

## Die Ernte der Gier 302
THE DYING OF THE LIGHT ***
TV

*Regie:* Peter Kosminsky
*Darsteller:* George Asprey (Sean Devereux), Maggie O'Neill (Caroline Tanner), Todd Boyce (Mike Emery), Frank Grimes (Dermot Devereux), Philomena McDonagh (Maureen Devereux)
*Drehbuch:* Hossein Amini
*Kamera:* Nic Knowland (Farbe)
*Musik:* Debbie Wiseman
*Schnitt:* Chris Ridsdale
*Prod.:* Peter Kosminsky, Kenia/Ghana/USA 1994; 102 Min.
*EA:* Filmfest München 1995
*TV:* 19.7.1996, Arte, 20.45

Am Abend des 2. Januar 1993 verließ der UNICEF-Angestellte Sean Devereux sein Büro in der Hafenstadt Kismayo in Somalia, um nach Hause zu gehen. Er kam nie an. Ein Mörder schoß ihm zweimal in den Rücken und einmal in den Kopf. 40 Minuten später starb der 28jährige. Seinen Tod hat er wahrscheinlich seiner Kritik an einem der lokalen Warlords zu verdanken, den er unerschrocken in den internationalen Medien angriff.

## Ex 303
****

*Regie:* Mark Schlichter
*Darsteller:* Robert Viktor Minich (Mario), Christiane Paul (Sarah), Florian Lukas

(Klaus), Andreas Dinah Diakité (Robert), Heinz Hoenig (Vater), Wolfram Berger (Vladimir), Burkhard Driest (Pastor), Anna Thalbach (Trauernde), Rolf Peter Kahl (Dealer), Sharon Brauner (Sängerin)
*Drehbuch:* Mark Schlichter, Oskar Roehler, Robert Sauer
*Kamera:* Carl F. Koschnick (Farbe)
*Musik:* Klaus Wagner
*Schnitt:* Monika Kappl-Smith
*Prod.Des.:* Mark Tillmann
*Prod.:* Jost Hering Filmprod./dffb/ZDF/Arte, BRD 1995; 84 Min.
*UA:* Filmfest München 1995
*Verleih:* Zorro/-/Stamm-Film; Januar 1996
*FSK:* ab 16, ffr.
*FBW:* Wertvoll

Eine Clique junger Erwachsener, die sich die Zeit mit Drogenkonsum, halsbrecherischen Autorennen und Autoknacken vertreibt, fällt langsam auseinander, als die Freundin des Anführers sich in ein neues Gangmitglied verliebt und der Ex deswegen in noch größere Drogenabhängigkeit und gefährliche Autoschieber-Geschichten mit der Russenmafia gerät. Mit minimalstem Budget realisierte, packende Bestandsaufnahme einer vernachlässigten Großstadt-Generation, die sich im Kampf um Anerkennung selbst zerstört. Aussagekräftiges deutsches Kino mit einem hervorragenden, jungen und unverbrauchten Darsteller(innen)ensemble.

*Zoom, 9/96*
*Katalog Filmfest München 1995*

(...) Das hektische, reizgierige Überdruck-Lebensgefühl einer solchen Jugendclique (fast schon zu alt für Schulhofspinnereien, dicht dran am Kick ins Kriminelle) hat Mark Schlichter mit seinem rasanten Amokläufer-Trip »Ex« (als Hochschulabschlußfilm von bemerkenswerter Perfektion) auf Berliner Hochhausdächern und dem Asphalt der Großstadt-Autoraserschluchten auf Hochtouren gejagt. (...)

*Ponkie, AZ, 8.2.96*

Peter Buchka in: SZ, 8.2.96; Susanna Nieder in: Der Tagesspiegel, 12.1.96; Angela Schmitt-Gläser in: FR, 12.1.96; Christian Seebaum in: Kölner Stadt-Anzeiger, 23.3.96

*Robert Viktor Minich, Florian Lukas, Christiane Paul, Andreas Dinah Diakité in ›Ex‹ von Mark Schlichter*

## Exit in Red
304
***
EXIT IN RED
Video

*Regie:* Yurek Bogayevicz
*Darsteller:* Mickey Rourke (Ed Altman), Annabelle Schofield (Ally Merces), Anthony Michael Hall (Nick), Carre Otis (Kate), Johnny Venokur, Robert F. Lyons (Det. Vollers), Dean Simone
*Drehbuch:* David Womark, Yurek Bogayevicz, nach einer Story von J.S. Cardone, David Womark
*Kamera:* Ericson Core (Farbe)
*Musik:* Michal Lorenc
*Schnitt:* Gail Yasunaga
*Prod.Des.:* Jacques Hebert
*Prod.:* Steven Paul, Carol Kottenbrook, Scott Einbinder für Sandstorm, USA 1995; 93 Min.
*Vertrieb:* Highlight Video; 23.9.1996
*FSK:* ab 16 J.

US-TV-Produktion mit Mickey Rourke als Psychiater, der unter Mordverdacht gerät und beim Versuch, seine Unschuld zu beweisen, einem Gaunerpaar vor die Revolvermündung läuft. Gelungene Hommage an Hollywoods »Schwarze Serie« mit einigen Überraschungen: Filmischer Einfallsreichtum, spannende Story, überzeugender Hauptdarsteller.

## Extrem
305
***
EXTREME MEASURES

*Regie:* Michael Apted
*Darsteller:* Hugh Grant (Dr. Guy Luthan), Gene Hackman (Dr. Lawrence Myrick), Sarah Jessica Parker (Jodie Trammel), Debra Monk (Dr. Judith Gruzynski), Paul Guilfoyle (Dr. Jeffrey Manko), David Morse (Frank Hare), Bill Nunn (Burke), Peter Appel (Det. Joseph Bunson), John Toles-Bey (Bobby), Shaun Austin-Olsen (Claude Minkins)
*Drehbuch:* Tony Gilroy, nach dem Roman von Michael Palmer
*Kamera:* John Bailey (Technicolor)
*Musik:* Danny Elfman
*Schnitt:* Rick Shaine
*Prod.Des.:* Doug Kraner
*Prod.:* Elizabeth Hurley für Simian Films für Castle Rock, USA 1996; 118 Min.
*Verleih:* Concorde/-/Monopole Pathé; 19.12.1996
*FSK:* ab 12, ffr. – *FBW:* Besonders wertvoll

Ein junger Notarzt kommt einem Neurologen auf die Schliche, der mit der Regeneration von Rückenmark bei

*Gene Hackman und Hugh Grant*

Querschnittgelähmten experimentiert und dabei verschleppte Obdachlose als unfreiwillige Versuchskaninchen verwendet. Der Held wird hautnah mit der brisanten Frage konfrontiert, welche ethischen Kompromisse man einginge, um sich oder seine Nächsten aus der Hölle des Behindertendaseins zu erlösen. Hitchcockmäßiger Mediziner-Krimi, konventionell, aber spannend inszeniert. Hugh Grant darf sich von einer neuen, ernsten Seite zeigen. *Zoom, 12/96*

(...) Fortan variiert der Film das Hitchcocksche Thrillermotiv des unschuldig Beschuldigten, der seinen Gegenspieler im Alleingang zur Strecke bringen muß. Apted macht daraus solides, überdurchschnittliches Genrekino und zugleich einen Diskurs über unbequeme moralische Fragen, für die keine bequemen Antworten parat gehalten werden.
*Frank Schnelle, tip, 26/96*

Norbert Grob in: Kölner Stadt-Anzeiger, 21.12.96; Rupert Koppold in: Stgt. Zeitung, 19.12.96; Karim Zendagui in: Rheinische Post, 20.12.96

## Eye for an Eye – Auge um Auge
306
***
EYE FOR AN EYE

*Regie:* John Schlesinger
*Darsteller:* Sally Field (Karen McCann), Kiefer Sutherland (Doob), Ed Harris (Mack McCann), Beverly D'Angelo (Dolly Green), Joe Mantegna (Det. Sergeant Joe Denillo), Charlayne Woodard (Angel Kosinsky), Olivia

*Sally Field*

Burnette (Julie McCann), Alexandra Kyle (Megan McCann), Philip Baker Hall (Sidney Hughes), Keith David (Martin)
*Drehbuch:* Amanda Silver, Rick Jaffa, nach dem Roman von Erika Holzer
*Kamera:* Amir M. Mokri (Deluxe)
*Musik:* James Newton Howard
*Schnitt:* Peter Honess
*Prod.Des.:* Stephen Hendrickson
*Prod.:* Michael I. Levy für Paramount Pic., USA 1995; 101 Min.
*UA:* 12.1.1996, New York
*EA:* 21.2.1996, Int. Filmfestspiele Berlin »Panorama«
*Verleih:* UIP/UIP/UIP/CIC Video; 25.4.1996
*FSK:* ab 16, ffr.
*FBW:* Besonders wertvoll

Eine Mutter lockt den Mann, der ihre Tochter brutal vergewaltigt und ermordet hat, und wegen eines juristischen Formalfehlers nicht einmal angeklagt werden kann, in eine Falle und erschießt ihn in »Notwehr«. John Schlesinger konnte zwar die Schwächen des oberflächlich-banalen Drehbuchs nicht ausgleichen, setzte aber die reißerische Rachestory spannend, publikumswirksam und emotional stark ansprechend um. *multimedia*

(...) Sally Field als bemüht verhärmte Heldenmutter und Kiefer Sutherland als klischeeträchtiger Bösewicht duellieren sich in einem handwerklich zwar routiniert gefertigten Thriller, der aber als höchst fragwürdiges moralisches Plädoyer für das Faustrecht verstanden werden muß. *Zoom, 6/96*

(...) In dieser Figur des Mannes ist deutlich der Versuch Schlesingers erkennbar, seriöse Kritik am amerikanischen Justizsystem zu thematisieren. Die intensive Spannung des Films beruht zu weiten Strecken auf dieser spürbaren Haltung des Regisseurs, der die Rachewut der Frau immer wieder als viel zu heftig und auch abstoßend zeigt. Doch dann schlägt der Täter ein zweites Mal zu, und damit auch die Auge-um-Auge-Diktatur Hollywoods: Die konstruierte Notwehr am Ende läßt Regisseur Schlesinger keine Chance mehr, seine System-Kritik erstickt in banalem Thrill. *Frauke Hanck, AZ, 25.4.96*

Holger Kreitling in: Berliner Tagesspiegel, 24.2.96; H.G. Pflaum in: SZ, 30.4.96

## Fähre in den Tod

307
**
TV

*Regie:* Heiner Carow
*Darsteller:* Dörte Lyssewski (Mareike Eriksen), Sebastian Koch (Clas van Damme), Jürgen Hentsch (Adrian van Damme), Lisa Kreuzer (Caroline Molkenhauer), Hellmut Lange (Herwegh), Klaus J. Behrendt (Jonny), Ulrich Faulhaber (Kapitän Beck), Herb Andress (Eriksen)
*Drehbuch:* Rudolf Anders
*Kamera:* Martin Schlesinger (Farbe)
*Musik:* Norbert Schneider
*Schnitt:* Evelyn Carow
*Prod.:* Werner Langer für Parabel für SAT.1, BRD 1996; 100 Min.
*TV:* 10.3.1996, Sat.1, 20.00

Die »Castor« kommt nicht in Glückshafen an. Nach langem Warten die Gewißheit: die Fähre ist gesunken, es gibt kaum Überlebende. Kapitän Eriksen gerät unter Beschuß. Katastrophenfilm nach »Estonia«-Vorbild.

## Fair Game

308
**

FAIR GAME

*Regie:* Andrew Sipes
*Darsteller:* William Baldwin (Max), Cindy Crawford (Kate), Steven Berkoff (Kazak), Christopher McDonald (Meyerson), Miguel Sandoval (Juantorena), Johann Carlo (Jodi), Salma Hayek (Rita), John Bedford Lloyd (Louis), Olek Krupa (Zhukov), Jenette Goldstein (Rosa)
*Drehbuch:* Charles Fletcher, nach einem Roman von Paula Gosling
*Kamera:* Richard Bowen (Technicolor)
*Musik:* Mark Mancina
*Schnitt:* David Finfer, Christian Wagner, Steven Kemper
*Prod.Des.:* James Spencer
*Prod.:* Joel Silver für Silver Pic., USA 1995; 90 Min.
*Verleih:* Warner Bros./-/Warner Bros./Warner Home Video; 15.2.1996
*FSK:* ab 16, ffr. – *FBW:* Wertvoll

Die attraktive Rechtsanwältin Kate beschlagnahmt in Miami eine Yacht als Teil einer Scheidungsmasse, ohne zu wissen, daß sich an Bord heiße Ware befindet. Weil sie dadurch die kriminellen Pläne ehemaliger KGB-Agenten und internationaler High-Tech-Gangster stört, wird sie zu deren Zielscheibe. Zusammen mit einem Detektiv als Beschützer macht sie die Verbrecher unschädlich. In abgedroschener Verfolgungsjagd-Manier hechelt die unwahrscheinliche Story von einer Action- oder Explosionsszene zur anderen, unterbrochen nur von einem kurzen Techtelmechtel der beiden, bei dem jedoch die Funken gar nicht sprühen wollen. *Zoom*

*Cindy Crawford*

## Der Fall Cap Arcona

309
***

*Regie:* Günter Klaucke, Karl Hermann
*Drehbuch:* Günter Klaucke, Karl Hermann
*Kamera:* Matthias Sledte (Farbe und s/w)
*Prod.:* Cinetick, BRD 1996; 89 Min.
*Verleih:* Cinetick/-/-; April 1996

Am 3. Mai 1945 flog die Royal Air Force in der Lübecker Bucht einen Angriff gegen die deutsche Kriegsmarine und versenkte 12 Schiffe – darunter auch die »Thielbek« und die »Cap Arcona«, auf denen sich 7400 Häftlinge des KZs Neuengamme befanden, von denen nur 500 überlebten. Nicht der Beweis, daß die Briten nichts von den Häftlingstransporten wußten, steht im Mittelpunkt des Films, sondern eine typische Form deutscher Vergangenheitsbewältigung:

die ungesühnte Schuld der Bürger von Neustadt, die nicht nur halfen, 300 bis 400 Häftlinge des KZs Stutthof am 3. Mai vor aller Augen in ihrer Stadt zu ermorden, sondern auch die Matrosenschüler deckten, die die überlebenden Häftlinge aus Neuengamme im eisigen Wasser erschossen. *tip, 9/96*

## Ein Fall für die Inselkinder 310
LES ENFANTS DU NAUFRAGEUR ****

*Regie:* Jérôme Foulon
*Darsteller:* Brigitte Fossey (Hélène), Jacques Dufilho (Kleiner Louis), Michel Robin (Paul), Jean Marais (Alter, lahmer Mann), Pierre-Alexis Hollenbeck (Kapitän), Maxime Boidron (Benoit), Amandine Dewasmes, Gary Ledoux, Elie Berder
*Drehbuch:* Jérôme Foulon, François Cellier, Laurent Dusseaux
*Kamera:* William Lubtchansky (Farbe)
*Musik:* François Staal
*Schnitt:* Elisabeth Guida
*Prod.Des.:* Christian Siret
*Prod.:* David Kodsi, Patrice Poiré für K'ien Prod./Gaumont/SGGL mit Canal Plus, Frankreich 1991; 98 Min.
*Verleih:* Wild Utopia/-/-;
8.8.1996

(...) Auf der bretonischen Insel Kervolen stirbt auf geheimnisvolle Weise die alte Marthe, die die Kinder mit ihren Abenteuergeschichten und Märchen verzauberte. Die Kinder glauben nicht an einen Unfalltod und betätigen sich als Detektive, unterstützt von der Lehrerin Hélène, der sie, weil sie in Marthes Haus zieht, anfangs mit Mißtrauen begegnen. Gemeinsam erfahren sie am Ende, was es mit dem geheimnisvollen Fremden, dem greisen Strandräuber auf sich hat. *Heiko R. Blum, Kölner Stadt-Anzeiger, 24.8.96*

## Der Fall Martello 311
IL CASO MARTELLO ***
TV

*Regie:* Guido Chiesa
*Darsteller:* Alberto Gimignani (Cesare Verra), Roberta Lena (Pina), Felice Andreasi (Antonio), Luigi Di Berti (Bill), Ivano Marescotti (Schiller), Valeria Cavalli (Simona)
*Drehbuch:* Guido Chiesa, Antonio Leotti
*Kamera:* Gherardo Gossi (Farbe)
*Prod.:* Italien 1991; 86 Min.
*TV:* 6.2.1996, ZDF, 0.00

Kurz nach dem Unfalltod seiner Frau 1950 verschwand der ehemalige Partisan Antonio Martello spurlos, so daß der Fall nie abgeschlossen werden konnte. 30 Jahre später soll der skrupellose Versicherungsagent Cesare Verra den Fall aufklären. In den Bergen Piemonts wird er mit einer fremden Welt und einem eigenwilligen, stolzen Menschen konfrontiert, was sein bisheriges Leben radikal in Frage stellt.

## Der Fall Sindona 312
UN EROE BORGHESE ***
TV

*Regie:* Michele Placido
*Darsteller:* Fabrizio Bentivoglio (Giorgio Ambrosoli), Michele Placido (Silvio Novembre), Omero Antonutti (Michele Sindona), Laura Betti (Dr. Trebbi), Daan Hugaert (Arico), Luigi Dall'Aglio (Gallo), Philippine Leroy-Beaulieu (Ambrosolis Frau), Laure Killing (Novembres Frau), Ricky Tognazzi, Pascal Druant
*Drehbuch:* Graziano Diana, Angelo Pasquini, nach dem gleichn. Tatsachenroman von Corrado Stajano
*Kamera:* Luca Bigazzi (Farbe)
*Musik:* Pino Donaggio
*Schnitt:* Claudio Di Mauro
*Prod.:* Pietro Valsecchi für Taodue Film/ Istituto Luce/Mact Prods. mit Corsan/ Mediaset/Canal Plus, Italien/Frankreich 1994; 95 Min.
*TV:* 25.7.1996, Premiere, 22.15

Nach dem Zusammenbruch seines gigantischen Firmenkonsortiums flieht Michele Sindona 1973 aus seiner Heimat Italien nach New York. Eben noch als »Retter der Lira« gefeiert, steht der Bankier jetzt unter dem Verdacht, in Mafiageschäfte verwickelt zu sein. Konkursverwalter Giorgio Ambrosoli kommt bald hinter die illegalen Machenschaften Sindonas. *Pressetext*

## Die falsche Mörderin 313
THE WRONG WOMAN ***
TV

*Regie:* Douglas Jackson
*Prod.:* USA 1994
*TV:* 16.11.1996, ARD, 23.10

Erschien bereits 1995 auf Video unter dem Titel »Chased«. Deshalb vollständige Angaben und Kritik im Heyne Filmjahrbuch 1996.

## Eine Familie zum Kotzen 314

STUART SAVES HIS FAMILY **

Video

*Regie:* Harold Ramis
*Darsteller:* Al Franken (Stuart Smalley), Laura San Giacomo (Julia), Vincent D'Onofrio (Donnie), Shirley Knight (Stuart's Mutter), Harris Yulin (Stuart's Vater), Lesley Boone (Jodie), John Link Graney (Kyle), Julia Sweeney (Mea C.)
*Drehbuch:* Al Franken, nach seinem gleichn. Buch
*Kamera:* Lauro Escorel (Farbe)
*Musik:* Marc Shaiman
*Schnitt:* Pembroke Herring, Craig Herring
*Prod.Des.:* Joseph T. Garrity
*Prod.:* Lorne Michaels, Trevor Albert für Constellation Films, USA 1995; 98 Min.
*Vertrieb:* Starlight Video; November 1996
*FSK:* ab 12 J.

Plumpe Satire auf US-Familienklischees: Verhaltensgestörter TV-Moderator kehrt nach Jahren in seine hochneurotische Sippe zurück.
»Was auf dem Papier wie das triste Psychogramm eines Verlieres und seiner desolaten Familie aussieht (oder, als anderes Extrem, wie eine tumbe Klamotte), entpuppt sich nach und nach als eine nicht unintelligente Komödie mit überraschend sarkastischen, aber immer menschlichen Zügen« meinte dagegen Hans-Jörg Marsilius im film-dienst, 21/96

## Familien-Bande 315

ROOMMATES ***

*Regie:* Peter Yates
*Darsteller:* Peter Falk (Rocky), D.B. Sweeney (Michael), Julianne Moore (Beth), Ellen Burstyn (Judith), Jan Rubes (Bolkek Krupa), Joyce Reehling (Barbara), Ernie Sabella (Stash), John Cunningham (Burt Shook), Noah Fleiss (Michael, 5 Jahre)
*Drehbuch:* Max Apple, Stephen Metcalfe, nach einer Idee von Max Apple
*Kamera:* Mike Southon (Technicolor)
*Musik:* Elmer Bernstein
*Schnitt:* John Tintori
*Prod.Des.:* Dan Bishop
*Prod.:* Ted Field, Robert W. Cort für Hollywood Pic., USA 1994; 109 Min.
*Verleih:* Buena Vista/dto./dto./Buena Vista Home Video; 27.6.1996
*FSK:* ab 6, ffr. – *FBW:* Besonders wertvoll

Über 30 Jahre währende Beziehung zwischen einem Jungen, der später Arzt wird und eine eigene Familie gründet, und seinem schrulligen Großvater, der das Leben von zwei Generationen prägt und beherrscht.
(...) Das Konfliktpotential besteht im wesentlichen im sonoren Schnarchen des alten Herrn, und trotz des Auftritts von Julianne Moore dürfte Regisseur Peter Yates auch beim Publikum mit ähnlichen Reaktionen zu kämpfen haben. Dem sympathischen Peter Falk und seinen Maskenbildnern gelingt es kaum, den über die Jahrzehnte alternden Kauz differenziert darzustellen – so läßt uns auch sein friedliches Ende im Alter von 107 Jahren weitgehend teilnahmslos. *Daniel Kothenschulte, Kölner Stadt-Anzeiger, 29.6.96*

(...) Peter Falk macht die Figur des dickköpfigen Alten, hinter dessen rauher Schale sich ein verständnisvoller, liebenswerter Lebenskünstler verbirgt, bis in die kleinste Geste hinein glaubwürdig. Durch ihn vergißt man, daß der Film nichts anderes als ein simpel gestricktes Hollywood-Melodram ist.
*Joseph Heinrichs, Rheinische Post, 28.6.96*

Thomas Klingenmaier in: Stgt. Zeitung, 27.6.96; Carla Rhode in: Der tagesspiegel, 28.6.96

## Familienfest und andere Schwierigkeiten 316

HOME FOR THE HOLIDAYS ***

*Regie:* Jodie Foster
*Darsteller:* Holly Hunter (Claudia Larson), Anne Bancroft (Adele Larson), Robert Downey jr. (Tommy Larson), Charles Durning (Henry Larson), Dylan McDermott (Leo Fish), Geraldine Chaplin (Tante Glady), Cynthia Stevenson (Joanne Wedman), Steve Guttenberg (Walter Wedman), Claire Danes (Kitt), Austin Pendleton (Peter Arnold)
*Drehbuch:* W.D. Richter, nach einer Kurzgeschichte von Chris Radant

*Familienfoto mit Holly Hunter (Mitte, sitzend) beim ›Familienfest‹ von Jodie Foster*

*Kamera:* Lajos Koltai (Farbe)
*Musik:* Mark Isham; Dawn Soler (supervisor)
*Schnitt:* Lynzee Klingman
*Prod.Des.:* Andrew McAlpine
*Prod.:* Peggy Rajski, Jodie Foster für Egg Pic. Prod. für PolyGram, USA 1995; 103 Min.
*EA:* Int. Filmfestspiele Berlin 1996, »Sondervorführung«
*Verleih:* Concorde/Constantin/Elite/ VCL Video; 22.2.1996
*FSK:* ab 12, ffr. – *FBW:* Wertvoll

Eine Kunst-Restauratorin kehrt zu Thanksgiving in den Schoß ihrer Familie zurück, um mit einem Haufen egozentrischer-selbstmitleidiger Verwandter den obligaten Truthahn zu verspeisen. Komisch und analytisch gemeinter Film, der die Vorbilder von Woody Allen und Robert Altman gründlich mißversteht und auf dem Niveau eines (gut gespielten) Fernsehspiels landet.

*Zoom, 6/96*

(...) Es ist tatsächlich so, daß der Einfluß der Regisseurin in jedem Moment präsent ist – nur leider nicht so, wie sie sich das gedacht hat. Jodie Foster ist ohne Vater aufgewachsen und lebt seit ihrem sechsten Lebensjahr praktisch auf Filmsets. Man merkt, daß sie hier von Freuden und Katastrophen erzählt, deren Tragweite sie selbst nie gespürt hat.

*Tobias Kniebe, SZ, 22.2.96*

(...) Leider tragen Robert Downey jr. als überkandidelter Bruder und Geraldine Chaplin als derangierte Tante ständig zu dick auf. Allein Holly Hunter, die von Rolle zu Rolle neue Facetten ihres Schauspielertalents offenbart, bewahrt diese sympathische Komödie vor dem Abgleiten in ein billiges Schmierentheater.

*tip, 5/96*

Simone Mahrenholz in: Berliner Tagesspiegel, 16.2.96; Milan Pavlovic in: Kölner Stadt-Anzeiger, 24.2.96; Christiane Peitz in: Der Tagesspiegel (Interview J. Foster), 22.2.96

## Familienmord – Ein Vater unter Verdacht 317

DEADLY PURSUITS **

TV

*Regie:* Felix Enriquez Alcala
*Darsteller:* Tori Spelling (Meredith), Patrick Muldoon (Tim Faulkner), Richard Belzer (Mariano), Reginald VelJohnson (Ed Conroy), Mitchell Laurance (Daniel Faulkner), Leigh Murray (Donna Faulkner), Britanny Brooke Presley (Melanie Faulkner), Mary Lucy Bivins (Eleanor Steadman), Lou Crisuolo, Helen Baldwin
*Drehbuch:* Ted Pushinsky
*Kamera:* Herbert Davis (Farbe)
*Prod.:* USA 1996; 90 Min.
*TV:* 10.4.1996, RTL, 20.15

Der Sohn glaubt nicht, daß der Vater den Rest der Familie umgebracht haben soll und macht sich auf die Suche nach ihm und dem Killer.
»(…) Ein knalliges Sensations-Spektakel mit den bekannten Geschmacks-Verstärkern: Für Konsumenten des TV-Fast-Foods ist es der ganz gewöhnliche Fernseh-Alltags-Wahn« meint dazu Sigrid Feuerstein in der AZ vom 12.4.96.

## The Fan 318

THE FAN ***

*Regie:* Tony Scott
*Darsteller:* Robert De Niro (Gil Renard), Wesley Snipes (Bobby Rayburn), Ellen Barkin (Jewel Stern), John Leguizamo (Manny), Benicio Del Toro (Juan Primo), Patti D'Arbanville-Quinn (Ellen Renard), Chris Mulkey (Tim), Andrew J. Ferchland (Richie Renard), Brandon Hammond (Sean Rayburn), Charles Hallahan (Cop)
*Drehbuch:* Phoef Sutton, nach einem Roman von Peter Abrahams
*Kamera:* Dariusz Wolski (Technicolor)
*Musik:* Hans Zimmer
*Schnitt:* Christian Wagner, Claire Simpson
*Prod.Des.:* Ida Random
*Prod.:* Wendy Finerman für Scott Free Prod. für TriStar, USA 1996; 115 Min.
*UA:* 16.8.1996, New York
*Verleih:* Constantin/dto./Focus, Starlight Video; 3.10.1996 – *FSK:* ab 12, ffr.

Ein im Berufs- und Privatleben gescheiterter Handelsvertreter gibt sich ganz seiner Verehrung für einen Baseballstar hin. Er ermordet sogar dessen Widersacher und steigert sich so in seine Obsession hinein, daß er schließlich

*Fan Robert De Niro und sein Star Wesley Snipes in ›Der Fan‹*

*Frances McDormand als schwangerer Sheriff in ›Fargo‹ von Joel Coen*

den Sohn seines Idols entführt, um vom Star ein Zeichen der Dankbarkeit zu bekommen. Die Werbefilm-Ästhetik der Inszenierung verhindert eine stringente Entwicklung der Geschichte und eine glaubhafte Zeichnung der Charaktere. Der aufdringliche Soundtrack zerstört jede Stimmung. Was bleibt, sind ein überaus präsenter Hauptdarsteller und einige die oberflächliche Hochglanzinszenierung durchbrechende licht- und farbdramaturgische Effekte. *Zoom, 10/96*

Michael Althen in: SZ, 2.10.96; Albert Baer in: Rheinische Post, 5.10.96; Angie Dullinger in: AZ, 2.10.96; Susanna Nieder in: Der Tagesspiegel, 2.10.96; Ruprecht Skasa-Weiß in: Stgt. Zeitung, 2.10.96

## Fanny Hill 319

FANNY HILL □ TV

*Regie:* Valentine Palmer
*Darsteller:* Cheryl Dempsey (Fanny Hill), James Highton (Charles), Melanie Shepherd (Phoebe), Reg Beecham (Mr. Bullstrode), Christine Furness (Mrs. Jones), Valentine Palmer (Mr. Norbitt), Gunter Würger (Will)
*Drehbuch:* Valentine Palmer, nach dem Roman von John Cleland
*Kamera:* Jon Felix, Robert Coles (Farbe)
*Musik:* Mick Dorey
*Prod.:* USA 1995; 86 Min.
*TV:* 4.10.1996, Premiere, 0.50

Im 18. Jahrhundert sucht Fanny Hill, die naive Unschuld vom Lande, in London eine Stelle, gerät in ein Bordell und macht Karriere. Immergrünes Erotik-Thema.

## Fargo 320

FARGO ****

*Regie:* Ethan Coen
*Darsteller:* Frances McDormand (Marge Gunderson), Steve Buscemi (Carl Showalter), William H. Macy (Jerry Lundegaard), Peter Stormare (Gaear Grimsrud), Harve Presnell (Wade Gustafson), John Caroll Lynch (Norm Gunderson), Kristin Rudrud (Jean Lundegard), Steeve Reevis (Shep Proudfoot), Steve Park (Mike Yanagita), Jose Feliciano
*Drehbuch:* Ethan Coen, Joel Coen
*Kamera:* Roger Deakins (DuArt)
*Musik:* Carter Burwell
*Schnitt:* Roderick Jaynes
*Prod.Des.:* Rick Heinrichs
*Prod.:* Joel Coen für Working Title Films Prod., USA 1996; 98 Min.

*UA:* 8.3.1996, New York; Int. Filmfestspiele Cannes 1996
*EA:* Filmfest Hamburg
*Verleih:* Concorde/Constantin/Elite; 4.11.1996
*FSK:* ab 16, ffr. – *FBW:* Besonders wertvoll

Zur Lösung seiner finanziellen Probleme heuert ein Autoverkäufer zwei Kleinganoven an, die seine Frau entführen und von deren Vater eine stattliche Lösegeldforderung erpressen sollen. Der Plan mißlingt gründlich.

Um seinen Schuldenberg abzutragen, läßt ein Autoverkäufer seine Ehefrau von zwei tumben Ex-Sträflingen entführen, die dann seinen Schwiegervater erpressen sollen. Die Tat führt zu mehreren Morden in der atmosphärisch winterlichen Landschaft von Nord Dakota. Es braucht die couragierten Ermittlungen einer hochschwangeren Landpolizistin, um den vertrackten Fall zu lösen. »Fargo« ist ein thrillerhaftes Roadmovie und zugleich Soziogramm aus der Provinz. Brillant gespielt, dramaturgisch famos aufgebaut, durchtränkt von ironisierendem, pechschwarzem Witz. *Zoom, 11/96*

(...) Die amerikanischen Filmbrüder Joel und Ethan Coen, schnell und zurecht berühmt geworden für ihren abgründig-makabren, lakonischen Humor und innovativen Regiestil (»Barton Fink«), haben sich nach ihrem technisch manirierten Film »The Hudsucker Proxy« wieder auf ihre Qualitäten besonnen. »Fargo« (die listigen Coens berufen sich auf einen angeblich authentischen Kriminalfall) ist brillant, bösartig und zugleich warmherzig wie noch nie – eine blutige Posse und eine Huldigung an die Menschen der Provinz. (...) *Angie Dullinger, AZ, 14.11.96*

(...) »Fargo« ist ein gnadenloser, brutaler Film über Geld und die Gier danach und eine verhaltene Liebeserklärung an die Heimat der Coen-Brüder, an Minnesota, seine wortkargen Bewohner mit den skandinavischen Namen, den dikken Anoraks, den riesigen Essensportionen und dem seltsamen Dialekt.
*Katja Nicodemus, tip, 24/96*

Albert Baer in: Rheinische Post, 22.11.96; Brigitte Desalm in: Kölner Stadt-Anzeiger, 16.11.96; Sabine Horst in: FR, 14.11.96; Thomas Klingenmaier in: Stgt. Zeitung, 14.11.96; Hans Schifferle in: SZ, 14.11.96

## Farmer & Chase 321
FARMER & CHASE ***
TV

*Regie:* Michael Seitzman
*Darsteller:* Todd Field (Chase), Ben Gazzara (Farmer), Lara Flynn Boyle (Hillary), Ron Kael (Jojo), David Booth (Casey FBI), Steven Anthony Jones (Ollie)
*Drehbuch:* Michael Seitzman (auch Prod.)
*Kamera:* Michael Maley (Farbe)
*Musik:* Tony Saunders
*Schnitt:* Doug Werby
*Prod.Des.:* Doug Freeman
*Prod.:* Scott Kalmbach für Red Sky Films, USA 1995; 97 Min.
*UA:* 25.9.1995, Mill Valley Film Festival
*TV:* 25.8.1995, Vox, 22.15

Farmer kann auf ein erfolgreiches Leben als Kleinkrimineller zurückblikken. Als sein Partner bei einem Überfall getötet wird, nimmt er seinen Sohn Chase ins Geschäft auf. Zusammen mit der Ladendiebin Hillary ist das ungleiche Trio perfekt.

## Fast Money 322
FAST MONEY *
Video

*Regie:* Alexander Wright
*Darsteller:* Yancy Butler (Francesca Marsh), John Ashton (Lt. Diego), Matt McCoy (Jack), Trevor Goddard (Regy), Jacob Witkin (Stewart), Carole Cook, Patrika Darbo, Andy Romano (Robert Hartman)
*Drehbuch:* Alexander Wright
*Kamera:* Tom Jewett (Farbe)
*Musik:* Tony Riparetti (score)
*Schnitt:* Ron Cabreros
*Prod.:* Vince Ravine für Met Prod., USA 1995; 88 Min.
*Vertrieb:* Highlight Video; 27.2.1996
*FSK:* ab 16 J.

Weitgehend von einer Handlung freigehaltenes Non-Stop-Action-Movie über den Versuch mit illegalem Geld heil davonzukommen.

Anselm Jungeblodt in: film-dienst, 13/96

## Eine fast perfekte Liebe 323

****

*Regie:* Lutz Konermann TV
*Darsteller:* Andreas Herder (Jens Kröger), Inga Busch (Mieke Sonntag), Alexander Hauff (Ecki), Nadja Brunckhorst (Uschi), Christel Peters (Elsa), Ralf Richter (Haucke), Audrey Motaung (Mutsi), Alice Treff, Erica Schramm, Ferdinand Dux
*Drehbuch:* Thomas Kirdorf
*Kamera:* Sonja Rom (Farbe)
*Musik:* J.J. Gerndt
*Schnitt:* Inge Behrens, Birgit Schmidtmeyer
*Prod.:* Ulrich Otte, Markus Trebitsch für Aspekt Telefilm für ZDF/Arte, BRD 1996; 87 Min.
*TV:* 10.5.1996, Arte, 20.45; 7.10.1996, ZDF, 19.25

Der arbeitslose Arzt Dr. Jens Kröger lernt die Kaufhausdetektivin Mieke kennen und lieben, wagt es aber nicht, ihr seine Arbeitslosigkeit zu gestehen und spielt ihr den vielbeschäftigten Assistenzarzt vor. Als Mieke ihren Job verliert, täuscht auch sie ihm eine Berufstätigkeit vor. Jens findet eine Stelle bei einer alten Dame und führt ein Doppelleben, das Mieke nicht verborgen bleibt.

(...) Bis dahin freilich haben sich nicht nur Mieke und Jens ineinander, sondern die Zuschauer hoffnungslos in dieses Traumpaar verliebt, das eigentlich ein Antitraumpaar ist, denn an diesem Film stimmt einfach alles: die Dialoge, die originell sind, aber nie gequält; die Story, in der jede Idee sorgfältig ausgespielt wird; die Kamera und die Musik; die Stimmungen von fröhlich bis verzweifelt; die Besetzung bis in die kleinsten Nebenrollen. Vor allem aber stimmen die Menschen. Mit ihren Problemen und Fehlern, ihren Talenten und liebenswerten Macken haben sie so gar nichts gemein mit den Abziehbildern, die sonst die deutschen Komödien bevölkern. Fast zu schön, um wahr zu sein. *Frauke Döhring, SZ, 10.5.96*

## Ein fast perfekter Seitensprung 324

***

*Regie:* Reinhard Schwabenitzky
*Darsteller:* Elfi Eschke (Henriette Schönberg), Andreas Vitásek (Siegfried Hirnschroth), Claudia Kment (Renate Hirnschroth), Nicola Etzelstorfer (Julia Hirnschroth), Hans Clarin (Uwe Schönberg), Monika John (Karin Schönberg), Sebastian Koch (Martin von Platt), Heinz Petters (Felix Hirnschroth), Kitty Speiser (Paula Hirnschroth), Ernst Konarek (Gustl Hirnschroth)
*Drehbuch:* Reinhard Schwabenitzky
*Kamera:* Walter Kindler (Farbe)
*Musik:* Arthur Lauber, Friedemann Katt
*Schnitt:* Ingrid Koller
*Prod.Des.:* Fritz Hollergschwandtner
*Prod.:* Reinhard Schwabenitzky, Günter Degn für Star-Film mit ORF/DREFA/mdr/epo-film, Österreich 1995; 105 Min.
*Verleih:* Circuli/Star-Film/-; September 1995 (Österreich), 2.5.1996

Am Traualtar nimmt Henny Reißaus vor ihrem Bräutigam in spe und setzt sich nach Wien ab. Dort bandelt sie aus Geldnot mit Sigi an, den sie für einen reichen Pinkel hält, der aber tatsächlich ein verheirateter armer Schlucker ist. In Schwabenitzkys mit leichter Hand inszenierter Komödie kommt alles ganz anders, als es sich die Protagonisten ausgemalt haben. Das sorgt für Tempo und Witz, und nebenbei teilt Schwabenitzky noch Seitenhiebe gegen das Spießertum in all seinen Erscheinungsformen aus. Keine Instant-Beziehungskomödie mit hölzernen Figuren aus der Drehbuchwerkstatt, sondern klassischer Komödienstoff mit echten Charakeren. *Volker Gunske, tip, 11/96*

## Fatale Mutterliebe 325

**

*Regie:* Michael Keusch TV
*Darsteller:* Marijam Agischewa (Paula), Mitja-Daniel Krebs (Philipp), Heio von Stetten (Stefan), Veronica Ferres (Ingrid), Till Kretzschmar (Werner), Ralf Richter (Hoffmann), Stefan Gubser (Gunther), Kristina van Eyck (Marianne)
*Drehbuch:* John Brown
*Kamera:* Rüdiger Laske (Farbe)
*Musik:* Stephen Keusch
*Schnitt:* Romy Schumann
*Prod.:* Michael Smeaton, Andreas Ulmke-Smeaton für Frankfurter Filmprod. für Pro 7, BRD 1994; 91 Min.
*TV:* 3.3.1996, Pro7, 20.00

Kampf um das Sorgerecht als Mysterie-Thriller.

## Fear 326

FEAR ****

*Regie:* James Foley
*Darsteller:* Mark Wahlberg (David McCall), Reese Witherspoon (Nicole Walker), Alyssa Milano (Margo Masse), William Petersen (Steve Walker), Amy Brenneman (Laura Walker), Alyssa Milano (Margo), Christopher Gray (Toby), Todd Caldecott (Gary Rohmer), Tracy Fraim (Logan), Gary John Riley (Hacker)
*Drehbuch:* Christopher Crowe
*Kamera:* Thomas Kloss (Deluxe)
*Musik:* Carter Burwell; Danny Bramson (supervision)
*Schnitt:* David Brenner
*Prod.Des.:* Alex McDowell
*Prod.:* Brian Grazer, Ric Kidney für Imagine Ent., USA 1995; 97 Min.
*UA:* 12.4.1996, New York
*Verleih:* UIP/UIP/UIP/CIC
Video; 7.11.1996
*FSK:* ab 18, ffr.
*FBW:* Wertvoll

Der Streit um eine Tochter »aus gutem Hause« zwischen ihrem »treusorgenden« Vater und ihrem »asozialen Freier« eskaliert zum brutalen Kleinkrieg in diesem gut gespielten und psychologisch-menschlich glaubwürdig in Szene gesetztem Beziehungsdrama über Eifersucht und große Liebe.
*Ralph Umard, tip, 23/96*

Es ist erstaunlich, wie Regisseur James Foley, der Arzt und Psychologe in New York war, bevor er in Hollywood zu Ehren kam, aus einer nicht besonders originellen Geschichte (Drehbuch: Christopher Crowe) einen so außergewöhnlich intensiven, spannenden Film geschaffen hat.
Foleys Geheimnis: Er interessiert sich für die Gefühle und das emotionale Mit- und Gegeneinander seiner Personen mit großer Sorgfalt und Aufmerksamkeit. Daß er diesen Stil nicht bis zum arg konservativen Gewalt-Ende durchhält, ist dann bedauerlich.
Bis dahin passiert aber so viel überraschend Frisches in Foleys klischeefreier, geschmeidiger Inszenierung, daß man sich auf beste Thriller-Art unterhält. (...) *Frauke Hanck, AZ, 7.11.96*

Bodo Fründt in: SZ, 8.11.96; Fritz Göttler in: Kölner Stadt-Anzeiger, 9.11.96; Thomas Klingenmaier in: Stgt. Zeitung, 7.11.96; Angela Schmitt-Gläser in: FR, 11.11.96; Karim Zendagui in: Rheinische Post, 8.11.96

*William Petersen und Amy Brenneman in ›Fear‹*

## Der Feind in den eigenen Reihen 327

THE ENEMY WITHIN ***

TV

*Regie:* Jonathan Darby
*Darsteller:* Forest Whitaker (Colonel Mac Casey), Sam Waterston (Präsident William Foster), Dana Delany (Betsy Corcoran), Jason Robards (General Lloyd)
*Drehbuch:* Darryl Poniscan, Ron Bass, nach dem Politthriller »Sieben Tage im Mai« von John Frankenheimer
*Kamera:* Kees van Oostrum (Farbe)
*Musik:* Joe Delia
*Prod.:* USA 1994; 83 Min.
*TV:* 11.4.1996, Premiere, 20.15

Fiktiver Politthriller über den Einsatz einer Atombombe gegen Ende unseres Jahrhunderts, wodurch die radikalen Kräfte in den USA die Oberhand gewinnen und einen Militärputsch planen. Remake des Frankenheimer-Films »Sieben Tage im Mai«.

## Felsen und Fabriken 328

***

*Regie:* Vital Franz Hauser
*Drehbuch:* Vital Franz Hauser
*Kamera:* Vital Franz Hauser, Björn Lindroos, Roberto Antonilli (Farbe)
*Musik:* Felix Haug, Roland Schildknecht
*Schnitt:* Vital Franz Hauser
*Prod.:* Ca Tourne, Schweiz 1995; 100 Min.
*Verleih:* -/-/Stamm Film; Juni 1996

Um die »bodennahe« Existenz des Menschen im Lebensraum des Kantons Glarus zu erforschen, setzt der Film dokumentarische Einzelbeobachtungen aus den miteinander verknüpften Themenbereichen Natur, Energienutzung und Industrialisierung zu einer Collage zusammen.
Die kommentarlose Mischung aus ruhigen Naturaufnahmen und kurzen Statements von Vertretern aus Politik und Wirtschaft verliert sich etwas in Beliebigkeit, verharrt in einer vor allem zurückblickenden Perspektive und läßt seinen schulischen Verwendungszweck sowie die zahlreichen Koproduzenten, alles ansässige Firmen, deutlich durchscheinen. *Zoom, 6/96*

*Tilda Swinton und Frances Fisher in ›Female Perversions‹ von Susan Streitfeld*

## Female Perversions 329

FEMALE PERVERSIONS ****

*Regie:* Susan Streitfeld
*Darsteller:* Tilda Swinton (Eve), Amy Madigan (Madelyn), Karen Silas (Renee), Frances Fisher (Annunciata), Paulina Porizkova (Langley)
*Drehbuch:* Susan Streitfeld, Julie Hebert, nach dem Buch »Female Perversions: The Temptations of Emma Bovary« von Louise J. Kaplan
*Kamera:* Teresa Medina (Farbe)
*Musik:* Debbie Wiseman
*Schnitt:* Curtiss Clayton, Leo Trombetta
*Prod.Des.:* Missy Stewart
*Prod.:* Mindy Affrime für Trans Atlantic Ent./October Films, USA 1996; 113 Min.
*UA:* Sundance Film Festival 1996
*EA:* Filmfest München 1996
*Verleih:* Kinowelt/-/Rialto; 21.11.1996
*FSK:* ab 16, ffr.

Vorlage für Susan Streitfelds gewagtes Regiedebüt ist Louise J. Kaplans gleichnamige Studie über weibliche Sexualität im zwanzigsten Jahrhundert. Clever konstruiert, fächert sich der Film in einzelne Fallbeispiele. Entlang des Werdegangs zweier Schwestern mit dem gleichen Kindheitstrauma werden diverse Neurosen abgehandelt, wie zum Beispiel Kleptomanie, Depression, Wiederholungszwang, Fetischismus oder Versagensangst. Leider geraten die Szenen häufig zu simpel, zu plakativ – Feminismus light. Der Hauptdarstellerin Tilda Swinton gelingt es nicht, die Neurosen als solche vorzuführen. Sie versteckt sie hinter affektierten Gesten und übertriebener Mimik. *Anke Leweke, tip, 24/96*

(...) Basierend auf dem Bestseller »Female Perversions« über weibliche Sexualität der Psychoanalytikerin Louise J. Kaplan, entzündet Regisseurin Susan Streitfeld ein filmisches Feuerwerk von selbstironischen Dialogen, deftiger Dramaturgie, Situationskomik und phantasievollen, bisweilen surrealistischen Bildern. (...)
*Angie Dullinger, AZ, 21.11.96*

(...) Kurz gesagt, man muß diesen Film erfühlen. Wo man anderswo denken sollte, um zu begreifen, was sich hinter den Taten und Worten verbirgt, da muß man hier erleiden. Das ist die eigentliche Perversität dieses Films: daß er Lustfeindlichkeit nicht etwa als kulturellen Triebverzicht Freudscher Prägung denunziert, sondern als geheimes Zentrum weiblicher Lust wenn schon nicht feiert, so doch zumindest akzeptiert. Immerhin kann man nicht abstreiten, daß er damit Unbehagen auslöst.
*Peter Buchka, SZ, 21.11.96*

Kerstin Decker in: Der Tagesspiegel, 21.11.96; Rupert Koppold in: Stgt. Zeitung, 29.11.96; Angela Schmitt-Gläser in: FR, 23.11.96; Christian Seebaum in: Kölner Stadt-Anzeiger, 23.11.96

## Feuersturm im Wolkenkratzer 330

FIRE! TRAPPED ON THE 37TH FLOOR □
TV

*Regie:* Robert Day
*Darsteller:* Lisa Hartman (Susan), Peter Scolari (Paul), Lee Majors (Sterling), Robert Pescovitz (Terry), Jack Rader (Lloyd), William Bumiller (Kevin), Michael Beach (Perez), Walter Norman (Chuck), John Laughlin, Kim Miyori
*Drehbuch:* Jeffrey Bloom, nach einer wahren Begebenheit
*Kamera:* Ernest Day (Farbe)
*Musik:* Gil Melle
*Schnitt:* Robert Florio
*Prod.:* Papazian/Hirsch mit Republic Pic., USA 1991; 93 Min.
*UA:* 18.2.1991, ABC TV, USA
*TV:* 10.2.1996, Pro7, 17.35

Am 4. Mai 1988 bricht in dem 62stökkigen Gebäude der First Interstate Bank in Los Angeles ein Brand aus. Ausgerechnet in dieser Nacht sind nicht nur die hauseigenen Wasserpumpen abgestellt, der Feueralarm wird auch viel zu spät registriert. *Pressetext*

## The Final Cut 331

THE FINAL CUT ***
Video

*Regie:* Roger Christian
*Darsteller:* Sam Elliott (John Pierce), Anne Ramsay (Srgt. Kathleen Hardy), George Touliatos (Schulman), Matt Craven (Lloyd), Charles Martin Smith (Capt.Weldon Mamet), Ray Baker (Co. Forsyth), Philip Granger (Barron), John Hannah (Gilmore), Suki Kaiser (Kate Amis), Lisa Langlois (Sara)
*Drehbuch:* Raul Inglis, nach einer Story von Crash Leyland
*Kamera:* Mike Southon (Farbe)
*Musik:* Ross Vannelli
*Schnitt:* Robin Russel
*Prod.Des.:* John Dondertman
*Prod.:* Robert Vince, William Vince für Keystone mit Republic Pic., USA/Kanada 1995; 96 Min.
*Vertrieb:* VPS Video; März 1996
*FSK:* ab 16 J.

Psychopathische Bombenleger erfreuen immer wieder das Herz der Actionfans. Diesmal wird einer in Seattle tätig – und ein Ex-Sprengstoffexperte gerät unter Verdacht. Viel spektakuläre Explosionen, ansonsten solides Handwerk plus einem Gastauftritt von Amanda Plummer gleich zu Anfang.

## Final Hour 332

SIDSTE TIME **

*Regie:* Martin Schmidt
*Darsteller:* Peter Jorde (Micky Holm), Lene Laub Oksen (Nicoline), Stig Hoffmeyer (Gerluv Lovholm), Tomas Villum Jensen (Taus), Rikke Louise Andersson (Inga), Karl Bille (Kenneth), Laura Drasbaek Olesen (Iris), Ken Vedsegaard (Rasmus), Mette Bratlann, Marie-Anne Jespersen

*Drehbuch:* Dennis Jürgensen, nach seinem gleichn. Roman
*Kamera:* Peter Roos (Farbe)
*Musik:* Frans Bak
*Schnitt:* Thomas Kragh
*Prod.Des.:* Viggo Bentzon
*Prod.:* Regner Grasten für Regner Grasten Film mit Danish Film Institute/TV2, Dänemark 1995; 81 Min.
*EA:* Fantasy FilmFestival 1995
*Verleih:* Highlight/-/-/Highlight Video; 14.3.1996
*FSK:* ab 16, ffr.;
ab 18 J., ungeschnittene Fassung

(...) Auf dem Niveau eines mißratenen Abi-Scherzes ist diese unausgegorene Story von den sieben im Gymnasium eingesperrten Schülern inszeniert, die nacheinander von einem unsichtbaren Mörder dahingemeuchelt werden. In flauen Bildchen plagt sich eine mäßig begabte Laientruppe mit Dialogen der Warum-ist-es-hier-so-unheimlich-Sorte herum und macht brav »Huch«, wenn der Special-Effects-Mann wieder mal dafür sorgt, daß das Licht aus- oder angeht und die Türen auf oder zu. (....)

*Rupert Koppold, Stgt. Zeitung, 2.3.96*

## Firestorm 333

FIRESTORM

*

Video

*Regie:* John Shepphird
*Darsteller:* John Savage (Brinkman), Bentley Mitchum (Sonny/Bobby), Robert Carradine (Tarmac), Sherrie Rose (Dancer), Joseph Culp, Paul Ben-Victor, Karen Sheperd, Gary Wolf, Paul Williams, Roxana Zal
*Drehbuch:* Nick Spagnoli, nach einer Story von James Ian Lifton
*Kamera:* Neal Brown (Farbe)
*Musik:* Peter Waldman
*Schnitt:* Paulette René Victor
*Prod.Des.:* Hunter Cressall
*Prod.:* Brian Shuster, James Ian Lifton für Somerset Films/Marcus 4, USA 1995; 83 Min.
*Vertrieb:* New Vision Video; 29.7.1996
*FSK:* ab 18 J.

Undurchsichtige, preiswert in Szene gesetzte Actionstory um Cyborg-Revolutionen, Waffenschiebereien und den Mord an Sonny, dessen Zwillingsbruder Rache schwört.

Georg Röwekamp in: film-dienst, 20/96

*Donald O'Kelly, Colm Meaney und Neili Conroy verkaufen in ihrem Van ›Fisch & Chips‹*

## Fisch & Chips 334

THE VAN ***

*Regie:* Stephen Frears
*Darsteller:* Colm Meaney (Larry), Donald O'Kelly (Bimbo), Ger Ryan (Maggie), Caroline Rothwell (Mary), Neili Conroy (Diane), Ruaidhri Conroy (Kevin), Brendan O'Carroll (Weslie), Stuart Dunne (Sam), Jack Lynch (Cancer), Laurie Morton (Maggie's Mutter)
*Drehbuch:* Roddy Doyle, nach seinem gleichn. Roman
*Kamera:* Oliver Stapleton (Technicolor)
*Musik:* Eric Clapton, Richard Hartley
*Schnitt:* Mick Audsley
*Prod.Des.:* Mark Geraghty
*Prod.:* Lynda Myles für Deadly Films Prod., GB 1996; 100 Min.
*UA:* 11.5.1996, Int. Filmfestspiele Cannes
*EA:* Filmfest Hamburg
*Verleih:* Concorde/Constantin/ Filmcooperative; 3.10.1996
*FSK:* ab 6, ffr.
*FBW:* Besonders wertvoll

Um einen Ausweg aus der Arbeitslosigkeit zu finden, machen zwei Freunde eine Imbißbude auf. Sie haben Erfolg, ihre Beziehung beginnt aber zu kriseln. Nach Alan Parkers »The Commitments« (1990) und Frears »The Snapper« (1993) die Verfilmung des dritten Teils der Barrytown-Trilogie des irischen Autors Roddy Doyle. Zwar schwächer als die beiden Vorgänger, überzeugt der Film durch die zwei ein glänzendes Komikerpaar abgebenden Hauptdarsteller und die Art, wie er Werte wie Freundschaft und Gemeinschaft sowie die Kunst des (Über-) Lebens feiert. *Zoom, 11/96*

Heiko R. Blum in: Rheinische Post, 5.10.96; Angie Dullinger in: AZ, 2.10.96; Martina Knoben in: SZ, 2.10.96; Rupert Koppold in: Stgt. Zeitung, 2.10.96; Frank Schnelle in: FR, 5.10.96

## Flamenco 335

FLAMENCO ***

*Regie:* Carlos Saura
*Darsteller:* Mit: Paco de Lucia, Manolo Sanlucar, Lole y Manuel, Joaquin Cortés, Farruco, La Paquera de Jerez, Fernando, Farruquito
*Drehbuch:* Carlos Saura
*Kamera:* Vittorio Storaro (Farbe)
*Musik:* Isidro Munoz (Leitung)
*Schnitt:* Pablo del Amo
*Prod.Des.:* Rafael Palmero
*Prod.:* Juan Lebrón Prod., Spanien 1995; 100 Min.
*EA:* 17.2.1996, Int. Forum des jungen Films, Berlin
*Verleih:* -/-/Frenetic; April 1996

Flamenco pur: In einem großen, mit Stellwänden variabel gestaltbaren Raum paradiert ein virtuoser Reigen von Tänzern, Sängern und Instrumentalisten der Spitzenklasse und dokumentiert die dramatische und poetische Vielfalt dieser Spezialität spanischer Kultur. Für »aficionados« ein packender, aber auch etwas steriler Augen- und Ohrenschmaus, der allerdings nie Informationsgehalt und Vielschichtigkeit von Reni Mertens und Walter Martis »Flamenco vivo – Die Schule des Flamenco« (Schweiz 1985) erreicht. *Zoom*

Eberhard von Elterlein in: Berliner Morgenpost, 23.2.96; Frank Noack in: Der Tagesspiegel, 17.2.96

## Flammende Leidenschaft – Das Leben der Margaret Mitchell 336

A BURNING PASSION – THE MARGARET MITCHELL-STORY *** TV

*Regie:* Larry Peerce
*Darsteller:* Shannen Doherty (Margaret Mitchell), Dale Midkiff (Red Upshaw), Matt Mulhern (John Marsh), Rue McClanahan (Großmutter Stephens), Morgan Weisser (Clifford Henry), John Clark Gable (Offizier Terry)
*Drehbuch:* Robert Hamilton
*Kamera:* Don E. Fauntleroy (Farbe)
*Prod.:* NBC/Hearst Ent., USA 1994; 87 Min.
*TV:* 15.9.1996, ZDF, 15.45

Margaret Mitchell schrieb den legendären Roman »Vom Winde verweht«, der 1939 mit Vivian Leigh und Clark Gable in den Hauptrollen verfilmt wurde – bis heute ein Klassiker der Filmgeschichte. Das Leben der Schöpferin dieses unvergleichlichen Romans steht im Mittelpunkt des Films. (...) *ZDF-Journal*

*Patricia Arquette, Ben Stiller und Téa Leoni*

## Der fliegende Fuchs im Baum der Freiheit 337

FLYING FOX IN A FREEDOM TREE ***

*Regie:* Martyn Sanderson
*Prod.:* Neuseeland 1989

ZDF TV-Titel für → »Samoa«

Vollständige Angaben und Kritik im Heyne-Filmjahrbuch 1991.

## Flipper 338

FLIPPER ***

*Regie:* Alan Shapiro
*Darsteller:* Paul Hogan (Porter), Elijah Wood (Sandy), Chelsea Field (Cathy), Jessica Wesson (Kim), Isaac Hayes (Buck), Jonathan Banks (Dirk Moran), Jason Fuchs (Marvin), Robert Deacon, Mark Casella, Luke Halpin
*Drehbuch:* Alan Shapiro, nach dem Filmdrehbuch von Arthur Weiss und der Story von Ricou Browning, Jack Cowden
*Kamera:* Bill Butler; Bob Talbot, Pete Romano (Unterwasser-Kamera) (Farbe)
*Musik:* Joel McNeely; Crosby, Still and Nash (Songs)
*Schnitt:* Peck Prior
*Prod.Des.:* Thomas A. Walsh
*Prod.:* James J. McNamara, Perry Katz für Bubble Factory/American Film, USA 1995; 95 Min.
*UA:* 17.5.1996, New York
*Verleih:* UIP/UIP/UIP/CIC Video; 25.7.1996
*FSK:* ab 6, ffr.
*FBW:* Wertvoll

Der intelligente Delphin namens Flipper schwimmt seinem kleinen menschlichen Freund Sandy, seinen Artgenossen und den Küstenbewohnern zu Hilfe, indem er per umgehängter Videokamera einige Umweltsünder überführt. Ein naiver, aber vorzüglich fotografierter Familienfilm, attraktiv durch seine Unterwasseraufnahmen.
*Zoom, 9/96*

Albert Baer in: Rheinische Post, 26.7.96; Martina Knoben in: SZ, 25.7.96

## Flirting with Disaster 339

FLIRTING WITH DISASTER ***

*Regie:* David O. Russell
*Darsteller:* Patricia Arquette (Nancy Coplin), Ben Stiller (Mel Coplin), Téa Leoni (Tina Kalb), Marty Tyler Moore (Mrs. Coplin), George Segal (Mr. Coplin), Alan Alda (Richard Schlicting), Lily Tomlin (Mary Schlicting), Richard Jenkins (Paul Harmon), Josh Brolin (Tony Kent), David Patrick Kelly (Fritz Boudreau)
*Drehbuch:* David O. Russell
*Kamera:* Eric Edwards (Farbe)
*Musik:* Stephen Endelman
*Schnitt:* Christopher Tellefsen
*Prod.Des.:* Kevin Thompson
*Prod.:* Dean Silvers für Flirting with Disaster Films für Miramax Films, USA 1996; 92 Min.
*UA:* Int. Filmfestspiele Cannes 1996
*EA:* Filmfest München 1996
*Verleih:* Kinowelt/dto./Monopole Pathé/ VCL Video; 18.7.1996
*FSK:* ab 12, ffr.

Nach der Geburt seines Sohnes will der Vater, der bei Adoptiveltern aufwuchs, seine leiblichen Eltern kennenlernen. Die chaotische Suche in Begleitung von Psychologin und eifersüchtiger Ehefrau endet bei einem Alt-Hippie-Paar, das noch im Geist der 70er Jahre lebt.
Harmlose Komödie mit einigen Überraschungen und etwas Exzentrik. Schräge Typen treten wie in einer Nummernrevue auf, belanglose Gags amüsieren zeitweise, der große Wurf fehlt jedoch. *Margret Köhler*

»Ich habe als Regisseur noch keine große Reputation, und deshalb war mein Drehbuch die einzige Autorität, die ich gegenüber den Produzenten und Schauspielern in die Waagschale werfen konnte. Ich habe das Script mindestens zehnmal umgeschrieben. Für mich ist das Drehbuch das Rückgrat eines Films – ist es zu schwach, bricht man sich beim Drehen schnell das Genick.«

*David O. Russel im Interview mit Ulrich Lössl, Zitty, 15/96*

Heiko R. Blum in: Rheinische Post, 26.7.96; Silvia Hallensleben in: Der Tagesspiegel, 18.7.96; Thomas Klingenmaier in: Stgt. Zeitung, 18.7.96; Hans-Joachim Neumann in: Zitty, 15/96; Anke Sterneborg in: SZ, 18.7.96; Ralph Umard in: tip, 15/96

## Fluch des Blutes 340

RISK ***

TV

*Regie:* Deirdre Fishel
*Darsteller:* Karen Sillas (Maya), David Ilku (Joe), Molly Price (Nikki), Jack Gwaltney (Karl), Christie Macfadyen (Alice), Barry Snider (Phil), David Lansing (Todd), Gloria Maddox (Mrs. Thompson)
*Drehbuch:* Deirdre Fishel
*Kamera:* Peter Pearce (Duart)
*Musik:* John Paul Jones

*Kurt Russell als Snake Plissken II*

*Schnitt:* Deirdre Fishel, Gordon McLennan
*Prod.Des.:* Flavia Galuppo
*Prod.:* Gordon McLennan für Naked Eye Films, USA 1993; 85 Min.
*UA:* 21.1.1994, Sundance Film Festival, Park City, Utah
*EA:* 26.10.1994, Viennale, Wien
*TV:* 12.3.1996, RTL2, 22.50

Die erfolglose New Yorker Malerin Maya läßt sich von dem haltlosen Herumtreiber Joe dazu verleiten, ein Auto zu stehlen. Das ungleiche Liebespaar flieht zu Joes Schwester Nikki aufs Land, um sich zu verstecken. Bald kommt es zum Steit mit Joes Schwager Karl. Als Joe wegen verschiedener Diebstähle von der Polizei gesucht wird, beginnt eine atemlose Flucht.

## Flucht aus L. A. 341

ESCAPE FROM L. A. **

*Regie:* John Carpenter
*Darsteller:* Kurt Russell (Snake Plissken II), Cliff Robertson (Präsident), Steve Buscemi (Eddie), Stacy Keach (Malloy), George Corraface (Cuervo Jones), Pam Grier (Hershe), Peter Fonda (Pipeline), Valeria Golino (Taslima), Michelle Forbes (Brazen), A.J. Langer (Utopia)
*Drehbuch:* John Carpenter, Debra Hill, Kurt Russell, nach Charakteren von John Carpenter, Nick Castle
*Kamera:* Gary B. Kibbe (Deluxe)
*Musik:* Shirley Walker, John Carpenter
*Schnitt:* Edward A. Warschilka
*Prod.Des.:* Lawrence G. Paull
*Prod.:* Debra Hill, Kurt Russell für Paramount mit Rysher Ent., USA 1996; 101 Min.
*Verleih:* UIP/UIP/UIP/CIC Video; 31.10.1996
*FSK:* ab 16, ffr. – *FBW:* Wertvoll

Eine Fortsetzung, die eher ein Remake ist: Fünfzehn Jahre nach »Die Klapperschlange« wird Snake Plissken diesmal ins futuristische Los Angeles geschickt – nach dem großen Erdbeben nun eine Insel –, um im Alleingang die Welt zu retten. Im Vergleich zum Original, das als kleines Action-Meisterwerk eine ganze Welle apokalyptischer Zukunftsvisionen inspirierte, ist dies nur ein müder Abklatsch. Carpenter & Co. behalten das dramatische Gerüst des Vorgängers bei, variieren jedoch zahllose Details – und verwandeln den ehemals kompakten Genrestoff in eine pompöse und spektakuläre, vor allem aber alberne Nummernrevue.

*Frank Schnelle, tip, 23/96*

Die Folge von lebensgefährlichen, verrückten Abenteuern dieser Action-Thriller-Mission ist mäßig spannend und nicht gerade originell. Schade. Die Klapperschlange hat keinen Biß mehr.

*Frauke Hanck, AZ, 6.11.96*

Albert Baer in: Rheinische Post, 2.11.96; Milan Pavlovic in: Kölner Stadt-Anzeiger, 2.11.96; Claudius Seidl in: SZ, 1.11.96

## Flucht in die Freiheit 342

RACE TO FREEDOM: THE UNDERGROUND RAILROAD ***

TV

*Regie:* Don McBrearty
*Darsteller:* Courtny B. Vance (Thomas), Janet Bailey (Sarah), Tim Reid (Frederick Douglass), Michael Riley (Alexander Ross), Alfre Woodard, Susan Hogan, Tom Butler, James Blendick, Dawn Lewis, Glynn Turman
*Drehbuch:* Diana Braithwaite, Nancy Trites Botkin, Peter Mohan
*Prod.:* Kanada 1994; 91 Min.
*TV:* 28.9.1996, RTL2, 17.40

Der Film schildert, auf historischen Tatsachen beruhend, Einzelschicksale schwarzer versklavter Amerikaner, die in der Mitte des 19. Jahrhunderts über den »Underground Railroad« aus den amerikanischen Südstaaten in den sicheren und freien Norden flohen. Und von dem hohen persönlichen Risiko jener engagierten Bürger, die dabei halfen, den geheimen Fluchtweg einzurichten.

## Fluke 343

FLUKE **

Video

*Regie:* Carlo Carlei
*Darsteller:* Matthew Modine (Fluke/Thomas Johnson), Eric Stoltz (Jeff Newman), Nancy Travis (Carol Johnson), Max Pomeranc (Brian Johnson), Ron Perlman (Sylvester), Samuel L. Jackson (Stimme von Rumbo), Jon Polito (Boss), Bill Cobbs (Bert), Collin Wilcox Paxton (Bella)
*Drehbuch:* Carlo Carlei, James Carrington, nach einem Roman von James Herbert
*Kamera:* Raffaele Mertes (Deluxe)
*Musik:* Carlo Siliotto
*Schnitt:* Mark Conte
*Prod.Des.:* Hilda Stark
*Prod.:* Paul Maslansky, Lata Pyan für Rocket Pic.,
USA 1995; 96 Min.
*Vertrieb:* Warner Home Video; 5.1.1996
*FSK:* o.A.

Schauspielerisch lustlos präsentiertes, exaltiert inszeniertes Familiendrama um Familienvater, der tödlich verunglückt und als Hund wieder zur Welt kommt.
(...) Das Ende hält noch einige Überraschungen bereit, aber bis dahin durchzuhalten, fällt nicht leicht, denn Regisseur Carlo Carlei hat den Roman von James Herbert mit einem Übermaß an Kameraexzessen inszeniert. Das macht hier, mit der Perspektive des Vierbeiners, manchmal Sinn, ist in seiner Maßlosigkeit aber letztlich enervierend.

*Frank Arnold, tip*

## Forbidden Beauty 344

FORBIDDEN BEAUTY *

Video

*Regie:* Jim Wynorski
*Darsteller:* Jennifer Rubin (Janice Starlin), Doug Wert (Alec), Daniel J. Travanti (Dr. Zinthorp), Maria Ford (Caitlin), Melissa Brasselle (Mary), Gerrit Graham
*Drehbuch:* Daniella Purcell, Guy Prevost
*Kamera:* Michael Mickens (Farbe)
*Musik:* Terry Plumeri
*Schnitt:* Dan Holland
*Prod.:* Mike Elliott für Libra Pic., USA 1995; 89 Min.
*Vertrieb:* VMP Video;
23.8.1996
*FSK:* ab 16 J.

Kosmetikmodel läßt sich auf Verjüngungsexperiment ein und verwandelt sich in eine Wespe.

## Forest Warrior 345

FOREST WARRIOR *

Video

*Regie:* Aaron Norris
*Darsteller:* Chuck Norris (John McKenna), Terry Kiser (Travis Thorne), Max Gail (Sheriff Ramsey), Roscoe Lee Browne (Madison), Trenton Knight (Justin Franklin), Megan Paul, Josh Wolford, Jordan Brower, Michael Friedman, William Sanderson

*Tim Roth und Quentin Tarantino*

*Drehbuch:* Ron Swanson, Donald G. Thompson
*Kamera:* Joao Fernandes (Farbe)
*Musik:* Bill Elliott
*Schnitt:* Marcus Manton
*Prod.:* Andy Howard, Rebecca Norris, Leonid Zisman für LOT/Tanglewood Ent., USA 1996; 93 Min.
*Vertrieb:* Highlight Video; 23.12.1996

Chuck Norris springt jugendlichen Natürschützern bei, die gegen skrupellose Spekulanten antreten. Trotz Ökobotschaft tumbeste, ödeste Action mit billigen Effekten.

## Fotos für die Ewigkeit 346

***
TV

*Regie:* Hans-Georg Ullrich, Detlef Gumm
*Prod.:* BRD 1996; 90 Min.
*TV:* 2.10.1996, ARD, 23.00

Der Film beschreibt die ganz persönliche Sichtweise von acht Menschen, die rund um den Berliner Alexanderplatz wohnen und arbeiten. Ihre Lebensgeschichten und Alltagserlebnisse stehen stellvertretend für die Situation verschiedener deutscher Bürger heute. Zusätzlich setzt sich die Dokumentation mit den Fotografien von Konrad Hofmeister auseinander, der es sich zum Ziel gesetzt hat, Menschen mit ihren Ansichten zu Deutschland zu porträtieren. *Zoom*

## Four Rooms 347

FOUR ROOMS **

*Regie:* Allison Anders , Alexandre Rockwell, Robert Rodriguez, Quentin Tarantino
*Darsteller:* Tim Roth (Ted), Bruce Willis, Madonna, Antonio Banderas, Sammi Davis, Amanda de Cadenet, Jennifer Beals, David Proval, Lana McKissack, Paul Calderon
*Drehbuch:* Allison Anders
*Kamera:* Rodrigo Garcia (Farbe)
*Musik:* Combustible Edison, Esquivel
*Schnitt:* Margie Goodspeed
*Prod.Des.:* Gary Frutkoff
*Prod.:* Lawrence Bender für Band Apart Prod., USA 1995; 97 Min.
*UA:* 16.9.1995, Toronto Film Festival
*Verleih:* Kinowelt/Kinowelt/Monopole Pathé/ VCL Video; 29.2.1996
*FSK:* ab 16, ffr.

Vier überdrehte Geschichten aus einem heruntergekommenen Hotel in der Silvesternacht, die für den Pagen (unerträglich chargierend: Tim Roth) sein erster Arbeitstag ist. Nur die Episoden von Tarantino und Rodriguez vermögen halbwegs zu unterhalten, ansonsten steht die Qualität dieses Films im umgekehrten Verhältnis zum guten Ruf der Filmemacher. *Frank Arnold, tip, 6/96*

Fritz Göttler in: SZ, 29.2.96; Rupert Koppold in: Stgt. Zeitung, 29.2.96; Jan Schulz-Ojala in: Berliner Tagesspiegel, 29.2.96; Christian Seebaum in: Kölner Stadt-Anzeiger, 2.3.96

## Fourbi 348

FOURBI ***

*Regie:* Alain Tanner
*Darsteller:* Karin Viard (Rosemonde), Jean-Quentin Chatelain (Paul), Cécile Tanner (Marie), Antoine Basler (Pierrot), Robert Bouvier (Kevin), Jed Curtis, Maurice Aufair, Michele Gleizer, Andre Steiger
*Drehbuch:* Alain Tanner, Bernard Comment
*Kamera:* Denis Jutzeler (Farbe)
*Musik:* Michel Wintsch
*Schnitt:* Monica Goux
*Prod.:* Alain Tanner für Filmograph/Noé mit TSR, Schweiz/Frankreich 1996; 114 Min.
*UA:* 10.5.1996, Int. Filmfestspiele Cannes
*Verleih:* -/-/Frenetic; März 1996

25 Jahre nach »La Salamandre« kommt Alain Tanner zurück auf die Hauptfiguren seines ersten großen Kinoerfolgs und zeigt sie in einer veränderten Welt. Aber nicht nur die Lebensumstände von Rosemonde, Pierre und Paul haben sich verändert, auch die drei selbst sind – obwohl kaum gealtert – nicht mehr, was sie einst waren. Den Widerstand, den sie einer durch und durch kommerzialisierten und entpolitisierten Gesellschaft entgegensetzen, ist um so schwieriger geworden, als diese kaum mehr Angriffsflächen bietet. Tanners »Blick zurück nach vorn« leidet unter einem umständlichen Plot und erreicht seine stärksten Momente in jenen Bildern und Sequenzen, die sich von ihm zu lösen wissen. *Zoom, 3/96*

## Frankie Starlight 349
FRANKIE STARLIGHT ***

*Regie:* Michael Lindsay-Hogg
*Darsteller:* Anne Parillaud (Bernadette), Matt Dillon (Terry Klout), Gabriel Byrne (Jack Kelly), Corban Walker (Frank Bois), Rudi Davies (Emma), Alan Pentony (Frank als Junge), Georgina Cates (Emma als Mädchen), Niall Toibin (Handy Paige), Dearbhla Molloy (Effa Kelly), Barbara Alyn Woods (Marcia)
*Drehbuch:* Chet Raymo, nach dem Roman »The Dork of Cork« von Chet Raymo
*Kamera:* Paul Laufer (Farbe)
*Musik:* Elmer Bernstein
*Schnitt:* Ruth Foster
*Prod.Des.:* Frank Conway
*Prod.:* Noel Pearson für Noel Pearson Prod. mit Fine Line Features/Channel Four/Pandora Cinema/Rimb/Eurimages/The Irish Film Board/Radio Telefis Eireann/Canal Plus, Frankreich/GB 1995; 100 Min.
*Verleih:* TiMe/-/Rialto; 15.2.1996
*FSK:* ab 12, ffr.

Der zwergwüchsige Frank Bois hat als 43jähriger mit seinem Erstlingsbuch auf Anhieb Erfolg, dessen Inhalt – die Geschichte seiner unglücklichen Mutter Bernadette und seiner Jugend – der Film in Rückblenden erzählt. Bernadette will nach dem gewaltsamen Tod ihrer Eltern 1943 auf einem US-Truppentransporter in die USA, wird auf dem Schiff geschwängert, bringt in Irland den mißgestalteten Frank zur Welt, läßt sich mit einem verheirateten Iren, später mit einem Texaner ein, die ihr beide kein Glück bringen, während Frank mit beiden sein Leben positiv prägende Erfahrungen macht. Während das Schicksal der Mutter etwas kolportagehaft überfrachtet wirkt, besitzen die Szenen aus der Kindheit Franks dank der darstellerischen Leistung Alan Pentonys eine ungewöhnliche Intensität und Zärtlichkeit. *Zoom, 6/96*

Fritz Göttler in: SZ, 16.2.96; Thomas Klingenmaier in: Stgt. Zeitung, 15.2.96; Helmut Schmitz in: FR, 20.2.96

## Die Fratze des Todes 350
OVEREXPOSED **
TV

*Regie:* Larry Brand
*Darsteller:* Catherine Oxenberg (Kristen), David Naughton (Phillip), Jennifer Edwards (Helen), Karen Black (Mrs. Towbridge), William Bumiller (Hank), John Patrick Reger (Terrance), Larry Brand (Morrison)
*Drehbuch:* Larry Brand, Rebecca Reynolds
*Kamera:* David Sperling (Farbe)
*Musik:* Marc Governor
*Schnitt:* Patrick Rand
*Prod.Des.:* Robert Franklin
*Prod.:* Roger Corman, USA 1990; 80 Min.
*TV:* 22.7.1996, RTL2, 22.10

Als Kristen, ein völlig überarbeiteter TV-Star, sich von mysteriösen Anschlägen verfolgt fühlt, hält man sie anfangs für verrückt – bis eine Leiche gefunden wird. *AZ TV Journal*

## Frech wie Krümel 351
KRUMMERNE ***

*Regie:* Sven Methling
*Darsteller:* Laus Höybye (Krumme), Dick Kaysöe (Vater), Karen-Lise Mynster (Mutter), Peter Schröder (Boris), Jarl Friis Mikkelsen (Ivan), Line Kruse (Stine), Lukas Forchhammer (Grunk), Buster Larsen (Svendsen), Elin Reimer (Frau Olsen), Christian Potalivo (Tom)
*Drehbuch:* John Stefan Olsen, Thoger Birkeland
*Kamera:* Peter Roos (Farbe)
*Musik:* Michael Hardinger, Rasmus Schwenger

*Prod.:* Regner Grasten für Regner Grasten Film/Nordisk Film/The Danish Film Institute, Dänemark 1991; 90 Min.
*Verleih:* BeauFilm, Central/-/-; 9.5.1996

In dieser Slapstick-Komödie zieht der Junge Krumme mit seiner Familie in ein altes Haus, in dem er in die Geschäfte von Bankräubern verwickelt wird, die ihre Beute im Keller des Hauses versteckt haben.

## Free Elli – Die Rettung des Elefantenbabies 352

THE GREAT ELEPHANT ESCAPE ***

TV

*Regie:* George Miller
*Darsteller:* Joseph Gordon-Levitt (Matt Cunningham), Frederick M'Cormack (Jomo Batiany), Julian Sands (Clive Potter), Stephanie Zimbalist (Beverly Cunningham), Leo Burmester (Harlo Ethridge), Rolf Schmit (Vilias), David Mulwa (Lenana Batiany), Lenny Juma (Juba)
*Drehbuch:* John Sweet, Christopher Canaan
*Musik:* Bruce Rowland
*Prod.:* USA 1995; 93 Min.
*TV:* 8.4.1996, Pro7, 17.35

Während seiner Ferien in Kenia freundet sich der junge Matt mit dem Massai-Boy Jomo an, der auf einer Tier-Waisenstation arbeitet. Matt ist besonders von dem Elefanten-Mädchen Ellie angetan, das eines Tages von einem rüden Tierhändler abgeholt wird. Die beiden Jungs befreien Ellie und starten mit ihr zu einer aufregenden Flucht durch den Busch. *Pressetext*

## Frei wie ein Vogel 353

PIGEON VOLE ***

TV

*Regie:* Mehdi Charef
*Darsteller:* Philippe Léotard (Ferdinand), Amandine Boyadjian (Momo/Marlène), Christiane Cohendy (Marina), Agnès Garreau (Momos Mutter), Marianne Epin (Ferdinands Frau), Bernard Llopis, Pierre Plancoulaine, Edmonde Franchi, Mohamed Adi, Djemel Charef
*Drehbuch:* Mehdi Charef
*Kamera:* Roman Winding (Farbe)
*Musik:* Bruno Coulais
*Schnitt:* Kenout Peltier
*Prod.Des.:* Jean-Paul Ginet
*Prod.:* La Sept/Arte/Cinétévé, Frankreich 1995; 87 Min.
*TV:* 14.6.1996, Arte, 20.45, OmU

Das freie Straßenleben des Clochards Ferdinand kommt aus dem Tritt, als ihm ein kleiner Junge auf Schritt und Tritt folgt und sich nicht abschütteln läßt.

## Freispiel – Film/Musik Projekt 354

***

*Regie:* Burkhard Steger
*Kamera:* Robert Berghoff (Farbe)
*Schnitt:* Josef van Ooyen
*Prod.:* Gerhard von Richthofen für Gruppe 5/-WDR, BRD 1995; 85 Min.
*Verleih:* Karelia/-/-; 30.3.1996

Dokumentation einer sich über mehrere Tage erstreckenden Session mit namhaften Vertretern der Avantgarde-Rockszene. Den Organisatoren gelang es, Musiker von Can, Amon Düül II, DAF, Der Plan, Fehlfarben, Joy Division, Killing Joke, Ultravox u.v.a. zu vereinen und ohne Vorbereitungen gemeinsam improvisieren zu lassen.
(...) Um so bedauerlicher, daß der Film zwar viel Musik auf die Leinwand bringt, aber das eigentlich Spannende ausblendet, nämlich den interaktiven Prozeß zwischen Individualisten: Diskussionen, Animositäten, Mißverständnisse – das alles hat es zwar gegeben, zu sehen ist davon aber nichts. Meinte Oliver Gunther, FR, 20.3.96 über den Film.

Christa Moles Kamp in: Der Tagesspiegel, 22.3.96

## Fresh 355

FRESH ****

TV

*Regie:* Boaz Yakin
*Darsteller:* Sean Nelson (Fresh), Giancarlo Esposito (Esteban), Samuel L. Jackson (Sam), N'Bushe Wright (Nicole), Ron Brice (Corky), Jean LaMarre (Jake), Luis Lantigua (Chuckie), Yul Vasquez (Chillie), Cheryl Freeman (Tante Frances)
*Drehbuch:* Boaz Yakin
*Kamera:* Adam Holender (Farbe)
*Musik:* Stewart Copeland
*Schnitt:* Dorian Harris

*Prod.:* Lawrence Bender, Randy Ostrow für Fresh Prod./Lumière, USA 1994; 115 Min.
*UA:* 27.1.1994, Sundance Film Festival, Park City, Utah; Int. Filmfestspiele Cannes 1994 »Quinzaine des Realisateures«
*EA:* Filmfest München 1994
*TV:* 18.9.1996, Premiere, 22.30

Der zwölfjährige Fresh lebt in Bushwick, Brooklyn, und handelt mit Heroin und Crack, wenn er nicht gerade mit seinem Vater, den er eigentlich nicht sehen darf, Schach spielt. Ob auf den Straßen seines Viertels oder in der Schule, Fresh schlägt sich durch und schafft es, alles unter einen Hut zu bringen – bis die Ereignisse sich irgendwann zu einem tödlichen Netz verdichten, aus dem Fresh sich nur befreien kann, indem er die anderen Beteiligten geschickt gegeneinander ausspielt.

## Friday
356

FRIDAY **

Video

*Regie:* F. Gary Gray
*Darsteller:* Ice Cube (Craig), Chris Tucker (Smokey), Nia Long (Debbie), Tiny »Zeus« Lister jr. (Deebo), John Witherspoon (Mr. Jones), Anna Maria Horsford (Mrs. Jones), Regina King (Dana), Paula Jai Parker (Joi), Bernie Mac (Pastor Cleaver), Angela Means (Felisha)
*Drehbuch:* Ice Cube, DJ Pooh
*Kamera:* Gerry Lively (Foto-Kem)
*Musik:* Frank Fitzpatrick, Hidden Faces (underscore)
*Schnitt:* John Carter
*Prod.Des.:* Bruce Bellamy
*Prod.:* Pat Charbonnet für Cube/Charbonnet Prod. mit Priority Films, USA 1995; 89 Min.
*Vertrieb:* VCL Video; Oktober 1996
*FSK:* ab 16 J.

Zwei farbige Jungs konsumieren das ihnen anvertraute »Gras« statt damit zu dealen. Schwachbrüstige Klamaukkomödie mit Sexeinlagen und Soundtrack-Dröhnung.

## Frisk
357

FRISK **

*Regie:* Todd Verow
*Darsteller:* Michael Gunther (Dennis), Parker Posey (Ferguson), Alexis Arquette (Punk), Raoul O'Connell (Kevin), Jaie Laplante (Julian), James Lyons (Gypsy Pete), Mark Ewert (Denis als Kind), Craig Chester (Henry), Michael Stock, Michael Waite
*Drehbuch:* Jim Dwyer, George LaVoo, Todd Verow, nach dem Roman von Dennis Cooper
*Kamera:* Greg Watkins (Farbe)
*Musik:* Mark Jan Wlodarkiewicz (design)
*Schnitt:* Todd Verow
*Prod.Des.:* Jennifer Graber
*Prod.:* Marcus Hu, Jon Gerrans; Richard Huggard (Co.-Prod.) für Industrial Eye, USA 1995; 83 Min.
*UA:* Toronto Filmfestival
*EA:* 24.2.1996, Forum des Jungen Films, Berlin; Filmfest München 1996
*Verleih:* Freunde/-/-; Oktober 1996

Sex and Crime: in einem Pornomagazin stößt Dennis auf das Bild eines vermeintlich Toten, und seine Phantasie schlägt Purzelbäume. Von gewalttätigen sexuellen Praktiken angezogen, malträtiert er seine Opfer, quält und tötet und bringt das Ganze zu Papier. Todd Verow betreibt keine psychologische Ursachenforschung, sondern führt die Gewalt in der Darstellung sexueller

*Robert Rodriguez*

*Entdeckung George Clooney und Quentin Tarantino in ›From Dusk Till Dawn‹ von Robert Rodriguez*

Praktiken ad absurdum. Das ist harte Kost, manchmal allerdings auch komisch und nicht immer ganz ernst gemeint. *tip, 21/96*

(...) »Frisk« ist auch für erfahrene Serienmörderfilmekucker erschreckend und unangenehm. Nihilistisches Schwulenkino. Schöne Männer, die schlimme Dinge tun. Pardon wird nicht gegeben. *Holger Kreitling, Der Tagesspiegel, 24.2.96*

## From Dusk Till Dawn 358

FROM DUSK TILL DAWN ***

*Regie:* Robert Rodriguez
*Darsteller:* Harvey Keitel (Jacob Fuller), George Clooney (Seth Gecko), Quentin Tarantino (Richard Gecko), Juliette Lewis (Kate Fuller), Cheech Marin (Grenzbeamter/Chet Pussy/Carlos), Fred Williamson (Frost), Salma Hayek (Santanico Pandemonium), Marc Lawrence, Michael Parks, Kelly Preston
*Drehbuch:* Quentin Tarantino, nach einer Story von Robert Kurtzman
*Kamera:* Guillermo Navarro (Technicolor)
*Musik:* Graeme Revell
*Schnitt:* Robert Rodriguez
*Prod.Des.:* Cecilia Montiel
*Prod.:* Gianni Nunnari, Meir Teper für A Band Apart/Los Hooligans Prod. für Miramax, USA 1996; 108 Min.
*UA:* 19.1.1996, New York
*EA:* Int. Filmfestspiele Berlin »Panorama«; Filmfest München 1996
*Verleih:* Scotia/-/Monopole Pathé/BMG Video; 4.4.1996
*FSK:* ab 18, ffr.

Zwei Gangster auf der Flucht bringen eine Familie in ihre Gewalt, um sicher über die Grenze nach Mexiko zu kommen. Dort sollten sie an einem vereinbarten Treffpunkt, einem Nachtclub in der Wüste, auf weitere Gangster stoßen, werden aber stattdessen von Vampiren überfallen. Der Film kippt in der Hälfte vom Road-Movie ins Zombie-Genre und führt ein Gruselkabinett von Monstern vor, die man aus dem Horror-Metier bereits kennt. *Zoom, 7/96*

(...) Tarantino und Rodriguez bemerken nicht, daß ihr Stil des Umgangs mit Schablonen der Filmindustrie längst ausgereizt ist und flüchten sich in die zynische Inszenierung eines bluttriefenden, unerwartet dümmlichen Splattermovies. *multimedia*

(...) So sehr sich Rodriguez und Tarantino bemühen, mit religiösen Anspielungen – vom biblischen Vornahmen Seth bis zur Weihwasser-Kanone – eine zweite Ebene anklingen zu lassen, sie kommen letztlich nicht über ein furioses, den »special effects« verpflichtetes Spektakel hinaus, das nicht nur die Geschichte des Kinos, sondern auch die der Malerei von Bosch bis Bacon unbekümmert verwurstet. Deutlicher als in ihren früheren Arbeiten sehen wir: Die beiden haben viel zu zeigen und wenig zu sagen. *H. G. Pflaum, SZ, 4.7.96*

(...) Der 27jährige Regisseur Robert Rodriguez, der mit seinem originellen Billigst-Debüt »El Mariachi« zurecht Furore machte, und der seit dem internationalen Erfolg von »Pulp Fiction« hochgehandelte Quentin Tarantino (hier als Drehbuchautor, Koproduzent und Schauspieler) haben sich ein teures, blödes Scherzlein erlaubt, das sicherlich wieder den frei erfundenen Stempel Kultfilm aufgedrückt kriegt. Und das letztlich nur eine Spielkiste für scheußliche Spezialeffekte ist.
*Angie Dullinger, AZ, 23.2.96*

Angie Dullinger in: AZ, 4.7.96; Hermann Kewitz in: Rheinische Post, 6.7.96; Thomas Klingenmaier in: Stgt. Zeitung, 4.7.96; Peter Körte in: FR, 3.7.96; Harald Martenstein in: Der Tagesspiegel, 22.2.96; Milan Pavlovic in: Kölner Stadt-Anzeiger, 6.7.96; Christiane Peitz in: Die Zeit, 5.7.96; Christian Schröder in: Der Tagesspiegel, 4.7.96

## 25 Cents 359
TWO BITS ***

*Regie:* James Foley
*Darsteller:* Mary Elizabeth Mastrantonio, Jerry Barone, Joe Grifasi, Al Pacino (Großvater), Joanna Merlin, Andy Romano, Patrick Borriello
*Drehbuch:* Joseph Stefano
*Kamera:* Juan Ruiz-Anchina (Farbe)
*Musik:* Jane Musky
*Schnitt:* Howard Smith
*Prod.:* Arthur Cohn, Willi Bär für Capella Films, USA 1995; 85 Min.
*UA:* 22.11.1995, New York
*Verleih:* -/-/Buena Vista/VMP Video; November 1996
*FSK:* ab 12 J.

Sommer 1933 in Philadelphia: Ein 12jähriger will sich 25 Cents verdienen, um ins Kino gehen zu können. Ohne jede Spannung, ohne jedes dramaturgische Ziel und vor allem ohne jeden Charme erzählt.

## FX – Final Illusion 360
FX – THE ILLUSION **
Video

*Regie:* Paul Lynch
*Darsteller:* Cameron Daddo (Rollie Tyler), Kevin Dobson (Leo McCarthy), Carrie-Ann Moss (Lucinda Scott), Christina Cox (Angie Ramirez), Kristin Lehman (Katya), Phillip Jarrett (Tom Berryman), Robert Morelli, Stewart Bick, Krista Bridges, Alon Nashman
*Drehbuch:* John Fasano
*Kamera:* Malcolm Cross (Farbe)
*Musik:* Jean Christophe Beck
*Schnitt:* Gary L. Smith
*Prod.Des.:* Stephen Roloff
*Prod.:* William Gray, Robert Wertheimer für Skyvision Ent.,
USA 1995; 86 Min.
*Vertrieb:* VPS Video; 23.5.1996
*FSK:* ab 12 J.

Bescheidener TV-Ableger des Kinofilms »FX-Tödliche Tricks« und dessen Fortsetzung: Effektespezialist in Hollywoodstudio nutzt seine berufliche Erfahrungen, um tödliche Bedrohung abzuwenden.

## Gamera 362

GAMERA – THE GURADIAN OF THE UNIVERSE

**

Video

*Regie:* Shusuke »Shu« Kaneko
*Darsteller:* Tsuyoshi Ihara (Yoshinari Yonemori), Akira Onodera (Naoya Kusanagi), Ayako Fujitani (Asagi Kusanagi), Shinobu Nakayama (Mayumi Nagamine)
*Drehbuch:* Kazunori Ito
*Kamera:* Junichi Tozawa, Kenji Takama (Farbe)
*Musik:* Koh Ohtani
*Prod.:* Hiroyuki Kato, Yasuharu Urushido, Shigeru Ohno für Daiei/NTV, Japan 1995; 93 Min.
*Vertrieb:* VPS Video; 27.6.1996
*FSK:* ab 12 J.

Streibare Riesenschildkröte hält ihren schützenden Panzer vor die bedrohte Menschheit, die von riesigen Flugsaurieren angegriffen wird. Ein plattes Filmspektakel.

## Ein ganz normales Leben 363

UNA VIDA NORMAL

***

TV

*Regie:* Joaquim Leitão
*Darsteller:* Joaquim de Almeida (Miguel), Maria Barranco (Teresa), Margarida Marinho (Paula), Anamar (Paula B.)
*Drehbuch:* Joaquim Leitão
*Prod.:* Tino Navarro für MGN Filmes, Portugal 1993; 109 Min.
*TV:* 10.9.1996, 3sat, 22.25, OmU

Der erfolgreiche Yuppie und Frauenheld Miguel führt in der feinen Gegend Lissabons ein angenehmes Leben, bis er zu leichtsinnig wird. Seine Frau und seine Freundin geben ihm den Laufpaß, sein Bankkonto ist leer, und auch sein Job macht ihm keine Freude mehr.

## Ein ganz normales Wunder 364

HOUSEHOLD SAINTS

***

Video

*Regie:* Nancy Savoca
*Darsteller:* Tracey Ullman (Catherine Falconetti), Vincent D'Onofrio (Joseph Santangelo), Lili Taylor (Teresa), Judith Malina (Carmela Santangelo), Michael Rispoli (Nicky Falconetti), Victor Argo
*Drehbuch:* Nancy Savoca, Richard Guay
*Kamera:* Bobby Bukowski (Farbe)
*Musik:* Stephen Endelman
*Schnitt:* Beth Kling
*Prod.Des.:* Kalina Ivanov
*Prod.:* Richard Guay, Peter Newman für Jones Ent., USA 1993; 124 Min.
*EA:* Filmfest München 1995
*Vertrieb:* VMP Video; April 1996
*FSK:* ab 12 J.

»Little Italy« in New York: Metzgermeister gewinnt beim Kartenspiel Nachbarstochter, heiratet sie und zeugt mit ihr tief religiöse Tochter. Merkwürdiges, episch breites Familiendrama, das zuweilen überrascht.
(...) Ob die Tochter am Ende tatsächlich Wunder vollbracht hat oder ob sie nicht schlicht an einer akuten halluzinatorischen Psychose leidet, wie diagnostiziert wird, bleibt in der Schwebe bei diesem tragikomischen kleinen Juwel, in dem die Darsteller, darunter auch noch Vincent D'Onofrio und der verläßliche Victor Argo, ganz ›laid back‹ agieren. *Frank Arnold, tip, 20/96*

»Dies ist eine profunde und bewegende Geschichte, erzählt mit einer Mischung aus Wärme, Humor und dem Unerklärlichen. Nancy Savoca hat einen Stoff ausgewählt, mit dem sie ihre Stärken als Geschichtenerzählerin voll ausspielen kann« (Jonathan Demme).

## Der Garten 365

ZAHRADA

***

*Regie:* Martin Sulik
*Darsteller:* Roman Luknar, Marian Labuda, Zuzana Sulajova, Jana Svandova, Katarina Vrzalova, Dusan Trancik
*Drehbuch:* Martin Sulik, Martin Loscak, Ondrej Sulaj
*Kamera:* Martin Strba (Farbe)
*Musik:* Vladimir Godnar
*Schnitt:* Dusan Milko
*Prod.:* Rudolf Biermann für Artcam/ STV Bratislava/SFT Koliba, Slowakische Republik 1995; 100 Min.
*UA:* 7.7.1995, Film Festival in Karlovy Vary
*EA:* Int. Filmfestival Mannheim-Heidelberg
*Verleih:* Arsenal/-/-; 14.11.1996

Jakob ist dreißig Jahre alt und möchte sein Leben grundlegend ändern. Deshalb zieht er sich für einige Tage aufs Land in den alten Garten seines Großvaters zurück. Der Garten aber entpuppt sich nach und nach als verwunschener Ort voller Überraschungen und Rätsel. Mysteriöse Besucher tauchen auf, und die geheimnisvolle Nachbarin Helena entführt ihn in eine andere Welt.

(...) »Dieser stille Film umgarnt den Zuschauer allmählich mit schrägem Humor, unterminiert aber jeden Versuch, ihn als Reklame für das natürliche Leben mißzuverstehen.« (...) schrieb Thomas Klingenmaier in der Stgt. Zeitung, 20.12.96

Alexander Musik in: tip, 24/96; Christian Seebaum in: Kölner Stadt-Anzeiger, 30.11.96

## Gefahr aus dem Weltall 2 366

IT CAME FROM OUTER SPACE 2 **

Video

*Regie:* Roger Duchowny
*Darsteller:* Brian Kerwin (Jack Putnam), Elizabeth Pena (Ellen Fields), Jonathan Carrasco (Stevie Fields), Adrian Sparks (Alan Paxson), Bill McKinney (Roy Minter), Dean Norris (Dave Grant), Dawn Zeek (Linda Grant), Lauren Tewes, Mickey Jones, Iilana B'tiste
*Drehbuch:* Jim Wheat, Ken Wheat, Harry Essex, nach einer Idee von Ray Bradbury
*Kamera:* Robert C. New (Farbe)
*Musik:* Shirley Walker
*Schnitt:* Michael S. McLean
*Prod.Des.:* Anthony Tremblay
*Prod.:* Tony Dow, Roger Duchowny für Universal, USA 1995; 84 Min.
*Vertrieb:* CIC Video; Februar 1996
*FSK:* ab 12 J.

Läppisches Science-fiction-Produkt um böswillige Außerirdische in der Wüste von New Mexico.
»Ein fader Hauptdarsteller und eine Hauptdarstellerin, die spielt, als hätte sie sich vorher mit Valium zugeknallt, dazu Spezialeffekte aus dem Schülerbaukasten machen diesen Film zum idealen Schlafmittel« meinte dazu Frank Arnold im tip.

## Gefährliche Affäre 367

A DANGEROUS AFFAIR ***

Video

*Regie:* Alan Metzger
*Darsteller:* Connie Sellecca (Sharon Blake), Gregory Harrison, Christopher Meloni (Tommy Moretti), Rosalind Cash (Dr. Robertson), Eileen Seeley (Lori), Ryan Todd (Eric), John Marshall Jones (Det. Webber), Robin Bartlett (Martha), Jo De Winter, Gerald Berns
*Drehbuch:* Alan Rosen
*Kamera:* (Farbe)
*Prod.:* Vicky Herman für Stalking Prod., USA 1995; 89 Min.
*Vertrieb:* VMP Video; 13.12.1996
*FSK:* ab 16 J.

Die x-te Variation von »Eine verhängnisvolle Affäre«: Karrierefrau läßt sich auf Abenteuer mit Psychopathen ein, der sie, nachdem sie mit ihm Schluß gemacht hat, bedroht. Reichlich uninspirierter Thriller.

## Gefährliche Freundin 368

****

TV

*Regie:* Hermine Huntgeburth
*Darsteller:* Katharina Thalbach (Hanna), Corinna Harfouch (Bibi), Anna Thalbach (Laura), Roman Rien (Mario), Armin Rhode (Braatset), Nikolaus Paryla (Pingo), Michael Gwisdek (Buntie), Willi Herren, Georg Marin, Walter Sachers
*Drehbuch:* Lothar Kurzawa
*Kamera:* Martin Kukula (Farbe)
*Schnitt:* Bettina Böhler
*Prod.Des.:* Florian Haarmann
*Prod.:* Gerd Haag für Tag/Traum Film- und Videoprod. für WDR, BRD 1995; 89 Min.
*UA:* Int. Hofer Filmtage 1996
*TV:* 20.11.1996, ARD, 20.15

Ein schwarzer Sensibel-Thriller aus der proletarischen Malocher-Ecke: Zwei Arbeitskolleginnen – die eine keß und aggressiv, die andere ein naives Gemütsrutscherl – suchen sich ihre Kerle beim Boxen oder in der Kneipe. Und dann liegt einer in einer Blutlache, und ein seltsames Radikalmedodram der Gewalt nimmt seinen Lauf. Dieser Weiberwutfilm hat nicht nur eine Spitzenbesetzung, sondern eine ganz besondere Brachialkomik. (...)

*Ponkie, AZ, 22.11.96*

(...) Um so kühner sind Corinna Harfouchs Verwandlungen in diesem ra-

benschwarzen Frauenstück, wo sie an der Seite von Katharina Thalbach eine aufgetakelte Bürobiene spielt, die sich vor der Eintönigkeit der Arbeitswelt in Suff und Sex flüchtet und eines Tages mit dem Messer in der Hand im Blut ihres letzten Liebhabers aufwacht. Im Gefängnis gewinnt sie dann langsam eine Härte und Schärfe, die den Film zu einem echten Abenteuer machen. Hermine Huntgeburths Film ist das beste Beispiel für eine Komödie, die sich nicht im Lamento verliert. (...)
*Michael Althen, SZ, 29.10.96*

## Gefährliche Gespielinnen 369
COMPANION (AROUSED 2) ***
TV

*Regie:* Paul Thomas
*Darsteller:* Ashlyn Gere, Asia Carrera, Tera Heart, Sandi Beach
*Drehbuch:* Paul Thomas
*Kamera:* Ralph Parfait (Farbe)
*Musik:* G.G. Steele
*Prod.:* USA 1994; 84 Min.
*TV:* 20.12.1996, Premiere, 00.00

Sex, Intrigen, Leidenschaft um Mitternacht.

## Gefährliche Intrige 370
DANGEROUS INDISCRETION **
Video

*Regie:* Richard Kletter
*Darsteller:* Wendy Abbott (Receptionist), Alex Doduk (Matthew), Jason Gray-Stanford (Video Store Clerk), Dean Haglund (Crack head), Topaze Hasfal-Schou (Cinda), Mark High (Celebrity M.C.), C. Thomas Howell (Jim Lomax), Malcolm McDowell (Roger Everett), Joan Severance (Caroline Everett), Andrew Johnston (Hartung)
*Drehbuch:* Richard Kletter, Jack Tarpon
*Kamera:* Bernard Salzmann (35mm)
*Musik:* Richard Gibbs
*Schnitt:* Lisa Bromwell, David Siegel
*Prod.Des.:* Jo Anne Chorney
*Prod.:* Thom Colwell für Chanticleer/Empty Chair/Interglobal Prod., USA 1994; 77 Min.
*Vertrieb:* VMP Video; 9.8.1996
*FSK:* ab 16 J.

Eifersüchtiger Ehemann will das Leben seines jungen Nebenbuhlers zerstören. Schauspielerisch ansprechende Dreiecksstory mit voraussehbarer Handlung.

## Gefühl und Verführung 371
STEALING BEAUTY ***

*Regie:* Bernardo Bertolucci
*Darsteller:* Liv Tyler (Lucy Harmon), Sinead Cusack (Diana Grayson), Donal McCann (Ian Grayson), Jeremy Irons (Alex Parrish), Jean Marais (Monsieur Guillaume), Rachel Weisz (Miranda Fox), D.W. Moffett (Richard Reed), Stefania Sandrelli (Noemi), Carlo Cecchi (Carlo Lisca), Iganzio Oliva
*Drehbuch:* Bernardo Bertolucci, Susan Minot, nach einer Story von Bernardo Bertolucci
*Kamera:* Darius Khondji (Technicolor)
*Musik:* Richard Hartley; Peter Afterman (supervisor)
*Schnitt:* Pietro Scalia
*Prod.Des.:* Gianni Silvestri
*Prod.:* Jeremy Thomas für Fiction/Recorded/ UGC Images mit Fox Searchlight, Italien/GB/Frankreich 1996; 118 Min.
*UA:* Int. Filmfestspiele Cannes 1996
*Verleih:* Jugendfilm/Constantin/Monopole Pathé; 26.9.1996
*FSK:* ab 12, ffr. – *FBW:* Wertvoll

In seinem ersten italienischen Spielfilm nach 15 Jahren überrascht Bernardo Bertolucci durch eine ungewohnte Leichtigkeit und kontemplative Ruhe. Er schildert das Leben einer Gruppe von Künstlern und Intellektuellen, die sich in ein Landgut in der Toskana zurückgezogen haben. Eine junge Amerikanerin stößt auf der Suche nach ihrem Vater und nach dem Mann, der ihr erster Liebhaber werden soll, zu dieser »kosmopolitischen Gemeinschaft« und stellt ihre Lebensweise in Frage. Der Meister des exorbitanten Aufwands und der großen Geste überzeugt diesmal durch einen stillen Film der Selbstbesinnung und der Suche nach einer gültigen Lebensform. *Zoom, 9/96*

(...) Aber so sieht sie wohl aus, die schlüpfrige Männerphantasie eines alternden Regisseurs, der einem nichts mehr zu sagen hat und am liebsten wohl selbst seiner Hauptdarstellerin unters Röckchen grapschen würde.
*Albert Baer, Rheinische Post, 27.9.96*

»Stealing Beauty« mag in der Tat ein Altmänner-Film sein, ein schwelgerisches Stück Kino über die Nostalgie seines Urhebers. Aber was ist daran so schlimm?

Richtig ist, daß Bertolucci keine Geschichte hat, aber er braucht auch keine. Man merkt dem Film an, wie glücklich er ist, wieder unterm eigenen Himmel zu drehen, da war er eh immer am besten. Hier genügen ihm Impressionen, um eine Welt zu entfalten, die er weder in Afrika noch in China und Boston wirklich in den Griff bekam. Eine Handvoll Menschen im dolce far niente, an der Schwelle zum Erwachsenenleben die einen, am Rande des Todes die andern. Und zwischen der roten Erde von Siena und dem türkisen Himmel darüber ein bescheidenes Fest der Kunst und der Lebenskunst – mehr will »Stealing Beauty« nicht sein, mehr ist es auch nicht. Aber als Dokument einer Heimkehr wird es allen Pfiffen in Cannes zum Trotz Bestand haben wie ein luftiges Aquarell oder eine heitere Mazurka. *Peter Buchka, SZ, 18.5.96*

Michael Althen in: SZ, 26.9.96; Angie Dullinger in: AZ, 26.9.96; Heike Kühn in: FR, 28.9.96; Harald Martenstein in: Der Tagesspiegel, 25.9.96; Katja Nicodemus in: tip, 20/96; Georg Seeßlen in: Die Zeit, 27.9.96

## Gegen die Zeit 372

NICK OF TIME ***

Video

*Regie:* John Badham
*Darsteller:* Johnny Depp (Gene Watson), Christopher Walken (Mr. Smith), Charles S. Dutton (Huey), Peter Strauss (Brendan Grant), Roma Maffia (Ms. Jones), Gloria Reuben (Krista Brooks), Marsha Mason (Gov. Eleanor Grant), Courtney Chase (Lynn Watson), Bill Smitrovich (Officer Trust), G. D. Spradlin (Mystery Man)
*Drehbuch:* Patrick Sheane Duncan
*Kamera:* Roy H. Wagner (Deluxe)
*Musik:* Arthur B. Rubinstein
*Schnitt:* Frank Morriss
*Prod.Des.:* Philip Harrison
*Prod.:* John Badham für Paramount, USA 1995; 89 Min.
*EA:* Fantasy Filmfest 1996
*Vertrieb:* CIC Video; Juli 1996
*FSK:* ab 16 J.

Auf dem Bahnhof von Los Angeles wird die Tochter eines Büroangestellten entführt, um ihn zum Mord an einer Politikerin zu zwingen. Spannend und ansprechend inszenierter Thriller, wenngleich sich die Logik zeitweise verabschiedet.
»Paranoia-Kino als präzises Kammerspiel« resümierte Frank Arnold.

## Geh, wohin dein Herz dich trägt 373

VA DOVE TI PORTA IL CUORE ***

*Regie:* Cristina Comencini
*Darsteller:* Virna Lisi (Oma Olga), Margherita Buy (Junge Olga), Galatea Ranzi (Ilaria), Valentina Chico (Marta), Tcheky Karyo (Ernesto), Massimo Ghini (Augusto), Luigi Diberti (Olgas Vater), Anna Teresa Rossini (Olgas Mutter), Lavinia Guglielman, Valerie Sabel
*Drehbuch:* Roberta Mazzoni, Cristina Comencini, nach dem gleichn. Roman von Susanna Tamaro
*Kamera:* Roberta Forza (Farbe)
*Musik:* Alessio Vlad, Claudio Capponi
*Schnitt:* Nino Baragli
*Prod.Des.:* Paola Comencini
*Prod.:* Sandro Parenzo, Jean-Pierre Guerin, Theo Hinz für Videa/GMT Prod./Project im Filmverlag/ZDF, Italien/Frankreich/BRD 1996; 106 Min.
*EA:* Filmfest München 1996
*Verleih:* Pandora/-/Filmcooperative; 1.8.1996
*FSK:* ab 6, ffr.

Drei Frauengenerationen – Großmutter, Tochter und Enkelin – versuchen, die Spielregeln der Gesellschaft zu ihrer Zeit zu durchbrechen und ein Stück individuelle Freiheit zu erringen. Wie das alles passiert, erzählt das bewegende Brieftagebuch der ältesten Frau.
Der mit viel Gefühl verfilmte Bestseller von Susanna Tamaro bekennt sich zur Kraft des Herzens und verborgener Empfindungen. Es dauert aber etwas lange, bis die Geschichte an Tempo gewinnt. *Margret Köhler*

(…) Verfilmung des gleichnamigen Bestsellers, der mit der heimlichen Liebe und der versöhnlichen Generationenveständigung kein Klischee ausläßt, zunehmend sentimental wird und durch überdeutliche musikalische Untermalung und Naturmetaphorik verärgert. *Zoom, 8/96*

Frauke Hanck in: AZ, 25.7.96 (Interview Comencini); Susanne Issig in: Kölner Stadt-Anzeiger,

3.8.96; Sigrid Schmidt in: Rheinische Post, 2.8.96; Angela Schmitt-Gläser in: FR, 2.8.96; Ruprecht Skasa-Weiß in: Stgt. Zeitung, 1.8.96;

## Der geheime Garten 374

THE SECRET GARDEN ***

TV

*Regie:* Alan Grint
*Darsteller:* Karen Archer (Mrs. Crawford), Irina Brook (Mary Lennox), Lucy Gutteridge (Mrs. Lennox), Gennie James (Mary Lennox als Kind), Jadrien Steele (Colin Craven), Michael Hordern (Ben), Barret Oliver (Dickon Sowerby), Cassie Stuart (Marta Sowerby), Derek Jacobi (Archibald Craven), Stephen Dillane (Capt. Lennox)
*Drehbuch:* Blanche Hanalis, nach dem gleichn. Roman von Frances Hodgson Burnett
*Kamera:* Robert Paynter (Farbe)
*Musik:* John Cameron
*Schnitt:* Keith Palmer
*Prod.:* Steve Lanning für Rosemont/Viacom, USA 1987; 100 Min.
*UA:* 30.11.1987, TV USA
*TV:* 14.4.1996, Sat.1, 15.55

Die zehnjährige Mary, die in Indien aufgewachsen ist, wird nach dem tragischen Tod ihrer Eltern von einem Freund der Familie aufgenommen. Das Schloß ihres Pflegevaters birgt Geheimnisse: Es ist umgeben von einem verwilderten Garten, den niemand betreten darf. *Pressetext*

## Das Geheimnis deiner Zärtlichkeit 375

A CHANGE OF PLACE **

TV

*Regie:* Donna Deitch
*Darsteller:* Rick Springfield (Philippe), Andrea Roth (Kimberly/Domenique), Geordie Johnson (Jacques Arnaud), Stephanie Beacham (Marie), Ian Richardson (Henri), Viktoria Kerekes (Jacqueline), Kathleen Gati (Mimi), Maria Hafra (Carmen), Zoltan Ratoti, Adam Neinstein
*Drehbuch:* Rosemary Anne Sisson, Jim Henshaw
*Kamera:* Nykia Jancso (Farbe)
*Musik:* Brant Barkman, Carl Lenox
*Prod.:* USA 1994; 86 Min.
*TV:* 26.7.1996, ARD, 22.55

Die Kunststudentin Kimberly hat eine Zwillingsschwester, Domenique, die in einem renommierten Pariser Modehaus als Top-Model arbeitet. Als Domenique eine Entziehungskur macht, nimmt Kimberly unbemerkt den Platz ihrer Schwester auf dem Laufsteg ein. Bald schon muß Kimberly bemerken, daß ihre Schwester erpreßt wird. *Pressetext*

## Das Geheimnis der Braut 376

PICTURE BRIDE ***

*Regie:* Kayo Hatta
*Darsteller:* Youki Kudoh (Riyo), Akira Takayama (Matsuji), Tamlyn Tomita (Kana), Cary-Hiroyuki Tagawa (Kanzaki), Yoko Sugi (Tante Sode), Toshiro Mifune (Benshi)
*Drehbuch:* Kayo Hatta, Mari Hatta
*Kamera:* Claudio Rocha (Farbe)
*Musik:* Mark Adler
*Schnitt:* Lynzee Klingman, Mallory Gottlieb
*Prod.Des.:* Paul Guncheon
*Prod.:* Lisa Onodera für Thousand Cranes Filmworks/Miramax Films, USA 1995; 95 Min.
*UA:* Int. Filmfestspiele Cannes 1994 »Un Certain Regard«
*Verleih:* Kinowelt/dto./-; 9.5.1996

Zwischen 1907 und 1921 reisten viele junge Frauen aus Japan und Korea nach Hawaii, um dort arbeitende Männer aus ihrer Heimat zu heiraten. Eine dieser »Picture Brides« ist das Stadtmädchen Rio aus Yokohama, die nur widerwillig lernt, die neue Welt zu akzeptieren. In leisen Zwischentönen erzählt Kayo Hatta in ihrem beeindruckenden Regiedebüt von der schwierigen Annäherung zwischen zwei ganz unterschiedlichen Menschen, von Immigrantenschicksalen und kulturellen Konflikten.
*Margret Köhler*

Frauke Hartmann in: FR, 10.5.96; Ponkie in: AZ, 9.5.96; André Simonoviescz in: tip, 10/96; Ruprecht Skasa-Weiß in: Stgt. Zeitung, 9.5.96; Anke Sterneborg in: SZ, 9.5.96

## Das Geheimnis des verschwundenen Satelliten 377

SKY TRACKERS □

TV

*Regie:* John Power
*Darsteller:* Pamela Sue Martin (Dr. Spencer Jenkins), Maia Brewton (Ali Jenkins), Paul Williams (Dr. Tony Masters), Justin Rosniak (Mike Masters)
*Drehbuch:* Tony Morphett
*Kamera:* Dan Burstell (Farbe)

*Musik:* Peter Best
*Prod.:* Australien 1990; 92 Min.
*TV:* 21.4.1996, Premiere, 8.15

NASA-Wissenschaftlerin Dr. Spencer Jenkins Tochter entdeckt als Computerfreak, daß ein Satellit im australischen Busch abzustürzen droht. Mit ihrem Freund will sie sich dieses Schauspiel ansehen, aber daß das Ding Killerviren an Bord hat ist ihr natürlich entgangen.

## Geiseldrama an Bord von Flug 285 378

HIJACKED: FLIGHT 285 **
TV

*Regie:* Charles Correll
*Darsteller:* James Brolin (Ron Showman), Barbara Stock (Veronica Mitchell), Anthony Michael Hall (Peter Cronin), Perry King (Frank Leyton), Hudson Leick (Shayna Loring), Casey Sander (Steve Young), Susan Batten (Kim Young), Ally Sheedy (Deni Patton), James Lancaster (Andrew Leary), Michael Gross
*Drehbuch:* David Peckinpah
*Prod.:* Ron Gilbert, USA 1995; 90 Min.
*TV:* 25.8.1996, RTL, 20.15

Peter Cronin, ein psychopathischer Schwerverbrecher, soll mit einer Linienmaschine in ein anderes Gefängnis verlegt werden. An Bord befinden sich jedoch zwei Komplizen, die ihn befreien und das Flugzeug in ihre Gewalt bringen. Cronin fordert 20 Mio. Dollar für die Freilassung der Passagiere. Er bestimmt, daß sein alter Widersacher, der FBI-Agent Frank Leyton, sein Verhandlungspartner mit der Polizei werden soll. Alles wie gehabt.

## Geliebte Aphrodite 379

MIGHTY APHRODITE ****

*Regie:* Woody Allen
*Darsteller:* Woody Allen (Lenny), Helena Bonham Carter (Amanda), Mira Sorvino (Linda Ash), Michael Rapaport (Kevin), F. Murray Abraham (Leader), Claire Bloom (Amanda's Mutter), Olympia Dukakis (Jocasta), David Ogden Stiers (Laius), Jack Warden (Tiresias), Peter Weller (Jerry Bender)
*Drehbuch:* Woody Allen
*Kamera:* Carlo DiPalma (DuArt/Technicolor)
*Musik:* Santo Loquasto
*Schnitt:* Susan E. Morse
*Prod.Des.:* Tom Warren, Gianni Giovannoni
*Prod.:* Robert Greenhut; Helen Robin für Sweetland Films, USA 1995; 95 Min.
*UA:* Int. Filmfestspiele Venedig 1995
*EA:* Filmfest München 1996
*Verleih:* Kinowelt/dto./Filmcooperative/ Arthaus Video; 15.8.1996
*FSK:* ab 12, ffr.

Lenny adoptiert einen Sohn, forscht aber nach der Mutter und findet sie in einer warmherzigen Prostituierten. Die beiden trennen sich wieder, wobei sie je ein Kind des andern haben, aber ohne es zu wissen. Was in klassischer Zeit, die durch einen griechischen Tragödienchor repräsentiert wird, ein Trauerspiel gewesen wäre, gerät zur launigen, klugen Komödie. Woody Allens allerbeste Zeiten sind vielleicht vorbei, seine zweitbesten sind noch immer gut genug. *Zoom, 3/96*

Brigitte Desalm in: Kölner Stadt-Anzeiger, 17.8.96; Andreas Kilb in: Die Zeit, 16.8.96; Thomas Klingenmaier in: Stgt. Zeitung, 15.8.96; Peter Körte in: FR, 15.8.96; Harald Martenstein in: Der Tagesspiegel, 25.8.96; H.G. Pflaum in: SZ, 14.8.96

## Geliebtes Monster 380

MAGIC IN THE WATER **
Video

*Regie:* Rick Stevenson
*Darsteller:* Mark Harmon (Jack Black), Joshua Jackson (Joshua Black), Harley Jane Kozak (Dr. Wanda Bell), Sarah Wayne (Ashley Black), Frank Sotonoma Salsedo (Onkel Kipper), Willie Nark-Orn (Hiro), Morris Panych, Ben Cardinal, Anthony Towe, Tamsin Kelsey
*Drehbuch:* Rick Stevenson, Icel Dobell Massey, nach einer Story von Ninian Dunnett, Rick Stevenson
*Kamera:* Thomas Burstyn (Farbe)
*Musik:* David Schwartz
*Schnitt:* Allen Lee
*Prod.Des.:* Errol Clyde Klotz
*Prod.:* Matthew O'Connor, Rick Stevenson für Oxford Film/Pacific Motion Pic., USA 1995; 97 Min.
*UA:* Houston Film Festival 1995
*Vertrieb:* Columbia TriStar Home Video; 2.7.1996
*FSK:* ab 6 J.

Ein amerikanischer Verwandter des Ungeheuers von Loch Ness stört die Ferienidylle einer Familie in Kanada. Weichgespülte, überladene und allenfalls routiniert ins Bild gesetzte Unterhaltung.

## Le Genéral Guisan et son Temps 381

LE GENERAL GUISAN ET SON TEMPS **

*Regie:* Claude Champion
*Drehbuch:* Claude Champion
*Kamera:* Patrice Cologne, Yves Pouliquen (Farbe)
*Musik:* Antoine Auberson
*Schnitt:* Daniel Gibel
*Prod.:* Association Film Général Guisan/ Centra d'Histoire et de Prospective Militaires/ TSR/Le Service des films de l'Armée, Schweiz 1995; 78 Min.
*Verleih:* -/-/Sadfi; Mai 1996

Claude Champions Film kann seinem Anspruch schon aus materiellen Gründen nicht gerecht werden. Die Rekapitulation zeitgeschichtlicher Ereignisse wirkt verwirrend und zwingt den Autor zu substantiellen Auslassungen von Geschehnissen, die zum Charisma des Generals gehören. Warum Guisan zum Schweizer Symbol des Widerstandes gegen Hitler-Deutschland werden konnte wird ebenso wenig nachvollziehbar wie die Bedeutung des »Réduitplanes« in seiner Zeit. *Zoom, 5/96*

## Genua, Leben mit dem Hafen 382

LES HOMMES DU PORT ****

*Regie:* Alain Tanner
*Drehbuch:* Alain Tanner
*Kamera:* Denis Jutzeler (Farbe)
*Musik:* Arvo Pärt
*Schnitt:* Monica Goux
*Prod.:* Catherine Jacques für La Sept/Arte/ TSR/Cyclone/Thelma/Arion/Gaumont TV, Frankreich/Schweiz 1995; 65 Min.
*Verleih:* -/-/Look Now!; Januar 1996

Als 22jähriger entfloh Alain Tanner den Ereignissen der Schweiz nach Genua, wo er im Hafen bei einer Schiffahrtsgesellschaft einen Job als »kleiner Bürokrat« fand – in der Hoffnung, eines Tages selbst zur See zu fahren. Mehr als vierzig Jahre später kehrt er zurück und konfrontiert seine Erinnerungen mit der Gegenwart. Sein wichtigstes Erlebnis von damals, die »realisierte Utopie« der Selbstverwaltung der Hafenarbeiter in einer Einheitskooperative, ist von der heutigen Entwicklung ebenso bedroht wie die Filmarbeit des Autors Tanner. Entstanden ist das eindrückliche Bild eines unwiederbringlichen Menschenschlags und seiner harten, aber »befreiten« Arbeit. *Zoom, 1/96*

## Georgia 383

GEORGIA ****

*Regie:* Ulu Grosbard
*Darsteller:* Jennifer Jason Leigh (Sadie), Mare Winningham (Georgia), Ted Levine (Jake), Max Perlich (Axel), John Doe (Bobby), John C. Reilly (Herman), Jimmy Witherspoon (Trukker), Jason Carter, Tom Bower, Smokey Hormel
*Drehbuch:* Barbara Turner
*Kamera:* Jan Kiesser (Technicolor)
*Musik:* Otis Redding, Don Redman; Steven Soles (Produzent)
*Schnitt:* Elizabeth Kling
*Prod.Des.:* Lester Cohen
*Prod.:* Ulu Grosbard, Barbara Turner, Jennifer Jason Leigh für Ciby 2000, USA/Frankreich 1995; 118 Min.
*UA:* Int. Filmfestspiele Cannes, 1995, »Un Certain Regard«
*EA:* Okt. 1995, Viennale, Wien; Filmfest München 1996, »Preview«
*Verleih:* Senator/Constantin/Rialto; 19.9.1996
*FSK:* ab 12, ffr. – *FBW:* Wertvoll

Zwei Schwestern als Rivalinnen: die ältere hat Erfolg als Sängerin und im Privatleben, die jüngere kämpft in billigen Clubs um Anerkennung, landet ganz tief unten. Die Annäherung zwischen ihnen wird zur schmerzhaften Selbsterfahrung und Selbstfindung.
Ulu Grosbard zeichnet die Suche nach einem Quentchen Glück, die Probleme schwesterlicher Zuneigung. Ein spannendes Psycho- und Schauspielerduell.
*Margret Köhler*

(...) Eine schauspielerische Tour de force für Jennifer Jason Leigh, dunkle Ringe unter den Augen, kratzbürstig, wild, unberechenbar, selbstzerstörerisch. Und doch wird der Film nicht zur

*Jennifer Jason Leigh*

One-Woman-Show; wie die besten Filme des New Hollywood der siebziger Jahre ist »Georgia« an den Beziehungen und Verbindungen zwischen Menschen interessiert, an Themen wie Solidarität und Egoismus, Erfolg und Scheitern, Abhängigkeit und Eigenständigkeit. *Christoph Terhechte, tip, 20/96*

Frauke Hanck in: AZ, 19.9.96; Joseph Heinrichs in: Rheinische Post, 27.9.96; Tobias Kniebe in: SZ, 19.9.96; Angela Schmitt-Gläser in: FR, 21.9.96

## Der Gesang der Vögel 384

PARA RECIBIR EL CANTO DE LOS PAJAROS ***

TV

*Regie:* Jorge Sanjinés
*Darsteller:* Geraldine Chaplin (Catherine), Jorge Ortiz (Pedro Barrón), Guido Acre (Rodrigo), Lineth Herbas (Rosita)
*Drehbuch:* Jorge Sanjinés
*Kamera:* César Pérez (Farbe)
*Musik:* Cergio Prudencio
*Prod.:* Gruppe Ukamau, Bolivien 1995; 96 Min.
*TV:* 16.12.1996, Arte, 22.40

Ein Filmteam aus La Paz will in der bolivianischen Hochebene einen kritischen Film über die dortige Ankunft der spanischen Eroberer drehen. Die Bewohner des Dorfes dort sollen die ehemaligen Opfer darstellen. Diese weigern sich jedoch, bei dem Film mitzumachen. Nur mit Mühe gelingt es den Filmemachern, ein Nachbardorf zu überreden, die vorgesehenen Rollen zu besetzen. Die Dreharbeiten sind gerettet, doch die Konflikte zwischen Filmteam und Einheimischen nehmen zu. *Pressetext*

## Geschenk des Himmels 385

A GIFT FROM HEAVEN **

*Regie:* Jack Lucarelli
*Darsteller:* Sharon Farrell (Ma Samuals), David Steen (Charlie Samuals), Gigi Rice (Messy Samuals), Sarah Trigger (Cousine Anna), Molly McClure (Witwe Yancy), Gene Lythgow (Hesly), Mark Ruffalo (Danny)
*Drehbuch:* David Steen
*Kamera:* Steve Yaconelli (Farbe)
*Musik:* Jean-Noel Chaléat
*Prod.:* Laurent Hatchwell, Jack Lucarelli für Laurent Hatchwell Prod., USA 1993; 103 Min.
*Verleih:* Nil/-/-; September 1996

Als hätte der Autor und Darsteller David Steen eine Überdosis Tennessee Williams inhaliert, präsentiert er uns hier die inzestuösen Bindungen einer Hinterwäldlersippe, die durch die Ankunft einer Nichte in Aufruhr gerät, was in einer Tragödie endet. Ursprünglich für die Bühne gedacht, hätte dieses Stück besser dort bleiben sollen, denn das überzogene Spiel der Darsteller stellt die Geduld des Zuschauers auf eine harte Probe. *Frank Arnold, tip, 18/96*

## Ein Geschenk des Himmels – Vater der Braut 2 386

FATHER OF THE BRIDE II **

*Regie:* Charles Shyer
*Darsteller:* Steve Martin (George Banks), Diane Keaton (Nina Banks), Martin Short (Franck Eggelhoffer), Kimberly Williams (Annie Banks-MacKenzie), George Newbern (Bryan MakKenzie), Kieran Culkin (Matty Banks), B.D. Wong (Howard Weinstein), Peter Michael Goetz (John MacKenzie), Kate McGregor Stewart (Joanna MacKenzie), Jane Adams (Dr. Megan Eisenberg)

*Drehbuch:* Nancy Myers, Charles Shyer, nach dem Roman »Fathers Little Dividend« (1951) von Frances Goodrich, Albert Hackett und nach den Charakteren von Edward Streeter
*Kamera:* William A. Fraker (Technicolor)
*Musik:* Alan Silvestri; Steve Ryrell (Gesang)
*Schnitt:* Stephen A. Rotter
*Prod.Des.:* Linda DeScenna
*Prod.:* Nancy Myers für Touchstone Pic./ Sandollar, USA 1995; 106 Min.
*UA:* 8.12.1995, New York
*Verleih:* Buena Vista/dto./dto./Buena Vista Home Video; 1.2.1996
*FSK:* o.A., ffr.

Der »Vater der Braut« wird nunmehr Großvater, fühlt sich aber zu jung für diese Rolle. Als Vater fühlt er sich jedoch zu alt, denn gleichzeitig wird seine Frau schwanger. Der Film schließt nahtlos an den ersten Teil des Remakes an, übernimmt Austattung, Figuren und Motive. Routiniert, aber uninteressant inszeniert, appelliert er überdeutlich an Familien- und Traditionsbewußtsein und läßt dabei jeglichen Realitätsbezug vermissen.

*Zoom, 4/96*

(…) Ursprünglich für die Bühne gedacht, hätte dieses Stück besser dort bleiben sollen, denn das überzogene Spiel der Darsteller stellt die Geduld des Zuschauers auf eine harte Probe.

*Frank Arnold, tip, 13/96*

Frank Arnold in: Kölner Stadt-Anzeiger, 3.2.96; Rupert Koppold in: Rheinische Post, 2.2.96

## Die Geschichte vom Onkel Willy aus Golzow 387

***

*Regie:* Barbara Junge, Winfried Junge
*Darsteller:* Winfried Junge (Sprecher)
*Drehbuch:* Barbara Junge, Winfried Junge, nach einer Idee von Karl Gass
*Kamera:* Hans-Eberhard Leupold, Harald Klix, Hans Dumke u.a. (Farbe)
*Musik:* Gerhard Rosenfeld, Kurt Grottke
*Schnitt:* Barbara Junge
*Prod.:* Klaus-Dieter Schmutzer für á jour Film mit ORB/NDR, BRD 1995; 145 Min.
*UA:* 18.2.1996, Forum des Jungen Films, Berlin
*Verleih:* Progress/-/-; 18.4.1996
*FSK:* ab 6, ffr.

Die Dokumentar-Reihe über die Kinder aus dem Oderbruch, die die Filmemacher im August 1961 begannen, ist die längste Langzeitbeobachtung der Filmgeschichte. Das Leben des Willy Sommerfeld, zwischen Einschulung in Golzow 1961 und dem ersten Schultag seines dritten Sohnes Kevin in der Nähe von Bitterfeld im Sommer 1994, ist nicht nur Teil der abgeschlossenen Geschichte der DDR, sondern schreibt auch das erste Kapitel im wiedervereinigten Deutschland. Der Film ist aber auch eine Selbstreflexion der Filmemacher, die 1961 antraten, im Jahre 2000 einen »Mustermenschen des Sozialismus« vorzuführen.

*André Simonoviescz, tip, 9/96*

## Die Geschichte vom Spitfire Grill 388

SPITFIRE GRILL ***

*Regie:* Lee David Zlotoff
*Darsteller:* Alison Elliott (Percy Talbott), Ellen Burstyn (Hannah Ferguson), Marcia Gay Harden (Shelby Goddard), Will Patton (Nahum Goddard), Kieran Mulroney (Joe Sperling), Gailard Sartain (Sheriff Gary Walsh), John M. Jackson (Johnny B./Eli), Louise De Cormier (Effy Katshaw), Ida Griesemer (Rebecca Goddard), Sam Lloyd sr. (Meeshack Boggs)
*Drehbuch:* Lee David Zlotoff
*Kamera:* Robert Draper (Farbe)
*Musik:* James Horner
*Schnitt:* Margie Goodspeed
*Prod.Des.:* Howard Cummings
*Prod.:* Forrest Murray für Gregory Prod. mit The Mendocino Corp., USA 1995; 116 Min.
*UA:* Sundance Filmfestival 1996; 17.10.1996, New York
*Verleih:* Concorde/Constantin/Monopole Pathé; 24.10.1996
*FSK:* ab 12, ffr. – *FBW:* Besonders wertvoll

Ein beinahe drei Generationen umspannendes Frauentrio – eine aus der Haft Entlassene, eine biedere Ehefrau und Mutter und eine verschrobene ältere Wirtin – kämpft in einem kleinen Ort Neuenglands gegen das Mißtrauen und die Intoleranz der Bevölkerung an. Die liebevolle Geschichte mit teilweise märchenhaften Zügen um zwischenmenschliches Vertrauen läßt Raum für Gefühle und enthüllt schrittweise die einzelnen Lebensgeschichten der Pro-

*Allison Elliot, Ellen Burstyn und Marcia Gay Harden in ›Die Geschichte vom Spitfire Grill‹*

tagonistinnen, die deren Zusammenleben prägen. Das beeindruckende Spiel des Ensembles wird bloß durch ein allzu melodramatisches Ende und die süßliche Musik etwas geschmälert.

*Zoom, 11/96*

(...) In der Anlage ein schöner, wenn auch nicht eben origineller Film über eine Frauenfreundschaft, ist doch vieles zu dick aufgetragen. Zlotoffs Regiedebüt bietet zuviel weißen Abschaum und goldenes Herbstlaub, zuviel Melodrama und dunkle Geheimnisse, vor allem jedoch: viel zuviel von James Horners süßlicher Musik. *Annette Kilzer, tip, 22/96*

Frauke Hanck in: AZ, 24.10.96; Thomas Klingenmaier in: Stgt. Zeitung, 24.10.96; H.G. Pflaum in: SZ, 26.10.96; Oliver Rahayel in: Kölner Stadt-Anzeiger, 26.10.96

## Das geschriebene Gesicht 389

THE WRITTEN FACE ****

*Regie:* Daniel Schmid
*Darsteller:* Tamasaburo Bando, Han Takehara, Haruko Sugimura, Kazuo Ohno, Yajuro Bando, Kai Shishido, Toshiya Nagasawa
*Drehbuch:* Daniel Schmid
*Kamera:* Renato Berta (Farbe)
*Musik:* Dieter Meyer, Yukio Kajitani, Nobuyuki Kikuchi
*Schnitt:* Daniela Roderer
*Prod.:* Kenzo Horikoshi, Marcel Hoehn für Euro Space/T&C Film mit TSI, Schweiz/Japan 1995; 89 Min.
*EA:* 20.2.1996, Int. Forum des Jungen Films, Berlin
*Verleih:* Salzgeber/-/Columbus; 5.9.1996; Sept. 1995 (CH)

Schmids Filmessay ist eine Annäherung an Tamasaburo Bando, einen der bekanntesten Stars des streng ritualisierten Kabuki-Theaters. Wie ein Verliebter, der um die Unerreichbarkeit des Objekts seiner Begierde weiß, verehrt die Kamera den Darsteller, der stets die Frauenrollen spielt. Aus dem Bewußtsein dieser Distanz entsteht Spannung. Doch der Film übt sich nicht in dokumentarischer Ehrfurcht. Irgendwann beginnt er die Zeichen des traditionellen japanischen Theaters aus ihrem Reich zu holen, mit anderen Kontexten zu spielen, zum Beispiel wenn der Bossa Nova der Lecuana Cuban Boys in eine Geisha-Tragödie einzieht.

*Anke Lewerke, tip, 19/96*

Kerstin Decker in: Der Tagesspiegel, 5.9.96; Frauke Hanck in: AZ, 15.5.96; Christiane Peitz in: Die Zeit, 20.9.96

## Geschwister 390

TRES IRMAOS ***

TV

*Regie:* Teresa Villaverde
*Darsteller:* Maria de Medeiros (Maria), Marcello Urgeghe (Mario), Evgeni Sidihin (Joao), Laura del Sol (Teresa), Mireille Perrier (Lehrerin), Fernando Reis jr. (Vater), Olimpia Carlisi (Mutter), Luis Miguel Cintra
*Drehbuch:* Teresa Villaverde
*Kamera:* Volker Tittel (Farbe)
*Musik:* Vasco Pimentel
*Schnitt:* Vasco Pimentel, Teresa Villaverde
*Prod.:* Grupo de Estudos & Realizacoes/Arion mit ZDF/CNC/RTP/IPACA Prod.:, Portugal/Frankreich 1994; 108 Min.
*UA:* 1.9.1994, Filmfestspiele Venedig
*TV:* 6.9.1996, 3sat, 23.25

Das unterkühlte Melodram erzählt von der Notwendigkeit und der Abwesenheit der Liebe. Die zwanzigjährige Maria verzweifelt an dem Schritt aus der

Geborgenheit einer längst zerrütteten Familie in die Welt: Die Großstadt Lissabon wird zum Gefängnis einer orientierungslosen Jugend. Die quälend gedehnte Unfähigkeit zur Kommunikation, die das Tempo des Films bestimmt, ist sicher nicht jedermanns Sache, doch das Talent der jungen Portugiesin ist unübersehbar.

*Bodo Fründt, SZ, 3.9.94*

## Das Gesicht des Schreckens 391

FIGHT FOR JUSTICE: THE NANCY CONN STORY ***

TV

*Regie:* Bradford May
*Darsteller:* Marilu Henner (Nancy Conn), Doug Savant (Richard Ellard), Ann Wedgeworth (Mary), Peri Gilpin (Charlotte), Lisa Jakub (Leisa), Don Franklin (Detective Warden), Sean McCann (Elton), Janet Laine-Green (Barbara Kennington), Andrew Keegan, John Novak
*Drehbuch:* Carmen Culver, nach einer wahren Begebenheit
*Kamera:* Bradford May (Farbe)
*Musik:* Anthony Marinelli
*Prod.:* NBC, USA 1995; 87 Min.
*TV:* 29.6.1996, ARD, 22.45

Die Universitätsprofessorin Nancy Conn wird von einem Psychopathen entführt und entgeht nur knapp dem Tod. Der Täter wird verhaftet und nach kurzer Zeit auf Bewährung entlassen. Er terrorisiert Nancy so lange, bis sie mit ihrem Fall in die Öffentlichkeit geht und eine Gesetzesänderung erkämpft.

*Pressetext*

## Das Geständnis 392

***

TV

*Regie:* Kitty Kino
*Darsteller:* Walter Reyer (Paul Feldmann), Clemens Reyer (Karl Feldman), Ingrid Burkhard, Krista Posch
*Drehbuch:* Thomas Baum
*Prod.:* Österreich 1996; 88 Min.
*TV:* 19.11.1996, 3sat, 20.15; 26.10.1996, ORF2

(...) Ein für den großen Verdienstorden nominierter Kinderarzt sieht sich durch das Bombenattentat einer Nazi-Clique, bei dem ein Kind schwer verletzt wird, veranlaßt, sein Vorleben als NS-Tötungsarzt aufzudecken. Familie und Freunde ziehen ihn kurz aus dem Verkehr, um das zu verhindern. Wie der Alte ihnen trotzdem die schöne Fassade und die Ordens-Ehre versaut, das ist ein präzises Kammerspiel um brutale Ego-Interessen und verbohrte NS-Ideologie.

*Ponkie, AZ, 28.10.96*

## Gestohlene Herzen 393

STOLEN HEARTS / TWO IF BY SEA ***

*Regie:* Bill Bennett
*Darsteller:* Sandra Bullock (Roz), Denis Leary (Frank O'Brien), Stephen Dillane (Evan Marsh), Yaphet Kotto (O'Malley), Mike Starr (Fritzie), Wayne Robson (Beano), Jonathan Tucker (Todd), Michael Badolucco, Lenny Clarke, John Friesen
*Drehbuch:* Denis Leary, Mike Armstrong, nach einer Vorlage von Denis Leary, Mike Armstrong, Ann Lembeck
*Kamera:* Andrew Lesnie (Deluxe)
*Musik:* Nick Glennie-Smith, Paddy Moloney
*Schnitt:* Bruce Green
*Prod.Des.:* David Chapman
*Prod.:* James G. Robinson für Morgan Creek Prod., USA 1996; 96 Min.
*Verleih:* Warner Bros./dto./dto./Warner Home Video; 4.4.1996
*FSK:* ab 6, ffr.

Gaunerkomödie um einen Stukkateur, der seine finanziellen Engpässe durch Diebstähle alter Gemälde aufbessert, ohne eine Ahnung vom Wert der Beute zu haben. Gemeinsam mit seiner Geliebten, die von geordneten Verhältnissen träumt, gerät er in turbulente Verstrickungen. Temporeiche Unterhaltung, die der dünnen Handlung dank origineller Figuren, überraschender Wendungen und witziger Dialoge manchen Reiz abgewinnt. *Zoom, 6/96*

Frank Arnold in: tip, 9/96; Joseph Heinrichs in: Rheinische Post, 6.4.96; Milan Pavlovic in: Kölner Stadt-Anzeiger, 6.4.96; Hans Schifferle in: SZ, 4.4.96

## Ghost in the Shell 394

KOKAKU KIDOTAI ***

Video

*Regie:* Mamoru Oshii
*Drehbuch:* Kazunori Ito, nach dem Comic von Shiro Masamune
*Kamera:* Hisao Shirai (Farbe)

*Musik:* Kenji Kawai
*Schnitt:* Shiuchi Kakesu
*Prod.Des.:* Hiromasa Ogura
*Prod.:* Yoshimasa Mizou, Shigeru Watanabe, Ken Iyadomi, Mitsuhisa Ishikawa für Kodansha mit Bandai Visual/Manga Ent., Japan 1995; 85 Min.
*EA:* 16.2.1996, Int. Forum des jungen Films, Berlin
*Vertrieb:* Polygram Video; November 1996
*FSK:* ab 16 J.

Im Jahre 2051 schickt das Außenministerium einen virtuellen Spion durch die Datennetze. Als dieser jedoch plötzlich eigene Rechte fordert ist er zur Jagd freigegeben, bevor er die Geheimnisse seiner Aufträge preisgibt.

Olaf Möller in: Kölner Stadt-Anzeiger, 7.12.96

## Gib mir ein Wort 395

POUR ECRIRE UN MOT ***

*Regie:* Reni Mertens, Walter Marti
*Darsteller:* Die Lobi von Sanwara in Burkina Faso mit Emmanuel Sama und Ollo Palé;
*Drehbuch:* Reni Mertens, Walter Marti
*Kamera:* Rob Gnant (Farbe)
*Musik:* Pierre Favre, Schlagzeug
*Schnitt:* Edwige Ochsenbein
*Prod.:* Teleproduction, Schweiz 1988; 112 Min.
*Verleih:* -/-/Teleproduction

Ein junger, »studierter« Schwarzer kommt in ein abseits jeder sogenannten »Zivilisation« gelegenes Bauerndorf der Lobi in Burkina Faso. Er lernt das einfache Leben dieser Menschen kennen, lehrt sie ein paar Dutzend Worte lesen und schreiben und geht wieder weg mit der Erkenntnis, daß diese Leute ihn nicht wirklich brauchen. Im Dokumentarfilm von Reni Mertens und Walter Marti ist dieses »Abenteuer der Alphabetisierung« eingebettet in die behutsame, geduldige Schilderung einer an menschlichen Werten reichen Kultur, deren Überleben gefährdet ist.

*Zoom*

## Gib mir meine Kinder wieder 396

SEMI-PRECIOUS ☐

TV

*Regie:* Frank Arnold
*Darsteller:* Joanna Kerns (Laura Eagerton), Stephanie Zimbalist (Cathy), Gaby Hoffmann (Andrea Eagerton), Michael Shulman (Brad Eagerton), Lawrence Pressman (Dr. Steiner), Jesse Bennett (Ed), Lee Garlington (Annie), David McConnell (Steve), Lisa Wilhoit (Tandy), Leo Geter (Anthony)
*Drehbuch:* Cindy Myers
*Kamera:* Isidore Mankofsky (Farbe)
*Prod.:* USA 1995; 89 Min.
*TV:* 21.2.1996, RTL, 20.15

Cathy hat ihren Mann und ihre Kinder vor zehn Jahren im Stich gelassen. Jetzt taucht sie wieder auf und beansprucht das Sorgerecht für ihren Sohn und ihre halbwüchsige Tochter. Doch die haben eine neue Mutter in Laura, der zweiten Frau ihres inzwischen verstorbenen Vaters, gefunden. Ein Streit entbrennt, in dem es vor allem um Emotionen geht. *Pressetext*

## Gieriges Verlangen 397

NUMBER ONE FAN ☐

TV

*Regie:* Jane Simpson
*Darsteller:* Chad McQueen (Zane Barry), Renee Ammann (Blair Madsen), Catherine Mary Stewart (Holly Newman), Paul Bartel (Regisseur), Charles Matthau (Scotty Youngman), Hoyt Axton (Lt. Joe Halsey), Dean Norris (Graham Chandler), Mary Woronov, Mark Duke Dalton, Eric da Re
*Drehbuch:* Anthony Laurence Green
*Prod.:* USA 1994; 89 Min.
*TV:* 2.12.1996, RTL2, 22.15

Thriller über einen Hollywoodstar, dem sein größter Fan beinahe zum Verhängnis wird. (...)

## Gimlet 398

GIMLET ***

TV

*Regie:* Jose Luis Acosta
*Darsteller:* Angela Molina (Julia), Viggo Mortensen (Fremder), Abel Folk (Antonio), Pep Cruz (Nunez), Lluis Marco (Kommissar), Blanca Pampols (Ana), Mingo Rafols (Eduardo), Lola Lizaran (Angelines), Juan Carlos Alegre (Joaquin), José Linuesa (Pablo)
*Prod.:* Spanien 1995; 95 Min.
*TV:* 25.9.1996, Vox, 22.10

Der Geliebte der Barbesitzerin Julia wird ermordet und grauenhaft zerstükkelt. Danach erhält Julia ein Videoband, auf dem der eifersüchtige Mörder ihr seine Liebe gesteht und ihr versichert, immer in ihrer Nähe zu sein.

## Girl 6 399

GIRL 6 ***

*Regie:* Spike Lee
*Darsteller:* Theresa Randle (Girl 6), Isaiah Washington (Joe, Ladendieb), Spike Lee (Jimmy), Jennifer Lewis (Boß 1 Lil), Debi Mazar (Girl 39), Peter Berg (Anrufer 1, Bob), Madonna (Boß 3), Halle Berry (Filmstar)
*Drehbuch:* Suzan-Lori Parks
*Kamera:* Malik Hassan Sayeed (Technicolor/ Deluxe)
*Musik:* Prince (Songs)
*Schnitt:* Sam Pollard
*Prod.Des.:* Ina Mayhew
*Prod.:* Spike Lee für 40 Acres and a Mule Filmworks, USA 1996; 108 Min.
*Verleih:* 20th Century Fox/dto./dto./ 20th Century Fox Home Video; 30.5.1996
*FSK:* ab 16, ffr.
*FBW:* Besonders wertvoll

Erzählt wird die Story einer erfolglosen farbigen Schauspielerin, die schließlich als Hostess in einer Telefonsex-Agentur landet. Dort entwickelt sie zwar verbale Qualitäten, muß sich mit lüsternen Anrufern herumquälen, träumt von einer seriösen Karriere im Stile der Dorothy Dandridge. Spike Lees Film, sein erster nach einem fremden Drehbuch, fehlt es an narrativem Witz, ironisch servierter Sozialkritik, formaler Eleganz, dramaturgischem Raffinement – trotz einem Soundtrack-Potpourri mit Prince-Nummern und aufgesetzt wirkenden Kurzauftritten von Quentin Tarantino, Naomi Campbell und Madonna. *Zoom, 6/96*

Spike Lees schillernde Komödie schlägt neue Töne an, zeigt den schwarzen Filmemacher von seiner experimentierfreudigen und unterhaltsamen Seite. Neben der überzeugenden Theresa Randle in der Titelrolle absolvieren Gaststars von Quentin Tarantini über Madonna bis Naomi Campbell Kurzauftritte. Kostüme und Dekor des gesamten Werks sind vom Poppigsten – ein Freudenfest des ausgefallenen Geschmacks. *Christoph Terhechte, tip, 12/96*

(...) Daß Spike Lee sich, seine Filme, Bücher und die Musik brillant zu vermarkten versteht, kann ihm niemand verübeln. Doch so oberflächlich, hektisch und phantasiearm wie »Girl 6« müssen seine Filme ja nicht sein. Da hilft nicht einmal die gute Musik von Prince. *Heiko R. Blum, Rheinische Post, 31.5.96*

Martina Knoben in: SZ, 1.6.96; Peter Körte in: FR, 31.5.96; Daniel Kothenschulte in: Kölner Stadt-Anzeiger, 1.6.96; Jan Schulz-Ojala in: Der Tagesspiegel, 30.5.96

## Glaub mir! 400

DANCING IN THE DARK **
TV

*Regie:* Bill Corcoran
*Darsteller:* Victoria Principal (Anna Forbes), Nicholas Campbell (Mark Forbes), Robert Vaughn (Dennis Forbes), Geraint Wyn Davies (Dr. Lambert), Kenneth Welsh (Dr. Bell), Robert Wagner, George Robertson, Wayne McNamara, Maggie Huculak, Marcia Bennett
*Drehbuch:* Jacqueline Feather, David Seidler, nach einem authentischen Fall
*Kamera:* Ron Stannett (Farbe)
*Musik:* Micky Erbe, Maribeth Solomon
*Schnitt:* Pia Di Ciaula
*Prod.Des.:* Gerry Holmes
*Prod.:* Julian Marks für Hearst Ent., USA 1995; 88 Min.
*TV:* 15.7.1996, ZDF, 19.25

Anna, glücklich verheiratet, wird nach zwei Fehlgeburten depressiv. Als sie beinahe von ihrem Schwiegervater vergewaltigt wird, hält selbst ihr Mann diesen Vorwurf für ein Hirngespinst. Anna landet in der geschlossenen Abteilung einer Psychiatrie-Klinik. Ja, so spielt das Leben.

## Glimmer Man 401

GLIMMER MAN ***

*Regie:* John Gray
*Darsteller:* Steven Seagal (Jack Cole), Keenen Ivory Wayans (Jim Campbell), Bob Gunton (Frank Deverell), Brian Cox (Mr. Smith), John M. Jackson (Donald Cunningham), Michelle Johnson (Jessica), Stephen Tobolowsky (Christopher Maynard), Peter

*Steven Seagal*

Jason (Millie's Vater), Ryan Cutrona (Captain Harris), Richard Gant (Det. Roden)
*Drehbuch:* Kevin Brodbin
*Kamera:* Rick Bota (Technicolor)
*Musik:* Trevor Rabin
*Schnitt:* Donn Cambern
*Prod.Des.:* William Sandell
*Prod.:* Steven Seagal, Julius R. Nasso für Seagal/Nasso Prod., USA 1996; 91 Min.
*Verleih:* Warner Bros./dto./-/Warner Home Video; 14.11.1996
*FSK:* ab 16, ffr.

In Los Angeles versetzt ein Serienkiller mit makabren Ritualmorden die Bevölkerung in Angst und Schrecken. Der New Yorker Detective Jack Cole wird angefordert, um in Zusammenarbeit mit einem Kollegen aus Los Angeles den Fall zu lösen. Steven Seagal's neuestes Action-Kinowerk bietet das altbewährte Muster eines einsam und eigenverantwortlich kämpfenden Helden, der mit entschlossener und eiserner Präzision das Böse bekämpft und dafür gezählte 38 Stuntmen und viel Pyrotechnik benötigt. *multimedia*

(...) »Glimmer Man« ist ein unsäglich miserabler, zynischer und grausamer Aufguß von »Seven«. Steven Seagal tritt als Superpolizist in fernöstlicher Gewandung auf, labert über Buddhismus und Gewaltfreiheit und richtet die Bösen hin. »Seven« war erschreckend düster. »Glimmer Man« ist unterbelichtet. *Thomas Klingenmaier, Stgt. Zeitung, 16.11.96*

Albert Baer in: Rheinische Post, 15.11.96

## Der Glöckner von Notre Dame 402

THE HUNCHBACK OF NOTRE DAME ***

*Regie:* Gary Trousdale, Kirk Wise
*Darsteller:* Mit den Originalstimmen von: Demi Moore, Kevin Kline, Tom Hulce
*Drehbuch:* Tab Murphy, Irene Mecchi, Bob Tzudiker, Noni White, Jonathan Roberts, nach dem Roman »Notre Dame de Paris« (1831) von Victor Hugo
*Musik:* Alan Menken, Stephen Schwartz
*Schnitt:* Ellen Keneshea
*Prod.:* Don Hahn für Walt Disney Pic., USA 1996; 91 Min.
*UA:* 21.6.1996, New York
*Verleih:* Buena Vista/dto./dto.; 28.11.1996
*FSK:* ab 6, ffr.
*FBW:* Wertvoll

Victor Hugos Geschichte vom mittelalterlichen Glöckner und seiner unglücklichen Liebe zur Zigeunerin Esmeralda in einer inhaltlich reduzierten, visuell aber höchst ausgefeilten Zeichentrickversion. Zwar trüben die Süßlichkeit von Farben und Musik das Vergnügen mitunter, jedoch als Familienfilm bietet die Disney-Produktion noch immer spektakuläre Unterhaltung. *Zoom, 12/96*

(...) Die Regisseure Gary Trousdale und Kirk Wise simplifizieren den von einem Autoren-Team adaptierten Plot zu einer sentimentalen Mitleidschnulze über eine geschundene Kreatur. Banal wird entweder rührend gut oder abgrundtief böse gehandelt. (...)
So harmlos sollten heute nicht mal mehr die Märchen sein.
*Frauke Hanck, AZ, 28.11.96*

Der 34. abendfüllende Zeichentrickfilm aus dem Hause Disney ist nicht nur ein überzeugendes Plädoyer für Toleranz gegenüber Außenseitern geworden, sondern auch ein visuell opulentes Werk voller stimmiger Details, das bei allem Drama den Witz nicht zu kurz kommen läßt. Victor Hugos buckliger Protagonist Quasimodo mutiert dabei zu einem durch und durch liebenswerten Helden. *Frank Arnold, tip, 25/96*

Michael Althen in: SZ, 28.11.96; Sebastian Feldmann in: Rheinische Post, 29.11.96; Marli Feldvoß in: Kölner Stadt-Anzeiger, 21.12.96; Rupert Koppold in: Stgt. Zeitung, 27.11.96; Daniel Kothenschulte in: Kölner Stadt-Anzeiger, 30.11.96

## Glory Days 403

SHAKE, RATTLE AND ROCK **

Video

*Regie:* Allan Arkush
*Darsteller:* Renee Zellweger (Susan), Patricia Childress (Cookie), Max Perlich (Tony), Howie Mandel (Danny Klay), Latanyia Baldwin (Sireena), Gerrit Graham
*Drehbuch:* Trish Soodik
*Kamera:* Jean de Segonzac (Farbe)
*Musik:* Joey Allruda
*Schnitt:* Mark Helfrich
*Prod.:* Debra Hill, Lou Arkoff, Willie Kutner für Spelling Films, USA 1994; 84 Min.
*EA:* Int. Filmfestspiele Locarno, 1994, »Sondervorführung«
*Vertrieb:* VCL Video; Oktober 1996
*FSK:* ab 16 J.

Quietschbuntes, aber um so nichtssagenderes 60er-Jahre-Filmchen um eine TV-Show, in der eine farbige Mädchen-Combo ihren großen Auftritt hat.

## Das Glück liegt in der Wiese 404

LE BONHEUR EST DANS LE PRE ****

*Regie:* Etienne Chatiliez
*Darsteller:* Michel Serrault (Francis), Eddy Mitchell (Gérard), Sabine Azéma (Nicole), Carmen Maura (Dolores), François Morel (Pouillaud), Guilaine Londez (Zig), Virginie Darmon (Puce), Alexandra London (Géraldine), Eric Cantona (Lionel), Christophe Kourotchkine
*Drehbuch:* Florence Quentin
*Kamera:* Philippe Welt (Farbe)
*Musik:* Pascal Andreacchio
*Schnitt:* Anne Faure-Lafarge
*Prod.Des.:* Stéphane Makedonsky
*Prod.:* Charles Gassot für Telema/Le Studio Canal Plus/Les productions du Champ Poirier/ France 3 cinéma/France 2 cinéma mit Canal Plus/Investimage,
Frankreich 1995; 106 Min.
*Verleih:* Nil/filmladen/Focus/BMG Video; 9.5.1996
*FSK:* ab 12, ffr.
*FBW:* Besonders wertvoll

Francis Bergeade, ein Fabrikant von Klodeckeln, wird von seinen streikenden Arbeiterinnen, von einer hochnäsigen Ehefrau und einer ebensolchen Tochter sowie von der Steuerfahndung zur Verzweiflung getrieben. Ein Ausweg bietet sich an, als in der TV-Sendung »Ou es-tu?« sein Bild erscheint. Eine Bäuerin aus dem Südwesten Frankreichs will in ihm ihren seit 26 Jahren vermißten Gatten erkennen. Francis schlüpft in die neue Rolle und überläßt Familie samt Fabrik seinem besten Freund. Etienne Chatiliez hat seinen dritten Spielfilm als derben Schwank inszeniert, der weniger durch seine kruden Szenen und unzimperlichen Dialoge verärgert als durch seine unfeine Haltung gegenüber den Frauen. *Zoom, 6/96*

(...) Story und Dialoge dieser herrlichen französischen Satire funktionieren mit der Präzision eines Uhrwerks. In kleinsten Details und Nuancen wird die Atmosphäre französischer Provinz- und Standes-Mentalitäten eingefangen, die einander auf den ersten Blick fremd wie verschiedene Sternsysteme zu sein

*Michel Serrault*

scheinen, die aber in menschlich-allzumenschlichen Gemeinsamkeiten und schlichtem Alltag zum versöhnlichen Ende gelangen. (...) *Joseph Heinrichs, Rheinische Post, 10.5.96*

Harald Eggebrecht in: SZ, 9.5.96; Angie Dullinger in: AZ, 9.5.96; Patrick Rössler in: Stgt. Zeitung, 9.5.96; Karl-Heinz Schäfer in: Rheinischer Merkur, 3.5.96; Helmut Schmitz in: FR, 15.5.96; Christoph Terhechte in: tip, 10/96

## Das Glück meiner Schwester 405

**

*Regie:* Angela Schanelec
*Darsteller:* Anna Bolk (Ariane), Wolfgang Michael (Christian), Angela Schanelec (Isabel), Michael Maertens (Richard), Katharina Linder (Nina), Margit Bendokat (Mutter)
*Drehbuch:* Angela Schanelec
*Kamera:* Reinhold Vorschneider (Farbe)
*Schnitt:* Angela Schanelec
*Prod.:* Gudrun Ruzickova-Steiner für Luna Film/DFFB/MDR/ SFB, BRD 1995; 84 Min.
*UA:* Filmfest München 1995
*Verleih:* dffb/-/-; Februar 1996

Zwei Schwestern lieben denselben Mann. Ariane, die jüngere, fordernde, sieht sich langsam verlassen; doch auch Isabel, die ältere, stille, wird Christian, der immer nur zuhört und keine Entscheidung trifft, nie für sich haben. Angela Schanelecs Film handelt von Menschen, deren Wollen und Wirken nicht ankommt gegen den Lauf der Zeit. Es ist ein radikales, puristisches Werk über das naßkalte Berlin mit seinen grauen Hinterhöfen, und über die Menschen in dieser unaufhörlich lärmenden Stadt, in deren Emotionen immer auch Aggression mitschwingt.
*Christoph Terhechte, tip, 9/96*

(...) Worum es in dem Film eigentlich geht, weiß keiner so recht. Für eine glaubwürdige Dreiecksgeschichte sind die Dialoge zu gestelzt, für ein Berliner Großstadt-Porträt die Bilder zu wenig stimmungsvoll. Eigentlich hätte man die Kamera auch weglassen können. Denn es wird sowieso nur geredet. Sinnloses und Gekünsteltes. Wenn es nicht gerade vom Straßenlärm überdeckt wird. Was noch der klügste Einfall in diesem seelenlosen Beziehungs-Drama ist. *Eberhard von Elterlein, Berliner Morgenpost, 16.2.96*

## Gnadenlos – zur Prostitution gezwungen 406

*** TV

*Regie:* Gabi Kubach
*Darsteller:* Günther Maria Halmer (Kommissar Landau), Deborah Kaufmann (Marlene Bekker), Leon Boden (Jürgen Beluga), Mario Juricki (Pavel), Laura Tonke (Milena), Hermann Beyer (Traube), Irm Hermann (Frau Kallus)
*Drehbuch:* Herbert Reinecker
*Prod.:* Pro7, BRD 1996; 92 Min.
*TV:* 11.11.1996, Pro7, 20.00

Der grobe Klotz-Titel verrät's: Im Pro7-Thriller treiben Mädchenhändler ein brutales Millionen-Spiel. Auf der Verliererseite steht die blutjunge Pragerin Milena, die kurz nach ihrer Ankunft in Berlin entführt, mit Prügel, Vergewaltigungen, Drogen und Drohungen gefügig gemacht wird – als »Frischfleisch« für Freier ohne Schmerz- und Schamgrenzen. (...)
*Sigrid Feuerstein, AZ, 13.11.96*

## Go Now 407

GO NOW ****

*Regie:* Michael Winterbottom
*Darsteller:* Robert Carlyle (Mick Cameron), Juliet Aubrey (Karen Walker), James Nesbitt (Tony), Sophie Okonedo (Paula), John Brobbey (Geoff), Darren Tighe (Dell), Berwick Kaler (Sammy), Sean McKenzie (George), Sara Stockbridge (Bridget), Sean Rocks (Charlie)
*Drehbuch:* Paul Powell, Jimmy McGovern
*Kamera:* Daf Hobson (Farbe)
*Musik:* Alastair Gavin; versch. Songs
*Schnitt:* Trevor Waite
*Prod.Des.:* Hayden Pearce
*Prod.:* Andrew Eaton für Revolution für BBC TV, GB 1992; 81 Min.
*UA:* 21.8.1992, Edinburgh Film Festival
*Verleih:* -/-/Rialto; Oktober 1996

Nick und Karen sind ein frischverliebtes junges Paar, dessen Glück unvermittelt getrübt wird: Nick wird krank, diagnostiziert wird Multiple Sklerose. Michael

Winterbottoms Film stellt nicht den körperlichen Zerfall von Nick in den Vordergrund, erzählt vielmehr von einer schwierigen Beziehung, von Würde und Solidarität. Die an sich traurige Story wird aufgelockert durch witzige formale Einfälle, Szenen feiner Ironie und eine kräftige Brise schwarzen Humors. Ein kleiner, feiner, berührender und dialogstarker Film in der Tradition des realistischen britischen Kinos. *Zoom, 10/96*

## God's Army 408

GOD'S ARMY ***

Video

*Regie:* Gregory Widen
*Darsteller:* Christopher Walken (Engel Gabriel), Elias Koteas (Thomas Dagget), Virginia Madsen (Katherine), Eric Stoltz (Engel Simon), Viggo Mortensen (Luzifer), Amanda Plummer (Rachael), Moriah Snyder (Mary), Adam Goldberg (Jerry)
*Drehbuch:* Gregory Widen
*Kamera:* Bruce Douglas Johnson, Richard Clabaugh (Farbe)
*Musik:* David C. Williams
*Schnitt:* Sonny Baskin
*Prod.Des.:* Clark Hunter
*Prod.:* Joel Soisson, W. K. Border, Don Phillips für Overseas Filmgroup/Neo Motion Pic., USA 1994; 94 Min.
*EA:* 5.8.1996, Fantasy Film Festival, Berlin
*VMP Video,*
*TV:* 23.8.1996, Premiere, 22.15; 7.6.1996
*FSK:* ab 18 J.; gekürzte Fass. 88 Min. ab 16 J.

Weil die Engel im Himmel neidisch auf die Seelen der Menschen sind, entfachen sie einen mörderischen Krieg, der auch auf der Erde ausgefochten wird. Absurde Vorgabe, manchmal phantasievoll, dann wieder blutrünstig, aber immer recht merkwürdig.

Kölaus Bühne in: film-dienst, 18/96

## Goldy III 409

GOLDY III: THE MAGIC OF THE GOLDEN BEAR **

Video

*Regie:* John Quinn
*Darsteller:* Cheech Marin (Meister Borgia), Mr. T (Freiheit), Bonnie Morgan (Jesse), Danny Woodburn (Hugo), Jeff Prettyman (Ned), John Quinn (Franklin), Bren McKinley (Miss Belle)
*Drehbuch:* Trevor Black, Buck Flower, Lynette Cahill, Honey Graham, John Quinn
*Kamera:* Kurt Soderling (Farbe)
*Musik:* Murielle Hamilton
*Schnitt:* Matt Cope
*Prod.:* Jeff Prettyman für Desert Moon Prod., USA 1994; 100 Min.
*Vertrieb:* VCL Video; 20.8.1996
*FSK:* ab 6 J.

Über die wunderbare Freundschaft eines kleinen Außenseitermädchens mit einer Bärendame. Für Kinder jeden Alters bietet der anspruchslose Film sehr einfach gestrickte Unterhaltung.

## Der Goofy-Film 410

A GOOFY MOVIE **

*Regie:* Kevin Lima
*Darsteller:* Mit den Stimmen von: Bill Farmer, Walter Alich (Goofy), Jason Marsden, Gerrit Schmidt-Foss (Max, Dialog), Ralf Vornberger (Max, Gesang), Wolfgang Kühne (Karlo), Kellie Martin, Sonja Scherff (Roxanne)
*Drehbuch:* Jymn Magon, Chris Matheson, Brian Pimental, nach einer Story von Jymn Magon
*Musik:* Carter Burwell; Tom Snow, Jack Feldman, Patrick DeRemer, Roy Freeland (Songs)
*Schnitt:* Gregory Perler
*Prod.Des.:* Fred Warter
*Prod.:* Dan Rounds für Walt Disney Pic., USA 1995; 78 Min.
*Verleih:* Buena Vista/dto./dto./Buena Vista Home Video; 15.8.1996
*FSK:* o.A., ffr. – *FBW:* Wertvoll

Diese Zeichentrick-Produktion der Disney-Studios erweist sich als unausgewogenes Doppelprogramm. Zunächst gibt Micky Maus ein sensationelles Comeback in dem rasanten, vor Einfällen überschäumenden Kurzfilm »Runaway Brain« von Chris Bailey, während der einstige Weggefährte Goofy sich in seinem ersten Spielfilm mit einer undankbaren Rolle bescheiden muß: Als Vater eines pubertierenden Teenagers geht er auf gemeinsame Initiationsreise. Ein leidlich unterhaltsamer Familienfilm, der die Möglichkeiten des Trickfilms nicht adäquat einsetzt.
*Zoom, 9/96*

Rupert Koppold in: Stgt. Zeitung, 15.8.96; Daniel Kothenschulte in: Kölner Stadt-Anzeiger, 17.8.96

## Gramps 411
GRAMPS ***
Video

*Regie:* Bradford May
*Darsteller:* Andy Griffith (Großvater Jack), John Ritter (Clarke), Mary-Margaret Humes (Betsy), Erich Anderson (Simon), Mitchell Ryan (Großvater Oliver)
*Drehbuch:* J.B. White
*Kamera:* Bradford May (Farbe)
*Musik:* Joseph Conlan
*Schnitt:* David Salomon
*Prod.:* Jonathan Shestack, Robert Girolami, David Salomon für Viacom/Silverman, USA 1995; 85 Min.
*Vertrieb:* Splendid Video; Mai 1996
*FSK:* ab 16 J.

Die sich allmählich entwickelnde Freundschaft zwischen dem 70jährigen Jack und seinem 8jährigen Enkel entpuppt sich als gefährliche Verbindung. Psychodrama, das unvermittelt in Thrillergewässer abdriftet und damit ziemlich an Reiz einbüßt.

Klaus Brühne in: film-dienst, 11/96

## Die Grasharfe 412
THE GRASS HARP ***
Video

*Regie:* Charles Matthau
*Darsteller:* Piper Laurie (Dolly Talbo), Sissy Spacek (Verena Talbo), Walter Matthau (Richter Charlie Cool), Edward Furlong (Collin Fenwick), Nell Carter (Catherine Creek), Jack Lemmon (Morris Ritz), Mary Steenburgen (Schwester Ida), Sean Patrick Flanery (Riley), Joe Don Baker (Sheriff), Charles Durning (Rev. Buster)
*Drehbuch:* Stirling Silliphant, Kirk Ellis, nach dem gleichn. Roman von Truman Capote
*Kamera:* John A. Alonzo (Farbe)
*Musik:* Patrick Williams
*Schnitt:* Sidney Levin, C. Timothy O'Meara
*Prod.Des.:* Paul Sylbert
*Prod.:* James T. Davis für Charles Matthau/Jerry Tokofsky/John Davis Prod., USA 1995; 107 Min.
*UA:* Boston Filmfestival 1995
*Vertrieb:* VMP Video; 7.10.1996
*FSK:* ab 12 J.

Provinzposse über die Abenteuer eines pubertierenden Jungen, der bei seinen ungleichen Tanten aufwächst – aus der Feder von Truman Capote, mit spürbar kleinem Budget und großartigen Darstellern verfilmt.

## Green Hornet – Die Rückkehr der grünen Hornisse 413
THE GREEN HORNET ***
Video

*Regie:* Lam Ching Ying
*Darsteller:* Chin Ku Lok (Dong »Die grüne Hornisse«), Kwan Wing Ho, Yu Wing Kwong, Lam Ching Ying
*Prod.:* Xie Tian Sheng für Sil Metropole Org., Hongkong 1994; 85 Min.
*Vertrieb:* Highlight Video; 23.9.1996
*FSK:* ab 18 J.

Maskierter Batman-Verschnitt rettet Reporterin das Leben. Hongkong-Produktion mit üblicher Handlung und den üblichen Mängeln.

Tobias Keßler in: film-dienst, 22/96

## Gregorio und Juliana 414
ANDA, CORRE, VUELA... ****

*Regie:* Augusto Tamayo
*Darsteller:* Marino Leùn (Gregorio), Rosa Isabel Morfino (Juliana), Gilberto Torres (1. Polizeioffizier), Julio Marcone (2. Polizeioffizier), Carlos Danos (3. Polizeioffizier), Luis Ramirez (Lobo)
*Drehbuch:* José Watanabe
*Kamera:* Danny Gavidia (Farbe)
*Musik:* Los Mojarras
*Schnitt:* Gianfanco Annichini
*Prod.:* Stefan Kaspar für Casablanca Films für ZDF, Peru 1995; 90 Min.
*EA:* Filmfest München 1996
*Verleih:* EZEF/-/-

Die beiden Hauptdarsteller der Filme »Gregorio« und »Juliana« sind erwachsen geworden. Heranwachsende, für es keine Zukunft zu geben scheint. Eine vitale Geschichte aus einer beklemmenden Wirklichkeit, die nach politischer Verfolgung und Flucht mit einem visionären Ausblick endet!

## Gridlock – Die Falle 415
GRIDLOCK ☐
TV

*Regie:* Sandor Stern
*Darsteller:* David Hasselhoff (Jake Gorski), Kathy Ireland (Michele), Miguel Fernandes (Mr. One), Götz Otto (Mr. Two), Tony Desantis (Captain Bane)
*Drehbuch:* Joe Ferullo, Scott Sturgeon
*Prod.:* Neufeld Rehme/Alliance für NBC und Pro 7, BRD/USA 1995; 91 Min.
*TV:* 5.10.1996, Pro7, 20.00

Jake Gorski ist Cop beim NYPD, dem New Yorker Police Department. Weil er mit seinen spektakulären Auftritten regelmäßig Polizeichef Bane die Show stiehlt, läßt der ihn kurzerhand zur Verkehrspolizei versetzen. Aber auch mit Freundin Michele hat Jake Probleme – bis Gangster die Staatsbank überfallen und dabei auch Michele in ihre Gewalt bringen. *Pressetext*

## Grief 416

GRIEF ***

*Regie:* Richard Glatzer
*Darsteller:* Craig Chester (Mark), Jackie Beat (Joe), Illeana Douglas (Leslie), Alexis Arquette (Bill), Charlton Wilborn (Jeremy), Robin Swid, Bill Rotko, Mickey Cottrell, Shawn Hoffman, Frank Rehwald
*Drehbuch:* Richard Glatzer
*Kamera:* David Dechant (Farbe)
*Musik:* Tom Judson
*Schnitt:* Robin Katz
*Prod.Des.:* Don Diers
*Prod.:* Ruth Charny, Yoram Mandel, Marcus Hu für Grief Prod., USA 1993; 86 Min.
*UA:* Sundance Filmfestival 1994
*Verleih:* Salzgeber/-/-; 21.3.1996

Der erste Spielfilm des ehemaligen Serienproduzenten Richard Glatzer ist eine (einteilige) schwule Soap opera über die Produktion einer ebensolchen. Im Büro der Produzentin Joe laufen neben Sperma- auch alle andern Fäden zusammen. Wird Mark beim bisexuellen Bill ankommen? Oder lähmt ihn der Todestag seines ehemaligen Lovers? Und was führt sexy Jeremy im Schilde? Mit seinen Dramen und Drämchen um Herzschmerz, Soap und Sofas ist »Grief« bestes Low budget, schnell gefilmt, flott gespielt und voll des prallen Lebens. *Katja Nicodemus, tip, 7/96*

Simone Mahrenholz in: Der Tagesspiegel, 21.3.96

## Grim 417

GRIM **

Video

*Regie:* Paul Matthews
*Darsteller:* Peter Tregloan (Grim, das Monster), Emanuel Xuereb (Rob Colder), John Chancer (Steve), Michael Fitzpatrick (Ken), David Kennedy (Marys Ehemann), Adam Tury (Wendys Freund), Ian James, Tres Hanley, Kadamba
*Drehbuch:* Paul Matthews
*Kamera:* Alan M. Trow (Farbe)
*Musik:* Dennis Michael Tenney
*Schnitt:* Peter Matthews
*Prod.Des.:* David Endley
*Prod.:* Elizabeth Matthews für Apix, USA 1995; 91 Min.
*Vertrieb:* VPS Video; 25.7.1996
*FSK:* ab 18 J.

Killermonster haust in altem Bergwerkstollen und verspeist dort mit Vorliebe Menschen. Hochgradig dilettantischer Horror-Erguß.

Oliver Rahayel in: film-dienst, 20/96

## The Grotesque 418

THE GROTESQUE ***

Video

*Regie:* John-Paul Davidson
*Darsteller:* Alan Bates (Sir Hugo Coal), Theresa Russell (Lady Harriet Coal), Jim Carter (George Lecky), Anna Massey (Mrs. Giblet), Steven Mackintosh (Sidney Giblet), Lena Headey (Cleo), Sting (Fledge), Timothy Kightley, Chris Barnes, James Fleet
*Drehbuch:* Patrick McGrath, nach seinem Roman
*Kamera:* Andrew Dunn (Farbe)
*Musik:* Anne Dudley
*Schnitt:* Tariq Anwar
*Prod.Des.:* Jan Roelfs
*Prod.:* Trudie Styler für Xingu Films, GB 1995; 92 Min.
*UA:* 9.9.1995, Toronto Film Festival
*Vertrieb:* BMG Video; 6.9.1996
*FSK:* ab 16 J.

Verschrobener Saurierforscher und seine liebeshungrige Gattin stellen für ihr Schloß einen mysteriösen Butler und dessen Gattin ein. Skurril, zuweilen erotisch, bisweilen geschmacklos: Die schwarzhumorige Farce zündet nicht immer, aber zumindest ist sie sehr ungewöhnlich.

Günter H. Jekubzik in: film-dienst, 22/96

## Guantanamera 419

GUANTANAMERA ****

*Regie:* Tomas Gutiérrez Alea und Juan Carlos Tabio
*Darsteller:* Carlos Cruz (Adolfo), Mirtha Ibarra (Georgina), Raul Eguren (Cándido), Jorge Perugorria (Mariano), Pedro Fernandez (Ramon), Luis A. Garcia (Tony), Conchita Brando, Suset Pérez Malberti

*Mirtha Ibarra in ›Guantanamera‹ von Tomas Gutiérrez Alea und Juan Carlos Tabio*

*Drehbuch:* Eliseo Alberto Diego, Tomás Gutiérrez, Alea, Juan Carlos Tabio
*Kamera:* Hans Burmann (Farbe)
*Musik:* José Nieto
*Schnitt:* Carmen Frias
*Prod.:* Geraldo Herrero, Camilo Vives, Ulrich Felsberg für Tornasol/Alta/Prime/ICAIC/Road Movies mit Degeto/TVE/Capal + Spanien, Spanien/Kuba/BRD 1995; 101 Min.
*Verleih:* Kinowelt/top-film/Focus/Arthaus Video; 25.1.1996
*FSK:* ab 6, ffr. – *FBW:* Wertvoll

»Kuba: alles rationiert außer dem Mitgefühl«. So titelte eine kluge Journalistin anläßlich der europäischen Premiere des Films, der leicht und launig davon erzählt, daß auf der Zuckerinsel heute zwar fast nichts mehr funktioniert, die Menschen aber dennoch etwas füreinander übrig haben. Weniger elegant als sein früheres Werk »Fresy y chocolate« (1993), gibt der Film auf amüsante Weise zu denken. Denn bei uns funktioniert ja alles, weitaus am besten allerdings das Gegenteil des Mitgefühls, welches seinerseits rationiert ist. *Zoom, 16/95*

Ein kubanisches Road-Movie vom »Erdbeer und Schokolade«-Regie-Erfolgsduo Tomas Gutiérrez, Alea und Juan Carlos Tabio: witzig, emotionsgeladen und voller aktueller Realitätsbezüge. Eine Geschichte von Liebe, Leben und Tod, Bürokratie und Business, Machismo und Melancholie. (...)
*Frauke Hanck, AZ, 8.2.96*

Michael Althen in: SZ, 9.2.96; Heike Kühn in: FR, 29.1.96; Oliver Rahayel in: Kölner Stadt-Anzeiger, 27.1.96; Carla Rhode in: Der tagesspiegel, 26.1.96; Ruprecht Skasa-Weiß in: Stgt. Zeitung, 1.2.96

## Guimba, der Tyrann 420

GUIMBA – UN TYRAN, UNE EPOQUE ***
TV

*Regie:* Cheick Oumar Sissoko
*Darsteller:* F. Issa Traoré, B. Moussa Keita, H. Dembele, L. Diallo, M. Maiga, H. Diarra, F. Coulibaly, Cheick Oumar Maiga, M. Sangare
*Drehbuch:* Cheick Oumar Sissoko
*Kamera:* Lionel Cousin (Farbe)
*Musik:* P. Sauvageot, M. Risse
*Schnitt:* Kahena Attia, Joelle Dufour
*Prod.:* Kora Films, Mali 1993; 93 Min.
*EA:* Int. Filmfestspiele Locarno 1995, »Wettbewerb«
*TV:* 12.12.1996, WDR, 23.00

(…) Der Film ist die zeitlose Geschichte vom Fall einer Tyrannei. Der epische und mythische Atem der Geschichte, der Sinn für Ironie, die Verwebung politischer und sexueller Thematik zeugen von seiner großen Einfallskraft. Der Film verweist auf die orale Tradition sowie auf das Koteba-Theater, wo die täglichen Probleme der Bewohner dargestellt werden. (…)

*Katalog Filmfestival Locarno*

## Gullivers Reisen 421

GULLIVER'S TRAVELS ***

Video

*Regie:* Charles Sturridge
*Darsteller:* Ted Danson (Lemuel Gulliver), Mary Steenburgen (Mary Gulliver), Thomas Sturridge (Tom Gulliver), James Fox (Dt. Bates), Kate Maherly (Glundallich), Warwick Davis (Grildrig), Omar Sharif (Graf von Glubdubdrib), Ian Dunn, George Harris, Rico Ross
*Drehbuch:* Simon Moore, nach dem gleichn. Roman von Jonathan Swift
*Kamera:* Howard Atherton (Farbe)
*Musik:* Trevor Jones
*Schnitt:* Peter Coulson
*Prod.Des.:* Roger Hall
*Prod.:* Duncan Kenwort für RHI Ent./ Jim Henson Prod./Channel 4, USA/GB 1995; 179 Min.
*Vertrieb:* 20th Century Fox Home Video; 30.9.1996
*FSK:* ab 6 J.

Effektreiche, aufwendige Märchenverfilmung, die fürs US-TV produziert wurde.
»Bilder, Ausstattungen und Spezialeffekte hätten eine große Leinwand statt der kleinen Mattscheibe verdient. Über die Begeisterung an dem phantastischen Element ist die Zivilisationskritik der Vorlage zwar nicht in Vergessenheit geraten, aber in eine New-Age-Öko-Variante umgemünzt worden, die der Polemiker Swift mit seiner Polit-Satire vor 270 Jahren sicher nicht im Sinn hatte«, meinte der »tip« dazu.

Hans Messias in: film-dienst, 21/96

## Gunpower 422

THE IMMORTALS **

Video

*Regie:* Brian Grant
*Darsteller:* Eric Roberts (Jack), Tia Carrere (Gina Walker), Joe Pantoliano (Pete Tunnell), Tony Curtis (Dominic), William Forsythe (Tim James), Kevin Bernhardt (Billy Knox), Brent Bolthouse (Dan), Michael Paul Chan (Mifune), Brian Finney (George Daniels), Gregg Marc Miller (John)
*Drehbuch:* Kevin Bernhardt, Elie Samaha
*Kamera:* Anthony B. Richmond (Farbe)
*Musik:* Claude Gaudette
*Schnitt:* Richard Trevor
*Prod.Des.:* Guy Greville Morris
*Prod.:* Elie Samaha, Kevin Bernhardt (Co-Prod.) für Mondofine/Nu Image/ Phoenician, USA 1995; 94 Min.
*Vertrieb:* VMP Video; 6.9.1996
*FSK:* ab 18 J.; gekürzte Fassung 87 Min. ab 16 J.

Mafia-Handlanger will mit acht Westentaschen-Ganoven gegen seinen Boß antreten. Das gute Ensemble watet durch ein Meer von Blut und Blei, Brutalismen, schwarzem Humor und Geschmacklosigkeiten.

## Haben (oder nicht) 423
EN AVOIR (OU PAS) ***

*Regie:* Laetitia Masson
*Darsteller:* Sandrine Kiberlain (Alice), Arnaud Giovaninetti (Bruno), Roschdy Zem (Joseph), Laetitia Palermo (Helene), Natalie Villeneuve (Christelle), Claire Denis, Didier Flamand, Jean-Michel Fete
*Drehbuch:* Laetitia Masson
*Kamera:* Caroline Champetier (Farbe)
*Schnitt:* Yann Dedet
*Prod.Des.:* Arnaud de Moleron
*Prod.:* Francois Cuel, Georges Benayoun für CLP/Dacia Films, Frankreich 1995; 90 Min.
*UA:* 31.8.1995, Int. Filmfestspiele Venedig
*EA:* 17.2.1996, Forum des Jungen Films, Berlin
*Verleih:* Ventura/polyfilm/-; Sept. 1996 (Österreich); 16.1.1997

Eine junge Arbeiterin aus einer Fischfabrik wird entlassen, wendet sich von ihrer Familie ab, um sich zu verwirklichen und findet in Lyon ein neues, dauerhaftes Glück. Erstlingsfilm, der auf schlichte Weise die »Erkenntnisreise« einer jungen Frau erzählt, die erst in einer dauerhaften Bindung mit Risiko ihr Glück findet. *multimedia*

(...) Laetitia Masson hat einen schönen, leichten, garantiert lippenstiftfreien Erstlingsfilm gedreht, mit der formidablen, sommersprossigen Sandrine Kiberlain in der Hauptrolle.
*Der Tagesspiegel Berlin, 21.2.96*

(...) Die Filmemacherin nähert sich ihren Themen uneitel, mit frischer Direktheit. Karg geht's zu. Alice (gerupftes Hühnchen mit Ausstrahlung: Sandrine Kiberlain) bricht alle Brücken in der Normandie ab, nachdem sie ihren Job als Fließband-Sortiererin in der Fischfabrik verloren hat. In Lyon sucht sie einen Neuanfang – und trifft im maroden »Hotel Ideal« auf Menschen, die ähnlich fühlen. Die Begegnung mit dem verzweifelt einsamen Bauarbeiter Bruno stimmt sie anfangs nur ärgerlich. Aber dann ...
Das Prinzip Hoffnung ist anrührend und versöhnt mit langatmigen Tändeleien zur Befindlichkeit der Charaktere. Jung sein ist schwer, heute.
*Angie Dullinger, AZ, 16.1.97*

## Hackers 424
HACKERS ***

*Regie:* Iain Softley
*Darsteller:* Jonny Lee Miller (Dade), Angelina Jolie (Kate), Jesse Bradford (Joey), Matthew Lillard (Cercal), Laurence Mason (Nikon), Renoly Santiago (Phreak), Lorraine Bracco (Margo), Fischer Stevens (Eugene »The Plague«), Alberta Watson, Darren Lee
*Drehbuch:* Rafael Moreu
*Kamera:* Andrzej Sekula (Farbe)
*Musik:* Simon Boswell
*Schnitt:* Christopher Blunden, Martin Walsh
*Prod.Des.:* John Beard
*Prod.:* Michael Peyser, Ralph Winter für United Artists, USA 1995; 105 Min.
*Verleih:* UIP/UIP/UIP/Warner Home Video; 13.6.1996
*FSK:* ab 12, ffr.
*FBW:* Wertvoll

Die Geschichte einer Gruppe von Computer-Hackern, die sich an einer falschen Datei vergreift, wird erzählt in einer wilden, nahtlosen Mischung aus Computer-, Cyberspace- und konventionellen, aber clipmäßig schnell geschnittenen Kinobildern. Allerdings sind die Figuren allzu trendy und einige Darsteller recht affig. *Milan Pavlovic, Kölner Stadt-Anzeiger, 15.6.96*

Heiko R. Blum in: Rheinische Post, 14.6.96; Thomas Klingenmaier in: Stgt. Zeitung, 13.6.96; Carla Rhode in: Der Tagesspiegel, 13.6.96; Christoph Terhechte in: tip, 13/96

## Hail Caesar 425
HAIL CAESAR **
Video

*Regie:* Anthony Michael Hall
*Darsteller:* Anthony Michael Hall (Julius), Robert Downey Jr. (Jerry), Samuel L. Jackson (Postbote), Judd Nelson (Knasti), Frank Gorshin (Pete Dewitt), Bobby Phillips (Buffer), Leslie Danon (Annie)
*Drehbuch:* Robert Mittenthal, nach »Die kapitolinische Venus« von Mark Twain
*Kamera:* Adam Kane (Farbe)
*Musik:* Roger Tallman

*Prod.:* Mark Amin, Steven Paul, Barry Collier für Trimark Pic., USA 1994; 97 Min.
*Vertrieb:* Warner Home Video; August 1996
*FSK:* ab 6 J.

Kennen Sie Anthony Michael Hall? Nein? Sollten Sie aber. Nicht den Hauch von Talent, aber führt Regie und spielt die Hauptrolle. Story: Rock'n'-Roll-Bubi will Freundin imponieren und Geld verdienen. Fazit: pure Zeitverschwendung!

## Die Halbstarken

426
***
Video

*Regie:* Urs Egger
*Darsteller:* Til Schweiger (Freddy), Sandra Speichert (Sissy), Roman Knizka (Jan), Frank Giering (Günther), Johann von Bülow (Klaus), Boris Aljinovic (Kudde), Florian Fitz (Mario), Oliver Bröcker (Willi)
*Drehbuch:* Bernd Eichinger, Uwe Wilhelm
*Kamera:* Lukas Strebel (Farbe)
*Musik:* Detlef Petersen
*Schnitt:* Hans Funck
*Prod.Des.:* Thomas Freudenthal
*Prod.:* Bernd Eichinger, Uschi Reich, Constantin Film für Sat 1, BRD 1996; 97 Min.
*UA:* Int. Hofer Filmtage 1996
*Vertrieb:* Taurus Video
*TV:* 21.12.1996, Sat.1, 20.00
*FSK:* ab 12, ffr.

(...) Das Remake repetiert die Rebellenphase der jugendlichen Söhne jener Nazi-Väter aus den Fünfzigern, die jede Autorität verspielt hatten, sich aber nach wie vor autoritär aufführten. Widerborstige Söhne, die mit wenig Hirn und großer Klappe ihren Anteil am Wirtschaftswunderkuchen abhaben wollten, aber nicht mit fader Arbeit bitte, denn damit imponiert man den Tussis nicht. Urs Egger inszenierte die wilde Wut beschränkter Sprücheklopfer, die vom Genießerleben träumen: Großmaul Freddy und Friseurlehrling Sissy mit Rüpelclique beim Amoklauf ums schnelle Spießerglück per Postraub und Einbruchsdiebstahl.
Ein passabler Krimi als Abziehbild der Fünfziger – nicht mehr und nicht weniger. *Ponkie, AZ, 23.12.96*

*Til Schweiger als Halbstarker*

Andreas Kilb in: Die Zeit, 13.12.96

## Halloween – Der Fluch des Michael Myers

427
HALLOWEEN VI
**

*Regie:* Joe Chappelle
*Darsteller:* Donald Pleasence (Dr. Sam Loomis), Paul Rudd (Tommy Doyle), Marianne Hagan (Kara Strode), Devin Gardner (Danny Strode), J.C. Brandy (Jamie Lloyd), Mitchell Ryan (Dr. Wynn), Mariah O'Brien (Beth), Keith Bogart (Tim), Susan Swift (Mary), Bradford English (John Strode)
*Drehbuch:* Daniel Farrands
*Kamera:* Billy Dickson (Farbe)
*Musik:* Alan Howarth; John Carpenter (Halloween-Thema)
*Schnitt:* Randolph Bricker
*Prod.Des.:* Bryan Ryman
*Prod.:* Paul Freeman für Nightfall/Halloween 6 Prod., USA 1995; 84 Min.
*Verleih:* Starlight/-/-/Starlight Video; 30.5.1996; Nov. 1996
*FSK:* ab 18, ffr.; ab 16, ffr. gekürzte Fass.

Es ist ein langer Weg von John Carpenters Klassiker aus dem Jahre 1978 zu diesem sechsten »Halloween«-Film, der den so halbherzigen wie lachhaften Versuch unternimmt, die Mordmaschine Michael Myers mit keltischen Ritualen zu verbinden. Dabei begnügt er sich weitgehend mit einer Abfolge von Suspense-Situationen, die diesmal überraschend unblutig gefilmt sind, so daß der Film selber anmutet wie ein harmloser Halloween-Scherz und außerdem die Frage aufwirft, wen dieses Werk überhaupt ins Kino locken soll.

Durch die letzte Rolle des verstorbenen Donald Pleasence gerade mal eine Fußnote wert. *Frank Arnold, tip, 13/96*

Albert Baer in: Rheinische Post, 31.5.96; Milan Pavlovic in: Kölner Stadt-Anzeiger, 1.6.96

## Hannah 428

***

*Regie:* Reinhard Schwabenitzky
*Darsteller:* Elfi Eschke (Hannah Fischer), August Zirner (Wolfgang Heck), Jürgen Hentsch (Dr. Thomas Hochstedt), Paul Herwig (Helge Hochstedt), Helma Gautier (Elisabeth Hochstedt), Else Quecke (Rose Hochstedt), Max Tidof (Pollak), David Cameron (Heck, Hans Clarin (Beuerle), Franz Buchrieser (Kommissar Moser)
*Drehbuch:* Susanne Ayoub, Reinhard Schwabenitzky, nach einer Idee von Reinhard Schwabenitzky
*Kamera:* Fabian Eder, Johannes Kirchlechner (Farbe)
*Musik:* Hannes M. Schalle
*Schnitt:* Ingrid Koller
*Prod.Des.:* Kuly Sander
*Prod.:* Reinhard Schwabenitzky, Reinhard Pyrker, Dieter Pochlatko für Star-Film/ Epo-Film mit ÖFI/ORF/WFF, Österreich 1996; 118 Min.
*Verleih:* -/Star-Film/-; September 1996

Eine Jüdin gerät auf Jobsuche in ein Unternehmen, das von rechtsradikalen Elementen, die sich als Herrenmenschen dünken und Terroranschläge gegen Andersdenkende und Ausländer unternehmen, durchsetzt ist. Eine daneben ablaufende Liebesgeschichte erhält weniger Profil. Reinhard Schwabenitzkys neuer Film überrascht durch aktuelle politische Problematik, die bei einigen szenischen Überzeichnungen doch als Warnung vor immer wieder aufkommendem Ungeist dienen kann. In den Actionszenen weniger überzeugend als in der geistigen Auseinandersetzung zum Thema. Überwiegend gut gespielt und zügig inszeniert.

*multimedia*

## Happy Feet 429

HAPPY FEET ***

TV

*Regie:* Mike Bradwell
*Darsteller:* Phyllis Logan (Dora Jackson), Derrick O'Connor (Clifford), Marjie Lawrence (Mrs. Jackson), Stephen Hancock (Mr. Jackson), Diana Rayworth (Mrs. O'Nolan), Meryl Hampton (Mrs. Irving), David Newborn (Terry), John Naylor (John), Sarah-Jane Nicoll (Stephanie), Chris Jury
*Drehbuch:* Mike Bradwell
*Kamera:* Barry McCann (Farbe)
*Musik:* Stephen Warbeck, Errollyn Wallen
*Schnitt:* John Stothart
*Prod.:* Ann Scott, GB 1995; 90 Min.
*TV:* 3.2.1996, Arte, 23.45, OmU

Zwei englische Ballett-Akademien nutzen beim »Festival des klassischen Tanzes« jede Möglichkeit, um den Sieg zu erringen.

## Happy Gilmore 430

HAPPY GILMORE **

*Regie:* Dennis Dugan
*Darsteller:* Adam Sandler (Happy Gilmore), Christopher McDonald (Shooter), Julie Bowen (Virginia), Frances Bay (Großmutter), Carl Weathers (Chubbs), Alan Covert (Otto), Robert Smigel (IRS Agent), Bob Barker, Richard Kiel, Dennis Dugan
*Drehbuch:* Tim Herlihy, Adam Sandler
*Kamera:* Arthur Albert (Deluxe)
*Musik:* Mark Mothersbaugh
*Schnitt:* Jeff Gourson
*Prod.Des.:* Perry Andelin Blake, William Heslup
*Prod.:* Robert Simonds für Universal, USA 1996; 92 Min.
*UA:* 16.2.1996, New York
*Verleih:* UIP/UIP/UIP/CIC Video; 30.5.1996
*FSK:* ab 6, ffr.

Im jüngsten Beitrag zum Idioten-Genre präsentiert sich »Saturday Night Live«-Komiker Adam Sandler als verhinderter Eishockeyspieler, der seine Schlagkraft als Golfer profitabel macht, indem er mit seiner unorthodoxen Art, seinen Regelverstößen und Clownereien dem verschnarchten Sport ein ganz neues Publikum zuführt. Das alles nur, damit seine Großmutter mit dem Preisgeld ihr von der Steuerbehörde gepfändetes Häuschen zurückkaufen kann. Zwischen populistischen Absichtserklärungen und plattem Klamauk ist eine jener Klamotten herausgekommen, deren Erfolg in Deutschland schon fast zwangsläufig ist. *Frank Arnold, tip, 12/96*

Thomas Klingenmaier in: Stgt. Zeitung, 30.5.96; Milan Pavlovic in: Kölner Stadt-Anzeiger, 1.6.96

## Happy Weekend 431
**

*Regie:* Ed Herzog
*Darsteller:* Erik Goertz (Joachim Krippo), Anton Rattinger (Horst), Dieter Wardetzky (Opa), Isabel Trimborn (Uschi), Ralf Richter (Engel Potraske), Ellen Umlauf (Frau Sussmeit), Jörg Friedrich (Bunge), Hans Martin Stier (Grasswurm), Martin Quilitz (Schifferle), Mario Mentrup (Barwandt)
*Drehbuch:* Rainer Knepperges, Ed Herzog
*Kamera:* Georg Fick (Farbe)
*Musik:* Til Brönner, Ingo Frenzel, Kai Rautenberg
*Schnitt:* Oliver Gieth
*Prod.Des.:* Martin Schreiber
*Prod.:* Hanno Huth für Senator Film Prod., BRD 1995; 95 Min.
*Verleih:* Senator/-/-/BMG Video; 14.3.1996
*FSK:* ab 16, ffr.

Ein Polizist in Latex und Pistole im Sandalenhalfter, der es gerne zu dritt treibt, eine durchgeknallte Psychotherapeutin, eine Fußpflegerin, die alles pflegt, nur selten die Füße und ein Opa, der an einem männlichen Glied schnitzt, geben sich ein Stelldichein.
Ed Herzog machte aus seinem Kurzfilm einen langen Spielfilm und greift dabei tief in die Klamottenkiste. Einfältige Dialoge, Altherren-Witze und überforderte Darsteller machen diese mißglückte Komödie zur Qual.
*Margret Köhler*

(...) Ein ziemlich trostloses Ergebnis also, das man dem vor Jahren als hochtalentierten Kurzfilm-Regisseur gepriesenen Herzog nicht gewünscht hätte. Übrigens: Dem Vernehmen nach soll »Happy Weekend« nach katastrophal aufgenommenen Testvorführungen gleich mehrmals umgeschnitten worden sein. Ob die jetzige Kinofassung die ist, in der sich schon der Kritiker langweilte, ist also kaum noch einwandfrei festzustellen. *Otto Heuer, Rheinische Post, 15.3.96*

Thomas Klingenmaier in: Stgt. Zeitung, 15.3.96; Daniel Kothenschulte in: Kölner Stadt-Anzeiger, 16.3.96; Ralph Umard in: tip, 6/96; Hans Schifferle in: SZ, 14.3.96

## Hard Attack – Tatort Knast 432
HARD JUSTICE **
Video

*Regie:* Gregory Yaitanes
*Darsteller:* David Bradley (Nick Adams), Charles Napier (Warden Pike), Benita Andre (Hannah), Clabe Hartley (Larry Dickerson), Yuji Okumoto (Jimmy Wong), Jim Maniaci (Mr. Clean), Adam Clark (Squid), Alon Stivi (Riggs), William S. Wong (Lee), Johnny Koyama (Chow)
*Drehbuch:* Nicholas Amendolare, Chris Bold, Dennis Dimser
*Kamera:* Moshe Levin (Farbe)
*Musik:* Don Peake
*Schnitt:* Omer Tal
*Prod.Des.:* Aria Ben-Yishay
*Prod.:* Boaz Davidson für Nu Image/New Line Cinema, USA 1995; 82 Min.
*Vertrieb:* VMP Video; 12.1.1996
*FSK:* ab 18 J.; gekürzte Fass. 71 Min. ab 16 J.

Seit den »Cannon«-Zeiten von der alten Truppe immer wieder Filme nach dem gleichen Rezept: David Bradley, der »American Fighter«, ist der Gute, der den Guten hilft, sie rettet, sie rächt, und Charles Napier gibt immer einen guten Bösewicht ab, hier als brutaler Gefängnisdirektor.

## Hard Core Logo 433
HARD CORE LOGO ****

*Regie:* Bruce McDonald
*Darsteller:* Hugh Dillon (Joe Dick), Keith Callum Rennie (Billy Tallent), John Pyper-Ferguson (John Oxenberger), Bernie Coulson (Pipefitter)
*Drehbuch:* Noel S. Baker, nach einem Roman von Michael Turner
*Kamera:* Danny Nowak (Farbe und s/w)
*Musik:* Shaun Tozer
*Schnitt:* Reginald Harkemia
*Prod.Des.:* David Wilson
*Prod.:* Christine Haebler, Brian Dennis für Ed Festus Prod., Kanada 1996; 92 Min.
*EA:* Int. Filmtage Hof 1996
*Verleih:* TiMe/-/-; 12.12.1996

(...) Insofern ist »Hard Core Logo« ein klassischer Dokumentarfilm über eine Band, ihre Motivationen und ihre Musik, der sich von seinen vielen Vorgängern einfach dadurch unterscheidet, daß hier alles ganz besonders stimmig wirkt. Das Außergewöhnliche dabei ist, daß »Hard Core Logo« allerdings kein

Dokumentarfilm ist, daß es die Band niemals gegeben hat und daß das, was auf der Leinwand so lebensecht aussieht und zum Schluß gar einen Hauch von Reality-TV aufweist, eine der gekonntesten Inszenierungen ist, die das Independent-Kino in der letzten Zeit gesehen hat.
McDonalds Film ist ein 92minütiger Fake, ein von der ersten bis zur letzten Sekunde inszenierter, gefälschter »Dokumentarfilm«, der angesichts des gerade aufkeimenden Punk-Revivals auch noch zur rechten Zeit in die Kinos kommt. *Steffen Heinke, Filmecho/Filmwoche*

Gregor Dotzauer in: FR, 13.12.96; Thomas Klingenmaier in: Kölner Stadt-Anzeiger, 30.11.96; Rupert Koppold in: Stgt. Zeitung, 12.12.96

## Hard Game 434

THE RETURN OF THE GOD OF GAMBLERS **
Video

*Regie:* Wong Jing
*Darsteller:* Chow Yun Fat (Ko Chun, der »God of Gamblers«), Tony Leung (Jack, der Herausforder), Charles Heung (Lung Wu, Ko's Bruder), Ng Seen Lin (Sue), Chingmy Yau (Hoi Tong), Law Ka Ying (Eagle), Tse Mui
*Drehbuch:* Wong Jing
*Kamera:* Wong Wing Hang (Farbe)
*Musik:* Lowell Lo
*Schnitt:* Poon Hung
*Prod.Des.:* Mok Siu Kei
*Prod.:* Jimmy Heung für Win's Movie, Hongkong 1995; 96 Min.
*Vertrieb:* VPS Video; 6.2.1996
*FSK:* ab 18 J.

Anführer einer Mörderbande meuchelt Frau, Kind und Dienerschaft eines Meisterspielers, der dem Spiel abgeschworen hat, um ihn zur finalen Partie zu zwingen. Trivialkino aus Hongkong.

Anselm Jungeblodt in: film-dienst, 8/96

## Hasenjagd – Vor lauter Feigheit gibt es kein Erbarmen 435

****

*Regie:* Andreas Gruber
*Darsteller:* Elfriede Irrall (Frau Karner), Rainer Egger (Fred Karner), Oliver Broumis (Michail), Merab Ninidze (Nicolau), Kirsten Nehberg (Mitzi Karner), Thierry van Werveke, Rüdiger Vogler (Gendarm Birker)
*Drehbuch:* Andreas Gruber
*Kamera:* Hermann Dunzendorfer (Farbe)
*Musik:* Peter Androsch
*Schnitt:* Eva Schneider
*Prod.:* Provinz-Film/Daniel Zuta Film/ Rattlesnake Pic. mit SWF/Arte, Österreich/BRD/Luxemburg 1994; 102 Min.
*UA:* Int. Filmfestival San Sebastian, 1994
*EA:* 10.2.1995, Int. Filmfestspiele Berlin, »Neue deutsche Filme«
*Verleih:* MFA/polyfilm/-/MFA Video; März 1995 (Österreich), 28.3.1996 (BRD)
*FSK:* ab 12, ffr.
*FBW:* Besonders wertvoll

Der engagierte Spielfilm des österreichischen Regisseurs Gruber behandelt auf hochdifferenzierende Weise die Ereignisse des Winters 1945 im Mühlviertel, als sich ein Großteil der Zivilbevölkerung tatkräftig an der Jagd auf KZ-Häftlinge beteiligte. In zurückhaltenden Einstellungen sowie einer an das epische Theater Brechts erinnernden Dialogregie gibt »Hasenjagd« auf künstlerisch beachtenswerte Weise Anstöße zur Reflexion des eigenen Standpunkts gegenüber autoritärem Druck. *multimedia*

Im Winter 1945 wagen russische Offiziere die Flucht aus dem KZ Mauthausen. Unter dem Kommando der SS beginnt eine bestialische Treibjagd, bei der die meisten Flüchtlinge »erlegt« werden. Nur einige finden Schutz bei einer Bauernfamilie und überleben.
Andreas Gruber zeichnet nach einer authentischen Begebenheit den Schrekken und das Grauen der Nazi-Zeit, zeigt aber auch, daß Widerstand möglich war. Eine bewegend inszenierte Vergangenheitsbewältigung. *Margret Köhler*

Thomas Klingenmaier in: Stgt. Zeitung, 7.3.95; Katja Nicodemus in: tip, 8/96

## Hate 436

NATURAL ENEMY **
Video

*Regie:* Douglas Jackson
*Darsteller:* William McNamara (Jeremy Harper), Lesley Ann Warren (Sandy Robards), Donald Sutherland (Ted Robards), Tia Carrere (Christina D'Amelio), Joe Pantoliano (Stuart), Christian Tessier (Chris Robards), Leonore

Zann, Rosemary Dunsmore, Vlasta Vrana, Claudia Besso
*Drehbuch:* Kevin Bernhardt
*Kamera:* Rodney Gibbons (Farbe)
*Musik:* Alan Reeves
*Schnitt:* Yves Langlois
*Prod.Des.:* Csaba Kertesz
*Prod.:* Nicolas Clermont für Filmline Int./ Phoenician Films,
Kanada 1996; 91 Min.
*EA:* Filmfest München 1996
*Vertrieb:* VPS Video; September 1996
*FSK:* ab 16 J.

Der Yuppie-Schützling eines Erfolgbrokers entpuppt sich als Teufelsbube, der finstere Pläne schmiedet. Ein wenig Sadomaso-, ein bißchen Homo-Sex, wenig Überraschungen, kaum Spannung und hochkarätige Darsteller auf verlorenem Posten.

## Haunted – Haus der Geister 437

HAUNTED ***

*Regie:* Lewis Gilbert
*Darsteller:* Aidan Quinn (David Ash), Kate Beckinsale (Christina), John Gielgud (Dr. Doyle), Anthony Andrews (Robert), Anna Massey (Tess), Alex Lowe (Simon), Geraldine Somerville (Kate), Victoria Shalet (Juliet), Peter England (David als Kind), Liz Smith (Wahrsagerin)
*Drehbuch:* Tim Prager, Lewis Gilbert, Bob Kellet, nach dem gleichn. Roman von James Herbert
*Kamera:* Tony Pierce Roberts (Technicolor)
*Musik:* Debbie Wiseman
*Schnitt:* Johnny Jympson
*Prod.Des.:* John Fenner, Brian Ackland-Snow
*Prod.:* Anthony Andrews, Lewis Gilbert für Double »A« Pic./American Zoetrope Prod., GB 1995; 108 Min.
*EA:* 23.9.1995, Hamburger Filmfest
*Verleih:* Jugendfilm/-/-/Highlight Video; 18.1.1996
*FSK:* ab 12, ffr.

Ein Parapsychologe wird auf ein Schloß gerufen, wo sich die Haushälterin von Gespenstern bedroht fühlt. Die Hausherren, ein Geschwistertrio, sind exzentrische Zeitgenossen, einer pflegt ein inzestuöses Verhältnis mit seiner Schwester, die wiederum den angereisten Gelehrten verführt. Der versucht, eine natürliche Erklärung für die Spukerscheinungen zu finden – bis er seiner eigenen, früh verstorbenen Schwester begegnet in diesem solide gemachten Geisterfilm, wo zum Zwecke der Gänsehauterzeugung manchmal die Logik der Story strapaziert wird.

*Ralph Umard, tip, 25/95*

Christian Seebaum in: Kölner Stadt-Anzeiger, 27.1.96

## Heat 438

HEAT ****

*Regie:* Michael Mann
*Darsteller:* Al Pacino (Vincent Hanna), Robert De Niro (Neil McCauley), Val Kilmer (Chris Shiherlis), Tom Sizemore (Michael Cheritto), Jon Voight (Nate), Diane Venora (Justine), Amy Brenneman (Eady), Ashley Judd (Charlene), Mykelti Williamson, Wes Studi
*Drehbuch:* Michael Mann
*Kamera:* Dante Spinotti (Technicolor)
*Musik:* Elliot Goldenthal; Budd Carr (supervisor)
*Schnitt:* Dov Hoenig, Pasquale Buba, William Goldenberg, Tom Rolf
*Prod.Des.:* Neil Spisak
*Prod.:* Michael Mann, Art Linson für Forward Pass Prod./Regency Ent., USA 1995; 171 Min.
*UA:* 15.12.1995, New York
*Verleih:* Warner Bros./dto./dto./Warner Home Video; 29.2.1996
*FSK:* ab 16, ffr. – *FBW:* Besonders wertvoll

Zwei Männer stehen sich als Feinde gegenüber: der Super-Cop und der Super-Gangster. Das Duell der Giganten, die sich charakterlich ähneln, findet in den Straßen von Los Angeles statt. Wenn einer von ihnen am Ende stirbt, hat er den Respekt des anderen gewonnen. Der bedingungslose »Männerfilm« über die Einsamkeit der Einzelgänger im Großstadtdschungel besticht durch dichte Atmosphäre, vor allem aber durch Robert de Niro und Al Pacino als gebrochene Helden.

*Margret Köhler*

(…) Konflikt ist das, was mich fasziniert. Politischer, sozialer, psychologischer Konflikt – ich sehe da auch eine gewisse Dialektik. Im urbanen Ambiente, in Städten vom Typus Los Angeles, existiert das Leben in Extremen, in ständiger Hochspannung.

*Robert De Niro und Val Kilmer als die bösen Buben in ›Heat‹ von Michael Mann*

Wenn man das Leben auf der Straße, vor allem im Osten von Los Angeles, begreifen will, muß man die geschlossene Welt des Gefängnis-Daseins erfahren. So entsteht das Drama von Menschen, das ich erzählen und damit die Zuschauer emotional treffen will. Das Leben von 70 unterschiedlichen Personen, wie in »Heat«, zu einer Koalition zu orchestrieren – das war meine Herausforderung. Irgendeine Police-L.A.-Serie hat mich nicht interessiert. (...) *Michael Mann im Interview mit Frauke Hanck, AZ, 29.2.96*

Frank Arnold in: tip, 5/96; Brigitte Desalm in: Kölner Stadt-Anzeiger, 2.3.96; Sabine Horst in: FR, 29.2.96; Thomas Klingenmaier in: Stgt. Zeitung, 29.2.96; Frank Schnelle in: epd film, 3/96; Anke Sterneborg in: SZ, 29.2.96

## Hedd Wyn 439

HEDD WYN ***

TV

*Regie:* Paul Turner
*Darsteller:* Huw Garmon (Ellis Evans/Hedd Wyn), Judith Humphreys (Jini Owen), Sue Roderick (Lizzi Roberts), Catrin Fychan (Magi Evans), Ceri Cunnington (Bob Evans), Derec Brown (Rev. J.D. Richards), Llio Silyn, Grey Evans, Gwen Ellis, Emma Kelly
*Drehbuch:* Alan Llwyd
*Kamera:* Ray Orton (Farbe)
*Musik:* John E.R. Hardy
*Schnitt:* Chris Lawrence
*Prod.:* Shan Davies für Pendefig Ty Cefn/S4C, GB 1992; 110 Min.
*TV:* 15.7.1996, Arte, 22.35, OmU

Vor und während des 1. Weltkrieges. Ellis, ein einfacher Bauernsohn in Wales, träumt davon, eines Tages einen Dichterpreis zu erringen. Während des Kriegsdienstes in Frankreich schreibt er ein Gedicht, das den ersten Preis gewinnt. Doch Ellis wird diesen Preis nie in Empfang nehmen können.
*AZ TV Journal*

## Hei ma – Eine Geschichte aus der Mongolei 440

HEI MA – A MONGOLIAN TALE ****

*Regie:* Xie Fei
*Darsteller:* Tengger (Bayingbulag), Narenhuar (Somiya), Dalarsurong

*Drehbuch:* Zhang Chen-zhi
*Kamera:* Fu Jing-sheng (Farbe)
*Musik:* Tengger
*Schnitt:* Xie Fei, Zhao Xiu-qin
*Prod.:* Jin Ji-wu für Beijing Jugend Film/ Media Asia mit China Corp./Baqinaba, China/Hongkong 1995;
105 Min.
*UA:* 29.8.1995 World Film Festival, Montreal
*Verleih:* -/-/Columbus; Mai 1996

Eine herzbewegende und tief im Leben und in der Kultur der Nomaden verwurzelte Liebesgeschichte aus der Mongolei. Der Film lebt von den melancholisch-wehmütigen Liedern seines Hauptdarstellers, den phantastischen Landschaftsbildern und dem verschwiegenen Zauber, der über der unglücklichen Beziehung der beiden Liebenden liegt. *Zoom, 5/96*

## Der heilige Orden der Delta Ritter 441

QUEST OF THE DELTA KNIGHTS **
TV

*Regie:* James Dodson
*Darsteller:* David Warner (Baydool/Vultare), Olivia Hussey (Mannerjay), Corbin Allred (Tee), Brigid Conley Walsh (Thena), David Kriegel (Leonardo Da Vinci), Richard Kind (Wamphool), Peter Sands (Jaamteer), Sarah Douglas (Madam Maaydeed)
*Drehbuch:* Redge Mahaffey
*Prod.:* Redge Mahaffey, USA 1993; 83 Min.
*TV:* 20.7.1996, RTL2, 12.40

Im Mittelalter leiden die Menschen unter der Schreckensherrschaft des Lord Vultare und seiner grausamen Königin Mannerjay. Einzig der heilige Orden der Delta Ritter stellt sich den beiden entgegen.
Als der junge Sklave Tee an den vermeintlichen Bettler Baydool verkauft wird, stellt er bald fest, daß sein neuer Herr ein Delta Ritter ist. Während der folgenden Jahre weist Baydool Tee in die noch geheimen Wissenschaften ein, die die geknechteten Menschen in ein neues Zeitalter der Selbstbestimmung und Aufklärung führen sollen. (…) *Pressetext*

## Heimliche Verführung 442

THE SECRET RAPTURE ***
TV

*Regie:* Howard Davies
*Darsteller:* Juliet Stevenson (Isobel), Joanne Whalley-Kilmer (Katherine), Penelope Wilton (Marion), Neil Pearson (Patrick), Alan Howard (Tom), Robert Stephens (Max Lopert), Hilton McRae (Norman), Robert Glenister (Jeremy)
*Drehbuch:* David Hare, nach seinem gleichn. Bühnenstück
*Kamera:* Ian Wilson (Farbe)
*Musik:* Richard Hartley
*Schnitt:* George Akers
*Prod.:* Simon Relph für Greenpoint/ Channel Four/British Screen, GB 1993; 96 Min.
*EA:* 28.6.1994, Filmfest München
*TV:* 27.6.1996, Premiere, 22.00

Nach dem Tode des Vaters müssen sich zwei Schwestern um ihre alkoholsüchtige Stiefmutter, die zudem jünger als sie beide ist, kümmern. Diese schwierige Erbschaft löst zwischen den seit jeher verfeindeten Schwestern eine unverhohlen geführte Rivalität aus, die tragische Ereignisse nach sich zieht.

## Heiß-Kalter Mord: Ihr Sex ist tödlich 443

BODY OF CHEMISTRY III: POINT OF SEDUCTION *
Video

*Regie:* Jim Wynorski
*Darsteller:* Andrew Stevens (Alan Clay), Morgan Fairchild (Beth Clay), Shari Shattuck (Dr. Claire Archer), Chick Vennera (Freddie Summers), Robert Forster (Bob Sibley), Stella Stevens (Frannie Sibley), Delia Sheppard, Jon Lindstrom, Antonia Dorian, Becky Lebeau
*Drehbuch:* Jackson Barr
*Kamera:* Don E. Fauntleroy (Farbe)
*Musik:* Chuck Cirino
*Schnitt:* Terry J. Chiappe
*Prod.:* Andrew Stevens für Sunset Films für Concorde/New Horizons, USA 1993; 83 Min.
*Vertrieb:* 20th Century Fox Home Video; Mai 1996
*FSK:* ab 16 J.

Mit viel Unterwäsche-Erotik »aufgepeppter« Billig-Thriller aus der Welt der US-TV-Serien-Produzenten.

## Heiße Flucht nach Vegas 444

DESTINATION VEGAS □

TV

*Regie:* Paul Wynne
*Darsteller:* Jennifer Sommerfield (Missy), Claude Duhamel (Texas), Richard Lynch (Richard), Robert Z'Dar (Killer Cop), Tom Badal (Daniel), Paul Marius (Kurt), Steven Polk (Graham)
*Drehbuch:* Paul Wynne
*Prod.:* USA 1995; 87 Min.
*TV:* 23.10.1996, RTL2, 22.00

Eine junge Anwältin gerät durch ihren Job ins Visier von Killern und macht sich auf eine abenteuerliche Flucht nach Las Vegas.

## Heiße Lügen 445

HELLO SHE LIED / MIAMI HUSTLE *

Video

*Regie:* Lawrence Lanoff
*Darsteller:* Kathy Ireland (Marsha Thomas), Audie England, Allan Rich, Richard Sarafian (Henry), John Enos (Matt Conrad), Eduardo Yanez
*Drehbuch:* Phillips Collins, Daniel Miller
*Kamera:* Henry L. Lynk (Farbe)
*Musik:* Kevin Sepe
*Schnitt:* Michael Economou
*Prod.:* R. Ben Efraim für The Private Movie Group, USA 1996; 90 Min.
*Vertrieb:* VMP Video; 31.10.1996
*FSK:* ab 12 J.

Eine Trickbetrügerin gerät in ein Mordkomplott. Mit Dessousvorführungen gestreckter, alberner und dummer kleiner Erotikthriller.

## Hello Mister Berg 446

***

TV

*Regie:* Hartwig Patrick Peters
*Darsteller:* Horst Berg, Harald Maak, Elisa Gelewski, Hartwig Patrick Peters, Bernd G. Waltersdorf, Justus Scherdtfeger, Ellen Borck, Philip Leung
*Drehbuch:* Hartwig Patrick Peters
*Kamera:* Michael Hammon (Farbe)
*Musik:* Jürgen Voss
*Schnitt:* Claudia Vogeler
*Prod.:* CFR Film- und Rundfunk Prod., BRD 1992; 85 Min.
*UA:* Int. Hofer Filmtage 1992
*TV:* 1.12.1996, NDR, 23.45

## Hellraiser IV – Bloodline 447

HELLRAISER IV – BLOODLINE ***

*Regie:* Alan Smithee
*Darsteller:* Bruce Ramsay (Phillip/John/Paul Merchant), Valentina Vargas (Angelique), Doug Bradley (»Pinhead«), Kim Myers (Bobbi), Christine Harnos (Rimmer), Charlotte Chatton (Genevieve), Paul Perri (Edwards), Mickey Cottrell (Duc de L'Isle), Adam Scott (Jacques), Louis Turenne (Auguste)
*Drehbuch:* Peter Atkins
*Kamera:* Gerry Lively (Farbe)
*Musik:* Daniel Licht
*Schnitt:* Rod Dean, Randolph Bricker, Jim Prior
*Prod.Des.:* Ivo Cristante
*Prod.:* Nancy Rae Stone für Dimension Films/Trans Atlantic Ent. mit Clive Barker, USA 1996; 85 Min.
*Verleih:* Starlight/-/-/Starlight Video; 29.8.1996
*FSK:* ab 18 J.

Im 22. Jahrhundert sucht der brillante Wissenschaftler Paul Merchant nach einem Weg, das unsagbar Böse, das seine Vorfahren unwissend in die Welt setzten, endgültig zu verbannen.
»(...) Und die Schönheit eines Films wie ›Hellraiser: Bloodline‹, die vor allem in den Fetisch-Kostümen, bizarren Sets und exquisiten Verstümmelungen liegt, kommt natürlich erst auf der großen Leinwand zur vollen Geltung« schrieb dazu Hans Schifferle in epd Film.

## Hemmungslos – Intrigen der Lust 448

INDECENT BEHAVIOR II **

Video

*Regie:* Carlo Gustaff
*Darsteller:* Shannon Tweed (Dr. Rebecca Mathis), James Brolin (Liam O'Donnell), Chad McQueen (Darrell Martine), Cynthia Steele (Josephine Dietrich), Rochelle Swanson (Jordan Mueller), Elizabeth Sandifer (Shoshona Reed), Craig Stepp (Tom Mueller), Laura Rogers (Sheryl), Stephen Polk (Srgt. Yardley)
*Drehbuch:* Mike Snyder, Phoebe Caulfield, Joyce James
*Kamera:* Christopher Taylor (Farbe)
*Musik:* Michel Rubini
*Schnitt:* Mark Melnick
*Prod.Des.:* Roger Nall
*Prod.:* Michael Caine für Magic Hour Prod., USA 1995; 91 Min.
*Vertrieb:* Columbia TriStar Video; 14.5.1996
*FSK:* ab 16 J.

Sexualtherapeutin gerät in einen Mordfall und das ist die richtige Voraussetzung für eine stupide Sex & Crime Geschichte.

## Her mit dem Zaster 449
ALBERTO EXPRESS ***
TV

*Regie:* Arthur Joffé
*Darsteller:* Sergio Castellitto (Alberto), Nino Manfredi (Albertos Vater), Marie Trintignant (Clara), Marco Messeri (Kontrolleur), Jeanne Moreau (Baroneß), Eugenia Marruzzo (Juliette), Dennis Goldson, Roland Amstutz, Dominique Pinon, Nanni Tamma
*Drehbuch:* Jean-Louis Benoit, Arthur Joffé
*Kamera:* Philippe West (Farbe)
*Schnitt:* Marie Castro-Brechignac
*Prod.:* Maurice Bernart für Malofilm/-UGC/Mainstream, Frankreich/Kanada 1990; 89 Min.
*UA:* 29.8.1990, Montreal World Film Festival
*TV:* 17.2.1996, Pro7, 4.50

Der 30jährige Alberto freut sich auf die Geburt seines ersten Kindes – wenn auch mit leicht gemischten Gefühlen: Noch vor der Geburt nämlich, so verlangt es die Familientradition, muß er seinem Vater all das Geld zurückzahlen, das der einst für ihn von der Geburt an bis zu seinem 15. Geburtstag ausgab. Und Alberto ist leider pleite. *Pressetext*

## Hercules und das Amazonenheer 450
HERCULES AND THE AMAZON WOMAN *
Video

*Regie:* Bill W. L. Norton
*Darsteller:* Anthony Quinn, Kevin Sorbo, Tawny Kitaen
*Prod.:* Sam Raimi, USA 1994; 87 Min.
*Vertrieb:* CIC Video; 24.1.1996
*FSK:* ab 16 J.

Pilotfilm zur RTL-Serie, für die sich Anthony Quinn nicht zu schade war, den Zeus zu geben.

## Herkunft unbekannt 451
DONOR UNKNOWN **
Video

*Regie:* John Harrison
*Darsteller:* Peter Onorati (Nick Stillman), Sam Robards (David Bausch), Alice Krige (Alice Stillman)), Clancy Brown (Nash Greed), Richard Portnow, Sam Robards, Leo Garcia, Christina Solis (Gloria Meadez), Philip Lenkowsky (Roy Haskel)
*Drehbuch:* John Harrison
*Schnitt:* Harry B. Miller III
*Prod.:* Tom Patricia für Universal, USA 1995; 89 Min.
*Vertrieb:* CIC Video; 16.10.1996
*FSK:* ab 16 J.

Potentieller Herzempfänger stößt bei der Suche nach seinem Spender auf die Organhandel-Mafia. Um etwas Realismus bemühter, kleiner Thriller ohne Überraschungen.

## Herr W und Herr W 452
****

*Regie:* Thomas Schadt, Gerd Hoffmeister
*Prod.:* Thomas Schadt für Odyssee-Film/ NDR/WDR/SWF III, BRD 1995; 102 Min.
*Verleih:* Unidoc/-/-; 5.9.1996
*FBW:* Wertvoll

Porträt zweier Männer, die unter Schizophrenie leiden, aber trotzdem ein unabhängiges Leben führen. Der 40jährige Schwarze Wayde Newton lebt in New York, Detlef Witzel hat seit 36 Jahren Berlin nicht verlassen. Ohne billige Identifikation versucht die Kamera dem Blickwinkel der beiden gerecht zu werden. So entstehen manchmal Bilder von der Verwirrung, der die beiden ausgesetzt sind, gezeigt wird aber auch der Wahnsinn der Umwelt. Trotz einer fast perfekten Selbstanalyse, kann man in den Augen der beiden die blanke Angst ablesen. Darum haben sich beide regelrecht eingemauert, auch wenn ihre Befestigungen sehr unterschiedlicher Natur sind. *André Simonoviescz, tip, 19/96*

Silvia Hallensleben in: Der Tagesspiegel, 6.9.96

## Herz im Zwiespalt 453
LEAVE OF ABSENCE ***
TV

*Regie:* Tom McLoughlin
*Darsteller:* Brian Dennehy (Sam Mercer), Jacqueline Bisset (Nell Bergen), Blythe Danner (Eliza Mercer), Polly Bergen (Janet), Noelle Parker (Zoey Mercer), Tim Lounibos (David Sue), Jessica Walter (Bess Kaufman),

*Brian Dennehy und Jacqueline Bisset*

Grayce Spence (Phyllis), Michael Burgess, Tonea Stewart
*Drehbuch:* Betty Goldberg
*Kamera:* Paul Elliott (Farbe)
*Musik:* Don Davis
*Prod.:* USA 1994; 88 Min.
*TV:* 19.7.1996, ARD, 23.05

Das neue Glück mit der jungen Geliebten erfährt eine jähe Veränderung, als Sam Mercer erfährt, daß seine Freundin unheilbar krank ist.

## Herzen im Sturm 454

LA STORIA DI CHIARA □
TV

*Regie:* Andrea Frazzi, Antonio Frazzi
*Darsteller:* Barbara de Rossi (Chiara), Robert Atzorn (Rainer), Davia Dannenberg (Marta), Elisa Giani (Sara), Veronica Lazar (Großmutter Zambiasi), Riccardo Parisio Perrotti (Großvater Zambiasi), Arturo Paglia, Angiolina Quinterno, Jean Dalric, Susanna Javicoli
*Drehbuch:* Mimmo Rafele, nach dem Roman von Maria Venturi
*Kamera:* Roberto Forza (Farbe)
*Musik:* Guido de Angelis, Maurizio de Angelis
*Prod.:* BRD/Italien 1995; 88 Min.
*TV:* 26.1.1996/27.1.1996, ARD, 20.15

Der Auslandskorrespondent Rainer Fischer lernt in Rom die Kinderpsychologin Chiara Basile kennen und verliebt sich in sie. Doch während Chiara um das Sorgerecht ihrer Pflegetochter Sara kämpft, gerät Rainers Tochter Marta auf die schiefe Bahn. *Pressetext*

## Der Hexenclub 455

THE CRAFT ***

*Regie:* Andrew Fleming
*Darsteller:* Robin Tunney (Sarah), Fairuza Balk (Nancy), Neve Campbell (Bonnie), Rachel True (Rochelle), Skeet Ulrich (Chris), Christine Taylor (Laura Lizzie), Breckin Meyer (Mitt), Nathaniel Marston (Trey), Assumpta Serna (Lirio), Cliff De Young
*Drehbuch:* Peter Filardi, Andrew Fleming, nach einer Story von Peter Filardi
*Kamera:* Alexander Gruszynski (Farbe)
*Musik:* Graeme Revell
*Schnitt:* Jeff Freeman
*Prod.Des.:* Marek Dobrowolski
*Prod.:* Douglas Wick; Lisa Tornell für Douglas Wick Prod. für Columbia, USA 1996; 100 Min.
*Verleih:* Columbia TriStar/dto./20th Century Fox/Columbia TriStar Home Video; 4.7.1996
*FSK:* ab 16, ffr.

Vier pubertierende Schulmädchen nutzen magische Kräfte zunächst zur Lösung persönlicher Probleme, dann terrorisieren sie damit sich und andere, wobei wieder mal deutlich wird, daß Macht nicht gut für den Charakter ist. Die anfangs eher langweilige US-High-School-Komödie mutiert allmählich zum okkulten Kinospuk mit allerlei Spezialeffekt-Hokuspokus, aber ohne viel Substanz oder spiritistischen Tiefgang. *Ralph Umard, tip, 14/96*

W.O.P. Kistner in: AZ, 5.7.96; Rupert Koppold in: Rheinische Post, 5.7.96; Hans Schifferle in: SZ, 4.7.96

## Hier auf Erden 456

AQUI NA TERRA ***
TV

*Regie:* Joao Botelho
*Darsteller:* Luis Miguel Cintra (Miguel), Ines Medeiros (Prostituierte), Jessica Weiss (Isabel), Pedro Hestnes (Antonio), Rita Dias (Cecilia), Isabel de Castro (Mutter), Laura Soveral
*Drehbuch:* Joao Botelho
*Kamera:* Elso Roque (Farbe)
*Musik:* Antonio Pinho Vargas
*Schnitt:* Jose Nascimento

*Prod.:* Antonio Da Cunha Telles für Companhia de Filmes do Pricipe Real, Portugal 1993; 105 Min.
*UA:* 4.9.1993, Int. Filmfestspiele Venedig
*TV:* 4.1.1996, Arte, 23.50

Der Film ist eine sehr freie Meditation über das Böse und seine Erlösung, erzählt in zwei parallel montierten Handlungssträngen, die sich erst am Ende der Geschichte kreuzen. Die eine Ebene spielt in der Stadt, die andere auf dem Land. In beiden Geschichten versuchen die Hauptpersonen schuldlos Erlittenes zu bewältigen, um das Glück wiederzuerlangen. *Pressetext*

## Hier spricht Denise 457
DENISE CALLS UP ***

*Regie:* Hal Salwen
*Darsteller:* Tim Daly (Frank), Caroleen Feeney (Barbara), Dan Gunther (Martin), Dana Wheeler Nicholson (Gale), Liev Schreiber (Jerry), Aida Turturro (Linda), Alanna Ubach (Denise), Sylvia Miles (Gales Tante Sharon), Mark Blum (Gynäkologe), Jean Lamarre
*Drehbuch:* Hal Salwen
*Kamera:* Michael Mayers (Farbe)
*Musik:* Lynn Geller
*Schnitt:* Gary Sharfin
*Prod.Des.:* Susan Bolles
*Prod.:* J. Todd Harris für Davis Ent./Skyline Ent. mit Dark Matter Prod., USA 1995; 80 Min.
*UA:* 29.3.1996, New York
*Verleih:* TiMe/filmladen/Rialto/VMP Video; 18.1.1996 – *FSK:* ab 6, ffr.

*Alanna Ubach im Telefonrausch*

Sieben junge Menschen gehen in ihren Wohnbürohöhlen jeweils einer Computertätigkeit nach. Das Telefon, einziger Kontakt zur Außenwelt, dient ihnen vor allem zum einen Zweck: dem Horrorszenario der persönlichen Begegnung auszuweichen. Ohne daß die Protagonisten sich begegnen (natürlich gibt es eine einzige Ausnahme), entwirft der Film ein Bild von der menschlichen Existenz – als telekommunikative Konferenzschaltung. Die dramaturgisch schwierige Situation, Handlung ausschließlich über Telefonate umzusetzen, ist dabei gut gemeistert. Es resultiert eine pointierte, unterhaltsame Komödie, deren Dialoge allenfalls etwas schärfer sein könnten. *Zoom*

(...) Salwen hat seine Ausgangsidee bis zur Absurdität zugespitzt und filmisch so umgesetzt, daß – bis auf die letzte Einstellung – nie zwei Menschen gleichzeitig im Bild sind. Das ist einerseits beeindruckend in der Konsequenz, hat aber den Nachteil, daß es eben visuell nicht allzu viel hergibt, jemandem beim Telefonieren zuzusehen, – auch wenn er noch so gekonnt mit drei Leitungen zu jonglieren versteht.
*Christian Seebaum, Kölner Stadt-Anzeiger, 10.2.96*

Rupert Koppold in: Stgt. Zeitung, 18.1.96; Holger Kreitling in: Der Tagesspiegel, 18.1.96

## High School High 458
HIGH SCHOOL HIGH ***

*Regie:* Hart Bochner
*Darsteller:* Jon Lovitz (Clark), Tia Carrere (Victoria), Louise Fletcher (Mrs. Doyle), Mekhi Phifer (Griff), Malinda Williams (Natalie), Guillermo Diaz (Paco), Lexie Bigham (Two Bags), Gil Espinoza (Alonzo), John Neville (Thaddeus), Brian Hooks (Anferny)
*Drehbuch:* David Zucker, Robert LoCash, Pat Proft
*Kamera:* Vernon Layton (Technicolor)
*Musik:* Ira Newborn; Tim Sexton (producer)
*Schnitt:* James R. Symons
*Prod.Des.:* Dennis Washington
*Prod.:* David Zucker, Robert LoCash, Gil Netter für Zucker Bros., USA 1996; 85 Min.
*Verleih:* Columbia TriStar/dto./-; 12.12.1996
*FSK:* ab 12, ffr.

In einer amerikanischen Highschool, die in einem wüsten Viertel einer Großstadt gelegen ist, herrschen Zustände, die von Disziplinlosigkeit und Gewalt geprägt sind. Ein neuer Lehrer kann sich gegen eine Horde von Asozialen und eine böse Direktorin erst auf Umwegen durchsetzen. Der Film gefällt sich in einer ziemlich monotonen Darstellung von negativen Zuständen, denen er auch formal nichts Positives entgegenzusetzen hat. *multimedia*

Rupert Koppold in: Stgt. Zeitung, 13.12.96; Karim Zendagui in: Rheinische Post, 13.12.96

## Higher Learning – Die Rebellen 459

HIGHER LEARNING ***

Video

*Regie:* John Singleton
*Darsteller:* Jennifer Connelly (Taryn), Ice Cube (Fudge), Omar Epps (Malik Willims), Kristy Swanson (Kristen Connor), Michael Rapaport (Remy), Jason Wiles (Wayne), Tyra Banks (Deja), Cole Hauser (Scott Moss), Bradford English (Officer Bradley), Jay Ferguson (Billy)
*Drehbuch:* John Singleton
*Kamera:* Peter Lyons Collister (Technicolor)
*Musik:* Stanley Clarke
*Schnitt:* Bruce Cannon
*Prod.Des.:* Keith Brian Burns
*Prod.:* John Singleton, Paul Hall; Dwight Alonzo Williams (Co.-Prod.) für New Deal, USA 1995; 126 Min.
*UA:* 11.1.1995, New York
*Vertrieb:* Columbia TriStar Home Video; 19.6.1996
*FSK:* ab 16 J.

Der Mikrokosmos einer US-Universität: Schwarzer Sportler, weißer Provinzbubi und naive Schönheit werden in ein Rassendrama verwickelt. Plakativ entwickelt, überambitioniert und weit davon entfernt, betroffen zu machen.

## Hilfe, ich liebe einen Filmstar 460

STAR STRUCK □

TV

*Regie:* Jim Drake
*Darsteller:* Kirk Cameron (Johnny »Runner« Campbell), Chelsea Noble (Robyn Gall), D.W. Moffett (Colton McClane), Hadley Eurl (Nicki), Keth Flippen (Lars), Sarah Lynn Moore (Connie), J.T. Walsh (Greer), Ned Eisenberg (Mikkey), Desiree Marie, Anne Haney
*Drehbuch:* Scott Posner, Jimmy Zeilinger
*Kamera:* Frank Byers (Farbe)
*Musik:* Stewart Levin
*Schnitt:* Michael Economou
*Prod.Des.:* James Shanahan
*Prod.:* Richard Berger, USA 1994; 88 Min.
*TV:* 18.8.1996, Sat.1, 15.15

Als Kinder haben sich Johnny und Rose in einem Ferienlager ewige Treue geschworen.
Jahrzehnte später begegnen sie sich wieder, doch Rose, inzwischen eine gefeierte Schauspielerin, erkennt ihre Jugendliebe nicht.

## Hilfe, Mami dreht durch! 461

UNBECOMING AGE **

TV

*Regie:* Alfredo Ringel, Deborah Ringel
*Darsteller:* Diane Salinger (Julia), John Calvin (Charles), Priscilla Pointer (Grandma), George Clooney (Mac), Colleen Camp (Deborah), Wallace Shawn (Dr. Block), Shera Danese (Letty), Nicholas Guest (Dooley), Anthony Peck (Jake), Don Diamont
*Drehbuch:* Meredith Baer, Geoff Prysirr
*Kamera:* Harry Mathias (CFI)
*Musik:* Jeff Lass
*Schnitt:* Alan Geik
*Prod.Des.:* Phil Dagort
*Prod.:* Alfredo Ringel, Deborah Ringel für Ringelvision, USA 1992; 90 Min.
*UA:* 1.7.1992, AFI/L.A. Filmfest
*TV:* 24.4.1996, Premiere, 22.00

Gegen Depressionen, Sorgen und Ängste helfen selbstproduzierte Seifenblasen. Das Regie-/Produzentenpaar hat davon zuviel geblasen, sonst hätten sie gemerkt, was sie hier den Zuschauern zumuten.

## Hilfe, meine Familie spinnt 462

FAMILY REUNION: A RELATIVE NIGHTMARE **

TV

*Regie:* Neal Israel
*Darsteller:* Melissa Joan Hart (Samantha), Jason Marsden (Billy Dooley), David L. Lander (Jameson), Romy Walthall (Grace Dooley), Marcia Strassman (Margaret), Susan French (Meema), Jo Anne Worley (Tante Kate), Dody

Goodman, Peter Billingsley, Gerrit Graham
*Drehbuch:* Patrick J. Clifton
*Prod.:* USA 1995; 85 Min.
*TV:* 8.8.1996, Vox, 20.15

Beim Familientreffen zum 100sten Geburtstag der schrägen Meema gerät alles aus den Fugen.

## Der Himmel über Paris 463

LE CIEL DE PARIS ***

TV

*Regie:* Michel Béna
*Darsteller:* Sandrine Bonnaire (Suzanne), Marc Fourastier (Marc), Paul Blain (Lucien Leduc), Evelyne Bouix (Clothilde), Tanya Lopert (Floristin), Armand Delcampe (Monsieur Leduc), Niels Dubost (Pierre), Pierre Amzallag (Théo), Françoise Patou (Verkäuferin), Marie-Laure Wicker (Marc's Schwester)
*Drehbuch:* Isabelle Coudrier-Kleist, Cécile Vargaftig, Michel Béna
*Kamera:* Jean-Marc Fabre (Farbe)
*Musik:* Jorge Arriagada
*Schnitt:* Cathérine Schwartz
*Prod.Des.:* Sylvia Laquerbe
*Prod.:* Alain Sarde für Sara Films/Canal Plus/Centre National de la Cinématographie, Frankreich 1992; 90 Min.
*EA:* 27.6.1992, Filmfest München
*TV:* 12.8.1996, Vox, 20.15

Unter dem Himmel von Paris teilen sich Marc und Suzanne wie Bruder und Schwester eine Wohnung. In der Schwimmhalle lernen sie Lucien kennen. Marc verliebt sich sofort in ihn, aber Lucien kann diese Gefühle nicht erwidern. Ihn zieht es zu Suzanne. Und die wiederum ist in aussichtsloser Liebe Marc zugetan. (...)
*Katalog Filmfest München*

## Die Hinterhofkapitalisten 464

L' AIR DU TEMPS: 2 BIS, RUE DE LA COMBINE ***

TV

*Regie:* Igaal Niddam
*Darsteller:* Clémentine Celarié (Françoise), Yves Afonso (Roberto), Jean-Pierre Bisson (Dambreville)
*Drehbuch:* Jean-Louis Bertuccelli, Sylvie Chauvet
*Kamera:* Claude Egger (Farbe)
*Schnitt:* Claire Pinheiro
*Prod.:* Frankreich 1991; 94 Min.
*TV:* 8.6.1996, Arte, 23.35, OmU

Roberto Cipriani ist arbeitslos und nur in Schwarzarbeit verdient er etwas Geld für den Unterhalt seiner Familie. Auch die anderen Bewohner des alten Gebäudes in Montpellier leben von der Hand in den Mund. Allein die Miete für ihre bescheidene Bleibe aufzubringen, fällt vielen von ihnen schwer. Als der geldgierige Vermieter auch noch ankündigt, das Haus zu verkaufen und die Mieter auf die Straße zu setzen, bricht Panik aus. (...) *Pressetext*

## Hippolytes Fest 465

AU PETIT MARGUERY ****

*Regie:* Laurent Bénégui
*Darsteller:* Stéphane Audran (Joséphine), Michel Aumont (Hippolyte), Alain Beigel (Daniel), Marie Bunel (Anne-Françoise), Thomas Chabrol (Thomas), Vincent Colombe, Laurence Cote, Antoine Cousin, Marie-Laure Dougnac, Mimi Felixine
*Drehbuch:* Laurent Bénégui, Michel Field, Olivier Daniel, nach dem gleichn. Roman von Laurent Bénégui
*Kamera:* Luc Pages (Farbe)
*Musik:* Angelique und Jean-Claude Nachon
*Schnitt:* Jean-Luc Gaget
*Prod.Des.:* Pierre Attrait
*Prod.:* Charles Gassot für Telema/Magouric/France 2 Cinema/Le Studio Canal Plus/CNC, Frankreich 1995; 95 Min.
*EA:* Filmfest München 1996
*Verleih:* TiMe/polyfilm/-; 25.7.1996
*FSK:* ab 6, ffr.

Wirt und Meisterkoch Hippolyte muß wegen Krankheit sein Lokal schließen und lädt zum Abschiedsessen ein. Während er Köstlichkeiten brutzelt, kochen bei den Gästen die Emotionen hoch. Wenn es dann Adieu heißt, stirbt wieder ein kleines Stück Paris, leise und unwiderruflich.
Eine teilweise biographische Geschichte mit Wärme für seine Helden und Detailfreude erzählt. Eine lustvolle Liebeserklärung an französische Lebensart. *Margret Köhler*

Ich bin ein militanter Gegner von Fastfoodketten und Betriebskantinen, die immer mehr kleine Restaurants verdrängen. Mit den Lokalen verschwindet auch ein Stück Kultur und Lebens-

*Stéphane Audran und Michel Aumont (stehend) in ›Hippolytes Fest‹*

gefühl. Zeit zum Essen bedeutet, sich Zeit zum Genießen zu lassen, zu Gesprächen mit Freunden in angenehmer Atmosphäre. Darauf möchte ich nicht verzichten.

*Laurent Bénégui im Interview mit Katharina Dockhorn*

Joseph Heinrichs in: Rheinische Post, 26.7.96; Thomas Klingenmaier in: Stgt. Zeitung, 25.7.96; Dietrich Kuhlbrodt in: FR, 25.7.96; Ponkie in: AZ, 25.7.96; Christian Seebaum in: Kölner Stadt-Anzeiger, 27.7.96; Anke Sterneborg in: SZ, 25.7.96

## Hitch, der Geist aus der Flasche 466

WISHMAN **
TV

*Regie:* Michael Marvin
*Darsteller:* Paul Le Mat (Basil »Basie« Banks), Geoffrey Lewis (Leggett »Hitch« Hitchcock), Paul Gleason (Joshua Silverstein), Quin Kessler (Lily Andon), Nancy Parsons (Mrs. Crabbe), Brion James (Staten Jack Rose), Gailard Sartain (Dr. Abe Rogers), Michael D. Roberts, Rance Howard, Tony Amendola
*Drehbuch:* Michael Marvin
*Kamera:* Steven Shaw (Farbe)
*Musik:* Bob Christiansen
*Schnitt:* John Orland
*Prod.:* Wishman, USA 1991; 82 Min.
*TV:* 22.6.1996, Pro7, 12.25

Fantasyfilm um ein versoffenes Genie, das aber ohne seine magische Flasche nicht mehr so genial ist.

## Der Hochzeitstag 467

FAITHFUL ***

*Regie:* Paul Mazursky
*Darsteller:* Cher (Maggie O'Donnell), Chazz Palminteri (Tony), Ryan O'Neal (Jack), Paul Mazursky (Dr. Susskind), Amber Smith (Debbie), Elisa Leonetti (maria), Mark Nassar (Marias Freund), Stephen Spinella, Jeffrey Wright (Junge Leute am Rolls-Royce), David Merino (Tony als Kind)
*Drehbuch:* Chazz Palminteri, nach seinem gleichn. Bühnenstück
*Kamera:* Fred Murphy (Technicolor)
*Musik:* Phillip Johnston
*Schnitt:* Nicholas C. Smith
*Prod.Des.:* Jeffrey Townsend
*Prod.:* Jane Rosenthal, Robert De Niro für Tribeca Films, USA 1995; 85 Min.
*UA:* 26.2.1996, Int. Filmfestspiele Berlin
*EA:* Filmfest München 1996
*Verleih:* Kinowelt/dto./Monopole Pathé; 19.9.1996
*FSK:* ab 12, ffr.

Eine reiche, depressive Ehefrau wird an ihrem 20. Hochzeitstag daran gehindert, sich das Leben zu nehmen, weil ein gedungener Killer sie im Auftrag ihres Mannes ins Jenseits befördern soll. Kurzweilige Adaption eines erfolgreichen Boulevardstücks, in der sich bissiger Humor und geschliffener Wortwitz zu einem spannenden Ehekrimi vereinen. *Zoom, 4/96*

(...) Trotz witziger Dialoge und überzeugender Darsteller wirkt die Produktion daher leider unbeweglich und langatmig. *multimedia*

Heiko R. Blum in: Rheinische Post, 27.9.96; Angie Dullinger in: AZ, 19.9.96; Harald Eggebrecht in: SZ, 25.9.96; Simone Mahrenholz in: Der Tagesspiegel, 19.9.96; Frank Schnelle in: FR, 20.9.96; Julia Schröder in: Stgt. Zeitung, 19.9.96

## Ein Hof in der Provence 468

LE MAS THEOTIME ***

TV

*Regie:* Philomène Esposito
*Darsteller:* Florence Thomassin (Geneviève), Jean-Claude Adelin (Pascal), Michel Galabru (Clodius), Raoul Billerey (Vater Alibert), Vittoria Scognamiglio (Françoise Alibert), Marie Henriau (Marthe Alibert), Cyril Lecomte (Jane Alibert), Jacques Spiesser, Richard Guedj, Philippe Fretun
*Drehbuch:* Philomène Esposito, nach dem gleichn. Roman von Henri Bosco
*Kamera:* Emmanuel Machuel (Farbe)
*Musik:* Laurent Petitgand
*Prod.Des.:* Michel Blaise
*Prod.:* Laurence Bachman für La Sept/Arte/ Alya Prod./France 3,
Frankreich 1995; 94 Min.
*TV:* 5.7.1996, Arte, 20.45

Der 30jährige Pascal erbt den Hof seiner Familie in der Provence. Neben seinen Weinbergen liegt das Brachland seines Vetters Clodius. Beide hassen sich. Eines Nachts sucht die geheimnisvolle Geneviève bei ihrem Vetter Pascal Schutz – der Beginn eines mörderischen Dramas. *AZ TV Journal*

## Höllenqualen 469

IN THE NAME OF LOVE ***

Video

*Regie:* Bill D'Elia
*Darsteller:* Laura Leighton (Laurette Wilder), Michael Hayden (Luke Constable), Richard Crenna (Lucas Constable jr.), Bonnie Bartlett (Tante Alice), Rebecca Bush (Pamela Jo), Akin Babatunde (Herschel), Todd Terry (Billy Farber), Neith Hunter (Elaine Phelps), Travis Davis (Terry Buffet)
*Drehbuch:* Danielle Hill
*Kamera:* Jim Bagdonas (Farbe)
*Schnitt:* Bill Johnson
*Prod.Des.:* Jack Marty
*Prod.:* Chuck McLain für 20th TV/ Westgate Prod.,
USA 1995; 88 Min.
*Vertrieb:* 20th Century Fox Home Video; 17.10.1996
*FSK:* ab 12 J.

Berufssohn wird nach Unfall auf sich selbst zurückgeworfen und lernt, inzwischen gehbehindert, ein neues Leben kennen. Die hauchdünne, von keinerlei Originalität getrübte Story quält sich mühsam über die Runden.

## Hollow Reed – Lautlose Schreie 470

HOLLOW REED ****

*Regie:* Angela Pope
*Darsteller:* Martin Donovan (Martyn), Joely Richardson (Hannah), Ian Hart (Tom), Jason Flemyng (Frank) Sam Bould (Oliver)
*Drehbuch:* Paula Milne
*Kamera:* Remi Adefarasin (Farbe)
*Musik:* Anne Dudley
*Schnitt:* Sue Wyatt
*Prod.Des.:* Stuart Walker
*Prod.:* Elizabeth Karlsen, Finola Dwyer für Scala/Senator/Channel Four Films,
GB/BRD 1995; 104 Min.

*Joely Richardson*

*EA:* Filmfest München 1996
*Verleih:* Senator/-/Rialto; 21.11.1996
*FSK:* ab 12, ffr. – *FBW:* Wertvoll

Der neunjährige Oliver, dessen Eltern geschieden sind, lebt bei der Mutter und deren neuem Partner Frank, der das Kind mißhandelt. Hannah schließt die Augen vor diesen Übergriffen, weil sie Angst vor dem Scheitern der Beziehung hat, nachdem sie ihren Gatten an einen Mann verloren hat. Dieser, ein Arzt, erkennt den Grund für den sich rapid verschlechternden Zustand Olivers, der nicht zum Sprechen zu bewegen ist, und nimmt den Kampf um sein Sorgerecht wieder auf, was, da er in einer Schwulenbeziehung lebt, zunächst mißlingt. Der packend und bewegende Film analysiert überzeugend die psychologischen Hintergründe des Verhaltens der Erwachsenen und erreicht in der Darstellung der ausweglosen Situation des Kindes eine erschütternde Intensität. *Zoom, 7/96*

(...) Gesellschaftsproblem trifft Spannungskino, doch irgendwie kommt, obwohl alles gut gespielt und gemeint ist, beides etwas zu kurz. Zu schematisch sind die Figurenzeichnungen (nettes Schwulenpaar, ekliger Hereo-Prügler, hilflose Mutter), zu eindeutig ist die Konstruktion. *Christian Seebaum, Kölner Stadt-Anzeiger, 23.11.96*

Frank Arnold in: tip, 24/96; Heiko R. Blum in: Rheinische Post, 22.11.96; Rupert Koppold in: Stgt. Zeitung, 21.11.96

## Hollywood Now 471

***

*Regie:* Karl Schedereit, Anthea Kennedy
*Darsteller:* Katrin Cartlidge, Erland Josephson
*Drehbuch:* Karl Schedereit, Anthea Kennedy
*Kamera:* Jair Ganor (Farbe)
*Musik:* Alexander Balanescu
*Schnitt:* Karl Schedereit, Anthea Kennedy
*Prod.:* Omnipix Film, BRD 1996; 100 Min.
*UA:* Filmfest München 1996
*Verleih:* Globus/-/ ; 22.8.1996
*FSK:* o.A., ffr. – *FBW:* Wertvoll

Persönliches Film-Essay über die unterschiedlichen Standpunkte zweier Filmemacher, die über ein Filmprojekt diskutieren und gemeinsam Erfahrungen an Schauplätzen in Europa und in der USA sammeln.

Martina Knoben in: epd Film, 8/96

## Holy Days 472

HOLY MATRIMONY **

Video

*Regie:* Leonard Nimoy
*Darsteller:* Patricia Arquette (Havana), Armin Mueller-Stahl (Wilhelm), Tate Donovan (Peter), Joseph Gordon-Levitt (Zeke), John Schuck (Markowski), Lois Smith (Orna), Courtney B. Vance (Cooper), Jeffrey Nordling (Link), Richard Riehle, Mary Pat Gleason
*Drehbuch:* David Weisberg, Douglas S. Cook,
*Kamera:* Bobby Bukowski (CFI)
*Musik:* Bruce Broughton
*Schnitt:* Peter E. Berger
*Prod.Des.:* Edward Pisoni
*Prod.:* William Stuart, David Madden, Diane Nabatoff für Interscope/Polygram mit Aurora, USA 1994; 89 Min.
*Vertrieb:* VCL Video; 24.9.1996
*FSK:* ab 6 J.

Gaunerpaar flüchtet nach Raub in Hutterer-Enklave, wo geheiratet werden muß. Als der Bräutigam zu Tode kommt, springt dessen 12jähriger Bruder ein. Sterile Familienkomödie von »Mr. Spock« solide, aber wenig originell in Szene gesetzt.

## Honigmond 473

**

*Regie:* Gabriel Barylli
*Darsteller:* Veronica Ferres (Barbara), Anica Dobra (Linda), Julia Stemberger (Christine), Kai Wiesinger (Manuel), Gabriel Barylli (Taxifahrer), Heio von Stetten (Dozent), Michael von Aug (Apotheker Michael), Uwe Ochsenknecht (Burton)
*Drehbuch:* Gabriel Barylli, Tinka Hartmann, Ute Vogel, nach dem gleichn. Roman und Bühnenstück von Gabriel Barylli
*Kamera:* Gernot Roll (Farbe)
*Schnitt:* Cornelie Strecker
*Prod.Des.:* Egon Strasser
*Prod.:* Luggi Waldleitner für Roxy Film mit MTM Cineteve/Pro Sieben, BRD 1995; 86 Min.
*UA:* 11.4.1996, Massenstart
*Verleih:* Concorde/-/-; 11.4.1996
*FSK:* ab 6, ffr. – *FBW:* Wertvoll

Drei Frauen um die 30 suchen nach dem richtigen Mann. Da sie aber keine

*Anica Dobra, Veronica Ferres und Julia Stemberger*

Superweiber, sondern bestenfalls Nervensägen sind, artet ihr Aktionismus zu einer Folge von peinlichen, aber niemals amüsanten Zwischenfällen aus. Der Erzählton des Films paßt sich unvorteilhafterweise seinen affektierten und hysterischen Heldinnen an; der Filmton ist oft einfach unverständlich, damit aber immer noch besser als die bemüht agile Kamera, die davon ablenken soll, daß der Film auf einem Bühnenstück basiert. Schauderhaft.

*Milan Pavlovic, Kölner Stadt-Anzeiger, 13.4.96*

Albert Baer in: Rheinische Post, 12.4.96; Tobias Kniebe in: SZ, 11.4.96; Angela Schmidt-Gläser in: FR, 13.4.96; Christian Schröder in: Der Tagesspiegel, 11.4.96

## Hotline zum Himmel 474

RELIGION INC. **

Video

*Regie:* Daniel Adams
*Darsteller:* Jonathan Penner (Morris Codman), Sandra Bullock (Debby Cosgrove), Gerald Orange (Ian Clarity), George Plimptom (Gott), Wendy Adams (Peggy), Chuck Pfiefer (Brendan Collins), Earl Hagan Jr., Michael Mandell, Jaffe Cohen, Maggie Wagner
*Drehbuch:* Daniel Adams, Michael Mailer, nach einer Story von Daniel Adams
*Kamera:* John Drake; Denise Brassard (2nd unit) (Farbe)
*Musik:* Kip Martin
*Schnitt:* Thomas R. Rondinella
*Prod.Des.:* Paolo Ridolfi
*Prod.:* Michael Mailer für Chronicle Films, USA; 84 Min.
*UA:* Boston Film-Festival 1989
*Vertrieb:* Columbia TriStar Home Video; 23.4.1996
*FSK:* ab 6 J.

Nach Karrierebauchlandungen und der Trennung von der Freundin erscheint dem bisherigen Pechvogel Morris Gott auf dem Bildschirm seines Fernsehers und rät ihm zur Gründung einer eigenen Religion. Und siehe da: Sie floriert. Absolut harmlose Komödie mit wenigen witzigen Ansätzen, die ihre Videopremiere nur dem Umstand verdankt, daß Sandra Bullock eine Nebenrolle spielt.

Diter Krusche in: film-dienst, 15/96

## Human Time Bomb 475

HUMAN TIME BOMB *

Video

*Regie:* Mark Roper
*Darsteller:* Bryan Genesse (Jim Parker), Joe Lara (Colonel Price), J. Cynthia Brooks (Gina Stone), Anthony Fridjhon (General Arnaz), Pablo (Frantz Dobrowsky), Gavin Hood (Mike Young)
*Drehbuch:* Jeff Albert
*Kamera:* Rod Stewart (Farbe)
*Musik:* Itai Haber
*Schnitt:* Daniel Lowenthal
*Prod.:* Danny Lerner für Nu World, USA 1995; 94 Min.
*Vertrieb:* Warner Home Video; Januar 1996
*FSK:* ab 18 J.

Kubanische Gangster die mit Drogen und Chips handeln, werden von FBI-Agenten unschädlich gemacht. Detonierende Bomben und geblähtes Muskelfleisch in Kombination abzüglich Story = Stoff für Action-Junkies.

## The Hunted – Der Gejagte 476

THE HUNTED **

*Regie:* John F. Lawton
*Darsteller:* Christopher Lambert (Paul Racine), John Lone (Kinjo), Joan Chen (Kirina), Yoshio Harada (Takeda), Yoko Shimada (Mieko), Mari Natsuki (Junko), Tak Kubota (Oshima)
*Drehbuch:* J.F. Lawton
*Kamera:* Jack Conroy (Deluxe)

*Musik:* Motofumi Yamaguchi
*Schnitt:* Robert A. Ferretti, Eric Strand
*Prod.Des.:* Phil Dagort
*Prod.:* John Davis, Gary W. Goldstein für Davis Ent., USA 1995; 106 Min.
*Verleih:* UIP/-/UIP/CIC Video; Januar 1996
*FSK:* ab 18 J.

US-Geschäftsmann wird Zeuge eines Mordes und alsbald Zielscheibe von Yakuza-Killern. Abstoßend primitiver Gewaltexzess.
Unterm Strich ist dieser gewalttätige Film nicht besser als die Ninja-Filme der Cannon-Produktion, mit denen RTL sein Wochenendnachtprogramm füllt. Da hilft auch ein als Actionfilm passabler Mittelteil in einem fahrenden Zug oder der Anblick von Racines Boxershorts (mit Schweinchenmotiv) nichts,» meinte dazu Frank Arnold mutig.

In Gestalt der weiblichen Hauptfigur führt der Zufall einen amerikanischen Geschäftsmann zwischen die Fronten rivalisierender Ninja-Clans. Eine der Parteien gebraucht ihn als Köder, um eine jahrhundertelang schwelende Fehde zu entscheiden. Der Film vermischt japanische und amerikanische Kultur. Das könnte interessant sein – doch nach einem guten Start werden nur noch Muster des durchschnittlichen Action-Genres vorgeführt. Übrigens wußte schon Hitchcock, daß die weibliche Hauptfigur nicht nach 15 Minuten aus dem Film verschwinden darf. *Zoom*

## Der Husar auf dem Dach 477
LE HUSSARD SUR LE TOIT ***

*Regie:* Jean-Paul Rappeneau
*Darsteller:* Juliette Binoche (Pauline de Théus), Olivier Martinez (Angelo), Jean Yanne (Der Hausierer), Pierre Arditi (M. Peyrolle), Richard Sammel (Franz), Claudio Amendola (Maggionari), Jean-Marie Winling (Der Sprecher), Daniel Russo (Maitre Rigoard), François Cluzet (Der Arzt), Gérard Depardieu (Polizeikommissar)
*Drehbuch:* Jean-Paul Rappeneau, Nina Companeez, Jean-Claude Carrière, nach dem gleichn. Roman von Jean Giono
*Kamera:* Thierry Arbogast (Farbe)
*Musik:* Jean-Claude Petit
*Schnitt:* Noelle Boisson
*Prod.Des.:* Ezio Frigerio
*Prod.:* René Cleitman für Hachette Premiere/ France 2 Cinema/C.E.C. Rhone-Alpes/Canal Plus, Frankreich 1995; 136 Min.
*UA:* San Sebastian Filmfestival 1995
*Verleih:* Concorde/Constantin/Monopole Pathé/Concorde Video; 18.1.1996
*FSK:* ab 12, ffr. – *FBW:* Wertvoll

In der französischen Provinz flieht 1832 ein italienischer Husarenoberst vor seinen österreichischen Häschern. Es beginnt eine Reise durch ein Land, in dem die Cholera wütet. Doch gemeinsam mit einer mutigen Frau entkommt der Jung-Mann dem Grauen. Der Klassiker von Jean Giono als episch breites Abenteuer verfilmt, das sich allerdings etwas in die Länge zieht. Hervorragend die Ausstattung und die Schauspieler. *Margret Köhler*

(...) Der aufwendig inszenierte Mantel- und Degenfilm zeigt vor allem die schöne Landschaft der Provence. Die Personen jedoch bleiben flach, und das Potential der Geschichte ist nicht ausgeschöpft. *Zoom*

Sebastian Feldmann in: Rheinische Post, 18.1.96; Thomas Klingenmaier in: Stgt. Zeitung, 18.1.96; Tobias Kniebe in: SZ, 18.1.96; Martina Meister in: FR, 19.1.96; Milan Pavlovic in: Kölner Stadt-Anzeiger, 20.1.96; Stefan Reinecke in: Der Tagesspiegel, 18.1.96

## Hustler White 478
***

*Regie:* Bruce LaBruce, Rick Castro
*Darsteller:* Tony Ward (»Monti« Ward), Bruce LaBruce (Jürgen Anger), Kevin P. Scott (Eigil Vesti), Ivar Johnson (Piglet), Kevin Kramer, Alex Austin, Ron Athey, Glen Meadmore, Graham David Smith, Miles H. Wildecock II
*Drehbuch:* Bruce LaBruce, Rick Castro
*Kamera:* James Carman (Farbe)
*Musik:* Glen Meadmore, Rusty, The Dandy Warhols, Shades Apart, Goo Goo Dolls, The Boredoms
*Schnitt:* Rider Siphron
*Prod.:* Jürgen Brüning, Bruce LaBruce für Jürgen Brüning Filmprod./Swell/Strand Releasing/Stance/Dangerous To Know, BRD/Kanada 1995; 80 Min.
*EA:* 23.2.1996, Int. Filmfestspiele Berlin, »Panorama: art & essai«
*Verleih:* Salzgeber/-/-; Oktober 1996

*Oliver Martinez als ›Der Husar auf dem Dach‹*

Jürgen will ein Buch über die Stricherszene von Los Angeles schreiben, und der Stricher Monti hat mit einem geklauten Auto einem Kollegen den Fuß abgefahren. Gemeinsam begeben sich die beiden auf eine Odyssee durch das Sex-Business von L.A. Mit hochgekrempeltem Shirt und mitunter offenstehender Hose schwingt sich Madonnas angeblicher Ex-Lover Tony Ward als Monti den Santa Monica Boulevard von L.A. entlang, während Bruce LaBruce als verklemmter Freier auch im Angesicht der Liebe überraschenderweise die Hosen oben behält.

*tip, 22/96*

Jan Gympel in: Zitty, 21/96

## Hypernauts 479

HYPERNAUTS ***

Video

*Regie:* Leslie B. Hill, Jim Johnston, Janet Greek, Jon Kroll
*Darsteller:* Marc Brandon Daniel (Ricardo »Sharkey« Alvarez), Glenn Herman (Russell »Ace« Antonov), Heidi Lucas (Noriko »Max« Matsuda), Carrie Dobro (Kulai), Ron Campbell (Paiyin), Tim Colceri (Sgt. Needham), Lewis Arquette (Hortens Stimme), Evan Brainard
*Drehbuch:* Christy Marx, Katherine Lawrence, Larry DiTillio
*Kamera:* James Mathers (Farbe)
*Musik:* Christopher Franke
*Schnitt:* Kathie Burr, David Foster, Skip Robinson
*Prod.Des.:* Steve Burg
*Prod.:* Kevin Cremin, Kevin G. Kramer für Hypernauts Prod., USA 1995/96; 83 und 103 Min.
*Vertrieb:* VPS Video; 22.10.1996, 5.11.1996, 19.11.1996
*FSK:* ab 12 J.

(...) Die Idiotie des Inhalts fällt um so schwerer ins Gewicht, da die Tricktechnik unsäglich schlecht ist. Die digitalen Effekte sind überdeutlich als solche zu erkennen, und diverse Flugobjekte ähneln bemalten Teekannen. Die Kombination aus handwerklichem Unvermögen und einem erstaunlichen Mangel an Selbstironie erinnert an Science-fiction-Filme der 50er Jahre. Doch »Hypernauts« besitzt nicht einmal deren naiven Charme, meinte René Claßen im film-dienst, 26/96.

## Ich begehre deinen Sohn 480
STOLEN YOUTH **
TV

*Regie:* Christopher Leith
*Darsteller:* Sharon Lawrence (Nina), Brian Austin Green (Paul Hewitt), Harley Jane Kozak (Mrs. Hewitt)
*Prod.:* USA 1996; 85 Min.
*TV:* 18.11.1996, Vox, 20.15

Der 18jährige Paul verliebt sich in Nina, die Freundin seiner Mutter, eine Karriere-Designerin mit Furcht vor Bindungen und dauerhafter Verantwortung. Als Pauls Eltern und seine Freundin von der Liebesbeziehung erfahren, sind sie schockiert und sauer.

## Ich bin der Boß 481
□
TV

*Regie:* Martin Gies
*Darsteller:* Leslie Malton (Michelle Schubert), Jan Josef Liefers (Alex Kaiser), Paulina Liefers (Betty), Christian Berkel (Victor Mazza)
*Drehbuch:* Ecki Ziedrich, Martin Gies
*Prod.:* BRD 1995; 87 Min.
*TV:* 24.9.1996, 3sat, 20.15

Der kleine Autodieb Alex landet durch eine Verwechslung in der Chefetage eines großen Autokonzerns. Dort hält man ihn für den japanischen Top-Manager Mazza, der jedoch inzwischen in der Psychiatrie gelandet ist.

## Ich Ivan, Du Abraham 482
MOI IVAN, TOI ABRAHAM ***
TV

*Regie:* Yolande Zauberman
*Darsteller:* Roma Alexandrovitch (Abraham), Sacha Iakovlev (Ivan), Vladimir Machkov (Aaron), Maria Lipkina (Rachel), Hélène Lapiower, Daniel Olbrychinski, Oleg Iankovski
*Drehbuch:* Yolande Zauberman
*Kamera:* Jean-Marc Fabre
*Musik:* Ghedalia Tazartes
*Schnitt:* Yann Dedet
*Prod.Des.:* Alexandre Sagoskin
*Prod.:* René Cleitman, Jean-Luc Ormieres für Hachette Premiere/UCG Images/Les Films Balenciago/La Sept Cinema/Vitt/Europa Plus, Frankreich/Polen 1992; 105 Min.
*UA:* 6.5.1993, Int. Filmfestspiele Cannes
*TV:* 27.5.1996, Arte, 22.50

In einem jüdischen Dorf im Polen der 30er Jahre leben Abraham und sein Freund, der nichtjüdische Waisenjunge Ivan, den die Familie bei sich aufgenommen hat. Die Spannungen der damaligen Zeit übertragen sich auch auf die Familie und die beiden Jungen, die schließlich gemeinsam fliehen.

## Ich küsse dieses Land 483
UN BESO A ESTA TIERRA ****

*Regie:* Daniel Goldberg
*Darsteller:* Zelig Schnadower, Abraham Goldberg, Aaron Olivensky, Moises Amkie, Susana Sevilla, José Broitman, Clara Bialik
*Drehbuch:* Steve Littmann
*Kamera:* Oren Rudavsky, Daniel Goldberg (Farbe und s/w)
*Musik:* Erando Gonzalez
*Schnitt:* Peter Hodgson
*Prod.:* Daniel Goldberg, Steve Littmann für Jago Film, Mexiko 1994; 93 Min.
*EA:* Filmfest München 1996
*Verleih:* -/Cinematograph, OmU/-; November 1996

Lebensgeschichten von sieben jüdischen Auswanderern, die in den Zwanzigerjahren aus Osteuropa und Kleinasien nach Mexiko auswanderten und dort eine neue Heimat fanden. Der Dokumentarfilm von Daniel Goldberg, in dritter Generation von den Immigranten abstammend, verarbeitet neben Erzählungen von Zeitzeugen auch Material aus Film- und Fotoarchiven sowie mehr als 30 Musiktitel zu einem berührenden, großflächigen Porträt der Immigration und Integration. Kein dürrer Archivfilm, sondern eine lebendige Schilderung von Menschen, die ihr Schicksal gemeistert haben. *multimedia*

## Ich will doch nur, daß du mich liebst 484
DANSE AVEC LA VIE □
TV

*Regie:* Michel Favart
*Darsteller:* Patrick Dupond (Franck Veaujourt), Cathérine Aymerie (Christine), Didier Flamand (Philippe), Véronique Tamaccio (Vanessa)

*Prod.:* Frankreich 1994; 85 Min.
*TV:* 14.10.1996, Vox, 20.15

Vanessa ist eine begabte Ballettänzerin. Ihre Mutter ist begeistert vom Talent ihrer Tochter und bestärkt sie in ihrem Ehrgeiz. Mit den kuriosesten Einfällen und bar jeder menschlichen Vernunft wird die Karriere vorangetrieben. Aber der immense Druck, den die Eltern auf Vanessa ausüben, macht ihr schwer zu schaffen.

## Ich will neue Eltern! 485

SHATTERED FAMILY / A PLACE TO BE LOVED □ TV

*Regie:* Sandy Smolan
*Darsteller:* Richard Crenna (George Russ), Rhea Perlman (Jerri Blair), Linda Kelsey (Lizabeth Russ), Tom Guiry (Gregory Kingsley/Shawn Russ), Cotter Smith (Mike Caldwell), Joycelyn O'Brian (Rachel Kingsley), Cyril O'Reilly (Ralph Kingsley), Sam Anderson, Amy Aquino, Adilah Barnes
*Drehbuch:* Blair Ferguson
*Kamera:* Neil Roach (Farbe)
*Musik:* W.G. Snuffy Walden
*Schnitt:* Jim Oliver
*Prod.Des.:* Joe Aubel
*Prod.:* Randy T. Siegel für Polson/Corapeake mit Procter & Gamble, USA 1993; 88 Min.
*TV:* 24.1.1996, RTL, 20.15

Das elfjährige Pflegekind Gregory, das von seinen leiblichen Eltern extrem vernachlässigt wurde, findet in der Familie des Anwalts George Russ Geborgenheit. Als seine leiblichen Eltern die Adoption verhindern wollen und auf das ihnen gesetzlich zustehende Sorgerecht bestehen, geht der Junge als Kläger gerichtlich gegen sie vor.

## Ihr Leben in seinen Händen 486

FALLING FOR YOU *** TV

*Regie:* Eric Till
*Darsteller:* Jennie Garth (Meg Crane), Billy Dee Williams (Lieutenant Frank Lazaro), Costas Mandylor (Paul/Eric), Helen Shaver (Ellen), Peter Outerbridge (Greg), Currie Graham (Tim Colton), Kimberly Huie (Betsy), Gordon Currie (Henry), Eugene A. Clarke (Police Captain Gresham), Kay Tremblay (Mrs. Stringer)
*Drehbuch:* Tim Kring, Paul Eric Myers, nach dem Theaterstück »Last Tag« von Mitch Giannunzio
*Kamera:* David Franco (Farbe)
*Musik:* Jonathan Goldsmith
*Schnitt:* Pia di Ciaula
*Prod.Des.:* David Davis
*Prod.:* Adam Haight für Falling for You Prods./ BBS, USA 1995; 120 Min.
*UA:* 21.2.1995, CBS, 21.00
*TV:* 3.7.1996, RTL, 20.15

Ein mysteriöser Serienmörder tötet vier junge Frauen. Auch Meg Crane wird Opfer eines Anschlags. Sie überlebt, verliert aber das Gedächtnis. Als sie ihren neuen Nachbarn Eric trifft, kommt der ihr irgendwie bekannt vor.
*Pressetext*

## Im Auge des Hurricane 487

UNDERTOW ** Video

*Regie:* Eric Red
*Darsteller:* Lou Diamond Phillips (Jack Ketchum), David Proval (Det. Downing), David Roth (Highway Patrouille), Mia Sara, Charles Dance
*Prod.:* USA 1995; 90 Min.
*Vertrieb:* VCL Video; 10.12.1996
*FSK:* ab 16 J.

Ein schlimmes Unwetter treibt dem Schwarzbrenner Yates und dessen attraktiver Gattin einen Landstreicher in die Hütte.

## Im Bann der Lust 488

LE DESIR DANS LA PEAU □ TV

*Regie:* Marc Dorcel
*Darsteller:* Laure Sainclair, Christophe Clark, Roberto Malone, Olivia Del Rio, Elodie Chérie, Coralie
*Drehbuch:* Laurence Clermont
*Kamera:* S. de Beaurivage (Farbe)
*Musik:* Marc Dorcel
*Prod.:* Frankreich 1996; 71 Min.
*TV:* 18.10.1996, Premiere, 0.10

Mitternachts-Erotik aus Paris.

## Im Dschungel der Großstadt 489

COMMAND IN HELL □ TV

*Regie:* Georg Stanford Brown
*Darsteller:* Suzanne Pleshette (Janet),

John Finn (Alan), Patty Owen (Wendy), Sheila McKenna (Karen), Jon Tenney (Todd), Jon Polito (Stokowski), Danny Aiello (Chief)
*Prod.:* USA 1988; 94 Min.
*TV:* 8.8.1996, Sat.1, 21.00

Janet Hamilton ist eine ausgesprochen erfolgreiche Polizeibeamtin. Ihre neue Aufgabe jedoch ist prekär: Sie soll ein Revier auf Vordermann bringen, auf dem korrupte Polizisten mit den Gangstern gemeinsame Sache machen.
*Pressetext*

## Im Netz der Leidenschaft 490
IMPLICATED □
TV

*Regie:* Jim Wynorski
*Darsteller:* Mark Singer (Peter Starkey), Shannon Tweed (Carla Duvall), Johnny Williams (Riker), Julie Strain (Linda Hammond), Wings Hauser (Duvall), Jay Richardson (Jordan), Burton Gilliam, Earnest Haren jr., Brad Blaisdell
*Drehbuch:* William C. Martell
*Prod.:* USA 1994; 88 Min.
*TV:* 17.6.1996, RTL2, 20.15

Peter Starkey von der Devisen-Aufsichtsbehörde verfolgt den Fabrikanten Leeland Duvall, der in einen Skandal um ein unsauberes Produkt verwickelt ist. Als Duvall ermordet wird, verdächtigt der ermittelnde Detektiv Riker Duvalls attraktive Witwe Carla. Aber alles kommt anders.

## Im Rausch der Liebe 491
***
TV

*Regie:* Markus Fischer
*Darsteller:* Philipp Stengele (Jan Michels), Nina Bagusat (Lucia Keiser), Rolf Hoppe (Hauptmann), Ueli Jäggi (Herr Keiser), Babett Arens (Frau Keiser), Michael Schönborn (Bertie), Katja Glammona (Antonia), Christian Tasche (Meier), Michael Trischan, Klaus R. Weber
*Drehbuch:* Markus Fischer
*Kamera:* Jörg Schmidt-Reitwein (Farbe)
*Prod.:* Veith von Fürstenberg für Bavaria, BRD 1996; 90 Min.
*TV:* 11.12.1996, RTL, 20.15

Der 17jährige Jan sitzt wegen Einbruchs im Gefängnis, wo er immer wieder unter den sexuellen Übergriffen der Wärter zu leiden hat. Als er eines Tages die Gelegenheit zur Flucht nutzen kann, sucht er bei der 16jährigen Lucia Zuflucht. Lucia ist die Stieftochter des Politikers Keiser, der sie am liebsten ins Internat schicken würde. Als Keiser Jan entdeckt, alarmiert er die Polizei. Jan muß erneut fliehen, Lucia begleitet ihn. (...)
*Pressetext*

## Im Spiegel der Gefühle 492
LE MIROIR DU DESIR □
TV

*Regie:* Servais Mont
*Darsteller:* Julia Austin, Clara Mars, Patrick Hamel, Laurence Leroy, Don Martin
*Drehbuch:* Joséphine Avril, Cléonisse Rousseau
*Kamera:* Jérôme Israel (Farbe)
*Musik:* Franz Fagot
*Prod.:* Frankreich 1996; 90 Min.
*TV:* 13.9.1996, Premiere, 0.00

Mitternachts-Erotik für Kabelkunden.

## Im Würgegriff der Yakuza-Killer 493
CONUNDRUM / FRAME BY FRAME ***
TV

*Regie:* Douglas Barr
*Darsteller:* Michael Biehn (Stash Horvak), Marg Helgenberger (Rose Ekberg), Ron White (Gordon Mulvaney), Peter MacNeill (Hershel Kirkland), Dan Lett (Jimmy Khang), David Huband (Shecky Bernstein), Russell Yuen (Dennis Kye), Denise Fujiwara (Fran Ho), Von Flores, Arthur Eng
*Drehbuch:* Douglas Barr
*Kamera:* Rodney Charters (Farbe)
*Musik:* Mark Snow
*Schnitt:* R. Paul Davalos
*Prod.Des.:* James McAteer
*Prod.:* Thomas Baer für Showtime, USA 1996; 94 Min.
*TV:* 4.10.1996, Pro7, 20.00

Mit ihrem Kollegen Stach ermittelt die Polizeibeamtin Rose gegen die chinesische Glücksspiel-Mafia. Als Stachs schwangere Frau ermordet aufgefunden wird, glaubt man zunächst an einen Racheakt der Chinesen. Doch plötzlich richten sich die Ermittlungen auch gegen Stach, der für die Tatzeit kein Alibi hat – und zeugungsunfähig ist.
*Pressetext*

## Immer Ärger mit Sergeant Bilko 494

SGT. BILKO ***

*Regie:* Jonathan Lynn
*Darsteller:* Steve Martin (Master Sgt. Ernest G. Bilko), Dan Aykroyd (Col. Hall), Phil Hartman (Maj. Thorn), Glenne Headly (Rita Robbins), Daryl Mitchell (Wally Holbrook), Max Casella (Dino Paparelli), Eric Edwards (Duane Doberman), Dan Ferro (Tony Morales), John Marshall Jones (Sgt. Henshaw), Brian Leckner
*Drehbuch:* Andy Breckman, nach den Fernsehserien kreiert von Nat Hiken
*Kamera:* Peter Sova (Deluxe)
*Musik:* Alan Silvestri
*Schnitt:* Tony Lombardo
*Prod.Des.:* Lawrence G. Paull
*Prod.:* Brian Grazer für Imagine Ent., USA 1996; 94 Min.
*Verleih:* UIP/UIP/UIP/CIC Video; 4.7.1996
*FSK:* ab 6, ffr.
*FBW:* Wertvoll

Schlitzohriger Sergeant der US-Army macht aus einer Werkstatt eine geheime Spielhölle und täuscht trickreich die zur Inspektion angereisten Offiziere.

Steve Martin ist ein wendiger und witziger, ja graziöser Komödiant. Leider hat er seit Jahren eine Schwäche für schlechte Filme, so auch für diese Militär-Klamotte, in der Sgt. Bilko auf einer Army-Basis alle nur denkbaren illegalen Geschäfte betreibt, bis sein alter Lieblingsfeind (immerhin, Phil Hartman) auftaucht. Die Witze sind mitunter unverschämt doof, aber Martin macht die Operation wenigstens halbwegs erträglich. *Milan Pavlovic, Kölner Stadt-Anzeiger, 6.7.96*

(...) Dieser Blindgänger von Jonathan Lynn (»Mein Vetter Winnie« war wohl ein Zufallstreffer) ist nur empfehlenswert für hartgesottene Steve-Martin-Fans, die immer noch glauben, daß ihr Star witzig sei. Und vielleicht kramt der Gute demnächst noch einmal in der TV-Mottenkiste und spielt dann Ed, das sprechende Pferd. *Albert Baer, Rheinische Post, 5.7.96*

Thomas Klingenmaier in: Stgt. Zeitung, 4.7.96

## In den Fängen der Lust 495

MICHAEL NINN'SEX 2 □ TV

*Regie:* Michael Ninn
*Darsteller:* Sunset Thomas, Tyffany Million, Jon Dough, Debi Diamond
*Drehbuch:* Michael Ninn
*Kamera:* Bill Smith (Farbe)
*Musik:* Dino Ninn
*Prod.:* USA 1995; 72 Min.
*TV:* 12.4.1996, Premiere, 1.00

Erotik-Liebes-Schmonzette.

## In einem Land vor unserer Zeit 4 496

LAND BEFORE TIME 4 ** Video

*Regie:* Roy Allen Smith
*Drehbuch:* Dev Ross
*Musik:* Michael Tavera
*Schnitt:* Warren Taylor
*Prod.:* Roy Allen Smith für Universal Cartoon Studios, USA 1995; 71 Min.
*Vertrieb:* CIC Video; 7.11.1996
*FSK:* o.A.

Zeichentrickabenteuer mit dem Dinosaurier-Youngster Littlefoot nach bekanntem Muster.

## In Haßliebe Lola 497

***

*Regie:* Lothar Lambert
*Darsteller:* Lothar Lambert (Lola L.), Baduri (Hasim), Nilgün Taifun (Fatima), Erika Rabau (Urschel), Dagmar Beiersdorf (Karla), Stefan Menche (Erich), Heiko Behrens (Van Haake), Marion Michael (Lolas Schwester), Ulrike S. (Nachbarin), Hans Marquardt (Kellner)
*Drehbuch:* Lothar Lambert, Dagmar Beiersdorf, nach einer Idee von Bernd Lubowski
*Kamera:* Albert Kittler (Farbe)
*Musik:* Albert Kittler
*Schnitt:* Lothar Lambert
*Prod.:* F.M.T./NDR, BRD 1994; 87 Min.
*UA:* 16.2.1995, Int. Filmfestspiele Berlin, »Panorama: art & essai«
*Verleih:* Eigenverleih/-/-; 4.4.1996

(...) Lambert ist Lola L., ein abgehalfterter Travestiestar, dem die Fangemeinde weg- und ein schnuckeliger Nachwuchskünstler zuläuft. Von seiner Schwester angestachelt, schmeißt sich hasim an die immer noch mit Verve und

Esprit agierende Fummeltrine ran, um ihr schließlich den Rang abzulaufen.
*Annette Kilzer, tip, 9/96*

(...) Die Komik ist entwaffnend. Aber da inzwischen längst die Beichtstuhl-Talkshow mit ihrer Seelenpornographie den Publikumsbedarf an Obszönität decken, wirken Lamberts exhibitionistische Balztänze geradezu rührend harmlos. (...) *Ponkie, AZ, 7.6.96*

Jan Gympel in: Der Tagesspiegel, 5.4.96

## In Liebe gefangen 498

THE UNSPOKEN TRUTH **

TV

*Regie:* Peter Werner
*Darsteller:* Lea Thompson (Brianne), Patricia Kalember (Margaret), Karis Paige Bryant (Lily), James Marshall (Clay), Dick O'Neill (Thomas), Robert Englund (Ernie), Freda Williams (Eileen)
*Drehbuch:* J.A. Mitty, nach einer wahren Begenbenheit
*Kamera:* Neil Roach (Farbe)
*Musik:* Mark Snow
*Prod.:* USA 1994; 88 Min.
*TV:* 5.8.1996, ZDF, 19.25

(...) Brianne läßt sich von ihrem jähzornigen Mann Clay verprügeln, unter Druck setzen. Ihm total hörig, nimmt sie sogar die Schuld für einen Mord auf sich, den der Eifersüchtige rasend vor Wut verübt hat. Überraschenderweise lautet das Urteil für beide Ehepartner lebenslänglich. Auch hinter Gefängnismauern gehen die Einschüchterungen weiter. Bis der Kampf ums Sorgerecht für die gemeinsame Tochter die Wende bringt. Als Clay droht, dem Kind etwas anzutun, sieht Brianne endlich klar. Und Fernsehzuschauer, so sie nichtzappelnd zäh dabei blieben, sahen immer wieder mit ihr zurück in der hochgepeitschten und dennoch langweiligen Story. Schade ums ernstzunehmende Thema. *AZ, 7.8.96*

## In the Shadow of Evil: Im Schatten des Grauens 499

IN THE SHADOW OF EVIL ***

Video

*Regie:* Daniel Sackheim
*Darsteller:* Treat Williams (Jack Brenner), Margaret Colin (Dr. Molly Nostrand), Joe Morton (Lt. Danny Royce), William H. Macy (Dr. Frank Teague), Timothy Busfield (Walt Keller), Brad Greenquist (Willy Sommers), Craig Clyde, Mary Parker Williams, Michael Flynn, Frank Gerrish
*Drehbuch:* Robert Nathan, nach einer Story von Raymond Hartung, Robert Nathan
*Kamera:* William Wages (Farbe)
*Musik:* Nicholas Pike
*Prod.:* Raymond Hartung für CBS Ent., USA 1994; 90 Min.
*Vertrieb:* 20th Century Fox Home Video; Febraur 1996
*FSK:* ab 16 J.

Nachdem er bei einem Unfall sein Gedächtnis verloren hat, versucht der auf Serienmörder spezialisierte Cop mit einer Psychologin seinen letzten Fall aufzuarbeiten. Dabei ermittelt er ungewollt gegen sich selbst.

## Independence Day 500

INDEPENDENCE DAY ****

*Regie:* Roland Emmerich
*Darsteller:* Will Smith (Capt. Steven Hiller), Bill Pullman (Präsident Thomas J. Whitmore), Jeff Goldblum (David Levinson), Mary McDonnell (Marilyn Whitmore), Judd Hirsch (Julius Levinson), Margaret Colin (Constance Spano), Randy Quaid (Russell Casse), Robert Loggia (Gen. William Grey), James Rebhorn (Albert Nimziki), Harvey Fierstein (Marty Gilbert)
*Drehbuch:* Dean Devlin, Roland Emmerich
*Kamera:* Karl Walter Lindenlaub (Deluxe color)
*Musik:* David Arnold
*Schnitt:* David Brenner
*Prod.Des.:* Oliver Scholl, Patrick Tatopoulos
*Prod.:* Dean Devlin für Centropolis Ent., USA 1996; 145 Min.
*UA:* 2.7.1996, New York
*Verleih:* 20th Century Fox/dto./dto./Fox Video; 19.9.1996
*FSK:* ab 12, ffr.
*FBW:* Wertvoll

Ein gigantisches Raumschiff von fernen Planeten bedroht die Existenz der Menschheit und legt mehrere Großstädte in Schutt und Asche, bevor ihm ein umsichtiger US-Präsident, ein todesmutiger Kampfpilot und ein schrulliges Computer-Genie den Garaus machen. Schrill patriotischer Science-fiction-

*Perfektes und perfides Kino: ›Independence Day‹ von Roland Emmerich.*

Film, der Vorgaben aus Dutzenden von Katastrophen-, Kriegs- und Science-fiction-Filmen zu einem tricktechnisch aufwendigen Zerstörungsabenteuer verarbeitet. Ideologisch fragwürdig, aber erfolgreich in seiner Spekulation mit äußerlichen und emotionalen Effekten. *Zoom, 9/96*

*Es wird immer wieder behauptet, es gäbe kein Rezept für einen erfolgreichen Film. Diesen Film anschauen; perfekter ist eine Rezeptur selten angewendet worden.*

Andreas Kilb in: Die Zeit, 20.9.96; Holger Kreitling in: Der Tagesspiegel, 24.9.96; Ponkie in: AZ, 19.9.96; Jan Schutz-Ojala in: Der Tagesspiegel, 18.9.96 Claudius Seidl in: SZ, 19.9.96

*Brent Spader, Bill Pullman und James Reborn*

*Roland Emmerich, Regisseur von ›Independence Day‹*

## Der Indianer-Scout 501

THE PATHFINDER ***

Video

*Regie:* Donald Shebib
*Darsteller:* Kevin Dillon (Lederstrumpf), Graham Greene (Chingachgook), Laurie Holden (Mabel Dunham), Jaimz Woolvett (Jasper Western), Stacey Keach (Compte de Leon), Russel Means (»Arrowhead«)
*Drehbuch:* Hames Mitchell Miller, Thomas W. Lynch, nach dem Roman »The Pathfinder« von James F. Cooper
*Kamera:* Curtis Peterson (Farbe)
*Musik:* Reg Powell
*Schnitt:* Bill Goddard
*Prod.Des.:* David Davis
*Prod.:* John Danyikiw für TPA Nr.1, USA 1995; 104 Min.
*20th Century Fox Home Video,*
*TV:* 25.12.1996, Pro7, 14.05; 31.10.1996
*FSK:* ab 6 J.

Preiswerter Abklatsch von »Der letzte Mohikaner«, der neben ein paar schönen Bildern herzlich wenig Reizvolles zu bieten hat.

## Indianer-Sommer 502

INDIANSKE LETO ****

TV

*Regie:* Sasa Gedeon
*Darsteller:* Klara Issova (Klara), Tatiana Vilhelmova (Marie), Robert Stepanek (Vari), Jirí Ployhar (Idol), Olga Karaskova (Großmutter)
*Drehbuch:* Sasa Gedeon
*Kamera:* Milos Kabyl (Farbe)
*Musik:* Petr Skoumal, »Brutus« live
*Schnitt:* Petr Turyna
*Prod.Des.:* Ondrej Nekvasil
*Prod.:* Petr Oukropec für Petr Oukropec Prod., Tschechien 1995; 65 Min.
*EA:* Filmfest München 1996
*TV:* 28.10.1996, ORB3, 23.15

Die fünfzehnjährige Klara verbringt zusammen mit ihrer Cousine ihren Sommerurlaub bei der Oma auf dem Land. Das Dorfleben ist friedlich und eintönig, unterbrochen lediglich von einer wöchentlichen Tanzparty in einem ausrangierten Schwimmbecken. Doch am Ende hat Klaras erfahrene Cousine sie so gründlich in die Geheimnisse des Lebens eingeweiht, daß die beiden Mädchen in Konkurrenz geraten. Aus ihrer Eifersucht entbrennt ein intriganter Wettbewerb zwischen Frauen... *Katalog Filmfest München 1996*

## Infiltrator 503

THE INFILTRATOR **

Video

*Regie:* John Mackenzie
*Darsteller:* Oliver Platt (Yaron), Arliss Howard (Eaton), Peter Riegert (Rabbi Cooper), Julian Glover (Bielert), Tony Haygarth (Günther), Michael Byrne, George Jackos, Alex Kingston, Jonathan Phillips, Alan King
*Drehbuch:* Guy Andrews, nach dem Buch »In Hitler's Shadow« von Yaron Svoray, Nick Taylor
*Kamera:* Mick Coulter (Farbe)
*Musik:* Hal Lindes
*Schnitt:* Graham Walker
*Prod.Des.:* Leo Austin
*Prod.:* Brian Eastman für HBO Showcase/Francine LeFrak/Carnival Films, USA 1995; 89 Min.
*UA:* 24.6.1995, HBO
*Vertrieb:* MIC Video; 23.5.1996
*FSK:* ab 18 J.

US-Journalist recherchiert in der deutschen Neonazi-Szene. Untauglicher Versuch, sich dem Thema Rechtsradikalismus in Deutschland auf Entertainment-Ebene zu nähern.

René Claßen in: film-dienst, 14/96

## Inzest – Ein Fall für Sina Teufel 504

□

TV

*Regie:* Klaus Emmerich
*Darsteller:* Renan Demirkan (Dr. Sina Teufel), Juliane Köhler (Nathalie Eschenborn), Rufus Beck (Dr. Carlo van Rees), Heinz Trixner (Louis Levin), Felix Eitner (Dominik Eschenborn), Gerald-Alexander Held (Philipp Spieker), Eva Rieck (Hanne Bromberger), Johanna Gastdorf (Tilly Marlony), Georgia Stahl (Marina König), Rosemarie Fendel (Margot Eschenborn)
*Drehbuch:* Gunter Schütter, Ricarda Rose
*Kamera:* Klaus Merkel (Farbe)
*Prod.:* Peter Herrmann für MTM Cineteve für Pro 7, BRD 1995; 92 Min.
*TV:* 13.2.1996, Pro7, 20.00

Die Anwältin Dr. Sina Teufel hat als Klientin Nathalie Eschenborn, die nach dem Mord an ihrem Vater ein immenses Vermögen erbt, während ihr Bruder fast leer ausgeht. Schon bald deckt Sina schicksalshafte Verstrickungen zwischen Bruder und Schwester auf.

*Pressetext*

*Corinna Harfouch, Herbert Knaupp, Natalia Wörner, Richy Müller, Dominik Graf und Axel Milberg in ›Irren ist männlich‹ von Sherry Hormann.*

## Ironfist 505

IRONFIST *

Video

*Regie:* Matthew George
*Darsteller:* Richard Norton (Frank Torrance), Kathy Long (Lisa Kruse), Roland Dantes (Lee), Peter Lindsexy (Harry Hardaway), Robert Bruce (Det. Dexter), Jane Badler
*Drehbuch:* Matthew George
*Kamera:* Dan Burstall (Farbe)
*Musik:* Frank Strangio
*Schnitt:* Gary Woodyard
*Prod.:* Richard Norton, Paul Elliot Currie für Imperial Ent., Australien 1995; 91 Min.
*Vertrieb:* Starlight Video; 3.7.1996
*FSK:* ab 18 J.

Brutalkomödie um einen Nachtclubchef, der sich zur Ruhe setzen will. Dümmlich, gewalttätig und über die Maßen langweilig.

Joe Hill in: film-dienst, 19/96

## Irren ist männlich 506

***

*Regie:* Sherry Hormann
*Darsteller:* Herbert Knaupp (Thomas Neumann), Corinna Harfouch (Bettina Neumann), Richy Müller (Johannes), Axel Milberg (Philipp Wegener), Dominik Graf (Lorenz Latour), Natalia Wörner (Susanne Sochaki), Lena May Graf (Gina Neumann), Robert Gwisdek (Leo Neumann), Adele Neuhauser (Frau Schlegel), Max Herbrechter (Sporner)
*Drehbuch:* Kit Hopkins
*Kamera:* Gérard de Battista (Farbe)
*Musik:* Peter Wolf
*Schnitt:* Norbert Herzner
*Prod.Des.:* Heidi Lüdi
*Prod.:* Kirsten Hager, Eric Moss für Hager Moss Film mit Pro7, BRD 1996; 103 Min.
*UA:* Int. Hofer Filmtage 1996; 30.10.1996, München
*Verleih:* Buena Vista/dto./dto.; 31.10.1996
*FSK:* ab 12, ffr.
*FBW:* Wertvoll

Ein verheirateter Anwalt mit zwei Kindern gerät in den Verdacht, nicht zeugungsfähig zu sein, was natürlich zu erheblichen Komplikationen führt. Deutsches Lustspiel von minderem Geschmack und Unterhaltungswert.

*multimedia*

(…) Die Frage, von wem die Kinder sind, wird in einem niedlichen Sakristei-Komplott geregelt: Es gibt für alles immer eine Lösung. Ein frommes Lottermärchen. *Ponkie, AZ, 5.11.96*

(...) Unter fortschrittlicher Fassade verramscht der Film altbackene Familienbilder und feiert die Schickeria-Existenz als glücksentschlossenes Gesamtkunstwerk, in dem alles seinen Platz findet, vom Rasseköter über den Ehebruch bis zum ungezwungenen Loch in den Jeans der Ehefrau.
*Katja Nicodemus, tip, 23/96*

Michael Althen in: SZ, 1.11.96; Alexander Bickel in: Kölner Stadt-Anzeiger, 2.11.96; Rupert Koppold in: Rheinische Post, 2.11.96

## It's my Party 507

IT'S MY PARTY **

*Regie:* Randal Kleiser
*Darsteller:* Eric Roberts (Nick Stark), Gregory Harrison (Brandon Theis), Lee Grant (Amalia), Marlee Matlin (Daphne), Paul Regina (Tony), Margaret Cho (Charlene), Bronson Pinchot (Monty), George Segal (Paul Stark), Steven Anton, Bruce Davison
*Drehbuch:* Randal Kleiser
*Kamera:* Bernd Heinl (Deluxe)
*Musik:* Basil Poledouris
*Schnitt:* Ila von Hasperg
*Prod.Des.:* Clark Hunter
*Prod.:* Joel Thurm, Randal Kleiser für Opala Prod., USA 1995; 110 Min.
*UA:* Sundance Film Festival, Utah
*EA:* Int. Filmfestspiele Berlin 1996, »Panorama«
*Verleih:* UIP/UIP/UIP/Warner Home Video; 2.5.1996
*FSK:* ab 12, ffr.
*FBW:* Wertvoll

Nick erfährt, daß er HIV-positiv ist, woraufhin seine Beziehung zu Brandon in die Brüche geht. Ein Jahr danach lädt Nick Freunde und Verwandte zu einer Abschiedsparty, an dessen Ende er sich das Leben nehmen will. Dem engagiert anmutenden Streifen gelingt es zunächst, ein differenziertes Bild komplizierter Beziehungen zu gestalten. In weiterer Folge entwickelt sich der Film immer mehr zu einem durchschnittlich platten Mainstream-Melodram, in dem keine Differenzen oder Konflikte übrig bleiben dürfen. *multimedia*

Bodo Fründt in: SZ, 2.5.96; Harald Martenstein in: Der Tagesspiegel, 21.2.96

## Ivanhoe, der junge Ritter 508

YOUNG IVANHOE □
TV

*Regie:* Ralph Thomas
*Darsteller:* Stacy Keach (Pembrooke), Margot Kidder (Lady Margarite), Nick Mancuso (De Bourget), Kris Holdenried (Ivanhoe), Rachel Blanchard (Rowena), Matthew Daniels (Tuck), Tom Rack (Edward), James Bradford (Sir Cedric), Louise Vincent, Ian Falconer
*Drehbuch:* Frank Encarnacao, Ralph Thomas
*Kamera:* John Berrie (Farbe)
*Musik:* Alan Reeves
*Prod.:* USA 1994; 88 Min.
*TV:* 22.11.1996, ARD, 14.30

Nochmal mit Schwertgeklirr. Wer die Originale nicht kennt, muß nun mal mit den Adaptionen leben.

## Jack & Sarah
509
JACK & SARAH
***

*Regie:* Tim Sullivan
*Darsteller:* Richard E. Grant (Jack), Samantha Mathis (Amy), Ian McKellen (William), Judi Dench (Margaret), Cherie Lunghi (Anna), Eileen Atkins (Phil), Imogen Stubbs (Sarah), David Swift (Michael), Laurent Grevill (Alain), Kate Hardie (Pamela)
*Drehbuch:* Tim Sullivan
*Kamera:* Jean-Yves Escoffier (Deluxe)
*Musik:* Simon Boswell
*Schnitt:* Lesley Walker
*Prod.Des.:* Christopher J. Bradshaw
*Prod.:* Pippa Cross, Simon Channing-Williams, Janette Day für Granada mit British Screen/PolyGram/Mainstream, GB 1995; 110 Min.
*Verleih:* CI/Constantin/-/VCL Video; 8.2.1996
*FSK:* ab 6, ffr. – *FBW:* Wertvoll

Jacks Frau stirbt bei der Geburt einer Tochter, der Vater weigert sich, das Kind überhaupt anzusehen, bis ihm irgendwann das Herz schmilzt und die kleine Sarah sein Leben bestimmt. Da muß ein Babysitter her und schon bald beginnt eine schwierige Romanze. Tim Sullivan weiß nicht genau was er will. Der Film ist eine Mischung aus Komödie, Problemfilm, Vater-Tochter-Beziehung und Liebesgeschichte. Ein bißchen von allem ist manchmal ein bißchen zu wenig. *Margret Köhler*

(...) Tim Sullivan, ein früherer Derek Jarman-Mitarbeiter, gibt hier ein erstaunliches Spielfilmdebüt. Irgendwo in Hollywood wird da mit Sicherheit an einem Remake gebastelt.
*Angela Schmidt-Gläser, FR, 7.2.96*

Frank Arnold in: Kölner Stadt-Anzeiger, 10.2.96; Otto Heuer in: Rheinische Post, 9.2.96; Tobias Kniebe in: SZ, 8.2.96; Thomas Klingenmaier in: Stgt. Zeitung, 8.2.96

## Jade
510
JADE
***

*Regie:* William Friedkin
*Darsteller:* David Caruso (David Corelli), Linda Fiorentino (Trina Gavin), Chazz Palminteri (Matt Gavin), Michael Biehn (Lt. Bob Hargrove), Richard Crenna (Gouverneur Lew Edwards), Donna Murphy (Karen Heller),

*Unterschätzter Film: Chazz Palminteri und Linda Fiorentino in ›Jade‹*

Angie Everhart (Patrice Jacinto)
*Drehbuch:* Joe Eszterhas
*Kamera:* Andrzej Bartowiak (Farbe)
*Musik:* James Horner
*Schnitt:* Angie Hess
*Prod.Des.:* Alex Tavoularis
*Prod.:* Robert Evans, Craig Baumgarten, Gary Adelson für Paramount, USA 1995; 95 Min.
*UA:* 13.10.1995, New York
*Verleih:* UIP/UIP/UIP/CIC Video; 15.2.1996
*FSK:* ab 16, ffr.

Nach der Ermordung eines Milliardärs deckt ein Mitarbeiter der Staatsanwaltschaft einen Callgirl-Ring auf, in dessen Mittelpunkt die ominöse Star-Prostituierte »Jade« steht – später von ihm als seine frühere Geliebte und Frau eines Staranwalts identifiziert. Auch die höchste politische Prominenz ist in diesen Kreis verwickelt, aus dem sich der wahre Mörder rekrutiert. So geheimniskrämerisch sich Friedkins Thriller präsentiert, so konstruiert und wirr ist letztlich seine Struktur. Da hilft auch eine grandiose Verfolgungsjagd wenig, die im Kontext des (Pseudo-) Erotik-Thrillers auf groteske Weise deplaziert wirkt. *Zoom*

(…) Vielleicht hat aber Friedkins Film deshalb nicht gefallen, weil er nicht von einem Aufbruch handelt, sondern von einem Niedergang. Weil es in diesem beinahe morbiden Film keine befriedigende Auflösung des Plots gibt und keine Erlösung für die Figuren. Es geht unter den Politikern, Anwälten und Industriellen, die Friedkin präsentiert, nicht darum, wie man Macht, Geld und Sex bekommt. Das haben sie schon längst geschafft. Es geht darum, dies alles zu behalten, den letzten Kitzel aus dieser Dreifaltigkeit herauszuholen. Bis zum Exzeß, bis zur Erschöpfung. (…) *Hans Schifferle, SZ, 15.2.96*

Sebastian Feldmann in: Rheinische Post, 12.2.96; Rupert Koppold in: Stgt. Zeitung, 15.2.96; Angela Schmitt-Gläser in: FR, 16.2.96

## Jailbreakers 511
JAILBREAKERS **
Video

*Regie:* William Friedkin
*Darsteller:* Shannen Doherty (Angel Norton), Antonio Sabato jr (Tony), Adrienne Barbeau (Mrs. Norton), Adrien Brody (Skinny), Vince Edwards (Mr. Norton), George Gerdes (Lt. Clark), Dana Barron (Sue), Chris Conrad II (Jack), Sean Whalen (Tattoo), Charles Morton
*Kamera:* Cary Fisher (Farbe)
*Musik:* Hummie Mann
*Schnitt:* Angie Hess
*Prod.Des.:* Deborah Raymond, Dorian Vernacchio
*Prod.:* Debra Hill, Willie Kutner, Lou Arkoff für Drive-In Classics Cinema, USA 1994; 82 Min.
*Vertrieb:* VCL Video; 3.9.1996 – *FSK:* ab 16 J.

Raub, Gefägnis, Flucht, Geisel, Tod = Ende gut alles gut.

## Jakes Frauen 512
JAKE'S WOMEN ***
TV

*Regie:* Glenn Jordan
*Darsteller:* Alan Alda (Jake), Anne Archer (Maggie), Mira Sorvino (Julie), Julie Kavner (Karen), Lolita Davidovich, Joyce van Patten (Edith), Kimberly Williams (Molly)
*Drehbuch:* Neil Simon, nach seinem gleichn. Bühnenstück
*Kamera:* James Glennon
*Schnitt:* David Simmons
*Prod.:* Glenn Jordan für Hallmark Ent., USA 1995; 120 Min.
*EA:* Filmfest München 1996
*TV:* 30.10.1996, Premiere, 22.15
*Vertrieb:* Fox Video – *FSK:* ab 6 J.

Während einer Trennung auf Probe läßt der alternde Schriftsteller Jake sein Leben nochmal Revue passieren und stellt dabei fest, daß ihm die Zweisamkeit doch besser bekommt.
*»Diese Geschichte geht mir sehr nahe, denn in einem gewissen Sinn ist sie äußerst autobiographisch. Vieles davon entspringt meinem eigenen Leben« (Neil Simon).*
*Katalog Filmfest München 1996*

## James und der Riesenpfirsich 513
JAMES AND THE GIANT PEACH ***

*Regie:* Henry Selick
*Darsteller:* Simon Callow (Grasshopper), Richard Dreyfuss (Centipede), Jane Leeves (Ladybug), Joanna Lumley (Tante Spiker), Miriam Margolyes (Tante

›James und der Riesenpfirsich‹

Sponge/Glowworm), Pete Postlethwaite (Old Man), Susan Sarandon (Spider), Paul Terry (James), David Thewlis (Carthworn)
*Drehbuch:* Karey Kirkpatrick, Jonathan Roberts, Steve Bloom, nach dem gleichn. Buch von Roald Dahl
*Kamera:* Pete Kozachik, Hiro Narita (Technicolor)
*Musik:* Randy Newman (auch Songs)
*Schnitt:* Stan Webb
*Prod.Des.:* Harley Jessup
*Prod.:* Denise Di Novi, Tim Burton für Walt Disney Pic. mit Allied Filmmakers, USA 1996; 79 Min.
*UA:* 12.4.1996, New York
*Verleih:* Buena Vista/Constantin/Buena Vista; 25.7.1996
*FSK:* ab 6, ffr.
*FBW:* Besonders wertvoll

In einem Riesenpfirsich gelingt es einem Waisenkind, seinen gemeinsamen Stieftanten zu entkommen, wobei ihm einige antropomorphe Insekten und ein Schwarm Möwen behilflich sind. Eine uneinheitliche, in einigen Passagen erstaunliche, in anderen Teilen ermüdende Verfilmung des Kinderbuchs von Roald Dahl, die wegen ihrer gewalttätig-bedrückenden Stimmung für kleinere Kinder ungeeignet ist.
Die Trickfilmsequenzen erreichen mitunter hohe künstlerische Qualität.

*Zoom, 9/96*

Frauke Hanck in: AZ, 25.7.96; Rupert Koppold in: Rheinische Post, 26.7.96; Daniel Kothenschulte in: Kölner Stadt-Anzeiger, 27.7.96

## Jane Austens Verführung 514

PERSUASION

*Regie:* Roger Michell
*Prod.:* GB 1995

Jeder schreibt diesen Titel anders. Bei uns steht der Film unter → Verführung

## Jason's Lyric 515

JASON'S LYRIC **

Video

*Regie:* Doug McHenry
*Darsteller:* Allen Payne (Jason), Jada Pinkett (Lyric), Bokeem Woodbine (Joshua), Anthony »Treach« Criss (Alonzo), Lisa Carson (Marti), Suzzanne Douglas (Gloria), Forest Whitaker (Maddog)
*Drehbuch:* Bobby Smith jr.
*Kamera:* Francis Kenny (Farbe)
*Musik:* Afrika, Matt Noble, Adam Kidron (supervision)
*Schnitt:* Andrew Mondshein, William Scharf
*Prod.Des.:* Simon Dobbin
*Prod.:* Doug McHenry, George Jackson für Gramercy mit Propaganda Films, USA 1994; 119 Min.
*UA:* 28.9.1994, New York
*EA:* Filmfest München 1995
*Vertrieb:* VMP Video; August 1996
*FSK:* ab 16 J.

Traumatisierter junger Mann lernt durch eine Frau den Ausweg aus seinen Depressionen kennen. Leider nicht vielschichtiges, sondern schlicht überladenes Drama, professionell gearbeitet zwar, aber ohne klare Dramaturgie.
In seinem anspruchsvollen Regiedebüt erzählt Doug McHenry die tragische Geschichte der beiden gegensätzlichen Brüder Jason und Joshua, die im Schwarzengetto von Houston leben. Forest Whitaker liefert wie in »The Crying Game« eine kurze, aber mitreißende Darstellung als deren einst liebevoller Vater Maddog, der in Vietnam nicht nur ein Bein, sondern auch seine Würde verloren hat. In der Folge trennt sich die Mutter von dem Alkoholiker, der die Familie fortan regelmäßig mit unerwünschten Besuchen terrorisiert. Dabei kommt es schließlich zur Katastrophe: Der zwölfjährige Jason er-

schießt Maddog im Reflex, um seine Mutter zu schützen. (…)

*Blickpunkt: Filme, 24.10.94*

## Je reicher, desto ärmer 516

THANKSGIVING DAY ***

TV

*Regie:* Gino Tanasescu
*Darsteller:* Mary Tyler Moore (Paula Schloss), Tony Curtis (Max Schloss), Kelly Curtis (Barbara Schloss), Andy Hirsch (Michael Schloss), Jonathan Brandmeier (Randy Schloss), Cal Gibson, Diane Robin, Sonny Bono, Morton Downey jr., Joseph Bologna
*Drehbuch:* Steve Zacharias, Jeff Buhai
*Kamera:* Frederick Moore (Farbe)
*Schnitt:* Seth Flaum
*Prod.:* Marvin Miller für Zacharias/Buhai mit NBC, USA 1990; 120 Min.
*UA:* 19.11.1990, NBC, 21.00
*TV:* 16.2.1996, RTL2, 22.35

Als das dominante Familienoberhaupt Max Schloss am Erntedankfest nach einem Herzinfarkt überraschend stirbt, gerät das Leben seiner chaotischen, neurotischen Familie völlig aus den Fugen.

## Jean Seberg, American Actress 517

***

*Regie:* Fosco Dubini, Donatello Dubini
*Darsteller:* Tom Apgar, Marion Bouilhet, Raoul Coutard, Jean-André Fieschi
*Drehbuch:* Fosco Dubini, Donatello Dubini
*Kamera:* Donatello Dubini (Farbe)
*Musik:* Martial Solal
*Schnitt:* Fosco Dubini, Donatello Dubini
*Prod.:* Fosco Dubini, Donatello Dubini für Dubini/Tre Valli, BRD/Schweiz 1995; 82 Min.
*UA:* 10.8.1995, Locarno Film Festival
*EA:* 21.1.1996, Stadtgartenkino Köln
*Verleih:* andere Blick/-/cinematograph; 1.4.1996

Porträt der Schauspielerin Jean Seberg, die ihre ersten Rollen bei Otto Preminger spielte, durch Godards »A bout de souffle« 1960 zur Nouvelle-Vague-Ikone wurde, der große Kinoerfolge jedoch versagt blieben und die unter nicht geklärten Umständen ums Leben kam. Chronologisch erzählt, kommen im Film Menschen zu Wort, die Seberg nahe gestanden sind. So ist viel Persönliches, aber auch Näheres über ihre Verbandelung mit den Black Panters und ihre Schwierigkeiten mit dem FBI zu erfahren. Konventionell gemachter, über weite Strecken interessanter, doch insgesamt zu sehr an der Oberfläche bleibender Dokumentarfilm, der mehr Impressionen als Aufschlußgebendes auf die Leinwand bringt. *Zoom, 2/96*

Brigitte Desalm in: Kölner Stadt-Anzeiger, 20.1.96

## Jeffrey 518

JEFFREY ***

*Regie:* Christopher Ashley
*Darsteller:* Steven Weber (Jeffrey), Patrick Stewart (Sterling), Michael T. Weiss (Steve), Bryan Batt (Darius), Sigourney Weaver (Debra Moorhouse), Olympia Dukakis (Mrs. Marcangelo), Nathan Lane (Pater Dan), Imra St. Paule (Mutter Teresa)
*Drehbuch:* Paul Rudnick, nach seinem gleichn. Theaterstück
*Kamera:* Jeffery Tufano (Farbe)
*Musik:* Stephen Endelman
*Schnitt:* Cara Silverman
*Prod.Des.:* Michael Johnston
*Prod.:* Mark Balsam, Michell Maxwell, Victoria Maxwell für Workin' Man Films mit The Booking Office, USA 1995; 95 Min.
*UA:* 4.8.1995, New York
*Verleih:* Kinowelt/dto./Monopole Pathé/ Arthaus Video; 6.6.1996
*FSK:* ab 16, ffr.

Der schwule Schauspieler Jeffrey jobbt in New York als Kellner. Im Zeitalter

*Steven Weber und Michael T. Weiss*

von »Safer Sex« kocht sein Sexualleben auf Sparflamme. Trost und Ablenkung sucht er im Fitneßstudio. Doch als er den Mann seiner Träume trifft, geraten seine Prinzipien ins Wanken. Aus dem Off-Broadway-Stück wurde eine bunte Szene-Komödie mit schrillen Typen und einigen Gags, die sich aber bald erschöpfen. So richtig traute der Regisseur sich nicht an das schwierige Thema Aids heran. *Margret Köhler*

Eine schräge, liebenswerte und nie den Ernst der Realität aus den Augen verlierende Aids-Komödie – auch das ist in Amerika möglich. Theaterregisseur Christopher Ashley wagt den Sprung von der Bühne – wo er Paul Rudnicks gleichnamiges Stück erfolgreich inszeniert hat – auf die Leinwand: Sein Filmdebüt ist stilsicher, wenn auch in Rhythmus und Timing manchmal etwas unentschlossen. (…)
*Frauke Hanck, AZ, 5.6.96*

(…) Die Wende zur ernsten Aussage gelingt der mit zahlreichen Stilelementen und parodistischen Einlagen lustvoll jonglierenden Farce über Sex, Liebe, Leben und Tod leider nur bedingt.
*Zoom, 6/96*

Heiko R. Blum in: Rheinische Post, 8.6.96; Günther Göckenjahn in: tip, 12/96; Thomas Klingenmaier in: Stgt. Zeitung, 13.6.96; Oliver Rahayel in: Kölner Stadt-Anzeiger, 8.6.96; Angela Schmitt-Gläser in: FR, 7.6.96; Anke Sterneborg in: SZ, 5.6.96

## Jenseits der Stille 519
****

*Regie:* Caroline Link
*Darsteller:* Sylvie Testud (Lara), Tatjana Trieb (junge Lara), Howie Seago (Martin), Emmanuelle Laborit (Kai), Sibylle Canonica (Clarissa), Matthias Habich (Gregor), Alexandra Bolz (Marie), Hansa Czypionka (Tom), Doris Schade (Lilli), Horst Sachtleben
*Drehbuch:* Caroline Link, Beth Serlin
*Kamera:* Gernot Roll (Farbe)
*Musik:* Niki Reiser
*Schnitt:* Patricia Rommel
*Prod.Des.:* Susann Bieling
*Prod.:* Jakob Claussen, Thomas Wöbke, Luggi Waldleitner für Claussen+Wöbke Filmprod./Roxy Film mit BR/SDR/DRS, BRD 1996; 113 Min.
*UA:* Filmfest München 1996

*Sylvie Testud und Matthias Habich*

*Verleih:* Buena Vista/dto./dto.; 19.12.1996
*FSK:* ab 6, ffr. – *FBW:* Besonders wertvoll

Musikbegabte Tochter taubstummer Eltern erreicht nach vielen Jahren einer gespannten Beziehung zum Vater dessen Interesse an ihrem Musikstudium. Langwierige Entwicklungsgeschichte einer »Versöhnung« zwischen der Welt der Hörenden und der Taubstummen, zwischen Hören und Verstehen. Eine Beispielsgeschichte in ansprechender Gestaltung, die durch begleitendes Gespräch die vielen oft verdeckten Informationen über die Gefühlswelt von Taubstummen wirksam werden lassen.
*multimedia*

Joseph Heinrichs in: Rheinische Post, 20.12.96; Andreas Kilb in: Die Zeit, 20.12.96; Thomas Klingenmaier in: Stgt. Zeitung, 19.12.96; Veronika Rall in: FR, 19.12.96; Hans-Jost Weyandt in: Kölner Stadt-Anzeiger, 21.12.96

## Jenseits des Krieges 520
****

*Regie:* Ruth Beckermann
*Drehbuch:* Ruth Beckermann
*Kamera:* Peter Roehsler (Farbe)
*Schnitt:* Gertraud Luschützky, Manfred Neuwirth
*Prod.:* Aichholzer Filmprod., Österreich 1996; 117 Min.
*Verleih:* -/filmladen/-; November 1996

Während die vieldiskutierte »Wehrmachtsausstellung« in Wien Station macht, hält die Filmemacherin Ruth Beckermann Reaktionen von Besuchern der Ausstellung fest, die den Krieg zum Großteil selbst als Soldaten miterlebt haben. Dabei entsteht ein widersprüchliches Gesamtbild aus Leugnung, ideologischer Rechtfertigung und vorbehaltlosem Einbekennen von Schuld. Im Gegensatz zu zweifelhaften Ansätzen eines identifikatorischen Gefühlskinos und definitorisch distanzierenden Erklärungen nötigt das Konzept des Films dem Zuschauer eine aus der eigenen Erfahrung begründete Haltung ab. *multimedia*

## Les jeux a deux – Die Spiele zu zweit 521

***
TV

*Regie:* Friederike Beck
*Darsteller:* Kathi Liers (Unica Zürn), Ulrich Wildgruber (Hans Bellmer), Friederike Steinhoff (Unica Zürn als Kind), Yves Baumgärtner (Horst Zürn), Martina Gedeck (Helene Zürn), Hermann Treusch (Ralph Zürn), Rolf Illig (Henri Michaux), Victor Larrea (Big Chief), Nino Sandow (Mosquite), Johannes Herrschmann (Dr. Mortimer)
*Drehbuch:* Friederike Beck
*Kamera:* Régis Bonvillain (Farbe)
*Schnitt:* Alexandra Kalnoky
*Prod.:* Christoph Bicker, Knut Winkler für D.U.R.A.N. Film/BR/MDR/SFB,
BRD 1994; 68 Min.
*UA:* Int. Filmfestspiele Berlin 1995, »Neue deutsche Filme«
*TV:* 31.10.1996, Arte, 00.20

Leben und Werk der Dichterin und Zeichnerin Unica Zürn (1916–1970). Als sich Unica Zürn am 19. Oktober 1970 im Alter von 54 Jahren vor den Augen ihres Lebensgefährten, dem Zeichner und Fotografen Hans Bellmer, aus dem Fenster stürzte, war sie in Deutschland nahezu eine Unbekannte. Erst in den 80er Jahren ist sie, als eine im kulturellen Leben vielleicht exemplarisch gescheiterte Frau, nachhaltig in das öffentliche Interesse gerückt. (…)
*Katalog Filmfestspiele Berlin*

## John Woo's the Thief 522

JOHN WOO'S ONCE A THIEF
**
Video

*Regie:* John Woo
*Darsteller:* Sandrine Holt (Li Ann Tsei), Ivan Sergei (Mac Ramsey), Robert Ito (der Pate), Michael Wong (Michael Tang), Jennifer Dale (Direktor), Nicholas Lea (Victor Mansfield), Alan Scarfe (Robertson Graves), Nathaniel Deveaux (Dobrinsky), Greg Chan, Young Ryu
*Drehbuch:* Glenn Davis, William Laurin
*Kamera:* Bill Wong (Farbe)
*Musik:* Amin Bhatia
*Schnitt:* David Wu
*Prod.Des.:* Douglas Higgins
*Prod.:* Wendy Grean für Alliance Comm., Kanada 1996; 97 Min.
*Vertrieb:* VPS Video; 22.10.1996
*FSK:* ab 16 J.

Adoptivkinder eines japanischen Mafiapaten setzen sich in die USA ab und werden dort FBI-Agenten. Actionchoreographie bis zum Abwinken, aber der ausgeklügelten Form steht kein adäquater Inhalt gegenüber.

## Judge Man 523

SWEEPER
**
Video

*Regie:* Joseph Merhi
*Darsteller:* C. Thomas Howell (Mark Goddard), Jeff Fahey (Dale Coddary), Ed Lauter (Molls), Kristen Dalton (Rachel), Janet Gunn (Melissa), Felton Perry (Foster), Max Slade (Young Mark). Cynda Williams, Mark Knudsen, Kathrin Lautner, John Saint Ryan
*Drehbuch:* William Applegate Jr., Karen McCoy
*Kamera:* Ken Blakey (Farbe)
*Musik:* K. Alexander Wilkinson
*Schnitt:* David Kern, Scott Riddle, Rick Roberts
*Prod.Des.:* Robert Cowan
*Prod.:* Joseph Merhi, Richard Pepin für PM Ent.,
USA 1995; 97 Min.
*Vertrieb:* VMP Video; 28.6.1996
*FSK:* ab 18 J.; gekürzte Fass. 91 Min. ab 16 J.

Um seine ermordete Familie zu rächen, arbeitet sich Polizist in Eliteeinheit hoch, wo er alsbald desillusioniert wird. Einfallslose Variation sattsam bekannter Genre-Muster.

## Jugend ohne Gott
524 □ TV

JEUNESSE SANS DIEU

*Regie:* Catherine Corsisni
*Darsteller:* Marc Barbe (Pabst), Roland Amstutz (Camp Assistant), Samuel Dupuy (Zorn), Martin Amic (Traube), Pascal Cervo (Borchert), Catherine Hiegel, Nathalie Richard, Josee de Pauw, Jacques Bataille, Estelle Peron
*Drehbuch:* Alain Le Henry, nach dem Roman »Jugend ohne Gott« von Ödon von Horvath
*Kamera:* Agnes Godard (Farbe)
*Musik:* Ghedalia Tazartes
*Schnitt:* Yann Dedet
*Prod.:* La Sept-Arte/Ellipse Programme/ Elzevir/Pierre Grise Prod.: Robert Rea, Marie Masmonteil, Alain Tortevoix, Frankreich/Belgien 1996; 85 Min.
*TV:* 6.9.1996, Arte, 20.45

Literaturverfilmung nach dem Roman von Ödon von Horvath.

## Jumanji
525 ***

JUMANJI

*Regie:* Joe Johnston
*Darsteller:* Robin Williams (Alan Parrish), Kirsten Dunst (Judy Shepherd), David Alan Grier (Carl Bentley), Bonnie Hunt (Sarah Whittle), Bradley Pierce (Peter Shephard), Jonathan Hyde (Van Pelt/Sam Parrish), Bebe Neuwirth (Nora), Patricia Clarkson, Adam Hann-Byrd
*Drehbuch:* Jonathan Hensleigh, Greg Taylor, Tim Strain, nach dem gleichn. Buch von Chris van Allsburg (1981) und der Filmstory von Greg Taylork Tim Strain, Chris Van Allsburg
*Kamera:* Thomas Ackerman (Technicolor)
*Musik:* James Horner
*Schnitt:* Robert Dalva
*Prod.Des.:* James Bissell
*Prod.:* Scott Kroopf, Ted Field, Larry J. Franco, Robert W. Cort für TriStar/Interscope, USA 1995; 108 Min.
*UA:* 15.12.1995, New York
*Verleih:* Columbia TriStar/dto./20th Century Fox/Columbia TriStar Home Video; 22.2.1996
*FSK:* ab 12, ffr.

*Robin Williams, der Spieler*

Alan kehrt nach 26 Jahren aus der geheimnisvollen Welt von Jumanji, einem Brettspiel mit magischer Wirkung, in die reale Welt zurück. Nun beginnt ein Wettlauf gegen die Zeit, denn Alan hat versehentlich auch die bösen Kräfte von Jumanji mitgebracht. Die Geschichte basiert auf der Idee, aus einem Brettspiel einen phantasievollen Film zu machen. Leider vertrauten die Filmemacher aber kaum auf die Phantasie des Kinopublikums, versucht diese statt dessen mit Spezialeffekten zu ersetzen. Tricktechnik und Dekor sind aber so liebevoll gestaltet, daß der Film trotz allem gute Unterhaltung bietet.
*Zoom, 2/96*

(...) Joe Johnston macht daraus streckenweise amüsantes Märchenkino, doch da die Dramaturgie ebenso an die Spielregeln gebunden ist wie die Helden, kommt der Film wie eine Nummernrevue daher. Die wilden Tiere entstammen nicht dem Urwald, sondern dem Computer: eine kalte, irreale Bedrohung. *Frank Schnelle, tip, 5/96*

Harald Eggebrecht in: SZ, 22.2.96; Rupert Koppold in: Stgt. Zeitung, 22.2.96

## Junges Mädchen mit Buch
526 *** TV

LA JEUNE FILLE AU LIVRE

*Regie:* Jean-Louis Comolli
*Darsteller:* Sophie Marin Degor (Saskia »Sopran«), Jean-Marc Salzmann (Hugo

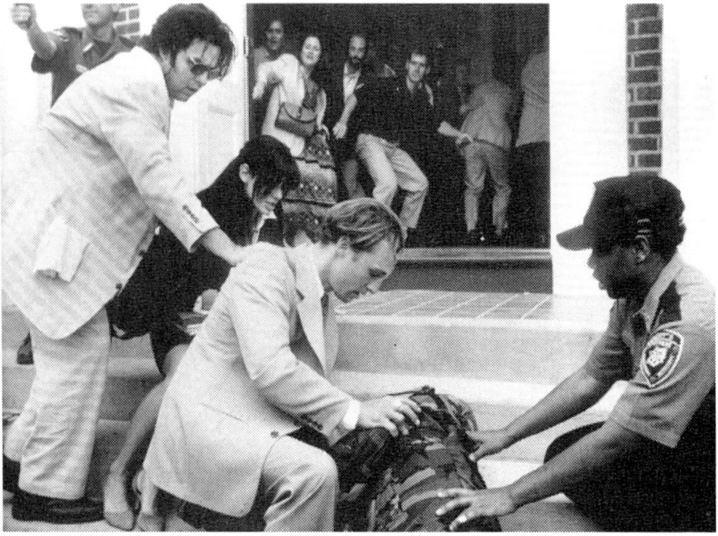

*Oliver Platt, Sandra Bullock, Matthew McConaughey in ›Die Jury‹*

»Bariton«), Christine Schweitzer (Galeristin »Sopran«), Monte Jaffe (»Baß«), Consuelo Caroli (Eva »Mezzo-Sopran«)
*Drehbuch:* Michel Beretti
*Kamera:* Jacques Pamart (Farbe)
*Musik:* André Bon
*Schnitt:* Anne Baudry
*Prod.:* Frankreich 1994; 64 Min.
*UA:* Int. Filmfestspiele Locarno, 1994, »Sondervorführung«
*TV:* 17.7.1996, Arte, 22.45; 25.12.1996, WDR, 22.25

## Jungleground 527

JUNGLEGROUND **

Video

*Regie:* Don Allan
*Darsteller:* Roddy Piper (Jake Cornel), Torri Higginson (Smantha), J.R.Bourne (Odin), Peter Williams (Dragon), Rachel Wilson (Posie)
*Drehbuch:* Michael Stokes
*Kamera:* Gilles Corbeil (Farbe)
*Musik:* Varouje
*Schnitt:* Marvin Lawrence
*Prod.Des.:* Michael »Spike« Parks
*Prod.:* George Flak für Norstar mit Performance, USA 1995; 78 Min.
*Vertrieb:* Starlight Video
*FSK:* ab 18 J.

Polizist gerät in Bandenkämpfe und wird zum bevorzugten Opfer.

## Die Jury 528

A TIME TO KILL ***

*Regie:* Joel Schumacher
*Darsteller:* Sandra Bullock (Ellen Roark), Samuel L. Jackson (Carl Lee Hailey), Matthew McConaughey (Jake Brigance), Kevin Spacey (Rufus Buckley), Brenda Fricker (Ethel Twitty), Oliver Platt (Harry Rex Vonner), Charles S. Dutton (Sheriff Ozzie Walls), Ashley Judd (Carla Brigance), Patrick McGoohan (Judge Omar), Donald Sutherland (Lucien Wilbanks)
*Drehbuch:* Akiva Goldsman, nach dem gleichn. Roman von John Grisham
*Kamera:* Peter Menzies jr. (Technicolor)
*Musik:* Elliot Goldenthal
*Schnitt:* William Steinkamp
*Prod.Des.:* Larry Fulton
*Prod.:* Arnon Milchan, Michael Nathanson, Hunt Lowry, John Grisham für Regency Ent., USA 1996; 149 Min.
*UA:* 24.7.1996, New York
*Verleih:* Warner Bros./dto./dto./Warner Home Video; 7.11.1996
*FSK:* ab 12, ffr.
*FBW:* Besonders wertvoll

Ein junger, noch unerfahrener Südstaaten-Anwalt übernimmt die Verteidigung eines Schwarzen, der die Vergewaltiger seiner zehnjährigen Tochter im Gerichtsgebäude erschießt, weil er der staatlichen Justiz zutiefst mißtraut. Nach einem Bestseller von John Grisham als laute, an Stars orientierte und dennoch zeitweise emotional packende Illustriertengeschichte verfilmt. Reale Verhältnisse werden dabei ebenso verbogen wie die gegenwärtigen Dimensionen des Rassenkonflikts. Eher eine Rechtfertigung der Selbstjustiz als ein brauchbarer Beitrag zur Diskussion gesellschaftlicher Mißstände in den Vereinigten Staaten. *Zoom, 10/96*

(...) Mehr als die Hälfte des zweieinhalb Stunden langen Films ist von ungewöhnlicher Spannung, weil Schumacher subtilste Intensität zwischen den Figuren und den gesellschaftspolitischen Konstellationen zu inszenieren versteht und seine Darsteller zu vitaler Präsenz motiviert. Im letzten Drittel allerdings gleitet der Film in die gewohnte Gerichtssaal-Thriller-Routine und wird am Ende im tränenfluten-den Schluß-Plädoyer von Newcomer McConaughey allzu seifig. Leider.
*Frauke Hanck, AZ, 7.11.96*

Heiko R. Blum in: Rheinische Post, 8.11.96; Brigitte Desalm in: Kölner Stadt-Anzeiger, 9.11.96; Harald Eggebrecht in: SZ, 7.11.96; Sabine Horst in: FR, 6.11.96; Ruprecht Skasa-Weiß in: Stgt. Zeitung, 7.11.96

## Kaliforniа Nightmare 529

MARSHAL LAW *

Video

*Regie:* Stephen Cornwell
*Darsteller:* Jimmy Smits (Jack Coleman), James LeGros (Cougar), Vonte Sweet (Weathers), Scott Plank (Randall Nelson), Channon Roe (Skin), Kristy Swanson (Lilly)
*Drehbuch:* Nick Gregory, Stephen Cornwell
*Kamera:* Levie Isaacks (Farbe)
*Musik:* Tim Truman
*Schnitt:* Chuck Weiss
*Prod.:* David Peters für MGM, USA 1995; 93 Min.
*Vertrieb:* Warner Home Video; 11.10.1996
*FSK:* ab 18 J.

Ex-Marshall stellt sich jugendlichen Plünderern entgegen. Feiert die Selbstjustiz als probates Mittel ab und entpuppt sich auch sonst als ein ziemlich ekelhaftes, durch und durch dummes Machwerk.

## Der kalte Finger 530

***

*Regie:* Ralf Huettner
*Darsteller:* Gruschenka Stevens (Conny), Dominic Raacke (Gregor), Sophie Rois (Bibi), FLATZ (Der kalte Finger), Anton Rattinger (Kilian), Eva Hassmann (Eva), Christof Düro (Howard), Maria Schalkhaußer (Monique), Claude-Oliver Rudolph (Milan)
*Drehbuch:* Andy T. Hoetzel, Ralf Huettner, Dominic Raacke
*Kamera:* Diethard Prengel (Farbe)
*Musik:* Sven Väth, B-Zet
*Schnitt:* Jeanette Magerl
*Prod.Des.:* Albrecht Konrad
*Prod.:* Dieter-Ulrich Aselmann für NDF mit Pro Sieben Prod., BRD 1996; 94 Min.
*Verleih:* TiMe/-/-/VCL Video; 9.5.1996
*FSK:* ab 16, ffr. – *FBW:* Wertvoll

Neben ihrem Klinikjob verdient ein junges Mädchen ihr Geld mit Telefonsex. Hauchend und stöhnend regt sie die Fantasie der Männer an, unter ihnen auch ein bestialischer Frauenmörder. Immer tiefer verstrickt sie sich in das dunkle Geschäft und gerät in Todesgefahr. Ralf Huettner baut die Spannung sukzessive auf, orientiert sich an Vorbildern wie »Sieben«. Ein Psychothriller, der aus dem Mittelmaß herausragt, auch wenn am Ende die feingewobene Story ins Plakative kippt.

*Margret Köhler*

*Maria Schalkhaußer und der Performance-Künstler Flatz in ›Der kalte Finger‹*

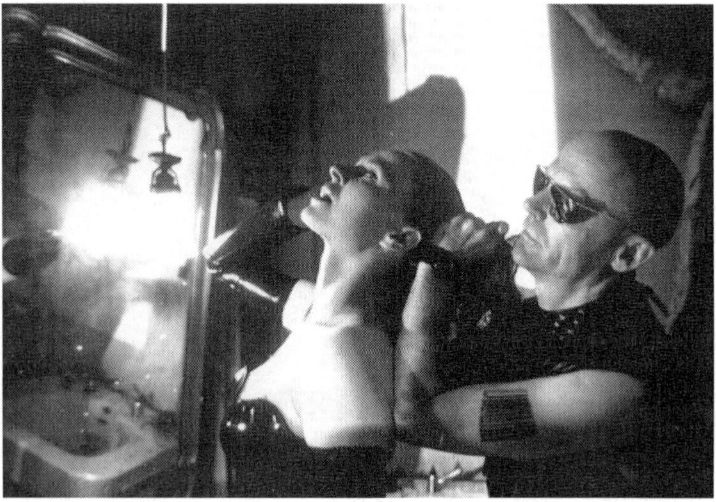

Heiko R. Blum in: Rheinische Post, 10.5.96; Frauke Hanck in: AZ, 9.5.96 (Interview R. Huettner); Annette Kilzer in: tip, 10/96; Rupert Koppold in: Stgt. Zeitung, 9.5.96; Anke Sterneborg in: SZ, 10.5.96

## Kalte Nächte 531

***

*Regie:* Kadir Sözen
*Darsteller:* Rahim Cakmak, Levent Elmas, Volkan Pinardag, Ferdi Cetinkaya, Menderes Samancilar
*Drehbuch:* Kadir Sözen
*Kamera:* Ertunc Senkay (Farbe)
*Musik:* Ercan Vahap Durmus
*Schnitt:* Mevlüt Kocak
*Prod.:* Kadir Sözen für Filmfabrik Köln, BRD 1995; 90 Min.
*Verleih:* Ventura/-/-; 2.5.1996
*FSK:* ab 12, ffr.
*FBW:* Besonders wertvoll

Die bedrückende Milieustudie über drei Buben und einen etwas älteren blinden Sänger, die in Istanbul und Touristenzentren als begabte Straßenmusiker ihren kargen Lebensunterhalt verdienen (mehr behindert als gefördert durch ihren egoistischen, grausamen Manager und fast ohne Zukunftsperspektiven), ist eine Mischung aus Spielfilm und einer Art Semidokumentation mit Laiendarstellern, die mehr oder weniger sich selbst spielen. Manchmal rührend, poetisch und auch erschütternd, inhaltlich und formal aber nicht ganz überzeugend.

Claudia Freitag in: Kölner Stadt-Anzeiger, 11.5.96; Martina Knoben in: SZ, 23.5.96; Rupert Koppold in: Stgt. Zeitung, 5.6.96; Annette Lewerke in: tip, 10/96; Cristina Moles Kaupp in: Der Tagesspiegel, 9.5.96; Ponkie in: AZ, 25.5.96

## Der Kampf ihres Lebens 532

FOR THE LOVE OF AARON **

TV

*Regie:* John Kent Harrison
*Darsteller:* Meredith Baxter (Margaret Gibson), Keegan MacIntosh (Aaron Gibson), Joanna Gleason (Shirley), Nick Mancuso (Stuart Singer), John Kapelos (Dr. Teplitsky), Malcolm Stewart (Duncan Miller), Blu Mankuma (Mark Perkins)
*Drehbuch:* Peter Silverman
*Musik:* Lawrence Shragge
*Prod.:* USA 1993; 91 Min.
*TV:* 9.4.1996, Pro7, 20.00

Vor Jahren wurde bei der Schriftstellerin Margret Gibson eine Schizophrenie diagnostiziert. Als nun der finanzielle und berufliche Druck immer stärker wird, bricht sie zusammen. Während sie im Krankenhaus liegt, versucht ihr Ex-Ehemann Stuart, das Sorgerecht für den gemeinsamen Sohn Aaron zu erlangen. *Pressetext*

## Kansas City 533

KANSAS CITY ***

*Regie:* Robert Altman
*Darsteller:* Jennifer Jason Leigh (Blondie O'Hara), Miranda Richardson (Carolyn Stilton), Harry Belafonte (Seldom Seen), Michael Murphy (Henry Stilton), Dermot Mulroney (Johnny O'Hara), Steve Buscemi (Johnny Flynn), Brooke Smith (Babe Flynn), Jane Adams (Nettie Bolt), Jeff Feringa (Addie Parker), A.C. Smith (Sheepshan Red)
*Drehbuch:* Robert Altman, Frank Barhydt
*Kamera:* Oliver Stapleton (CFI)
*Musik:* Hal Willner
*Schnitt:* Geraldine Peroni
*Prod.Des.:* Stephen Altman
*Prod.:* Robert Altman; Matthew Seig, David C. Thomas (Co.-Prod.) für Sandcastle 5/ Ciby 2000 Prod., USA 1996; 115 Min.
*UA:* 18.4.1996, Int. Filmfestspiele Cannes
*Verleih:* MFA/-/Monopole Pathé; 3.10.1996
*FSK:* ab 12, ffr.

Kansas City 1934. Die junge Blondie, deren leichtsinniger Mann Johnny den Zorn des schwarzen Gangster Seldom Seen erregt hat, entführt die Gattin eines Politikers, um Johnny mit dessen Einfluß zu retten. Es kommt zu einer scheinbaren Annäherung der gegensätzlichen Frauen, aber am Ende büßen Johnny und Blondie für ihre Übertretungen mit dem Leben. Kühl-komplexe, düstere Hommage an Altmans Heimatstadt, in der nur der Jazz einen Lichtblick bietet. Gut gespielt und formal ambitioniert, aber nicht wirklich einnehmend. *Zoom, 9/96*

Joseph Heinrichs in: Rheinische Post, 5.10.96; Andreas Kilb in: Die Zeit, 4.10.96; Heike Kühn in: FR, 7.10.96; Ponkie in: AZ, 2.10.96; Claudius Seidl in: SZ, 4.10.96; Ruprecht Skasa-Weiß in: Stgt. Zeitung, 2.10.96; Ralph Umard in: tip, 21/96

## Karate Tiger 9 534
SUPERFIGHTS *
Video

*Regie:* Tony Leung
*Darsteller:* Brandon Gaines (Jack Cody), Faye Yu (Sally Wong), Keith Vitali (Robert Sawyer), Kelly Gallant (Angel), Brian Ruth (Night Stalker)
*Drehbuch:* Keith W. Strandberg
*Kamera:* Derek Wan (Farbe)
*Musik:* Richard Yuen
*Schnitt:* Alan Poon
*Prod.:* Keith W. Strandberg für Seasonal Films, USA 1995; 89 Min.
*Vertrieb:* Ascot Medien Video
*FSK:* ab 18 J.;
gekürzte Fass. 76 Min. ab 16 J.

Talentierter Kampfsportler landet unvermittelt im kriminellen Sumpf. Tumbe Abzock-Videoware.

René Claßen in: film-dienst, 11/96

## Karate Warrior VI 535
KARATE WARRIOR VI *
Video

*Regie:* Larry Ludman
*Darsteller:* Ron Williams, Dorian D. Field
*Prod.:* USA 1993; 78 Min.
*Vertrieb:* Madison Video; 27.11.1996
*FSK:* ab 12 J.

US-Karatekämpfer kommt in Griechenland einem Dorfdespoten in die Quere. Jenseits jeglicher Kritik.

## Das Kartenhaus 536
HOUSE OF CARDS **
TV

*Regie:* Michael Lessac
*Darsteller:* Kathleen Turner (Ruth Matthews), Tommy Lee Jones (Jake Beerlander), Asha Menina (Sally Matthews), Shiloh Strong (Michael Matthews), Esther Rolle (Adelle), Park Overall (Lillian Huber), Michael Horse (Stoker), Anne Pitoniak (Judge)
*Drehbuch:* Michael Lessac, nach einer Story von Michael Lessac und Robert Jay Litz
*Kamera:* Victor Hammer (Technicolor)
*Musik:* James Horner
*Schnitt:* Walter Murch
*Prod.Des.:* Peter Larkin
*Prod.:* Dale Pollock, Lianne Halfon, Wolfgang Glattes für Penta Pic. Prod. mit A&M Films, USA 1993; 107 Min.
*UA:* 30.1.1993, Sundance Film Festival, Park City, Utah
*TV:* 8.5.1996, RTL2, 20.15

Nach dem traumatischen Tod ihres Vaters verstummt die kleine Sally und legt eigenartige Verhaltensweisen an den Tag. Ihre Mutter hält es für eine Phase, der Kinderpsychologe für Symptome von Autismus. Gut gemachtes, in manchen Einzelheiten fesselndes Krankheitsdrama. Wegen der klischeehaften Handlung insgesamt aber langweilig und vorhersehbar.

## Karussell in den Abgrund 537
DOWN, OUT AND DANGEROUS **
Video

*Regie:* Noel Nosseck
*Darsteller:* Richard Thomas, Bruce Davison, Cynthia Ettinger (Monica Harrington), Steve Hytner, Christine Cavanaugh, Melinda Culea, Stuart Pankin, Jason Bernhard (Det. Danner), George DiCenzo (Lance Fredericks)
*Drehbuch:* Carey Hayes, Chad Hayes
*Kamera:* Paul Maibaum (Farbe)
*Musik:* Mark Snow
*Schnitt:* Cari Coughlin
*Prod.:* Jack Roe für Fast Track Films mit Wilshire Court Prod., USA 1995; 87 Min.
*Vertrieb:* CIC Video; 16.9.1996
*FSK:* ab 16 J.

Banker stellt Stadtstreicher als Gärtner ein, der sich als Psychopath erweist. Absolut vorhersehbarer Krimi ohne nennenswerte Vorkommnisse.

## Kasernenleben 538
L' HOMME DES CASERNES ***

*Regie:* Jacqueline Veuve
*Drehbuch:* Jacqueline Veuve, Emmanuelle de Riedmatten
*Kamera:* Hugues Ryffel (Farbe)
*Schnitt:* Edwige Ochsenbein
*Prod.:* JMH/Aquarius/Lola/La Sept/Arte/TSR, Schweiz 1994; 90 Min.
*Verleih:* -/-/Aquarius; Februar 1996

Dokumentation über den Alltag in einer Rekrutenschule in der Schweiz. »Weder wird für noch gegen die Armee Stellung genommen, das Urteil von Sinn oder Widersinn wird den Zuschauerinnen und Zuschauern überlassen« schrieb Zoom über den Film.

## Katzendiebe 539

****

*Regie:* Markus Imboden
*Darsteller:* Beat Schlatter (Fredi Ruegg), Patrick Frey (Alain Graber), Andrea Guyer (Tanja Graber), Babett Arens (Karin Trepp), Roeland Wiesenekker (Olaf)
*Drehbuch:* Walter Bretscher, Beat Schlatter, Patrick Frey mit Andreas Dobler, Markus Imboden
*Kamera:* Rainer Klausmann (Farbe)
*Musik:* Frank Gerber, Peter von Siebenthal
*Schnitt:* Lilo Gerber
*Prod.Des.:* Hans-Peter Remund
*Prod.:* Ruth Waldburger für Vega/SF DRS/Teleclub, Schweiz 1996; 85 Min.
*UA:* Int. Hofer Filmtage 1996
*Verleih:* -/-/Filmcooperative; Oktober 1996 (CH)

Zwei schlitzohrige, charakterlich aber gegensätzliche Freunde, die etwelche Mühe bekunden, sich finanziell über Wasser zu halten, hausen in einer Garage und klauen Katzen, um sie gegen Finderlohn den Besitzern abzuliefern. Als sie die Katze einer Geistheilerin entführen und sich dabei in die attraktive Besitzerin verlieben, kommt es zu Komplikationen. Patrick Frey und Beat Schlatter vom Kabarett Götterspaß ist der Sprung von der Bühne auf die Leinwand mit beachtlichem Erfolg gelungen. Eine witzig-vergnügliche Dialektkomödie mit meist treffsicheren, gut getimten Pointen und mit jeder Menge Kalauer und schrägen Sprüchen, die den Plot um die beiden Schlawiner würzen. *Zoom, 10/96*

## Die Kehrseite der Medaille 540

THE UNDERNEATH ****

Video

*Regie:* Steven Soderbergh
*Darsteller:* Peter Gallagher (Michael Chambers), Alison Elliott (Rachel), William Fichtner (Tommy Dundee), Adam Trese (David Chambers), Joe Don Baker (Clay Hinkle), Paul Dooley (Ed Dutton), Elisabeth Shue (Susan), Richard Linklater (Türsteher im »Ember«)
*Drehbuch:* Sam Lowry, Daniel Fuchs
*Kamera:* Elliot Davis (Farbe)
*Musik:* Cliff Martinez
*Schnitt:* Stan Salfas
*Prod.Des.:* Howard Cummings
*Prod.:* John Hardy für Populist Pic. Prod., USA 1995; 99 Min.
*EA:* Filmfest München 1995
*Vertrieb:* CIC Video; April 1996
*FSK:* ab 16 J.

Ganz in der Tradition des Films, der ihn zum Shooting-Star werden ließ – »Sex, Lügen und Videos« – hat Regisseur Steven Soderbergh »The Underneath« gedreht: düster, langatmig und trotzdem spannend. Ein absolutes Muß für alle Fans von Peter Gallagher, der diesmal statt des Yuppies den Sonderling mimt. *Hamburger Abendblatt, 16.9.95*

## Kein Mann ist perfekt 541

WAITING FOR MICHELANGELO **

*Regie:* Curt Truninger
*Darsteller:* Renee Coleman (Kelly Hildon), Roy Dupuis (Thomas Schumacher), Rick Roberts (Jonathan), Ruth Marshall (Evelyn), Jeremy Chance (Peter), Michael Adam (Austin Hildon)
*Drehbuch:* Curt Truninger, Margrit Ritzmann
*Kamera:* Larry Lynn (Farbe)
*Musik:* Eric Robertson, Claude Desjardins
*Schnitt:* Jeff Warren
*Prod.Des.:* Hasna Stefanovic
*Prod.:* Snow Line, Schweiz/Kanada 1995; 93 Min.
*UA:* 24.5.1995, Int. Filmfestspiele Cannes
*Verleih:* -/-/Elite, Snow Line; Oktober 1996 (CH)

In Toronto drehte der Schweizer Journalist und Filmemacher Curt Truninger (ohne öffentliche Förderungsgelder) seinen ersten Spielfilm. Die »romantische Komödie« behandelt die wenig glaubhaften Gefühlswirren zweier Frauen und Männer aus dem bohemehaften Medien-, Literatur- oder Kunst-Milieu. Trotz teilweise ausgezeichneter Schauspieler und einer hübschen Grundidee bleibt der Film spannungslos. Die Story kommt komödiantisch nicht auf Touren, die Charaktere wirken klischeehaft blass und lassen jede Sinnlichkeit vermissen. Zudem wirken die Dialoge ebenso aufgesetzt wie die softige, zuckersüsse Begleitmusik.
*Zoom, 10/96*

Die TV-Journalistin und alleinerziehende Mutter Kelly liebt den reichen Kunsthändler Thomas. Es wird kompliziert, als sie sich auch in den Schriftsteller Jonathan, den Freund ihrer besten Freundin, verliebt.

## Kein Oscar für Mr. McKenzie 542

FORGOTTEN SILVER ****

TV

*Regie:* Peter Jackson, Costa Botes
*Darsteller:* Sam Neill, Leonard Maltin, Harvey Weinstein, John O'Shea, Peter Jackson, Lindsay Shelton, Hannah McKenzie, Johnny Morris, Marguerite Hurst, Costa Botes; Jeffrey Thomas (Sprecher)
*Drehbuch:* Peter Jackson, Costa Botes
*Kamera:* Alun Bollinger, Gerry Vasbenter (Farbe)
*Musik:* Dave Donaldson, Steve Roche, Janet Roddick
*Schnitt:* Eric de Beus, Mike Horton
*Prod.:* Sue Rogers für Wingnut Films/New Zealand on Air,
Neuseeland 1996; 52 Min.
*UA:* 15.5.1996, Int. Filmfestspiele Cannes
*EA:* Int. Hofer Filmtage 1996
*TV:* 28.10.1996, Premiere, 14.50

(...) Der Film dokumentiert das Leben und Wirken von Colon McKenzie, dem spät entdeckten »Pionier des neuseeländischen Films«, der, schenkt man dem Film wirklich Glauben – und das fällt nicht besonders schwer angesichts des klassischen Dokumentationsstils – der eigentliche Erfinder des Kinos, insbesondere des Farb- und Tonfilms, ist. Interviews und vermeintlich echte Szenen aus dem Werk des erfundenen Filmpioniers wechseln sich ab und ergeben ein so überzeugendes Ganzes, daß nach der Fernsehausstrahlung in Neuseeland wohl kaum jemand geglaubt hat, daß die Geschichte des Films nun nicht komplett umgeschrieben werden müsse. (...)
Das wirklich Beeindruckende ist die Kreativität und Phantasie Jacksons, der nach seinen bahnbrechenden Splatter-Orgien wie »Bad Taste« oder »Braindead« offensichtlich keine Schwierigkeiten hatte, auf einer anderen Ebene noch einen ganzen Schritt weiterzugehen.
*Steffen Heinke, Filmecho/Filmwoche*

Fritz Göttler in: SZ, 28.10.96

## Keine Zeit 543

***

*Regie:* Donn Alan Pennebaker, Chris Hegedüs
*Mitwirkende:* Die Band: Marius M. Westernhagen (Lead Vocals, Guitar, Harmonica), Jay Stapley (Lead Guitar), Pete Wingfield (Piano, Keyboards), Helmut Zerlett (Hammond-Orgel, Keyboards, Akkordeon), Julian Crampton (Bass)
*Kamera:* Jim Desmond, Nick Doob, Chris Hewgedus, D.A. Pennebaker, Romney M. Westernhagen, Markus Schott (Farbe)
*Musik:* Marius M. Westernhagen
*Schnitt:* David D. Dawkins, Chris Hegedus, D.A. Pennebaker, Katharina Schmidt
*Prod.:* Gerhard Schmidt, Gerd Haag für Gemini Film und Tag/Traum mit NDR/WDR, BRD 1996; 102 Min.
*Verleih:* Warner Bros./-/-/Warner Vision Video; 12.9.1996
*FSK:* o.A., ffr.

Die Dokumentation einer Tournee von Marius Müller-Westernhagen zeigt den Star bei Proben sowie während, vor und nach den Konzerten. Die Bilder wirken weder originell noch bedeutend und verraten kaum etwas über die Persönlichkeit des Menschen oder des Künstlers Westernhagen. Nur für eingefleischte Fans zu empfehlen.
*Ralph Umard, tip, 19/96*

(...) Pennebakers Film ist nicht am Glamour, sondern an der Person, am lebenden Menschen interessiert. Dennoch rückt er Westernhagen nicht zu dicht auf die Pelle. Es gibt keinen Moment voyeuristischer Indiskretion, aber große Szenen der genauen Beobachtung: unerbittlicher Profi-Streß, der Kampf mit dem Lampenfieber vor jedem Auftritt, und dann die Befreiung von allen Zweifeln auf der Bühne, in der Musik, mit dem Publikum. Selten ist in einem Film so, fast physisch spürbar, wie Charisma entsteht. Die wenigen privaten Momente zeigen einen unverkrampften Familienmenschen Westernhagen. Kein herkömmlicher Konzertfilm, sondern ein sehr spannendes Adrenalinstoß-Kino. *Frauke Hanck, AZ, 12.9.96*

Lars Bigge in: Rheinische Post, 16.9.96; Adrienne Braun in: Stgt. Zeitung, 12.9.96; Thorsten Keller in: Kölner Stadt-Anzeiger, 12.9.96; Ingeborg Schober in: SZ, 12.9.96; Martin Scholz in: FR, 12.9.96

## Ken Folletts Roter Adler 544
RED EAGLE **
TV

*Regie:* Jim Goddard
*Darsteller:* Timothy Dalton (Jack Carver), Nigel Havers (Peter Husak), Omar Sharif (Safar Khan), Marg Helgenberger (Kate Nessen), Jürgen Prochnow (Marteau), Kabir Bedi (Kabir), Susan Kelvin (Karina), Stephen Greif (Grigor), Mike Attwell, Badi Uzzaman
*Drehbuch:* Julian Bond, Guy Andrews, nach dem Roman »Lie Down With Lions« von Ken Follett
*Kamera:* Eddy van der Enden (Farbe)
*Musik:* Carl Davis
*Prod.:* GB 1993; 87 Min.
*TV:* 3.2.1996, ARD, 22.25/4.2.1996, ARD, 0.05

Der Spionage-Thriller turnt mit seinen Geheimagenten zwischen West und Ost und trimmt den alten Kalten Krieg im Nationalgemetzel von Afghanistan auf aktuell verlogenen Heldenquatsch. Ein pseudoromantischer Kriegsschmachtfetzen zum Verschrotten.
*Ponkie, AZ, 5.2.96*

## Kicking and Screaming 545
KICKING AND SCREAMING ***
Video

*Regie:* Noah Baumbach
*Darsteller:* Josh Hamilton (Grover), Olivia D'Abo (Jane), Chris Eigeman (Max), Parker Posey (Miami), Jason Wiles (Skippy), Cara Buono (Kate), Carlos Jacott (Otis), Elliott Gould (Grover's Vater), Sam Gould, Catherine Kellner
*Drehbuch:* Noah Baumbach , Oliver Berkman
*Kamera:* Steven Bernstein (Farbe)
*Musik:* Lonnie Sill, Peter Coquillard
*Schnitt:* J. Kathleen Gibson
*Prod.Des.:* Dan Whifler
*Prod.:* Joel Castleberg für Trimark Pic., USA 1995; 92 Min.
*Vertrieb:* Highlight Video; 18.11.1996
*FSK:* ab 12 J.

Die Erlebnisse einer Handvoll College-Absolventen. Bunte Teenie-Comedy mit Zeitgeist-Touch aber wenig Tiefgang.

## Killer Kid 546
KILLER KID ***
TV

*Regie:* Gilles De Maistre
*Darsteller:* Teufik Jallab, Younesse Boudache, Marc de Jonge, Said Amadis, Agathe de la Fontaine
*Drehbuch:* Gille De Maistre, Miguel Courtois, nach der Romanvorlage von Claude Klotz
*Kamera:* Jean-Bernard Aurouet (Farbe)
*Prod.:* Jean-Francois Lepetit, Catherine Mazières, Frankreich 1994; 95 Min.
*EA:* 16.10.1994, Viennale, Wien
*TV:* 25.1.1996, Premiere, 22.00

Djilai wächst im Libanon auf. Von seiner Familie verkauft, unter vielen ausgewählt, wird ihm beigebracht zu töten, ohne nach Gründen zu fragen. Er hat keine Zeit, ein Kind zu sein. Zur gleichen Zeit wächst Karim, der Sohn von arabischen Einwanderern, in einem Pariser Vorort auf. (...) Djilai kommt unter dem Namen Laid nach Paris, um seine Mission auszuführen. Er soll den Präsidenten erschießen. Er wird mit Karim zusammengebracht, um sich in dieser völlig neuen Welt zurechtzufinden. Die beiden werden Freunde – auf Leben und Tod. *Katalog Viennale*

## Killing For Love 547
KILLING FOR LOVE □
TV

*Regie:* Mike Kesey
*Darsteller:* Jay Richardson (Michael), Alex Demir (Joel), Lisa Haslehurst (Barbara), Brandy Sanders (Celena)
*Drehbuch:* R.M. Johnson
*Kamera:* Howard Wexler (Farbe)
*Musik:* Arne Schulze
*Prod.:* Playboy, USA 1995; 90 Min.
*TV:* 5.7.1996, Premiere, 0.00

Sex and Crime im Filmmilieu wie wir es schon immer vermuteten, aber niemanden kennen, der es je miterlebt hat.

## Killing Yakuza 548
THE DANGEROUS **
TV

*Regie:* Rod Hewitt, Maria Dante
*Darsteller:* Robert Davi (Billy Davalos), Michael Paré (Random), John Savage (Emile Lautrec), Elliott Gould (Lips Levine), Cary Hiroyuki-Tagawa (Kon), Joel Grey (Flea), Saemi Nakamura (Akiko), Paula Barbieri (Paula), Juan Fernandez (Tito), June Saruwatari (Midari)
*Drehbuch:* Rod Hewitt
*Kamera:* Irv Goodnoff, Christopher Walling (Farbe)

*Musik:* Don Peake
*Schnitt:* Jonathan Alvord
*Prod.Des.:* Dawn Dedeaux
*Prod.:* Diane Daou, David Winters;
Jill Silverthorne (Line-Prod.) für West Side Studios/Sun Lion,
USA 1994; 90 Min.
*TV:* 30.11.1996, RTL2, 23.50

Eine Journalistin wird ermordet. Ihre japanischen Brüder wollen den Täter nach altem Ritual hinrichten. Die Polizei mischt auch mit. Wirrer, verwirrender Actionthriller.

## Ein Kind will Liebe 549

THE CHILD SAVER ***
TV

*Regie:* Stan Lathan
*Darsteller:* Alfre Woodard (Andrea Crawford), Michael Warren (Rennie Stuart), Mario van Peebles (Rocket), Constance McCashin (Beverly McCumber), Deon Richmond (Jackie Watson), Martin Balsam (Sidney Rosenberg), Marina Durrell, Matthew Kaye, Fernando Lopez, Margo Martindale
*Drehbuch:* Charles Rosin, nach dem Artikel von Janthe Thomas
*Kamera:* Bert Dunk (Farbe)
*Musik:* Lennie Niehaus
*Prod.:* USA 1988; 91 Min.
*TV:* 24.8.1996, ARD, 13.30

Die New Yorker Werbemanagerin Andrea Crawford ist schockiert darüber, daß der siebenjährige Jackie bereits Drogen verkauft. Ihre Sorge um ihn gefährdet sogar ihre Karriere. Jackie bleibt jedoch aus Angst vor seinem Dealer verschwunden.
Als der von Andreas Suche nach Jackie erfährt, geraten die beiden in Lebensgefahr.

*Pressetext*

## Kinder der Nacht 550

***
TV

*Regie:* Nina Grosse
*Darsteller:* Natalia Wörner (Meret), Herbert Knaup (Daniel), Matthias Paul (Boris), Max Herbrechter, Joachim Bliese
*Drehbuch:* Harald Göckeritz
*Prod.:* BRD 1995; 90 Min.
*TV:* 8.5.1996, ARD, 20.15

(...) In einem bürgerlichen Wohlstandsambiente wird eine Hochzeit gefeiert, und in die schöne Fassade schlägt der plötzlich auftauchende Bruder einen Riß: Die Braut Meret wird vom Bruder aus der Schutzzone des arglosen Ehemanns herausgezerrt und vorsätzlich in die alte sexuelle Abhängigkeit gelockt. Die Regisseurin setzte auf leise Kammerspieltöne, mit den dunklen Einschüben unberechenbarer, irrationaler Bösartigkeit in Besitzgier und Lust, in Angst und Vernichtungshaß. Die sozialen Verankerungen (Meret ist Psychotherapeutin für Herzplantationspatienten!) erscheinen weniger glaubhaft. Doch die selbstzerstörerisch entrückte Atmosphäre, die jeden Dritten ausschließt und das Geschwisterpaar in Besessenheit und Mord vereint, hat die Anspannung eines stillen Schockers.

*Ponkie, AZ, 10.5.96*

## Kingpin 551

KINGPIN **

*Regie:* Peter Farrelly, Robert Farrelly
*Darsteller:* Woody Harrelson (Roy Munson), Bill Murray (Ernie McCracken), Randy Quaid (Ishmael Boorg), Vanessa Angel (Claudia), Lin Shaye (Mrs. Dumars), Chris Elliott (Der Spieler), William Jordan (Mr. Boorg), Richard Tyson (Stiffy's Besitzer), Lin Chaye, Zen Gesner
*Drehbuch:* Barry Fanaro, Mort Nathan
*Kamera:* Mark Irwin (FotoKem)
*Musik:* Freedy Johnston; Happy Walters (supervisor)
*Schnitt:* Christopher Greenbury
*Prod.Des.:* Sidney Jackson Bartolomew jr.
*Prod.:* Brad Krevoy, Steve Stabler, Bradley Thomas; Jim Burke, John Bertolt (Co.-Prod.) für Motion Pic. Corp. of America, USA 1996; 113 Min.
*UA:* 15.7.1996, New York
*Verleih:* Concorde/Constantin/-; 7.11.1996

Ein einstiger Kegelchampion findet in einem Angehörigen der Amish-Sekte einen würdigen Nachfolger, greift aber in einem hochdotierten Turnier nochmals selbst zur Kugel. Eine geschmacklich sehr unterentwickelte Blödelorgie amerikanischer Provenienz. *multimedia*

Albert Baer in: Rheinische Post, 8.11.96; Milan Pavlovic in: Kölner Stadt-Anzeiger, 9.11.96; Patrick Rösler in: Stgt. Zeitung, 7.11.96

## Kissing Miranda 552
KISSING MIRANDA **
TV

*Regie:* Aleks Horvat
*Darsteller:* Larry Poindexter (Gib Nash), Alex Meneses (Miranda Castillo), Chick Vennera (Raul Solo), Dea Lawrence (Nancy Slaughter), Josh Taylor (Major Robert Bendix), Rosana DeSoto (Carmen Ortega), Denise Dowse (Cristianne), Bryan Cranston (Agent Falsey), Buckley Norris, Adam Lieberman
*Drehbuch:* Aleks Horvat
*Kamera:* Maximo Munzi (CFI)
*Musik:* John R. Graham
*Schnitt:* Barry Dresner
*Prod.Des.:* Patte Shibata Strong
*Prod.:* Aleks Horvat, Tom Taylor; Kimberley Casey Power (Line-Prod.) für K.M. Prod.,
USA 1995; 94 Min.
*TV:* 10.4.1996, Pro7, 20.00

Um Präsident der Firma zu werden, braucht Gib Nash nur die reiche Erbin Nancy zu heiraten – eigentlich schon eine beschlossene Sache, doch da lernt Gib die schöne Miranda kennen. Aber da klappt nichts mehr wie geplant.

## Der kleine Elefant namens Trouble 553
LOOKING FOR TROUBLE **
Video

*Regie:* Jay Aubrey
*Darsteller:* Holly Butler (Jamie Miller, genannt »Slugger«), Shawn McAllister (Harry, der Zauberer), Susan Gallagher (Susan Miller), Gerry Russell (Ben Miller), Fred Peterson (Sheriff Peckler), Art Turk (Alexander Eyestone), J. Kelly Dennehy (Madame Primrose), Fred Tamparo
*Drehbuch:* Jay Aubrey, Jeffrey Dowdy, Peter Tors, Christopher Wooden
*Kamera:* Robert Reed Altman (Farbe)
*Musik:* David und Eric Wurst
*Schnitt:* Patricia Harrington
*Prod.Des.:* Russell Durham
*Prod.:* Jay Aubrey für Concorde Films/ New Horizons Pic., USA 1995; 79 Min.
*Vertrieb:* VPS Video; 21.11.1996
*FSK:* ab 6 J.

Die kleine Jamie muß ihren Hund ins Tierheim geben und will ihn gegen einen Elefanten eintauschen. Halbwegs liebenswerter, holpriger Kinderfilm mit pädagogischem Impetus.

## Kleine Sünden unter Brüdern 554
THE BROTHERS MCMULLEN ****

*Regie:* Edward Burns
*Darsteller:* Jack Mulcany (Jack), Mike McGlone (Patrick), Edward Burns (Barry), Connie Britton (Molly), Maxine Bahns (Audry), Elizabeth P. McKay (Ann), Shari Albert (Susan), Jennifer Jostyn (Leslie)
*Drehbuch:* Edward Burns
*Kamera:* Dick Fisher (DuArt)
*Musik:* Seamus Egan
*Schnitt:* Dick Fisher
*Prod.:* Edward Burns, Dick Fisher für Marlboro Road Gang Prods. mit Videography/ Good Machine,
USA 1995; 98 Min.
*UA:* 24.1.1995, Sundance Film Festival
*EA:* Filmfest München 1996
*Verleih:* MFA/filmladen/Filmcooperative; 31.10.1996

Drei Brüder – einer Ehemann, der andere ein eingefleischter Single und der »Benjamin« mit einer jüdischen Freundin – geraten in ihren Beziehungen zu Frauen in Situationen, die ihnen als Katholiken irischer Abstammung etliches moralisches Kopfzerbrechen bescheren. In teils lockeren, teils intensiven Gesprächen versuchen sie einander zu helfen, die richtigen Entscheidungen zu treffen. Mit einem Minimalbudget gedrehter, spielerisch inszenierter und exzellent gespielter Erstlingsfilm über Probleme mit Gott und der Welt, mit Frauen, Sex und Liebe. *Zoom, 3/96*

(...) Burns findet für diese Story emotionaler und erotischer Irrungen wunderbar leichte Töne, bizarren Humor und Momente flirrender Melancholie. Es wird ziemlich viel geredet in dieser Beziehungs-Screwballerei – aber immer mit Pfiff und häufig mit einem Touch von intellektuellem Small-Talk. Eine vergnügliche Ballade von der nicht unbedingt heilen, aber doch erfrischenden Welt der Familie.
*Frauke Hanck, AZ, 31.10.96*

Joseph Heinrichts in: Rheinische Post, 2.11.96; Daniel Kothenschulte in: Kölner Stadt-Anzeiger, 2.11.96; H.G. Pflaum in: SZ, 31.10.96; Patrick Rösler in: Stgt. Zeitung, 31.10.96

## Die Klienten – Einblick in die Seele 555
**

*Regie:* Mike Wildbolz
*Drehbuch:* Mike Wildbolz
*Kamera:* Thomas Hardmeier (Farbe)
*Musik:* Ivo Antognini
*Schnitt:* Rainer Maria Trinkler
*Prod.:* Mike Wildbolz für Studio Ludiano/ Fama, Schweiz 1996; 92 Min.
*Verleih:* -/-/Fama; Oktober 1996

An einer Gruppe junger Menschen, die auf einem Gehöft in der Toskana leben und arbeiten, möchte der Dokumentarfilm »die schmerzhafte Erfahrung der Drogentherapie« aufzeigen. Da er jedoch größtenteils die Patienten (»Klienten«) und Betreuer über deren Befindlichkeiten und die Therapieformen zu Wort kommen läßt, bleibt vieles als Feststellung, Ansatz oder Wunsch stehen. Die Erfolgschancen sind wegen des Verzichts auf eine Außenperspektive auf diese abschlossene Welt letztlich nicht nachvollziehbar. *Zoom, 10/96*

## Knightskater – Ritter auf Rollerblades 556
A KID IN KING ARTHUR'S COURT ***

*Regie:* Michael Gottlieb
*Darsteller:* Thomas Ian Nicholas (Calvin Fuller), Joss Ackland (König Artus), Art Malik (Lord Belasco), Paloma Baeza (Prinzessin Katey), Kate Winslet (Prinzessin Sarah), Daniel Craig (Meister Kane), David Tysall (Ratan), Ron Moody (Merlin), Barry Stanton (Schmied), Michael Mehlnan (Ladenbesitzer)
*Drehbuch:* Michael Part, Robert L. Levy
*Kamera:* Elemér Ragalyi (Technicolor)
*Musik:* J.A.C. Redford
*Schnitt:* Michael Ripps, Anita Brandt-Burgoyne
*Prod.Des.:* Laszlo Gardonyi
*Prod.:* Robert L. Levy, Peter Abrams, J. P. Guerin für Trimark Pic./Tapestry Films, USA 1995; 90 Min.
*Verleih:* Buena Vista/dto./-/Buena Vista Home Video; 18.1.1996
*FSK:* o.A., ffr – *FBW:* Besonders wertvoll

Durch eine Erdspalte purzelt der Teenager Calvin ins legendäre Camelot und trifft dort auf einen König Artus, der längst nicht mehr der Held von Excalibur ist, sondern ein besorgter Vater, den ein Hauch von Senilität streift. Calvin obliegt es nicht nur, Big Mac, Chewing Gum und Rollerblades bei Hofe einzuführen, sondern auch, Artus' Kräfte noch einmal gegen einen bösen Lord zu mobilisieren. Ein niedlicher Kinderfilm, der aber zu vorhersehbar ist, um auch ohne Blagenbegleitung Spaß an diesem inszenierten Kulturschock zu haben. *Annette Kilzer, tip 3/96*

Patrick Rösler in: Stgt. Zeitung, 20.1.96

## Knockout 557
NO EXIT **
Video

*Regie:* Damian Lee
*Darsteller:* Jeff Wincott (John Stoneman), Jarrett (Doc), Richard Fitzpatrick (Huston Armstrong), Guylaine St-Onge (Carmel Stoneman), Joseph Di Mambro (Jason Samuels), Sven-Ole Thorsen
*Drehbuch:* Damian Lee, John Lawson
*Kamera:* Gerald R. Goozee (Farbe)
*Musik:* Ken Greer
*Schnitt:* David Ransley
*Prod.:* Damian Lee, Jeff Sackman für No Exit, Kanada 1995; 90 Min.
*Vertrieb:* VMP Video; 23.8.1996
*FSK:* ab 18 J.

Eine besonders absonderliche Story: Uniprofessor und Karatechamp findet sich in der Arktis in einem Gefängnis wieder, wo er für Pay-TV-Schaukämpfe antreten soll. Leider von der Machart her weniger skurril denn hohl und gewalttätig.

## Die Kobolde sind los 558
LEAPIN' LEPRECHAUNS **
Video

*Regie:* Ted Nicolaou
*Darsteller:* John Bluthal (Michael Denneby), Grant Cramer (Jon Denneby), Sharon Lee Jones (Sarah Denneby), Gregory Edward Smith (Mikey), Godfrey James (König Kevin), Tina Martin (Elfenkönigin)
*Drehbuch:* Michael McGann, Ted Nicolaou
*Kamera:* Adolfo Bartoli (Farbe)
*Musik:* Richard Kosinki, John Zeretzke, William Levine
*Schnitt:* Gregory Sanders
*Prod.:* Vlad Paunescu, Oana Paunescu für Fullmoon Ent., USA 1994; 81 Min.
*Vertrieb:* CIC Video; Januar 1996
*FSK:* ab 6 J.

Drei irische Kobolde und eine Elfenkönigin retten irische Schloßruine vor dem Abriß. Einfältiges Kinder-Entertainment.

Anselm Jungeblodt in: film-dienst, 5/95

## Das Kondom des Grauens 559

**

*Regie:* Martin Walz
*Darsteller:* Udo Samel (Luigi Mackeroni), Peter Lohmeyer (Sam Hanks), Iris Berben (Frau Dr. Riffleson), Marc Richter (Billy), Otto Sander (Mr. Higgins), Leonard Lansink (Babette), Henning Schlüter (Robinson), Ron Williams, Ralf Wolter, Adriana Altaras
*Drehbuch:* Ralf König, Martin Walz, Mario Kramp, nach den Comics »Kondom des Grauens« und »Bis auf die Knochen« von Ralf König
*Kamera:* Alexander Honisch (Farbe)
*Musik:* Emil Viklicky
*Schnitt:* Simone Klier
*Prod.Des.:* Agi Ariunsaichan Dawaachu
*Prod.:* Ralph S. Dietrich, Harald Reichebner für Ascot/Ecco, BRD 1996; 108 Min.
*Verleih:* Ascot/Einhorn/Elite/Starlight Video; 29.8.1996
*FSK:* ab 16, ffr. – *FBW:* Wertvoll

Nun krauchen sie also auch über die Leinwände, jene Gummitütchen, die auf das beste Stück des Mannes scharf sind. Aber wohliger Kastrationsgrusel mag sich dabei nicht einstellen und ebensowenig irgendeine Erkenntnis; zu lieblos-oberflächlich werden in dieser Umsetzung von Ralf Königs bekannten Comics Klischees durcheinandergeschnippelt. Kurz: Die erste »Kondomödie« der Filmgeschichte kommt reichlich ausgeleiert daher. *Zoom, 9/96*

(...) »Kondom des Grauens« ist also ein durchaus sehenswerter Kino-Klamauk mit sehr, sehr schrägem Charme.
*Hans Schifferle, SZ, 29.8.96*

(...) Der Schweizer Designer H.R. Giger (»Alien«) wurde mitsamt dem King des deutschen Splatter-Kinos, Jörg Buttgereit (»Nekromantik«), hinzugezogen, um die finale Treibjagd auf die Killerkondome auszugestalten. Schön und gut. Dafür schleppt sich nun aber die szenische Auflösung dermaßen lahm dahin, daß man den gehabten Spaß auf dem Weg aus dem Kino halb schon wieder vergessen hat.
*Brigitte Desalm, Kölner Stadt-Anzeiger, 29.8.96*

W.O.P. Kistner in: AZ, 29.8.96; Rupert Koppold in: Stgt. Zeitung, 29.8.96; Frank Noack in: Der Tagesspiegel, 29.8.96

## Konvoi des Schreckens 560

IN THE LINE OF DUTY: HUNT FOR JUSTICE ***

TV

*Regie:* Dick Lowry
*Darsteller:* Adam Arkin (Gabriel Valentino), Nicholas Turturro (Mike Garret), Dan Lauria (Philip Lamonaco), Melissa Leo (Carol Manning), Stephen Root (Jaan Lamaan), Dean Norris (Ray Levasseur), Dell Yount (Dickie Williams), Michael Raynor (Jimmy O'Doul), Miguel Ferrer, David Alan Smith
*Drehbuch:* John Miglis
*Kamera:* Henry Lebo (Farbe)
*Musik:* Mark Snow
*Prod.:* USA 1995; 87 Min.
*TV:* 5.10.1996, ARD, 23.25

Detective Garret ist bestürzt über den Mord an seinem Freund Philip Lamonaco. Der Streifenpolizist fiel keinem gewöhnlichen Mord zum Opfer. Zusammen mit dem FBI-Agenten Valentino kommt Mike einer bundesweit gesuchten Gruppe von Terroristen auf die Spur und dabei klärt sich Einiges.
*Pressetext*

## Kopf über Wasser 561

HEAD ABOVE WATER ****

*Regie:* Jim Wilson
*Darsteller:* Harvey Keitel (George), Cameron Diaz (Nathalie), Craig Sheffer (Lance), Billy Zane (Kent), Shay Duffin (Polizist)
*Drehbuch:* Theresa Marie, nach einem Drehbuch von Geir Eriksen, Eirik Ildahl
*Kamera:* Richard Bowen (Farbe)
*Musik:* Christopher Young
*Schnitt:* Michael R. Miller
*Prod.Des.:* Jeffrey Beecroft
*Prod.:* Jim Wilson, John M. Jacobsen für Tig/Majestic Films, USA/GB 1996; 92 Min.
*EA:* Int. Hofer Filmtage 1996
*Verleih:* Nil/-/-; 19.12.1996
FSK: ab 12 J., ffr.
*FBW:* Besonders wertvoll

Ein idyllischer Urlaub auf einer einsamen Insel wird für George und Nathalie

*Cameron Diaz*

zu einer mörderischen Angelegenheit. Während George über Nacht zum Fischen hinausfährt, taucht bei Nathalie unangemeldet der Ex-Liebhaber auf. Am nächsten Tag liegt der Ex tot im Bett und muß beseitigt werden – was nur noch mehr Leichen nach sich zieht.

(...) Es gibt viel Action und gar keine dröhnenden Spezialeffekte, sondern kräftige Handarbeit mit den traditionellen Hilfsinstrumenten. Psycho-Motivationen treiben das Chaos bis zum Äußersten. Da ist es schon ziemlich kompliziert, den Kopf über Wasser zu halten. Aber es macht Spaß.
*Frauke Hanck, AZ, 20.12.96*

Albert Baer in: Rheinische Post, 20.12.96; Heike Kühn in: FR, 20.12.96; Patrick Rösler in: Stgt. Zeitung, 20.12.96

## Kopf und Zahl 562
OREL I RESCHKA ***
TV

*Regie:* Georgi Danelija
*Darsteller:* Kirill Pirogow, Oleg Basilaschwili, Stanislaw Goworuchin, Polina Kutepowa
*Drehbuch:* Georgi Danelija, Sergei Dernow
*Prod.:* Rußland 1995; 80 Min.
*TV:* 4.6.1996, Arte, 21.45

Ein verliebter Mann verläßt Moskau, um im Norden bei geologischen Arbeiten das große Geld für die anstehende Hochzeit zu verdienen. Als er zurückkehrt, hat seine Braut in der Zwischenzeit einen gemeinsamen Freund geheiratet. Nun will er die junge Frau wieder zurückgewinnen.

## Korea 563
KOREA ***
TV

*Regie:* Cathal Black
*Darsteller:* Donal Donnelly (John Doyle), Andrew Scott (Eamon Doyle), Fiona Molony (Una Moran), Vass Anderson (Ben Moran), Eileen Ward (Mrs. Moran), Stephen Holland (Luke Moran)
*Drehbuch:* Joe O'Byrne, John D'Alton, Cathal Black, nach der gleichn. Kurzgeschichte von John McGahern
*Kamera:* Nic Morris (Farbe)
*Musik:* Stephen McKeon
*Schnitt:* Emer Reynolds
*Prod.Des.:* Ned McLoughlin
*Prod.:* Darryl Collins für Cathal Black/Black Star mit Irish Film Board/ZDF/NOS-Dutch TV, Irland 1995; 87 Min.
*UA:* 10.6.1995, Seattle Film Festival
*TV:* 5.2.1996, Arte, 23.05, OmU

Für die meisten jungen Iren ist in den 50er Jahren die Situation trostlos: Es fehlt an Arbeit, und es scheint nur noch eine Chance zu geben – auszuwandern, und zwar nach Amerika. Viele enden in der US-Armee und kämpfen im Koreakrieg. In dem kleinen irischen Fischerdorf erhält Ben Moran für den Frontdienst seiner drei Söhne üppige finanzielle Unterstützung. Der arme Fischer John Doyle verachtet ihn dafür. Als sein Sohn sich in Morans Tochter verliebt, plant Doyle selbst, diesen nach Amerika zu schicken. *Pressetext*

## Korridor 564
KORRIDORUS ***

*Regie:* Sarunas Bartas
*Darsteller:* Katerina Golubeva, Viachesiav Amirhanian, Sarunas Bartas, Eimuntas Nekroshius

*Drehbuch:* Sarunas Bartas
*Kamera:* Rimvydas Leipus
*Schnitt:* Mingaile Murmulaitiene
*Prod.:* Sarunas Bartas, Daiva Vaitekunaite, Ilona Ziok für TV-Ventures/Studio »Kinema« Vilnius/WDR, Litauen/BRD 1994; 79 Min.
*Verleih:* TV-Ventures/-/-; Februar 1996

Kein Anfang, kein Ende. Keine Geschichten, keine Worte. Nur Zustände. Die Kamera gleitet durch einen endlosen Gang, hier und da steht eine Tür auf. Menschen sitzen stumm am Fenster, ihr Blick ist nach innen gerichtet. Immer wieder Gesichter in Großaufnahme. Gezeichnet von Hoffnungslosigkeit, Lethargie, Melancholie. In traurigen Schwarzweißbildern entwickelt der litauische Regisseur eine Palette aller erdenklichen Nuancen von Tristesse. Eine melancholische Meditation, die den Zuschauer herausfordert.
*Anke Leweke, tip, 3/96*

Fritz Göttler in: SZ, 15.10.96

## Kreis der Angst 565

□
TV

*Regie:* Thomas Jauch
*Darsteller:* Katja Flint (Stella), Martin Umbach (Niko), Sandra Speichert (Anja), Sophie Steiner (Lisa), Manfred Andrae (Roman), Michael Brandner (Liebeisen), Stephan Jürgens (Marius)
*Drehbuch:* Peter Gersina
*Kamera:* Clemens Messow (Farbe)
*Schnitt:* Corinna Dietz
*Prod.:* Helbos Film für Pro 7, BRD 1996; 92 Min.
*TV:* 25.11.1996, Pro7, 20.00

Auf der Flucht vor ihrem Ehemann zieht Stella mit ihrer Tochter Lisa nach Föhr in die verlassene Villa ihrer Eltern. Hier erlebte Stella einst, wie ihr Vater aus Eifersucht ihre Mutter umbrachte. Stella glaubte, damit fertig geworden zu sein, doch die Schrecken der Vergangenheit kommen wieder. *Pressetext*

## Der Kreis des Lebens 566

HAONAN HAONU / GOOD MEN, GOOD WOMEN ****

*Regie:* Hou Hsiao-hsien
*Darsteller:* Annie Shizuka Inoh, Lim Giong, Jack Kao, Vicky Wei, King Jieh-wen, Tsai Chen-nan
*Drehbuch:* Chu Tien-wen, nach einer Vorlage von Chiang Bi-yu, Lan Bo-chow
*Kamera:* Chen Hwai-en (Farbe)
*Musik:* Chen Hwai-en, Chiang Hsiao-wen
*Schnitt:* Liao Ching-song
*Prod.:* Kazuyoshi Okuyama, Yang Teng-Kuei, Katsuhiro Mizuno, Shozo Ichiyama für 3-H Films, Taiwan 1995; 108 Min.
*UA:* Int. Filmfestspiele Venedig, 1995
*Verleih:* -/Cinematograph OmeU/trigon film; September 1996

Eine junge Schauspielerin aus Taipeh erinnert sich beim Rollenstudium für einen Revolutionsfilm an die Ermordung ihres Geliebten. Kunstvoll verwobene Frauenschicksale auf zwei Farb- und Zeitebenen, die die Rolle der Frau als Überlebende von tödlichen Konflikten, Bewahrerin der Erinnerung und als Friedensbringerin spiegeln. Nicht leicht lesbar, doch als Zeugnis politischen Bewußtseins auf Taiwan interessant. *multimedia*

Angie Dullinger in: AZ, 26.5.95

## Krümel hat Ferien 567

KRUMMERNE 3 – FARS GODE IDE ***

*Regie:* Sven Methling
*Darsteller:* Benjamin Rothenborg Vibe (Krumme), Dick Kaysö (Vater Krumborg), Line Kruse (Stine), Karen-Lise Mynster (Mutter Krumborg), Elin Reimer (Frau Ohlsen), Tomas Villum Jensen (Per), Lukas Forchhammer, Peter Schröder
*Drehbuch:* John Stefan Olsen, nach dem Kinderbuch von Thoger Birkeland Boger
*Kamera:* Peter Roos (Farbe)
*Musik:* Michael Hardinger, Rasmus Schwenger
*Schnitt:* Maj Soya
*Prod.:* Regner Grasten für Krumme Prod. mit Nordisk Film/Danish Film Institute, Dänemark 1994; 85 Min.
*Verleih:* Beaufilm Central/-/-; Juli 1996
*FSK:* o.A., ffr.

Auch im dritten Teil der Krümelschen Familiengeschichte bleibt der Regisseur Sven Methling seiner Methode treu. Bei der Chaos-Familie Krümelborg klappt wieder mal fast gar nichts. Das Auto gibt seinen Geist auf, der Camping-Urlaub findet erst im heimischen Garten, dann in der Wohnung statt, die beiden Bankräuber landen wie immer keinen Coup, sondern im Gefängnis. Wie schon in den zwei früheren Folgen kommt Krümel trotz aller Unbill wieder zu einem Kuß von seiner Freundin Yrsa, und auch die finanziellen Nöte der Eltern Krümelborg haben ein Ende. *tip, 13/96*

## Krümel im Chaos 568
STAKKELS KRUMME ***

*Regie:* Sven Methling
*Darsteller:* Laus Höybye (Krümel), Dick Kayso (Vater), Karen-Lise Mynster (Mutter), Peter Schroder (Boris), Jarl Friis Mikkelsen (Ivan), Line Kruse, Lukas Forchhammer
*Drehbuch:* John Stefan Olsen, nach einer Vorlage von Thoger Birkeland
*Kamera:* Peter Roos (Farbe)
*Musik:* Michael Hardinger
*Schnitt:* Maj Soya
*Prod.:* Regnar Grasten für Regnar Grasten Film/Nordisk Film/The Danish Film Institute, Dänemark 1993; 95 Min.
*Verleih:* Beaufilm/-/-; 6.6.1996
*FSK:* o.A., ffr.

Der 12jährige Mats wird von zwei trotteligen Gaunern verfolgt, kämpft außerdem um die Zuneigung seiner Klassenkameradin Yrsa und gewinnt als Aushilfsjockey ein Pferderennen. Bei allem steht ihm seine chaotische Familie zur Seite.

## Die Kunst der Erpressung 569
MINBO NO ONNA ***
TV

*Regie:* Juzo Itami
*Darsteller:* Nobuko Miyamoto (Mahiru Inoue), Akira Takarada (Hoteldirektor Kobayashi), Yasuo Daichi (Yuki Suzuki), Takehiro Murata (Taro Wakasugi), Hideji Otaki (Vorstandsvorsitzender), Noboru Mitani, Shiro Ito, Akira Nakao, Hosei Komatsu, Ginji Gaoh
*Drehbuch:* Juzo Itami
*Kamera:* Yonezo Maeda (Farbe)
*Musik:* Toshiyuki Honda
*Prod.:* Japan 1992, 104 Min.
*TV:* 3.11.1996, ARD, 23.15

Ausgerechnet der Buchhalter Yuki Suzuki und der Page Taro Wakasugi sollen eine Yakuza-Erpresserbande vertreiben, die ihr Hotel belagert. Das ängstliche Duo schöpft jedoch Hoffnung, als die wagemutige Anwältin Mahiru Inoue zu ihrer Unterstützung engagiert wird.

## Der Kuß des Killers 570
KISS OF A KILLER ***
TV

*Regie:* Larry Elikann
*Darsteller:* Annette O'Toole (Kate Wilson), Eva Marie Saint (Ihre Mutter), Brian Wimmer (Gary), Gregg Henry (Richard), Vic Polizos (Betty), Amy Stock-Poynton, Cassy Friel, Jom Haynie, Lee Garlington, Gordon Clapp
*Drehbuch:* David Warfield, nach dem Roman »The Point of Murder« von Margaret Yorke
*Kamera:* Denis Lewiston (Farbe)
*Prod.Des.:* Michael Baugh
*Prod.:* USA 1993; 87 Min.
*TV:* 18.3.1996, ZDF, 22.15

Kate Wilson führt ein Doppelleben: Tagsüber gestreßt als Sekretärin und genervt von ihrer tyrannischen Mutter, geht sie abends als Vamp auf Männerfang. Sie wird Zeugin, als ein Mann der jungen Betty bei einer Autopanne hilft und erfährt später, daß sie vergewaltigt und ermordet aufgefunden wurde. Jetzt wird Kate's Leben noch unruhiger.

## Kuß des Todes 571
FIRST DEGREE **
TV

*Regie:* Jeff Woolnough
*Darsteller:* Rob Lowe (Rick Mallory), Leslie Hope (Hadley Pyne), Joseph Griffin (Rico), Peter Boretski (Jacob), Tom McCamus (Amos Turzo), Nadia Capone (Tina Jernigan), Brett Halsey (Alonzo Galeria), Don Francks (Lou Matlin), Falconer Abraham, John Boylan
*Drehbuch:* Ron Base
*Kamera:* Glen MacPherson (Farbe)
*Musik:* Bruce Fowler
*Schnitt:* Roushell Goldstein
*Prod.Des.:* Elaine Smith
*Prod.:* Richard O. Lowry; Alan Levine (Line.-Prod.) für Westcom/ITC, Kanada 1995; 89 Min.
*TV:* 21.3.1996, Premiere, 20.15

Der ehrgeizige Cop Rick Mallory will den Mord an einem Unternehmer aufklären und findet heraus, daß dieser Kontakte zur Unterwelt hatte. Dabei beginnt eine Affäre mit Pynes attraktiver Witwe Hadley, die bald darauf in Mordverdacht gerät.

## L. A. Task Force
572
*
Video

L.A.TASK FORCE

*Regie:* Stephen Lieb
*Darsteller:* Rod Kei (Vince), Andrew Biss (Andre), Matt Diagostine (Joey), Rocky Ferera (Lou), Daryl Mak (Cindy), Carolyn Taye-Loren
*Drehbuch:* Matt Diagostine
*Kamera:* Bob Kronovet
*Musik:* Johnny Marcello
*Schnitt:* Craig de Villiers
*Prod.:* Bob Kronovet für Gun for Hire Films, USA 1994; 90 Min.
*Vertrieb:* Madison Video; 28.8.1996
*FSK:* ab 18 J.

Serienkiller im Rotlichtmilieu. So billig wurde dies Sujet selten aufbereitet.

## Labendig
573
***

*Regie:* Hannes Schönemann
*Darsteller:* Rudolf Brehmer, Elfi Hauswald, Günter Michnow, Evelyn Beyer, Frank Nehls, Gudrun Behrens, Mario Verch, Gerhard Rabe, Kerstin Geßner, Egon Sperling
*Drehbuch:* Hannes Schönemann, Thomas Plenert
*Kamera:* Thomas Plenert (Farbe)
*Schnitt:* Benedikta von Karp
*Prod.:* Hannes Schönemann, Thomas Plenert für Der Ochsenkopf Film- und Fernsehprod., BRD 1995; 88 Min.
*UA:* Int. Filmfestspiele Berlin 1995, »Neue deutsche Filme«
*Verleih:* Der Ochsenkopf Film- und Fernsehprod.; 25.1.1996

In dieser unterhaltsamen Dokumentar-Fiktion spielen sich die Bewohner des »Klosters Dobbertin« selbst, so wie sie sich dargestellt sehen möchten. Ein älterer Herr als Auserwählter der Hölle, Rudi, der erfinderische Daniel Düsentrieb des Klosters, Günther als NVA-General. Die Spielsituation läßt den geistig und seelisch Behinderten eine Autonomie, die von einer spähenden, beobachtenden, vermeintliche Wirklichkeiten erkundenden Linse zerstört würde. In der Selbstdarstellung vermittelt sich eine Ahnung von der Wirklichkeit oder Wahrheit des Wahns, wird das Andere, Unerklärliche eine Frage der Perspektive. *Katja Nicodemus, tip, 3/96*

Alice Agneskirchner in: Berliner Tagesspiegel, 25.1.96; Claus Löser in: film-dienst, 3/96; Stefan Reinecke in: epd film, 3/96

## Das Lachen der Ochun
574
□
TV

*Regie:* Thomas Rautenberg
*Darsteller:* Danays
*Drehbuch:* Thomas Rautenberg, Ulli Langenbrinck
*Kamera:* Armin Alker (Farbe)
*Musik:* Gerardo Alfonso
*Schnitt:* Gabriela Pötzsch
*Prod.:* BRD 1995; 87 Min.
*TV:* 23.5.1996, Arte, 21.30

Der junge Spanier Thomas D. kommt zum ersten Mal nach Kuba. Er läßt sich von Havanna faszinieren und von der afro-kubanischen Kultur, die den Alltag der Stadt durchdringt. In einer alten Legende findet Thomas, der angehende Filmstudent, Stoff für seinen ersten Film. Er verliebt sich in die Hauptfigur der Legende, die erotische Ochun, und sucht in den Frauen, die er kennenlernt, die Verkörperung dieser afro-kubanischen Aphrodite. (…) *Pressetext*

## Landgang für Ringo
575
***
TV

*Regie:* Lars Becker
*Darsteller:* Jale Arikan, Benno Fürmann, Birol Uenel, Nadeshda Brennicke, Oliver Stokowski, Juraj Kukura, Heinrich Giskes
*Drehbuch:* Lars Becker
*Kamera:* Benedict Neuenfels (Farbe)
*Musik:* Frank & Stefan Wulff
*Schnitt:* Karen Klamroth
*Prod.Des.:* Dietmar Linke
*Prod.:* Michael Lehmann für Studio Hamburg für NDR, BRD 1996; 89 Min.
*EA:* Filmfest München 1996
*TV:* 3.10.1996, NDR, 00.00

Marinesoldat Ringo haut von seinem Schiff ab, als er erfährt, daß seine Freundin Tülay fremdgeht. Er erwischt sie inflagranti mit dem Immobilienmakler Eggers, der in der Sozialbunker-Siedlung ein Einkaufszentrum baut. Jusuf, Tülays Bruder, hindert Ringo daran, den Typen totzuschlagen. Wegen Fahnenflucht sind schon bald die Feldjäger hinter Ringo her, der um Eggers einen Sumpf aus Korruption und Grundstücksspekulation entdeckt. Auch Tülays Onkel, der Supermarktbesitzer, scheint beteiligt zu sein. Ringo und Jusuf geraten zwischen alle Fronten. Deutsches Genre-Kino mit Seltenheitswert.

## Last Dance 576

LAST DANCE ***

*Regie:* Bruce Beresford
*Darsteller:* Sharon Stone (Cindy Liggett), Rob Morrow (Rick Hayes), Randy Quaid (Sam Burns), Peter Gallagher (John Hayes), Jack Thompson (Der Gouverneur), Jayne Brook (Jill), Pamala Tyson (Anwältin der Rechtshilfe), Skeet Ulrich (Billy), Don Harvey (Doug), Diane Sellers (Reggie)
*Drehbuch:* Ron Koslow, nach einer Idee von Steven Haft, Ron Koslow
*Kamera:* Peter James (Technicolor)
*Musik:* Mark Isham
*Schnitt:* John Bloom
*Prod.Des.:* John Stoddart
*Prod.:* Steven Haft für Touchstone Pic., USA 1995; 103 Min.
*Verleih:* Buena Vista/dto./dto./Buena Vista Home Video; 27.6.1996
*FSK:* ab 12, ffr.
*FBW:* Besonders wertvoll

*Sharon Stone*

Eine seit zwölf Jahren auf ihre Hinrichtung wartende Doppelmörderin schöpft nach anfänglichen Zweifeln noch einmal Hoffnung, als sich ein junger Anwalt für ihre Begnadigung einsetzt. Der mehr an den Klischees des Genres als an einer ernsthaften Auseinandersetzung über den (Un-)Sinn der Todesstrafe interessierte Film verschenkt durch seine indifferente politische Haltung und die schauspielerisch überforderte Hauptdarstellerin viel von seinen aufkärerischen Möglichkeiten. *Zoom, 10/96*

Heiko R. Blum in: Rheinische Post, 28.6.96; Christian Seebaum in: Kölner Stadt-Anzeiger, 29.6.96; Hans Schifferle in: SZ, 27.6.96

## Last Man Standing 577

LAST MAN STANDING ***

*Regie:* Walter Hill
*Darsteller:* Bruce Willis (Smith), Bruce Dern (Sheriff Ed Galt), Christopher Walken (Hikkey), William Sanderson (Joe Monday), David Patrick Kelly (Doyle), Ned Eisenberg (Strozzi), William Sanderson (Joe Monday), Karina Lombard (Felina), Alexandra Powers (Lucy), R.D. Call (McCool)
*Drehbuch:* Walter Hill, nach »Yojimbo« von Akira Kurosawa
*Kamera:* Lloyd Ahern (CFI)
*Musik:* Ry Cooder
*Schnitt:* Freeman Davies
*Prod.Des.:* Gary Wissner
*Prod.:* Walter Hill, Arthur Sarkissian; Ralph S. Singleton (Co.-Prod.) für New Line/Lone Wolf, USA 1996; 103 Min.
*UA:* Int. Filmfestspiele Venedig 1996
*Verleih:* Constantin/dto./Focus; 31.10.1996
*FSK:* ab 16, ffr. – *FBW:* Wertvoll

(…) Walter Hill macht es seinem Publikum nicht leicht, bietet ihm keinen positiven Helden zur bequemen Identifizierung, sondern fordert wache Aufmerksamkeit. Keine der vielen kurzen und bündigen Action-Szenen spekuliert auch nur im entferntesten mit Gewaltverherrlichung. Und Ry Cooders grandiose, schwermütige Musik spielt eine weitere Hauptrolle. (…)

*Frauke Hanck, AZ, 31.10.96*

*Bruce Willis und Karin Lombard*

In einem texanischen Ort versucht ein Revolverheld während der Prohibitionszeit, den Krieg zwischen zwei Banden zu seinem Vorteil zu nutzen. Ausgehend von Akira Kurosawas »Yojimbo«, aber ohne je dessen Tiefe zu erreichen, zelebriert der Actionfilm Ausbrüche brutaler Gewalt in pseudohistorischer Kulisse. Unangemessen in der betont ästhetisierenden Umsetzung, wodurch sich die zynische Haltung des Helden unfreiwillig auf den Film selbst überträgt. *Zoom, 12/96*

Bodo Fründt in: SZ, 4.11.96; Frauke Hanck in: AZ, 31.10.96 (Interview Hill); Thomas Klingenmaier in: Stgt. Zeitung, 31.10.96; Milan Pavlovic in: Kölner Stadt-Anzeiger, 2.11.96; Frank Schnelle in: FR, 4.11.96

## The Late Shift – Spätvorstellung 578

THE LATE SHIFT ***

Video

*Regie:* Betty Thomas
*Darsteller:* Kathy Bates (Helen Kushnik), John Michael Higgins (Jay Leno), Daniel Roebuck (David Letterman), Treat Williams (Michael Ovitz), Bob Balaban, Ed Begley Jr., Rich Little, Sandra Bernhard, Peter Jurasik, Reni Santoni
*Drehbuch:* Bill Carter, George Armitage, nach dem Roman von Bill Carter
*Kamera:* Mac Ahlberg (Farbe)
*Musik:* Ira Newborn
*Schnitt:* Peter Teschner
*Prod.Des.:* Garreth Stover
*Prod.:* Don Carmody für Northern Lights für HBO, USA 1995; 95 Min.
*UA:* 24.2.1996, HBO
*Vertrieb:* MIC Video; 31.7.1996
*FSK:* ab 12 J.

Kabel-TV-Produktion um die Intrigen hinter den Kulissen einer Late-Night-Show im US-TV. Womöglich realistische Abrechnung mit dem Fernsehbusiness, getragen von einer prominenten Darstellerriege.

## Lauf, Jane, lauf! 579

SEE JANE RUN □

TV

*Regie:* John D. Patterson
*Darsteller:* Joanna Kerns (Jane Ravenson), John Shea (Michael Ravenson), Katy Boyer (Paula Marinelli), Lee Garlington (Carole Garson), Tiffany Taubman (Amy Ravenson), Blaire Baron (Sarah Tanner), Kurt Fuller (Dr. Melloff), Cliff Potts (Daniel Garson), Macon McCalman, Denise Dowse
*Drehbuch:* Ellen Weston, nach dem gleichn. Roman von Joy Fielding
*Kamera:* John J. Connor (Farbe)
*Musik:* James Di Pasquale
*Prod.Des.:* Diane Hughes
*Prod.:* Carroll Newman für Hearst Ent., USA 1994; 88 Min. – *TV:* 1.7.1996, ZDF, 19.25

Ein ganz normaler Tag wird für Jane Ravenson zum Alptraum. Was macht sie plötzlich in diesem Supermarkt? Die Manteltaschen voll Geld, ohne Papiere, ohne Schlüssel? Jane kann sich nicht mehr erinnern, nicht an ihren Namen, nicht an ihre Herkunft, nicht an ihre Familie. Und wie kommt der riesige Blutfleck auf ihr Kleid? (...)

## Lautlose Schreie

siehe → Hollow Red – Lautlose Schreie.

## Lautlose Schritte 580

***

TV

*Regie:* Christian von Castelberg
*Darsteller:* Katja Flint (Lisa), Christian Berkel (Simon Schütze), Hans Teuscher (Kommissar Witte), Ona Solomonescu
*Drehbuch:* Ulrich Stieler

*Prod.:* BRD 1996; 90 Min.
*TV:* 18.11.1996, ZDF, 19.25

Buchstäblich ein Leisetreterfilm. Der Krimi rankt Steuerhinterziehung und Ehebruch um den labilen Gatten einer starken reichen Frau, und weil die Dame sowohl schön und sympathisch wie auch als Bürgermeisterin tüchtig und dynamisch ist, rutscht ihr charakterschwacher Gatte auf diesem Wohlstandsparkett des öffentlichen Ansehens aus wie auf Schmierseife. Will sich mit einer gierigen Bank-Tussi in die Karibik absetzen, der Blödmann. Doch als das Bankgirl dann, versehentlich erschossen, mausetot in der Chefvilla liegt, wird der Unfall sehr diskret geregelt. Nur kein unanständiger Lärm. Das ist halbwegs spannend, aber ohne echten Psycho-Thrill.

*Ponkie, AZ, 20.11.96*

## Leading Man 581

THE LEADING MAN ***

*Regie:* John Duigan
*Darsteller:* Jon Bon Jovi (Robin Grange), Lambert Wilson (Felix Webb), Anna Galiena (Elena Webb), Thandie Newton (Hilary Rule), Barry Humphries (Humphrey Beal), David Warner (Tod), Patricia Hodge (Delvene), Diana Quick (Susan), Tam Dean Burn (Henry), Harriet Walters (Liz Flett)
*Drehbuch:* Virginia Duigan
*Kamera:* Jean-François Robin (Fuji/Metrocolor)
*Musik:* Edward Shearmur
*Schnitt:* Humphrey Dixon
*Prod.Des.:* Caroline Hanania
*Prod.:* Bertil Ohlsson, Paul Raphael für Leading Man prod., USA 1996; 100 Min.
*UA:* 5.9.1996, Toronto Film Festival
*Verleih:* Concorde/Constantin/Rialto; 5.12.1996
*FSK:* ab 12, ffr.
*FBW:* Besonders wertvoll

Rockstar Jon Bon Jovi in seiner ersten Kinohauptrolle gibt eine passable Vorstellung als Frauenheld in dieser gut besetzten, aber etwas betulich inszenierten erotischen Viereckgeschichte aus der Londoner Theaterwelt. Ein Bühnenautor und Familienvater hat ein Verhältnis mit einer jungen Schauspie-

*Jon Bon Jovi und Thandie Newton*

lerin. Um seine entnervt reagierende Gattin abzulenken, verkuppelt er sie mit dem verführerischen Hauptdarsteller (Bon Jovi) seines neuen Stücks und handelt sich dabei Gewissensbisse und Frust ein. *Ralph Umard, tip, 25/96*

(...) John Duigan hat zwar keinen Jahrhundertfilm gemacht, dafür aber symphatisch unprätentiöses Unterhaltungskino auf dem Niveau eines guten Boulevardtheaters. *Frauke Hanck, AZ, 5.12.96*

Albert Baer in: Rheinische Post, 6.12.96; Bodo Fründt in: SZ, 7.12.96; Christine Schröder in: Der Tagesspiegel, 5.12.96

## Leaving Las Vegas 582

LEAVING LAS VEGAS ****

*Regie:* Mike Figgis
*Darsteller:* Nicholas Cage (Ben), Elisabeth Shue (Sera), Julian Sands (Yuri), Richard Lewis (Peter), Steven Weber (Marc Nussbaum), Kim Adams (Sheila), Emily Procter (Debbie), Valeria Golino (Terri), Thomas Kopache (Mr. Simpson), Stuart Regen
*Drehbuch:* Mike Figgis, nach dem Roman von John O'Brien
*Kamera:* Declan Quinn (Farbe)
*Musik:* Mike Figgis
*Schnitt:* John Smith
*Prod.Des.:* Waldemar Kalinowski
*Prod.:* Lila Cazes, Annie Stewart für Lumière Pic., USA/Frankreich 1995; 112 Min.
*UA:* Int. Filmfestspiele San Sebastian 1995; 27.10.1995, New York

*Verleih:* Prokino/filmladen/Frenetic Films/ VPS Video; 9.5.1996
*FSK:* ab 16, ffr. – *FBW:* Wertvoll

Ein abgehalfteter Drehbuchautor will sich in Las Vegas zu Tode trinken und trifft ein Callgirl. Es beginnt eine bedingungslose Liebe zwischen zwei gesellschaftlichen Außenseitern, die dem Leben ein Stück Glück abtrotzen möchten. Doch der Alkohol ist stärker...
Der Film erzählt vom tragischen Scheitern einer außergewöhnlichen Liebe in der Metropole des »american dream«. Ein atemberaubendes Meisterwerk mit zwei grandiosen Schauspielern.
*Margret Köhler*

(...) Die Geschichte eines erfolglosen Schriftstellers und dessen destruktiver Reise ans Ende der Nacht. Der Alkoholiker trinkt sich zu Tode in Las Vegas, wo die Kneipen nie schließen. Nicolas Cage spielt ihn mit geradezu unheimlicher Präsenz in allen Phasen der Erniedrigung und Selbstzerstörung. In San Sebastian wurde er dafür mit der Silbernen Muschel als bester Darsteller ausgezeichnet. Regisseur Mike Figgis bekam Silber für die beste Regie. Nicht nur durch die von Figgis selbst komponierte und teilweise auch gespielte Jazzmusik ist sein Film ein großer, verzweifelter und leidenschaftlicher Blues. *Angie Dullinger, AZ, 28.9.95*

Michael Althen in: SZ, 9.5.96; Lars Olav Baier in: tip, 10/96; Daniel Blum in: FR, 8.5.96; Brigitte Desalm in: Kölner Stadt-Anzeiger, 11.5.96; Angie Dullinger in: AZ, 9.5.96 (Interview Mike Figgis); Norbert Grob in: Die Zeit, 10.5.96; Rupert Koppold in: Rheinische Post, 10.5.96; Hans-Joachim Neumann in: Zitty, 10/96

## Das Leben nach dem Tod in Denver 583

THINGS TO DO IN DENVER WHEN YOU'RE DEAD ***

*Regie:* Gary Fleder
*Darsteller:* Andy Garcia (Jimmy der Heilige), Christopher Lloyd (Pieces), Christopher Walken (Bandenchef), William Forsythe (Franchise), Bill Nunn (Easy Wind), Treat Williams (Bill Dooley), Jack Warden (Joe Heff), Steve Buscemi (Mister Shhh), Fairuza Balk (Lucinda), Bill Cobb (Malt)
*Drehbuch:* Scott Rosenberg
*Kamera:* Elliot Davis (CFI)
*Musik:* Michael Convertino

*Trinkerliebe in Las Vegas: Elisabeth Shue und Nicholas Cage*

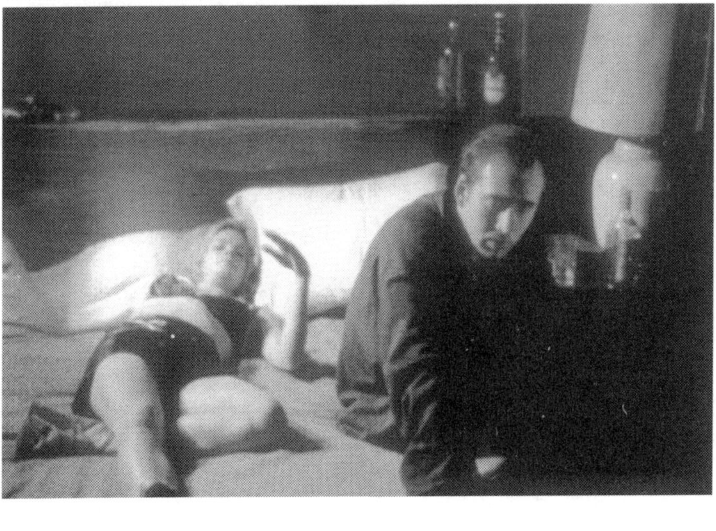

*Schnitt:* Richard Marks
*Prod.Des.:* Nelson Coates
*Prod.:* Cary Woods für Woods Ent. für Miramax, USA 1995; 114 Min.
*UA:* 21.5.1995, Int. Filmfestspiele Cannes
*Verleih:* Kinowelt/dto./-/VCL Video; 18.4.1996
*FSK:* ab 16, ffr.

Halbwegs zwischen melancholischer Gangsterballade und gallbitterer Satire steckengeblieben ist die Geschichte von Jimmy »The Saint«, der sich eine relativ bürgerliche Existenz aufgebaut hat und vom bösen großen Boß um einen letzten Gefallen gebeten wird, an dem Jimmy und seine Freunde kläglich scheitern. Handwerklich recht solide und effektvoll, erzielt der Streifen den genreüblichen Unterhaltungswert, überrascht stellenweise mit seinem Bemühen um die Vermittlung menschlicher Werte, hinterläßt aber gerade deshalb auch ein gewisses Unbehagen.
*multimedia*

Joseph Heinrichs in: Rheinische Post, 19.4.96; W.O.P. Kistner in: AZ, 20.4.96; Thomas Klingenmaier in: Stgt. Zeitung, 19.4.96; Gerhard Midding in: Kölner Stadt-Anzeiger, 20.4.96; H.G. Pflaum in: SZ, 24.4.96

## Die Legende vom heiligen Trinker 584

LA LEGGENDA DEL SANTO BEVITORE ***
TV

*Regie:* Ermanno Olmi
*Darsteller:* Rutger Hauer (Andreas Kartak), Anthony Quayle (der feine Herr), Sandrine Dumas (Gabby), Dominique Pinon (Woitech), Sophie Segalen (Karoline), Jean-Maurice Chanet (Kaniak), Cécile Paoli, Joseph De Medina, Franco Aldighieri
*Drehbuch:* Ermanno Olmi, Tullio Kezich, nach einer Erzählung von Joseph Roth
*Kamera:* Dante Spinotti (Farbe)
*Musik:* Igor Stravinski
*Schnitt:* Ermanno Olmi
*Prod.:* Roberto Cicutto, Vincenzi De Leo für Aura Film/Cecchi Gori Group Tiger Cinematografica/RAI 1, Italien 1988; 125 Min.
*UA:* 1.9.1988, Int. Filmfestspiele Venedig
*EA:* Filmfest München 1989
*TV:* 11.2.1996, ZDF, 23.50

Im Paris des Jahres 1934 geschieht ein Wunder: Andreas, ein Clochard, bekommt 200 Francs geschenkt. Doch im Rausche seines plötzlichen Reichtums vergißt er die Bedingung, an die das Geld gebunden ist.

## Die Legende von Pinochhio 585

THE ADVENTURES OF PINOCCHIO ***

*Regie:* Steve Barron
*Darsteller:* Jonathan Taylor Thomas (Stimme von Pinocchio), Martin Landau (Geppetto), Geneviève Bujold (Leona), Udo Kier (Lorenzini), Bebe Neuwirth (Felinet), Rob Schneider (Volpe), Corey Carrier (Lampwick), Richard Claxton (Saleo), David Nykl (Vater Infantino), Wallace Shawn (Schuldirektor)
*Drehbuch:* Sherry Mills, Steve Barron, Tom Benedek, Barry Berman, nach dem Roman von Carlo Collodi
*Kamera:* Juan Ruiz Anchia (Deluxe)
*Musik:* Rachel Portman
*Schnitt:* Sean Barton
*Prod.Des.:* Allan Cameron
*Prod.:* Jeffrey Sneller, Raju Patel für Kushner-Locke/Allied Pinocchio Prod./Davis Films/Twin Continental/Dieter Geissler Filmprod. mit Alta Vista/Bibo/CineVox, GB/BRD/Frankreich 1996; 94 Min.
*Verleih:* Warner Bros./dto./Focus; 3.10.1996
*FSK:* o.A., ffr. – *FBW:* Besonders wertvoll

Die von dem Holzschnitzer Geppetto geschaffene Holzpuppe Pinocchio hat die Gabe der Bewegung und Sprache und verwandelt sich nach manchen Abenteuern zu einem menschlichen Wesen. Die Verfilmung von Carlo Collodis berühmtem Roman ist von sanfter Lehrhaftigkeit und wird mit modernster Computeranimation zu einem stilistisch uneinheitlichen Fantasy-Film aufbereitet.
*multimedia*

Frauke Hanck in: AZ, 2.10.96; Rupert Koppold in: Rheinische Post, 8.10.96; Hans Schifferle in: SZ, 2.10.96

## Leidenschaft auf Abwegen 586

LAYOVER □
TV

*Regie:* Paul Thomas
*Darsteller:* Janine, Asia Carrera, Tami Ann, Morgan Daniels, Guy DiSilva
*Drehbuch:* Tom Brazil
*Kamera:* Ralph Parfait (Farbe)
*Musik:* G.G. Steele
*Prod.:* USA 1994; 71 Min.
*TV:* 9.2.1996, Premiere, 0.00

Abenteuerlicher Erotikfilm oder erotischer Abenteuerfilm oder …

## Leidenschaft in Gips 587
LUCKY BREAK ***

TV

*Regie:* Ben Lewin
*Darsteller:* Gia Carides (Sophie), Anthony LaPaglia (Eddie), Rebecca Gibney (Gloria), Jacek Koman (Yuri), Mary-Anne Fahey
*Drehbuch:* Ben Lewin
*Kamera:* Vincent Morton (Farbe)
*Musik:* Paul Grabowsky
*Schnitt:* Peter Carrodus
*Prod.Des.:* Peta Lawson
*Prod.:* Bob Weis für Australian Film Finance Corp./Generation Film/ Pandora, Australien 1994; 91 Min.
*EA:* Filmfest München 1995
*TV:* 22.5.1996, Pro7, 20.00

Ein smarter Juwelenhändler trifft auf eine attraktive Romanschriftstellerin. Ein Mann und eine Frau zwischen Traum und Wirklichkeit.
»Die Geschichte handelt von vielen Dingen, unter anderem von sexuellen Phantasien. Die Hauptfigur hat eine Präferenz für die Welt der Imagination, was ihr ein Liebesleben verschafft, das sie in Wirklichkeit nicht hat. Es paßt also, daß sie über ihre Leidenschaft schreibt« (Ben Lewin).

*Katalog Filmfest München 1995*

## Leon – Der Profi (DC) 588
LEON ****

*Regie:* Luc Besson
*Darsteller:* Jean Reno (Leon), Gary Oldman (Stansfield), Natalie Portman (Mathilda), Danny Aiello (Tony), Peter Appel (Malky), Michael Badalucco (Mathildas Vater), Ellen Greene (Mathildas Mutter), Elizabeth Regen, Carl J. Matusovich, Randolph Scott
*Drehbuch:* Luc Besson
*Kamera:* Thierry Arbogast (Farbe)
*Musik:* Eric Serra
*Schnitt:* Sylvie Landra
*Prod.Des.:* Dan Weil
*Prod.:* Gaumont/Les Films du Dauphin Prod., Frankreich 1994; 110 Min.
*Verleih:* Jugendfilm/Constantin/Monopole Pathé/Startlight Video; 15.1.1995, 13.6.1996 Director's Cut
*FSK:* ab 16, ffr.

Um 25 Minuten länger als die vor anderthalb Jahren gezeigte Fassung, ist diese Ballade vom Killer und dem Kind, für das er – zögerlich – die Verantwortung übernimmt, noch melancholischer geworden, weil sie den Szenen zwischen den beiden noch mehr Raum gibt. Andererseits verhindert das exzentrische Spiel ihres Antagonisten Gary Oldman (als korrupter Drogenfahnder mit einer Vorliebe für klassische Musik) weiterhin, daß der Film zu märchenhaft wird.

*Frank Arnold, tip, 13/96*

## Leprechaun – Tödliches Spiel in Las Vegas 589
LEPRECHAUN 3 **

Video

*Regie:* Brian Trenchard-Smith
*Darsteller:* Warwick Davis (Leprechaun), John Gatins (Scott), Lee Armstrong (Tammy), John DeMita (Fazio), Michael Callan (Mitch)
*Drehbuch:* David Dubos, nach den Charakteren von Mark Jones
*Kamera:* David Lewis (Farbe)
*Musik:* Dennis Michael Tenney
*Schnitt:* Daniel Duncan
*Prod.:* Jeff Geoffray, Walter Josten, Henry Seggerman für Blue Rider/Trimark Pic., USA 1995; 89 Min.
*Vertrieb:* BMG Video; 8.7.1996
*FSK:* ab 18 J.; gekürzte Fassung 87 Min. ab 16 J.

(…) Er ist ein Leprechaun. Angehöriger einer aus der irischen Sagenwelt als raffgierig bekannten Koboldrasse, ein einstiger Flickschuster, der jetzt als Filmschurke auf der Bildfläche erscheint. Der Schauplatz Las Vegas ist im Kino zur Zeit angesagt, und so spukt auch der Leprechaun in seinem nunmehr dritten Filmabenteuer durch die Spielerstadt, wo Leichen seinen Weg pflastern. Sein erstes Opfer ist ein Pfandleiher, der ihm eine Goldmünze entwendet hat. Das Geldstück wandert von Hand zu Hand und bringt den jeweiligen Besitzern zunächst Glück und dann eine meist tödliche Begegnung mit dem Leprechaun ein, der seiner Münze hartnäckig hinterherjagt. Trotz kunstloser Machart unterhält die-

ses abstruse Splatter-Märchen mit gemeinen Geschmacklosigkeiten, grotesken Mutationen und der Moral, daß man sich vor der Habgier hüten sollte.
*Ralph Umard, tip, 19/96*

## Lernen glücklich zu sein 590

THEY TEACH US HOW TO BE HAPPY ****

*Regie:* Peter von Gunten
*Drehbuch:* Peter von Gunten
*Kamera:* Peter von Gunten (Farbe)
*Musik:* Simsimiyya und Abu Simbel Ensemble
*Schnitt:* Peter von Gunten
*Prod.:* Cinov, Schweiz 1996; 150 Min.
*Verleih:* -/-/Cinov; August 1996

Vier sudanesische Flüchtlingsfamilien begleitet der Film auf ihrem individuellen »Weg der Schweiz«, von ihrer Ankunft an der Schweizer Grenze über die Befragungen durch die Behörden bis zum Monate später eintreffenden Entscheid des Bundesamts für Flüchtlinge. Peter von Guntens Zeitdokument schweizerischen Asylalltags zwischen Ende 1993 und Anfang 1995 schildert gleichermaßen die individuelle Lebensgeschichte und Not der Flüchtlinge sowie das zermürbende Asylverfahren. Behutsam, brisant und spannend zugleich, stellt der dokumentarische Politthriller das Asylverfahren, das als Lügendetektor ausgelegt ist, zur Diskussion und ergänzt diese mit analytischen Thesen und Exkursen. *Zoom, 8/96*

## Lethal Point 591

HOLLOW POINT **
Video

*Regie:* Sidney J. Furie
*Darsteller:* Thomas Ian Griffith (Max Perish), Tia Carrere (Diane Norwood), John Lithgow (Thomas Livingston), Donald Sutherland (Garett Lawton)
*Drehbuch:* Robert Geoffrian, James H. Stewart
*Kamera:* David Franco (Farbe)
*Musik:* Brahm Wenger
*Schnitt:* Yves Langlois
*Prod.:* Nicolas Clermont für Filmline/ Nu Image, USA 1995; 101 Min.
*Vertrieb:* BMG Video; 19.8.1996
*FSK:* ab 16 J.

Beim Mega-Coup der US-Mafia mit ihren russischen und italienischen Kollegen funken ein Agent, eine Agentin und ein Killer dazwischen. Bescheidene Story, zwei akzeptable Darsteller (Sutherland und Lithgow) und viel Action-Getöse.
Jochen Rack in: film-dienst, 22/96

## Letters to Srebrenica 592

****

*Regie:* Daniel von Aarburg
*Drehbuch:* Daniel von Aarburg
*Kamera:* Stéphane Kuthy (Farbe)
*Schnitt:* Matthias Bürcher
*Prod.:* Daniel von Aarburg für Ecole cantonale d'Art de Lausanne/GEECT, Schweiz; 56 Min.
*Verleih:* -/-/Zoom Film; Juni 1996

Der hervorragende Dokumentarfilm beschreibt aus zwei Perspektiven das Leben der bosnischen Flüchtlinge in der Schweiz: Einerseits aus der »inneren Perspektive« eines persönlichen Video-Briefs, den die 19jährige Bosnierin Ina Bakalovic aus Srebrenica, die seit drei Jahren im Exil in Davos lebt, an ihre beste Freundin in der Heimatstadt richtet. Andererseits aus von Aarburgs klassisch-dokumentarischer »äußerer Perspektive«, die das zermürbende Flüchtlingsdasein von Ina und ihrer Familie beschreibt. Was man, statt der in Srebrenica zurückgebliebenen Freundin, zu sehen und zu hören bekommt, ist ein bedrückendes Zeugnis für das mitunter schier unerträgliche Dasein der bosnischen Flüchtlinge im helvetischen »Warteraum«. *Zoom, 6/96*

## Die letzte Hoffnung 593

MY BROTHER'S KEEPER ***
TV

*Regie:* Glenn Jordan
*Darsteller:* John Lithgow (Tom/Bob), Brian Doyle-Murray (Dick Curtis), Julie Fulton (Adrian), Enid Kent (Große Mutter), Jessie Jones (Kleine Mutter), Annette O'Toole (Joann), Veronica Cartwright (Pat), Ellen Burstyn (Helen), Richard Masur (Wolfson), Zeljko Ivanek (Dr. Holland)
*Drehbuch:* Gregory Goodell, nach einer wahren Begebenheit
*Kamera:* Tom Del Ruth (Farbe)
*Musik:* David Shire
*Schnitt:* David Simmons

*Prod.Des.:* Lisa Smithline
*Prod.:* Glenn Jordan für Holiday Prods. mit RHI Ent., USA 1994; 120 Min.
*UA:* 19.3.1995, CBS, 21.00
*TV:* 26.2.1996, Premiere, 22.30

Die Zwillingsbrüder Bob und Tom unterrichten an einer katholischen Kleinstadt-Schule, an der niemand weiß, daß sie homosexuell sind. Als Tom HIV-positiv wird, wollen sie den Ausbruch der Krankheit durch eine Knochenmarktransplantation von Bob verhindern. Da die Krankenkasse sich weigert, die hohen Kosten zu übernehmen, strengen die Brüder einen Prozeß an und nehmen in Kauf, daß die Öffentlichkeit von ihrer Homosexualität erfährt. Ihre Mitmenschen reagieren jedoch mit viel Verständnis und Mitgefühl.

## Lexx – The Dark Zone 594

LEXX – THE DARK ZONE ***

Video

*Regie:* Paul Donovan (Rebellen der Galaxis), Ron Oliver (Super Nova), Rainer Matsutani (Eating Pattern), Robert Sigi (Giga Shadow)
*Darsteller:* Brian Downey (Stanley Tweedle), Eva Habermann (Zev), Michael McManus (Kai), Barry Bostwick (Thodin), Ellen Dubin (Giggerota)
*Drehbuch:* Paul Donovan, Lex Gegeroff, Jeffrey Hirschfeld
*Kamera:* Les Kriszan (Farbe)
*Schnitt:* David Ostry (Rebellen der Galaxis, Super Nova, Eating Pattern), Bruce Lange (Giga Shadow)
*Prod.:* Paul Donovan, Wolfram Tichy für Salter Street Films/TiMe, USA/BRD 1996; 90 Min.
*Vertrieb:* BMG Video; 20.12.1996
*FSK:* ab 16 J.

Mit prominenten Gaststars und deutscher Filmförderung hergestellte SF-Serie, die sich auch auf dem internationalen Markt behaupten kann.

Hans-Joachim Neumann, in: Zitty 26/96

## Libera Me 595

LIBERA ME ****

TV

*Regie:* Alain Cavalier
*Darsteller:* Annick Concha (Mutter), Pierre Concha (Vater), Thierry Labelle (ältester Sohn), Christophe Turrier (jüngster Sohn), Michel Quenneville (Photograf), Louis Becker (Polizist), Philippe Tardif, Cécile Haas, Michel Labelle, Claire Seguin
*Drehbuch:* Alain Cavalier, André Fresco-Mayoux, Bernard Crombey
*Kamera:* Patrick Blossier (Farbe)
*Schnitt:* Marie-Pomme Carteret
*Prod.:* René Fauvel für UGC/Le Studio Canal Plus/La Sept Cinema mit Canal Plus/Centre National de la Cinematographie, Frankreich 1993; 80 Min.
*UA:* 19.5.1993, Int. Filmfestival Cannes
*TV:* 13.5.1996, Arte, 23.10

Ein Polizeistaat: Ausweiskontrollen, Festnahmen, Folter, Hinrichtungen … allmählich baut sich eine Widerstandsbewegung auf. (…) Kein einziger Dialog, keine Musik, keine durch den Film führenden Worte. Trotzdem handelt es sich nicht um einen Stummfilm, sondern um Momentaufnahmen aus einem Leben, in dem Worte wenig Platz haben. (…) *Pressetext*

## Das Licht der Illusion 596

MABOROSI NO HIKARI ****

*Regie:* Hirokazu Kore-eda
*Darsteller:* Makiko Esumi (Yumiko), Takashi Naitoh (Tamio), Tadanobu Asano (Ikuo), Gohki Kashiyama (Yuichi), Naomi Watanabe (Tomoko), Midori Kiuchi, Akira Emoto, Mutsuko Sakura, Hidekazu Akai, Hiromi Ichida
*Drehbuch:* Yoshihisa Ogita, nach einer Vorlage von Teru Miyamoto
*Kamera:* Masao Nakabori (Farbe)
*Musik:* Chen Ming-chang
*Schnitt:* Tomoyo Oshima
*Prod.Des.:* Kyoko Heya
*Prod.:* Naoe Gozu für TV Man Union, Japan 1995; 110 Min.
*UA:* Int. Filmfestspiele Venedig 1995
*EA:* Filmfest München 1996
*Verleih:* -/-/Trigon; November 1996

Das in einer faszinierenden Hell-Dunkel-Dramaturgie gestaltete Spielfilmdebüt des 34jährigen Japaners Hirokazu Kore-eda ist ein von Trauer und Resignation geprägtes Filmgedicht über den Verlust von geliebten Menschen und den Sinn des Lebens angesichts des Todes. Im Zentrum steht eine Frau, die den Tod ihrer Großmutter und den Freitod ihres ersten Mannes nicht verkraften kann. Das helle Licht, das durch kleine Öffnungen immer wieder in dunkle Räume strahlt, wird zum Symbol einer Grenzerfahrung zwischen Leben und Tod – einerseits Trost in der Not eines mühevollen Alltagslebens, andererseits aber auch Versuchung, vorzeitig in ihm unterzutauchen.

*Zoom, 11/96*

## Liebe auf Texanisch 597

BAJA OKLAHOMA ***

TV

*Regie:* Bobby Roth
*Darsteller:* Lesley Ann Warren (Juanita Hutchins), Peter Coyote (Slick Henderson), Swoosie Kurtz (Doris Steadman), Billy Vera (Lonnie Slocum), Anthony Zerbe (Ol' Jeemy Williams), William Forsythe (Tommy Earl Browner), John M. Jackson (Lee Steadman), Bruce Abbott (Dove Christian), Julia Roberts (Candy Hutchins), Carmen Argenziano
*Drehbuch:* Bobby Roth, Dan Jenkins, nach einer Novelle von Dan Jenkins
*Kamera:* Michael Ballhaus (CFI)
*Musik:* Dick Rudolph, Stanley Myers
*Schnitt:* John Carnochan, Gail Yasunaga
*Prod.Des.:* Al Brenner
*Prod.:* Marykay Powell für Rastar für HBO, USA 1987; 99 Min.
*TV:* 27.1.1996, ZDF, 0.33

Barfrau realisiert erst sehr spät und dank der Mithilfe ihres Ex-Lovers eine Karriere als Country-Sängerin.

## Die Liebe des Ganoven 598

□

TV

*Regie:* Peter Ily Huemer
*Darsteller:* Andreas Lust (Martin Prinz), Loretta Pflaum (Veronika), Gregor Seberg (Paul), Wolfgang Böck (Rudi)
*Drehbuch:* Peter Ily Huemer
*Kamera:* Carl Finkbeiner
*Schnitt:* Karina Ressler
*Prod.:* Niki List, Österreich 1996; 90 Min.
*TV:* 4.12.1996, 3sat, 23.10

Der Film ist ein Krimi der ganz anderen Art: Hier gibt es zwar auch Leichen und Brutalität, doch das Hauptaugenmerk ist auf die Beschreibung der anrührenden Seiten eines Ganovenlebens gerichtet. Hierin ähnelt das Stück bekannten Jean-Gabin-Filmen.

*ZDF-Journal*

## Liebe, Leben, Tod 599

****

TV

*Regie:* Mathias Allary
*Darsteller:* Idil Üner (Leyla), Christine Buchegger (Sophie), Katharina Thalbach (Frau Mischke), Jacques Breuer (Paul), Claus Eberth (Herr Garlei), Susanna Simon (Lara), Matthias Eberth (Simon), Lucy Allary, Esma Yilmaz, Merzuka Yanik
*Drehbuch:* Mathias Allary, nach Motiven von Esma Yilmaz, Mathias Allary
*Kamera:* Jörg Widmer (Farbe)
*Musik:* Christian Knobel
*Schnitt:* Agape Dorstewitz
*Prod.Des.:* Irene Edenhofer, Annie Brunner
*Prod.:* Allary-Film/ZDF, BRD 1995; 90 Min.
*UA:* Int. Filmfestspiele Berlin 1996, »Neue deutsche Filme«
*TV:* 18.8.1996, ZDF, 23.55, »Das kleine Fernsehspiel«

Der Film erzählt drei Geschichten, die sich in einer deutschen Großstadt von heute ereignen und auf eigenartige Weise miteinander verbunden sind.

(...) Mathias Allarys Film um den Schuhfetischisten Paul, der im Hauptberuf Vertriebsleiter einer Feinkostfirma ist und zwischendurch Frauen anruft, um sie nach ihrem Schuhwerk auszufragen, führte die sogenannte Perversion zurück in die Normalität, wo sie längst angekommen ist und wo sie Liebe verdient, dem Leben Reiz verleiht und selbst den Tod nicht scheut. (...)

*Barbara Sichtermann, Die Zeit, 23.8.96*

(...) Ein Poem der Isolation, schwereIos, assoziationfreudig, narrativ immer wieder ins Ungefähre ausfransend und gestern zur Mitternacht nach dem psychologisch robusten »Fall für Fitz« im ZDF nicht eben glücklich plaziert. Es sind biographische Miniaturen Vereinsamter, die Allary lose ineinanderfügt, ohne daß die Lebensgeschichten der Filmfiguren penibel ausgebreitet würden. (...)

*Hans-Dieter Seidel, FAZ, 19.8.96*

(...) Hier war alles zu sehen, was dem deutschen Film angeblich fehlen soll: Das Leichte und Heitere, das zugleich das Traurige und Ernste ist. Die gelassene Weisheit und der emotionale

*Jacques Breuer als der ungeheuere Schuhfetischist in ›Liebe, Leben, Tod‹*

Überschwang. Das Leben und zugleich die Verzauberung des Lebens. Gewiß darf man das eine Hoffnung nennen.
*Tom Peuckert, Badische Zeitung, 20.8.96*

Nobert Hummelt in: Kölner Stadt-Anzeiger, 20.8.96; Lilo Plaschke in: Thüringer Allgem. Ztg., 20.8.96; Christa Thelen in: Hamburger Abendblatt, 20.8.96

## Liebe, Lügen und Kompost 600

****

*Regie:* Christof Schertenleib
*Darsteller:* Silvia Vas, Katharina Schneebeli, Max Gertsch, Stefan Suske, Barbara Peter, Holger Gotha, Ferdinand Öllinger, Isabelle Menke
*Drehbuch:* Christof Schertenleib, Götz Spielmann, Michael Glawogger
*Kamera:* Hansueli Schenkel (Farbe)
*Musik:* Giancarlo Nicolai, Regual Neuhaus
*Schnitt:* Franz Faltschen, Peter Stuber
*Prod.:* Fama Film/DOR Film, Schweiz/Österreich 1995; 114 Min.
*Verleih:* -/polyfilm/-; Juni 1996

Das reizvoll umgedrehte Motiv des unverbindlichen Urlaubsflirts – in diesem Fall hat die Begegnung zweier Frauen und zweier Männer aus der Schweiz und aus Österreich gravierende Folgen für das Leben danach – bietet interessante Einblicke in ein kompliziertes Beziehungsgeflecht, die jedoch nur in einzelnen Szenen vertieft werden. Insgesamt ist der Streifen von Drehbuch und formaler Gestaltung her zu uneinheitlich, um ganz überzeugend zu wirken. *multimedia*

## Liebe und andere Katastrophen 601

LOVE AND OTHER CATASTROPHES ***

*Regie:* Emma-Kate Croghan
*Darsteller:* Matt Day (Michael), Matthew Dyktynski (Ari), Alice Garner (Alice), Frances O'Connor (Mia), Radha Mitchell (Danni), Suzi Dougherty (Savita), Kim Gyngell (Prof. Leach), Suzanne Dowling (Dr. Russell), Paul Harris (Prof. Novak), Adrian Martin
*Drehbuch:* Yael Bergman, Bandis Croghan
*Kamera:* Justin Brickle (Cinevex)
*Musik:* Oleh Witer
*Schnitt:* Ken Sallows
*Prod.:* Stavros Andonis Efthymiou für Screwball Five mit Australian Film Commission, Australien 1996; 79 Min.
*UA:* Int. Filmfestspiele Venedig 1996
*EA:* Filmfest Hamburg 1996

*Verleih:* Kinowelt/-/-; 28.11.1996
*FSK:* ab 12, ffr.

Auf dem Campus leben fünf australische Studenten ihre kleinen Kümmernisse und Liebeleien aus, versuchen zwischendurch auch mal zu studieren. Das Beziehungskarussell dreht sich munter, bis sich nach einem langen und aufregenden Tag alles in Wohlgefallen auflöst. Ein teilweise unterhaltendes Studenten-Movie über WG-, Beziehungs- und Studienstreß mit einigen flotten Sprüchen. Aber am Ende erschöpft sich die Story in aufgebauschten Banalitäten. *Margret Köhler*

Heiko R. Blum in: Rheinische Post, 29.11.96; Gregor Dotzauer in: FR, 29.11.96; Rupert Koppold in: Stgt. Zeitung, 28.11.96; Simone Mahrenholz in: FAZ, 30.11.96; Jan Schulz-Ojala in: Der Tagesspiegel, 28.11.96

## Lilien in der Bank 602

***

*Regie:* Marianne Rosenbaum, Gérard Samaan
*Darsteller:* Nina Hagen (Suzanne Willert), Katharina Thalbach (Clara Bach/Anne Willert), Georg Thomalla (Wilhelm Willert), Werner Schneyder (Gernot Willert), Wenzel Brücher (Markus Willert), Gerhard Zehmann (Versicherungszweigstellendirektor), Hans Günther Pflaum (Bankdirektor), Christian Steudtner
*Drehbuch:* Marianne Rosenbaum, Nurith-Hayat Samaan, Gérard Samaan
*Kamera:* Alfred Tichawsky, Thomas Repp, Estela Sanz (Farbe)
*Musik:* Konstantin Wecker, Jürgen Buchner, Nina Hagen, Django Reinhardt
*Schnitt:* Gérard Samaan, Lisa Lößl, Alexandra Kalnoky, Markus Hoffmann
*Prod.Des.:* Marianne Rosenbaum, Thomas Sauer
*Prod.:* Nourfilm mit SWF, BRD 1992; 104 Min.
*UA:* 16.2.1993, Int. Filmfestspiele Berlin, »Panorama«
*Verleih:* Basis/-/-; 7.11.1996

»Lilien in der Bank« ist ein krauser Blumenfilm des Positivdenkens, dem keiner Untergangspessimismus nachsagen kann. Und wer sich schwertut mit der Balance von Traum- und Totenwelt in der Drei-Generationen-Erfahrung, für den stellen die Schauspieler-Zauberkünstler anmutig skurrile Wegweiser auf. (...) Ein Gutmenschenfilm, mag da der Schlechtmensch spotten. Zeigt mit dem Finger auf Giftmüll da und Atomschweinerei dort, auf Bosnien, Ruanda und Nahost – und lächelt über die positive Utopie der Spinner. Aber wer sind da die Spinner? Und was wären wir ohne Utopien? *Ponkie, AZ, 7.11.96*

(...) Zwischen Kabarett und Satire, Komödie und Familiendrama dümpelt der Film vor sich hin, ohne eine klare Linie zu finden. Zerrissen wird er zudem von jeder Menge Traumsequenzen, die Ängste und Wünsche der Akteure darstellen sollen. Auch die potente Darstellerriege kann da nicht mehr viel ausrichten, auch wenn vor allem Wenzel Brücher als Sohn Markus und Katharina Thalbach in der Doppelrolle als krebskranke Mutter Anne und Bankangestellte Clara durchaus überzeugen. (...) *Peter E. Müller, Berliner Morgenpost, 18.2.93*

(...) Eine schwarze Komödie zwischen Traum und Wirklichkeit hatte »Lilien in der Bank« wohl werden sollen. Entstanden ist ein Schreckensstück guter Gesinnung tiefdeutschen Problembewußtseins, wie gemacht für das Spätprogramm der ARD. (...) *Steffen Jacobs, Der Tagesspiegel, 19.2.93*

## Lily C.A.T. 603

LILY C.A.T.

**

Video

*Regie:* Hisayuki Toriumi
*Musik:* Kan Inouye
*Prod.:* Isamu Senda für Victor Music Comp., Japan 1987; 67 Min.
*Vertrieb:* OVA Video, O.m.U.; Juli 1996
*FSK:* ab 12 J.

Science-Fiction-Zeichentrick, der auf den Spuren von »Aliens – Die Rückkehr« wandelt.

## Lisa und Antoine 604

CACHE CASH

***

*Regie:* Claude Pinoteau
*Darsteller:* Aurélien Wiik (Antoine), Joséphine Serre (Lisa), Rose Thiery (Clémentine), Jean Carmet (Durandet), Sophie Broustal (Claire),

Georges Wilson (Louis), Jean-Claude Dreyfus (Max), Jean-Pierre Darroussin (Jean), Michel Duchaussoy (Hivers), Fréderic Van Den Driessche (Jerome)
*Drehbuch:* Guy Lagorce, Claude Pinoteau, Jean Veber, nach dem Roman »Les Dieux Provisoires« von Guy Lagorce
*Kamera:* Jean Tournier (Farbe)
*Musik:* Vladimir Cosma
*Schnitt:* Marie-Josèphe Yoyotte
*Prod.:* Alain Poire für Gaumont/Gaumont 2 mit Canal Plus, Frankreich 1994; 95 Min.
*Verleih:* Wild Utopia/-/-; 22.8.1996
*FSK:* ab 6, ffr.

Der elfjährige Antoine verbringt seine Ferien auf dem Bauernhof seines mürrischen Großvaters in der Sologne. Er verliebt sich in die zehnjährige Lisa, die in der Nähe Urlaub macht. Antoine wird zufällig Zeuge, wie drei Bankräuber ihre Beute verstecken und stellt fest, daß einer der Bankräuber Lisas Vater ist.

Heiko R. Blum in: Kölner Stadt-Anzeiger, 16.11.96; Tobias Kniebe in: SZ, 22.8.96

## Lisa und die Säbelzahntiger 605

***

*Regie:* Bernd Neuburger
*Darsteller:* Bianca Herzog (Lisa), Cornelia Lippert (Eva), Toni Böhm (Martin), Anya Blum (Birgit), Ernst Lauscher (Peter), Therese Affolter (Uli), Christine Hohenester (Gabi), Gertrud Roll, Willi Perny
*Drehbuch:* Nadja Seelich
*Kamera:* Wolfgang Simon (Farbe)
*Musik:* Zdenek Merta
*Schnitt:* Eliska Stibrova
*Prod.Des.:* German Pizzini
*Prod.:* Lukas Stepanik, Bernd Neuburger für Extra Film, Österreich 1995; 88 Min.
*Verleih:* wild utopia/filmladen/-; Oktober 1995; 9.5.1996 BRD
*FSK:* o.A., ffr.

Eine trügerische Idylle. Die achtjährige Lisa wird von der Journalistin Eva und dem Werbetexter Martin adoptiert. Doch nach einigen turbulenten Tagen in ihrer neuen Umgebung, wird Lisa klar, daß mit ihren Eltern etwas nicht stimmt. Der österreichische Kinderfilm erzählt zäh von wirren Verhältnissen und einem scheinheiligen Familienleben. *tip, 10/96*

Susanna Nieder in: Der Tagesspiegel, 9.5.96

## A Litany for Survival: The Life and Work of Audre Lorde 606

A LITANY FOR SURVIVAL: THE LIFE AND WORK OF AUDRE LORDE ***

*Regie:* Ada Gay Griffin, Michelle Parkerson
*Darsteller:* Audre Lordes, Sonia Sanchez, Adrienne Rich
*Kamera:* Larry Banks, John Bentham, Michael Ghin, Christine Choy, Crystal Arnette Griffith, Arthur Jafa, Herman Lew, Al Santana (Farbe)
*Schnitt:* Holly Fisher, Lillian Benson
*Prod.:* Ada Gay Griffin für Third World Newsreel Prod., USA 1995; 90 Min.
*UA:* 20.1.1995, Sundance Film Festival
*Verleih:* -/Filmhaus Stöbergasse OV/-; Oktober 1996

Leben, Wirken und Sterben der afroamerikanischen Dichterin und Schriftstellerin Audre Lorde (1934–1992), die sich als Poetin für die Bewegungen gegen die Diskriminierung von Farbigen, von Frauen und von Schwulen und Lesben eingesetzt hat. Aus Archivmaterial, Interviews und Dichterlesungen anrührend gestaltetes Lebensbild.

## Little Big Boss 607

LITTLE BIG LEAGUE **

Video

*Regie:* Andrew Scheinman
*Darsteller:* Luke Edwards (Bill Heywood), Jason Robards (Großvater Thomas Heywood), Dennis Farina (Trainer O'Farrell), Timothy Busfield (Lou Collins), John Ashton (Mac), Ashley Crow (Jenny), Kevin Dunn (Arthur Coslin), Billy L. Sullivan (Chuck), Miles Feulner (Joey), Jonathan Silverman
*Drehbuch:* Gregory K. Pincus, Adam Scheinman
*Kamera:* Donald E. Thorin (Technicolor)
*Musik:* Stanley Clarke
*Schnitt:* Michael Jablow
*Prod.Des.:* Jeffrey Howard
*Prod.:* Mike Lobell für Castle Rock Ent., USA 1994; 115 Min.
*Vertrieb:* Columbia TriStar Home Video; 6.2.1996
*FSK:* ab 6 J.

12jähriger übernimmt durch Erbschaft die Leitung eines Baseballteams. Den Rest des voraussehbaren Zweistünders erklärt der Titel. Sympathisch, aber nicht sehr geistreich.

## Der Lockvogel 608
L' APPAT ***

*Regie:* Bertrand Tavernier
*Darsteller:* Marie Gillain (Nathalie), Olivier Sitruk (Eric), Bruno Putzulu (Bruno), Richard Berry (Alain), Philippe Duclos (Antoine), Marie Ravel (Karine), Clotilde Courau (Patricia), Jean-Louis Richard (Jean-Claude), Jacky Nercessian (Monsieur Tapiro), Christophe Odent (Laurent)
*Drehbuch:* Colo Tavernier O'Hagan, Bertrand Tavernier, nach dem gleichn. Roman von Morgan Sportes
*Kamera:* Alain Choquart (Farbe)
*Musik:* Philippe Haim
*Schnitt:* Luce Grunenwaldt
*Prod.:* René Cleitman, Frédéric Bourboulon für Hachette Première/Little Bear/France 2 Cinéma/M6 mit Canal Plus, Frankreich 1994; 117 Min.
*UA:* 19.2.1995, Int. Filmfestspiele Berlin, »Wettbewerb«
*Verleih:* MFA/filmladen/Sadfi; 18.1.1996
*FSK:* ab 16, ffr.

Drei Teenager teilen sich eine Pariser Wohnung und träumen von einer Businesskarriere in den USA. Um zu Geld zu kommen, dient das Mädchen als Köder für liebeshungrige, wohlhabende Herren, die dann von den beiden Burschen ausgeraubt, gar getötet werden. Bertrand Taverniers Film will den Verlust aller moralischen Grundwerte zeigen, den fehlenden Realitätsbezug einer entwurzelten Stadtjugend auch, findet aber über ein unbefriedigendes, plakatives Vorzeigen der Symptome nicht hinaus. *Zoom, 4/95*

Der Film über Jugendkriminalität ist eine Art »Pulp Fiction« für Arme, ohne Stars, ohne Innovation. Thema: Die Orientierungslosigkeit der heutigen Jugend, die mangels sozialer Bindungen in sinnloser Gewalt endigt. Bertrand Tavernier ist ein guter Regisseur, aber sein jüngster Film, bieder erzählt nach dem authentischen Fall dreier jugendlicher Raubmörder von Paris, war nicht der beste in Berlin.
*Angie Dullinger, AZ, 21.2.95*

(...) Sowohl emotional als auch räumlich großteils in Distanz zu seinen Figuren konstruiert Tavernier mit großem Respekt vor dem Dargestellten eine kunstvolle Reflexion über den Verlust von ethischen oder moralischen Grenzen zwischen Realität und Fiktion. Ein sowohl politisch aktuelles als auch cineastisch gelungenes Werk. *multimedia*

Fritz Göttler in SZ: 28.3.96; Ulrich Herrmann in: Die Zeit, 19.1.96; Rupert Koppold in: Rheinische Post, 19.1.96; Peter W. Jansen in: Der Tagesspiegel, 17.1.96; Helmut Schmitz in: FR, 18.1.96

## Lord of Illusions 609
LORD OF ILLUSIONS **
Video

*Regie:* Clive Barker
*Darsteller:* Scott Bakula (Harry D'Amour), Kevin J. O'Connor (Philip Swann), Famke Janssen (Dorothea), Vincent Schiavelli (Vinovich), Barry Del Sherman (Butterfield), Sheila Tousey (Jennifer Desiderio), Joel Swetow (Valentin), Joseph Latimore (Caspar Quaid), Susan Traylor (Maureen Pimm), Daniel von Bargen (Nix)
*Drehbuch:* Clive Barker
*Kamera:* Ronn Schmidt (Deluxe)
*Musik:* Simon Boswell
*Schnitt:* Alan Baumgarten
*Prod.Des.:* Stephen Hardie
*Prod.:* JoAnne Sellar, Clive Barker für Seraphim Prod., USA 1995; 108 Min.
*EA:* Fantasy Filmfest 1996
*Vertrieb:* Warner Home Video; 30.8.1996
*FSK:* ab 18 J.

Das ewig Böse, eigentlich tot und begraben, droht, wiederaufzuerstehen. Oberflächliche Story, die mit jeder Menge Effekten notdürftig drapiert wurde: überlanger Grusel-Hokuspokus.
(...) Auch dieses Video unterhält mehr durch Splatter- und sonstige Schaueffekte, als daß es einen mit Furcht erfüllt, zu offensichtlich wird hier das Okkulte als Spektakel profaniert. dabei frönt Barker wie schon in »Hellraiser« wieder ausgiebig seinem Faible für Extrem-Piercing. *Ralph Umard, tip, 18/96*

## Lost In Africa – Das unglaubliche Abenteuer 610
LOST IN AFRICA **
Video

*Regie:* Stewart Raffill
*Darsteller:* Jennifer McComb, Ashley Hamilton, Timothy Ackroyd, Mohammed Nangurai, Harry Precy

*Drehbuch:* Stewart Raffill
*Kamera:* Roger Orlowski (Farbe)
*Musik:* Gary Schyman
*Schnitt:* John Rosenberg
*Prod.Des.:* Fernando Celis
*Prod.:* Stewart Raffill; Kathy Eldon, Charles Mayhew (Ass.-Prod.) für Hotspur Prod. mit Creative Visions/Archview Films, GB 1994; 93 Min.
*Vertrieb:* VPS Video; Dez. 1995
*FSK:* ab 12 J.

Teeniepaar muß sich flüchtend durchs wilde Afrika kämpfen, nachdem seine Touristengruppe vom kriegerischen Stamm überfallen wurde. Ach ja, die Naturschönheiten des schwarzen Kontinents! Und sonst? Blanke Routine und pure Klischees.

## Love and A. 45 611

LOVE & A.45 ***

Video

*Regie:* C.M. Talkington
*Darsteller:* Gil Bellows (Watty Watts), Renee Zelweger (Starlene Cheatham), Rory Cochrane (Billy Mack Black), Jeffrey Combs (Dino Bob), Jace Alexander (Creepy Cody), Michael Bowen (Ranger X), Peter Fonda (Vergil), Ann Wedgeworth, Tammy Le Blanc (Stipper), Jack Nance
*Drehbuch:* C.M. Talkington
*Kamera:* Tom Richmond (Farbe)
*Musik:* Tom Verlaine
*Schnitt:* Bob Ducsay
*Prod.Des.:* Deborah Pastor
*Prod.:* Darin Scott, Mark Amin, Andrew Hirsch für Trimark Pic., USA 1994; 101 Min.
*EA:* Viennale 1995
*Vertrieb:* BMG Video; 28.5.1996
*FSK:* ab 18 J.

(...) Geschickt kombiniert Talkington chinesische und amerikanische Kinokonventionen bei der zunehmend grotesken Tour de force eines jungen Pärchens auf der Flucht vor Texas-Rangern, Gangstern und Drogen-Freaks. Die gute Besetzung (Peter Fonda ist in einer Nebenrolle als sprachbehinderter Späthippie zu sehen), der schwarze Humor, einige schöne Bildmetaphern und Montagen sowie der Soundtrack vom ehemaligen »Television«-Frontmann Tom Verlaine unterstreichen den gelungenen Gesamteindruck dieses blutrünstigen Schauermärchens, in dem Texas wieder einmal als Heimat schießwütiger Waffennarren und sadistischer Psychopathen protrâtiert wird. (...)

*Ralph Umard, tip, 12/96*

Von der ganzen Bande von Möchtegern-Tarantino-Nachfolgern ist »Love and A.45« der einzige seriöse, ja durchaus ebenbürtige Anwärter auf einen Platz im Himmelreich. Grell, schnell, überdreht, bunt – aber mit Herz und großartigen Darbietungen des enthusiastischen Ensembles.

*Vernon Cook, nach Katalog Viennale*

## Love Bites 612

LOVE BITES **

TV

*Regie:* Malcolm Marmorstein
*Darsteller:* Adam Ant (Zachary Simms), Kimberly Foster (Kendall Gordon), Roger Rose (Dwight Putnam), Michelle Forbes (Nerissa), Philip Bruns (Vinnie Helsting)
*Drehbuch:* Malcolm Marmorstein
*Kamera:* Stephen Lighthill (Farbe)
*Musik:* Mark Koval
*Prod.:* USA 1992; 94 Min.
*TV:* 11.6.1996, Premiere, 22.15

Untauglicher Versuch, dem Vampirfilm neue Momente abzugewinnen.

## Love Game – Countdown ins Paradies 613

**

*Regie:* Mike Eschmann
*Darsteller:* Kathrin Brenk, Bruno Cathomas, Ursina Lardi, Christian Weinberger, Oliver Krättli
*Drehbuch:* Robert Cavegn, Mike Eschmann, Gion Cavelty
*Kamera:* Hidekazu Gondoh, David Teply (Farbe)
*Musik:* Siegfried Friedrich, Märdoh Schagrä, Richard Silver
*Schnitt:* Valentin Spirik
*Prod.:* E.A. Räber für on the rocks, Schweiz 1995; 73 Min.
*Verleih:* -/-/Eigenverleih; November 1996

Auf der Welle des Computer- und Internet-Booms mitschwimmend erzählt dieser Film reichlich holprig von einem vierzehnjährigen Mädchen, daß sich (s)ein Leben (und die Liebe) per Datenhelm in einer künstlichen Realität simulieren läßt, um die Hindernisse der Wirklichkeit – verständnislose und machthungrige Erwachsene – wenigstens im virtuellen Raum umgehen zu können. Der Inhalt kann trotz moderner Verfremdungstechniken nicht mit diesen mithalten und der internationale Anspruch, das schlecht geführte Ensemble sowie der fehlende Erzählrhythmus muten äußerst amateurhaft an.

*Zoom, 12/96*

## Love Twist 614

DUE VOLTE VENT ANNI □

TV

*Regie:* Livia Giampalmo
*Darsteller:* Mariangela Melato (Marianna), Valeria Milillo (Arianna), Alessandro Gassman (Dominique), Jean-Francois Stevenin (Bernard), Erick Deshors (Gregoire), Carole Franck (Mireille)
*Prod.:* Italien 1995; 95 Min.
*TV:* 8.7.1996, Vox, 20.00

Arianna steht kurz vor ihrer Hochzeit mit Gregoire, dem Sohn einer gutbürgerlichen Familie. Sie glaubt, auf diese Weise dem hohen Erwartungsdruck ihres Elternhauses zu entkommen. Bei dem harmonischen Familientreffen beobachtet das Brautpaar bei einem Spaziergang mit der Schwiegermutter zufällig Ariannas Vater mit seiner heimlichen Geliebten.

## Lovers 615

***

TV

*Regie:* Xaver Schwarzenberger
*Darsteller:* Michaela May (Lavinia), Erwin Steinhauer (Jakob), Kathrin Grumeth (Theres), Katharina Kanter (Kati), Judith Holzmeister (Lydika), Wolfgang Gasser (Dr. Happich), Ludwig Hirsch, Christian Futterknecht, Bruno Maccallini, Diego Wallraff
*Drehbuch:* Ulli Schwarzenberger
*Kamera:* Xaver Schwarzenberger (Farbe)
*Musik:* Mathias Rüegg
*Schnitt:* Ulli Schwarzenberger
*Prod.:* ORF/ZDF, Österreich/BRD 1996; 89 Min.
*TV:* 28.10.1996, ZDF, 19.25

(…) Um ihrem Gatten Jakob, den sie beim Seitensprung ertappt und mit beiden Töchtern kurzerhand verlassen hat, die Scheidung abzutrotzen, kündigt ihm Lavinia an, sich bei zehn Liebhabern schadlos zu halten. Es gelingt ihr gerade mal bei einem – und der versprach sich nur ein flüchtiges Abenteuer. Ein paar Ideen mehr und der Mut, die eigentlichen Konflikte etwas prägnanter zu präsentieren, statt unnötiger Komik, die gelegentlich in Bauernschwank-Untiefen plumpste, dann hätte dies ein pfiffiges Scheidungsdrama mit dem nötigen Hauch von Realität werden können. So war's ein blendend fotografiertes, größtenteils kurzweiliges Fernsehspiel zum schnellen Verzehr. *W.O.P. Kistner, AZ, 29.10.96*

## Lucky im Glück 616

PAST THE BLEACHERS ***

TV

*Regie:* Michael Switzer
*Darsteller:* Richard Dean Anderson (Bill Parish), Barnard Hughes (Godfrey), Glynnis O'Connor (Harper), Ken Jenkins (Hilton Burburry), Grayson Fricke (Lucky), Noah Fleiss (Charlie), Jenny Krochmal (Melissa), Jennifer-Maria Thompson (Jill), Harvey Reaves (Jamie), Michael Martin
*Drehbuch:* Don Rhymer, nach dem Roman von Christopher A. Bohjalian
*Kamera:* William Wages (Farbe)
*Musik:* Stewart Levin
*Schnitt:* Mark W. Rosenbaum
*Prod.Des.:* Charles C. Bennett
*Prod.:* Alan Jacobs; James T. Davis (Line-Prod.), USA 1995; 89 Min.
*TV:* 10.9.1996, Premiere, 20.15

Bill und Harper Parish leiden unter dem tragischen Krebstod ihres einzigen Sohnes. Dann freundet sich Bill als Jugend-Baseballtrainer mit dem taubstummen Außenseiter Lucky an, der sich schnell als Baseball-Naturtalent entpuppt.

## Lügen haben lange Beine 617

THE TRUTH ABOUT CATS AND DOGS ***

*Regie:* Michael Lehmann
*Darsteller:* Uma Thurman (Noelle), Janeane Garofalo (Abby), Ben Chaplin (Brian), Jamie Foxx (Ed), James McCaffrey (Roy), Richard Coca (Eric), Stanley DeSantis (Mario, Antoinette Valenty, Mitch Rouse

*Drehbuch:* Audrey Wells
*Kamera:* Robert Brinkman (Farbe)
*Musik:* Howard Shore
*Schnitt:* Stephen Semel
*Prod.Des.:* Sharon Seymour
*Prod.:* Cari-Esta Albert für Noon Attack/
20th Century Fox, USA 1996; 97 Min.
*UA:* 26.4.1996, New York
*EA:* Filmfest München 1996
*Verleih:* 20th Century Fox/dto./dto./
20th Century Fox Home Video; 29.8.1996
*FSK:* ab 6, ffr. – *FBW:* Wertvoll

Eine erfolgreiche, körperlich etwas klein geratene Radiomoderatorin mit charmanter Stimme, Witz und Intelligenz, aber wenig Zutrauen in ihre weibliche Ausstrahlung, schickt ein befreundetes Fotomodell vor, als ein Verehrer sie leibhaftig kennenlernen will. Romantische Verwechslungs- und Liebeskomödie um das Konstrukt der »perfekten Frau«, die trotz guter Dialoge und Ideen ihr Thema – die falschen Bilder im Kopf – verschenkt. Routiniert, aber ohne Mut zum Risikio inszeniert. *Zoom, 10/96*

Heiko R. Blum in: Rheinische Post, 30.8.96; W.O.P. Kistner in: AZ, 29.8.96; Rupert Koppold in: Stgt. Zeitung, 29.8.96; Till Müller-Edenborn in: Kölner Stadt-Anzeiger. 31.8.96; Angela Schmitt-Gläser in: FR, 28.8.96

## Lügen und Geheimnisse 618

SECRETS AND LIES ***

*Regie:* Mike Leigh
*Darsteller:* Timothy Spall (Maurice), Phyllis Logan (Monica), Brenda Blethyn (Cynthia), Claire Rushbrook (Roxanne), Marianne Jean-Baptiste (Hortense)
*Drehbuch:* Mike Leigh
*Kamera:* Dick Pope (Farbe)
*Musik:* Andrew Dickson
*Schnitt:* John Gregory
*Prod.Des.:* Alison Chitty
*Prod.:* Simon Channing-Williams für Ciby 2000, GB/Frankreich 1996; 142 Min.
*UA:* Int. Filmfestspiele Cannes 1996
*EA:* Filmfest München 1996
*Verleih:* Pandora/Stadtkino/Rialto/Arthaus Video; 12.9.1996 – *FSK:* ab 12, ffr.

*Marianne Jean-Baptiste und Claire Rushbrook*

Porträt einer weißen Arbeiterfamilie in London. Die ledige Mutter, die mit ihrer 21jährigen Tochter mehr schlecht als recht zusammenlebt, erfährt am Telefon von der Existenz einer weiteren Tochter schwarzer Hautfarbe. Die beiden treffen sich und langsam entwickelt sich eine Beziehung, die auf Wahrheit und Respekt gründen soll. Überlanger, melodramatischer Film, der nicht an die früheren Arbeiten des Regisseurs heranreicht und dessen Hauptaussage darin besteht, daß man wieder vermehrt miteinander sprechen soll. *Zoom, 9/96*

(...) Mike Leigh hat hier nach eigenem Drehbuch einen menschlich bewegenden, in der Erfassung des Lebens kleiner Leute voll überzeugenden und großartig gespielten Film geschaffen. *multimedia*

Frank Arnold in: Kölner Stadt-Anzeiger, 14.9.96; Peter Buchka in: SZ, 12.9.96; Angie Dullinger in: AZ, 12.9.96; Christiane Peitz in: Die Zeit, 13.9.96; Frank Schnelle in: tip, 19/96; Josef Schnelle in: FR, 11.9.96; Ruprecht Skasa-Weiß in: Stgt. Zeitung, 12.9.96; Willi Winkler in: Die Zeit, 27.9.96

## Die Macht des Schwertes 619

BUTTERFLY AND SWORD/COMET, BUTTERFLY AND SWORD *

Video

*Regie:* Chi Li Tang
*Darsteller:* Michelle Khan, Joey Wong, Tony Leung, Jimmy Lin, Donnie Yen
*Kamera:* (Farbe)
*Prod.:* Hongkong 1993; 83 Min.
*Vertrieb:* Splendid Video; 28.10.1996
*FSK:* ab16 J.

Schwertkämpferin soll im 18. Jahrhundert das Reich eines Provinzfürsten retten. Mit Romantikkitsch verbrämtes Schwertkampffilmchen.

## Madame Butterfly 620

MADAME BUTTERFLY ***

*Regie:* Frédéric Mitterand
*Darsteller:* Ying Huang (Butterfly), Richard Troxell (Pinkerton), Ning Liang (Suzuki), Richard Cowan (Sharpless), Jing Ma Fan (Goro)
*Drehbuch:* Frédéric Mitterand, nach der gleichn. Oper von Giacomo Puccini
*Kamera:* Philippe Welt (Farbe)
*Musik:* G. Puccini, musikalische Leitung James Conlon
*Schnitt:* Luc Barnier
*Prod.Des.:* Michael Glotz, Daniel Zalay
*Prod.:* Daniel Toscan du Plantier, Pierre-Olivier Bardet für Erato/Idéaleaudience/Imalyre-VTCOM/France 3 Cinéma/Sony Classical/Samsung Nices/Canal Plus/BBC/S4C/ZDF, Frankreich 1995; 135 Min.
*EA:* Filmfest München 1996
*Verleih:* MFA/-/-/Columbia TriStar Home Video; 15.8.1996
*FSK:* ab 12 J.

»Madame Butterfly« wurde für 35 Mio. Francs in Tunesien gedreht, nur die Musikaufnahmen entstanden in den Pariser Studios von Radio France. Vom Typ her handelt es sich bei Mitterands Werk genau wie im Fall »Don Giovanni« nicht um eine verfilmte Oper, sondern um einen echten Opernfilm – vergleichbar mit Ingmar Bergmans »Zauberflöte«, Francesco Rosis »Carmen« oder auch »Carmen Jones« von Otto Preminger». *Lorenz Winter, Filmecho*

## Das Mädchen Rosemarie 621

****

Video

*Regie:* Bernd Eichinger
*Darsteller:* Nina Hoss (Rosemarie Nitribitt), Til Schweiger (Nadler), Heiner Lauterbach (Hartog), Katja Flint (Christine), Hannelore Elsner (Marga), Mathieu Carrière (Fribert), Heinrich Schafmeister (von Oelsen), Horst Krause (Bruster)
*Drehbuch:* Bernd Eichinger, Uwe Wilhelm
*Kamera:* Gernot Roll (Farbe)
*Musik:* Norbert Schneider
*Schnitt:* Alex Berner
*Prod.Des.:* Harald Turzer, Thomas Freudenthal
*Prod.:* Bernd Eichinger, Uschi Reich für Constantin Film für Sat.1, BRD 1996; 134 Min.
*UA:* Int. Hofer Filmtage 1996
*Vertrieb:* Taurus Video
*TV:* 13.12.1996, Sat.1, 20.00

Ohne Zweifel ist das ein respektabler Film von Bernd Eichinger, mit jener Mischung aus naiver Begeistung, blitzschnellem Erfolgskalkül und kluger Besetzungsstrategie, die seine Produzentendynamik ausmacht, in professioneller Handwerksicherheit inszeniert: »Das Mädchen Rosemarie« als spannender Krimi über Geld, Macht und Sex – ein Fressen für Schauspieler.
Doch der authentische Adenauer-Mief der Wirtschaftswunderjahre steckt nur im äußeren Dekor – er wurde (egal ob bewußt oder unbewußt) neutralisiert zu einem dekorativen Nuttenmelodram in der genießenden Raff- und Dünkelklasse.
Diese Figuren bewegen sich sehr modern in einem zeitlosen luftleeren Raum, in dem der Tabubruch der sexuellen Revolution längst stattgefunden hat und in dem eine liebeskranke Gossenfee die Welt zum Duell fordert.
Wie Nina Hoss diesen Film prägt, das ist auf jeden Fall eine heiße Nummer: Sie kann lächeln wie ein Engel, kann aggressiv die Zähne blecken wie ein Pferd und dämlich grinsen wie eine Barbiepuppe; sie gibt der Schönheit einen ordinären Zug von Lebensgier und der teuren Haute couture die halbseidene Blondinen-Lockpose. (…)

*Die gesamte Mischpoke in ›Das Mädchen Rosemarie‹ von Bernd Eichinger*

Ein Arsenal von schicksalhaften Begegnungen im effektvollen Kamera-Visier von Gernot Roll. Und zwischendurch vier fette Werbeblöcke.
Aus den Kultfilmen von gestern wird der Remake-Kult von morgen, und unbelastet von Zeitgeistlegenden genießt das Event-dürstende neue Publikum »German Classics« als nagelneues, perfektes Konsumkino. *Ponkie, AZ. 16.12.96*

»Bei Thiele war die Geschichte der Nitribitt eine lederne Satire, bei Eichinger ist sie ein Pseudo-Visconti mit eingebautem Schmockzerstäuber, ein Fall für Peek & Cloppenburg und Loden-Frey«, meinte dazu Andreas Kilb in »Die Zeit«, Nr. 51/96

## Madregilda 622

MADREGILDA ***

TV

*Regie:* Francisco Regueiro
*Darsteller:* José Sacristan (Longinos), Juan Echanove (Franco und sein Doppelgänger), Barbara Auer (Madregilda/Angeles), Sandra Rodriguez (Limpia), Israel Biedma (Manuel), Kamel Chérif (Hauma), Antonio Gamero (Militärpfarrer Eierchen), Juan Luis Galiardo, Fernando Rey, Rafael Diaz
*Drehbuch:* Angel Fernandez-Santos, Francisco Regueiro
*Kamera:* José Luis Lopez Linares (Farbe)
*Musik:* Jürgen Knieper
*Schnitt:* Pedro del Rey
*Prod.:* Road Movies/Tornasol/Gemini/ZDF/Arte/Canal Plus Espania, BRD/Spanien/Frankreich 1993; 99 Min.
*TV:* 29.4.1996, Arte, 22.30, OmU

(...) Der Film ist ein humorvolles, menschliches Drama vom alltäglichen Kampf zwischen Gehorsam und Aufbegehren und von Spaniern, die ihre Verbundenheit mit der freien Welt auf Fantasien wie »Gilda« projizieren. Die Aura von Rita Hayworth, die mit dem Film »Gilda« zur erotischsten Frau der 40er Jahre wurde, schuf in Spanien ihren eigenen speziellen Mythos.
*Pressetext*

## Magic Island 623

MAGIC ISLAND **

Video

*Regie:* Sam Irvin
*Darsteller:* Zachery Ty Bryan (Jack), Edward Kerr (Prince Morgan), Lee Armstrong, French Stewart, Jessie-Ann Friend (Lilli)
*Drehbuch:* Neil Ruttenberg, Brent v. Friedman

*Kamera:* James Lawrence Spencer (Farbe)
*Musik:* Richard Band
*Schnitt:* Margaret-Anne Smith
*Prod.:* Debra Dion, Albert Band für Moonbean, USA 1995; 85 Min.
*Vertrieb:* CIC Video; Febr. 1996
*FSK:* o.A.

»Die unendliche Geschichte« im Readers-Digest-Format: Kleiner Junge flieht aus der Realität in die Fiktion eines Buches. Mit sparsamen Mitteln inszenierter Kinderfilm, der durch ein paar absurde Schlenker überrascht.

Jochen Rack in: film-dienst, 9/96

## Magic Kid II 624

MAGIC KID II **
TV

*Regie:* Stephen Furst
*Darsteller:* Stephen Furst (Onkel Bob), Ted Jan Roberts (Kevin Ryan), Don Gibb (Luther), Howie Mandel (Moe), Jennifer Savidge (Suzanne), William Daniels (Manny), Dana Barron (Maggie), Don Gibb, Hugo Napier, Susan Angelo
*Drehbuch:* Stephen Furst
*Kamera:* Ken Blakey (Farbe)
*Musik:* Jim Halfpenny
*Schnitt:* Geraint Bell, John E. Hensel, Chris Worland
*Prod.Des.:* Steve Ramos
*Prod.:* Joseph Merhi, Richard Pepin für PM Ent., USA 1994; 87 Min.
*TV:* 26.12.1995, RTL, 17.10
*FSK:* ab 12 J.

Der zwölfjährige Kevin Ryan, Karate-Champion und Hollywood-Star, spielt in der Serie »Ninja Boy« die Hauptrolle. Als er beschließt, die Serie zu verlassen, um ein ganz normales Leben zu führen, beginnen eine Reihe von turbulenten Abenteuern. *Pressetext*

## Magic Matterhorn 625

***

*Regie:* Anka Schmid
*Drehbuch:* Anka Schmid
*Kamera:* Ciro Cappellari (Farbe)
*Musik:* Ben Jeger
*Schnitt:* Inge Schneider
*Prod.*. Mano/Insert mit SF DRS, Schweiz 1995; 87 Min.
*Verleih:* -/-/Filmcooperative; Februar 1996

Personen aus Zermatt, Touristinnen und Touristen aus aller Welt sowie ein in den USA geborener und dort lebender Schweizer, der die Schweiz liebt und gerne jodelt, geben Auskunft über ihre Definition von Heimat und ihre Beziehung zum mythisch aufgeladenen Berg. Die Interviews werden ergänzt durch Impressionen vom Matterhorn, von animierten Sequenzen und Auftritten der Geschwister Pfister. Die Regisseurin befragt die Leute mit Respekt, hakt leider aber selten nach. Ihr Dokumentarfilm ist amüsant und in der Gegenüberstellung der verschiedenen Antworten facettenreich, verliert allerdings bald an Intensität. *Zoom, 2/96*

## Magic Murder 626

WITCH HUNT ***
Video

*Regie:* Paul Schrader
*Darsteller:* Dennis Hopper (H.Philip Lovecraft), Penelope Ann Miller (Kim Hudson), Eric Bogosian (Larson Crockett), Sheryl Lee Ralph (Hypolita Kropotkin), Julian Sands (Finn Macha)
*Drehbuch:* Joseph Dougherty
*Kamera:* Mark Gutterud (Farbe)
*Musik:* Angelo Badalamenti
*Prod.:* Michael Joyce für Pacific Western Prod./HBO, USA 1994; 94 Min.
*Vertrieb:* 20th Century Fox Home Video; April 1996
*FSK:* ab 12 J.

Hochkarätig besetzter Fantasy-Thriller um einen Detektiv, der in einem Mordfall auf die Spur eines zwielichtigen Zauberers stößt.
»Der Film funktioniert einerseits als klassischer Film noir, wenn Lovecraft in einem Labyrinth aus Mord und schwarzer Magie herumstochert, andererseits als Parodie auf die kollektive Paranoja der Zeit« meinte Frank Arnold im tip dazu.

## Mall Rats 627

MALL RATS **
Video

*Regie:* Kevin Smith
*Darsteller:* Shannen Doherty (Rene), Jeremy London (T.S. Quint), Jason Lee (Brodie), Claire Forlani (Brandi Svenning), Michael Rooker (Vater Svenning), Priscilla Barnes (Ivannah), Ben Affleck, Jay Lauren Adams,

Renee Humphrey, Jason Mewes
*Drehbuch:* Kevin Smith
*Kamera:* David Klein (Deluxe)
*Musik:* Ira Newborn
*Schnitt:* Paul Dixon
*Prod.Des.:* Dina Lipton
*Prod.:* James Jacks, Sean Daniel, Scott Mosier für Alphaville/View Askew für Universal, USA 1995; 95 Min.
*UA:* 20.10.1995
*Vertrieb:* CIC Video; August 1996
*FSK:* ab 16 J.

Zwei US-Teenie-Boys bekommen von ihren Freundinnen – zu Recht – den Laufpaß und hängen in einem Einkaufszentrum herum. Dünndialoge, filmisch unbedarft und schlicht langweilig.

## Man with a Gun 628

MAN WITH A GUN **

Video

*Regie:* David Wyles
*Darsteller:* Michael Madsen (John Hardin), Jennifer Tilly (Rena/Kathy), Gary Busey (Jack Rushton), Robert Loggia (Philip Marquand), Ian Tracey (Roy Burchill), Bill Cobbs (Henry Griggs)
*Drehbuch:* Laurie Finstad-Knizhik, nach dem Roman »The Shroud Society« von High C. Rae
*Kamera:* Jan Kieser (Farbe)
*Musik:* George Blondheim
*Schnitt:* Lenka Svab
*Prod.Des.:* Michael Joy
*Prod.:* Robert K. MacLean für Northwood Pic., USA 1995; 100 Min.
*UA:* Vancouver Film Festival 1995
*Vertrieb:* VMP Video; 18.10.1996
*FSK:* ab 18 J. (gekürzte Fassung, 88 Min., ab 16 J.)

Ein melancholischer Profikiller, eine Computer-Diskette und eine Handvoll Mordintrigen – fertig ist der einfallslose, wenngleich gut besetzte C-Movie-Thriller.

## Manchmal kommen sie wieder II 629

SOMETIMES THEY COME BACK AGAIN **

Video

*Regie:* Adam Grossman
*Darsteller:* Michael Gross (Jon Porter), Alexis Arquette (Tony Reno), Hilary Swank (Michelle Porter), W. Morgan Sheppard (Father Roberts), Jennifer Elise Cox (Jules Martin), Gabriel Dell
*Drehbuch:* Guy Ridel, Adam Grossman
*Kamera:* Christopher Baffa (Farbe)
*Musik:* Peter Manning Robinson
*Schnitt:* Stephen Myers
*Prod.:* Michael Meltzer für Trimark Pic., USA 1995; 94 Min.
*Vertrieb:* BMG Video; 30.9.1996
*FSK:* ab 18 J.

Von Psychologen einst getötete Mörderbande ersteht von den Toten auf und bedroht dessen Tochter. Und ein Horrorklischee jagt das andere.

René Claßen in: film-dienst, 22/96

## Der Mann im Mond 630

THE MAN IN THE MOON ***

TV

*Regie:* Robert Mulligan
*Darsteller:* Sam Waterston (Matt Trant), Tess Harper (Abigail Trant), Gail Strickland (Marie Foster), Reese Witherspoon (Dani Trant), Emily Warfield (Maureen Trant), Jason London (Court Foster), Bentley Mitchum (Billy Sanders), Ernie Lively (Will Sanders), Dennis Lettis (Doc White)
*Drehbuch:* Jenny Wingfield
*Kamera:* Freddie Francis (Eastmancolor)
*Musik:* James Newton Howard
*Schnitt:* Trudy Ship
*Prod.:* Mark Rydell für Mark Rydell Prod./-MGM-Pathé, USA 1991; 99 Min.
*UA:* 5.9.1991, Boston Film Festival
*EA:* Filmfest München 1993
*TV:* 16.5.1996, RTL2, 20.15

Der Film handelt eher vom Lebendigwerden als vom Erwachsenwerden. Er konzentriert sich auf drei junge Leute, die ungeduldig und erwartungsvoll aufwachsen; er handelt von der Zeit, in der die Gefühle sehr intensiv sind und die erste Liebe sich wie ein Wunder anfühlt'. *Robert Mulligan nach Katalog Filmfest München 1993*

## Der Mann, der die Sterne macht 631

L' UOMO DELLE STELLE ****

*Regie:* Giuseppe Tornatore
*Darsteller:* Sergio Castellitto (Joe Morelli), Tiziana Lodato (Beata), Franco Scaldati (Brigadiere Mastropaolo), Leopoldo Triste (Der Stumme), Clelia Rondinella (Annas

Mutter), Tano Cimarosa, Nicola Di Pinto, Costantino Carrozza, Jane Alexander, Tony Sperandeo
*Drehbuch:* Giuseppe Tornatore, Fabio Rinaudo
*Kamera:* Dante Spinotti (Farbe)
*Musik:* Ennio Morricone
*Schnitt:* Giuseppe Tornatore, Massimo Quaglia
*Prod.:* Vittorio & Rita Cecchi Gori für CGG Tiger/Sciarlo mit RAI, Italien 1995; 106 Min.
*UA:* 6.9.1995, Int. Filmfestspiele Venedig
*EA:* Filmfest München 1996
*Verleih:* prokino/filmladen/Focus/VCL Video; 11.7.1996
*FSK:* ab 12, ffr.

Ein sympathischer Scharlatan zieht in den fünfziger Jahren in Sizilien von Ort zu Ort und weckt große Träume: Er gibt sich als Talentsucher für ein römisches Filmstudio aus und macht gegen Entgelt Probeaufnahmen von allen möglichen Leuten. Giuseppe Tornatore bringt wunderbare, poetische, ernste und traurige Szenen auf die Leinwand – Episoden, in denen die vom Geld und Glück Träumenden, meist frontal zur Kamera, Geschichten erzählen. Eine berührende Reflektion über das Kino und dessen Glanz, doch als hätte der Regisseur der Kraft all der kleinen Storys nicht getraut, läßt er seinen Film zum Schluß enttäuschende Kapriolen schlagen und tragisch enden. *Zoom*

Alice Agneskirchner in: Der Tagesspiegel, 12.7.96; Sebastian Feldmann in: Rheinische Post, 12.7.96; Ulrich Herrmann in: Die Zeit, 12.7.96; Heike Kühn in: FR, 12.7.96; Anke Sterneborg in: SZ, 12.7.96

*Sergio Castellitto als ›Der Mann, der die Sterne machte‹ von Guiseppe Tornatore*

## Manneken Pis 632

MANNEKEN PIS ***

*Regie:* Frank Van Passel
*Darsteller:* Frank Vercruyssen (Harry Dewilde), Antje De Boeck (Jeanne), Ann Peterson (Denise), Stanny Crets (Bert), Wim Opbrouck (Desire), Guy Dermul (Gigi)
*Drehbuch:* Christophe Dirickx
*Kamera:* Jan Vancaillie (Farbe)
*Musik:* Noordkaap
*Schnitt:* Karin Van Vaerenberg
*Prod.Des.:* Johan Van Essche
*Prod.:* Dirk Impens, Rudy Verzyck für Favourite Films mit Fonds Film in Vlaanderen/BRTN/Nationale Loterij, Belgien 1994; 92 Min.
*Verleih:* -/-/Monopole Pathé; Mai 1996

Eine kleine, feine und leicht schräge Liebesgeschichte aus Brüssel. Sie handelt vor allem davon, wie man sich verliebt, im gleichen Haus lebt und trotzdem nicht zusammenkommt. Der Film findet dank einigen reizenden Einfällen, einigen linkisch-witzigen Dialogen und dem lauschigen Soundtrack der flandrischen Rockgruppe Noordkaap über weite Strecken zu einer romantisch-verspielten Stimmung, verliert gegen Ende jedoch an Stringenz.
*Zoom, 5/96*

## Männerpension 633

****

*Regie:* Detlev Buck
*Darsteller:* Til Schweiger (Rüdiger Steinbock), Detlev Buck (Gerhard Hammerer, gen. Hammer-Gerd), Marie Bäumer (Emilia Bauer), Heike Makatsch (Maren Krummsieg), Gideon Singer (Opa Steinbock), Leander Haußmann (Dr. Fazetti), Ignaz Kirchner (Mohrmann), Erwin Schaffner (Halskrause), Walter Jacob (Amtmann)
*Drehbuch:* Eckhard Theophil, Detlev Buck
*Kamera:* Slawomir Idziak (Farbe)
*Musik:* Detlef Petersen
*Schnitt:* Peter Adam
*Prod.Des.:* Axel Nocker
*Prod.:* Claus Boje für Boje Buck Prod. mit WDR, BRD 1995; 94 Min.

*Detlev Buck, Heike Makatsch und Til Schweiger in ›Männerpension‹*

*Verleih:* Delphi/Constantin/Buena Vista; 1.2.1996
*FSK:* ab 12, ffr. – *FBW:* Besonders wertvoll

Zwei Kleinganoven wollen es während eines Hafturlaubs so richtig krachen lassen. Während Hammer-Gerd sich bis über beide Ohren verknallt, muß Steinbock um die Gunst der Dame kämpfen. Auch wenn beide bald wieder hinter Gittern landen, die Liebe bleibt. Detlev Buck (spielt den Hammer-Gerd) inszeniert eine schräg-derbe Knast-Komödie mit originellen Einschüben und einer Garde erfrischender Schauspieler.

*Margret Köhler*

Sebastian Feldmann in: Rheinische Post, 2.2.96; Thomas Klingenmaier in: Stgt. Zeitung, 1.2.96; Peter Körte in: FR, 1.2.96; Christiane Peitz in: Die Zeit, 9.2.96; Christian Seebaum in: Kölner Stadt-Anzeiger, 3.2.96; Anke Sterneborg in: SZ, 1.2.96; Christoph Terhechte in: tip, 3/96

## Margaret's Museum 634

MARGARET'S MUSEUM ****

*Regie:* Mort Ransen
*Darsteller:* Helena Bonham Carter (Margaret), Clive Russell (Neil), Craig Olejnik (Jimmy), Kate Nelligan (Catherine), Kenneth Welsh (Angus), Andrea Morris, Peter Boretski, Barry Dunn, Norma Dell'Agnese, Glenn Wadman
*Drehbuch:* Mort Ransen, Gerald Wexler, nach dem Erzählband »The Glace Bay Miner's Museum« von Sheldon Currie
*Kamera:* Vic Sarin (Farbe)
*Musik:* Milan Kymlicka
*Schnitt:* Rita Roy
*Prod.Des.:* William Fleming, Emanuel Jannasch, David McHenry
*Prod.:* Mort Ransen, Christopher Zimmer, Claudio Luca, Steve Clark-Hall für Ranfilm/Imagex/Tele-Action/Skyline mit Telefilm Canada/British Screen Finance/National Film Board of Canada/Nova Scotia Film, Kanada/GB 1995; 114 Min.
*EA:* Filmfest München 1996
*Verleih:* -/-/Rialto; Dezember 1995

Eine dramatische, emotional anrührende Geschichte aus dem Bergbaugebiet von Nova Scotia an der Ostküste Kanadas: Die junge Margaret, deren Vater und älterer Bruder in den Gruben umkamen, heiratet in der Hoffnung auf eine gemeinsame Zukunft einen Außenseiter. Materielle Not zwingen

*Clive Russell und Helena Bonham Carter*

jedoch ihren Mann und ihren jüngeren Bruder zur Arbeit im Schacht, wo beide gleichen Tags getötet werden. Auf diese Tragödie reagiert Margaret mit einer grausigen Tat: Sie schneidet den Leichen Glieder ab und stellt sie in ihrem Haus zur Schau – ein ohnmächtiger Protest gegen die Vernachlässigung der Sicherheitsmaßnahmen durch profitgierige Grubenbesitzer. Der beachtlich gespielte Film schwankt zu unentschieden zwischen sozialer Anklage und Melodram. *Zoom*

## Marked Man 635

MARKED MAN **

Video

*Regie:* Marc Voizard
*Darsteller:* Roddy Piper (Frank Gibson), Miles O'Keeffe (Vince Mallick), Jane Wheeler (Kate Gallagher), Alina Thompson, Christopher Bolton
*Drehbuch:* Thomas Ritz
*Kamera:* Stephen Reizes (Farbe)
*Musik:* Marty Simon
*Schnitt:* Robert E. Newton
*Prod.Des.:* Csaba Andras Kertesz
*Prod.:* Pierre David, Stefan Wodoslawsky für Allegro Films/Image Org., USA 1995; 90 Min.
*Vertrieb:* Starlight Video; 23.10.1996
*FSK:* ab 18 J.; gekürzte Fassung 89 Min. ab 16 J.

Häftling wird Zeuge, wie zwei Wärter einen Gefangenen ermorden und muß aus dem Gefängnis fliehen. Zwischen hanebüchen und absehbar-anspruchsloseste Action.

## Markus Jura Suisse – Der verlorene Sohn 636

***

*Regie:* Edgar Hagen
*Drehbuch:* Edgar Hagen, Kaspar Thomas Linder
*Kamera:* Hans-Peter Ulrichs, Jörg Bühlmann, Patrick Becker (Farbe)
*Musik:* Christopher Tree, Roger Siffer, François de Boisvallée
*Schnitt:* Edgar Hagen, Hans-Peter Giuliani, Patrick Becker, Guido Krajewski
*Prod.:* Edgar Hagen, Kaspar Thomas Linder für Hagen/Linder, Schweiz 1996; 81 Min.
*Verleih:* -/-/Camera Obscura; Dezember 1996

In Gesprächen mit dem früheren Kunstmaler Markus Schneider, der sich heute Markus Jura Suisse nennt, mit Mitgliedern von dessen Familie, Freunden und anderen Personen, die ihn kennengelernt haben, sowie mit Behördenvertretern entwirft der Dokumentarfilmer Edgar Hagen das Bild eines Aussteigers und Gesellschaftsverweigerers, der in freigewählter Armut ein urchristlich geprägtes Vagabundenleben führt, über dessen Motive und Konsequenzen er sich und andern Rechenschaft ablegt. *Zoom, 12/96*

## Marocain 637

***

TV

*Regie:* Elfi Mikesch
*Darsteller:* Eva Lehmann (Malika, die Mutter), Traute Hoess (Charlotte), Abdelhadi El Aidi (Malikas Geliebter), Fathma Zohra (Erzählerin), Aicha Bent Hassan (Hadisi), Mohammed Abou Ahmed (Erzähler), M. Blanche (Ariane), Ahmed Sharaf (Mann mit Brot), Brahim Bou Djema
*Drehbuch:* Elfi Mikesch
*Kamera:* Elfi Mikesch (Farbe)
*Schnitt:* Britta Pohland

*Prod.Des.:* Uta Reichardt
*Prod.:* Hyäne Film, BRD 1989; 87 Min.
*UA:* Int. Filmfestspiele Berlin, 1990
*TV:* 15.1.1996, ZDF, 0.00

Zwei Frauen und Marokko. Die Suche nach Nähe und das unvermeidlich tödliche Ende des Lebens. Die Beziehung zwischen Mutter und Tochter: eng, aber nicht nah und obwohl vertraut, doch fremd. Das Alter und die Liebe. All die Tabus, die damit hier verbunden sind, und ein Land, in dem die Grenzen anders verlaufen.

## Martha, Ruth und Edie 638

MARTHA, RUTH AND EDIE ***

TV

*Regie:* Norma Bailey, Daniele J. Suissa, Deepa Metha Saltzman
*Darsteller:* Jennifer Dale (Martha), Andrea Martin (Ruth), Margaret Langrick (junge Edie), Lois Maxwell (ältere Edie), Jeff Christensen (Chris Walters), Lynne Gorman (Rosalie), Helen Hughes (Clara), Tom Butler, Page Fletcher, Tom Jackson
*Drehbuch:* Anna Sandor, Janet Maclean, Barbara O'Kelley
*Kamera:* Douglas Koch (Farbe)
*Musik:* Alexina Louie, Alex Pank
*Schnitt:* Lara Mazur
*Prod.:* Deepa Metha Saltzman; Rossie Grose (Ass.-Prod.) für Sunrise Film, Kanada 1988; 92 Min.
*TV:* 10.2.1996, tm3, 20.15

Bei einem Wochenendseminar über Psychologie, das ein charismatischer Seminarleiter ausschließlich für Frauen veranstaltet, lernen sich Martha, Ruth und Edie kennen. Alle drei sind übers Wochenende aus ihren problematischen Beziehungen ausgebrochen, um etwas über sich selbst zu lernen. Bald wird ihnen der straffe Stundenplan zu langweilig und sie entfliehen dem strikten Gruppenzwang. *Pressetext*

## Mary Reilly 639

MARY REILLY ***

*Regie:* Stephen Frears
*Darsteller:* Julia Roberts (Mary Reilly), John Malkovich (Dr. Jekyll/Mr. Hyde), George Cole (Mr. Poole), Michael Gambon (Marys Vater), Kathy Staff (Mrs. Kent), Glenn Close (Mrs. Farraday), Michael Sheen (Bradshaw), Bronagh Gallagher (Annie), Linda Bassett (Mary Mutter), Henry Goodman (Hoffinger)
*Drehbuch:* Christopher Hampton, nach dem gleichn. Roman von Valerie Martin
*Kamera:* Philippe Rousselot (Technicolor)
*Musik:* George Fenton
*Schnitt:* Lesley Walker
*Prod.Des.:* Stuart Craig
*Prod.:* Ned Tanen, Nancy Graham Tanen, Norma Heyman für TriStar Pic., USA 1995; 108 Min.
*EA:* 23.2.1996, Int. Filmfestspiele Berlin
*Verleih:* Columbia TriStar/dto./20th Century Fox/Columbia TriStar Home Video; 28.3.1996
*FSK:* ab 16, ffr.

Was ihm mit »Dangerous Liaisons« 1989 intelligent und klug geglückt war – die stimmige Wiederbelebung des Kostümfilms – mißrät dem Briten Stephen Frears mit seinem Exkurs in den psychologisch ewig spannenden »Dr. Jekyll and Mister Hyde«-Mythos. Die Idee, die Schauergeschichte vom Guten und Bösen in einer Person aus der Sicht einer Dienstmagd zu erzählen, wäre zwar originell. Was die fehlbesetzte Julia Roberts und der chargierende John Malkovich im üppigen, geschleckten Dekor aber anrichten, ist bloß Edelkitsch. Da ist leider kein Platz mehr, für Frearschen Scharfsinn.
*Zoom, 4/96*

*Julia Roberts und John Malkovich*

Brigitte Desalm in: Kölner Stadt-Anzeiger, 27.4.96; Sebastian Feldmann in: Rheinische Post, 26.4.96; Bodo Fründt in: SZ, 25.4.96 (Interview Frears); Sabine Horst in: FR, 27.4.96; H.G. Pflaum in: SZ, 25.4.96; Patrick Rössler in: Stgt. Zeitung, 25.4.96

## Mask of Death 640

MASK OF DEATH **

Video

*Regie:* David Mitchell
*Darsteller:* Lorenzo Lamas (Lyle Mason/Det. Dan T. McKenna), Rae Dawn Chong (Cassandra Turner), Conrad Dunn (Frank Dallio), Garvin Cross (Benny), Victor Favrin (Victor), Terry Hawson (Lurch), Tim Henry (Cap. Beckman), Clara Hunter (Rachel), Jerry Wasserman (Tony Lopata), Heather Hanson (Danielle)
*Drehbuch:* R.C. Rossenfier
*Kamera:* David Pelletier (Farbe)
*Musik:* Norman Orenstein
*Schnitt:* Mark Sanders II
*Prod.Des.:* Jim Stewart
*Prod.:* David Dunning, John Mitchell für Mask of Death Prod., Moonstone Ent., USA 1995; 84 Min.
*Vertrieb:* VMP Video; 7.6.1996
*FSK:* ab 18 J.; gekürzte Fassung 79 Min. ab 16 J.

Von Gangstern schwer verletzter Cop mischt nach einer Gesichtsoperation die Bande auf. Neben den umstrittenen Schauwerten exzessiver Gewalt darf Lorenzo Lamas wieder einmal seine Macho-Psychose spazierenführen.

Oliver Rahayel in: film-dienst, 18/96

## Masters of Horror: Volume 7 641

VAULT OF HORROR: VOLUME 7 (TALES FROM THE CRYPT) ***

Video

*Regie:* Elliot Silverstein, John Herzfeld, John Jarrison, John Frankenheimer
*Prod.Des.:* Gregory Melton
*Prod.:* Gilbert Adler für New World Ent., USA 1991-95; 76 Min.
*Vertrieb:* VPS Video; 21.2.1996
*FSK:* ab 18 J.

(...) Malcolm McDowell ist in »Der schüchterne Vampir« ein moderner Blutsauger, der in einer Blutbank Unterschlupf gefunden hat, während Michael Ironside in »Nacht über Alaska« späte Vergeltung für eine militärische Fehlentscheidung im Golfkrieg ereilt und Tim Roth in »Die Farben des Todes« als Maler erst Erfolg hat, als er Ermordete porträtiert (mit fatalen Folgen). Blythe Danner hingegen wird in »Der Serienmörder« als Bibliothekarin langsam in den Wahnsinn getrieben. Netter Grusel für die Nacht.

*Frank Arnold, tip, 12/96*

## Masters of Horror: Volume 8 642

VAULT OF HORROR: VOLUME 8 (TALES FROM THE CRYPT) ***

Video

*Regie:* Stephen Hopkins, Walter Hill, Vincent Spano, Jeffrey Boam
*Prod.Des.:* Gregory Melton
*Prod.:* Gilbert Adler für New World Ent., USA 1991-95; 97 Min.
*Vertrieb:* VPS Film; 26.3.1996
*FSK:* ab 16 J.

Weiter gehts mit Horror im Viererpack. Der film-dienst meinte dazu: »Die Brutalitäten werden dabei unnötig detailliert gezeigt. Positiv ist bei der einfallslos inszenierten Horrormär nur die Kurzfilmlänge«.

Anselm Jungeblodt in: film-dienst, 10/96

## Matusalem – Der Fluch des Piraten 643

MATUSALEM ****

*Regie:* Roger Cantin
*Darsteller:* Marc Labrèche (Philippe de Beauchene), Emile Proulx-Cloutier (Olivier St.-Pierre), Jod Léveillé-Bernard (Claude Petit), Maxime Collin (Benoit Painchaud), Marie-France Monette (Helene Lafleur), Steve Gendron (Laurent St.-Pierre), Jessica Barker (Carole Bonin), Gabriel Gascon (Capitaine Monbars), Raymond Cloutier (El Diablo), Claude Desparois (El Cachiporra)
*Drehbuch:* Roger Cantin
*Kamera:* Michel Caron (Farbe)
*Musik:* Milan Kymlicka
*Schnitt:* Yves Langlois
*Prod.:* Claude Bonin für Films Vision 4/ National Film Board of Canada/Telefilm/ Canada/SOGIC, Kanada 1993; 105 Min.
*EA:* Kinderfilmfestival Frankfurt/Main 1995
*Verleih:* Wild Utopia/-/-; 1.8.1996
*FSK:* ab 6, ffr.

Der kanadische Film »Matusalem« verbindet jugendlichen Alltag mit einer phantastischen Abenteuerreise. Es existieren drei Erzählebenen, die geschickt ineinander verflochten sind. Auf humorvolle und spannende Weise werden Jugendliche bei ihrer Suche nach Identität mit all ihrer Eigenständigkeit vorgestellt. Besonders die Piratengeschichte zeichnet sich durch gelungene Spezialeffekte aus. *Begründung der Jury*

Heiko R. Blum in: Kölner Stadt-Anzeiger, 10.8.96; Katrin Hoffmann in: epd Film, 8/96

## Mazeppa 644
MAZEPPA ***
TV

*Regie:* Bartabas (= Clément Marty)
*Darsteller:* Miguel Bosé (Théodore Géricault), Bartabas (Franconi), Brigitte Mary (Mouste), Eva Schakmundes (Alexandrine)
*Drehbuch:* Claude-Henri Buffard, Bartabas, Homerick, nach der Idee von Bartabas
*Kamera:* Bernard Zitzermann (Farbe)
*Musik:* Jean-Pierre Drouet
*Schnitt:* Joseph Licide
*Prod.Des.:* Emil Ghigo
*Prod.:* Martin Karmitz für MK2/SFPC Cinema/La Sept/Arte/France 3 Cinema/CED, Frankreich 1993; 111 Min.
*UA:* 23.5.1993, Int. Filmfestival Cannes
*TV:* 14.1.1996, Arte, 20.45

Ausgehend von einigen Episoden aus Théodore Géricaults Leben und seiner Pferdeleidenschaft entwickelt Bartabas eine Handlung um die Begegnung zwischen dem Künstler und Franconi, dem Reitmeister und Direktor des Olympischen Zirkus. Mit Mazeppa nimmt ein französischer Künstler zum ersten Mal zum Motiv, was später ein Hauptthema der Romantik werden sollte. (...) *Pressetext*

## Mee Pok Man 645
MEE POK MAN ***

*Regie:* Eric Khoo
*Darsteller:* Joe Ng (Mee Pok Man), Michelle Goh (Bunny), David Brazil (Jonathan), Lim Kay Tong (Mike Kor)
*Drehbuch:* Foong Yu Lei
*Kamera:* Ho Yoke Weng (Farbe)
*Musik:* John David Kompa
*Schnitt:* Martyn See Tong Ming
*Prod.Des.:* Damien Brachet
*Prod.:* Jacqueline Uhoo für 27 Productions, Singapur 1995; 105 Min.
*UA:* 19.4.1995, Int. Filmfestival Singapur
*EA:* 16.2.1996, Int. Forum des Jungen Films, Berlin
*Verleih:* Freunde/-/-; Herbst 1996

Unglückliche Liebe zwischen dem Nudelverkäufer und der Prostituierten im Rotlichtviertel von Singapur.

## Mein blühendes Geheimnis 646
LA FLOR DE MI SECRETO ****

*Regie:* Pedro Almodovar
*Darsteller:* Marisa Paredes (Leo), Juan Echanove (Angel), Imanol Arias (Paco), Carmen Elias (Betty), Rossy De Palma (Rosa), Chus Lampreave (Mutter)
*Drehbuch:* Pedro Almodovar
*Kamera:* Alfonso Beato (Farbe)
*Musik:* Alberto Iglesias
*Schnitt:* Jose Salcedo
*Prod.Des.:* Wolfgang Burmann
*Prod.:* Ester Garcia für El Deseo/Ciby 2000, Spanien/Frankreich 1995; 107 Min.
*Verleih:* Pandora/filmladen/Monopole Pathé/Arthaus Video; 15.2.1996
*FSK:* ab 12, ffr.

Leocadia, meist Leo genannt, ist es müde, Kitschromane zu schreiben, und steckt auch sonst in einer Lebens- und Ehekrise. Angel, ein Literaturredakteur, macht sich anheischig, ihre Probleme zu lösen. Mit seiner Groteske steckt Pedro Almodovar punkto Überzogenheit wieder deutlich zurück. Alles scheint weniger grell und überkandidelt als etwa in »Kika« (1993), dafür wieder so doppelbödig und gescheit und mit sprühenden Dialogpassagen wie in seinen früheren Filmen, etwa in »La ley del deseo« (1987). *Zoom, 2/96*

(...) Tragik, Komik, Alltag und Absurditäten, die offenen Sinne für den Realismus des Lebens: Almodovar erzählt davon mit Melancholie, tiefgehendem Witz und einem Ernst, der große Zärtlichkeit verrät. *Frauke Hanck, AZ, 15.2.96*

Otto Heuer in: Rheinische Post, 24.2.96; Sabine Horst in: FR, 22.2.96; Rupert Koppold in: Stgt. Zeitung, 22.2.96; Christiane Peitz in: Die Zeit, 23.2.96; Christian Seebaum in: Kölner Stadt-Anzeiger, 24.2.96

## Mein Freund Joé 647

MY FRIEND JOE ***

*Regie:* Chris Bould
*Darsteller:* Schuyler Fisk (Joé), John Cleese, Stephen McHattie, Stanley Townsend, Pauline McLynn, Joel Grey, Eoin Hughes
*Drehbuch:* David Howard, nach dem Jugendbuch »Jan mein Freund« von Peter Pohl
*Kamera:* Michael Faust (Farbe)
*Musik:* Ronan Hardiman
*Schnitt:* Rodney Holland
*Prod.Des.:* James Dillon
*Prod.:* Gerhard Schmidt für Gemini/Promedia/Dollarglen/Portman Ent. mit WDR, BRD/Irland/GB 1995; 102 Min.
*UA:* Int. Filmfestspiele Berlin 1996 »KinderfilmFest«
*Verleih:* Beaufilm/Einhorn/-; 29.8.1996
*FSK:* ab 6, ffr. – *FBW:* Besonders Wertvoll

Chris, der in seiner Clique immer als Feigling verspottet wird, lernt eines Tages Joe kennen. Die beiden werden beste Freunde. Ihre Freundschaft wird einigen Belastungen ausgesetzt, bis Chris das Geheimnis Joés, die eigentlich Joanna heißt, lüftet. Der mehrfach preisgekrönte Kinderfilm zeichnet sich durch genaue und differenzierte Charakterisierungen, eine formal auf die hauptsächliche Zielgruppe abgestimmte Bildsprache und einen zügigen Erzählduktus aus. *multimedia*

## Mein Freund Mark Twain 648

MARK TWAIN AND ME ***

TV

*Regie:* Daniel Petrie
*Darsteller:* Jason Robards (Mark Twain), Amy Stewart (Dorothy Quick), Talia Shire (Jean Clemens), Fiona Reid (Mrs. Quick), R. H. Thomson (Albert Paine), Chris Wiggins (Captain), Anna Ferguson (Arabella), Chapelle Jaffe (Sarah Hardwig), Colin Fox (Dr. Quintard), Susan Coyne (Miss Hobby)
*Drehbuch:* Cynthia Whitcomb, nach dem autobiographischen Roman »Enchantment: A Little Girl's Friendship With Mark Twain« von Dorothy Quick
*Kamera:* François Protat (Farbe)
*Musik:* Laurence Rosenthal
*Schnitt:* Paul LaMastra
*Prod.Des.:* Bill Beeton
*Prod.:* Daniel Petrie für Chilmark/Walt Disney, Kanada 1991; 92 Min.
*TV:* 4.2.1996, RTL, 13.05

Die wahre Geschichte einer außergewöhnlichen Freundschaft. Auf einer Schiffsreise lernt die elfjährige Dorothy Quick den erfolgreichen Schriftsteller Mark Twain kennen, den sie zutiefst verehrt. *Pressetext*

## Mein großer Freund Bigfoot 649

BIGFOOT – THE UNFORGETTABLE ENCOUNTER *

Video

*Regie:* Corey Michael Eubanks
*Darsteller:* Matt McCoy, Zachery Ty Bryan, Crystal Chappell
*Prod.:* PM Ent., USA 1994; 84 Min.
*Vertrieb:* Starlight Video; 9.10.1996
*FSK:* ab 6 J.

Über die Freundschaft eines Zottelmonsters zu einer Dorfbubenbande. Gebrauchsfilmchen zur Ruhigstellung von halslosen Ungeheuern.

## Mein lüsterner Onkel 650

LO ZIO INDEGNO ***

TV

*Regie:* Franco Brusati
*Darsteller:* Vittorio Gassman (Luca), Giancarlo Giannini (Riccardo), Andréa Ferréol (Teresa), Kim Rossi Stuart (Andrea), Beatrice Palme (Sängerin), Simona Cavallari (Marina), Stefania Sandrelli (Isabella)
*Drehbuch:* Leo Benvenuti, Piero de Bernardi, Franco Brusati
*Kamera:* Romano Albani (Farbe)
*Musik:* Stefano Marcucci
*Schnitt:* Gianfranco Amicucci
*Prod.Des.:* Dante Ferretti
*Prod.:* Leo Pescarolo, Guido de Laurentiis für Ellepi Film, Italien 1989; 105 Min.
*UA:* 26.8.1989, Montreal World Film Festival
*TV:* 26.4.1996, ZDF, 2.15

Die Geschichte eines erfolgreichen Geschäftsmannes, der mit sich und der Welt im reinen ist – bis er dem Lebemann Luca begegnet. Dieser Luca, der weder Moral noch Gesetz achtet und es ganz nebenbei mit seinen sensiblen Versen zu höchstem Ansehen bringt, stellt sein gesamtes Wertesystem in Frage. (...) *ZDF Journal*

## Mein Mann

651

MON HOMME

***

*Regie:* Bertrand Blier
*Darsteller:* Anouk Grinberg (Marie), Gérard Lanvin (Jeannot), Valéria Bruni-Tedeschi (Sanguine), Sabine Azéma (Bérangère), Olivier Martinez (Jean-Francois), Mathieu Kassovitz (Clément), Jean-Philippe Ecoffey (Inspektor), Jacques Francois (Monsieur Pipi), Michel Galabru, Bernard Lecoq
*Drehbuch:* Bertrand Blier
*Kamera:* Pierre Lhomme (Farbe)
*Musik:* Barry White, Henryk Gorecki
*Schnitt:* Claudine Merlin
*Prod.Des.:* Willy Holt, Georges Glon
*Prod.:* Alain Sarde für Les Films Alain Sarde/Plateau A/Studio Images 2 mit Canal Plus, Frankreich 1995; 99 Min.
*UA:* 21.2.1996, Int. Filmfestspiele Berlin, »Wettbewerb«
*Verleih:* Concorde/Constantin/ Filmcooperative; 20.6.1996
*FSK:* ab 16, ffr. – *FBW:* Besonders wertvoll

Eine Pariser Hure findet eines Tages vor ihrer Wohnung einen verdreckten Penner im Müll liegen. Sie nimmt ihn mit hinauf und verliebt sich in ihn. Die Beziehung geht so lange gut, bis ihr neuer Freund sich in krumme Geschäfte verwickelt und von der Polizei für

*Anouk Grinberg*

fünf Jahre ins Gefängnis gesteckt wird. Aufwendig und geschmäcklerisch inszenierte Kitschschwarte, die kein Nutten-Klischee ausläßt. *Zoom, 7/96*

(...) Männliche Potenz wird hier im Übermaß und bis zum Überdruß zur Schau gestellt, künstlerische Potenz allerdings in erheblich geringerem Maße.
*Thomas Engel, Der Gildendienst, April 96*

*Anouk Grinberg und Oliver Martinez in ›Mein Mann‹ von Bertrand Blier*

Noch vor wenigen Jahren wäre der französische Regisseur Bertrand Blier (»Frau zu verschenken«, »Abendanzug«) hemmungslos ausgebuht worden, hätte er damals den Film »Mein Mann« vorgelegt. So aber bekam die sehr schöne Hauptdarstellerin Anouk Grinberg bei der Berlinale sogar einen Silbernen Bären als beste Hauptdarstellerin. Mag sie ihn verdient haben weil sie auch eine gute Schauspielerin ist: Der Film selbst ist hanebüchen bis zum Exzeß: (...) *Sebastian Feldmann, Rheinische Post, 21.6.96*

(...) Filmkünstlerisch originell und auf hohem Niveau bewegt sich »Mein Mann« jedoch beständig entlang der schmalen Grenze zwischen Offenheit und Beliebigkeit. *multimedia*

Fritz Göttler in: SZ, 20.6.96; Norbert Grob in: Die Zeit, 28.6.96; Peter Körte in: FR, 20.6.96; Gerhard Midding in: Kölner Stadt-Anzeiger, 22.6.96; Ruprecht Skasa-Weiß in: Stgt. Zeitung, 20.6.96; Dieter Strunz in: Berliner Morgenpost, 22.2.96

## Mein Opa ist der Beste 652

□
TV

*Regie:* Helmuth Lohner
*Darsteller:* Otto Schenk (Franz Sedlak), Tobias Moretti (Wolfgang Ohr), Annika Pages (Johanna), Hemma Clementi (Hanni), Rebecca Horner (Samantha), Michael Menger (Max), Mercedes Echerer (Gisi), Cornelius Obonya (Eduard Potschnig), Thaddäus Podgorski, Erwin Steinhauer
*Drehbuch:* Erich Tomek
*Kamera:* Gerard Vandenberg (Farbe)
*Musik:* Michael Rüggeberg
*Prod.:* Österreich 1995; 91 Min.
*TV:* 12.4.1996, ARD, 20.15

Ein pensionierter Caféhausbesitzer macht sich auf die Suche nach seiner Tochter, mit der er sich vor acht Jahren zerstritten hat. Er erlebt eine Reihe von Überraschungen und erfährt am Ende, daß er eine farbige Enkelin hat. *Pressetext*

## Mein Partner mit der heißen Braut 653

FOR BETTER OR WORSE
***
Video

*Regie:* Jason Alexander
*Darsteller:* Jason Alexander (Michael Makeshift), Lolita Davidovich (Valerie Carboni), James Woods (Reggie Makeshift), Joe Mantegna (Stone), Jay Mohr (Dwayne), Robert Constanzo (Ranzier), Beatrice Arthur, Eda Reiss Merin, John Amos, Rob Reiner (Dr. Phatner)
*Drehbuch:* Jeff Nathanson
*Kamera:* Wayne Kennan (Farbe)
*Musik:* Miles Goodman, The Bobs
*Schnitt:* Michael Jablow
*Prod.Des.:* Bill Elliott
*Prod.:* David Rotman für Castle Rock Ent., USA 1995; 85 Min.
*Vertrieb:* Columbia TriStar Home Video; 16.7.1996
*FSK:* ab 12 J.

Chaos-Typ der Looser-Sorte soll auf die Angetraute seines Bruders achten, während der, einen Banküberfall zu organisieren gedenkt. Leichtfüßig, doch zuweilen auch albern und zäh, unter dem Strich recht vergnüglich – dank einer Besetzung in Spiellaune.

Jochen Rack in: film-dienst 19/96

## Mein Seelenbruder 654

MI HERMANO DEL ALMA
□
TV

*Regie:* Mariano Barroso
*Darsteller:* Juanjo Puigcorbé (Toni), Carlos Hipólito (Carlos), Lydia Bosch (Julia), Juan Echanove (Sebastián)
*Prod.:* Spanien 1994; 90 Min.
*TV:* 30.10.1996, BR, 22.00

Nach Jahren der Trennung bricht Toni wieder in das Leben seines Bruders Carlos ein. Carlos wehrt sich gegen den zerstörerischen Einfluß des Älteren. Doch dann erfährt er von dessen unheilbarer Krankheit. Eine gemeinsame Geschäftsreise, die die beiden ungleichen Brüder unternehmen, endet in einer tödlichen Katastrophe. *Pressetext*

## Mein Sohn ist kein Mörder! 655

DOPO LA TEMPESTA
□
TV

*Regie:* Andrea Frazzi, Antonio Frazzi
*Darsteller:* Senta Berger (Sara Renzi), Omero Antonutti (Giacomo Renzi), Judith Kernke (Irina), Adelmo Togliani (Luca Renzi), Gudrun Gabriel (Maria), Rinaldo Rocco (Matteo Renzi), Alessio Boni, Nicoletta Tagliapietra, Giorgio Gobbi, Massimiliano Franciosa
*Drehbuch:* Mimmo Rafele, Lidia Ravera

*Senta Berger*

*Kamera:* Franco Lecca (Farbe)
*Musik:* Luis Bacalov
*Prod.:* BRD/Italien 1995; 90 Min.
*TV:* 5.7.1996, ARD, 20.15

Der aus gutsituiertem Hause stammende Matteo wird verdächtigt, ein Mädchen vergewaltigt und ermordet zu haben. Obwohl sein Vater ein berühmter Rechtsanwalt ist, stehen die Chancen der Verteidigung sehr schlecht. Der Junge wird von verschiedenen Zeugen schwer belastet. Matteos Mutter findet die Schuhe der Ermordeten im Besitz einer Haushälterin und geht der Spur nach. Eine Andeutung von Matteos Bruder gibt dem Fall eine völlig neue Wendung. *Pressetext*

## Mein Sommer mit Caddie 656
CADDIE WOODLAWN
***
TV

*Regie:* Giles Walker
*Darsteller:* Emily Schulman (Caddie Woodlawn), Season Hubley (Harriet Woodlawn), Trey Parker (Tom Woodlawn), James Stephens (John Woodlawn), Victor DiMattia (Warren Woodlawn), Scanlon Gail (Robert Ireton), Parker Stevenson (Edmund Grey), Betsey Townsend (Annabelle Grey)
*Drehbuch:* Joe Wiesenfeld, Richard John David
*Musik:* Al Kasha, Joel Herschhorn
*Prod.:* USA 1990; 104 Min.
*TV:* 25.7.1996, Pro7, 9.45

Die 12jährige Caddie ist wenig begeistert, als ihre brave Cousine Annabelle aus dem feinen Boston angereist kommt, um ihre Sommerferien auf der Farm von Caddies Eltern zu verbringen. Doch langsam kommen sich die beiden Mädchen näher.

## Meine Liebe, deine Liebe 657
****

*Regie:* Helke Misselwitz
*Drehbuch:* Helke Misselwitz
*Kamera:* Thomas Plenert (Farbe)
*Musik:* Johann Strauß jr.
*Schnitt:* Gudrun Steinbrück, Inge Schneider
*Prod.:* Thomas Wilkening für Thomas Wilkening Prod., BRD 1995; 87 Min.
*Verleih:* Produktion/-/-; Oktober 1996

Dokumentarfilm über das Marie-Seebach-Stift für greise Bühnenkünstler in Weimar über den der film-dienst schrieb:
»Helke Misselwitz skizziert die Eigenheiten ihrer Helden liebevoll, ohne sie auch nur den Hauch der Lächerlichkeit preiszugeben.«

## Meines Bruders Hüter 658
MY BROTHER'S KEEPER
***

*Regie:* Glenn Jordan
*Prod.:* USA 1994

Weiterer Titel für: → Die letzte Hoffnung

## Der Menschenfresser 659
***
TV

*Regie:* Otto Alexander Jahrreiss
*Darsteller:* Irene Kugler, Helmut Lorin
*Drehbuch:* Otto Alexander Jahrreiss
*Kamera:* Hans Grimmelmann (Farbe)
*Musik:* Karl-Ernst Sasse

*Schnitt:* Brigitte Krex
*Prod.:* Otto Alexander Jahrreis, Martin Ganz für Studio Babelsberg/Tass Film/ZDF, BRD 1993; 90 Min.
*TV:* 5.8.1996, Arte, 22.30

Eine Schriftstellerin trifft im Zug auf einen äußerst beunruhigenden Mitreisenden, der ihr seine bizarren Eßgewohnheiten gesteht.

## Message to Love: The Isle of Wight Musical Festival 660

MESSAGE TO LOVE: THE ISLE OF WIGHT MUSIC FESTIVAL ***

*Regie:* Murray Lerner
*Kamera:* Andy Carchrae, Jack Hazan, Nic Knowland, Norman Langley, Murray Lerner, Richard Stanley, Charles Stewart, Mike Whittaker (Farbe)
*Schnitt:* Einar Westerlund, Stan Warnow, Greg Sheldon, Howard Alk
*Prod.:* Murray Lerner für MLF Prod./Castle Music Pic./Initial Film and Television, USA/GB 1995; 127 Min.
*EA:* 20.2.1996, Int. Filmfestspiele Berlin, »Panorama: Dokumente«
*Verleih:* Arsenal/polyfilm/-; 6.6.1996

Nach seiner einstündigen Dokumentation »Jimi Hendrix at the Isle of Wight« (1990) hat Murray Lerner endlich seinen schon seit 25 Jahren geplanten, jedoch immer wieder an Finanzierungsproblemen gescheiterten Dokumentarfilm über das Rock-Festival, das 1970 auf der englischen Kanalinsel Isle of Wight stattfand, fertigstellen können. (...) *Katalog Filmfestspiele Berlin*

(...) Aus über 170 Stunden Filmmaterial mixte Dokumentarfilmer Murray Lerner ein beeindruckendes Zwei-Stunden-Epos über den Mythos der Flower-Power-Zeit, aber auch über deren Schattenseiten. Ein Muß für an Musik und Zeitgeschichte Interessierte. *multimedia*

Bodo Fründt in: SZ, 5.6.96

## Micah's Weihnachtstraum 661

MICAH'S CHRISTMAS TREASURE **
Video

*Regie:* Paul Wilcox
*Prod.:* USA 1994; 58 Min.
*Vertrieb:* MVV Video; 30.9.1996
*FSK:* ab 6 J.

Preiswerter Zeichentrick, der eine weihnachtliche Story vor dem Hintergrund des israelisch-palästinensischen Konflikts erzählt.

## Midnight Heat 662

MIDNIGHT HEAT **
Video

*Regie:* Allan A. Goldstein
*Darsteller:* Brian Bosworth (John Gray/Wayne Garret), Brad Dourif (Thomas Payne), Claire Yarlett (Jenny), Marta Dubois (Sharon), Jeremy Roberts (Scar)
*Drehbuch:* Steven Schoenberg, Rueben Gordon
*Kamera:* Geoff Schaaf (Farbe)
*Musik:* Terry Plumeri
*Schnitt:* Kert Vander Meulen
*Prod.:* Yakow Bentsvi, Ashok Amritraj für Midnight Heat, USA 1995; 94 Min.
*Vertrieb:* VMP Video; 4.4.1996
*FSK:* ab 18 J.

Bankbeamter John verliert sein Gedächtnis und gerät ins Visier von Profikillern, was natürlich nur zu ausgiebigem Muskelspiel und Revolverdonner dient – allerdings halbwegs akzeptabel serviert.

Dieter Krusche in: film-dienst, 13/96

## Mikrokosmos 663

MICROCOSMOS ****

*Regie:* Claude Nuridsany, Marie Perennou
*Kamera:* Claude Nuridsany, Marie Perennou, Hugues Ryffel, Thierry Machado (Farbe)
*Musik:* Bruno Coulais
*Schnitt:* Marie-Joseph Yoyotte, Florence Ricard
*Prod.:* Jaques Perrin, Christophe Baratier, Yvette Mallet für Galatée Films/France 2 Cinema/BAC/Delta Images/Les Productions JMH/Television Suisse Romande/Urania Films und Canal Plus, Frankreich 1995; 77 Min.
*UA:* 12.5.1996, Int. Filmfestspiele Cannes »Außer Wettbewerb«; Int. Filmfestspiele Locarno 1996
*EA:* Filmfest Hamburg 1996
*Verleih:* Pandora/polyfilm/JMH; 31.10.1996
*FSK:* o.A., ffr.

Auf einer Wiese in Südfrankreich erfaßten zwei Biologen eine erstaunlich vielfältige Welt von Kleintieren. Mit

Makrokamera und Zeitraffer erleben wir den faszinierenden Einblick in ein ungeahntes Naturerlebnis, das auf gesprochenen Kommentar fast völlig verzichtet. *multimedia*

Joseph Heinrichs in: Rheinische Post, 15.11.96; Thomas Klingenmaier in: Stgt. Zeitung, 31.10.96; Martina Knoben in: SZ, 1.11.96; Dietrich Kuhlbrodt in: FR, 1.11.96; Ralph Umard in: tip, 23/96

## Eine Million für Juan 664
A MILLION TO JUAN ***
TV

*Regie:* Paul Rodriguez
*Darsteller:* Paul Rodriguez (Juan Lopez), Jonathon Hernandez (Alejandro Lopez), Polly Draper (Olivia Smith), Pepe Serna (Jorge/Mr. Ortiz), Edward James Olmos (Mr. Angel), Victor Rivers (Hector Delgado), Bert Rosario (Alvaro), Gerardo (Flaco), Paul Williams (Jenkins), Tony Plana
*Drehbuch:* Francisca Matos, Robert Grasmere, nach der Geschichte »The Million Pound Bank Note« von Mark Twain
*Kamera:* Bruce Johnson (Foto-Kem)
*Musik:* Steven Johnson, Jeffrey Johnson, Samm Pena
*Schnitt:* Michael Ripps
*Prod.Des.:* Mary Patvaldnieks
*Prod.:* Steven Paul, Barry Collier, USA 1994; 97 Min.
*TV:* 17.4.1996, Premiere, 20.15

Der mexikanische Einwanderer Juan, der keine Arbeitserlaubnis hat, bekommt von einem Unbekannten einen Scheck über eine Million Dollar mit der schriftlichen Auflage, sich damit eine Existenzgrundlage zu verschaffen. Sozialmärchen.

## Mind Ripper 665
MINDRIPPER *
Video

*Regie:* Joe Gayton
*Darsteller:* Lance Hendriksen (Stockton), John Diehl (Alex), Natasha Wagner (Wendy), Giovanni Ribisi, Gregory Sporleder (Bob), Dan Blom, Adam Solomon, John Apicella, Peter Shepherd, Claire Stansfield (Joanne)
*Drehbuch:* Jonathan Craven, Phil Mittleman
*Kamera:* Fernando Arguelles (Farbe)
*Musik:* J. Peter Robinson
*Schnitt:* Harry Hitner
*Prod.:* Jonathan Craven für Kushner-Lokke/Outpost Prod., Bulgarien/Kanada 1995; 90 Min.
*Vertrieb:* Highlight Video; 8.1.1996

»Universal Soldier« meets »Frankenstein«: Dem Tod geweihter Mann gerät in das Labor von Armeewissenschaftler, wo sie ihn zum Killermonster ummodeln.

Norbert Herwig in: film-dienst, 4/96

## Mind Storm 666
MINDSTORM *
Video

*Regie:* Andrew Stevens
*Darsteller:* Ian Ziering (Darrin Danver), Katherine Kelly Lang (Deb Danver), Dee Wallace Stone (Sissy Bonner), Andrew Stevens (Tom Moore), Larry Manetti (Larry Donner)
*Drehbuch:* Karen Kelly
*Kamera:* Gary Craver (Farbe)
*Musik:* Terry Plumeri
*Schnitt:* Peter Basinski
*Prod.:* Andrew Stevens für Royal Oaks Ent., USA 1995; 86 Min.
*Vertrieb:* Splendid Video; 25.6.1996
*FSK:* ab 16 J.

Mit minderwertigen Effekten und Sexeinlagen mühselig auf Spielfilmlänge getrimmtes Cyberspace-Abenteuer.

Oliver Rahayel in: film-dienst, 21/96

## Mirage – Trugbild des Todes 667
MIRAGE ***
TV

*Regie:* Paul Williams
*Darsteller:* Edward James Olmos (Matt Juarez), Sean Young (Jennifer Gale), James Andronica (Richie Randazzo), P.W. Williams (Donald Gale)
*Drehbuch:* James Andronica
*Kamera:* Susan Emerson (Farbe)
*Musik:* David Richard Campbell
*Schnitt:* Stephen Eckelberry
*Prod.Des.:* Susan Emerson
*Prod.:* Paul Williams für Roadhouse/Tigertail Flicks/Shonderosa, USA 1994; 106 Min.
*UA:* 15.1.1995, Palm Springs Film Festival
*TV:* 4.3.1996, ZDF, 22.15

Der heruntergekommene Ex-Polizist Matt Juarez wird als Leibwächter für die reiche Architektengattin Jennifer Gale engagiert, die ein Doppelleben führt. Schon bald zieht sie ihn in ihren erotischen Bann, und er ist von ihr fasziniert, obwohl sie ein düsteres Geheimnis mit sich herumträgt.

## Miss Bolero 668

ENTREGA TOTAL ***

TV

*Regie:* Leo Kocking
*Darsteller:* Maria Ramos (Ninon), Axel Jodorowsky (Alberto), Willy Semler (Victor), Aldo Parodi (Daniel), Cesar Robinson Lopez, Daniel Samaniego (Polizeidetektive), Fernando Gallardo (Aladino)
*Drehbuch:* Leo Kocking
*Kamera:* Leo Kocking (Farbe)
*Prod.:* BRD/Chile 1993; 80 Min.
*TV:* 28.1.1996, ZDF, 0.35

Die Bolero-Sängerin Ninon hat die ständigen Affären ihres Freundes und Managers Victor satt. Sie steigt aus der Band aus und begibt sich auf die Suche nach ihrem Jugendfreund Daniel. Unterwegs lernt sie den polizeilich gesuchten Alberto kennen.

## Mission: Impossible 669

MISSION: IMPOSSIBLE ***

*Regie:* Brian De Palma
*Darsteller:* Tom Cruise (Ethan Hunt), Jon Voight (Jim Phelps), Emmanuelle Béart (Claire), Henry Czerny (Kittridge), Jean Reno (Krieger), Ving Rhames (Luther), Kristin Scott-Thomas (Sarah), Vanessa Redgrave (Max), Dale Dye (Frank Barnes), Marcel Iures (Golitsyn)
*Drehbuch:* David Koepp, Robert Towne, nach einer Story von David Koepp, Steven Zaillian, nach der TV-Serie von Bruce Geller
*Kamera:* Stephen H. Burum (Farbe)
*Musik:* Danny Elfman; Lalo Schifrin, (Thema: »Mission: Impossible«)
*Schnitt:* Paul Hirsch
*Prod.Des.:* Norman Reynolds
*Prod.:* Tom Cruise, Paula Wagner für Paramount, USA 1995; 110 Min.
*Verleih:* UIP/UIP/UIP/CIC Video; 8.8.1996
*FSK:* ab 12, ffr.
*FBW:* Besonders wertvoll

Ein junger Agent wird nach tragisch gescheiterter Geheimmission zum Gejagten, der selbst den wirklichen Verräter verfolgt und so schließlich ein Komplott aufdeckt. Ausgehend von einer alten Fernsehserie, besticht bei diesem Spionagefilm weniger die hanebüchene Geschichte, als vielmehr die Art und Weise ihrer Umsetzung. Brian De Palma ist hier – auch dank illustrer Besetzung – ein formal herausragender Action-Thriller mit einigen filmischen Kabinettstückchen gelungen. Beste Unterhaltung, die sich deutlich von der sonst üblichen Action-Einheitskost unterscheidet. *Zoom, 8/96*

(...) In der Trilogie der Destruktion, die in diesem Sommer an den amerikanischen Kinokassen am erfolgreichsten war, ist »Mission: Impossible« schon deshalb der intelligenteste Teil, weil er weder auf Naturkatastrophen baut (wie »Twister«) noch auf extraterrestrische Instanzen (wie »Independence Day«). Seine Geschichte folgt ganz dem Mechanismus der Selbst-Zerstörung. Die Arithmetik der Gefühle von heute hat De Palma – der effektivste, weil am wenigsten sentimentale Verehrer von Antonioni – reibungslos vom Bildschirm auf die große Leinwand gebracht, angereichert mit ein paar alchimistischen Pinselstrichen.
*Fritz Göttler, SZ, 8.8.96*

(...) So ist die Mittelmäßigkeit dieses Brian-De-Palma-Films seine hervorstechendste Eigenart – und sein überragender Kassenerfolg in den USA um so verblüffender. *Sebastian Feldmann, Rheinische Post, 9.8.96*

(...) Spione, die auf der Prager Karlsbrücke pittoresk zu Tode kommen, sind im Pariser Hochgeschwindigkeitszug TGV wieder lebendig. Vor lauter Freude an Spezialeffekten hat Regisseur De Palma das Geschichtenerzählen vergessen und den Umgang mit lebenden Darstellern offenbar ebenso.
Nicht nur der talentarme Cruise, auch sonst so gute Schauspieler wie Jon Voight, Jean Reno, Kristin Scott-Thomas sind schlicht schlecht. Nur Vanessa Redgrave brilliert witzig in einer prägnanten kleinen Rolle.
Und wirklich meisterhaft ist nur Lalo Schifrins provozierende Titelmusik –

*Tom Cruise und Jean Reno*

aber die gab's schon lange vor dem Film in der TV-Serie. *Frauke Hanck, AZ, 8.8.96*

Wer hätte gedacht, daß Hollywood sich noch einmal einen solchen Film leisten würde? Einen Action-Film, in dem die aufregendsten zwanzig Minuten praktisch ohne Dialoge ablaufen und in dem jeder Atemzug und jede Schweißperle von lebenswichtiger Bedeutung sind. »Mission: Impossible« ist ein Meisterwerk des Unterhaltungskinos. (...)
*Milan Pavlovic, Kölner Stadt-Anzeiger, 10.8.96*

Andreas Kilb in: Die Zeit, 9.8.96; Berthold Kohler in: FAZ, 18.4.95 (über die Dreharbeiten in Prag); Rupert Koppold in: Stgt. Zeitung, 8.8.96; Harald Martenstein in: Der Tagesspiegel, 8.8.96; Veronika Rall in: FR, 8.8.96

## Mission: Rohr frei 670
DOWN PERISCOPE ***

*Regie:* David S. Ward
*Darsteller:* Kelsey Grammer (Lt. Cmdr. Tom Dodge), Lauren Holly (Lt. Emily Lake), Rob Schneider (Lt. Martin Pascal), Harry Dean Stanton (Howard), Bruce Dern (Adm. Yancy Graham), Rip Torn (Adm. Dean Winslow), William H. Macy (Capt. Carl Knox), Ken Hudson Campbell (Buckman), Toby Huss (Nitro), Duance Martin (Jefferson Jackson)
*Drehbuch:* Hugh Wilson, Andrew Kurtzmann, Eliot Wald, nach einer Story von Hugh Wilson
*Kamera:* Victor Hammer (Deluxe)
*Musik:* Randy Edelman
*Schnitt:* William Anderson, Armen Minasian
*Prod.Des.:* Michael Cornenblith
*Prod.:* Robert Lawrence für Robert Lawrence Prod., USA 1996; 93 Min.
*UA:* 1.3.1996, New York
*Verleih:* 20th Century Fox/dto./dto./ 20th Century Fox; 18.7.1996
*FSK:* ab 12, ffr.

Der Kapitän eines antiquierten Diesel-U-Boots überlistet die High-Tech-Strategen der US-Navy und besiegt beim Manöver ein hochmodernes Atom-U-Boot. Sicher umschifft der Regisseur dieses mäßig unterhaltsamen Films die Abgründe des Klamauks und navigiert auf dem Gebiet der seichten Komödie.
*Ralph Umard, tip, 15/96*

(...) »Jetzt hübsch den Hintern zukneifen, Jungs!« sagt die Frau an Bord. »Hey, mit der würde ich gern die Koje teilen!« sagen die Männer an Bord. Das angepeilte Ziel lautet: Wehrertüchtigungs-Propaganda nach dem Muster Aus Freaks-werden-doch-noch-richtige-Männer. Die Empfehlung: für Freunde herzhaft-schlichten Marinehumors.
*Rupert Koppold, Stgt. Zeitung, 18.7.96*

H.G. Pflaum in: SZ, 18.7.96

## Mississippi Delta 671
HEAVEN'S PRISONERS ***

*Regie:* Phil Joanou
*Darsteller:* Alec Baldwin (Dave Robicheaux), Kelly Lynch (Annie Robicheaux), Mary Stuart Masterson (Robin Gaddis), Vondie Curtis Hall (Minos P. Dautrieve), Badja Djola (Batist), Eric Roberts (Bubba Rocque), Teri Hatcher (Claudette Rocque), Samantha Laqpacan (Alafair), Joe Viterelli (Didi Giancano), Tuck Miligan (Jerry Falgout)
*Drehbuch:* Harley Peyton, Scottt Frank, nach dem gleichn. Roman von James Lee Burke
*Kamera:* Harris Savides (Farbe)
*Musik:* George Fenton
*Schnitt:* William Steinkamp
*Prod.Des.:* John Stoddart
*Prod.:* Albert S. Ruddy, Andre E. Morgan für New Line/Savoy, USA 1995; 132 Min.
*Verleih:* CI/Constantin/Columbus/VCL Video; 27.6.1996
*FSK:* ab 16, ffr.

Ein ehemaliger Polizist wird von seiner Vergangenheit eingeholt, nachdem er ein Mädchen aus dem Wrack eines Pri-

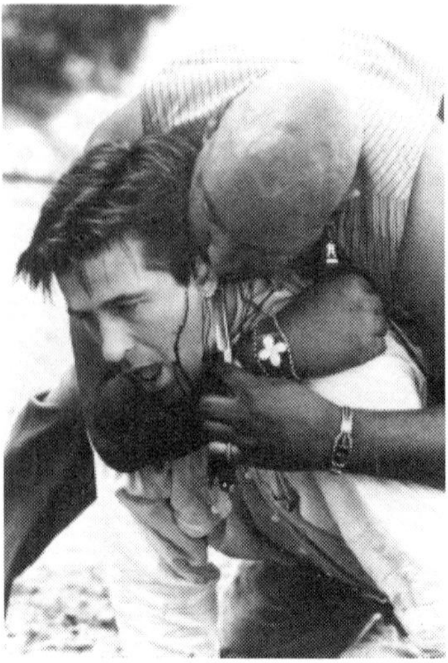

*Alec Baldwin und Carl A. McGee*

vatjets geborgen hat, in dem ein Informant der amerikanischen Drogenbehörde ums Leben kam. Plötzlich bedrohen Vertreter der Staatsgewalt und der Unterwelt sein privates Idyll. Als er sich zur Wehr setzt, wächst er wieder in die Rolle des harten Cops hinein. Der Regisseur versucht, den Actionplot als menschliche Tragödie zu inszenieren, scheitert aber an der halbherzigen Figurenzeichnung. Immerhin überzeugt die visuelle Gestaltung des Films.

*Zoom, 6/96*

(...) Phil Joanou ist mit der literarischen Vorlage von James Lee Burke überfordert, Während Robicheaux bei Burke ein Vietnam-Veteran ist, der sich im korrupten New Orleans neu orientieren will, hat der Regisseur sämtliche politischen Implikationen ausgespart. So bleibt dieser Thriller die Summe seiner sichtbaren Vor- und Nachteile, doch fehlt der Schlüssel zum Verständnis: die ganz spezifische amerikanische Paranoia der Zeit nach dem Vietnamkrieg, die James Lee Burke in seinen Büchern präzise schildert. *Andé Simonovicz, tip, 14/96*

Michael Althen in: SZ, 1.7.96; Albert Baer in: Rheinische Post, 28.6.96; Thomas Klingenmaier in: Stgt. Zeitung, 27.6.96; Milan Pavlovic in: Kölner Stadt-Anzeiger, 29.6.96; Ponkie in: AZ, 27.6.96; Angela Schmitt-Gläser in: FR, 1.7.96

## Mississippi: Fluß der Hoffnung 672

THE CURE ***

*Regie:* Peter Horton
*Darsteller:* Joseph Mazzello (Dexter), Brad Renfro (Erik), Annabella Sciorra (Linda), Diana Scarwid (Gail), Bruce Davison (Dr. Stevens), Nicky Katt (Pony), Aeryk Egan (Tyler), Renee Humphrey (Angel)
*Drehbuch:* Robert Kuhn
*Kamera:* Andrew Dintenfass (Deluxe/Filmhouse)
*Musik:* Dave Grusin
*Schnitt:* Anthony Sherin
*Prod.Des.:* Armin Ganz
*Prod.:* Mark Burg, Eric Eisner für Island Pic., USA 1995; 98 Min.
*Verleih:* Highlight/Einhorn/-/Highlight Video; 15.2.1996
*FSK:* ab 6, ffr. – *FBW:* Besonders wertvoll

Die kurze Freundschaft eines 13jährigen zu dem jüngeren Nachbarssohn, der durch eine Bluttransfusion Aids bekommen hat, erzählt der Schauspieler Peter Horton in seinem Regiedebüt ganz unsentimental als zeitgenössische Variante von Tom Sawyer und Huckleberry Finn, wenn die beiden Jungen aufbrechen und den Mississippi hinunterfahren, weil sie von einem in New Orleans entdeckten Gegenmittel gelesen haben. Weil die beiden Jungenrollen so überzeugend verkörpert werden, ist dies nicht ein weiterer TV-Problemfilm geworden, sondern ein Stück Kino.

*Frank Arnold, tip, 3/96*

Albert Baer in: Rheinische Post, 16.2.96; Frank Noack in: Berliner Tagesspiegel, 8.2.96

## Mit Musik im Liebesglück 673

ENVOYEZ LES VIOLONS ***

TV

*Regie:* Roger Andrieux
*Darsteller:* Richard Anconina (Fred Segal), Anémone (Isabelle), Michel Galabru (Pizzoli), Martin Lamotte (Franck), Fabienne Perineau (Lise), Bernard Freyd (Gérard)
*Drehbuch:* Michael Elias, Roger Andrieux,

nach der Idee von Michael Elias, Eve Babitz
*Kamera:* Dominique Brenguier (Eastmancolor)
*Musik:* William Sheller, Mozart, Bach
*Schnitt:* Kénout Peltier
*Prod.:* Jean-Claude Fleury für Films de l'Alma/FR3/Planète/Nina Prods./GPFI, Frankreich 1988; 90 Min.
*TV:* 16.8.1996, ZDF, 14.15

## Mit unseren algerischen Brüdern 674

LES FRERES DES FRERES ***
TV

*Regie:* Richard Copans
*Drehbuch:* Gérard de Verbizier (Recherchen); Alexandre Dolgorouky (Dokumentation)
*Kamera:* Richard Copans (Farbe)
*Schnitt:* Stan Neumann
*Prod.:* Yves Jeanneau, Richard Copans für Les Films d'Ici/La Sept/INA, Frankreich 1991; 100 Min.
*UA:* 20.2.1992, Int. Forum des Jungen Films, Berlin
*TV:* 24.4.1996, Arte, 22.00; 12.8.1996, NDR, 0.55

Interviews mit Franzosen, die die nationale Befreiungsfront Algeriens (FLN) unterstützt haben.

## Ein Mittelwestern 675

TROUBLESOME CREEK: ****
A MIDWESTERN TV

*Regie:* Jeanne Jordan, Steven Ascher
*Darsteller:* Russell Jordan, Mary Jane Jordan, Jon Jordan, Jim Jordan, Pam Jordan
*Drehbuch:* Jeanne Jordan, Steven Ascher
*Kamera:* Steven Ascher (Farbe)
*Musik:* Sheldon Mirowitz
*Schnitt:* Jeanne Jordan
*Prod.:* Jeanne Jordan, Steven Ascher für West City Films, USA 1995; 88 Min.
*EA:* Filmfest München 1996
*TV:* 13.12.1995, Arte, 22.15

Dokumentarfilm über die Eltern der Filmemacherin, die versuchen, ihre Farm in Iowa vor der Zwangsversteigerung zu retten.

## Mocca für den Tiger 676

□
TV

*Regie:* Thomas Nennstiel
*Darsteller:* Crescentia Dünßer (Laura), Max Tidof (Paul), Brigitte Janner (Charlotte), Irina Hoppe (Heike), Heike Hanold (Kerstin), Brigitte Jakobs (Hiltrud), Eva Weissenborn (Christiane), Barbara Feltus (Amy)
*Drehbuch:* Thomas Nennstiel, Wolfgang B. Heine
*Kamera:* Thomas Mauch (Farbe)
*Prod.:* BRD 1990; 99 Min.
*TV:* 11.3.1996, ZDF, 0.00, »Das kleine Fernsehspiel«

Die 38jährige Laura verläßt ihre Wohngemeinschaft und zieht in eine Pension gegenüber einer Weinhandlung, in dessen 30jährigen vereinsamten Inhaber Paul sie sich verliebt. Die beiden extrem unterschiedlichen Menschen ziehen zusammen, doch mit dem Happy End beginnt eine Entwicklung, der sie beide nicht gewachsen sind.

## Mojave Moon 677

MOJAVE MOON ***
Video

*Regie:* Kevin Dowling
*Darsteller:* Danny Aiello (Al), Anne Archer (Julie), Michael Biehn (Boyd), Alfred Molina (Sal), Jack Noseworthy (Kaiser), Angelina Jolie
*Drehbuch:* Leonard Glasser
*Kamera:* James Glennon (Farbe)
*Musik:* Randy Nicklaus, Johnny Carusco, C. St. Garfinkle
*Schnitt:* Susan Crutcher
*Prod.:* Matt Salinger, Elyse Katz für New Moon Prod., USA 1996; 91 Min.
*Vertrieb:* Ascot Video; 22.10.1996
*FSK:* ab 16 J.

Blauäugiger Autohändler läßt sich von attraktiver Schönen in ein Krimikomplott ziehen. Dank ein paar überraschender Wendungen und guter Darsteller überdurchschnittliche Krimikomödie.

## Mommy 678

MOMMY **
Video

*Regie:* Max Allan Collins
*Darsteller:* Patty McCormack (Mrs.«Mommy« Stirling), Rachel Lemieux (Jessica Ann, ihre Tochter), Jason Miller (Lieutenant March), Brinke Stevens (Beth), Michael Cornelison (Mark Jeffries), Majel Barrett (Mrs. Withers, die Lehrerin), Mickey Spillane (Staatsanwalt Neal Ekhardt), Dewayne Hopkins (Daddy)
*Drehbuch:* Max Allan Collins
*Kamera:* Phillip W. Dingeldein (Farbe)

*Musik:* Richard Lowry
*Schnitt:* Phillip W. Dingeldein
*Prod.:* James K. Hoffman für M.A.C., USA 1995; 89 Min.
*Vertrieb:* Columbia Tristar Home Video; 22.10.1996
*FSK:* ab 16 J.

Gierige, aber nach außen hin spießige Mutter wird zur mehrfachen Mörderin. Zutiefst unglaubwürdiges Thrillerchen, dem etwas Humor gut getan hätte.
Tobias Keßler in: film-dienst, 22/96

## Der Mönch und die Hexe 679
LE MOINE ET LA SORCIERE ***
TV

*Regie:* Suzanne Schiffman
*Darsteller:* Tcheky Karyo (Mönch Etienne), Christine Boisson (Elda), Jean Carmet, Raoul Billerey, Catherine Frot, Feodor Atkine
*Drehbuch:* Pamela Berger, Suzanne Schiffman
*Kamera:* Patrick Blossier (Farbe)
*Musik:* Michel Portal
*Schnitt:* Martine Barraqué
*Prod.:* Bleu Prod./Selena Audiovisuel/Sofinergie/La Cécilia/G. Reinhart Prod./Lara Classics, Frankreich/Schweiz/USA 1987; 98 Min.
*UA:* 23.9.1987, Paris
*TV:* 26.4.1996, 3sat, 23.30

Frankreich zur Zeit der Inquisition. Der Mönch Etienne kommt in ein kleines Dorf um gegen Ketzerei vorzugehen. Dort wird er auf eine im Wald lebende Frau aufmerksam, die durch ihre Naturmedizin als Heilerin angesehen ist. Etienne ist zunächst überzeugt, daß es sich hier nicht um Häresie handelt. Doch dann beobachtet er eine nächtliche Heilungszeremonie der Frau. Daraufhin klagt er sie der Hexerei an.

## Money Kills 680
WHERE'S THE MONEY, NOREEN? ***
Video

*Regie:* Artie Mandelberg
*Darsteller:* Julianne Phillips (Noreen Rafferty), A. Martinez (Lou Gardella), Nigel Bennett (Emmet Briscoe), Colm Feore (Kevin Hanover), Nancy Warren, Jeremy Ratchford
*Drehbuch:* Carla Jean Wagner
*Kamera:* Brenton Spencer (Farbe)
*Musik:* Richard Bellis
*Schnitt:* Neil Mandelberg
*Prod.:* Julian Marks für Paramount Pic., Kanada 1995; 88 Min.
*Vertrieb:* CIC Video; 11.11.1996
*FSK:* ab 12 J.

Nach zwölf Jahren Haft heften sich diverse Interessenten an die Fersen der attraktiven Noreen, um an die verschwundenen Millionen eines Raubüberfalls zu gelangen. Mit einigen hübschen Wendungen ausgestatteter Krimi, der fürs US-Fernsehen produziert wurde.

## Money Train 681
MONEY TRAIN **

*Regie:* Joseph Ruben
*Darsteller:* Woody Harrelson (Charlie), Wesley Snipes (John), Jennifer Lopez (Grace Santiago), Robert Blake (Patterson), Chris Cooper (Torch), Joe Grifasi (Riley), Scott Sowers (Mr. Brown), Skipp Sudduth (Kowalski), Vincent Laresca, Nelson Vasquez (Subway Robbers)
*Drehbuch:* Doug Richardson, David Loughery, nach einer Story von Doug Richardson
*Kamera:* John W. Lindley (Technicolor)
*Musik:* Mark Mancina
*Schnitt:* George Bowers, Bill Pankow
*Prod.Des.:* Bill Groom
*Prod.:* Jon Peters, Neil Canton für Peters Ent., USA 1995; 110 Min.
*UA:* 22.11.1995, New York
*Verleih:* Columbia TriStar/dto./dto./Columbia TriStar Home Video; 11.1.1996

Der jahrelange Konflikt der beiden ungleichen Brüder John und Charlie, die als Polizisten bei der New Yorker U-Bahnwache arbeiten, eskaliert, als sich beide in dieselbe junge Frau verlieben. Liebeskummer, Spielschulden, der Verlust der Anstellung und die ewige Rivalität mit John treiben Charlie schließlich dazu, in einer halbsbrecherischen Aktion einen millionschweren Geldzug zu entführen. Durchschnittlicher Action-Reißer, bar jeglichen Anspruchs, aber dennoch recht unterhaltsam.
*multimedia*

(...) Denn Harrelson ist diesmal nicht nur dümmlich, sondern auch unsympathisch; und Snipes wirkt sichtlich ermüdet von seinen vielen Filmen der letzten Monate. Selbst die spektakulären Subway-Stunts gegen Ende sind keine Ent-

*Woody Harrelson, Wesley Snipes und Jennifer Lopez*

schädigung für diese maßlose Enttäuschung. *Milan Pavlovic, Kölner Stadt-Anzeiger, 13.1.96*

(…) Joseph Rubens »Money Train« aber will uns nur mit dem Dolby-Stereo-Kreischen mißhandelten Metalls von den dürftigen Ideen zur Durchführung des Verbrechens ablenken. Seine Unlogik ist allerdings zu krass, als daß ein paar Karambolageszenchen vom entführten Geldtransport und einem vornwegjagenden Passagierzug sie vergessen ließen. Man ist dem Krawall lediglich dankbar, der die dauerplätschernden Blödeldialoge der beiden Hauptdarsteller kurz unterbricht. »Stoppt die Todesfahrt der U 123«, im Fernsehen alle paar Monate zu sehen, bleibt der Klassiker des U-Bahnthrillers. »Money Train« ist nicht einmal die Holzeisenbahn dazu.
*Thomas Klingenmaier, Stgt. Zeitung, 11.1.96*

Joseph Heinrichs in: Rheinische Post, 12.1.96; Tobias Kniebe in: SZ, 11.1.96; Angela Schmitt-Gläser in: FR, 13.1.96

## Moonlight & Valentino 682
MOONLIGHT AND VALENTINO ***

*Regie:* David Anspaugh
*Darsteller:* Whoopi Goldberg (Sylvie Morrow), Kathleen Turner (Alberta Russel), Elizabeth Perkins (Rebecca Lott), Gwyneth Paltrow (Lucy Trager), Jon Bon Jovi (Anstreicher), Jeremy Sisto (Steven), Matthew Koller (Alex Morrow), Shadia Simmons (Jenny Morrow), Erica Luttrell (Drew Morrow), Josef Sommer (Thomas Trager)
*Drehbuch:* Ellen Simon, nach ihrem gleichn. Theaterstück
*Kamera:* Julio Macat (Technicolor)
*Musik:* Howard Shore
*Schnitt:* David Rosenbloom
*Prod.Des.:* Robb Wilson King
*Prod.:* Alison Owen, Eric Fellner, Tim Bevan für Working Title, USA 1995; 104 Min.
*UA:* 2.10.1995, New York
*Verleih:* CI, Impuls/Constantin/Elite Film/VCL Video; 4.7.1996
*FSK:* ab 6, ffr.

Eine junge Witwe versucht nach dem Unfalltod ihres Mannes, gemeinsam mit ihrer Schwester, ihrer Stiefmutter und ihrer besten Freundin, mit Schock, Trauer und der inneren Leere fertigzuwerden, wobei auch die Beziehungskrisen der anderen Frauen eine Rolle spielen und wenigstens ansatzweise gelöst werden. Ein formal eher konventioneller, aber dank des guten Drehbuchs und der adäquaten Darstellerleistungen zufriedenstellender Film, der sein Thema psychologisch stimmig, sehr gefühlsbetont, aber nicht sentimental, mit Humor und innerer Spannung präsentiert. *multimedia*

Ellen Simons (autobiographisch gefärbtes) Theaterstück bläht sich in der Verfilmung zu einem jener wehleidig-

*Whoopie Goldberg und Kathleen Turner*

geschwätzigen US-Mittelstandsmelodramen, in denen Gattinnen, Witwen, Jungfrauen und geschiedene Karriere-Beißzangen das Credo des amerikanischen Erfolgsweibes hinauf- und hinterbeten – daß nämlich Frau ohne Mann eine halbe Portion ist. (...)

*Ponkie, AZ, 12.7.96*

Joseph Heinrichs in: Rheinische Post, 5.7.96; Susanna Nieder in: Der Tagesspiegel, 4.7.96; Patrick Rösler in: Stgt. Zeitung, 4.7.96; Frank Schnelle in: tip, 14/96

## Mord an seinem besten Freund 683

DESPERATE FOR LOVE ***

TV

*Regie:* Michael Tuchner
*Darsteller:* Christian Slater (Cliff Petrie), Brian Bloom (Alex Cutler), Tammy Lauren (Lily Becker), Scott Paulin (Merl Becker), Veronica Cartwright (Betty Petrie), Michael Flynn (Ed Cutler), Arthur Rosenberg (Buck Cameron), Keith Noble, Benji Wilhoite, Amy O'Neill
*Drehbuch:* Judith Paige Mitchell
*Kamera:* William Wages (Farbe)
*Musik:* Charles Bernstein
*Prod.:* Steve McGlothen für Vishudda/Andrew Adelson/Lorimar/Telepictures, USA 1989; 120 Min.
*UA:* 17.1.1989, CBS, 21.00
*TV:* 22.7.1996, Pro7, 20.00

Alex stammt aus einer angesehenen Familie, Cliff kommt aus kleinen Verhältnissen. Trotzdem sind die zwei dikke Freunde, bis sie sich beide eines Tages in die hübsche Lily verlieben, die mit ihren Gefühlen spielt. Als Alex nach einem Jagdausflug tot aufgefunden wird, verdächtigt man Cliff des Mordes. *Pressetext*

## Mord aus Leidenschaft 684

CAUSE CELEBRE ***

TV

*Regie:* John Gorrie
*Darsteller:* Helen Mirren (Alma Rattenbury), David Morrissey (George Bowman), David Suchet (O'Connor), Harry Andrews (Francis Rattenbury), Norma West (Irene Riggs), Oliver Ford Davies (J.D. Casswell), Neil Jeffery (Christopher)
*Drehbuch:* John Gorrie, nach dem Bühnenstück von Terence Rattigan
*Kamera:* Mulcolm Harrison, Trevor Vaisey (Farbe)
*Musik:* Richard Harvey
*Schnitt:* Kevin Waters
*Prod.Des.:* Jon Pusey
*Prod.:* John Rosenberg für Anglia Film, GB 1987; 104 Min.
*TV:* 23.3.1996, ZDF, 0.20

Bournemouth, 1934: Alma betrügt ihren dritten Ehemann mit dem 18jährigen Diener George Bowman. Als dieser den ahnungslosen Ehemann in einem Eifersuchtsanfall erschlägt, nimmt erst Alma, dann auch George die Schuld auf sich. Bei dem folgenden Sensationsprozeß wird Alma das Opfer unersättlicher Sensationsgier und Schadenfreude.

## Mord in Newman County – Böses Blut 685

IN THE HEAT OF THE NIGHT: **
A MATTER OF JUSTICE TV

*Regie:* Reza Badiyi
*Darsteller:* Carroll O'Connor (Chief Gillespie), Carl Weathers (Hampton Forbes), Howard Rollins (Virgil Tibbs), Anne-Marie Johnson (Althea Tibbs), Alan Autry (Bubba Skinner), George C. Scott (Richter Walker)
*Drehbuch:* Mitchell Schneider
*Kamera:* Charles Mills (Farbe)
*Musik:* Nan Mishkin
*Prod.:* USA 1995; 89 Min.
*TV:* 7.7.1996, Premiere, 23.05

Richter Walker gehört zu den angesehensten Bürgern der Kleinstadt Sparta, sein Enkel Todd jedoch ist ein Taugenichts. Als eine junge Schwarze vergewaltigt und ermordet wird, fällt der Verdacht auf Todd. Dem mächtigen Großvater gelingt es zwar mit einem juristischen Trick, Todd freizubekommen, die Mutter des Opfers aber übt in ihrer Verzweiflung Selbstjustiz.

## Mord nach Plan 686

BLIND FAITH **

TV

*Regie:* Paul Wendkos
*Darsteller:* Robert Urich (Rob Marshall), Joanna Kerns (Maria Marshall), David Barry Gray (Roby Marshall), Jay Underwood (Chris Marshall), Johnny Galecki (John Marshall), Dennis Farina (Kevin Kelly), Joe Spano (Sal), Robin Strasser, Kevin Dunn, Doris Roberts

*Drehbuch:* John Gay, nach dem Roman von Joe McGinnis
*Kamera:* Chuck Arnold (Farbe)
*Musik:* Laurence Rosenthal
*Schnitt:* Christopher Cooke, James Galloway
*Prod.Des.:* Jan Scott
*Prod.:* Susan Baerwald, Dan Wigutow für NBC Prod., USA 1990; 175 Min.
*TV:* 18.7.1996, Sat.1, 21.00

Rob Marshalls Frau wird auf einem Parkplatz ausgeraubt und erschossen, während er, von den Verbrechern ohnmächtig geschlagen, hilflos neben dem Wagen liegt. Das Entsetzen und Mitgefühl in seiner Heimatstadt ist groß. Doch dann verdichten sich die Verdachtsmomente, er selbst könne etwas mit dem Mord zu tun haben. Bald halten lediglich seine drei Söhne noch zu ihm. *Pressetext*

## Mord unter Freunden 687

MURDER BETWEEN FRIENDS □
TV

*Regie:* Waris Hussein
*Darsteller:* Timothy Busfield (Bezirksanwalt John Thorn), Stephen Lang (Kerry Myers), Martin Kemp (William Fonanille), Lisa Blount (Janet Myers), O'Neal Compton, Alex Courtney, Karen Moncrieff, Sab Shomono, Stanley Anderson, Nicholas Pryor
*Drehbuch:* Philip Rosenberg, nach einem authentischen Fall
*Kamera:* (Farbe)
*Prod.:* USA 1993; 88 Min.
*TV:* 1.7.1996, RTL2, 20.15

Janet Myers wird in einem Vorort von New Orleans erschlagen aufgefunden. Zwei ihrer besten Freunde beschuldigen sich gegenseitig des Mordes. In Wirklichkeit steckt hinter dem Mord ein fieser Plan.

## Der Mörder und die Hure 688

***
TV

*Regie:* Michael Lähn
*Darsteller:* Katja Studt (Sonja), Sebastian Koch (Roman), Dieter Mann (Winter), Angelika Bartsch (Rosa), Peter Flechtner (Werner), Ingo Naujocks (Mütze), Michael Gahr, Edda Leesch, Hans-Michael Rehberg
*Drehbuch:* Hartmann Schmige
*Kamera:* Franz Rath (Farbe)
*Prod.:* BRD 1995; 86 Min.
*TV:* 23.3.1996, ZDF, 20.15

Die junge Deutschpolin Sonja lernt an der Grenze den Berliner Taxifahrer und Autohehler Roman kennen, sie verlieben sich und verlieren sich dann wieder aus den Augen. Als Roman Sonja zufällig wiedertrifft, wird sie von dem Unterweltboß Winter in einem Bordell zur Prostitution gezwungen. Roman könnte sie für DM 20.000,– von ihrem Zuhälter freikaufen und begeht einen Mord, als der Geldverleiher ihm das Geld nicht gibt.

## Mörderische Fantasien 689

FINDING INTEREST / BARNEY BARNABY **
TV

*Regie:* Samer Daboul, Trevor Sands
*Darsteller:* Tim Quill (Barney Barnaby), Matthias Hues (Killer), Frank Adonis (Mr. Bird), Catherine Nagan (Deanna Orzball), Linda Kerns (Miss Marty)
*Drehbuch:* Trevor Sands
*Kamera:* Francis Mohajerin (Farbe)
*Musik:* Rolfe Kent
*Schnitt:* Mark S. Westmore
*Prod.:* Samer Daboul für Aprtment Abzurd, USA 1994; 88 Min.
*TV:* 9.10.1996, RTL2, 21.50

Skurriler Thriller über einen frustrierten jungen Autor, der sein Leben dadurch interessanter gestalten will, daß er einen Killer auf sich ansetzt.

## Mörderische Gier 690

THE SISTER IN LAW **
Video

*Regie:* Noel Nosseck
*Darsteller:* Kate Vernon (Sarah Preston), Shanna Reed, Craig Wasson, Kent Williams, Kevin McCarthy
*Drehbuch:* David Callaway, Megan Marks
*Kamera:* Paul Mahlbaum (Farbe)
*Musik:* Richard Bellis
*Schnitt:* Neil Mandelberg
*Prod.:* Artie Mandelberg für Universal, USA 1995; 88 Min.
*Vertrieb:* CIC Video; April 1996
*FSK:* ab 16 J.

25 Jahre nach einem Verkehrsunfall bei dem ihre Eltern umgekommen sind, ermordert die Tochter die Beteiligten. Dieses Rachespektakel scheint ohne Skript an Ort und Stelle improvisiert worden zu sein.

## Mörderische Waffe 691
DEADLY WEAPON **
Video

*Regie:* James Lloyd
*Darsteller:* Rob Freeman (Roy), John Savage (Sanders), Veronica Cortez (Florinda), Gaspar Gonzales (Gonzales), Manuel Gassol (Diego), Sonia Berah (Paula), Mario Llovera (José)
*Drehbuch:* James Lloyd, nach einer Vorlage von Salvatore Paretti
*Kamera:* Stefen Catalano (Farbe)
*Musik:* Carlo Maria Cordio
*Schnitt:* Vanio Amici
*Prod.:* Mario Bregni, Pietro Bregni für P.A.C. Film, Italien 1994; 94 Min.
*Vertrieb:* 20th Century Fox Home Video; Juli 1996
*FSK:* ab 18 J.

Wüste Actionplotte um eine brutale Wunderwaffe, die sowohl südamerikanische Drogengangster als auch der CIA einsetzen will.

Klaus Brühne in: film-dienst, 18/96

## Mörderisches Herz 692
THE HAUNTED HEART ***
TV

*Regie:* Frank LaLoggia
*Darsteller:* Diane Ladd (Olivia Hendrix), Olympia Dukakis (Mrs. Jay), Morgan Weisser (Tom Hendrix), Ele Keats (Audrey Simms), Matt Clark (Ben Wilson), Scott Wilson (Dr. Chase), Lucy Lee Flippin (Chloe Burch)
*Drehbuch:* Michael Angelella
*Kamera:* Gerry Lively (Farbe)
*Musik:* Peter Bernstein
*Schnitt:* Bette Jane Cohen
*Prod.Des.:* Jonathan Carlson
*Prod.:* Patrick Peach, Diane Ladd für Kings Road, USA 1994; 91 Min.
*TV:* 10.6.1996, ZDF, 22.15

Olivia Hendrix liebt ihren Sohn Tom, der gerade die Highschool absolviert hat, abgöttisch. Gemeinsam mit ihrer zwielichtigen Nachbarin Mrs. Jay umklammert sie ihn mit besitzergreifender Zuneigung, bis die Situation eskaliert und die wahnsinnigen Emotionen in einem Amoklauf gipfeln.

## Das Mörderspiel 693
DEATHTRAP ***

*Regie:* Sidney Lumet
*Darsteller:* Michael Caine (Sidney Bruhl), Christopher Reeve (Clifford Anderson), Dyan Cannon (Myra Bruhl), Irene Worth (Helga Ten Dorp), Henry Jones (Porter Milgrim), Joe Silver (Seymour Starger), Tony Di Enedetto (Burt, der Wirt)
*Drehbuch:* Jay Presson Allen, nach dem gleichn. Theaterstück von Ira Levin
*Kamera:* Andrzej Bartkowiak (Technicolor)
*Musik:* Johnny Mandel
*Schnitt:* John J. Fitzstephens
*Prod.Des.:* Tony Walton
*Prod.:* Burtt Harris für Warner Bros., USA 1982; 115 Min.
*Verleih:* -/-/Warner Bros.

Vier Personen – ein älterer Theaterautor von Kriminalstücken, dessen Erfolgslinie abgebrochen ist, seine dennoch optimistische, aber herzkranke Frau, ein junger Autor mit einem erfolgversprechenden Thriller, eine Nachbarin mit hellseherischen Fähigkeiten – treffen aufeinander in einem Mörder-Melodrama voll Humor und Überraschungen.

## Mortal Kombat 694
MORTAL KOMBAT **

*Regie:* Paul Anderson
*Darsteller:* Christopher Lambert (Lord Rayden), Cary-Hiroyuki Tagawa (Shang Tsung), Talisa Soto (Kitana), Bridgette Wilson (Sonya Blade), Robin Shou (Liu Kang), Linden Ashby (Johnny Cage), Trevor Goddard (Kano), Chris Casamassa (Scorpion), François Petit (Sub-Zero), Keith H. Cooke (Reptile)
*Drehbuch:* Kevin Droney
*Kamera:* John R. Leonetti (Foto-Kem)
*Musik:* George S. Clinton
*Schnitt:* Martin Hunter
*Prod.Des.:* Jonathan Carlson
*Prod.:* Lawrence Kasanoff für Lawrence Kasanoff/Threshold Ent., USA 1995; 101 Min.
*Verleih:* CI/Constantin/Focus/VMP Video; 18.1.1996
*FSK:* ab 16, ffr.

Drei gute Erdenbürger kämpfen auf einer sagenumwobenen Insel im Paralleluniversum gegen einen bösen Zauberer und seine brutalen Mitstreiter, um die Welt vor dem Untergang zu retten. Fantasielos inszenierte und von schablonenhaft wirkenden Darstellern getragene, martialische Verfilmung eines ebenso brutalen Fantasie-Videospiels, das Gewalt und Töten als Konfliktlösung propagiert. *Zoom, 1/96*

(...) Trotz einiger eindrucksvoller computergenerierter Effekte unterhält diese Verfilmung eines erfolgreichen Videospiels auf dem Niveau einer Geisterbahnfahrt auf der Kirmes. Für Kinder sicher ein aufregendes Erlebnis, aber erst ab 16 Jahren freigegeben.
*Ralph Umard, tip, 3/96*

Albert Baer in: Rheinische Post, 19.1.96

## Mossane 695
MOSSANE ****

*Regie:* Safi Faye
*Darsteller:* Magou Seck, Isseu Niang, Moustapha Yade, Abou Camara, Alioune Konare
*Drehbuch:* Safi Faye
*Kamera:* Jürgen Jürges (Farbe)
*Musik:* Yande Codou Scène
*Schnitt:* Andrée Davanture
*Prod.:* Muss/La Sept, Senegal 1995; 105 Min.
*Verleih:* -/-/trigon; Oktober 1996

In einem schwarzafrikanischen Dorf erliegen die jungen Männer und sogar ihr Bruder den Reizen der bildschönen 14jährigen Mossane. Damit wieder Ruhe einkehrt, soll sie auf Ratschlag der Dorfältesten möglichst rasch verheiratet werden. Als die Wahl der Eltern nicht mit dem Auserwählten ihres Herzens fällt, wehrt sich Mossane gegen die Fremdbestimmung, zerbricht aber an der Übermacht der Tradition.
*Zoom, 10/96*

## Motor Nasch 696
****

*Regie:* Sabine Gisiger, Marcel Zwingli
*Drehbuch:* Sabine Gisiger, Marcel Zwingli
*Kamera:* Helena Vagnières (Farbe und s/w)
*Musik:* Peter Bräker
*Schnitt:* Sabine Gisiger, Marcel Zwingli
*Prod.:* Videoladen Zürich mit Dschoint Ventschr/Fernsehen DRS/Teleclub, Schweiz 1995; 85 Min.
*Verleih:* -/-/Bernard Lang; Juni 1996

Sehr lebendiges Porträt von sechs zwischen 1892 und 1985 geborenen Moskauer Frauen aus vier Generationen der gleichen Familie. Ihre spontanen und freimütigen Erzählungen lassen Lebensgeschichten sichtbar werden, die eine andere, privatere Realität als jene der von Männern geprägten »offiziellen« Geschichtsschreibung zeigen, aber dennoch von Partei und Staat – durch eingefügte Ausschnitte aus Film- und TV-Dokumenten immer wieder in Erinnerung gerufen – beeinflußt und geprägt wurden. Der einfühlsame, dank der vitalen Energie der Frauen sehr intensiv wirkende Dokumentarfilm ist gewiß nicht repräsentativ für den sowjetischen Alltag, wohl aber symptomatisch für eine relativ privilegierte Schicht aus dem Theater- und Künstlermilieu. *Zoom, 6/96*

## Moving Target 697
MOVING TARGET *
Video

*Regie:* Damian Lee
*Darsteller:* Michael Dudikoff, Michelle Johnson, Billy Dee Williams
*Prod.:* USA 1996; 90 Min.
*Vertrieb:* Ascot Video; 27.11.1996
*FSK:* ab 18 J.

Es kommt uns alles nur zu bekannt vor: Kopfgeldjäger will Dienst quittieren und gerät ins Visier von Mafia und Polizei. Billigstreifen, der sich handwerklich den mangelnden mimischen Qualitäten des Hauptdarstellers angleicht.

## Mr. Holland's Opus 698
MR. HOLLAND'S OPUS ***

*Regie:* Stephen Herek
*Darsteller:* Richard Dreyfuss (Glenn Holland), Glenne Headly (Iris Holland), Jay Thomas (Bill Meister), Olympia Dukakis (Principal Jacobs), William H. Macy (Wolters), Alicia Witt (Gertrude Lang), Jean Louisa Kelly (Rowena Morgan), Nicholas John Renner, Joseph Anderson, Anthony Natale
*Drehbuch:* Patrick Sheane Duncan
*Kamera:* Oliver Wood (Technicolor)
*Musik:* Michael Kamen; Sharon Boyle (supervisor)
*Schnitt:* Trudy Ship
*Prod.Des.:* David Nichols
*Prod.:* Ted Field, Michael Nolin, Robert W.

Cort für Interscope/Polygram Filmed Ent. mit Charlie Mopic Co., USA 1995; 142 Min.
*UA:* 19.1.1996, New York
*Verleih:* CI/Constantin/Elite Film/VCL Video; 4.4.1996
*FSK:* ab 6, ffr.
*FBW:* Wertvoll

Dreißig Jahre aus dem Berufs- und Privatleben eines verhinderten Komponisten, der seinen Lebensunterhalt als Musiklehrer verdient und die Zuneigung und Anerkennung seiner Schüler gewinnt. Episodisches Melodram mit unverkennbarer Tendenz zur Überstrapazierung emotionaler Anfälligkeit des Publikums. Ein Film voller »falscher« Töne, in dem nur der Hauptdarsteller Richard Dreyfuss einen Hauch echter Menschlichkeit vermittelt. *Zoom, 5/96*

Tobias Kniebe in: SZ, 6.4.96; Rupert Koppold in: Rheinische Post, 4.4.96; Carla Rhode in: Der Tagesspiegel, 5.4.96; Christian Seebaum in: Kölner Stadt-Anzeiger, 6.4.96

## Mrs. Winterbourne 699

MRS. WINTERBOURNE ***

Video

*Regie:* Richard Benjamin
*Darsteller:* Shirley MacLaine (Grace Winterbourne), Ricki Lake (Connie Doyle), Brendan Fraser (Bill/Hugh Winterbourne), Miguel Sandoval (Paco), Loren Dean (Steve DeCunzo), Peter Gerety (Pater Brian)
*Drehbuch:* Phoef Sutton, Lisa-Maria Radano, nach seinem Roman »I Married A Dead Man« von Cornell Woolrich
*Kamera:* Alex Nepomniaschy (Technicolor)
*Musik:* Patrick Doyle
*Schnitt:* Jacqueline Cambas, William Fletcher
*Prod.Des.:* Evelyn Sakash
*Prod.:* Dale Pollock, Ross Canter, Oren Koules für A&M Films, USA 1996; 104 Min.
*Vertrieb:* Columbia TriStar Home Video; Dezember 1996
*FSK:* ab 6 J.

Nach einem Zugunglück hält man die hochschwangere Ausreißerin Conny für die Witwe eines zu Tode gekommenen reichen Geschäftsmannes. Shirley MacLaine spielt die zickig-liebenswerte »Schwiegermutter« mit gekonnter Routine, während sich Ricki Lake als Fehlbesetzung entpuppt. Tempoarme Verwechslungskomödie.

## Muchas gracias, Willy Wuff 700

□
TV

*Regie:* Maria Theresia Wagner
*Darsteller:* Anja Kruse (Daniela), Michael Munteanu (Andi), Thomas Balou Martin (Tom), Jürgen Tarrach (Ralle), Horst Niendel (Johnny), Tommi Piper (Stimme von Willy Wuff)
*Drehbuch:* Wolfgang Wysocki
*Kamera:* James Jacobs (Farbe)
*Prod.:* Veith von Fürstenberg für Bavaria, BRD 1995; 90 Min.
*TV:* 7.4.1996, RTL, 20.15

Der sprechende Hund Willy Wuff bekommt einen Notruf aus Fuerteventura, weil sein Bruder Rocco, Star der Hundeshow eines Hotels, spurlos verschwunden ist. Willy Wuff reist als blinder Passagier in einem Flugzeug auf die Kanareninsel und lernt dort den kleinen Andi kennen, der die Ehe seiner Eltern retten will. Andi und Willy Wuff schließen einen Pakt und helfen sich gegenseitig.

## Mulholland Falls 701

MULHOLLAND FALLS

*Regie:* Lee Tamahori
*Prod.:* USA 1996

siehe: → Nach eigenen Regeln

## Muppets – Die Schatzinsel 702

MUPPET TREASURE ISLAND ***

*Regie:* Brian Henson
*Darsteller:* Tim Curry (Long John Silver), Kevin Bishop (Jim Hawkins), Steve Whitmire (Capt. Abraham Smollett, Kermit the Frog, Rizzo the Rat), Frank Oz (Benjamin Gunn, Squire Trelawney, Miss Piggy, Fozzie Bear), Billy Connolly (Billy Bones)
*Drehbuch:* Jerry Juhl, Kirk R. Thatcher, James V. Hart, inspiriert durch den Roman von Robert Louis Stevenson
*Kamera:* John Fenner (Technicolor)
*Musik:* Hans Zimmer; Barry Mann, Cynthia Weil (Songs)
*Schnitt:* Michael Jablow
*Prod.Des.:* Val Strazovec
*Prod.:* Martin G. Baker, Brian Henson für Jim Henson Prods. für Walt Disney, USA 1996; 99 Min.
*UA:* 16.2.1996, New York

*Christian Slater und Kevin Bacon in ›Murder in the First‹ von Marc Rocco*

*Verleih:* Buena Vista/dto./dto.; 11.7.1996
*FSK:* o.A., ffr.

Angelehnt an die Figuren aus dem Jugendbuchklassiker »Die Schatzinsel«, schickt der Film neben einem elternlosen Jungen, der einem verborgenen Schatz nachspürt und in die Fänge von allerlei Piratengesindel gerät, sämtliche bekannten Figuren aus der »Muppets-Show« auf große Schiffahrt. Während die Musicaleinlagen (der Menschen) eher beschaulich gerieten, plazieren Kermit (als wackerer Kapitän), Miss Piggy (als Königin eines Warzenschweinstammes) und Co. auch für Erwachsene herrlich amüsante Seitenhiebe auf unseren »way of life«, manchmal sogar gepaart mit einer Portion Selbstironie. *Zoom, 6/96*

(...) Das Geschehen dadurch zu brechen, daß die Bordratten der Handlung als moderne Touristen auf Kreuzfahrt folgen, mag etwas forciert sein; trotzdem ist dies ein Film, bei dem Kinder und Erwachsene gleichermaßen auf ihre Kosten kommen dürften.
*Frank Arnold, tip, 15/96*

Die Muppets auf Schatzsuche: Kermit, Miss Piggy und der Rest der Truppe in einer Klassikeradaption der besonders lustigen Art.

Rupert Koppold in: Rheinische Post, 12.7.96

## Murder in the First 703
MURDER IN THE FIRST ****

*Regie:* Marc Rocco
*Darsteller:* Christian Slater (James Stamphill), Kevin Bacon (Henry Young), Gary Oldman (Gefängnisdirektor Glenn), Embeth Davidtz (Mary McCasslin), William H. Macy (Bill McNeil), Stephen Tobolowsky (Mr. Henkin), Brad Dourif (Byron Stamphill), F. Lee Ermey (Richter Clawson), Mia Kirshner, Ben Slack
*Drehbuch:* Dan Gordon
*Kamera:* Fred Murphy (Foto-Kem und s/w)
*Musik:* Christopher Young
*Schnitt:* Russell Livingstone
*Prod.Des.:* Kirk M. Petruccelli
*Prod.:* Marc Frydman, Mark Wolper für Le Studio Canal Plus mit Wolper Organization, USA 1995; 122 Min.
*Verleih:* 20th Century Fox/dto./Monopole Pathé/20th Century Fox Video; 16.5.1996
*FSK:* ab 16, ffr.
*FBW:* Besonders wertvoll

Wegen einer Lappalie wird ein junger Mann Ende der dreißiger Jahre auf die Gefängnisinsel Alcatraz gebracht. Die vom sadistischen Direktor verordnete Einzelhaft wird erst nach drei Jahren aufgehoben. Darauf begeht der verstörte Häftling einen Mord an einem Mitgefangenen.
Ein idealistischer Anwalt übernimmt seine Verteidigung. Der authentische Fall wird mit krassen Stilmitteln wie ständigen Kamerabewegungen und düsterem Licht nachgezeichnet, wobei sich der Film um Genauigkeit bemüht und den exemplarischen Charakter des Falles betont.
In seiner Anklage geht er weit über vergleichbare Hollywoodfilme des Genres hinaus. *Zoom, 5/96*

Heiko R. Blum in: Rheinische Post, 18.5.96; W.O.P. Kistner in: AZ, 15.5.96; Rupert Koppold in: Stgt. Zeitung, 15.5.96; Daniel Kothenschulte in: Kölner Stadt-Anzeiger, 18.5.96; Bettina Peulecke in: AZ, 15.5.96 (Interview Slater)

## Murder One 704

MURDER ONE ***

Video

*Regie:* Graeme Campbell
*Darsteller:* Henry Thomas (Billy Isaacs), James Wilder (Carl Isaacs), Stephen Shellen (Wayne Coleman), Erroll Slue (George Dungee)
*Drehbuch:* Fleming B. Fuller
*Kamera:* Ludek Bogner (Farbe)
*Musik:* Mychael Danna
*Schnitt:* Michael McMahon
*Prod.Des.:* John Dondertman, Bora Bulajic
*Prod.:* Nicolas Stiliadis für SC Ent., Kanada 1988; 95 Min.
*Vertrieb:* New Vision Video; März 1996
*FSK:* ab 18 J. (gekürzte Fass. 81 Min., ab 16 J.)

Im Zuge der momentanen Serienkiller-Konjunktur kam dieses Roadmovie fast zehn Jahre nach seinem Entstehen hierzulande zu Video-Ehren: Vier unterprivilegierte Jugendliche holen sich mit Gewalt, was ihnen die Gesellschaft bisher verwehrte.
Auf Tatsachen basierendes Psychodrama, gut photographiert und einfühlsam inszeniert.

## Murdered Innocence 705

MURDERED INNOCENCE **

Video

*Regie:* Frank Coraci
*Darsteller:* Jason Miller (Det. Paul Rollins), Fred Carpenter (Scott Baron), Jacqueline Macario (Lauren), Gary Aumiller (William »Teach« Spencer), Bob Schlesinger (Det. Jack Walters), Donna Bostany (Det. Leone), Bryan Holt (Bateman, der Fischer), Victor Campos, Craig Morris Weintraub
*Drehbuch:* Steven Peros, Frank Coraci, Fred Carpenter, nach einer Story von Steven Peros, Norman Rafsol
*Kamera:* William Francesco (Farbe)
*Musik:* Alan Pasqua; Kello
*Schnitt:* Thomas R. Lewis, Suzanne Pillsbury
*Prod.:* Fred Carpenter, Phyllis Alia; Randy Weintraub (Ass. Prod.) für Rayfield Company III, USA 1995; 77 Min.
*Vertrieb:* Columbia TriStar Home Video; 5.3.1996
*FSK:* ab 16 J.

Auch die Eltern des Helden dieses Bonsai-Action-Thrillers wurden ermordet – und auch er muß für die Gerechtigkeit in den Ring steigen.

Joe Hill in: film-dienst, 9/96

## Mushrooms – Eine Mords-Delikatesse 706

MUSHROOMS ***

Video

*Regie:* Alan Madden
*Darsteller:* Julia Blake (Flo), Simon Chilvers (Harry Instep), Lynette Curran (Minnie), Brandon Burkem (Lynch), George Shevtsov (Corris), Boris Brkic (Grob), John Gaden, Natalie McCurry (Maureen), Berynn Schwerdt
*Drehbuch:* Alan Madden
*Kamera:* Louis Irving (Farbe)
*Musik:* Paul Grabowsky
*Schnitt:* Henry Dangar
*Prod.Des.:* George Liddle
*Prod.:* Brian Rosen für Rosen/Harper Ent. mit Film Finance Corp./New South Wales Film & TV Office, Australien 1995; 89 Min.
*Vertrieb:* Highlight Video; 8.1.1996
*FSK:* ab 16 J.

Auch wenn es manchmal mit der handwerklichen Sorgfalt hapert, diese skurrile Story aus Australien verströmt den Humor von »Arsen und Spitzenhäubchen«: Per Zufall kommt ein Gangster

bei zwei verschrobenen Freundinnen zu Tode, die, aus Angst vor falschem Verdacht, die Leiche nutzbringend verwerten...Ein makabres, putziges Vergnügen.
Anselm Jungeblodt in: film-dienst, 4/96

## Mut zur Liebe 707
GETTING UP AND GOING HOME □
TV

*Regie:* Steven Schachter
*Darsteller:* Tom Skerritt (Jack), Julianne Phillips (Janet), Dorian Harewood (Ted), Blythe Danner (Lily), Roma Downey (Kimberly), Gary Frank, Bruce Kirby, Paul Sand
*Drehbuch:* Peter Nelson
*Musik:* James DiPasquale
*Schnitt:* Michael A. Hoey
*Prod.Des.:* Diane Hughes, Phillip Vasels
*Prod.:* Caroll Newman, USA 1992; 89 Min.
*TV:* 14.7.1996, RTL2, 10.30

Ein Mann in der Midlifecrisis versucht, durch die Liebe zu drei sehr unterschiedlichen Frauen zu sich selbst zu finden. Das kann natürlich nicht gutgehen.

## Mutige Zeugin 708
ONE WOMAN'S COURAGE ***
TV

*Regie:* Charles Robert Carner
*Darsteller:* Patty Duke (Grace McKenna), James Farentino (Lt. Bill Lawson), Dennis Farina (Craig McKenna), Keith Szarabajka (Bremer), Margot Kidder (Stella)
*Drehbuch:* John Steven Owen
*Kamera:* John R. Leonetti (Farbe)
*Musik:* John M. Keane
*Prod.:* USA 1994; 87 Min.
*TV:* 1.4.1996, ZDF, 19.25

Wo andere wegschauen und abhauen, wächst Grace über sich selbst hinaus: Sie rettet im US-Kriminaldrama eine 26jährige aus den Fängen eines Frauenmörders und bringt sie schwerverletzt ins Krankenhaus. Als alte hysterische Säuferin im Zeugenstand demontiert, gerät die von ihrer Familie alleingelassene Heldin in höchste Lebensgefahr. (...) *Sigrid Feuerstein, AZ, 3.4.96*

## Mutproben 709
***
TV

*Regie:* Kathrin Richter
*Darsteller:* Lilly Marie Tschörtner (Kim), Sophie Schulz (Lilly), Walter Sittler (Lillys Vater), Max Urlacher (Bas), Laszlo Kish (Kims Vater), Andrea Wildner (Kims Mutter), Neidthart Riedel (Herr Lenz)
*Drehbuch:* Kathrin Richter
*Kamera:* Pascal Hoffmann (Farbe)
*Schnitt:* Jean-Claude Piroué
*Prod.:* BRD 1995; 89 Min.
*TV:* 26.2.1996, ZDF, 19.25

Die kindliche fünfzehnjährige Kim freundet sich mit ihrer neuen Klassenkameradin Lilly an, die völlig gegensätzlich ist. Gemeinsam bestehen sie immer gewagtere Mutproben, bis sich Kim in einen Jungen verliebt und die eifersüchtige Lilly ihr dessen Untreue beweisen will.

## Mutters Courage 710
****

*Regie:* Michael Verhoeven
*Darsteller:* Pauline Collins (Elsa Tabori), Ulrich Tukur (SS Offizier), Natalie Morse (Maria), Heribert Sasse (Kelemen), Robert Giggenbach (Cornelius Tabori), Buddy Elias (Rabbi), Günter Bothur (Schnauzbart), George Tabori (Erzähler), Hana Frejková (Martha), Otto Grünmandl (Julius)
*Drehbuch:* Michael Verhoeven, nach einer Erzählung von George Tabori
*Kamera:* Michael Epp, Theo Bierkes (Farbe)
*Musik:* Julian Nott, Simon Verhoeven
*Schnitt:* David Freeman
*Prod.Des.:* Wolfgang Hundhammer
*Prod.:* Michael Verhoeven für Sentana/Little Bird/Wega Film mit HR/WDR/SFB/BBC/European Fund/Bavaria Film, BRD/GB/Österreich 1995; 89 Min.
*UA:* 12.9.1995, Toronto Film Festival
*EA:* 19.2.1996, Int. Filmfestspiele Berlin, »Sondervorführung«
*Verleih:* Kinowelt/Einhorn/-/Arthaus Video; 22.2.1996
*FSK:* ab 12, ffr. – *FBW:* Besonders wertvoll

(...)»Mutters Courage« ist weder Holocaust-Idylle noch Nazi-Comic, sondern schwarze Familienpoesie in einer historischen Satire. Ein wunderbarer Film vom Glück und Pech des Zufalls (oder Schicksals). *Ponkie, AZ, 22.2.96*

Im Budapest des Jahres 1944 werden 4000 Menschen zur Deportation zu-

*Pauline Collins und George Tabori in ›Mutters Courage‹ von Michael Verhoeven*

sammengetrieben und in Viehwaggons zur Grenze gefahren, um von dort nach Auschwitz gebracht zu werden. Unter ihnen eine Frau, der mit dem Mut der Verzweiflung der Ausbruch aus der Hölle gelingt.
Der Film wirft nach einer Erzählung von George Tabori einen neuen Blick auf den Holocaust, wagt die Verbindung von Slapstick-Elementen mit der Katastrophe. Ein emotionaler, aber nicht sentimentaler Film.

*Margret Köhler*

Harald Martenstein in: Berliner Tagesspiegel, 19.2.96; Christian Schröder in: Berliner Tagesspiegel, 29.2.96; Ruprecht Skasa-Weiß in: Stgt. Zeitung, 7.3.96; Christoph Terhechte in: tip, 5/96

## My Family, mi familia 711

CAFE CON LECHE ***

*Regie:* Gregory Nava
*Darsteller:* Jimmy Smiths (Jimmy Sanchez), Esai Morales (Chucho), Edward James Olmos (Pacos), Eduardo Lopez Rojas (Jose Sanches, jung), Elpidia Carrillo (Isabel), Jenny Gago (Maria Sanchez, jung), Enrique Castillo (Memo Sanchez), Rafael Cortes (Roberto)
*Drehbuch:* Gregory Nava, Anna Thomas
*Kamera:* Edward Lachman (Farbe)
*Musik:* Pepe Avila (Folklore), Mark McKenzie
*Schnitt:* Nancy Richardson
*Prod.Des.:* Barry Robison
*Prod.:* American Playhouse/Zoetrope/ Majestic/New Line, USA/GB 1995; 125 Min.
*UA:* 3.5.1995, USA
*Verleih:* -/-/Elite; August 1996

Mythisch verbrämte, epische Einwanderergeschichte einer armen mexikanischen Familie in East Los Angeles, unter deren Kindern von der Nonne bis zum ewigen Knastbruder zahlreiche dramatisch verwertbare Biografien vertreten sind. Nach ansehnlichen schauspielerischen Darbietungen im Mittelteil versinkt das Ganze in einen ärgerlichen innerfamiliären Versöhnungsgestus, für den sogar noch putzige Kinder bemüht werden. Störend auch die in Sepia getauchte Optik und die unterschwellige Bestätigung patriarchaler Strukturen, welche in religiös begründeter Vergangenheitsverdrängung gipfelt. *Zoom, 8/96*

## Nach eigenen Regeln 712
MULHOLLAND FALLS ***

*Regie:* Lee Tamahori
*Darsteller:* Nick Nolte (Max Hoover), Melanie Griffith (Katherine Hoover), Chazz Palminteri (Ellery Coolidge), Michael Madsen (Eddie Hall), Chris Penn (Arthur Reylea), Treat Williams (Col. Fitzgerald), Jennifer Connelly (Allison Pond), Daniel Baldwin (FBI Agent McCafferty), Andrew McCarthy (Jim Fields), John Malkovich (Gen. Thomas Timms)
*Drehbuch:* Peter Dexter, Floyd Mutrux, nach einer Geschichte von P. Dexter
*Kamera:* Haskell Wexler (Technicolor/Deluxe)
*Musik:* Dave Grusin
*Schnitt:* Sally Menke
*Prod.Des.:* Richard Sylbert
*Prod.:* Richard D. Zanuck, Lili Fini Zanuck für Largo Ent./The Zanuck Co., USA 1996; 106 Min.
*UA:* 29.4.1996, New York
*EA:* Filmfest München 1996
*Verleih:* Intertainment, Central/-/-/BMG Video, Titel: Mulholland Falls- Nach eigenen Regeln; 17.10.1996
*FSK:* ab 16, ffr.

Mit Maßanzügen, Markenhüten und brachialen Methoden befreien Hoover und seine Männer das Los Angeles der 50er Jahre von kriminellen Elementen. Als man eine frühere Geliebte von ihm tot auffindet, wird der wenig zimperliche Cop zum Einzelgänger innerhalb der Gruppe. Seine Erschütterung, die Angst um seine Ehe, sein Kampf um Gerechtigkeit für die Ermordete machen die Zeit lebendig. Bei den Ermittlungen prallt der Bulle gegen eine Macht, die ihn mit der eigenen zweifelhaften Moral konfrontiert.

*Anke Leweke, tip, 22/96*

(...) Die Lösung des Falles fällt genauso halbherzig aus wie der übrige Film, obwohl die stimmungsvolle Fotografie, das unaufdringliche 50er-Jahre-Ambiente und eine bis in kleine Nebenrollen beachtlich prominente Besetzung über so einiges hinwegzutrösten vermögen. Eine stringente Story ersetzen können sie freilich nicht.

*W.O.P. Kistner, AZ, 17.10.96*

Michael Althen in: SZ, 17.10.96; Lars-Olav Beier in: FR, 19.10.96; Heiko R. Blum in: Rheinische Post, 18.10.96; Ulrich Herrmann in: Die Zeit, 18.10.96; Thomas Klingenmaier in: Stgt. Zeitung, 17.10.96; Peter Körte in: FR, 17.10.96

*Melanie Griffith und Nick Nolte in ›Nach eigenen Regeln‹*

*Franka Potente, ausgezeichnet mit dem Bayerischen Filmpreis*

## Nach fünf im Urwald

713
***

*Regie:* Hans-Christian Schmid
*Darsteller:* Franka Potente (Anna), Axel Milberg (Wolfgang), Dagmar Manzel (Karin), Peter Ender (Oliver), Sybille Canonica (Johanna), Johann von Bülow (Nick), Natali Seelig (Zille), Max Urlacher (Ben), Farina Brock (Clara), Thomas Schmauser (Simon)
*Drehbuch:* Hans-Christian Schmid
*Kamera:* Klaus Eichhammer (Farbe)
*Musik:* Rainer Michel
*Schnitt:* Hansjörg Weissbrich
*Prod.Des.:* Michaela Quast
*Prod.:* Jakob Claussen, Thomas Wöbke für Claussen + Wöbke Filmprod. mit BR/SWF/ Arte, BRD 1995; 99 Min.
*UA:* Int. Hofer Filmtage, 1995
*Verleih:* Senator/Constantin/Frenetic/ BMG Video; 18.4.1996
*FSK:* ab 6, ffr. – *FBW:* Besonders wertvoll

Eine Art »Erziehungskomödie«, in der eine 17jährige nach einem Krach mit dem strengen Vater für eine Nacht aus der provinziellen Einfamilienhaus-Enge in die Großstadt ausbricht. Als sie ernüchtert, aber mit einem ihr ehrlich zugeneigten Klassenkameraden wieder heimkehrt, findet sie ihre zuvor als spießig empfundenen Eltern verständnisvoller vor. Der handwerklich sauber inszenierte, wenn auch etwas harmlos banale Film schwankt unentschlossen zwischen der Entwicklung der pubertären, selbstbewußten jungen Frau und den Erwachsenen-Erinnerungen. Trotz zum Teil beachtlichen schauspielerischen Leistungen (etwa der beiden Jugendlichen) reicht er nicht über ein mittleres TV-Niveau hinaus. *Zoom, 7/96*

(...) Weil Schmid seine Figuren nicht zu bloßen Abziehbildern degradiert, sondern sie bei aller Ironie liebevoll und lebensnah als echte Menschen skizziert, funktioniert seine Tragikomödie ums Erwachsenwerden und Jungbleiben so gut, ja wie aus dem wirklichen Leben. Und wenn Anna am Tag ihrer Rückkehr die Wohnung wieder verwüstet und die Eltern völlig bekifft vorfindet, hat Schmids leise Schmunzelstory ihren weisen Höhepunkt. *Albert Baer, Rheinische Post, 19.4.96*

Peter Buchka in: SZ, 18.4.96; Silvia Hallensleben in: Der Tagesspiegel, 17.4.96; Frauke Hartmann in: FR, 20.4.96; Daniel Kothenschulte in: Kölner Stadt-Anzeiger, 20.4.96

## Die Nacht des Killers 714

NIGHT OF THE ARCHER **

TV

*Regie:* Paul Nicholas
*Darsteller:* Barbara Carrera (Victoria de Fleury), Joe Bologna (Reggie), Sandahl Bergman (Maria Miles), Avital Dicker (Isabelle de Fleury), Jeff Grigs (Travis Ward), Leslie Hardy (Katherine Reggiani), Shellye Broughton (Valerie Simmons), Robert Miano (Oscar Lucci), Malei Landi (Anna), Reno Eckstein (Captain Kranac)
*Drehbuch:* Michael Gonzales, Paul Nicholas
*Prod.:* USA 1994; 95 Min.
*TV:* 18.7.1996, RTL2, 20.15

Um ihren Familienbesitz weiter unterhalten zu können, heiratet Gräfin Victoria de Fleury den wohlhabenden Spieler »Reggie«; doch der Kunstschätze-Hehler wird ermordet.

## Eine Nacht in Versailles 715

VERSAILLES RIVE GAUCHE ***

TV

*Regie:* Bruno Podalydès
*Darsteller:* Isabelle Candelier (Claire), Denis Podalydès (Arnaud), Philippe Uchan (Nachbar), Michel Vuillermoz (Jean-Claude)
*Drehbuch:* Bruno Podalydès, Denis Podalydès
*Kamera:* Pierre Stoeber (Farbe)
*Musik:* Dominique Paulin
*Schnitt:* Marie-France Cuenot
*Prod.:* Flagrant Delit, Frankreich 1992; 47 Min.
*UA:* 12.11.1992, Sarasota French Film Festival
*TV:* 7.10.1996, Arte, 22.25, OmU

Dieser Film gibt nicht nur ein originelles Beispiel gelungener Situationskomik, sondern nimmt zugleich liebevoll die »Töchter und Söhne aus gutem Hause« der Pariser Vorstadtbourgeoisie auf die Schippe. *AZ TV Journal*

## Die Nacht, in der sie uns besuchen 716

VISITORS OF THE NIGHT **

TV

*Regie:* Jorge Montesi
*Darsteller:* Markie Post (Judith English), Candace Cameron (Katie), Dale Midkiff (Marcus Ashbee)
*Prod.:* USA 1995; 90 Min.
*TV:* 26.11.1996, RTL, 20.15

Mutter und Tochter als Dauer- und Lieblingsopfer von Aliens.

## Nadja 717

NADJA ***

*Regie:* Michael Almereyda
*Darsteller:* Suzy Amis (Cassandra), Galaxy Craze (Lucy), Martin Donovan (Jim), Peter Fonda (Dr. Van Helsing), Karl Geary (Reinfeld), Jared Harris (Edgar), Elina Lowensohn (Nadja), David Lynch (Empfangschefin der Leichenhalle)
*Drehbuch:* Michael Almereyda
*Kamera:* Jim Denault; Ed Talavera (2nd unit)
*Musik:* Simon Fisher Turner
*Schnitt:* David Leonard
*Prod.Des.:* Kurt Ossenfort
*Prod.:* Mary Sweeney, Amy Hobby für Kino Link Prod., USA 1994; 95 Min.
*UA:* 13.9.1994, Toronto Film Festival
*EA:* Filmfest München 1996
*Verleih:* Senator/-/Rialto; Mai 1996

Ein vampiristisches Zwillingspaar versucht, dem Schatten der Vergangenheit und des Vaters zu entrinnen, wird dabei aber von dessen Wiedergänger verfolgt. In einem teilweise experimentell anmutenden Kaleidoskop befremdlich schöner Bilder wird eine postmoderne Botschaft inszeniert: Das Zeichen ist zur Sache selber geworden. Die Rede vom Äußersten, von Liebe und Tod, dreht sich um sich selber, bleibt gefangen in einer hermetisch kühlen Brillanz, die einen erschrecken läßt. *Zoom, 5/96*

## Nah am Wasser 718

***

*Regie:* Marc Ottiker
*Darsteller:* Sven Pippig, Barbara Philipp, Christoph Krix, Andrea Sawatzki, Bruno Cathomas, Heinz-Werner Kraehkamp
*Drehbuch:* Marc Ottiker
*Kamera:* Michael Bertl (Farbe)
*Musik:* Nikko Weidemann
*Schnitt:* Andreas Herder
*Prod.:* Jost Hering für Jost Hering Prod., BRD 1995; 90 Min.
*Verleih:* Eigenverleih/-/Look Now!; 4.4.1996

Der Möbelpacker Günther Schmid ist ein unbeholfener rassistischer Spießer, genauso unsympathisch wie erbarmungswürdig. Eine unglückliche Liebe verwandelt ihn in einen Menschen. Der gelungene Film verzichtet auf schematische Behandlung von Gegenwartsstoffen und -problemen, wie sie die »neue deutsche Komödie« à la »Abgeschminkt« (1992) praktiziert, und zeigt den (deutschen) Alltag so wie er ist: grau und banal. Marc Ottiker hat einen guten Blick für die Sensation des Unscheinbaren, er versteht es hervorragend, die Banalität spannend zu inszenieren. *Zoom, 2/96*

(...) Nicht nur diverse Neuköllner Rituale, auch die Hauptpersonen des Films sind so lebensecht, daß man sich streckenweise nicht im Kino glaubt.
*Katja Nicodemus, tip, 7/96*

## Nana 719

NANA ***

Video

*Regie:* Miguel Alexandre
*Darsteller:* Ulrich Pleitgen, Anne von Linstow, Florian Heiden, Bernadette Heerwagen
*Drehbuch:* Harald Göckeritz
*Kamera:* Brendan Galvin (Farbe)
*Musik:* Dominic Roth
*Schnitt:* Monika Kretschmann
*Prod.:* Susan Schulte für Südwestfunk/DRS/HFFM, BRD/Schweiz 1995; 102 Min.
*Vertrieb:* Matthias Video; Juni 1996
*FSK:* ab 6 J.

Die 16jährige Nana muß erfahren, daß sie unheilbar krank ist. Der Film erzählt vom Leben nach dieser Diagnose, einfühlsam und unspektakulär, wenngleich nicht immer handwerklich ganz souverän.

Dieter Krusche in: film-dienst, 17/96

## Napoleon – Abenteuer auf vier Pfoten 720

NAPOLEON ***

*Regie:* Mario Andreacchio
*Drehbuch:* Mario Andreacchio, Michael Bouchier, Mark Saltzman
*Kamera:* Roger Dowling (Farbe)
*Musik:* Bill Conti
*Schnitt:* Ted McQueen-Mason
*Prod.Des.:* Vicki Neihaus
*Prod.:* Mario Andreacchio, Michael Bourchier für Furry Feature/Herald Ace, Australien 1996; 82 Min.
*Verleih:* Jugendfilm/Constantin/Frenetic/Pro Sieben Video; 19.12.1996
*FSK:* o.A., ffr.

Krümel, ein zehnmonatiges Hundebaby in Sydney, träumt davon, die Welt zu erobern und nennt sich deshalb Napoleon. Bei einem Kinderfest vom Wind in einem Ballonkörbchen entführt, landet er im australischen Busch, wo er abenteuerliche Erlebnisse mit verschiedenen Tieren hat und von einer bösen schwarzen Katze verfolgt wird. Amüsanter und streckenweise sogar spannender Kinderfilm, in dem die Tiere wie in »Babe, the Gallant Pig« überflüssigerweise wie Menschen sprechen. Wenn sie dann noch zu singen beginnen, wird es zuviel...
*Zoom, 12/96*

Heiko R. Blum in: Rheinische Post, 20.12.96

## Natascha – Wettlauf mit dem Tod 721

□

TV

*Regie:* Bernd Böhlich
*Darsteller:* Luise Helm (Natascha Bär), Julia Jäger (Nele Bär), Florian Martens (Justus Bär), Hans-Peter Hallwachs (Prof. Robert Bauer), Maja Maranow (Dr. Halm), Otto Mellies (Dr. Glowalla), Ruth Olafsdottir (Verena Koch), Claudius Freyer, Hans Martin Stier
*Drehbuch:* Nach einem authentischen Fall
*Prod.:* Sat.1, BRD 1996; 98 Min.
*TV:* 31.3.1996, Sat.1, 20.00

Als sich herausstellt, daß ihre siebenjährige Tochter Natascha Krebs hat, verweigern die verzweifelten Eltern aus Angst vor der Chemotherapie ihre Einwilligung zu der notwendigen medizinischen Therapie und wenden sich einem dubiosen Wunderheiler zu.

## Navy Action 722

SILVER STRAND **

Video

*Regie:* George Miller
*Darsteller:* Gil Bellows (Brian del Piso), Nicolette Sheridan (Michelle Hughes), Tony

Plane (Richie Gutierrez), Jennifer O'Neill (Louellen Peterson), Jay O'Sanders (Lucas Hughes)
*Drehbuch:* Douglas Day Stewart
*Kamera:* David Connell (Farbe)
*Musik:* Joseph Conlan
*Schnitt:* Harry Hitner
*Prod.:* Steven R. McGlother für MGM Worldwide TV, USA 1995; 100 Min.
*Vertrieb:* Warner Home Video; 24.5.1996
*FSK:* ab 12 J.

Sadismus, Eifersucht und Meuterei in einer Spezialtruppe der US-Navy, die aufs Härteste fürs Überleben trainiert wird. Verlogen und uninteressant.

Wolfgang Brudny in: film-dienst 11/96

## Der Nebelläufer

723
***
TV

*Regie:* Jörg Helbling
*Darsteller:* Lawrence Grimm, Barbara-Magdalena Ahren, Roeland Wiesnekker, Lilian Fritz, Paul Lohr, Andrea-Maria Phähler, Miriam Spoerri, Andrea Zogg
*Drehbuch:* Jörg Helbling, Beat Lottaz
*Kamera:* Peter Indergand (Farbe)
*Musik:* Louis Crelier
*Schnitt:* Urszula Lesiak
*Prod.:* Edi Hubschmid, Schweiz 1995; 91 Min.
*UA:* Int. Filmfestspiele Locarno 1995, »Wettbewerb«
*EA:* Max Ophüls-Preis, Saarbrücken 1996
*TV:* 25.11.1996, Südwest3, 21.45

(...) Michi Blatter, 14 Jahre alt, lebt mit seiner Mutter, die ihm die wahren Todesumstände seines Vaters verbirgt. Als Michi es wagt, einige Fragen zu stellen, antwortet seine Mutter ausweichend. Nach einem Streit macht Michi einen Selbstmordversuch. Er überlebt seine Verletzungen, doch seine Mutter schickt ihn in ein katholisches Internat. (...) Erst als das Schweigen und das Tabu gebrochen sind, kann sich der junge Mann endlich frei entfalten.
*Katalog Filmfestival Locarno*

## Neben der Zeit

724
****

*Regie:* Andreas Kleinert
*Darsteller:* Rosel Zech (Mutter), Julia Jäger (Sophie), Sylvester Groth (Georg), Michael Poretschenkow (Sergej), Christine Schorn (Frau Plessow), Heidemarie Schneider (Kellnerin)
*Drehbuch:* Andreas Kleinert, Isabelle Wolff
*Kamera:* Sebastian Richter (Farbe)
*Musik:* Andreas Hoge
*Schnitt:* Insel Blum
*Prod.Des.:* Esther Ritterbusch
*Prod.:* Frank Löprich, Katrin Schlösser für Ö-Film/Euskal Media/ORB/SR/WDR, BRD 1995; 107 Min.
*UA:* Max-Ophüls-Festival, Saarbrücken 1995
*Verleih:* Basis/-/-; 26.9.1996

Sophie ist das hübscheste Mädchen ihrer ostdeutschen Kleinstadt, doch sie lebt zurückgezogen im Kreise ihrer Familie. Erst als sie sich in den russischen Soldaten Sergej verliebt, gerät ihr Leben ins Wanken. Sie versucht, ihren Freund in die Familie zu integrieren, doch das klappt nicht. Andreas Kleinert erzählt eine wunderschöne Liebesgeschichte, die nicht ihre politischen, sondern ihre intimen Aspekte in den Mittelpunkt stellt. *tip, 20/96*

Alexander Bickel in: Kölner Stadt-Anzeiger, 26.10.96

## Nelly und Monsieur Arnaud

725
NELLY & MONSIEUR ARNAUD
****

*Regie:* Claude Sautet
*Darsteller:* Emmanuelle Béart (Nelly), Michel Serrault (Monsieur Arnaud), Jean-Hugues Anglade (Vincent), Claire Nadeau (Jacqueline), Françoise Brion (Lucie), Michèle Laroque (Isabelle), Michael Lonsdale (Dollabella), Charles Berling (Jérôme), Jean-Pierre Lorit (Christophe), Michel Albertini (Taieb)
*Drehbuch:* Claude Sautet, Jacques Fieschi mit Yves Ulmann
*Kamera:* Jean-François Robin (Farbe)
*Musik:* Philippe Sarde
*Schnitt:* Jacqueline Thiedot
*Prod.Des.:* Carlos Conti
*Prod.:* Alain Sarde für Films Alain Sarde/TF1/Prokino/Cecchi Gori Group Tiger Cinematografica mit Canal Plus/Procirep, Frankreich 1995; 106 Min.
*Verleih:* Prokino/filmladen/Sadfi/VPS Video; 11.1.1996
*FSK:* o.A., ffr.

Mit viel Gespür für Zwischentöne inszenierte Begegnung zwischen einem älteren Herrn und einer jungen Frau. Was die beiden verbindet, sind Blessuren, die ihnen das Leben zugefügt hat. In dieser sehr schwer definierbaren Be-

*Michel Serrault und Emmanuelle Béart in ›Nelly und Monsieur Arnaud‹*

ziehung finden die beiden zu sich selber und einen Neuanfang. Michael Serrault gelingt eine einfühlsame Interpretation des launischen älteren Herrn, der allmählich seine Selbstbezogenheit und Verbitterung überwindet. *Zoom, 2/96*

Michael Althen in: SZ, 11.1.96; Heiko R. Blum in: Rheinische Post, 12.1.96; Norbert Grob in: Die Zeit, 12.1.96; Simone Mahrenholz in: Der Tagesspiegel, 11.1.96; Gerhard Midding in: Kölner Stadt-Anzeiger, 13.1.96; Rupert Koppold in: Stgt. Zeitung, 11.1.96; Peter Körte in: FR, 10.1.96

## Nemesis 3 – Die Entscheidung 726

NEMESIS III – TIME LAPSE *

Video

*Regie:* Albert Pyun
*Darsteller:* Sue Price (Alex), Earl White, Norbert Weisser (Edson), Xavier Declie (Johnny), Sharon Bruneau (Lock), Debbie Muggli, Tim Thomerson (Farnsworth)
*Drehbuch:* Albert Pyun
*Kamera:* George Mooradian (Farbe)
*Musik:* Tony Riparetti
*Schnitt:* Ken Morrisey
*Prod.:* Gary Schmoeller, Tom Karnowski für Imperial Ent./Filmwerks, USA 1995; 91 Min.
*Vertrieb:* New Vision Video; Februar 1996
*FSK:* ab 18 J.; gekürzte Fass. 88 Min. ab 16 J.

In 80 Jahren kämpfen Roboter gegen die letzten verbliebenen Menschen. Wer den ersten und zweiten Teil kennt, kann sich diesen dritten und den angekündigten vierten Teil sparen.

René Claßen in: film-dienst, 8/96

## Nemesis 4 – Engel des Todes 727

NEMESIS 4 – CRY OF ANGELS *

Video

*Regie:* Albert Pyun
*Darsteller:* Sue Price, Nicholas Guest, Andrew Divoff, Norbert Weisser, Simon Poland, Blanka Copikova, Michael Gucik, Uro Rasla
*Drehbuch:* Albert Pyun
*Kamera:* George Mooradian (Farbe)
*Schnitt:* Ken Morrisey
*Prod.:* Gary Schmoeller, Tom Karnowski für Imperial Ent., ISA 1996; Min.
*Vertrieb:* Highlight Video; 23.12.1996

Die tumbe Story vom Kampf der Menschen gegen Maschinen geht in die vierte Runde und verendet dort in laut lärmender Einfallslosigkeit.

## The Neon Bible 728
THE NEON BIBLE ***

*Regie:* Terence Davies
*Darsteller:* Gena Rowlands (Tante Mae), Diana Scarwid (Sarah), Denis Leary (Frank), Jacob Tierney (David mit 15), Leo Burmester (Bobbie Lee Taylor), Frances Conroy (Miss Scover), Peter McRobbie (Pfarrer Watkins), Joan Glover (Flora), Bob Hannah (George), Tom Turbiville (Clyd)
*Drehbuch:* Terence Davies, nach dem gleichn. Roman von John Kennedy Toole
*Kamera:* Mick Coulter (Farbe)
*Musik:* Robert Lockhart
*Schnitt:* Charles Rees
*Prod.Des.:* Christopher Hobbs
*Prod.:* Elizabeth Karlsen, Olivia Stewart für Scala für Film Four/Miramax, GB/USA 1994; 92 Min.
*UA:* Int. Filmfestspiele Cannes 1995
*Verleih:* -/Stadtkino, OmU/Filmcooperative; Januar 1996

In den vierziger Jahren wächst David als Sohn armer Farmer im Südstaat Georgia in einer von Rassismus und religiösem Fundamentalismus geprägten Atmosphäre auf. Als Tante Mae, eine erfolgslose Cabaretsängerin, auf die Farm zurückkehrt, erregt sie mit ihrem Freimut und ihrer Vitalität Anstoß in dem bigotten Milieu, vermittelt aber zugleich ihrem Neffen eine Ahnung von einer anderen, farbigeren und freieren Welt. Für diese macht er sich, nachdem Schicksalsschläge seine Familie zerstört haben, mit einem Gewaltakt frei. Auch in seinem ersten in den USA gedrehten Film bleibt der Brite Terence Davies seinem Stil und seinen Themen treu, wobei ihm wiederum Bildkompositionen von einzigartiger Schönheit und Stimmigkeit gelingen. *Zoom, 2/96*

Ausgerechnet Terence Davies, dessen Film »The Neon Bible« das radikale Gegenteil jener besinnungslosen Hektik demonstriert, wurde ausgepfiffen und ausgebuht wie bislang kein anderer Wettbewerbsbeitrag. Man mag der Inszenierung Manierismus vorwerfen und dem jugendlichen Hauptdarsteller das Fehlen jedweder schauspielerischer Mittel – müßte aber gleichzeitig wahrnehmen, daß Terence Davies einer der wenigen hier vertretenen Filmemacher ist, die eine eigene, unverwechselbare Vision vom Kino und von ihrer Arbeit erkennen lassen. *H.G. Pflaum, SZ, 26.5.95*

## Nessie – Das Geheimnis von Loch Ness 729
LOCH NESS ***

*Regie:* John Henderson
*Darsteller:* Ted Danson (Dr. Jonathan Dempsey), Joely Richardson (Laura), Kirsty Graham (Isabel), James Frain (Adrian Foote), Ian Holm (Seewächter), Nick Brimble (Andy MacLean), Keith Allen (Gordon Shoals), Harry Jones (Wee Wullie), Phillip O'Brien (Dr. Abernathy), Joseph Greig (Guideon)
*Drehbuch:* John Fusco
*Kamera:* Clive Tickner; Steve Tickner (2nd unit), Mike Valentine (Unterwasser)
*Musik:* Trevor Jones
*Schnitt:* John Gregory
*Prod.Des.:* Sophie Becher
*Prod.:* Tim Bevan, Eric Fellner, Stephen Ujlaki für Working Title mit Stephen Ujlaki Prods., GB 1995; 101 Min.
*Verleih:* CI/Constantin/-/VCL Video; 26.9.1996
*FSK:* o.A., ffr. – *FBW:* Wertvoll

Ein geschiedener, dem Alkohol zuneigender amerikanischer Wissenschaftler erhält von seinem Chef eine letzte Chance: mit modernster Technik soll er in Schottland beweisen, daß das legendäre Ungeheuer Nessie nicht existiert. Die einfallslose Handlung dieses Kinderfilms sorgt für anderthalb Stunden Langeweile. Nicht einmal die Landschaftsaufnahmen überzeugen. *tip, 20/96*

Liebevoll führt Henderson seine durchweg sehenswerte Schauspieler-Crew durch eine optisch ansprechend gestaltete Story, die zum Schluß auch noch mit einer (maßvoll verkündeten) Öko-Botschaft aufzuwarten weiß. Fazit: kein Knaller, aber ein durchweg angenehmer, familientauglicher Unterhaltungsfilm. *W.O.P. Kistner, AZ, 26.9.96*

(...) Ein durchschnittlicher Unterhaltungsfilm von nur geringer Spannung und wenig formaler Qualität. *multimedia*

Albert Baer in: Rheinische Post, 27.9.96; Martina Knoben in: SZ, 26.9.96; Rupert Koppold in: Stgt. Zeitung, 26.9.96

## Never Die 730

PEACE HOTEL **

Video

*Regie:* Wai Kai Fai
*Darsteller:* Chow Yun-Fat (David), Cecilia Yip, Chin Ho, Lau Chun, Hedy Chang
*Drehbuch:* Wai Ka Fai
*Kamera:* Wong Wing Hang (Farbe und s/w)
*Musik:* Cacine Wong, Healthy Poon
*Schnitt:* Tony Chow
*Prod.:* John Woo für Cassia Hill, Hongkong 1995; 87 Min.
*Vertrieb:* Splendid Video; 25.9.1996
*FSK:* ab 16 J.

Zufluchtsort für menschliches Strandgut wird massiv von einer bewaffneten Bande belagert. Hongkong-Action, ohne Stil und ohne Story.

## The New Invaders I + II 731

THE INVADERS I/II **

Video

*Regie:* Paul Shapiro
*Darsteller:* Scott Bakula (Nolan Wood), Elisabeth Pena, Richard Thomas, Delane Matthews, Terence Knox
*Drehbuch:* James Dott
*Kamera:* Alar Kivilo (Farbe)
*Musik:* Joseph Vitarelli
*Schnitt:* Daniel Cahn
*Prod.:* Robert Papazian, James G. Hirsch, James D. Parriott für Spelling TV/Papazian-Hirsch Ent., USA 1995; 86 Min.
*Vertrieb:* Marketing Video; 31.7.1996
*FSK:* ab 16 J.

Dreistündiges Science-fiction-Epos um – wie oft denn noch? – die Invasion der Erde von Außerirdischen, die wie Menschen aussehen. Diesmal müssen ein Kind und ein Mörder ihre Umwelt von der Gefahr überzeugen. Formal belanglos und auch inhaltlich weitgehend enttäuschend.

René Claßen in: film-dienst, 20/96

## New Jersey Drive 732

NEW JERSEY DRIVE ***

Video

*Regie:* Nick Gomez
*Darsteller:* Sharron Corley (Jason), Saul Stern (Emil Roscoe), Gabriel Casseus (Midget), Koran C. Thomas, Gwen McGee, Andre Moore, Sean Squire
*Drehbuch:* Nick Gomez
*Kamera:* Adam Kimmel (Farbe)
*Musik:* Dawn Soler
*Schnitt:* Tracy S. Granger
*Prod.Des.:* Lester Cohen
*Prod.:* Larry Meistrich, Bob Gosse für 40 Acres and a Mule/She Shooting Gallery, USA 1994; 100 Min.
*EA:* Filmfest München 1995
*Vertrieb:* CIC Video; August 1996
*FSK:* ab 12 J.

Ambitioniertes, realistisch anmutendes Sozialdrama um eine Gruppe farbiger Jugendlicher, die sich ihre »Kicks« beim Autostehlen suchen.
(...) New Jersey Drive ist ein packendes sozialkritisches American Graffito der Clinton-Ära, wobei der Hoffnungsschimmer am Ende unrealistisch erscheint: Jason, der einzige überlebende Junge des Sommers, kehrt in die Schule zurück.(...) *Hans Schifferle, SZ, 29.6.95*

## Nicht ohne meinen Koffer 733

NERVOUS TICKS ***

TV

*Regie:* Rocky Lang
*Darsteller:* Bill Pullman (York Daley), Peter Boyle (Ron Rudman), Julie Brown (Nancy), Brent Jennings (Cole), James LeGros (Rusty), Paxton Whitehead (Cleshire), Josh Mostel (Sol Warshow), Cathy Ladman (Sonya Warshow), David Spielberg (Reynolds), Gerald Papasian
*Drehbuch:* David Frankel
*Kamera:* Bill Dill (Farbe)
*Musik:* Jay Ferguson
*Schnitt:* Cari Coughlin
*Prod.Des.:* Naomi Shohan
*Prod.:* Arthur Goldblatt, USA 1992; 93 Min.
*UA:* 4.4.1992, Santa Barbara Film Festival
*TV:* 28.6.1996, RTL2, 20.15

Der Flughafenangestellte York Daley hat 90 Minuten Zeit, nach Hause zu fahren, seine Koffer zu packen, seine verheiratete Geliebte Nancy abzuholen und zurückzufahren, um mit ihr nach Rio de Janeiro zu fliegen. Als ihn sowohl der betrogene Ehemann als auch Terroristen erschießen wollen, gerät sein Vorhaben etwas durcheinander.

## Nicht schuldig 734
THE JUROR ***

*Regie:* Brian Gibson
*Darsteller:* Demi Moore (Annie Laird), Alec Baldwin (Lehrer), Joseph Gordon-Levitt (Oliver), Anne Heche (Juliet), James Gandolfini (Eddie), Lindsay Crouse (Tallow), Tony Lo Bianco (Louie Boffano), Michael Constantine (Richter Weitzel), Matt Craven (Boone), Todd Susman
*Drehbuch:* Ted Tally, nach dem Roman von George Dawes Green
*Kamera:* Jamie Anderson (Technicolor)
*Musik:* James Newton Howard
*Schnitt:* Robert Reitano
*Prod.Des.:* Jan Roelfs
*Prod.:* Irwin Winkler, Row Cowan für Irwin Winkler Prod., USA 1996; 118 Min.
*UA:* 2.2.1996, New York
*Verleih:* Columbia TriStar/dto./20th Century Fox/Columbia TriStar Home Video; 30.5.1996
*FSK:* ab 16, ffr.

Eine alleinerziehende Mutter wird von der Mafia unter Druck gesetzt, damit sie in einem Prozeß, in den sie als Jury-Mitglied involviert ist, die Jury so beeinflußt, daß der offensichtlich schuldige Mafiaboss freigesprochen wird. Auf sie angesetzt wird ein Killer, der ihren Sohn umzubringen droht, falls sie nicht kooperiert. Ein mäßig spannender, über weite Strecken vorhersehbarer Thriller, der auch für Fans des Genres nichts Neues bringt.
*Zoom, Juni 1996*

Rupert Koppold in: Stgt. Zeitung, 30.5.96; Milan Pavlovic in: Kölner Stadt-Anzeiger, 1.6.96; Carla Rhode in: Der Tagesspiegel, 30.5.96; Andre Simonoviescz in: tip, 12/96

*Alec Baldwin*

## Niemand außer mir 735
*** TV

*Regie:* Florian Gärtner
*Darsteller:* Sanam Afrashteh (Laura), Marie-Cecile von Dörnberg (Jojo), Mario Kranz (Marek), Florian Lichti (Leander), Stephen Mahner (Ben), Olli Simon (Lars)
*Drehbuch:* Florian Gärtner, Florian Schwebel
*Kamera:* Judith Kaufmann (Farbe)
*Musik:* Andy Groll
*Prod.:* BRD 1995; 93 Min.
*TV:* 4.2.1996, ZDF, 23.45, »Das kleine Fernsehspiel«

Der Film erzählt fünf Geschichten aus dem Leben von Jugendlichen in der Provinz, die um Wendepunkte in ihrer Entwicklung kreisen: points of no return. (...) *ZDF Journal*

## Night of the Scarecrow 736
NIGHT OF THE SCARECROW **
Video

*Regie:* Jeff Burr
*Darsteller:* Elizabeth Barondes (Claire), John Mese (Dillon), Stephen Root (Frank), Bruce Glover (Thaddeus), Dirk Blocker (George), Howard Swain (Scarecrow), Gary Lockwood (William), John Hawkes (Danny), John Lazar (Warlock)
*Drehbuch:* Reed Steiner, Dan Mazur
*Kamera:* Tom Callaway (Farbe)
*Musik:* Jim Manzie
*Schnitt:* Bob Murawski
*Prod.Des.:* Mick Strawn
*Prod.:* Barry Bernardi, Steve White für Steve White Ent., USA 1995; 76 Min.
*EA:* 8.8.1996, Fantasy Film Festival, Berlin
*Vertrieb:* BMG Video; 28.5.1996
*FSK:* ab 18 J.

Zwei Teenager nehmen den Kampf gegen einen wiedergeborenen Okkultisten auf. Bluttriefendes Horrorstück für passionierte Leichenzähler.

Oliver Rahayel in: film-dienst, 15/96

## Night Talk – Tödliches Liebesgeflüster 737

LISTEN **

TV

*Regie:* Gavin Wilding
*Darsteller:* Brooke Langton (Sarah Ross), Gordon Currie (Jake Taft), Sarah Buxton (Krista Barron), Joel Wyner (Randy Wilkes), Andy Romano (Det. Sam Steinmann), Evan Tylor, Jeff Burnett, Philip Granger, Iris Quinn, Sherry Thoreson
*Drehbuch:* Jonas Quastel, Michael Bafaro
*Kamera:* Brian Pearson (Eastmancolor)
*Musik:* David Davidson
*Schnitt:* Melinda Seabrook
*Prod.Des.:* Cathy Robertson
*Prod.:* Diane Patrick O'Connor für Greg H. Sims/Devin Ent. mit Rampage Ent., USA 1996; 97 Min.
*TV:* 15.12.1996, Premiere, 22.15

Per Zufall gerät Sarah in eine Sex-Talklinie und findet bald Gefallen an den erotischen Eskapaden. Doch eines Tages wird aus dem Spaß plötzlich Ernst: Am Telefon scheint sich ein Mord abzuspielen. *Pressetext*

## Nightfall – Stimmen der Angst 738

SILENCE SHATTERED/WHEN MICHAEL CALLS **

Video

*Regie:* Philip Leacock
*Darsteller:* Ben Gazzara (Doremus Connelly), Elizabeth Ashley (Helen Connelly), Michael Douglas (Craig), Alvert S. Waxman (Hap Washbroom), Karen Pearson (Peggy)
*Drehbuch:* James Bridges, nach einem Roman von John Farris
*Kamera:* Reg Morris, Don Wilder (Farbe)
*Musik:* Lionel Newman – *Schnitt:* P.A. James
*Prod.:* Gil Shiva für TCF, USA 1981; 84 Min.
*Vertrieb:* Madison Video; 17.7.1996
*FSK:* ab 12 J.

Betagter Thriller, der von einer alleinstehenden Frau erzählt, die zunächst nur telephonisch, dann aber auch physisch bedroht wird.

René Claßen in: film-dienst, 20/96

## Nightlife in Tokyo 739

A NO SINSEKAI **

Video

*Regie:* Banmei Takahashi
*Darsteller:* Sawa Suzuki (Rei), Reiko Kataoka (Ayumi), Nagare Hagiwara (Sawanobori), Tomoro Taguchi (Messer-Mann), Toshi Shioya (Meister), Aya Sugimoto, Shou Aikawa, Suzuki Matsuo, Yoshihiko Hakamada
*Drehbuch:* Banmei Takahashi
*Kamera:* Naoki Kayano (Farbe)
*Musik:* Hako Yamazaki, Tetsuro Kashibuchi
*Schnitt:* Junichi Kikuchi
*Prod.Des.:* Masateru Mochizuki
*Prod.:* Takaki Mitome, Shigetoshi Yamada, Takaaki Hirabe für AG Co.Inc., Japan 1995; 91 Min.
*Vertrieb:* VPS Video; 21.5.1996

Teils spekulativer, teils einfühlsamer aber wenig erhellender Bilderbogen über das Alltagsleben von Prostituierten in Japan.

## Niki de Saint Phalle – Wer ist das Monster – du oder ich? 740

****

*Regie:* Peter Schamoni
*Darsteller:* Niki De Saint Phalle, Jean Tinguely, Bernhard Luginbühl, Laura Condominas; deutsche Sprecherin: Andrea Jonasson
*Drehbuch:* Peter Schamoni
*Kamera:* Mike Bartlett, Rodger Hinrichs, Ernst Hirsch, Bernhard Zitzermann u.a. (Farbe)
*Musik:* Chopin, Satie, Stravinsky, Binzer, Glass, Moondog
*Schnitt:* Thomas Krattenmacher
*Prod.:* Peter Schamoni für Peter Schamoni-Film/Praesens-Film mit Arte/ZDF, BRD/Schweiz 1995; 97 Min.
*UA:* August 1995, Dresdner Filmnächte, Dresden
*Verleih:* MFA/polyfilm/Filmcooperative; 1.2.1996
*FSK:* o.A., ffr. – *FBW:* Besonders wertvoll

Exzentrisch verspielt und in krauser Symbolphantasie aus wasserspeienden Drachenmäulern und Monsterköpfen träumend, setzten sich in dieser Künstlerdokumentation die Gefühlswelten aus unterschiedlichen Lebensphasen zusammen: Peter Schamoni hat die Metamorphosen im Lebenswerk der amerikanisch-französischen Bildhauerin Niki de Saint Phalle, eng verbunden mit der Arbeit des Schweizer Kinetikkünstlers Jean Tinguely, wie ein Wanderer durch das kreative Unterbewußtsein begleitet. (…) *Ponkie, AZ, 1.2.96*

*Amüsante Kunstvermittlung: ›Niki de Saint Phalle‹ von Peter Schamoni*

Beeindruckend komponiertes Porträt der französischen Skulptur-Künstlerin Niki de Saint Phalle und ihres künstlerischen Weg- und Lebensgefährten Jean Tinguely. Peter Schamoni montiert zu Klängen klassischer, avantgardistischer und jazziger Rhythmen Archivmaterial und selbst gedrehte Aufnahmen, ohne erklärenden Kommentar läßt er seine Protagonisten reden und die Bilder erzählen. Auf geradezu sinnliche Weise macht der Film Lust auf Reisen zu den Schauplätzen der fantasievoll-poetischen Kunstobjekte Niki de Saint Phalles und zeigt gleichzeitig, wie man sich durch Intoleranz gegenüber neuen und provokativen Kunstformen eines solchen Vergnügens selbst berauben kann. *Zoom, 4/96*

(...) Ein interessantes, wohl trotz der großen Materialfülle unvollständiges, aber nie oberflächliches Porträt, und ein sinnliches Vergnügen auch für Zuschauer, die mit Nikis Stilrichtung nicht so vertraut oder »konform« sind. *multimedia*

## Nikolaikirche 741

***

*Regie:* Frank Beyer
*Darsteller:* Barbara Auer (Astrid Protter), Ulrich Matthes (Alexander Bacher), Ulrich Mühe (Pfarrer Ohlbaum), Otto Sander (Superintendant), Ulrich Tukur (Rechtsanwalt Schnuck), Daniel Minetti (Harald Protter), Rolf Ludwig (Pfarrer Reichenbork), Annemone Hasse (Marianne Bacher), Jutta Wachowiak, Peter Sodann
*Drehbuch:* Frank Beyer, Eberhard Görner, Erich Loest, nach dem gleichn. Roman von Erich Loest
*Kamera:* Thomas Plenert (Farbe)
*Schnitt:* Rita Hiller
*Prod.:* Jürgen Haase für Provobis mit WDR/MDR/ORF/Arte/, BRD 1995; 90 Min.
*Verleih:* Progress/-/-/EuroVideo; 25.1.1996
*FSK:* ab 6, ffr.
*FBW:* Wertvoll

Leipzig 1988: Die Familie Bacher ist sauber in Schlächter und Lämmer aufgeteilt. Vater Albert ist Stasi-General, Sohn Alexander bringt es immerhin im Laufe des Films in der gleichen »Firma« zum Major. Seine Schwester Astrid ist wie ihr Mann Harald systemkritisch. Beide dürfen am Ende engumschlungen auf einer Kerzen-Demo mitlaufen, während Alexander mit seinen Stasi-Kollegen im Kontrollraum zittert. Vater und Sohn werden auch privat als Mieslinge vorgeführt, während die Opposition zart und rein ist. Regisseur Beyer wird in der peinlichen Darstellung des Leipziger Herbstes von seinem Kameramann Thomas Plenert erfolgreich unterstützt, dem kein Klischee zu billig ist. Beide haben bessere Tage gesehen. *Andre Simonoviescz, tip, 7/96*

## Nikolaus geht durch die Stadt 742

MESTERN CHODI MIKULAS ***

TV

*Regie:* Karel Kachyna
*Darsteller:* Josef Abrahám, Eliska Balzerová, Daniel Douda, Alena Mihulová, K. Hrachovcová
*Prod.:* Tschechien 1992; 84 Min.
*TV:* 8.12.1996, BR, 14.05

Der Abend, an dem der heilige Nikolaus auf die Erde kommt, führt die Schicksale von vier Menschen zusammen und wird zu einem Erlebnis von Mitgefühl und Solidarität. (...) *Pressetext BR*

## Nixon 743

NIXON ****

*Regie:* Oliver Stone
*Darsteller:* Anthony Hopkins (Richard Nixon), Joan Allen (Pat Nixon), Paul Sorvino (Henry Kissinger), James Woods (H.R. Haldeman), Madeleine Kahn (Martha Mitchell), Bob Hoskins (J. Edgar Hoover), Ed Harris (Howard Hunt), Mary Steenburgen (Hannah Nixon), J.T. Walsh (John Ehrlichman), E.G. Marshall (John Mitchell)
*Drehbuch:* Stephen J. Rivele, Christopher Wilkinson, Oliver Stone
*Kamera:* Robert Richardson (Technicolor/s/w)
*Musik:* John Williams
*Schnitt:* Brian Berdan, Hank Corwin
*Prod.Des.:* Victor Kempster
*Prod.:* Clayton Townsend, Oliver Stone, Andrew G. Vajna für Illusion Ent./Cinergi Prod. für Hollywood Pic., USA 1995; 191 Min.
*UA:* 20.12.1995, New York
*EA:* 20.2.1996, Int. Filmfestspiele Berlin
*Verleih:* Buena Vista/dto./dto./Buena Vista Home Video; 22.2.1996

*Anthony Hopkins als ›Nixon‹*

*FSK:* ab 12, ffr.
*FBW:* Besonders wertvoll

Am 8. August 1974 tritt Nixon, 37. Präsident der Vereinigten Staaten, wegen der »Watergate«-Affäre zurück. Der Mann aus einfachen Verhältnissen kämpfte immer um Anerkennung, verstrickte sich am Ende im Dickicht des Illegalen und verletzte die demokratischen Spielregeln.
Oliver Stone inszeniert ein tiefenpsychologisches Drama vom Feinsten mit einem grandiosen Anthony Hopkins. Ein aufregender Politfilm über einen Mann, der nur eins wollte – geliebt werden. Und dabei über Leichen ging. *Margret Köhler*

(...) Historische Ereignisse dienen mehr der Untermauerung einer Tragödie von shakespeareschen Ausmaßen als einer Erhellung der bis in die Gegenwart fortwirkenden Deformation des Politikverständnisses und -vertrauens in den USA. Ein interessanter, darstellerisch und formal effektvoller, in seiner primär psychologischen Betrachtungsweise jedoch fragwürdiger Film. *Zoom, 2/96*

(...) So ging Nixon scheinbar endgültig als Tricky Dicky in die Geschichte ein. Indem Oliver Stone aber Nixons Biographie aus dem Innersten der Figur

heraus neu erfindet, entfaltet er die unlösbare Tragödie eines Mannes, der für alles eine Lösung erzwingen wollte. Und eben da ist Stone auch ganz bei sich selber, bei seinem eigenen Problem, das oft genug zum Problem seiner Filme wurde – ganz wie Nixons Charakter zum Problem seiner Politik. Nur weil Stone »seinem« Nixon die Doppelnatur des weitsichtigen Staatsmannes und des engstirnigen Machtpolitikers zugesteht, gewinnt er selber als Filmemacher jene Offenheit und Toleranz, die er zwar stets bei anderen eingeklagt, aber nur selten selber eingelöst hat.
Am Ende des Films geben dem toten Nixon fünf seiner Nachfolger am Grab die Ehre, und der amtierende Präsident nennt ihn in seiner Rede einen großen Mann. Ich will hier Bill Clinton nicht nach dem Munde reden; ich sage nur: »Nixon« ist ein großer Film.

*Peter Buchka, SZ, 21.2.96*

Andreas Conrad in: Der Tagesspiegel, 22.2.96; Charles Colson in: Die Zeit, 19.1.96; Brigitte Desalm in: Kölner Stadt-Anzeiger, 22.2.96; Ruprecht Skasa-Weiß in: Stgt. Zeitung, 22.2.96

## Noel Field – Der erfundene Spion 744

****

*Regie:* Werner Schweizer
*Drehbuch:* Werner Schweizer, René A. Zumbühl, Thomas Grimm
*Kamera:* Helena Vagnières, Thomas Hartmann (Farbe)
*Schnitt:* Kathrin Plüss
*Prod.:* Dschoint Ventschr mit Thomas Grimm/Zeitzeugen TV Berlin, Schweiz/BRD 1996; 104 Min.
*Verleih:* -/-/Bernard Lang; November 1996

Eine Geschichte aus dem Kalten Krieg: Der Pazifist und kommunistische Sympathisant Noel Field wird von Stalins Geheimdienst wegen seiner vielfältigen Beziehungen der Spionage verdächtigt. Auf sein spurloses Verschwinden hinter dem Eisernen Vorhang folgt 1949 in ganz Osteuropa eine Verhaftungswelle unter hohen und höchsten Parteifunktionären, die in die stalinistischen Schauprozesse in Ungarn und der Tschechoslowakei mündet. Werner Schweizer hat den weitverzweigten »Fall Field« umfassend und akribisch recherchiert und ein immenses Material zu einem Film verdichtet, der Zeitgeschichte auf exemplarisch ideologiefreie Weise rund um ein Einzelschicksal vergegenwärtigt und »versinnlicht«.

*Zoom, 11/96*

## Noorderlingen 745

DE NOORDERLINGEN ****

*Regie:* Alex van Warmerdam
*Darsteller:* Leonard Lucieer (Thomas), Jack Wouterse (Jacob/Metzger), Rudolf Lucieer (Anton), Alex van Warmerdam (Simon/Briefträger), Annet Malherbe (Martha), Loes Wouterson (Elisabeth)
*Drehbuch:* Alex van Warmerdam
*Kamera:* Max Felperlaan (Farbe)
*Musik:* Vincent van Warmerdam
*Schnitt:* René Wiegmans
*Prod.:* Laurens Geels, Dick Maas für First Floor Features, Niederlande 1992; 108 Min.
*Verleih:* Kairos-Film, OmdU/-/-; 11.1.1996

Eine Satire auf die Nachkriegszeit, eine bitterböse Familienkomödie und ein unheimliches Märchen, in dem die puritanische Moral der frühen 60er Jahre mit pechschwarzem Humor ad absurdum geführt wird.
Van Warmerdam kann Langeweile zeigen, ohne dabei selbst langweilig zu sein, wie sonst nur Aki Kaurismäki. In seinem puritanisch-niederländischen Mikrokosmos sind alle Figuren so böse und extrem gezeichnet, daß man sie fasziniert wie Wesen vom anderen Stern betrachtet. Der witzigste Angriff auf Familie, Ordnung und Anstand seit »Toto, le Hero«. *Wilfried Hippen, taz, Januar 1995*

Martin Krumbholz in: epd Film, März 1995; Susanna Nieder in: Der Tagesspiegel, 10.1.96

## Not of this Earth 746

NOT OF THIS EARTH *

Video

*Regie:* Terence H. Winkless
*Darsteller:* Michael York (Paul Johnson), Elizabeth Barondes (Amanda Sayles), Parker Stevenson (Jack Sherbourne), Richard Belzer

(Jeremy Pallin), Mason Adams (Dr. Rochelle)
*Drehbuch:* Charles Philip Moore, nach einem Original-Drehbuch von Mark Hanna und Charles Griffith
*Kamera:* Philip Hollohan (Farbe)
*Musik:* Jeff Winkless
*Schnitt:* Norman Buckley
*Prod.:* Mike Elliot für Libra Pic., USA 1995; 89 Min.
*Vertrieb:* Splendid Video; März 1996
*FSK:* ab 18 J.

Außerirdischer soll auf der Erde Gegenmittel für Epidemie auf seinem Heimatplaneten finden. Schluderiger Schmarrn mit einem Vorzeige-Darsteller.

René Claßen in: film-dienst 10/96

## Nötigung mit tödlichen Folgen 747

IMPROPER CONDUCT ***

TV

*Regie:* Jag Mundhra
*Darsteller:* Steven Bauer (Sam), Tahnee Welch (Ashley Nichols), John Laughlin (Michael Miller), Nina Peeples (Bernie), Lee Anne Beaman (Kay), Adrian Zmed (Doug), Kathy Shower (Emily), Stuart Whitman (Frost), Cinda-Lin James (Megan), Everett Lamar (Kurtis)
*Drehbuch:* Carl Austin
*Kamera:* James Michaels (Farbe)
*Musik:* Alan Dermarderosian
*Schnitt:* Wayne Schmidt, David Schulman
*Prod.Des.:* Brian McCabe
*Prod.:* Victor Pball, Jag Mundhra, USA 1994; 85 Min.
*TV:* 30.10.1996, Pro7, 23.25

Als die hübsche Ashley von ihrem Chef Miller immer heftiger sexuell attackiert wird, strengt sie einen Prozeß gegen ihn an. Doch sie verliert – und kommt in der nächsten Nacht bei einem Autounfall ums Leben. Ihre attraktive Schwester Kay schleust sich bei Miller ein, um ihn zu verführen – und zu vernichten. *Pressetext*

## Now and Then – Damals und heute 748

NOW & THEN ***

*Regie:* Lesli Linka Glatter
*Darsteller:* Christina Ricci, Rosie O'Donnell (Roberta), Thora Birch, Melanie Griffith (Teeny), Gaby Hoffmann, Demi Moore (Samantha), Ashleigh Aston Moore, Rita Wilson (Chrissy), Willa Glen (Angela Albertson), Bonnie Hunt (Mrs. Dewitt)
*Drehbuch:* Marlene King
*Kamera:* Ueli Steiger (Deluxe)
*Musik:* Cliff Eidelman
*Schnitt:* Jacqueline Cambas
*Prod.:* Suzanne Todd, Demi Moore für Moving Picture Prod. für New Line Cinema, USA 1995; 102 Min.
*Verleih:* Constantin/Einhorn/Focus/VCL Video; 2.5.1996
*FSK:* ab 6, ffr. – *FBW:* Wertvoll

Vier Freundinnen treffen sich nach über 20 Jahren wieder und erinnern sich an den Sommer 1970, als sie als 12jährige einen Freundschaftspakt schlossen. Der Rückblick in die scheinbar unbeschwerte Kindheit gibt ihnen neue Kraft für die Wirklichkeit der 90er Jahre.
Der melancholische Debütfilm zeichnet eine Epoche, die in ihrer Idylle fern erscheint. Eine leicht nostalgische Reise in die Vergangenheit, die zutiefst rührt. *Margret Köhler*

(...) Statt eines »Stand by Me« aus der Sicht von Mädchen bietet »Now & Then« jedoch nur gutgemeinte Kalendersprüche und eine aufdringliche Selbstinszenierung der Ko-Produzentin Demi Moore. *Annette Kilzer, tip, 10/96*

Joseph Heinrichs in: Rheinische Post, 3.5.96

## Nowhere to hide – Lauf um dein Leben, S.B. 749

NOWHERE TO HIDE **

Video

*Regie:* Bobby Roth
*Darsteller:* Rosanna Arquette (Sarah Blake), Scott Bakula (Kevin Nicholas), Max Pomeranc (Sam Blake), Clifton Powell (Braddock), Robert Wisden (Jenks), Jenny Gago, Richmond Arquette, Jerry Wasserman, Chris Mulkey, Laurie Paton
*Drehbuch:* Dan Gordon
*Kamera:* Shelly Johnson (Farbe)
*Musik:* Gary Chang
*Schnitt:* Henk van Eeghen
*Prod.Des.:* Naomi Shohan
*Prod.:* Kedren Werner, Cathy M. Frank, Stan Rogow für Paramount, USA 1994; 88 Min.
*Vertrieb:* CIC Video; August 1996
*FSK:* ab 12 J.

Millionenschwere Ehefrau sieht sich Mordanschlägen ausgesetzt und begibt sich in die Obhut des FBI, die ihr eine neue Identität verleihen wollen. Nicht unpfiffiger Thriller, der wenigstens ein paar Überraschungen auf Lager hat.

## Nur aus Liebe

750
***

*Regie:* Dennis Satin
*Darsteller:* Katja Riemann (Ella), Hannes Jaenicke (Aleksej), Heinz Hoenig (Jewgenij), Daniela Lunkewitz (Carmen), Guido Föhrweißer (Mischa), Werner Dähn (Wanja), Christoph Ohrt (Andi), Ingo Naujoks (Fendel), Walter Spiske, Thorsten Nindel
*Drehbuch:* Dennis Satin
*Kamera:* Jörg Widmer (Farbe)
*Musik:* Brynmor Jones
*Schnitt:* Dennis Satin
*Prod.Des.:* Vera Dobroschke
*Prod.:* Vasna Jovanoska für Ena Film/ Warner Bros., BRD 1996; 103 Min.
*Verleih:* Warner Bros./dto./-/Warner Home Video; 18.4.1996
*FSK:* ab 16, ffr. – *FBW:* Besonders wertvoll

Ein Caesium-Schmuggel von Rußland nach Irak, der eine Millionensumme ins Rollen bringt und über Berlin abgewikkelt werden soll, entzweit zwei russische Brüder. Der Actionfilm läßt einige Qualitäten in Darstellung und Schnitt erkennen, hinter denen die Arbeit von Drehbuch und Regie aber zurückbleibt.
*multimedia*

(…) Bis zum Schluß hat Satin alles im Griff und steuert seinen temporeichen Actionkrimi gekonnt in ein Russisches Roulette zwischen den Brüdern, das nicht nur bei den Beteiligten für Schweißperlen sorgt.
*Albert Baer, Rheinische Post, 19.4.96*

(…) Dennis Satin – wenn's kein Pseudonym ist, hätte er sich eins zulegen sollen – hat einen spekulativen Film wie vom Reißbrett realisiert: Beziehungskomödie plus Action minus Talent minus Motiv.
*Christoph Terhechte, tip, 9/96*

(…) Mittendrin: Katja Riemann als Berliner Taxifahrerin, die sich in einen guten Bösewicht verguckt. Um ihren Ruf als Inge Meysel der 90er loszuwer-

*Katja Riemann und Hannes Jaenicke*

den, legt Frau Riemann auch all ihre Kleider ab. Dies ist eben ein mit der Brechstange gemachter Film, in dem viele Schnitte für Action stehen sollen.
*Milan Pavlovic, Kölner Stadt-Anzeiger, 20.4.96*

(…) Das ist eine streckenweise durchaus originelle Mischung aus (ziemlich hanebüchenem) Actionfilm, Action-Parodie und deutscher Beziehungskomödie, wobei die grundsätzlich unentschiedene Haltung über einige Unsicherheiten hinwegmogelt. (…)
*Martina Knoben, SZ, 18.4.96*

jan in: Stgt. Zeitung, 18.4.96

## Nur der Hauch eines Zweifels

751
SHADOW OF A DOUBT
***
TV

*Regie:* Brian Dennehy
*Darsteller:* Brian Dennehy (Charley Sloan), Bonnie Bedelia (Robin Harwell), Kevin Dunn (Mark Evola), Henry Beckman (Richter Mulhern), Mavor Moore (Max Webster), Fairuza Balk (Angel Harwell), Don S. Davis (Kevin Carroll sr.), Fulvio Cecere (Kevin Carroll jr.), Robert Clother, Walter Marsh
*Drehbuch:* Brian Dennehy, Bill Phillips, nach dem Roman von William Judge Coughlin
*Kamera:* Neil Roach (Farbe)
*Musik:* Jane Ira Bloom
*Prod.:* RHI Ent., USA 1995; 92 Min.
*TV:* 28.5.1996, Pro7, 20.00

Charley Sloan wird von seiner früheren Liebe Robin gebeten, die Verteidigung ihrer Stieftochter Angel zu übernehmen, die ihren Vater ermordet haben soll. Charley, früher ein prominenter Anwalt, kämpft heute gegen seine Alkoholsucht. In der Hoffnung auf neue Popularität übernimmt er den Fall und macht dabei überraschende Entdeckungen. *Pressetext*

## Nur einmal im Leben 752

DANIELLE STEEL'S ›ONCE IN A LIFETIME‹ ** TV

*Regie:* Michael Miller
*Darsteller:* Lindsay Wagner (Daphne Fields), Barry Bostwick (Matthew Dane), Amy Aquino (Barbara Jarvis), Rex Smith (Jeffrey Fields), Duncan Regehr (Justin Wakefield), Darrell Thomas Utley (Andrew), Fran Bennett (Dr. Liz Wells), Debra Sullivan (Harriet), Michael Mitz (Howard), Michael Laskin
*Drehbuch:* Syrie Astrahan James, nach dem Roman von Danielle Steel
*Kamera:* Kees Van Oostrum (Farbe)
*Musik:* David Shire
*Prod.Des.:* James J. Agazzi
*Prod.:* NBC, USA 1994; 88 Min.
*TV:* 31.7.1996, ZDF, 19.25

Typisch melodramatische Schmonzette als Ersatz für »Lore-Romane«. Aber die Steel-Pilcher-Connection läßt auch kein Schicksal unberücksichtigt.

## Ödes Rom 753

ROME DESOLEE **

*Regie:* Vincent Dieutre
*Darsteller:* Mit: Vincent Dieutre (Sprecher)
*Drehbuch:* Vincent Dieutre
*Kamera:* Gilles Marchand (Farbe)
*Schnitt:* Ariane Doublet
*Prod.:* Jean-Marie Boulet für G.R.E.C./ Artefilm, Frankreich 1995; 68 Min.
*UA:* 14.12.1995
*EA:* 19.2.1996, Int. Forum des jungen Films, Berlin
*Verleih:* Freunde/-/-; Herbst 1996

Ein junger Homosexueller streift durch Rom – »unwirklich erscheinende, öde Stadtlandschaften folgen aufeinander, zerschnitten von Werbung, sinnlosen Nachrichten und Ferienbildern.« *Berlinale-Programm*

Martina Knoben in: SZ, 6.5.96

## Offenbachs Geheimnis 754

*** TV

*Regie:* István Szabó
*Darsteller:* Tamás Jordán (Jacques Offenbach), János J. Kulka (Duc de Morny)
*Kamera:* Lajos Koltai (Farbe)
*Prod.:* BRD 1996; 90 Min.
*TV:* 10.4.1996, Arte, 21.45

Mittellos, aber voller Hoffnungen war der Sohn eines kleinen Synagogenkantors aus Köln-Deutz 1833 in Paris eingetroffen. 22 Jahre später hatte es Jacques Offenbach geschafft: Mit der Eröffnung seines ersten eigenen Theater, den Bouffes Parisiens, begann eine der größten Erfolgsgeschichten des 19. Jahrhunderts: der Siegeszug der Operette. (...) *ZDF-Journal*

Birgit Weidinger in: SZ, 10.4.96

## Oh! Quel beau jour 755

***

*Regie:* Jaqueline Veuve
*Drehbuch:* Jaqueline Veuve
*Kamera:* Axel Brandt, Edwin Horak (Farbe)
*Musik:* Heilsarmee
*Schnitt:* Edwige Ochsenbein
*Prod.:* JMH, Schweiz 1995; 77 Min.
*Verleih:* -/-/Zoom; Mai 1996

Suppe, Seife und Seelenheil: Nach dieser Devise ihres Begründers William Booth leben und arbeiten die Leutnants der Heilsarmee. Am Beispiel von fünf Kandidaten für die Offiziersschule der Heilsarmee in Basel zeigt Jaqueline Veuve ihren Werdegang – von der Ausbildung über die Beförderung bis zur Amtseinsetzung – sowie die Schwerpunkte der sozialen und evangelischen Arbeit der Organisation in der Schweiz, in Frankreich und Zaire. Ein differenzierter und einfühlsamer Dokumentarfilm, der die »Freude der Berufung« durchleuchtet und in einfachen Bildern festhält. *Zoom, 5/96*

## Ohne Schlußklappe 756

ON THE BRIDGE ****

TV

*Regie:* Frank Perry
*Drehbuch:* Frank Perry
*Kamera:* Kevin Keating (Farbe)
*Musik:* Toni Childs
*Schnitt:* Emily Paine
*Prod.:* Frank Perry für Bridgefilm Company, USA 1992; 95 Min.
*EA:* Filmfest München 1993
*TV:* 27.4.1996, Südwest3, 22.00

1990 erfuhr der angesehene Filmemacher Frank Perry, daß er an unheilbarem Krebs leidet. Anstatt diese Diagnose als Todesurteil zu begreifen, fühlte Perry sich berufen, seinen bisher persönlichsten Film zu drehen.
»On The Bridge« ist die Geschichte seines energisch und anscheinend erfolgreich geführten Kampfes gegen die Krankheit an allen ihren dramatischen Fronten: der physischen, der mentalen und auch der spirituellen.

## Old Indians Never Die 757

*** Video

*Regie:* Pepe Danquart
*Drehbuch:* Pepe Danquart
*Kamera:* Ciro Cappellari, Alan McSheehy (Farbe)
*Musik:* Martyn Bennet
*Schnitt:* Jan Leman, Gill Parry

*Prod.:* Lesli Hills, Peter Rommel, BRD/GB 1995; 48 Min.
*Vertrieb:* Arthaus Video; 26.8.1996
*FSK:* ab 12 J.

Road-Movie über die internationale Leidenschaft für Motorräder namens »Indians«. Auf der ersten internationalen Rallye dieser Art treffen sich in Schottland 100 Biker aus aller Welt mit ihren außerordentlichen Motorrädern. Die Fahrer sind ein buntes Gemisch. Der gemeinsame Nenner ist ihre Manie; die »Indians«.

Ralph Umard in: tip, 18/96

## Omega Doom 758
OMEGA DOOM *
Video

*Regie:* Albert Pyun
*Darsteller:* Rutger Hauer (Omega Doom), Shannon Whirry, Tina Coté, Anna Katarina, Jill Pierce, Jalin Zuri, Cynthia Ireland, Simon Poland, Earl White, Norbert Weisser
*Drehbuch:* Albert Pyun, Ed Naha
*Kamera:* George Mooradian (Farbe)
*Musik:* Tony Riparetti
*Schnitt:* Ken Morrisey, Joe Shugart
*Prod.Des.:* Nenad Pecur
*Prod.:* Gary Schmoeller, Tom Karnowski für Largo Ent./Filmwerks, USA 1996; 80 Min.
*Vertrieb:* Highlight Video; 21.10.1996
*FSK:* ab 16 J.

Nach der großen Apokalypse bevölkern Cyborgs die Erde, die sich gegenseitig bekriegen. Ein neuer Tiefpunkt in der Karriere von Rutger Hauer. Ein typisches Pyun-Machwerk ohne erkennbare Könnerschaft.

## On Seventh Avenue 759
ON SEVENTH AVENUE **
Video

*Regie:* Jeff Bleckner
*Darsteller:* Wendy Makkena (Nadine Jacobs), Stephen Collins (Tom Aiken), Damian Chapa (Anthony Occipente), Lara Harris (Mary Ann Jenks), Liz Coke (Claire Scattergood), Gene Saks (Sol Jacobs), Faye Grant (Stephanie Aiken), Alan Rosenberg (Phillip Reiman), Ronald Guttman (Norman Ross)
*Drehbuch:* William M. Finkelstein
*Kamera:* Constantine Makris (Farbe)
*Musik:* Donald Markowitz
*Schnitt:* Tod Feuerman
*Prod.Des.:* Vaughan Edwards
*Prod.:* Jeff Bleckner für 20th Century Fox/Twentieth TV, USA 1995; 85 Min.
*Vertrieb:* 20th Century Fox Home Video
*FSK:* ab 12 J.

Seichte, kleine Geschichten rund um eine Modefirma in New York.

Anselm Jungeblodt in: film-dienst 19/96

## One Tough Bastard 760
ONE TOUGH BASTARD/ONE MAN'S JUSTICE *
Video

*Regie:* Kurt Wimmer
*Darsteller:* Brian Bosworth (John North), Bruce Payne (Karl Savak), Jeff Kober (Marcus), Dejuan Guy (Mikey), Hammer (Dexter Kane), Neal McDonough (Agent Ward), Cristopher Brown (Agent Jake), Rachel Duncan (Marianne), James Harper (Senior FBI Official), Robert Kotecki (Agent Klark)
*Musik:* Anthony Marinelli
*Prod.:* William Webb für Live Ent., USA 1995; 90 Min.
*Vertrieb:* VMP Video; 15.11.1996
*FSK:* ab 18 J.

Als die Familie eines beinharten Sergeanten (Ex-Footballstar Bosworth spielt ihn mit stoischer Miene) getötet wird, beginnt dieser einen Rachefeldzug gegen die Mörder. Ekelhaftes Selbstjustizspektakel.

## Operation Dumbo 761
OPERATION DUMBO DROP ***

*Regie:* Simon Wincer
*Darsteller:* Danny Glover (Capt. Sam Cahill), Ray Liotta (Capt. T.C. Doyle), Denis Leary (David Poole), Doug E. Doug (Harvey »H. A.« Ashford), Corin Nemec (Lawrence Farley), Dinh Thien Le (Linh), Tcheky Karyo (Goddard), Hoang Ly (Nguyen), Vo Trung Anh (Quang), Marshall Bell (Pederson)
*Drehbuch:* Gene Quintano, Jim Kouf, nach einer Story von Jim Morris
*Kamera:* Russell Boyd (Farbe)
*Musik:* David Newman
*Schnitt:* O. Nicholas Brown
*Prod.Des.:* Paul Peters
*Prod.:* Diane Nabatoff, David Madden; Penelope L. Foster für Interscope/Polygram, USA 1995; 107 Min.
*UA:* 28.7.1995, New York
*Verleih:* Buena Vista/dto./dto./Buena Vista Home Video; 20.6.1996
*FSK:* ab 6, ffr.

Vietnam 1968: Um das Versprechen einzuhalten, für einen vom Vietcong umgebrachten Dorfelefanten Ersatz zu beschaffen, transportiert ein Trupp von Green Berets unter Führung eines schwarzen und eines weißen Offiziers von sehr unterschiedlichem Charakter einen Elefanten quer durch das Kriegsgebiet. Höhepunkt der verrückten Operation: Der schwergewichtige Dickhäuter muß mit dem Fallschirm über dem Zielgebiet abgeworfen werden. Das unterhaltsam servierte Abenteuer hinterläßt einen zwiespältigen Eindruck, weil der Kriegshintergrund verniedlicht oder ganz ausgeblendet wird. *Zoom*

(...) Und eine wirklich bizarre Szene mit einem fliegenden Elefanten ist kein Ausgleich für 90 Minuten Propaganda.
*Frank Arnold, tip, 14/96*

Hermann Kewitz in: Rheinische Post, 21.6.96

## Operation: Broken Arrow 762
BROKEN ARROW ***

*Regie:* John Woo
*Darsteller:* John Travolta (Vic Deakins), Christian Slater (Riley Hale), Samantha Mathis (Lerry Carmichael), Delroy Lindo (Colonel Wilkins), Howie Long (Kelly), Frank Whaley (Giles Prentice), Bob Gunton (Pritchett), Vondie Gurtis-Hall, Jack Thompson
*Drehbuch:* Graham Yost
*Kamera:* Peter Levy (Deluxe)
*Musik:* Hans Zimmer
*Schnitt:* John Wright, Steve Mirkovich, Joe Hutshing
*Prod.Des.:* Holger Gross
*Prod.:* Mark Gordon, Terece Chang, Bill Badalato für Mark Gordon Prod. mit Metropolis Ent./WCG Ent., USA 1995; 108 Min.
*UA:* 9.2.1996, New York
*Verleih:* 20th Century Fox/dto./dto./ 20th Century Fox Home Video; 15.2.1996
*FSK:* ab 16, ffr.
*FBW:* Wertvoll

Von zwei befreundeten Kampfpiloten entpuppt sich der eine als Verräter. Während eines Übungsfluges bringt er einen Bomber zum Absturz und damit zwei Atombomben in den Besitz von Erpressern. Actionfilm-Spezialist John Woo gelingen eindrucksvolle Aufnahmen vor der Kulisse der Wüste von Utah. Er verbindet Akrobatik und Feuersbrünste mit kämpferischem Pathos zu einem großen Actionspektakel, allerdings eingebettet in eine allzu schlichte, schon häufig variierte Weltrettungsgeschichte. *Zoom*

(...) Das Ganze gerät zu einer ermüdenden Nummernrevue eskalierender Action-Sequenzen, in deren Pausen John Travolta vergebens versucht, Ironie ins Spiel zu bringen. Und so hechelt der Film humor- und atemlos seinem absolut vorhersehbaren Schluß entgegen. *W.O.P. Kistner, AZ, 15.2.96*

Peter Buchka in: SZ, 15.2.96; Rupert Koppold in: Stgt. Zeitung, 15.2.96; Frank Noack in: Der Tagesspiegel, 29.2.96; Ralph Umard in: tip, 4/96

## Opfer der Lust 763
I LIKE TO PLAY GAMES □
TV

*Regie:* Moctezuma Lobato
*Darsteller:* Lisa Boyle, Ken Steadman, James Dizazzo, Pamela Dickerson, Toshiya Agata
*Drehbuch:* David Keith Miller
*Kamera:* Kim Haun (Farbe)
*Musik:* Herman Beeftink
*Schnitt:* Josh Kanin
*Prod.:* Nick Zuvic, Vivian Mayhew, USA 1994; 90 Min.
*TV:* 26.1.1996, Premiere, 0.00

Erotikfilm für die unerfüllten Stunden um Mitternacht.

## Original Wolfen 764
****
TV

*Regie:* Niels Bolbrinker, Kerstin Stutterheim
*Kamera:* Niels Bolbrinker (Farbe)
*Prod.:* Rainer Ackermann für Brandenburger Filmbetrieb mit MDR, BRD 1995; 70 Min.
*UA:* 25.2.1996, Forum des Jungen Films, Berlin
*TV:* 5.6.1996, MDR3, 23.30

Dokumentarfilm über eine der größten und traditionsreichsten Filmfabriken der Welt, die liquidiert wurde. Eine Erinnerung an die Jahrzehnte der Prosperität des Werkes und die Leistungen der Menschen, die hier gearbeitet haben.

## Orson Welles – The One-Man Band 765

***

*Regie:* Vassili Silovic, Oja Kodar
*Darsteller:* Oja Kodar, Orson Welles
*Drehbuch:* Roland Zag, Vassili Silovic
*Kamera:* Thomas Mauch (zusätzliches Material, Farbe)
*Musik:* Simon Cloquet
*Schnitt:* Marie-Josèphe Yoyotte
*Prod.:* Pit Riethmüller für Media Res/ EURAL-MFP/Méditeranée/Boa Filmprod., BRD/Frankreich/Schweiz 1995; 90 Min.
*UA:* Int. Filmfestspiele Venedig, 1995
*Verleih:* Media Res/-/Bernard Lang; 21.3.1996

Dokumentarfilm, der mit dem Nachlaß von Orson Welles vertraut macht. Zu sehen ist bislang unveröffentlichtes Material, bestehend aus Kurzfilmen und Entwürfen, die auch Welles' hintergründigen Humor dokumentieren. Die Szenen verbinden sich zu einem vielschichtigen Bild des Menschen Welles, der seine Frustration und Verletzbarkeit hinter durchkalkulierten Fassaden zu verstecken lernte. Ein faszinierender Film, zugleich Porträt und filmhistorisches Dokument. *Zoom, 10/96*

Frank Arnold in: tip, 7/96; Klaus Englert in: Der Tagesspiegel, 22.3.96

## Ostpreußenland 766

****

*Regie:* Andreas Voigt
*Drehbuch:* Andreas Voigt
*Kamera:* Sebastian Richter (Farbe)
*Schnitt:* Angela Wendt
*Prod.:* Frank Löprich, Katrin Schlösser für Ö-Film, BRD 1995; 88 Min.
*Verleih:* Basis/-/-; Januar 1996

Eine Reise durch Polen und weiter in das Gebiet von Kaliningrad, die russische Exklave. Dabei begegnen dem Team Menschen und Schicksale: Leon, der polnische Schneider, die Frauen aus der russischen Fischfabrik, Marc, einst Offizier der Sowjetarmee und heute Discjockey, der alte Bauer Günther, der seine Heimat nie verlassen hat.
(...) Andreas Voigt besitzt die seltene Gabe der Neugier und des Zuhörenkönnens so ausgeprägt, daß er die Zuschauer ansteckt und sie zu seinen Komplizen macht. Sein Film ist keine Sekunde spekulativ, sondern eher unauffällig und gerade deshalb erschütternd, bewegend, komisch und nachdenklich. Geschichte wird von Menschen gemacht und gelebt – hier sieht man es.
*Frauke Hanck, AZ, 22,6.96*

Stefan Reinecke in: epd film, 1/96

## Otaku 767

OTAKU ***

Video

*Regie:* Jean-Jacques Beineix, Jackie Bastide
*Prod.:* Cargo Films/TF 2/Canal Plus, Frankreich 1994; 168 Min.
*Vetrieb:* Arthaus Video (vollständige Fassung)
*TV:* 13.10.1996, WDR (53 Min.-Fassung); 7.10.1996
*FSK:* ab 16 J.

Im hochtechnisierten Japan sind Otakus jene jungen Menschen, die sich der Gesellschaft verweigern. Otakus ziehen sich von ihren Freunden und Bekannten zurück und gehen ganz auf in der Welt künstlicher Bilder. Diese Menschen kommunizieren nur noch vermittelt durch Computer und Comics. Ihre bizarren Sammlungen wie etwa Barbie-Puppen ähnliche Modelle von Schulmädchen ziehen sie handfesten sinnlichen Genüssen vor.
Die Regisseure beleuchten in ihrem schockierenden Film dieses Phänomen in zahlreichen Selbstzeugnissen und Interviews mit Otakus und suchen nach einer Antwort auf die Frage, ob nicht auch unsere Gesellschaft auf dem besten Weg ist, Otakus hervorzubringen.

## Othello 768

OTHELLO ***

*Regie:* Oliver Parker
*Darsteller:* Kenneth Branagh (Jago), Laurence Fishburne (Othello), Irène Jacob (Desdemona), Nathaniel Parker (Cassio), Michael Maloney (Roderigo), Nicholas Farrell (Montano), Anna Patrick (Emilia), Indra Ove (Bianca), Michael Sheen (Lodovico), Andre Oumansky
*Drehbuch:* Oliver Parker, nach William Shakespeares gleichnamiger Tragödie

*Iréne Jacob und Laurence Fishburne*

*Kamera:* David Johnson (Technicolor)
*Musik:* Charlie Mole
*Schnitt:* Tony Lawson
*Prod.Des.:* Tim Harvey
*Prod.:* Luc Roeg, David Barron für Dakota/Imminent für Columbia/Castle Rock, USA/GB 1995; 123 Min.
*UA:* 14.12.1995, New York
*Verleih:* Concorde/Constantin/Monopole Pathé/Columbia TriStar Home Video; 14.3.1996
*FSK:* ab 12, ffr.
*FBW:* Besonders wertvoll

Oliver Parker stellt in seiner Shakespeare-Inszenierung den Intriganten Jago in den Mittelpunkt, der aus gekränktem Ehrgeiz schließlich seinen Herrn Othello zu Fall bringt. Trotz einem ganz hervorragenden Schauspieler-Ensemble vermag diese Filmfassung nicht zu überzeugen: Viel zu hilflos schwankt die konventionelle Adaption zwischen den Ausdrucksmitteln des Theaters und des Kinos. *Zoom, 4/96*

(...) Oliver Parker weiß jenseits der Dekoration keinen Raum zu schaffen, in dem der Zerfall seines Helden stattfinden könnte. Sein Blick haftet sklavisch an den Schauspielern. So strahlt sein Film biedere Zuverlässigkeit aus, absurd falsch, weil gerade die ja in Othello entsetzlich enttäuscht wird. (...) *Harald Eggebrecht, SZ, 14.3.96*

Heiko R. Blum in: Rheinische Post, 15.3.96; Thomas Klingenmaier in: Stgt. Zeitung, 14.3.96; Christiane Peitz in: Die Zeit, 15.3.96; Carla Rhode in: Der Tagesspiegel, 14.3.96

## Otto John – Eine deutsche Geschichte 769

***

*Regie:* Erwin Leiser
*Darsteller:* Otto John; Sprecher: Dietmar Schönherr, Vera Leiser, Peter Kner
*Drehbuch:* Erwin Leiser; Wolfgang Klauer (Recherche)
*Kamera:* Peter Warneke
*Schnitt:* Thea Eymesz
*Prod.:* Erwin Leiser für E.M.L. Film für ZDF/Arte, Schweiz/BRD 1995; 90 Min.
*EA:* 17.2.1996, Int. Form des Jungen Films, Berlin
*Verleih:* Freunde/-/-; Mai 1996

Am 20. Juli 1954, dem zehnten Jahrestag des mißglückten Attentats auf Hitler, nahm Otto John, der damalige Präsident des Bundesamtes für Verfassungsschutz, als einer der wenigen überlebenden Verschwörer an der Gedenkfeier in Westberlin teil. In der gleichen Nacht verschwand er. Kurz darauf tauchte er in den ostdeutschen Medien auf und kritisierte die Wiederaufrüstung der Bundesrepublik als Hindernis für eine Wiedervereinigung Deutschlands. War er freiwillig in den Osten gegangen, oder war er entführt worden? (...) *ZDF Journal*

## Out Gun 770

BOUNTY HUNTERS **

Video

*Regie:* George Erschbamer
*Darsteller:* Michael Dudikoff (Jersey), Lisa Howard (B.B.), Benjamin Ratner (Deimos), Freddy Andreuici (Izzy), Steve Makaj (O'Connor), Peter Lacroix, Ashanti Williams
*Drehbuch:* George Erschbamer, Jeff Barmash, Michael Ellis
*Kamera:* A.J. Vesak (Farbe)
*Musik:* Norman Orenstein
*Schnitt:* Mark Sanders
*Prod.Des.:* Al Benjamin
*Prod.:* Jeff Barmash, John Dunning für Shakedown, Kanada 1995; 94 Min.
*Vertrieb:* Highlight Film Video; 25.6.1996
*FSK:* ab 16 J.

Weil Michael Dudikoff noch immer nicht spielen kann, muß er für derlei Ramsch herhalten: Zwei Kopfgeldjäger, eine Nutte im Kofferraum plus jede Menge Geballere und Geraufe.

Joe Hill in: film-dienst, 19/96

## Out of the Present 771

***

*Regie:* Andrei Ujica
*Darsteller:* Anatoli Arzebarski, Sergei Krikalev, Alexandr Volkov, Helen Sharman
*Drehbuch:* Andrei Ujica
*Kamera:* Vadim Yusov (Farbe und s/w)
*Musik:* Peter Lazonby, Temporary Items, Mori Kante, Jean-Luc Ponty, Stefan Miesem
*Schnitt:* Ralf Henninger, Heidi Leihbecher, Svetlana Ivanova, Andrei Ujica
*Prod.:* Elke Peters für Bremer Institut Film/Fernsehen mit WDR/La Sept/Arte/St. Petersburg Documentary Film Studios/RTBF/ Harum Farocki, BRD 1995; 100 Min.
*UA:* 28.1.1996, Rotterdam Film Festival
*Verleih:* Real Fiction, Omu/-/-; 14.4.1996
*FSK:* o.A., ffr.
*FBW:* Wertvoll

Im Mai 1991 flog der russische Kosmonaut Sergei Krikalev zur Raumstation »Mir«. Er war immer noch im All, als im August 1991 die UdSSR ihren Geist aufgab. Leider gelingt es Regisseur Andrei Ujica nicht, diese bizarre Fußnote der Geschichte angemessen zu würdigen. Zwar geizt die Dokumentation nicht mit sensationellen Impressionen vom Leben im Erdorbit. Doch die menschlichen und politischen Dimensionen der Geschichte werden verfehlt. Statt dessen spielt Ujica die Erhabenheit des Alls und die häßlichen Bilder vom Moskauer Putsch gegeneinander aus und stellt seinen Film damit in den Dienst einer ebenso verstaubten wie reaktionären Kulturkritik.

*Sven S. Poser, tip, 9/96*

## The Owl – Der Alptraum des Bösen 772

THE OWL

**

Video

*Regie:* Alan Smithee
*Darsteller:* Adrian Paul (Alex »The Owl«), Patricia Charbonneau (Danny Santerre), Erika Flores (Lisa), Mark Lowenthal (Dr. Miller), David Anthony Marshall (Bobby B), Alejandro Quezada (Gossett), Alan Scarfe (Hutchins), David Selberg (Dr. Clements), Sandra Spriggs, Thomas Rosales Jr.
*Drehbuch:* Robert Forward, Tom Hollans
*Kamera:* Steve Yaconelli (Farbe)
*Musik:* Sylvester Levay
*Schnitt:* Casey Brown
*Prod.:* Lorimar TV, USA 1991; 84 Min.
*Vertrieb:* MIC Video; 13.11.1996
*FSK:* ab 16 J.

Durch die Ermordung seiner Familie aus der Bahn geworfenen Ex-Polizisten bietet sich die Chance zur Rache. Fernsehkrimi nach sattsam bekanntem Muster.

## Paare und Geliebte 773
COUPLES ET AMANTS ***
TV

*Regie:* John Lvoff
*Darsteller:* Marie Bunel (Isabelle), Jacques Bonnaffé (Paul), Lara Guirao, Bruno Todeschini, Isabelle Candelier, Marc Andréoni, Claude Winter
*Drehbuch:* Pascal Bonitzer, John Lvoff, Catherine Breillat
*Kamera:* Jean-Claude Larrieu (Farbe)
*Musik:* Charlie Couture
*Schnitt:* Jacqueline Counor
*Prod.:* Yves Gasser für Providence Films/CEC Rhône-Alpes/La Sept Cinéma/Canal Plus, Frankreich 1993; 90 Min.
*UA:* 14.9.1993, Sarasota French Film Festival
*TV:* 22.7.1996, Arte, 1.25, OmU

Isabelle ist mit Paul verheiratet. Seit zwei Jahren hat sie einen Geliebten, Pierre. Eines Tages läßt auch Paul sich von einer jungen Frau, Marie, verführen. Von nun an lebt das Paar mit einer doppelten Lüge. (…) *Pressetext*

## Palermo–Milano Solo Andata 774
PALERMO-MILANO SOLO ANDATA **

*Regie:* Claudio Fragasso
*Darsteller:* Giancarlo Giannini, Raoul Bova, Valerio Mastandrea, Ricky Memphis, Francesco Benigno
*Drehbuch:* Rossella Drudi, Claudio Fragasso
*Kamera:* Giancarlo Ferrando (Farbe)
*Musik:* Pino Donaggio
*Schnitt:* Ugo De Rossi
*Prod.:* Globe/Production Group, Italien 1995; 103 Min.
*Verleih:* -/-/Elite; Dezember 1996

Die Polizei versucht einen »Buchhalter« der sizilianischen Mafia und dessen Familie zu schützen, da er bereit ist, in Mailand in einem Prozeß gegen die Mafia auszusagen. Trotz Polizeischutz werden seine Frau und sein vierjähriges Söhnchen auf der Fahrt in den Norden umgebracht, wodurch klar wird, daß die Mafia Hintermänner in Polizei und Justiz eingeschleust hat. Er setzt deshalb die Fahrt mit seiner Tochter ohne Schutz fort und gerät noch zweimal in einen Hinterhalt. Routinierter, oberflächlicher und stellenweise brutaler Thriller, in dem die Figuren blaß und konturenlos bleiben. *Zoom, 12/96*

## Palomino 775
DANIELLE STEEL'S ›PALOMINO‹ **
TV

*Regie:* Michael Miller
*Darsteller:* Lindsay Frost (Samantha Taylor), Lee Horsley (Tate Jordan), Eva Marie Saint (Caroline Lord), Rod Taylor (Bill King), Beau Gravitte (Charlie), Michael Greene (Josh), Daniel Davis (Doktor), Ryan Todd, Peter Bergman
*Drehbuch:* Karol Ann Hoeffner, nach dem Roman von Danielle Steel
*Musik:* Dominic Frontiere
*Prod.:* USA 1991; 90 Min.
*TV:* 21.8.1996, ZDF, 19.25

Die Fotografin Sam macht eine Reportage über Cowboys von heute und lernt dabei den zweiten Vormann Tate Jordan kennen und lieben. Da beide geschieden sind, finden sie erst viele Jahre später wieder zusammen. Danielle Steel-Schmonzette, die wenigstens ein Wiedersehen mit einigen Altstars bietet.

## Palookaville 776
PALOOKAVILLE ****

*Regie:* Alan Taylor
*Darsteller:* William Forsythe (Sid), Vincent Gallo (Russ), Adam Trese (Jerry), Gareth Wiliams (Ed), Lisa Gay Hamilton (Betty), Bridgit Ryan (Enid), Kim Dickens (Laurie), Frances McDormand (June), Suzanne Shepherd (Mutter), Nicole Burdette
*Drehbuch:* David Epstein
*Kamera:* John Thomas (Farbe)
*Musik:* Rachel Portman
*Schnitt:* David Leonard
*Prod.Des.:* Anne Stuhler
*Prod.:* Uberto Pasolini für Playhouse Int. mit Samuel Goldwyn/Redwave Films, USA 1995; 93 Min.
*UA:* 7.9.1995, Int. Filmfestspiele Venedig
*EA:* Int. Hofer Filmtage 1996
*Verleih:* Arsenal/-/Frenetic; 28.11.1996
*FSK:* ab 6, ffr.

Russ, Sid und Jerry leben in einer miesen Kleinstadt in New Jersey. Sie sind seit langem arbeitslos und träumen vom großen Coup. Nach einem Fehlstart.

der ihnen Pfannkuchen statt Juwelen einbringt, leihen sie sich im Videoshop einen Gangsterfilm der 50er Jahre als Anleitung für das nächste Projekt aus. Alan Taylors Debütfilm zeichnet die Antihelden realistisch, glänzt mit brillanter Situationskomik. (...)

*Andre Simonoviscz, tip, 25/96*

Albert Baer in: Rheinische Post, 20.12.96; Ulrich Herrmann in: Die Zeit, 29.11.96; Veronika Rall in: FR, 28.11.96; Carla Rhode in: Der Tagesspiegel, 28.11.96

## Panther 777

PANTHER ***

*Regie:* Mario Van Peebles
*Darsteller:* Kadeem Hardison (Richter), Bokeem Woodbine (Tyrone), Joe Don Baker (Brimmer), Courtney B. Vance (Bobb Seale), Tyrin Turner (Cy), Marcus Chong (Huey Newton), Anthony Griffith (Eldridge Cleaver), Bobby Brown (Rose), Nefertiti (Alma), James Russo (Rodgers)
*Drehbuch:* Melvin Van Peebles, nach seinem gleichn. Roman
*Kamera:* Eddie Pei (Deluxe und s/w)
*Musik:* Stanley Clark
*Schnitt:* Earl Watson
*Prod.Des.:* Richard Hoover
*Prod.:* Preston Holmes, Mario und Melvin Van Peebles für Working Title Films mit Tribeca Prods./MVP Films für Polygram, USA 1995; 124 Min.
*UA:* 17.4.1995, Film Festival, Dallas
*EA:* Int. Filmfestspiele Locarno 1995 »Wettbewerb«
*Verleih:* CI/-/Elite/VCL Video; 11.4.1996
*FSK:* ab 16, ffr.

Sechziger Jahre in den USA: Die von Huey P. Newton und Bobby Seale gegründete radikale und militante »Black Planther Party for Self-Defense« setzt sich vehement, auch unter Einsatz gewalttätiger Mittel, für die Gleichberechtigung der Schwarzen ein. Sie verunsichert dadurch die weiße Gesellschaft und provoziert das FBI zu einer illegalen »Gegenoffensive«. Die Vermischung dokumentarischer Fakten mit fiktiven Elementen in diesem inszenatorisch aufgemotzten Werk erweist sich als weitgehend ungeeigent für die Darstellung des komplexen sozialen, ideellen und ideologischen Hintergrundes.

*Zoom, 11/95*

*Marcus Chong und Nefertiti in ›Panther‹*

Volker Gunske in: tip, 8/96; Veronika Rall in: FR, 11.4.96; OR in: Kölner Stadt-Anzeiger, 13.4.96; Carla Rhode in: Der Tagesspiegel, 11.4.96; Willi Winkler in: Die Zeit, 19.4.96

## The Paper Brigade 778

THE PAPER BRIGADE **

Video

*Regie:* Blair Treu
*Darsteller:* Kyle Howard, Travis Wester, Chauncey Leopardi
*Prod.:* Leucadia Film, USA 1995; 86 Min.
*Vertrieb:* Splendid Video; 25.9.1996
*FSK:* ab 6 J.

Erlebnisse eines 13jährigen City-Kids in seiner neuen Heimat, der US-Provinz. Munterer Teenie-Action-Klamauk der super-seichten Sorte.

## Paradies, Brooklyn 779

SOMEONE ELSE'S AMERICA ****

*Regie:* Goran Paskaljevic
*Darsteller:* Tom Conti (Alonso), Miki Manojlovic (Bayo), Maria Casares (Alonso's Mutter), Sergej Trifunovic (Luka), Zorka Manojlovic (Bayo's Mutter), Jose Ramon Rosario

(Panchito), Lanny Flaherty (Guide), Michalis Yannatos, Michael Willis, Predrag Ejdus
*Drehbuch:* Gordan Mihic
*Kamera:* Yorgos Arvanitis (Farbe)
*Musik:* Andrew Dickson
*Schnitt:* William Diver
*Prod.Des.:* Wolf Seesselberg
*Prod.:* Antoine de Clermont-Tonnerre, David Rose, Helga Bähr für MACT/Intrinfsica/ Lichtblick/Stefi 2 mit Pandora Cinema/ Channel Four, Frankreich/GB/BRD/Griechenland 1995; 96 Min.
*UA:* Int. Filmfestspiele Cannes 1995 »Quinzaine des Realisateurs«
*Verleih:* Nil/filmladen/Alexander Film; 14.3.1996
*FSK:* ab 6, ffr. – *FBW:* Besonders wertvoll

Die Geschichte um in Brooklyn lebende Emigranten aus Montenegro, Spanien, China, Mexiko und Syrien hat Regisseur Gordan Paskaljevic ausschließlich mit europäischen Geldern realisiert. Gängige melodramatische Effekte werden dabei vermieden, stattdessen schaffen stille tragikomische Pointen und hübsch arrangierte poetische Momente Anteilnahme für das Schicksal der handelnden Personen. *Zoom, 9/96*

Ein modernes Märchen von der Macht der Freundschaft zwischen Emigranten im New Yorker Stadtteil Brooklyn erzählt hier der aus Belgrad stammende Regisseur Goran Paskaljevic, erfolgreich als Dokumentarist und auf internationalen Festivals (»Twilight Time«, »Tango Argentino«).
Es ist ein kleiner Film, der groß rauskommt mit seiner Warmherzigkeit, den liebenswerten Alltagshelden, deren tragikomische Überlebenskämpfe im Schmelztiegel New York zwischen Mut und Melancholie, Hoffnung und Scheitern balancieren. Paskaljevic beweist Sensibilität für das zerrissene Lebensgefühl der Emigranten, die an der Heimat und Vergangenheit hängen und an der Zukunft in der Fremde oft (ver) zweifeln. (...) *Angie Dullinger, AZ, 4.4.96*

Heiko R. Blum in: Rheinische Post, 4.4.96; Heike Kühn in: FR, 29.3.96; Thomas Klingenmaier in: Stgt. Zeitung, 14.3.96; Hans Günther Pflaum in: SZ, 4.4.96; Christian Seebaum in: Kölner Stadt-Anzeiger, 30.3.96

## Paris was a Woman 780

PARIS WAS A WOMAN ***

*Regie:* Greta Schiller
*Sprecherin:* Juliet Stephenson
*Drehbuch:* Andrea Weiss
*Kamera:* Nurith Aviv, Greta Schiller, Renato Tonelli, Fawn Yacker (Farbe und s/w)
*Musik:* Janette Mason
*Schnitt:* Greta Schiller
*Prod.:* Frances Berrigan, Greta Schiller, Andrea Weiss, Björn Koll für Cicada/ Salzgeber & Co./Jezebel, GB/USA/BRD 1995; 75 Min.
*EA:* 19.2.1996, Filmfestspiele Berlin, »Panorama: Dokumente«
*Verleih:* Salzgeber/-/-; 5.12.1996

(...) Nicht virile Genies wie Picasso und Hemingway stehen im Blickpunkt dieses Films, sondern kreative Frauen wie die Schriftstellerinnen Colette, Djuna Barnes und Gertrude Stein; die Malerinnen Romaine Brooks und Marie Laurencin; die Fotografinnen Bernice Abbott und Gisèle Freund; die Verlegerinnen und Buchhändlerinnen Sylvia Beach und Adrienne Monnier und schließlich die Journalistin Janet Flanner. (...) *Katalog Filmfestspiele Berlin*

Anke Leweke in: tip, 25/96

## Der Parkhausmörder 781

** TV

*Regie:* Michael Keusch
*Darsteller:* Barbara Rudnik (Ingrid Berger), Frank Stieren (Kommissar Hennings), Marita Marschall, Ulrich Noethen, Melanie Bruhn
*Drehbuch:* Peter Zingler
*Prod.:* BRD 1996; 90 Min.
*TV:* 26.5.1996, RTL plus, 20.15

(...) Die platte Tour, auf die sich der Regisseur bei diesem Film eingelassen hat, knallt einem jede Spurenanalyse der BKA-Psychologin als kettenrauchender Sammlerin von Mörderprofilen wie eine zerstückelte Leiche vor den Latz, und alle benehmen sich so blöde, als hätten sie sich den ganzen Tag ihre eigenen Videoclips hineingezogen. Krimi-Fastfood zum Wegschmeißen. *Ponkie, AZ, 28.5.96*

## The Passion of Darkly Noon 782

THE PASSION OF DARKLY NOON **

*Regie:* Philip Ridley
*Darsteller:* Brendan Fraser (Darkly Noon), Ashley Judd (Callie), Viggo Mortensen (Jude), Loren Dean (Clay), Grace Zabriskie (Roxy)
*Drehbuch:* Philip Ridley
*Kamera:* John de Borman (Farbe)
*Musik:* Nick Bicat
*Schnitt:* Leslie Healey
*Prod.Des.:* Hubert Pouille
*Prod.:* Dominic Anciano, Frank Henschke, Alain Keytsman für Fugitive Features/Die Hauskunst/Keytsman, GB/BRD/Belgien 1995; 100 Min.
*EA:* Filmfest München 1995
*Verleih:* Jugendfilm/-/-/VPS Video; 25.4.1996
*FSK:* ab 16, ffr.

Wie Ridleys Erstling »Schrei in der Stille« handelt auch dieser Film von religiösem Wahn und sexuellen Obsessionen, die sich am Ende in einem Akt des Wahns entladen. Das Paradies, das der junge Darkly Noon nach dem Tod seiner streng religiösen Eltern bei der offenherzigen Callie in der Einsamkeit der Wälder findet, erweist sich als trügerisch. Die bedächtige Erzählweise macht den Zuschauer zum distanzierten Betrachter von Vorgängen, deren erschreckender Realitätsgehalt sich immer wieder in den Nachrichten überprüfen läßt. *Frank Arnold, tip, 9/96*

(...) Was uns der Künstler mit seinem eitel selbstgefälligen Werk sagen will, bleibt sein Geheimnis. Aber vielleicht ist der Maler Ridley mit den teilweise schönen Bildern (was nach Amerika aussehen soll, wurde in Ostdeutschland gedreht) ja auch schon zufrieden.
*Christian Seebaum, Kölner Stadt-Anzeiger, 27.4.96*

Joseph Heinrichs in: Rheinische Post, 19.4. und 26.4.96; Heike Kühn in: FR, 25.4.96

## Paul IV. 783

***
Video

*Regie:* Cornelia Schwartz-Grünberg
*Darsteller:* Karl Grünberg (Paul Walser), Marie Klabunde (Delphine Schröder), Kathrin Waligura (Marianne Walser), Axel Werner (Paul Walser sen.), Franziska Troegner (Frau Döller), Carl Kliefert
*Drehbuch:* Cornelia Schwartz-Grünberg, frei nach dem Buch »Paul IV. und die Schröders« von Andreas Steinhöfel
*Kamera:* Hermann Dernbecher, Sonja Rom (Farbe)
*Musik:* Andreas Grünberg
*Schnitt:* Barbara Gebler
*Prod.Des.:* H. Saier
*Prod.:* dffb/Kieft-Politt/SFB, BRD 1994; 68 Min.
*EA:* Filmfest München 1995
*Verleih:* Kath. Filmwerk
*TV:* 29.3.1996, ARD, 9.30
*FSK:* o.A.

Kinderfilm aus der Kleinstadtsituation, der versucht, Toleranz für Außenseiter und Anderslebende/-denkende zu vermitteln.

## Peanuts – Die Bank zahlt alles 784

**

*Regie:* Carlo Rola
*Darsteller:* Ulrich Mühe (Dr. Jochen Schuster), Iris Berben (Dr. Greta Görre), Marita Marschall (Cilli), Rufus Beck (Peter Hackmann), Rüdiger Vogler (Wolfram Braun), Sonja Kirchberger (Madeleine), Traugott Buhre (Dr. Brinkhoff), Dieter Okras (Dr. Dollwitz), Hans-Michael Rehberg (Ibrahim Jafari), Ralf Richter (Mario)
*Drehbuch:* Peter Zingler, Eberhard Junkersdorf
*Kamera:* Peter Ziesche (Farbe)
*Musik:* Peter Wolf
*Schnitt:* Friederike von Normann
*Prod.Des.:* Detlev Prouvedi
*Prod.:* Eberhard Junkersdorf für Bioskop-Film/Road Movies mit WDR, BRD 1995; 98 Min.
*UA:* 20.3.1996, Residenz Köln
*Verleih:* Warner Bros./-/-/Warner Home Video; 21.3.1996
*FSK:* ab 6, ffr. – *FBW:* Wertvoll

Ein erfolgloser Bauunternehmer muß für jeden Kleinkredit bitten und betteln. Erst als er frech Millionen verlangt, respektieren ihn die Banker. Dem rasanten Aufstieg zum Immobiliengiganten auf Pump (der Fall des Pleitiers Schneider läßt grüßen) folgt der Absturz.

Ein heißes Thema, doch der Versuch einer Satire auf die deutsche Wirklichkeit mißlingt. Abgestürzt bei der Gratwanderung zwischen Witz und Klamauk. *Margret Köhler*

(...) Wer sich an den Bau- und Bankenskandal um Jürgen Schneider erinnert fühlt, liegt nicht ganz falsch. Doch die Affäre aus dem richtigen Leben ist weitaus komischer als diese lieblos und inspiriert zusammengeschusterte Satire, die es mit Ach und Krach auf einen müden Lacher bringt.
*Volker Gunske, tip, 7/96*

H.G. Pflaum in: SZ, 21.3.96; Helmut Schmitz in: FR, 21.3.96; Jan Schulz-Ojala in: Der Tagesspiegel, 21.3.96; Christian Seebaum in: Kölner Stadt-Anzeiger, 23.3.96

## Pecos Bill 785

TALL TALE: THE UNBELIEVABLE ADVENTURE ***

Video

*Regie:* Jeremiah Chechik
*Darsteller:* Oliver Platt (Paul Bunyan), Patrick Swayze (Pecos Bill), Nick Stahl (Daniel Hakkett), Roger Aaron Brown (John Henry), Scott Glenn (Stiles), Catherine O'Hara
*Drehbuch:* Steven L. Bloom, Robert Rodat
*Kamera:* Janusz Kiminski (Farbe)
*Musik:* Randy Edelman
*Schnitt:* Richard Chew
*Prod.:* Joe Roth, Roger Birnbaum, Bill Badalato für Walt Disney/Caravan, USA 1995; 97 Min.
*Vertrieb:* Walt Disney Home Video; 9.5.1996
*FSK:* ab 6 J.

Beim Kampf gegen den skrupellosen Vertreter der Eisenbahn, bekommt der junge Daniel unerwartete Hilfe: die Westernlegenden Pecos Bill, John Henry und Paul Bunyon. Phantasiereiche, aber leider nicht gewaltfreie Mischung aus Western und Fantasy, sorgfältig in Szene gesetzt und mit einem hochkarätigen Ensemble.

## Pepolino und der Schatz der Meerjungfrau 786

***

*Regie:* János Uzsák
*Drehbuch:* Irene Rodrian, Jozsef Nepp, Shimon Wincelberg, nach dem Roman »Unglaubliche Abenteuer« von Irene Rodrian
*Kamera:* Erzsébet Nemes (Farbe)
*Musik:* Giorgio Moroder
*Schnitt:* Magda Hap, Susanne Pfister
*Prod.:* Manfred Korytowski für Infafilm mit BR/Matima/Video Fox/Focus Film, BRD/Ungarn/Kanada 1994; 84 Min.
*EA:* Filmfest München 1996
*Verleih:* Movienet/-/-; 29.8.1996

(...) Ganz deutlich orientiert sich dieser in Budapest gefertigte Zeichentrickfilm, in dem schließlich auch noch eine süße kleine Meerjungfrau auftaucht, an dem großen Vorbild Disney. Ja, er fordert den Vergleich geradezu heraus, aber trotz einiger netter Ansätze übernimmt er sich dabei. Zu konfus die Story, zu schlecht getimed die Szenen, zu ungelenk vor allem die Animation. Mag sein, daß die ganz kleinen Zuschauer an ein paar Figuren ihre Freude haben. Aber wer sie ins Kino begleitet, der wird am Ende wohl geweckt werden müssen. *Rupert Koppold, Stgt. Zeitung, 29.8.96*

Albert Baer in: Rheinische Post, 30.8.96; Tobias Kniebe in: SZ, 29.8.96

## Die Perez Familie 787

THE PEREZ FAMILY ***

*Regie:* Mira Nair
*Darsteller:* Marisa Tomei (Dottie Perez), Alfred Molina (Juan Raul Perez), Anjelica Huston (Carmela Perez), Chazz Palminteri (Officer Pirelli), Trini Alvarado (Teresa Perez), Celia Cruz (Luz Perez), Diego Wallraff (Angel Diaz)
*Drehbuch:* Robin Swicord, nach einem Roman von Christine Bell
*Kamera:* Stuart Dryburgh (Farbe)
*Musik:* Alan Silvestri, Arturo Sandoval; Jellybean Benitez (supervisor)
*Schnitt:* Robert Estrin
*Prod.Des.:* Mark Friedberg
*Prod.:* Michael Nozik, Lydia Dean Pilcher für Samuel Goldwyn Prod., USA 1995; 112 Min.
*UA:* 12.5.1995, New York
*Verleih:* -/-/Elite/VPS Video; Juni 1995 (CH), Juli 1996 Video
*FSK:* ab 12 J.

20 Jahre lang wartet Carmela in Florida auf ihren in kubanischer Haft einsitzenden Gatten. Als er endlich freikommt, verpassen sich die beiden. Weitschweifige, aber solide gespielte und gefühlvolle Flüchtlingstragikomödie.

## Perfect Crimes 788
PERFECT CRIMES ***
Video

*Regie:* Agnieszka Holland, Steven Soderbergh, Tim Hunter
*Darsteller:* Danny Glover (Philip Marlowe), Lola Barsaly (Kelly Lynch), Dan Hedaya
*Kamera:* Robert Brinkman (Farbe)
*Musik:* Peter Bernstein
*Schnitt:* David Siegel
*Prod.:* Stuart Cornfeld, William Horberg, Michael Nelson für Showtime Networks/ Mirage/Propaganda, USA 1995; 120 Min.
*Vertrieb:* MIC Video; 24.6.1996
*FSK:* ab 12 J.

Drei durchaus spannende und sehenswerte Kurzfilme nach den Vorlagen berühmter »hard boiled«-Autoren und von renommierten Regisseuren in Szene gesetzt.

## Personal Vendetta 789
PERSONAL VENDETTA **
Video

*Regie:* Stephen Lieb
*Darsteller:* Mimi Lesseos, Timothy Bottoms, Mark Wilson
*Prod.:* Stepping Out Prod., USA 1995; 86 Min.
*Vertrieb:* VMP Video; 17.5.1996
*FSK:* ab 16 J.

Mißhandelte Ehefrau wird Polizistin und knöpft sich alsbald den (Ex-)Gatten vor. Holprige Mischung aus Frauendrama und Actioner.

## Pesthauch des Bösen 790
THE HOUR OF THE PIG ***
TV

*Regie:* Leslie Megahey
*Darsteller:* Colin Firth (Richard Courtois), Amina Annabi (Samira), Jim Carter (Mathieu), Donald Pleasence (Pincheon), Ian Holm (Albertus), Nicol Williamson (Der Seigneur), Joanna Dunham (Lady Catherine), Lysette Anthony (Filette), Justin Chadwick (Gerard), Michael Gough
*Drehbuch:* Leslie Megahey
*Kamera:* John Hooper (Farbe)
*Musik:* Alexandre Desplat
*Schnitt:* Isabelle Dedieu
*Prod.Des.:* Bruce Mecadie
*Prod.:* David M. Thompson für Ciby 2000/BBC Films mit British Screen and European Fund, GB/Frankreich 1993; 115 Min.
*TV:* 20.5.1996, ZDF, 22.15

Ein Schwein wird wegen Mordes angeklagt und der junge, ehrgeizige Advokat Courtois mit der Verteidigung des Tieres beauftragt. Der wehrt sich zunächst heftig gegen diese sinnlose Aufgabe, doch als er sich schließlich näher mit dem Fall beschäftigt, kommt er schon bald einigen Ungereimtheiten auf die Spur. *Pressetext*

## Pfundskerle 791
HEAVYWEIGHTS **
Video

*Regie:* Steven Brill
*Darsteller:* Tom McGowan (Pat Finley), Aaron Schwartz (Gerry), Ben Stiller (Tony Perkis), Shaun Weiss (Josh Birnbaum), Tom Hodges (Lars), Leah Lail (Julie), Paul Feig (Tim), Kenan Thomson (Roy), Max Goldblatt (Phillip), Jeffrey Tambor (Maury Garner)
*Drehbuch:* Judd Apatow, Steven Brill
*Kamera:* Victor Hammer (Technicolor)
*Musik:* J.A.C. Redford
*Schnitt:* C. Timothy O'Meara
*Prod.Des.:* Stephen Storer
*Prod.:* Joe Roth, Roger Birnbaum; Morgan Michael Fottrell, Charles Schlissel (Co Prod.) für Walt Disney Prod. mit Caravan Pic., USA 1995; 93 Min.
*Vertrieb:* Walt Disney Home Video; 14.3.1996
*FSK:* ab 6 J.

Weitestgehend plumper Klamauk um ein Abspeck-Feriencamp für übergewichtige Kinder mit blitzschnell durchschaubarer Story-Struktur.

Dieter Kruschein: film-dienst, 10/96

## Phenomenon 792
PHENOMENON ***

*Regie:* John Turteltaub
*Darsteller:* John Travolta (George Malley), Kyra Sedgwick (Lace Pennamin), Forest Whitaker (Nate Pope), Jeffrey DeMunn (Prof. Ringold), Robert Duvall (Doc), Richard Kiley (Dr. Wellin), Brent Spiner (Niedorf), Vyto Ruginis (Ted Rhome), Bruce Young (Jack Hatch), Michael Milhoan (Jimmy)
*Drehbuch:* Gerald DiPego
*Kamera:* Phedon Papamichael (Fotokem)
*Musik:* Thomas Newman; Robbie Robertson (soundtrack producer)
*Schnitt:* Bruce Green
*Prod.Des.:* Garreth Stover
*Prod.:* Barbara Boyle, Michael Taylor für Touchstone Pic., USA 1996; 124 Min.

*Forest Withaker, John Travolta und Jeffrey DeMunn in ›Phenomenon‹*

*UA:* 3.7.1996, New York
*Verleih:* Buena Vista/dto./dto.; 3.10.1996
*FSK:* ab 12, ffr.

Eine vermeintlich kosmische Erleuchtung verwandelt den Hinterwäldler John Travolta in ein Genie mit unbändiger Schaffenskraft und paranormalen Fähigkeiten. Seinen Mitbürgern zunehmend entfremdet und von der Staatspolizei verfolgt, sucht er seine Errungenschaften unters Volk zu bringen. Geschickt gemachter Propagandafilm, der mit den Mitteln des seichten Unterhaltungskinos um Sympathie für »Scientology« wirbt. *Ralph Umard, tip, 21/96*

Albert Baer in: Rheinische Post, 5.10.96; Thomas Langenmaier in: Stgt. Zeitung, 2.10.96; Tobias Kniebe in: SZ, 2.10.96; Frank Noak in: Der Tagesspiegel, 2.10.96

## Pick Up

793

PICK UP

**

Video

*Regie:* Geoffrey Sax
*Darsteller:* Tom Selleck, Jo Beth Williams
*Kamera:* (Farbe)
*Prod.:* USA 1995; 95 Min.
*Vertrieb:* VCL Video; 10.12.1996
*FSK:* ab 6 J.

Liebesgeschichte zwischen einem alternden Rodeoreiter und einer 17jährigen Anhalterin. Filmisch bescheiden, aber mit ein paar witzigen Dialogzeilen ausgestattet.

## Picnic

794

PICNIC

***

*Regie:* Shunji Iwai
*Darsteller:* Chara (Coco), Tadanobu Asano (Tsumuji), Koichi Hashizume (Satoru)
*Drehbuch:* Shunji Iwai
*Kamera:* Noboru Shinoda (Farbe)
*Musik:* Remedios
*Schnitt:* Shunji Iwai, Toshihiko Kojima
*Prod.:* Juichi Horiguchi, Susumu Tanaka für Fuji TV Network, Japan 1995; 72 Min.
*UA:* 16.2.1996, Int. Forum des Jungen Films, Berlin
*Verleih:* Freunde/-/-; Winter 1996

Drei jugendliche Insassen einer psychiatrischen Anstalt verfallen dem Glauben an den baldigen, erlösenden Weltuntergang. Als der Tag naht, brechen sie aus, um das Ende der Welt zu beobachten.

## Ein Pilot zum Verlieben 795

FREQUENT FLYER **

TV

*Regie:* Alan Metzger
*Darsteller:* Jack Wagner (Nick Rawlings), Shelley Hack (Jobeth Rawlings), Joan Severance (Alison Rawlings), Nicole Eggert (Miriam Wells)
*Prod.:* Kanada 1996; 90 Min.
*TV:* 19.8.1996, Vox, 20.15

Ein Pilot muß den Ansprüchen von drei Ehefrauen gerecht werden, die in drei verschiedenen Städten leben, was jahrelang auch bestens klappte – bis eine der Frauen mißtrauisch wird.

*AZ TV Journal*

## Pilotinnen 796

***

TV

*Regie:* Christian Petzold
*Darsteller:* Eleonore Weisgerber (Karin), Nadeshda Brennicke (Sophie), Udo Schenk (Junior), Barbara Frey (Christine), Michael Tietz (Dieter), Inge-Carolin Gremm (Supermarktverkäuferin), Kim Kübler (Junge Drogistin), Imke Barnstedt (Ältere Drogistin), Michael Brennicke, Jörg Friedrich
*Drehbuch:* Christian Petzold
*Kamera:* Hans Fromm (Farbe)
*Musik:* Georges Delerue
*Schnitt:* Monika Kappl-Smith
*Prod.Des.:* Kade Gruber
*Prod.:* Michael Weber, Florian Koerner von Gustorf für Schramm Film/DFFB/ZDF, BRD 1994; 72 Min.
*UA:* Int. Filmfestspiele Berlin 1995, »Neue deutsche Filme«
*TV:* 15.7.1996, ZDF, 0.15

(...) Karin ist Handlungsreisende für eine Kosmetikklitsche. Seit Jahren fährt sie durch die zersiedelte Bundesrepublik. Sie ist jetzt Ende vierzig. In dem Sommer dieser Geschichte verschiebt sich alles um sie herum. Sie muß kämpfen. Man hat ihr eine jüngere Frau ins Auto gesetzt, eine vermeintliche Nachfolgerin, Sophie. (...) Jetzt sitzen sie beide im dunkelblauen Vertreterauto. Und glauben, daß sie, wenn sie die andere besiegen, ihre eigene Existenz retten können – eine, in der zumindest das Versprechen auf etwas Besseres nicht völlig verschwunden ist. (...)

*Christian Petzold,*
*Katalog Filmfestspiele Berlin*

## Pinocchio – Puppe des Todes 797

PINOCCHIO *

Video

*Regie:* Kevin S. Tenney
*Darsteller:* Rosalind Allen, Todd Allen, Aaron Lustig, Ron Canada, Candace McKenzie, Lewis van Bergen, Larry Cedar
*Drehbuch:* Kevin S. Tenney
*Kamera:* Eric Anderson (Farbe)
*Musik:* Dennis Michael Tenney
*Schnitt:* Daniel Duncan
*Prod.Des.:* Candi Guterres
*Prod.:* Jeff Geoffray, Walter Josten für Trimark Pic./Blue Rider, USA 1996; 90 Min.
*Vertrieb:* Highlight Video; 18.11.1996
*FSK:* ab 16 J.

Das Präsent von einem Serienkiller, eine Holzmarionette, entpuppt sich als Mordinstrument. Abstrus, absurd und abtörnend.

## Die Piratenbraut 798

CUTTHROAT ISLAND **

*Regie:* Renny Harlin
*Darsteller:* Geena Davis (Morgan Adams), Matthew Modine (William Shaw), Frank Langella (Dawg Brown), Maury Chaykin (John Reed), Patrick Malahide (Ainslee), Stan Shaw (Glasspoole), Rex Linn (Mr. Blair), Paul Dillon (Snelgrave), Chris Masterson (Bowen), Jimmie F. Skaggs (Scully)
*Drehbuch:* Robert King, Marc Norman, nach einer Story von Michael Frost Beckner, James Gorman, Bruce A. Evans, Raynold Gideon
*Kamera:* Peter Levy (Technicolor)
*Musik:* John Debney
*Schnitt:* Frank J. Urioste, Ralph E. Winters
*Prod.Des.:* Norman Garwood
*Prod.:* Renny Harlin, Joel B. Michaels, Laurence Mark, James Gorman für Carolco/Forge Prod. mit Laurence Mark Prods./Beckner/Gorman und Le Studio Canal Plus/Tele Comm./RCS Video, USA 1995; 124 Min.
*UA:* 29.12.1995, New York
*Verleih:* Constantin/Constantin/Monopole

Pathé/VCL Video; 25.4.1996
*FSK:* ab 12, ffr.
*FBW:* Wertvoll

Eine junge Piratin erfährt von ihrem sterbenden Vater, daß auf seiner Kopfhaut das Drittel einer Landkarte eintätowiert ist. Zusammen mit einem Dieb und einigen anderen Verbündeten macht sie sich auf die Suche nach den übrigen Teilen sowie der geheimnisvollen Schatzinsel, während ihr Bösewichte auf den Fersen sind. Die simple Geschichte wird angereichert mit allen Klischees, die das Genre des Piratenfilms anzubieten hat – ohne jede Ironie. Trotz zahlreicher Explosionen und Stunts vor aufwendiger Kulisse eine einfallslose, bisweilen schlampige Inszenierung. *Zoom, 3/96*

(...) Regisseur Harlin brauchte auch das letzte, noch so verschimmelte Genre-Klischee auf, aber immerhin liefert Kameramann Peter Levy optisch Ansprechendes. Die Landschaft geizt nicht mit Reizen, der Himmel ist ziemlich blau, der Dschungel ziemlich grün, die Schmetter-Musik ziemlich laut.

*Geena Davis als ›Piratenbraut‹*

Und sei Herrn Harlins Oeuvre noch so hohl, allzu große Langeweile verbreitet es nicht. Ob das bißchen Amüsement freilich 100 Millionen Dollar wert ist, darf bezweifelt werden.
*W.O.P. Kistner, AZ, 25.4.96*

Rupert Koppold in: Rheinische Post, 26.4.96

## Playback 799

PLAYBACK □

TV

*Regie:* Oley Sassone
*Darsteller:* George Hamilton (Gil Braman), Tawny Kitaen (Sara Burgess), Shannon Whirry (Karen Stone), Charles Grant (David Burgess), Quinn Duffy (Robert Miller), Harry Dean Stanton
*Drehbuch:* Oley Sassone, David Dubos
*Kamera:* Russ Brandt (Farbe)
*Musik:* Emilio Kauderer
*Prod.:* Paramount, USA 1995; 90 Min.
*TV:* 2.8.1996, Premiere, 0.00

Prominente Besetzung für ein dürftiges Karriere-Sex-Melodram.

## Playtime 800

PLAYTIME □

TV

*Regie:* Dale Trevillion
*Darsteller:* Jennifer Burton (Lindsey), Elliott David (Joe), Monique Parent (Geena), Craig Stepp (Brad)
*Drehbuch:* Mary Ellen Hanover
*Kamera:* Sven Kirsten (Farbe)
*Musik:* Joel Derouin
*Prod.:* Playboy, USA 1994; 98 Min.
*TV:* 1.3.1996, Premiere, 0.00

Erotik-Schmonzette mit versuchter Handlung.

## P. O. Box Tinto Brass 801

FERMO POSTA TINTO BRASS ***

Video

*Regie:* Tino Brass
*Darsteller:* Tinto Brass, Cinzia Roccaforte, Jasmine, Laura Gualtieri, Erika Saffo Savastani, Paolo Lanza, Alessandra Antonelli, Gaia Zucchi, Ghibly Lombardi, Gabriella Barbuti
*Drehbuch:* Tinto Brass, Aurelio Grimaldi, Caudio Lizza
*Kamera:* Dante Dalla Torre (Farbe)

*Musik:* Riz Ortolani
*Schnitt:* Tinto Brass
*Prod.:* Giovanni Bertolucci für California/ Produttori Prod., Italien 1995; 90 Min.
*Vertrieb:* Splendid Video; 26.8.1996
*FSK:* ab 18 J.

Sexfilmproduzent besucht und beglückt die Absenderinnen seiner Fanpost. Eine jener pseudo-erotischen Phantasien des dafür berüchtigten Regisseurs fürs voyeuristische Zielpublikum.

## Polly 802

POLLY **

TV

*Regie:* Debbie Allen
*Darsteller:* Keshia Knigth Pulliam (Polly), Phylicia Rashad (Tante Polly), Dorian Harewood (Dr. Shannon), Barbara Montgomery (Mrs. Conley), T.K. Carter (George), Vanessa Bell Calloway (Nancy), Ken Page (Mayor Warren), Brandon Adams (Jimmy Bean), Larry Riley (Rev. Gillis), Butterfly McQueen (Miss Priss)
*Drehbuch:* David Swift, nach dem Roman »Pollyanna« von Eleanor H. Porter
*Kamera:* Isidore Mankofsky (Farbe)
*Prod.:* USA 1989; 100 Min.
*TV:* 8.4.1996, RTL, 11.05

Schmonzette um das zwölfjährige Waisenkind Polly, das in die kleine Stadt Harrington kommt, um von nun an bei ihrer strengen und einflußreichen Tante zu leben.

## Poussieres d'Amour – Abfallprodukte der Liebe 803

POUSSIERES D'AMOUR ***

*Regie:* Werner Schroeter
*Darsteller:* Anita Cerquetti, Martha Mödl, Rita Gorr, Katherine Ciesinski, Kristine Ciesinkski, Laurence Dale, Jenny Drivala, Gail Gilmore, Serguei Larin, Trudeliese Schmidt
*Drehbuch:* Claire Alby, Werner Schroeter
*Kamera:* Elfi Mikesch (Farbe)
*Musik:* Elisabeth Cooper
*Schnitt:* Juliane Lorenz
*Prod.Des.:* Albert Darsacq (auch Kostüme)
*Prod.:* Christoph Meyer-Wiel, Wieland Schulz-Keil, Jean-Pierre Bailly, Anne Cauvin für Schlemmer Film/MC4/Imalyre-VT COM France Télécom mit La Sept/Arte/WDR/ France Supervision, Frankreich/BRD 1996; 130 Min.
*UA:* Int. Filmfestival Locarno 1996
*EA:* Int. Hofer Filmtage 1996
*Verleih:* TiMe/-/-; 7.11.1996
*FSK:* ab 6, ffr.
*FBW:* Wertvoll

*Isabelle Huppert, Martha Mödl, Elisabeth Cooper und Werner Schroeter*

Eine Abtei voller Sänger und Sängerinnen, große Arien und große Worte um Liebe, Leben, Schmerz und Tod. In seinem filmischen Opernworkshop begibt sich Werner Schroeter auf die Suche nach dem Geheimnis des Gesangs, inszeniert mit Belcanto, Beethoven und Weill seine Vision der Kunst als Kampf gegen die Vergänglichkeit. Und er inszeniert sich selbst als Dirigent und großer Zampano – eitel, beinahe unerträglich. Mit seiner Mischung aus Kitsch und Kunst, so anmaßend wie großartig, wird der Film selbst zur großen Oper – und zum großen Auftritt für die drei alternden Diven Martha Mödl, Rita Gorr und Anita Cerquetti.

*Katja Nicodemus, tip, 22/96*

Sebastian Feldmann in: Rheinische Post, 29.11.96; Philip Gröning in: FR, 9.11.96; Thomas Klingenmaier in: Stgt. Zeitung, 27.12.96; Daniel Kothenschulte in: Kölner Stadt-Anzeiger, 9.11.96

*Sean Patrick Flanery und Mary Steenburgen*

## Powder 804

POWDER ***

*Regie:* Victor Salva
*Darsteller:* Mary Steenburgen (Jessie Caldwell), Sean Patrick Flanery (Poweder), Lance Henriksen (Sheriff Barnum), Jeff Goldblum (Donald Ripley), Brandson Smith (Duncan), Bradford Tatum (John Box), Susan Tyrrell (Maxine), Missy Crider (Lindsey), Ray Wise (Stipler), Esteban Louis Powell (Mitch)
*Drehbuch:* Victor Salva
*Kamera:* Jerzy Zielinski (Duart/Technicolor)
*Musik:* Jerry Goldsmith
*Schnitt:* Dennis M. Hill
*Prod.Des.:* Waldemar Kalinowski
*Prod.:* Roger Birnbaum, Daniel Grodnik für Hollywood Pic. mit Caravan, USA 1995; 112 Min.
*UA:* 27.10.1995, New York
*Verleih:* Buena Vista/dto./-/Buena Vista Home Video; 6.6.1996
*FSK:* ab 12, ffr.
*FBW:* Wertvoll

Nach dem Tod seines Großvaters wird im Keller der sein Leben lang eingesperrte Powder entdeckt. Der Albinojunge verfügt über eine außergewöhnlich hohe Intelligenz, aber auch über unheimliche elektro-magnetische Kräfte, die ihn zum Außenseiter machen. Eine anrührende und dramatische Geschichte über das »Anderssein« in einer Gesellschaft von »Normalen«. Ein trauriges Fantasy-Märchen, dessen Faszination man sich nur schwer entziehen kann. *Margret Köhler*

Albert Baer in: Rheinische Post, 6.6.96; Daniel Kothenschulte in: Kölner Stadt-Anzeiger, 8.6.96; Simone Mahrenholz in: Der Tagesspiegel, 6.6.96

## Power 98 805

POWER 98 ***

TV

*Regie:* Jaime Hellman
*Darsteller:* Eric Roberts (Karlin Picket), Jason Gedrick (Jon Price), Jennie Garth (Sharon), Larry Drake (Detective Dimotto), Stephen Tobolowsky (Rick Harris), Kimberly Flynn (Rosie), Jim Fyfe (Roger Zalman), James Pikkens jr. (Det. Wilkinson), Leonora Scelfo (Cynthia Berkley), Lisa Thornhill (Vivian Porter)
*Drehbuch:* Jaime Hellman
*Kamera:* Kent L. Wakeford (Farbe)
*Musik:* Jeff Beal
*Schnitt:* Duane Hartzell
*Prod.Des.:* Nancy Roberts
*Prod.:* Ram Bergman, Dana Lustig, Carole Curb Nemoy für Warnervision Ent., USA 1995; 85 Min.
*TV:* 21.9.1996, RTL2, 22.15

Karlin Pickets Radioshow »Power 98« ist der Quotenhit in Los Angeles. Gemeinsam mit seinem Kollegen John Price macht Karlin »sex talk« – live on air! Karlin treibt die Show auf die Spitze und läßt anonyme Anrufer im Radio von ihren Verbrechen erzählen. Eines Tages werden Frauenleichen gefunden, und der mutmaßliche Mörder ruft regelmäßig beim Sender an und beteiligt sich am talk radio. (…) *Pressetext*

## Primal Creatures 806

CARNOSAUR 3 – PRIMAL SPECIES **

Video

*Regie:* Jonathan Winfrey
*Darsteller:* Scott Valentine (Col.Rance Higgins), Janet Gunn (Dr. Hodges), Rick Dean (Polchek), Rodger Halston (Sanders), Anthony Peck (General Mercer), Terri J. Vaughn (B.T. Coolidge), Billy Burnette (Furguson), Morgan Englund (Rossi), Stephen Lee, David Roberson
*Drehbuch:* Scott Sandin
*Kamera:* Andrea V. Rossotto (Farbe)
*Musik:* Kevin Kiner
*Schnitt:* Louis Cioffi
*Prod.Des.:* Nava
*Prod.:* Roger Corman für Concorde/ New Horizons, USA 1996; 78 Min.
*Vertrieb:* VPS Video; 19.11.1996
*FSK:* ab 18 J.

Mutierte Saurier meucheln im Hafen von Los Angeles munter Menschen. Haarsträubend blöder Action-Horror ohne Sinn und Verstand.

## Prinzessin Alisea 807

SORELLINA **

TV

*Regie:* Lamberto Bava
*Darsteller:* Veronika Logan (Alisea), Nicole Grimaudo (Alisea als Kind), Raz Degan (Demian), Oliver Christian Rudolf (Demian als Kind), Anja Kruse (Diomira), Jürgen Prochnow (Kurdok), Christopher Lee (Azaret), Brigitte Karner (Aliseas Mutter), Valeria Marini (Wasserfee)
*Drehbuch:* Gianni Romolo
*Kamera:* Roberto Benvenuti (Farbe)
*Prod.Des.:* Davide Bassan
*Prod.:* Anfri/SAT.1/Canale 5, Italien 1996; 125 Min.
*TV:* 20./21.12.1996, Sat.1, jeweils 20.00

In einem geheimnisvollen Land flieht Prinz Demian zusammen mit seiner Mutter vor seinem brutalen, kriegslüsternen Vater. Er lernt die schöne Alisea kennen und lieben, die ihre fünf kleinen Brüder sucht, die der Zauberer Azaret entführt hat, weil Alisea ihn nicht heiraten will. Schmonzette.
Wie aus alten Zeiten. Ponkie in der AZ vom 24.12.96 traf es wieder am besten: »Daß die Dialoge simpel und die Gut-und-Böse-Bilder einfältig sind, versteht sich von selbst. Sie stehen im umgekehrten Verhältnis zu den aufwendigen Kostümen. Das liebende Paar stolpert von einer Prüfung in die andere, und König Prochnow verendet einsam. Leider hat Zauberer Azaret den ganzen Film nicht rechtzeitig weggezaubert.«

## Profile for Murder 808

PROFILE FOR MURDER **

*Regie:* David Winning
*Darsteller:* Lance Henriksen (Adrian Cross), Jeff Wincott (Michael Weinberg), Joan Severance (Dr. Hannah Carras), Ryan Michael (Andy Sachs), Dwight McFee (Det. Williams)
*Drehbuch:* Steve Fisher
*Kamera:* Bruce Worral (Farbe)
*Musik:* Michael J. Bateman
*Schnitt:* Baron Abramovitch
*Prod.:* James Shavick, Dan Redler für Shavick Ent./Libra Pic., USA 1995; 89 Min.
*Verleih:* Prism Ent./VMP Video; 13.12.1996
*FSK:* ab 16 J.

Exzentrischer Millionär gerät in den Verdacht ein Serienkiller zu sein. Von wenig Originalität und noch weniger handwerklichem Können geprägte Dutzendproduktion.

## Proteus – Das Experiment 809

PROTEUS **

Video

*Regie:* Bob Keen
*Darsteller:* Craig Fairbrass (Alex), Toni Barry (Linda), William Marsh (Marc), Jennifer Calvert (Rachel), Robert Frith (Paul), Margot Steinberg (Christine), Rico Ross (Buckley), Jordan Page, Nigel Pegram, Doug Bradley
*Drehbuch:* John Brosnan, nach dem Roman

»Slimer« von Harry Adam Knight
*Kamera:* Adam Rodgers (Technicolor)
*Musik:* David A. Hughes, John Murphy
*Schnitt:* Liz Webber
*Prod.Des.:* Mike Grant
*Prod.:* Paul Brooks für Metrodome Films mit Wonderful Films, GB 1995; 93 Min.
*UA:* 4.11.1995, London Film Festival
*Vertrieb:* VPS Video; 23.1.1996
*FSK:* ab 18 J.

Drei drogenschmuggelnde Pärchen erleiden auf hoher See Schiffbruch und stranden an einem Hig-Tech-Labor, das von einem Monster beherrscht wird. Science-Fiction-Horror nach dem Alien-Rezept.

## Provokation 810

PROVOCAZIONE □

TV

*Regie:* Joe D'Amato
*Darsteller:* Erika Saffo Savastani, Fabrizia Flanders, Gianni de Martis, Lino Damiani
*Drehbuch:* John Seller
*Kamera:* Federico Slonski (Farbe)
*Prod.:* Italien 1995; 84 Min.
*TV:* 15.11.1996, Premiere, 0.00

Die Wirtin Amelia brennt mit dem Gast Rolando durch, während sich ihr Ehemann Carlo mit seiner Cousine Lena vergnügt, die gerne die Hausherrin werden möchte. Bestimmt nach Goldoni!

## Public Enemy 811

BLOODY BARKERS **

Video

*Regie:* Mark L. Lester
*Darsteller:* Theresa Russell (Kate »Ma« Barker), Dan Cortese (Melvin Purvis), Frank Stallone (Alvin Karpis), Eric Roberts (Arthur Dunlop), Richard Eden (George Barker), Alyssa Milano (Amaryllis), Joseph Lindsey (Herman Barker), Gavin Harrison, James Marsden, Joseph Dain
*Drehbuch:* C. Courtney Joyner
*Kamera:* Misha Suslov (Farbe)
*Musik:* Christopher Franke
*Schnitt:* David Berlatsky
*Prod.Des.:* Trae King
*Prod.:* Mark L. Lester, Dana Dubovsky für American World Pic., USA 1995; 86 Min.
*Vertrieb:* VPS Video; 23.4.1996
*FSK:* ab 16 J.

Amerikanisches TV-Movie um die berühmt-berüchtigte »Ma Baker«, die in den 30ern mit ihren Söhnen raubend, plündernd und mordend durch die USA pilgerte. Außer Theresa Russell in der Hauptrolle nichs Nennenswertes zu vermelden.

Stefan Rogall in: film-dienst, 10/96

## Pure Danger – Fluchtpunkt L.A. 812

PURE DANGER **

Video

*Regie:* C. Thomas Howell
*Darsteller:* C. Thomas Howell (Jonnie), Teri Ann Linn (Becky), Leon, Michael Russo, Marcus Chong
*Drehbuch:* Joseph John Barmettler, William Applegate
*Kamera:* Ken Blakey (Farbe)
*Schnitt:* Scott Riddle
*Prod.:* Richard Pepin, Joseph Merhi für PM Ent., USA 1995; 95 Min.
*Vertrieb:* VMP Video; 7.10.1996
*FSK:* ab 18 J.; gekürzte Fassung 82 Min. ab 16 J.

Imbißbudenbesitzerpaar gelangt in den Besitz wertvoller Diamanten und wird von Gangstern gejagt. Ein paar nette Gags am Rande, viel Verfolgungsjagden und Stunts, aber dennoch schnell vergessen.

## Die Putzfraueninsel 813

***

*Regie:* Peter Timm
*Darsteller:* Jasmin Tabatabai (Irma), Christine Oesterlein (Nelly), Dagmar Manzel (Frau Dr. Schwarz), Roland Schäfer (Emil Schwarz), Kevin Ibeka (Eugen), Maja-Felicia Feurich (Sybille), Jenny Slawik (Edith), Dieter Landuris (Richard), Cuco Wallraff (Francesco), Nick Wilder (Hans O. Meier)
*Drehbuch:* Hansjörg Thurn, Peter Timm, nach dem gleichn. Roman von Milena Moser
*Kamera:* Fritz Seemann (Farbe)
*Musik:* Detlef Petersen
*Schnitt:* Vera Burnus
*Prod.Des.:* Josef Sanktjohanser
*Prod.:* Heike Wiehle-Timm, Herbert Rimbach für Relevant/Avista/Olga-Film, BRD 1996; 98 Min.
*UA:* 10.10.1996, Massenstart
*Verleih:* Senator/-/Frenetic; 10.10.1996
*FSK:* ab 6, ffr.
*FBW:* Wertvoll

*Jasmin Tabatabai*

Eine junge Frau befreit aus einem schmutzigen Kellerwinkel die Schwiegermutter einer gewissenlosen karrieresüchtigen Richterin und entwickelt zu der würdevollen alten Dame eine tiefe Freundschaft. Eine manchmal derb karikierende, manchmal arg plakativ konstruierte Komödie, die ihre Schwächen immer dann vergessen macht, wenn sie sich auf die liebevoll bechriebene, hervorragend gespielte Beziehung der zwei Frauen konzentriert und die Verständigung zweier grundverschiedener Generationen und Lebensentwürfe anspricht. *Zoom, 10/96*

(...) Romanverfilmung, die zwar gelegentlich munter daherkommt und von guten Darstellern getragen wird, die aber zwischen Märchen und Realität nicht überzeugend zu unterscheiden weiß und letzten Endes unter den Möglichkeiten von Peter Timm bleibt.
*Thomas Engel, Der Gildendienst, 1/97*

Kerstin Decker in: Der Tagesspiegel, 10.10.96; Frauke Hartmann in: FR, 11.10.96; Rupert Koppold in: Rheinische Post, 18.10.96; CP in: tip, 21/96

## Quälende Erinnerung 814

THE DEVIL'S BED ***

TV

*Regie:* Sam Pillsbury
*Darsteller:* Nicolette Sheridan (Rowena Eklund), Joe Lando (Sonny Snow), Adrian Pasdar (Jude Snow), Piper Laurie (Ellis Snow)
*Drehbuch:* Joyce Eliason
*Prod.:* USA 1994; 90 Min.
*TV:* 16.7.1996, RTL2, 20.15

Als Rowena nach dem Tod ihrer Mutter in ihre Heimatstadt zurückkehrt, fühlt sie sich als Ausgestoßene. Nur mit ihrem einstigen Klassenkameraden Jude kommt sie in Kontakt. Doch da ist auch noch sein Bruder Sonny, mit dem Rowena einst ein Verhältnis hatte.
*AZ TV Journal*

## The Quest - Die Herausforderung 815

THE QUEST **

*Regie:* Jean-Claude Van Damme
*Darsteller:* Jean-Claude Van Damme (Chris Dubois), Roger Moore (Dobbs), James Remar (Maxie), Janet Gunn (Carrie), Jack McGee (Harry), Aki Aleong Khan, Abdel Qissi (Khao), Louis Mandylor (Riggi)
*Drehbuch:* Stuart Klein, Paul Mones, nach einer Story von Frank Dux, Claude Van Damme
*Kamera:* David Gribble; Kenneth Coles (2nd unit) (Deluxe)
*Musik:* Randy Edelman
*Schnitt:* John F. Link
*Prod.Des.:* Steve Spence
*Prod.:* Moshe Diamant für MDP Worldwide/Moshe Diamant Prod., USA 1996; 93 Min.
*UA:* 26.4.1996, New York
*Verleih:* Jugendfilm/Constantin/-/Highlight Video; 1.8.1996
*FSK:* ab 16, ffr.

Der Anführer einer diebischen Straßenbande muß nach einer Auseinandersetzung mit der Polizei Anfang der 20er Jahre aus New York fliehen und landet auf einem Frachter. Er gerät in die Hände gefährlicher Waffenschmuggler, es beginnt eine Abenteuer-Odyssee. Muskel-Paket Jean-Claude Van Damme führt erstmals Regie und spielt die Hauptrolle in diesem aufwendig ausgestatteten und actionreichen Kostümepos. Trotz ambitionierter Bemühungen läßt das Ganze relativ kalt.
*Margret Köhler*

(...) Der Streifen überzeugt nicht einmal innerhalb des Genres und dürfte nur für spezielle Fans erträglich sein.
*multimedia*

(...) Regie-Debüt des belgischen Kampftsportmeisters und Schauspielers Jean-Claude Van Damme, dessen aufgesetzte Sozialmoral von den menschenverachtenden Kampfszenen ad absurdum geführt wird. *Zoom*

Tobias Kniebe in: SZ, 1.8.96; Rupert Koppold in: Stgt. Zeitung, 3.8.96; Milan Pavlovic in: Kölner Stadt-Anzeiger, 3.8.96

## The Race – Fernes Ziel 816

CLOCKWORK MICE ***

TV

*Regie:* Vadim Jean
*Darsteller:* Ian Hart (Steve), Ruaidhri Conroy (Conrad James), Catherine Russell (Polly), Art Malik (Laney), Claire Skinner (Fairy), Nigel Planer (Parkey), John Alderton (Swaney), James Boam (Wackey), Lilly Edwards (Mrs. Charlton), Robin Soans (Millwright)
*Drehbuch:* Rod Woodruff
*Kamera:* Gordon Hickie (Farbe)
*Musik:* John Murphy, David A. Hughes
*Schnitt:* Liz Webber
*Prod.Des.:* David Munns
*Prod.:* Paul Brooks für Winchester/Metrodome/Metronome, GB 1995; 95 Min.
*TV:* 12.9.1996, Premiere, 22.15

Der engagierte Lehrer Steve tritt seine neue Stelle an und ist entsetzt über die schwererziehbaren Jugendlichen. Nach einigen Wochen kommt er jedoch gut zurecht und ist entschlossen, den wachen Geist des Schülers Conrad James zu fördern.

## Rache ohne Hoffnung 817

FAR NORTH ***

TV

*Regie:* Sam Shepard
*Darsteller:* Jessica Lange (Kate), Charles Durning (Bertrum), Tess Harper (Rita), Donald Moffat (Onkel Dane), Ann Wedgeworth (Amy), Patricia Arquette (Jilly), Nina Draxten (Großmutter)
*Drehbuch:* Sam Shepard
*Kamera:* Robbie Greenberg (Farbe)
*Musik:* The Red Clay Ramblers
*Schnitt:* Bill Yahraus
*Prod.Des.:* Peter Jamison
*Prod.:* Carolyn Pfeiffer, Malcolm Harding für Alive mit Nelson Ent. und Circle J.S. Prods., USA 1988; 90 Min.
*UA:* 9.9.1988 Toronto Festival of Fesivals
*TV:* 3.12.1995, ZDF, 1.20

Die symbolisch überhöhte Handlung beschreibt die Pervertierung und den Niedergang der patriarchalischen Machtstrukturen in einer Farmerfamilie und den verzweifelten Versuch, die verlorene Bodenständigkeit zurückzugewinnen. *ZDF-Journal*

## Rai 818

RAI ***

*Regie:* Thomas Gilou
*Darsteller:* Mustapha Benstiti (Djamel), Tabatha Cash (Sahlia), Samy Naceri (Nordine), Micky El Masroui (Mezz), Faisal Attia (Aziz), Tara Romer (Laurent), Farouk, Manu Layotte, Saida Bekkouche, Fouzi Berriah
*Drehbuch:* Thomas Gilou, Sonja Kronlund, Aissa Djabri, Djamila Djabri, Messaoud Hattou, Cyril Collard
*Kamera:* Jean Jacques Bouhon (Farbe)
*Musik:* Neg' Marrons, Bellek, Ideal J., Cheb Mami
*Prod.Des.:* Richard Cahours de Virgile
*Prod.:* Aissa Djabri, Farid Lahouassa für Vertigo/M6/FCC mit Canal Plus/Sofinergie 3/Procirep Cinema/CNC/European Script, Frankreich 1995; 89 Min.
*UA:* 14.6.1995, Paris Film Festival
*EA:* Int. Filmfestspiele Locarno 1995, »Wettbewerb«
*Verleih:* -/-/Alhena

In einer tristen Vorstadtsiedlung von Paris leben die beiden Brüder Djamel und Aziz. Aus einer Immigrantenfamilie stammend, ist der eine drogenabhängig und arbeitslos, der andere, Djamel, verliebt in die schöne Sahlia, ist Angestellter eines Schwimmbades. Als Djamel seine große Liebe heiraten will, wird sich Sahlia bewußt, daß sie kein traditionelles Eheleben führen will. Sie verläßt Djamel und geht nach Paris. Der Film thematisiert die Jugendgewalt in den Beaulieus von Paris und lebt von starken Schauspielern sowie einer guten Geschichte. *Zoom, 9/95*

## Rainbow – Die fantastische Reise auf dem Regenbogen 819

RAINBOW ***

*Regie:* Bob Hoskins
*Darsteller:* Bob Hoskins (Frank Bailey), Dan Aykroyd (Sheriff Wyatt Hampton), Saul Rubinek (Sam Cohen), Jacob Teirney (Steven Bailey), Wilie Lavendahl (Mike Bailey), Jonathan Schuman (Pete), Eleanor Misrahi (Tissy), Jack Fisher (alter Mann), Norris Dominique (Stan), Babs Gadbois (Mrs. Williams)
*Drehbuch:* Ashley Sidaway, Robert Sidaway

*Kamera:* Freddie Francis (Farbe)
*Musik:* Alan Reeves
*Schnitt:* Ray Lovejoy
*Prod.Des.:* Claude Pare
*Prod.:* Robert Sidaway, Nicolas Clermont, Gary Smith für Winchester, GB/Kanada 1995; 93 Min.
*Verleih:* Jugendfilm/-/-/New Vision Video; 4.7.1996
*FSK:* o.A., ffr.

Mit Computerprogramm und selbstgebautem Vermessungsgerät kommt die zehnjährige Tissy dem geheimnisvollen Regenbogen auf die Spur und bald können sie auf ihm himmelwärts reisen. Doch das Abenteuer hat böse Folgen, es stört den Kreislauf der Natur. Den schönen Märchenstoff hat sich Schauspieler Bob Hoskins ausgedacht und mit Hilfe von Videotechnik, viel Sinn für Zauber und spielfreudigen Kindern umgesetzt. Hoskins selbst übernimmt die Rolle des kauzigen Großvaters und Zauberers.
*Heiko R. Blum, Kölner Stadt-Anzeiger, 6.7.96*

(...) Doch leider verliert sich der Ideenreichtum dieses Kinderfilms. Das Unglück ufert in einen riesigen ökologischen Kollaps aus, der mit viel Gewalt in Szene gesetzt ist. *tip, 14/96*

## Randale 820

JEU DE MASSACRE OU LE BLUES DE FADAS ***
TV

*Regie:* Jean-Teddy Filippe
*Darsteller:* David Barris (Tiger), Malek Bechar (Chalouf), Renaud Plion (Sainte-Croix), David Lafore (Frederic), Francoise Guiol (Carole), Jean-Claude Dumas (Vater)
*Drehbuch:* Patrick Zeff-Zamet, Jean-Teddy Filippe, nach dem Roman »Jeu de Massacre« von Henri-Frédéric Blanc
*Kamera:* Roger McDonald (Farbe)
*Musik:* Jean-Louis Negro
*Schnitt:* Gabrielle Marsal-Zubovic
*Prod.Des.:* Jean-Louis Dalloz
*Prod.:* La Sept/Arte/MBA Films/INA, Frankreich 1995; 91 Min.
*TV:* 24.5.1996, Arte, 20.45

Tiger, Chalouf, Sainte-Croix beschließen nach einer Schlägerei, daß es ein Leben jenseits von Berufsschule und Reglementierungen geben muß. Mit einem gestohlenen BMW machen sie sich auf den Weg in die Freiheit. Doch die Flucht vor Frust und tristem Vorstadt-Alltag wird zur Flucht vor der Polizei. *Pressetext*

## Der Rasenmäher-Mann 2: Byond Cyberspace 821

LAWNMOWER MAN II: BEYOND CYBERSPACE **
Video

*Regie:* Farhad Mann
*Darsteller:* Patrick Bergin (Dr. Benjamin Trace), Matt Frewer (Jobe), Austin O'Brien (Peter), Ely Pouget (Cori Platt), Kevin Conway (Jonathan Walker), Camille Cooper (Jennifer), Patrick LaBrecque
*Drehbuch:* Farhad Mann, nach einer Idee von Farhard Mann, Michael Miner
*Kamera:* Ward Russell (Farbe)
*Musik:* Robert Folk
*Schnitt:* James D. Mitchell, Joel Goodman
*Prod.Des.:* Ernest H. Roth
*Prod.:* Edward Simons, Keith Fox für Allied Ent. mit Fuji Eight, USA 1995; 93 Min.
*Vertrieb:* Warner Home Video; Juli 1996
*FSK:* ab 16 J.

Größenwahnsinniger Wissenschaftler will per virtueller Realität und mit Hilfe des angeschlagenen Rasenmähermannes die Weltherrschaft erlangen. Die Story dient nur dazu, ein Flächenbombardement an High-Tech-Effekten loszulassen. Dagegen wirkt die Story altbacken und unbeholfen.

## Rattled – Angriff der Klapperschlangen 822

RATTLED **
Video

*Regie:* Tony Randel
*Darsteller:* William Katt (Paul Donahue), Shanna Reed (Krista Donahue), Ed Lauter (Murray Hendershot), Clint Howard (Andy), Bibi Besch (Gail Hendershot), Monica Creel (Monica), Richard Minchenberg, Michael Galeota
*Drehbuch:* Ken Wheat, Jim Wheat
*Kamera:* Jacques Haitkin (Farbe)
*Musik:* Joel Goldsmith
*Schnitt:* Claudia Finkle
*Prod.Des.:* Phillip Vasels
*Prod.:* Gary L. Messenger für MCA TV, USA 1996; 86 Min.
*Vertrieb:* CIC Video; 11.11.1996
*FSK:* ab 16 J.

Na endlich, jetzt dürfen die Klapperschlangen für Grusel sorgen. Der fällt in diesem Fall aber eher sparsam aus.

## Raven 823
RAVEN **
Video

*Regie:* Russell Solberg
*Darsteller:* Burt Reynolds (Raven), Matt Battaglia (Martin Grant), Krista Allen (Goodwin), David Ackroyd (Bill Gilley), Richard Gant (Russ Carlson), Angela Harri, Walter Olrewicz, Madison Mason, Kim Chase, Chip Mayer
*Drehbuch:* Jacobsen Hart
*Kamera:* John Dirlam (Farbe)
*Musik:* Harry Manfredini
*Schnitt:* Chris Worland
*Prod.Des.:* Bruce Buehner
*Prod.:* Stu Segall, Rex Piano, Scott Levitta für Met/Stu Segall Prod., USA 1996; 91 Min.
*Vertrieb:* Highlight Video; 11.12.1996
*FSK:* ab 18 J.

Führer einer Elitesöldnertruppe rangelt mit Konkurrenten um einen Satelliten-Dekoder. Man weiß nicht, was unansehnlicher ist: der schlampige Film oder Reynolds' häßliches Toupet.

## Ravenhawk 824
RAVENHAWK **
Video

*Regie:* Albert Pyun
*Darsteller:* Rachel McLish (Maya Shadowfeather), John Enos (Marshal Cal Williams), Ed Lauter (Sheriff Doggart), Matt Clark (Ed Hudson), Michael Champion (Gordon Fowler), Mitch Pileggi (Ed Rikker), Mitchell Ryan (Withe), Nicholas Guest, John DeLance, Bill Bird
*Drehbuch:* Kevin Elders
*Kamera:* George Mooradian (Farbe)
*Musik:* Johnny Harris
*Schnitt:* Dennis M. O'Connor
*Prod.Des.:* E. Colleen Saro
*Prod.:* Ron Samuels für Ravenhawk Prod., USA 1995; 84 Min.
*Vertrieb:* Columbia TriStar Home Video; 17.9.1996
*FSK:* ab 18 J.

Unschuldig verurteilte Häuptlingstochter rächt sich nach zwölf Jahren Knast an den Mördern ihres Vaters. Spekulativer Discount-Actioner der drögen Art.

## Regenwolken über Wu Shan 825
WU SHAN YUN YU ***

*Regie:* Zhang Ming
*Darsteller:* Zhang Xianmin, Zhong Ping, Wang Wenqiang, Yang Liu
*Drehbuch:* Zhu Wen
*Kamera:* Yao Xiao Feng u.a. (Farbe)
*Prod.Des.:* Zhang Hong Wen
*Prod.:* BEECD/Beijing Film Studios, China 1995; 96 Min.
*UA:* 24.2.1996, Int. Forum des jungen Films, Berlin
*Verleih:* Freunde/-/-; Juli 1996

Mai Qiang ist Signalgeber am Jangtsekiang. Sein Blick verliert sich immer wieder auf der anderen Seite des Ufers. Da, wo die Lichter funkeln, tobt für ihn das Leben. Eine unbestimmte Sehnsucht durchdringt den Film, scheint vom träge dahinfließenden Jangtsekiang ebenso auszugehen wie von den Protagonisten oder den schweren Nebeln über den Bergen. Mai Qiang wird sich verlieben, der Film von der Melancholie zum Drama hüpfen, vom Drama zur Groteske. *Anke Leweke, tip, 13/96*

## Das Rehkitz 826
THE YEARLING □
TV

*Regie:* Rod Hardy
*Darsteller:* Peter Strauss (Penny Baxter), Jean Smart (Ora Baxter), Wil Horneff (Jody Baxter), Mary Nell Santacroce (Ma Forrester), Richard Hamilton (Pa Forrester), Bart Hansard (Millwheel), Scott Sawers (Boyle), Brad Greenquist (Lem), Philip Seymour Hoffman (Buck), Jarred Blancard (Fodderwing)
*Prod.:* USA 1994; 95 Min.
*TV:* 7.9.1996, Vox, 16.05

Rehkitz frißt armer Farmersfamilie den Mais weg, obwohl der Bub ein Tierfreund ist.

## Reise in ein besseres Leben 827
MISPLACED ***
TV

*Regie:* Louis Yansen
*Darsteller:* John Cameron Mitchell (Jacek Nowak), Viveca Lindfors (Zofia), Elzbieta

Czyzewska (Halina Nowak), Drew Snyder (Bill), Deirdre O'Connell (Ela)
*Drehbuch:* Louis Yansen, Thomas DeWolfe
*Kamera:* Igor Sunara (Farbe)
*Musik:* Michael Urbaniak
*Schnitt:* Michael Berenbaum
*Prod.Des.:* Beth Kukn
*Prod.:* Lisa Zwerling für Subway Films, USA 1989; 95 Min.
*TV:* 15.6.1996, ZDF, 2.00

## Reise nach Weimar

828
***
TV

*Regie:* Dominik Graf
*Darsteller:* Barbara Auer (Mafalda La Rocca), Sylvester Groth (Dr. Hauke Wolff), Rosemarie Fendel (Hilde La Rocca), Remo Remotti (Nonno Cicilio), Ursula Dirichs (Marta Garancij-Wolff)
*Drehbuch:* Johannes Reben
*Kamera:* Martin Gressmann (Farbe)
*Schnitt:* Christel Suckow
*Prod.Des.:* Renate Schmaderer
*Prod.:* Michael Hild für Bavaria Film/SDR, BRD 1996; 90 Min.
*EA:* Filmfest München 1996
*TV:* 3.10.1996, ARD, 20.15

Die Geschichte einer großen Liebe, die an alten Vorurteilen zu zerbrechen droht. Eine poetische Romanze vor den ramponierten Kulissen der Goethe-Stadt. Biederes Melodram.

Thomas Thieringer in: SZ, 3.10.96

## Reisen ins Leben

829
***

*Regie:* Thomas Mitscherlich
*Darsteller:* Mit: Gerhard Durlacher, Yehuda Bacon, Ruth Klüger
*Drehbuch:* Thomas Mitscherlich; Barbara Johr, Ronny Loewy (Assistenz)
*Kamera:* Bernd Fiedler (Farbe und s/w)
*Musik:* Jens Peter Ostendorf
*Schnitt:* Margot Neubert-Maric
*Prod.:* Elke Peters für Bremer Institut Film/Fernsehen mit NDR, BRD 1996; 130 Min.
*UA:* 21.2.1996, Int. Filmfestspiele Berlin, »Panorama: Dokumente«
*Verleih:* Salzgeber/-/-; 12.9.1996

(...) Mitscherlich verbindet die drei ausführlichen Interviews mit teilweise farbigen Originalaufnahmen, die ein US-Sergeant nach 1945 gedreht hat. Die Aufnahmen sind von unschätzbarem Wert, wurden aber – das einzige Ärgernis des Films – mit einer aufdringlichen atonalen Musik unterlegt, die es den Bildern nicht ermöglicht, für sich zu sprechen. Umso erfreulicher ist die Aufmerksamkeit, mit der Mitscherlich die drei Überlebenden beobachtet. Die Eindringlichkeit der Erzählungen setzt sich gegen die unnötigen formalen Spielereien durch. *Frank Noack, Der Tagesspiegel, 23.2.96*

## Reißende Strömung – Raftingtrip ins Verderben

830
WHITE MILE
***
TV

*Regie:* Robert Butler
*Darsteller:* Alan Alda (Dan Cutler), Peter Gallagher (Jack Robbins), Robert Loggia (Nick Karas), Bruce Altman (David Koenig), Fionnula Flanagan (Gena Karas), Jack Gilpin (Peter Wiederhorn), Ken Jenkins (Jerry Taggart), Dakin Matthews (Andy Thornell), Don McManus (Art Stefanoff), Robert Picardo
*Drehbuch:* Michael Butler
*Kamera:* Lloyd Ahern (Farbe)
*Musik:* Pray For Rain
*Schnitt:* John Duffy
*Prod.Des.:* Mayling Cheng
*Prod.:* Anthony Santa Croce für HBO, USA 1994; 92 Min.
*UA:* 21.5.1994, USA TV
*TV:* 16.1.1996, Pro7, 20.00

Der Werbemanager Dan Cutler tut alles, um gute Kunden an die Agentur zu binden. Eines Tages organisiert er eine Wildwasserfahrt, die tödlich endet: Die meisten der Teilnehmer kommen bei dem Unglück ums Leben. Alle hatten zwar eine Verzichtserklärung unterschrieben – trotzdem strengt eine Witwe gegen Cutler einen Prozeß an.

*Pressetext*

## Rent-A-Kid

831
RENT-A-KID
**
Video

*Regie:* Fred Gerber
*Darsteller:* Leslie Nielsen (Harry Haber), Matt McCoy (Russ Syracuse), Sherry Miller (Valerie Syracuse), Christopher Lloyd (Larry), Amos Crawley (Brandon), Cody Jones (Kyle), Tabitha Lupien (Molly)
*Drehbuch:* Paul Bernbaum
*Kamera:* René Ohashic (Farbe)
*Musik:* Ron Ramin
*Schnitt:* George Roulston

*Annette Bening und Kate Steavenson-Payne (Mitte) in ›Richard III.‹*

*Prod.:* Dan Howard für Paragon Ent., USA 1995; 86 Min.
*Vertrieb:* Ascot Medien Video; 14.12.1995
*FSK:* o.A.

Waisenhausleiter behebt den Mangel an Adoptiveltern mit dem wochenweisen Verleih seiner Schützlinge. Grobschlächtiger TV-Klamauk, der sein komisches Potential fast gänzlich verspielt.

Dieter Krusche in: film-dienst, 3/96

## Der Retorten-Killer 832

NATURAL SELECTION ***

TV

*Regie:* Jack Sholder
*Darsteller:* C. Thomas Howell (Alex/Ben), Lisa Zane (Elizabeth), Cameron Dye (Craig), Ethan Phillips (Henry), Miko Hughes (Nick), Brenda Varda (Donna), Paul Eiding (Breslow), Richard Hamilton (Dr. Salazar), Nicolas Coster (Dr. Reynolds), Joanna Miles
*Drehbuch:* Todd Slavkin, Darren Swimmer
*Kamera:* Bryan England (Farbe)
*Musik:* David McHugh
*Prod.:* USA 1993; 88 Min.
*TV:* 4.10.1996, ARD, 23.15

Der Computerspezialist Ben Bradon ist verblüfft, als er zum ersten Mal dem Architekten Alex Conelly begegnet, denn dieser sieht aus, als sei er sein Zwillingsbruder. Ben findet heraus, daß Alex und er das Ergebnis eines illegalen biologischen Experiments sind. Bruderliebe ist dabei nicht entstanden.

*Pressetext BR*

## Richard III. 833

RICHARD III. ****

*Regie:* Richard Loncraine
*Darsteller:* Ian McKellen (Richard III.), Annette Bening (Königin Elizabeth), Kristin Scott Thomas (Lady Anne), Jim Broadbent (Buckingham), Robert Downey jr. (Earl Rivers), Maggie Smith (Herzogin von York), Nigel Hawthorne (Clarence), Jim Carter (Lord Hastings), Dominic West (Henry Richmond), John Wood (König Edward IV.)
*Drehbuch:* Ian McKellen, Richard Loncraine, nach einer Bühnenadaption von Richard Eyre
*Kamera:* Peter Biziou (Farbe)
*Musik:* Trevor Jones
*Schnitt:* Paul Green

*Prod.Des.:* Tony Burrough
*Prod.:* Stephen Bayly, Lisa Katselas Paré für Bayle/Paré Prod. mit First Look Pic./British Screen, GB 1995; 104 Min.
*UA:* 17.2.1995, Int. Filmfestspiele Berlin »Wettbewerb«
*Verleih:* Kinowelt/top-film/VP Cinétell/ Arthaus Video; 14.3.1996
*FSK:* ab 16, ffr.

Bürgerkrieg im England der 30er Jahre. Nach der Ermordung des Königs besteigt Edward den Thron, doch nur für kurze Zeit. Denn dessen Bruder Richard sitzt schon ungeduldig in den Startlöchern, und der Frieden ist dem blut- und tatendurstigen Richard ein Greuel. Mit wachsender Begeisterung und großer Sturheit macht sich Richard ans große Umlegen. Das englische Königreich ähnelt immer mehr dem deutschen Führerstaat, doch die Nazi-Embleme bilden in dieser Shakespeare-Adaption lediglich die anspielungsreiche, schaurige Folie für den verführerischen Charme des Bösen, den Ian McKellen als unwiderstehlicher Richard III. ausstrahlt.
*Volker Gunske, tip, 6/96*

(...) Die Perversion und Brutalität Richards, der nur um die Zuneigung seiner ihn verachtenden Mutter, der Herzogin von York, buhlt, eskalieren immer wüster, je näher er seinem Ziel kommt. Nach seiner Inthronisiering, einem gewaltig-faschistoiden Spektakel, zettelt der inzwischen von Alpträumen geplagte Richard eine letzte große Schlacht an. Ein Film wie ein Keulenschlag – und trotzdem hoch unterhaltsam. *Angie Dullinger, AZ, 14.3.96*

*Loncraine:* »Ein Film sollte unterhalten, aber er kann auch eine Botschaft haben. Aber ich halte nichts davon dem Zuschauer Philosophien um die Ohren zu hauen. ›Richard III.‹ ist Entertainment mit einer Botschaft: Traue keinem Politiker, und sei er noch so charmant.«
*Regisseur Loncraine im Interview mit Margret Köhler, AZ, 14.3.96*

Fritz Göttler in: Kölner Stadt-Anzeiger, 16.3.96; Rupert Koppold in: Stgt. Zeitung, 14.3.96; Christiane Peitz in: Die Zeit, 15.3.96; Helmut Schmitz in: FR, 16.3.96

## Ein Richter in Angst 834

****
*Regie:* Josef Rödl TV
*Darsteller:* Bruno Ganz (Dr. Crusius), Günther Maria Halmer (Abel), Matthias Habich (Staatsanwalt), Andrea L'Arronge, Sabine Postel, Karl-Heinz Vosgerau, Vitus Zeplichal, Joost Siedhoff, Michael Roll
*Drehbuch:* Fred Breinersdorfer
*Kamera:* Wolfgang Grasshoff (Farbe)
*Musik:* Wolfgang Dauner
*Schnitt:* Margret Borsche, Marion Monheim
*Prod.:* Bernd Burgmeister für TV-60 Filmprod. für ZDF Ent., BRD 1995; 89 Min.
*TV:* 26.1.1996, Arte, 20.45;

(...) Strafrichter Crusius, der selbstherrlich Karrieren stoppte, Gesetzesbrecher wie den letzten Dreck behandelte und drakonisch bestrafte, scheint als Mörder einer Prostituierten fast überführt. Der Verdächtigte wird tatsächlich zum Mörder – am wahren Täter, seinem Lebensgefährten, der ihn als schwul geoutet und später nach der Trennung aus Rache ans Messer geliefert hat. Kurzweiliges Verwirrspiel und glänzendes Psychoporträt eines Außenseiters unter Anpassungszwang.
*Sigrid Feuerstein, AZ, 9.4.96*

Wilfried Geldner in: SZ, 6.4.96

## Der Richter und das Mädchen 835

***
*Regie:* Rainer Boldt TV
*Darsteller:* Udo Schenk (Dr. Maximilian Pfeiffer), Senta Bonneval (Franziska Pfeiffer), Roswitha Schreiner (Marion Köhler), Janne Drükker (Sandra), Michael Greiling (Manfred Schadewald), Anuk Ens (Ines Schadewald), Marina Krogull (Jutta Pfeiffer), Paul Frielinghaus (Udo Wohlgrebe), Ute Bries (Gisela Kampmann), Rolf B. Wessels
*Drehbuch:* Christian Ohlig
*Kamera:* Rolf Romberg (Farbe)
*Musik:* Jens-Peter Ostendorf
*Schnitt:* Petra Heymann
*Prod.:* Radio Bremen/Arte, BRD 1995; 88 Min.
*TV:* 9.2.1996, Arte, 20.45; Nov. 1996, ZDF

(...) Sexuelle Neigungen sind nicht vom Sozial- oder Bildungsniveau abhängig – nur die Verschleierungsmöglichkeiten sind unterschiedlich. Das dezente und vergleichsweise kühle Erscheinungsbild des Richters (eine streng auf Fassadendisziplin gedrosselte Psychostudie von Udo Schenk) kompensiert die Neigung zum Kindersex mit überkorrekter Kälte im Umgang mit Sexualstraftätern, und mit Pornokassetten-Vorrat in seinem Muttersohn-Haushalt. Eine Bekanntschaft (Mutter & Tochter: Roswitha Schreiner und »Lolita« Janne Drücker) bringt ihn dem heimlichen Ziel näher, doch ein Erpresser setzt ihm zu – seine Gerichtsurteile verraten Abhängigkeit. Kein Film der Exzesse und Gefühlsdetonationen, sondern der Tarnung eingesperrter Sexualphantasien – ein Sprengsatz nach innen. *Ponkie, AZ*

## Ridicule 836
RIDICULE ****

*Regie:* Patrice Leconte
*Darsteller:* Fanny Ardant (Madame de Blayac), Charles Berling (Poncéludon de Malavoy), Bernard Giraudeau (L'Abbé de Vilecourt), Judith Godrèche (Mathilde de Bellegarde), Jean Rochefort (Marquis de Bellegarde)
*Drehbuch:* Remi Waterhouse, Michel Fessler, Eric Vicant
*Kamera:* Thierry Arbogast (Farbe)
*Musik:* Antoine Duhamel
*Schnitt:* Joelle Hache
*Prod.Des.:* Ivan Maussion
*Prod.:* Gilles Legrand, Frédéric Brillion, Philippe Carcassonne für Epithète Prod./Cinéma/France 3/CNC/Canal Plus, Frankreich 1996; 102 Min.
*UA:* Int. Filmfestspiele Cannes 1996 »Eröffnungsfilm«
*EA:* Filmfest München 1996
*Verleih:* TiMe/polyfilm/-; 28.11.1996

Versailles 1780. Der junge Adelige Poncéludon kommt an den Hof von Louis XVI., um einen Vorschlag zu unterbreiten: Er will den Sumpf in der Nähe seines Heimatstädtchens trockenlegen. Eine Audienz beim König allerdings läßt sich nur mit List und Tücke, Witz und Schlagfertigkeit erreichen. In Marquis de Bellegard, einem alten Doktor, der sich mit den verzwickten Regeln der Etikette auskennt, findet er einen Mentor. Außerdem hat der Arzt eine schöne Tochter, auf die Poncéludon schnell ein Auge wirft. Ein kompliziertes Machtspiel beginnt. Verliert Poncéludon, ist er ein für allemal der Lächerlichkeit preisgegeben...
»An der Geschichte von ›Ridicule‹ reizte mich ihre Inspiriertheit und Originalität, das Arrangement der Menschen und Manieren. Man findet in dieser Geschichte eine lächelnde Grau-

*Hält Hof: Fanny Ardant in ›Ridicule‹*

samkeit, eine gepuderte Gewalt, was mich, mehr denn je, mit dem Wunsch erfüllte, mich auf Gesten, auf Blicke, auf vielsagendes Erschauern zu konzentrieren – Details also, die das Leben selbst zum Ausdruck bringen« (Patrice Leconte). *Katalog Filmfest München 1996*

## Riekes Wildpferd 837
VILLHESTEN ***

*Regie:* Morten Kolstad
*Darsteller:* Linda Digernes (Rieke), Susanne Nielsen (Mona), Michael Solhjem (Runar), Arild Elias Torgersen (Geir), Trygve Vassborn (Jörgen), Bergliot Sandvik (Bestemor), Berit Egset (Riekes Mutter), Jostein Vagsholm (Riekes Vater), Gro Ann Uthaug (Monas Mutter), Lasse Kolsrud (Monas Vater)
*Drehbuch:* Morten Kolstadt, Lars Borg
*Kamera:* Pal Bugge Haagenrud (Farbe)
*Musik:* Morten Halle
*Prod.:* Lars Borg, Jörn Brente für ViPro, Norwegen 1994; 89 Min.
*Verleih:* wild utopia/-/-; 17.10.1996
*FSK:* o.A., ffr.

Ansprechender Kinderfilm über den Traum aller jungen Mädchen, einem Pferd richtig helfen zu können.

Manfred Hobsch in: Zitty, 21/96

## Der Riese aus den Donnerbergen 838
THE GIANT OF THUNDER MOUNTAIN *** TV

*Regie:* James Roberson
*Darsteller:* Richard Kiel (Eli Weaver), Jack Elam (Hezekiah Crow), Marianne Rogers (Alicia Wilson), Noley Thornton (Amy Wilson), Chance Michael Corbitt (Tommy), Ryan Todd (Ben), Ellen Crawford, William Sanderson, George »Buck« Flower, Foster Brooks
*Drehbuch:* Tony Lozito, Richard Kiel
*Kamera:* Stephen G. Shank (Foto-Kem)
*Musik:* Al Kasha, Joel Hirschhorn
*Schnitt:* Richard E. Rabjohn
*Prod.Des.:* Phillip Thomas
*Prod.:* Joseph Raffill für Herklotz-Kiel Prod., USA 1991; 101 Min.
*TV:* 3.10.1996, RTL2, 7.30

Familienfilm um einen mißverstandenen Riesen, dem die Vorurteile der Erwachsenen zum Verhängnis werden.

## Rikky und Pete 839
RIKKY AND PETE *** TV

*Regie:* Nadia Tass
*Darsteller:* Stephen Kearney (Pete), Nina Landis (Rikky), Tetchie Agbayani (Flossie), Bill Hunter (Whitstead), Bruno Lawrence (Sonny), Bruce Spence (Ben), Dorothy Alison (Mrs. Menzies), Michael Brophy (Jack Donaldson), Richard Healy (Winton Barman), Patti Perkins (Tante)
*Drehbuch:* David Parker
*Kamera:* David Parker (Farbe)
*Musik:* Brian Baker, Eddie Rayner
*Schnitt:* Ken Sallows
*Prod.Des.:* Josephine Ford
*Prod.:* Nadia Tass, David Parker für United Artists, Australien 1988; 98 Min.
*TV:* 19.1.1996, RTL2, 20.15; 6.9.1996, RTL2, 20.15

Nachfolgekomödie von »Malcolm«, bei dem es um die abenteuerliche Selbstfindung zweier junger Menschen geht.

## Ritter der Zeit 840
TO THE ENDS OF TIME □

*Regie:* Markus Rothkranz
*Darsteller:* Christine Taylor (Prinzessin Stephanie), Tom Schultz (James), Joss Ackland (König Francis), Sarah Douglas (Karnissa), Wayne Thomas Yorke (Loffo), James Paradise (Bauris), William Zabka (Alexander), Michael Silverback (Aeschylus), Glenn Walker Harris jr. (junger James), Kristin Sweet (junge Stephanie)
*Drehbuch:* Markus Rothkranz, Dan Benton, Thomas Wheeler
*Kamera:* Bryan Duggan (Farbe)
*Musik:* Eckart Seeber; Cristine Figuerirido-Seeber (Gesang)
*Schnitt:* Jack Tucker
*Prod.:* Ash R. Shan, Raj Mehrotra für Imperial Ent., USA 1996; 95 Min.
*Verleih:* Highlight/-/-/Highlight Video; 21.10.1996 – *FSK:* ab 12 J.

Fantasy Film der im Kino gelaufen sein soll. Aber wenn das so ist, hat ihn niemand gesehen, der darüber schreiben sollte.

## Rivalen am Abgrund 841
□ TV

*Regie:* Michael Steinke
*Darsteller:* Christoph M. Ohrt (Philipp Gabert), Ann-Kathrin Kramer (Julia Gabert), Michael

Roll (Dr. Nicholas Amberg), Stefan Glowacz (Bergsteiger), Michael Gahr (Dr. Helmiling), Christine Hohenester (Stella), Manfred Stükkelschwaiger (Richard)
*Drehbuch:* Michael Baker
*Kamera:* Holger Greiß (Farbe)
*Musik:* Dominik Roth
*Schnitt:* Gerd Berner
*Prod.:* Michael Smeaton für Frankfurter Filmprod. für Pro 7, BRD 1996; 92 Min.
*TV:* 18.11.1996, Pro7, 20.00

Unfall oder Mord aus Eifersucht: Von der Bergtour kehrt nur einer zurück. Aber muß man denn ausgerechnet mit dem Gehörnten in's Gebirge gehen?

## The Rock – Fels der Entscheidung 842

THE ROCK ***

*Regie:* Michael Bay
*Darsteller:* Sean Connery (John Patrick Mason), Nicolas Cage (Stanley Godspeed), Ed Harris (General Francis X. Hummel), William Forsythe (Ernest Paxton), Michael Biehn (Commander Anderson), David Morse (Major Tom Baxter), John Spencer (FBI-Director Womack), John C. McGinley (Marine Capt. Hendrix), Tony Todd (Capt. Darrow)
*Drehbuch:* David Weisberg, Douglas S. Cook, Mark Rosner
*Kamera:* John Schwartzman (Technicolor)
*Musik:* Nick Glennie-Smith, Hans Zimmer
*Schnitt:* Richard Francis-Bruce
*Prod.Des.:* Michael White
*Prod.:* Don Simpson, Jerry Bruckheimer für Hollywood Pic., USA 1996; 136 Min.
*EA:* Filmfest München 1996
*Verleih:* Buena Vista/dto./dto./Buena Vista Home Video; 11.7.1996
*FSK:* ab 16, ffr.
*FBW:* Wertvoll

Ein verbitterter Marine-General besetzt das ehemalige Zuchthaus auf der Felseninsel Alcatraz und bedroht die US-Regierung mit einem Giftgasangriff auf San Francisco. Mit dem Darstellerteam Sean Connery und Nicolas Cage als wirkungsvolle und witzige Helden wider Willen gewinnt die genreübliche Action gelegentlich an Reiz, der jedoch immer wieder durch überaktive Hektik und gleichförmige Materialschlachten zugedeckt wird. Ein weiteres Beispiel für die Okkupation des Actionfilms durch die berechnende Videoclip-Ästhetik. *Zoom, 8/96*

*Zwei gegensätzliche Retter: Sean Connery und Nicholas Cage in ›The Rock‹*

(…) Aufwendiges Action-Spektakel voller Ballereien, Keilereien und cooler Sprüche, das so schnell inszeniert ist, als sollten die Grenzen des menschlichen Auffassungsvermögens ausgelotet werden. Trotz dieser Rasanz gelingt es dem Film zu keinem Zeitpunkt, die Idiotie seines Szenarios und die Absurdität des Drehbuchs vergessen zu machen. *Frank Schnelle, tip, 15/96*

Michael Althen in: SZ, 11.6.96; Frauke Hanck in: AZ, 11.7.96; Sabine Horst in: FR, 11.7.96; Carla Rhode in: Der Tagesspiegel, 11.7.96; Hans Schifferle in: Kölner Stadt-Anzeiger, 13.7.96

## Rohe Ostern 843
***

*Regie:* Michael Gutmann
*Darsteller:* Oliver Korittke (Frieder), Anian Zollner (Sebastian), Julia Jäger (Inge), Axel Milberg (Schulz), Karl Lieffen (Großvater Gustav), Catherine Fleming (Martina), Christian Schneller (Schamabandi), Nikolaus Paryla (Meerapfel)
*Drehbuch:* Mathias Dinter
*Kamera:* Johannes Geyer (Farbe)
*Schnitt:* Gisela Castronari
*Prod.Des.:* Jana Karen
*Prod.:* Tele München mit Hofmann & Voges Filmprod. für RTL2, BRD 1995; 88 Min.
*UA:* Int. Hofer Filmtage 1995
*Verleih:* Concorde/-/-; 15.2.1996
*FSK:* ab 12, ffr.

Weil dem Sensenmann eine bedauerliche Verwechslung unterlaufen ist, darf der verunglückte Architekturstudent Frieder noch einmal auf die Erde zurück – unter der Bedingung, daß er seinen Freund Sebastian zum Selbstmord überredet. Doch Sebastian hat sich inzwischen in Frieders Freundin Inge verliebt und denkt gar nicht daran abzutreten. Gutmanns Fernsehspiel profitierte auf den Hofer Filmtagen vom Ansturm auf deutsche Komödien und kommt daher jetzt vor der Fernsehausstrahlung ins Kino. (…) *tip, 4/96*

(…) Tot oder nicht tot: Die Situationsgroteske schaukelt sich zwischen Witz und Albernheit durch die Vorhölle. Und wer sich gern auf höllische Scherze einläßt, kann am lakonischen Schwarzdialog und an der makabren Seelenmörderkomik sein possierliches Kinotoppvergnügen haben. Denn merke: Jeder tödliche Unfall ist vielleicht ein Irrtum, weil die jenseitigen Verwaltungsbeamten Trottel sind. *Ponkie, AZ, 15.2.96*

*Begehrt und beliebt: Julia Jäger*

Harald Eggebrecht in: SZ, 15.2.96; Patrick Rössler in: Stgt. Zeitung, 15.2.96

## Das Rosenbett 844
BED OF ROSES **

*Regie:* Michael Goldenberg
*Darsteller:* Christian Slater (Lewis), Mary Stuart Masterson (Lisa), Pamela Segall (Kim), Josh Brolin (Danny), Brian Tarantina (Randy), Ally Walker (Wendy), Debra Monk (Mrs. Farrell)
*Drehbuch:* Michael Goldenberg
*Kamera:* Adam Kimmel (Technicolor)
*Musik:* Michael Convertino
*Schnitt:* Jane Kurson
*Prod.Des.:* Stephen McCabe
*Prod.:* Allan Mindel, Denise Shaw für Mindel/Shaw Prod. für New Line, USA 1996; 88 Min.
*UA:* 26.1.1996, New York
*Verleih:* Constantin/Constantin/Focus/VCL Video; 23.5.1996
*FSK:* ab 6, ffr. – *FBW:* Wertvoll

Ein Blumenhändler, ehemals erfolgreicher Börsenmakler, verliebt sich in eine arbeitswütige Finanzberaterin und überhäuft sie mit Rosen und Gefühlen. Ihre schwere Kindheit und Angst sind

Stolpersteine auf dem Weg zueinander. Mißlungener Versuch einer romantischen Komödie, die vor allem an humorlosen Dialogen, einfallsloser Regie und oberflächlicher Zeichnung der Charaktere scheitert. *Zoom, 6/96*

Annette Kilzer in: tip, 11/96; Daniel Kothenschulte in: Kölner Stadt-Anzeiger, 24.5.96; H.G. Pflaum in: SZ, 23.5.96; Angela Schmitt-Gläser in: FR, 24.5.96

## Der Rosinenberg 845

***

*Regie:* Trevor Peters
*Drehbuch:* Trevor Peters
*Kamera:* Niels Bolbrinker (Farbe)
*Schnitt:* Margot Neubert-Maric
*Prod.:* Der Ochsenkopf, BRD 1995; 86 Min.
*UA:* Dokumentarfilmfestival Leipzig 1995
*Verleih:* Sputnik/-/-; 21.3.1996

Seit Mitte der achtziger Jahre leben sie als Eremiten auf dem Rosinenberg in Mecklenburg-Vorpommern: drei Künstler aus Berlin. Zwar hat sich die Bevölkerung nach anfänglichem Mißtrauen an sie gewöhnt, eine gegenseitige Fremdheit ist jedoch geblieben. Während die Filmsprache betulich daherkommt, sind die Interviews äußerst lebendig. Aus den erstaunlich offenen Gesprächen mit Dorfbewohnern, den Künstlern und deren Ex-Frauen, die wieder das Weite gesucht haben, ergibt sich ein Panorama unterschiedlicher Lebensentwürfe. *Bettina Bremme, tip, 7/96*

*›Rote Rose, weiße Rose‹*

## Rote Rose, weiße Rose 846

****

HONG MEIGUI BEI MEIGUI / RED ROSE WHITE ROSE

*Regie:* Stanley Kwan
*Darsteller:* Winston Chao (Tung Zhen-bao), Joan Chen (Wang Jiao-rui), Veronica Yip (Meng Yen Li), Zhao Chang (Tung Tu-bao), Shi Ge (Rose), Shen Tong Hua (Wang Ze Hong), Lin Yan Yu (Wu Ma), Shen Hua (Mr. Chang), Tong Zhen Fen (Schneider), Shen Fan Qi
*Drehbuch:* Edward Lam, Liu Heng, nach dem gleichn. Roman von Eileen Chang Rehyer
*Kamera:* Christopher Doyle (Farbe)
*Musik:* Johnny Chen
*Schnitt:* Brian Schwegmann
*Prod.Des.:* Pan Lai
*Prod.:* Hoi Wong für Golden Flare Films/ Golden Ent., Hongkong/Taiwan/China 1994; 126 Min.
*UA:* 11.2.1995, Int. Filmfestspiele Berlin, »Wettbewerb«
*Verleih:* -/Cinomatograph, OmU/trigon-film; März 1996

Fernöstliche, aber sehr europäisch wirkende Version des Themas »Mann zwischen zwei Frauen«: In hermetisch abgeschlossenen Räumen erfährt ein Mann die Liebe zur Frau eines andern und gerät damit zwischen »weiße« und »rote Rose«, zwischen »Heilige« und »Hure« sozusagen. Der Verrat an der leidenschaftlichen Liebe – er verläßt die »rote Rose« – läß ihn nicht »anständiger« werden, der Verrat an der Ehefrau läßt ihn verkommen. Ein kunstvoll inszenierter und trauriger Film, der das unlösbar scheinende Dilemma zwischen Begehren, gesellschaftlicher Anpassung und Selbstfindung präzise beschreibt. *Zoom, 3/96*

## Roula 847

****

*Regie:* Martin Enlen
*Darsteller:* Anica Dobra (Roula), Martin Umbach (Leon), Ernst Jacobi (Roulas Vater), Tina Hamperl (Tanja), Birgit Thöt Jensen (Anette), Julia Burger (Sonja)
*Drehbuch:* Martin Enlen, Bernd Mollenhauer
*Kamera:* Martin Peglau (Farbe)

*Anica Dobra in ›Roula‹*

*Musik:* Dieter Schleip – *Schnitt:* Mona Bräuer
*Prod.Des.:* Su Proebster
*Prod.:* Mark von Seydlitz für M.I.M. Filmproduktion/Roxy Film mit BR/SWF/WDR, BRD 1995; 99 Min.
*UA:* Filmfest München 1995
*Verleih:* Zorro/-/-/Starlight Video; 23.5.1996
*FSK:* ab 16, ffr. – *FBW:* Wertvoll

Ein Kinderbuchautor lernt im Urlaub an der dänischen Küste die junge Roula kennen. Zwischen ihnen knistert es, aber immer wieder entzieht sie sich ihm. Als er endlich ihre unheilvolle Beziehung zum Vater begreift, zerbricht die vordergründig heile Welt.
Martin Enlens sensibel inszeniertes Inzest-Drama ist spannend bis zum tödlichen Finale, deutlich geht er das Tabu-Thema sexueller Mißbrauch in der Familie an. Überzeugend die Leistung von Anica Dobra. *Margret Köhler*

Ein beeindruckender Kino-Erstling, der durch seine souveräne Thriller-Dramaturgie und Suspense-Inszenierung bereits erstaunliche Meisterschaft zeigt. Regisseur und Autor Martin Enlen beherrscht das Genre mit erfrischend ungewohnten Tönen, vor allem auch, was die deutsche Filmszene angeht.
Dabei greift er ein Thema auf, das nur allzu leicht gerade im Thriller danebengehen kann: Inzest. Aber Enlen weiß auch, wie man beim Erzählen mit Geheimnissen umgeht und setzt Spannungsakzente, die mit der richtigen Irritation der Zuschauer wunderbar funktionieren (...). *Frauke Hanck, AZ, 23.5.96*

Albert Baer in: Rheinische Post, 14.6.96; Frauke Hartmann in: FR, 24.5.96; Anke Lewerke in: tip, 11/96; OR in: Kölner Stadt-Anzeiger, 24.5.96; Hans Schifferle in: SZ, 23.5.96

## Die Rückkehr der Piranhas 848

PIRANHA ****

Video

*Regie:* Scott Levy
*Darsteller:* William Katt (Paul Grogan), Alexandra Paul (Maggie McNamara), Darleen Carr (Lucia Baines), Soleil Moon Frye (Laura), James Karen, Mila Kunis, Kehli O'Byrne, Richard Israel, Kaz Garas, Leland Orser
*Drehbuch:* Alex Simon, nach einer Story von Richard Robinson und dem Originaldrehbuch von John Sayles
*Kamera:* Christopher Baffa (Farbe)
*Musik:* Christopher Lennertz
*Schnitt:* John Gilbert
*Prod.Des.:* Robert Cowan
*Prod.:* Chako van Leeuwen, Mike Elliott für New Horizons Prod., USA 1995; 87 Min.
*Vertrieb:* Highlight Video; 26.3.1996
*FSK:* ab 16 J.

Killerfische der US-Armee geraten in Freiheit und greifen arglose US-Bürger an. Unsinniges Remake; jeder halbwegs ernstzunehmende Ansatz wird von der ungelenkten Inszenierung und amateurhaften Darstellern im Keim erstickt.

René Claßen, in: film-dienst 10/96

## Ein Rucksack voller Lügen 849

***

*Regie:* Wolfram Paulus
*Darsteller:* Philipp Prandstätter (Hannes) Georg Aigner (Joschi), Judith Feldner (Kathi) Martin Abram (Lehrer Schwaiger) Rolf Zacher (Dieb Henry), Werner Friedl (Busfahrer), Ilse Hanel (Oma), Hans Nußbaumer, Charly Rabanser, Walter Anichhofer
*Drehbuch:* Wolfram Paulus, Wolfgang Haberl
*Kamera:* Jerzy Palacz (Farbe)
*Musik:* Hubert von Goisern
*Schnitt:* Wolfram Paulus, Wolfgang Haberl
*Prod.Des.:* David Unterberg
*Prod.:* Josef Koschier für SK-Film, Österreich 1996; 71 Min.
*EA:* Filmfest München 1996
*Verleih:* -/Einhorn/-; September 1996

Drei Kinder einer Hauptschulklasse aus Leogang sondern sich bei einem Ausflug in die Landeshauptstadt Salzburg von ihrer Gruppe ab, um ein Fußballspiel zu besuchen. Sie geraten an einen Hoteldieb und müssen in einer Brauerei übernachten, bis sie am nächsten Morgen wieder heimfahren können. Aus der Zusammenarbeit zwischen Filmprofis und Kindern im Rahmen eines Kulturprojekts entstandener Schülerfilm mit ansprechenden Darstellerleistungen und professioneller Gestaltung unter Leitung des Salzburger Filmregisseurs Wolfram Paulus. *multimedia*

## Rude Awakening 850

RUDE AWAKENING **

*Regie:* Aaron Russo, David Greenwald
*Darsteller:* Cheech Marin (Jesus Monteya), Eric Roberts (Fred), Julie Hagerty (Petra), Robert Carradine (Sammy), Buck Henry (Lloyd Stool), Cliff De Young (Brubaker), Louise Lasser (Bonnie), Tom Sizemore (Ian), Rae Dawn Chong, Denholm Elliott
*Drehbuch:* Neil Levy, Richard LaGravenese
*Kamera:* Tim Sigel (Farbe)
*Musik:* Jonathan Elias
*Schnitt:* Paul Fried
*Prod.Des.:* Mel Bourne
*Prod.:* Aaron Russo; Bill Carraro (Ass.-Prod.) für HBO, USA 1995; 100 Min.
*Verleih:* -/-/Columbus; Juni 1996

Zwei Alt-Hippies, die sich vor dem FBI in Mittelamerika versteckt haben, kehren nachdem sie zufällig auf politisch brisante Dokumente gestoßen sind, nach 20 Jahren Exil nach New York zurück. Sie überzeugen zwei ehemalige Gefährten, die es zur Modekönigin und zum Kaufmann gebracht haben, zusammen an Universitäten zum Widerstand gegen die eine Umweltkatastrophe heraufbeschwörenden Kriegspläne der Regierung aufzurufen. Aber niemand will auf sie hören. Die Komödie bietet, abgesehen von einer äußerst komischen Sequenz, in der Leute verschiedenster Überzeugungen miteinander konfrontiert werden, nicht viel mehr als platte Kalauer und sentimentale Pseudosozialkritik. *Zoom, 6/96*

## Der Ruf des Engels 851

THE CHRISTMAS BOX ***

TV

*Regie:* Marcus Cole
*Darsteller:* Richard Thomas (Richard Evans), Maureen O'Hara (Mary Parkin), Annette O'Toole (Keri), Kelsey Mulroney (Jenna)
*Drehbuch:* Greg Taylor, nach dem Roman von Richard Paul Evans
*Kamera:* John C. Newby (Farbe)
*Musik:* Richard Kendall Gibbs
*Prod.:* Erica Fox, USA 1995; 92 Min.
*TV:* 18.8.1996, Premiere, 23.05

Der Geschäftsmann Richard Evans zieht mit Ehefrau Keri und Tochter Jenna in die Villa der launischen alten Mrs. Parkin ein. Als sie stirbt, erfährt er die Geschichte ihres Lebens und erkennt, daß die Familie wichtiger als jedes Geschäft ist.

## Rumble in the Bronx 852

HUNG FAN KUI ***

*Regie:* Stanley Tong
*Darsteller:* Jackie Chan (Keung), Anita Mui (Elaine), Françoise Yip (Nancy), Bill Tung (Onkel Bill), Marc Akerstream (Tony), Garvin Gross (Angelo), Morgan Lam, Kris Lord
*Drehbuch:* Edward Tang, »Fibe« Ma
*Kamera:* Jingle Ma (Farbe)
*Musik:* Jonathan Wong
*Schnitt:* Peter Cheung
*Prod.Des.:* Oliver Wong
*Prod.:* Raymond Chow, Leonhard Ho für Golden Harvest, Hongkong 1995; 91 Min.
*UA:* 23.2.1996, New York
*EA:* Filmfest München 1996
*Verleih:* Constantin/dto./Focus/Ascot Video; 17.10.1996 – *FSK:* ab 16, ffr.

Keung, zu Besuch aus Hongkong, gerät in New York in Konflikt mit einer Motorrad-Gang, die den Laden seines Onkels bedroht, und mit einem skrupellosen Syndikat, das Diamanten gestohlen hat. Wie bei anderen Kung-Fu-Filmen ist die Handlung bloß Aufhänger für spektakuläre Action-Sequenzen. Jackie Chans Durchbruchsfilm im Westen bringt diesen Fred Astaire der Kampfkunst bestens zur Geltung; der Rest (Plot, Dialog, Schauspielerei usw.) ist zu vernachlässigen. *Zoom, 8/96*

(…) Der Asia-Actionstar, der weltweit nie richtig in die Fußstapfen von Bruce Lee treten konnte, sondern zumeist vor

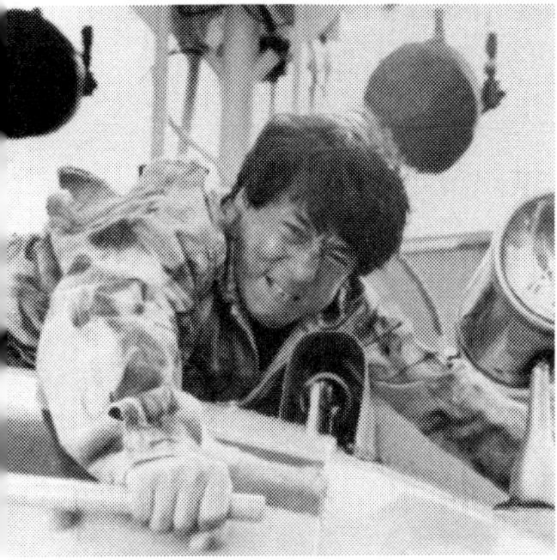

*Jackie Chan*

allem von einer treuen Fangemeinde geliebt wird und auf Video erfolgreich ist, wird in den USA nun ganz kräftig von New Line gepuscht. Mit einer Werbekampagne aus ganzseitigen Teasermotiven, jeder Menge TV-Spots und aufbauend auf der Tatsache, daß Mr. Chan seine Stunts alle selbst ausführt, knallte es am Startwochenende dann auch an der Kinokasse. (...)

*Filmecho/Filmwoche, 10/96*

(...) »Ich liebe Action, aber ich hasse Gewalt. Deshalb halte ich diese choreographische Lösung für die beste. Denn in Asien bin ich inzwischen für die Kinder ein Idol und denen will ich kein schlechtes Vorbild sein. Also gibt es in meinen Filmen auch keine Liebesszenen, keinen Sex, keine schmutzigen Wörter. Da habe ich ein Verantwortungsgefühl.« *Jackie Chan im Interview mit Frauke Hanck, AZ, 17.10.96*

(...) Der Charme des Films liegt in seiner unprätentiös ansteckenden guten Laune und seinem gradlinigen, aufrichtigen Entertainment. Ein Busby Berkeley des Kung-Fu-Slapstick.

*Frauke Hanck, AZ, 17.10.96*

Joseph Heinrichs in: Rheinische Post, 18.10.96; Thomas Klingenmaier in: Stgt. Zeitung, 17.10.96; Tobias Kniebe in: SZ, 17.10.96 (über Jackie Chan); Ralph Umard in: tip, 22/96

## Run Off 853

BOYS ***

Video

*Regie:* Stacey Cochran
*Darsteller:* Winona Ryder (Patty Vare), Lukas Haas (John Baker jr.), John C. Reilly (Officer Kellogg Curry), Skeet Ulrich (Bud Valentine), Bill Sage (Officer Bill Martone), Wiley Wiggins (John Phillips), Russell Young (John Van Slieder), Vivienne Shub (Frances), Charlie Hofheimer (John Cooke), Spencer Vrooman (John Murphy)
*Drehbuch:* Stacey Cochran, nach der Kurzgeschichte »Twenty Minutes« von James Salter
*Kamera:* Robert Elswit (Technicolor)
*Musik:* Stewart Copeland
*Schnitt:* Camilla Toniolo
*Prod.Des.:* Dan Bishop
*Prod.:* Peter Frankfurt, Paul Feldsher, Erica Huggins für Interscope/PolyGram Filmed Ent., USA 1996; 88 Min.
*Vertrieb:* VCL Video; November 1996
*FSK:* ab 12 J.

Internatsschüler verliebt sich in mysteriöses Mädchen, das er schwerverletzt auf einem Feld findet. Grundsolide Dutzendware.
(...) Wie schon in »My New Gun« ist Stacey Cochran hier eher auf das Spiel der Personen als auf eine aktive Handlung bedacht. Blicke sagen mehr als Worte und das Paar schmachtet entsprechend kräftig. Am Ende ist dann eine fast hoffnungsvoll zu nennende Aktion redlich darum besorgt, dem Ganzen eine positive Note zu verpassen.

*Andreas Fuchs, Filmecho/Filmwoche, 21/96*

## Rund um die Welt mit Timon und Pumbaa 854

AROUND THE WORLD WITH TIMON AND PUMBAA **

Video

*Kamera:* (Farbe)
*Musik:* Stephen James Taylor
*Prod.:* Walt Disney Com./Wang Film Prod., USA 1995; 70 Min.
*Vertrieb:* Walt Disney Home (Buena Vista) Video; 23.5.1996
*FSK:* o.A.

Zwei Tiere aus dem Disney-Hit »König der Löwen«, eine Hyäne und ein Warzenschwein, erleben ein halbes Dutzend Abenteuer. Putziger Zeichentrickfilm auf mäßigem Niveau.

## Sabotage – Dark Assassin
855

SABOTAGE ***

Video

*Regie:* Tibor Takacs
*Darsteller:* Mark Dacascos, Carrie Ann Moss, Graham Green, John Neville, Tony Todd (Sherwood)
*Drehbuch:* Rick Filon, Michael Stokes
*Kamera:* Curtis Peterson (Farbe)
*Musik:* Guy Zerafa
*Prod.Des.:* Ian Hall
*Prod.:* Andy Emilio für Applecreek Comm., Kanada 1996; 93 Min.
*Vertrieb:* Starlight Video; 20.11.1996
*FSK:* ab 16 J.

Im Bosnienkrieg wurden sie Freunde, Jahre später stehen sie sich in den USA als erbitterte Feinde gegenüber. Überdurchschnittlich ansprechend inszenierter Actionthriller, der freilich durch seine einfallslose Story enttäuscht.

## Sabrina
856

SABRINA ***

*Regie:* Sydney Pollack
*Darsteller:* Harrison Ford (Linus Larrabee), Julia Ormond (Sabrina Fairchild), Greg Kinnear (David Larrabee), Nancy Marchand (Maude Larrabee), John Wood (Fairchild), Lauren Holly (Elizabeth Tyson), Angie Dickinson (Ingrid Tyson), Richard Crenna (Patrick Tyson), Dana Ivey (Mack), Elizabeth Franz (Joanna)
*Drehbuch:* Barbara Benedek, David Rayfiel, nach dem gleichn. Film von Billy Wilder
*Kamera:* Giuseppe Rotunno (Deluxe)
*Musik:* John Williams
*Schnitt:* Frederick Steinkamp
*Prod.Des.:* Brian Morris
*Prod.:* Scott Rudin, Sidney Pollack für Mirage/Sandollar/Constellation, USA 1995; 127 Min.
*UA:* 15.12.1995, New York
*Verleih:* Constantin/Constantin/UIP/Starlight Video; 11.1.1996
*FSK:* ab 6, ffr.
*FBW:* Besonders wertvoll

Neuverfilmung der Geschichte einer Chauffeurstochter, die sich heillos in einen Millionärssohn verliebt, schließlich aber in dessen Bruder die dauerhafteren Qualitäten entdeckt. Als reines Märchen verfilmt, das trotz (oder wegen) seines Widerspruchs zu allen Trends der heutigen Zeit in mancher Hinsicht besser funktioniert als das 40 Jahre alte Vorbild von Billy Wilder. Obwohl dem Film eine moderne

*Sidney Pollack führt Regie bei Julia Ormond zu ›Sabrina‹*

Audrey Hepburn fehlt, geht das Spiel mit den Traditionen der romantischen Komödie auf. *Zoom, 2/96*

Sie haben sich auch mit Billy Wilder ausgetauscht. Was hat er Ihnen geraten? Er war unheimlich hilfsbereit und kooperativ und unheimlich wütend und ärgerlich, alles zugleich. Er hat sich über die ganzen Remakes und Adaptionen seiner Filme aufgeregt. Als wir am Drehbuch saßen, habe ich ihn besucht und ihm gesagt, ich wolle kein wirkliches Remake machen, das hätte ich auch gar nicht gekonnt.
*Sidney Pollack im Interview mit Peter Körte, FR, 11.1.96*

Sebastian Feldmann in: Rheinische Post, 11.1.96; Fritz Göttler in: SZ, 13.1.96; Rupert Koppold in: Stgt. Zeitung, 13.1.96; Carla Rhode in: Der Tagesspiegel, 11.1.96

## Die Sache mit Danielle

857
****

*Regie:* Sylvie Banuls
*Drehbuch:* Sylvie Banuls
*Kamera:* Otmar Schmid (Farbe)
*Schnitt:* Anette Hillig
*Prod.:* Peter Heller für Filmkraft/Parabol mit BR, BRD 1995; 91 Min.
*UA:* 1.5.1995, Dokumentarfilmfestival München
*Verleih:* VG Filmemacher/-/-/VG Filmemacher; April 1996
*FBW:* Wertvoll

In Vercheny, einem kleinen Dorf in den südlichen Voralpen Frankreichs, lebt Danielle, eine Winzerin mit ihrem Mann Elie, ihren drei Kindern und drei kleinen Enkeln. Auf den ersten Blick eine ganz normale Familie. Aber: Danielle liebt eine Frau, ihre »andere« Liebe, und lebt mit ihr auch zusammen. Der Film über den Versuch und die Schwierigkeit anders zu leben, ist ganz besonders auch ein Film über die Toleranz.

Thomas Klingenmaier in: Stgt. Zeitung, 16.11.96

## Safe Passage

858
SAFE PASSAGE
***
TV

*Regie:* Robert Allan Ackerman
*Prod.:* USA 1994
*TV:* 22.8.1996, Premiere, 20.15

Erschien bereits 1995 auf Video. Deshalb vollständige Angaben und Kritik im Heyne Filmjahrbuch 1996.

## Sag Ja!

859
DIS-MOI OUI
***

*Regie:* Alexandre Arcady
*Darsteller:* Jean-Hugues Anglade (Stéphane Villiers), Julia Maraval (Eva Castillo), Nadia Farès (Florence), Claude Rich (Professor Villiers), Valerie Kaprisky (Nathalie), Patrick Braoudé (Brice), Jean-François Stévenin (Dr. Arnaud), Anouk Aimée (Claire Charvet), Marie Laforet (Madame Villiers), Mona Heftre (Madame Castillo)
*Drehbuch:* Alexandre Arcady, Olivier Dazat, Antoine Lacomblez
*Kamera:* Robert Alazraki (Farbe)
*Musik:* Philippe Sarde
*Schnitt:* Martine Giordano
*Prod.Des.:* Tony Egry
*Prod.:* Alexandre Arcady für New Light/TF1/SGGC/Ciby mit Sofinergie3/Cofimage6/Canal Plus, Frankreich 1995; 106 Min.
*Verleih:* Nil/-/-; 17.3.1996
*FSK:* ab 12, ffr.
*FBW:* Wertvoll

(...) Die 12jährige Eva verändert das Leben des Schürzenjägers, Spielers und Kinderarztes Stéphane – auch wenn sich die beiden erst im acht Jahre später angesiedelten Epilog körperlich näherkommen. Dazwischen liegt die kolportagehafte Geschichte um Evas Hirntumor, der Leben und Pianistenkarriere bedroht, jedoch in einer medizinermärchenhaften Wendung eliminiert wird. Das ganze ist so vorhersehbar wie unglaubwürdig und wirklich nur den eingefleischtesten Jean-Hugues Anglade-Fans zu empfehlen.
*Christian Seebaum, Kölner Stadt-Anzeiger, 9.3.96*

Frank Arnold in: tip, 4/96; Joseph Heinrichs in: Rheinische Post, 8.3.96

## Sahara – Wüste des Todes

860
SAHARA
**
Video

*Regie:* Brian Trenchard-Smith
*Darsteller:* James Belushi (Sgt. Joe Gunn), Mark Lee (Doyle), Paul Empson (Waco), Jerome Ehlers (Capt. Halliday), Michael Massee (Corp. Leroux), Alan David Lee (Bates),

Simon Westaway (Williams), Angelo D'Angelo, Julian Garner, Alexander Petersons
*Drehbuch:* David Phillips
*Kamera:* John Stokes (Farbe)
*Musik:* Garry McDonald, Lawrence Stone
*Schnitt:* Alan Lake, Patrick Stewart
*Prod.Des.:* Stewart Burnside
*Prod.:* Darryl Sheen für Showtime Networks, USA 1995; 106 Min.
*Vertrieb:* Columbia TriStar Home Video; 16.4.1996
*FSK:* ab 16 J.

Episode aus dem Zweiten Weltkrieg: Versprengte US-Soldaten kämpfen listig gegen deutsche Übermacht an. Kaum ernstzunehmendes Kriegsspektakel, das mit James Belushi in Bogarts Rolle einen unverdient differenzierten Hauptdarsteller vorzuweisen hat. Schwaches Remake von Zoltan Kordás ›Sahara‹.

## Saltwater Moose 861

SALTWATER MOOSE ***

Video

*Regie:* Stuart Margolin
*Darsteller:* Johnny Morna (Bobby), Katharina Isobel (Jo), Timothy Dalton (Lester), Lolita Davidovich (Eva), Corinne Conley (Großmutter)
*Drehbuch:* Bruce McKenna
*Kamera:* Vic Zarin (Farbe)
*Musik:* Paul J. Zaza
*Schnitt:* Nick Rotundo
*Prod.:* Peter R. Simpson für Norstar Ent., USA 1995; 93 Min.
*Vertrieb:* Splendid Video; Sept. 1996
*FSK:* ab 6 J.

Die übliche Sommer-Teenie-Komödien-Story um Baseball und einen einsamen Insel-Elch, dem zwei Kinder eine Elchkuh zuführen wollen. Harmlose, aber solide und sympathische Unterhaltung.

Oliver Rahayel in: film-dienst 20/96

## Die Sandburg 862

PETITS ARRANGEMENTS AVEC LES MORTS ****

TV

*Regie:* Pascale Ferran
*Darsteller:* Didier Sandre (Vincent), Cathérine Ferran (Zaza), Charles Berling (François), Sabrina Leurquin (Suzanne), Guillaume Charras (Jumbo)
*Drehbuch:* Pierre Trividic, Pascale Ferran
*Kamera:* Jean-Claude Larrieu (Farbe)
*Musik:* Beatrice Thiriet
*Schnitt:* Guy Lecorne
*Prod.Des.:* Philippe Chiffre
*Prod.:* Aline Mehouel für Eclipsa Films/ La Sept Cinema/Pan-Europeene, Frankreich 1994; 108 Min.
*UA:* 28.4.1994, Int. Filmfestival Cannes
*TV:* 2.12.1996, Arte, 20.45

Ein Strand in der französischen Bretagne, ein sonniger Tag im August. Drei Personen haben ihre Augen auf den 45jährigen Vincent geheftet, der unermüdlich an einer Sandburg baut: Der 10jährige Jumbo, der 30jährige François und die 40jährige Zaza. Vincent ist der Bruder von Francois und Zaza. Die Sandburg scheint die Blicke der drei nicht nur aufzufangen, sondern auch zu reflektieren und in ihre Seelen zurückzuleiten. *Pressetext*

## Ein Satansbraten ist verliebt 863

PROBLEM CHILD 3 *

Video

*Regie:* Greg Beeman
*Darsteller:* William Katt (Dad), Jack Warden (Big Ben Healy), Justin Chapman (Junior), Sherman Howard, Carolyn Lowery, Eric Edwards, Gilbert Gottfried (Dr. Peabody)
*Drehbuch:* Michael Hitchcock
*Kamera:* Peter Smokler (Farbe)
*Musik:* David Michael Frank
*Schnitt:* Mallory Gottlieb
*Prod.:* Anthony Santa Croce für Universal Pic., USA 1995; 84 Min.
*Vertrieb:* CIC Video; Januar 1996
*FSK:* ab 6 J.

Dritter und hoffentlich letzter Teil der Simple-Klamotte um ein schwer erziehbares Kind.

Anselm Jungeblodt in: film-dienst, 4/96

## Savage 864

SAVAGE *

Video

*Regie:* Avi Nesher
*Darsteller:* Olivier Gruner (Savage), Jennifer Grant (Nick Carter), Kario Salem (Reese Burroughs), Sam McMurray (Edgar Wallace),

Kristin Minter (Marie Beloc)
*Drehbuch:* Patrick Highsmith, Peter Sagal
*Kamera:* Peter Fernberger (Farbe)
*Musik:* Roger Neill
*Schnitt:* Michael Schweitzer
*Prod.Des.:* Gary Randall
*Prod.:* Avi Nesher; Kathy Jordan (Co Prod.) für Mahagony mit Conquistador Ent., USA 1995; 95 Min.
*Vertrieb:* Starlight Video; Februar 1996
*FBW:* ab 18 J.

Talentfreie Muskelbuben müssen wieder einmal die Menschheit retten: Absurde Mixtur aus diversen Genres – leider ohne die geringste Substanz.

René Claßen in: film-dienst, 13/96

## Savage Hearts 865

SAVAGE HEARTS ***

Video

*Regie:* Mark Ezra
*Darsteller:* Richard Harris (Sir Roger Foxley), Jamie Harris (Johnny Ryan), Myriam Cyr (Jennifer), Maryam D'Abo (Beatrice Baxter), Angus Deayton (Leonard), Julian Fellowes (Bishop), Jerry Hall (Lady Foxley)
*Drehbuch:* Mark Ezra
*Kamera:* James Aspinall (Metrocolor)
*Musik:* Dominic Crawford-Collins
*Schnitt:* Andree MacArthur
*Prod.Des.:* Jenny Charlton
*Prod.:* Keith Haylen für Wave Power Navia-Bratton für August Ent., USA 1995; 107 Min.
*Vertrieb:* Starlight Video; Mai 1996
*FSK:* ab 18 J.; gekürzte Fass. 104 Min. ab 16 J.

In Stil und Tempo uneinheitliche Thrillerkomödie um todkranke Profikillerin, die sich mit zwei Unterwelt-Millionen zur Ruhe setzen will und ihre Verfolger trickreich abzuhängen versucht. Nicht immer geschmackssicher, zum Teil chaotisch und manchmal auch originell.

## Savate – Kampf ohne Gnade 866

SAVATE *

Video

*Regie:* Isaac Florentine
*Darsteller:* Olivier Gruner (Joseph Charlegrand), Ian Ziering (Caine Parker), Marc Singer (Ziegfield von Trotta), Ashley Laurence (Mary Parker), Michael Palance (Mitchum), Don Gibb (Cody Johnson), James Brolin (Colonel Jones), Charles Santore, Raleigh Wilson, R. Lee Ermey (Mr. Benedict)
*Drehbuch:* Julian Stone, Isaac Florentine, nach einer Idee von Isaac Florentine
*Kamera:* Bernard Salzman (Farbe)
*Musik:* Kevin Kiner
*Schnitt:* Irit Raz
*Prod.Des.:* Ross Silverman
*Prod.:* Andrew Sugarman, Alan Mehrez für Marc Damon Prod./FM Ent./Joseph Mehrez Prod., USA 1994; 88 Min.
*Vertrieb:* Columbia TriStar Home Video; 23.4.1996
*FSK:* ab 18 J.

Andere Zeit (US-Bürgerkrieg), aber das immer gleiche Schema (Faustkampfgeballere für hehre Ziele). Filmisch auf Discount-Niveau, schauspielerisch wie inhaltlich ebenbürtig.

Stefan Rogall in: film-dienst, 11/96

## Der scharlachrote Buchstabe 867

THE SCARLET LETTER ***

*Regie:* Roland Joffe
*Darsteller:* Demi Moore (Hester Prynne), Gary Oldman (Arthur Dimmesdale), Robert Duvall (Roger Prynne/Roger Chillingworth), Joan Plowright (Harriet Hibbons), Lisa Jolliff-Andoh (Mituba), Edward Hardwicke (John Bellingham), Robert Prosky (Horace Stonehall), Roy Dotrice (Thomas Cheever), Malcolm Storry (Major Dunsmuir), Jim Bearden (Goodman Mortimer)
*Drehbuch:* Douglas Day Stewart, nach dem gleichn. Roman von Nathaniel Hawthorne
*Kamera:* Alex Thomson (Farbe)
*Musik:* John Barry
*Schnitt:* Thom Noble
*Prod.Des.:* Roy Walker
*Prod.:* Roland Joffe, Andrew G. Vajna für Lightmotive/Allied Stars/Cinergi/Moving Pic., USA 1995; 135 Min.
*Verleih:* Constantin/Constantin/Monopole Pathé/Constantin Video; 18.4.1996
*FSK:* ab 12, ffr. – *FBW:* Besonders wertvoll

Bildgewaltig, geradezu opulent kommt die x-te Verfilmung des Romanklassikers von Nathaniel Hawthorne daher, weit ausholend und mit ungeahnten dramatischen Spitzen. So besteht ein krasses Mißverhältnis zwischen Substanz und Umsetzung des kargen Sujets, das nach Strenge verlangt hätte, wo Joffe & Co. auf Melodramatik und –

teilweise erstaunlich brutale – Action setzen. Demi Moore wirkt als Frühzeitfeministin im Puritanerland seltsam deplaziert, und Gary Oldman fehlt in der Rolle des zwischen Pflichtgefühl und Leidenschaft zerrissenen Pfarrers die Intensität seiner schurkischeren Darstellungen. Endlos müssen die beiden um die Wette schmachten, ehe sie in zäh-süßlicher Manier zueinander finden. Warum uns das heutzutage noch interessieren sollte, weiß der Film in keiner Sekunde zu vermitteln.

*Frank Schnelle, tip, 10/96*

(...) Es hätte ein wunderbarer Film werden können über eine amour fou in einer bigotten, prüden, sektiererisch verlogenen Welt. Aber Joffe traut nicht mal dem tragischen Ausgang der Hawthorne-Geschichte und wendet das Drama zum Hollywood-Happy-End. Schade. *Frauke Hanck, AZ, 18.4.96*

Heiko R. Blum in: Rheinische Post, 20.4.96; Fritz Göttler in: Kölner Stadt-Anzeiger, 20.4.96; Tobias Kniebe in: SZ, 22.4.96; Rupert Koppold in: Stgt. Zeitung, 18.4.96

## Die Schattenläufer 868

DE SCHADUWLOPERS ***

TV

*Regie:* Peter Dop
*Darsteller:* Pierre Bokma (Leen), Aat Ceelen (Albert), Jeroen Willems (Stijn), Lineke Rijxman (Paula), Ariane Schluter, Betty Schuurman, Marlies Heuer, Han Kerckhoffs
*Drehbuch:* Peter Dop
*Kamera:* Lex Wertwijn, Jan Wich, Peter Brugman (Farbe)
*Musik:* Fons Merkies
*Schnitt:* Jan Dop
*Prod.:* Leen van den Berg, Rene Scholten für Van der Hoop Film/Studio Nieuwe Gronden, Niederlande 1995; 87 Min.
*UA:* 31.1.1995, Rotterdam Film Festival
*TV:* 1.1.1996, Arte, 22.45, OmU

Die beiden Brüder Albert und Leen sind »Schattenläufer«. Ihre Lieblingsbeschäftigung ist es, wildfremden Passanten zu folgen, denn so bietet der normale Alltag eine Menge interessanter Entdeckungen. (...) *Pressetext*

## Schattenwelt 869

****

TV

*Regie:* Josef Rödl
*Darsteller:* Miroslav Nemec (Ivo Batic), Udo Wachtveitle (Franz Leitmayr), Bruno Ganz (Bombadil), Erwin Leder (Rabe), Dominic Raacke (Borg)
*Drehbuch:* Joachim Masannek, Josef Rödl
*Kamera:* Volker Tittel, Hans Jakoby (Farbe)
*Musik:* Roman Bunka
*Schnitt:* Elke Dierbach
*Prod.Des.:* Frank Polosek
*Prod.:* Veith von Fürstenberg für Bavaria Film/ ARD/ORF/SRG, BRD 1996; 90 Min.
*UA:* Filmfest München 1996
*TV:* 22.9.1996, ARD, 20.15

Wie gut sich der ARD-»Tatort«-Rahmen dafür eignet, in aktuellen Kriminalgeschichten dieses Sozialklima der Fassadenordnung zu beschreiben, zeigt sich, wenn Regisseure mehr sind als nur solide Krimi-Vollzugshandwerker. Josef Rödl, der Oberpfälzer aus Darshofen, hat, als Regisseur und Koautor in dem »Tatort«-Krimi »Schattenwelt« die Münchner Obdachlosen-Szene zum Schauplatz gemacht: Bitter und hart als Störfaktor im Blickfeld der Saubermacher, die es den lästigen Alkoholwracks bei Gelegenheit gern heimzahlen, daß sie den Stachus- und Bahnhofs-Untergrund mit ihrer Existenz verschandeln. (...) *Ponkie, AZ, 24.9.96*

Frank Arnold in: tip, 17/96; Christine Dössel in: SZ, 21.9.96

## Scherben des Glücks 870

SCATTERED DREAMS □

TV

*Regie:* Neema Barnette
*Darsteller:* Tyne Daly (Kitty Messenger), Gerald McRaney (George Messenger), Alicia Silverstone (Phyllis), Sonny Shroyer, Andrew Prine, Macon McCalman, Ramsay Midwood
*Drehbuch:* Karen Croner
*Kamera:* Yuri Neyman (Farbe)
*Schnitt:* David Beatty
*Prod.Des.:* Pamela Warner
*Prod.:* Philip Kleinbart; Joseph Nasser, Michael Stroud, Eddie Velez (Co.-Prod.), USA 1993; 90 Min.
*TV:* 23.1.1996, Vox, 20.10

Der Film ist ein Alptraum, der wahr wird. Aber er zeigt auch, wie schwer es ist, den menschlichen Geist zu zerstören, auch wenn sich alle Kräfte des Bösen gegen einen verschworen haben.

## Die Schlacht um Citizen Kane 871

THE BATTLE OVER CITIZEN KANE ****

*Regie:* Thomas Lennon, Michael Epstein
*Darsteller:* Erzähler: Richard Ben Cramer
*Drehbuch:* Richard Ben Cramer, Thomas Lennon
*Kamera:* Greg Andracke, Michael Chin (Farbe)
*Musik:* Brian Keane
*Schnitt:* Ken Eluto
*Prod.:* Thomas Lennon, Michael Epstein für WGBH, USA 1995; 108 Min.
*EA:* 17.2.1996, Int. Forum des Jungen Films, Berlin; Filmfest München 1996
*Verleih:* Freunde/-/-; Herbst 1996

Der Pressezar Hearst erkannte in »Citizen Kane« ein schonungsloses Porträt seiner Person. In der entbrennenden »Schlacht« wollte Hearst den Film boykottieren, kaufen und vernichten.

## Schlaraffenland 872

***

*Regie:* Felix Tissi
*Darsteller:* Dietmar Mues, Jochen Regelien, Franz-Josef Steffens, Johanna Klante
*Drehbuch:* Felix Tissi
*Kamera:* Dieter Fahrer, Helena Vagnières (Farbe)
*Musik:* Patent Ochsner
*Schnitt:* Maya Schmid
*Prod.:* Balzli/SF DRS, Schweiz 1995; 81 Min.
*Verleih:* -/-/Balzli; April 1996

In einem Hinterhof, zwischen ausgedienten Autos und restaurierten Bauernmöbeln, haben drei angegraute Männer ihren Freiraum gefunden. Da bricht Johanna, die Tochter des einen, in das Refugium der wohlbehüteten Selbstgefälligkeit ein. Da die junge Frau eines Tages einigen zwielichtigen Gestalten Geld abnimmt, sieht sich das Quartett genötigt, seinen Hinterhof zu verlassen. Felix Tissis vierter Spielfilm besticht durch lyrische Bilder, gute Darsteller und liebevoll gezeichnete Details. Mit dem Beginn der Reise der vier Figuren verliert die Geschichte allerdings an Stimmigkeit und Intensität. *Zoom, 2/96*

(...) Die Schrottplatz-Ballade ist ein kleines Kinojuwel voller Ironie und Situationskomik, gespickt mit lakonischen, absurden und manchmnal hochphilosophischen Dialogen. *tip, 6/96*

Silvia Hallensleben in: Der Tagesspiegel, 7.3.96

## Ein Schluck mit Folgen 873

COUP DE JEUNE □

TV

*Regie:* Xavier Gélin
*Darsteller:* Martin Lamotte (Jean Max), Ludmila Mikael (Anne-Christine), Jean Carmet (Ponsard), Daniel Gelin (Gaudéamus im Alter von 75), Jean-Pierre Castaldi (Maurice Verret), Anemone (Muriel), Manuel Gelin (Gaudéamus im Alter von 35), Antonin Lebas Joly (Gaudéamus als Kind), Patrick Chesnais (Lohmann)
*Drehbuch:* Philippe Setbon, Xavier Gélin, nach der Vorlage von Luis Garcia Gallo
*Musik:* Vladimir Cosma
*Prod.:* Frankreich 1992; 89 Min.
*TV:* 27.8.1996, tm3, 20.15

Modernes Märchen um einen greisen Wissenschaftler, der das Geheimnis der ewigen Jugend lüftet.

## Schluß mit lustig 874

DEAD FUNNY **

TV

*Regie:* John Feldman
*Darsteller:* Andrew McCarthy (Reggie), Elizabeth Pena (Viv), Paige Turco (Louise), Blanche Baker (Barbara), Allison Janney (Jennifer), Adelle Lutz (Mari), Novella Nelson (Frances), Lisa Jane Persky (Sarah), Michael Mantell (Harold)
*Prod.:* USA 1994; 100 Min.
*TV:* 29.7.1996, Vox, 20.00

Reggie und Viv genießen das Leben in New York in vollen Zügen. Sie verabscheuen ihre Jobs, genießen Sex und lieben schwarzen Humor. Viv hält es zunächst für einen Jux, als sie Reggie mit einem Schwert auf dem Küchentisch festgenagelt vorfindet – aber er ist tatsächlich tot. *AZ TV Journal*

*Hollywood-Geschichten: Gene Hackman und Danny DeVito in ›Schnappt Shorty‹*

## Schnappt Shorty 875

GET SHORTY ****

*Regie:* Barry Sonnenfeld
*Darsteller:* John Travolta (Chili Palmer), Gene Hackman (Harry Zimm), Rene Russo (Karen Flores), Danny DeVito (Martin Weir), Dennis Farina (Ray »Bones« Barboni), Delroy Lindo (Bo Catlett), James Gandolfini (Bear), David Paymer (Leo Devoe), Martin Ferrero (Tommy Carlo), Miguel Sandoval (Mr. Escobar)
*Drehbuch:* Scott Frank, nach dem gleichn. Roman von Elmore Leonard
*Kamera:* Don Peterman (Deluxe)
*Musik:* John Lurie
*Schnitt:* Jim Miller
*Prod.Des.:* Peter Larkin
*Prod.:* Danny DeVito, Michael Shamberg, Stacey Sher für Jersey Films, USA 1995; 105 Min.
*UA:* 20.10.1995, New York
*EA:* Int. Filmfestspiele Berlin 1996 »Wettbewerb«
*Verleih:* UIP/UIP/UIP/Warner Home Video; 29.2.1996
*FSK:* ab 12, ffr. – *FBW:* Wertvoll

Den obercoolen mafiosen Geldeintreiber Palmer verschlägt es von Miami nach Los Angeles. Dort prallt der Kinofreak auf einen Trashfilm-Produzenten. Aus Feind- wird Freundschaft, und die ungleichen Partner wollen nun gemeinsam cineastische Geschichte schreiben, müssen sich aber gegen üble Ganoven behaupten. Eine intelligente Krimikomödie, brillant besetzt, zitatenreich und gespickt mit Satirepfeilen gegen die eitlen Pfauentänzer in der angeblichen Traumfabrik Hollywood. *Zoom, 5/96*

»Ich denke, jetzt kann nichts mehr passieren, was mich überrascht oder schockiert, weil mir so oft der Teppich unter den Füßen weggezogen wurde. Ich bin jetzt wie ein Boxer: Immer auf den nächsten Schlag gefaßt. Ich hätte aber nichts dagegen, die nächsten zehn Jahre ein normaler, durchschnittlicher Schauspieler zu sein. Das Auf und Ab ist zwar aufregend, aber nun dürfte es ruhig etwas beständiger zugehen.«

*John Travolta im Interview, nach SZ, 19.2.96*

Thomas Klingenmaier in: Stgt. Zeitung, 29.2.96; Tobias Kniebe in: SZ, 2.3.1996; Milan Pavlovic in: Kölner Stadt-Anzeiger, 2.3.96

## Schön ist die Jugendzeit 876

LUST OCH FÄGRING STOR ***

*Regie:* Bo Widerberg
*Darsteller:* Johan Widerberg (Stig), Marika

Lagercrantz (Viola), Tomas von Brömssen (Frank), Karin Huldt (Lisbet), Björn Kjellman (Sigge), Nina Gunke (Stigs Mutter), Kenneth Milldoff (Stigs Vater), Frida Lindholm, Sigge Cederlund, George Bisset
*Drehbuch:* Bo Widerberg
*Kamera:* Morten Bruus (Farbe)
*Schnitt:* Bo Widerberg
*Prod.:* Per Holst für Svenska Filminstitutet/ Det Danske Filminstitut/Egmont Film/Sveriges Television/TV 2 Danmark, Schweden/Dänemark 1995; 130 Min.
*UA:* 19.2.1996, Int. Filmfestspiele Berlin, »Wettbewerb«
*EA:* Filmfest München 1996
*Verleih:* Highlight/-/-; 5.9.1996
*FSK:* ab 12, ffr.

Es knistert ziemlich zwischen dem 15jährigen Stig, der während des Zweiten Weltkrieges die Jungenklasse eines schwedischen Gymnasiums besucht, und seiner hübschen, koketten Lehrerin Viola. Als die beiden anfangen, sich heimlich in ihrer Wohnung zu treffen, kommt der gehörnte Ehemann ins Spiel. Überraschenderweise entwickelt sich zwischen ihm und Stig eine Freundschaft. Allmählich dämmert dem Jungen, welche seelischen Verstrickungen sich hinter der freizügigen Fassade dieser Ehe verbergen. Eine mit Liebe zum Detail inszenierte, nostalgisch angehauchte Geschichte, deren Charme gerade anfangs im ständigen Balancieren zwischen Humor und erotischer Spannung, zwischen Klischees und Ironie besteht.
*Bettina Bremmer, tip, 19/96*

Angie Dullinger in: AZ, 19.9.96; Norbert Grob in: Die Zeit, 6.9.96; Martina Knoben in: SZ, 5.9.96; Rupert Koppold in: Stgt. Zeitung, 14.9.96; Carla Rhode in: Der Tagesspiegel, 5.9.96; Christian Seebaum in: Kölner Stadt-Anzeiger, 7.9.96

## Der schönste Tag im Leben 877
***
TV

*Regie:* Jo Baier
*Darsteller:* Martina Gedeck (Waltraut), Heio von Stetten (Ritschi), Jörg Hube (Sepp), Erna Waßmer (Fanny), Anaid Iplicjan (Frieda), Doris Buchrucker (Annelies), April Hailer (Erika), Susanne Schäfer (Simone), Jan Gregor Kremp (Manfred), Vitus Zeplichal
*Drehbuch:* Ruth Thoma
*Kamera:* Christian Reitz (Farbe)
*Musik:* Thomas Osterhoff
*Prod.:* BRD 1995; 88 Min.
*TV:* 11.3.1996, ZDF, 19.25

(...) Eine liebenswerte, unspektakuläre Real-Romanze mit amüsanten Provinznoten, die Jo Baier gekonnt am Rande der satirischen Überspitzung entlanginszenierte. *W.O.P. Kistner, AZ, 13.3.96*

## Schutzengel 878
SKYDDSÄNGELN
***
TV

*Regie:* Suzanne Osten
*Darsteller:* Philip Zandén (Jacob), Etienne Glaser (Joel Birkman), Malin Ek (Livia Birkman), Björn Kjellman (Welja), Gunilla Röör (Katja), Lena Nylén (Jessica), Hanna Hartleb (Hanna), Pia Baeckström (Maria Demodov), Tuncel Kurtiz (Ivar)
*Drehbuch:* Madeleine Gustafsson, Etienne Glaser, Suzanne Osten, nach dem Roman »Der letzte Sommer« von Ricarda Huch
*Kamera:* Göran Nilsson
*Musik:* Franz Schubert, Richard Wagner
*Prod.:* Anders Birkeland für Svenska Filminstitutet/TV 2/Filmhuset/Mekano Pic./Sandrews, Schweden 1990; 104 Min.
*EA:* Filmfest München 1990
*TV:* 7.3.1996, Arte, 21.45

Suzanne Ostens vierter Spielfilm besticht vor allem durch die virtuose Handhabung der Schwarz-Weiß-Fotografie: lichterfüllte Räume in der viktorianischen Villa; klare, kontrastreiche Bilder vom Sommer in der Natur, Gesichter ganz nah und konzentriert; Irritationen durch unvermittelte Traumszenen – ein Film, der immer wieder lange Blicke zeigt, mit denen die Personen einander betrachten und dessen Liebesszenen seltene Selbstverständlichkeit haben. (...)
*Rüdiger Schmitz-Normann, Kölner Stadt-Anzeiger, 23.9.91*

## Die Schutzengel 879
LES ANGES GARDIENS
***

*Regie:* Jean-Marie Poire
*Darsteller:* Gérard Depardieu (Carco), Christian Clavier (Vater Tarain), Eva Grimaldi (Régina Podium), Yves Rénier (La Pince), Alexandre Eskimo (Bao), Olivier Archard (Jean-Luc), Zouzou (= Lionel Azola) (Dédé), Stéphane Bari (Steward Air France), Françoise Bertin, Michel Bonjour

*Gérard Depardieu*

*Drehbuch:* Jean-Marie Poiré, Christian Clavier
*Kamera:* Jean Yves le Méner (Farbe)
*Musik:* Eric Levi
*Schnitt:* Catherine Kelber
*Prod.Des.:* Hughues Tissandier
*Prod.:* Alain Terzian für Gaumont Prod. mit Vaudeville/Funny Films/TFI Films, Frankreich 1995; 111 Min.
*Verleih:* Buena Vista/dto./Monopole Pathé/Buena Vista Home Video; 13.6.1996
*FSK:* ab 12, ffr.
*FBW:* Wertvoll

Nachtlokalbesitzer bringt mit Hilfe eines unbeholfenen Paters einen chinesischen Buben aus Hongkong nach Frankreich zu seiner Mutter, wobei er von Gangstern verfolgt, von seiner Geliebten verdächtigt und von seinen beiden Schutzengeln bedrängt wird. Zynische Mischung aus Gangsterfilm, Verwechslungsgroteske und Soutanenklamauk. *multimedia*

(...) Ein Nichts an Story und eine Ansammlung von Slapstick-Kloppereien und Chinesen-Stunts garantieren atemlose Hektik. Man kommt erst gar nicht dazu, die totale Abwesenheit wirklicher Spannung zu bemerken, so unmotiviert fetzt einem die Action um Augen und Ohren. Nur nicht denken – den Luxus gestatten uns Poiré und sein Koautor Clavier keine Sekunde. (...)
*Frauke Hanck, AZ, 13.6.96*

aster in: Sz, 20.6.96; Frauke Hartmann in: FR, 14.6.96; Joseph Heinrichs in: Rheinische Post, 15.6.96; Susanna Nieder in: Der Tagesspiegel, 13.6.96

## Die Schwanenprinzessin 880
THE SWAN PRINCESS ***

*Regie:* Richard Rich
*Mit den Originalstimmen von:* Jack Palance (Rothbart), Howard McGillin (Prinz Derek), Michelle Nicastro (Prinzessin Odette), John Cleese (Jean Bob), Steven Wright (Speed), Steve Vinovich (Puffin), Mark Harelik (Lord Rogers), James Arrington (Chamberlain), Sandy Duncan (Königin Uberta)
*Drehbuch:* Brian Nissen, nach einer Story von Richard Rich
*Musik:* David Zippel, Lex de Azevedo (Songs)
*Schnitt:* James Koford, Armetta Jackson-Hamlett
*Prod.:* Jared F. Brown, Richard Rich für Rich Animation Studios Prod. für Nest Ent., USA 1994; 89 Min.
*Verleih:* Columbia TriStar/-/20th Century Fox/Columbia TriStar Home Video; 1.2.1996
*FSK:* o.A., ffr.

Eine durch einen Zauberer verwandelte Prinzessin zeigt sich tagsüber als Schwan, bis ihr Prinz seinen mächtigen Rivalen bezwingen kann. Ein traditionell gestalteter Zeichentrickfilm, als altmodisches Musical in beschaulichem Tempo inszeniert. Kinderunterhaltung auf beachtlichem handwerklichen Niveau, jedoch ohne besondere Originalität. *Zoom*

Heiko R. Blum in: Rheinische Post, 2.2.96; Thomas Klingenmaier in: Stgt. Zeitung, 1.2.96

## Schwarzfahrer 881
***

*Regie:* Nikolaus Leytner
*Darsteller:* Lukas Resetarits, Andreas Lust, Roswitha Meyer, Sandra Cervik
*Drehbuch:* Bernhard Seiter, Nikolaus Leytner, Helmut Grasser
*Kamera:* Hans Selikovsky (Farbe)
*Musik:* Karl Ritter
*Schnitt:* Andrea Wagner
*Prod.:* Helmut Grasser für Allegro Film/ORF, Österreich 1996; 88 Min.
*Verleih:* -/filmladen/-; Oktober 1996

Verkrachter Student und alter Lebenskünstler schlagen sich als Ganoven durchs Leben in der Wiener Unterwelt. Routiniert gemachtes Lustspiel von Nikolaus Leytner mit Lukas Resetarits in der kabarettistischen Hauptrolle.

*multimedia*

## Das schweigsame Mädchen 882

THE GIRL OF SILENCE/FAZAFAKKA ***

*Regie:* Genjiro Arato
*Darsteller:* Mami Nakamura (Shizuko), Kaori Momoi (Mutter), Micho Akiyama (Stiefvater), Ayumi Yajima (Chie), Yoshio Harado (Vater), Kohei Urasawa, Ken Kaneko
*Drehbuch:* Goro Haiki
*Kamera:* Akiko Ashizawa (Farbe)
*Musik:* Yosuke Yamashita
*Schnitt:* Akira Suzuki
*Prod.:* Film Makers Inc., Japan 1995; 90 Min.
*UA:* 26.11.1995, Festival des Trois Continents, Nantes
*EA:* 19.2.1996, Int. Forum des Jungen Films, Berlin
*Verleih:* Freunde/-/-; Winter 1996

Shizuko, ein Mädchen aus kaputten Verhältnissen, träumt Cartoon-Zeichnerin zu werden. Der Freund der Mutter verbietet ihr das Zeichnen und vergewaltigt sie mit dem Wissen der Mutter. Shizuko erträgt ihr Schicksal und flieht zu einer Phantasiefigur, die sie schützt.

## Schwul 883

THE LOST LANGUAGE OF CRANES ***

TV

*Regie:* Nigel Finch
*Darsteller:* Brian Cox (Owen Benjamin), Eileen Atkins (Rose Benjamin), Angus MacFayden (Philip Benjamin), Corey Parker (Eliot Abrahams), Rene Auberjonois (Geoffrey Lane), John Schlesinger (Derek Moulthorp), Cathy Tyson (Jerene Parks), Ben Daniells (Robin Bradley), Nigel Whitmey (Winston Penn)
*Drehbuch:* Sean Mathias, nach dem gleichn. Roman von David Leavitt
*Kamera:* Remi Adefarasin (Farbe)
*Musik:* Julian Walstall
*Schnitt:* Sue Wyatt
*Prod.Des.:* Bruce Macadie
*Prod.:* Ruth Caleb für BBC Television mit WNET, GB 1991; 87 Min.
*UA:* 14.11.1991, London Film Festival
*TV:* 15.1.1996, SW3, 21.45 (unter dem Originaltitel); 9.3.1996, WDR, 20.15

Der Film erzählt die erschütternde Geschichte eines verheirateten Mannes mittleren Alters, die auf einer Lebenslüge beruht. Owen ist nicht der Typ von Mensch, der seine Gefühle anderen gegenüber auszudrücken vermag. Er hat sein Leben lang versucht, seine Homosexualität zu unterdrücken, hat ein Leben mit Lügen und Ausflüchten gelebt.

## Score 884

SCORE *

Video

*Regie:* Atsushi Muroga
*Darsteller:* Hitoshi Ozawa (Chance), Mike Vergel (Lewis), Jordan Castillo (Duke), Fritz Macariora (Dan), Hiroshi Miyazaka (Cobra), Takashi Ukaji (Colonel), Merinda (Donna), Masahiro Yamashita, Shi Ehara, Ryushi Mizukami
*Drehbuch:* Atsushi Muroga, Toshimichi Ohkawa
*Kamera:* Takeshi Koga (Farbe)
*Musik:* Torsten Rasch
*Schnitt:* Atsushi Muroga, Kunihiko Ukai
*Prod.Des.:* Taichi Nishimura
*Prod.:* Hitoshi Ozawa für Shochiku Daiichikogyo/Team Okuyama, Japan 1995; 84 Min.
*EA:* Fantasy Filmfest 1996
*Vertrieb:* VPS Video; 24.9.1996
*FSK:* ab 18 J.

Der Überfall auf einen Nobeljuwelier und die anschließende Aufteilung der Beute führt zu zahlreichen Leichen. Abstoßend gewaltverherrlichender Actionreißer.

## Screamers – Tödliche Schreie 885

SCREAMERS **

*Regie:* Christian Duguay
*Darsteller:* Peter Weller (Hendricksson), Roy Dupuis (Becker), Jennifer Rubin (Jessica), Andy Lauer (Ace), Charles Powell (Ross), Ron White (Elbarak), Michael Caloz (David), Liliana Komorowksa (Landowska), Leni Parker (McDonald)
*Drehbuch:* Dan O'Bannon, Miguel Tejada-Flores, nach der Kurzgeschichte »Second Variety« von Philip K. Dick
*Kamera:* Rodney Gibbons (Farbe)
*Musik:* Normand Corbeil
*Schnitt:* Yves Langlois
*Prod.Des.:* Perri Gorrara

*Prod.:* Tom Berry, Franco Battista für Allegro Films mit Fuji Eight/Fries, USA/Kanada/Japan 1996; 108 Min.
*Verleih:* Columbia TriStar/dto./20th Century Fox; 25.7.1996 – *FSK:* ab 16, ffr.

Auf einem atomar zerstörten Planeten bekriegen sich im Jahr 2078 zwei Parteien, wobei die stärkste Bedrohung durch automatische Killermaschinen erfolgt. In einer düsteren Atmosphäre kommen kaum noch menschliche Empfindungen zum Tragen, im Grunde reduziert sich das dumme Spektakel auf null Science und viel Fiction. *multimedia*

Brigitte Desalm in: Kölner Stadt-Anzeiger, 27.7.96; W.O.P. Kistner in: AZ, 25.7.96; Rupert Koppold in: Rheinische Post, 26.7.96

## Second Chance – Alles auf Anfang 886

SECOND CHANCE **

TV

*Regie:* Lyman D. Dayton
*Darsteller:* Zachary Ellington (Brian), Richard Hatch (Mitch), Cylk Cozart (Brad), George Leporte (Stan), Arte Johnson (Dr. Stiggens), Ryan Peterson (Der kleine Stan)
*Drehbuch:* Lyman D. Dayton, Robert O. Paxton
*Kamera:* Carlos Montaner (Farbe)
*Musik:* Merrill B. Johnson
*Prod.:* USA 1995; 91 Min.
*TV:* 4.2.1996, Premiere, 6.50

Fürchterliche Mixtur aus Science-fiction und Krimi um ein Verjüngungsserum, das natürlich anders wirkt als geplant.

## La Seconda Volta 887

LA SECONDA VOLTA ****

*Regie:* Mimmo Calopresti
*Darsteller:* Nanni Moretti (Alberto), Valeria Bruni Tedeschi (Lisa), Valeria Milillo (Francesca), Roberto De Francesco (Enrico), Marian Confalone (Adele), Simona Caramelli (Sonia), Francesca Antonelli Paolo De Vita, Antonio Petrocelli, Rossana Mortara, Orsetta De Rossi
*Drehbuch:* Heidrun Schleef, Francesco Bruni, Mimmo Calopresti
*Kamera:* Alessandro Pesci (Technicolor)
*Musik:* Franco Piersanti
*Schnitt:* Claudio Cormio
*Prod.:* Nanni Moretti, Angelo Barbagallo für Sacher Film/Banfilm/La Sept Cinema mit RAI-1/Canal Plus, Italien/Frankreich 1995; 80 Min.
*UA:* Int. Filmfestspiele Cannes 1995
*Verleih:* -/-/Filmcooperative; Oktober 1996

In Turin trifft ein Wirtschaftsprofessor zufällig eine politische Terroristin wieder, die ihn vor Jahren bei einem Attentat schwer verletzt hat. Zur schicksalshaften Begegnung kommt es, weil die Frau, zu einer langen Haftstrafe verurteilt, tagsüber in Halbfreiheit einer normalen Arbeit nachgehen kann. In seinem Spielfilmdebüt geht der italienische Dokumentarfilmer Mimmo Calopresti der komplexen Frage nach, wie eine derartige Konfrontation zwischen Opfer und Täter, die zweite Begegnung also, aussehen könnte. Ein Film über die Schwierigkeiten der Aufarbeitung der Vergangenheit und der Nächstenliebe, von schauspielerischer, narrativer und dramaturgischer Sensibilität und Kraft geprägt und mit nachhaltiger Wirkung. *Zoom, 10/96*

## Secret Agent Club 888

SECRET AGENT CLUB **

Video

*Regie:* John Murlowski
*Darsteller:* Hulk Hogan (Ray), Maurice Woods (Sly), Mathew McCurley (Jeremy), Edward Albert (Max), Lyman Ward, Barry Bostwick, Lesley-Anne Down (Eve), James Hong, Richard Moll
*Drehbuch:* Rory Johnston
*Kamera:* Stephen Douglas Smith (Farbe)
*Musik:* Jan Hammer
*Schnitt:* Leslie Rosenthal
*Prod.Des.:* James Scanlon
*Prod.:* Brian Shuster, James Ian Lifton für Hit Ent./Secret Agent Prod., USA 1995; 87 Min.
*Vertrieb:* Highlight Video; 18.11.1996
*FSK:* ab 16 J.

Tags Spielwarenladenbesitzer, nachts Geheimagent – den Autoren fiel für Hulk Hogan nur gequirlter Schwachsinn ein, den er nicht mehr retten konnte. Eine Klamaukkomödie ohne Stil.

## Seitensprung für Anfänger 889

ADULTERE, MODE D'EMPLOI ***

*Regie:* Christine Pascal
*Darsteller:* Richard Berry (Simon), Karin Viard (Fabienne), Vincent Cassel (Bruno),

Emmanuelle Halimi (Sarah), Liliane Rovere (Mätresse), Anny Romand, Helene Fillieres, Patrice-Flora Praxo, Marina Rodriguez-Tome
*Drehbuch:* Christine Pascal, Robert Boner
*Kamera:* Renato Berta (Farbe)
*Musik:* Bruno Coulais
*Schnitt:* Jacques Comets
*Prod.Des.:* Sylvie Olive
*Prod.:* Robert Boner für Franco-Suisse Cine Manufacture/PXP/France 2 Cinema/TSR/ Teleclub mit CNC/Office Federal de la Culture/Canal Plus, Frankreich/Schweiz 1995; 95 Min.
*Verleih:* -/-/Filmcooperative; 7.7.1995 (CH)

(...) Französisch-schweizerischer Sex & Crime um ein Pariser Architektenpaar, das zwar zu zweit an Ausschreibungen teilnimmt, aber die Arena der Erotik zunehmend getrennt betritt. (...) Mit Sympathie zeichnete Christine Pascal die Emotions-Odysseen dreier koksschnupfender Emotions-Chaoten nach, wobei die Figuren soviel lebendige Originalität verströmten, daß der etwas aufgesetzte Krimistrang und manches Schlagloch im Skript nicht zählten. *W.O.P. Kistner, AZ, 21.8.96*

Walter Ruggle in: Tages-Anzeiger, 8.8.95

## Sennen-Ballade 890

****

*Regie:* Erich Langjahr
*Drehbuch:* Erich Langjahr
*Kamera:* Erich Langjahr, Silvia Haselbeck (Farbe)
*Schnitt:* Erich Langjahr, Silvia Haselbeck, Mani Planzer (Beratung)
*Prod.:* Erich Langjahr für Erich Langjahr Prod., Schweiz 1996; 100 Min.
*Verleih:* -/-/Eigenverleih; November 1996

Porträt eines Toggenburger Bauern und seiner Familie beim Alltag auf der Alp und auf dem Hof, beim Brauchtum und beim Schnitzen von Holzfiguren. In Bild und Ton ebenso präziser wie poetischer Dokumentarfilm, ein hervorragendes ethnographisches Dokument, das akribisch ein (vom Verschwinden bedrohtes) bäuerliches »Biotop« schildert – eine Daseinsform, in der Mensch, Arbeit und Tier noch ihre Identität und Würde besitzen. Gezeigt wird keineswegs eine nur heile Welt, sondern es werden auch Widersprüche und Probleme nicht nur des Bauerntums, sondern der ganzen »modernen« Gesellschaft sichtbar gemacht. *Zoom, 11/96*

## September 891

SEPTEMBER **

TV

*Regie:* Colin Bucksey
*Darsteller:* Jacqueline Bisset (Pandora), Mariel Hemingway (Virginia), Edward Fox (Archie), Michael York (Edmund), Virginia McKenna (Violet)
*Drehbuch:* Lee Langley, nach dem gleichn. Roman von Rosamunde Pilcher
*Kamera:* Peter Sinclair (Farbe)
*Musik:* Richard Hartley
*Schnitt:* Roy Watts
*Prod.Des.:* Grant Hicks
*Prod.:* Fabrizio Chiesa, GB/BRD 1995; 2 × 90 Min.
*TV:* 7.4.1996, ZDF, 20.15/8.4.1996, ZDF, 19.25

Schmonzette über Liebe und Leid nach einem Roman von Rosamunde Pilcher. »Trotz tränendrückender Sentimentalität oberflächlich und schwach in den Dialogen: Small Talk im Altweibersommer« meinte Sigrid Feuerstein in der AZ.

## Sergej Eisenstein. Autobiographie 892

SERGEJ EISENSTEIN. AWTOBIOGRAFIJA ****

*Regie:* Oleg Kowalow
*Darsteller:* Mit: Alexej German (Sprecher)
*Drehbuch:* Oleg Kowalow, nach »Autobiografische Aufzeichnungen« von S. Eisenstein
*Kamera:* Wladimir Smirnow (Farbe)
*Musik:* S. Prokofjew, A. Mosolow, G. Verdi
*Schnitt:* Galina Subajewa
*Prod.:* STW-Filmstudio/Gosfilmofond/ Roskomkino, Rußland 1996; 90 Min.
*UA:* 18.2.1996, Int. Forum des jungen Films, Berlin
*Verleih:* Freunde/-/-; Sommer 1996

Die freie Verfilmung der Memoiren versucht, diesen bizarren Text in assoziativen bildlichen Zusammenhängen, die den Einfluß des Privatlebens auf die Welt des Künstlers verdeutlichen, zu übertragen.

## The Setup – Die Falle 893
THE SETUP ***
Video

*Regie:* Strathford Hamilton
*Darsteller:* Billy Zane (Charlie Thorpe), Mia Sara (Gena Sands), James Coburn (Jeremiah Cole), James Russo (Kliff), Louis Mandylor (Pauly)
*Drehbuch:* Michael Thoma, nach dem Roman »My Laugh Comes Last« von James Hadley Chase
*Kamera:* David Lewis (Farbe)
*Musik:* Conrad Pope
*Schnitt:* Marcy Hamilton
*Prod.Des.:* Richard Reynolds
*Prod.:* Julia Verdin für TriCoast Film Partners-II mit Rough Diamond Prod., USA 1995; 90 Min.
*Vertrieb:* Warner Home Video; 29.3.1996

Aus der Haft entlassener, ehemals labiler Sicherheitstechnik-Spezialist wird von Bankdirektor engagiert, dann erpreßt und zum Austricksen der eigenen Alarmsysteme gezwungen. Fürs US-Fernsehen entstandener Action-Thriller, nicht ohne Spannung, mit einigen netten Wendungen und Brechungen.

Günter J. Jekubzik in: film-dienst, 10/96

## Sex & Money 894
SEX & MONEY □
TV

*Regie:* Andrew Blake
*Darsteller:* Dahlia Grey (Bettina), Martika (Taylor), Jenna Behr, Julia Ann, Draghixa, Dirk Anfelas
*Drehbuch:* Ernest Greene
*Kamera:* Andrew Blake (Farbe)
*Musik:* Hit Maker
*Prod.:* USA 1994; 63 Min.
*TV:* 6.12.1996, Premiere, 0.00

Lesben-Ladies entzweien sich, ruinieren dadurch ihren Nachtclub und versuchen Erfolg auf einer neuen Ebene.

## Sex & The Other Man 895
SEX & THE OTHER MAN ***
Video

*Regie:* Karl Slovin
*Darsteller:* Ron Eldard (Bill), Kari Wuhrer (Jessica), Stanley Tucci (Arthur), Conrad Goods (John), Eric Slovin (Phil), Jordan Foster (Bon)
*Drehbuch:* Karl Slovin, nach dem Theaterstück von Paul Weitz
*Kamera:* Frank Prinzi (Farbe)
*Musik:* Anton Sanko
*Schnitt:* David Greenwald
*Prod.:* Thomas J. Mangan IV, John C. McGinley für Showcase Ent., USA 1996; 85 Min.
*Vertrieb:* VPS Video; 25.7.1996
*FSK:* ab 16 J.

Bill erwischt seine Herzdame Jessica mit Arthur, fesselt den Nebenbuhler und wendet sich Jessica zu – Beginn eines turbulenten Wochenendes. Mit sparsamen Mitteln inszenierter Erotikthriller von akzeptabler Spannung.

## Sexual Encounters 896
VIRTUAL ENCOUNTERS *
Video

*Regie:* Cybil Richards
*Darsteller:* Elizabeth Kaitan (Amy), Taylore St. Claire (Maggie), Rob Lee (Michael), Mick Ray (Wächter/Patron), Lori Morrisey (Candle-Girl), Jim Caciola, Jacqueline Lovell, Tricia Yen, Michelle Barry, Jill Kelly
*Drehbuch:* Lucas Riley
*Kamera:* Lester Wisbrod (Farbe)
*Musik:* Ollie Wood
*Schnitt:* Daniel Lowenthal, Lowell Danner, Peregrine Beckman
*Prod.Des.:* John Zachary
*Prod.:* Surrender Cinema, USA 1995; 81 Min.
*Vertrieb:* VPS Video; 13.6.1996

Frustrierte Karrierefrau versucht es mit digitaler Lusterfüllung.

## Sexy Sadie 897
***

*Regie:* Matthias Glasner
*Darsteller:* Corinna Harfouch (Lucy/Sadie), Jürgen Vogel (Edgar), Thomas Heinze (Der falsche Bruder), Richy Müller (Blinder Mechaniker), Andreja Schneider (Gescheiterte Sängerin), Stephanie Philipp (Die hassende Mutter), Gerd Wameling (Stummer Mann), Sebastian Ninnig (Dealer), Christoph Marti (Pianist), Maria Meier
*Drehbuch:* Matthias Glasner
*Kamera:* Sonja Rom
*Musik:* The Sexy Sadie Orchestra
*Schnitt:* Matthias Glasner, Dirk Grau
*Prod.Des.:* Tanja Kreitschmann
*Prod.:* Jürgen Vogel, Matthias Glasner für Schwarzweiss Filmprod.mit NDR/DFFB, BRD 1995; 98 Min.
*UA:* 18.2.1996, Int. Filmfestspiele Berlin, »Panorama«
*EA:* Filmfest München 1996
*Verleih:* Nil/-/-; 5.9.1996
*FSK:* ab 16, ffr. – *FBW:* Wertvoll

*Corinna Harfouch, Thomas Heinze und Jürgen Vogel in ›Sexy Sadie‹*

Edgar ist raus: Im Knast hat der Killer seine Ärztin Lucy gekidnappt, als die ihm eröffnete, er habe nur noch wenige Tage zu leben, und will nun die hinter Gittern verpaßten neunziger Jahre nachholen. Wie ein Lauffeuer verbreitet sich die Nachricht in der Stadt, und fünf Menschen rüsten auf, um sich an Edgar für ihr schreckliches Schicksal zu rächen. Doch der ist selbst nur eine Spielfigur in einem perfiden Plan. Mit exquisiten Darstellern drehte Matthias Glasner in nur 16 Tagen einen stilistisch ausgefeilten Low-Budget-Krimi, in dem am Ende alle tot sind.
*Annette Kilzer, tip, 19/96*

(...) Nach Schema F geht es dann zu wie bei den Zehn kleinen Negerlein. Warum in Lucys Labor das Hirn ihrer Schwester Sadie in Spiritus schwimmt, bleibt leider ein Rätsel. Im Hirn von Matthias Glasner (»Die Mediocren«) jedenfalls spukte das existentialistische Kino der 50er und 60er Jahre, aber auch der lakonische Humor an Aki Kaurismäki oder Jim Jarmusch. Das Resultat ist eine krude Melange aus Film-Noir-Zitaten, Slapstick und Comic, garniert mit pseudo-philosophischen Weisheiten. (...). *Margret Köhler, AZ, 5.9.96*

(...) Wie Volker Einrauchs preisgekrönter Krimi »Die Mutter des Killers« ist auch »Sexy Sadie« eine anarchistische Rebellion gegen das deutsche Erfolgskino der neunziger Jahre. (...)
*Angela Schmitt-Gläser, FR, 6.9.96*

Alice Agneskirchner in: Der Tagesspiegel, 5.9.96; Michael Althen in: SZ, 5.9.96; Thomas Klingenmaier in. Stgt. Zeitung, 26.9.96; Simone Mahrenholz in: Der Tagesspiegel, 21.2.96; Christiane Peitz in: Die Zeit, 6.9.96

## Sexy U.S.A. 898

CALIFORNIA HEAT **

TV

*Regie:* Richard Brandes
*Darsteller:* Gretchen Stockdale (Cindy), Ken Fording (Jack), Angie Bridges (Lisa), Tamara Landry (Stephanie), Dazza Castillo (Alicia), Tom Case (Rob), Zane Paolo, Paul Baumgartner, Martine LeBlanc, Yvelle McClendon

*Drehbuch:* Richard Brandes
*Kamera:* (Farbe)
*Prod.:* USA 1995; 84 Min.
*TV:* 1.11.1996, RTL2, 20.15

Strandkomödie über einen liebestollen Life-Guard, der sich aufgrund einer Wette eine Woche lang der Liebe enthalten soll – für ihn ein äußerst schwieriges Unterfangen. *Pressetext*

## SFW – So Fucking What 899

SFW ***

Video

*Regie:* Jefery Levy
*Darsteller:* Stephen Dorff (Cliff Spab), Reese Witherspoon (Wendy Pfister), Jake Busey (Morrow Streeter), Joey Lauren Adams (Monica Dice), Pamela Gidley (Janet Streeter), David Barry Gray (Scott Spab), Jack Noseworthy (Joe Dice), Richard Portnow (Gerald Parsley), Edward Wiley (Mr. Spab), Lela Ivey (Mrs. Spab)
*Drehbuch:* Danny Rubin, Jefery Levy, nach dem Roman von Andrew Wellman
*Kamera:* Peter Deming (Eastman)
*Musik:* Graeme Revell
*Schnitt:* Lauren Zuckerman
*Prod.Des.:* Eve Cauley
*Prod.:* Dale Pollock; Mike Nelson (Co.-Prod.) für A & M mit Propaganda, USA 1994; 92 Min.
*UA:* 18.8.1994, Edinburgh Film Festival
*Vertrieb:* VCL Video; August 1996

Geiselnahme im Supermarkt: Nach 36 Tagen, vom Fernsehen übertragen, kommt der junge Cliff, inzwischen längst Medienstar, als einer von zwei Überlebenden frei. Unausgereifte, selten überzeugende Soziosatire, die ihrem Titel alle Ehre macht.

## Shannons Spiel – Der zweite Versuch 900

SHANNON'S DEAL ***

TV

*Regie:* Lewis Teague
*Darsteller:* Jamey Sheridan (John Francis »Jack« Shannon), Jenny Lewis (Neala Shannon), Elizabeth Pena (Lucy DaCosta), Martin Ferrero (Lou Gondolph), Richard Edson (Wilmer Slade), Miguel Ferrer (Todd Snyder), Stefan Gierasch (Klaus), Robert Gosset (Dover), Michael Bowen, Norman Merrill
*Drehbuch:* John Sayles
*Kamera:* Andrew Dintenfass (Farbe)
*Musik:* Wynton Marsalis
*Schnitt:* Neil Travis
*Prod.Des.:* John Vallone
*Prod.:* Stan Rogow, USA 1989; 120 Min.
*TV:* 16.9.1996, RTL2, 0.15

Jack Shannon ist Anwalt. Seinen Job hat er verloren, seine Frau hat ihn verlassen, und sein Geld hat er beim Glücksspiel verloren. Jetzt fängt er noch einmal von vorne an und gründet sein eigenes Rechtsanwaltsbüro. Mit spektakulären Fällen landet er schon bald auf den Titelseiten. *Pressetext*

## Sharons Geheimnis 901

SHARON'S SECRET **

Video

*Regie:* Michael Scott
*Darsteller:* Mel Harris (Dr. Laurel O'Connor), Alex McArthur (Anwalt Frank Bodin), Candace Cameron (Sharon Hartly), Paul Regina (Gordon Davies), James Pickens jr. (Julius Ashmore), Elaine Kagan (Dr. Patricia Raines)
*Drehbuch:* Mark Homer
*Kamera:* Stephen M. Katz (Farbe)
*Musik:* Philip Griffin
*Schnitt:* Scott Smith
*Prod.:* Barry Greenfield für TMTE für Universal, USA 1995; 86 Min.
*Vertrieb:* CIC Video; Mai 1996
*FSK:* ab 16 J.

Junges Mädchen versucht mit Hilfe einer Psychiaterin zu beweisen, daß sie ihre Eltern nicht ermordet hat.

Anselm Jungeblodt in: film-dienst, 15/96

## She's the One 902

SHE'S THE ONE ****

*Regie:* Edward Burns
*Darsteller:* John Mahoney (Mr. Fitzpatrick), Edward Burns (Mickey Fitzpatrick), Mike McGlone (Francis Fitzpatrick), Maxine Bahns (Hope), Jennifer Aniston (Renee), Cameron Diaz (Heather), Malachy McCourt (Tom), Leslie Mann (Connie), Amanda Peet (Molly), Anita Gillette (Carol)
*Drehbuch:* Edward Burns
*Kamera:* Frank Prinzi (Farbe)
*Musik:* Tom Petty
*Schnitt:* Susan Graef
*Prod.Des.:* William Barclay
*Prod.:* Ted Hope, James Schamus, Edward Burns für Good Machine/Marlboro Road Gang, USA 1996; 96 Min.
*Verleih:* 20th Century Fox/dto./dto.; 28.11.1996
*FSK:* ab 12, ffr. – *FBW:* Besonders wertvoll

Ein irischstämmiges New Yorker Brüderpaar hat ein Problem: Der Wall Street-Manager Francis betrügt seine Gattin mit der Ex-Geliebten seines Bruders Mickey, der sich als Taxifahrer durchschlägt. Emotionale Turbulenzen sind angesagt, und sie betreffen auch das sture Familienoberhaupt, den Vater der zwei Brüder. Doch als Mickey die kluge Hope liebenlernt, beginnen die verhärteten Männerfronten zu bröckeln. Auch der zweite Film des hochbegabten Regisseurs, Autors und Akteurs Edward Burns (»The Brothers McMullen«, 1995) besticht durch narrative Qualitäten, Ensemblegeist und Sensibilität für den human touch. *Zoom, 11/96*

»Als ich den Großen Preis in Sundance bekam, fragte Redford nach meinen Plänen. Ich erzählte ihm von meinem weiteren Script. Er las es – und stieg in die Produktion ein. Statt 25.000 Dollar Eigenkapital bei ›Kleine Sünden…‹ hatten wir nun für ›She's the One‹ 3,5 Millionen und Stars wie Cameron Diaz und John Mahoney. Und wir drehten nicht mehr auf 16mm, sondern auf 35mm.« *Edward Burns im Gespräch mit Frauke Hanck, AZ, 28.11.96*

Bettina Bremme in: tip, 25/96; Peter Buchka in: SZ, 28.11.96; Joseph Heinrichs in: Rheinische Post, 23.11.96; Rupert Koppold in: Stgt. Zeitung, 29.11.96

## The Shooter – Ein Leben für den Tod

903

THE SHOOTER

**

Video

*Regie:* Ted Kotcheff
*Darsteller:* Dolph Lundgren (Michael Dane), Maruschka Detmers (Simone Rosset), John Ashton (Alex Reed), Assumpta Serna (Marta), Gavan O'Herlihy (Dick Powell)
*Drehbuch:* Yves Andre Martin, Billy Ray, Meg Thayer
*Kamera:* Fernando Arguelles (Farbe)
*Musik:* Stefano Mainetti
*Schnitt:* Ralph Brunjes
*Prod.Des.:* Brian Eatwell
*Prod.:* Paul Pampian, Silvio Muraglia für Muraglia/Sladek Films/Newmarket Capital Group mit Canal Plus,
USA 1995; 100 Min.
*Vertrieb:* Starlight Video; Januar 1996
*FSK:* ab 16 J.

*Edward Burns, Maxine Bahns, Cameron Diaz, Jennifer Aniston und Mike McGlone in ›She's the One‹ von Edward Burns*

US-Geheimagent hat 48 Stunden (mal wieder) Zeit ein politisches Attentat zu verhindern.

Georg Röwekamp in: film-dienst, 3/96

## Shootfighter 2 904
SHOOTFIGHTER 2 *

Video

*Regie:* Paul Ziller
*Darsteller:* Bolo Yeung (Shingo), Michael Bernado (Nick), William Zabka (Ruben), Chase Randolph (Lew Rawlins), Jorge Gil (Eddie)
*Drehbuch:* Greg Mellot, Peter Shaner
*Kamera:* Hanania Baer (Farbe)
*Musik:* K. Alexander Wilkinson
*Schnitt:* Omer Tal
*Prod.:* Alan Amiel für MDP Worldwide, USA 1995; 84 Min.
*Vertrieb:* Starlight Video; 14.8.1996
*FSK:* ab 18 J.

Polizist verliert seinen Sohn bei abartigem Kampfsportduell und will sich an den Veranstaltern dieser Turniere rächen. Physische Gewalt regiert in diesem Machwerk, das ganz auf die anspruchslose Videoklientel zugeschnitten wurde.

Joe Hill in: film-dienst, 22/96

## Showgirls 905
SHOWGIRLS **

*Regie:* Paul Verhoeven
*Darsteller:* Elizabeth Berkley (Nomi Malone), Kyle MacLachlan (Zack Carey), Gina Gershon (Cristal Connors), Glenn Plummer (James Smith), Robert Davi (Al Torres), Alan Rachins (Tony Moss), Gina Ravera (Molly Abrams), Lin Tucci (Henrietta Bazoom), Greg Travis (Phil Newkirk), Al Ruscio (Mr. Karlman)
*Drehbuch:* Joe Eszterhas
*Kamera:* Jost Vacano; Anette Haellmigk (2nd unit) (Technicolor)
*Musik:* David A. Stewart
*Schnitt:* Mark Goldblatt, Mark Helfrich
*Prod.Des.:* Allan Cameron
*Prod.:* Alan Marshall, Charles Evans; Ben Myron (Co.-Prod.) für Chargeurs mit Carolco/Joe Eszterhas, USA 1995; 131 Min.
*Verleih:* Tobis/Constantin/Monopole Pathé/VCL Video; 25.1.1996
*FSK:* ab 16, ffr.

Ein ehrgeiziges Mädel will in der Glitzerwelt von Las Vegas nach oben kom-

*Gina Gershon als ›Showgirl‹*

men, sich nicht mehr in billigen Bars zur Schau stellen, sondern als Revuestar Millionen kassieren. Skrupellos verfolgt sie ihr Ziel, scheut auch vor miesen Methoden nicht zurück. Der Film bietet jede Menge nackter Tatsachen in allen Variationen, aber mit Erotik hat das nichts zu tun. »Tits and ass« zum Abwinken, das lockt 1996 selbst den müdesten Opa nicht mehr hinter dem Ofen hervor. *Margret Köhler*

(...) Die ehemals erfolgreiche Ehe zwischen Regisseur Verhoeven und Drehbuchschreiber Eszterhas ist in die Jahre gekommen. Viel nackte Haut und Silikon dominieren in einem Film, dessen Story so dünn ist wie das Gold auf einem Wochenendtrauring. *Zoom, 1/96*

Heiko R. Blum in: Rheinische Post, 26.1.96; Peter Buchka in: SZ, 25.1.96; Brigitte Desalm in: Kölner Stadt-Anzeiger, 27.1.96; Rupert Koppold in: Stgt. Zeitung, 25.1.96; Angela Schmitt-Gläser in: FR, 26.1.96

## Sie lebte zwei Leben 906
SHE LED TWO LIVES **

TV

*Regie:* Bill Corcoran
*Darsteller:* Connie Sellecca (Rebecca Cross), Perry King (Dr. Jeffrey Madison), A Martinez (Mike Lewis), Patricia Clarkson (Desiree Parnell), David Wohl (Harvey Parnell),

J. Smith-Cameron (Angela Anderson), Barbara Kingsley (Marcia), Richard Anson (Professor Gray)
*Drehbuch:* Kathleen Knutsen Rowell, nach einer wahren Begebenheit
*Kamera:* Frank Tidy (Farbe)
*Musik:* Misha Segal
*Prod.:* Bernard M. Kahn, Russell Vreeland, USA 1994; 88 Min.
*TV:* 19.6.1996, RTL, 20.15

Das unglaublich dämliche Melodram von einer dämlichen Bigamistin, die weder vom einen noch vom anderen lassen will: Der Schmachtfetzen Abteilung Wahre Begebenheiten in Himbeersoße ist typisch für den Schundromanpegel der Zeittotschlägersender.
*Ponkie, AZ, 21.6.96*

## Sie töten aus Lust 907
EL PLACER DE MATAR / ***
PLEASURE OF KILLING TV

*Regie:* Felix Rotaeta Otegui
*Darsteller:* Antonio Banderas (Luis), Mathieu Carrière (Andrés), Victoria Abril (La Merche), Berta Riaza (Andrés Mutter), Walter Vidarte (Barrantes), Victoria Pena (Luisa), Mario Gas (Santana), Jeannine Mestre (Ana), Maite Yerro, Encarna Sanchez
*Drehbuch:* Felix Rotaeta Otegui, nach seinem Roman »La Pistolas«
*Kamera:* Acacio de Almeida (Farbe)
*Musik:* Carlos Miranda
*Prod.:* Errota/Laurenfilm, Spanien 1987; 91 Min.
*TV:* 14.9.1996, RTL2, 1.55

Der Film versucht, sich analysierend, aber auch mit respektlosem Humor mit der Entstehung und Faszination von Gewalt auseinanderzusetzen.

## Silent Trigger 908
SILENT TRIGGER *
Video

*Regie:* Russel Mulcahy
*Darsteller:* Dolph Lundgren (Waxman), Gina Bellman (Clegg), Conrad Dunn (Klein), Chris Heyerdahl (O'Hara)
*Drehbuch:* Sergio Altieri
*Kamera:* David Franco (Farbe)
*Musik:* Stefano Mainetti
*Schnitt:* Yves Langlois
*Prod.:* Daniel J. Sladek, Silvio Mauraglia, Nicolas Clermont für Conquistador Ent., USA 1995; 88 Min.
*Vertrieb:* Starlight Video; 3.7.1996
*FSK:* ab 18 J.; gekürzte Fassung 87 Min. ab 16 J.

Profikiller bekommt Skrupel. So neu wie die Idee so brutal die Inszenierung.

Joe Hill in: film-dienst, 19/96

## Simons Sehnsucht 909
ON MY OWN ***
TV

*Regie:* Antonio Tibaldi
*Darsteller:* Judy Davis (Mutter), Matthew Ferguson (Simon Henderson), David McIlwraith (John Henderson), Jan Rubes (Colonel), Michele Melegra, Nicolas Van Burek, Colin Fox
*Drehbuch:* Antonio Tibaldi, Gill Dennis, John Frizzell
*Kamera:* Vic Sarin (Farbe)
*Musik:* Franco Piersanti
*Schnitt:* Edward McQueen-Mason
*Prod.Des.:* Bill Fleming
*Prod.:* Leo Pescarolo, Elisa Resegotto für Alliance/Ellepi/Rosa Colosimo mit Australian Film Finance Corp./Telefilm/Ontario Film/ RAI Tre/Arbo/Maran, Kanada/Italien/Australien 1992; 99 Min.
*UA:* 23.2.1992, Int. Filmfestspiele Berlin
*TV:* 22.1.1996, Südwest3, 21.45

Als ihn seine Mutter im Internat besucht, entdeckt der Sohn, daß sie schizophren ist. Der dünne Plot wird durch intelligente Machart, einfühlsame Schauspieler und genaue psychologische Beobachtungen weitgehend wettgemacht. Ein sanfter, trauriger Film.

## Simple Justice – Eine Familie rächt sich 910
SIMPLE JUSTICE □
TV

*Regie:* Deborah del Prete
*Darsteller:* Cesar Romero (Vincenzo DiLorenzo), Doris Roberts (Anna DiLorenzo), Cady McCain (Janet DiLorenzo), Matthew Galle (Frankie DiLorenzo), John Spencer (Phil Sullivan), Kevin Geer (Warren)
*Drehbuch:* T. Jay O'Brien, Michael Sergio
*Kamera:* Robert Draper (Farbe)
*Musik:* John Pati, Eric Turkel
*Prod.Des.:* Nancy Deren
*Prod.:* Gigi Pritzker, USA 1989; 92 Min.
*TV:* 30.3.1996, Pro7, 0.25

Bei einem Banküberfall wird Frankies schwangere Ehefrau Janet von den

Gangstern so schwer mißhandelt, daß sie ins Koma fällt. Die Verbrecher werden zwar gefaßt, aus Mangel an Beweisen jedoch freigesprochen. Als einer nach dem anderen getötet wird, glaubt die Polizei zunächst, daß Frankie Selbstjustiz übt. *Pressetext*

## Sinn und Sinnlichkeit 911

SENSE AND SENSIBILITY ****

*Regie:* Ang Lee
*Darsteller:* Emma Thompson (Elinor Dashwood), Alan Rickman (Col. Brandon), Kate Winslet (Marianne Dashwood), Hugh Grant (Edward Ferrars), James Fleet (John Dashwood), Harriet Walter (Fanny Dashwood), Gemma Jones (Mrs. Dashwood), Elizabeth Spriggs (Mrs. Jennings), Robert Hardy (Sir John Middleton), Greg Wise (John Willoughby)
*Drehbuch:* Emma Thompson, nach dem Roman von Jane Austen
*Kamera:* Michael Coulter (Technicolor)
*Musik:* Patrick Doyle
*Schnitt:* Tim Squyres
*Prod.Des.:* Luciana Arrighi
*Prod.:* Lindsay Doran für Mirage Prod., USA 1995; 136 Min.
*UA:* 13.12.1995, New York
*EA:* Int. Filmfestspiele Berlin 1996, »Eröffnungsfilm/Wettbewerb«
*Verleih:* Columbia TriStar/dto./dto./Columbia TriStar Home Video; 7.3.1996
*FSK:* ab 6, ffr. – *FBW:* Wertvoll

Verfilmung des im Milieu des englischen Landadels im ausgehenden 18. Jahrhundert spielenden Romans von Jane Austen über zwei charakterlich gegensätzliche Schwestern und deren Liebeskonflikte. Ein mit grandiosen Landschaftsaufnahmen und glanzvollen schauspielerischen Leistungen aufwartender Film, der durch ein überzeugendes Buch und eine meisterhafte Regie den Geist der Vorlage trifft und aktuelle Bezüge herausarbeitet: den Konflikt zwischen Verstand und Gefühl, den Druck gesellschaftlicher Zwänge und die Bedeutung menschlicher Werte wie Ehrlichkeit und Treue. *Zoom, 3/96*

(...) Denn der in Taiwan geborene und in den USA berechtigt zu schnellem, internationalem Regie-Ruhm gekommene Ang Lee hat Austens Klassiker von 1811 um Liebeswirren zwischen kühler Kalkulation und heißer Schwärmerei mit so viel Delikatesse und hintergründiger Ironie zu einem saftig-opulenten Melodram umgesetzt, daß uns die Seelenkonflikte von damals auch heute nahe ans Herz gehen. (...) *Angie Dullinger, AZ, 7.3.96*

Michael Althen in: SZ, 7.3.96; Sebastian Feldmann in: Rheinische Post, 15.2.96; Brigitte Desalm in: Kölner Stadt-Anzeiger, 15.2./9.3.96; Sabine Horst in: FR, 7.3.96; Elsemarie Maletzke in: Die Zeit, 16.2.96

## Sins – Mörderische Vergebung 912

DEADLY SINS **

Video

*Regie:* Michael Robison
*Darsteller:* Alyssa Milano (Christina Herrera), David Keith (Jack Gates), Corrie Clark, Terry David Mulligan
*Drehbuch:* John Langley, Malcolm Barbour
*Kamera:* Barry Gravelle (Farbe)
*Prod.:* James Shavick für James Shavick Film, USA 1995; 94 Min.
*Vertrieb:* VMP Video; 6.9.1996
*FSK:* ab 16 J.

Ex-City-Cop kommt einer mysteriösen Mordserie an Klosterschülerinnen auf die Spur. Nicht allzu schlampig insze-

*Emma Thompson*

nierter Thriller, der auf kunstvolle Effekte setzt.

## Sioux City

913

SIOUX CITY

***

TV

*Regie:* Lou Diamond Phillips
*Darsteller:* Lou Diamond Phillips (Jesse Rainfeather Goldman), Salli Richardson (Jolene Buckley), Melinda Dillon (Leah Goldman), Lise Cutter (Allison), John Dye (Colin Adams), Adam Roarke (Blake), Ralph Waite (Drew McDermott), Bill Allen (Dan Larkin), Gary Farmer (Russell White), Tantoo Cardinal
*Drehbuch:* L. Virginia Browne
*Kamera:* James W. Wrenn (Farbe)
*Musik:* Christopher Lindsay
*Schnitt:* Mark Fitzgerald
*Prod.Des.:* Rando Schmook
*Prod.:* Brian Rix, Jane Ubell für Cabin Fever/ Facet, USA 1994; 94 Min.
*TV:* 25.8.1996, Pro7, 20.00

Von weißen Pflegeeltern adoptiert, wird der Indianer Jesse Rainfeather eines Tages mit seiner Vergangenheit konfrontiert: Er will seine leibliche Mutter im Indianerreservat besuchen – und erfährt, daß sie bei einem Brand ums Leben kam. Für Jesse, der nicht an einen Unfall glaubt, beginnt eine lebensgefährliche Jagd auf die Mörder. *Pressetext*

## Sister my Sister

914

SISTER MY SISTER

****

*Regie:* Nancy Meckler
*Darsteller:* Julie Walters (Madame Danzard), Joely Richardson (Christine), Jodhi May (Lea), Sophie Thursfield (Isabelle Danzard), Kate Gartside (Schwester Veronica), Amelda Brown
*Drehbuch:* Wendy Kesselman, nach ihrem Theaterstück »My Sister in This House«
*Kamera:* Ashley Rowe (Farbe)
*Musik:* Stephen Warbeck
*Schnitt:* David Stiven
*Prod.Des.:* Caroline Aimes
*Prod.:* Norma Heyman für NFH Prod., USA 1994; 89 Min.
*EA:* Filmfest München 1995
*Verleih:* -/-/Elite; Februar 1996

Zwei seit der Kindheit getrennte Schwestern finden als junge Frauen gemeinsam eine Stelle als Hausmädchen. Doch ihr Glück ist von kurzer

*Joely Richardson mit Schwester*

Dauer. Derweil sie unter ihrer strengen Herrin bis zum Umfallen schuften, nähern sie sich in Leidenschaft und Liebe, die alsbald homoerotische Züge annehmen, aber auch in Ängste, Alpträume, Eifersucht und Abhängigkeit führen. Der spannend inszenierte Film, der einen Mordfall aufgreift, der 1933 in Le Mans geschehen ist, schildert die klaustrophobische Enge einer Beziehung, in der jede falsche Bewegung eine Katastrophe auslöst. *Zoom, 2/96*

## Skyscraper

915

SKYSCRAPER

*

Video

*Regie:* Raymond Martino
*Darsteller:* Anna Nicole Smith (Carrie Wink), Charles M. Huber (Fairfax), Richard Steinmetz (Gordon Wink), Jonathan Fuller, Lee De Broux, Tina Arning, Branko Cikatic (Zarkov), Calvin Levels, Deirdre Imershein
*Drehbuch:* John Larrabee, William Applegate, nach einer Story von Jim Halfpenny
*Kamera:* Frank Harris (Farbe)
*Musik:* Jim Halfpenny (Score)
*Schnitt:* Kevin Mock
*Prod.Des.:* Steve Ramos
*Prod.:* Richard Pepin, Joseph Merhi für PM Ent., USA 1995; 83 Min.
*Vertrieb:* Highlight Video; 29.7.1996
*FSK:* ab 18 J.

Terroristen kapern ausgerechnet den Hubschrauber, dessen Pilotin mit einem Polizisten verheiratet ist. Lahmes Action-Spektakel, das lieblos hingeschludert wurde, so wie in der Pepin-Merhi-Fabrik üblich.

## Sliders – Der Trip in eine andere Dimension 916
SLIDERS **

Video

*Regie:* Andy Tennant
*Darsteller:* Jerry O'Connell (Quinn Mallory), Sabrina Lloyd (Wade Wells), John Rhys-Davies (Maximilian Arturo), Cleavant Derricks (Rembrandt Brown), Jason Gaffney
*Drehbuch:* Tracy Tormé
*Kamera:* Robert A. Hudecek, Glen MacPherson (Farbe)
*Musik:* Stephen Graziano, Mark Mothersbaugh
*Schnitt:* Casey Brown, Michael B. Hoggan
*Prod.:* Steve Ecclesine für Universal, USA 1995; 84 Min.
*UA:* 22.3.1995, Fox TV
*Vertrieb:* CIC Video; Mai 1996 – *FSK:* ab 12 J.

US-Student gerät samt Professor mit Hilfe seiner Zeitreisemaschine in eine Paralleldimension und in ein Amerika, das von Komunisten beherrscht wird. Für eine Satire zu dümmlich, für eine Komödie zu dünnsinnig.

## Small Faces 917
SMALL FACES ****

*Regie:* Gillies MacKinnon
*Darsteller:* Iain Robertson (Lex MacLean), Joseph McFadden (Alan MacLean), J.S. Duffy (Bobby MacLean), Garry Sweeney (Charlie Sloan), Laura Fraser (Joanne MacGowan), Kevin McKidd, Clare Higgins
*Drehbuch:* Gillies MacKinnon, Billy MacKinnon
*Kamera:* John De Borman (Farbe)
*Musik:* John Keane
*Schnitt:* Scott Thomas
*Prod.Des.:* Zoe MacLeod
*Prod.:* Billy MacKinnon, Steve Clark-Hall für Skyline/BBC/Glasgow Film Fund, GB 1995; 102 Min.
*EA:* Filmfest München 1996
*Verleih:* -/-/Frenetic Films; Juni 1996

Das Ende einer Kindheit in Glasgow im Jahre 1968: Der 13jährige Lex lebt mit seiner verwitweten Mutter und zwei ganz unterschiedlichen älteren Brüdern zusammen. Er läßt sich in Auseinandersetzungen zwischen zwei Jugendgangs verwickeln, die mit dem Tod eines seiner Brüder enden und findet seinen eigenen Weg nur mühsam. Mit kleinem Budget realisiert, zeichnet der glaubwürdige Film seine Figuren differenziert, zeigt sentimentale, nostalgische und skurrile Momente. Sorgfalt in den Details und die stimmig gesetzte Musik runden das Bild ab. *Zoom, 5/96*

*Kindheit in Glasgow: Jugendliche in ›Small Faces‹*

## Snakes and Ladders 918

SNAKES AND LADDERS ****

*Regie:* Trish McAdam
*Darsteller:* Pom Boyd (Jean), Gina Moxley (Kate), Sean Hughes (Martin), Paudge Behan (Dan), Pierce Turner (Dave), Rosaleen Linehan (Nora)
*Drehbuch:* Trish McAdam
*Kamera:* Dietrich Lohmann (Farbe)
*Musik:* Pierce Turner
*Schnitt:* Peter Przygodda
*Prod.Des.:* Frank Hallinan Flood
*Prod.:* Lilyan Sievernich für Livia Films, Irland/BRD/GB 1995; 92 Min.
*UA:* 10.9.1996, Toronto Film Festival
*Verleih:* Pandora, OmU/-/-; 21.11.1996
*FSK:* ab 6, ffr.

Nachdem ihr Lover Martin ihr auf dem Klo eines Dubliner Musikclubs einen Heiratsantrag gemacht hat, fühlt sich die Sängerin Jean in die Enge getrieben. Die Mutter reißt die Hochzeitsvorbereitungen an sich, ihre Mitbewohnerin und Kollegin Kate sieht die Zukunft ihrer gemeinsamen Comedyshow gefährdet. Und der Verlobte beginnt, sich wie ein langweiliger Ehegatte aufzuführen. Da kommt Jean die Anbaggerei eines smarten Fernsehproduzenten gerade recht. Der Film wimmelt von verspielten Ideen und lustvoller Inszenierung von Kitsch, was manchmal nur gewollt originell wirkt. Das wird allerdings durch die Schauspielerinnen und Schauspieler aufgefangen, die erfrischend und temperamentvoll agieren.
*Bettina Bremme, tip, 25/96*

Heiko R. Blum in: Kölner Stadt-Anzeiger, 7.12.96; Heike Kühn in: FR, 22.11.96; H.G. Pflaum in: SZ, 22.11.96

## Snooky – Mein allerbester Freund 919

SNOEVSEN **

Video

*Regie:* Jörgen Vestergaard
*Darsteller:* Bjarke Smitt Vestermark (Eigil), Amalie Ihle Alstrup (Pernille), Kurt Ravn ( Mr. Blomme), Sos Egelind (Mrs. Blomme), Niels Olsen, Fleming Jensen, Daimi, Torben Zeller
*Drehbuch:* Benny Andersen, Jörgen Vestergaard, nach dem Märchen von H. C. Andersen
*Kamera:* Claus Loof (Farbe)
*Prod.:* Lars Kolvig für Nordisk Film mit Svensk Film/Danish Film, Dänemark 1992; 79 Min.
*Vertrieb:* Starlight Video; 9.10.1996
*FSK:* ab 6 J.

Die albernen Abenteuer des kleinen Eigil mit seinem Kobold-Kumpel dürften auch das angepeilte Kinder-Publikum kaum von den Stühlchen reißen.

## Solange wir noch atmen – Das ganz normale Leben (mit Aids) 920

***

*Regie:* Stephan Laur
*Drehbuch:* Stephan Laur
*Kamera:* Brian D. Goff, Tomi Streiff (Farbe)
*Schnitt:* Franz Schnyder, Stefan Zeindel
*Prod.:* TARA, Schweiz 1996; 76 Min.
*Verleih:* -/-/mahagi film; Juni 1996

Zurückhaltend inszenierte Dokumentation über ein halbes Dutzend HIV-Infizierte, die in eigenen Aussagen ihren Lernprozeß, ihre Ängste und Freuden vom Zeitpunkt der Diagnose bis zum bevorstehenden Abschiednehmen nachvollziehbar machen. (...) *Zoom, 6/96*

## Sommer 921

CONTE D'ETE ****

*Regie:* Eric Rohmer
*Darsteller:* Melvil Poupaud (Gaspard), Amanda Langlet (Margot), Aurélia Nolin (Léna), Gwenaelle Simon (Solène)
*Drehbuch:* Eric Rohmer
*Kamera:* Diane Baratier (Farbe)
*Musik:* Philippe Eidel, Sébastien Erms
*Schnitt:* Mary Stephen
*Prod.:* Françoise Etchegaray für Margaret Menegoz/Les Films du Losange/La Sept Cinéma mit Canal Plus/Sofilmka, Frankreich 1996; 114 Min.
*UA:* 19.5.1996, Int. Filmfestspiele Cannes »Un Certain regard«
*Verleih:* Prokino/polyfilm/Sadfi/Arthaus Video; 20.6.1996
*FSK:* o.A., ffr.

Der dritte Film aus Eric Rohmers Zyklus »Vier Jahreszeiten« stellt einen jungen Mann namens Gaspard in den Mittelpunkt, der zunächst seine Einsamkeit beklagt, sich aber später nicht zwischen drei Frauen entscheiden kann

*Hauptdarsteller in ›Sommer‹*

und letztlich alle drei verliert. Der Stoff, aus dem an sich Tragödien antiken Zuschnitts gemacht sind, wird unter der Hand des französischen Meisterregisseurs zu einem heiter-melancholischen und bis ins letzte Detail kalkulierten Spiegelbild menschlicher Alltäglichkeiten, das die Grenze zwischen Kunst und Realität fast verblassen läßt.
*multimedia*

(...) Ein so leichtes, so unbeschwertes und doch so ernsthaftes Kino macht wohl nur noch ein Eric Rohmer.
*Christoph Terhechte, tip, 13/96*

Heiko R. Blum in: Rheinische Post, 21.6.96; Peter Buchka in: SZ, 20.6.96; Andreas Kilb in: Die Zeit, 21.6.96; Heike Kühn in: FR, 21.6.96; Milan Pavlovic in: Kölner Stadt-Anzeiger, 22.6.96; Ruprecht Skasa-Weiß in: Stgt. Zeitung, 20.6.96

## Ein Sommer am See 922
A MONTH BY THE LAKE ***

*Regie:* John Irvin
*Darsteller:* Vanessa Redgrave (Miss Bentley), Edward Fox (Major Wilshaw), Uma Thurman (Miss Beaumont), Alida Valli (Mrs. Fascioli), Alessandro Gassman (Vittorio), Carlo Cartier (Mr. Bonizzoni), Natalia Bizzi (Mrs. Bonizzoni), Paolo Lombardi (Enrico), Sonia Martinelli (Maria), Veronica Wells
*Drehbuch:* Trevor Bentham, nach einer Erzählung von H.E. Bates
*Kamera:* Pasqualino De Santis (Farbe)
*Musik:* Nicola Piovani
*Schnitt:* Peter Tanner
*Prod.Des.:* Giovanni Giovagnoni
*Prod.:* Robert Fox für Robert Fox Prod., USA/GB 1995; 91 Min.
*Verleih:* Kinowelt/-/-; 21.11.1996
*FSK:* o.A., ffr.

Eine britische Urlauberkolonie am Comer See Ende der dreißiger Jahre: Man spielt Tennis und Kricket, diniert und pflegt Small talk. Die drahtige und unkonventionelle Mrs. Bentley versucht, den steifen, kauzigen Junggesellen Major Wilshaw zu umgarnen. Der ist jedoch hinter einem überdrehten amerikanischen Kinderfräulein her. Trotz einer brillanten Redgrave verströmt der Film gepflegte Langweile. Zu glatt und postkartenschön ist das Ambiente, zu plakativ die Charaktere. Auch die Liebesgeschichte plätschert zu nett an der Oberfläche dahin, um richtig interessant zu sein.
*Bettina Bremme, tip, 24/96*

Diesen nostalgischen Liebesfilm für reifere Jahrgänge hat John Irvin in schwelgerisch schönen Bildern seines italienischen Kameramannes Pasqualino De Santis allzu bieder und gelegentlich zäh inszeniert. (...)
Die Engländer scheinen eine Schwäche für die animierende Schönheit italienischer Landschaft zu haben. »Zimmer mit Aussicht« und »Verzauberter April« thematisieren bereits diese britische Sensibilität. Jetzt geht es, nach einer Erzählung von H.E. Bates, um die Erinnerung an den letzten Sommer vor dem Krieg, als die Liebe noch etwas von einem Gesellschaftsspiel hatte. (...) *Frauke Hanck, AZ, 21.11.96*

Fritz Göttler in: Kölner Stadt-Anzeiger, 23.11.96; Thomas Klingenmaier in: Stgt. Zeitung, 21.11.96; Heike Kühn in: FR, 21.11.96

## Ein Sommer an der See 923
LA BAULE-LES PINS □
TV

*Regie:* Diane Kurys
*Darsteller:* Nathalie Baye (Lena Korski), Richard Berry (Michel Korski), Jean-Pierre Bacri (Leon Mandel), Zabou (Bella Mandel), Valeria Bruni-Tedeschi (Odette), Didier Benureau (Ruffier), Julie Bataille (Frédérique), Candice Lefranc (Sophie), Alexis Derlon

(Daniel), Emmanuelle Boidron (Suzanne)
*Drehbuch:* Diane Kurys, Alain Le Henry
*Kamera:* Giuseppe Lanci (Farbe)
*Musik:* Philippe Sarde
*Schnitt:* Raymonde Guyot
*Prod.:* Robert Benmussa für Alexandre Films/SGGC/Films A 2 mit CNC, Frankreich 1990; 97 Min.
*UA:* 14.2.1990, Paris
*TV:* 28.4.1996, Vox, 14.00

Die unbeschwerte Kindheit von zwei Geschwistern geht zu Ende, als ihre Eltern sich scheiden lassen. Problemfilm mit Nostalgie-Touch.

## Sommer unserer Träume 924

SWEET LORRAINE □

TV

*Regie:* Steve Gomer
*Darsteller:* Maureen Stapleton (Lillian Garber), Trini Alvarado (Molly), Lee Richardson (Sam), Freddie Roman (Phil Allen), John Bedford Lloyd (Jack), Giancarlo Esposito (Howie), Edith Falco (Karen), Todd Graff (Leonard), Evan Handler, Tamara Tunie
*Drehbuch:* Shelly Altman, George Malko, Michael Zettler
*Kamera:* Rene Ohashi (Farbe)
*Musik:* Richard Robbins
*Schnitt:* Laurence Solomon
*Prod.:* Steve Gomer für Angelika Films, USA 1987; 85 Min.
*TV:* 6.7.1996, ZDF, 13.25

Das anheimelnde Familienhotel »Lorraine« der Besitzerin Lillian Garber steht vor der Pleite. Dann taucht ihre Enkelin Molly auf, die bei ihr den Sommer verbringen möchte und dabei ihre Liebe zu dem Hotelbetrieb entdeckt.

## Sonntagskinder 925

SÖNDAGSBARN ***

TV

*Regie:* Daniel Bergman
*Darsteller:* Thommy Berggren (Vater), Lena Endre (Mutter), Henrik Linnros (Pu), Jakob Leygraf (Dag), Marie Richardson (Marianne), Malin Ek (Märta), Irma Christensson (Emma), Birgitta Valberg (Nonne), Majlis Granlund (Lalla), Per Myrberg (Ingmar)
*Drehbuch:* Ingmar Bergman
*Kamera:* Tony Forsberg Musik (Farbe)
*Schnitt:* Darek Hodor
*Prod.:* Katinka Farago für Svenska Film Institutet/Sandrews/Sweetland Films/Sveriges Television/Metronome/Finnish Film Foundation/Icelandic Film Fund/Norsk Film/Nordic Film & TV Fund/Eurimages, Schweden 1992; 121 Min.
*EA:* Filmfest München 1993
*TV:* 4.2.1996, RTL2, 8.45

Ingmar Bergmans Kindheit als nie versiegende Quelle: Wo er »Mit den besten Absichten« aufhörte (die Bergmans vor Ingmars Geburt), da filmt Bergmans Sohn Daniel, auch er ein nuancengenauer phantasievoller Seelenmaler, weiter (Ingmar mit neun im Liebesbuhlen um den Vater, dem er schrecklich ähnlich ist). Eine zauberhaft spröd-romantische, aber auch grausame Reise ins Innere der Gefühle: Trauma eines Schwedensommers. *Ponkie, AZ, 29.6.93*

## Die Sonny Boys 926

THE SUNSHINE BOYS ***

Video

*Regie:* John Erman
*Darsteller:* Woddy Allen (Al Lewis), Peter Falk (Willie Clark), Sarah Jessica Parkier (Nancy Clark), Edie Falco (Carol Green), Andy Taylor (Michael Davison), William Hill (Hal Jenks), Liev Schreiber (Ricky Gregg), Whoopi Goldberg (Krankenschwester)
*Drehbuch:* Neil Simon, nach seinem gleichnamigen Bühnenstück von 1972
*Kamera:* Tony Imi (Farbe)
*Schnitt:* Jack Wheeler
*Prod.Des.:* Ben Edwards
*Prod.:* John Erman; Deborah Lee (Co-Prod.) für Metropolitan Prod., USA 1995; 85 Min.
*TV:* 8.8.1996, Premiere, 2.25; 14.11.1996
*FSK:* ab 6 J.

TV-Remake einer oft verfilmten Komödie von Neil Simon: Zwei zerstrittene, alte Komiker raufen sich zu einem allerletzten Auftritt zusammen. Trotz der Super-Besetzung mangelt es dem Film deutlich an Gags und Situationskomik.

## South Central – In den Straßen von L. A. 927

SOUTH CENTRAL ***

TV

*Regie:* Steve Anderson
*Darsteller:* Glenn Plummer (Bobby), Byron Keith Minns (Ray Ray), Carl Lumbly (Ali), Larita Shelby (Carole), Christian Coleman (Jimmy), Kevin Best (Lamp), Lexie D. Bigham

(Bear), Vincent Craig Dupree (Loco), »Big Daddy« Wayne, Baldwin C. Sykes
*Drehbuch:* Steve Anderson, nach dem Roman »Crips« von Donald Bakeer
*Kamera:* Charlie Lieberman (Deluxe)
*Musik:* Tim Truman
*Schnitt:* Steve Nevius
*Prod.Des.:* David Brian Miller, Marina Kieser
*Prod.:* Janet Yang, William B. Steakley für Central Prod./Alxtlan mit Monument Pic./Enchantment Films, USA 1992; 99 Min.
*TV:* 20.6.1996, Premiere, 21.45

Der schwarze Kriminelle Bobby, der mehrmals im Gefängnis war, lernt den Kreislauf von Gewalt, Drogen- und Bandenkriminalität zu verstehen und versucht, seinen Sohn vor einer Karriere als Gangster zu bewahren.

## Space – Jenseits der Grenzen 928

SPACE: ABOVE & BEYOND/ RAY BUTTS *
Video

*Regie:* David Nutter (Space), Charles Martin Smith (Ray Butts)
*Darsteller:* Morgan Weisser (Nathan West), Kristen Cloke (Shane Vansen ), Rodney Rowland (Cooper Hawkes), Lanei Chapman (Vanessa Damphousse), Joel de la Fuente (Paul Wang), James Morrison (McQueen), Bill Hunter, Colin Friels, Amanda Douge, Peter Kent
*Drehbuch:* Glenn Morgan, James Wong
*Kamera:* David Eggby, Anthony R. Palmieri (Farbe)
*Musik:* Shirley Walker
*Schnitt:* Ron Spang, James Coblentz
*Prod.:* Tom Towler (Super-Vising), Howard Grigsby, Michael Lake, Timm McHugh für 20th Century Fox TV Corp., USA 1995; 118 Min.
*Vertrieb:* 20th Century Fox Home Video; April 1996 – *FSK:* ab 16 J.

Auf Spielfilmlänge zusammengeschustertes Material einer TV-Science-fiction-Serie von höchst bescheidener Qualität.

Anselm Jungeblodt in: film-dienst, 10/96

## Space Defender 929

PRECIOUS FIND **
Video

*Regie:* Philippe Mora
*Darsteller:* Rutger Hauer (Armond Crile), Harold R. Pruett (Ben), Brion James (Sam Horton), Joan Chen (Camilla Jones), Morgan Hunter (Salomon), Don Stroud (Loo Seki), Philippe Mora, Tim De Zarn, Anthony Guidera, Shay Duffin
*Kamera:* Walter Bal (Farbe)
*Musik:* Roy Hay
*Schnitt:* Ross Guidici
*Prod.Des.:* Whitney Brooke Wheeler
*Prod.:* John Remark, Brian Rix, Jane Ubell für Republic Pic., USA 1995; 86 Min.
*Vertrieb:* Ascot Video; 10.9.1996
*FSK:* ab 16 J.

Glücksrittertrio wird auf Asteroiden bei Goldsuche fündig. Science-fiction-Action mit geringem Budget und gängigen Klischees.

## Sperling und das Loch in der Wand 930

***
TV

*Regie:* Dominik Graf
*Darsteller:* Dieter Pfaff (Hans Sperling), Benno Fürmann (Karsten Rohde), Petra Kleinert (Vera Kowalski), Hans-Joachim Grubel (Norbert Wachutka), Julia Jäger (Frau Krause), Ulrich Noethen (Herr Krause), Lutz Teschner, Gerd Lohmeyer, Andreas Hoppe
*Drehbuch:* Rolf Basedow, nach der Idee von Dieter Pfaff, Rolf Basedow
*Kamera:* Benedict Neuenfels (Farbe)
*Prod.:* BRD 1995; 90 Min.
*TV:* 2.3.1996, ZDF, 20.15

Hauptkommissar Sperling fängt den Bankräuber Krause und merkt gleich, daß dieser kein skrupelloser Gangster, sondern ein notorischer Spieler ist, der von Geldeintreibern zu der Tat getrieben wurde. Sperlings Kollege Rhode wird als verdeckter Ermittler in den illegalen Spielclub eingeschleust, um den Drahtziehern das Handwerk zu legen.

## Spiegelbilder 931

PRIMAL SECRETS ***
TV

*Regie:* Ed Kaplan
*Darsteller:* Meg Tilly (Faith Crowell), Ellen Burstyn (Frances Griffin), Barnard Hughes (Harry Pitt), Paxton Whitehead (Deane), Romy Rosemont (Cathy), Alistair Duncan, Vikki Walker
*Drehbuch:* John Gay, Jim Wheat, Ken Wheat, nach dem Buch von Jane Stanton Hitchcock
*Kamera:* Shelly Johnson (Farbe)
*Musik:* Allyn Ferguson

*Schnitt:* Sabrina Plisco-Morris
*Prod.Des.:* Sandy Davidson
*Prod.:* David A. Rosemont, USA 1994; 89 Min.
*TV:* 25.9.1996, Premiere, 20.15

Die Malerin Faith bekommt von der Kunstsammlerin Frances Griffin den Auftrag, die Wände eines riesigen Ballsaales zu bemalen. Dort kam Frances' Tochter unter mysteriösen Umständen ums Leben. Faith wird für Frances zum Tochterersatz, doch schon bald fühlt sich Faith wie im Gefängnis, und es ereignen sich seltsame Zwischenfälle.

## Spiel mit dem Feuer – Never Talk to Strangers 932

NEVER TALK TO STRANGERS ***

*Regie:* Peter Hall
*Darsteller:* Rebecca DeMornay (Dr. Sarah Taylor), Antonio Banderas (Tony Ramirez), Dennis Miller (Cliff Raddison), Len Cariou (Henry Taylor), Harry Dean Stanton (Max Cheski), Eugene Lipinski (Dudakoff), Martha Burns (Maura), Beau Starr (Grogan), Phillip Jarrett (Spatz), Tim Kelleher (Wabash)
*Drehbuch:* Lewis Green, Jordan Rush
*Kamera:* Elemer Ragalyi (Deluxe)
*Musik:* Pino Donaggio
*Schnitt:* Roberto Silvi
*Prod.Des.:* Linda Del Rosario
*Prod.:* Andras Hamori, Jeffrey R. Neuman, Martin J. Wiley für Alliance Comm., USA 1995; 102 Min.
*Verleih:* Ascot/Fleur-/Elite; 8.2.1996
*FSK:* ab 16, ffr.

Obwohl sonst eher zurückhaltend, läßt sich eine Psychologin, die das Prozeßgutachten über einen mehrfachen Mörder erstellen soll, mit einem geheimnisvollen »Latin Lover« ein – und schon beginnt ein anonymer Verfolger sie zu terrorisieren. Ist es ein Bekannter ihres »Klienten«, der undurchsichtige, schöne Fremde oder am Ende gar der eigene Vater, der sich wieder in ihr Leben drängt? Der Schluß bietet einige Überraschungen, vor allem aber eine restlos hirnrissige Variation auf das Thema des Kindsmißbrauchs. *Zoom, 2/96*

Otto Heuer in: Rheinische Post, 9.2.96; Rupert Koppold in: Stgt. Zeitung, 8.2.96; Hans Schifferle in: SZ, 8.2.96; Angela Schmitt-Gläser in: FR, 12.2.96

## Spitzenleistung 933

*** TV

*Regie:* Gernot Friedel
*Darsteller:* Nikolaus Paryla (Franz Ferdinand Fischer), Suzanne von Borsody (Dr. Czap), Michael Degen (Friedmann)
*Drehbuch:* Dieter Stiefel, Gernot Friedel
*Prod.:* Österreich 1996; 88 Min.
*TV:* 17.9.1996, 3sat, 20.15

(...) In der witzig-perfiden Komödie läßt sich Nikolaus Paryla als Chef eines florierenden, aber gemütlich-gschlamperten Familienbetriebs (Brillengestelle) von einem ausgefuchsten Unternehmensberaterpaar die Bude durchrationalisieren. Bald ist der Betrieb menschenfrei. Aber die Perfektion hat eine wunderbar gschlamperte Pointe.
*Pokie, AZ, 19.9.96*

## Die Spur der roten Fässer 934

***

*Regie:* Kai Wessel
*Darsteller:* Florian Bamberg (Roman Steinküller), Meike Fellinger (Julia Steinküller), Evren Sahin (Tekin Celal), Florian Schön (Jonas Steinküller), Teresa Harder (Steffi Steinküller), Peter Sodann (Kommissar Kaminski), Horst Krause (Otto Schlange), Kristiane Kupfer (Iris von Kufstein), Bernd Stichler (Mautz), Volker Kühn (Fiedler)
*Drehbuch:* Kai Wessel, nach einer Geschichte von Ursula West
*Kamera:* Hagen Bogdanski (Farbe)
*Musik:* Konstantin Wecker
*Schnitt:* Ursula Höf
*Prod.Des.:* Gerd Staub
*Prod.:* Ottokar Runze für Ottokar Runze Filmprod. mit NDR/MDR/ORB, BRD 1995; 91 Min.
*Verleih:* Basis/-/Stamm; 25.4.1996
*FSK:* o.A., ffr.
*FBW:* Wertvoll

Vier Kinder zwischen acht und 14 Jahren kommen während ihrer Sommerferien auf einem Bauernhof in der Mark Brandenburg einem Umweltverbrechen auf die Spur und verhindern, daß ein skrupelloser Geschäftsmann Fässer mit Giftmüll unrechtmäßig beseitigt. Ein Krimi für Kinder, der seinem Zielpublikum spannende Unterhaltung bietet, indem er seine Helden selbstbestimmt Detektivarbeit leisten und Tugenden wie Phantasie, Mut und Neugier in die Tat umsetzen läßt. *Zoom, 11/96*

*Kinderkrimi: Florian Bamberg, Meike Fellinger, Kristiane Kupfer und Florian Schön*

Ein Öko-Kinder-Krimi, der durch seine lockere, leichte Erzählart besticht. Außerdem ein Abenteuerfilm jenseits von Cyberspace, was mehr und mehr zur Rarität wird. (...)
Kai Wessel stilisiert den Erfolg der Kinder nicht zum billigen Happy-End-Triumph über die Erwachsenen. Vielmehr verbindet er geschickt Abenteuer und Realität, Spiel mit Verantwortung – wenn auch das aufopferungwürdige letzte Ende ein bißchen dicke ist. Trotzdem: gute Unterhaltung.
*Frauke Hanck, AZ, 25.4.96*

Heiko R. Blum in: Rheinische Post, 26.4.96; Tobias Kniebe in: SZ, 25.4.96; Rupert Koppold in: Stgt. Zeitung, 25.4.96; Milan Pavlovic in: Kölner Stadt-Anzeiger, 27.4.96

## Die Spur des Schlitzers 935
GETTING EVEN **
TV

*Regie:* Leandro Lucchetti
*Darsteller:* Harrison Muller (Roy Evans), Richard Roundtree (Major Dundee), Michael Aronin (John Slisko), George Ardisson, Kate Chesher, Deborah Keith
*Drehbuch:* Leandro Lucchetti
*Kamera:* Sandro Mancori (Farbe)
*Musik:* Lanfranco Perini
*Schnitt:* Vanio Amici
*Prod.:* Italien 1988; 88 Min.
*TV:* 10.1.1996, Sat.1, 0.00

Der heruntergekommene Vietnam-Veteran Evans erhält den Auftrag, einen ehemaligen Kameraden aufzuspüren, der inzwischen nicht nur illegalen Waffenhandel in Südostasien betreibt, sondern zudem verdächtigt wird, eine Serie grausamer Frauenmorde in New York verübt zu haben. Und auch Evans selbst hat noch eine ganz persönliche Rechnung mit ihm offen. *Pressetext*

## Squanto – Der große Krieger 936
THE LAST GREAT WARRIOR ***
Video

*Regie:* Xavier Koller
*Darsteller:* Adam Beach (Squanto), Michael Gambon (Sir George), Nathaniel Parker (Thomas Derner), Mandy Patinkin (Bruder Daniel), Eric Schweig (Epenow)
*Drehbuch:* Darlene Craviotto

*Kamera:* Robbie Greenberg (Farbe)
*Musik:* Joel McNeely
*Schnitt:* Lisa Day
*Prod.Des.:* Gemma Jackson
*Prod.:* Kathryn F. Galan für Walt Disney Pic., USA 1994; 98 Min.
*Vertrieb:* Walt Disney Home Video; 5.6.1996
*FSK:* ab 6 J.

Der nach Großbritannien entführte Sohn eines Indianerhäuptlings kehrt nach vielen Irrungen und Wirrungen in seine Heimat zurück. Ansehnlicher, aber dennoch nicht zur Gänze überzeugender Abenteuerfilm mit simpler Moral vom Schweizer Oscar-Preisträger Xavier Koller (»Reise der Hoffnung«) behäbig inszeniert.
Harmloser Familienfilm des nach Hollywood exilierten Schweizer Regisseurs Xavier Koller (Oscar für »Reise der Hoffnung«, 1989), der die angeblich wahre Geschichte des jungen Indianers Squanto erzählt. Dieser wurde im 17. Jahrhundert von englischen Seefahrern nach Europa verschleppt, tauchte bei Mönchen unter und kehrte zu seinem Stamm zurück, wo er dank der gewonnenen Erfahrungen für die friedliche Verständigung zwischen Siedlern und Ureinwohnern sorgte. (...)

*Zoom*

René Claßen in: film-dienst, 16/96

## Stadt des Grauens 937

THE CARRIER ***

TV

*Regie:* Nathan J. White
*Darsteller:* Gregory Fortescue (Jake Spear), Stevie Lee (Treva), Steve Dixon (Dr. Anthony King), N. Paul Silverman (Reverend), Paul Urbanski (Joshua), Patrick Butler (Tom)
*Drehbuch:* Nathan J. White
*Kamera:* Peter Deming (Farbe)
*Musik:* Joseph LoDuca
*Schnitt:* Nathan J. White
*Prod.:* Jeffrey Dougherty für Swan, USA 1987; 99 Min.
*TV:* 11.11.1996, RTL2, 22.35

Ein Mann wird von einem Tier angefallen und verletzt, nichtsahnend wird er so zum Überträger einer furchtbaren Seuche. Seuchenschocker.

## Star Trek – Deep Space Nine, 4. Saison 1 938

STAR TREK – DEEP SPACE NINE, 4. SAISON 1 **

Video

*Regie:* James L. Conway
*Darsteller:* Avery Brooks, Rene Auberjonois, Michael Dorn
*Prod.:* USA 1995; 90 Min.
*Vertrieb:* CIC Video; 8.8.1996
*FSK:* ab 12 J.

Pilotfilm zur vierten Staffel des »Star Trek«-Spin-Offs – nur für die eingeschworene Fangemeinde. Insgesamt sind von der »Deep Space Nine-Serie« sechs Folgen bei uns erschienen.

## Star Trek – Der erste Kontakt 939

STAR TREK: FIRST CONTACT ****

*Regie:* Jonathan Frakes
*Darsteller:* Patrick Stewart (Capt. Jean-Luc Picard), Jonathan Frakes (Comm. William Riker), LeVar Burton (Comm. Geordi La Forge), Michael Dorn (Lt. Worf), Gates McFadden (Dr. Beverly Crusher), Marina Sirtis (Deanna Troi), Alfre Woodard (Lily Sloane), James Cromwell (Zefram Cochrane), Brent Spiner (Lt. Data), Alice Krige (Borg-Königin)
*Drehbuch:* Rick Berman, Brannon Braga & Ronald D. Moore, nach einer Story von Rick Berman, nach den Charakteren von Gene Roddenberry
*Kamera:* Matthew F. Leonetti (Deluxe)
*Musik:* Jerry Goldsmith
*Schnitt:* John W. Wheeler
*Prod.Des.:* Herman Zimmerman
*Prod.:* Rick Berman für Paramount, USA 1996; 110 Min.
*Verleih:* UIP/UIP/UIP/CIC Video; 19.12.1996
*FSK:* ab 12, ffr.
*FBW:* Wertvoll

Die Borg greifen die Erde an und entkommen, von der Enterprise verfolgt, in die Vergangenheit, wo sie den ersten Kontakt der Menschheit mit Außerirdischen zu vereiteln versuchen, um so die Entstehung der Förderation zu verhindern, was Captain Picard natürlich zu verhindern weiß. Der erste Kinofilm, in dem die »Next Generation«-Mannschaft allein auftritt, reduziert die differenzierteren Handlungsaspekte und Profile mancher Figuren zugunsten einer an Tempo, Action und eindrücklichen Spezialeffekten orientierten Dramaturgie. Ein Spektakel für die Fans. *multimedia*

(...) Letztlich dürften wieder nur die Star-Trek-Fans ihre ungeteilte Freude an dem bieder inszenierten Streifen haben. *tip, 26/96*

Rupert Koppold in: Stgt. Zeitung, 19.12.96; Martin Scholz in: FR, 21.12.96

## Star Trek – Voyager 1.10 940
STAR TREK – VOYAGER 1.10 ***
Video

*Regie:* LeVar Burton
*Darsteller:* Kate Mulgrew, Robert Beltran, Roxanne Biggs
*Prod.:* USA 1995; 90 Min.
*Vertrieb:* CIC Video; 6.6.1996 – *FSK:* ab 12 J.

Zwei Folgen aus der amerikanischen TV-Science-fiction-Serie. Insgesamt sind bisher 10 Voyager-Kassetten mit 20 Episoden auf dem deutschen Markt.

## Star Trek – Voyager: Transplantationen/Der mysteriöse Nebel 941
STAR TREK – VOYAGER: PHAGE/ THE CLOUD **
Video

*Regie:* Winrich Kolbe
*Darsteller:* Kate Mulgrew (Kathryn), Robert Beltran (Chakotay), Robert Duncan McNeill (Tom Paris), Jennifer Lieu (Kes), Ethan Phillips (Neelix)
*Drehbuch:* Skye Dent, Brannon Brega, Timothy Dettaas, Tom Szollasi, Michael Piller
*Kamera:* Marvin V. Rush (Farbe)
*Musik:* Dennis McCarthy, Jay Chattaway
*Schnitt:* Robert Ledermann, Tom Benko
*Prod.:* Brannon Braga, Merri Howard, Peter Lauritson für Paramount, USA 1995; 96 Min.
*Vertrieb:* CIC Video; Febr. 1996

Zwei US-TV-Serienfolgen für Science-fiction-Fans und »Trekkies«, aber nix für alle anderen.

## Stefanies Geschenk 942
***

*Regie:* Mathieu Seiler
*Darsteller:* Soraya Da Mota, Paul Lohr, Aviva Joel, Norbert Schwientek, Werner Düggelin
*Drehbuch:* Mathieu Seiler
*Kamera:* Stéphane Kuthy
*Schnitt:* Johnny Dubach
*Prod.:* Klusfilm mit Edi A. Stöckli/Condor, Schweiz 1996; 65 Min.
*Verleih:* -/-/Klusfilm; April 1996

Die zwölfjährige Stefanie findet sich weder in der Schule noch mit den Eltern zurecht. Sie flüchtet sich in eine Traumwelt, in der sie ihre Aggressivität und Ängste auslebt und die von der realen Welt bald nicht mehr zu unterscheiden ist. Sie läßt sich von zwei alten Männern (Phantasiegestalten?) vergiften und in einem Geschenkpaket ihrem Vater zum Geburtstag senden. Die teilweise mit etwas abstrus wirkenden Metaphern bestückte Pubertätsgeschichte vom schwierigen Erwachsenwerden verblüfft durch die eigenwillige formale Gestaltung mit ihren teilweise extremen Großaufnahmen, die diesem Erstlingswerk eine ganz besondere Atmosphäre verleihen. *Zoom, 4/96*

## Das Stendhal-Syndrom 943
LA SINDROME DI STENDHAL ***
Video

*Regie:* Dario Argento
*Darsteller:* Asia Argento (Anna Manni), Thomas Kretschmann (Alfredo Grossi), Marco Leonardi (Marco Longhi), Paolo Bonacelli (Dr. Cavanna), Luigi Diberti (Inspektor Manetti), Julien Lambroschini (Marie)
*Drehbuch:* Dario Argento, nach einer Story von Dario Argento, Franco Ferrini, inspiriert durch das Buch »La Sindrome di Stendhal« von Graziella Magherini
*Kamera:* Giuseppe Rotunno (Farbe)
*Musik:* Ennio Morricone
*Schnitt:* Angelo Nicolini
*Prod.Des.:* Antonello Geleng
*Prod.:* Dario Argento, Giuseppe Colombo für Cine 2000/Medusa, Italien 1996; 119 Min.
*EA:* Filmfest München 1996
*Vertrieb:* Splendid Video; Juli 1996
*FSK:* ab 18 J.

Horrorfilmer Argento vemag dem Genre ein paar neue Wendungen abgerungen haben, aber die Story von der Polizistin, die von einem Serienkiller vergewaltigt wird, ist denn doch ein wenig dürftig.

## Stille Nacht 944
***

*Regie:* Dani Levy
*Darsteller:* Maria Schrader (Julia), Jürgen Vogel (Frank), Mark Schlichter (Christian),

Ingrid Caven (Sängerin), Maurice Lamy (Page), Adisat Semenitsch (Katja), Jenny Lau, Ubi Ferguson, Alexander Alexandrow, Stoyan Maltschew
*Drehbuch:* Klaus Chatten, Dani Levy, Maria Schrader
*Kamera:* Carl-F. Koschnick (Farbe)
*Musik:* Niki Reiser – *Schnitt:* Dani Levy
*Prod.Des.:* Monika Bauert
*Prod.:* Stefan Arndt, Dani Levy, Rolf Schmid für X-Filme Creative Pool/Fama/Fool, BRD/Schweiz 1995; 87 Min.
*UA:* 16.2.1996, Int. Filmfestspiele Berlin, »Wettbewerb«
*Verleih:* Buena Vista/dto./Filmcooperative; 4.4.1996
*FSK:* ab 16, ffr.

Der Basler Dani Levy hat in Deutschland eine Beziehungsgeschichte um eine Frau und zwei Männer gedreht, die einem hohen formalen Anspruch nachlebt. Er hat sich damit von seinen unbekümmerten Anfängen (»Du mich auch«, 1986) teilweise gelöst. Seine Figuren benehmen sich freilich immer noch wie damals in den achtziger Jahren in der Berliner WG-Szene. Was ein erweitertes Kammerspiel von etwelchem Interesse hätte werden können, scheitert mindestens teilweise an einer unzulänglichen Besetzung. *Zoom, 4/96*

(...) Einmal mehr erweist sich Dani Levy (»RobbyKallePaul«, »Ohne Mich«) als hochtalentierter Regisseur. Er führt seine Schauspieler zu Bestleistungen, weiß kluge, anrührende und oft auch sarkastische Bild-Metaphern zu finden für die Einsamkeit junger Menschen zwischen Selbstmitleid und trotzigem Selbstbewußtsein, zwischen Lebensgier und Sicherheitsbedürfnis. Dem Alptraum dieser »Stillen Nacht« entflieht man dann trotzdem ganz gerne. *Angie Dullinger, AZ, 4.4.96*

(...) Und man fragt sich. Was gehen uns diese selbstverschuldeten Beziehungshöllen an? Warum interessiert uns das weit weniger als etwa Albees »Wer hat Angst vor Virginia Woolf?«? Warum wurde das Kammerspiel in CinemaScope gedreht? Wie bringt es Maria Schrader fertig, während des Telephonierens mit Paris gleichzeitig den

*Maria Schrader*

Weihnachtskarpfen zu töten und sogar noch säuberlich auszunehmen?
*Sebastian Feldmann, Rheinische Post, 4.4.96*

(...) Die drei sind hin- und hergerissen zwischen Liebe und Haß, Hoffnung und Verzweiflung, Euphorie und Eifersucht. Ebenso ist der in satte, nachtfarbene Bilder getauchte Film mal komisch und mal tragisch, mal sentimental und mal gewalttätig inszeniert. So wüst kann es nur in der Heiligen Nacht zugehen. *Volker Gunske, tip, 9/96*

(...) Um so ärgerlicher ist es, daß Dani Levy diese Ansätze eines aufregenden kleinen Films unter dem hochgestylten Schick seiner Interieurs erdrückt und immer wieder mit dem exaltierten Gehabe seiner Protagonisten belastet, die unvermittelt mit dem Anzug unter die Dusche steigen oder den Kopf ins Aquarium tauchen. Auch muß man sich fragen, wie oft ein Mann zum Telephon greifen kann, ohne sich lächerlich zu machen. (...) *Anke Sterneborg, SZ, 4.4.96*

Brigitte Desalm in: Kölner Stadt-Anzeiger, 6.4.96; Andreas Kilb in: Die Zeit, 5.4.96; Harald Martenstein in: Der Tagesspiegel, 16.2.96; Angela Schmitt-Gläser in: FR, 4.4.96; Ruprecht Skasa-Weiß in: Stgt. Zeitung, 4.4.96

*Drag Queens in ›Stonewall‹ von Nigel Finch*

## Stirb nicht ohne mir zu sagen, wohin du gehst 945

NO TE MUERAS SIN DECIRME ADONDE VAS ****

*Regie:* Eliseo Subiela
*Darsteller:* Mariana Arias, Dario Grandinetti, Oscar Martinez, Monica Galán, Tincho Zabala, Leonardo Sbaraglia, James Murray, Ricardo Fassan, Sandra Sandrini
*Drehbuch:* Eliseo Subiela
*Kamera:* Hugo Colace (Farbe)
*Musik:* Pedro Aznar
*Schnitt:* Marcela Saenz
*Prod.:* Gabriel Boero für Artear/Instituto Nacional de Cine y Artes Visuales, Argentinien 1995; 120 Min.
*Verleih:* -/-/trigon-film; April 1996

Der Filmvorführer Leopolda hat eine Maschine erfunden, mit der er seine Träume visualisieren kann. Er träumt von einer Frau, die ihm immer wieder als Geist erscheint. Nur er kann sie sehen – sie wird real, ohne materiell zu sein. Der Film ist eine spannend und sehr witzig inszenierte, raffinierte Spekulation über den Zusammenhang von Kino und Psyche. Eine technisch perfekte Produktion von hohem internationalem Standard. *Zoom, 4/96*

## Stonewall 946

STONEWALL ***

*Regie:* Nigel Finch
*Darsteller:* Guillermo Diaz (LaMiranda), Frederick Weller (Matty Dean), Brendan Corbalis (Ethan), Duane Boutte (Bostonia), Bruce MacVittie (Skinny Vinnie)
*Drehbuch:* Rikki Beadle Blair, nach einem Buch von Martin Duberman
*Kamera:* Chris Seager (Farbe)
*Musik:* Michael Kamen
*Schnitt:* John Richards
*Prod.Des.:* Therese DePrez
*Prod.:* Christine Vachon, Ruth Caleb für Arena NY/BBC, USA/GB 1995; 98 Min.
*EA:* Filmfest München 1996
*Verleih:* -/-/Filmcooperative; Juli 1996

Aus der Perspektive einer Drag Queen erzählt der Film den »Stonewall«-Aufstand von 1969 – erster Widerstand der Schwulen gegen die staatliche Repression. Dabei entwirft er ein vielschichtiges Bild vom schwulen Leben. Differenzen innerhalb der Szene sind ebenso dargestellt, wie die Mechanismen der allgegenwärtigen Diskriminierung. Doch fehlt ein Moment der historischen Rekonstruktion, das eine Kontextualisierung von »Stonewall« und die Bewertung aus heutiger Sicht ermöglicht hätte – so bleibt es bei der gut gemeinten, aber wenig aussagekräftigen Reminiszenz. *Zoom, 7/96*

## Die Strafe des Schweigens 947
BANISHED BEHIND BARS **
Video

*Regie:* Henri Charr
*Darsteller:* Annie Wood, Gail Harris, Jenna Bodner, Ace Ross, James Donahue
*Drehbuch:* Robert Newcastle
*Prod.:* PM Ent., USA 1995; 89 Min.
*Vertrieb:* VMP Video; 18.10.1996
*FSK:* ab 18 J.

Kruder Frauenknast-Actioner um zwei vom Schicksal arg gebeutelte Schwestern, der sich von Klischee zu Klischee hangelt.

## Strange Days 948
STRANGE DAYS ***

*Regie:* Kathryn Bigelow
*Darsteller:* Ralph Fiennes (Lenny Nero), Angela Bassett /(Lornette »Mace« Mason), Juliette Lewis (Faith Justin), Tom Sizemore (Max Peltier), Michael Wincott (Philo Gant), Vincent D'Onofrio (Burton Steckler), Glenn Plummer (Jeriko One), Brigitte Bako (Iris), Richard Edson (Tick), William Fichtner (Dwayne Engelman)
*Drehbuch:* James Cameron, Jay Cocks, nach einer Story von James Cameron
*Kamera:* Matthew F. Leonetti (CFI)
*Musik:* Graeme Revell; Deep Forest (additional score), Randy Gerston (producer)
*Schnitt:* Howard Smith
*Prod.Des.:* Lilly Kilvert
*Prod.:* James Cameron, Stephen-Charles Jaffe für Lightstorm Ent., USA 1995; 145 Min.
*UA:* 8.10.1995, New York
*Verleih:* Jugendfilm/-/20th Century Fox/ VCL Video; 8.2.1996
*FSK:* ab 16, ffr.

(...) Auch Bigelow unternimmt, unterstützt von ihrem ehemaligen Mann James Cameron, eine Kino-Tour de Force. Im Mittelpunkt steht das »Playback«, ein »neues« Verfahren, mit dem die Menschen im Cyberspace-Zeitalter fremde Erfahrungen so intensiv nacherleben können wie nie zuvor. Ein Verfahren, das Bigelow unter radikalem Einsatz aller filmischen Techniken von heute simuliert: gnadenlos harter

*Die Macher: Stephen-Charles Jaffe, James Cameron und Kathryn Bigelow am Set von ›Strange Days‹*

Schnitt, überwältigender Sound, Gewalt bis an die Schmerzgrenze – das Kino als Hexenkessel.

*Fritz Göttler, SZ, 8.9.95*

Los Angeles 1999: Ex-Cop Lenny dealt mit Clips des neuen Mediums SQUID, das alle Sinne und Gefühle erfaßt. Er bemüht sich umsonst, seine verflossene Liebe zur Sängerin Faith wiederzubeleben. Statt dessen wird er in eine Mordgeschichte und einen Polit-Skandal verwickelt, die ihn zu sozialem Engagement zwingen und ihm den Weg zu einer neuen Liebe weisen. Teils »Film Noir«, teils medienkritischer Diskurs, teils Endzeit-Fresko, vermag das hektisch-chaotische, aber auch repetitive Spektakel nicht ganz zu überzeugen, bleibt aber allemal eine eigenwillige und diskussionswürdige Variante des ermüdenden Action-Genres. *Zoom, 2/96*

(...) Daß nicht nur lausiges Marketing, sondern auch die Düsternis des Stoffs für die mangelnde Resonanz verantwortlich sein könnte, weisen Produzent und Regisseurin unisono zurück. Die Avantgardistin wird zur Diplomatin: *»Der Film nimmt einen mit bis an den Rand des Abgrunds, läßt einen hinunterblicken und hindert einen am Fall. Es geht um Hoffnung, um das, was uns ins nächste Jahrtausend bringen wird.«* Und sie verschweigt dabei, daß sich mit der Unnachgiebigkeit ihres Blicks jede Hoffnung perforieren läßt. (...)

*Kathryn Bigelow im Gespräch mit Peter Körte, FR, 6.2.96*

Michael Althen in: SZ, 8.2.96 (über K. Bigelow); Brigitte Desalm in: Kölner Stadt-Anzeiger, 10.2.96; Rupert Koppold in: Rheinische Post, 9.2.96; Tom Peuckert in: Der Tagesspiegel, 1.2.96; Christoph Terhechte in: tip, 3/96

## Stranger 949

THE STRANGER **

Video

*Regie:* Fritz Kiersch
*Darsteller:* Kathy Long (Fremde), Andrew Divoff (Angel Matts), Eric Pierpoint (Gordon Col), Robin Lynn Heath (Cordet), Ginger Lynn Allen (Sally Womack), Jason Adams (Steve Stowe), Hunter von Leer, David Anthony Marshall, Nils Allen Stewart, Danny Trejo
*Drehbuch:* Gregory Poirier
*Kamera:* Christopher Walling (Farbe)
*Musik:* Kevin Kiner
*Schnitt:* Tony Mizgalski
*Prod.Des.:* Gary Randall
*Prod.:* Donald P. Borchers für Kings Road Ent., USA 1994; 93 Min.
*Vertrieb:* Columbia TriStar Home Video; 6.8.1996
*FSK:* ab 18 J.

Kickboxende Motorrad-Lady räumt unter den Brutalos einer Stadt auf.

## Straße der Rache 950

WHITE MAN'S BURDEN ***

*Regie:* Desmond Nakano
*Darsteller:* John Travolta (Louis Pinnock), Harry Belafonte (Thaddeus Thomas), Kelly Lynch (Marsha Pinnock), Margaret Avery (Megan Thomas), Carrie Snodgress (Josine, Marshas Mutter), Andrew Lawrence (Donnie Pinnock), Tom Bower (Stanley), Robert Gossett (John), Tom Wright
*Drehbuch:* Desmond Nakano
*Kamera:* Willy Kurant (Technicolor)
*Musik:* Howard Shore
*Schnitt:* Nancy Richardson
*Prod.Des.:* Naomi Shohan
*Prod.:* Lawrence Bender für A Band Apart, USA 1995; 89 Min.
*Verleih:* -/-/Sadfi; Juni 1996 (CH)

In seinem ersten Spielfilm hat der bisher als Drehbuchautor hervorgetretene Amerikaner japanischer Herkunft Desmond Nakano die sozialen Verhältnisse in den USA auf den Kopf gestellt: Die Farbigen stellen die privilegierte Oberschicht und eine brutale Polizei, die Weißen sind die in Slums lebenden Underdogs. Vor diesem fiktiven Hintergrund entführt ein ungerechtfertigt entlassener weißer Arbeiter seinen obersten Boß, einen Farbigen. Die beiden kommen sich mit der Zeit etwas näher, können aber die Katastrophe nicht abwenden. Da Nakano die historischen Wurzeln außer acht läßt, bringt seine Umkehrung der realen Verhältnisse keine neuen Einsichten in die Rassenproblematik, immerhin aber einen erstaunlich differenziert spielenden John Travolta. *Zoom, 6/96*

## Die Straßen von Berlin: Alleingang 951

***

TV

*Regie:* Werner Masten
*Darsteller:* Jennifer Nitsch (Irene Starnow), Uwe Ochsenknecht (Hajo Kroll), Hannes Jaenicke (Tom Geiger), Martin Semmelrogge (Jockel Pietsch), Dietrich Mattausch (Dr. Maas), Peter Lohmeyer (Alex Vitalij), Hermann Treusch (Peter Deroy), Dieter Montag (Stephan Kahn)
*Drehbuch:* Axel Götz
*Musik:* Pino Donaggio
*Prod.:* Otto Meissner für Novafilm Fernsehprod. für Pro Sieben Filmprod., BRD 1995;
100 Min.
*TV:* 3.1.1996, Pro7, 20.15

Nachdem eine offizielle Durchsuchung bei dem zwielichtigen Firmeninhaber Stephan Kahn der Staatsanwältin Starnow nichts als eine Rüge von Oberstaatsanwalt Dr. Maas einbringt, will Hajo Kroll den vermutlichen Drogenhändler und Autoschieber im Alleingang zur Strecke bringen und setzt dafür sogar sein Leben aufs Spiel.
*Pressetext*

## Die Strategie der Schnecke 952

LA ESTRATEGIA DEL CARACOL ***

*Regie:* Sergio Cabrera
*Darsteller:* Frank Ramirez, Humberto Dorado, Florina Lemaitre, Gustavo Angarita, Vicky Hernandez, Edgardo Roman, Fausto Cabrera, Salvatore Basile, Victor Mallarino
*Drehbuch:* Humberto Dorado, nach dem Script von Ramón Jimeno, Sergio Cabrera
*Kamera:* Carlos Congote (Farbe)
*Musik:* German Arrieta
*Schnitt:* Manuel Navia, Nicholas Wenworth
*Prod.:* Sergio Cabrera für Caracol TV/ FOCINE/Crear TV/Prods. Fotograma/EMME, Kolumbien 1993; 116 Min.
*UA:* 9.3.1994, Cartagena Film Festival, Colombia
*EA:* Lateinamerikanische Filmtage, München, April 1995
*Verleih:* Kairos, OmdU/; 17.10.1996

Ein altes Mietshaus in einem Vorort der kolumbianischen Hauptstadt Bogota. Der Besitzer, ein neureicher Yuppie, will das Haus »entmieten«, die Bewohner auf die Straße setzen. Sie alle besitzen keine Chance, aber sie nutzen sie. Denn der Anarchist Jacinto entwickelt einen schlitzohrigen Plan, wie man die noch verbleibende Zeit bis zum Rauswurf nutzen kann: Die Strategie der Schnecke. *Filmecho/Filmwoche*

Carla Rhode in: Der Tagesspiegel, 17.10.96

## Street War 953

KINGDOM OF THE BLIND **

Video

*Regie:* Nick Vallelonga
*Darsteller:* Nick Vallelonga (El), William Petersen (Tony C.), Leo Rossi (Moran), Michael Cavalier (Gus), Quinn Duffy (Micky), James Quarter (Rudy), Michael Biehn, Paul Winfield
*Drehbuch:* Nick Vallelonga
*Kamera:* James Chressanthis (Farbe)
*Musik:* Jan Hammer
*Schnitt:* Michael Bloecher
*Prod.:* James Quarter für Cinequannon Pic., USA 1995; 98 Min.
*Vertrieb:* VCL Video; 23.1.1996
*FSK:* ab 18 J.

Polizist fahndet nach seinem jüngeren Bruder, der einen Mafioso ermordet haben soll und gerät dabei in Konflikte. Wenig stimmiger Gangsterfilm, bei dem sich Hauptdarsteller, Autor und Regisseur Vallelonga übernommen hat.

## Streetfighter II – The Animated 954

STREET FIGHTER II – THE ANIMATED MOVIE *

Video

*Regie:* Gisaburo Sugil
*Prod.:* Manga Film, Japan 1995; 100 Min.
*Vertrieb:* Ascot Video; 15.11.1996
*FSK:* ab 18 J.

Der Realfilm zum Computerspiel mit van Damme war schon schlimm, aber diese Manga-Version ist die Krönung. Oder geht's vielleicht noch billiger?

## Striptease 955

STRIPTEASE ***

*Regie:* Andrew Bergman
*Darsteller:* Demi Moore (Erin Grant), Armand Assante (Al Garcia), Ving Rhames (Shad), Robert Patrick (Darrell Grant), Burt Reynolds (David Dilbeck), Paul Guilfoyle (Malcolm Moldoysky), Jerry Grayson (Orly), Rumer

Willis (Angela), Robert Stanton (Erb Crandal), William Hill (Jerry Killian)
*Drehbuch:* Andrew Bergman, nach dem Roman »Nachtclub« von Carl Hiaasen
*Kamera:* Stephen Goldblatt; Dirk Quinlan (Technicolor)
*Musik:* Howard Shore, Joel Sill (producer)
*Schnitt:* Anne V. Coates
*Prod.Des.:* Mel Bourne
*Prod.:* Mike Lobell für Lobell/Bergman Prod. für Castle Rock, USA 1996; 117 Min.
*Verleih:* Concorde/Constantin/Monopole Pathé/Columbia TriStar Home Video; 15.8.1996
*FSK:* o.A., ffr. – *FBW:* Wertvoll

Eine junge, elegante Frau verdingt sich in einer Striptease-Bar, um das Geld für den Sorgerechtsprozeß gegen ihren kriminellen Ex-Mann zusammenzubringen, und gerät dabei in eine Affäre um einen korrupten und sexsüchtigen Senator. Eine unerquickliche Mischung aus Melodram, Krimi und Polit-Posse, die keinem Genre gerecht wird. Die unlogisch entwickelte Geschichte verärgert durch sexistische Sprüche und voyeuristische Bilder. *Zoom, 9/96*

Einzig Demi Moore müßte zufrieden sein: Trotz stolzem Honorar stellte dieser erotische Rohrkrepierer an sie keine darstellerischen Anforderungen, befriedigte aber ihren notorischen Hang zu hemmungslosem Narzißmus.
*W.O.P, Kistner, AZ, 14.8.96*

Während Burt Reynolds als altersgeiler Politikhanswurst seine angepappten Waigelbrauen zumindest komödiantisch gelungen um sich wirft, merkt man Frau Moore keinen Moment an, daß ihr einmal der Unterschied zwischen Schauspielen und Zurschaustellen erklärt wurde. Was ist das für eine Welt, in der ein maßlos überbewerteter Hollywoodstar (vergeblich) beweisen will, daß er strippen kann – während Tausende Stripperinnen nichts sehnlicher wünschen, als zum Film zu kommen. *Patrick Rösler, Stgt. Zeitung, 15.8.96*

Martina Knoben in: SZ, 14.8.96; Dietrich Kuhlbrodt in: FR, 14.8.96; Simone Mahrenholz in: Der Tagesspiegel, 25.8.96; Hans Schifferle in: Kölner Stadt-Anzeiger, 17.8.96

*Demi Moore beim ›Striptease‹*

## Stürmische Begegnung 956

THE RUN OF THE COUNTRY ****

Video

*Regie:* Peter Yates
*Darsteller:* Albert Finney (Dannys Vater), Matt Keeslar (Danny), Anthony Brophy (Prunty), Victoria Smurfit (Annagh), David Kelly (Pfarrer Gaynor), Dearbhla Molloy (Mutter), Carole Nimmons (Mrs. Prunty), Vinnie McCabe (Annaghs Onkel), Trevor Clark, Kevin Murphy
*Drehbuch:* Shane Connaughton, nach seinem gleichn. Roman
*Kamera:* Mike Southon (Technicolor)
*Musik:* Cynthia Millar
*Schnitt:* Paul Hodgson
*Prod.:* Peter Yates, Ruth Boswell für One Two Nine Prod., GB/Irland 1995; 108 Min.
*UA:* Toronto Film Festival 1995
*Vertrieb:* Columbia TriStar Home Video; 22.10.1996
*FSK:* ab 12 J.

Rebellischer 18jähriger trägt nach dem Tod der Mutter offensiv einen Konflikt mit dem störrischen Vater aus und gerät durch eine Liebesaffäre zwischen die

Fronten des Nordirland-Konflikts. Optisch ansprechendes Drama mit Albert Finney in einer seiner typischen, knorrigen Charakterrollen.

## Sudden Death 957

SUDDEN DEATH ***

*Regie:* Peter Hyams
*Darsteller:* Jean-Claude van Damme (Darren McLord), Powers Boothe (Joshua Foss), Raymond J. Barry (Vize-Präsident), Whittni Wright (Emily), Dorian Harewood (Hallmark), Ross Malinger (Tyler), Kate McNeil (Kathi), Michael Gaston (Hickey), Jack Erdie (Scratch), Faith Minton (Carla)
*Drehbuch:* Gene Quintano, nach einer Story von Karen Baldwin
*Kamera:* Peter Hyams (Deluxe)
*Musik:* John Debney
*Schnitt:* Steven Kemper
*Prod.Des.:* Philip Harrison
*Prod.:* Moshe Diamant, Howard Baldwin für Signature mit Imperial Ent., USA 1995; 110 Min.
*UA:* 22.12.1995, New York
*Verleih:* UIP/UIP/UIP/CIC Video; 4.4.1996
*FSK:* ab 16, ffr.

Ein ehemaliger Ex-Geheimdienstangehöriger dringt – unterstützt von einem Team von Spezialisten – in ein Eishokkey-Stadion ein und bringt den amerikanischen Vizepräsidenten in seine Gewalt. Er verlangt Lösegeld und droht, das Stadion samt Publikum, das von allem nichts merkt, in die Luft zu jagen. Ein tüchtiger Stadion-Hausmeister vereitelt seine Pläne. Ein mißlungener Versuch, an gängige Action-Muster à la »Die Hard« anzuknüpfen. Der Einfallsreichtum des Films erschöpft sich in Brutalitäten. *Zoom, 5/96*

(…) An originellen Details reiche und mit einer exzellenten Darstellerriege aufwartende Genrevariation, die jedoch gelegentlich an ihrem hanebüchenen Drehbuch leidet und streckenweise unter ihren Manierismen ächzt.
*Frank Schnelle, tip, 9/96*

Albert Baer in: Rheinische Post, 4.4.96; Milan Pavlovic in: Kölner Stadt-Anzeiger, 6.4.96; Hans Schifferle in: SZ, 8.2.96; Christian Schröder in: Der Tagesspiegel, 5.4.96

## Suite 16 958

SUITE 16 **

Video

*Regie:* Dominique Deruddere
*Darsteller:* Peter Postlethwaite (Glover), Antonie Kamerling (Chris), Geraldine Pailhas (Helen), Tom Jansen (Paul), Bart Slegers (Rudy)
*Drehbuch:* Charles Higson, Lise Mayer
*Kamera:* Jean-François Robin (Farbe)
*Musik:* Walter Hus
*Schnitt:* Kant Pan
*Prod.:* Paul Breuls, Dominique Deruddere für Corsan Prod./Theorema Films/ Corsan Prod., Belgien/Niederlande/GB 1994; 109 Min.
*EA:* 18.2.1995, Int. Filmfestspiele Berlin, »Panorama«
*Vertrieb:* Highlight Video; April 1996
*FSK:* ab 18 J.

Westentaschen-Callboy begegnet an der Côte d'Azur mysteriösem Hotelgast, der ihn zur Realisierung seiner abseitigen Sex-Phantasien benutzen will. Voyeuristischer, letztendlich aber unbefriedigender Thriller mit ziemlich verblasener Story und einem großartigen Peter Postlethwaite.

## Die Summe der Gefühle 959

THE SUM OF US ***

TV

*Regie:* Kevin Dowling, Geoff Burton
*Darsteller:* Jack Thompson (Harry Mitchell), Russell Crowe (Jeff Mitchell), John Polson (Greg), Deborah Kennedy (Joyce), Joss Moroney (Jeff, acht Jahre), Mitch Mathews (Gran), Julie Herbert (Mary), Rebekah Elmaloglou (Jenny)
*Drehbuch:* David Stevens, nach seinem gleichn. Theaterstück
*Kamera:* Geoff Burton (Farbe)
*Musik:* Dave Faulkner
*Schnitt:* Frans Vandenburg
*Prod.Des.:* Graham (Grace) Walker
*Prod.:* Hal McElroy für Southern Star, Australien 1994; 99 Min.
*TV:* 15.7.1996, Vox, 20.00

Harry Mitchell und sein Sohn Jeff sind beide auf der Suche nach jemanden, mit dem sie ihr Leben verbringen können – dabei respektiert der Vater die Homosexualität seines Sohnes.
*AZ TV Journal*

## Summertime Switch – Chaos im Feriencamp 960

SUMMERTIME SWITCH **

TV

*Regie:* Alan Melter
*Darsteller:* Rider Strong (Frederick Egan III.), Jason Weaver (»Fast Freddie« Egan), Richard Moll (Jimmy), Teresa Ganzel (Mrs. Sykes), Soleil Moon Frye (Peggy), Barry Williams (Frederick Egan jr.), Nicole Leach (Chris), John Steven Jones (Hacksaw), Tighe Swanson (Ferret), David Tom (Todd)
*Drehbuch:* Patrick J. Clifton
*Kamera:* Vincent Baldino (Farbe)
*Musik:* Bradley Smith
*Schnitt:* Sharyn L. Ross
*Prod.Des.:* Peter Wooley
*Prod.:* S. Bryan Hickox für Louis Rudolph Family Films mit Victor TV, USA 1994; 85 Min.
*UA:* 8.10.1994, ABC
*TV:* 18.8.1996, Pro7, 15.30

Ihre Namensgleichheit sorgt für eine gravierende Verwechslung: Während der privilegierte Frederick Egan III., ein arroganter Kerl aus reichem Haus, in einem Sommerlager landet, das eher einem Knast gleicht, kommt der Straßenjunge »Fast Freddie« Egan in das luxuriöse Camp am See – das eigentlich für Frederick bestimmt war. Probleme haben beide in der ungewohnten Umgebung. *Pressetext*

## Sünde einer Nacht 961

**

TV

*Regie:* Michael Keusch
*Darsteller:* Claudia Michelsen (Lena Gabriel), Johannes Brandrup (Roger), Francis Fulton-Smith
*Prod.:* BRD 1996; 90 Min.
*TV:* 2.10.1996, RTL plus, 20.15

Psychopathenrache eines liebestollen Kellners am sexverheißenden Champagner-Girl. Respektable Profis verschwenden ihr Handwerk an der Groschenzunft. *AZ, 4.10.96*

## Super Citizen Ko 962

SUPER CITIZEN KO ***

*Regie:* Wan Jen
*Darsteller:* Lin Yang (Kol-sheng), Su Ming-ming, Chen Yen-chiou, Ko Yi-cheng
*Drehbuch:* Liao Ching-song, Wan Jen
*Kamera:* Shen Rei-yuan (Farbe)
*Musik:* Lee Shou-chuan, Fan Tsung-pei
*Schnitt:* Liao Ching-song
*Prod.Des.:* Wan Jen
*Prod.:* Wan Jen Films, Taiwan/China 1995; 121 Min.
*EA:* 20.2.1996, Int. Forum des Jungen Films, Berlin
*Verleih:* Freunde/-/-; Herbst 1996

(...) Um eine lange getragene Schuld und den schwierigen Weg zur Sühne geht es in dem Film von Wan Jen: Ko, ein ehemaliger Kämpfer in einer revoltierenden Studentengruppe, kehrt nach 34 Jahren – 16 im Gefängnis, 18 in einem Pflegeheim – als gebrochener Mann nach Taipeh zurück. Schwer liegt die Last auf seinen schwachen Schultern und in seinen trüben Augen, die sich immer wieder die Bilder der Hinrichtung seines alten Freundes Chen vorführen, den er damals im Gefängnis verraten hat. (...)
Hat man sich erst auf die große Langsamkeit dieses Filmes eingelassen, kann man sich treiben lassen von den ruhigen Bildern, die den Blick auf die von der grausamen Vergangenheit geprägten verstörten Gesichter freigeben – und dazu ein wunderbares Schlußbild in diesem stillen bewegenden Menschendrama genießen!

*Eberhard Elterlein, Berliner Morgenpost, 22.2.96*

Holger Kreitling in: Der Tagesspiegel, 22.2.96

## Der Supermasseur 963

MASSAGE □

TV

*Regie:* Freddy Steinhart
*Darsteller:* Albert Cohen, Esdi Kossowitzke, Orna Lavi, Irit Meir, Josef Schiluach
*Drehbuch:* Margalit Zwi
*Prod.:* Israel 1986; 87 Min.
*TV:* 30.7.1996, RTL2, 0.40

Erotik-Komödie, deren ganzer Inhalt im Titel schon enthalten ist.

## Das Superweib 964

**

*Regie:* Sönke Wortmann
*Darsteller:* Veronica Ferres (Franziska), Joachim Krol (Enno Winkel), Liselotte Pulver (Alma Winkel), Thomas Heinze (Will Gross),

Richy Müller (Papai), Heiner Lauterbach (Victor Lange), Jonathan Beck (Willi), Marco Bretscher (Franz), Maren Kroyman (Tootsie), Esther Schweins (Sonja Sonne)
*Drehbuch:* Gundula Leni Ohngemach, nach dem gleichn. Roman von Hera Lind
*Kamera:* Tom Fährmann (Farbe)
*Musik:* Stoppok
*Schnitt:* Ueli Christen
*Prod.Des.:* Monika Bauert
*Prod.:* Bernd Eichinger, Martin Moszkowicz für Constantin Film, BRD 1995; 89 Min.
*Verleih:* Constantin/Constantin/Buena Vista/ VCL Video; 7.3.1996
*FSK:* ab 6, ffr.
*FBW:* Besonders wertvoll

Eine frustrierte Ehefrau und Mutter schreibt Stationen ihres bisher durchschnittlichen Lebens nieder und wird ungewollt zur gefeierten Beststeller-Autorin. Mit dem Erfolg emanzipiert sie sich, sucht sich selbstbewußt ihre Traummänner aus und behauptet sich gegenüber ihrem Ex-Mann, der ihren Roman verfilmen will. Episodisch erzählte Komödie ohne Biß, die sich ausschließlich auf die Zugkraft der trivialen Romanvorlage verläßt. *Zoom, 4/96*

Albert Baer in: Rheinische Post, 8.3.96; Andres Kilb in: Die Zeit, 8.3.96; Frank Noack in: Der Tagesspiegel, 7.3.96; H.G. Pflaum in: SZ, 7.3.96; Angela Schmitt-Gläser in: FR, 9.3.96

## Surrogate Mother 965

SURROGATE MOTHER **

Video

*Darsteller:* Rene Eram, Bridgette Wilson, Peter Boyle
*Prod.:* USA 1996; 92 Min.
*Vertrieb:* Splendid Video; 28.10.1996
*FSK:* ab 16 J.

Leihmutter entpuppt sich als Psychopathin und terrorisiert das Adoptivelternpaar bis aufs Blut. Der Schrecken, den dieser Thriller verbreiten will, hält sich in sehr engen Grenzen.

## Suspect Device 966

SUSPECT DEVICE *

Video

*Regie:* Rick Jacobson
*Darsteller:* C. Thomas Howell, Stacey Travis, Jed Allan, Jonathan Fuller, John Beck, Marcus Aurelius, Jeff Allin, Paul Eckstein, Leonard Turner, Bill Bolender

*Veronica Ferres in ›Das Superweib‹*

*Drehbuch:* Alex Simon, nach einer Story von Bob Kerchner
*Kamera:* John Aronson (Farbe)
*Musik:* Christopher Lennertz
*Schnitt:* John Gilbert
*Prod.Des.:* Nava
*Prod.:* Mike Elliott für New Horizons/ Hillwood Ent., USA 1995; 91 Min.
*Vertrieb:* Highlight Video; 29.4.1996
*FSK:* ab 18 J; gekürzte Fass. 88 Min. ab 16 J.

Büroschwengel entkommt einem Massaker Außerirdischer und rutiert zum Helden. Läppischer Science-fiction-Thriller aus der Roger-Corman-Versuchsküche – direkt vom US-TV in deutsche Videotheken gedrückt.

## Das Süße der Fremden 967

***

TV

*Regie:* Michael Kobs
*Darsteller:* Thorsten Ranft (Vater), Ilka Teichmüller (Mutter), Enrico Krause (Robby), Hannes Adam (gelackter Junge), Utz Krause (fetter Mann), Anton Rattinger (Kommissar), Brigitte Mira, Eva Ebner
*Drehbuch:* Michael Kobs
*Kamera:* Peter Nix (Farbe)

*Prod.:* HFF Potsdam, BRD 1996; 60 Min.
*TV:* 29.9.1996, ZDF, 0.15, »Das kleine Fernsehspiel«

Eine perfekte Etüde des Formalismus: Der höchst artifizielle Genrezitatfilm erzählt ein Schauermärchen in Bildritualen. Es geht um einen Verdacht. Wer ist der Kindesmörder? Der Polizist, der suspendiert wird? Er verkauft, als »schwarzer Mann« verkleidet, Bonbons. Sein Sohn wird von der verbiesterten Mutter bewacht. Doch Inhalt ist hier nichts, das optische Ausdrucksmittel alles: Schräglage für Dämonisches, Stilisierung des Unheimlichen, Farbensignale – surrealer Grusel-Expressionismus. *Ponkie, AZ, 1.10.96*

## Swaham 968
SWAHAM ***

*Regie:* Shaji N. Karun
*Darsteller:* Aswani (Annapoorna), Sarath (ihr Sohn), Venmani Vishnu (Stationsvorsteher), Hari Dass (Ramayyar), Gopi (Hausbesitzer), Mullenezhi (Schwager), Praseetha, Rudraprathapan, Gopalakrishnan
*Drehbuch:* S. Jayachandran Nair, R. Reghunath Paleri, Shaji N. Karun
*Kamera:* Hari Nair (Farbe und s/w)
*Musik:* K. Raghavan, Isaac Thomas Kottukapally
*Schnitt:* Raman Nair
*Prod.:* Shaji N. Karun für Filmfolk, Indien/Kerala 1994; 153 Min.
*UA:* 21.5.1994, Int. Filmfestspiele Cannes
*EA:* 29.6.1994, Filmfest München
*Verleih:* -/Cinematograph, OmU/trigon; Sept. 1994 (CH)/ August 1996

Eine arme Witwe verliert nach Besitz und Haus auch noch den einzigen Sohn. Ein Meisterwerk über die Trauer und die Macht des Geldes als schicksalsbestimmende Macht. Der getragene Duktus von Handlung und die Bildführung erfordern Geduld und die Bereitschaft, sich einer intensiven Gefühlswelt zu öffnen.
Der Gewinn dieser Meditation liegt in der Begegnung mit einer weithin unbekannten Lebensart und Religiosität. *multidmedia*

## Swann 969
SWANN ***
TV

*Regie:* Anna Benson Gyles
*Darsteller:* Miranda Richardson (Sarah Maloney), Brenda Fricker (Rose Hindmarch), Michael Ontkean (Stephen), David Cubitt (Ladner Brown), Sean Hewitt (Jimroy), Sean McCann (Homer), John Neville
*Drehbuch:* Anna Benson Gyles, David Young, nach dem Roman von Carol Shields
*Kamera:* Gerald Packer (Farbe)
*Musik:* Richard Rodney Bennet
*Prod.:* Christina Jennings, Ann Scott für Greenpoint/Shaftsbury, GB/Kanada 1996; 95 Min.
*TV:* 26.9.1996, Premiere, 22.15

(...) Die gefeierte Autorin Sarah schreibt gerade ein Buch über die Dichterin Mary Swann, die auf der Farm ihres Mannes erschlagen und deren Tod nie geklärt wurde. Hinter dem Mord an der Literatin scheint ein Geheimnis zu stecken. Bei ihrer Recherche lernt Sarah Rose kennen, die Mary Swann als letzte lebend gesehen hat. Die ungleichen Frauen geraten immer mehr in den Bann der Toten. *Pressetext*

## Swoon 970
SWOON ****

*Regie:* Tom Kalin
*Darsteller:* Daniel Schlachet (Richard Loeb), Craig Chester (Nathan Leopold, jr.), Ron Vawter (State's Attorney Crowe), Michael Kirby (Det. Savage), Michael Stumm (Doktor Bowman), Valda Z. Drabla (Germaine Reinhardt, Natalie Stanford (Susan Lurie), Mona Foot, Peter Bowen
*Drehbuch:* Tom Kalin
*Kamera:* Ellen Kuras
*Schnitt:* Tom Kalin
*Prod.Des.:* Therese Dépréz
*Prod.:* Christine Vachon für American Playhouse/Public Broadcasting Service/ National Endowment for the Arts/Chubb Group of Insurance Comp., USA 1992; 92 Min.
*EA:* 19.2.1992, Int. Forum des Jungen Films, Berlin
*Verleih:* Nef2/-/-; Juli 1996

Ein authentischer Fall aus den zwanziger Jahren. Zwei achtzehnjährige Männer begehen in ihrer Liebe einen Mord

*Daniel Schlachet und Craig Chester in ›Swoon‹*

ohne ein plausibles Motiv. Ein heikles Thema, bei dem es um Homosexualität und Gewalt geht, um die Versuchung der Macht und die Obsession, eine Tat zu zelebrieren und sich damit ein Bildnis seiner selbst zu zeichnen. Ein Film, der statt verbaler Erklärungen die Bilder sprechen läßt, der zeigt statt zu bewerten und somit den Zuschauer zwingt, Stellung zu beziehen. Ein Kunstwerk über den Drang zweier Menschen, aus ihrem Leben ein solches zu machen. *tip, 14/96*

Jan Gympel in: Zitty, 13/96; Ines Lohr in: Der Tagesspiegel, 22.2.92

## Synthetic Pleasures 971

SYNTHETIC PLEASURES ****

*Regie:* Iara Lee
*Kamera:* Marcus Hahn, Kramer Morgenthau, Toshifumi Furusawa (Farbe)
*Musik:* Mike Kandel, Single Cell Orchestra, Haruami Hosono
*Schnitt:* Andreas Troeger, Stacia Thompson
*Prod.:* George Gund III. für Caipirinha Prod., USA 1995; 83 Min.
*UA:* 13.9.1995, Int. Filmfestival Toronto
*EA:* 19.2.1996, Forum des Jungen Films, Berlin; Filmfest München 1996
*Verleih:* Salzgeber/-/Columbus; November 1996

Dokumentarfilm, der den heutigen Stand der technischen Möglichkeiten und gesellschaftlichen Implikationen von künstlichen Realitäten in ihren erheiternden, versponnenen und erschreckenden Ausformungen collagehaft präsentiert. Die dafür übernommene Ästhetik des »Cyberspace«, die praktisch ausnahmslos positiven Äußerungen sowie der schmeichlerische Soundteppich lassen allerdings die berechtigten Gegenstimmen in diesem Zirkus des »permanent fun« so weit zurücktreten, daß sich eine nachträgliche Auseinandersetzung mit dem Gezeigten aufdrängt. *Zoom, 11/96*

## Das Taebaek Gebirge 972
TAEBAEK SANMAEK ***
TV

*Regie:* Im Kwon-Taek
*Darsteller:* An Sung-Kee (Bumwoo), Kim Myung-Kon (Sangjin), Kim Gap-Soo (Sangku), O Jung-Hae (Sohwa, Schamanin), Shin Hyun-Joon (Haseop), Choi Dong-Joon (Leutnant Shim), Chung Kyung-Soon (Sangjins Frau), Bang Eun-Jin (Partisanenfrau), Lee Ho-Jae (Dr. Chun)
*Drehbuch:* Song Neung-Han, nach einem Roman von Cho Jeong-Lae
*Kamera:* Jung Il-Sung (Farbe)
*Musik:* Kim Soo-Chul
*Schnitt:* Park Soon-Duk
*Prod.Des.:* Kim Yu-Joon
*Prod.:* Lee Tae-Won für Taehung Pic., Republik Korea 1994; 168 Min.
*UA:* 13.2.1995, Int. Filmfestspiele Berlin, »Wettbewerb«
*EA:* Filmfest München 1995
*TV:* 26.8.1996, Arte, 22.40

(...) Über Einzelschicksale werden Konflikte um Sex und Erotik, Macht und Hunger, um Ideale und ihre Kompromittierung, über den Terror von Revolution und Gegenrevolution spürbar gemacht. Der Regisseur versucht, durch emotionelle Inszenierung zu wirken, zeigt den Kommunismus als Hunger-Phänomen, dem sich das ausgebeutete Landvolk aus Verzweiflung anschließt. Über die Figur der Schamanin schlägt er eine Brücke zur alten Kultur seines Landes. (...) Ein fesselndes Historienepos, ein künstlerischer Appell: sich auf die 1000jährige Geschichte Koreas zu besinnen – der 50 Jahre Teilung gegenüberstehen.
*Simone Mahrenholz, Der Tagesspiegel, 15.2.95*

## The Takeover – Nackte Gewalt 973
THE TAKEOVER **
TV

*Regie:* Troy Cook
*Darsteller:* Nick Mancuso (Anthony Vilachi), Billy Drago (Daniel Stein), Eric Dare (Venokur), John Savage (Greg), David Amos (Jonathan), Gene Mitchell (Mickey), Cali Timmins (Kathy)
*Drehbuch:* Gene Mitchell
*Musik:* Jimmy Lifton
*Prod.:* Cheryl Cook, USA 1994; 87 Min.
*TV:* 24.1.1996, Pro7, 23.05

Bandenkrieg um die Beherrschung des Kokainmarktes in Los Angeles: Dem Gangsterchef Vilachi droht eine Übernahme durch den ehemaligen Wallstreet-Tycoon Stein – und zwischen den Fronten zwei Ganoven, die nur ihr Schäfchen ins Trockene bringen wollen. *Pressetext*

## Tanz am Abgrund 974
DAIBYONIN ***
TV

*Regie:* Juzo Itami
*Darsteller:* Rentaro Mikuni (Buhei Mukai), Masahiko Tsugawa (Dr. Koichiro Ogata), Nobuko Miyamoto (Mariko Mukai), Midori Kiuchi (Hisako Hayashi), Haruna Takase (Aya Kandori), Mami Kumagai (Micchan), Noboru Mitani, Akio Tanaka, Mikiko Minami, Yoshiko Shimizu
*Drehbuch:* Juzo Itami
*Kamera:* Yonezo Maeda (Farbe)
*Musik:* Toshiyuki Honda
*Prod.:* Japan 1993; 112 Min.
*TV:* 30.10.1996, ARD, 23.00

Der egozentrische Regisseur und Schauspieler Buhei Mukai dreht einen Film über ein krebskrankes Liebespärchen. Als er während der Dreharbeiten erfährt, daß er selbst an einem unheilbaren Krebsleiden erkrankt ist, reagiert er darauf ebenso hilflos wie sein Arzt. Seine Frau, die Krankenschwester und die Mitpatienten geben ihm jedoch die Kraft, sich nicht auf den Tod, sondern auf sein Leben und sein letztes Filmprojekt zu konzentrieren. Itamis Komödie ist eine phantasievolle und sensible Auseinandersetzung mit dem Tabu des humanen Sterbens im Zeitalter der High-Tech-Medizin. *Pressetext*

## Der Taschendieb 975
DE TASJESDIEF ****

*Regie:* Maria Peters
*Darsteller:* Olivier Tuinier (Alex), Aus Greida-

*Rentaro Mikuni, Nobuko Miyamoto, Midori Kiuchi und Masahiko Tsugawa*

nus (Lucas), Micha Hulshof (Evert), Ingeborg Jyt Den Boogaard (Großmutter Roos), Myranda Jongeling (Mutter), Jaap Spijkers (Vater), Freark Schmink
*Drehbuch:* Maria Peters, nach dem gleichnamigen Roman von Mieke van Hooft
*Kamera:* Hein Groot (Farbe)
*Musik:* Ad van Dijk
*Schnitt:* Ot Louw
*Prod.Des.:* Hadassah Kann
*Prod.:* Dave Schram, Hans Dos, Maria Peters für Shooting Star mit Tros TV, Niederlande 1995; 97 Min.
*EA:* Int. Filmfestspiele Berlin 1995 »Kinderfilmfest«; Filmfest München 1995

*›Der Taschendieb‹ von Maria Peters*

*Verleih:* Arsenal/-/-; 7.11.1996
*FSK:* ab 6, ffr.

Klarinettespielen und Dinosaurierbasteln sind die beiden Lieblingsbeschäftigungen des zwölfjährigen Alex. Am allerliebsten aber sitzt er in der Küche seiner Oma, schwatzt und ißt Apfelkuchen. Zwei jugendliche Kriminelle bringen diese heile Welt gehörig durcheinander. Nicht genug, daß sie Alex' Oma bedrohen und ihm die Klarinette klauen, sie zwingen den Kleinen auch noch zu Taschendiebstählen. Nur mit all seinem Mut gelingt es dem Jungen, sich und seine Oma aus dem Schlamassel zu ziehen. Der niederländische Kinderfilm bietet eine spannende Handlung und verzichtet in der Darstellung der Figuren völlig auf die übliche Einteilung in Gut und Böse. Fast nebenbei und völlig undidaktisch behandelt er außerdem Themen wie Gewalt, Tod und Alterseinsamkeit. *Katja Nicodemus, tip, 23/96*

Katja Nicodemus in: tip, 23/96; Patrick Rösler in: Stgt. Zeitung, 21.12.96

## Taxi Lisboa

976
****

*Regie:* Wolf Gaudlitz
*Darsteller:* Augusto Macedo, Antonio

Torchiaro, Josefina Lind, Leonore Mau, Ana-Teresa Sousa, Gerard Samaan
*Drehbuch:* Wolf Gaudlitz
*Kamera:* Claus Langer, Rodger Hinrichs (Farbe)
*Musik:* Gert Wilden jr.
*Schnitt:* André Bendocchi-Alves
*Prod.:* Wolf Gaudlitz für Solofilm/BR/SR, BRD 1996; 86 Min.
*UA:* Filmfest München 1996
*Verleih:* Solofilm/-/-; 31.10.1996
*FBW:* Wertvoll

(...) Im Mittelpunkt dieses eigenwillig zwischen Dokumentation und Spielszenen schillernden Filmes steht der beinahe 100jährige, agile und humorvolle Taxifahrer Augusto Macedo, der seit mehr als 70 Jahren mit seinem gepflegten Oldsmobile Cabriolet durch die Straßen Lissabons fährt und für seine oft skurrilen, oft liebenswürdigen Kunden auch noch den Lebensberater spielt.
Filmemacher wie Wolf Gaudlitz, hochbegabt auch als Autor und Schauspieler, der für die Verwirklichung seiner Projekte schon mal existentielle Sorgen riskiert, verdienen unsere Aufmerksamkeit im allzu häufig konformistischen Kinogeschäft. Er schenkt uns die Erinnerung an phantastische Träume wieder, an die Kraft unserer Sehnsüchte. *Angie Dullinger, AZ, 7.11.96*

Peter Buchka in: SZ, 31.10.96; Josef Lederle in: MM, 30.10.96 (Interview)

*Augusto Macedo*

## Tecumseh 977

TECUMSEH – THE LAST WARRIOR *
Video

*Regie:* Larry Elikann
*Darsteller:* Jesse Borrego, David Morse, Tantoo Cardinal, Douglas Spain, Holt McCallany
*Drehbuch:* P.F. Edwards
*Kamera:* Eric van Haren Noman (Farbe)
*Musik:* David Shire
*Schnitt:* Peter V. White
*Prod.:* Lynn Raynor für American Zoetrope, USA 1995; 90 Min.
*Vertrieb:* VMP Video; 12.1.1996
*FSK:* ab 12 J.

Unnötig verkitschte US-TV-Verfilmung der Sage vom »Panther des Himmels«, einem heldenhaften Indianerhäuptling, der den fiesen weißen Siedlern trotzt.

Jochem Rack in: film-dienst, 5/96

## Tempo 978

***

*Regie:* Stefan Ruzowitzky
*Darsteller:* Xaver Hutter, Nicolette Krebitz, Dani Levy, Simon Schwarz, Michou Friesz, Krista Stadler
*Drehbuch:* Stefan Ruzowitzky
*Kamera:* Andreas Berger (Farbe)
*Musik:* Patrick Pulsinger, Erdem Tunakan, Peter Kruder, Christopher Just, Gerhard Potuznik, Memory Foundation, Satanic Soul, Dan Lodig, Silicon City
*Schnitt:* Britta Burkert
*Prod.:* Danny Krausz, Kurt Stocker für DOR Film/ORF, Österreich 1996; 92 Min.
*Verleih:* -/filmladen/-; April 1996
*FSK:* ab 14 (BMUK)

Fahrradbote erkennt im Laufe seiner Tätigkeit, daß er statt vermeintlicher Liebesbriefe Kokain transportiert hat. Erstlingsfilm von Stefan Ruzowitzky, der bei diesem Zeitbild derzeitiger »Raver-Kultur« seine Erfahrungen als Dokumentarist und als Schöpfer von Werbefilmen und Musikfilmen einbringt. Authentisch und spontan in der Darstellung ist der Film auch im Bereich der Musikvideoästhetik als erweiternde Variante bedeutsam. *multimedia*

## Tender Fictions
979
TENDER FICTIONS
***

*Regie:* Barbara Hammer
*Drehbuch:* Barbara Hammer
*Kamera:* Amy Halpern, Barbara Hammer (Farbe)
*Musik:* Pamela Z. Monika, Catherine Jauniaux
*Schnitt:* Barbara Hammer
*Prod.:* Barbara Hammer, USA 1996; 58 Min.
*UA:* 22.1.1996, Sundance Film Festival
*EA:* 23.2.1996, Int. Forum des jungen Films, Berlin
*Verleih:* Freunde/-/-; Winter 1996

Eine autobiographische Untersuchung und persönliches Portrait der homosexuellen Gemeinschaft von Barbara Hammer, die in L.A. aufwuchs.

## Terminal Rush
980
TERMINAL RUSH
**
Video

*Regie:* Damian Lee
*Darsteller:* Don »The Dragon« Wilson, Roddy »Rowdy« Piper, Brett Halsey
*Prod.:* USA 1996; 90 Min.
*Vertrieb:* MVW Video; 27.11.1996
*FSK:* ab 18 J.

Terroristen drohen mit der Sprengung des Hoover-Staudamms. Gewohnt primitiver Kampfsport-Action vor interessanter Kulisse.

## Teufel in Blau
981
DEVIL IN A BLUE DRESS
****

*Regie:* Carl Franklin
*Darsteller:* Denzel Washington (Easy Rawlins), Tom Sizemore (DeWitt Albright), Don Cheadle (Mouse), Jennifer Beals (Daphne Monet), Maury Chaykin (Matthew Terell), Terry Kinney (Todd Carter), Mel Winkler (Joppy), Albert Hall (Odell), Lisa Carson (Coretta James), Jernard Burks (Dupree)
*Drehbuch:* Carl Franklin, nach dem gleichn. Roman von Walter Mosley
*Kamera:* Tak Fujimoto (Farbe)
*Musik:* Elmer Bernstein
*Schnitt:* Carole Kravetz
*Prod.Des.:* Gary Frutkoff
*Prod.:* Gary Goetzman, Jesse Beaton für Clinica Estetico/Mundy Lane Ent., USA 1994; 102 Min.
*UA:* 18.9.1995, New York
*Verleih:* Columbia TriStar/dto./20th Century

*Denzel Washington*

Fox/Columbia TriStar Home Video; 2.5.1996
*FSK:* ab 16, ffr.

Los Angeles 1948: Weil er arbeitslos geworden und dadurch in eine finanzielle Notlage geraten ist, nimmt ein Schwarzer den dubiosen Auftrag an, nach einer verschwundenen weißen Frau zu suchen, die im Besitz von Fotos ist, die einen Politiker schwer belasten. Er gerät in ein tödliches Netz aus Intrigen, Rassismus, Erpressung und Mord, aus dem er sich erst befreien kann, als er das Gesetz des Handelns selbst in die Hand nimmt. Ein spannender Thriller auf den Spuren des »film noir«, formal und schauspielerisch bemerkenswert und reizvoll in der Schilderung der Zeitatmosphäre. *Zoom, 5/96*

(...) Die eingedeutschte Fassung macht allerdings aus dem melodischen schwarzen Slang ein quäkendes und brummendes Gestotter.
*Volker Gunske, tip, 10/96*

Peter Buchka in: SZ, 2.5.96; Fritz Göttler in: Kölner Stadt-Anzeiger, 4.5.96; Rupert Koppold in: Rheinische Post, 3.5.96

## Der Teufel und die tiefe blaue See 982

BETWEEN THE DEVIL AND THE DEEP BLUE SEA ***

*Regie:* Marion Hänsel
*Darsteller:* Stephen Rea, Ling Ngoc Chu, Adrian Brine, Maka Kotto, Mischa Aznavour, Lo Koon Lan, (Stimme von Jane Birkin)
*Drehbuch:* Marion Hänsel, Louis Grospierre, nach der Kurzgeschichte »Li« von Nikos Kavvadias
*Kamera:* Bernard Lutic (Farbe)
*Musik:* Wim Mertens
*Schnitt:* Susana Rossberg
*Prod.:* Mark Forstater für Le Gouvernement de la Communauté Française de Belgique/ BRTN/RTBF/The National Lotery/Hed Fonds Films in Vlaanderen/Le Ministère de la Culture et de la Francophonie/Man's Film/Tchin Tchin, Belgien/Frankreich/GB 1995; 91 Min.
*Verleih:* -/-/Columbus; April 1996

Im Hafen von Hongkong dämmert ein Bordfunker, der in Frankreich seine schwangere Gefährtin aus Angst vor Verantwortung verlassen hat, auf einem Frachter, dessen Besitzer Pleite gemacht haben, teilnahmslos und vom Opium benebelt vor sich hin. Als die zehnjährige Chinesin Li mit ihrem kleinen Brüderchen an Bord kommt und sich gegen seinen Willen nützlich macht, entwickelt sich zwischen den beiden eine von gegenseitigem Respekt getragene Freundschaft, aus der sie Vertrauen und Kraft schöpfen. Ein mit einfachen aber subtilen Mitteln gestalteter, stiller Film, in dem die jugendliche Darstellerin ihren Part mit außerordentlicher Souveränität und Würde spielt. *Zoom, 5/96*

(...) Ein schön und atmosphärisch dicht gesponnenes Seemannsgarn, wenn auch der Handlungsfaden nach einem etwas zu simplen und klischeehaften Muster verläuft. *tip, 20/96*

## Das teuflische Geheimnis der verrückten Mrs. Munck 983

MRS. MUNCK ***
Video

*Regie:* Diane Ladd
*Darsteller:* Bruce Dern (Patrick Leary), Diane Ladd (Rose Munck), Kelly Preston (Rose, jung), Shelley Winters (Tante Monica), Jim Walton, Scott Fisher, Vincent Sciullo, Bernard Arene
*Drehbuch:* Diane Ladd, nach dem Roman von Ella Leffland
*Kamera:* James Glennon (Farbe)
*Musik:* Leonard Rosenman
*Schnitt:* Maysie Hoy
*Prod.Des.:* James Allen
*Prod.:* Barbara Boyle, Michael Taylor für Viacom Prod., USA 1996; 99 Min.
*UA:* 10.6.1995
*Vertrieb:* VMP Video; 13.12.1996
*FSK:* ab 12 J.

Nicht eben üppig geratene Kabel-TV-Produktion über eine Witwe, die einen Rollstuhlfahrer in Pflege nimmt, um sich an ihm zu rächen. Diane Ladds Talent reicht bei weitem nicht, um als Autorin, Regisseurin und Hauptdarstellerin gleichzeitig zu überzeugen.

## Teuflische Intrigen 984

ULTERIOR MOTIVES □
TV

*Regie:* James Becket
*Darsteller:* Thomas Ian Griffith (Jack Blaylock), Mary Page Keller (Erica Parker Boswell), Ken Howard (Malcolm Carter), Joe Yamanaka (Joey), Hayward Mishioka (George Sakagami), Ellen Crawford (Elisabeth), M. C. Gainey (Max), Jace Kent (Kacy)
*Drehbuch:* James Becket, Thomas Ian Griffith
*Kamera:* Stephen M. Katz (Farbe)
*Musik:* Parmer Fuller
*Schnitt:* Virginia Katz
*Prod.Des.:* Michael Helmy
*Prod.:* Thomas Ian Griffith, Max Kirishima, USA 1991; 91 Min.
*TV:* 6.3.1996, Sat1, 0.00

Eine junge Reporterin glaubt, der Story ihres Lebens auf der Spur zu sein, als ihr belastendes Material zugespielt wird. Ein japanischer Geschäftsmann soll hochkarätige Militärgeheimnisse an die Yakuza verkaufen. Gemeinsam mit einem Privatdetektiv will sie die Intrige aufdecken. *Pressetext*

## Texas Playback 985

TEXAS PLAYBACK **
TV

*Regie:* Richard W. Munchkin
*Darsteller:* Sam Jones (Lewis Gentry), Kathleen Kinmont (Angela Shelby), Gary Hudson

(Killer Cody Giles), Bo Hopkins (Sheriff Bishop), Patrick St. Espirit (Jimmy), Angelo Tiffe (Frank), Nick Oleson (Billy), Joe Wheeler (Dawson), Craig Vincent, Danny Holguin
*Drehbuch:* Brian Page
*Prod.:* USA 1995; 100 Min.
*TV:* 30.11.1996, RTL2, 21.55

Einst hat der Texas Ranger Lewis Gentry den Verbrecher-Ring der Giles Brüder auffliegen lassen und deren Vater getötet. Jetzt sind die Buben wieder aus dem Gefängnis raus und sinnen vereint auf Rache.

## Theremin 986

THEREMIN: AN ELECTRONIC ODYSSEY ****
TV

*Regie:* Steven M. Martin
*Darsteller:* Mit: Leon Theremin, Clara Rockmore, Robert Moog, Nicolas Slonimsky, Paul Shure, Henry Solomonoff, Brian Wilson, Suki Bader, Beryl Campbell, Lydia Kavina
*Drehbuch:* Steven M. Martin
*Kamera:* Frank DeMarco, Robert Stone, Cris Lombardi, Ed Lachman (Farbe und s/w)
*Musik:* Hal Wilner
*Schnitt:* David Greenwald
*Prod.:* Steven M. Martin für Kaga Bay Prod., USA 1993; 83 Min.
*UA:* 29.1.1994, Sundance Film Festival, Park City, Utah
*EA:* Filmfest München 1994
*TV:* 7.1.1996, 3sat, 00.20

Eine Dokumentation über Leben und Werk des russischen Professors Leon Theremin: Durch die Erfindung des nach ihm benannten Theremin im Jahre 1920 wurde er zum Begründer der elektronischen Musik. Sein Instrument, das Töne von sich gab, ohne berührt werden zu müssen, revolutionierte die Musik und machte ihn über Nacht bekannt.

## These 987

TESIS ****
Video

*Regie:* Alejandro Amenábar
*Darsteller:* Ana Torrent (Angela), Rafael Martínez (Chema), Eduardo Noriega (Bosco), Nieves Herranz (Sena), Rosa Campillo (Yolanda), Miguel Picazo (Figueroa), Javier Elorriaga (Castro), Francisco Hernandez, Rose Avila
*Drehbuch:* Alejandro Amenabar, Matteo Gil
*Kamera:* Hans Burmann (Farbe)
*Musik:* Alejandro Amenabar, Mariano Marin
*Schnitt:* Maria Elena Saenz de Rozas
*Prod.Des.:* Emiliano Otequi
*Prod.:* José Luis Cuerda für Las Producciones del Escorpión, Spanien 1995; 125 Min.
*UA:* 15.2.1996, Int. Filmfestspiele Berlin, »Panorma: art & essai«
*Vertrieb:* VPS Video; 19.12.1996
*FSK:* ab 18 J.

Bei den Recherchen zu ihrer Promotion über Gewaltvideos stößt Studentin auf Geheimbund, der »Snuff«-Movies produziert, in denen Menschen zu Tode gefoltert werden. Trotz des Themas weder spekulativ noch über Gebühr spektakulär, sondern durchaus spannend und kritisch. Ein auf Video verschenktes Kleinod.

## A Tickle in the Heart 988

****

*Regie:* Stefan Schwietert
*Darsteller:* Mitwirkende: Max, William und Julius Epstein, Peter Sokolow, Harriet Goldstein Darr
*Drehbuch:* Stefan Schietert, Thomas Kufus
*Kamera:* Robert Richmann (Farbe)
*Musik:* The Epstein Brothers
*Schnitt:* Arpad Bondy
*Prod.:* Frank Löprich, Katrin Schlösser, Martin Hagemann, Edward Rosenstein für Zero-Film/Ö-Filmprod./Neapel-Film, BRD/Schweiz 1995; 86 Min.
*Verleih:* Ventura/-/Look Now!; 12.12.1996
*FSK:* o.A., ffr. – *FBW:* Besonders wertvoll

Mit ihrer jiddischen Musik begannen die »Epstein Brothers« vor 60 Jahren in New York eine bescheidene Karriere, heute genießen die alten Herren internationale Reputation.
Ein musikalisches Porträt der drei noch lebenden Epstein Brothers und der von ihnen gepflegten Klezmermusik: eine vom Ursprung her jiddische Volksmusik, die in Amerika Elemente des Jazz und später solche der Musik der chassidischen Juden aufgenommen hat. Ursprünglich an Hochzeiten und anderen jüdischen Festen gespielt, hat die Klezmermusik längst die großen Säle erobert. Der 84jährige Max Epstein überzeugt in Stefan Schwieterts Musikfilm

*Die Epsteins Back on the Roots*

nicht nur an der Klarinette, sondern auch als launiger und bestens informierter Erzähler, der es versteht, die von ihm vorgetragene Musik zum Spiegel der Geschichte der jüdischen Emigranten in Amerika werden zu lassen. *Zoom, 10/96*

Angie Dullinger in: AZ, 14.12.96; Konrad Heikamp in: Die Zeit, 6.12.96; Gerald Jung in: Zitty, 24/96; Martina Knoben in: SZ, 14.12.96; Walter Ruggle in: FR, 27.11.96

## Tierische Liebe

989
****

*Regie:* Ulrich Seidl
*Darsteller:* Mit: Hubert Scholz, Ernst Schönmann, Franz Holzschuh, Erich Wögerer, Fritzl Schmied, Gabi Tairi, Stefanie Renée Felden
*Drehbuch:* Ulrich Seidl
*Kamera:* Peter Zeitlinger, Michael Glawogger (Farbe)
*Schnitt:* Christof Schertenleib
*Prod.:* Erich Lackner, Hans Selikovsky für Lotus Film mit ÖF1/ORF/WFF/Selikovsky-Filmprod., Österreich 1995;
114 Min.
*UA:* Diagonale Salzburg 1995
*EA:* Max-Ophüls-Preis, Saarbrücken 1996
*Verleih:* Ventura/polyfilm/-; 11.4.1996

Porträts von Tierhaltern in Wien, die vorwiegend Hunde als Ersatzpartner für verkümmerte soziale Beziehungen benützen. Eine Folge authentischer Einblicke in das Leben von Gestrandeten und Einsamen. Der subjektive Blick des Autors ermöglicht dem Zuschauer, seine Wahrnehmung auf Mitmenschen zu schärfen, von denen man sich üblicherweise abwendet. *multimedia*

Thomas Klingenmaier in: Stgt. Zeitung, 26.9.96; Martina Knoben in: SZ, 8.10.96; Rudolf Worscheck in: epd-film, 3/96

## Tiger Heart

990
TIGER HEART
**
Video

*Regie:* Robert Chamchoun
*Darsteller:* Ted Jan Roberts (Eric), Carol Potter (Cynthia), Jennifer Lyons (Stephanie), Robert LaSardo (Paulo), Rance Howard (Mr. Johnson), Thimoty Williams ((Brad), David Michael (Bobby), Brian Gross (Steve), Vincent DePalma (Manny), Christopher Kriesa

*Drehbuch:* William Applegate Jr.
*Kamera:* Maurice McGuire; Rick Davidson (Stadycam) (Farbe)
*Musik:* John Gonzalez
*Schnitt:* Kevin Mock, Ron Shaw
*Prod.Des.:* Jared Fleury
*Prod.:* Joseph Merhi, Richard Pepin für PM Ent., USA 1996; 86 Min.
*Vertrieb:* VMP Video; Juni 1996
*FSK:* ab 16 J.

Karateerprobter Collegeboy stellt sich auf die Seite derer, die sich in L.A. gegen brutale Entmietungen eines Immobilienhais wehren. Sehr simpel gestricktes Action-Stück.

Wolfgang Brudny in: film-dienst, 13/96

## Tigerkralle 2 991

TIGER CLAWS II *

Video

*Regie:* J. Stephen Maunder
*Darsteller:* Jalal Merhi (Tarek Richards), Boko Yeung (Chong), Cynthia Rothrock (Linda Masterson), Evan Lurie (Victor), Han Soo Ong (Dai Lo Fu), Mike Chow, Paul Rapovski, Eric Lee, Harry Mok
*Drehbuch:* J. Stephen Maunder, Andreas Kyprianov
*Kamera:* Mark Willis (Farbe)
*Musik:* Varouje
*Schnitt:* Kevin Schierning (supervisor) John Meakin, Barryl Cornford
*Prod.Des.:* Grid Jurek
*Prod.:* Jalal Merhi; Kevin Ward (Line Prod.) für Film One, USA 1994; 85 Min.
*Vertrieb:* Highlight Video; 23.12.1996
*FSK:* ab 16 J.

Schon wieder ein Serienkiller! Diesmal in San Francisco und diesmal mit Kampfsportlern als Gegner. Oh je!

## Time Master 992

TIME MASTER *

Video

*Regie:* James Glickenhaus
*Darsteller:* Jesse Cameron-Glickenhaus (Jesse), Noriyuki »Pat« Morita (Isaiah), Joanna Pacula (Evelyn), Duncan Regehr (Jonathan Adams), Zelda Rubinstein (Betting Clerk), Nils Allen Stewart (Mordor), Michelle Williams (Annie), Michael Dorn, Scott Colomby
*Drehbuch:* James Glickenhaus
*Kamera:* Stephen M. Katz (Farbe)
*Musik:* Harry Menfredini
*Schnitt:* David Kern
*Prod.:* Jefferson Richard für SGE Ent./ Digital Magic, USA 1994; 95 Min.
*Vertrieb:* BMG Video; 25.3.1996
*FSK:* ab 16 J.

Bewohner einer feinen Galaxie fangen Menschen von anderen Planeten ein und benützen sie als Schachfiguren. Einer von ihnen, jung und Zeitreise erfahren verhindert, daß das Spiel ausartet.

## Tin Cup 993

TIN CUP ***

*Regie:* Ron Shelton
*Darsteller:* Kevin Costner (Roy McAvoy), Rene Russo (Dr. Molly Griswold), Cheech Marin (Romeo Posar), Linda Hart (Doreen), Don Johnson (David Simms), Dennis Buckley (Earl), Rex Linn, Lou Myers, Richard Lineback, George Perez
*Drehbuch:* John Norville, Ron Shelton
*Kamera:* Russell Boyd (Farbe)
*Musik:* William Ross
*Schnitt:* Paul Seydor, Kimberly Ray
*Prod.Des.:* James Bissell
*Prod.:* Gary Foster, David Lester für Gary Foster Prod., USA 1996; 134 Min.
*UA:* 16.8.1996, New York
*Verleih:* Warner Bros./dto./dto./Warner Home Video; 10.10.1996
*FSK:* o.A., ffr. – *FBW:* Wertvoll

Ein beruflich wie privat heruntergekommener ehemaliger Golf-Profi wagt mit der Unterstützung einer attraktiven Psychologin und seines treuen Ex-Caddys einen Neuanfang und qualifiziert

*Rene Russo und Kevin Costner*

sich für die US-Open. Er gewinnt zwar nicht das Turnier, aber Selbstvertrauen für einen neuen Anfang. Sportlerfilm, der aus den Wettkämpfen keine Spannung zieht und in der Zeichnung der Charaktere nicht durchgehend stimmig ist. Langweilige Bilder und die störende Musik verstärken den Eindruck des Mißlungenen. *Zoom, 11/96*

(...) Die banale und unbedeutende Story läuft recht langatmig ab und ist schauspielerisch nur in einer Nebenrolle von Niveau. *multimedia*

(...) Sportfilm-Spezialist Shelton hat mit »Tin Cup« eine sympathische, relaxte Komödie um zwei erwachsene Kindsköpfe abgeliefert, die mit einer gehörigen Portion Selbstironie liebgewordene Klischees zelebriert.
*Christoph Terhechte, tip, 21/96*

Es ist erstaunlich, wie Ron Shelton in seinen Filmen den Sport nie zum Selbstzweck-Thema macht, sondern ihn als soziale Umgangsform in das Leben seiner Figuren integriert. Nach »Annies Männer« und Baseball, »Weiße Jungs bringen's nicht« und Basketball, legt er jetzt eine pointierte Golf-Komödie vor, die mit Kino-Romantik stilsicher umgeht. (...)
*Frauke Hanck, AZ, 10.10.96*

Heiko R. Blum in: Rheinische Post, 11.10.96; H.G. Pflaum in: SZ, 10.10.96; Angela Schmitt-Gläser in: FR, 14.10.96; Ruprecht Skasa-Weiß in: Stgt. Zeitung, 10.10.96

## To Wong Foo, Thanks for Everything, Julie Newmar 994

***

TO WONG FOO, THANKS FOR EVERYTHING! JULIE NEWMAR

*Regie:* Beeban Kidron
*Darsteller:* Wesley Snipes (Noxeema Jackson), Patrick Swayze (Vida Boheme), John Leguizamo (Chi Chi Rodriguez), Stockard Channing (Carol Ann), Blythe Danner (Beatrice), Arliss Howard (Virgil), Jason London (Bobby Ray), Chris Penn (Sheriff Dollard), Melinda Dillon (Merna), Beth Grant (Loretta)
*Drehbuch:* Douglas Carter Beane
*Kamera:* Steve Mason (Deluxe)
*Musik:* Rachel Portman
*Schnitt:* Andrew Mondshein
*Prod.Des.:* Wynn Thomas
*Prod.:* G. Mac Brown für Amblin Ent., USA 1995; 108 Min.
*Verleih:* UIP/UIP/UIP/CIC Video; 11.1.1996
*FSK:* ab 12, ffr. – *FBW:* Wertvoll

Drei Transvestiten machen sich mit einem alten Cadillac auf den Weg nach Hollywood und stranden in einem öden Nest in Nebraska, das sie nach einem Sheriff-»Mord« fröhlich und moralisch aufrüsten.

(...) Patrick Swayze und Wesley Snipes – eigentlich auf »Kerl« abonniert – machen sich als Tunten hervorragend, doch die Dramaturgie dieser »politisch korrekten« Komödie ist recht konventionell: Alle Agierenden haben Identitätskrisen aufgrund der Rassen-, Geschlechter- oder Alterspoblematik, alle Konfikte lösen sich am Ende in pure Menschlichkeit auf. Sehr rührselig, stellenweise mit Witz und guten Musical-Einlagen. *Zoom, 1/96*

(...) Im Gegensatz zu dem australischen Vorläufer »Priscilla – Königin der Wüste« reduziert Kidron die sozialen Aspekte des Themas auf sentimentale Klischees und läßt uns nur an der überdrehten Fröhlichkeit ihrer Heldin-

*John Leguizamo, Wesley Snipes und Patrick Swayze*

nen, nicht aber an deren Wunden durch das Anderssein teilhaben. (...)
*Angela Schmitt-Gläser, FR, 13.1.96*

Heiko R. Blum in: Rheinische Post, 19.1.96; Kerstin Decker in: Der Tagesspiegel, 11.1.96; W.O.P. Kistner in: AZ, 12.1.96; Thomas Klingenmaier in: Stgt. Zeitung, 11.1.96; Oliver Rahayel in: Rheinische Post, 13.1.96

## Die Tochter des Paten 995
BIRD OF PREY **
TV

*Regie:* Temistocles Lopez
*Darsteller:* Jennifer Tilly (Kily Griffith), Boyan Milushev (Nikolai Milev), Richard Chamberlain (Jonathan Griffith), Lesley Ann Warren (Claire), Robert Carradine (Eric Parker), Lenny von Dohlen (Johnny)
*Drehbuch:* Boyan Milushev, James J. Mellon, Tracy Hall Adams, Lynette Prucha, nach der Story von Boyan Milushev
*Kamera:* David Knaus (Foto-Kem)
*Musik:* Brian Clifton
*Schnitt:* Ila von Hasperg, Tracy Hall Adams
*Prod.Des.:* Robert Harbour
*Prod.:* Boyan Milushev, Jonathan Debin für BM5 Films/Sneak Preview/First Private Bank, USA/Bulgarien 1995; 101 Min.
*TV:* 23.4.1996, Premiere, 20.15

Nikolai Milev mußte als Kind erleben, wie der Drogenboß Jonathan Griffith seinen Vater, einen Polizisten, erschossen hat. Als es ihm endlich gelingt, sich in Griffiths Kreise einzuschleusen, um ihn zu töten, verliebt er sich in dessen Tochter, die nichts von den kriminellen Machenschaften ihres Vaters ahnt. Nikolai gerät in einen Gewissenskonflikt und versucht, aus dieser überkonstruierten Geschichte zu entkommen.

## Tod aus dem All 996
WITHOUT WARNING ***
TV

*Regie:* Robert Iscove
*Darsteller:* Sander Vanocur, Jane Kaczmarek (Dr. Caroline Jaffe), Bree Walker Lampley, Dwier Brown (Matt Jensen), Brian McNamara (Mike Curtis), James Morrison (Paul Whitaker), Ashley Peldon (Kimberly Hastings), James Handy (Dr. Norbert Hazelton), Kario Salem (Dr. Avram Mandel), Spencer Garrett (Paul Collingwood)
*Drehbuch:* Peter Lance, Jeremy Thorn, Ernie Anastos, nach einer Story von Walon Green
*Kamera:* John Beymer (Farbe)
*Musik:* Craig Safan
*Schnitt:* Martin Nicholson, Frederick Peterson
*Prod.Des.:* Richard B. Lewis
*Prod.:* Robert Iscove, Nancy Platt Jacoby, USA 1994; 88 Min.
*TV:* 26.2.1996, Premiere, 20.15

Die Erde, 1994: In Wyoming, Lourdes und der Wüste Gobi reißen Bruchstükke eines Meteoriten riesige Krater in den Boden. Wissenschaftler der NASA und der berühmte Science-fiction-Autor Arthur C. Clarke erklären, daß es sich bei den Einschlägen um »harmlose Launen« der Natur handele. Dagegen sprechen mysteriöse Funksignale an den Kratern, die den Flugverkehr lahmlegen. Als erneut ein Meteor auf die Erde zurast, setzt Washington Atomsprengköpfe ein. (...) *Pressetext*

## Der Tod des Ares 997
***

*Regie:* Peter Heller
*Mitarbeit:* Michael Keidel, Claudia Seifert
*Drehbuch:* Peter Heller
*Kamera:* Otmar Schmid, David Slama, Roland Bode (Farbe)
*Musik:* Arpad Bondy
*Schnitt:* Thomas Balkenhol
*Prod.:* Filmkraft mit WDR, BRD 1995; 120 Min.
*UA:* 30.4.1995, Int. Dokumentarfilmfestival München
*Verleih:* VG Filmemacher/-/-/VG Filmemacher; März 1996

Es geht um die Hoffnung auf Frieden nach dem Zusammenbruch des Eisernen Vorhangs und um die neuen Kriege am Golf und in Jugoslawien. Es geht in diesem vollgepackten, selbstkritischen Film letztendlich um Fragen der Grenze. Wo liegen die wirklichen Grenzen, wie stark ist die Grenze zwischen Spiel und Wirklichkeit? Was war, was sein wird: Heller läßt keine einfachen Antworten zu. *Hans Schifferle, SZ, 28.4.95*

## Tod im kalten Morgenlicht 998
THE COLD LIGHT OF DAY **
TV

*Regie:* Rudolf van den Berg
*Darsteller:* Richard E. Grant (Victor Marek),

Lynsey Baxter (Milena Tatour), Perdita Weeks (Anna Tatour), Simon Cadell (Dr. Vladimir Kozant), James Laurenson (Lt. Pavel Nowak), Thom Hoffman (Alexi Berka)
*Drehbuch:* Doug Magee, nach dem Drama »Es geschah am hellichten Tag« von Friedrich Dürrenmatt
*Kamera:* Igor Luther (Farbe)
*Musik:* Stefan Truyman, Yves Elegeert
*Prod.:* Niederlande/BRD/GB 1995; 96 Min.
*TV:* 11.7.1996, Premiere, 21.45

Der dritte Kindermord in Folge löst bei der örtlichen Polizei hektische Betriebsamkeit aus. Nach dem Selbstmord des geständigen Landstreichers Alexi wachsen bei Kommissar Marek dann aber doch die Zweifel an dessen Schuld. Mit Hilfe eines kleinen Mädchens will er dem wahren Täter eine Falle stellen.

Verglichen mit dem Remake aus der »German-Classics-Reihe« muß man feststellen, daß die deutsche Version dann doch noch besser ist.

## Tod nach Schulschluß 999

TRIAL BY FIRE ***

TV

*Regie:* Alan Metzger
*Darsteller:* Keith Carradine (Owen), Gail O'Grady (Paulette Gill), Michael Bowen (Roger), Ken Lerner, Mariangela Pino, Devon Odessa, Richard Riehle, Deirdre O'Connell, Richard Gant, Nicholas Pryor
*Drehbuch:* Richard Lawton
*Kamera:* Charles Schnerr, Christopher Taylor (Farbe)
*Musik:* Mark Snow
*Schnitt:* Sidney Wolinsky
*Prod.Des.:* Scott Chambliss
*Prod.:* Vicky Herman, USA 1995; 90 Min.
*TV:* 29.5.1996, RTL Plus, 20.15

(...) Aus unerwiderter Liebe zur edlen Provinzlehrerin bringt sich ein labiler Schüler um, und flugs hängen seine fiesen Klassenkameraden mit Hilfe der Eltern der Lehrerin ein unsittliches Verhältnis an. Doch die üble Nachrede wird glanzvoll abgeschmettert, und die Welt ist wieder in Ordnung.
*Ponkie, AZ, 31.5.96*

## Todas – Am Rande des Paradieses 1000

***

*Regie:* Clemens Kuby
*Darsteller:* Andrea Jonasson (Erzählerin)
*Drehbuch:* Clemens Kuby
*Kamera:* Alok Upadhyaya (Farbe)
*Musik:* Büdi Siebert
*Schnitt:* Barbara De Pellegrini, Evelyn Schmidt
*Prod.:* Clemens Kuby für Kuby Film TV mit BR, BRD 1996; 97 Min.
*EA:* Filmfest München 1996
*Verleih:* Mind/-/-; 7.11.1996
*FSK:* o.A., ffr. – *FBW:* Wertvoll

Ein formal und inhaltlich einfühlsam gestaltetes ethnologisches Filmdokument über das kleine Volk der Toda, die von moderner Zivilisation noch weitgehend unberührt ein selbstgenügsames, spirituell reiches Leben als Sammler und Hirten in Südindien führen. Doch ihr innerer Frieden und ihr Lebensraum ist bedroht durch fremde Kultureinflüsse und wirtschaftliche Fortentwicklung. *Ralph Umard, tip, 24/96*

Alexandra Karabelos in: Stgt. Zeitung, 21.11.96; Martina Knoben in: SZ, 7.11.96; Susan Vahabzadeh in: SZ, 12.11.96

## Tödliche Dienstreise 1001

***

TV

*Regie:* Ray Müller
*Darsteller:* Rufus Beck (Ali), Hans Heinz Moser (Mohammed), Chedly El Querghy
*Drehbuch:* Ray Müller, nach dem Roman »Une enquête au pays« von Driss Chraibi
*Prod.:* BRD 1996; 86 Min.
*TV:* 24.1.1996, ARD, 23.00; 2.4.1996, 3sat, 20.15;

Eine vielschichtig schillernde Parabel von Macht, List, Hochmut und Dummheit der Gewalt – ein komisch-grausames Wüstenstück aus nordafrikanischen Bergdörfern: Der Film holte aus dem Wechselspiel zweier Rollen Hohn und Spannung. Hans Heinz Moser als der wild fuchtelnde Machtpopanz in Uniform, süchtig nach der sklavischen Demut der Untergebenen vor seiner »Autorität« und Rufus Beck als sein Assistent Ali, schlau und diplomatisch, den Bauern näher als dem rabiaten Chef. Die in mythischen Bildern redenden Dörfler, bei denen ein Terrorist gesucht wird, töten den Mächtigen und lassen Ali laufen. Daß er dann, selbst Chef geworden, mit Militär wiederkommt, kippt das Lächerliche ins Zynische. Doch das Dorf ist leer. Ein Film wie eine Fata morgana.

*Ponkie, AZ, 26.1.96*

## Das tödliche Dreieck 1002

DEADLINE FOR MURDER: FROM THE FILES OF EDNA BUCHANAN □ TV

*Regie:* Joyce Chopra
*Darsteller:* Elizabeth Montgomery (Edna Buchanan), Yaphet Kotto (Marty Talbot), Audra Lindley (Jean), Joe Flanigan (Scott Campbell), Jennifer Lewis (Denice), Lewis van Bergen (Johnny Scarfa), Dean Stockwell (Aaron Bliss), Saundra Santiago (Rosinha)
*Drehbuch:* Les Carter, Susan Sisko, nach der Autobiographie »The Corpse Had A Familiar Face« der Polizeireporterin Edna Buchanan
*Kamera:* James Glennon (Farbe)
*Musik:* Patrick Williams
*Prod.:* USA 1995; 88 Min.
*TV:* 6.3.1996, Premiere, 22.00

Nach einer Demonstration gegen den von Mafioso Johnny Scarfa geplanten Bau eines Spielcasinos in Miami werden er und seine Freundin auf dem Highway erschossen. Die Polizeireporterin findet heraus, daß Johnny gar nicht das Ziel des Anschlages war.

## Tödliche Gedanken 1003

MURDER IN MIND □ TV

*Regie:* Robert Bierman
*Darsteller:* Charlotte Rampling (Sonya Davies), Trevor Eve (Malcom Iverson), Cathryn Harrison (Eileen), Juliette Caton (Fern), Lesley Nichtingale (Trish), Steven Mackintosh (Simon)
*Drehbuch:* Jenny Diski
*Prod.:* GB 1994; 80 Min.
*TV:* 7.11.1996, BR, 22.00

Mordserie in einer psychotherapeutischen Klinik wird erst nach etlichen Umwegen aufgeklärt.

## Tödliche Intrigen 1004

SCHEMES □ TV

*Regie:* Derek Westervelt
*Darsteller:* James McCaffrey (Paul Stewart), Polly Draper (Evelyn Hayes), John Glover (Victor Kraft), Leslie Hope (Laura Pierce), Allison Mackie (Beth Stewart), George D. Wallace (Sam), Debra Mooney (Ruby), John De Lancie (Arthur Martin)
*Drehbuch:* Derek Westervelt
*Kamera:* Vance R. Piper (Farbe)
*Musik:* Mark Chait
*Schnitt:* Peter Lonsdale
*Prod.:* Kent Lucas, Derek Westervelt, USA 1995; 92 Min.
*TV:* 10.1.1996, RTL, 20.15

Kurz nach dem Unfalltod seiner Frau lernt Paul Stewart die geheimnisvolle Laura kennen. Er ahnt nicht, daß Laura zusammen mit ihrem zwielichtigen Partner Victor Kraft ihm nur die 500.000 Dollar Lebensversicherung seiner Frau abjagen will. Wider Erwarten verliebt sich Laura in Paul. Doch Kraft will seinen Plan durchziehen.

## Tödliche Umstände 1005

INVASION OF PRIVACY ***

*Regie:* Anthony Hickox
*Darsteller:* Mili Avital (Theresa Lyras), Jonathan Schaech (Josh Taylor), Naomi Campbell (Cindy Carmichael), David Keith (Sgt. Rutherford), Charlotte Rampling (Deidra Stiles), Tom Wright (Devereux), R.G. Armstrong (Mr. Logan)
*Drehbuch:* Larry Cohen
*Kamera:* Peter Wunstorf (Farbe)
*Musik:* Angelo Badalamenti, Anthony Marinelli
*Schnitt:* Dana Congdon
*Prod.Des.:* Jane Anne Stewart
*Prod.:* Hanno Huth, Carsten Lorenz für Fontana, USA 1996; 94 Min.
*Verleih:* Senator/-/-; 5.12.1996
*FSK:* ab 16, ffr. – *FBW:* Wertvoll

Ein Schwangerschafts-Thriller um ein Paar, das sich über das erwartete Kind entzweit. Sie will abtreiben, er, ein gefährlicher Psychopath, nimmt sie als Geisel, um die Geburt zu erzwingen.

*Angie Dullinger, AZ, 5.12.96*

Joseph Henrichs in: Rheinische Post, 6.12.96

## Tödliche Weihnachten 1006

THE LONG KISS GOODNIGHT ***

*Regie:* Renny Harlin
*Darsteller:* Geena Davis (Samantha Caine »Charly«), Samuel L. Jackson (Mitch Henessey), Patrick Malahide (Perkins), Craig

Bierko (Timothy), Brian Cox (Nathan), David Morse (Luke/Daedalus), G.D. Spradlin (Präsident), Tom Amandes (Hal), Yvonne Zima (Caitlin), Melina Kanakaredes (Trin)
*Drehbuch:* Shane Black
*Kamera:* Guillermo Navarro (CFI/Deluxe)
*Musik:* Alan Silvestri; Bonni Greenberg
*Schnitt:* William C. Goldenberg
*Prod.Des.:* Howard Cummings
*Prod.:* Renny Harlin, Stephanie Austin, Shane Black für Forge Prod. mit Steve Tisch, USA 1996; 120 Min.
*Verleih:* Constantin/Constantin/Focus; 12.12.1996
*FSK:* ab 16, ffr.

Eine Hausfrau und Lehrerin leidet an Gedächtnisverlust. Dann wird sie von ihrer bewegten Vergangenheit eingeholt, und plötzlich ist die Ex-Geheimagentin gezwungen, ihre Erinnerungslücken zu schließen. Mit einem abgetakelten Privatdetektiv zusammen jagt sie nun Bösewichte und Terroristen. Ein Actionthriller des Regisseurs von »Die Hard II«, der krampfhaft mit dem Buddy-Movie-Genre kokettiert, mit krudesten Knalleffekten jongliert, die Charakterisierung der Figuren stiefmütterlich betreibt und sich auf eine hanebüchene Story stützt. *Zoom, 12/96*

(...) Die Rekordsumme von vier Millionen Dollar kassierte Autor Shane Black für diesen Drehbuch-Schabernack. Die restlichen 66 Millionen Dollar Budget verbriet Regisseur und Geena-Davis-Gatte Renny Harlin lokker anderweitig, hauptsächlich seiner infantilen Zerstörungswut frönend. Das Ergebnis ist kurzweilig, bunt, schnell, bleibt aber uneinheitliches Flickwerk ohne erkennbare Handschrift. Zu selten die Sequenzen, die handwerkliche Brillanz verraten würden.
*W.O.P. Kistner, AZ, 12.12.96*

Albert Baer in: Rheinische Post, 13.12.96; Tobias Kniebe in: SZ, 12.12.96; Klaus Müller in: FR, 14.12.96; Milan Pavlović in: Kölner Stadt-Anzeiger, 14.12.96

## Tödliche Wende 1007
***
TV

*Regie:* Nico Hofmann
*Darsteller:* Tilo Prückner (Wilfried Spatzek), Michael Mendl (Walter Hägerle), Walter Kreye (Lothar Thomsen), Rudolf Kowalski (Manfred Kugler), Dietmar Mues (Thomas Rabe), Claudine Wilde (Christa Spatzek), Rita Russek (Helga Bronn), Brigitte Karner (Judith Hägerle), Krista Stadler (Carola Thomsen), Marion Kracht (Elisabeth Kugler)
*Drehbuch:* Peter Zingler
*Kamera:* Hans Grimmelmann (Farbe)
*Musik:* Nick Glowna
*Prod.:* BRD 1996; 81 Min.
*TV:* 15.6.1996, ZDF, 21.00

Vier Freunde Mitte 40, die einmal im Jahr zusammen in Urlaub fahren, laden diesmal die hübsche Christa Spatzek, eine heroinsüchtige und HIV-positive Gelegenheitsprostituierte, zu einem Segeltörn ein. Als mit zunehmendem Alhokolkonsum die sexuellen Anforderungen der Männer ausufern, wehrt sie sich. Es gelingt ihr, die Identität der Vier herauszubekommen. Die Herren fürchten einen Skandal und es kommt zu einem Streit, bei dem Christa über Bord fällt und ertrinkt.

## Tödlicher Engel 1008
BODY CHEMISTRY IV: FULL EXPOSURE **
Video

*Regie:* Jim Wynorski
*Darsteller:* Shannon Tweed (Dr. Claire Archer), Larry Poindexter (Simon Mitchell), Andrew Stevens (Alan Clay), Chick Vennera (Freddie Summers), Larry Manetti (Derrick Richmond), Stella Stevens (Fran Sibley), Fred Holiday (Bob Sibley), Marta Martin (Lane Goodwin), Elaine Giftos
*Drehbuch:* Karen Kelly
*Kamera:* Zoran Hochstatter (Farbe)
*Musik:* Paul Di Franco
*Schnitt:* Vanick Moradian
*Prod.:* Andrew Stevens; Raimond Reynolds (Co-Prod.) für Concorde/New Horizons Corp./Cinetel Films, USA 1996; 90 Min.
*Vertrieb:* 20th Century Fox Home Video; Juli 1996 – *FSK:* ab 16 J.

Mit Softsexszenen verlängerter Kleinkrimi um einen Star-Anwalt der seiner unter Mordverdacht stehenden Klientin verfällt.

## Tödlicher Gefallen 1009
DEATH BENEFIT **
Video

*Regie:* Mark Piznarski
*Darsteller:* Peter Horton (Steven Keeney),

Carrie Snodgress (Virginia McGinnis), Wendy Makkena (Wynn Berkholder), Elizabeth Ruscio (Lou Anne Wilkins), Penny Johnson (Sylvia Gazman)
*Drehbuch:* Philipp Rosenberg
*Kamera:* Christopher Taylor (Farbe)
*Musik:* Brian Adler
*Schnitt:* Robert Frazen
*Prod.:* Tina Threadgill für Universal, USA 1996; 85 Min.
*Vertrieb:* CIC Video; 11.11.1996
*FSK:* ab 12 J.

Unblutiger, auf Atmosphäre setzender und mitunter sogar spannender Thriller um den mysteriösen Selbstmord eines jungen Mädchens.

Joe Hill in: film-dienst, 1/97

## Tomorrow Man 1010

THE TOMORROW MAN **

Video

*Regie:* Bill D'Elia
*Darsteller:* Julian Sands (Ken), Giancarlo Esposito (Jonathan), Craig Wasson (Dr. Galloway), Obba Babatunde (Ryan Parrish), Ray Baker, Sidney Walsh, Tom Knowles, James Saito, Deborah May
*Drehbuch:* Alan Spencer
*Kamera:* Frank Byers (35mm)
*Musik:* Lance Rubin
*Schnitt:* Jimmy B. Frazier
*Prod.Des.:* Michelle Minch
*Prod.:* Cyrus Yarneh für Alan Spencer Prod./ 3Arts Prod., USA 1995; 85 Min.
*Vertrieb:* 20th Century Fox Home Video; 29.8.1996
*FSK:* ab 12 J.

Android reist aus dem 27. Jahrhundert ins Jahr 1995, um eine Katastrophe zu verhindern. TV-Produktion mit ansehnlichem Ensemble, aber einer an den Haaren herbeigezogenen Story.

René Claßen in: film-dienst 19/96

## Tor des Feuers 1011

**

TV

*Regie:* Kaspar Heidelbach
*Darsteller:* Götz George (Harry Kowa), David Schelle (Yuri), Thomas Thieme (Tischler), Klaus J. Behrendt (Kommissar Heckmann), Anette Hellwig (Hannah), Christian Berkel (Christian Sander), Corinna Harfouch (Stromberg), Gard Wameling (Uhrmacher)
*Drehbuch:* Sascha Arango
*Kamera:* Fred Schuler (Farbe)
*Prod.:* Markus Trebitsch für Aspekt Telefilm für Sat1, BRD 1996; 130 Min.
*TV:* 10.11.1996, Sat1, 20.00

Harry Kowa ist Leibwächter von Dr. Sander, des Vorsitzenden der Waffenkontrollkommission. Sander ist dunklen Machenschaften deutscher Firmen im Nahen Osten auf der Spur. Nach einer Pressekonferenz fallen Schüsse. Kowa tötet einen Mann, der seine Pistole auf Sander richtet – ein Personenschützer des BKA.
In einem »Spiegel«-Interview habe ich gelesen, daß Fred Kogel, der Langzeit-Bumerang von Sat.1, die Leute gern vom ARD-»Tatort« weglocken möchte, indem er ihnen solch »irre« Sat.1-Filme anbietet wie zum Beispiel die bescheuerte Action-Plotte »Tor des Feuers«, in der sich Götz George, offenbar in einem Midlife-Crisis-Blackout, für allerlei idiotische Turnübungen hergibt. Da noch der fadeste »Tatort« spannender ist als dieser »irre« Pyromanenquark, fragt sich unsereiner, was das Werbewort »irre« in der Sat.1-Sprache wohl bedeuten mag. *Ponkie, AZ, 12.12.96*

## Das Tor des Himmlischen Friedens 1012

THE GATE OF HEAVENLY PEACE ***

*Regie:* Richard Gordon, Carma Hinton (Interviewer), Deborah Amos (Erzähler)
*Drehbuch:* John Crowley, Geremie Barme
*Kamera:* Richard Gordon (Farbe)
*Musik:* Mark Pevsner
*Schnitt:* Charles Phred Churchill, David Carnochan
*Prod.:* Richard Gordon, Carma Hinton für Long Bow Group, USA 1995; 180 Min.
*UA:* 14.10.1995, Int. Filmfestival New York
*EA:* 24.2.1996, Int. Forum des Jungen Films, Berlin
*Verleih:* Freunde/-/-; Herbst 1996

Der Film rollt die Chronologie der Ereignisse, die am 4. Juni 1989 in Peking zum Massaker führten, nochmals auf, nimmt aber zugleich Bezug auf die Vorgeschichte der Protestbewegung. (...) Er verfolgt das Schicksal des gemäßigten »Dritten Weges« in Chinas politischer Debatte und in den Bürger-

initiativen. Ein Aspekt, der von westlichen Medien kaum beachtet wurde.
*Pressetext*

## Tornado! 1013
TORNADO ☐
TV

*Regie:* Noel Nosseck
*Darsteller:* Shannon Sturges (Samantha »Sam«), Bruce Campbell (Jake), Ernie Hudson (Dr. Branson), L.Q. Jones (Ephram), Bo Eason (Tex), Carrie Boren (Mattie), Charles Homet (Cochran), Aaron Izbicki (Oliver)
*Drehbuch:* John Logan
*Kamera:* (Farbe)
*Musik:* Gary Schyman
*Prod.:* USA 1996; 82 Min.
*TV:* 27.10.1996, Pro7, 20.00

Katastrophen-Liebes-Thriller.

## Total Eclipse 1014
TOTAL ECLIPSE ***

*Regie:* Agnieszka Holland
*Darsteller:* Leonardo Di Caprio (Arthur Rimbaud), David Thewlis (Paul Verlaine), Romane Bohringer (Mathilde Verlaine), Dominique Blanc (Isabelle Rimbaud), Felicie Pasotti Cabarbaye (Isabelle als Kind), Nita Klein (Rimbauds Mutter), James Thieree (Frédéric), Emmanuelle Oppo (Vitalie), Denise Chalem (Mme. Mauté de Fleurville), Andrzej Seweryn (Herr Mauté de Fleurville)
*Drehbuch:* Christopher Hampton
*Kamera:* Yorgos Arvanitis (Farbe)
*Musik:* Jan A.P. Kaczmarek
*Schnitt:* Isabel Lorente
*Prod.Des.:* Dan Weil
*Prod.:* Jean-Pierre Ramsay Levi für Fit-Portman-SFP Cinema-K2 mit Capitol Films/Canal Plus/Le Studio Canal Plus, Frankreich/GB/Belgien 1995; 111 Min.
*UA:* 2.9.1995, Telluride Film Festival
*Verleih:* Senator/-/-/BMG Video; 13.6.1996
*FSK:* ab 12, ffr.

Agnieszka Holland beleuchtet das problematische Haß/Liebe-Verhältnis der französischen Dichter Arthur Rimbaud und Paul Verlaine. Das Besondere, das Faszinierende an Rimbauds Dichtkunst sowie seine inneren Beweggründe werden dabei nicht erhellt. Rimbaud war ein Avantgarde-Dichter, der seinerzeit ungehörte Visionen formulierte. Um eine derartige Poesie angemessen zu vermitteln, hätte es einer entsprechend bildmächtigen, avantgardistischen Filmsprache bedurft. Leider besitzt die konventionelle Inszenierung nur gehobenes Fernsehspielniveau.
*Ralph Umard, tip, 13/96*

*Leonardo Di Caprio und David Thewlis*

(...) Leonardo Di Caprio und David Thewlis machen menschliche Abgründe sichtbar, spürbar, ja faßbar und liefern sich ein phantastisches Darsteller-Duell – nicht nur mit Worten. Ein packendes Stück Kino, das man nicht so schnell vergißt.
*W.O.P. Kistner, AZ, 13.6.96*

(...) Doch mit dem Werk, mit der Dichtkunst, mit der Radikalität von Arthur Rimbaud, mit der Subtilität von Paul Verlaine, mit ihrer diffizilen Beziehung hat »Total Eclipse« nichts zu schaffen. Der Film erschöpft sich bestenfalls im schmucken Stil, den im Gegenwartskino Merchant/Ivory mit ihren E.M. Foster-Verfilmungen gepachtet zu haben schienen.
Agnieszka Holland hat sich offenbar von jedweder Reflexion auf ihr Sujet suspendiert. Rimbaud – so man ihn bemühen will – wird sich im Grab gedreht und geschüttelt haben, um kurz und knapp zu urteilen: »Bürgerlicher als das gottverdammte Bürgertum!«
*Veronika Rall, FR, 13.6.96*

Kerstin Decker in: Der Tagesspiegel, 13.6.96; Joseph Heinrichs in: Rheinische Post, 14.6.96; Andreas Kilb in: Die Zeit, 14.6.1996; Thomas Klingenmaier in: Stgt. Zeitung, 15.6.96; Tobias Kniebe in: SZ, 13.6.96

## Total Risk 1015

HIGH RISK *

Video

*Regie:* Wong Jing
*Darsteller:* Jet Lee, Jacky Cheung, Yau Shuk Ching, Charlie Young, Yang Chung Hsien
*Kamera:* Tom Lau (Farbe)
*Musik:* Richard Yuen
*Schnitt:* Angie Lam
*Prod.:* Yang Teng Kuei für Upland Films/Wong Jing's Workshop, Hongkong 1995; 93 Min.
*Vertrieb:* Splendid Video; Juni 1996
*FSK:* ab 18 J.

Juwelenräuber bringen ein ganzes Hotel in ihre Gewalt. Hongkong-Action-Schund mit Klamaukeinlagen nach »Die Hard«-Manier.

René Claßen in: film-dienst, 16/96

## Töte oder stirb 1016

TAILS YOU LIVE, HEADS YOU'RE DEAD ****

Video

*Regie:* Tim Matheson
*Darsteller:* Corbin Bernsen (Killer), Ted McGinley (Jeff Quint), Tim Matheson (Det. McKinley), Maria Del Mar, Jeff Pustil
*Drehbuch:* Miguel Tejada-Flores, nach der Kurzgeschichte »Liar's Dice« von Bill Pronzini
*Kamera:* Francois Protat (Farbe)
*Musik:* David Michael Frank
*Schnitt:* Christopher Rouse
*Prod.:* Julian Marks für Power Pic. mit Wilshire Court Prod., USA 1995; 88 Min.
*Vertrieb:* CIC Video; 16.9.1996
*FSK:* ab 16 J.

Nächtens in einer Bar gesteht ein Mann seinem Gegenüber, daß er ein Killer sei und ihn töten werde. Durchaus zuweilen spannender, wenngleich wenig origineller Thriller.

## Tote sterben niemals aus 1017

□

TV

*Regie:* Jürgen Goslar
*Darsteller:* Götz George (Benno), Walter Schmidinger (Wolski), Ulrike Kriener (Marianne), Angelika Waller (Doris), Horst Krause (Doberke), Walter Tryphon (Seliger), Gundula Köster, Manfred Lehmann, Peter Fitz, Luise Helm
*Drehbuch:* Jiri Polak
*Kamera:* Bert Meister (Farbe)
*Musik:* Eberhard Schoener
*Prod.:* BRD 1995; 90 Min.
*TV:* 25.3.1996, ZDF, 19.25

Der erfolgreiche Fuhrunternehmer Benno wird zum Sozialfall und verliert alles, als sein Betrieb abbrennt und die Versicherung nicht zahlt, weil er seine Police nicht verlängert hat.

## Der Tourist 1018

***

TV

*Regie:* Urs Egger
*Darsteller:* Dominic Raacke (Robert Lanz), Leslie Malton (Karen Lanz), Christoph Waltz (Stephan Gröner), Eva Haßmann (Birgit Arndt), Manfred Lehmann (Kaspar Kopmann)
*Drehbuch:* Don Bohlinger
*Musik:* Dominik Roth
*Prod.:* Arno Ortmair für Pro Sieben Filmprod., BRD 1995; 100 Min.
*TV:* 7.5.1996, Pro7, 20.00

(...) Doch ausnahmsweise war dann der TV-Krimi wenigstens ein so schlüssig inszenierter und brillant besetzter Psychothriller, daß einem die reichlich strapazierten Psychoklischees nicht über Gebühr auf den Wecker fielen. (...) Wenn man's genau nimmt, sind alle Krimi-Teile aus irgendwelchen Kino-Hits abgekupfert. Aber gut geklaut ist besser als schlecht erfunden.

*Ponkie, AZ, 9.5.96*

## Toy Story 1019

TOY STORY ***

*Regie:* John Lasseter
*Darsteller:* Mit den Stimmen von: Tom Hanks (Woody), Tim Allen (Buzz Lightyear), Don Rickles (Mr. Potato Head), Jim Varney (Slinky Dog), Wallace Shawn (Rex), John Ratzenberger (Hamm), Annie Potts (Bo Peep), John Morris (Andy), Erick von Detten (Sid), Laurie Metcalf (Mrs. Davis)
*Drehbuch:* Joss Whedon, Andrew Stanton, Joel Cohen, Alec Sokolow, nach einer Originalstory von Jon Lasseter, Peter Docter, Andrew Stanton, John Ranft
*Musik:* Randy Newman
*Schnitt:* Robert Gordon, Lee Unkrich
*Prod.:* Ralph Guggenheim, Bonnie Arnold für Pixar Prod. für Walt Disney, USA 1995; 81 Min.
*UA:* 22.11.1995, New York
*EA:* 25.2.1996, Int. Filmfestspiele Berlin »Wettbewerb Sondervorführung«
*Verleih:* Buena Vista/dto./dto./Buena Vista Home Video; 21.3.1996
*FSK:* o.A., ffr.
*FBW:* Wertvoll

*Woody und Buzz in ›Toy Story‹*

Aus der Rivalität zweier Spielzeugfiguren um die Gunst ihres kindlichen Besitzers entsteht eine spannende Verfolgungsgeschichte, die an überwirkliche Orte, aber auch zu wirklicher Freundschaft führt. Dieser erste vollständig computeranimierte Langfilm erzählt seine spannende Abenteuergeschichte mit überwältigendem Einfallsreichtum und verblüffender technischer Brillanz. *Zoom, 5/96*

Joachim Becker in: SZ, 30.5.96; Sebastian Feldmann in: Rheinische Post, 22.3.96; Rupert Koppold in: Stgt. Zeitung, 21.3.96; Daniel Kothenschulte in: Kölner Stadt-Anzeiger, 21.3.96; Angela Schmitt-Gläser in: FR, 23.3.96

## Tracks of a Killer 1020

TRACKS OF A KILLER **

Video

*Regie:* Harvey Frost
*Darsteller:* Wolf Larson (Patrick Hausman), Kelly Leßrock (Claire), James Brolin (David Hawkner), Courtney Taylor (Bella), George Touliatos (Macready)
*Drehbuch:* Michael Cooney
*Kamera:* Bruce Worrall (Farbe)
*Musik:* Barron Abramovitch
*Schnitt:* Stein Myhrstad
*Prod.:* James Shavick, Lance H. Robbins für Shavick/Libra/Live Ent., USA 1995; 97 Min.
*Vertrieb:* Splendid Video; Februar 1996
*FSK:* ab 18 J.

Gegen die prächtigen Naturaufnahmen vom winterlichen Kanada und seiner Bergwelt fällt die geistlose Krimihandlung vom Streber-Yuppie, der seinen Chef samt Gattin in einsame Berghütte lockt und dort tätlich wird, schon ziemlich ab.

Klaus Brühne in: film-dienst, 10/96

## Trainspotting – Neue Helden 1021

TRAINSPOTTING ****

*Regie:* Danny Boyle
*Darsteller:* Ewan McGregor (Mark Renton), Ewen Bremner (Spud), Johnny Lee Miller (Sick Boy), Kevin McKidd (Tommy), Robert Carlyle (Begbie), Kelly Macdonald, Peter Mullan, James Como, Eileen Nicholas, Susan Vidler
*Drehbuch:* John Hodge, nach dem Roman von Irvine Welsh
*Kamera:* Brian Tufano (Farbe)
*Musik:* Damon Albarn, Bedrock u.a.
*Schnitt:* Masahiro Hirakubo
*Prod.Des.:* Kave Quinn
*Prod.:* Andrew MacDonald für Figment Films/ The Noel Gay Motion Pic. für Channel Four, GB 1996; 94 Min.
*UA:* Int. Filmfestspiele Cannes 1996, außer Konkurrenz
*EA:* Filmfest München 1996
*Verleih:* prokino/filmladen/Monopole Pathé/ VPS Video; 15.8.1996
*FSK:* ab 16, ffr.
*FBW:* Besonders wertvoll

Renton, Mitglied einer Edinburgher Clique von Junkies und Kleinganoven, beschließt nach diversen absurden bis traumatischen Episoden, mit dem Fixen aufzuhören und sich nach London abzusetzen, um eine geordnetere Existenz aufzubauen. Rasant, streckenweise surrealistisch, schildert der Film die Geschichte von Rentons Ausstieg und verhehlt dabei weder Ekstase noch Ekel und Elend der Heroinsucht.

*Von Schottland aus den Film erobert: Produzent Andrew MacDonald, Drehbuchautor John Hodge und Regisseur Danny Boyle*

Ein äußerst intensives Filmerlebnis, das sich jenseits des traditionellen britischen Sozialrealismus vorwagt.
*Zoom, 8/96*

(...) Mit tiefschwarzer Ironie und bissig-bösem Witz entlarvt diese Satire die Idee von der Freiheit durch Drogen als tödliche Illusion, und reitet gleichzeitig eine Attacke gegen das »andere Extrem«, das stumpfsinnige Spießbürgertum. Ein sehr origineller, fesselnder, amüsanter, aber auch unbequemer, vielleicht sogar verstörender Film, der keinesfalls moralisieren, aber mit schonungsloser Offenheit aufrütteln will. *multimedia*

*Ewan McGregor als Renton zwischen Ekstase, Ekel und Elend*

Frauke Hanck in: AZ, 14.8.96; Rupert Koppold in: Stgt. Zeitung, 15.8.96; Harald Martenstein in: Der Tagesspiegel, 14.8.96; Martina Meister in: FR, 15.8.96; Christiane Peitz in: Die Zeit, 16.8.96; Alexander Ratz in: Rheinische Post, 12.8.96; Christian Seebaum in: Kölner Stadt-Anzeiger, 17.8.96; Claudius Seidl in: SZ, 14.8.96

## Tränen der Liebe 1022

ANOTHER WOMAN **

TV

*Regie:* Alan Smithee
*Darsteller:* Justine Bateman (Lisa Temple), Peter Outerbridge (Paul Temple), James Purcell (Joe Dooley), Kenneth Welsh (Dr. Holcross), Amy Stewart (Bonnie Temple), Jackie Richardson (Anna), Elizabeth Lennie (Detective Washburn), Diana Belshaw (Schwester Doris), John Jarvis (Dr. Barnes), Michael Copeman
*Drehbuch:* Jim Henshaw, Lee Langley, Lyle Slack
*Kamera:* Michael Storey (Farbe)
*Musik:* David Blamires
*Prod.:* USA 1994; 86 Min.
*TV:* 6.9.1996, ARD, 23.05

Lisa Temple erwacht nach einem Überfall aus dem Koma und hat ihr Gedächtnis verloren. Mit Hilfe ihres Psychiaters begibt sie sich auf die Suche nach ihrer Vergangenheit. Sie ist die Frau des Millionärs Paul Temple, der ein Scheusal war. An einem rätselhaften Punkt lief ihr Leben aus dem Ruder. Sie hat sogar einen Killer auf ihren Mann angesetzt.

## Ein Traum von Kabul 1023

***

*Regie:* Wilma Kiener, Dieter Matzka
*Darsteller:* Daniela Enzi (Sprecherin), Donovan, Timothy Leary, Julie Driscoll-Tippett, Bommi Baumann, Johannes Schaaf, Embryo
*Drehbuch:* Wilma Kiener
*Kamera:* Dieter Matzka (Farbe)
*Musik:* Donovan, Embryo
*Schnitt:* Manuel Rennert
*Prod.:* Wilma Kiener, Dieter Matzka für Matzka-Kiener-Filmprod./SFB, BRD 1996; 80 Min.
*EA:* Filmfest München 1996
*Verleih:* Eigenverleih/-/-; 8.9.1996

1972 waren sie alle noch blutjung. Sie kamen aus Europa, Amerika, Australien und waren der Ansicht, daß die Kultur ihrer Väter außer noch mehr

*›Ein Traum von Kabul‹*

Kühlschränken und dem Vietnamkrieg nichts zu bieten hatte. Sie träumten von Afghanistan, von Kabul. Dort wollten sie als friedliche, gerechtere Menschen leben. Über 100.000 junge Leute gingen auf diesen Trip. Mehr als zwanzig Jahre später besuchten die Filmemacher das verlorene Paradies der Blumenkinder. Sie fanden: Soldaten, Ruinen, Witwen, Rosen. In Afghanistan herrscht Bürgerkrieg. Der Film dokumentiert die Soziologie einer unbekannten, starken Jugendbewegung Anfang der siebziger Jahre. Donovan, Julie Driscoll-Tippett, Timothy Leary und andere kommen zu Wort und berichten über ihre Erfahrungen im legendären Kabul. *Katalog Filmfest München 1996*

Ralph Umard in: tip, 19/96; thvo in: Kölner Stadt-Anzeiger, 14.12.96

## Träume aus Samt und Seide 1024

VELVET DREAMS **

TV

*Regie:* Vincenzo Salviani
*Darsteller:* Kathy Shower (Laura), Brett Halsey (Paul), Alicia Moro (Anna), Ezio Prosperi, Raquel Evans, Susana Egea, Gisele Echevarria, Lucia De Sousa, Daniel Kenelly, Maria Luque
*Drehbuch:* Vincenzo Salviani
*Kamera:* Renato Doria (Farbe)
*Musik:* Claudio Natili
*Schnitt:* Otello Colangeli
*Prod.:* Italien 1991; 80 Min.
*TV:* 10.8.1996, Sat1, 23.00

Die Schriftstellerin Laura lebt in emotionaler und sexueller Abhängigkeit von Paul, einem vornehmlich aufs eigene Wohl bedachten Spieler. Kathy Shower, das Playboy-Playmate 1986, stellt ihre Vorzüge mal wieder deutlich heraus. *Pressetext*

## Traumfrau – verzweifelt gesucht 1025

TWO GUYS TALKIN' ABOUT GIRLS **
TV

*Regie:* Steven Pearl
*Darsteller:* Dan Cortese (Joey Fortone), Jonathan Silverman (Lenny Kaminski), Allison Smith (Rhonda Glick), Monte Markham (Lester Glick), Kathleen Freeman (Großmutter)
*Drehbuch:* Ken Copel
*Kamera:* Glenn Kershaw (CFI)
*Musik:* Richard Gibbs
*Schnitt:* Mary Jo Markey
*Prod.:* Craig Saavedra, Jonathan Baruch für Pro Film-Works,
USA 1995; 88 Min.
*TV:* 20.3.1996, Premiere, 20.15

Zwei unterschiedliche Freunde erleben erste Liebe und erstes Leid.

## Traumland 1026

DRAUMADISIR □
TV

*Regie:* Asdis Thoroddsen
*Darsteller:* Silja Hauksdottir (Steina), Ragnheidur Axel (Styrja), Baltasar Kormakur (Gunnar)
*Drehbuch:* Asdis Thoroddsen
*Kamera:* Halldor Gunnarsson (Farbe)
*Schnitt:* Valdis Oskarsdottir
*Prod.:* Island 1996; 88 Min.
*TV:* 29.11.1996, Arte, 20.45

Lug und Trug aus Island.

## Travolta et moi 1027

TRAVOLTA ET MOI ***

*Regie:* Patricia Mazuy
*Darsteller:* Leslie Azzoullai (Christine), Hélène Eichers, Julien Gerin, Thomas Klotz
*Drehbuch:* Yves Thomas, Patricia Mazuy
*Kamera:* Eric Gautier (Farbe)
*Musik:* Yarol Poupaua
*Schnitt:* Bénédicte Brunet
*Prod.Des.:* Louis Soubrier
*Prod.:* IMA, Frankreich 1993; 70 Min.
*UA:* Int. Filmfestival Locarno 1993
*EA:* 19.10.1994, Viennale, Wien

1978 in Chalons-sur-Marne. Christine ist 16 und träumt von Travolta, seit sie ihn in dem Film »Saturday Night Fever« gesehen hat. Nicolas ist 17, er ist ein ganz besonderer Junge und innerlich »destroyed« – er ernährt sich von Nietzsche und Rimbaud. Um einem Kollegen zu imponieren, wettet Nicolas, daß es genüge, es zu wollen, wenn man ein Mädchen haben wolle. Im Bus, in dem sie sich begegnen, versucht er diese Strategie bei Christine. (…) *Katalog Viennale*

(…) Doch dann muß wieder einmal das wohl selbsterfundene Klischee von der französischen Leidenschaft überstrapaziert werden, die zartherbe Story von Enttäuschung und erstem Glück darf nicht ohne Blut, Tod und Flammen enden. Wäre gar nicht nötig gewesen. *Gerald Jung, Zitty, 12/96*

Annette Leweke in: tip, 13/96

## Tremors 2 – Die Rückkehr der Raketenwürmer 1028

TREMORS 2 – AFTERSHOCKS **
Video

*Regie:* S.S. Wilson
*Darsteller:* Fred Ward (Earl Basset), Michael Gross (Burt Gummer), Christopher Gartin (Grady Hoover), Helen Shaver (Kate White)
*Kamera:* Virgil Harper (Farbe)
*Musik:* Jay Ferguson
*Schnitt:* Bob Ducsay
*Prod.:* Nancy Roberts, Christopher Deffaria für Stampede,
USA 1996; 96 Min.
*Vertrieb:* CIC Video; 18.7.1996
*FSK:* ab 16 J.

Sechs Jahre nach seinem letzten Einsatz kommt Raketenwurmjagdspezialist Earl wieder zum Einsatz: Inzwischen können die Biester sogar laufen! Wer sich für einen eigenwilligen, humorvollen Mix aus Fantasy und Action begeistern kann, ist hier ganz gut aufgehoben.

Georg Röwekamp in: film-dienst, 17/96

## Trilogy of Lust 1029

TRILOGY OF LUST *

Video

*Regie:* Julie Riva
*Darsteller:* Julie Riva (Yen Li), Chan Wai Dick (Lin), So Kwok Chu (Ming), Chan Ai Lam, Lam Chi Fei, Tsang Yim Ting, Hau woon Ling, Cheung Kwok Yuan, Yau Wie Fong, Wie Scheung Lam
*Drehbuch:* Julie Riva, Lee Siu Pan
*Kamera:* Kwan Che Ken (Farbe)
*Schnitt:* Cheung Kar Fei
*Prod.:* Chua Lam, Hongkong 1995; 90 Min.
*Vertrieb:* VPS Video; 12.3.1996

Spekulativ-primitiver Sex-Thriller von und mit dem fernöstlichen Softporno-Star Julie Riva, die Buch, Regie und Hauptrolle besorgte.

## Trilogy of Lust 2 1030

TRILOGY OF LUST II *

Video

*Regie:* Jiro Ishimura
*Darsteller:* Julie Riva, Tsui Kam Kwong, Chin Kwan, Ho Kei Yung, Thomas Freitag, Chow Man Ho
*Drehbuch:* Julie Riva
*Kamera:* Kwan Che Ken (Farbe)
*Prod.:* Julie Riva, Hongkong 1996; 85 Min.
*Vertrieb:* VPS Video; 5.12.1996

Männermordende Nymphomanin infiziert sich mit Aids. Alleskönnerin Julie Riva hat nichts dazugelernt: Auch ihr zweites Machwerk bleibt ein lächerliches Stück Stümpertum.

## Trinity und Babyface 1031

**

*Regie:* E.B. Clucher
*Darsteller:* Keith Neubert, Heath Kizzier, Yvonne de Bark, Ronald Nitschke, Siegfried Rauch
*Drehbuch:* Marcotullio Barboni
*Kamera:* Juan Amaros Andreli (Farbe)
*Musik:* Stefano
*Schnitt:* Antonio Siciliano
*Prod.:* Italo Zingarelli für Rialto/Trinidad/Motion Pic., BRD/Italien/Spanien 1995; 103 Min.
*Verleih:* Central/-/-; 11.4.1996
*FSK:* ab 12, ffr.

Wer hätte gedacht, daß es so etwas noch gibt? Einen richtig schlechten Italo-Western. Freilich sind die beiden Kreaturen namens »Trinity & Babyface«, die durch diese schlaffe Klamotte stolpern, Terence Hill und Bud Spencer wie aus dem Gesicht geschnitten, aber damit hört die Ähnlichkeit auch schon auf. Geist- und humorlos prügeln sie auf ziemlich alles ein, was sich bewegt. Falls dies eine Persiflage gewesen sein soll: vielleicht geht dem Regisseur E.B. Clucher irgendwann auf, daß sich Parodien kaum parodieren lassen – so platt schon gar nicht. *Patrick Rösler, Stgt. Zeitung, 13.4.96*

## Der Trip 1032

***

*Regie:* Wolfgang Büld
*Darsteller:* Esther Schweins (Petra), Dieter Thomas Kuhn (Dieter), Herbert Feuerstein (Dieters Vater), Hansi Jochmann (Dieters Mutter), Beatrice Manowski (Candy), Robert Jarczyk (Hilmar), Angelika Bender (Petras Mutter), Heinz Werner Kraehkamp (Petras Vater), Bernd Stephan (Oberarzt), Mola Adebisi (Assistenzarzt)
*Drehbuch:* Wolfgang Büld, nach einer Story von Hans Weth
*Kamera:* Tomas Erhardt (Farbe)
*Musik:* Jochen Schmidt-Hambrock
*Schnitt:* Gisela Haller
*Prod.Des.:* Winfried Hennig
*Prod.:* Hans Weth für Vision Film, BRD 1995; 90 Min.
*UA:* 10.1.1996, München Maxx
*Verleih:* Tobis/-/-/VCL Video; 11.1.1996
*FSK:* ab 12, ffr.

(...) Wolfgang Büld, sonst mit einem sicheren Gespür für Sub- und Jugendkultur ausgestattet, läßt diesmal (ver) zweifeln. Die Zeitreise in die Siebziger, die Esther Schweins und Dieter Thomas Kuhn antreten, kommt nicht nur Monate, sondern gleich Dekaden zu spät. *Annette Kilzer, tip, 3/96*

Albert Baer in: Rheinische Post, 12.1.96; Thomas Klingenmaier in: Stgt. Zeitung, 13.1.96

## Trügerische Liebe 1033

BETRAYED BY LOVE ***

TV

*Regie:* John Power
*Darsteller:* Patricia Arquette (Deanne Wilson), Mare Winningham (Dana Wilson), Steven Weber (Agent Jeff Avery), Perry Lang

*Esther Schweins und Dieter Thomas Kuhn in ›Der Trip‹*

(Earl McNally), Ned Vaughn (Harry Hill), Christopher Curry (Capt. Stevenson), Randy Oglesby (Chief Conyers), Jim Haynie (Byron Estes)
*Drehbuch:* Alan Sharp, nach einer wahren Begebenheit
*Kamera:* Harry Mathias (Farbe)
*Prod.:* Greengrass/Edgar J. Scherick & Ass., USA 1993; 89 Min.
*TV:* 8.7.1996, ZDF, 19.25

(...) Jeff, der nach Kentucky kommt, um in einem Bankraub zu ermitteln, läßt sich von Deanne verführen, löst mit ihrer Hilfe den Fall. Und verabschiedet sich mit vagen Versprechungen. Nachdem die schwangere Geliebte gedroht hat, seine Karriere und Ehe zu ruinieren, verschwindet sie. Dana (skeptisch und vernünftig als typisch ältere Schwester) ahnt eine tödliche Katastrophe.
John Power inszenierte das Melodram nach einem authentischen Fall in einer Mischung aus Distanz und Sympathie für seine Helden mit Schwachstellen überzeugend bis zum allzu dick aufgetragenen Schluchz- und Schnief-Schluß. (...) *Sigrid Feuerstein, AZ, 10.7.96*

## Truman 1034

TRUMAN **

Video

*Regie:* Frank Pierson
*Darsteller:* Gary Sinise (Harry S. Truman), Diana Scarwid (Bess Truman), Richard Dysart (Henry L. Stimson), Colm Feore (Charlie Ross), James Gammon (Sam Rayburn), Tony Goldwyn, Pat Hingle, Harris Yulin, Leo Burmester, Amelia Campbell
*Drehbuch:* Tom Rickman, nach dem Buch von David McCullough
*Kamera:* Paul Elliott (Farbe)
*Musik:* David Mansfield
*Schnitt:* Lisa Fruchtman
*Prod.Des.:* Stephen Marsh
*Prod.:* Doro Bachrach für Spring Creek Prod. für HBO, USA 1995; 134 Min.
*UA:* 9.9.1995, HBO
*Vertrieb:* MIC Video; Mai 1996
*FSK:* ab 6 J.

Überlange und oberflächliche Kabel-TV-Produktion über den 33. Präsidenten der USA, der über die wahren Konflikte von dessen Amtszeit (z. B. Hiroshima) hinweggeht.

Christiane Haas in: film-dienst, 19/96

## Twelve Monkeys

siehe 12 Monkeys 1035

***

*Regie:* Terry Gilliam
*Prod.:* USA 1995

## Twister 1036

TWISTER ***

*Regie:* Jan De Bont
*Darsteller:* Bill Paxton (Bill Harding), Helen Hunt (Jo Harding), Cary Elwes (Dr. Jonas Miller), Jami Gertz (Melissa), Lois Smith (Tante Meg), Alan Ruck (Rabbit), Philip Seymour Hoffman (Dusty), Sean Whalen (Sanders), Scott Thomson (Prediger), Todd Field (Beltzer)
*Drehbuch:* Michael Crichton, Anne-Marie Martin
*Kamera:* Jack N. Green (Technicolor)
*Musik:* Mark Mancina
*Schnitt:* Michael Kahn
*Prod.Des.:* Joseph Nemec III
*Prod.:* Kathleen Kennedy, Ian Bryce, Michael

Crichton für Amblin Ent. für Warner Bros./
Universal, USA 1996; 113 Min.
*Verleih:* UIP/UIP/UIP/CIC Video; 5.9.1996
*FSK:* ab 12, ffr.
*FBW:* Wertvoll

Eine oft zittrige Kamera und lautes Getöse auf der Tonspur führen das Publikum zusammen mit einem verkrachten Wissenschaftlerpaar, das dem Geheimnis der großen (amerikanischen) Wirbelstürme mittels einer eigens konstruierten Apparatur auf die Spur kommen will, in zunehmend größere Tornados. Wieder einmal stehen mit großem Aufwand abgespulte Tricks aus dem Computer (fliegende Häuser, Autos und Kühe) im Vordergrund einer schematischen Geschichte mit an Karikaturen grenzenden Figuren und fehlender Emotionalität. *Zoom, 9/96*

(...) Die Wiederversöhnungsgeschichte des dagegen kämpfenden Wissenschaftlerehepaares erweckt den Wunsch nach der schnellen Vorlauftaste im Kino, aber die Computereffekte sind allemal beeindruckend, zumal wenn die Schwerkraft aufgehoben wird und Kühe fliegen lernen. Als Ganzes ist

*Bill Paxton und Helen Hunt*

die zweite Regiearbeit des »Speed«-Regisseurs Jan De Bont allerdings zwischen purem Kino und den Klischees des totgeglaubten Katastrophenfilms hängengeblieben. *Frank Arnold, tip, 19/96*

W.O.P. Kistner in: AZ, 5.9.96; Tobias Kniebe in: SZ, 5.9.96; Rupert Koppold in: Stgt. Zeitung, 5.9.96; Harald Martenstein in: Der Tagesspiegel, 5.9.96; Milan Pavlovic in: Kölner Stadt-Anzeiger, 7.9.96

## Twister – Tornados und Hurrikane 1037

TWISTER – FURY ON THE PLAINS **
Video

*Regie:* Thomas Grazulis
*Drehbuch:* Thomas Grazulis
*Musik:* Bob Dimick
*Prod.:* Thomas Grazulis für Tornado Project Music Video Promotion,
USA 1995; 60 Min.
*Vertrieb:* Arcade Video; Juni 1996
*FSK:* ab 12 J.

Einstündige Dokumentation über die im Titel genannten Naturereignisse, hastig zum Start von »Twister« zusammengestoppelt.

## Twisters – Die Nacht der Wirbelstürme 1038

NIGHT OF THE TWISTERS **
Video

*Regie:* Timothy Bond
*Darsteller:* John Schneider (Jack Hatch), Devon Sawa (Dan Hatch), Amos Crawley (Arthur), Lori Haller (Laura Hatch), Thomas Lastewka (Ryan Hatch), Laurie Bertram (Stacy), David Ferry, Helen Hughes (Belle), Irene Erwin (Genny)
*Drehbuch:* Sam Graham, Chris Hubber, nach dem Roman »Night of the Twisters« von Ivy Ruckman
*Kamera:* Peter Benison (Farbe)
*Musik:* Lawrence Shragge
*Prod.:* Sean Ryerson, Stephen Roloff für Atlantis mit MTM,
USA 1995; 87 Min.
*Highlight Video,*
*TV:* 1.9.1996,
Pro Sieben, 20.00; Oktober 1996
*FSK:* ab 12 J.

Einer der dümmsten und langweiligsten US-Katastrophen-Windmacher: Der Film schickt die neurotische, aber tapfere amerikanische Muster-Family

(Stiefvater-Sohn-Problem!) durch die Läuterungs-Windmaschine eines Tornados. Viel Wetterbericht, viel Gebläse.
*Ponkie, AZ, 3.9.96*

## Two Deaths
1039
TWO DEATHS
***

*Regie:* Nicolas Roeg
*Darsteller:* Sonia Braga (Ana Puscasu), Patrick Malahide (George Bucsan), Ion Caramitru (Carl Dalakis), Sevilla Delofski (Ilena), Nickolas Grace (Marius Vernescu), Michael Gambon (Daniel Pavenic), Revil Isyanov (Lieutenant), Matthew Tordre (Leon), John Shrapnel (Cinca), Karl Tessler (Roberto Constantin)
*Drehbuch:* Allan Scott, nach dem Roman »The Two Deaths of Senora Puccini« von Stephen Dobyns
*Kamera:* Witold Stok (Farbe)
*Musik:* Hans Zimmer
*Schnitt:* Tony Lawson
*Prod.Des.:* Don Taylor
*Prod.:* Carolyn Montague, Luc Roeg für BBC/British Screen, GB 1996; 104 Min.
*Verleih:* -/-/Stadtkino Wien; Oktober 1996

Vier »alte Kameraden« treffen sich zu einem gemeinsamen Diner in Bukarest am Abend der Revolution. Während draußen der Krieg tobt, enthüllen sich drinnen die Lebensdramen der Gäste. Ein literarischer »Autoren-Film« über Leidenschaften und Obsessionen, der viel anstrebt, jedoch bei weitem nicht alles Angestrebte erreicht. *multimedia*

## Two Girls in Love
1040
THE INCREDIBLE TRUE ADVENTURES OF TWO GIRLS IN LOVE
***

*Regie:* Maria Maggenti
*Darsteller:* Laurel Holloman (Randy Dean), Nicole Parker (Evie), Maggie Moore (Wendy), Kate Stafford (Rebecca Dean), Sabrina Artel (Vicky), Toby Poser (Lena), Nelson Rodriguez (Frank), Dale Dickey (Regina), Stephanie Berry
*Drehbuch:* Maria Maggenti
*Kamera:* Tami Reiker (Farbe)
*Musik:* Terry Dame
*Schnitt:* Susan Graef
*Prod.Des.:* Ginger Tougas
*Prod.:* Dolly Hall; A. John Raht (Co.-Prod.) für Miramax/Smash Prod., USA 1995; 94 Min.
*UA:* 23.1.1995, Sundance Film Festival, Park City, Utah
*Verleih:* Kinowelt/Kinowelt/Filmcooperative/VCL Video; 8.2.1996
*FSK:* ab 12, ffr.

Zwei Mädchen entdecken ihre Liebe zueinander: Die eine aus ärmeren Verhältnissen ist sich ihrer Homosexualität längst bewußt, für die andere aus reichem Hause ist es eine neue Erfahrung. Freunde und Verwandte versuchen, die Beziehung zu beenden. Debütfilm, der das Romeo-und-Julia-Thema auf die lesbische Liebe überträgt, dabei aber ein wenig schematisch vorgeht. Die Regisseurin vermeidet eine glatte Inszenierung, was bisweilen zu Regie-Mängeln führt, aber auch zu einer gewissen Unmittelbarkeit des Geschehens. *Zoom, 8/96*

(...) Wo aber nicht nur Hormone, sondern auch echte Gefühle mitspielen, haben Intriganten und Vernunftsprediger nicht viel zu melden. Das ist denn auch die einzige, biedere Moral von der netten Geschicht'. *Angie Dullinger, AZ, 15.2.96*

Heiko R. Blum in: Rheinische Post, 9.2.96; Tobias Kniebe in: SZ, 15.2.96

## Two Much
1041
TWO MUCH
***

*Regie:* Fernando Trueba
*Darsteller:* Antonio Banderas (Art/Bart Dodge), Melanie Griffith (Betty Kerner), Daryl Hannah (Liz Kerner), Danny Aiello (Gene Paletto), Joan Cusack (Gloria), Eli Wallach (Sheldon), Gabino Diego, Austin Pendleton, Alan Rich, Phil Leeds
*Drehbuch:* Fernando Trueba, David Trueba, nach einem Roman von Donald Westlake
*Kamera:* Jose Luis Alcaine (Farbe)
*Musik:* Michel Camilo
*Schnitt:* Nena Bernard
*Prod.Des.:* Juan Botella
*Prod.:* Cristina Huete für Andres Vicente Gomze Prod. mit Sogetel/Lola Films/Fernando Trueba P.C., USA/Spanien 1995; 118 Min.
*UA:* 15.3.1996, New York
*Verleih:* Buena Vista/Constantin/Buena Vista/BMG Video; 2.5.1996
*FSK:* ab 12, ffr.

*Melanie Griffith und Antonio Banderas*

Ein Galeriebesitzer in Miami erfindet einen Zwillingsbruder, um zwei Schwestern gleichzeitig zu beglücken. Allzu durchsichtige Verwechslungskomödie von geringem Unterhaltungswert. *multimedia*

(...) Eine Verwechslungskomödie, der es an netten Einfällen, sympathischen Akteuren und vorhersehbarer klamaukiger Turbulenz nicht fehlt. Wenn man's denn einordnen müßte, dann in die Kategorie der künstlerisch nicht sonderlich ehrgeizigen und originellen, dafür um so routinierteren Unterhaltungsprodukte. *Thomas Engel, Der Gildendienst, April 96*

Albert Baer in: Rheinische Post, 3.5.96; Frank Noack in: Der Tagesspiegel, 2.5.96; H.G. Pflaum in: SZ, 2.5.96

## Tykho Moon 1042
TYKHO MOON ***

*Regie:* Enki Bilal
*Darsteller:* Johan Leysen (Anikst), Julie Delpy (lean), Michel Piccoli (Mac Bee), Richard Bohringer (Glenbarr), Marie Laforet (Eva), Frédéric Gorny (Konstantin), Yann Collette (Alvin/Edward), Peter Berling (Gomelski), Jean-Louis Trintignant (Arzt)
*Drehbuch:* Enki Bilal, Dan Franck
*Kamera:* Eric Gautier (Farbe)
*Musik:* Goran Vejvoda
*Schnitt:* Thierry Derocles
*Prod.Des.:* Jean-Vincent Puzos
*Prod.:* Christoph Meyer-Wiel, Maurice Bernart, Wieland Schulz-Keil für Schlemmer/ Salomé/Nova/Club d'Investissement Media/ Canal plus/Le Centre National de la Cinematographie/Sofica Sofinergie 3/ Sofinergie 4/WDR, Frankreich/BRD/Italien 1996; 108 Min.
*Verleih:* Nil/-/-; 28.11.1996
*FSK:* ab 12, ffr.
*FBW:* Wertvoll

Das Geschlecht der Mac Bees herrscht über ein postapokalyptisches Paris. Durch die Stadt führt eine Berliner Mauer, der Eiffelturm ist demontiert, und die Bevölkerung lebt in ständiger Angst vor Biopsie-Kontrollen. Denn der todkranke Diktator sucht verzweifelt nach einem ganz speziellen Organspender: Tykho Moon.
Der ehemalige Widerstandskämpfer wird auch vom verängstigten Volk sehnsüchtig erwartet, das ihn als Erlöser verehrt. Der zweite Spielfilm des Comic-Künstlers Enki Bilal scheitert an den Ambitionen, eine fremde, seltsame Welt zu schaffen. Was geheimnisvoll sein soll, ist allenfalls kryptisch, die Bedrohung selbst für intellektuelle Sci-fi-Standards zu stark abstrahiert.
*Annette Kilzer, tip, 25/96*

(...) Der Zuschauer wird von Enki Bilals ehrgeizigem Kunst-Anspruch in diesen Horror-Visionen geradezu erdrückt. Die Kraft der prätentiös arrangierten Bilder hilft nicht darüber hinweg, daß dieser gestylte Film völlig kalt läßt. *Angie Dullinger, AZ, 28.11.96*

Katharina Blum in: Rheinische Post, 29.11.96; Frank Noack in: Der Tagesspiegel, 12.12.96; Helmut Schmitz in: FR, 28.11.96; Anke Sterneborg in: SZ, 28.11.96

## Der Überflieger 1043

JACK BROWN, GENIUS **

*Regie:* Tony Hiles
*Darsteller:* Timothy Balme (Jack Brown), Nicola Murphy (Eileen), Marton Csokas (Dennis), Edward Campbell (Der Boss), Stuart Devenie (Elmer), Lisa Chappell (Sylvia)
*Drehbuch:* Tony Hiles, Peter Jackson, Frances Walsh
*Kamera:* Allen Guilford (Farbe)
*Musik:* Michelle Scullion
*Schnitt:* Jamie Selkirk
*Prod.Des.:* Richard Kofoed
*Prod.:* Jamie Selkirk; Sue Rogers (Ass.) für Wingnut Films/Senator mit The New Zealand Film Commission, Neuseeland 1995; 91 Min.
*Verleih:* Senator/-/BMG Video; 11.7.1996
*FSK:* ab 12, ffr.

(...) Einem jungen Erfinder setzt sich ein mittelalterlicher Mönch ins Hirn, der von ihm einen flugtauglichen Apparat fordert, damit er nicht als Selbstmörder in die Hölle, sondern als Heiliger in den Himmel kommt. Danach geht viel Inventar zu Bruch, wird tief in die digitale Trickkiste gegriffen, aber trotz aller Bemühungen erzeugt der Regisseur kein Lachen und kein Staunen. Am Ende ist alles in Butter, sogar in Neuseeland. *Oliver Rahayel, Kölner Stadt-Anzeiger, 13.7.96*

## Die Überlebenden 1044

****

*Regie:* Andres Veiel
*Drehbuch:* Andres Veiel
*Kamera:* Lutz Reitemeier (Farbe)
*Schnitt:* Bernd Euscher
*Prod.:* Klaus Volkenborn für Journal-Film, BRD 1995; 90 Min.
*UA:* 22.2.1996, Forum des Jungen Films, Berlin
*EA:* Int. Dokumentar Filmfestival München 1996
*Verleih:* Salzgeber/-/-; 19.9.1996
*FSK:* ab 12, ffr.

Aus Gesprächen mit Klassenkameraden, Eltern und Kollegen rekonstruiert Andres Veiel die Geschichte dreier Selbstmörder. Thilo, Tilman und Rudi wollten ausbrechen aus der schwäbischen Hausordnung, weg von der erstickenden Spießerstimmung, die in den Wohnzimmern der interviewten Eltern lauert. Es entsteht das Bild einer Zwischengeneration, die in den trostlosen Endsiebzigern nicht mehr den subversiven Schub im Rücken hatte, und noch weit entfernt war vom skrupellosen Popperspaß der 80er. Versagensängste, Einsamkeit, neurotische Depressionen – sobald man sich auf der Fährte zum Freitod glaubt, zweigt Veiel ab. Diese Verweigerung von Erklärungsmustern und vermeintlicher Folgerichtigkeit ist vielleicht die größte Leistung seines Films.
*Katja Nicodemus, tip, 23/96*

(...) Herausragend auch Andres Veiels »Die Überlebenden«, das Porträt der Generation der heute 35- bis 40jährigen, die zwischen den Idealen der 68er Bewegung und denen der Yuppies nach Orientierung suchen. »Die Überlebenden«, der mit dem Dokumentarfilmpreis des Bayerischen Rundfunks ausgezeichnet wurde, wirkt dabei wie eine Antwort auf viele deutsche Beziehungskomödien: Hier wird sie thematisiert, die Leere, die den Kern vieler dieser Komödien ausmacht.
*Martina Knoben, SZ, 6.5.96*

Ulf Erdmann Ziegler in: Die Zeit, 1.11.96; Thomas Klingenmaier in: Stgt. Zeitung, 19.9.96; Detlef Kuhlbrodt in: taz, 22.2.96; Harald Martenstein in: Der Tagesspiegel, 23.2.96

## Die Überschwemmung 1045

L' INONDATION ***

TV

*Regie:* Igor Minajew
*Darsteller:* Isabelle Huppert (Sofia), Boris Nevzorov (Trofim), Macha Lipkina (Ganka), Svetlana Kriutchkova (Pelagie), Andrei Touloubeiev (Andrei), Natalia Egorova, Vladimir Kuznietzov
*Drehbuch:* Jacques Baynac, Igor Minajew, nach dem Roman von Evgueni Zamiatine
*Kamera:* Vladimir Pankov (Farbe)
*Schnitt:* Cristiana Tullio-Altan, Noëlle Boisson
*Prod.:* Erato Films/R. Films/La Sept Cinéma/ IMA Films/Les Films du Camélia/ Mosfilm Service, Rußland/Frankreich 1993; 99 Min.

*UA:* Int. Filmfestspiele Locarno 1994, »Wettbewerb«
*TV:* 28.11.1996, Arte, 00.20

## Die üblichen Verdächtigen 1046

THE USUAL SUSPECTS ****

*Regie:* Bryan Singer
*Darsteller:* Stephen Baldwin (Michael McManus), Gabriel Byrne (Dean Keaton), Chazz Palminteri (David Kujan), Kevin Spacey (Roger »Verbal« Kint), Kevin Pollack (Todd Hockney), Pete Postlethwaite (Kobayashi), Suzy Amis (Edie), Giancarlo Esposito (Jack Baer), Dan Hedaya (Sgt. Robin), Benicio del Toro (Fenster)
*Drehbuch:* Christopher McQuarrie
*Kamera:* Newton Thomas Sigel (Farbe)
*Musik:* John Ottman
*Schnitt:* John Ottman
*Prod.Des.:* Howard Cummings
*Prod.:* Bryan Singer, Michael McDonnell für Blue Parrot/Bad Hat Harry für PolyGram, USA 1994; 112 Min.
*UA:* Sundance Filmfestival 1995
*EA:* Filmfest München 1995
*Verleih:* Columbia TriStar/dto./Focus/Columbia TriStar Home Video; 18.1.1996
*FSK:* ab 16, ffr.

In Los Angeles verhört ein Polizist den letzten Überlebenden eines Kriminelquintetts, das im Kittchen den Plan zu einem Millionencoup schmiedete. Bei der Durchführung dämmerte es den Partnern allmählich, daß sie dabei nur Werkzeuge eines unerkannt aus dem Hintergrund operierenden Drahtziehers sind. Wie in einem Puzzle wird in Rückblenden stückweise ein mörderisches Katz- und Mausspiel sichtbar, aber als der mysteriöse Boß greifbar scheint, ist es zu spät: Nur wer beim Bluffen am längsten durchhält, kommt ungeschoren davon. Atmosphärisch dichte, kompliziert strukturierte und letztlich wenig plausible Drogen- und Killerstory. *Zoom, 3/96*

(...) Bryan Singer beweist mit seinem zweiten Film, daß er das Zeug hat zum großen Action-Regisseur. Hochspannung und Überraschungen sind garantiert, prägnant und klug die Dialoge, animierend die Kamera und vor allem eine psychologisch geführte Schauspielerriege. Ein Problem sind die komplizierten und von Regisseur Singer nicht immer gut gelösten Rückblenden. Da hakt die Dramaturgie; der Zuschau-

*Kevin Pollack, Stephen Baldwin, Benico Del Toro, Gabriel Byrne und Kevin Spacey*

er muß sich anstrengen, am explosiven Ball zu bleiben. (...)

*Angie Dullinger, AZ, 18.1.96*

Michael Althen in: Die Zeit, 26.1.96; Bodo Fründt in: SZ, 18.1.96; Otto Heuer in: Rheinische Post, 19.1.96; Thomas Klingenmaier in: Stgt. Zeitung, 18.1.96; Angela Schmitt-Gläser in: FR, 19.1.96; Christian Seebaum in: Kölner Stadt-Anzeiger, 20.1.96

## Ufos: Beweise ihrer Existenz 1047

UFOS: THE BEST EVIDENCE **

Video

*Regie:* George Knapp, Bryan Gresh
*Drehbuch:* George Knapp
*Kamera:* Bryant Blackburn, Darryl Nelson, Bill Anderson, Jeff Taylor, Bob Patrick, Bryan Gresh (Farbe)
*Schnitt:* Vegas Post, Alan Kartes, Vegas Valley Prod., Ernie Zita
*Prod.:* Georg Knapp, Bryan Gresh für Altamira Broadcast, USA 1994; 54 Min.
*Vertrieb:* Arcade Video; Juni 1996
*FSK:* ab 16 J.

Die auf drei Kaufkassetten »Die Besucher«, »Geheimhaltung« und »Außerirdische Besucher« verteilten »Beweise« erweisen sich schnell als Behauptungen und Mutmaßungen. Nur weniges überzeugt.

## ... und jeder sucht sein Kätzchen 1048

CHACUN CHERCHE SON CHAT ****

*Regie:* Cédric Klapisch
*Darsteller:* Garance Clavel (Chloé), Zinedine Soualem (Djamel), Olivier Py (Michel), Renée Le Calm (Madame Renée)
*Drehbuch:* Cédric Klapisch
*Kamera:* Benoit Delhomme (Farbe)
*Musik:* Big Brother, Hakim, Dee Nasty, Al Green
*Schnitt:* Francine Sandberg
*Prod.:* Farid Lahouassa, Aissa Djabri, Manuel Munz für Vertigo Prod./France 2 Cinéma/Canal Plus,
Frankreich 1995; 90 Min.
*UA:* 17.2.1996, Int. Filmfestspiele Berlin, »Panorama«
*EA:* Filmfest München 1996
*Verleih:* prokino/polyfilm/Monopole Pathé; 14.11.1996
*FSK:* ab 6, ffr.

Die Suche nach ihrer verschwundenen Katze läßt der eigenbrötlerischen Chloé die Augen aufgehen für den Ort, an dem sie lebt. Aus dem Paris der Mode-Ateliers, der Techno-Musik und der schikken Boutiquen gerät sie in das Paris der alten Damen, der Hinterhöfe und der Plüschsofas. Zwei Welten, die voneinander nichts wissen und doch den Ort gemeinsam haben: das alte Wohnviertel an der Bastille. Cédric Klapischs schwungvolle Low-Budget-Komödie ist ein ausgesprochen lebendiges, witziges Porträt des Lebens im Stadtviertel.

*Christoph Terhechte, tip, 24/96*

(...) Wenn Gris-Gris dann wieder auftaucht, ist man fast traurig, weil damit ein wunderbares Märchen von Menschen und Marotten zu Ende geht. Es war einmal, so erzählt Klapisch ohne Nostalgie von einer Stadt, an der sein Herz hängt, auch wenn es leidet ob der Zerstörung ganzer Stadtteile. Ein Stück Kino zum Liebhaben – feinsinning, fröhlich und ein wenig wehmütig. Denn, so zitiert er Baudelaire, die Form einer Stadt verändert sich schneller als das Herz der Sterblichen.

*Margret Köhler, AZ, 14.11.96*

Heiko R. Blum in: Rheinische Post, 22.11.96; Bodo Fründt in: SZ, 14.11.96; Thomas Klingenmaier in: Stgt. Zeitung, 14.11.96; Heike Kühn in: FR, 15.11.96; Gerhard Midding in: Kölner Stadt-Anzeiger, 16.11.96; Christiane Peitz in: Die Zeit, 22.11.96

## Und keiner weint mir nach 1049

***

*Regie:* Joseph Vilsmaier
*Darsteller:* Nina Hoss (Marilli Kosemund), Peter Ketnath (Leo Knie), Jan Polak (Leo Knie als Kind), Janina Vilsmaier (Marilli Kosemund als Kind), Tina Engel (Frau Kosemund), Thomas Anzenhofer (Herr Kosemund), Monika Bujinski (Hanni Brunner), Steffen Schroeder (Biwi Leer), Philip Jacobs (Biwi Leer als Kind), Patrick Hinz (Nazi Kästl)
*Drehbuch:* Willy Purucker, nach dem gleichnamigen Roman von Sigi Sommer
*Kamera:* Joseph Vilsmaier (Farbe)
*Musik:* Karel Svoboda
*Schnitt:* Andy Althoff
*Prod.Des.:* Tommy Vögel
*Prod.:* Peter Zenk, Joseph Vilsmaier für

Lunaris/Perathon/Solaris/Constantin, BRD 1996; 102 Min.
*Verleih:* Constantin/dto./-/VCL Video; 29.2.1996
*FSK:* ab 12, ffr.

Sechs Freunde leben in einem Münchner Mietshaus, spielen als Kinder zusammen, machen erste Liebeserfahrungen. Im Mittelpunkt der Geschichte aus den 20er und 30er Jahren steht das tragische Schicksal des schüchternen Leo und der aufreizenden Marilli Kosemund. Der Film zeichnet nach dem Roman von Sigi Sommer mit Liebe und sehr Lokalkolorit das Leben einer Jugend zwischen den Kriegen, die sich trotz widriger Umstände ein Stückchen Glück ergattern will. *Margret Köhler*

(...) Doch einen kleinen Abglanz von der Bitterpoesie und dem Scharfblick des Sommer-Romans hat Vilsmaiers Sommer-Film mitbekommen: Er bleibt dem Roman zwar was schuldig – aber das tut er auf liebevolle (und liebenswerte) Weise. *Ponkie, AZ, 29.2.96*

(...) Bleibt die Frage, was eigentlich in den Regisseur gefahren ist. Bisher haben wir ihn für besser gehalten, als die Kritiker wahrhaben wollten, aber das ist leider vorbei. Was wurde aus dem Mann, der »Herbstmilch« so einfach und klar inszeniert hat? Ist er vielleicht verschwunden und durch einen täuschend ähnlichen Doppelgänger ersetzt worden, damit die Geschäfte weiterlaufen? Wir hoffen es nicht. Aber wenn es wirklich der Fall sein sollte, dürfen wir ihm jetzt ein wenig nachweinen. *Tobias Kniebe, SZ, 29.2.96*

Ruprecht Skasa-Weiß in: Stgt. Zeitung, 2.3.96

## Undercover 1050

I.D. ***

*Regie:* Philip Davis
*Darsteller:* Reece Dinsdale (John), Richard Graham (Trevor), Perry Fenwick (Eddie), Philip Glenister (Charlie), Warren Clarke (Bob), Claire Skinner (Marie), Saskia Reeves (Lynda), Sean Pertwee (Martin), Charles De'Ath (Nik), Lee Ross (Gumbo)
*Drehbuch:* Vincent O'Connell, nach einer Story von James Bannon
*Kamera:* Thomas Mauch (Farbe)
*Musik:* Will Gregory
*Schnitt:* Inge Behrens
*Prod.Des.:* Max Gottlieb
*Prod.:* Sally Hibbin für Metropolis/Parallax Pic. mit BBC Films/PolyGram, GB 1996; 108 Min.
*EA:* Filmfest Hamburg 1996
*Verleih:* Ventura/-/-; 7.11.1996

Ein Polizist ermittelt verdeckt unter Fußball-Hooligans: Das Kinoregiedebüt des Schauspielers Philip Davis steht in der Tradition des realistischen britischen Kinos, auch wenn nicht den Ursachen des Hooliganismus und schon gar nicht dem Fußball selber sein Augenmerk gilt. Vielmehr geht es um die Figur des Polizisten, der sich immer stärker mit seiner Rolle identifiziert und in einen Identitätskonflikt gerät. Souverän inszeniert, ist dabei ein irritierender Film über die Lust an der Gewalt herausgekommen.
*Frank Arnold, tip, 22/96*

Ein neues Beispiel für erfrischendes Briten-Kino ist dieses Spielfilmdebüt von Philip Davis, der sich bereits als Schauspieler (u.a. bei Mike Leigh), Theater- und TV-Regisseur einen Namen gemacht hat. Davis spürt aktuellen Themen nach: der Faszination von Gewalt, der die radikalen britischen Hooligans erliegen, dem Gefühl der Gruppen-Zugehörigkeit, das sozial Schwache stark macht, und einer allgemeinen, kindlichen Lust an der Anarchie. (...) *Angie Dullinger, AZ, 7.11.96*

Thomas Klingenmaier in: Stgt. Zeitung, 17.10.96; Frank Noack in: Der Tagesspiegel, 17.10.96; Anke Sterneborg in: SZ, 17.10.96

## Undercover Cops 1051

EXIT TO EDEN **

Video

*Regie:* Garry Marshall
*Darsteller:* Dana Delany (Lisa Emerson), Paul Mercurio (Elliot Slater), Rosie O'Donnell (Sheila Kingston), Stuart Wilson (Omar), Iman (Nina Blackstone), Hector Elizondo (Dr. Martin Halifax), Dan Aykroyd (Fred Lavery), Sean O'Bryan (Tommy Miller)
*Drehbuch:* Deborah Amelon, Bob Brunner, nach dem Roman von Anne Rice

*Kamera:* Theo Van de Sande (Technicolor)
*Musik:* Patrick Doyle
*Schnitt:* David Finfer
*Prod.Des.:* Peter Jamison
*Prod.:* Alexandra Rose, Garry Marshall für Rose/Henderson Prod., USA 1994; 110 Min.
*Vertrieb:* VCL Video; 21.5.1996
*FSK:* ab 16 J.

Als Touristen getarnt ermittelt eine Polizistin mit ihrem Kollegen in einem Ferienclub, der Sex-Therapien anbietet. Es gibt nichts zu schauen, wenig zu lachen, aber viel zu gähnen.

Anselm Jungeblodt in: film-dienst 14/96

## The Undercover Man 1052

WISEGUY **
Video

*Regie:* James Whitmore jr.
*Darsteller:* Ken Wahl (Vinnie Terranova), Ted Levine (Paul Callendar), Jonathan Banks (Frank McPike), Debrah Farentino (Emma Callendar), Zachary Browne (Alex Callendar), Jim Byrnes (Lifeguard), John Kapelos, Keith Coulouris, Brian McNamara, David Purdham
*Drehbuch:* Stephen J. Channell, Joel Surnow
*Kamera:* Buddy Fries (Farbe)
*Musik:* Mike Post
*Prod.:* Michelle A. Spina, Geraint Bell für New World Int., USA 1996; 88 Min.
*Vertrieb:* VPS Video; 11.7.1996
*FSK:* ab 16 J.

Verdeckt arbeitender Agent schmuggelt sich in die Familie eines Mafiapaten ein. Vor keinerlei Originalität getrübtes US-TV-Filmchen, in dem der Hauptdarsteller Mühe hat, seine inzwischen füllige Figur zu verstecken.

Tobias Keßler in: film-dienst 21/96

## Eine unfaßbare Odyssee 1053

L'AIR DU TEMPS: ODYSSEE BIDON ***
TV

*Regie:* Don Kent
*Darsteller:* Antoine Dulery (Charles-Henri Lemonnier), Christian Charmetant (Bernard Mersault)
*Drehbuch:* Pierre Colin-Thibert, Jean-Claude Islert
*Kamera:* Jacques Audrin (Farbe)
*Prod.:* Frankreich 1991; 90 Min.
*TV:* 1.6.1996, Arte, 23.30, OmU

In einer Chemiefabrik werden irrtümlicherweise 250 Liter der hochgiftigen Chemikalie Atraxin produziert. Doch damit nicht genug: Einer der Grundstoffe der Chemikalie ist gesetzlich verboten und seine Verwendung damit strafbar. Der Direktor der Chemiefabrik, Charles-Henri Lemonnier, sieht nur einen Ausweg: die 250 Liter Gift so schnell wie möglich verschwinden zu lassen. (...) *Pressetext*

## Eine unheimliche Familie zum Schreien 1054

HERE COME THE MUNSTERS **
Video

*Regie:* Robert Ginty
*Darsteller:* Veronica Hamel (Lily Munster), Edward Herrmann (Herman Munster), Robert Morse (Großvater), Christine Taylor (Marilyn), Mathew Botuchis (Eddie)
*Drehbuch:* Bill Prady, Jim Fisher, Jim Staahl
*Kamera:* Paul Maibaum (Farbe)
*Musik:* Michael Skoloff
*Schnitt:* Marshall Harvey, Dale Beldin
*Prod.:* John Landis, Leslie Belzberg für Universal TV, USA 1995; 85 Min.
*Vertrieb:* CIC Video; 22.8.1996
*FSK:* ab 12 J.

»The Munsters«, eine schwarzweiße US-Fernsehserie aus den 60er Jahren, jetzt als farbiges TV-Movie: Vom satirisch-anarchischen Humor des Originals blieb nur wenig übrig.

## Der Unhold 1055

****

*Regie:* Volker Schlöndorff
*Darsteller:* John Malkovich (Abel), Armin Mueller-Stahl (Graf von Kaltenborn), Gottfried John (Oberforstmeister), Marianne Sägebrecht (Frau Netta), Volker Spengler (Reichsmarschall Göring), Heino Ferch (Obersturmbannführer Raufeisen), Dieter Laser (Professor Blättchen), Agnès Soral (Rachel), Sasha Hanau (Martine), Caspar Salmon (Abel als Kind)
*Drehbuch:* Jean-Claude Carrière, Volker Schlöndorff, nach dem Roman »Der Erlkönig« von Michel Tournier
*Kamera:* Bruno de Keyzer; Michael Sutor (Tierkamera) (Farbe)
*Musik:* Michael Nyman
*Schnitt:* Nicolas Gaster; Peter Przygodda (Dramaturgie)
*Prod.Des.:* Ezio Frigerio; Heinz Röske, Susanne Hein
*Prod.:* Ingrid Windisch für Studio Babelsberg/ Renn Prod./Recorded Picture mit France 2

Cinéma/WDR/Canal plus/Heritage Films/UFA, BRD/Frankreich/GB 1996; 117 Min.
*UA:* 30.8.1996, Int. Filmfestspiele Venedig
*Verleih:* Tobis/Constantin/-/Universum Film; 12.9.1996
*FSK:* ab 12, ffr. – *FBW:* Wertvoll

Abel, ein französischer Waisenknabe, wünscht sich, daß seine Schule abbrennt, was prompt auch geschieht. Er wird zu einem Mann, der selbst auf gewisse Weise Kind geblieben ist und sich zu Kindern hingezogen fühlt. Das verschlägt ihn bei Ausbruch des Zweiten Weltkriegs in die Armee, dann in Kriegsgefangenschaft, weiter an Görings Jagdgut und schließlich in die Knabendrillanstalt Burg Kaltenborn. Hier wird er zum rücksichtslosen, alle Knaben der Umgebung einfangenden Unhold. Zu spät begreift er, daß er an deren Untergang mitgewirkt hat. Schlöndorff läßt einen Toren durch die brutalste Ära der europäischen Geschichte irren, die er als eine Collage absurder, pseudoromantischer, religiöser Bilder inszeniert. Der Versuch, die Verführungskraft des Nationalsozialismus zu zeigen, mißlingt jedoch gründlich und schlägt – vor allem durch die nicht hinreichend reflektierte und kontrollierte Bilderflut – in die Auflösung dieses historischen Faktums als bloß ästhetisches Phänomen um. Mit hohen Ambitionen versehene, jedoch die politisch-moralische Verantwortung ihrer Bilder falsch einschätzende Literaturverfilmung. multimedia

(…) Noch während des Festivals von Cannes stieg der Cutter Peter Przygodda in das Projekt ein. Von da an machte der Film laut Schlöndorff einen erheblichen Sprung nach vorn. Er wurde um die genannten 13 Minuten kürzer und bekam jetzt dort, wo er sich in epische Breite zu verlieren drohte, die bisher nur behauptete Dichte. Tatsächlich wurde »Der Unhold« erst nach Cannes zur Geschichte von Abel Tiffauges, jenes illuminierten Toren, der – wie Oskar Matzerath – aus schräger Perspektive den krummen Lauf der Welt betrachtet. Vor Cannes war der Film ein mitunter beeindruckender Bilderbogen, aber ziemlich »schlöndorffig« wie der Regisseur selbstironisch bekennt; nun ist er ein ziemlich böses Märchen geworden. *Ralph Eue, Der Tagesspiegel, 25.8.96*

(…) Die Erwartungen, der Druck auf diesem Werk waren groß, wurde doch die ursprüngliche Präsentation in Cannes rückgängig gemacht. Nun, das Ergebnis ist achtbar und diskutabel. Das etwa 30 Millionen teure Werk umfaßt hervorragende Einzelleistungen, insgesamt aber könnte man von einem Scheitern auf hohem Niveau sprechen. (…) *Josef Nagel, Rheinische Post, 6.9.96*

(…) Schlöndorffs 30 Millionen Mark teurer Ritt über die Oder-Neiße-Linie bietet noch nicht mal die Reibungsfläche des Romans, den Jean Améry damals als »Ästhetizismus der Barbarei« bezeichnete. Auch ein John Malkovich in der Titelrolle kann nicht mehr tun, als ihm die Regie gestattet. Den Film zu tragen wie St. Christophorus unseren Herrn Jesus, das gelingt ihm nicht. *Peter Körte, FR, 12.9.96*

(…) Volker Schlöndorff hat diese literarischen Vorgaben mit glänzendem Handwerk und sicherem Gefühl für das Doppeldeutige, Geheimnisvolle und verschroben Barbarische nicht ohne ironische Tücke inszeniert. Es ist ein erzdeutscher Film geworden – aber das grübelschwere Schicksalsbrummen in Ostpreußens Elchwäldern wird geradezu operettenhaft gebrochen durch den pathetischen Männerkitsch des ornamentalen Hakenkreuz-Pomps: die Farce der Riefenstahl-Ästhetik. (…)
Ein sperriger, aber reizvoller nationaler Metaphernfilm, der mehr ist als dekorative Literaturverfilmung – stimmungsvoll eingenebelt in Michael Nymans Musikzitate. *Ponkie, AZ, 12.9.96*

»Das Buch von Michel Tournier hat mich zugleich fasziniert und geängstigt. Es ist eine sehr französische Sicht auf Deutschland, eine Art realistisches Schauermärchen. Es ist die Geschichte

*John Malkovich als Abel Tiffauge in ›Der Unhold‹ von Volker Schlöndorff*

*›Erlkönig‹-Autor Michel Tournier und ›Unhold‹-Regisseur Volker Schlöndorff (Mitte)*

von einem, der zu Hause ein Nichts ist, dann in den Krieg gerät und auf einmal glaubt, daß sich nun sein Schicksal erfüllt, große Dinge auf ihn warten, und der dann in jedem Zufall, den er erlebt, eine geheimnisvolle Vorbestimmung sieht. Er ist ein wunderbarer Spinner, ein tumber Tor mit stark illuminierten Zügen. Und ganz zum Schluß erkennt er, daß es nichts Schlimmeres gibt, als zu glauben, man hätte ein Schicksal, dem man vertrauen kann.«

*Volker Schlöndorff*

Heiko R. Blum in: Rheinische Post, 13.9.96; Brigitte Deslam in: Kölner Stadt-Anzeiger, 14.9.96; Volker Gunske in: tip, 19/96; Andreas Kilb in: Die Zeit, 30.8.96; H.G. Pflaum in: SZ, 12.9.96; Hanns-Georg Rodek in: Die Welt, 9.9.96 (Interview Schlöndorff); Julia Schröder in: Stgt. Zeitung, 12.9.96

## United Trash 1056

**

*Regie:* Christoph Schlingensief
*Darsteller:* Udo Kier (UN-General Werner Brenner), Kitten Natividad (Martha Brenner), Thomas Chibwe (Peter Panne), Joachim Tomaschewsky (Bischof Pierre), Jones Muguse (Hassan), Johnny Pfeiffer (Lund), Miklos Königer (Dr. Vanderberg/US Präsident), Brigitte Kausch-Kuhlbrodt (Assistentin Hillary), Dietrich Kuhlbrodt (Hassans Minister Christofferson), Heimo Bachstein (Horst Klipp)
*Drehbuch:* Christoph Schlingensief
*Kamera:* Christoph Schlingensieg (Farbe)
*Musik:* Biber Gullatz, Eckes Malz
*Schnitt:* Andrea Schumacher
*Prod.Des.:* Uli Hanisch
*Prod.:* Christoph Schlingensief für DEM Film Prod., BRD 1996; 79 Min.
*UA:* Int. Hofer Filmtage, Titel: Die Spalte
*Verleih:* Senator/-/-; 22.2.1996
*FSK:* ab 18, nffr.

Die absurde und krude Geschichte eines deutschen Uno-Generals, Befehlshaber einer Friedenstruppe in Afrika, der wahrscheinlich mit der Hilfe eines abtrünnigen zahnlosen Bischofs und der megabusigen Kitten Natividad dem europageschädigten Kontinent einen Erlöser schenkt, den Jesus mit Namen Peter Panne. Der trägt auf seinem Kopf, was sonst Frauen zwischen den Beinen haben. Der Film ist so beleidigend und laut, daß er nur Blinden, Gehör- und Geschmacklosen zu empfehlen ist. Also uns allen.

*Peter W. Jansen, tip, 5/96*

Hans Schifferle in: SZ, 22.2.96

## Unknown Time 1057

DE TUSSENTIJD **

Video

*Regie:* Marianna Dikker
*Darsteller:* Amanda Ooms (Marina), Jules Hamel (Dr. Victor Cambach), Pleuni Touw (Leonore), Coen Flink (Felix), Eric Corton (Rytsaert)
*Drehbuch:* Marianna Dikker
*Kamera:* Wouter Suyderhoud (Farbe)
*Musik:* Loek Dikker
*Schnitt:* Maurits Guépin
*Prod.:* Chris Brouwer, Haig Balian für Movies Film Prod., Niederlande 1993; 86 Min.
*Vertrieb:* Highlight Video; 6.2.1996
*FSK:* ab 16 J.

Holland, nicht gerade das klassische Filmland, schon gar nicht in puncto Horror-Genre. Dabei bleibt es auch nach dieser Schauermär um Jenseitskontakte und Sterbehilfe.

Dieter Krusche in: film-dienst, 5/96

## Eine unmögliche Hochzeit 1058

***

TV

*Regie:* Horst Sczerba
*Darsteller:* Maria Schrader (Holly), Rufus Beck (Freddy), Jan Gregor Kremp (Karl), Dennesch Ninnig (Alemnesch), Joachim Krol (Standesbeamter), Karin Gregorek (Hollys Mutter), Carlheinz Heitmann (Holly Vater), Jürgen Tonkel (Hans), Dagmar Trengler (Mona), Tayfun Bademsoy (Dr. Uksai)
*Drehbuch:* Horst Sczerba
*Kamera:* Johannes Kirchlechner (Farbe)
*Musik:* Frank Hocker, Gerd Köster
*Schnitt:* Helga Borsche
*Prod.Des.:* Marion Schlauss
*Prod.:* Olga Film für ZDF/Arte, BRD 1996; 89 Min.
*EA:* Filmfest München 1996
*TV:* 26.7.1996 Arte, 20.45; 4.11.1996, ZDF, 19.25

Holly steht am Vorabend ihrer Hochzeit einer hochschwangeren Asylantin bei – der Beginn einer turbulenten Komödie, die tragisch endet.

*Jan Gregor Kremp, Maria Schrader, Dennesch Ninnig und Rufus Beck*

## Unmoralische Beziehung 1059

LOVER'S LEAP □ TV

*Regie:* Toby Philips
*Darsteller:* Carrie Westcott (Johanna), Michael Jay (Nick), Moe Justini (Alex), Craig Stepp (Charlie)
*Drehbuch:* Penny Antine
*Kamera:* Stephan Schultz (Farbe)
*Musik:* Daniel Walker
*Prod.:* Playboy, USA 1995; 90 Min.
*TV:* 19.4.1996, Premiere, 0.00

Mitternachts-Erotik aus der Playboy-Produktion.

## Unsere feindlichen Nachbarn 1060

CANADIAN BACON *** Video

*Regie:* Michael Moore
*Darsteller:* Rip Torn (General Dick Panzer), Kevin Pollak (Stu Smiley), Alan Alda (Präsident), John Candy (Bud Boomer), Bill Nunn, Kevin O'Connor, Rhea Perlman (Honey)
*Drehbuch:* Michael Moore
*Kamera:* Haskell Wexler (Farbe)
*Musik:* Elmer Bernstein, Peter Bernstein
*Schnitt:* Wendey Stanzler, Michael Berenbaum
*Prod.Des.:* Carol Spier
*Prod.:* David Brown, Ron Rotholz für Maverick Pic., USA 1995; 91 Min.
*Vertrieb:* VCL Video; 25.6.1996
*FSK:* ab 12 J.

Lanciert von der Rüstungsindustrie und gedeckt von einem vertrottelten Präsidenten erklärt eine Handvoll US-Desperados Kanada den Krieg. Eine vergleichsweise zahnlose Satire, die ihren Reiz hauptsächlich aus dem blendend agierenden Ensemble bezieht.

Frank Arnold in: tip, 1/97

## Unter Anklage – Der Fall McMartin 1061

INDICTMENT – THE MCMARTIN TRIAL *** Video

*Regie:* Mick Jackson
*Darsteller:* James Woods (Danny Davis), Mercedes Ruehl (Lael Rubin), Lolita Davidovich (Kee McFarlane), Shirley Knight (Virginia McMartin), Henry Thomas (Ray Buckey)
*Drehbuch:* Abby Mann, Myrna Mann
*Kamera:* Rodrigo Garcia (Farbe)
*Musik:* Peter Rodgers Metlick
*Schnitt:* Richard A. Harris

*Prod.:* Diana Pokorny für HBO/Ixtlan/Abby Mann/Breakheart Films,
USA 1995; 134 Min.
*Vertrieb:* MIC Video; April 1996
*FSK:* ab 16 J.

Mit zwei Golden Globes prämierter, seriöser US-TV-Film um den authentischen Fall eines Jungen, der in den Verdacht des Kindsmißbrauchs gerät. Mit der unseligen »Hilfe« der Medien wandert seine komplette Familie hinter Gitter und wird erst in einem sechs Jahre währenden Gerichtsverfahren freigesprochen. Anspruchsvolle Unterhaltung mit kritischen Untertönen.

René Claßen in: film-dienst, 15/96

## Unter der Milchstraße 1062

****

*Regie:* M.X. Oberg
*Darsteller:* Fabian Busch, Sophie Rois, Christiane Paul, Antonio Paradiso, Vitus Zeplichal, Detlev Buck
*Drehbuch:* M.X. Oberg
*Kamera:* Roger Heereman (Farbe)
*Musik:* Astor Piazzolla
*Schnitt:* Mona Breuer
*Prod.Des.:* Sister Haarmann

*Fabian Busch und Antonio Paradiso*

*Prod.:* April Pussycat für Bankrupt Ent., BRD 1994; 84 Min.
*UA:* 5.5.1995, Filmfest Emden; 10.9.1995, Toronto Film Festival
*Verleih:* Pandora/-/-; 27.6.1996
*FSK:* ab 16, ffr.

Ein seines Geldes beraubter Student jobt als Schlafwagenschaffner. Er gerät auf seinen nächtlichen Reisen in halbkriminelle Kreise mit eigenen Gesetzen, macht erste Liebeserfahrungen und wird zum Opportunisten. Am Ende ist nichts mehr so, wie es einmal war. Ein kleines, absurdes Road-Movie auf Schienen über einen Menschen auf der Suche nach sich selbst. Der skurrile Witz läßt einige Schwächen dieses ambitionierten Erstlingswerkes vergessen.
*Margret Köhler*

Daniel Blum in: FR, 28.6.96; Rupert Koppold in: Stgt. Zeitung, 4.7.96; Daniel Kothenschulte in: Kölner Stadt-Anzeiger, 29.6.96; Christiane Peitz in: Der Tagesspiegel, 27.6.96 (Interview Oberg); H.G. Pflaum in: SZ, 8.6.96; Ponkie in: AZ, 4.7.96; Jan Schulz-Ojala in: Der Tagesspiegel, 27.6.96

## Unter Haien in Hollywood 1063

THE BUDDY FACTOR / SWIMMING WITH SHARKS ***

*Regie:* George Huang
*Prod.:* USA 1994

TV-Titel für: → The Buddy Factor

## Ein unvergeßlicher Sommer 1064

UN ETE INOUBLIABLE ***

TV

*Regie:* Lucian Pintilie
*Darsteller:* Kristin Scott-Thomas (Marie-Therese von Debretsy), Claudiu Bleont (Cpt. Petre Dumitriu), Olga Tudorache (Mme. Vorvoreanu), George Constantin (Gen. Tchilibia), Ion Pavlescu (Serban Lascari), Marcel Iures (Gen. Ipsilanti), Razvan Vasilescu (Lt. Turtureanu), Cornel Scripcaru, Tamara Cretulescu, Mihai Constantin
*Drehbuch:* Lucian Pintilie, nach der Novelle »The Salad« von Petru Dumitriu
*Kamera:* Calin Ghibu (Farbe)
*Musik:* Anton Suteu
*Schnitt:* Victorita Nae
*Prod.Des.:* Paul Bortnovschi, Calin Papura
*Prod.:* Marin Karmitz, Constantin Popescu für MK2/La Sept Cinema/Le Studio de Creation

Cinématographique du Ministere de la Culture de Roumanie mit Canal Plus/ CNC/Filmex, Frankreich/Rumänien 1994; 82 Min.
*UA:* 22.4.1994, Int. Filmfestival Cannes
*TV:* 2.12.1996, Arte, 22.40

Nach dem Ende des Zweiten Weltkriegs ist Hauptmann Dumitriu an der Grenze stationiert. Als seine schöne Frau die Avancen des Generals zurückweist, wird die Familie ins Krisengebiet versetzt.

## Unzipped 1065

UNZIPPED ***

*Regie:* Douglas Keeve
*Darsteller:* Mit: Isaac Mizrahi, Sandra Bernhard, Naomi Campbell, Cindy Crawford, Linda Evangelista, Eartha Kitt, Kate Moss, Christy Turlington
*Kamera:* Ellen Kuras (Farbe und s/w)
*Schnitt:* Paula Heredia
*Prod.:* Michael Alden für Hachette Filipacchi/Elle Magazine, USA 1994; 73 Min.
*UA:* Sundance Film Festival 1995; 4.8.1995, New York
*Verleih:* Kinowelt, OV/dto./Focus/ Arthaus Video; 8.8.1996
*FSK:* ab 6, ffr.

In rauhem, meist schwarzweißem Dokumentarstil gedrehte, witzige Collage über den New Yorker Modeschöpfer Isaac Mizrahi. Sie gewährt unterhaltsame Einblicke, die von den ersten Skizzen der Herbstkollektion ’94 des renommierten Designers bis hin zur aufwendigen Präsentation vor versammelter Mode-Schickeria reichen. Die Entstehung dieser Kollektion wird zwar nicht detailiert verfolgt, dafür amüsieren die eingestreuten Inspirationsquellen aus dem Glamouruniversum Hollywoods des Meisters Selbstironie sowie sein zuweilen distanzierter Blick auf den aufgebauschten Modezirkus umso mehr. Im Gegensatz zu Altmans »Prêt-à-porter« um einiges bissiger, weil die Branche hier praktisch keine Gelegenheit bekommt, sich selbst zu feiern.
*Zoom, 8/96*

Heiko R. Blum in: Rheinische Post, 9.8.96; Brigitte Desalm in: Kölner Stadt-Anzeiger, 10.8.96; Bodo Fründt in: SZ, 8.8.96; Frauke Hanck in: AZ, 8.8.96; Angela Schmitt-Gläser in: FR, 10.8.96

## Urban Safari 1066

***

*Regie:* Reto Salimbeni
*Darsteller:* David Naughton, Linda Kash, Andrea Nemeth, Harry Johnson, Donnelly Rhodes
*Drehbuch:* Reto Salimbeni
*Kamera:* Vic Sarin (Farbe)
*Musik:* Brahm Wenger
*Schnitt:* Jana Fritsch
*Prod.:* Yaletwon & C.L.A.S.S./Full Circle/ SF DRS/ZDF/Astral, Kanada/Schweiz 1995; 95 Min.
*Verleih:* -/-/UIP; September 1996

Ein New Yorker Ehepaar täuscht aus Geldmangel einen Safaritrip in Afrika bloß vor, hält sich jedoch in der eigenen Wohnung versteckt. In der vermeintlich »sturmfreien Bude« treffen nun unangemeldet die Tochter ein, der Großvater, der kleinkriminelle Hauswart sowie Hausbewohner, die den Ort für heimliche Schäferstündchen benutzen. Das in Vancouver und New York entstandene Regiedebüt des Schweizer Werbefilmers Reto Salimbeni wird zum leidlich amüsanten Versteckspiel auf kleinstem Raum. Der Film lebt von seiner interessanten Grundidee und ein paar trefflichen Pointen. Als Ganzes jedoch mangelt es an glaubwürdigen Charakterisierungen und am komödiengerechten Timing. *Zoom, 9/96*

## Vanishing Son
1067

VANISHING SON **

Video

*Regie:* John Nicolella
*Darsteller:* Russell Wong (Jian-Wa), Chi Muoi Lo (Wago), Vivian Wu (Lili), Rebecca Gayheart (Clair), Marcus Chong (Fu Qua), Paul Butler (Estabrook), Haing S. Ngor (Der General), Eric Frederick (Pak Manu), Gary Wade Morton (Garcia), Brian Fong (Bones Lee Hoy)
*Musik:* David Bergeaud
*Prod.:* USA 1994; 87 Min.
*UA:* 6.3.1994, USA TV
*Vertrieb:* CIC Video
*FSK:* ab 16 J.

Erster von vier Fernsehfilmen über ein ungleiches Brüderpaar, das aus Peking in die USA flieht und dort getrennte Wege geht. Selbst für TV-Standards unterdurchschnittlich.

## Vater mit kleinen Fehlern
1068

FATHER HOOD ***

TV

*Regie:* Darrell James Roodt
*Prod.:* USA 1993
*TV:* 24.11.1996, ARD, 15.30

TV-Titel für: → Kidnapper

Dieser Titel erschien bereits 1994 auf Video. Deshalb sind die vollständigen Angaben und Kritiken im Heyne Filmjahrbuch 1995.

## Vater, lieber Vater
1069

***

*Regie:* Leopold Huber
*Darsteller:* Dagny Gioulami (Elsbeth), Laszlo Kish (Vater), Astrid Keller (Mutter), Michel Adatte (Valentino), Hilde Ziegler, Marie-Thérèse Maeder
*Drehbuch:* Leopold Huber, Hansjörg Schneider, Milan Dor, nach dem Roman »Zug nach Süden« von Leopold Huber
*Kamera:* Christian Reitz (Farbe)
*Musik:* Peter von Siebenthal, Christian Brantschen
*Schnitt:* Rainer Trinkler
*Prod.Des.:* Markus Heer
*Prod.:* Theres Scherer-Kollbrunner für CARAC Film, Schweiz 1994; 90 Min.
*Verleih:* -/filmladen/Fama; Okt. 1994/Febr. 1996

Im idyllischen Eigenheim am Bodensee mißbraucht ein unbescholtener Bürger fortgesetzt seine Tochter. Die Frau, schwach und übertrieben harmoniebedürftig, sieht auch die offensichtlichsten Zeichen nicht und unterläßt es, ihrem Kind zu helfen. Als die Tochter ausbricht und ihren italienischen Freund heiraten will, kommt es zur Explosion.
(...) Die sehr behutsam einsetzende Handlung steigert sich zu einem bestürzend dramatischen Verlauf. Ein auch formal eindrucksvoller sensibel und ausgewogen gestalteter Film.

*multimedia*

Thomas Klingenmaier in: Stgt. Zeitung, 22.2.96

## Venezianische Verführung
1070

PASSION IN VENICE □

TV

*Regie:* Cameron Grant, Joe D'Amato
*Darsteller:* Juli Ashton, Deborah Wells, Sean Michaels, Mark Davis, Anita Blond
*Drehbuch:* Cameron Grant, Elvis Bertram
*Kamera:* Cameron Grant (Farbe)
*Musik:* Sleepy Guy, Matty Spindel, Scott Barden
*Prod.:* USA 1995; 83 Min.
*TV:* 11.10.1996, Premiere, 0.00

Jetzt braucht der italienische Alt-Erotomane D'Amato schon einen Koregisseur für seine Nacktheiten. Oder umgekehrt. Der US-Regisseur brauchte einen fachkundigen Berater. Oder beide sind ein und dieselbe Person.

## Venus im Pelz
1071

VENUS IN FURS ***

*Regie:* Maartje Seyferth, Victor Nieuwenhuijs
*Darsteller:* Anne van der Ven (Wanda von Dunajew), Andre Arend van Noord (Severin von Kusiemski), Hilt de Vos (Die Freundin), Raymond Thiery (Wandas Liebhaber), Claire Mijnals, Sabine Te Vrede, Meredith Chan-A-Hung (Amazonen), Anne van der Ven (Die Tante)
*Drehbuch:* Maartje Seyferth, Victor Nieuwenhuijs, Ian Kerkhof, nach dem gleichn. Roman von Leopold von Sacher-Masoch

*Kamera:* Victor Nieuwenhuijs
*Musik:* Mahler, Grieg, Tschaikowski
*Schnitt:* Herbert van Drongelen, Maartje Seyferth
*Prod.:* Victor Nieuwenhuijs für Moskito Film, Niederlande 1994; 70 Min.
*EA:* 10.8.1995, Traumfabrik-Kino Kiel
*Verleih:* Wild Utopia, OmU/-/-; 18.1.1996

Eine in Schwarzweißbildern kontemplativ angelegte Vision von Leopold Sacher-Masochs gleichnamigem Roman.
(...) Obendrein nimmt man der Hauptdarstellerin Anne van der Ven, Typ dauergewelltes Nymphchen, den Lustgewinn beim Fesseln und Peitschen nicht ab. Als elegant abgelichteter Bilderbogen bietet »Venus im Pelz« trotz seiner körperlichen Freizügigkeiten dem Fetischkino zu wenig, gleichzeitig ist er für einen ernsthaften Blick in die Welt, die nur Herren und Sklaven erlaubt, zu verliebt in die eigene ästhetische Sinnlichkeit. *Patrick Rösler, Stgt. Zeitung, 4.5.96*

Eva Hohenberger in: film-dienst, 3/96; Gerald Koll in: Kieler Nachrichten, 12.8.95

## Der Venusmörder 1072

***
TV

*Regie:* Dominique Othenin-Girard
*Darsteller:* Katja Flint (Laura Grimm), Hannes Jaenicke (Dr. Stern), Ralph Herforth (Hauptkommissar Strack), April Hailer (Lis), Karin Anselm (Oberkommissarin Hellmann), Volker Risch (Hasso Grimm), Iris-Luise Böhm (Nicole), Thierry van Werveke (Dr. Limbach)
*Drehbuch:* Christos Yiannopoulos
*Kamera:* Sven Kirsten (Farbe)
*Prod.:* Werner Possardt, BRD 1996; 90 Min.
*TV:* 23.10.1996, RTL, 20.15

Geisterbahn: Schriller Mobbing-Geschlechterkampf bei der Kripo, enthäutete schweigende Lämmer in den Klauen von perversen Schönheitschirurgen – da läßt sich das Kinohorror-Metier richtig ausweiden. Der TV-Thriller rempelte plump durchs Schockerrevier der massakrierten Frauenleichen und verließ sich auf die sicheren Darsteller-Instinkte von Katja Flint und Hannes Jaenicke. Ein Dutzendreißer aus lauter Versatzstücken. *Ponkie, AZ, 25.10.96*

## Verborgene Leidenschaft 1073

HIDDEN OBSESSIONS
□
TV

*Regie:* Andrew Blake
*Darsteller:* Janine Lindenmüller, Heather Hart, J.P. Sparxx, Paula Price
*Drehbuch:* Raven Touchstone
*Kamera:* Andrew Blake (Farbe)
*Musik:* Richard Hardalstein
*Prod.:* Blake Prod., USA 1993; 60 Min.
*TV:* 2.2.1996, Premiere, 0.00

Frustrierte Erotik-Autorin aus L.A. versucht in Europa Liebesglück zu erlangen.

## Verdammt, er liebt mich 1074

***
TV

*Regie:* Sven Severin
*Darsteller:* Corinna Harfouch (Paula), Helmut Berger (Gabriel), Susanne Bormann (Emma), Timothy Peach (Adrian Morrison), Günther Jerschke (Schorsch), Christine Röthing (Josefine), Eva Maria Kerkhoff, Stefanie Stappenbeck, Bastian Sierich
*Drehbuch:* Annemarie Schoenle, nach ihrem Roman
*Kamera:* Nicolas Joray (Farbe)
*Prod.:* BRD 1995; 89 Min.
*TV:* 17.3.1996, ZDF, 20.15; 25.10.1996, Arte, 20.45

Die 17jährige Emma ist in ihren draufgängerischen Lehrer Adrian Morrison verliebt und will ihn erobern. Adrian hat jedoch ein Auge auf Emmas ehemüde Mutter Paula geworfen, die mit ihm eine Affäre beginnt. Bei einer Klassenfahrt nach Paris überschlagen sich dann die Ereignisse.

## Verführung 1075

PERSUASION
***

*Regie:* Roger Michell
*Darsteller:* Amanda Root (Anne Elliot), Ciaran Hinds (Captain Wentworth), Susan Fleetwood (Lady Russell), Corin Redgrave (Sir Walter Elliot), Fiona Shaw (Mrs. Croft), John Woodvine (Admiral Croft), Phoebe Nicholls (Elizabeth Elliot), Samuel West (Mr. Elliot), Sophie Thompson (Mary Musgrove), Judy Cornwell (Mrs. Musgrove)
*Drehbuch:* Nick Dear, nach dem gleichn. Roman von Jane Austen
*Kamera:* John Daly (Farbe)
*Musik:* Jeremy Sams
*Schnitt:* Kate Evans

*Prod.Des.:* William Dudley, Brian Sykes
*Prod.:* Fiona Finlay für BBC Films/
WGBH Mobil Masterpiece Theatre/Millesime,
GB 1995; 107 Min.
*EA:* Filmfest München 1996
*Verleih:* MFA/-/-; 21.11.1996
*FSK:* ab 6, ffr.

Bonjour Tristesse: Jane Austens letzter Roman »Persuasion« (»Überredung«, was den Sachverhalt besser wiedergibt als »Verführung«) handelt erneut von Geld und Stolz. Vor sieben Jahren hat eine Frau einen Verehrer unter dem Einfluß ihrer Verwandtschaft wegen dessen Mittellosigkeit abgewiesen, jetzt ist ihre Familie selber verarmt, der Mann aber ein reichgewordener Kriegsheld. Unterdrücktes Verlangen und die Macht der Etikette reproduziert die BBC-Produktion derartig nüchtern-undramatisch und betulich, daß sie geradezu quälend wirkt.

*Frank Arnold, tip, 25/96*

(...) Das sehr späte Glück breitet Regisseur Roger Michell, erprobt in der Royal Shakespeare Company, sehr gekonnt und genüßlich aus. Wir erleben, bis in Details von Charakter-Studien, bestes Film-Theater – von der ewigen Kraft der wahren Liebe.

*Angie Dullinger, AZ, 28.11.96*

Michael Althen in: DZ, 30.11.96; Fritz Göttler in: Kölner Stadt-Anzeiger, 30.11.96; Joseph Heinrichs in: Rheinische Post, 30.11.96; Angela Schmidt-Gläser in: FR, 30.11.96; Elke Schmitter in: Die Zeit, 29.11.96

## Vergiß mich! 1076

OUBLIE-MOI ***

*Regie:* Noémie Lvovsky
*Prod.:* Frankreich 1994

Lief bereits in 1995 in Österreich und der Schweiz unter dem Originaltitel. Vollständige Angaben und Kritik daher im Heyne Filmjahrbuch 1996.

## Verhängnis 1077

***

*Regie:* Fred Kelemen
*Darsteller:* Sanja Spengler, Valerij Fedorenko
*Drehbuch:* Fred Kelemen
*Kamera:* Fred Kelemen (Farbe)
*Schnitt:* Fred Kelemen
*Prod.:* DFFB/polyfilm, BRD 1994; 80 Min.
*UA:* 28.6.1994, Filmfest München;
Toronto Film Festival 1994
*Verleih:* Salzgeber/-/-; 8.2.1996

Die einfache Geschichte eines Ausländers in einer deutschen Stadt, der einen anderen Mann bei seiner Freundin vorfindet, diesen mit einer Schußwaffe bedroht und unbeabsichtigt tötet, als die Situation außer Kontrolle gerät, steht für all das Leid, die Einsamkeit, die Isolation, die schmerzlichen Erinnerungen und gegenwärtigen Demütigungen, welche die Fremden und Entwurzelten so lange hinunterschlucken müssen, bis sich die Emotionen in Aggression und Verzweiflung entladen. Formal sehr eigenwillig und experimentierfreudig, attackiert der spröde Streifen die Sehgewohnheiten des Publikums, bis man sich der intensiven Atmosphäre und dem bedrückenden, höchst unbequemen Gehalt öffnet.

*multimedia*

Thomas Klingenmaier in: Stgt. Zeitung, 19.4.96; Martina Knoben in: SZ, 26.4.96; Ponkie in: AZ, 25.4.96; Oliver Rahayel in: Kölner Stadt-Anzeiger, 8.2.96

## Verhängnisvolle Beziehung 1078

SCORING ☐

TV

*Regie:* Toby Philips
*Darsteller:* Mark Porro (Eric Lazlo), Michelle Brin (Della), Dixie Jayne Beck (Abbey), Doug Jeffrey (Stoney)
*Drehbuch:* Penny Antine
*Kamera:* Stephan Shultze (Farbe)
*Musik:* Daniel Walker
*Prod.:* Playboy, USA 1995; 105 Min.
*TV:* 7.6.1996, Premiere, 0.00

Filmkomponist verwechselt Realität und Film, und das ist nie erfolgversprechend.

## Verhängnisvolle Wette 1079

GENTLEMAN'S BET ☐

TV

*Regie:* Carlo Gustaff
*Darsteller:* Neith Hunter (Lauren Barnard),

Michael Phenicie (Paul Barnard), Betsy Monroe (Jodie), Jack Turturici (Chris Lowry)
*Drehbuch:* Eric Mandelbaum
*Kamera:* Geza Sinkovics (Farbe)
*Musik:* Patrick Scott
*Prod.:* Playboy,
USA 1995; 97 Min.
*TV:* 13.12.1996, Premiere, 1.00

Sex und Crime für ausgesprochen schlichte Gemüter.

## Verkauftes Leben 1080

BUTTERBOX BABIES □

TV

*Regie:* Don McBrearty
*Darsteller:* Susan Clark (Lila Young), Michael Riley (William Young), Peter MacNeill, Catherine Fitch, Cedric Smith
*Drehbuch:* Nach einer wahren Begebenheit
*Prod.:* Kanada 1994; 89 Min.
*TV:* 30.1.1996, RTL2, 20.15

Adoptionsgeschäfte in den 40er Jahren.

## Das verletzte Lächeln 1081

***

TV

*Regie:* Andreas Gruber
*Darsteller:* Natja Brunckhorst (Marlene), Rainer Egger (Richard), Andrea Wolf, Susanne Geyer
*Prod.:* BRD 1995; 89 Min.
*TV:* 13.5.1996, ZDF, 19.25

Das erfolgreiche Model Marlene ist es gewöhnt, umschwärmt zu werden. Als sie bei einem Unfall schwer verletzt wird, muß sie erfahren, daß im Gesicht für immer Narben zurückbleiben werden. Sie leidet schwer unter ihrem Schicksal. Doch dann lernt sie den kranken Gärtner Richard kennen, der als Verlierertyp seine Unsicherheit mit coolen Sprüchen kaschieren will. Die beiden sind die einzigen, die einander Halt bieten können. Einfühlsame und realistische Liebesgeschichte ohne Gefühlsduselei. *AZ TV Journal*

## Verliebt in einen Frauenschänder? 1082

THE STRANGER BESIDE ME **

TV

*Regie:* Sandor Stern
*Darsteller:* Tiffani-Amber Thiessen (Jennifer Moore), Eric Close (Chris Gallagher), Gerald McRaney (Dave Morgan), Sonya Hensley (Sandy), James Quarter (Nick), Lorrie Morgan (Nancy Halloran), Alyson Hannigan (Dana), Steven Eckholdt (Det. Bill Rounder), Casey Sander (Officer Kurtz)
*Drehbuch:* Bruce Miller
*Kamera:* Ronald M. Lautore (Farbe)
*Musik:* David Mansfield
*Prod.:* William Shippey für Hallmark Ent., USA 1995; 92 Min.
*UA:* 17.9.1995, ABC
*TV:* 16.12.1996, Pro7, 20.15

Erst nach der Geburt ihres Kindes bemerkt Jennifer, daß ihr Mann ein Sexualverbrecher ist. Wo hat sie nur vorher gelebt?

## Das verlorene Paradies: Die Kindermorde in Robin Hood Hills 1083

PARADISE LOST: THE CHILD MURDERS AT ROBIN HOOD HILLS ****

*Regie:* Joe Berlinger, Bruce Sinofsky
*Kamera:* Robert Richman, John Thoma, Douglas Cooper (Farbe)
*Musik:* Metallica
*Schnitt:* Joe Berlinger, Bruce Sinofsky; M. Watanabe Milmore (Gerichtsszenen)
*Prod.:* Joe Berlinger, Bruce Sinofsky für Hand-to-Mouth Prod., USA 1996; 150 Min.
*UA:* 27.1.1996, Sundance Film Festival
*EA:* 22.2.1996, Int. Forum des Jungen Films
*Verleih:* Freunde/-/-; Winter 1996

Drei achtjährige Jungen werden ermordet und verstümmelt, drei Teenager werden der Tat beschuldigt. Die Regisseure zeigen den Prozeßhergang, die Rolle der Medien und die Eltern der Opfer und Verdächtigen.

Tobias Kriebe in: SZ, 13.6.96; Anke Leweke in: tip, 10/96

## Der verrückte Professor 1084

THE NUTTY PROFESSOR ***

*Regie:* Tom Shadyac
*Darsteller:* Eddie Murphy (Sherman Klump/Buddy Love/Lance Perkins/Papa Klump/Mama Klump/Grandma Klump/Ernie Klump), Jada Pinkett (Carl Purty), James Coburn (Harlan Hartley), Larry Miller (Dean Richmond), Dave Chappelle (Reggie Warrington), John Ales (Jason)

*Drehbuch:* David Sheffield, Barry W. Blaustein, Tom Shadyac, Steve Oedekerk, nach einem Filmdrehbuch von Jerry Lewis, Bill Richmond
*Kamera:* Julio Macat (Deluxe)
*Musik:* David Newman
*Schnitt:* Don Zimmerman
*Prod.Des.:* William Elliott
*Prod.:* Brian Grazer, Russell Simmons für Imagine Ent., USA 1996; 95 Min.
*Verleih:* UIP/UIP/UIP/CIC Video; 17.10.1996
*FSK:* ab 12, ffr.
*FBW:* Wertvoll

Als 200 Kilo schwerer Chemieprofessor, der sich zeitweilig in einen coolgroßmauligen Frauenhelden verwandelt, glänzt Eddie Murphy in diesem Remake des gleichnamigen Jerry-Lewis-Films, das nicht nur den Fitneß- und Schlankheitskult parodiert, sondern mit dem der Komiker gleichzeitig neue Wege beschreitet. Denn seine Rolle als linkischer Professor läßt uns in einem Maße an dieser Figur Anteil nehmen, das man aus früheren Murphy-Filmen nicht kannte.

*Frank Arnold, tip, 22/96*

(…) Dicken-Witze gibt es am laufenden Band in dieser allzu vorhersehbaren Geschichte vom Professor, der sich kraft eigener Erfindung zeitweise in sein Gegenteil verwandeln kann, den frechen Schönling, der am meisten Ähnlichkeit mit dem originalen Eddie Murphy hat. Ihm mag eine Art Abrechnung mit der eigenen Komiker-Karriere vorgeschwebt haben, doch dafür sind Drehbuch und Regie zu harm- und einfallslos. Man kriegt nur Sehnsucht nach dem Jerry-Lewis-Film.

*Frauke Hanck, AZ, 17.10.96*

(…) Als Komödie nicht viel mehr als turbulenter, grobschlächtiger Klamauk, aber eine Meisterleistung der Maskenbildnerei und Tricktechnik: Eddie Murphy spielt bravourös sieben Rollen, darunter seine eigene Großmutter.

*Zoom, 11/96*

(…) Aber wenn man in Amerika älter wird, pissen sie dir auf den Kopf. Chaplin ist ja dasselbe passiert. Und Chaplin war von uns allen der Größte. Amerika hat da ne Macke. Wir bauen unsere Idole auf und reißen sie nieder, peppeln sie wieder auf und rammen ihnen dann den Dolch rückwärts … ins Gesäß. Ich sage immer: »Erfolg« ist, wenn man trotzdem furzt.

*Eddie Murphy im Interview mit Patrick Roth, FR, 17.10.96*

Albert Baer in: Rheinische Post, 18.10.96; Tobias Kniebe in: SZ, 19.10.96; Carla Rhode in: Der Tagesspiegel, 17.10.96

## Verschollen in der weißen Hölle 1085

ANGEL FLIGHT DOWN □

TV

*Regie:* Charles Wilkinson
*Darsteller:* Patricia Kalember (Teresa Bagshaw), Garwin Sanford (Rick Fowler), David Charvet (Brad Brown), Christopher Atkins (Jack Bahr), Paige Magnusson (Sammy Bahr), Donna Larson (Patty Bahr), Stephen E. Miller (Robert Coma)
*Prod.:* USA 1996; 90 Min.
*TV:* 26.9.1996, Vox, 20.15

Sammy Bahr schwebt in Lebensgefahr. Sie soll nach Denver ins Krankenhaus geflogen werden, doch das Krankentransportflugzeug muß in einem ausgedehnten Waldgebiet notlanden. Ein Kampf ums Überleben beginnt.

## Verschwörung im Dunklen 1086

A CHE PUNTO E LA NOTTE ***

TV

*Regie:* Nanni Loy
*Darsteller:* Marcello Mastroianni (Kommissar Santamaria), Marie Laforêt (Chantal Guidi), Max von Sydow (Di Torino), Angela Finocchiaro (Luigina Pietrobono), Alessandro Haber (Ingenieur Vicini), Leo Gulotta (Priotti), Ennio Fantastichini (Graziano), Emmanuelle Riva, Renato Carpentieri, Yvonne Scio
*Drehbuch:* Franco Marotta, Laura Toscano, Nanni Loy, nach dem Roman »Wie weit ist die Nacht« von Carlo Fruttero, Franco Lucentini
*Kamera:* Claudio Cirillo (Farbe)
*Prod.:* RAI, Italien 1993; 99 Min.
*TV:* 5.4.1996, ZDF, 21.20/7.4.1996, ZDF, 21.45

Der radikale Prediger und Fürsprecher sozialer Randgruppen Don Pezza wird von einer Bombe zerrissen. Der kurz vor seiner Pensionierung stehende Kommissar Santamaria soll den Fall aufklären und gerät in ein unübersichtliches Gewirr geheimnisvoll zusammenhängender Spuren.

(...) Das Autoren-Duo Carlo Fruttero und Franco Lucentini lieferte die literarische Vorlage für diese verwickelte, mitunter langatmig in Szene gesetzte Story. Vielschichtig spannend mit eigenwilligwitzigen Dialogen, tragikomischen Typen am Rande und Schauspielern der ersten Riege.
*Sigrid Feuerstein, AZ, 9.4.96*

Wilfried Geldner in: SZ, 4.4.96

## Verschwörung in L. A. 1087

CHAMELEONS □ TV

*Regie:* Glen A. Larson
*Darsteller:* Marcus Gilbert (Ryan Delaney), Stewart Granger (Jason Carr), Mary Bergmann (Jessica), Crystal Bernard (Shelly), John Standing (Henry)
*Kamera:* (Farbe)
*Prod.:* USA 1989; 85 Min.
*TV:* 21.6.1996, RTL2, 21.55

Comic-Comedy um zwei junge Frauen, die den mysteriösen Tod ihres exzentrischen Großvaters aufzuklären versuchen und dabei seinem Doppelleben und einer Verschwörung auf die Spur kommen. *Pressetext*

## Versprochen ist versprochen 1088

JINGLE ALL THE WAY ***

*Regie:* Brian Levant
*Darsteller:* Arnold Schwarzenegger (Howard Langston), Sindbad (Myron Larabee), Phil Hartman (Ted Maltin), Rita Wilson (Liz Langston), Robert Conrad (Inspektor Hummell), James Belushi (Der Weihnachtsmann), Martin Mull (DJ), Jake Lloyd (Jamie), Harvey Korman (Präsident), Laraine Newman (First Lady)
*Drehbuch:* Randy Kornfeld
*Kamera:* Victor J. Kemper (Deluxe)
*Musik:* David Newman
*Schnitt:* Kent Beyda, Wilton Henderson
*Prod.Des.:* Leslie McDonald
*Prod.:* Chris Columbus, Mark Radcliffe, Michael Barnathan für 1492 Pic. Prod., USA 1996; 89 Min.
*Verleih:* 20th Century Fox/dto./dto.; 5.12.1996
*FSK:* ab 6, ffr.

Ein vielbeschäftigter Familienvater bemüht sich am Heiligen Abend verzweifelt, die von seinem Söhnchen gewünschte Plastikfigur des Turbo Man zu bekommen. Ein neuer Lustspielversuch von Arnold Schwarzenegger scheitert völlig an einer verlogenen, überladenen Story, die sich von einer überzogenen Slapstick- zu einer Kitschorgie auswächst. *multimedia*

Albert Baer in: Rheinische Post, 6.12.96; Hans Schifferle in: SZ, 5.12.96

## Das Versteckspiel 1089

HIDEAWAY ***

*Regie:* Brett Leonard
*Darsteller:* Jeff Goldblum (Hatch Harrison), Christine Lahti (Lindsey Harrison), Alicia Silverstone (Regina Harrison), Jeremy Sisto (Vassago), Alfred Molina (Dr. Jonas Nyebern), Rae Dawn Chong (Rose Orwetto), Kenneth Welsh (Det. Breech), Suzy Joachim (Dr. Kari Dovell), Shirley Broderick (Miss Dockridge), Tom McBeath (Morton Redlow)
*Drehbuch:* Andrew Kevin Walker, Neal Jimenez, nach dem Roman von Dean R. Koontz
*Kamera:* Gale Tattersall (Farbe)
*Musik:* Trevor Jones
*Schnitt:* B.J. Sears
*Prod.Des.:* Michael Bolton
*Prod.:* Jerry Baerwitz, Agatha Hanczakowski, Gimel Everett für S/Q Prod., USA 1995; 106 Min.
*Verleih:* Columbia TriStar/-/-/Columbia TriStar Home Video; 6.6.1996
*FSK:* ab 16, ffr.

Nach zwei Stunden klinischen Todes ins Leben zurückgekehrt, hat ein Mann bedrohliche Halluzinationen, in denen er Zeuge und Komplize eines Serienmörders wird. Als er merkt, daß die Morde real sind, muß er um seine eigene Familie fürchten. Einige eindrucksvolle Halluzinationssequenzen gehen unter in den Konventionen des Serienkiller-Genres. *Frank Arnold, tip, 12/96*

Harald Eggebrecht in: SZ, 5.6.96; Sebastian Feldmann in: Rheinische Post, 8.6.96; Fritz Göttler in: Kölner Stadt-Anzeiger, 8.6.96

## Vertrauter Fremder 1090

DANIELLE STEEL'S ›A PERFECT STRANGER‹ ** TV

*Regie:* Michael Miller
*Darsteller:* Robert Urich (Alex Hale), Stacy Haiduk (Raphaella Phillips), Darren McGavin (John Henry Phillips), Susan Sullivan (Kaye), Holly Marie Combs (Amanda), Marion Ross (Charlotte Brandon), Ron Gabriel (Fred), Tamara Gorski (Sarah), George Robertson, Patricia Brown
*Drehbuch:* Gordon McClellan, nach dem Roman »A Perfect Stranger« von Danielle Steel
*Kamera:* (Farbe)
*Prod.:* NBC, USA 1994; 88 Min.
*TV:* 17.7.1996, ZDF, 19.25

(...) Der Film kündete vom edlen alten reichen sterbenskranken Ehemann, der seiner edlen jungen schönen liebenden Gattin das Zukunftsglück mit einem edlen seriösen mittelalten Liebhaber bereitet. Edelschnulze aus der Edelboutique, traurig altmodisch und stinklangweilig. *Ponkie, AZ, 19.7.96*

## Videosurfer 1091

JIM'S GIFT □ TV

*Regie:* Bob Keen
*Darsteller:* Luciano Romano (Jim Totteridge), Robert Liewellyn (Fremder), Chris Jury (Mr. Totteridge), Jennifer Calvert (Mrs. Totteridge), Ann Gosling (Karen), Jean Boht (Mrs. Leaver), Greg Rose (Tiggsy), David Schaal (Bossy), Freddy White (Detective Potts), Doug Bradley
*Drehbuch:* Tony Clarke
*Prod.:* GB 1996; 100 Min.
*TV:* 9.11.1996, RTL2, 13.35

Der 12jährige Jim, sein Freund Tiggsy und der Hund Bossy bilden ein unzertrennliches Dreieck – als der Hund urplötzlich verschwindet, sind die beiden tieftraurig. Eine Wende bahnt sich an, als Jim auf dem Trödelmarkt von einem Fremden einen Videorekorder mit scheinbar magischen Kräften angeboten bekommt. *Pressetext*

## Vier lieben dich 1092

MULTIPLICITY ***

*Regie:* Harold Ramis
*Darsteller:* Michael Keaton (Doug Kinney), Andie MacDowell (Laura Kinney), Zack Duhame (Zack Kinney), Katie Schlossberg (Jennifer Kinney), Harris Yulin (Dr. Leeds), Richard Masur (Del King), Eugene Levy (Vic), Ann Cusack (Noreen), John de Lancie (Ted), Brian Doyle-Murray (Walt)
*Drehbuch:* Chris Miller, Mary Hale, Lowell Ganz, Babaloo Mandel, nach einer Story von Chris Miller
*Kamera:* Laszlo Kovacs (Technicolor)
*Musik:* George Fenton
*Schnitt:* Pem Herring, Craig Herring
*Prod.Des.:* Jackson DeGovia
*Prod.:* Trevor Albert, Harold Ramis für Columbia, USA 1996; 117 Min.
*UA:* 15.7.1996, New York
*Verleih:* Columbia TriStar/dto./20th Century Fox/Columbia TriStar Home Video; 31.10.1996
*FSK:* ab 6, ffr.

Doug Kinney liebt seinen Beruf, seine Frau Laura, seine Kinder und sein Eigenheim – das führt in der heutigen Welt zu Streß. So jedenfalls will es uns »Multiplicity« weismachen. Kein Wunder, daß Doug dankbar zugreift, als ihm eine Kopie seiner selbst zum Nulltarif angeboten wird. Daß aus dieser Multiplikation schließlich eine Kettenrechnung wird, ist absehbar. Anstelle einer bissigen Satire über Aktivismus und Leistungswahn liefert Ramis zähflüssige Meterware, bei der sich nicht nur der Hauptdarsteller sondern auch die einzige Idee des Filmes unaufhaltsam kopiert – eine einschläfernde Endlosschlaufe. Alle scheinbar originellen Einfälle hat man anderswo schon witziger gesehen. *Zoom, 11/96*

(...) Die Qualität seiner ähnlich gelagerten Komödie »Und täglich grüßt das Murmeltier« hat Regisseur Ramis leider nicht wieder erreicht. »Vier lieben dich« ist eine Anhäufung verpaßter Chancen, uninspiriert und harmlos. Auch der vierfache Hauptdarsteller Michael Keaton hatte als Komiker schon begnadetere Momente.
*Christoph Terhechte, tip, 23/96*

Regisseur Harold Ramis gelang eine liebenswert lockere Komödie über den ganz normalen Wahnsinn unseres Alltags. Dem Phänomen Streß ist er mit deftiger Situationskomik und lakonischem Dialogwitz auf der Spur. Das

*Michael Keaton mal vier in ›Vier lieben dich‹*

Quentchen Wahrheit im turbulenten Geschehen: Die Zukunft gehört dem Mann mit multipler Persönlichkeit und Begabung. *Angie Dullinger, AZ, 31.10.96*

(...) Michael Keaton ist ein phänomenal erfinderischer Komödiant, und die Tricktechnik erlaubt es ihm, zu viert im Bild zu erscheinen – aber zur Mitte gehen Ramis die Ideen aus, und das Ende ist schlicht scheußlich.
*Milan Pavlović, Kölner Stadt-Anzeiger, 2.11.96*

(...) Inzwischen geht es mir wie vielen Menschen: Die Welt wird jeden Tag komplizierter, und ich weiß nicht mehr genau, wem ich die Schuld dafür geben soll. *Harold Ramis im Gespräch mit Tobias Kniebe, SZ, 5.11.96*

Heiko R. Blum in: Rheinische Post, 2.11.96; Alexandra Karabelas in: Stgt. Zeitung, 31.10.96; Tobias Kniebe: in SZ, 5.11.96

## Village Affair 1093
A VILLAGE AFFAIR ***

*Regie:* Moira Armstrong
*Darsteller:* Sophie Ward (Alice Jordan), Kerry Fox (Clodagh Unwin), Nathaniel Parker (Martin Jordan), Claire Bloom (Cecily Jordan)
*Drehbuch:* Alam Cullen, nach dem Roman von Joanna Trollope
*Kamera:* John Else (Farbe)
*Musik:* Ilona Sekacz
*Schnitt:* Peter Delfgou
*Prod.Des.:* Jane Martin, Elli Griff
*Prod.:* Jane Wellesley für Warner Sisters, GB 1994; 102 Min.
*EA:* Filmfest München 1995

Liebesglück und Liebesleid in einer großbürgerlichen und kleinadeligen Szenerie einer englischen Dorfidylle. Gepflegte Langeweile.

## Virtual Desire 1094
VIRTUAL DESIRE *
Video

*Regie:* Noble Henri
*Darsteller:* Julie Strain, Michael Meyer, Gail Harris, Hoke Howell, Marcia Gray, Tammy Parks, Catherine Héber, Larissa McComas, Annette Burger, Kimberly Knight
*Drehbuch:* Pete Slate
*Kamera:* Gary Graver (Farbe)
*Musik:* Leon Nichols
*Schnitt:* Steve Eckellberry
*Prod.:* Tom Popatopolous für Top Pop Prod., USA 1995; 90 Min.
*Vertrieb:* Highlight Video; Juni 1996
*FSK:* ab 18 J.

*Denzel Washington in ›Virtuosity‹*

Viel nacktes Fleisch und eine abstruse Krimihandlung – der Softsoftporno für die besonders anspruchslosen Verklemmten.

## Virtuosity 1095

VIRTUOSITY **

Video

*Regie:* Brett Leonard
*Darsteller:* Denzel Washington (Parker Barnes), Kelly Lynch (Madison Carter), Russell Crowe (Sid 6.7), Louise Fletcher (Elizabeth Deane), Stephen Spinella (Lindenmeyer), William Forsythe (William Cochran)
*Drehbuch:* Eric Bernt
*Kamera:* Gale Tattersall (Farbe)
*Musik:* Christopher Young
*Schnitt:* B.J. Sears, Rob Kobrin
*Prod.:* Howard W. Koch jr., Gary Luccesi für Paramount, USA 1995; 97 Min.
*UA:* 4.8.1995, New York
*Vertrieb:* CIC Video; Juni 1996
*FSK:* ab 18 J.; (geänderte Fass. 89 Min., ab 16 J.)

Ex-Polizist tritt gegen Cyber-Killer an, der aus dem Computer in die Realität entschlüpft ist. 30 Millionen Dollar Budget für ein gewaltverherrlichendes, hohles High-Tech-Spektakel.

## Visitors – Besuch aus einer anderen Welt 1096

ROSWELL **

Video

*Regie:* Jeremy Paul Kagan
*Darsteller:* Kyle MacLachlan (Jesse Marcel), Martin Sheen (Townsend), Dwight Yoakam (Mac Brazel), Xander Berkeley (Sherman Carson), Bob Gunton (Frank Joyce), Kim Greist (Vy Marcel), Peter MacNicol (Lewis Rickett), John M. Jackson (Col. Blachard), Nick Searcy (Mortician)
*Drehbuch:* Paul Davids, J.P. Kagan, Arthur Kopit, nach einem Buch von Kevin D. Randle, Donald R. Schmitt
*Kamera:* Steven B. Poster (Farbe)
*Musik:* Elliot Goldenthal
*Schnitt:* David Holden
*Prod.Des.:* Michael Z. Hanan
*Prod.:* Ilene Kahn, Jeremy Kagan für Showtime Ent., USA 1994; 87 Min.
*VCL Video,*
*TV:* 3.12.1996, Premiere, 20.15; Mai 1996
*FSK:* ab 6 J.

Einem der anscheinend zahlreichen Fälle von mehrfach beglaubigten UFO-Erscheinungen in den Vereinigten Staaten geht dieser schwerfällige US-TV-Film nach. Ein ziemlicher Langweiler.

René Claßen in: film-dienst, 10/96

## Vive l'Amour 1097

AIQING WANSUI ****

TV

*Regie:* Tsai Ming-liang
*Darsteller:* Yang Kuei-mei (May), Chen Chao-jung (Ah-jung), Lee Kang-sheng (Hsiao-kang)
*Drehbuch:* Tsai Ming-liang, Yang Pi-yang, Tsai Yi-jun
*Kamera:* Liao Pen-jung (Farbe)
*Schnitt:* Sung Shin-cheng
*Prod.:* Hsu Li-kong für Central Motion Pic., Taiwan/China 1994; 118 Min.
*UA:* Int. Filmfestspiele Venedig 1994
*EA:* 14.2.95, Int. Filmfestspiele Berlin, »Special Event« zu Ehren des Jurymitgliedes Tsai Ming-liang; Filmfest München 1995
*TV:* 11.11.1996, WDR, 23.00

Verzweifelte, kommunikationslose Begegnungen zweier Männer und einer

Frau in einem öden Appartment in Taipeh. Sex, Jobs und Einsamkeit als unbarmherziges Lebensgefühl im heutigen Taiwan, von Ming-liang atemberaubend physisch direkt und spannend erzählt. *Frauke Hanck, AZ, 28.6.95*

Dieter Jirmann in: Berliner Morgenpost, 17.2.95

## Vom eigenen Vater entführt 1098

TRAIL OF TEARS ☐ TV

*Regie:* Donald Wrye
*Darsteller:* Katy Sagal (Annie Cook), Pam Dawber (Cheryl Harris), Jeffrey Nordling (Michael Harris), William Russ (David Cook), Eileen Brennan (Clara), Ryan Hoeck (Kyle Harris), Ilana Weiss (Darlene Harris), Sean Dunn (Bradley Cook), John Coney (Mr. Steele), Miko Hughes
*Drehbuch:* Matthew Bombeck
*Kamera:* Ross Berryman (Farbe)
*Musik:* Richard Marvin
*Prod.:* USA 1995; 90 Min.
*TV:* 12.8.1996, ZDF, 19.25

Die chaotische Annie und die perfekte Cheryl führt ein gemeinsames Schicksal zusammen, denn beide haben ihre Kinder verloren, die von den eigenen Vätern entführt wurden. Nach sechs Monaten vergeblichen Wartens gehen die beiden ungleichen Frauen selber auf die Suche.

## Vom Glück verraten 1099

CRIMES OF PASSION: ESCAPE FROM TERROR ☐ TV

*Regie:* Michael Scott
*Darsteller:* Adam Storke (Paul Stamper), Maria Pitillo (Teresa), Brad Dourif (Deputy Sheriff Douglas), Tony Becker (Chris), Steven Hartley, Cindy Williams, Phillip A. Luna, Annette Marin, Jan van Sickle, John Nance
*Drehbuch:* Camilla Carr, Walter Klenhard, nach einer wahren Begebenheit
*Kamera:* (Farbe)
*Prod.:* USA 1994; 87 Min.
*TV:* 10.9.1996, RTL2, 20.15

Nachdem sie ihren Boß geheiratet hat, durchlebt eine junge Frau die Hölle auf Erden. Doch selbst nach der Scheidung ist sie nicht sicher vor ihrem gewalttätigen und psychopathischen Ehemann. *Pressetext*

*Stunden des Glücks in ›Vorsicht: Zerbrechlich!‹ von Jacques Rivette*

## Vorsicht: Zerbrechlich! 1100
HAUT BAS FRAGILE ****

*Regie:* Jacques Rivette
*Darsteller:* Marianne Denicourt (Louise), Nathalie Richard (Ninon), Laurence Cote (Ida), André Marcon (Roland), Bruno Todeschini (Lucien), Wilfred Benaiche (Alfredo), Anna Karina (Sarah), Enzo Enzo, Stéphanie Schwartzbrod, Christine Vezinet
*Drehbuch:* Jacques Rivette, Laurence Cote, Marianne Denicourt, Nathalie Richard; Pascal Bonitzer, Christine Laurent (Dialoge)
*Kamera:* Christophe Pollock (Farbe)
*Musik:* François Bréant; Enzo Enzo, Anna Karina, Nathalie Richard, Marianne Denicourt (Songs)
*Schnitt:* Nicole Lubtchansky
*Prod.Des.:* Manu de Chauvigny
*Prod.:* Martine Marignac, Pierre Grise für Pierre Grise/Carac Films/George Reinhart/TSI mit CNC/Canal Plus, Frankreich 1995; 169 Min.
*Verleih:* Prokino, OmU/polyfilm/Filmcooperative; 7.6.1995 (CH), 1.8.1996

Drei Heldinnen, zwei Männer und ein Kater. Ninon, die Großstadtstreunerin, die adoptierte Ida auf der Suche nach ihrer Herkunft und Louise, die Großbürgerstochter, gerade aus fünfjährigem Koma erwacht. Ninon und Louise sind in eine mysteriöse Verschwörung verstrickt, weitere Hauptrollen spielen die Stadt Paris, eine verwunschene Villa und ein konspirativer Geheimbund. Eigentliche Ausdrucksform von »Vorsicht: Zerbrechlich!« aber ist der Tanz. In Chansonlokalen und Discotheken zelebriert die Kamera den Rhythmus der Körper, und, wie immer bei Rivette, ist jeden Augenblick alles möglich, sogar daß der Film hin und wieder Musical spielt. *Katja Nicodemus, tip, 14/96*

*Wie ist Ihnen die Idee zu einer musikalischen Komödie gekommen?*

Das Musical reizt jeden Regisseur. Bis auf Bresson, möglicherweise... Ich wollte schon seit langem ein Musical machen. Nach dem Mißerfolg meines letzten Films, »Jeanne la Pucelle« waren wir fast pleite, also haben wir das Musical-Projekt noch mal aufgeschoben. »Haut bas fragile!« entstand dann, weil mein Produzent Maurice Tinchant von einem Sommerfilm mit Brigitte Bardot träumt und ich den Mißerfolg von »Jeanne« nicht auf mir sitzen lassen wollte. So spontan wie »Haut bas fragile« habe ich früher schon zwei andere sparsame Filme gemacht, einfach um als Regisseur zu überleben. »Céline et Julie vont en bateau« (1973) und »Pont du Nord« (1981). *Jacques Rivette im Interview mit Marcus Rothe*

Michael Althen in: SZ, 1.6.95, 8.8.96; Silvia Hallersleben in: Der Tagesspiegel, 6.7.96; Andreas Kilb in: Die Zeit, 10.5.96; Helmut Merker in: Kölner Stadt-Anzeiger, 14.9.96; Ponkie in: AZ, 8.8.96; Karim Zendagui in: Rheinische Post, 27.9.96

## Waiting to Exhale – Warten auf Mr. Right 1101

WAITING TO EXHALE ***

*Regie:* Forest Whitaker
*Darsteller:* Whitney Houston (Savannah), Angela Bassett (Bernadine), Loretta Devine (Gloria), Lela Rochon (Robin), Gregory Hines (Marvin), Dennis Haysbert (Kenneth), Mykelti Williamson (Troy), Michael Beach, Leon, Wendell Pierce
*Drehbuch:* Terry McMillan, Ronald Bass, nach dem gleichn. Roman von Terry McMillan
*Kamera:* Toyomichi Kurita (Deluxe)
*Musik:* Kenneth »Babyface« Edmonds
*Schnitt:* Richard Chew
*Prod.Des.:* David Gropman
*Prod.:* Ezra Swerdlow, Deborah Schindler für Twentieth Century Fox, USA 1995; 123 Min.
*UA:* 22.12.1995, New York
*Verleih:* 20th Century Fox/dto./dto./ 20th Century Fox Home Video; 25.1.1996
*FSK:* ab 12, ffr.

Vier Frauen aus der schwarzen Oberschicht sind beruflich erfolgreich und privat frustriert, bis sich schließlich zumindest für die eine und andere »Mr. Right« einfindet – der würdige Mann an ihrer Seite. In gediegenem Ambiente und betont warmen Farben geschmäcklerisch in Szene gesetzt und erzählt in beliebiger Episodenstruktur, erstarrt dieses Gesellschaftsdrama in Langeweile und kalkuliertem Glanz.

*Zoom, 2/96*

(...) Der Film, der die komischen Liebesverwirrungen von vier schwarzen Frauen aus der Upper-middle-class zeigt, konnte bereits am ersten Wochenende Ende Dezember 14,1 Millionen Dollar einspielen und hat sich damit – für einen schwarzen Film eine Sensation – an die Spitze der Kassenschlager gesetzt. Was an dem Film so faszinierend sei, erklärte eine Frau der New York Times ganz einfach: »Kein Rassismus. Keine Gettos. Keine Gewalt.« (...) *Vera Graf, SZ, 6.1.96*

Michael Althen in: SZ, 31.1.96; Milan Pavlovic in: Kölner Stadt-Anzeiger, 27.1.96; Carla Rhode in: Der Tagesspiegel, 25.1.96

*Liebesverwirrungen: Loretta Devine, Lela Rochon, Angela Bassett, Whitney Houston*

## Wallace & Gromit unter Schafen – The Aardman Collection 2 1102

WALLACE & GROMIT: A CLOSE SHAVE ****

*Regie:* Nick Park, Peter Lord u.a.
*Drehbuch:* Nick Park, Bob Baker
*Kamera:* Dave Alex Riddett (Farbe)
*Musik:* Julian Nott
*Prod.:* Michael Rose, Carla Shelley für Aardman Animations/Danube Ent., GB 1995; 79 Min.
*Verleih:* MFA/polyfilm/Look Now!; 7.3.1996
*FSK:* ab 6, ffr.

Acht Animationsfilme und sechs animierte Werbespots umfaßt die zweite Ausgabe der Aardman Collection. In den meisten Filmen sind die Figuren (Menschen und Tiere) aus Plastilin, für vier davon zeichnet Peter Lord, einer der Gründerväter des Aardman-Studios. Höhepunkt der Zusammenstellung: »Wallace & Gromit – A Close Shave« von Nick Park. Der spießbürgerliche Wallace und sein Hund Gromit geraten im Zusammenhang mit Schafdiebstählen in wilde Abenteuer. Park inszeniert seine Story wie einen Kinospielfilm, eine Mischung aus Thriller und Lovestory – musikalisch effektvoll unterstützt. Sorgfältige Details, witzige Einfälle und liebevolle Figuren machen den Film zu einem fulminanten Vergnügen. *Zoom, 3/96*

Frank Arnold in: Kölner Stadt-Anzeiger, 9.3.96; Frauke Hartmann in: FR, 7.3.96; Rupert Koppold in: Rheinische Post, 8.3.96; Christian Schröder in: Der Tagesspiegel, 7.3.96; Ralph Umard in: tip, 6/96

## War Dogs 2 – Zum Töten bereit 1103

SIXTH DAY – THE REVENGE **

TV

*Regie:* Daniel Stone
*Darsteller:* Vincent Ricotta (Robert), Isabelle Lewis (Amanda), Gustavo Camazcho (Albino), Manuel Cassol (Indio), Hamish Cranfield (Father Ryan), Erich Juhasz (Snake), Raimundo Montemarini (Bronx), Carlos Delgrado (Ashley)
*Drehbuch:* Daniel Stone
*Kamera:* Stefen Catalano (Farbe)
*Musik:* Antonello Libonati
*Schnitt:* Cesar Blanch
*Prod.:* Mario Bregni, Pietro Bregni für PAC, Italien 1994; 84 Min.
*TV:* 19.11.1996, Pro7, 23.05

Simples Söldner-Drama als Action-Verschnitt.

## Warhead 1104

WARHEAD *

Video

*Regie:* Marc Roper
*Darsteller:* Frank Zagarino, Joe Lara, Elisabeth Giordano, Todd Jensen, Bryan de Klerk
*Kamera:* (Farbe)
*Prod.:* Nu World Prod., USA 1996; 89 Min.
*Vertrieb:* Madison Video; 22.5.1996
*FSK:* ab 18 J.; gekürzte Fassung 76 Min. ab 16 J.

Terroristen erobern Raketensilo und erpressen das Weiße Haus. Action im immer wieder gleichen Gewand: laut, brutal und vollkommen hohl.

## Weg der Träume 1105

THE JOURNEY OF AUGUST KING ***

*Regie:* John Duigan
*Darsteller:* Jason Patric (August King), Thandie Newton (Annalees Williamsburg), Larry Drake (Olaf Singletary), Sam Waterston (Mooney Wright), Nesbitt Blaisdell (Mr. Cole), John Doman (Bolton), Terry Nienhuis (Fisher), Dean Rader Duvall (Gabriel), Sara-Jane Wylde (Ida Wright)
*Drehbuch:* John Ehle, nach seinem gleichn. Roman
*Kamera:* Slawomir Idziak (Technicolor)
*Musik:* Stephen Endelman; Steven Heller
*Schnitt:* Humphrey Dixon
*Prod.Des.:* Patricia Norris
*Prod.:* Nick Wechsler, Sam Waterston für Addis/Wechsler Prod., USA 1995; 92 Min.
*UA:* 3.9.1995, Telluride Film Festival
*Verleih:* Kinowelt/dto./-; 4.7.1996
*FSK:* ab 16, ffr.

Ein junger, verwitweter Farmer in North Carolina (Anfang des vorigen Jahrhunderts) erbarmt sich einer entlaufenen Sklavin und hilft ihr bei der Flucht in den Norden, obwohl er damit gegen das Gesetz verstößt, sich aus der Siedlergemeinschaft ausschließt und fast seine gesamte Existenzgrundlage verliert. Trotz ihrer dramatischen

Akzente ist diese ergreifende Geschichte sehr ruhig und behutsam in Szene gesetzt, in Ausstattung und Dialogen historisch glaubwürdig, mit malerischen Bildkompositionen und ansprechenden Darstellerleistungen.
*multimedia*

Thandie Newton tut ihr bestes in der Rolle der attraktiven Sklavin (in der sie schon in Ivorys »Jefferson in Paris« überzeugte), aber das tröstet nicht über 95 langweilige Minuten hinweg.
*tip, 14/96*

Heiko R. Blum in: Rheinische Post, 5.7.96; Frauke Hanck in: AZ, 4.7.96; Anke Sterneborg in: SZ, 10.7.96

## Der Weg nach Galveston 1106

THE ROAD TO GALVESTON ***

Video

*Regie:* Michael Toshiyuki Uno
*Darsteller:* Cicely Tyson (Jordan Roosevelt), Piper Laurie, Tess Harper, James McDaniel, Starletta duPois, Penny Johnson, Brandon Hammond, Stephen Root, Clarence Williams III
*Drehbuch:* Tony Lee
*Musik:* Stanley Clarke
*Prod.:* Bob Roe für CNM Ent. mit Wilshire Court Prod., USA 1996; 90 Min.
*Vertrieb:* CIC Video; 16.10.1996
*FSK:* ab 6 J.

Um sich über Wasser halten zu können, nimmt verarmte Farmerswitwe drei kranke Frauen bei sich auf. Sehr gefühlvolles, mitunter auch zu sentimentales Frauendrama auf Fernseh-Niveau.

## Weibsbilder 1107

**

*Regie:* Leon Boden
*Darsteller:* Lydia Andrei (Sophie), Andrea Schieffer (Esther), Ingo Naujoks (Winnie/Chip), Esther Schweins (Chips Chefin), Shellye Broughton, Rolf Zacher (Frau Rosenkötter), Hugo-Egon Balder, Martin Semmelrogge, Peter Kern, Silvie Rauch
*Drehbuch:* Leon Boden, Harald Holzenleiter
*Kamera:* Stefan Langensteiner, Frank Grunert (Farbe)
*Musik:* Schulz & Schulz
*Schnitt:* Harald Holzenleiter, Michèle Barbin
*Prod.:* Studio Düsseldorf Film- und Fernsehprod., BRD 1996; 86 Min.
*UA:* 31.7.1996, Düsseldorf, Open Air
*Verleih:* Spectrum/-/Stamm; 8.8.1996
*FSK:* ab 16, ffr.

Eine attraktive Französin in Düsseldorf, deren Liebhaber durch Unglücksfälle ums Leben kommen, und ihre Freundin, eine selbstbewußte, unabhängige Talkshow-Moderatorin, geraten in turbulente Verwicklungen, als die Französin einen Sexshop erbt und sich die beiden Frauen ahnungslos denselben Liebhaber teilen. Eine platte Komödie um vermeintlich »neue« Frauenrollen, die sich ohne Gespür für erzählerischen Rhythmus und Charakterentwicklung in einem deprimierenden Gemisch aus mißlungenen Gags und »schrillen« Effekten verliert.
*Zoom, 9/96*

Diese Ansammlung von Versatzstükken, dummen Klamauks und schlüpfrigen Zoten stellt selbst die übelsten Beiträge dieser Art in den Schatten, die aus dem Privat-TV in unsere Wohnzimmer schwappen. (...)
Bei der Uraufführung im Open-Air-Kino auf dem Burgplatz liefen die Besucher scharenweise davon. Den Kauf einer Kinokarte kann man sich also sparen. *Joseph Heinrichs, Rheinische Post, 9.8.96*

(...) Das wenigstens nicht von der Filmstiftung, sondern von privaten Geldgebern (Abschreibungsobjekt?) finanzierte Machwerk sollte nicht vor unschuldigem zahlenden Publikum, sondern an deutschen Filmhochschulen gezeigt werden – als abschreckendes Beispiel. *Christian Seebaum, Kölner Stadt-Anzeiger, 10.8.96*

Peter Buchka in: SZ, 13.8.96; Thomas Klingenmaier in: Stgt. Zeitung, 10.8.96; Ponkie in: AZ, 16.8.96

## Weine nicht, Eichhörnchen 1108

NEFNUKEJ, VEVERKO! ****

TV

*Regie:* Vera Plívová-Simková
*Darsteller:* Helena Vitovská (Kati), Tereza Vokurková (Moni), Jan Kalous (Seppi), Jirí Schmitzer (Vater), Veronika Freimannová (Mutter), Marie Rosulková (Pralinchen),

Ondrej Havelka (Hlousek), Libuse Havelkova (Großmutter, Lubor Tokos (Großvater), Katerina Lirova (Hlouskova)
*Drehbuch:* Vera Plivová-Simková
*Kamera:* Antonin Holub (Farbe)
*Musik:* Michal Pavlicek
*Prod.Des.:* Milos Cervinka
*Prod.:* Filmstudio Barrandov, CSSR 1988; 73 Min.
*TV:* 31.6.1996, ARD, 13.45

Kati mag Tiere und Märchen, aber am liebsten spielt sie zu Hause die Prinzessin. Das ändert sich, als die Mama gleich mit zwei kleinen Brüdern aus dem Krankenhaus kommt. Kati mag die Konkurrenz im eigenen Hause nicht. Es dauert schon seine Zeit, bis sie mit sich und der Welt wieder klar kommt.

## Der weiße Ballon 1109

BADKONAK-E SEFID ****

*Regie:* Jafar Panahi
*Darsteller:* Aida Mohammadkhani (Razieh), Mohsen Kalifi (Ali), Fereshteh Sadr Orfai (Mutter), Anna Bourkowska (Alte Frau), Mohammad Shahani (Soldat), Mohammad Bakhtiari (Schneider)
*Drehbuch:* Abbas Kiarostami, nach einer Idee von Jafar Panahi und Parviz Shahbazi
*Kamera:* Farzad Jowdar (Farbe)
*Schnitt:* Jafar Panahi
*Prod.Des.:* Jafar Panahi
*Prod.:* Kurosh Mazkouri für Institut of Culture Art/Farabi Cinema Foundation/Ferdos, Iran 1995; 85 Min.
*UA:* Int. Filmfestspiele Cannes 1995
*EA:* Filmfest München 1996
*Verleih:* -/polyfilm, OmU/-; November 1996

Die siebenjährige Razieh lebt mit ihrer Familie in Teheran; sie setzt es durch, einen besonders prächtigen traditionellen Neujahrs-Goldfisch kaufen zu dürfen, verliert aber auf dem Weg das Geld.
In einem präzisen »Countdown« beschreibt der einfache, aber sehr wirkungsvolle Film die Bemühungen des kleinen Mädchens, den Geldschein wiederzubekommen. Raziehs alltägliche, aber recht aufschlußreiche Erlebnisse in der Welt der Erwachsenen lassen vielfältige Assoziationen zur gesellschaftlichen Situation im Iran zu, die bezaubernde Geschichte kann aber auch »nur« als besonders einfühlsame Studie eines Kindes gesehen werden, wie sie überall auf der Welt Gültigkeit hat. *multimedia*

## Weiße sein gut 1110

Y' A BON LES BLANCS ****
TV

*Regie:* Marco Ferreri
*Darsteller:* Maruschka Detmers (Nadia), Michele Placido (Michel), Juan Diego (Diego Ramirez), Michel Piccoli (Père Jean-Marie), Jean-François Stevenin (Peter), Nicoletta Braschi (Luisa), Pedro Reyes (Martin), Sotigui Kouyate (Stammeshäuptling), Pascal Nzoni (Griot), Katoucha (Ayodou)
*Drehbuch:* Rafael Azcona, Marco Ferreri
*Kamera:* Angel-Luis Fernandez (Farbe)
*Musik:* Guy Eyoum
*Schnitt:* Ruggero Mastroianni
*Prod.Des.:* Marco Ferreri, Fernando Rosales Sanchez
*Prod.:* Andres Vicente Gomez für Camera One/JMS Films/CIA Iberoamericana/ 23 Giugno, Frankreich/Spanien/Italien 1988; 98 Min.
*UA:* 20.1.1988, Paris
*EA:* Filmfest München 1988
*TV:* 20.6.1996, Arte, 22.45

»Damals, zur Zeit der alten Kolonien, zog man mit Kamelen nach Afrika, um Krieg zu führen. Das war romantisch. Heute gibt es den Heroismus der Nächstenliebe. Doch es ist immer die gleiche Sache. Man hofft nur darauf, Ordnung schaffen und Leute etikettieren zu können – die Drogensüchtigen, die Arbeitslosen etc. Aber es handelt sich immer um eine kolonialistische Operation«.
*Marco Ferreri*

## Wem gehört Tobias? 1111

***
TV

*Regie:* Gloria Behrens
*Darsteller:* Gedeon Burkhard (Thomas Urban), Judy Winter (Dorothea Thorwald), Raphael Ghobadloo (Tobias), Marion Mitterhammer (Andrea Beckmann), Wolfgang Hübsch (Max Thorwald), Karoline Eichhorn (Sabine Thorwald), Thomas Balou Martin (Uwe Urban)
*Drehbuch:* Axel Staeck

*Prod.:* Gloria Behrens für Calypso Film für Pro7, BRD 1995;
93 Min.
*TV:* 12.3.1996, Pro7, 20.00

Nach dem Unfalltod seiner Verlobten Sabine muß für Thomas Urban das Leben weitergehen – schon wegen des achtjährigen Sohnes Tobias. Doch dessen skrupellose Großmutter Dorothea setzt alles daran, um das Sorgerecht für ihren Enkel zu erhalten. Mit Lügen und gemeinen Intrigen versucht sie, Thomas zu vernichten. *Pressetext*

## Wenn alle Deutschen schlafen 1112

***
TV

*Regie:* Frank Beyer
*Darsteller:* Benjamin Kaatz (Marek), Ilja Smolianski (Julian), Robin Timptner (Itzek), Christiane Hagedorn (Mutter), Mario Grünewald (Vater), Gerry Wolff (Tenzer), Reiner Heise (Soldat)
*Drehbuch:* Jurek Becker, nach seiner Erzählung
*Kamera:* Peter Ziesche (Farbe)
*Musik:* Lorenzo Barcelata
*Prod.:* BRD 1994; 70 Min.
*TV:* 10.3.1996, ZDF, 15.25

Der fünfjährige Marek lebt 1942 mit seinen Eltern im polnischen jüdischen Ghetto. Als die Familie in ein Sammellager muß, versucht er zusammen mit seinen Freunden aus dem Arbeitslager auszubrechen.

## Wenn der schwarze Mann dich holt 1113

WHEN THE DARK MAN CALLS
**
Video

*Regie:* Nathaniel Gutman
*Darsteller:* Joan Van Ark (Julie Ann Kaiser), James Read (Michael), Geoffrey Lewis (Parmenter)1, Barry Flatman
*Drehbuch:* Pablo F. Fenjves, nach einem Roman von Stuart M. Kaminsky
*Musik:* David Michael Frank
*Prod.:* Julian Marks für Paramount Pic., USA 1995; 86 Min.
*Vertrieb:* CIC Video; Februar 1996
*FSK:* ab 16 J.

Wieder mal wird eine Radiomoderatorin in die Thriller-Arena geschickt, um als Hauptfigur einer lausigen Kolportage-Story herzuhalten.

## Wenn ich nicht mehr lebe 1114

□
TV

*Regie:* Ate de Jong
*Darsteller:* Anke Sevenich (Sabine Schreiber), Heio von Stetten (Michael Schreiber), Ivo
Möller (Oliver Schreiber), Kaya Möller (Tina Schreiber), Susanne Michel (Eva Fischer)
*Drehbuch:* Nick Niciphor
*Kamera:* Manuel Heyer (Farbe)
*Schnitt:* Michèle Barbin
*Prod.:* RTL, BRD 1995; 93 Min.
*TV:* 13.3.1996, RTL, 20.15

Sabine Schreiber, glücklich verheiratet und Mutter zweier Kinder, erfährt, daß sie Krebs im Endstadium hat. Sie sorgt sich um ihre Familie, bereitet sie auf ein Leben nach ihrem Tod vor und wünscht sich, eine Nachfolgerin für sich zu finden.

## Wenn Lucy springt 1115

IF LUCY FELL
***

*Regie:* Eric Schaeffer
*Darsteller:* Sarah Jessica Parker (Lucy Ackerman), Eric Schaeffer (Joe MacGaunaughill), Ben Stiller (Bwick Elias), Elle Macpherson (Jane Linquist), James Rebhorn (Simon Ackerman), Dominic Luchese (Al), Robert John Burke, Bill Sage
*Drehbuch:* Eric Schaeffer, nach einer Story von Eric Schaeffer, Tony Spiridakis
*Kamera:* Ron Fortunato (Technicolor)
*Musik:* Amanda Kravat, Charles Pettis, gesungen von Mary Me Jane
*Schnitt:* Sue Graef
*Prod.Des.:* Ginger Tougas
*Prod.:* Brad Krevoy, Steve Stabler,
Brad Jenkel für Motion Pic. Corp. of America, USA 1996; 92 Min.
*UA:* 20.1.1996, Sundance Film Festival, Utah; 8.3.1996, New York
*EA:* Filmfest München 1996
*Verleih:* Columbia TriStar/-/-/Columbia TriStar Home Video; 11.7.1996
*FSK:* ab 6, ffr.

Mit Schrecken sieht die erfolgreiche Therapeutin Lucy ihrem 30. Geburtstag entgegen. Denn sie und ihr Mitbewohner Joe haben eine alte Vereinbarung: Wenn sie bis zu dieser Deadline keine akzeptablen Lebensabschnittsbegleiter gefunden haben, stürzen sie sich gemeinsam von der Brooklyn Bridge. Der suizidale Pakt dient in dieser Komödie als Vehikel, damit das ungleiche Gespann in die Gänge kommt: Joe nähert sich seinem heimlichen Schwarm, Lucy tummelt sich auf dem Beziehungsmarkt. Die genüßliche Überzeichnung ist bei einigen Charakteren zu dick aufgetragen, trotz witziger Dialoge steuert alles auf ein vorhersehbares Happy-End zu.

*Bettina Bremme, tip, 15/96*

(...) Diese neuerliche Komödie über Neurotiker in Manhattan hat Charme, aber nicht genug Wortwitz. Wie sein Vorbild ist Schaeffer nicht nur Autor und Regisseur, sondern auch sein (linkischer) Hauptdarsteller, aber insgesamt bleibt er doch nur ein Westentaschen-Woody. *Milan Pavlović, Kölner Stadt-Anzeiger, 13.7.96*

Frauke Hanck in: AZ, 12.7.96; Frank Noack in: Der Tagesspiegel, 11.7.96; Karim Zendagui in: Rheinische Post, 12.7.96

## Wer anhält stirbt 1116

**
TV

*Regie:* Olaf Kaiser, Alexander Ris
*Darsteller:* Corinna Harfouch (Heike), Max Herbrechter (Jan), Nina Hoger (Hella), Michael Kind (Thomas), Jürgen Mai (Mann im Anzug)
*Drehbuch:* Olaf Kaiser, Alexander Ris
*Kamera:* Matthias Tschiedel (Farbe)
*Musik:* Rainer Kirchmann
*Prod.:* Mediopolis/Telekult, BRD 1995; 78 Min.
*TV:* 14.7.1996, ZDF, 22.50, »Das kleine Fernsehspiel«

In einsamer Gegend rammen zwei weiße VW-Golf-Autos ineinander. Verletzt ist niemand. Verletzt wird erst noch, nämlich als sich die Insassen aus den Karosserien schälen: Zwei Pärchen sind es, die in der undefinierten Weite aneinandergeraten – eins aus West und eins aus Ost. (...) Hier wird dies- und jenseits der Kamera höchst herzhaft improvisiert. Doch gerade deshalb könnte es am Sonntagabend sein, daß einen die Nachbarin fragt: »Bist du noch wach?« *Wilfried Geldner, SZ, 14.7.96*

## Wer kriegt denn hier ein Baby? 1117

GROSSESSE NERVEUSE ***

*Regie:* Denis Rabaglia
*Darsteller:* Tom Novembre (Martin), Sabine Haudepin (Geneviève), Isabelle Townsend (Sally), Catherine Samie (Antoinette), Patrick Braoude (Julien), Clotilde Baudon (Veronique), Jean Rougerie (Fontanet), Marie-Laure Dougnac (Nadine), Anne Kreis, Caroline Gasser
*Drehbuch:* Denis Rabaglia
*Kamera:* Pierluigi Zaretti (Farbe)
*Musik:* Louis Crelier
*Schnitt:* Monique Dartonne
*Prod.Des.:* Michel Vandestien
*Prod.:* Didier Haudepin für Bloody Mary Prods./France 2/Prods. Crittin & Thiebaud/ TSR/Afitec Valais Prod., Frankreich/Schweiz 1993; 84 Min.
*UA:* 27.7.1994, Compedy Film Festival, Vevey, Schweiz
*TV:* 20.5.1996, ZDF, 19.25

(...) Denis Rabaglias Groteske um Gebärneid und sich selbst in die Pflicht nehmende Väter glänzte mit auf satirische Spitzen getriebenen Protagonisten – dem Papa in spe (Tom Novembre stolpert durch seinen privaten Dschungel und wird dabei allmählich erwachsen), dessen fanatische, Abtreibungsmoral predigende Mama mit Herz nur für Kinder im fernen Äthiopien, Freund Julien, ein wehleidiges Nervenbündel von Hausmann, die sich um ihren Babywunsch betrogen fühlende Ex-Frau als rasender Racheengel. Ein freudiges TV-Ereignis, frech, flott und dennoch feinfühlig dargeboten.

*Sigrid Feuerstein, AZ, 22.5.96*

## Werner – Das muß kesseln!!! 1118

**

*Regie:* Michael Schaack, Udo Beißel
*Mit den Stimmen von:* Klaus Büchner (Werner), Andi Feldmann (Andi Röhrich), Kulle Westphal (Eckat), Günther Willumeit (Bauer Horst), Monty Arnold (Nobelschröder), Thomas Struck (Fischbein), Christian Siever (Heiner), Martin Semmelrogge (Shorty), Benno Hoffmann (Bruno), Ernie Reinhard (Magret)
*Drehbuch:* Rötger Feldmann, Andi Feldmann, Christian Sievers, nach den Comics von Brösel

*Kamera:* Graham Tiernan (Farbe)
*Musik:* Sound Factory, Lutz Rahn, Mark Wills; Andreas Fahnert (Songs)
*Schnitt:* Michael Thaler
*Prod.:* Hanno Huth für Senator Filmprod., BRD 1996; 85 Min.
*Verleih:* Constantin/dto./Buena Vista/ 20th Century Fox Home Video; 27.6.1996
*FSK:* ab 6, ffr. – *FBW:* Wertvoll

Temporeiches zweites Leinwandabenteuer der erfolgreichen norddeutschen Comicfigur Werner, bei dem sich alles um PS und Bier dreht. Im Mittelpunkt des Zeichentrickfilms steht ein Autorennen zwischen der bodenständigen Titelfigur und einem hochnäsigen, reichen Prahlhans. Die läßt Raum für etliche Angriffe auf die Ordnungshüter und erzielt die Lacher meist mit rüpelhaftem Humor und derber Sprache. Die plattdeutschen Passagen und der Szeneslang bleiben ohne hochdeutsche Untertitelung streckenweise leider unverständlich. *Zoom, 8/96*

Eine einzige Untertreibung gibt es im Zusammenhang mit den neuen Abenteuern des langen Lulatschs aus dem Norden: Die Firma, die für die Toneffekte zuständig war, nennt sich bescheiden »Solid Sound« – dabei werden die Bemühungen des Bölkstoff-Bruders Werner, den arroganten Bentley-Fahrer Schröder in einem Rennen zu besiegen, mit dermaßen viel Dezibel unterlegt, daß die Tonanlagen der Kinos getestet werden. Ansonsten aber kesselt nur sehr wenig. Bemerkenswert ist höchstens, daß nach dem Ausstieg von Produzent Bernd Eichinger die Sprache noch platt(deutsch)er geworden ist.
*Milan Pavlović, Kölner Stadt-Anzeiger, 29.6.96*

Frauke Hanck in: AZ, 27.6.96; Tobias Kniebe in: SZ, 27.6.96; Rupert Koppold in: Stgt. Zeitung, 27.6.96

## Wettlauf durch die weiße Hölle 1119

MURDER ON THE IDITAROD TRAIL ***
TV

*Regie:* Paul Schneider
*Darsteller:* Kate Jackson (Jessie Arnold), Corbin Bernsen (Alex Jensen), Michael Damian (Bomber Gates), Philip Granger (Robb Pierce), Matthew Walker (George Koper), Shaun Johnston (Martinson), Ned Cathers, Louise Vallance, Kevin Zegers, Nick Allan
*Drehbuch:* Paul Edwards, Bill Wells, Mimi Rothman Shapiro, nach dem Roman »Murder On The Iditarod Trail« von Sue Henry
*Kamera:* Richard Leiterman (Farbe)
*Musik:* Simon Kendall, Al Rodger
*Prod.:* USA 1995; 81 Min.
*TV:* 7.12.1996, ARD, 23.25

Jessie Arnold hat eine neue Hunderasse gezüchtet, mit der sie das diesjährige Schlittenrennen zu gewinnen hofft. Doch unter den Mitstreitern befindet sich ein Mörder, der seine Konkurrenten der Reihe nach tötet.

## Wettlauf mit einem Mörder 1120

ED MCBAIN'S 87TH PRECINCT □
TV

*Regie:* Bruce Paltrow
*Darsteller:* Randy Quaid (Carella), Alex McArthur (Kling), Ron Perkins (Meyer), Ving Rhames (Brown), Steven Flynn (Lytell), Alan Blumenfeld (Weeks)
*Drehbuch:* Mike Krohn, Daniel Levine
*Kamera:* Kenneth Zunder (Farbe)
*Musik:* Peter Bernstein
*Schnitt:* David Simmons
*Prod.Des.:* Richard Sherman
*Prod.:* Diana Kerew, Joe Del Hierro für Diana Kerew Prod., USA 1995; 85 Min.
*TV:* 22.4.1996, ZDF, 19.25

Als eine junge Joggerin ermordet aufgefunden wird, übernimmt Detective Carella die Ermittlungen und vermutet den Beginn einer ganzen Mordserie. Die Jagd nach dem Mörder wird zu einem Wettlauf mit der Zeit, dazu kommen noch die privaten Probleme der Polizisten.

## White Cargo 1121

WHITE CARGO *
Video

*Regie:* Daniel Reardon
*Darsteller:* David Bradley, Shannon Tweed, Lydie Denier
*Prod.:* USA 1996; 90 Min.
*Vertrieb:* Splendid Video; 20.12.1996
*FSK:* ab 18 J.

Ermordung eines Topmodels mit Verbindungen zur chinesischen Drogenmafia ruft kampfsporterprobten Cop auf den Plan. Gähn!

## White Squall 1122
WHITE SQUALL ***

*Regie:* Ridley Scott
*Darsteller:* Jeff Bridges (Sheldon), Caroline Goodall (Dr. Alice Sheldon), John Savage (McCrea), Scott Wolf (Chuck Gieg), Jeremy Sisto (Frank Beaumont), Ryan Phillippe (Gil Martin), David Lascher (Robert March), Eric Michael Cole (Dean Preston), Jason Marsden (Shay Jennings), David Selby (Francis Beaumont)
*Drehbuch:* Todd Robinson
*Kamera:* Hugh Johnson (Technicolor)
*Musik:* Jeff Rona
*Schnitt:* Gerry Hambling
*Prod.Des.:* Peter J. Hampton, Leslie Tomkins
*Prod.:* Mimi Polk Gitlin, Rocky Lang für Largo Ent. für Hollywood Pic., USA 1995; 128 Min.
*UA:* 2.2.1996, New York
*Verleih:* Intertainment, Central/Constantin/Monopole Pathé/Starlight Video; 2.5.1996
*FSK:* ab 12, ffr.

Ein Schulschiff mit durchwegs blutjungen Burschen an Bord kommt auf einer Kreuzfahrt in der Karibik in einen schweren Sturm, der einigen Besatzungsmitgliedern das Leben kostet. In einer anschließenden Seerechtsverhandlung wird der Kapitän, obgleich er während der Katastrophe in Panik geraten war, freigesprochen. Nach einer wahren Begebenheit wird hier eine unglaubwürdige Story entwickelt, die einem fragwürdigen Reifungsprozeß von jungen Männern huldigt. *multimedia*

Michael Althen in: SZ, 2.5.96; Albert Baer in: Rheinische Post, 3.5.96; Brigitte Desalm in: Kölner Stadt-Anzeiger, 4.5.96; Frank Noack in: Der Tagesspiegel, 3.5.96; Angela Schmitt-Gläser in: FR, 3.5.96; Frank Schnelle in: tip, 10/96

## White Tiger 1123
WHITE TIGER *
Video

*Regie:* Richard Martin
*Darsteller:* Gary Daniels (Mike Ryan), Matt Craven (John Grogan), Julia Nickson (Jade), George Cheung (Det. Fong), Cary-Hiroyuki Tagawa (Victor Chow), Michael David Simms (Comm. Clarke), Lisa Langlois (Joanne Grogan), Dana Lee (Zhou), Philip Granger (Capt. McGuire), Ron Winston Yuan (Severin)
*Drehbuch:* Don Woodman, Gordon Melbourne, Roy Sallows, nach einer Story von Bey Logan
*Kamera:* Gregory Middleton (Farbe)
*Musik:* Graeme Coleman
*Schnitt:* Kerry Uchida
*Prod.:* Robert Vince, William Vince für Keystone Pic., USA/Kanada 1995; 87 Min.
*Vertrieb:* VPS Video; 9.4.1996
*FSK:* ab 18 J.

Drogenfahnder im Clinch mit Mafia, die seinen Kollegen liquidiert. Es folgt Rache mit viel Fäusten, Schüssen und Feuerbrünsten. Immer wieder das alte Spiel.

## Widow's Kiss 1124
WIDOW'S KISS **
Video

*Regie:* Peter Foldy
*Darsteller:* Beverly D'Angelo (Vivian Fairchild), Mackenzie Astin (Sean Sager), Dennis Maysbert (Eddie Costello), Bruce Davison (Justin Sager), Anna Maria Horsford (Lovanda Harrison)
*Drehbuch:* Mark Donnelly, Peter Foldy
*Kamera:* Doyle Smith (Farbe)
*Musik:* Robert Sprayberry
*Schnitt:* David H. Lloyd
*Prod.:* Bruce Cohn Curtis für Rysher Ent., USA 1995; 99 Min.
*Vertrieb:* VCL Video; 21.5.1996
*FSK:* ab 16 J.

Der junge Sean verdächtigt seine Stiefmutter schuld am Tod seines Vaters zu sein und gerät in tödliche Gefahr. Mit reizloser Routine entwickelter Pseudo-Psycho-Thriller, der weder Spannung noch Überraschungen bietet.

René Claßen in: film-dienst, 15/96

## Wiege des Hasses 1125
MATERNAL INSTINCTS **
Video

*Regie:* George Kaczender
*Darsteller:* Delta Burke, Beth Broderick
*Drehbuch:* L. Friedman Bloch, K.Kirtland Silverman
*Prod.:* Mary Eilts für Paramount, USA 1996; 88 Min.
*Vertrieb:* CIC Video; Mai 1996
*FSK:* ab 16 J.

Die gegen ihren Willen sterilisierte Tracy nimmt Rache am Gatten und der

*Auferstehung einer Westernlegende: Jeff Bridges in ›Wild Bill‹*

Gynäkologin. Sterilprodukt aus dem US-Fernsehen.

## Wigstock: The Movie 1126

WIGSTOCK: THE MOVIE ***

*Regie:* Barry Shils
*Darsteller:* Mit: Alexis Arquette, Jackie Beat, Decee-lite, the Lady Bunny, Lypsinka, Mistress Formika
*Kamera:* Wolfgang Held, Michael Barrow (Farbe)
*Musik:* Peter Fish, Robert Reale; Peter Gerry Gershman (supervisor)
*Schnitt:* Marlen Hecht, Tod Scott Brody, Barry Shils
*Prod.:* Dean Silver, Marlen Hecht für Samuel Goldwyn Prod., USA 1995; 80 Min.
*UA:* 26.1.1995, Sundance Film Festival
*Verleih:* Arsenal/polyfilm/Stamm; 18.7.1996
*FSK:* ab 6, ffr.

Sie sind schrill, schön und tierisch gut drauf. Einmal im Jahr kommen sie zusammen, um sich in eleganten Fummeln und extravaganten Perücken auf dem alljährlichen Wigstock-Festival in New York zu präsentieren. Barry Shils' Dokumentation über das Drag-Queen- und Schwulen-Fest hat mehr als gute Laune und attraktive Schauwerte zu bieten. Es geht ebenso um die Lust und die Philosophie der Verkleidung.

*Anke Leweke, tip, 15/96*

(...) Mit solider Regie- und Kameraarbeit, freilich ohne herausragendem Ideenreichtum, bleibt Shils jedoch in seiner Aussage über den sozial-kritischen Hintergrund dieses Ereignisses unverbindlich und läßt viele Fragen offen. *multimedia*

## Wild Bill 1127

WILD BILL ****

Video

*Regie:* Walter Hill
*Darsteller:* Jeff Bridges (Wild Bill Hickok), Ellen Barkin (Calamity Jane), John Hurt (Charley Prince), Diane Lane (Susannah Moore), David Arquette (Jack McCall), Christina Applegate (Lurline), Bruce Dern (Will Plummer), James Gammon (California Joe), Marjoe Gortner (Priester), James Remar (Donnie Lonigan)
*Drehbuch:* Walter Hill, nach dem Theaterstück »Fathers and Sons« von Thomas Babe und dem Roman »Deadwood« von Pete Dexter
*Kamera:* Lloyd Ahern (Deluxe und s/w)
*Musik:* Van Dyke Parks
*Schnitt:* Freeman Davies
*Prod.Des.:* Joseph Nemec III

*Prod.:* Richard D. Zanuck, Lili Fini Zanuck für Zanuck Prod., USA 1995; 97 Min.
*EA:* Filmfest München 1996
*Vertrieb:* Warner Home Video; August 1996
*FSK:* ab 16 J.

Alternder Pistolenheld rafft sich noch einmal zu einem Duell auf. Überdurchschnittlich intelligentes und von Altmeister Walter Hill ausgesprochen sorgsam inszeniertes Westerndrama, das auch mit einer exquisiten Besetzung zu bestechen vermag.

»Mein ganzes Leben beschäftige ich mich schon mit der Geschichte von Wild Bill Hickok. Verglichen mit den anderen Figuren des Wilden Westens hat Wild Bill wohl von allen den berechtigsten Anspruch auf den Western-Mythos. Doch außer »Held der Prärie« von DeMille 1936 mit Cary Grant gab es noch nie einen ernsthaften Film über ihn. Er war ein bemerkenswerter Mensch von einer Sorte, wie wir sie heutzutage leider viel zu selten feiern. Er hat gerne gelacht und sich gerne geprügelt, lebte schnell und starb jung... eben die Art Mensch, über die man Filme dreht« (Walter Hill)
*Katalog Filmfest München 1996*

Fritz Göttler in: SZ, 29.7.96

## Wilde Alice 1128
WILDFLOWER □
TV

*Regie:* Diane Keaton
*Darsteller:* Patricia Arquette (Alice Guthrie), Beau Bridges (Jack Perkins), William McNamara (Sammy Perkins), Reese Witherspoon (Ellie Perkins), Susan Blakely (Ada Guthrie), Norman Maxwell (Ormand Guthrie), Collin Wilcox Paxton, Heather Lynch, Allison Smith, Richard K. Olsen
*Drehbuch:* Sara Flanigan, nach ihrem Roman
*Kamera:* Janusz Kaminski (Farbe)
*Musik:* Jon Gilutin, Kenny Edwards
*Schnitt:* Stephen E. Pivkin
*Prod.:* Carroll Newman für Freed/Laufer/Polone mit Hearst Ent., USA 1991; 120 Min.
*UA:* 3.12.1991, Lifetime TV, 21.00
*TV:* 4.6.1996, ZDF, 0.30

Die junge Ellie Perkins entdeckt in einem Schuppen das verwahrloste Mädchen Alice, das nicht sprechen kann und von ihrem trunksüchtigen Stiefvater wie ein Tier gehalten wird. Elli und ihr Bruder Sammy kümmern sich heimlich um Alice und pflegen sie.

## Wilde Töchter 1129
RUNAWAY DAUGHTERS **
Video

*Regie:* Joe Dante
*Darsteller:* Holly Fields (Mary), Julie Bowen (Angie), Jenny Lewis (Laura), John Astin (Minute Man 1), Paul Stephen Rudd (Jimmy Rusoff), Chris Young (Bob), Roger Corman (Mr. Randolph), Dick Miller (Farrell), Christopher Stone (Mr. Gordon), Dee Wallace-Stone (Mrs. Gordon)
*Drehbuch:* Charles Haas, nach einer Story von Lou Rusoff
*Kamera:* Richard Bowen (Farbe)
*Musik:* Hummie Mann
*Schnitt:* Mark Helfrich
*Prod.Des.:* Brian Spencer Kasch, Kathleen M. McKernin
*Prod.:* Lou Arkoff, Debra Hill, Willie Kutner; Llewellyn Wells (Co.-Prod.) für Drive-in Classics/Showtime Network, USA 1994; 79 Min.
*EA:* Int. Filmfestspiele Locarno, 1994, »Sondervorführung«
*Vertrieb:* VCL Video; Mai 1996
*FSK:* ab 12 J.

Drei Freundinnen entführen den jungen Mann, der eine der Grazien geschwängert hat. Eines der zahllosen Billig-Remakes von (besseren) Filmen aus den 50ern.

## Willkommen im Tollhaus 1130
WELCOME TO THE DOLLHOUSE ****

*Regie:* Todd Solondz
*Darsteller:* Heather Matarazzo (Dawn Wiener), Daria Kalinina (Missy Wiener), Matthew Faber (Mark Wiener), Angela Pietropinto (Mrs. Wiener), Bill Buell (Mr. Wiener), Victoria Davis (Lolita), Christina Brucato (Cookie), Brendan Sexton jr. (Brandon McCarthy), Eric Mabius (Steve Rodgers), Telly Pontidis
*Drehbuch:* Todd Solondz
*Kamera:* Randy Drummond (Farbe)
*Musik:* Jill Wisoff
*Schnitt:* Alan Oxman
*Prod.Des.:* Susan Block
*Prod.:* Todd Solondz für Suburban Pic., USA 1996; 87 Min.
*UA:* Sundance Filmfestival 1996, Park City, Utah

*EA:* 18.2.1996, Forum des Jungen Films, Berlin
*Verleih:* Kinowelt/Kinowelt/Rialto; 7.11.1996
*FSK:* ab 12, ffr.
*FBW:* Wertvoll

Die elfjährige Dawn wächst als mittleres von drei Kindern in einer jüdischen Familie in New Jersey auf. Von ihren Schulfreunden wird sie gehänselt, in der Familie fühlt sie sich ungeliebt. Eines Tages wird ihre kleinere Schwester, die sie haßt, weil sie von den anderen gehätschelt wird, entführt. Wieder einmal ist Dawn die Schuldige. Eine gelungene schwarze Komödie mit guten Pointen und witzigen Dialogen über die Qualen der Jugend. *Zoom, 12/96*

(...) Regisseur Todd Solondz' Tragikomödie erzählt auf drastische Weise von den Verwerfungen der Vorstädte und deren himmelschreiender Puppenstuben-Ästhetik. Sehr komisch, sehr traurig, sehr geschmacklos.
*Volker Gunske, tip, 23/96*

Adrienne Braun in: Stgt. Zeitung, 7.11.96; Heike Kühn in: FR, 7.11.96; Christiane Peitz in: Die Zeit, 8.11.96; Christian Seebaum in: Kölner Stadt-Anzeiger, 9.11.96; Claudius Seidl in: SZ, 7.11.96

## Willkommen in Kronstadt 1131

***
TV

*Regie:* Hanns Christian Müller
*Darsteller:* Volker Prechtel (Bürgermeister Heubel), Dieter Hildebrandt (Hoffmann), Bruno Jonas (Klaffenböck), Wolf Brannasky, Judy Winter, David Berry, Aurelio Ferrara (Toni), Lale Yanik, Seyfettin Ölmez
*Drehbuch:* Hanns Christian Müller, nach der Idee von Johannes von Dohnanyi, Michael Röhrig
*Musik:* Hanns Christian Müller
*Prod.:* Blue Screen, BRD 1995; 90 Min.
*TV:* 24.4.1996, ARD, 20.30

Für seine realsatirische Stammtisch-Utopie der Ausländer-raus-Mentalität in diesem Film hat Hanns Christian Müller mit perfidem Scharfblick wieder ein paar besonders gräßliche Rübezahl-Germanen zusammengetrieben: Im bayerischen Provinzkaff Kronstadt schaut der Landratsamtsklüngel diskret weg, als der reaktionäre Holzkopf-Apotheker die ortsbekannten deutschdümmelnden Jungidioten mit Bier abfüllt und gegen Türken und Asylanten hetzt.
(...) Das zähneknirschende Versöhnungs-Happy-End gibt der boshaften Idylle eine anrüchige Harmlosigkeit. Und so hat dann Müllers schwarze Fremdenhaß-Komik beinah was von einer Mogelpackung. *Ponkie, AZ, 26.4.96*

Wilfried Geldner in: SZ, 24.4.96

## Willkommen zu Hause 1132

OKAERI ****

*Regie:* Makoto Shinozaki
*Darsteller:* Susumu Terajima Miho Uemura, Shoichi Komatsu, Tomio Aoki, Ayaka Horie, Taro Suwa
*Drehbuch:* Makoto Shinozaki, Ryo Yamamura
*Kamera:* Osamu Furuya (Farbe)
*Prod.:* Comteg, Japan 1995; 99 Min.
*EA:* 21.2.1996, Int. Forum des Jungen Films, Berlin
*Verleih:* Freunde/-/-; November 1996

Selten haben ein Film und seine Protagonisten so berührt: Takashi und Yuriko, das junge Ehepaar, das auf seltsamen Umwegen wieder zueinander findet. In wenigen Szenen wird der trostlose Alltag der beiden umrissen. Kommunikation ist Konvention gewichen. Sie serviert ihm das Essen, er bedankt sich höflich. Allmählich gleitet der Betrachter von der Außen- in die Innenwelt. »Okaeri« – »Willlkommen zu Hause« ist ein Liebesfilm, ein Melodram und läßt sich dennoch in kein Genre zwängen. *Anke Leweke, tip, 22/96*

## Wings of Honneamise 1133

WINGS OF HONNEAMISE *
Video

*Regie:* Hiroyuki Yamaga
*Prod.:* Japan 1994; 120 Min.
*Vertrieb:* Ascot Video; 16.12.1996
*FSK:* ab 16 J.

Ein »Manga«, die Vorwegnahme von Virtual Reality via Zeichentrick, über einen Astronauten, der zu militärischen Zwecken mißbraucht werden soll. Nur für Fans.

## Wir sind Sternenstaub 1134

***

*Regie:* Dietrich Schubert
*Darsteller:* Mit Professor Johannes Schmid-Burgk
*Drehbuch:* Dietrich Schubert
*Kamera:* Wilfried Kaute, Ludger Hoffmann (Steadicam) (Farbe)
*Schnitt:* Bi Schaack
*Prod.:* Katharina Schubert für Dietrich Schubert Filmprod. mit WDR, BRD 1996; 79 Min.
*UA:* 3.8.1996, Köln
*Verleih:* Real Fiction/-/-; 8.8.1996

Der Film zeigt die Arbeit des Astrophysikers Professor Johannes Schmid-Burgk, dessen Arbeitsgebiet neu entstehende Sterne sind.

(...) Dabei profitiert der bisweilen allzu betulich inszenierte Film von Schmid-Burgks Fähigkeit, auch komplizierte Sachverhalte anschaulich darzustellen. Mehrfach stellt außerdem Schubert der erdenfernen Welt des Astrophysikers kurze Äußerungen von Eifeler Bauern gegenüber, die sich über vergleichsweise profane Dinge wie den gesunkenen Milchpreis äußern. So wird deutlich, daß Menschen auch auf demselben Planeten, in direkter Nachbarschaft gar, in grundverschiedenen Welten leben können. *Christian Seebaum, Kölner Stadt-Anzeiger, 3.8.96*

## Wird Annie leben? 1135

A PLACE FOR ANNIE □

TV

*Regie:* John Gray
*Darsteller:* Sissy Spacek (Susan Lansing), Mary-Louise Parker (Linda Marsten), Joan Plowright (Dorothy Kilgore), S. Epatha Merkerson (Alice Blakely), Jack Noseworthy (David Lansing), David Spielberg (Dr. Palmer), Richard Gilbert (Dr. Scott)
*Drehbuch:* Cathleen Young, Lee Guthrie
*Kamera:* Donald Morgan (Farbe)
*Musik:* Mark Snow
*Schnitt:* Robert Florio
*Prod.Des.:* Ed Wittstein
*Prod.:* Marcy Gross, Ann Weston für Cannell Ent., USA 1993; 94 Min.
*TV:* 16.3.1996, Pro7, 17.35

Die alleinerziehende Krankenschwester Susan nimmt das HIV-positive Baby Annie bei sich auf, das von seiner drogensüchtigen, aidskranken Mutter verlassen wurde. Doch eines Tages fordert die Frau ihr Kind zurück. Erst nach vielen dramatischen Erlebnissen kann Susan die Kleine adoptieren. *Pressetext*

## Wolken ziehen vorüber 1136

KAUAS PILVET KARKAAVAT ****

*Regie:* Aki Kaurismäki
*Darsteller:* Kati Outinen (Ilona), Kari Väänänen (Lauri), Sakari Kuosmanen (Melartin), Elina Salo (Mrs. Sjöholm), Markku Peltola (Lajunen), Matti Onnisnaa (Forsström), Shelley Fisher (Pianist)
*Drehbuch:* Aki Kaurismäki
*Kamera:* Timo Salminen (Farbe)
*Musik:* Händel, Tschaikowski, Shelley Fischer u.a.
*Schnitt:* Aki Kaurismäki
*Prod.:* Aki Kaurismäki; Eila Werning, Reinhard Brundig, Fabienne Vonier (Co.-Prod.) für Sputnik/YLE TV-1/Pandora/Pyramide, Finnland/BRD/Frankreich 1996; 96 Min.
*UA:* 26.1.1996, Helsinki; Int. Filmfestspiele Cannes 1996
*Verleih:* Pandora/Stadtkino Wien/ Filmcooperative/Arthaus Video; 30.5.1996
*FSK:* ab 12, ffr.

Ein Trambahnfahrer und eine Kellnerin scheinen vom Glück verlassen zu sein, dem arbeitslosen Paar soll sogar die Wohnung genommen werden. Doch dann eröffnet die Frau mit dem Mut der Verzweiflung ein Restaurant. Und das Unmögliche wird möglich, sie hat Erfolg. Der finnische Regisseur Aki Kaurismäki erzählt diese berührende Tragikomödie mit unterkühltem Humor, kargen Dialogen und minimalistischen Kameraeinstellungen. Ein traurig-schöner Film zum Herzerwärmen. *Margret Köhler*

Bettina Bremme in: tip, 12/96; Rupert Koppold in: Stgt. Zeitung, 30.5.96; Susanna Nieder in: Der Tagesspiegel, 29.5.96; H.G. Pflaum in: SZ, 30.5.96

## Workaholic 1137

**

*Regie:* Sharon von Wietersheim
*Darsteller:* Christiane Paul (Rhoda), Tobias Moretti (Max), Ralf Bauer (Paul), Nadeshda Brennicke (Elly), Juraj Kukura (Cedrik), Konstanze Breitebner (Sonja), Isolde Barth

*Kari Väänänen, Kati Outinen und Outi Mäenpää in ›Wolken ziehen vorüber‹*

(Dr. Verena Hauke), Horst Kotterba (John), Michael Schreiner (Luis), Guido Bösherz (Rüdiger)
*Drehbuch:* Sharon von Wietersheim, Andrea Sixt
*Kamera:* Gerard Vandenberg (Farbe)
*Musik:* Curt Cress, Chris Weller
*Schnitt:* Hansjörg Weißbrich
*Prod.Des.:* Renate Hofer
*Prod.:* Rikolt von Gagern für tele-münchen mit ORF, BRD 1996; 90 Min.
*UA:* Filmfest München 1996
*Verleih:* Concorde/-/-/Concorde Video; 11.7.1996
*FSK:* ab 12, ffr.

Junge Fernsehmoderatorin trennt sich von ihrem arbeitswütigen Freund, um selbst Karriere zu machen, findet aber schließlich doch wieder zu ihm zurück. Deutsches Lustspiel, das nur ansatzweise Fröhlichkeit verbreitet und eine Satire auf die heutige Handy-Sucht darstellt. *multimedia*

(...) Als Beziehungskomödie sieht das aber immerhin aus wie ein schnittiger Stromlinienflitzer, schön bunt und keß und witzig mit Pfiff und ach so frivol, daß sich frau so richtig froh, frech und frei vorkommen kann. Der Erstlingsfilm hat Schwung und auch ein bißchen Comic-Ironie, ist erstaunlich sicher im Umgang mit den Platitüden des Mode- und TV-Milieus. Ein Film wie ein flotter Designerfummel. (...)
*Ponkie, AZ, 11.7.96*

(...) Das bestürzend schlechte Drehbuch, die einfallslose Regie, die peinliche Schauspielerei, die biedere Kamera und die Kopfschmerzen verursachende Musik garantieren ein unvergeßliches Kinoerlebnis. *Volker Gunske, tip, 15/96*

Albert Baer in: Rheinische Post, 12.7.96; Carla Rhode in: Der Tagesspiegel, 11.7.96; Christian Seebaum in: Kölner Stadt-Anzeiger, 13.7.96

## Zeffirellis Spatz 1138

STORIA DI UNA CAPINERA ***

TV

*Regie:* Franco Zeffirelli
*Darsteller:* Angela Bettis (Maria), Jonathon Schaech (Nino), Sara-Jane Alexander (Annetta), Andrea Cassar (Gigi), Sinead Cusack (Matilde), John Castle (Giuseppe), Vanessa Redgrave (Schwester Agata), Mia Fothergill (Giuditta), Valentina Cortese, Frank Finlay
*Drehbuch:* Franco Zeffirelli, Allan Baker, nach dem Roman »A Sparrow's Tale« von Giovanni Verga
*Kamera:* Ennio Guarnieri (Eastmancolor)
*Musik:* Claudio Capponi, Alessio Vlad
*Schnitt:* Richard Marden
*Prod.:* PolyGram/Cecchi Gori Group mit Nippon Film Prod.: Mario Cecchi Gori, Vittorio Cecchi Gori, Italien 1993; 114 Min.
*UA:* 3.10.1993, Tokyo Int. Film Festival

Sizilien 1854: Wegen der Cholera-Epidemie geben die Klöster ihre Novizinnen für die Dauer der Seuche frei. So kommt Maria auf das Anwesen ihrer Familie zurück. Dort verliebt sie sich in Nino, den Verlobten ihrer Stiefschwester. Als die junge Nonne nach ein paar Monaten wieder ins Kloster muß, kann sie ihre Liebe nicht vergessen.

## Die Zeit der Entscheidungen 1139

L' AGE DES POSSIBLES ***

TV

*Regie:* Pascale Ferran
*Darsteller:* Anne Cantineau (Agnes), Christèle Tual (Béatrice), Anne Callière (Catherine), Isabelle Olive (Denise), Sandrine Attard (Emmanuelle), Antoine Mathieu (Frédéric), Nicolas Pirson (Gérard), Arnaud Simon (Henri), David Gouhier (Yvan), Jérémie Oler (Jacques)
*Drehbuch:* Pascale Ferran, Anne-Louise Trividic
*Kamera:* Jean-Marc Fabre (Farbe)
*Musik:* Béatrice Thiriet
*Schnitt:* Guy Lecome
*Prod.:* AGAT Films/Théâtre National de Strasbourg/La Sept/Arte, Frankreich 1995; 102 Min.
*TV:* 3.5.1996, Arte, 20.45

Leben, lieben, leiden einer Generation, die »die Zeit der Entscheidungen« erreicht hat: Im Straßburg von heute scheinen für eine Clique von neun jungen Leuten alle Wege noch offen zu stehen, doch schon bald belehrt sie die Realität eines besseren. *Pressetext*

## Zelda 1140

ZELDA ***

TV

*Regie:* Pat O'Connor
*Darsteller:* Natasha Richardson (Zelda), Timothy Hutton (F. Scott Fitzgerald), Daniel Gerroll (Max), Julia Devin (Scottie), Yves Lambrecht (Edouard Jozan), Viveca Lindfors (Madame), André Therien (Dr. Forel), John DeVries (Murphy), Spalding Gray, Robert Knepper
*Drehbuch:* Anthony Ivor, Benedict Fitzgerald
*Kamera:* Kenneth MacMillan (Farbe)
*Musik:* Patrick Williams
*Prod.:* Turner Pic. mit Robert Greenwald Prod./ZDF, USA 1993; 91 Min.
*TV:* 23.7.1996, ZDF, 0.15

Amerika in den 20er Jahren. Die Charleston-Society bewundert den luxuriösen Lebensstil des Schriftstellers F. Scott Fitzgerald und seiner Frau Zelda. Aus den finanziellen Schwierigkeiten, in die das Paar gerät, rettet sie der enorme Erfolg von Fitzgeralds »Der große Gatsby«. Die Ironie des Schicksals will es aber, daß damit die leuchtende Fassade des Traumpaares erste Risse bekommt. *AZ TV Journal*

## Das Ziegenhorn 1141

KOZIJAT ROG ***

TV

*Regie:* Nikolai Volev
*Darsteller:* Elena Petrova (Maria), Alexander Morfov (Vater), Peter Popjordanov (Moslem), Valentin Ganev (Osman Bey)
*Drehbuch:* Nikolai Volev, Nikolai Haitov, nach einer Kurzgeschichte von Nikolai Haitov
*Kamera:* Krassimir Kostov (Farbe)
*Musik:* Assen Avramov
*Schnitt:* Ventzi Karanesheva
*Prod.Des.:* Anastas Yanakiev
*Prod.:* Nikolai Volev für Nikotea Prod., Bulgarien 1994; 88 Min.
*EA:* Filmfest München 1995
*TV:* 10.6.1996, MDR3, 22.50

Der Film ist eine Kombination aus Actionfilm und antiker Tragödie und endet mit vielen Leichen. Nur der Vater überlebt. Ob mit Absicht oder nicht: Volevs »Kozijat Rog« bietet keine Katharsis, sondern vermittelt das Gefühl von Bitternis und Schande, da Tod und Intoleranz über Leben und Liebe triumphieren« schrieb Alexander Donev in Moving Pictures.

*Katalog Filmfest München 1995*

## Der Zitronenhain 1142

THE LEMON GROVE / A SEASON OF HOPE □ TV

*Regie:* Marcus Cole
*Darsteller:* JoBeth Williams (Elizabeth Hakkett), Stephen Lang (Michael Hackett), Stephen Meadows (Paul Davis), Ralph Waite (Sam), Jeremy London (Mickey Hackett), Erik von Detten (Tyler), Matt Clark, Scott Michael Campbell, Lee Weaver, Miguel Perez
*Drehbuch:* Richard Leder
*Kamera:* Chuck Arnold (Farbe)
*Musik:* Ken Thorne
*Schnitt:* Craig Bassett
*Prod.Des.:* William M. Hiney
*Prod.:* Hugh Benson, Brent Shields (Co.-Prod.), USA 1995; 87 Min.
*TV:* 11.8.1996, Premiere, 22.45

Existenzsorgen und Eheprobleme sind das Ergebnis gleich mehrerer Mißernten in Folge. Die Hacketts setzen ihre ganze Hoffnung auf die nächste Zitronenernte, doch da werden die Früchte von einem rätselhaften Virus befallen. Die gesamte Anpflanzung muß vernichtet werden, und die Familie steht endgültig vor dem Aus. Der rettende Einfall für einen neuen Anfang kommt von völlig unerwarteter Seite.

## Zu viel Liebe – Davids Mutter 1143

DAVID'S MOTHER □ TV

*Regie:* Robert Allan Ackerman
*Darsteller:* Kirstie Alley (Sally Goodson), Michael A. Goorjian (David Goodson), Phylicia Rashad (Gladys), Stockard Channing (Bea), Sam Waterston (John Nils), Chris Sarandon (Philip), Phylicia Rashad (Gladys Johnson), Jack Duffy, Caroline Yeager, Bob Zidel
*Drehbuch:* Bob Randall
*Kamera:* Walt Lloyd (Farbe)
*Musik:* David Mansfield
*Schnitt:* Susan B. Browdy
*Prod.Des.:* Tony Hall
*Prod.:* Julian Marks, USA 1994; 88 Min.
*UA:* CBS als »Movie of the Week«
*TV:* 19.8.1996, ZDF, 19.25

Die New Yorkerin Sally Goodson hat sich 17 Jahre lang vornehmlich um ihren geistig behinderten Sohn David gekümmert, so daß sie von ihrem Mann und ihrer Tochter verlassen wird. In ihrer übertriebenen Liebe und Fürsorge erzieht sie David zur Unselbständigkeit. Erst ihr neuer Lebensparter John kann Sally klarmachen, daß sie David mit ihrer Liebe erdrückt, und sie kann ihren Sohn freigeben.

## Zur Lüge gezwungen 1144

FORGOTTEN SINS □ TV

*Regie:* Dick Lowry
*Darsteller:* William Devane (Dr. Richard Ofshe), John Shea (Matthew Bradshaw), Bess Armstrong (Roberta), Dean Norris, Brian Markinson, Lisa Dean Ryan, Rim Quill, Gary Grubbs, John M. Jackson, Ray McKinnon
*Prod.:* USA 1996; 90 Min.
*TV:* 5.11.1996, Vox, 20.15

Der angesehene Bezirkssheriff Matthew Bradshaw wird von seinen beiden Töchtern des sexuellen Mißbrauchs beschuldigt. Er weist die Anschuldigungen zurück, gibt aber unter dem Druck der Kirche alles zu. Nur der angesehene Psychologe Dr. Ofshe glaubt, daß die Mädchen lügen und ist von Matthews Unschuld überzeugt.

## Zwei gegensätzliche Frauen 1145

TWO GOLDEN BALLS □ TV

*Regie:* Anya Camilleri
*Darsteller:* Kim Cattrall (Sydnie Vampari), Claire Skinner (Linda Leveller), Leslie Phillips (Viscount Osgood), Christopher Ellison (Vincent Lamont), Angus MacFadyen (Dexter Hope-Barton), Rowena King (Mariella Jones), Nicholas Boulton (Randall), Ann Beach (Mrs. Leveller), Richard Karlsson, Tim Dantay
*Drehbuch:* Maureen Chadwick
*Kamera:* Peter Fearon (Farbe)
*Musik:* Nick Bicat
*Schnitt:* Rob Sylvester
*Prod.Des.:* Bruce Macadie
*Prod.:* Margaret Matheson,

GB 1994; 79 Min.
*TV:* 30.6.1996, tm3, 22.20

Zwei ungleiche Frauen, die Feministin Linda und die Pornodarstellerin Sydnie, lernen sich in einer Gefängniszelle kennen, befreunden sich und planen gemeinsam das Filmprojekt »Pornofilme für Frauen«.

## Zwei Irre und ein Schwein 1146

LES TRUFFES
**
TV

*Regie:* Bernard Nauer
*Darsteller:* Jean Reno (Patrick), Christian Charmetant (Nathaniel), Isabelle Candelier (Huguette), Anne Roussel (Claire), Agnes Vialleton (Rosemonde), Jean-Paul Roussillon, Marc Dudicourt, Jean-François Derec, Arsene Jiroyan, Herve Pierre
*Drehbuch:* Bernard Nauer, Philippe de Chauveron
*Kamera:* Vincent Jeannot (Farbe)
*Musik:* Benjamin Raffaelli, Kamil Rustam
*Schnitt:* Olivier Morel
*Prod.Des.:* Dan Weil
*Prod.:* Claude Besson für Les Films du Dauphin mit Canal Plus/BNP Images 2, Frankreich 1994; 85 Min.
*TV:* 15.8.1996, Premiere, 21.45

Die ewigen Verlierer Patrick, ein drittklassiger Boxer, und Nathaniel, ein armseliger Ganove, beschließen, zu zweit ihr Schicksal zu wenden. Auf einem Trip gen Süden hoffen sie, ihr Glück zu finden. Um schon mal Schwein bei den Frauen zu haben, schicken sie ein in Windeln gepacktes Ferkel auf Brautfang.

## Zwei Leben hat die Liebe 1147

**
TV

*Regie:* Peter Timm
*Darsteller:* Klaus J. Behrendt (Michael Lehnert), Christiane Paul (Jule Homburg), Petra Kleinert (Inga Lehnert), Sophie Steiner (Tilly Lehnert), Niklas Pries (Thommy Lehnert), Ulrich Wiggers (Schorsch)
*Drehbuch:* Peter Timm, Ulli Stephan
*Prod.:* BRD 1996; 90 Min.
*TV:* 6.11.1996, RTL, 20.15

(...) Aus dem leeren Titelgebläse holt Peter Timm zwar ein paar psychologische Grunderfahrungen, hängt aber dann voll an der Sentimentalstrippe zwischen Koma, Konkubine und Konkurs. Klaus J. Behrendt hat als Kumpelgatte, Familienvater und Firmenchef jenes Heile-Welt-Muster am Leibe, das vom Schicksal nicht geduldet werden kann. Eine Selbstmörderin knallt ihm aufs Auto – und das wilde Leben stürzt sich auf ihn. Die aus dem Koma erweckte jugendliche Ego-Bestie und Wunderpianistin zerrt ihn weg von der Kumpelgattin und vom Beruf. Als Pleitegreis lallt er hinter seiner Rollstuhl-Lulu her, die so intensiv leben will (Jugend! Motorrad! Leichtsinn! Spontan-Sein!), daß sie alsbald wieder an ihrem Selbstmörderbaum klebt. Rührt uns das? Nein. Rühren könnte uns allenfalls der Jammer, wie Künstler ihr Handwerk ausbeuten lassen müssen für lausige TV-Movies. *Ponkie, AZ, 8.11.96*

## Zwei Satansbraten außer Rand und Band 1148

TWO MUCH TROUBLE
***
TV

*Regie:* Michael James McDonald
*Darsteller:* Beverly D'Angelo (Edie), Ed Begley jr. (Paul Van Arsdale), Carol Kane (Treva Van Arsdale), Brady Bluhm (Jason Van Arsdale), Rachel Duncan (Bea Van Arsdale, genannt »B«), Ludo Vika (Clara), Phil Hartman (Vertreter), Eric Allan Kramer, William G. Schilling
*Drehbuch:* Michael James McDonald
*Kamera:* Mike Mickens, Christopher Baffa
*Prod.:* Mike Elliott, USA 1995; 87 Min.
*TV:* 30.6.1996, RTL, 20.15

Aus dem Gefängnis entlassen, glaubt Edie, als Kindermädchen der Van Arsdale-Zwillinge das große Los gezogen zu haben, aber die lieben Kleinen erweisen sich als ungezogene Balgen. Edie faßt den Plan, sie gegen Bares zu verkaufen, aber natürlich kommt was Entscheidendes dazwischen. *Pressetext*

## Zwei Singles machen noch kein Paar 1149

SOLITAIRE FOR 2
**
Video

*Regie:* Gary Sinyor
*Darsteller:* Mark Frankel (Daniel Becker),

Maryam D'Abo (Caroline), Amanda Pays (Katie), Jason Isaacs (Harry), Roshan Seth (Sandip Tamar), Helen Lederer (Polizistin), Annette Crosbie (Mrs. Dwyer), Neil Mullarkey
*Drehbuch:* Gary Sinyor
*Kamera:* Henry Braham (Farbe)
*Musik:* David A. Hughes, John Murphy
*Schnitt:* Ewa J. Lind
*Prod.Des.:* Carmel Collins
*Prod.:* Gary Sinyor, Richard Holmes für Cavalier Features,
GB 1995; 100 Min.
*Vertrieb:* Starlight Video; 4.9.1996
*FSK:* ab 6 J.

Nicht gerade vor Einfallsreichtum sprühende Komödie über die Lovestory zwischen einem liebeskranken Psychologen und einer Archäologin.

Christiane Haas in: film-dienst, 21/96

## Zweifaches Glück 1150

DOUBLE HAPPINESS ****

*Regie:* Mina Shum
*Darsteller:* Sandra Oh, Alannah Ong, Stephen Chang, Frances You, Johnny Mah, Callum Rennie, Donald Fong
*Drehbuch:* Mina Shum
*Kamera:* Peter Wunstorf (Farbe)
*Musik:* Shadowy Men on a Shadowy Planet
*Schnitt:* Alison Grace
*Prod.:* First Generation Films, Kanada 1994; 100 Min.
*EA:* 17.2.1995, Int. Forum des Jungen Films, Berlin
*Verleih:* -/-/Look Now!; Dezember 1996

Erfrischende Komödie um eine junge Chinesin in Kanada, die noch bei den Eltern wohnt und von diesen gedrängt wird, einen standesgemäßen chinesischen Mann zu heiraten und sich den traditionellen Familienstrukturen unterzuordnen. Temporeich inszeniert und mit originellen Einfällen, jedoch nie oberflächlich, nähert sich der Film locker Themen wie gemischtrassiger Partnerschaft, Verbundenheit mit den Eltern und Immigration, wobei sein warmer Humor und die treffenden Schilderungen eigene Erfahrungen der Regisseurin/Autorin und deren Engagement sichtbar werden lassen.
*Zoom, 12/96*

## Zwielicht 1151

PRIMAL FEAR ***

*Regie:* Gregory Hoblit
*Darsteller:* Richard Gere (Martin Vail), Laura Linney (Janet Venable), John Mahoney (Shaughnessy), Alfre Woodard (Shoat), Frances McDormand (Molly), Edward Norton (Aaron/Roy), Terry O'Quinn (Yancy), Andre Braugher (Goodman), Steven Bauer (Pinero), Joe Spano (Stenner)
*Drehbuch:* Steve Shagan, Ann Biderman, nach dem Roman von William Diehl
*Kamera:* Michael Chapman (Deluxe)
*Musik:* James Newton Howard
*Schnitt:* David Rosenbloom
*Prod.Des.:* Jeannine Oppewall
*Prod.:* Gary Lucchesi; Robert McMinn (Co.-Prod.) für Rysher Ent. für Paramount, USA 1996; 131 Min.
*UA:* 3.4.1996, New York
*Verleih:* UIP/UIP/UIP/CIC Video; 20.5.1996
*FSK:* ab 16, ffr.
*FBW:* Besonders wertvoll

Ein erfolgshungriger Staranwalt übernimmt die Verteidigung eines Ministranten, der angeklagt wird, den Erzbischof von Chicago ermordet zu haben. Wenig konzentrierter, mit spektakulären Wendungen versehener Gerichtsfilm. In den Hauptrollen zeigt er fesselnde darstellerische Leistungen, in der Handlung und der formalen Gestaltung dominiert hingegen professionelles Mittelmaß. *Zoom, 4/96*

»Um ehrlich zu sein: Der fertige Film ist für mich ein Nebenprodukt. Worauf es mir ankommt, ist die Zeit während des Drehens – die Kommunikation, die dann zwischen allen Beteiligten stattfindet, sei es mit dem Kameramann, dem Beleuchter, dem Regisseur oder den anderen Schauspielern. Meine einzige Motivation, überhaupt irgendetwas zu tun, ist den Menschen zu helfen, sie in irgendeiner Form – sei es spirituell oder physisch – zu erreichen. ›Zwielicht‹ ist ein Film über Wahrheit und Betrug. Das eine ist eine Frage des Intellekts, das andere eine Frage der Emotion. Beide Aspekte halte ich für höchst interessant.«

*Richard Gere im Interview mit Ulrich Lössl, Zitty, 13/96*

*Maura Tierney, Edward Norton und Richard Gere in ›Zwielicht‹*

Albert Baer in: Rheinische Post, 21.6.96; Christian Seebaum in: Kölner Stadt-Anzeiger, 22.6.96; Ruprecht Skasa-Weiß in: Stgt. Zeitung, 20.6.96; Anke Sterneborg in: SZ, 20.6.96

## Zwischen Gesetz und Begierde 1152

BETWEEN LOVE AND HONOR ***

TV

*Regie:* Sam Pillsbury
*Darsteller:* Grant Show (Steve Collura), Maria Pitillo (Maria Caprefoli), Steve Allie Collura (Dominic Cellini), Joseph Scoren (Danny Cosentino), Robert Morelli (Paul Raggio), Howard Jerome (Paul Castellano), Tony De Santis (Vinnie Collura), Barry Flatman (Inspector Akers), Robert Loggia (Carlo Gambino), Michael Nouri
*Drehbuch:* Arnold Margolin, nach einer wahren Begebenheit
*Musik:* James McVay
*Prod.:* Joan Barnett, Jack Grossbart, Arnold Margolin für East Coast Enterprises, USA 1994; 90 Min.
*TV:* 25.1.1996, ARD, 1.35

Steve Collura, Amerikaner italienischer Abstammung, läßt sich als Undercover-Agent in die »Familie« des mächtigen Mafia-Bosses Gambino einschleusen. Steve gerät aber in einen folgenschweren Zwiespalt der Gefühle, als er und Gambinos Patentochter Maria Caprefoli sich ineinander verlieben.

## Zwischentöne 1153

***

*Regie:* Bernhard Nick
*Darsteller:* Mit: Werner Aeschbacher, Pia Bucher, Philipp Läng, Caro Reusser, Krzysztof Szuca
*Drehbuch:* Bernhard Nick
*Kamera:* Dieter Fahrer
*Schnitt:* Maya Schmid, Regina Schorneck
*Prod.:* Stephan Ribi für SPART, Schweiz 1995; 80 Min.
*Verleih:* -/-/Look Now!; Februar 1996

Der Versuch, fünf Menschen zu porträtieren durch die Musik, die sie machen (und die Töne, die sie umgeben), besticht durch große Redlichkeit und eine hervorragende Schwarzweißfotografie. Trotz einem schwerfälligen und zuweilen ungelenken Schnitt, der die Gratwanderung zwischen Musik und Person, Impression und Information, Schilderung und Erzählung nicht ohne Abstürze übersteht, ein wichtiger Versuch, der audiovisuellen Beliebigkeit dieser Tage authentische Bilder und Töne entgegenzusetzen. *Zoom, 2/96*

## 12 Monkeys 1154

TWELVE MONKEYS ****

*Regie:* Terry Gilliam
*Darsteller:* Bruce Willis (James Cole), Madeleine Stowe (Dr. Kathryn Railly), Brad

Pitt (Jeffrey Goines), Christopher Plummer (Dr. Goines), Joseph Melito (Cole als Junge), Jon Seda (Jose), Michael Chance (Scarface), Vernon Campbell (Tiny), H. Michael Walls (Botaniker), Bob Adrian (Geologe)
*Drehbuch:* David Peoples, Janet Peoples, inspiriert durch den Film »La Jetee« von Chris Marker (1963)
*Kamera:* Roger Pratt (Rank)
*Musik:* Paul Buckmaster
*Schnitt:* Mick Audsley
*Prod.Des.:* Jeffrey Beecroft
*Prod.:* Charles Roven für Atlas Ent., USA 1995; 129 Min.
*UA:* 27.12.1995, New York
*EA:* Int. Filmfestspiele Berlin 1996 »Wettbewerb«
*Verleih:* Concorde/Constantin/Elite/Concorde/VCL Video; 21.3.1996
*FSK:* ab 16, ffr. – *FBW:* Wertvoll

Im Jahre 2035 ist die Welt durch eine verheerende Seuche entvölkert. Der Sträfling James Cole gelangt auf Umwegen ins Jahr 1996, um die Ursachen der Epidemie zu erforschen, und ist nicht nur Zeuge, sondern Mitverursacher der Katastrophe. Terry Gilliam inszeniert Coles Odyssee durch die Epochen, die Psychiatrie und die Niederungen der US-Gesellschaft als rasante Geisterbahnfahrt. Heftige Kritik übt der vielschichtige Science-fiction-Thriller an einer Kultur, die sich allzu lustvoll apokalyptischen Visionen hingibt und früher oder später der Versuchung erliegen könnte, die bösen Fantasien wahrwerden zu lassen. *Sven S. Poser, tip, 7/96*

Alle gängigen Genres auf einen Schlag bedient in dem US-Beitrag »12 Monkeys« Terry Gilliam (einst einziges amerikanisches Mitglied der furiosen britischen Komikertruppe »Monty Python«): Science-fiction, Thriller, apokalyptisches Märchen, Melodram, Komödie, Romanze.
Bruce Willis spielt den medial begabten Häftling Cole, der im Jahr 2035 als Versuchstier verrückter Wissenschaftler herausfinden soll, von welchem Virus im Jahre 1996 die Menschheit bis auf nur ein Prozent Überlebender dahingerafft wurde. Die so historischen wie aktuellen Zeitreisen Coles sind (samt Liebeserfahrung im Untergang), eine wüst-makabre Warnung für unsere heutige Gesellschaft. *Angie Dullinger, AZ, 26.2.96*

Michael Althen in: Die Zeit, 22.3.96; Holger Kreitling in: Der Tagesspiegel, 21.3.96

*Bruce Willis und Brad Pitt in ›12 Monkeys‹ von Terry Gilliam*

# Internationale Filmpreise

## The Academy Awards (Oscars) 1996

Der Sieger der 68sten Oscar-Verleihung war Mel Gibsons *Braveheart*, der von zehn Nominierungen fünf Trophäen erhielt – damit gesellt sich Gibson zu den oscargekrönten Schauspielerregisseuren Robert Redford, Warren Beatty, Clint Eastwood und Kevin Costner. »Ein Triumph? Nein, eher eine Unausweichlichkeit. ... Diese Desperado-Sturheit eines Regie-Youngsters, sich überhaupt in eine derart irrsinnsteure Produktion gestürzt zu haben [verhalf zum] Scheinsieg.« (Ruprecht Skasa-Weiß; ›FAZ‹) Der Preisträger meinte nüchtern: »Die wollen Trends.«
Verlierer des Abends war *Apollo 13*. Brüskiert wurde *Die Brücken am Fluß* mit nur einer Nominierung, wie auch *Dead Man Walking* und *Leaving Las Vegas*. Diese beiden Außenseiterfilme wurden zwar mehrfach nominiert, seltsamerweise jedoch nicht in der Kategorie »Bester Film«. In diesem Jahr hatten die Kritikerlieblinge keine Chance und auch die mit dem »Golden-Globe« gesetzten Vorzeichen für Erfolgsaussichten bewahrheiteten sich kaum, mit Ausnahme von Nicholas Cages Darstellung in *Leaving Las Vegas*, an deren Qualität niemand zweifelte.
»Man kann sich des Eindrucks nicht erwehren, daß dies [*Braveheart*] die Entscheidung für den Einäugigen unter lauter Blinden war. Nicht daß die Mitbewerber nichts getaugt hätten, aber nach den ungeschriebenen Gesetzen des Oscars, in denen es um diffuse Dinge wie Ansehen, Erfolg und Zeitgeist geht, fehlte den anderen Kandidaten irgendwie das Format, das Sieger in dieser Welt auszeichnet. Die Academy versuchte das wettzumachen, indem fast jeder nominierte Film irgend etwas gewonnen und in gewisser Weise jeder bekommen hat, was er verdient.« (Michael Althen, ›SZ‹) *Der Postmann* ging leer aus, aber der tröstende Erfolg lag wie so oft in der Ehrung durch die Nominierungen.
Freude kam bei der Ehrung des 83jährigen Trickzeichners Chuck Jones (*Bugs Bunny, Road Runner*) auf, Rührung bei den Auftritten von Kirk Douglas und Christopher Reeve. Auf die Barrikarden gingen farbige Künstler. Sie fühlten sich diskriminiert, da sich unter 166 Nominierungen nur die Afro-Amerikanerin Dianne Houston befand. »Selbst bei einem Kassenschlager würden wir im weißen Hollywood-Geschäft keine Chance haben«, klagte Spike Lee.
*Schlafes Bruder* von Joseph Vilsmaier als deutscher Beitrag wurde nicht nominiert. Bei den »Scientific and Technical Awards« errang eine **Scientic-Plakette *Arnold & Richter*** für die Cine Technik zur Entwicklung der Arriflex-535-Kameraserie. Den **Technical Achievment** gewann ***Präzisions-Entwicklung Denz*** für die Entwicklung einer flackerfreien Farbvideokamera. Dadurch wurde erneut deutlich, daß München Zentrum der Filmtechnik ist.
Zum Jahresende 1996 wurden Regeländerungen bekannt. Nachdem es vor 32 Jahren keine Verleihung in der Kategorie »Visuell Effects« gab und ein vom Aufsichtsrat gewählter Film den »Special Achievement Award« achtmal bekam, werden in Zukunft stets drei Nominierungen ausgeschrieben werden. Eine weitere Änderung betrifft die Dokumentarfilme. Sie müssen, für 1997 im Zeitraum vom 1.4.1995 bis 31.10.96, mindestens eine Woche in einem Kino Manhattens oder Los Angeles County gelaufen sein, um sich um die Gunst des Oscars bewerben zu können.

**Bester Film:** *Apollo 13* von Ron Howard, *Braveheart* von Mel Gibson,

*Der Postmann* Michael Radford, *Ein Schweinchen namens Babe* Chris Noonan, *Sinn und Sinnlichkeit* von Ang Lee.
Ausgezeichnet wurde ***Braveheart.***

**Bester Darsteller:** Nicholas Cage für *Leaving Las Vegas,* Richard Dreyfuss für *Mr. Hollands Opus*, Anthony Hopkins für *Nixon*, Sean Penn für *Dead Man Walking,* Massimo Troisi für *Der Postmann.*
Ausgezeichnet wurde ***Nicholas Cage.***

**Beste Darstellerin:** Susan Sarandon für *Dead Man Walking*, Elisabeth Shue für *Leaving Las Vegas*, Sharon Stone für *Casino*, Meryl Streep für *Die Brükken am Fluß,* Emma Thompson für *Sinn und Sinnlichkeit.*
Ausgezeichnet wurde ***Susan Sarandon.***

**Bester Regisseur:** Mike Figgis für *Leaving Las Vegas,* Mel Gibson für *Braveheart,* Chris Noonan für *Ein Schweinchen namens Babe*, Michael Radford für *Der Postmann*, Tim Robbins für *Dead Man Walking.*
Ausgezeichnet wurde ***Mel Gibson.***

**Bester Nebendarsteller:** James Cromwell für *Ein Schweinchen namens Babe*, Ed Harris für *Apollo 13*, Brad Pitt für *12 Monkeys*, Tim Roth für *Rob Roy,* Kevin Spacey für *Die üblichen Verdächtigen.*
Ausgezeichnet wurde ***Kevin Spacey.***

**Beste Nebendarstellerin:** Joan Allen für *Nixon*, Kathleen Quinlan für *Apollo 13*, Mira Sorvino für *Geliebte Aphrodite*, Mare Winningham für *Georgia*, Kate Winslet für *Sinn und Sinnlichkeit.*
Ausgezeichnet wurde ***Mira Sorvino.***

**Bestes Originaldrehbuch:** Randall Wallace für *Braveheart*, Woody Allen für *Geliebte Aphrodite,* Stephen J. Rivele, Christopher Wilkinson, Oliver Stone für *Nixon*, Joss Whedon, Andrew Stanton, Joel Cohen, Alec Sokolow für *Toy Story*, Christopher McQuarrie für *Die üblichen Verdächtigen.*
Ausgezeichnet wurde ***Christopher McQuarrie.***

**Bestes adaptiertes Drehbuch:** William Broyles jr., Al Reinert für *Apollo 13*, Mike Figgis für *Leaving Las Vegas*, Anna Pavignano, Michael Radford, Furio Scarpelli, Giacomo Scarpelli, Massimo Troisi für *Der Postmann*, George Miller, Chris Noonan für *Ein Schweinchen namens Babe*, Emma Thompson für *Sinn und Sinnlichkeit.*
Ausgezeichnet wurde ***Emma Thompson.***

**Bester ausländischer Film:** *All Things Fair* (Schweden), *Antonias Welt* (Niederlande), *Dust Of Life* (Algerien), *O Quatrilho* (Brasilien), *Der Mann, der die Sterne machte* (Italien).
Ausgezeichnet wurde ***Antonias Welt*** von Marleen Gorris.

**Beste Kamera:** Stephen Goldblatt für *Batman Forever*, John Toll für *Braveheart,* Emmanuel Lubezki für *Little Princess*, Lu Yue für *Shanghai Triad*, Michael Coulter für *Sinn und Sinnlichkeit.*
Ausgezeichnet wurde ***John Toll.***

**Beste Ausstattung:** Michael Corenblith, Merideth Boswell für *Apollo 13*, Bo Welch, Cheryl Carasik für *Little Princess*, Eugenio Zanetti für *Restoration,* Tony Burrough für *Richard III.*, Roger Ford, Kerrie Brown für *Ein Schweinchen namens Babe.*
Ausgezeichnet wurde ***Eugenio Zanetti.***

**Bester Schnitt:** Mike Hill, Dan Hanley für *Apollo 13,* Steve Rosenblum für *Braveheart,* Chris Lebenson für *Crimson Tide,* William Hoy für *Sieben*, Marcus D'Arcy für *Ein Schweinchen namens Babe.*
Ausgezeichnet wurden ***Mike Hill, Dan Hanley.***

**Beste Musik (Drama):** James Horner für *Apollo 13,* James Horner für *Braveheart*, John Williams für *Nixon,* Luis Enrique Bacalov für *Der Postmann*, Patrick Doyle für *Sinn und Sinnlichkeit.*

Ausgezeichnet wurde ***Luis Enrique Bacalov.***

**Beste Musik (Musical/Komödie):** Marc Shaiman für *Hallo, Mr. President,* Alan Menken, Stephen Schwartz für *Pocahontas*, John Williams für *Sabrina*, Randy Newman für *Toy Story.*
Ausgezeichnet wurden ***Alan Menken, Stephen Schwartz.***

**Bester Song:** »Dead Man Walking« aus *Dead Man Walking*, »Have You Ever Really Loved A Women« aus *Don Juan DeMarco,* »Colors Of The Winds« aus *Pocahontas,* »Moonlight« aus *Sabrina,* »You've Got A Friend« aus *Toy Story.*
Ausgezeichnet wurde ***Colors Of The Winds.***

**Beste Maske:** Peter Frampton, Paul Pattison, Lois Burwell für *Braveheart,* Ken Diaz, Mark Sanchez für *Mi Familia,* Greg Cannom, Bob Laden, Collen Callaghan für *Roommates.*
Ausgezeichnet wurden ***Peter Frampton, Paul Pattison, Lois Burwell.***

**Beste Kostüme:** Charles Knode für *Braveheart*, James Acheson für *Restoration*, Shuna Harwood für *Richard III.*, Jennny Beavan, John Bright für *Sinn und Sinnlichkeit*, Julie Weiss für *12 Monkeys.*
Ausgezeichnet wurde ***James Acheson.***

**Beste visuelle Effekte:** Robert Legato, Michael Kanfer, Leslie Ekker, Matt Sweeney für *Apollo 13*, Scott E. Anderson, Charles Gibson, Neal Scanlan, John Cox für *Ein Schweinchen namens Babe.*
Ausgezeichnet wurden ***Scott E. Anderson, Charles Gibson, Neal Scanlan, John Cox.***

**Bester Ton:** Rick Dior, Steve Pederson, Scott Millan, David MacMillan für *Apollo 13,* Donald O. Mitchell, Frank A. Montano, Michael Herbick, Petur Hliddal für *Batman Forever,* Andy Nelson, Scott Milllan, Anna Behlmer, Brian Simmons für *Braveheart,* Kevin O'Connell, Rick Kline, Gregory H. Watkins, William B. Kaplan für *Crimson Tide,* Steve Maslow, Gregg Landaker, Keith A. Wester für *Waterworld.*
Ausgezeichnet wurden ***Rick Dior, Steve Pederson, Scott Millan, David MacMillan.***

**Bester Toneffektschnitt:** John Leveque, Bruce Stambler für *Batman Forever,* Lon Bender, Per Hallberg für *Braveheart,* George Watters II. für *Crimson Tide.*
Ausgezeichnet wurden ***Lon Bender, Per Hallberg.***

**Beste Dokumentation:** *Anne Frank Remembered* von Jon Blair, *The Battle Over Citizien Kane* von Thomas Lennon, Michael Epstein, *Fiddlefest – Roberta Guaspari-Tzavara And Her East Harlem Fiddle Program* von Allan Miller, Walter Scheuer, *Hank Aaron: Chasing The Dream* von Mike Tollin, *Troublesome Creek: A Midwestern* von Jeanne Jordan, Steve Ascher.
Ausgezeichnet wurde ***Anne Frank Remembered.***

**Beste Dokumentation** (Kurzfilm)**:** *Jim Dine: A Self-Portrait On The Walls* von Nancy Dine, Richard Stilwell, *The Living Sea* von Greg MacGillivray, Alec Lorimore, *Never Give Up: The 20th Century Odyssey Of Herbert Zipper* von Terry Sanders, Freida Lee Mock, *One Survivor Remembers* von Kary Antholis, *The Shadow Of Hate* von Charles Guggenheim.
Ausgezeichnet wurde ***One Survivor Remembers.***

**Bester Kurzfilm** (Animation)**:** *The Chicken From Outerspace* von John R. Dilworth, *Wallace & Gromit – unter Schafen* von Nick Park, *The End* von Chris Lanreth, Robin Bargar, *Gagarin* von Alexij Kharitidi, *Runaway Brain* von Chris Bailey.
Ausgezeichnet wurde ***Wallace & Gromit unter Schafen.***

**Bester Kurzfilm:** *Broooms* von Luke Cresswell, Steve McNicholas, *Duke Of Groove* von Griffin Dunne, Thom Col-

well, *Lieberman In Love* von Christine Lathi, Jana Sue Memel, *Little Surprises* von Jeff Goldblum, Tikki Goldberg, *Tuesday Morning Ride* von Dianne Housten, Joy Ryan.
Ausgezeichnet wurde ***Lieberman In Love.***

**Ehren-Oscar:** ***Kirk Douglas*** und ***Chuck Jones.***

**Spezial-Oscar:** ***John Lasseter*** für *Toy Story.*

**Jean Hersholt Humanitarian Award:** ***Quincy Jones.***

## Golden Globe 1996

*Sinn und Sinnlichkeit* hieß der mit zwei Preisen (»Bester Film« und »Bestes Drehbuch«) ausgezeichnete Gewinner des Abends, an dem die Preise weit gestreut wurden. Überraschend erhielten Sharon Stone als Darstellerin und Mel Gibson als Regisseur den Golden Globe. Auch John Travolta und Nicole Kidman freuten sich über die unerwarteten, wenn auch eher zweitklassigen, Darstellerpreise in der Sparte Komödie. Als Verlierer stand *Hallo, Mr. President* von Rob Reiner mit fünf Nominierungen da. Der neben *Sinn und Sinnlichkeit* (sechs) am häufigsten nominierte Film, erhielt keine der Auszeichnungen und konnte auch für die Oscar-Verleihung kaum Spuren hinterlassen, obwohl die Golden Globes wie jedes Jahr ein sicherer Indikator für die Vergabe der Oscars hätten sein sollen.

**Bester Film** (Drama)**:** *Apollo 13* von Ron Howard, *Braveheart* von Mel Gibson, *Die Brücken am Fluß* von Clint Eastwood, *Leaving Las Vegas* von Mike Figgis, *Sinn und Sinnlichkeit* von Ang Lee.
Ausgezeichnet wurde ***Sinn und Sinnlichkeit.***

**Bester Hauptdarsteller** (Drama)**:** Nicholas Cage für *Leaving Las Vegas,* Richard Dreyfuss für *Mr. Holland's Opus,* Ian McKellen für *Richard III.,* Sean Penn für *Dead Man Walking.*
Ausgezeichnet wurde ***Nicholas Cage.***

**Beste Hauptdarstellerin** (Drama)**:** Susan Sarandon für *Dead Man Walking,* Elisabeth Shue für *Leaving Las Vegas,* Meryl Streep für *Die Brücken am Fluß,* Sharon Stone für *Casino,* Emma Thompson für *Sinn und Sinnlichkeit.*
Ausgezeichnet wurde ***Sharon Stone.***

**Bester Film** (Musical oder Komödie)**:** *Hallo Mr. President* von Rob Reiner, *Sabrina* von Sydney Pollack, *Schnappt Shorty* von Barry Sonnenfeld, *Ein Schweinchen namens Babe* von Chris Noonan, *Toy Story* von John Lasetter.
Ausgezeichnet wurde ***Ein Schweinchen namens Babe.***

**Bester Hauptdarsteller** (Musical oder Komödie)**:** Michael Douglas für *Hallo, Mr. President,* Harrison Ford für *Sabrina,* Steve Martin für *Vater der Braut 2,* Patrick Swayze für *To Wong Foo,* John Travolta für *Schnappt Shorty.*
Ausgezeichnet wurde ***John Travolta.***

**Beste Hauptdarstellerin** (Musical oder Komödie)**:** Annette Bening für *Hallo, Mr. President,* Sandra Bullock für *Während du schliefst,* Toni Collette für *Muriels Hochzeit,* Nicole Kidman für *To Die For,* Vanessa Redgrave für *A Month By The Lake.*
Ausgezeichnet wurde ***Nicole Kidman.***

**Bester fremdsprachiger Film:** *Come Due Coccodrilli* (Italien), *Les Miserables* (Frankreich), *Gazon Maudit* (Frankreich), *Schlafes Bruder* (BRD), *Shanghai Triad* (China).
Ausgezeichnet wurde ***Les Miserables.***

**Beste Regie:** Mike Figgis für *Leaving Las Vegas,* Mel Gibson für *Braveheart,* Ron Howard für *Apollo 13,* Ang Lee für *Sinn und Sinnlichkeit,* Rob Reiner für *Hallo, Mr. President,* Martin Scorsese für *Casino.*
Ausgezeichnet wurde ***Mel Gibson.***

**Bestes Drehbuch:** Patrick Sheane Duncan für *Mr. Holland's Opus,* Scott

Frank für *Schnappt Shorty,* Aaaron Sorkin für *Hallo, Mr. President,* Emma Thompson für *Sinn und Sinnlichkeit,* Tim Robbins für *Dead Man Walking,* Randall Wallace für *Braveheart.*
Ausgezeichnet wurde ***Emma Thompson.***

**Bester Nebendarsteller:** Ed Harris für *Apollo 13,* John Leguizamo für *To Wong Foo,* Brad Pitt für *12 Monkeys,* Tim Roth für *Rob Roy,* Kevin Spacey für *Die üblichen Verdächtigen.*
Ausgezeichnet wurde ***Brad Pitt.***

**Beste Nebendarstellerin:** Anjelica Houston für *Crossing Guard,* Kathleen Quinlan für *Apollo 13,* Kyra Sedgwick für *Power of Love,* Mira Sorvino für *Geliebte Aphrodite,* Kate Winslet für *Sinn und Sinnlichkeit.*
Ausgezeichnet wurde ***Mira Sorvino.***

**Beste Musik:** Patrick Doyle für *Sinn und Sinnlichkeit,* James Horner für *Braveheart,* Maurice Jarre für *Dem Himmel so nah,* Michael Kamen für *Don Juan DeMarco,* Alan Menken für *Pocahontas.*
Ausgezeichnet wurde ***Maurice Jarre.***

**Bestes Lied:** »Colors Of The Wind« (Alan Menken & Stephen Schwartz) aus *Pocahontas,* »Have You Ever Really Loved A Women« aus *Don Juan DeMarco,* »Hold Me, Thrill Me, Kiss« Me (U2) aus *Batman Forever,* »Moonlight« aus *Sabrina,* »You Got A Friend In Me« aus *Toy Story.*
Ausgezeichnet wurde ***Colors Of The Wind***.

**Cecil-B.-DeMille-Preis:** ***Sean Connery.***

## Europäischer Filmpreis »FELIX« 1996

Nach den Zweifeln im Vorjahr über den Verbleib des Felix, wurde er wieder in Berlin verliehen und seine Exzistenz ist bis 1998 finanziell gesichert. Nik Powell präsentierte als neuer Vorsitzender der Europäischen Filmakademie nach Wim Wenders den Felix mit frischem Selbstvertrauen. Man einigte sich prophylaktisch darauf, daß der Felix sowieso kein Oscar-Pendant sei und der angereiste ehemalige Oscar-Verleihungen-Produzent Samuel Goldwyn jr. betonte, daß der Oscar schließlich auch klein angefangen hätte, sagte aber auch, daß der Verleihung besonders Glamour fehlen würde. Es kamen zwar erfreulich viele der mittlerweile zu rund 300 Mann erstarkten Mitgliederschaft, sowie fast alle nominierten Künstler, aber die Verleihung wurde z.B. nicht vollständig auf einem großen Fernsehsender übertragen, was sich in den nächsten Jahren jedoch ändern soll. »Statt in traditionellem Selbstmitleid zu verharren wird die Academy aktiv«, jubilierte Anke Sterneborg in der ›SZ‹. Außerdem lobte sie: »In der Vielfalt der gesprochenen Sprachen unter den Besuchern – darunter wahre Prominenz wie Ben Kingsley, Ettore Scola und Mike Leigh – war eine Begeisterung für diese Filme zu spüren, und eine Lust an gemeinsamen Plänen und Projekten.« Kritisiert wurde wie immer die Auswahl der nominerten Filme. In der Tat wurden sehr gute Werke geboten, aber warum befand sich *Trainspotting* von Danny Boyle nicht in der Auswahl? Schon in den Vorjahren wurden Erfolgsfilme wie *The Crying Game* von Neil Jordan und *Vier Hochzeiten und ein Todesfall* von Mike Newell vermißt. »Obwohl es nie darum gehen kann, Kassenerfolg in der Auszeichung zu spiegeln, zerstört eine Preispolitik mit der Tendenz, das Publikum zu pädagogisieren, langfristig eben diesen Preis«, urteilte Simone Mahrenholz in der ›FAZ‹, räumte aber ein, daß neben Kassenerfolgen auch »innovative, riskante Werke« wie *Die Liebenden von Pont-Neuf* von Leo Carax keine Nominierungen bekommen hatten.
Trotz viel Kritik läßt sich feststellen, daß der wiederauferstandene Felix zumindestens in Bewegung ist, die Kritik wird von Jahr zu Jahr weniger, die

Trauer ist verflogen und Optimismus hat sich breitgemacht.

**Preis für den besten Europäischen Film des Jahres:** ***Breaking The Waves*** von Lars von Trier (nominiert waren *Kolja* von Jan Sverak, *Lügen und Geheimnisse* von Mike Leigh).
**Bester junger Europäischer Film des Jahres:** ***Some Mother's Son*** von Terry George (nominiert waren *Beautiful Thing* von Hettie Macdonald; *Lea* von Ivan Fila).
**Bester Schauspieler:** ***Ian McKellen*** in *Richard III.*
**Beste Schauspielerin:** ***Emily Watson*** in *Breaking The Waves.*
**Bestes Drehbuch:** ***Arif Aliev, Sergej Bodrov, Boris Giller*** für *Kawkazkij plennik/Der Gefangene der Berge.*
**Felix der Kritik** (vom internationalen Verband der Filmjournalisten FIPRESCI): ***Breaking The Waves*** von Lars von Trier.
**Preis für das Lebenswerk:** ***Sir Alec Guinness***.
**Dokumentar-Felix** (von arte gestiftet): ***Jerzy Sladkowski*** und ***Stanislaw Krzeminski.***
**Five Continents Award** für besten nicht-euroäischen Film (erstmalig vergebenen):
***Dead Man*** von Jim Jarmush.

## BAFTA British Academy Awards 1996

**Bester Film:** ***Sinn und Sinnlichkeit*** von Ang Lee.
**Bester nichtenglischsprachiger Film:** ***Der Postmann*** von Michael Radford.
**Beste Regie:** ***Michael Radford*** für *Der Postmann.*
**Bester Darsteller:** ***Nigel Hawthorne*** für *King George.*
**Beste Darstellerin:** ***Emma Thompson*** für *Sinn und Sinnlichkeit.*
**Bester Nebendarsteller:** ***Tim Roth*** für *Rob Roy.*
**Beste Nebendarstellerin:** ***Kate Winslet*** für *Sinn und Sinnlichkeit.*
**Bestes adaptiertes Drehbuch:** ***John Hodge*** für *Trainspotting.*
**Bestes Drehbuch:** ***Christopher McQuarrie*** für *Die üblichen Verdächtigen.*
**Beste Kamera:** ***John Toll*** für *Braveheart.*
**Lloyd-Bank-Publikumspreis:** ***Braveheart*** von Mel Gibson.

## 21. Französischer Filmpreis »CÉSAR«

Mit je 11 bzw. je 10 Nominierungen waren *Nelly und Monsieur Arnaud* sowie *Haß* und *Der Husar auf dem Dach* die Favoriten der 21. Verleihung. Doch anders als in den Vorjahren wurde nicht ein einziger Film mit Preisen überhäuft. Die Akademie für Filmkunst und Kinotechnik hatte die Césaren am Abend dieses Jahres gut verteilt: *Haß* war mit drei Hauptpreisen neben *Nelly und Monsieur Arnaud* der Sieger der Veranstaltung. Die Ausstattungsfilme *Der Husar auf dem Dach* und *Die Stadt der verlorenen Kinder* konnten sich nicht behaupten, der Berlinale-Sieger *Der Lockvogel* wurde schon bei der Vergabe der Nominierungen fast gänzlich ignoriert.
Bedeutsam war die Verleihung der Trophäe (nach acht Nominierungen) für Isabelle Huppert, sowie für die 61jährige Schauspielerin Annie Girardot. Seit 1977 (für *Dr. Françoise Gailland)* hatte sie wieder auf diesen Moment warten müssen und erhielt für ihr Comeback stehende Ovation von der französischen Kinoprominenz.

**Bester Film:** *Biester* von Claude Chabrol, *Eine Frau für zwei* von Josiane Balasko, *Das Glück liegt in der Wiese* von Etienne Chatilliez, *Haß* von Mathieu Kassovitz, *Der Husar auf dem Dach* von Jean-Paul Rappeneau, *Nelly und Monsieur Arnaud* von Claude Sautet.
Ausgezeichnet wurde ***Haß.***

**Bester Regisseur:** Josiane Balasko für *Eine Frau für zwei,* Claude Chabrol für

*Biester,* Etienne Chatiliez für *Das Glück liegt in der Wiese,* Mathieu Kassovitz für *Haß,* Jean-Paul Rappeneau für *Der Husar auf dem Dach,* Claude Sautet für *Nelly und Monsieur Arnaud.*
Ausgezeichnet wurde ***Claude Sautet.***

**Bester Schauspieler:** Vincent Cassel für *Haß,* Alain Chabat für *Eine Frau für zwei,* Francois Cluzet für *Die Anfänger,* Michel Serrault für *Nelly und Monsieur Arnaud,* Jean-Louis Trintignant für *Fiesta.*
Ausgezeichnet wurde ***Michel Serrault*** für *Nelly und Monsieur Arnaud.*

**Beste Schauspielerin:** Sabine Azema für *Das Glück liegt in der Wiese,* Emmanuelle Béart für *Nelly und Monsieur Arnaud,* Juliette Binoche für *Der Husar auf dem Dach,* Sandrine Bonnaire für *Biester,* Isabelle Huppert für *Biester.*
Ausgezeichnet wurde ***Isabelle Huppert*** für *Biester.*

**Bester Nebendarsteller:** Jean-Hugues Anglade für *Nelly und Monsieur Arnaud,* Jean-Pierre Cassel für *Haß,* Ticky Holgado für *Eine Frau für zwei,* Michael Lonsdale für *Nelly und Monsieur Arnaud,* Eddie Mitchell für *Das Glück liegt in der Wiese.*
Ausgezeichnet wurde ***Eddie Mitchell*** für *Das Glück liegt in der Wiese.*

**Beste Nebendarstellerin:** Jacqueline Bisset für *Biester,* Clotilde Courau für *Elisa,* Annie Girardot für *Les misérables,* Carmen Maura für *Das Glück liegt in der Wiese,* Claire Nadeau für *Nelly und Monsieur Arnaud.*
Ausgezeichnet wurde ***Annie Giradot*** für *Les misérables.*

**Bestes männliches Nachwuchstalent:** Vincent Cassel für *Haß,* Guillaume Depardieu für *Die Anfänger,* Hubert Koundé für *Haß,* Olivier Sitruk für *Der Lockvogel,* Said Taghmaoui für *Haß.*
Ausgezeichnet wurde ***Guillaume Depardieu*** für *Die Anfänger.*

**Bestes weibliches Nachwuchstalent:** Isabelle Carré für *Der Husar auf dem Dach,* Clotilde Courau für *Elisa,* Marie Gillain für *Der Lockvogel,* Sandrine Kiberlain für *Haben (oder nicht),* Virginie Ledoyen für *La fille seule.*
Ausgezeichnet wurde ***Sandrine Kiberlain*** für *Haben (oder nicht).*

**Bestes Erstlingswerk:** *Haben (oder nicht)* von Laetitia Masson, *Etat des lieux* von Jean-Francois Richet, Patrick Dell'Isola, *Pigalle* von Karim Dridi, *Rosine* von Christine Carrière, *Alles kein Problem* von Bernard Campan, Didier Bourdon.
Ausgezeichnet wurde ***Alles kein Problem*** von Bernard Campan, Didier Bourdon.

**Bester ausländischer Film:** *Die Brükken am Fluß* von Clint Eastwood, *Land And Freedom* von Ken Loach, *Smoke* von Wayne Wang, *Die üblichen Verdächtigen* von Bryan Singer, *Underground* von Emir Kusturica.
Ausgezeichnet wurde ***Land And Freedom*** von Ken Loach.

**Beste Kamera:** Pierre Aim für *Haß,* Thierry Arbogast für *Der Husar auf dem Dach,* Darius Khondji für *Die Stadt der verlorenen Kinder.*
Ausgezeichnet wurde ***Thierry Arbogast*** für *Der Husar auf dem Dach.*

**Bestes Szenario oder Adaption:** Claude Chabrol, Caroline Eliacheff für *Biester,* Josiane Balasko, Telshe Boorman für *Eine Frau für zwei,* Florence Quentin für *Das Glück liegt in der Wiese,* Mathieu Kassovitz für *Haß,* Claude Sautet, Jacques Fieschi für *Nelly und Monsieur Arnaud.*
Ausgezeichnet wurden ***Josiane Balasko, Telshe Boorman*** für *Eine Frau für zwei.*

**Beste Musik:** Zbignew Preisner, Serge Gainsbourg, Michel Colombier für *Elisa,* Jean-Claude Petit für *Der Husar auf dem Dach,* Philippe Sarde für *Nelly und Monsieur Arnaud,* Angelo Badalamenti für *Die Stadt der verlorenen Kinder.*
Ausgezeichnet wurden ***Zbignew Preis-***

***ner, Serge Gainsbourg, Michel Colombier*** für *Elisa.*

**Beste Kostüme:** Franca Squarciapino für *Der Husar auf dem Dach,* Christian Gasc für *Madame Butterfly,* Jean-Paul Gaultier für *Die Stadt der verlorenen Kinder.*
Ausgezeichnet wurde ***Christian Gasc*** für *Madame Butterfly.*

**Beste Ausstattung:** Ezio Frigerio, Jacques Rouxel, Christian Marti für *Der Husar auf dem Dach,* Michèle Abbe-Vannier für *Madame Butterfly,* Jean Rabasse für *Die Stadt der verlorenen Kinder.*
Ausgezeichnet wurde ***Jean Rabasse*** für *Die Stadt der verlorenen Kinder.*

**Bester Schnitt:** Mathieu Kassovitz, Scott Stevenson für *Haß,* Noelle Boisson für *Der Husar auf dem Dach,* Jacqueline Thiedot für *Nelly und Monsieur Arnaud.*
Ausgezeichnet wurden ***Mathieu Kassovitz, Scott Stevenson*** für *Haß.*

**Bester Ton:** Vincent Tulli, Dominique Dalmasso für *Haß,* Pierre Gamet, Dominique Hennequin, Jean Goudier für *Der Husar auf dem Dach,* Pierre Lenoir, Jean-Paul Loublier für *Nelly und Monsieur Arnaud.*
Ausgezeichnet wurden ***Pierre Gamet, Dominique Hennequin, Jean Goudier*** für *Der Husar auf dem Dach.*

**Bester Kurzfilm:** *Le Bus* von Jean-Luc Gaget, *Corps inflammables* von Jacques Maillot, *Le moine et le poisson* von Michael Oudok de Wit, *Roland* von Lucien Dirat.
Ausgezeichnet wurde ***Le moine et le poisson*** von Michael Oudok de Wit.

**Bester unabhängiger Produzent des Jahres** (erstmalig vergeben) **:** ***Christophe Rossignon*** für *Haß.*

**Ehren-César:** ***Henri Verneuil, Lauren Bacall.***

*Ausgezeichnet bei der Berlinale: ›Die Sonne kann hören‹ von Kim Ho*

# Internationale Filmfestivals und Filmtage

## 46. Internationale Filmfestspiele Berlin

»Die 46. Berlinale hat ihr Ziel erreicht. Als Star-Festival wie als Filmmesse, als Treffpunkt von Publikum und Kreativen wie als Novitätenschau, als Begegnungsstätte der Kulturen wie als Arbeitsbetrieb war sie ein guter Jahrgang, nach dem Tiefpunkt 1995 ein hoffnungsvoller Blick in die Zukunft und Kino total«, verkündete ›Blickpunkt: Film‹ und verteilte großes Lob an die Preisträger.

Die 400 Filme liefen in der ganzen Stadt, Festivalzentrum war das Hotel »Interconti«. Von Subventionskürzungen der Stadt war dieses Jahr keine Rede. »Ein gutes Jahr auch für Berlin; gebeutelt von Finanzkrise und allgemeiner Stagnation, gierte die Stadt nach etwas Glamour und internationalem Flair. Entsprechend gute Stimmung herrschte bei Zuschauern und Journalisten. Vom »Arbeitsfestival«, einer »Drehscheibe für den Film aus dem Osten« oder dem »Festival für das Autorenkino« war dagegen nicht mehr die Rede«, kommentierte Hans-Joachim Neumann in ›Blickpunkt: Film‹ und bescheinigte den Sektionen »Panorama« und »Forum« (mit amerikanischen Independent als Schwerpunkt) Schwächen. Das »Forum« hielt hingegen Rüdiger Tomczak in ›film und fernsehen‹ für eindrucksvoll, wobei er die japanischen Filme als das Beste seit langem hervorhob (z.B. *Tokio Kyodai* von Jun Ichikawa, *A Dedicated Life* von Kazuo Hara). Außerdem waren *Der König der Masken* von Wu Tianming, *Fallen Angels* von Wong Kar-wai und *Das geschriebene Gesicht* von Daniel Schmid erwähnenswert.

»Ein wunderbares Festival« jubelte Anke Sterneborg in der ›SZ‹. In der Tat, das Staraufgebot war imposant: Claudia Cardinale, Danny De Vito, Jodie Foster, Elia Kazan, Jack Lemmon, Demi Moore, Julia Roberts, Robert Rodriguez, Emma Thompson, John Travolta, Andrzej Wajda, Bruce Willis u.v.m. stellten ihre neusten Werke vor. »Wenn es in den letzten Jahren hieß, die Berlinale sei auch nicht mehr, was sie mal war, lag das kaum je am Programm. Es waren die Stars, die vermißt wurden, der Glitter, Glanz und Glamour.« (Michael Althen, ›SZ‹) Nach dem akuten Starentzug lobten sogar die Veranstalter sich und ihr Programm. Auch die meisten Berichterstatter waren voll des Lobes und mochten kaum klagen. »Man stelle sich vor: der Wettbewerb als Vorzeigesektion, als das Flaggschiff der Berlinale. Nur das Feinste vom Feinen liefe in dieser Kategorie, besondere, eigenwillige, bahnbrechende Filme auf der Höhe ihrer Zeit oder, besser noch, dieser schon ein Stück voraus.« (Frank Schnelle in ›epd-film‹)

»Daß die Jury [mit Nikita Michalkow als ersten russischen Jury-Präsidenten] ihren Hauptpreis an *Sinn und Sinnlichkeit* vergeben hat, bestätigt nur ihren Ruf: Ausgewogenheit nach allen Seiten. Das Geld aus Amerika, die Vorlage aus Europa und der Regisseur aus Taiwan.« (Hanns-Georg Rodek, ›Die Welt‹). Das Rodriguez-Tarantino-Werk *From Dusk Till Dawn* sorgte, im negativ wie im positiv gemeinten Sinne, für Entsetzen. Terry Gilliams *12 Monkeys* war ohne Preis der Verlierer des Festivals, während *Dead Man Walking* von Tim Robbins ein Festivalhöhepunkt war. Claus Löser befand im ›film-dienst‹ ohnehin nur *Dead Man Walking, Sinn und Sinnlichkeit* und *Schön ist die Jugendzeit* überzeugend.

Letztlich konnte jedoch nicht darüber hinweggetäuscht werden, daß die meisten Wettbewerbsbeiträge unmittelbar vor der bundesdeutschen Kinopremiere

standen. Harald Martenstein mochte in ›Der Tagesspiegel‹ ohnehin bei dem Massenangebot nur den Wettbewerb beurteilen, und vermerkte, daß die Berlinale ohne die Amerikaner »alt ausgesehen« hätte, schließlich hielten die mit »großen Trara angekündigten Asiaten« nicht den Erwartungen stand. Die asiatischen Filme wiederum lobte Löser (z. B. *Mahjong* von Edward Yang, *Die Sonne kann hören* von Yim Ho).
Kritik ist an einer Massenveranstaltung wohl nie auszuschließen, aber nachdem die Berlinale sich 1996 mit einem neuen Gesicht präsentierte, darf man auf die Entwicklungen für das kommende Jahr mit einem Star oder vielen Stars, vielen Amerikanern, oder mit interessanten Filmen aus Asien oder Europa oder gar einem nationalen Spitzenprodukt, gespannt sein.

Die **Retrospektive** gebührte **William Wyler,** die **Hommagen Elia Kazan** und **Jack Lemmon.**

**Goldener Bär** (Großer Preis der Berlinale)**:** ***Sinn und Sinnlichkeit*** von Ang Lee.
**Silberner Bär** (Spezialpreis der Jury)**:** ***Schön ist die Jugendzeit*** von Bo Widerberg.
**Silberner Bär für die beste Regie:** ***Yim Ho*** für *Die Sonne kann hören,* ex aqueo ***Richard Loncraine*** für *Richard III.*
**Silberner Bär für die beste Darstellerin:** ***Anouk Grinberg*** für *Mon Homme.*
**Silberner Bär für den besten Darsteller:** ***Sean Penn*** für *Dead Man Walking.*
**Silberner Bär für hervoragende Einzelleistung:** ***E No Naka No Buko No Mura/Das Dorf meiner Träume*** von Yoichi Higashi.
**Silberner Bär für einen herausragenden Beitrag zur Filmkunst unserer Zeit:** ***Andrzej Wajda*** für *Wielki Tydzien.*
**Berlinale-Kamera:** ***Sally Field, Jodie Foster.***
**Der blaue Engel:** ***Bo Widerberg*** für *Schön ist die Jugendzeit.*
**Lobende Erwähnung:** ***Stille Nacht*** von Dani Levy, ***Mahjong*** von Edward Yang, ***Tal der Sonne*** von He Ping.
**Alfred-Bauer-Preis:** ***Vite Strozzate/Im Würgegriff*** von Ricky Tognazzi.
**Goldener Bär für das Lebenswerk:** ***Jack Lemmon.***
**Goldener Bär** (Kurzfilm)**:** ***Pribytie Poezda/Die Ankunft des Zuges*** von Andrej Sheleznjakov.
**Silbener Bär** (Kurzfilm)**:** ***Maalaislääläri/Ein Landarzt*** von Katariina Lillqvist.
**Preis der Kirchen der Ökomenischen Jury:** ***Dead Man Walking*** von Tim Robbins (10.000 DM)
**Lobende Erwähnung:** ***Ri Guang Xia Gu*** von He Ping.
**Preis des Internationalen Forum des Jungen Films:** ***Haben (oder nicht)*** von Laetitia Masson.
**Lobende Erwähnung:** ***Devils Don't Dream! Nachforschungen über Jacobo Arbenz Guzmán*** von Andreas Hoessli.
**Preise der FIPRESCI:** ***Tai Yang You Er/Die Sonne kann hören*** von Yim Ho, ***Bulan Tertusuk Ilalang*** von Garin Nugroho, ***Chacun Cherche son Chat*** von Cédric Klapisch.
**Preis der Gilde deutscher Filmkunsttheater:** ***Dead Man Walking*** von Tim Robbins.
**Preis der Leserjury der Berliner Morgenpost:** ***Dead Man Walking*** von Tim Robbins.
**Preis der Leserjury der Berliner Zeitung:** ***Picnic*** von Shunji Iwai.

## Kinderfilmfest

**UNICEF Preis:** ***De Jongen Die Niet meer Praate / Der Junge, der nicht sprechen wollte*** von Ben Sombogaart.
**Lobende Erwähnung:** ***Anton*** von Aage Rais.
**Kurzfilm:** ***The Forgotten Toys*** von Graham Ralph.
**Lobende Erwähnung:** ***Kinobilletten*** von Gunnar Vikene.
**Preis der Berliner Kinderjury:** ***Mein Freund Joe*** von Chris Bould.

**Lobende Erwähnung:** ***Bonjour Timothy*** von Wayne Tourell.
**Kurzfilm:** ***The Forgotten Toys*** von Graham Ralph.
**Lobende Erwähnung:** ***Overdose*** von Claude Cloutier.

**Preis der C.I.C.A.E.:** ***Chinese Chocolate*** von Yan Cui und Qi Chang, ***Willkommen im Tollhaus*** von Todd Solondz.
**Lobende Erwähnung:** ***Haben (oder nicht)*** von Laetitia Masson.
**Panoramapreis der New York Film Academy** (Kurzfilm)**:** ***Tanya Hamilton*** für *The Killers*, ***Amal Bedjaoui*** für *Shoot Me Angel.*
**Besondere Erwähnung:** ***Momir Matovic*** für *Zica Zivota,* ***Cyril Tuschi*** für *Nachtland.*

## Schwul-Lesbischer Preis

**Teddy Bear** für den besten Spielfilm an ***The Watermelon Woman*** von Cheryl Dunye.
**Teddy Bear** für den besten Dokumentarfilm an ***The Celluloid Closet*** von Rob Epstein, Jeffrey Friedman.
**Teddy Bear** für besten Kurzfilm an ***Unbound*** von Claudia Morgado Escanilla, ***Alkali, Iowa*** von Mark Christopher.
**Teddy Bear** für besten filmischen Essay an ***I'll Be Your Mirror*** von Nan Goldin, Edmund Coulthard.
**Spezialpreis der Jury** an ***Jerry Tartaglia, Plaster Foundation*** für die Konservierung der Filme von Jack Smith.

## Sonderpreise

**Friedensfilmpreis:** ***Andreas Hoessli*** für *Devils Don't Dream! Nachforschungen über Jacobo Arbenz Guzmán.*
**Wolfgang-Staudte-Preis:** ***Makoto Shinozaki*** für *Okari.*
**Caligari-Filmpreis:** ***Michael Kreihsl*** für *Charms Zwischenfälle.*
**Mionetto Filmpreis:** ***Eleni Alexandrakis*** für *Stagona Ston Okeano.*
**Preis der Leserjury der »Berliner Zeitung:** ***Amnesia*** von Gonzalo Justiniano.
**Netpac Award:** ***Bulan Tertusuk Ilalang*** von Garin Nugroho.
**Lobende Erwähnung:** ***Heaven-6-Box*** von Hiroyuki Oki.
**Berlinale-Kamera** an die ***FIAF (Fédération Internationale des Archives du Film).***

## 49. Filmfestival in Cannes

Nach der mißlungenen 100. Jahresfeier des Kinos im Vorjahr zeigte sich Cannes von einer besseren Seite. Das Wettbewerbsprogramm mit 22 Beiträgen (nur drei amerikanische, 14 europäische und davon fünf französische) schaffte es jedoch kaum zu beeindrukken. Für Andreas Kilb (›Die Zeit‹) waren die Werke der »Großen«, wie Robert Altman mit *Kansas City* oder Bernardo Bertulucci mit *Gefühl und Verführung* (allgemein der Tiefpunkt) mißlungen und die Filme von Joel Coen mit *Fargo*, Lars von Trier mit dem vielfach gelobten *Breaking The Waves* oder Jaco Van Dormael mit *Am achten Tag* enttäuschend. Viele Kritiker sahen dies ähnlich und vermißten vor allem einen echten Höhepunkt. David Cronenbergs *Crash* – »hochgestyltes Porno-Perversions-Plunder« (Hans-Dieter Seidel, ›FAZ‹) war der kontroverseste Beitrag, ausgezeichnet wurde er von der Jury unter Francis Ford Coppola für »Wagemut und Originalität«. Einhelliges Lob galt Aki Kaurismäkis unprämierten *Wolken ziehen vorüber* und dem im Wettbewerb nicht vertretenen *Sommer* von Eric Rohmer. ›Filmecho/Filmwoche‹ zeigte sich begeistert über »so viele gute darstellerische Leistungen in so vielen guten Filmen. ›FAZ‹it: Cannes '96 war ein guter Jahrgang.« – »Insgesamt war dieses Festival allemal besser, als die übermäßig Frustrierten wahrhaben wollten.« (Peter Buchka, ›SZ‹)
Die Preisvergabe überraschte mit einem »eindeutigen Bekenntnis zum

europäischen Film«, wobei auch Buchka mutmaßte, daß Coppola seinen Landsmann Michael Cimino mit *Sunchaser* eifersüchtig ignorierte. Michel Bodmer in ›ZOOM‹: »Für einmal die Autoren mehr zu gewichten als die Stars, darauf besann sich Cannes dieses Jahr – gezwungenermaßen, denn die US-Majors glänzten diesmal durch Abwesenheit, was dem guten Niveau jedoch keinen Abbruch tat.« Auch Festivaldirektor Gilles Jacob lobte sein erfolgreiches Programm, Bodmer schränkte aber ein: »Weniger Filme wurden ausgebuht, anderseits mangelte es an großen Neuentdeckungen.« »Heimlicher Sieger von Cannes ist freilich wieder einmal der Film, der sozusagen den zweiten Preis bekommt, den Grand Prix der Jury: Lars von Triers *Breaking The Waves* (nach *Lügen und Geheimnisse* von Mike Leigh)«, schrieb Peter W. Jansen in ›Der Tagesspiegel‹.

Außerdem präsentierte Cannes wieder viele Independent-Produktion, und die Regiedebüts von Schauspielern wie Steve Buscemi, Anjelica Houston und Al Pacino.

Und die Deutschen? Fehlanzeige. Volker Schlöndorffs *Der Unhold* war erwartet worden, hatte aber noch nicht den richtigen Endschliff.

Jansen resümierte: »Kein Tag in Cannes ohne wenigstens einen ungewöhnlichen Film: das Kino hat für den Eintritt in sein zweites Jahrhundert einen furiosen Start erwischt« – und Cannes verspricht zum goldenen Jubiläum im nächsten Jahr sich wieder ganz groß zu präsentieren.

**Goldene Palme:** ***Lügen und Geheimnisse*** von Mike Leigh.
**Großer Preis der Jury:** ***Breaking The Waves*** von Lars von Trier.
**Beste Regie:** ***Joel Coen*** für *Fargo.*
**Bestes Drehbuch:** ***Un héros très discret*** von Jacques Audiard, Alain Le Henry.
**Spezialpreis der Jury:** ***Crash*** von David Cronenberg.
**Bester Darsteller:** ***Pascal Duquenne, Daniel Auteuil*** für *Am achten Tag.*
**Beste Darstellerin:** ***Brenda Blethyn*** für *Lügen und Geheimnisse.*
**Caméra d'Or:** ***Love Serenade*** von Shirley Barrett.
**Lobende Erwähnung:** ***A Drifting Life*** von Lin Chengh-Sheng, ***Wolken ziehen vorüber*** von Aki Kaurismäki.
**Prix de la Commission supérieure technique:** ***Mikrokosmos*** von Claude Nuridsany und Marie Pérennou.
**Preis der Ökomenischen Jury:** ***Land And Freedom*** von Ken Loach.
**Lobende Erwähnung:** ***Between The Devil And The Deep Blue Sea*** von Marion Hänsel.
**Bester Kurzfilm:** ***Gagarine*** von Alexej Kharitidi.
**Preis der Jury für besten Kurzfilm:** ***Swinger*** von Gregor Jordan.

## 18. Festival de Films de Femmes in Creteil

Eine Veranstaltung wie das FFF ist, wie Anja Sieber in der ›FR‹ meinte, so wichtig, weil »Frauen geballt als historisches Subjekt, als politische Akteurinnen, als (Lebens-)Künstlerinnen präsentiert« werden.

Gezeigt wurden Filme aus aller Welt, die von kleinen Mädchen bis zur 88jährigen Frau handelten. Der Themenschwerpunkt galt den indischen Filmemacherinnen. Leiterin Jackie Buct ging es hier weniger um das Genre »Frauenfilm«, sondern daß Frauen lernen, »besser mit ihren eigenen Augen zu sehen«. Sieber lobte den Dokumentarfilm *Silent Twin Without My Shadow* von Olivia Lichtenstein und die **Hauptpreisträger** ***Xiatian de Xue*** von Ann Hui und ***The Watermelon Woman*** von Cheryl Dunye. Weitere Preise: **Bester Europäischer Kurzfilm:** ***Ecce Homo*** von Vesna Ljubic; **Bester Dokumentarfilm** – ausgezeichnet durch die Jury des Journalistenverbandes: ***Wiz*** von Agnès Poirier.

## Festival des amerikanischen Films Deauville

Nach den Jahren massiver Kritik versprach das Festival du Cinéma Américain Besserung. Wie immer standen aktuelle US-Hits auf dem Programm: *Independence Day* von Roland Emmerich, *Mission: Impossible* von Brian De Palma oder *Dragonheart* von Rob Cohen zählten dazu.
Die Festivalleitung widmete die **Hommage** diesjährig **Abel Ferrara.** Sein neuester Film *Begräbnis* lief neben Kevin Spaceys Regiedebüt *Albino Alligator, Nach eigenen Regeln* von Lee Tamahori, *Bogus* von Norman Jewison und *No Way Home* von Buddy Giovinazzo. Von der kritisierten »Selbstgefälligkeit« und »Invasion der Blockbuster« im Vorjahr war dieses Jahr nicht mehr die Rede. Lars-Olav Beier lobte in der ›FAZ‹ ein Programm mit einigen herausragenden Filmen unter denen *Lone Star* von John Sayles am stärksten erschien.

## 50. Edinburgh Film Festival

Unter der Schirmherrschaft von Sean Connery liefen im Jubiläumsjahr rund 150 Lang- und 200 Kurzfilme, darunter ein Rückblick auf das Gründungsjahr 1947 mit Klassikern wie *Es war einmal* von Jean Cocteau oder *Deutschland im Jahre Null* von Roberto Rosselini. Als Neuheiten liefen u. a. *Die Bettlektüre* von Peter Greenaway, *Breaking The Waves* von Lars von Trier, *Fisch & Chips* von Stephen Frears, *Gefühl und Verführung* von Bernardo Bertolucci, *Herzen in Aufruhr* von Michael Winterbottom, *Lone Star* von John Sayles, *Nach eigenen Regeln* von Lee Tamahori.

## 21. Polnische Filmfestival in Gdingen / Gdynia

Von 18 Beiträgen fungierte das Polnische Fernsehen TVP, ähnlich wie im Vorjahr, in vier Fällen als Allein- und in zwölf Fällen als Co-Produzent auf, und spiegelte damit die heftige Debatte der Fachpresse über den Niedergang des Kinos wider, denn das Publikum ist zwar wiedergekommen, geht aber nicht in polnische Filme.
»Der letztjährige Trend, das amerikanische Kino übertragen in polnische Realia zu kopieren, erschöpfte sich aber schnell in schlechten Second-Hand-Bildern, die das diesjährige Festivalpublikum langweilten«, schrieb Margarete Wach im ›film-dienst‹. *Matka swojej matki* vom Grand Prix-Sieger 1992 Robert Glinski enttäuschte Wach, der Publikumshit *Slodko-grozki* von Wladyslaw Pasikowski verärgerte sie als »effekthascherisches Styling-Produkt«. Zu den lobenswerten Werken gehörte für Wach z. B. *Kratka* des Kieslowski-Schülers Pawel Lozinski, *Pancia* von Iwona Siekierzynakas und *Niemcy* von Zbigniew Kaminski.
***Pznan '56/Posen '56*** von Filip Bajon, eine polnisch-deutsche Produktion, erhielt die Auszeichungen für besten **Film, Kamera, Ausstattung, Kostüme** und die beiden **Hauptdarsteller.**

## 23. Internationales Filmfestival von Flandern – Gent

»Die entspannte Atmosphäre dieses im wesentlichen aus intelligent ausgewählten Highlights der internationalen Festivals zusammengestellten Programms entspinnt sich aber vielleicht gerade aus der Abwesenheit wirklicher Konkurrenz.« (Daniel Kothenschulte, ›film-dienst‹).
Im Angebot der rund 140 Filme waren z. B. Klassiker wie *Lawrence von Arabien* von David Lean, *Rumble Fish* von Francis Coppola, *Herr der Fliegen* von Peter Brook und die restaurierte Fassung von Arthur Penns *Bonnie und Clyde*, dessen neuestes Werk *Inside* ebenfalls gezeigt wurde. Außerdem liefen *Crash* von David Cronenberg, *Dragon-*

*heart* von Rob Cohen und *Looking For Richard* von Al Pacino u. v. m. Disneys *Der Glöckner von Notre-Dame* beendete das Filmfestival.
»Der Einfluß der Musik auf den Film« hieß das Motto des Wettbewerbes, in dem drei Preise an unter den 12 Filmen wie *Beautiful Thing* von Hettie Macdonald, *Hamsun* von Jan Troell oder *Lone Star* von John Sayles verliehen wurden:

**Hauptpreis Goldenen Sporen:** ***Village Of Dreams*** von Yoichi Higashi.
**Georges Delerue Preis für beste Musik:** ***Bruno Coulais*** für *Mikrokosmos*.
**Beste Regie:** ***Claude Nuridsamy*** und ***Marie Pérennou*** für *Mikrokosmos.*
**FIPRESCI-Preis:** ***Sylvia Chang*** für *Siao Yu.*

## 4. The Hamptons – Internationales Filmfestival Hampton

Die vierte Ausgabe des Programmteams um Sam Maser und Toni Ross erfreute sich eines regen Andrangs. Zur Eröffnung *Some Mother's Son.* Weitere Filme waren *Bastard Out Of Carlonia* von Anjelica Huston, *Unhooked The Stars* von Nick Cassavetes. In der Reihe »Internationales Kino heute« liefen 14 US-Premieren an, darunter z. B. die stark vertretenen Franzosen mit *Mon Homme* von Bertrand Blier, *Ridicule* von Paul Leconte, sowie *Tierische Liebe* von Ulrich Seidl. *Liebe, Leben, Tod* von Mathias Allary vertrat Deutschland, das ansonsten den Dokumentarfilmbereich dominierte, z. B. *Oskar And Jack* von Frauke Sandig, *Paris Was A Woman* von Great Schiller und *A Tickle In The Heart* von Stefan Schwieters.
Andreas Fuchs vermerkte in ›Film-echo/Filmwoche‹, daß sich insbesondere die Independent-Reihe, z. B. mit *The Bible And The Gun* von Daniel Harris, zu einem interessanten Gegenpol zum Sundance-Festival entwickelt. Aus dieser Reihe gewannen ***Mugshot*** von Matt Mahurin und ***Puddle Cruiser*** von Jay Chandrasek den **Goldenen Seestern** und die damit verbundene Preissumme von 100.000 $ für Produktions- und Serviceleistungen.

**Spielfilmpreis:** ***Sister My Sister*** von Nancy Meckler.
**Publikumspreis:** ***Queens Of The Big Time*** (Dokumentation), ***Shoot The Moon*** (Kurzfilm) von Tom Hodge.

## 24. Filmfestival Haugesund

Die Weigerung der Jury, den Kassenerfolg *Kristin Lavransdatter* von Liv Ullmann nicht in den nationalen Wettbewerb zu nehmen, kränkte die Regisseurin und setzte Festivalleiter Gunnar Lövvik unter Druck, etwas gleichsam Spektakuläres zu bieten. Mit der Weltpremiere des Selma Lagerlöf-Stoffes *Jerusalem* von Bille August fand er einen stürmischen Erfolg und stellte ihm mit *Hamsun* von Jan Troell sogar noch ein ebenbürtiges Werk zur Seite.

## 17. Festival International del Nuevo

**OCIC-Preis der katholischen Jury:** ***La nave de los locos*** von Ricardo Wulicher.
**Lobende Erwähnung:** ***Cuestion de fe*** von Marcos Loayza, ***Jaime de Nevares: ultimo viaje*** von Gonzalo Céspedes, Carmen Guarini.

## 31. Filmfestival Karlovy Vary/Karlsbad

»Konzeptionslosigkeit und Stagnation ließen spätestens 1993 ernsthaft fragen, ob jetzt nicht ›Das letzte Jahr in Karlsbad‹ gekommen sei.« (Hans-Joachim Schlegel, ›film-dienst‹) Im letzten Jahr entstand, laut einer Prager Zeitung, eine »Böhmische Schlammschlacht«, als neben dem Monopolisten Karlsbad in

Prag mit dem »Golden Golem« ein Konkurrent entstand, der auf seltsame Weise den Festival-A-Status bekam. Filmisch und finanziell wirkte sich die A-Status-Teilung katastrophal aus. »Das hoffnungslos verschuldete Prager Gegenfestival [hätte] freilich nach dem mißratenen Premierengang das Handtuch werfen müssen. So aber entledigte man sich lediglich des vorzeitig in Verruf geratenen Festivalnamens »Golden Golem« und ersetzte dessen Gründungsdirektor Moskalyk durch eine in der Filmbranche völlig unerfahrene, neue Führungsmannschaft, die prompt die Fehler des Vorjahres wiederholte. Ohne ausreichenden Rückhalt bei den Sponsoren und von der Öffentlichkeit weitgehend ignoriert, bot das Prager Festival seinem spärlichen Publikum ein trostloses Bild der Desolation und dürfte nach dem diesjährigen Desaster endgültig allen Kredit verspielt haben.« (Roland Rust, ›FAZ‹) Nur ein Zehntel der Plätzekapazität wurde genutzt, ein Großkino sprang wegen Zahlungsrückständen ab. Bei einem schwachen Programmangebot wurde auf den 1. Regiepreis verzichtet und Präsident Max von Sydow erklärte öffentlich, daß man doch auf den voreilig ergatterten A-Status verzichten sollte.

Nicht nur in der Schweiz streiten sich die einheimischen Festivals um ihre Existenz (siehe Locarno), Tschechien präsentiert zwei Festivals, die sogar unmittelbar aufeinanderfolgen. »Während sich die alteingesessene Karlsbader Veranstaltung nach schwierigen Zeiten in ihrem Jubiläumsjahr wieder im schönsten Glanz präsentierte, ist es dem Neuling Prag bisher nicht gelungen, ein Profil zu entwickeln.« (Rudolf Hermann, ›Neue Zürcher Zeitung‹).

Nach dem Sympathiebonus des Vorjahres, fand das Jubiläumsprogramm Karlsbad den Zuspruch der Branche, wobei neben 7.000 Akkreditierten 80.000 Besucher (›epd-film‹) das Festival und seine 220 Filme in 12 Sektionen besuchten. Silvia Hallensleben klagte im ›epd-film‹, daß »eine an Beliebigkeit grenzende Überfülle« herrsche. »Ein cineastisches Warenhaus« mit »Multiplex-Kino«-Qualität (z. B. *Nixon* von Oliver Stone, *Last Dance* von Bruce Beresford oder *White Squall* von Ridley Scott) war zu sehen, die Reihen wie »Night And Fog« mit Holocaust-Filmen empfand sie als lieblos. Dagegen waren die Independent-Produktionen mit Hal Hartleys *Flirt* bis *Chungking Express* von Wong Kar-wai für Hallensleben eine »Delikatessenreihe«. Insbesondere die Independent-Filme, mit dem Schwerpunkt Osteuropa, erhielten allgemein großen Zuspruch.

Schlegel bemängelte, daß z. B. der Festivalsieger *Kawkazkij plennik* schon in Cannes lief und Entdeckungen ausblieben. Er sprach aber von »hoffnungsfrohen Eindrücken« beim Programm, das die renommierte Filmkritikerin Eva Zaoralová auswählte, während beim Prager Festival ein in Tschechien unerfahrener, junger Amerikaner verantwortlich war. Als Gäste fanden sich Alan Alda, Whoopie Goldberg und ***Gregory Peck***, der den **Lifetime Achievement Award** erhielt.

**Grand Prix:** ***Kawkazkij plennik/Der Gefangene der Berge*** von Sergej Bodrow.
**Lobende Erwähnung:** ***Eine Couch in New York*** Chantal Akerman, ***Mladi Muzi Poznavaji Svet*** von Radim Spacek.
**Ökumenischer Preis:** ***Kawkazkij plennik/Der Gefangene der Berge*** von Sergej Bodrow.
**Preis für besten Darsteller:** ***Pierre Richard*** für *Les 1001 recettes d'un cuisinier amoureux.*
**Preis für beste Darstellerin:** ***Marisa Paredes*** für *La flor de mi secreto.*

## 26. Internationales Festival des jungen Filmes in Kiew

Das internationle Filmfestival »Molodist« – »Jugend« – zeigte 120 kurze bis sehr kurz Spiel- und Animationsfilme sowie 12 lange »Erstlinge« aus 36 Ländern für den Wettbewerb. Dem Engagement Erstlinge zur Diskussion zu stellen, »ist die Veranstaltung seit ihren Anfängen im Jahre 1971 mit erstaunlicher Konsequenz treu geblieben«Wahrscheinlich gibt es heute kein anderes Festival auf der Welt, bei dem Studenten-, Schul und Debütfilme eine so priviligierte Position einnehmen«, vermerkte Ambros Eichenberger im ›film-dienst‹. In die kostenlosen Vorstellungen kamen 25.000 Zuschauer und sahen eine **Retrospektive** von **Alain Tanner** und verdiente Preisträger, während sich das ukrainische Kino mit *Judenkreis* von Wasyl Dombrowsky oder *The Mermaid* von Wolidymmyr Tykhy in »desolater« (Eichenberger) Verfassung präsentierte.

**Absolut bester aller Kategorien:** ***Thirty Five Aside*** von Damien O'Donnell.
**Bester Studentenfilm:** ***Quest*** von Tyron Montgomery und Thomas Stellmach.

## 49. Filmfestival in Locarno

Aufregung entstand im Vorfeld des »Zentrum des jungen Autorenfilms« (›Filmecho/Filmwoche‹), das nach den kleinen Änderungen der Wettbewerbsregeln in den Vorjahren nun mit einer grundlegenden Umstrukturierung für Aufsehen sorgte.
Durch eine Neuerung »des Festivals schnappen die Leoparden nach den einheimischen Schweizer Filmen: »Schweizer Perspektiven«, ein kleiner, aber mit 100.000 SFr. hochdotierter Wettbewerb, macht Solothurn Konkurrenz, wo der nationale Vergleich bislang beheimatet ist.« (Günter H. Jekubzik, ›film-dienst‹). Die Preissumme ist wohl imstande, »Nyon und Solothurn das Frischwasser von Premieren abzugraben.« (Martin Walder, ›Neue Züricher Zeitung‹) »Das Filmfestival in Nyon und die Solothurner Filmtage erhielten ungebührliche Konkurrenz. Der Ruf nach Rücksichtnahme wurde laut,« so Judith Waldner in ›Zoom‹, fand jedoch die Solothurner Kritik insoweit unberechtigt, da »filmische Highlights helvetischer Provenienz … seit längerem oft sowieso nicht dort, sondern in Locarno stattfinden«, während die »ärgerlichen Reaktionen« von Nyon berechtigt sein.
Außerdem erweiterte Locarno den Wettbewerb um eine weitere Sektion. Neben »Erst- und Zweitlingswerken« können sich neuerdings auch erfahrene Regisseure beim »Neuen Film« um einen Leoparden bewerben. Dominik Slappnig erklärte in ›Zoom‹, daß die Struktur »verwirrend« eine Änderung aber »verständlich« ist, da sich mittlerweile andere Festivals ebenfalls um Debüts reißen. Doch die Begründung von Festivalleiter Marco Müller, »er werde nicht tolerieren, wenn junge Filmemacher, die in Locarno entdeckt wurden, ihre weiteren Filme an einem der großen Festivals zeigen«, fand Slappnig »kindisch«, denn für ihn ist es eine »Auszeichnung für die Qualität eines kleinen Festivals, wenn Regisseure hier entdeckt werden und später ihre Filme in Cannes laufen.«
In acht Programmsektionen mit neun Jurys liefen 130 Langfilme und mehr als 80 Kurzfilme, im internationalen Wettbewerb warben 17 Filme aus 13 Ländern (Frankreich liefert ein Viertel aller Filme) um die Leoparden. Die Programmqualität wurde laut Kritikeraussagen durch die Umstrukturierung nicht verbessert, obwohl die Festivalleitung glaubte, in dieser Form »alles zu zeigen, was im heutigen Filmschaffen eine Erneuerung verspricht.« »Die 17 Wettbewerbsfilme hatten indes Mühe, im übervollen Programm sichtbar zu bleiben.« (Bettina Thienhaus, ›epd-film‹) »Angesichts der 17 Wettbewerbsbeiträge blieb es leider oft bei leeren Versprechungen, von Erneuerung in vielen Fällen keine Spur.« (Urs Hangartner, ›Die Welt‹) Die »Wettbewerbsfilme werden kaum als Meilensteine in die Filmgeschichte eingehen. Aber

einige bemerkenswerte Werke waren dennoch zu sehen.« (Franz Ulrich, ›ZOOM‹). Dazu gehörten *Spiklenci slasti* von Jan Svankmaier, *Los olhos de Àsia* von Joao Maria Grilo, *Miel et cendres* von Nadia Fares, *Mikrokosmos* von Claude Nuridsany und Maria Pérennou, *Ein Moment der Unschuld* von Mohsen Makhmalbaf und der Festivalssieger *Nénette et Boni* von Claire Denis, ein vielgelobtes »Glanzlicht« (Ulrich).

Insgesamt zeigte sich unter den Filmen ein seltener Unterschied zwischen »jung« und »etabliert« – »Ausgereift und stimmig zeigten sich beinahe alle Filme, die auf der Piazza liefen«, schrieb Jekubzik und sah in dem Wettbewerb eine »Talentshow«, in der die Filme eindrucksvolle Qualitäten unter Beweis stellten, aber keine überzeugenden Gesamtwerke lieferten. Hans-Jörg Rother befand in der ›FAZ‹, daß »ironischer Weise« die jungen Regisseure einen stärkeren Eindruck hinterließen. So enttäuschte viele z. B. die 1992 Leoparden-gekürte Clara Law mit ihrem Preisträger *Floating Life.*

Die mit 31 Filmen vollständige **Retrospektive** galt dem wohl wichtigsten arabischen Filmemacher **Youssef Chahine.** Werner Schröter erschien neben Geraldine Chaplin; Nanni Moretti war der umjubelter Star des Festivals, doch das Fehlen von weiterer Prominenz wurde beklagt. Die Cinémathéque Suisse zeigte die »interessante Ausgrabung« (Thienhaus) *Die ewige Maske* von Werner Hochbaum. »Das Schöne an einem Festival: auch die Dokumentarfilme ziehen Publikum an, füllen die Kinos. Zum Beispiel in der Reihe »Cinéma-cinémas«, das Sam Fuller-Porträt *The Typewriter, The Rifle And The Movie* von Adam Simon. ... oder *Noel Field – ein erfundener Spion* von Werner Schweizer und ... *Besser und besser* von Alfredo Knuchel«, freute sich Thienhaus.

**Goldener Leopard** (30.000 SFr): ***Nénette et Boni*** von Claire Denis.

**Silberner Leopard – Sparte »Neuer Film«** (12.500 SFr): ***Floating Life*** von Clara Law.

**Silberner Leopard – Sparte »erster oder zweiter Film«** (12.500 SFr): ***Marian*** von Petr Vacláv.

**Spezialpreis Bronzener Leopard** (10.000 SFr): ***Valeria Bruni-Tedeschi*** und ***Grégoire Colin*** in *Nénette et Boni.*

**Lobende Erwähnung** mit einem **Bronzenen Leoparden** für das **Gesamtwerk** von ***Mohsen Makhmalb*** mit *Nun va goldun.*

**Spezialpreis der Jury »Swiss Air/ Cross Air«** (10.000 Sfr): ***Afarit el-Asphalt*** von Oussama Fawzi.

**Preis der Ökumenischen Jury:** ***Miel et Cendres*** von Nadia Fares.

**Lobende Erwähnung:** ***Nénette et Boni*** von Claire Denis.

**FIPRESCI-Jury-Preis:** ***Marian*** von Petr Vacláv.

**Publikumspreis:** ***Mikrokosmos*** von Maria Pérennou und Claude Nuridsany.

**Perspectives suisses (Wettbewerb)** (100.000 Sfr – 80.000 müssen in ein Schweizer-Filmprojekt investiert werden)**:** ***They Teach Us How To Be Happy*** von Peter von Gunten.

**C.I.C.A.E.:** ***Choisis-toi un ami*** von Mama Keita.

## 7. Internationales Menschenrechtsfilmfestival

Das diesjährige Programm führte 41 Filme und Videoproduktionen aus 15 Ländern, mit zwei Welt- und 11 US-Premieren, auf. Die Themengebiete lauteten »Wahlen und Demokratie«, »Chronik der Co-Existenz«, »Fragwürdige Bestrafung« und »Filme von oder über Frauen«. Unter den Titeln befanden sich *Lone Star* von John Sayles, *Zeuge einer Verschwörung* von Alan J. Pakula, *Jagd auf James A.* von Melvin LeRoy. Die **Retrospektive** galt **Park Kwang-Su.**

Das Tourneeprogramm durch 20 Städte begann in New York, gefolgt von 10 US-Städten und ging u.a. weiter nach

Hongkong, Bogota, Guatemala City, Sao Paulo, Haiti und London.

## Internationales Filmfest Montréal

»Den großen Wurf, der mehr als Routine, nämlich filmästhetische Anstrengung verrät, die überraschende Entdeckung gab es im Wettbewerb von Montréal ebensowenig wie kurz zuvor in Locarno oder danach in Venedig. So war man schon zufrieden über tauglichen Unterhaltungswert«, schrieb Thomas Rothschild in der ›FAZ‹. »Auffällig, wie moralisch und vor allem ästhetisch brav die meisten Beiträge in Montréal waren«, so Rothschild weiter, der neben ein paar Wettbewerbsbeiträgen nur *Pudding Chomeur* von Gilles Carle lobenswert fand. Bei der Preisvergabe unter der Leitung von Jeanne Moreau ärgerte sich Rothschild über den prämierten »chargierenden« Hauptdarsteller, sowie die Entscheidung der ökumenischen Jury für einen Film, der für Rothschild »Fernsehspiel-Niveau« hatte.

**Großer Preis:** ***Different For The Girls*** von Richard Spence.
**Schauspielerpreis:** ***Rupert Graves*** für *Different For The Girls.*
**Schauspielerinnenpreis:** ***Laura Dern*** für *Citizen Ruth.*
**Regiepreis:** ***Olivier Schatzky*** für *L'élève.*
**Drehbuchpreis:** ***Mario Camus*** für *Adosados.*
**Preis der ökumenischen Jury:** ***Hamsun*** von Jan Troell.
**Lobende Erwähnung:** ***Gentle Into The Night*** von Antonio Baiocco.

## 35. Filmfestival in New York

Das rund 30 Filme aus 17 Ländern umfassende Programm bot ›Die Welt‹premiere von u.a. *The People vs. Larry Flint* von Milos Foreman, sowie *Suburbia* von Richard Linklater, *Suzanne Farrell: Elusive Muse* von Anne Belles und Deborah Dickons.
In einem »Culture-Shock«-Doppelprogramm liefen *Frantz Fanon: Black Skin, White Mask* von Isaac Julien, *Umm Kulthum* von Michael Goldman u.a. Aus Europa kamen wie selbstverständlich die Festivalsieger *Breaking The Waves* von Lars von Trier und *Lügen und Geheimnisse* von Mike Leigh, sowie *Les Voleurs* von André Techiné, *Emigration N.Y.* von Egon Hunter u.a.

## 18. Independent Future Film (IFFM) in New York

Viele Stimmen vermerkten, daß Sundance dem IFFM mittlerweile den Rang als wichtigster Schauplatz für das unabhängige Filmemachen abgelaufen habe. Dennoch wächst der Zuspruch des Festivals, laut Geschäftsführerin Catherine Tait. »Der IFFM ist eine wichtige Börse, um nicht nur Spielfilme, sondern auch interessante Works-In-Progress und Drehbücher zu entdecken«, wie in ›Filmecho/Filmwoche‹ zu lesen war. 350 Filmprojekte, ca. 100 Spielfilme, Kurzfilme, fortgeschrittene Projekte und Drehbücher wurden vorgestellt, darunter *The Confidence Man* von Tripp Reed, *Eight Days A Week* von Michael Davis, *Gray's Anatomy* von Steven Soderbergh, der Dokumentarfilm *Me And My Matchmaker,* der vielfach prämierte Kurzfilm *Burning Bridges* von Marcus Hahn, das Musical *Isle Of Lesbos* von Jeff B. Harmon. Auch für die Einkäufer wird der IFFM neben Sundance weiter wichtig sein, denn »während in Sundance größere Deals abgeschlossen würden, seien auf dem IFFM immer noch Entdeckungen zu machen, die bezahlbar seien.« (›Filmecho/Filmwoche‹)

Die **Gotham Awards** bekamen in folgenden Kategorien: **Regiepreis:** ***John***

*Sayles;* **Schauspielerpreis:** ***Al Pacino;*** **Autoren-Preis:** ***Walter Bernstein;*** **Produzentenpreis:** ***Ted Hope*** und ***James Schamus.*** Den **Tournage Award '95** des französisch-amerikanischen Film-Workshop Avignon erhielt ***Geoffrey Sharp*** für *Slings And Arrows* und ***Ariadne Kimberly*** für *Woman In The Moon.*

## 27. Internationales Dokumentarfestival in Nyon

Erstmals im Frühling statt im Herbst fanden die »Visions du réel« statt. Zum zweiten Male unter der Leitung von Jean Perret hat das Festival »ein beachtliches Profil gewonnen als Forum für interessante und spannende Werke, die eine Vielfalt von Visionen der Wirklichkeit in aller Welt vermitteln.«

FRANK ULRICH, ›ZOOM‹

70 Werke wurden in sieben Sektionen präsentiert.
Unter den 22 Wettbewerbsfilmen sah Ulrich »keine wirkliche Niete«, laut ihm zeigte wieder der Schweizer Dokumentarfilm seine Qualität mit *Cross Over* von Thomas Tielbach, *A Tickle In The Heart* von Stefan Schwietert. Aus anderen Ländern hielt Ulrich *Fremde Ufer* von Volker Koepp oder *9. St.-Augustin* von Serge Giguère für beachtenswert.
In der Reihe »les Séances Spéciale Filme«, wurden die Werke von 1966 bis 1986 des 1992 verstorbenen Shinsuke Ogawa gezeigt.

Der **Hauptpreis**-Gewinner ***Die durchbrochene Stille/Ernte der Ruhe*** von Eline Flipse sei »exemplarisch« für die einfache Darstellung »von Wirklichkeiten und Situationen.«
***Blagodat – Göttliche Segnung*** von Vitalij Manskij erhielt »zurecht« den **Kurzfilmpreis der Jury, Publikumspreis** und **Preis der Jungen.**
Den **Langfilmpreis** erhielt ***Besser und Besser*** von Alfredo Knuchel und Norbert Wiedmer.

## 2. Deutsche Filmtage in Paris

Unter dem Motto »Die Erfolge des Deutschen Films« konfrontierte die Export-Union die Pariser Bevölkerung mit einer Auswahl neuester Kassenschlager und Preisträger des in Frankreich ausgesprochen unpopulären deutschen Kinos.
*Der Totmacher* von Romuald Karmakar eröffnete die Reihe, in der außerdem noch *Männerpension* von Detlev Buck, *Mutters Courage* von Michael Verhoeven, *Nach fünf im Urwald* von Hans-Christian Schmid, *Nur über meine Leiche* von Rainer Matsutani, *Superweib* von Sönke Wortmann sowie abschließend Friedrich Wilhelm Murnaus *Faust* liefen.
Ein Kritiker der »Le Monde« schüttete ätzende Häme über das Programm, wobei er *Sexy Sadie* von Matthias Glasner als Serienkillerfilm mit *Der Totmacher* gleichsetzte. Einzig *Niki de Saint Phalle – Wer ist das Monster, du oder ich* von Peter Schamoni gefiel ihm, während das sonstige Presseecho, laut Margret Köhler im ›film-dienst‹, gut war und das Publikum bei den Komödien ein ähnliches Humorverständnis zeigte.
Die rund 170.000 DM teure Veranstaltung war mit 2.800 Zuschauern relativ schlecht besucht, 1995 kamen 3.500 Gäste, doch 1996 konnte der deutsche Film weniger renommierte Namen aufbieten als im Vorjahr.

## 18. Sundance-Filmfestival Park City/Utah

9.000 Besucher sahen 117 Filme, darunter 60 Premieren, 18 Spiel- und 16 Dokumentarfilme im Wettbewerb. »Sundance '96 hat wieder einmal bewiesen, daß das unabhängige amerikanische Kino weiterhin wächst und gedeiht« (›Filmecho/Filmwoche‹), wobei Sundance sich selber lobte, die Filme zu zeigen »die in kein Raster pas-

sen«. »Variety« meint, daß Sundance »zu den zwei oder drei wichtigsten Filmfestivals der Welt zählt«, während der »Rolling-Stone«-Filmkritiker Peter Travers von einem gewordenen »Angsttraum« des einstigen Spontanfestivals spricht, das von Hollywoodagenten und Medienrummel vereinnahmt wird. Zum Gegenfestival hat sich das »2. Slamdance«-Festival am anderen Ende der Stadt gebildet – 25 Produktionen (z.B. *Rat Girl, Bloodbath At Red Falls),* die Sundance abgelehnt hatte, wurden hier gezeigt. Robert Redford titulierte sich als »Trittbrettfahrer«.
Nichtsdestotrotz war Park City »immer noch ein Magnet für unbekannte Talente und das Mekka derer, die ohne Hollywood-Gelder und -Einmischung als Autoren ihre Filme machen«, urteilte Vera Graaf in der ›SZ‹ und meinte außerdem: »Dieses Festival bleibt gedämpft, wohltemperiert, ohne große Überraschungen.« Es wurde gemunkelt, daß Redford auf Mäßigung bei den Beiträgen gedrängt hätte, also keine *Kids* oder *Reservoir Dogs* wie in den Jahren zuvor mehr.
Dazu Festivalleiterin Nicole Guillemet: »Wir haben in diesem Jahr einfach weniger zornige Filmemacher: Dafür aber eine Hinwendung zu menschlichen Gefühlen und Beziehungen. ... Die Tarantino-Nachahmer sind weniger geworden, wir sehen zur Zeit weniger Genre-Action als in den letzten Jahren.«
*Shine* von Scott Hicks war der Publikumshit, eine »beispielhafte« Entdekkung für das Festival laut Hella Boschmann in ›Die Welt‹, ohne jedoch einen der Preise zu erringen.

**Grand Jury Prize** (bestes Drama): ***Willkommen im Tollhaus*** von Todd Solondz.
**Grand Jury Prize** (beste Dokumentation)**: *Troublesome Creek: A Midwestern*** von Jeanne Jordan, Steven Ascher.
**Filmmakers Trophy** (bestes Drama): ***Die Geschichte vom Spitfire Grill*** von Lee David Zlotoff.
**Filmmakers Trophy** (beste Dokumentation)**: *Troublesome Creek: A Midwestern*** von Jeanne Jordan, Steven Ascher.
**Audience Award** (Publikumspreis)**: *Die Geschichte vom Spitfire Grill*** von Lee David Zlotoff.

## 6. Dokumentar- und Kurzfilmfestival St. Petersburg

Gerade noch vier russische Dokumentarfilme liefen auf dem schlecht besuchten Festival, darunter *Not About Stalin.* Dokumentarfilme scheinen »keine große Rolle mehr zu spielen. amerikanische Sexkomödien interessieren das Publikum mehr als seriöse Informationen und meinungsbildene Dokumentationen über Gegenwart und Vergangenheit«, resümierte Ambros Eichenberger verbittert im ›film-dienst‹.

## 15. Stummfilmfestival von Pordenone

»Wait a minute, Mum, you ain't heard nothing yet«, die magischen ersten Worte des Tonfilms sprach Al Jolson in einem Kurzfilm, erst ein Jahr später sprach er im legendären »ersten« Tonfilm *The Jazz Singer* erneut »You ain't heard nothing.« Dies gehörte zu den Entdeckungen des »Le Giornate del ›cinema‹ Muto«, das allerdings teils auch nur Filme mit Theaterroutine bot, z.B. *Le Voyage de la Famille Bourrichon* von Georges Méliès. Doch Filmhistoriker, Sammler und Cinephile kamen auf ihre Kosten.
Die **Retrospektive** über einstmals angesehene Hollywood-Regisseure der zwanziger Jahre bot Werke wie die glanzvolle Eröffnung mit Herbert Brenons *Peter Pan*, an dem Sir James Barrie selbst mitgearbeitet hatte und der wegweisend für Disneys Version war. Mit *A Kiss For Cinderella* lief eine wei-

tere Barrie-Adaption von Brenon. *Laugh, Clown, Laugh* von Brenon mit Lon Chaney war leider nur in einer fragmentarischen Fassung erhältlich, ebenso sein *The Street Of Forgotten Men,* den Kothenschulte im ›film-dienst‹ jedoch als unerfreuliche Filmerfahrung befand. Mit *Des Alters erste Spuren* wurde das Debütwerk eines Vergessenen des frühen deutschen Kinos, Franz Hofer, präsentiert. Die zweite **Retrospektive**, »Im Lande der Sowjets«, »brachte Licht in die weitgehend unbekannte sowjetische Filmkultur zwischen Oktoberrevolution und den Meisterwerken der großen Montagekünstler Wertow, Eisenstein oder Pudowkin.« (Daniel Kothenschulte, ›FR‹), *Prizrak brodit pro Evrope* (frei nach Poes *Maske des roten Todes*) von Wladimir Gardins gehörte dazu

Im weiteren Programm liefen Höhepunkte wie Arbeiten des jüdischen Komikers Max Davidson in *Jewish Prudence* von LeoMcCarey oder *No Women Knows* von Tod Browning. Zu weiteren Entdeckungen gehörten Privataufnahmen von Ernst Lubitsch. Das einzige noch erhaltene Material seines Filmes *The Patriot* zeigte der Trailer, ebenfalls lief der Trailer von Murnaus *Tabu,* der im Beiprogramm des skandalträchtigen *Legong (Dance Of The Virginia) – A Story Of The South Seas* von Henry de la Falaise und Gaston Blass, einer der letzten amerikanischen Stumm- und Zweifarb-Technicolorfilme.

»In der unermüdlichen Neugier, die Legenden der Filmgeschichte zu überprüfen, gründet sich dieses einzigartige Festival – und in der Lust auf Entdekkungen, die vielleicht selbst wieder zu Legenden werden, wenn sie erst wieder im Dunkel der Archive verschwunden sind.« (Kothenschulte)

## 6. Film Forum Riga

Im Programm von Festivalchef Sukuts liefen *Die Oster-Elegie* von Sukurov, *Die Post, Svetlame* von Vitalij Manskij, *Eier* von Ben Hamer, *Der Garten* von Martin Sulík und *Chungking Express* von Wong Kar-wai.

**FIPRESCI-Hauptpreis:** ***Middle Of The Moment*** von Nicolas Humbert und Werner Penzel.
**10.000 $-Preis:** ***Die Geschichte eines jungen Akkordeonspielers*** von Satybaldy Narymbetov.

## 25. Internationales Filmfestival Rotterdam

»25 Jahre, Grund zum Feiern: Das erste Festivalprogramm von 1979 (mit dem jungen Fassbinder, Wenders, Peter Bogdanovich oder Marcel Ophüls) wird integral als Nebenprogramm wiederholt, besser läßt sich die erstaunliche Expansion von Rotterdam nicht beschreiben. Das publikumsfreundliche Festival hat seine sprichwörtliche Neugier nicht verloren und kontrastiert die Huldigung an die Vergangenheit mit einem Blick auf die Zukunft. Im Programm zum »Exploding ›cinema‹« wird die Zukunft des Films außerhalb der traditionellen Kinomauern antizipiert – als interaktives Multimediaprodukt, Computerspiel, CD-Rom oder Futter für das Internet.«

Klaus Müller, ›FR‹

»Rotterdam, neben Berlin, Cannes und Venedig das wichtigste europäische Festival, feiert dieses Jahr sein 25jähriges Jubiläum und leistet eine beeindruckende Übersicht der aktuellen Filmproduktion«, (Klaus Müller, ›FR‹), 215 Filme, 122 Spiel- und Dokumentarfilme im Hauptprogramm, 52 Premieren in 10 Tagen für ca. eine Viertel Million Zuschauer. Ein Themenschwerpunkt legt bei der Produktion des Mekong, die **Retrospektive** befaßte sich mit **Kumashiro Tatsumi**, aus deutschen Landen gab es 15 Produktionen zu sehen, z. B. *Beim nächsten Kuß knall' ich ihn nieder* von Hans-Christoph Blumenberg, *United Trash* von

Jörg Schlingensief und *Orsen Welles: The-One-Man-Band* von Oja Kodar und Vissili Silovic.
»Nicht nur Hollywood, auch der sogenannte unabhängige amerikanische Film stimmt auf den Hype der Todesarten ein. Dem Publikum bleibt nichts als die Übung des stoischen Zuschauens«, registrierte Müller bei Filmen wie *Dead Man* von Jim Jarmush, *Doom Generation* von Gregg Arakis, *Kids* von Larry Clark.
Zum zweiten Mal wurde der Tiger Award (dotiert mit jeweils 10.000 US $) vergeben, um den 15 Wettbewerbsbeiträge konkurrierten:

**Tiger Award:** ***Like Grains Of Sans*** von Hashiguchi Ryosuke, ***Small Faces*** von Gillies Mac Kinnon, ***Sons*** von Znag Yuan.
**Publikums-Preis:** ***Angel Baby*** von Michael Rymer.

## 20. San Francisco International Lesbian & Gay Film Festivals

Das 1977 erstmalig inszenierte Festival gönnte sich zu seiner 20. Aufführung keine Jubiläumsfeier, keine nostalagische Bilanz oder eine analysierende Retrospektive, sondern »stellte dieses Mal besonders nachdrücklich neuere Entwicklungen und Tendenzen des Gay ›cinema's‹ in den Vordergrund.« (Andrea Bindereif, ›FR‹) Ein starker Schub lesbischer Filmemacher war zu verzeichnen, darunter Cheryl Dunyes *The Watermelon Woman,* Susan Streitfelds *Female Perversions,* Nan Goldins *I'll Be Your Mirror.* Neben vielen amerikanischen Produktionen wurden aus Deutschland Rosa von Praunheims *Neurosia: 50 Jahre pervers* und Sönke Wortmanns *Der bewegte Mann* aufgeführt.
»Trotz fehlender Fanfaren zeigte das zehntägige Festival jedoch, wie weit es das Lesbian und Gay ›cinema‹ gebracht hat. Zumindestens im unabhängigen Kino sind Transsexualität, die Diskriminierung von Homosexuellen, Aids, ethnische Perspektiven Homosexueller ... keine Tabuthemen mehr.« (Bindereif)

## 44. Filmfest San Sebastián

»Daß das Festival, das zeitweilig seinen A-Status zu verlieren drohte, wieder Tritt gefaßt hat und in diesem Jahr bei Publikum und Kritik gute Noten erhielt, ist nicht zuletzt das Verdienst seines Leiters Diego Galan.« (Richard Zander, ›Filmecho/Filmwoche‹)
Buhrufe begleiteten die Vergabe des Hauptpreises, den die spanische Presse Bertrand Tavernier für *Capitaine Conan* zugeschrieben hatte, und die deshalb von einem Skandal, einer persönlichen Beleidigung des Regisseurs und Inkompetenz der Jury sprach. Petra Maier-Schoen urteilte im ›film-dienst‹, daß der »sympathische« Sieger *Trojan Eddie* vom favorsierten Verlierer »weit in den Schatten gestellt« wurde. Daß jedoch die mißratene Satire *Bwana* von Imanol Uribe, der vor zwei Jahren den Hauptpreis erhielt, den Preis bekam, erstaunte sie am meisten. Das gleiche empfand auch Frauke Hanck in der ›HNA‹, doch sie lobte ansonsten die 17 Wettbewerbsbeiträge, »die vom Mit- und Gegeneinander der Menschen in politischen, gesellschaftlichen, ökonomischen Abhängigkeiten« erzählten. Überhaupt ist dieses Festvial neben den anderen A-Festivals in Berlin, Cannes und Venedig »das einzige, das Kino wirklich liebt und nicht nur vordringlich an Vermarktung denkt.«
»Das Festival blieb seiner Tradition treu, Spanien und Lateinamerika besonders zu berücksichtigen.« (Maier-Schoen) »Spaniens wichtigstes Festival war schon immer ein zuverlässiges Thermometer zur Diagnose des einheimischen Films. Die 44. Ausgabe hat bewiesen, daß die altbekannte Krise nun endgültig überstanden ist. Schon der Erfolg des letztjährigen Festivals –

mit der Sektion »Made In Spanish« – deutet den Aufwärtstrend an: In diesem Jahr machten vier spanische Filme allein in der offiziellen Sektion Appetit auf einheimische Filme und weckten Hoffnungen auf den einen oder anderen Preis.«

JONE KARRES AZURMENDI, ›epd-film‹

Der spanische Film war außerdem mit sieben Filmen in der offenen Sektion »Zabaltegi« sowie weiteren Koproduktionen, stark vertreten: Es liefen *Taxi* von Carlos Saura, *Tu Nombre envenena mis suenos* von Pilar Miró, *Bwana* von Imanol Uribe, *El último viaje de Robert Ryland* von Gracia Querejeta, *Bajo la piel* von Francisco J. Lombardi.

Im Programm liefen außerdem *Trainspotting* von Danny Boyle, *Kamasutra* von Mira Nair, *Was ihr wollt* von Trevor Nunn, *The Emporers Shadow* von Zhou Xiaowen, *Ponette* von Jacques Doillon, *Gefühl und Verführung* von Bernardo Bertolucci, *Lone Star* von John Sayles und *Wolken ziehen vorüber* von Aki Kaurismäki. Enttäuschend waren die US-Produktionen *The Fan* von Tony Scott und *Blood And Wine* von Bob Rafaelson, die außer ihren Stars Robert DeNiro und Jack Nicholson laut Zander nichts boten.

Als Ehrengast kam Al Pacino mit seinem *Looking For Richard,* der deutsche Wettbewerbsbeitrag *Engelchen* erhielt den Spezialpreis der Jury, außerdem lief noch als deutscher Beitrag in einer Nachwuchsreihe *Die Mutter des Killers* von Volker Einrauch.

Die Reihe »Der Rote Alptraum« zeigte amerikanische antikommunistische Propagandawerke aus allen Genres, die während der McCarthy-Ära entstanden; die **Retrospektive** galt **Tod Browning** mit 30 seiner Werke. Diese Spezialprogramme, wie auch die **Hommage** an **Eloy de la Igleasia**, lobte Hanck besonders und sind auch für den Veranstalter Diego Galan die »die wahre Philosophie eines Festivals«. »Filme, die kurz vor dem Kinostart stehen, dürfen nicht den Hauptanteil eines Festivals ausmachen«, erklärt Galan und sagt, daß »im Zeitalter der Medienübermacht ganz besonders die Kontinuität einer Filmkultur«gepflegt werden muß. 220.000 Zuschauer sind der Dank dafür.

**Goldene Muschel** (Bester Film): ***Bwana*** von Imanol Uribe, ***Trojan Eddie*** von Gillies MacKinnon.

**Silberne Muschel** (Beste Regie): ***Captaine Conan*** von Bertrand Tavernier, ***Francisco Lombardi*** für ***Unter der Haut***.

**Spezialpreis der Jury:** ***Engelchen*** von Helke Misselwitz.

**Silberne Muschel** (Beste Schauspielerin): ***Norma Aleandro*** für *Sol de Otono.*

**Silberne Muschel** (Bester Schauspieler): ***Michael Caine*** für *Blood & Wine.*

**Spezialpreis für Ausstattung:** ***Guy-Claude Francois*** für *Capitaine Conan.*

**Beste Kamera:** ***Javier Aguirresarobe*** für *Bwana.*

**Preis der Jury:** ***Pedar*** von Majid Majidi.

**Euskal-Media-Preis** (300.000 $): ***Johns*** von Scott Silver, ***Pizzicata*** von EduardoWinspeare.

**Spezielle Erwähnung:** ***Ingrid Rubio*** in *Taxi.*

**FIPRESCI-Preis:** (ex aqueo) ***The Emporer's Shadow*** von Zhou Xiaowen, ***Captaine Conan*** von Bertrand Taverneir.

**OCIC-Preis:** ***Sol de Otono*** von Eduadro Mignogna.

## 11. Santa Barbara Film Fest

120 Spielfilme, Kurzfilme und Dokumentationen liefen in Santa Barbara, darunter 12 Welt- und fünf US-Premieren: *Jack & Sarah, Eine Frau für zwei, The Best Revenge, Charles Lloyd: Memphis Is In Egypt, Film Music Masters: Jerry Goldsmith, Hanna Monster, Chinese Chocolate* und *Liebling* von Christina Berger.

## 2. Filmfestival Sarajevo

Das zweite Sarajevoer Filmfestival fuhr im Windschatten der Wahlen in Bosnien, so daß die neuen Filmtage laut Matthias Rust »erfreulich normal« waren, insbesondere dadurch, das nun zu Friedenszeiten die Stadt nicht mehr wie im Vorjahr unter serbischer Belagerung stand. Trotzdem mußten die Veranstalter mit den Kriegsfolgen fertig werden und viele Filmvorführungen durch Stromausfälle unterbrochen werden.
47 Filme aus 16 Ländern liefen in drei Kategorien (Wettbewerb, Klassiker und Hollywood-Produktionen) vor 25.000 Zuschauern (eine Steigerung von 10.000 Besuchern gegenüber dem Vorjahr). »Mit Berlin oder Cannes wird das Filmfestival von Sarajevo wohl auch in absehbarer Zeit kaum konkurrieren können«, erklärte Roland Rust in ›Der Tagesspiegel‹. Als Gast kam lediglich Vanessa Redgrave, während Ingmar Bergman oder Martin Scorsese die riskante Reise absagten. »Daß aber das Festival überhaupt zum zweiten Male und ohne jede Zwischenfälle über die politisch bewegte Bühne ging, kann ohne Frage als ermutigender Erfolg verbucht werden. Festivaldirektor Mirsad Purivatra schreibt die insgesamt recht geringe Resonanz auf die anspruchsvolleren Programmsektionen den Folgen des vierjährigen Kriegs zu.« (Rust) Filme aus den früheren Teilrepubliken fehlten fast gänzlich und überhaupt wurden heikle Themen scheinbar vermieden.
Unter dem Wettbewerbsmotto »Anno Zero« liefen nach dem Konzept von Direktor Miro Purivatra »junge Filme für eine neugeborene Stadt« wie *Breaking The Waves* von Lars von Trier, *Fallen Angels* von Wong Karwai, *I Shot Andy Warhol* von Mary Harmon, *Nénette et Boni* von Claire Denis, *Der Totmacher* von Romuald Karmakar, *Wolken ziehen vorüber* von Aki Kaurismäki. Jean-Luc Godards *For Ever Mozart* erlebte seine Premiere. Insbesondere die Klassiker »Aus der Welt der Archive« fand viel Zuspruch in einem Land, dessen Filmindustrie brach liegt und wo die Zuschauer kaum in der Lage sind, den Eintritt zu bezahlen (die Festivalkarten waren stark reduziert). Aus Hollywood kamen *Twister* von Jan De Bont und *Eraser* von Charles Russel. Inoffiziell wurde das Festival sogar verlängert, um dem Anstrum auf *Mission: Impossible* von Brian De Palma gerecht zu werden und Vorführungen nachzuholen, die während der Filmtage nach Stromausfällen abgebrochen werden mußten.

Erstmals vergab die Jury unter Ademir Kenovic, Phil Alden Robinson, Serge Toubiana u.a. einen mit 10.000 DM dotierten **Hauptpreis** an ***Breaking The Waves*** von Lars von Trier. Zwei weitere **Jury-Preise** erhielten ***Wolken ziehen vorüber*** von Aki Kaurismäki und ***Trees Longue*** von Steve Buscemi.

## 29. Internationales Festival des Fantasy-Films in Sitges

»Was Robert Redfords Sundance Festival für die Independents, ist Sitges für die Fantasy-Filmemacher. Zum 29. Mal ging dort jetzt an der spanischen Costa Dorada nahe Barcelona das Festival Internacional de ›cinema‹ Fantàstico zu Ende«, schrieb Frauke Hanck in der ›AZ‹.
Neben den routinierten Hollywood-Produktionen (z. B. *Dragonheart* von Rob Cohen und *The Frighteners* von Pete Jackson) lobte Hanck den »feinen schwarzen Mörderthriller« *Curdled* von Reb Braddock und John Maass, *The Killer Tongue* von Alberto Sciamma sowie den Preisträger *Fotos. Der Totmacher* von Romuald Karmakar wurde als »oral gore« aufgenommen, aber der Höhepunkt war eindeutig Ehrengast **Quentin Tarantino,** der den *Zeitmaschinen*-Preis **Maquina del Tiempo** entgegennahm.
Die Jury, der Ken Russell und Jörg

Buttgereit beiwohnten, prämierte folgende Werke:

**Bester Film:** ***Die Bettlektüre*** von Peter Greenaway.
**Beste Regie:** ***Mohsen Makhmalbaf*** für *Gabbeh.*
**Bester Schauspieler:** ***James Woods*** in *Killer: A Journal Of Murder.*
**Beste Schauspielerin:** ***Melinda Clarke*** in *La Lengua Asesina/The Killer Tongue.*
**Bestes Drehbuch:** ***Elio Quiroga*** für *Fotos.*
**Beste Kamera:** ***Sacha Vierny*** für *Die Bettlektüre.*
**Bester Soundtrack:** ***Christopher Young*** für *Head Above Water.*
**Beste Spezialeffekte:** ***Richard Taylor*** für *The Frighteners.*
**Bester Kurzfilm:** ***Abductees*** von Paul Vester.
**Bester Animationskurzfilm:** ***Quest*** von Thomas Stellmach und Tyron Montgomery.

## 20. Toronto Film Festival

»Nix los mit Festivals in den USA. Jahr für Jahr füllt Nachbar Kanada diese empfindliche Lücke«, schrieb Thomas Weiß salopp in ›cinema‹. Toronto hat sich als Tor zum englischsprachigen Markt und zum größten Treffpunkt der nordamerikanischen Filmbranche entwickelt. 225 Spiel- und 50 Kurzfilme wurden präsentiert.
»›Die Zeit‹: Der Herbst ist als Marketing-Umfeld ideal, um Filme zu bewerben, die im Winter in die Kinos kommen. Abgesehen von diesen Vorteilen muß Toronto allerdings das tun, was alle anderen Festivals der Mittelklasse tun: die großen, erfolgreichen Festival-Schwergewichtler Berlin, Venedig und Cannes noch einmal abnudeln. (Weiß)
Es liefen z. B. *Ridicule* von Paul Leconte, *That Thing You Do!* von Tom Hanks oder *Fly Away Home.* Zu Gast waren u.a. Hugh Grant, Kevin Spacey, Emilio Estevez und Demi Moore. Laut Weiß »wollte sich im 21. Festivaljahr nicht der richtige Schwung einstellen, und die Presse war sich einig, einem soliden, aber unspektakulären Filmfest beigewohnt zu haben.«

## 12. Internationales Filmfestival Troia

»Ein Festival schrumpft sich gesund«, empfand Stefan Lux im ›film-dienst‹ und registrierte, daß eine »aus der finanziellen Not geborene Beschränkung wohltuend auf den künstlerischen Stellenwert auswirkte.« Das Festival fand dabei durch den »Umzug aus der isolierten Feriensiedlung Troia ins städtische Setubal« eine breitere Öffentlichkeit, ohne seinen familiären Charakter zu verlieren. Die Hauptsektionen Wettbewerb, Erstlinge und amerikanische Independents waren, anders als die radikal reduzierte Reihe »Mensch und Natur«, kaum von den Veränderungen betroffen. Einzig die spärliche Präsenz des afrikanischen, asiatischen und südamerikanischen Kinos bemängelte Lux.
Der Wettbewerb wurde von kleinen Filmnationen mit 20 und weniger Produktionen pro Jahr bestritten. Acht von zwölf Beiträgen kamen aus Westeuropa, die anderen aus Polen, Israel, Südafrika und einer tunesisch-französisch-belgischen Coproduktion.
Als Themenschwerpunkt der Filme sah Lux die Schwierigkeiten des Heranwachsens in der Jugend: Probleme mit der ersten Liebe (*Schön ist die Jugendzeit* von Bo Widerberg), das Fehlen eines Elternteiles (*Sale Gosse* von Claude Mourieras) oder eine von Gewalt geprägte Gesellschaft (*Conte des Trois Diamants* von Michel Khleifi, *Clara Hakadusha* von Ari Folman und Ori Sivan, *Small Faces* von Gillies MacKinnon oder *Un Eté à la Goulette*).
Als Entdeckung zählte für Lux Ralph Zimans *Hearts And Minds* aus Südafrika, den er in die Nähe von *Apokalypse Now* rückte.

**Erster Preis** an ***Cold Fever*** von Fridrik Thor Fridriksson.
**Lobende Erwähnung** für ***Small Faces*** von Gillies MacKinnon.
**Spezialpreis der Jury: *Hearts And Minds*** von Ralph Zalman.
**Silberner Delphin Drehbuch: *Hearts And Minds*** von Ralph Zalman.
**Silberner Delphin Kamera: *Hearts And Minds*** von Ralph Zalman.

## 53. Filmfestspiele Venedig

»Ein bißchen wenig für den Wettbewerb eines der großen internationalen A-Festivals«, resümierte Peter Körte in der ›FR‹ über die Mostra Internationale d'Arte ›cinema‹tografica auf dem Lido und entsprach damit vielen Kritikern wie Hans Messias im ›film-dienst‹: »Filmisch waren der »Biennale« kaum Höhepunkte beschert, schöne Momente allenfalls ohne großen Atem, viel, viel Schatten.« 17 Filme bewarben sich um den Goldenen Löwen (elf europäische, vier US-amerikanische, eine taiwanische und eine iranische Produktion). Der Großteil enttäuschte: *Sleepers* von Barry Levinson, *Der Unhold* von Volker Schlöndorff und auch der dreifache Preisträger *Profundo Carmesi* von Arturo Ripstein konnten die Kritiker nicht überzeugen. Wie schon in Cannes zuvor, konnten die Namen nicht das halten, was ihr Klang versprach. Michael Althen sprach in der ›SZ‹ von einem »Aufstand alter Männer« und ihren gelungenen oder zumindestens unterhaltsamen Arbeiten: *For Ever Mozart* von Jean-Luc Godard, *Party* von Manoel de Oliveira, *Carla's Song* von Ken Loach, *Begräbnis* von Abel Ferrara, *Szamanka* von Andrzej Zulawski oder *Hommes, femmes: mode d'emploi* von Claude Lelouch. Messias befand jedoch, daß z. B. Godard »ein wenig arrogant am Zuschauer vorbeiinszeniert« hatte oder Ken Loach »nicht frei von nostalgischer Verklärung« war. Judith Waldner schrieb in ›ZOOM‹, daß der Wettbewerb »dahinplätscherte«, die Beiträge waren »routiniert«, nicht »völlig mißlungen«, inhaltlich und formal »nicht innovativ«, »zum größten Teil »künstlerisch belanglos« und »mehrheitlich brav und nett.« Enttäuscht befand Rudolf Worschech in ›epd-film‹, daß sich im Wettbewerb kaum Nachwuchsregisseure befanden, »das Festival vertraute vielmehr dem Klang der großen Namen des europäischen Autorenfilms. ... Vor allen Dingen wurde viel geredet (und wenig gezeigt) in den Filmen der Regisseure mit den klingenden Namen«, wobei Worschech den seiner Meinung nach verdienten aber allgemein stark kritisierten Festivalsieger *Michael Collins* von Neil Jordan ausschloß.
Bei der Preisvergabe unter Jury-Präsident Roman Polanski bemängelte Messias die Beliebigkeit »nach dem Prinzip der Gießkanne« und die Unterbewertung des Kritikerfavoriten *Begräbnis.* Gellende Pfiffe gab es für die Preisverleihung an die fünfjährige Victoire Thivisol, während Otar Iosseliani den dritten Spezialpreis seiner Karriere entgegennahm. In der »Blickpunkt Festival« wurde gemutmaßt, daß die Jury mit Anjelica Huston, Paul Auster u.a. politische Akzente setzen wollte und auch zeigen wollte, daß der europäische Film »in der Lage ist, konkurrenzfähige Epen zu schaffen« und hier eine »Vorliebe für das Kämpferische« zeigten.
»Trotz des schwachen Wettbewerbs war Venedig immer noch ein Fest des Kinos.« (Worschech) Im weiteren Programm liefen u.a. *Das Portrait einer Lady* von Jane Campion, *Hard Core Logo* von Bruce MacDonald, *Grace Of My Heart* von Allsion Anders, sowie *Basquiat* von Julian Schnabel. Die Reihe »Finestra sulle immagine« zeigte Filme über das Kino und das Filmemachen wie den Kritikerliebling und die Pseudo-Dokumentation *Kein Oscar für Mr. McKenzie* von Pete Jackson und Costa Botes. In der Sektion »Notti Veneziane« liefen die neusten Hollywoodbusters mit *The Frighteners* von Pete Jackson, *Independence Day* von

Roland Emmerich und *Last Man Standing* von Walter Hill. Auf deutscher Seite konnte ein Vorjahreserfolg wie mit *Der Totmacher* nicht wiederholt werden, aber in der Sektion »Corsia di sorpasso« überzeugte *Lea* von Ivan Fila.
1997 wird Felice Laudadio die Nachfolge als Chef der Festspiele für Gillo Pontecorvo antreten.

**Goldener Löwe:** ***Michael Collins*** von Neil Jordan.
**Spezialpreis der Jury:** ***Brigands*** von Otar Iosseliani.
**Coppa Volpi für Hauptdarstellerin:** ***Victoire Thivisol*** für *Ponette.*
**Coppa Volpi für Hauptdarsteller:** ***Liam Neeson*** für *Michael Collins*
**Coppa Volpi für Nebendarsteller:** ***Chris Penn*** für *Begräbnis.*
**Osella d´Oro für bestes Drehbuch:** ***Marisa Pecanins, Momica Chrinos*** für *Profuno Carmesi.*
**Osella d'Oro für bestes Buch:** ***Parz Alicia Garciadiego*** für *Profuno Carmesi.*
**Osella d´Oro für beste Kamera:** ***Profundo Carmesi*** von Arturo Ripstein.
**Osella d´Oro für beste Musik:** ***David Mansfeld*** für *Profundo Carmesi.*
**Medaglia d´Oro della Presidenza del Senato:** ***Carlas Song*** von Ken Loach.
**OCIC:** ***Ponette*** von Jacques Doillon und ex aqueo ***Begräbnis*** von Abel Ferrara.
**Lobende Erwähnung:** ***Kolja*** von Jan Sverak.
**OCIC-Spezialpreis:** ***Ente dello Spettacolo*** für ihre Bemühungen um den italienischen Film und die Rekonstruktion von *La Porte del Cielo* von Vittorio de Sica.
**Auszeichnungen für Lebenswerk:** ***Robert Altman, Vittorio Gassman, Dustin Hoffman, Michèle Morgan.***

## 12. Warschauer Filmfestival

*Panna Nikt* von Andrzej Wajda eröffnete das Programm, in welchem u.a. *Antonias Welt* von Marleen Gorris, *Looking For Richard* von Al Pacino, *Willkommen im Tollhaus* von Todd Solondz, *Cannes Man* von Richard Martini lief. Als Veranstaltungsreihe der »Unifrance« liefen französische Produktionen wie *A Selfmade Hero* von Jacques Audirad und *Ridicule* von Patrice Leconte. In einem kleinen **Tribute** wurde **Til Schweiger** gewürdigt.

*Liam Neeson als ›Michael Collins‹*

# Filmfestivals und Filmtage Deutschland/Österreich/Schweiz

## Europäisches Filmfest Aachen

Da die 260.000 Einwohner der Stadt durchschnittlich doppelt so häufig in die Lichtspielhäuser gehen als der Rest der bundesdeutschen Kinogänger, beschlossen die Veranstalter, Ufa-Verwaltungsdirketor Michael Beckmann, Helmut W. Schneider und das Kulturamt Aachen, erstmals Aachen zum Schauplatz eines europäischen Filmfests zu machen. 5.100 Besucher kamen.
Das kleine Festival zeigte festivalserfahrene Filme, aktuelle Produktionen und ein gutes Dutzend deutscher Premieren, die »teilweise zwar schon auf anderen Festivals liefen, für das Publikum aus der Region jedoch gewiß Novitäten darstellen.« (Thilo Wydra, ›Filmecho/Filmwoche‹) Zur Eröffnung lief *Jenseits der Stille* von Caroline Link, im weiteren Programm *Das erste Semester* von Uwe Boll, *Poussières d'Amour – Abfallprodukte der Liebe* von Werner Schroeter, *Busenfreunde* von Thomas Berger, *Alles nur Tarnung* von Peter Zingler, *Restoration* von Michael Hoffmann, *Hollow Reed* von Angela Pope. Die fünfteilige Hommage an Patrice Leconte zeigte z. B. *Das Parfüm von Yvonne* – *Ridicule* wurde kurzfristig vom Verleih zurückgezogen. Das Kinderprogramm bot mit *Mein Freund Joe, Der Taschendieb, Lisa und die Säbelzahntiger* und *Das Zauberbuch* ein gutes Programm, war aber schlecht besucht. Zu den Gästen gehörte Heinz Hoenig und Peter Zingler, aber viele, wie Werner Schroeter, hatten eine Einladung ausgeschlagen.
Eine Fortsetzung des Festivals soll im nächsten Jahr folgen. Wydra meinte, daß abgewartet werden muß, ob die Veranstalter erste Schwächen beheben können und Aachen sich vielleicht in NRW auf Dauer als Festival etablieren kann.

## 18. Biberbacher Filmfestspiele

Rund 50 Spiel- und Dokumentations-, und Kurzfilme standen auf dem Programm von Gilde-Präsident Adrian Kutter in seiner Heimatstadt Biberbach. Zu den Schwerpunkten gehörte wieder die 3-Länderschau mit Filmen aus Baden-Württemberg und den Nachbarstaaten Schweiz und Frankreich. Die von Kutter getroffene Auswahl bot *Alles nur Tarnung* von Peter Zingler, *Harald* von Jürgen Egger, *Greenhorn* von Rainer Kaufmann, *Blindes Vertrauen* von Martin Enlen, *Still Movin* von Niki Stein, *Die kaukasische Nacht* von Gordian Maugg, *Die Überlebenden* von Andreas Veiel, *Neben der Zeit* von Andreas Kleinert, *Jenseits der Stille* von Caroline Link, *Todas – am Rande des Paradieses.*

**Förderpreis für den besten Nachwuchsfilms: *Wer hat Angst vor dem Weihnachtsmann*** von Annette Ernst.
**Publikumspreis** und **Großer Preis der int. Jury. der CICAE: *Jenseits der Stille*** von Caroline Link.
**Lobende Erwähnung des Weltverbandes der Filmkunst-Theater CIACE: *Der Fischerkrieg*** von Klaus Gietinger.

## 2. Internationale Stummfilmtage in Bonn

»Die 2. Internationalen Stummfilmtage in Bonn, gaben einen ausgezeichneten Querschnitt durch diverse Stummfilmstile hin bis zur Umbruchperiode des einsetzenden Tonfilms.« (Ulrich von Thüna, ›epd-film‹) Der Besuch in dem barocken Arkaden-Innenhof der Universität lockte viele Zuschauer in die Veranstaltungen

Die Programmauswahl von rund 20 Filmen bot »zu Unrecht Vergessenes« (von Thüna), wie *Casanova* von Alexander Wolkoff, Kostümfilme wie *Salome* von Charles Bryant, Großfilme wie *The Four Horsemen Of The Apocalypse* von Rex Ingram, *Robin Hood* von Allan Dwan und *White Shadows In The South Seas* von William S. Van Dyke, oder Raritäten wie *Eine Seite des Wahnsinns* von Teinosuke Kinugasas oder *Lonesome* von Paul Fejó und Klassiker wie *Nosferatu* von Friedrich Wilhelm Murnau, *Sturm über Asien, Puppe* und schließlich amerikanische Ein- und Zweiakter mit Charley Chase von Leo McCarey wie *Long Fliv The King.*

## 10. Filmfest in Braunschweig

Im Jubiläumsjahr konnten die Veranstalter auf die von Jahr zu Jahr wachsende Resonanz bei Kritik und Publikum (11.000 kamen dieses Jahr) zurückblicken – »das wettbewerbslose Filmfest Braunschweig zählt inzwischen zu den überregional bedeutenderen Filmfestivals, und das hat seine berechtigenten Gründe. Denn das Spektrum dessen, was hier zu sehen ist, zeigt sich facettenreich und breitgefächert, enthält Previews von Mainstreamfilmen ebenso, wie faszinierende Entdeckungen, die noch immer ohne deutschen Verleih dastehen.«
THILO WYDRA, ›Filmecho/Filmwoche‹

Das Filmfest bot umfangreiches Kino mit vielen Reihen. Die »internationale Reihe« zeigte Filme wie *Celluloid Closet* von Rob Epstein und Jeffrey Friedman oder *Der Garten* Martin Sulik. »Der neue deutschsprachige Film« präsentierte *Jenseits der Stille* von Caroline Link, *Engelchen* von Helke Misselwitz, *Die Mutter des Killers* von Volker Einrauch und *Lea* von Ivan Fila. »Das Eigene und das Fremde« thematisierte Migrations-Filme, »Südostasien« stellte Filme dieser filmisch relativ unentdeckten Region vor. Als amerikanische Filme liefen *Trees Lounge* von Steve Buscemi, *I Shot Andy Warhol* von Mary Harron, *Basquiat* von Julian Schnabel, *Willkommen im Tollhaus* von Todd Solondz und *Fallen Angels* von Wong Kar-wai. Ein kleines Porträt mit vier Filmen wurde Nicolette Krebitz gewidmet, eine Ausstellung zeigte Filmfotografien von Irwin Dermer. Die **Retrospektiven** gehörten **Fridrik Thor Fridriksson**, wodurch sein *White Whales* zur Deutschlandpremiere kam, und dem DEFA-Begründer **Kurt Maetzig.** Das mit 470.000 DM finanzierte Festival kann sich auch schon über die Zusage der niedersächsischen Ministerin für Wissenschaft und Kultur, Helga Schuchardt, zur finanziellen Unterstützung im kommenden Jahr freuen.

## 6. Festival des jungen osteuropäischen Films in Cottbus

Cottbus präsentierte mit Roland Rust, der zuvor die tschechischen und slowakischen Filme betreute, einen neuen Künstlerischen Leiter. Unter seiner Führung wurde neben dem »normalen« Wettbewerb ein Kinderfilmwettbewerb etabliert und die Kommission legte mehr Wert auf Qualität statt Quantität. Die getroffene Auswahl des osteuropäischen Kinos lockte 6.000 Besucher an und füllte zum ersten Mal die Säle weitgehend, aber durch organisatorische Pannen mußte das Programm von 75 Filmen aus 18 Ländern Osteuropas ständig geändert werden. »Doch man wurde durch eine Fülle interessanter Filme entschädigt.« RALF SCHENK, ›film-dienst‹

Dazu gehörten für Schenk »das tschechische Kino in Bestform« mit dem Sinti-Jungen-Portrait *Marian* von Peter Václav, die fiktive Rock-Dokumentation ***Mnága – Happy end*** von Petr Zelenka, der gleich drei Preise erhielt, und der dokumentarische Spielfim aus dem belagerten Sarajevo *Junge Männer entdecken ›Die Welt‹/Mladi muzi poznávaji svet* von Radim Spacek. Zu den erwähnenswerten Filmen gehörten für Schenk ebenso *Man sieht sich/Vidim se* von Ivan Salaj und *Die Ausgelaugten/Isprani.* Mit Ex-Jugoslawien befaßte sich auch der deutsche Wettbewerbsbeitrag *Müde Weggefährten* von Zoran Solomun, ein »unspektakulärer, herber Versuch, ein Film in Moll.« (Schenk)

**1. Preis:** ***Bolce Vita*** von Ibolya Fekete.

## Filmfest Dresden

»Dresden ist mittlerweile ein Kurzfilmfestival mit großem Rahmenprogramm, das vorexerziert, wie ein gelungener Spagat zwischen Kunstanspruch und Unterhaltung aussehen kann. Die Dresdener [Budget 350.000 DM] zeigen Filme, die das auf Elitäre und die Avantgarde bedachte Oberhausen abgelehnt hat, weil sie zu ›konventionell‹ sind, aber sie muten ihrem Publikum auch Schwieriges zu.« (Rudolf Worschech, ›epd-film‹) Die Mischung überzeugte die 9.000 Besucher, insbesondere das jüngere Publikum, das in das Programmkino »Schauburg« strömte und für viele ausverkaufte Vorstellungen sorgte. Nach einem Rückgang in den vergangenen Jahren, konnte erstmalig ein Zuwachs (7.000 Besucher 1995) registriert werden. 49 Filme aus 19 Ländern hatten sich um die Preise beworben: Nyura's Bath von Oksana Cerkassova, Ainudizim von Sergej Ainutdinow, Wallace & Gromit unter Schafen von Nick Park, Aum von Marek Skrobecki, In Your Shoes von Christoph Röhl. Die Preisvergabe im Animationsfilmwettbwerb unterstrich die Ausnahmestellung des britischen Trickfilmes, aber auch die »deutschen Filme hinterließen einen starken Eindruck« (›Blickpunkt: Film‹). Als Gäste kamen Katja Riemann und Heinz Hoenig zur Premiere von Nur aus Liebe von Dennis Satin.

### Animationsfilmwettbewerb

1. Preis (10.000 DM): Die Fischerswitwe von Daniel Nocke.
2. Preis (5.000 DM): Achilles von Barry Purves.
3. Preis (3.000 DM): The Lady Of The Lake von Vera Neubauer.

### Kurzfilmwettbewerb

**1. Preis** (5.000 DM): ***Mishmet Snoya/ Der zweite Wachposten*** von Udi Ben-Arie.
**2. Preis** (3.000 DM): ***Solo Talent*** von Andreas Fischer.
**3. Preis** (1.500 DM): ***Thirty Five Aside*** von Damien O'Ddonell.

**Publikumspreis** (3.000 DM)**:** ***Quest*** von Thomas Stellmach und Tyron Montgommery.

## 20. Duisburger Dokumentarfilmwoche

Das Jubiläum war für die Veranstalter, die »Hüter des Bildes«, kein Anlaß zum Feiern. »Kein Pomp, kein Glanz, nur der übliche Betrieb in seiner bewährten Mischung aus Filmen und Gespräch. Andererseits schien es, als habe das Jubiläum das Festival zur Ordnung gerufen, so erkannbar strukturiert war das Programm. Vier Vorträge bestimmten vier der sechs Tage: Unter den Begriffen ›Die Erinnerung‹, ›Das Politische‹, ›Die Körperlichkeit‹ und ›Die Topographie‹«, schrieb Eva Hohenberger im ›film-dienst‹. Als gelungen empfand sie z.B. *Dear Fritz* von Joerg Burger und Andreas Weber, *Emigration N.Y.* von Egon Humerund der Preisträger *Isolator II* von Martin Zawadzki. Außerdem liefen *Fremde Ufer* von Volker Koepp, *Tierische Lie-*

*be* von Ulrich Seidel und *Die Überlebenden* von Andreas Veiel.
»Wollte man nach 20 Jahren Duisburg eine (Zwischen-)Bilanz ziehen, so wäre sie am ehesten in der veränderten Haltung der Dokumentaristen zum Politischen zu sehen. Themen aus der Arbeitswelt, die Duisburg einmal prägten, fehlten abgesehen von Harun Farockis *Der Auftritt* ganz. [...] Erstaunlich abwesend in Duisburg blieb das sogenanntePrivate.« (Hohenberger) Eine Ausnahme war hier der Kritkerliebung anderer Festivals *Besser und besser* von Alferd Knuchel und Norbert Wiedmer.

**Förderpreis der Jury** der AG der Filmjornalisten: ***Poussières d'Amour – Abfallprodukte der Liebe*** von Werner Schroeter.
**Förderpreis:** ***Isolator II*** von Martin Zawadzki.
**Dokumentarfilmpreis:** ***Noel Fieldder erfundene Spion*** von Werner Schweizer.

## 7. Internationales Film Fest Emden

Die siebte Ausgabe des kleinen Filmfestes bot ein Programm mit rund 70 Filmen. Dazu gehörten neue deutsche und britische Filme, eine Werkschau mit den Filmen von Ken Loach, eine Zusammenstellung von Shakespeare-Verfilmungen, sowie die **Retrospektive** von ***Lotte Reiniger.***
Im Wettbewerb um den mit 15.000 dotierten **Filmpreis des Emdener Publikums** standen *Echte Kerle* von Rolf Silber, *Sexy Sadie* von Matthias Glasner, *Brothers In Trouble* von Udayan Prasad, *Stonewall* von Nigel Finch, *Mon Homme* von Bertrand Blier und *Die Anfänger* von Pierre Salvadori.

## 10. Fantasy-Filmfest

Unter dem Motto »Unser täglich Grauen gib uns heute« zog der »Rosebud-Entertainment-Wanderzirkus des Bizarren und Phantastischen« (›SZ‹) von München über Berlin, Frankfurt, Stuttgart, Köln nach Hamburg. Das Jubiläumsjahr zeigte die Festivalretrospektive »The Untouchables« mit Höhepunkten der ersten Dekade, wie *Braindead* von Pete Jackson oder *Near Dark* von Kathryn Bigelow.
»52 Filme laufen in diesem Jahr – ein neuer Rekord, der sich auch der Trägheit der deutschen Verleihfirmen verdankt. [...] Beim Fantasy-Filmfest tauchen viele Werke zum letztenmal dort auf, wo sie hingehören – auf der großen Leinwand, (›SZ‹) und in ihrer Originalfassung wie *Gegen ›Die Zeit‹ – Nick Of Time* von John Badham, *Lord Of Illusions* von Clive Barker oder *Virtuosity* von Brett Leonard. Es liefen *Crying Freeman* von Christophe Gans sowie *Barb Wire* von David Hogan, die asiatischen »noirs« *Fallen Angels* von Wong Kar-wai, *Gonin* von Takashi Ishii, Manga-Filme wie *Ghost In The Shell* von Mamoru Oshii. Außerdem waren die Fantasy-Europapremieren *Bride With The White Hair II* von Ronny Yu und David Wu und *Phantom Lover* von Ronny Yu und die TV-Produktionen *Akte X* von Kim Manners, *Dark Skies* von Tobe Hooper und *Blood & Donuts* von Holly Dale Programm.
»Vom Horrorgenre, in dem einst die Wurzeln des Festivals lagen, sind keine innovativen Momente und großen Überraschungen mehr zu erwarten«, befand jedoch Annette Kilzer in »tip«, wobei sie Filme wie *Hellraiser IV – Bloodline* vom berühmten Alan Smithee oder *Vampire in Brooklyn* von Wes Craven meinte.

## 22. Internationales Kinder- und Jugendfilmfestival »Lucas 96« Frankfurt/Main

»In 13 Tagen um ›Die Welt‹« lautete das Motto des »Lucas 96« und führte auf filmischen Entdeckungsreisen in die ferne Welt der Mongolei, Kanadas

oder Chinas. Mit fünf von 15 Wettbewerbsbeiträgen waren die Skandinavier traditionell am stärksten vertreten. Dabei waren unter den Filmen auffallend viele phantastische Geschichten, wie *Der Junge vom Merkur* von Martin Duffy, *Markus und Diana,* in denen Kinder von Filmwelten träumen oder *Sankt Clara* von Ori Sivan und Ari Folman. »In fast allen Beiträgen ging es um Kinder, die an einem Scheideweg in ihrem Leben stehen«, fand Katrin Hoffmann in ›epd-film‹ heraus, wobei den Kindern meist ein Elternteil fehlte, wie z. B. in *Tomas* von dem Vorjahressieger Raimo O. Niemi und dem einzigen deutschen Beitrag *Game Over* von Igor Zaritzki. Hoffmann beeindruckte insbesondere *Yoni – 72 gab es keinen Krieg* von David Kreiner.
Reinhard Kleber bemängelte in ›Filmecho/Filmwoche‹, daß im Programm eine »überragende Arbeit wie *Henry & Verlin* im Vorjahr fehlte«, aber trotzdessen erachtete er die Preisträger als lobenswert.
»Das 22. Frankfurter Kinderfilmfestival widerlegte eindrucksvoll das Klischee, wonach ein Kinderfilm entweder ein Disneyfilm sei oder ein aufdringlich pädagogisches Lehrstück. Tatsächlich gibt es gleichzeitig anspruchsvolle, spannende und überaus gutgemachte Kinderfilme«, schrieb Hoffmann, bedauerte jedoch, daß zu wenig Öffentlichkeit auf dem Festival vertreten war.

**»Lucas« für besten Kinderfilm** (dotiert mit 1.000,– DM): ***Der König der Masken*** von Wu Tian Ming, ***Nie mehr dreizehn*** von Sirin Eide.

**Lobende Erwähnung:** ***Shiroi Uma*** von Makoto Shiina.

**»Lucas« für besten Jugendfilm:** ***Lauf, wenn du kannst*** von Vadim Jean.
**Lobende Erwähnung:** ***Nie mehr dreizehn*** von Sirin Eide.

**Preis der Jury des Weltverbandes der Kinder- und Jugendfilmcentren (CIFEJ):** ***Lauf, wenn du kannst*** von Vadim Jean.

## 10. Dritte-Welt-Filmfestival Freiburg (Schweiz)

»Es braucht weder Stars noch Leinwandspektakel, um das Kinopublikum anzusprechen«, lobte Robert Richter in ›Zoom‹ das finanzgeschwächte Festival, das eine Rekordzahl von 13.000 Zuschauern aufsuchten.
Verblassende und zerstörte Kulturen und Traditionen waren Themenschwerpunkt der zwölf Wettbewerbsbeiträge, von denen acht aus Asien kamen und durch ihre »meditative Beschaulichkeit« (Richter) auffielen.
Erwähnenswert hielt Richter *Gumuna tang-e hina baeksung/Das weißgekleidete Volk* von Yong-Kyun Bae, *Qunian dongtian/Insel des Kummers* von Hsu Hsioa-Ming, *Hei ma/Eine Geschichte aus der Mongolei* von Xie Fei, sowie viele der Preisträger.

**Großer Preis der internationalen Jury** (25.000 SFr): ***Note mueras sin decirme adonde vas/Stirb nicht, ohne mir zu sagen, wohin du gehst*** von Eliseo Subiela.

**Kurzfilmpreis** (5.000 SFr): ***El Susurro del Viento/Das Säuseln des Windes*** von Franco de Pena.

**Don Quichotte-Preis der FICC** (Internationale Förderation der Filmclubs und kommunalen Kinos)**:** ***Clando*** von Jean Marie Téno.

**Spezialpreis der Internationalen Jury** (3.000 SFr): ***Haonan Haonu/Der Kreis des Lebens*** von Hou Hsiao Hsien.

**Preis der Internationalen Jury und der Filmklubjury:** ***Minjing gushi/Auf Streife*** von Ning Ying.

**Jugendjury:** ***Machaho/Es war einmal…*** von Belkacem Hadjadj.

**Weiterer Preis:** ***Hkhagoroloi Bohu Door/Der Weg ist lang bis zum Meer*** von Jahnu Barua.

## 13. Ökomedia – Internationales Festival des Ökologischen Films Freiburg

**Beste künstlerische Leistung:** ***Quest*** von Tyron Montgomery und Thomas Stellmach.
**Bester Naturfilm:** ***Mikrokosmos*** von Claude Nuridsany und Marie Pérennou.
**Bester Kinder- und Jugendfilm:** ***Helmut Olsen*** von Liller Moller.

## 9. Filmfestival in Genf 1996

»Talentsuche im Genfer Festivalzelt. Die Organisatoren bemühen sich um guten Ruf. Gerechte Jury trotz schwieriger Entscheidungen«, lautete die Überschrift von Irene Genhart in ›Filmecho/Filmwoche‹. Das Filmfestvial unter der Leitung der Präsidenten Roland Rey und Gerald Morin tut alles, so Genhart, um »den Ruf einer arrivierten und wohldotierten Kulturveranstaltung zu erhalten.« Mit Erfolg. Junge Talente waren gesucht, für die dieses Festival ein Sprungbrett darstellen soll und neben den nominerten »Stars de demain« kamen auch gestandene Talente wie Bertrand Blier, Catherine Deneuve, Irene Jacob, Patrick Timsit und Anne Parillaud, um dem Wettbewerb von 12 Filmen beizuwohnen. In diesem Wettbewerb z. B. trat die blutjunge Irin Elaine Cassidy in *The Sun, The Moon And The Stars* von Geraldine Creed gegen die 34jährige, theatererfahrene Rumänin Oana Diana Pellea in *Stare de Fapt* von Stere Guela an, »die Unterschiede (Herkunft, Ausbildung und Alter) der zu Prämierenden hätten größer nicht sein können«, meinte Genhart, empfand aber, daß »die Preise dann allerdings erstaunlich gerecht aus[-fielen]«.

**Meilleur Espoir européen feminin** wurde ***Magdalena Cielecka*** in *Pokuszenie* von Barbara Sass. **Meilleur spoir européen masculin** wurde ***Jason Fleming*** in *Indian Summer* von Nancy Meckler. Den **Spezialpreis der Jury** erhielt ***Oana Diana Pellea*** in *Stare de Fapt* von Stere Guela. ***Marie Theisen*** erhielt für *Sondagsengler* von Berit Nesheim eine **Lobende Erwähnung der Jury**, sowie den **Preis der Presse-jury.** Den **Pressepreis** für die **männliche Nachwuchs-Hoffnung** bekam ***Jeremie Renier*** in *La Promesse* von Luc und Jean-Philippe Dardenne, den Telecom-gesponserten **Publikumspreis »Cineprix«** ***Pascal Ulli*** in Michael Steiners und Pascal Walders *Nacht der Gaukler,* der 15.000 SFr für den Schweizer Vertrieb sowie den mit 15.000 SFr. dotierten **Prix de la commission technique** erhielt.

## 2. Göttinger Low-Budget Filmfestival

17½ Stunden Low-Budget-Nettofilmzeit in drei Tagen in Form von Kurz-, Dokumentar- oder Spielfilm, Computeranimation oder Musik-Video-Clip bot die zweite Auflage des Göttinger Festival. Über 1000 Besucher wollten die 53 Filme sehen, deren Budget nicht 50.000 DM überschreiten durfte. »Schwere Kost oder Leichtverdauliches – das Programm des Festival schillerte in allen Genrefarben«, lobte Jörg Kruse im ›Göttinger Tageblatt‹, Heiko Rosner schrieb in ›cinema‹ von einer kleinen fast noch unentdeckten Kostbartkeit »am Rande der deutschen Kinokultur« welches »dank seiner phantasievollen Präsentation den Festival-Zirkus der »Großen« humorvoll auf die Schippe nimmt.«

**1. Preis »Göttinger Nase«** (1.500 DM)**:** ***Unterwegs*** von Beate Fichtner-Neumann.
**2. Preis** (1.000 DM): ***Solo Talent*** von Andreas Fischer.
**3. Preis** (700 DM): zu gleichen Teilen an ***Freax III*** von Manuel Francescon und Bernhard Lenz, ***Aber den Sinn des Lebens habe ich immer noch nicht rausgefunden*** von Jan Peters.

**Sonderpreis** (Hospitanz beim Hessischen Rundfunk): ***Jimmy Jenseits meets Sharzadeh Scampolo*** von Romeo Grünfelder.
**Publikums-Preis** (1.000 DM): ***Citybomber*** von Till Schauder.

## Nordische Länder-Filmtage Göttingen

Neben Lübeck bot Göttingen erstmals speziell Filme aus dem hohen Norden, wobei Skandinavien den Mittelpunkt bildete. Zu den aufgeführten Werken gehörten *Pelle der Eroberer* von Bille August, *Movie Days* von Thor Fridrik Fridriksson und *Wolken ziehen vorüber* von Aki Kaurismäki.

## 5. Filmfest Hamburg

»Kein Zweifel: Das Hamburger Filmfest ist ein Publikumserfolg«, bestätigte ›Filmecho/Filmwoche‹ die erfolgreiche Entwicklung des Publikumsfestivals unter Leitung von Josef Wutz, der diese nun im zweiten Jahr innehatte. Das Publikum strömte (bei einem Zuwachs von 30 %) in die 97 Filme aus 27 Ländern. Wie im Vorjahr liefen Hollywoodfilme, Großproduktionen, Low-Budget- und Fernsehfilme, Festivalssieger und Preisgewinner aus aller Welt bzw. »man spielte Filme der A-Festivals nach, zeigte Vorauspremieren von Filmen, die kurze Zeit danach ins Kino kommen, verläßt sich auf amerikanische Independents, sucht das »Schräge« – vornehmlich in Asien.« (Wilhelm Roth, ›SZ‹) Zur Festivalreihe »Europäische Meister« gehörten *Breaking The Waves* von Lars von Trier und *Die Bettlektüre* von Peter Greenaway oder *Story Of A Poor Young Man* von Ettore Scola. »Hollywood And Beyond« zeigte *Fargo* von Joel Coen, *Last Man Standing* von Walter Hill oder *Crash* von David Cronenberg, *Kansas City* von Robert Altman oder *Begräbnis* von Abel Ferrara. Außerdem liefen in anderen Reihen *Nénette et Boni* von Claire Denis, *Phenomenom* von Joe Turtletaub. Neben dem traditionell stark vertretenen Filmen aus Fernost, z. B. mit *Like Grains Of Sand* von Ryosuke Hashiguchi, setzte die Festivaldirektion auf zahlreiche Neulinge mit ihren Regiedebüt aus den USA, Europa, Australien und Neuseeland wie Steve Buscemis *Trees Lounge*. Der Lokale Standpunkt wurde in der Reihe »TV made in Hamburg« berücksichtigt.
Zu den zahlreichen Festivalgästen gehörten ***Stephen Frears***, der den **Dougals-Sirk-Preis** für seine Verdienste um das Kino entgegennahm, Peter Greenaway, Daniel Auteuil, Ed Burns, Martin Landau, Udo Kier, Lars Becker und Uwe Ochsenknecht. »Nach drei Jahren des Neubeginns, die letzten zwei Jahre unter der Leitung von Josef Wutz, gehört das Filmfest schon wieder zu den Veranstaltungsmagneten der Stadt«, lobte ›Filmecho/Filmwoche‹ weiter und nahm auch fremde Kritik nicht ernst. Die Kritik von ›Szene Hamburg‹, daß nur wer ein Faible für amerikanische und europäische Großproduktionen hat, bei dem Festival auf seine Kosten komme, war für ihn »moraliesierende Häme«, denn schließlich hätte das Publikum die Auswahl durchweg goutiert. Doch letztlich befand Filmecho/Filmwoche, daß das Filmfest die Schwäche eines jeden Publikumsfestivals hat: »es gibt viel zu sehen, es ist nett, es ist anstrengend – aber die Programme können überall laufen: Flair, Profil entstehen nicht dadurch, das zu machen, was alle tun, sehen wollen – und können.«
In dieselbe Kerbe schlug Roth. Er lobte das überschaubare Programm und den Zuschauerzuspruch, doch die vielgebrauchte Kritikervokabel »Publikumsfestival« klang auch bei ihm wie ein großer Makel: »Ein eigenes ›Gesicht‹ zu finden ist fast unmöglich. Die Programme ließen sich zum Teil sogar von einem Computer zusammenstellen.« »Das weiß auch Josef Wutz«, vermutet Roth. In Zukunft will Wutz vor allem

den Nachwuchs fördern und eine Möglichkeit besteht im »Außergewöhnlichen«, das wie diesesmal die australischen Kurzfilme gut aufgenommen wurde. Und letztlich, das weiß auch Wilhelm Roth: »Die Frage nach dem unverwechselbaren Gesicht stellen aber mehr die Kritiker als die Zuschauer.«

## 12. Internationales Hamburger Kurzfilmfestival

18.000 Besucher, 1.000 mehr als im Vorjahr, kamen, um über 250 Filme zu sehen. Im kalkulierten Budget von 400.000 DM klaffte zwar trotz Sponsoren und öffentlichen Mitteln ein Loch, das Festival konnte aber von drei auf sechs Abspielstätten erweitert werden. Neben den klassischen Sektionen gab es diverse Sonderreihen. Die Werkschau zeigte Filme der Zwillinge George & Mike Kuchar, die in den 50ern Jahren Hollywoodparodien gedreht haben. In einem Neuseelandspecial liefen »Dark Tales«, französische Kurzfilme liefen im Sonderprogramm und die Sektion »First Steps« zeigte Werke von Romuald Karmakar, Ang Lee, Oliver Stone und John Ford.
Im übrigen Programm liefen folgende Filme, die Dietrich Kuhlbrodt in ›epd-film‹ für erwähnenswert empfand: *Columba Urbica* von Jasar Dzemalov, *Flash Fairy* von Mariola Brillowska und Charles Kiessing, *Häutung* von Sabine Höpfner, *Der Neue Kult* von Manuel Francescon und Bernhard Lenz, *Der Porzellanladen 1+2* von Franz Winzentsen, *Slave 13* von Koh Yamamoto. Dabei fiel Kuhlboldt auf, daß »selbst die klassischen Kurzfilme … gern mit den Gerneformen« spielten: *Ein Tag aus dem Leben der Tochter von Mick Jagger und MichelPiccoli* von Gabor Altojays oder *Neulich am Deich* von Janek Rieke.« – »Richtige Kurzspielfilme mit einer Idee, einer Geschichte, mit nicht-nur-zufälligen Bildern und einem ausgetüftelten Schnitt«, wie sie Festivalchef Markus Schaefer sucht.

Den **Jurypreis** im internationalen Wettbewerb teilten sich ***Reconstruction*** von Laurence Green und ***National Achievment Day*** von Ben Hopkins. Der **Publikumspreis** im internationalen Wettbewerb ging an ***Thirty Five Aside*** von Damien O'Donell. Den **No Budget-Hauptpreis** erhielten ***Insan*** von Ibrahim Shaddad und ***Lisa And Jean*** von Miles Chalcraft, der auch den **No-Budget-Publikumspreis** gewann. Der mit 5.000 DM dotierte **Premiere-Preis** wurde an ***Ein einfacher Auftrag*** von Raymond Boy verliehen. Den **Fresh Hamburg Shorts-Preis** (von Firma Film & Video Print Berlin/Hamburg und Tonstudio Konken) erhielt der Kurzfilm ***Neulich am Deich*** von Janek Rieke. Erstmalig vergeben, erhielt die CD-Rom ***Shoplifting*** von Tony Keny und Barbara Ellison den **Digital-Video-Preis. Bester Animationsfilm** wurde ***Quest*** von Tyron Montgomery.

## 30. Internationale Hofer Filmtage

»Die Hofer Filmtage, so könnte man meinen, sind eine One-Man-Show«, lobte Jan Schulz-Ojala in ›Der Tagesspiegel‹ den Veranstalter Heinz Badewitz und dessen guten Geist: Ein »wacher, komischer Strippenzieher, zeitlos daneben wie Woody Allen und zugleich punktgenau wie Ringo Starr«, der sein Leben ganz dem neuen deutschen Film gewidmet hat. Lob bekam Badewitz von allen Seiten, Regisseurin Sherry Hormann: »Hof, das ist Badewitz. Und Heinz Badewitz ist jemand der Filme liebt, auch nach 30 Jahren Festivalmachen.« Daß »die Heimat für den deutschen Film« (›Filmecho/Filmwoche‹) ein Jubiläum hatte, blieb ganz und gar sekundär, es gab keine Nostalgie. Badewitz vermied sogar die meiste Publicity, um nicht den Rahmen zu sprengen, und sagte, daß bei dem gestiegenem Interesse das Fest durchaus 10 Tage dauern könnte, beließ es aber bei fünf Tagen. »Mit gewohnter fränkischer Unbeirrtheit zieht Heinz Badewitz sein Programm durch, in dem er wieder mal deutsches Kino inmitten einer bunten Auswahl aus dem Rest der Welt zeigt.« MICHAEL ALTHEN, ›SZ‹

Einzig W.O.P. Kistner mochte sich in der ›AZ‹ mit dem Konzept gar nicht abfinden: »Ansonsten zeigten sich auch im 30. Jahr keinerlei Ansätze für überfällige Reformen. Das organisatorische Chaos, die mangelnde Struktur im Programm, die provinzielle Abwicklung werden wohl auch weiterhin zu den unverwechselbaren Charakteristika dieses Festivals gehören.«
Eröffnet wurde das Fest mit *Irren ist männlich* von Sherry Hormann, eine der auffallend wenigen Komödien. Das »schwache« Geschlecht war dieses Jahr vor und hinter der Kamera stark vertreten – »noch der schwächste deutsche Fernsehfilmer bemühte sich, seine Geschichte wenigstens aus ihrer Perspektive zu erzählen«, vermerkte Schulz-Ojala. Lob bekamen *Beautiful Thing* von Hettie Macdonald und *Lea* von Ivan Fila, der stärkste deutsche Frauenfilm war der schwarzhumorige TV-Produktion *Gefährliche Freundin* von Hermine Huntgeburth. Die mit Spannung erwarteten SAT.1-Produktionen *German Classics* überzeugten mit Bernd Eichingers *Das Mädchen Rosemarie* und enttäuschten mit *Die Halbstarken* von Urs Egger. Total mißlungen waren für Schulz-Ojala *Jeden dritten Sonntag* von Leopold Huber und *Koma* von Uwe Janson, ebenfalls eine SAT.1-Produktion, die wie viele der Filme überhaupt Fernsehproduktionen waren, Kinofilme waren Mangelware. Stefan Stosch bemerkte in der ›Hannoversche Allgemeinen Zeitung‹, daß »Videoclip-Ästhetik« dominiert, »Gags sind Pflicht. Nur lernt der Zuschauer die aufgekratzten Figuren nicht kennen.« Die *German Classics* waren für ihn »nüchternes Quotenkalkül« und insgesamt ließ der deutsche Film einen Glücksfall wie im Vorjahr mit *Nach fünf im Urwald* von Hans-Christian Schmid vermissen. Michael Althen registrierte in der ›SZ‹ eine »gewisse Gefälligkeit« der deutschen Filme: »-Die Filme fordern ihr Publikum nicht übermäßig,« doch »es gibt mittlerweile eine ganze Reihe von Schauspielern, die Lust auf Geschichten machen.«
Die Filmauswahl siegte dieses Jahr im traditionellen Fußballspiel über die Stadtauswahl mit 4:3, für ›Filmecho/Filmwoche‹ war das filmische Duell eher »ein eher schmeichelhaftes Unentschieden.« »Das deutsche Kino hat also ein gewisses Niveau erreicht, von dem aus sich noch ganz andere Geschichten erträumen lassen. Das ist mehr, als man in den vergangenen Jahren sagen konnte. Was noch fehlt, wird sichtbar, wenn man sich John Sayles' *Lone Star* oder Pol Cruchtens *Black Dju* ansieht, die ganz entspannt von Geschichten und Gesichtern erzählen, die bei uns noch erträumt werden müssen.« (Althen) Der Kurzfilm *Der Lober* von Ernst Kahl, in dem ein Männchen seelisch aufgerichtet wird, aber bei der ersten Kritik wieder zusammenbricht, war für Althen symptomatisch für die deutsche Filmmisere. In fünf Tagen wurden 60 Langfilme gezeigt, fast ein Viertel mehr als im Vorjahr, 15 davon präsentierten den deutschen Film, der zweite Stamm-Schwerpunkt waren europäische bzw. anglophone Independent-Filme. Dazu gehörten *Herzen in Aufruhr* von Michael Winterbottom, *Snakes And Ladders* von Trish McAdam, *Hard Core Logo* von Bruce McDonald, die Deutschlandpremiere *Shine* von Scott Hicks, *Kein Oscar für Mr. McKenzie* von Pete Jackson und Costa Botes. Die **Retrospektive** war **Clara Law**, deren neuster Film *Floating Life* lief, gewidmet.
***Werner Schroeter*** nahm den **Filmpreis der Stadt Hof** entgegen. Den **Eastman-Kodak-Förderpreis** erhielt der Kurzfilm ***Ausflug im Schnee*** von Sibylle Tafel.

## 2. Jewish Filmfestival Berlin

Das von der Jüdischen Volkshochschule und den Freunden der Deutschen Kinemathek in Berlin veranstaltete Filmfestival kleidete sich in das Motto »Ich hab' schon mehr gelacht«.

»Es ist oft ein trauriges und bitteres Lachen, das von jüdischen Regisseuren und ihren Darstellern angestimmt wird.« HANS-JÖRG ROTHER, ›FAZ‹

Das von 1916 bis 1994 gespannte Programm umfaßte Filme aus Weißrußland, Polen oder Israel, darunter *Alles ist gut* von Jurij Chatschewtskis, *Amerikanische Geschichten* von Chantal Akerman, *Komplott gegen Harry* von Michael Roemer oder Klassiker wie Ernst Lubitschs *Sein oder nicht sein* und Mel Brooks *Frühling für Hitler.*
Rother kritisierte den mutlosen Versuchscharakter in der historisch belasteten Stadt: »Eine Summierung von Filmvorführungen, von keiner einzigen Diskussion belebt, schafft noch kein Festival, sondern allein dessen Gerüst, das mancher vermittelnden Umkleidung bedürfte, damit die Fragen und die Unruhe, die das Ereignis wohl auslösen soll, zur Sprache kommen.«

## 8. Feminale Köln

Das zweitgrößte Frauenfilmfestival zeigte in vier Tagen 100 Filme aus 23 Ländern, darunter die **Retrospektive** der Multimediakünstlerin **Valie Export** und ein **Trinh T. Minh-ha-Special.**
Als ein neuer Programmschwerpunkt wurde diesjährig das »Festival der Kritikerinnen« eingeführt: Fünf internationale Filmkritikerinnen diskutierten feministische Perspektiven und präsentierten ihren »feministischen Lieblingsfilm« (z. B. *Husbands* von John Cassavetes und *Die Satansweiber von Tittfield* von Russ Meyer).
Im weiteren Programm hielt Annett Busch im ›film-dienst‹ *The Watermelon Woman* von Cheryl Dunye und *The Woman Next Door* von Michal Aviad für erwähnenswert. In *Der Freischütz* von Ildikó Enyedi »wurden Bilder sichtbar, die von einer [weiblichen] Wahrnehmung der Welt erzählen, die nicht nur auf der Leinwand ausgeklammert wird.«

## 39. Internationales Festival für Dokumentar- und Animationsfilme Leipzig

»›Die Zeit‹ des politisch engagierten Dokumentarfilms scheint vorbei. Seiner sozialkritischen Tradition bleibt das Leipziger Dokumentarfestival jedoch treu, vor allem mit Beiträgen aus der Dritten Welt«, resümierte Heinz Kersten in der ›FR‹. 235 Filme aus 37 Ländern liefen, 22 davon im Wettbewerb. Der filmische Schwerpunkt lag im Iran mit 18 Werken, Nebenreihen zeigten Filme aus Israel, Kampuecha und Vietnam, doch Kersten vermißte das Festival als »ein Fenster zur Welt«, so wie es für Direktor Fred Gehler heute »ein ganz normales Festival« sei. Kersten: »Als Besonderheit will es weiterhin pflegen die Tilgung weißer Flecken auf der kinematographischen Landkarte und die Aufmerksamkeit Osteuropas. Seit dem Zusammenbruch bisher staatlich geförderter Produktionsstrukturen ist freilich die Zahl von dort kommender Filme deutlich zurückgegangen.«
›Filmecho/Filmwoche‹ schrieb, daß Insider von einem »durchwachsenen« Jahrgang sprachen, »geprägt von offener und streitbarer Atmosphäre, kontroversem Filmangebot und der Stadt selbst, die derzeit in den Medien der alten Bundesländer ihr »Coming out« als »Boomtown des Ostens« erlebt«.
Im Programm ärgerte sich Oliver Rahayel im ›film-dienst‹ über »wenige echte Kinoerlebnisse«, da einige Werke Videoproduktionen waren oder einer Leinwand nicht würdig. Kersten lobte den Höhepunkt *Noel Field – der erfundene Spion* von Werner Schweizer und

die Preisträger *Besser und besser* sowie *Sennen-Ballade* von Erich Langjahr – »endlich einer, der sich ganz auf die Aussagekraft der Bilder verließ.« In diesem Punkt herrschte Einigkeit, Hans-Jörg Rother, ›FAZ‹ schrieb: »Nicht jeder hat allerdings etwas zu erzählen. Manch einer meldet nur sein eigenes Gesicht an oder sammelt hastig Fakten, die dann ein unaufhörlicher, aufdringlicher Redefluß begleitet.« Dies traf für ihn nicht zu bei *Kennst du kein Leid, verlieb dich in mich* von Olga Budaschewskaja und Kevin Sim, der für ihn schon eher ein Thriller denn Dokumentarfilm war, *Warten* von Marie Claude Harvey sowie *Wunderland* von Vitalij Manskij zu und registrierte: »›Die Zeit‹ der analytischen Filme, wie sie die **Retrospektive** von **Erwin Leiser** in Erinnerung ruft, scheint vorbei.« 20 Filme liefen von ihm, darunter *Mein Kampf* und *Pimpf war jeder.* Eine weitere **Retrospektive** galt den Dokumentarfilmen von **Krzysztof Kieslowski**.

Kontrovers wurde auch der Wettbewerb aufgenommen. *Wir wären so gerne Helden gewesen* wurde von der »Leipziger Zeitung« als »Quasselkino« beschrieben, während *Sennen-Ballade* von Erich Langjahr kaum Beachtung fand. Umjubelt wurde hingegen *Heute bauen wir ein Haus.*

**Goldene Taube für besten Langfilm** (9.000 DM): ***Besser und besser*** von Alfredo Knuchel und Norbert Wiedmer.

**Goldene Taube für besten Kurzfilm:** ***Heute bauen wir ein Haus*** von Sergei Losniza und Marat Magambetow.

**Silberne Taube:** ***Wir wären so gerne Helden gewesen*** von Barbara Metselaar-Berthold.

**Preis des Umweltministeriums: *Sennen-Ballade* von Erich Langjahr.**

**Sonderpreis der Stadt Leipzig** (Publikumspreis): ***Lost In Mississippi*** von Jim Chambers.

**Jugendjury: *Lost In Mississippi*** von Jim Chambers.

**FIPRESCI-Jury: *Besser und besser*** von Alfred Knuchel und Norbert Wiedmer.

**Lobende Erwähnung: *Sennen-Ballade*** von Erich Langjahr.

**Ökumenische Jury: *Lost In Mississippi*** von Jim Chambers.

**Lobende Erwähnung: *Blagodat/ Wunderland*** von Vitali Manski.

**Mercedes-Benz-Stipendium** (20.000 DM)**: *Ajit*** von Arvind Sinha.

## 38. Nordische Filmtage Lübeck

120 Filme wurden gezeigt, 20 Prozent mehr als im Vorjahr und führten die Filmtage zu einem Zuschauerrekord von 10.000 Besuchern. »Wer vieles bringt, wird manchem etwas bringen«, vermerkte Hans-Gerd Kästner in ›Filmecho/Filmwoche‹, und fügte hinzu, daß weniger mehr wäre. Kästner sah glänzende Arbeiten wie der Preisträger und Eröffnungsfilm *Die Jäger,* ein schwedischer Thiller über Wilderer, von Kjiell Sundvall und die Deutschland-Premiere und Publikumsmagnet *Hamsun* von Jan Troell. Erwähnenswert auch *Mein irisches Tagesbuch* von Bang Carlsen und Bo Widerbergs *Schön ist die Jugendzeit,* sowie sein Wettbewerbsbeitrag von Cannes ’79 *Victoria.* Die **Retrospektive** zeigte eine umfassende Schau mit Leinwandwerken, die Literatur oder Biographie des Norwegers **Hamsun** zur Vorlage haben: 13 Filme aus 75 Jahren boten z. B. *Segen der Erde.*

»Weniger wäre mehr« fügte Kästner jedoch hinzu, und schrieb weiter, daß die eingefahrene Ernte durch Umwege über andere Festivals auch nicht mehr taufrisch war (z. B. der Berlinale-Beitrag *Schön ist die Jugendzeit*). Doch die Steigerung ließ ihn auf eine gute Finanzausstattung des mit einem ca. 500.000 DM hohen Budget ausgestatteten Filmfests rückschließen.

»Durch die Machtstrategien der Verleiher gehen uns viele Filme verloren«, beklagten die Veranstalter (z. B. das neueste Werk von Bille August). Deswegen soll das Festival vielleicht bald im Sommer stattfinden, um nicht mehr zwischen den Terminen von Hamburg und Berlin zu liegen.

Im Wettbewerb warben neun Produktionen um die begehrte mit 25.000 DM dotierte **Siegespalme,** es gewann ***Der 18. Mai*** von Anders Rönnow-Klarlund. Den **Publikumspreis** der »Lübecker Nachrichten« erhielt ***Sonntagsengel*** von Berit Nesheim. Der **Baltische-** und **Interfilmpreis** ging an ***Breaking The Waves*** von Lars von Trier. Den **Kinder-** und **Jugendfilmpreis** erhielt ***Bert, die letzte Jungfrau*** von Tomas Alfrdson. Den **Dokumentarfilmpreis** bekam ***Die Spieldosenstraße*** von Axel Brandt und Elisabeth Waelchli.

## 7. Kinofest Lünen

Zum siebten Male wurde die Provinzstadt Lünen Treffpunkt für Schauspieler, Regisseure, Produzenten, Drehbuchautoren, Verleihern des deutschen Filmes. Die Veranstalter waren zufrieden und registrierten einen 20prozentigen Zuschauerzuwachs und meinten großzügig: »Lünen ist als Treffpunkt für Liebhaber des deutschen Films in der Festivallandschaft nicht mehr wegzudenken.«
Als Höhepunkte des Programmes mit 20 Lang- und 15 Kurzfilmen erwiesen sich *Jenseits der Stille* von Caroline Link, *Für immer und immer* von Hark Bohm und ›Die Welt‹uraufführung *14 Tage Lebenslänglich* von Roland Suso Richter. Zu den Gästen gehörten, neben den genannten Regisseuren, Peter Lohmeyer, Til Schweiger, Frank Everschor u.a.
Im weiteren Programm liefen in der Reihe »10 aus 5« von der Filmstiftung NJW geförderten Filmen, z. B. *Die Sieger* von Dominik Graf und *Farinelli* von Gérard Corbiau. Im Kinderprogramm lief u.a. *Mein Freund Joe* von Chris Bould.

**Fuji-Publikumspreis Kurzfilm:** ***Solu*** von Matthias Sandmann.
**2. Platz:** ***Invasion aus dem Weltall*** von Axel Arft und ***Was solln die Mätzchen Schätzchen*** von Juri Köster.
**Drehbuchpreis NRW** (10.000 DM): ***Das Versprechen*** von Monika Klautzsch.

## 17. Viper 96 Internationales Film- und Video- und Multimedia-Festival in Luzern

Die Festival-Themen »Simulation/Stimulation«, »Cyberotica« oder »True Hallucinations« deuteten an, daß sich die gezeigten Filme, Videobänder, Installationen, Performances und Vorträge rund um künstliche Welten drehten. Das Programm unter Leitung von Conny Voester zeigte klassische amerikanische Avantgardefilme und Videobänder aus den letzten Jahrzehnten mit Künstlern wie Harry Smith, Jordan Belson oder Scott Bartlett.
»Viper« verschloß sich auch nicht dem Spielfilm, z. B. wurde *Metropolis* von Fritz Lang, *Blade Runner* von Ridley Scott und *Strange Days* von Kathryn Bigelow gezeigt. In einem IMAX-Kino liefen die F/X von *King Kong* über *Krieg der Sterne* bis *Independence Day.*
Der laut Festivalinformation wichtigste europäische Wettbewerb für das aktuelle, visuell innovative Film- und Videoschaffen, nach Wilhelm Roth in ›epd-film‹ überflüssig, wurde mit der »European Media Art Festival Osnabrück« (Preisträger siehe dort) veranstaltet. Eine weitere Zusammenarbeit wird aus zeitlichen Differenzen nicht stattfinden.

## 45. Internationales Filmfestival Mannheim-Heidelberg

Seit dem Zugewinn der Stadt Heidelberg vor drei Jahren befindet sich auch das Image des Festivals in einem hefti-

gen Veränderungsprozeß«, schrieb Marli Feldvoß in ›epd-film‹.
Festivaldirektor Michael Kötz setzte in einer neuen Gesamtkonzeption Kunst und Kommerz nicht als Widerspruch ein, und bot neben neuen Talenten ein »Forum der Filmwirtschaft«. Erstens wurde eine erhöhte Verleihfördersumme von 35.000 DM ausgeschrieben, zweitens wurde der »Independent Market Service« zur Besichtigung für Branchenprofis angeboten und drittens wurde erstmals in Deutschland ein »Projekt-Markt« zu Förderung von Autorenfilmen angeboten, diese Projekte kamen 1996 aus Lateinamerika.
Daneben bot Kötz natürlich wieder junge, unabhängige Filme, die wie der Daumenabdruck des Festivallogos unverwechselbar sein und »die 100 besten Independents der Welt« darstellen sollten. »Genauer betrachtet halten nur wenige Filme des Festivals dem radikalen Anspruch auf Entdeckung und Innovation wirklich stand. [...] Der Daumenabdruck, das Einmalige des Festivals, ist ganz ohne Verluste nicht aufrechtzuerhalten. Die inzwischen überall begehrten Debütfilme haken eine lange Festivalliste ab, ehe sie nach Mannheim kommen.« (Feldvoß) Über 100 Filme liefen aus 37 Ländern vor rund 40.000 Zuschauern. 22 Spiel-, sechs Dokumentar- und 17 Kurzfilme bewarben sich im Wettbewerb vor der Jury zu der z. B. Fridrik Thor Fridriksson gehörte. Es liefen »unter qualitativen Gesichtpunkten etliche [Filme] zu viel, auch wenn die Zahl der Fehlgriffe deutlich niedriger lag als in den Vorjahren. Als einziger langer deutscher Beitrag lief der 42-minütige Dokumentarfilm *Heimatgefühle* von Frank Müller im Wettbewerb, was einmal mehr bewies, wie stark die Magnetwirkung von Hof auf sämtliche attraktiven deutschen Spielfilme ist«, schrieb Reinhard Kleber in ›Filmecho/Filmwoche‹. Im Wettbewerb hielt Kleber den für ihn verdienten Sieger *Den Attende* von Anders Ronnow-Klarlund, sowie *'Til Christmas* von Jon Sherman für erwähnenswert. In der Sonderreihe »Focus On South Korea« lobte Kleber *Auf einem heißen Dach* von Lee Min-yong und bei »International Discoveries« *Zusje* von Robert Jan Westdijk.
Laut Walter Aulehla im ›film-dienst‹ lief an Erwähnenswerten, neben den prämierten oder gelobten Filmen, *Einkalif* von Thrainn, *La Linea Paterna, Entre Marx Y Una Mujer* von Camilo Luzuriaga, *Memorial Day* von Daniel Carey, *Ligzda* von Aivar Freimanis, *De Kersenpluk* von Arno Kranenberg, *Biquel* von Sophie Langevin und Jacques Raybaut.
Am Ende des Festivals kam eine Hiobsbotschaft. Die Landesregierung kündigte an, ihre Finanzierungshilfe von 600.000 DM diesjährig um 10% zu kürzen, nachdem Ministerpräsident Erwin Teufel die Förderung zur Festivaleröffnung noch als sicher bezeichnet hatte und das Festival zur Nummer eins in der Medienlandschaft des Landes erklärt hatte.

**International Independent Award:** für den **besten Spielfilm** (30.000 DM Prämie) erhielt ***Den Attende*** von Anders Ronnow-Klarlund, für den **besten Dokumentarfilm** (10.000 DM Prämie) erhielt ***Olika Tag*** von John Webster und für den **besten Kurzfilm** (5.000 DM Prämie) erhielt ***Sonnen*** von Ketil Kern.
**Memoriam Rainer Werner Fassbinder-Spezialpreis** für den eigenwilligsten Film (10.000 DM): ***Zhou Mo Qing Ren*** von Lou Ye.
**Spezialpreis der Jury** (5.000 DM Prämie): ***Fire*** von Deepa Mehta.
**Lobende Erwähnungen der Jury:** ***A Petal*** von Chang Sun-woo, ***Moshe Ivgi*** in *Hole Ahava Meshikun Gimel* von Savi Gabizon, ***Lap Rouge*** von Lodewijk Crijns.
**Preis der FIPRESCI:** ***Den Attende*** von Anders Ronnow-Klarlund.
**Lobende Erwähnung:** ***Heimatgefühle*** von Frank Müller.
**Preis der Ökumenischen Jury:** ***A Petal*** von Chang Sun-woo.

**Lobende Erwähnug:** ***Az Asszony*** von János Erdélyi und Dezsö Zsigmond.
**Publikumspreis:** ***Hole Ahava Meshikun Gimel*** von Savi Gabizon.

## 14. Filmfest München

Im Vorjahr sorgte das kleine Schwabinger Filmfest als ein Gegenfestival für Entsetzen. Für alle Beteiligten wirkte sich dieser Zustand unbefriedigend aus, und so waren dieses Jahr die Kinos in einem Festival wiedervereint. Wenn es eine Klage über das Festival gab, dann war es wie schon im Vorjahr die Kritik am Überangebot bzw. der Gigantomie, so daß Stefan Gehrke in ›Filmecho/Filmwoche‹ von einem »Kino-Overkill« sprach. Das Festival hat seinen »individuellen Charakter fast vollends eingebüßt«, schrieb Maria Capponi in ›epd-film‹ und meinte, daß mit Quantität geklotzt würde, anstatt sich auf Qualität zu beschränken. Bei diesen alten Problemen wurde Festival-Chef Eberhard Hauff von mehreren Kritikern, z.B. H.G. Pflaum in der ›SZ‹, »kanzlerhafte Größe im Aussitzen bis zum Verstummen von Problemen« attestiert.
Das Programm mit ca. 300 Filmen (1995 ca. 200) bestand aus 15 verschiedenen Reihen: »Internationales Programm«, »High Hopes« mit »Neue Deutsche Filme«, »Amerikanische Independents« (mit vielen Beziehungskomödien; *Things I Never Told You* von Isabel Coixet), »Nouveau ›cinema‹ Francais« (dem großes Lob zukam; *Encore* von Pascal Bonitzer) »Tribut an Ron Bass«, die **Retrospektive** für **Robert Wise** (mit 17 seiner 39 Werke), Filme von Conrad Rooks, »Best of Animation«, »Off Limits« (mit obskurem Horror; *Nadja* von Michael Almereyda), »Lights! Camera! Action!« (Filmemacher bei der Arbeit; *The Battle Over Citizen Kane* von Thomas Lennon und Michael Epstein) u.v.m. Hier wünschte sich Gehrke, »trotz der Einbeziehung vieler Spielstätten das Programm zu straffen, klarer zu strukturieren und vielleicht auf die eine oder andere Sektion zu verzichten.« Nur welche Sektion ist die Frage bei den vielen Vorlieben. Und beides geht nicht: Viele Kinos mitspielen zu lassen und das Programm zu reduzieren. Die Zuschauer hatten nicht die Probleme der Kritiker und nahmen das Programm sehr gut auf und sorgten für viele ausverkaufte Vorstellungen. »Die Stärke des Festivals liegt – und das zeigte sich besonders in diesem Jahr – eher in der Programmstrukturierung und -vielfalt als im Aufgebot von Prominenz«, stand in ›Der Tagesspiegel‹. Die Prominenz war dieses Jahr namhaft: Ron Bass, Danny Boyle, Patrice Leconte, Gillies MacKinnon, John McNaughton, Edouard Molinaro, Robert Rodriguez, Tilda Swinton (die auch den Katalog zierte), Robert Wise und auf deutscher Seite Barbara Auer, Joachim Król, Peter Lohmeyer und fast alle Regisseure der deutschen Beiträge mit ihren Darstellern.
»Eine Veranstaltung wie das Münchener Filmfest ist ein zweischneidiges Schwert: Zum einen gibt es wirklich »einmalige Filme« zu sehen, zum anderen aber geht im Überangebot vieles unter. Die Feuilletons haben der Berlinale jahrelang vorgeworfen, als Werbeplattform für die US-Majors zu fungieren. Das Filmfest München als Nachspielfestival operiert nach dem gleichen Prinzip, nur daß es nicht die Majors hofiert, sondern den (europäischen) Autorenfilm.
Im Programm liefen: *Eine Couch in New York* von Chantal Akerman, *Geliebte Aphrodite* von Woody Allen, Palmen-Sieger *Lügen und Geheimnisse* von Mike Leigh, *Der Mann, der die Sterne machte* von Guiseppe Tornatore, *Nach eigenen Regeln* von Lee Tamahori, *Normal Life* von John McNaughton (ein Festivalhöhepunkt), Sundance-Gewinner *Troublesome Creek: A Midwestern* von Jeanne Jordan und Steven Ascher, *Trainspotting* von Danny Boyle.

Viele von den 15 deutschen Filmen konnten nicht überzeugen. *Landgang für Ringo* von Lars Becker und *Greenhorn* vom Vorjahrespreisträger Rainer Kaufmann enttäuschten, *Workaholic* von Sharon Wietersheim berührte peinlich.
Großes Lob wurde *Jenseits der Stille* von Caroline Link zu Teil, der für den Hypo-Regieförderpreis favorisiert wurde, den aber *Die Mutter des Killers* von Volker Einrauch verdientermaßen erhielt. Diese Reihe ist wohl ohne TV-Movies nicht mehr zu bestücken.
Für Aufsehen sorgte dennoch die erstmalige Vergabe des TV-Movie-Award. 34 Filme versprachen »Fernsehen von Feinsten«. Pflaum empfand diese »herzlich überflüssig«, zumal sie für eine Großleinwand nicht passend waren. »Für die einen ist es ein ärgerliches Ranschmeißen an den Kommerz und Verrat am Kino, ..., für Eberhard Hauff ist es eine notwendige und zeitgemäße Öffnung in Richtung Wandel der Medien.« (›Filmecho/Filmwoche‹)
Da heutzutage kein Festival mehr ohne TV-Movies auskommt (Hof könnte ohne gar nicht existieren) ist München daher als selbstbewußter Trendsetter zu sehen.

**Regie-Förderpreis der Hypo-Bank:** 60.000 DM an Volker Einrauch für ***Die Mutter des Killers.***
**One Future Preis:** ***Todas – am Rande des Paradieses*** von Clemens Kuby (erhielt die Hauptpreisprämie von 10.000 DM), ***Blue Eyed*** von Bertram Verhaag.
**MediaNet-Award:** in **Gold** (25.000 DM) an ***Return Of The Dying Rooms*** von Kate Blewett und Brian Woods, in **Silber** (15.000 DM) an ***Cuba 111*** von Dirk Vandersypen und Stev van Thielen, in **Bronze** (10.000 DM) an ***Die Schattenjäger – Aus dem Leben der giftigsten Skorpione der Welt*** von Kurt Mündl.
**TV-Movie-Award** (100.000 DM): ***Eso*** von Fernando Colomo, ***Die Russenhuren – Visum in den Tod*** von Uwe Janson.

**One-Future-Sonderpreis:** Die evangelische INTERFILM-Akademie ehrte ***Clemens Kuby*** für *Todas – Am Rande des Paradieses.* Eine **Lobende Erwähnung** erhielt ***Bertram Verhaag*** für *Blue Eyed.*

Einen **Spezialpreis** erhielt ***Marianne Rosenbaum*** und ***Gérard Samaan*** für ihr Gesamtwerk von *Peppermint Frieden* bis *Lilien in der Bank.*

**Deutscher Jugend-Video-Preis** (mit insgesamt 18.000 DM Prämiengeldern)

**Videos für Kinder:**
**1. Preis:** Atlas Film für ***Herzog Ernst*** von Lutz Dammbeck; **2. Preis:** Matthias Film für ***Das Taschenmesser*** von Ben Sombogaart; **3. Preis:** Taurus Video für ***Emil und der kleine Skundi*** von Thorsteinn Jonsson.

**Videos für Jugendliche:**
**1. Preis:** BMG Video/Ufa für ***Die letzte Kriegerin*** von Lee Tamahori; **2. Preis:** Matthias Film für ***Nana*** von Miguel Alexandre; **3. Preis:** Buena Vista für ***Funny Bones*** von Peter Chelsom.
**Lobende Erwähnung:** Katholisches Filmwerk/Matthias Film für ***Die Jungen von St. Petri,*** MVW/Madison für ***High Lonesome***.

## 16. Internationales Festival der Filmhochschulen München

»Spätestens seit dem unglaublichen Erfolg des HFF-München-Absolventen Roland Emmerich und seiner deutschen Crew der Filmakademie Ludwigsburg dürfte feststehen, daß Filmhochschulen keineswegs Talent unterdrücken«, konstatierte Veranstalter Eberhard Hauff.
1996 standen 160 Kurzfilme von neuen Talenten von 35 Hochschulen aus 24 Ländern zur Ansicht, wobei die Tokioter Nihon University College of Art (NUCA) mit ihren Filmen einen Schwerpunkt bildete.

»Bei vielen Produktionen irritierte die gewollt lockere Art: man riß ein Thema an und verlor dann leicht den Faden oder erging in Nonsens und Scherzen. [...] Einen Mittelweg zwischen flach/albern und ambitioniert/angestrengt zu finden, viel dem Nachwuchs schwer.«
MARGRET KÖHLER, ›FILM-DIENST‹

Die Jury unter Leitung von Eckart Schmidt vergab folgende Preise:

Beim **Young Talent Award** der VFF-Verwertungsgesellschaft der Film- und Fernsehproduzenten erhielt den **1. Preis** (20.000 DM) ***Sort Hertje*** von Thomas Rostock, Dänemark, den **2. Preis** (10.000 DM) ***Der Steuermann*** von Stefan Schneider, München und den **3. Preis** (5.000 DM) ***Seven*** von Shona Auerbach, Polen.
**Preis des Jurypräsidenten** (2.500 DM, von FilmFernsehFonds Bayern): ***Pancia*** von Iwona Siekierzynska, Polen.
**Jury-Preise: *Malka – Lev-Adom*** von Ran Tal und Edgar Keret, Israel, **Regiekoffer** (arte), ***Insight*** von Georg Misch, GB (Regiekoffer von BR), ***Bien Sous Touts Rapports*** von Marina Devan, Frankreich, **Regiekoffer** (ARRI), ***Dilis Romansi*** von Vakhtang Kuntsev-Gabashvili, Georgien, **Kodak Filmmaterial, *Sort Hertje*** von Thomas Rostock, Dänemark, **Regiekoffer** (RTL).
**CILECT Regiepreis** (1 Woche Regie-Workshop in Rom): ***Lap Rouge*** von Lodewijk Crijns, Niederlande.
**Script-Preis der Drehbuchwerkstatt München** (Drehbuch-Software): ***Debut*** von Jonas Elmer, Dänemark.
**Lobende Erwähnung: *Ohne Hose*** von Nils Willbrandt, Babelsberg, ***El Mout Yadehak*** von Ahmed Abdel Zaher, Ägypten.
**Special-Preis der Tele-Norm Film Matthias Deyle** (35mm Filmmaterial): ***Pticy Naukana*** von Alexei Vakhrushev, Rußland.
**Interessantestes Schulprogramm** (1 Woche in Georgien auf den Spuren der Argonauten, von GSITF Tiflis): ***Tel Aviv University,*** Israel.

## 11. Dokumentarfilm-Festival München

»Das wieder mit einem guten Programm« (Martina Knoben, ›epd-film‹) überzeugende Festival zeigte **Retrospektiven** der »Stuttgarter Schule«, »50 Jahre DEFA«, oder »Aufwinde in Südafrika«. Nach dem Motto »Auf der Rückseite des Spiegels« zeigte das Programm 50 Filme aus 20 Ländern, darunter asiatische, südamerikanische und afrikanische Filme. Es war »eine Einladung zu spannenden Entdeckungsreisen ins Abseits und zugleich der Versuche, auch Wahrheiten und Wirklichkeiten anderer Kontinente ... zu reflektieren.« (Margret Köhler, ›film-dienst‹) – 15.000 Besucher goutierten die exotischen Themen des kleinen Festivals. Großen Zuspruch fanden Filme aus bzw. über Tibet: *Whose Tibet Is It Anyway* von Merel Mirage, *Tibetische Erinnerungen* von Manfred Neuwirth und *Chinas Tibet?* von Lotte Marsau.
»Die schönsten Filme überzeugten durch diesen sich selbst beschränkenden Blick, der den Gedanken der Objektivität gar nicht aufkommen läßt« (Knoben): z. B. *Rome Desolée.* Und es überzeugten Filme die »auf den distanzierten Blick hinweisen: *Paradise Lost: The Childmurders At Robin Hood Hills* von Joe Berlinger und Bruce Sinofskys, *Fremde Ufer* von Volker Koepp – ein »Balanceakt zwischen politischem Anspruch und anspruchsvoller Unterhaltung [wurde] souverän bewältigt.« (Köhler)
In den Nebenreihen liefen Filme zu Themen wie »Neue Filme aus Bayern«, »Drei Jahrzehnte arabischer Dokumentarfilm, »Zeichen der Zeit« über die »Stuttgarter Schule« oder »Dokumentarfilme der Stummfilmzeit«.

Den mit 20.000 DM dotierten **Dokumentarfilmpreis des Bayrischen Rundfunks** erhielt ***Die Überlebenden*** von Andres Veiel. Den Preis für den **Besonderen Dokumentarfilm** (5.000

DM) erhielt ***Salam ›cinema‹*** von Mohsen Makhmalbaf. Der **Filmmaterialpreis** ging an ***Chinas Tibet?*** von Lotte Marsau. Den **Preis der Kulturstiftung** (Stadtsparkasse München, 5.000 DM) erhielt ***Si Ruba con gli Occhi – Man raubt mit den Augen – die letzten Reiter*** von Miriam Pucitta.

## 42. Internationale Kurzfilmtage Oberhausen

68 Beiträge, Video, 16 und 35mm- Produktionen aus 28 Ländern wurden für den Wettbewerb des fünf Tage dauernden Festivals ausgewählt. Hinzu kamen 36 Filme im Deutschen Wettbewerb und Titel im Kinderkino. Heike Hurst lobte in ›Filmecho/Filmwoche‹ alle Preisträger, wie z. B. *Zone,* der die Meisterhaftigkeit der Japaner im Animationsfilm unterstrich. Georg Röwekamp bemängelte im ›film-dienst‹, daß »der Besucher nebensächlichen Beobachtungen folgen [mußte], ohne daß sie zu faszinieren vermochten. Doch trotzdem fand Röwekamp ausgezeichnete Beispiele »im Kurzfilm bewegende Geschichten zu erzählen«, wobei »nicht zuletzt das Kinderkino eine Oase des klassischen Films« ist, wie z. B. Damien O'Donnells *35 Aside.* Hurst lobte ebenfalls *100* und *Remington, Cal. 12.*

Von einer »Krise« wollte Röwekamp nicht sprechen, eher von einem »Wandel«, einerseits durch Traditionswechsel seit 1989 für das Motto »Der Weg zum Nachbarn« und andererseits durch die »Wandelung im Bereich des Kurzfilms« durch den »Verzicht auf den Versuch, ›Die Welt‹ zu verstehen.« (z. B. *Böhmische Dörfer* von Malte Ludin, *Ich hatt' einen Kameraden* von Jacek Blawut)

Neben dem Wettbewerbsprogramm stand eine **Retrospektive** des **DDR-Dokumentarfilms** im Mittelpunkt. Von rund 40 Produktionen wurden u. a. *Todeslager Sachsenhausen* von Richard Brandt und *Das freie Orchester* von Petra Tschörtner gezeigt. »Gerade die achtlos fallengelassenen Güter bietem dem Auge des Nachgeborenen oft bemerkenswerte Anhaltspunkte über das Alltagsleben, die man in den erhabenen Werken der Hochkultur meist vergeblich sucht«, meinte Hans-Jörg Rother in der ›FAZ‹ über den Themenschwerpunkt, der sich mit dem Vergleich von Wochenschauen aus der BRD und der DDR befaßte. Der Vergleich zeigte einerseits *Blick in ›Die Welt‹, Ufa-Wochenschau, Fox – tönende Wochenschau,* anderseits den russischen, mit Beethovenmusik wuchtig unterlegtem *Augenzeugen* den Niedergang im Kampf gegen das Fernsehen und die Werbung, welche die Wochenschauen von den Leinwänden vertrieben.

**Großer Preis der Stadt Oberhausen** an ***Östliche Elegie*** von Aleksandr Sokurov.
**Hauptpreis** an ***Zone*** von Takashi Ito, ***Städte der Vergangenheit – Brügge*** von Christian Boustani.
**Lobende Erwähnung** für ***Yankale*** von Gil Alkabetz, ***Ich hatt'einen Kameraden*** von Jacek Blawut, ***Kurze Tage*** von Kostas Machairas.

## 3. Internationales Film-Fest Oldenburg

Das Film-Fest, das sich selbst dem »unabhängigen, leidenschaftlichen Kino und großen Premieren verschrieben hat, entwickelt sich immer weiter zum Hit, mit 7.500 Zuschauern kamen 2.500 mehr als im erfolgreichen Vorjahr. »Ein mit internationalen Highlights bestücktes Programm und zahlreiche Gäste machten die dritte Filmfestauflage zu einem Ereignis der Begegnungen von Medien, Filmschaffenden und Publikum.« (›Filmecho/Filmwoche‹)
47 Spiel-, mehr als 20 Kurzfilme und 16 Deutschlandpremieren wurden gezeigt: *Das Kondom des Grauens* von

Martin Walz, *Die Mutter des Killers* von Volker Einrauch, *Losing Chase* von Kevin Bacon, *Niemand wird von uns sprechen, wenn wir tot sind* Augustín Dia Yanes. Die US-Independents waren auch in diesem Jahr wieder stark vertreten mit *Omaha: The Movie* von Dan Mirvish, *Habit* von Larry Fessenden oder *Nowhere Fast* von Cinque Lee, der seinen Film bereits schon in München vorgestellt hatte. Die beiden ersteren entwickelten sich zu den Publikumslieblingen. »Forum Weser-Ems« zeigte einen Querschnitt durch das Schaffen der Region, z. B. *Lisa und die Außerirdischen* von Sven Taddicken. Daneben kam *Carnival Of Souls* von Herk Harvey und Williams Castle verschollengeglaubter *Shanks* zur Aufführung. Als Ehrengast kam Regisseur (*Der Cop*), Kubrick-Co-Produzent und »Hollywood-Maverick« **James B. Harris,** dem die **Retrospektive** gewidmet wurde.

## European Media Art Festival Osnabrück

Osnabrück präsentierte 1996 die ganze Bandbreite des experimentellen Kurzfilms. »Traditionelle Arbeiten wie filmische Identitätssuchen oder Reflexionen auf Medium und Material waren ebenso vertreten wie computeranimierte Werke, die den Aufbruch in eine völlig losgelöste mediale Zukunft zumindest verheißen.« (Mathias Heybrock, ›-epd-film‹). Neben der **Retrospektive** des Pioniers des strukturellen Computerfilms **John Whitney** liefen z. B. *Die Reise auf den Meeresgrund* von Judith Fischeder, *Time Out For Sport* von Paul Winkler, *Paramatrix* von Benjamin Seide und Henry Schmidt.

## 7. Filmfestival Potsdam

Wurde im letzten Jahr der große Publikumsbesuch begrüßt, schien dies das Problem des diesjährigen »Europäischen Salon für Liebhaber des jungen Films« zu sein: »ein erlesenes Programm einerseits, andererseits aber so wenig Interesse, daß man die Zuschauer schon am zweiten Tag alle mit Vornamen kennen konnte, wenn man gewollt hätte,« klagte Ralf Schenk im ›film-dienst‹. Dabei hatte sich »Festivaldirektorin Irina Knochenhauer und ihr kleines, mit einem Etat von 550.000 DM ausgestattetes Team um gediegene Filme und ein bis ins Detail gepflegtes Ambiente bemüht«. In sechs Tagen liefen 35 Beiträge aus siebzehn europäischen Ländern und festigten damit den »Ruf als Werkschau abseits des Mainstreams, wobei die Entwicklung in Osteuropa und Rußland wie immer ein Schwerpunkt war« (Katharina Dockhorn, ›Filmecho/Filmwoche‹) Dockhorn sah jedoch keine Struktur in den vier Wettbewerben, die zu zahlreich waren und Entdeckungen vermissen ließen.

Der Deutsche Film glänzte durch Abwesenheit im Spielfilmwettbewerb. Der Festivalsieger *La Promesse* von Jean-Pierre und Luc Dardenne galt als würdiger Gewinner und lief neben *Fremde Ufer* von Volker Koepp, *The Institute Benjamenta* der Gebrüder Steven und Timothy Quay, *Vaska Easoff. Ein Lagermärchen* von Péter Gothár, *Der Weg nach Eden* von Robert-Adrian Pejo, *Besonderheiten der russischen Jagd* von Aleksandr Rogoshkin. Die **Retrospektive** war ***Ulrich Seidl*** gewidmet, der sich auch unter den Preisträgern befand.

Zu weiteren Gästen zählten Hellmuth Karasek, Liselotte Pulver, Horst Buchholz, sowie Sönke Wortmann, Denis Lavant und Wiglaf Droste, die leider für die verdiente größere Resonanz nicht sorgen konnten.

**Bester Spielfilm** (10.000 DM): ***La Promesse*** von Jean-Pierre und Luc Dardenne.

**Besondere Erwähnung: *Osobennosti nazionalnoj ochoty/Besonderheiten der russischen Jagd*** von Aleksandr

Rogoshkin, ***Broken Silence*** von Wolfgang Panzer.
**Bester Dokumentarfilm** (5.000 DM): ***Tierische Liebe*** von Ulrich Seidl.
**Erwähnung: *Haiti. Uden Titel /Haiti. Ohne Titel*** von Jorgen Leth, ***Zintuigen zijn de voetjes van de Ziel / Die Sinne sind der Seele Füße*** Birgit Hillenius.
**Bester Kurzfilm: *Le réveil /Der Wekker*** von Marc-Henri Wajnberg.
**Bester Studentenfilm: *Pirouette*** von Adam Vardy.

## 17. Max-Ophüls-Preis Saarbrücken 1996

Keine Skandale wie in den Vorjahren, allenfalls mit *Der Nebelläufer* ein fragwürdiger Sieger, ansonsten wurde nüchtern lebendige Mittelmäßigkeit bescheinigt. Von den 18 Wettbewerbsbeiträgen kamen zehn aus Deutschland, fünf aus der Schweiz und drei aus Österreich. Die Österreichischen Beiträge fielen mit *Der Kopf des Mohren* und *El Chiko* »durch Stilwillen und irrwitzigen Realitätssinn auf.« (Eva-Maria Lenz, ›FAZ‹), überragender Sieger bei Kritik und durch Doppelprämierung der »souveräne Griff ins tolle Menschenleben« (Lenz) *Die Ameisenstraße* von Michael Glawogger. Dem Österreicher **Peter Patzak** war die **Werkschau** gewidmet, und mit seinem neusten Film *Brennendes Herz – Tagebuch einer Flucht* wurden die fünftägigen Festspiele eröffnet.
»Große Sprünge gelingen nur wenigen der jungen Hoffnungsträger«, vermerkte Lenz über den schweizer und deutschen Film, welcher sich in prominentbesetzten Fernsehproduktionen präsentierte. »Die klassischen Ophüls-Preis-Themen sorgten wie immer für Kontinuität: Probleme von Jugendlichen, Liebessehnsucht, »Beziehungkisten«, Perspektivlosigkeit und existenzielle Bedrohung.« (Bettina Thienhaus, ›epd-film‹). Der Schwerpunkt lag in Adoleszensgeschichten (*Der Nebeläufer* von Jörg Helbling, *Game Over* von Igor Zaritzki, *Die brennende Schnecke* von Thomas Stiller) – »leider spiegelt die Unsicherheit der jugendlichen Helden oft die ihrer Regisseure wieder«, bemerkte Martina Knoben in ›SZ‹. Knoben überzeugte kein einziger Film wirklich. Sie zeigten zwar »überraschend viel Humor, Gespür für Details und Liene für ihre Protagonisten«, aber hielten als Langfilme nicht durch, so daß Knoben besonders den Kurzfilmpreisträger *In Your Shoes* lobte. Unterprämiert waren für sie die schönsten Beiträge *Der Kopf des Mohren* und *Cuba Libre.* Horst Peter Koll erklärte im ›film-dienst‹, daß man bei dem »Forum des ganz jungen Kinofilms … nicht formvollendete Kinowerke erwarten kann« doch von diesen blieben trotzdem viele in Erinnerung. Lob gebührte für ihn neben den meisten Preisträgern (*Neben der Zeit) Stefanies Geschenk* von Mathieu Seiler, *Game Over*, *Wer anhält stirbt* von Olaf Kaiser und Alexander Ris. Koll empfand als bemerkenswert den hier möglichen Vergleich der deutschen Filme, »während ostdeutsche Produktionen eine desolate Außenwelt beschreiben und die innere Stärke des einzelnen als utopischen Hoffnungsträger herausstellen, kranken die Menschen im Westen des Landes an der äußeren Satturiertheit, der eine tiefe innere Haltlosigkeit gegenübersteht.«
Das Festival ist mittlerweile durch den »Boom« des deutschen Filmes für die Verleiher interessant geworden, für die 20.000 Zuschauer allemal, sie besuchten in Scharen die Filme mit ausgezeichneten Schauspielerleistungen. In einer holländischen Sonderreihe gefiel *Tot Ziens* von Heddy Honigman, ein außergewöhnlicher Liebesfilm, ausgesprochen gut. Die »mutigeren Filme, die die Jury vermißt hatte«, so Alexander Musik in »tip« kamen aus dem Osten mit *Der Garten* von Martin Sulik und *Someone Else's America* von Goran Paskalevics.
Knoben stellte sich die Frage des halbleeren oder halbvollen Glases. Ärgern oder zufriedenes Bedauern über den

jungen Film? Für sie war das Glas »doch eher halbleer«.

**Max Ophüls Preis** dotiert mit 30.000 DM plus eine Verleihförderung von 30.000 DM an ***Jörg Helbling*** für ***Der Nebelläufer.***
**Max Ophüls Preis für Nachwuchsdarsteller** dotiert mit 5.000 DM an ***Christiane Paul*** für ihre Rolle in *Ex* von Mark Schlichter, ***Felix Eitner*** für seine Rolle in *Brüder auf Leben und Tod* von Friedemann Fromm.
**Produzentenpreis: *Dor-Film*** für *Die Ameisenstraße.*
**Förderpreis der Jury** dotiert mit 5.000 DM an ***Christian Petzold*** für *Cuba Libre.*
**Kurzfilmpreis** dotiert mit 5.000 DM an ***Christoph Röhl*** für *In Your Shoes.*
**Interfilmpreis** dotiert mit 2.000 DM an ***Paulus Manker*** für *Der Kopf des Mohren.*
**Preis des saarländischen Ministerpräsidenten** dotiert mit 10.000 DM plus eine Verleihförderung von 10.000 DM für ***Michael Glawogger*** für *Die Ameisenstraße.*
**Preis der Leserjury der Saarbrücker Zeitung** dotiert mit 2.000 DM an ***Lawrence Grimm*** für *Der Nebelläufer.*
**Publikumspreis** dotiert mit 3.000 DM für ***Andreas Kleinert*** für *Neben der Zeit.*
**Femina-Film-Preis** erstmalig vergeben für »hervorragende künstlerische Leistung einer Frau« dotiert mit 5.000 DM: ***Juno »Cookie« Englander*** für die Montage von *El Chicko.*

## 6. Schweriner Film-Kunst-Fest

Nachdem sich Schwerin dem Anspruch des sozial engagierten Filmes verschrieben hatte, wagte man unter dem Motto »All You Need Is Love« einen Balanceakt mit »deutschsprachig engagierten Filmen« und diversen Reihen wie einem Porträt Rosa von Praunheims oder in einer Länderreihe Großbritannien. »Die Festivalleiter … argumentierten: Ist die Liebe nicht eigentlich das revolutionärste aller Gefühle? Mit dem Programm hatten diese großen Worte doch nur wieder so viel zu tun wie die Liebe mit allem – besonders im Kino.«

SILVIA HALLENSLEBEN, ›epd-film‹

14.000 Besucher folgten den Vorstellungen in sechs Kinosälen, bei denen sich *Die Legende von Paul und Paula* von Heiner Carow zum Publikumsrenner entwickelte. *Der Kopf des Mohren* und *Die Vergebung* zählten zu den umstrittensten Werken, Gordian Mauggs *Kaukasische Nacht,* Andreas Kleiners *Neben der Zeit* zu den lobenswerten Produktionen, wie der Gewinner des Hauptpreises **»Der fliegende Ochse«** ***Broken Silence*** von Wolfgang Panzer. Hallensleben empfand dabei, daß »die Dokumentarfilme oft spannender als Spielfilme« waren, so wie *Der Fall Kap Arkona* von Karl Herrmann, *Chinas Tibet?* von Lotte Marsau und insbesondere *Borowitschi* von Viola Stephan über die gleichnahmige Stadt.

## 19. Internationale Grenzland-Filmtage Selb

Die oberfränkischen Grenzland-Filmtage Selb boten rund 60 Filme aus 16 europäischen Ländern, darunter wieder Kurz- und Spielfilme aus dem ehemaligen Jugoslawien und aus Albanien, Filme, die sich mit der Umbruchsituationen bzw. dem Balkankrieg auseinandersetzen, wie z. B. *Lieber Schutzengel mein* von Tomislav Radic, *Halgato* von Andrej Mlakar oder *Die Gefangenen der Galerie* und *Der Tod des Pferdes* von Saimir Kumbaro.
Zu weiteren Beiträgen aus der Tschechischen und Slowakischen Republik, Rußland und den skandinavischen Staaten gehörte *Alles was ich mag* sowie *Der Garten* von Martin Sulík, *Besonderheiten der russischen Jagd* von Alexandre Rogozhkin, *Sergej*

*Eisenstein: Autobiographie* von Oleg Kowalow. Im Dokumentarfilmbereich lief z. B. *Das dritte Kapitel – Juri* von Josef Cyrus und *Tierische Liebe* von Ulrich Seidl, im Kinderprogramm z. B. *Saxana, die Hexe* von Václav Vorlícek und *Die Spur der roten Fässer* von Kai Wessel. Die Werkschau war dem Regisseur Roland Klick mit sechs seiner Filme wie z. B. *Deadlock* gewidmet.

## 31. Solothurner Filmtage

Alle Kinos in Solothurn waren dieses Jahr für das Festival reserviert. »Für eine Woche bleiben die Amerikaner ante portas. Und wer in Solothurn ins Kino will, der muß sich einen Schweizer Film anschauen.«

CHRISTOPH HEIM, BASELER ZEITUNG

Für Beat Glur (›Filmecho/Filmwoche‹) waren die Filmtage »einmal mehr ein Großerfolg«, zu dem das Publikum in Massen strömte.
Doch trotzdem mußte sich Ernüchterung einstellen. Durch den Terminumzug des Dokumentarfilmfestival in Nyon vom Herbst ins Frühjahr blieb Solothurn die Premerienaufführung vieler Filme verwehrt.
Nur Isolde Marxers *A Propos De Joyce* Dokumentarlangfilm kam hier zur Uraufführung.
Und auch andere Filme hatten ihre Kinoauswertung schon begonnen oder waren in Locarno oder in Hof gelaufen: *Der Nebelläufer* von Jörg Helbing, *Mekong* von Bruno Moll oder *Das geschriebene Gesicht* von Daniel Schmid.
Folglich boten die Filmtage nur eine »Übersicht über die Ernte des vergangenen Jahres«, bemerkte Heim und befürchtet dies auch für kommende Jahre. Entäuscht zeigte er sich über die geringe Anteilnahme der Zuschauer für Gesprächforem zu den Filmen. Die Themen: »Leben, Umwelt, Arbeit werden geschildert, kommentiert, auch in experimentell geprägten Kurzfilmen, dokumentarischen und fiktionalen, ebenso wie in informativen Berichten.«
Insbesondere Portrait-Filme aus dem Bereich der Kunst waren zahlreich vertreten: z. B. *Signers Koffer* von Peter Liechti, *Unterwegs* von Gabriele Schärer.
»Auffallend oft waren alpine Gefilde Schauplatz, etliche Regisseurinnen und Regisseure hat es auch in die Ferne gezogen. Doch ›exotische‹ Themen, die vor einigen Jahren noch ganz hoch im Kurs standen, waren dieses Jahr nicht mehr angesagt«, erläuterte Judith Waldner in ›ZOOM‹. »Die rund 150 Filme und Video aller Genres und Längen« waren für sie ebenfalls »mehr Rückblick als Forum für Neues«.
Bei den Kurzfilmen entdeckte sie zahlreiche herausragende Arbeiten, wie *orson & welles* von Felix Schaad, *Der Astronaut* von Pierre Mennel, *Unterland* von Thomas Isler und Felix Stalder oder den mit dem erstmalig verliehenen **Kurzfilmpreis** prämierten ***Dans le petit bois*** von Mamouda Zekrya.
Über die anderen Produktionen mochte sich Waldner wenig begeistern, *Jean Seberg – American Actress* von Fosco & Donatello Dubini, *Schlaraffenland* von Felix Tissis oder *Les agneaux* von Marcel Schüpbach schienen ihr oberflächlich oder im Drehbuch mangelhaft. Sehenswert schien ihr *Devils Don't Dream!* von Andreas Hoessli und *Broken Silence* von Wolfgang Panzer als Höhepunkt der Festtage. Glur zählte letzteren und *Les agneaux* zu den Höhepunkten, einem der Dokumentarfilme traute er keine Chancen für eine Kinoauswertung zu, sah aber in den Kurzfilmen »vielversprechende Autoren« für die Schweiz.

In den Sonderprogrammen zeigte »The Best Of The Fest« Beiträge aus kleinen europäischen Festival, die **Retrospektive** gehörte ***Alain Tanner,*** dem »zur Vaterfigur des Schweizer Kinos« (Walter Ruggle, ›FR‹) gealterten Genfer Filmemachers.

## Filmtage des Mittelmeers Tübingen

Die Festivalleitung gab sich Mühe, 16 Filme auszuwählen, die in Deutschland selten oder nie zu sehen sind. Zum Programm gehörten *Tuyour el zalam* aus Ägypten, *Metechmio* aus Griechenland, *Al-Leja* aus Syrien und *A Comédia de Deus* aus Portugal, alle vier waren Deutschlandpremieren. Den Schwerpunkt der Filmtage bildete Spanien mit fünf Produktionen, wie *Extasis* der sich unter den 2.000 Besuchern zum Hit. Als Gäste wurden Sandrine Veysset, Romain Goupil, Kadir Sözen, Leire Berrocal, Sherif Arafa und Augustín Almodóvar erwartet.

## 13. Französische Filmtage Tübingen

15.000 Zuschauer besuchten die finanziell um ihre Existenz bangenden sieben Filmtage, die ein »quantitativ, vor allem aber auch wieder qualitativ herausragendes deutsch-französisches Kulturereignis« darstellte, wie Peter Kottlorz im ›film-dienst‹ schrieb.
Die magische Zahl 13 hatte dabei ihre Zeichen gesetzt. Das Budget war, nachdem Sponsoren abgesprungen waren, stark geschrumpft. Knapp die Hälfte des Budgets (350.000 DM) kam aus öffentlichen Quellen, vom französischen Partner CNC gab es kaum Hilfe. Der französische Film präsentierte sich lieber auf dem zeitnahen Münchener Filmfest, als auf den engagierten Filmtagen – »Wie noch nie in ihrer Geschichte kämpfen die Filmtage um ihr Überleben«, erklärte Pressesprecherin Silke Wilfinger.
Das Programm mit 63 Lang- und 67 Kurzfilmen bot Einblicke in das Nachbarland und in frankophone Länder wie die Schweiz, Kanada oder Afrika, deren Werke für Georg Seeßlen laut ›epd-film‹ mit ihrer »Kraft des mystischen Erzählens« als das »bedeutendste Segment« galten (z. B. *Po Di Sangui* und *Ugju azul di yonta* von Flora Gomes) »Trotz der Budgetengpässe boten die 13. Filmtage wieder einen sehenswerten Querschnitt durch das Filmschaffen in Frankreich und anderen französischsprachigen Ländern«, erklärte »Filmecho/Filmwoche‹.
Viele Filme drehten sich, wie Eric Rohmers *Sommer,* Danièle Dubroux' *Tagebuch eines Verführers* oder Bertrans Bliers *Mein Mann* um die Liebe. Ein anderer Schwerpunkt boten Mileustudien wie *Select Hotel* oder *Coute que coute* von Claire Simon, Filme über ethnische Minderheiten wie *Salut Cousin* von Merzak Allouache, *Le maitre des éléfants* von Patrick Grandperret oder *Un été á la goulette* von Férid Beughedir. Die Hommagen galten Jean Gabin u. a. mit einer langen *Maigret*-Nacht und dem anwesenden Chanson-Star Juliette Gréco, die **Retrospektive** war **Agnés Varda** gewidmet, die kurzfristig ihren Besuch absagte.
Im Wettbewerb um den mit 10.000 DM dotierten **Publikumspreis »Die Fliegende Kamera«** gewann von sechs konkurrierenden Filmen ***Neuigkeiten vom lieben Gott*** von Didier le Pecheur knapp vor *Der Ruf der Seide* von Yvon Marciano. Den **Prix de la Jeunesse** erhielt ***Macadam Tribu*** von José Laplaine.

## 11. Filmtage in Wels

Die 11. Östereichischen Filmtage mußten mit einem um 50 % gekürzten »Sparbudget«, wie es Festivalleiter Reinhard Pyrker nannte, auskommen. »Das unter Filmfans wie unter den Fachleuten äußerst beliebte Filmfest« (Robert van Laer in ›Filmecho/Filmwoche‹) zeigte u. a. den Eröffnungfilm *Brennendes Herz – Tagebuch einer Flucht* von Peter Patzak, die Uraufführung *Vincent – Don't Think, Do It* von Valentin Spirk und den wiedergefundenen Vorkriegsfilm *Seine Hoheit, der Eintänzer* von Karl Leiter.

## Viennale '96 Wien

Nach einer sechs Jahre wehrenden Ära endete Alexander Horwaths Zeit als Festivalleiter mit einer erneut erfolgreichen Viennale. »Die 34. Viennale war eine einzige großartige Abschiedsvorstellung«, lobte Robert van Laer in ›Filmecho/Filmwoche‹. Horwath schrieb selbst im Festival-Katalog: »Die Viennale dauert heuer 13 Unabhängigkeitstage lang. Während für einige Monate ein fatal abhängiges, stumpfes, militärisches, von Autonomie und Befreiung faselndes Kino die Hälfte aller Bild- und Ton-Kanäle der Welt verstopft, können Filmfestivals vielleicht zwei Wochen lang ein Bild simulieren, das aus produktiven Differenzen besteht.« In der Tat, die Viennale war und ist ein »Sammelfestival«, ein »Festival der Festivals« das nie den Kontakt zu Hollywoodbustern scheute, aber auch nie das feine Gespür für Besonderheiten verließ. Dieses Gespür zeigte sich in der diesjährigen **Retrospektive »Before The Code«**, in der wilde amerikanische Filme aus der Zeit vor dem »Productions Code« (1929–1934) aufgeführt wurden: *Scarface* von Howard Hawks oder *Der kleine Cäsar* von Mervyn LeRoy u. a. »Die Viennale, eines der schönsten Stadtfestivals mit einer Filmauswahl, die von Kenntnis und der Liebe der Macher zeugt, widmete dieser ungestümen Hollywood-Ära diesmal eine umfangreiche Retrospektive. … Kaum ein Film ist länger als 80 Minuten. Aber jede Minute wird bis zum Letzten ausgeschöpft. … Wie behäbig das Kino und das Fernsehen heute geworden ist, wurde bei dieser Retro deutlich. Die Filme der frühen Dreißiger sind reinstes Tohuwabohu-Kino.« HANS SCHIFFERLE, ›SZ‹

Rund 150 Filme wurden präsentiert »Das Hauptprogramm der Viennale ermöglichte einen Rückblick auf die internationale Produktion am Rande der großen Kassenmagneten, die das Kinogeschäft heute charakterisieren.« (van Laer) Vor 34 Jahren begann die Viennale als »Festival der Heiterkeit«, so daß van Laer dieses Jahr von einem »Festival der Traurigkeit« sprechen wollte. Neben der traurig stimmenden Eröffnung mit *Les Voleurs* von **André Téchiné**, dem auch die alle seine Filme umfassende **Retrospektive** gewidmet wurde, liefen u. a. *Wolken ziehen vorüber* von Aki Kaurismäki, *Das Portrait einer Lady* von Jane Campion oder *Wild Bill* von Walter Hill. Aus deutschen Landen liefen *Cuba Libre* von Christin Petzhold, *Ostpreußenland-559 km bis Kalinigrad, Neurosia-50 Jahre pervers* von Rosa von Praunheim, sowie die Co-Produktionen *Abfallfallprodukte der Liebe* von Werner Schroeter und *Few Of Us* von Sarunas Bartas. Aus Österreich erlebten *Kino im Kopf* von Michael Glawogger, *Vernichtungskrieg-Die Verbrechen der Wehrmacht 1941–1944* von Ruth Beckermann und *Landleben* von Christian Berger ihre Erstaufführung.

Der **Preis der FIPRESCI** ging an ***Y'aura-t-il de la neige à Noel/Wird es zu Weihnachten Schnee geben*** von Sandrine Veysset.

## 9. Filmfestival »Exground on screen« in Wiesbaden

Das unorthodoxe Festival lief ein paar Tage länger als im Vorjahr und geriet mit seinen 6.500 Besuchern, laut Thilo Wydra in ›Filmecho/Filmwoche‹, zu einem prächtigen Erfolg. Das Publikum, das 75% des Budgets von 100.000 DM durch die Eintrittskarten finanzierte, besuchte vor allem die Spätvorstellungen, doch es gab keine schmerzlichen Einbrüche.

Das ebenfalls expandierte Programm war »in seinen Inhalten mitunter etwas entäuschend, barg im Vergleich zu den Vorjahren einige Konzessionen in sich. So mancher Film hatte einfach nichts mitzuteilen und mutete etwas fehl am Platze an«, fand Wydra und zählte *Cracking Up* von Matt Mitler, *God's*

*Army* von Gregory Widen und *Seven Sevants* von Daryush Shokof dazu, auf der Haben-Seite standen für ihn *Basquiat* von Julian Schnabel und *Fallen Angels* von Wong Kar-wai, sowie die Kurzfilme *The Secret Adventures Of Tom Thumb* von Dave Borthwick, *The Last Laugh* von Robert Harders und *USA II* (eine Kompilation). Ein dreiteiliges Special wurde Christopher Walken gewidmet. Im mit 8.000 DM dotierten Kurzfilmwettbewerb gab es folgende Preisträger:

**1. Preis:** ***Solo Talent*** von Andreas Fischer.
**2. Preis:** ***Quest*** von Tyron Montgomery und Thomas Stellmach.
**3. Preis:** ***Was nicht paßt, wird passend gemacht*** von Peter Thorwarth.

## 22. Internationales Filmwochenende Würzburg

»Zwei Jubilare standen im Mittelpunkt des diesjährigen Filmwochenendes: der Ägypter Youssef Chahine *[Kairo Hauptbahnof, Die Rückkehr des verlorenen Sohnes]* und der Defa-Pionier Kurt Maetzig *[Ehe im Schatten, Der schweigende Stern, Das Kaninchen bin ich]*.
Beide haben dieser Tage Geburtstag, Chiahine seinen siebzigsten, Maetzig den fünfundachtzigsten. Vier Filme des Ägypters und fünf von Maetzig standen deshalb auf dem Programm, Kuchen und Bocksbeutel lagen bereit.«

EVA-SUZANNE BAYER,
STGT. ZEITUNG

Chahine mußte sein Kommen kurzfristig wegen Problemen bei seinem letzten Film absagen, doch »die Lebenskraft der ›Alten‹, das war ein roter Faden des Festivals« (Bayer), der sich durch die Filme wie *Liebe mich und du wirst sehen* von Daniel Diaz Torres, *Justino, ein Mörder im Rentenalter* von La Cuadrilla, *Erklärt Pereira* mit Marcello Mastroianni oder *Jeden Tag trete ich vor dein Anlitz* von Drahomira Vihandova zog.

*In München ausgezeichnet mit dem Hypo-Preis: ›Die Mutter des Killers‹ von Volker Einrauch*

# Filmpreise und Auszeichnungen

## Anders-Jahres-Preis

***Liv Ullmann*** erhielt den mit 120.000 DM dotierten norwegischen Kulturpreis als Würdigung ihrer Gesamtleistung für Theater und Film:
»Liv Ullmann hat eine einzigartige Position im norwegischen und internationalen Kulturleben. Kein anderer norwegischer Künstler hat sich so einen angesehenen internationalen Namen erworben.«

## Preis der AG der Filmjournalisten e.V.

**Preis der deutschen Filmkritik für Spielfilm:** ***Das Glück meiner Schwester*** von Angela Schanelec. »Ihr konsequenter Regiestil zeige sich in langen, statischen Einstellungen, spannungsreichen Bildkompositionen und einem radikalen Umgang mit Geräuschen und Dialogen.«
**Preis der deutschen Filmkritik für Dokumentarfilm-Nachwuchs:**
***Susanne Ofteringer*** für *NICO-ICON.*

## 17. Bayrischer Filmpreis

»Es gibt spannenderes als die Frage, wer den Bayrischen Filmpreis erhält«, befand Susan Vahabzadeh von ›SZ‹ – Überraschungen gab es keine. Ministerpräsident Edmund Stoiber zeigte sich stolz über die Veranstaltung und übergab persönlich die Preise. »Der Bayrische Filmpreis ist mitnichten ein Wanderpokal. Wer ihn bekommen hat, kriegt ihn immer wieder« (Vahabzahed), so erhielt Joseph Vilsmaier den Preis bereits zum vierten Mal, auch Katja Riemann ist hier keine Unbekannte mehr und daß »Löwen«-Gewinner Götz George seinen Preis bekam, war »selbstverständlich«.

Die 11köpfige Jury, u. a. Eberhard Hauff, Peter Sehr und Cornelia Frobess, empfand, daß es mangels Auswahl nichts anderes zu prämieren gab. Und der ehemalige Medienreferent der Staatskanzlei und jetzige Geschäftsführer des FilmFernsehFonds Bayerns Klaus Schaefer teilte mit: »Ganz wichtig ist, daß ein Film die Zielgruppe erreicht, für die er gemacht ist« – und das sieht man »an der Kasse. Wenn wir einen Film auszeichnen, der dann nicht läuft, müssen wir uns fragen, ob wir richtig liegen.«

Die Filmpreise für »hervorragende Leistungen im deutschen Filmschaffen« erhielten:

**Produzentenpreis** (500.000 DM) zu gleichen Teilen an: ***Michael Verhoeven*** für *Mutters Courage*, ***Joseph Vilsmaier*** für *Schlafes Bruder.*
**VGF-Nachwuchs-Produzenten-Preis** (100.000 DM): ***Engram Pictures, Jürgen Hebstreit und Rainer Matsutani*** für *Nur über meine Leiche.*
**Regiepreis** (50.000 DM): ***Rainer Kaufmann*** für *Stadtgespräch.*
**Darstellerpreis** (30.000 DM): ***Götz George*** für *Der Totmacher,* ***Katja Rieman*** für *Stadtgespräch* und *Nur über meine Leiche.*
**Nachwuchsdarstellerpreis** (20.000 DM): ***Heike Makatsch*** für *Männerpension,* ***Franka Potente*** für *Nach fünf im Urwald.*
**Kamerapreis** (20.000 DM): ***Michael Epp*** für *Mutters Courage.*
**Dokumentarfilmpreis** (50.000 DM): ***Peter Schamoni*** für *Niki De Saint Phalle/ Wer ist das Monster – Du oder ich?.*
**Kinderfilmpreis:** an das Autorenteam ***Ulrich Limmer, Uwe Timm*** (20.000 DM), ***Peter Timm*** (20.000 DM) für *Rennschwein Rudi Rüssel.*
**Ehrenpreis: *Kurt Hoffmann.***

## Filmpreise des Kantons Bern

Die **Filmpreise** (10.000 SFr.) gingen an ***Berhard Nick*** für *Zwischentöne*, (8.000 SFr.) an ***Christian Iseli*** für *Der Stand der Bauern* und ***Dominique de Rivaz*** für *Der Badetag*. Den **Anerkennungspreis** (3.000 SFr.) erhielt ***Alvaro Bizzarri***, den **Förderpreis** (2.000 SFr.) ***Peter Lüthi.***

## Preis der Cassinelli-Vogel-Stiftung

Den mit 10.000 SFr dotierten Preis erhielt die Schweizer Kinozeitschrift ***Filmbulletin.***
**2. Festival »Cinemusic«** in Gstaad
**Cinemusic-Award: *John Barry.***
**Henry-Mancini-Stipendium**
(iWv. 15.000 $): ***Matthias Zimmer.***

## Deutscher Filmpreis 1996

»Der geliehene Glanz des hundertjährigen Jubiläums, der im letzten Jahr auch ein wenig auf die Bundesfilmpreisverleihung abgefärbt hatte, ist schon wieder verblaßt«, empfand Anke Sterneborg in der ›SZ‹, mit Clowns und anderen Revuenummern wurde laut ihr »weniger die Nähe zum Kino als zu Zirkus und Fernsehen« gesucht. Als Peinlichkeit wurden Hellmuth Karaseks »schalen Scherze« (Sterneborg) empfunden, an denen er sich, während an der Oscarverleihung ein Heer von Ghostwritern schreibt, allein abmühte und wenig Lacher erntete. »Auch die Fernsehregie war mächtig auf Zack und ließ weder Protagonisten noch Laudatoren ausreden« (›FR‹) Von einer »desatrösen Veranstaltungsdramturgie« sprach sogar Horst Peter Koll im ›film-dienst‹ – kein Glanz in der Deutschen Oper für ein 3 Mio. Budget ? Hanns-Georg Rodek sprach in ›Die Welt‹ aber doch von einer »recht netten Veranstaltung«. »Eine Filmpreisverleihung ist immer so gut wie die Filme, denen die Preise verliehen werden«, meinte Christiane Peitz in ›Die Zeit‹ und lobte, daß der Abend »trotz der obligatorischen Pleiten, Pannen und verpatzten Pointen ein voller Erfolg« war. »Die Nacht der Komödianten« prämierte zwar nur einen solchen mit Katja Riemann, hatte aber einen überragenden Sieger mit drei Preisen: ***Der Totmacher.*** Der umstrittene Regisseur Romuald Karmakar, dem Fördergelder verweigert worden waren, hielt anläßlich der Vergabe eine hämische Rede: »Nächstes Jahr soll's ja »Die Nacht der Mörder« heißen, hab' ich gehört, und ich habe mich jetzt schon den ganzen Abend gefragt, wie Fritz Haarmann das hier alles gefunden hätte [...] Ich jedenfalls denke an eine kleine Super-8-Kamera ... und möchte mich bei vielen bedanken und bei vielen nicht...«
Erstmalig wurde der Preis für den besten ausländischen Preis vergeben, den Paul Auster für ***Smoke*** entgegennahm, während die einst höchste Auszeichnung für den deutschen Film, **Die Goldene Schale**, in aller Stille vom BMI abgeschafft wurde. Das ist eine Besonderheit
Koll resümierte, daß »der Abend ›nur‹ die in Jahrzehnten eingefahrene Behäbigkeit und Saturiertheit eines immer noch viel zu wenig lebendigen Kinopreises, der mit seiner miefigen Art zu feiern noch nie der Atmosphäre des Kinos nahegekommen ist« widerspiegelt.
Die Nominierungen sind mit Prämien von 20.000 DM für einen Darsteller, 250.000 DM für einen Dokumentarfilm und 450.000 DM für einen Spielfilm verbunden. Eine Auszeichnung in Silber ist 750.000 DM wert, eine Auszeichung in Gold 950.000 DM

**Filmband in Gold: *Der Totmacher*** von Romuald Karmakar (Nominierungen: *Lisbon Story* von Wim Wenders, *Männerpension* von Detlev Buck, *Stadtgespräch* von Rainer Kaufmann, *Portraitskizzen* des Künstlerpaares *Niki*

*De Saint Phalle & Jean Tingueley* von Peter Schamoni, *Die Überlebenden* von Andres Veiel*).*
**Filmband in Silber: *Schlafes Bruder*** von Joseph Vilsmaier, ***Mutters Courage*** von Michael Verhoeven.
**Filmband in Gold für hervorragende künstlerische Einzelleistungen: *Katja Riemann,*** Darstellung in *Nur über meine Leiche, Stadtgespräch* (Nominierungen: Julia Jäger, Maria Schrader)*,* ***Götz George,*** Darstellung in *Der Totmacher* (Nominierungen: Peter Fitz, Jürgen Hentsch)*,* ***Romuald Karmakar,*** Regie in *Der Totmacher* (Rainer Kaufmann, Dani Levy)*,* ***Alexander Berner***, Schnitt in *Schlafes Bruder, Wia ›Die Zeit‹ vergeht,* ***Hans-Christoph Blumenberg,*** Drehbuch zu *Beim nächsten Kuß knall' ich ihn nieder,* ***Thomas Plenert,*** Kamera in *Kalte Heimat.*
**Bester ausländischer Film: *Smoke*** von Wayne Wang.
**Filmband in Gold für herausragende Verdienste:** posthum ***Alfred Hirschmeier***, Szenenbildner.
**Ehrenpreis: *Fred Zinnemann***
**Kurzfilmpreis** mit **Filmband in Gold** (60.000 DM): ***Fremde Heimat*** von Damir Lukacevic. **Filmband in Silber** (40.000 DM): ***Wir leben in Gras*** von Andreas Hykade und Michael Jungfleisch und ***In Your Shoes*** von Christoph Röhl.

## Deutscher Kamerapreis, Photokina in Köln

**Spielfilm: *Franz Rath*** für *Das Versprechen,* ***Gisela Castronari*** für *Rohe Ostern* (Schnitt).
**Fernsehfilm: *Rudolf Blahacek*** für *Angst hat eine kalte Hand.*
**Reportage: *Hartmut Seifert*** für *Irgendwo gebettelt, irgendwo geklaut.*
**Dokumentation: *Rüdiger Kortz*** für *Topors Träume*, ***Armin Riegel*** für *Topors Träume* (Schnitt).
**Förderpreis** (jeweils 10.000 DM): ***Volker Tittel*** für *Paul Bowles: Halbmond,* ***Dominique Faix*** für *Der Zeitreisende.*
**Ehrenkameramann: *Michael Ballhaus.***

## William-Dieterle-Filmpreis

Mit der gezielten Förderung sozialkritischer Filme, soll ein produktiver Kontrapunkt zum Festival in Mannheim gesetzt werden, sagte der Ludwigshafener Oberbürgermeister Dr. Wolfgang Schulte.
Den mit 15.000 DM dotierten Preis, erhielten zu gleichen Teilen ***Jeanine Meerapfel*** für *Amigomio* und ***Uli Kick*** für *Todorov- ein Gangsterfilm.* Den mit 5.000 DM ausgestatteten **Sonderpreis** erhielt ***Kreuz und quer*** von Andreas Guttner.

## Drehbuchpreis des Bundesinnenministers

Eine Prämie von 50.000 DM erhielten ***Helmut Dietl*** und ***Patrick Süsskind*** für *Rossini.*

## Drehbuchpreis des Ostdeutschen Rundfunk Brandenburg

Den mit 10.000 DM dotierten Preis, der alle zwei Jahre vergeben soll, erhielt ***Heimat*** von Thomas Frick und Helmut Spiering.

## Filmpreis der Landeshauptstadt München

Den mit 15.000 DM dotierten Preis erhielt die Cutterin und Regisseurin ***Dagmar Hirtz.***

## Französische Kritiker-Preise

**Bester Film: *Nelly und Monsieur Arnaud*** von Claude Sautet.

**Prix Moussinac** (bester ausländischer Film): ex-aqueo ***Land And Freedom*** von Ken Loach, ***Der Blick des Odysseus*** von Theo Angelopolos.
**Novais Teixeira** (bester Kurzfilm): ex-aqueo ***Action vérité*** von Francois Ozon, ***Le p'tit bal*** von Philippe Découflé.
**Bestes Kino-Sachbuch:** ***La Musique au Cinéma*** von Michel Chion, ***Antonioni*** von Aldo Tassone.

## Gilde-Filmpreis

**Kategorie deutscher Film:**
***Schlafes Bruder*** von Joseph Vilsmaier (in Gold).
***Der Totmacher*** von Romuald Karmakar (in Silber).
**Kategorie ausländischer Film:**
***Der Postmann*** von Michael Radford (in Gold).
***Sinn und Sinnlichkeit*** von Ang Lee (in Silber).

## Goldene Filmspule

Der mit 2.000 DM dotierte Preis der Weingartener Kinos »Kino d'Linse« erhielt ***Barbara Auer***.

## Adolf-Grimme-Preis

***Helmut Merker*** (Idee, Konzeption, Redaktion) stellvertretend für alle Beteiligten der Miniserie *Faszination Kino*: »Die Reihe zeichnet aus, daß ihre profunde Kenntnis der Filmgeschichte nicht einschüchternd ausgestellt, sondern elegant und spielerisch genutzt wird.«

## Hessischer Filmpreis

»Nach drei Jahren, in denen die Hessischen Film- und Kinopreise eher glanzlos im Deutschen Filmmuseum verliehen wurden, kehrte die Veranstaltung in diesem Jahr an den Ort ihrer Geburt zurück.« STEFFEN HEINKE, ›FILMECHO/FILMWOCHE‹

Im Studio 2 der TaunusFilm in Wiesbaden wartete die Verleihung unter Federführung von Wolf-Dietrich von Verschuer »mit ein wenig mehr Glamour und vor allem einer strafferen Organisation auf, die erfreulicherweise ohne Pannen und Peinlichkeiten davonkam.« (Heinke) »Das Frankfurter Festival hat sich mittlerweile zu einer gutbesuchten, akzeptierten Leistungsschau der hessischen Filmszene gemausert.« (›epd-film‹)

**Spielfilm** (90.000 DM): ***Heidengeld*** von Dagmar Kamlah.
**Dokumentation** (40.000 DM): ***Pachamama – Unsere Erde*** von Peter Nestler.
**Kurzfilm** (20.000 DM): ***Mother*** von Katrin Vorderwülbecke.
**Drehbuchpreis** (erstmals vergeben, 15.000 DM): ***Signalstörung*** von Thomas Mank.
**Hochschulfilmpreis für Abschlußfilm** (erstmals vergeben, 15.000 DM): ***Land am Rand*** von Götz Penner.

## Independent Spirit Award

Parallel zur Oscarverleihung wurde der vom Independent Feature Project West vergebene Independent Spirit Award vergeben, der für die Filme gedacht ist, die außerhalb des Studiosystems von Hollywood entstehen. Der Filmkritiker-King Roger Ebert moderierte auf dem »Sundance Channel«, Amerikas »erster und definitiver Kanal für den unabhängigen Film«.

Den **Independent Spirit Award** gewannen:

**Bester Film:** ***Leaving Las Vegas*** von Mike Figgis.
**Bester Debütfilm:** ***Kleine Sünden unter Brüdern*** von Ed Burns.
**Bester Darsteller:** ***Sean Penn*** in *Dead Man Walking.*
**Beste Darstellerin:** ***Elisabeth Shue*** in *Leaving Las Vegas.*

**Bester Nebendarsteller:** ***Benicio del Torro*** in *Die üblichen Verdächtigen.*
**Beste Nebendarstellerin:** ***Mare Winningham*** in *Georgia.*
**Bestes Drehbuch:** ***Christopher McQuarrie*** für *Die üblichen Verdächtigen.*
**Bester Debütant:** ***Justin Pierce*** in *Kids.*
**Special Distinction Award:** ***Sam Fuller.***

## Internationaler Grand Prix des Dokumentarfilm 1996

***Boris Kustow*** und ***Wladimir Suworow*** für *Die Grenze Europas.*

## Kritikerpreis 1996

Vom Verband der deutschen Kritiker wurde ***Andreas Gruber*** für *Hasenjagd* geehrt.

## Ernst-Lubitsch-Preis

Der Preis der Berliner Filmjournalisten wurde der Schauspielerin ***Katja Riemann*** verliehen, weil sie »in einer Reihe von Filmen eine gleichbleibende Leistung von gescheiter Komik und eigenständiger Komödiantik geliefert hat.«

## Life-Achievement-Award

***Clint Eastwood***

## 2. Kinderfilmfest Marl

Den von TV-Spielfilm gestifteten mit 10.000 dotierten Hauptpreis **Emil** erheilt ***Thirty Five Aside*** von Damien O'Donnell.
Die Veranstalter wollen alle Verantwortlichen anspornen, mehr Mut zur Qualität im Kinderfernsehen zu zeigen.

## 5. Internationale Kinderfilm-Festival Montevideo

Unter 105 Beiträgen aus 25 Ländern behauptete sich ***Charlie & Louise-Das doppelte Lottchen*** von Joseph Vilsmaier.

## Friedrich-Wilhelm-Murnau-Kurzfilmpreise

Beim »Tag des deutschen Kurzfilms« in der Wiesbadener FilmBühne Caligari erhielten aus dem Wettbewerb mit 50 Kurzfilmen die unten aufgeführten Beiträge einen mit 3.000 DM dotierten Preis. Sie »belegen eindrucksvoll die Lebendigkeit und Vielfalt dieses unterschätzten Genres.« (Thilo Wydra, ›Filmecho/Filmwoche‹)

***Dennis Gansel:*** *The Wrong Trip.*
***Matthias Heise:*** *Das Loch.*
***Birgit Lehmann:*** *Zimmer 313.*
***Frederik Steiner:*** *Fortissimo.*
***Thomas Stellmach*** und ***Tyron Montgomery:*** *The Quest.*
***Wim Wenders (Ägide) und 12 Studenten der Münchener Filmschule:*** *Die Brüder Skladanowsky – Erster Akt.*
**Ehrenpreise:** ***Bodo Menck*** (Industrieproduzent), ***Thomas Stellmach.***

## National Association Of Theater Owners (NATO)-Schauspielerpreis

Die amerikanische Kinobesitzer-Vereinigung wählte ***Sandra Bullock*** und ***John Travolta*** zu den beliebtesten Filmstars 1996.

## OMANUT – Förderpreis

Der Verein zur Förderung jüdischer Kunst in der Schweiz verlieh seinen diesjährigen Förderpreis an ***Esther van Messel*** und unterstützt damit deren Debütfilm *Bruchstücke.*

## 3. Filmtag Rüsselsheim

Der ausverkaufte Filmtag im Stadttheater prämierte von 19 aufgeführten Kurzfilmen folgende Gewinner:

**1. Preis** (10.000 DM): ***Futter*** von Carsten Strauch.
**2. Preis:** ***Surprise*** von Veit Helmer.
**3. Preis:** ***Die Fischerswitwe*** von Daniel Nocke.

## Schweizer Filmpreis, Zürich

Erstmals wurde der Schweizer Filmpreis vergeben. In Zürich fungerte das Schweizer Publikum als Jury, die ihre sechs Lieblingsfilme wählte. Sie wurden mit dem **Cineprix Telecom Award** (die Telecom ist alleiniger Sponsor der Veranstaltung) ausgezeichnet.

**Hauptpreis** »Best Of The Best«: ***Die Verurteilten*** von Frank Darabont.
**Comedy & Family:** ***Forrest Gump*** von Robert Zemeckis
**Love & Drama:** ***Nell*** von Michael Apted.
**Action & Suspense:** ***Leon – der Profi*** von Luc Besson.
**Road & Studio:** ***Erdbeer und Schokolade*** von Tomas Gutiérrez, Juan Carlos Tabio.
**Swiss & Documentary:** ***Liebe Lügen*** von Christoph Schertenleib.

## 44. Bergfilmfestival von Trient

Preise für deutsche Beiträge erhielten:
**Großer Preis – »Goldener Enzian« –** an ***Schlafes Bruder*** von Joseph Vilsmaier.
**Farfalla d'Oro** für ***Escape*** von Uli Wiesmeier.
**Carlo Mauri** an ***Behind The Icewall*** von Peter Getzel, Harriet Gordon.
**Preis der Hochschulstudenten** an ***Expedition in die Finsternis*** von Bernhard Kliebhan.

## US-Kritiker Preise

In diesem Jahr sind die Entscheidungen mit seltener Einmütigkeit gefallen. Dabei fällt auf, daß keine einzige der großen Studio-Produktionen des Jahres 1995 in den Bestenlisten der Filmkritiker vorkommt. Das ist äußerst selten, denn meistens finden einige der teuren Hollywood-Filme zumindestens ein Echo in den Rubriken der »besten Darsteller«. Nichts davon dieses Jahr. Die amerikanischen Filmkritiker straften *Apollo 13, Waterworld, Die Brücken am Fluß, Braveheart, Hallo, Mr. President, Casino* und *Nixon* mit Verachtung. Wer immer gedacht hatte, auch die schreibende Zunft könne an den Regisseuren Clint Eastwood und Oliver Stone, an den Darstellern Meryl Streep und Anthony Hopkins nicht vorbeigehen, sieht sich getäuscht. Die Auserwählten sind ein paar Außenseiter, und dazu noch stets dieselben.«

FRANZ EVERSCHOR, ›film-dienst‹

## Boston Society of Film

**Bester Film:** ***Sinn und Sinnlichkeit*** von Ang Lee.
**Beste Regie:** ***Ang Lee*** für *Sinn und Sinnlichkeit.*
**Bester Darsteller:** ***Nicholas Cage*** für *Leaving Las Vegas.*
**Bester Nebendarsteller:** ***Kevin Spacey*** für *Sieben.*
**Beste Nebendarstellerin:** ***Joan Allen*** für *Nixon.*
**Bestes Drehbuch:** ***Emma Thompson*** für *Sinn und Sinnlichkeit* .
**Beste Kamera:** ***Alan Nepomniaschy*** für *Safa.*
**Bester ausländischer Film:** ***Mina Tannenbaum*** (Frankreich)
**Bester Dokumentarfilm:** ***Crumb*** von Terry Zwigoff.

## Los Angeles Critics Association

**Bester Film:** ***Leaving Las Vegas*** von Mike Figgis.

**Beste Regie:** ***Mike Figgis*** für *Leaving Las Vegas.*
**Bester Darsteller:** ***Nicholas Cage*** für *Leaving Las Vegas.*
**Beste Darstellerin:** ***Elisabeth Shue*** für *Leaving Las Vegas.*
**Bester Nebendarsteller:** ***Don Cheadle*** für *Teufel in Blau.*
**Beste Nebendarstellerin:** ***Joan Allen*** für *Nixon.*
**Bestes Drehbuch:** ***Emma Thompson*** für *Sinn und Sinnlichkeit* .
**Beste Kamera:** ***Lu Yue*** für *Shanghai Triad.*
**Bester ausländischer Film:** ***Wilde Herzen*** von André Techiné (Frankreich).
**Bester Dokumentarfilm:** ***Crumb*** von Terry Zwigoff.
**Bester Debütfilm:** ***A Little Princess*** von Alfonso Cuaron.

## National Board of Review

**Bester Film:** ***Sinn und Sinnlichkeit*** von Ang Lee.
**Beste Regie:** ***Ang Lee*** für *Sinn und Sinnlichkeit.*
**Bester Darsteller:** ***Nicholas Cage*** für *Leaving Las Vegas.*
**Beste Darstellerin:** ***Emma Thompson*** für *Sinn und Sinnlichkeit.*
**Bester Nebendarsteller:** ***Kevin Spacey*** für *Sieben.*
**Beste Nebendarstellerin:** ***Mira Sorvino*** für *Geliebte Aphrodite.*
**Bester ausländischer Film:** ***Shanghai Triad*** (China/Hongkong).
**Bester Dokumentarfilm:** ***Crumb*** von Terry Zwigoff.
**Bestes Debüt:** ***Alicia Silverstone*** für *Clueless.*

## National Society of Film Critics

**Bester Film:** ***Ein Schweinchen namens Babe*** von Chris Noonan.
**Beste Regie:** ***Mike Figgis*** für *Leaving Las Vegas.*
**Bester Darsteller:** ***Nicholas Cage*** für *Leaving Las Vegas.*
**Beste Darstellerin:** ***Elisabeth Shue*** für *Leaving Las Vegas.*

## New York Critics Circle

**Bester Film:** ***Leaving Las Vegas*** von Mike Figges.
**Beste Regie:** ***Ang Lee*** für *Sinn und Sinnlichkeit.*
**Bester Darsteller:** ***Nicholas Cage*** für *Leaving Las Vegas.*
**Beste Darstellerin:** ***Jennifer Jason Lee*** für *Georgia.*
**Bester Nebendarsteller:** ***Kevin Spacey*** für seine vier Filme 1995 (u. a. *Sieben).*
**Beste Nebendarstellerin:** ***Mira Sorvino*** für *Geliebte Aphrodite.*
**Bestes Drehbuch:** ***Emma Thompson*** für *Sinn und Sinnlichkeit.*
**Beste Kamera:** ***Lu Yue*** für *Shanghai Triad.*
**Bester ausländischer Film:** ***Wilde Herzen*** von André Techiné (Frankreich).
**Bester Dokumentarfilm:** ***Crumb*** von Terry Zwigoff.
**Bestes Debüt:** ***Chris Noonan*** für *Ein Schweinchen namens Babe.*

## Preis der Kulturstiftung Winterthur

Den mit 10.000 SFr. dotierten Preis erhielt die Kinozeitschrift ***Filmbulletin.***

## Verleiher-Preise des BMI

**Verleihpreise:** 120.000 DM für ***Münchener Filmagentur,*** 60.000 DM für ***KurzFilm Verleih.***

## Konrad-Wolf-Preis

***Ken Loach*** erhielt den mit 10.000 DM dotierten Preis der Akademie der Künste Berlin–Brandenburg. Anläßlich der Verleihung schrieb die ›AZ‹: »Der Brite steht mit seinen wirklichkeitsnahen und doch nicht dem ›Miserabilismus‹ verfallenen Filmen in Europa einzig da. Quintessenz: ›Kino, das weder verdummt noch in Schlaf versetzt‹.«

## 12. Welt-Festival des Trickfilms Zagreb

**Grand Prix:** ***1985*** von Priit Pärn und Janno Poldma.
**Preis der Kritiker:** ***1985*** von Priit Pärn und Janno Poldma.
**Zlatko–Grgic–Preis:** ***Quest*** von Thomas Stellmach und Tyron Montgomery.
**Bester abstrakter Film:** ***Roots*** von Bärbel Neubauer.
**Preis der Studenten:** ***Yankale*** von Gil Alkabeth.
**Life Achievment Award:** ***Caroline Leaf.***

## Goldene Leinwände 1996

***Dangerous Minds*** von John N. Smith.
***Forrest Gump*** von Robert Zemeckis.
***GoldenEye*** von Martin Campbell.
***Independents Day*** mit Stern von Roland Emmerich.
***Mission: Impossible*** von Brian De Palma.
***Ein Schweinchen namens Babe*** von Chris Noonan (mit einem Stern).
***Stargate*** von Roland Emmerich (mit zwei Sternen)
***The Rock*** von Michael Bay.
***Während Du schliefst*** von John Turtletaub.
***Waterworld*** von Kevin Reynolds.

## Goldene Tickets

Der Verband der Filmverleih– und Vertriebsgesellschaften (eine Sektion der Österreichischen Wirtschaftskammer) zeichnete folgende Filme aus.

***Casper*** von Brad Silberling.
***Enthüllung*** von Barry Levinson.
***Forrest Gump*** von Robert Zemeckis.
***Der König der Löwen*** von Rob Minkoff, Roger Allens.
Die **Super Goldenen Tickets** für mehr als 600.000 Zuschauer, erhielten zusätzlich *Enthüllung* und *Forrest Gump.*

*Beim Festival der Filmhochschulen: ›Sonntag sonderbar‹ von Philipp Mosser & Bernhard Schmid*

# Filmliteratur

## Neuerscheinungen deutschsprachiger Filmliteratur

### Lesenswertes über Film und Kino

Kino lesen – 130 Offerten dazu finden Filmfans und Cineasten in unserer Filmbuchliste. Es ist wie immer ein vielfältiges Angebot. Da kann man Film-Erfahrungen beim Lesen vertiefen, fast vergessene Kino-Geschichte wird zumindest geschrieben wieder lebendig, und andere Bücher laden einfach nur zum Schmökern ein.
Filmliterarische Raritäten und zwischen Buchdeckel gepreßtes Lese-Fast-food stehen dabei einträchtig nebeneinander. Das Autoren-Alphabet ist nun einmal demokratisch. Allerdings haben wir auch in diesem Jahr auf die sogenannten »Romane zum Film« verzichtet. In diesem Fall halten wir es wie Woody Allen und sein alter Ego Isaac Davis in »Manhattan«: »Also weißt du, das ist eine von den amerikanischen Zeiterscheinungen, die wirklich schwachsinnig sind... diese Romanfassungen von Filmen.« Anstelle der uninspirierten Filmnacherzählung hat »Das Buch zum Film« wirklich etwas zu bieten: Drehbücher, Tagebuchaufzeichnungen und Produktionsberichte ermöglichen Einblicke in das Filmemachen und liefern Hintergrundmaterial zu aktuellen Kinohits.
Dank der Tagebuchaufzeichnungen von Oscarpreisträgerin Emma Thompson erfahren wir zum Beispiel, wie es »Hinter den Kulissen von Sinn und Sinnlichkeit« zuging. Ob jedoch Frau Thompsons Ausruf »Oh! Ich hatte gerade meinen Eisprung« unbedingt mitteilenswert ist, bleibt dahingestellt.
Offenheit als Kalkül, Intimes preisgeben und dabei doch vieles verbergen, davon zeugen wie eh und je die populären Autobiographie-Bücher. Dieses Jahr lassen u. a. Lauren Bacall und Brigitte Bardot ihre Erinnerungen Revue passieren.
Ganz Persönliches findet sich auch in Hans Zischlers »Kafka geht ins Kino«. Kafkas vielzitiertes Bekenntnis »Im Kino gewesen. Geweint.« fehlt selbstverständlich nicht. Doch darüber hinaus wird das feine Buch über den enthusiastischen Kinogänger Kafka zu einer kinemathographischen Spurensuche in die Frühzeit des Kinos.
Zischlers Kafka-Buch läßt sich hier gewiß hinzuzählen zu den »Raritäten im schmaler werdenden Bereich der anspruchsvollen Filmbücher.« So die Zeitschrift epd-film über die »sorgfältig edierten und üppig illustrierten« Berlinale-Retrospektiven-Bücher »William Wyler«, »Elia Kazan« und »Jack Lemmon«.
In diese Besten-Reihe des Jahres 1996 gehört zweifellos auch der von Dietrich Neumann herausgegebene Katalogband »Filmarchitektur von Metropolis bis Blade Runner«. Wie die Ausstellung des Frankfurter Filmmuseums rückt der Katalog die oft unterschätzte und nicht wahrgenommene Bedeutung der Filmarchitektur für das Kino und die Filmerfahrung in das Bewußtsein des Lesers.
Wer sich zu solch lesenswerten und erhellenden Ausflügen in die Filmgeschichte nicht überreden lassen möchte und lieber Zerstreuung bei Kino-Kult und -Klatsch sucht, der wird ohne Schwierigkeiten fündig. Nach Kenneth Angers Klassiker der Skandal- und Traumfabrik-Literatur »Hollywood Babylon« dürfen wir jetzt mit Axel Madsen durch die Schlafzimmer-Schlüssellöcher der Stars blicken. In »Der Nähkreis« enthüllt er »Hollywoods Größtes Geheimnis: Die Diven und ihre Liebe zu Frauen«.
Klar, daß auch in diesem Jahr dem »Mythos Marilyn« gehuldigt wird. James Haspiel tut es mit dem gleichnamigen Fotoband. (Wie viele noch nie veröffentlich-

te und dazu sehenswerte Marilyn-Fotos gibt es eigentlich noch, fragt sich der Kinofan leise zweifelnd.)
Und wer dem Mythos Marilyn weiter nachspürt, trifft auf eine andere Hollywood-Legende. In Andrea Thains und Michael Huebners »Humphrey-Bogart«-Biographie sind die Leinwandgötter wieder einmal unter sich, und es geht um so ganz irdische Dinge wie Bogies Trunksucht und die Ehestreitigkeiten des Stars mit seiner Frau Betty (Lauren Bacall). Wenn dann ein einsamer Humphrey die Monroe trifft, hat das Folgen. »Die Premiere von ›How to Marry a Millionaire‹ ließ er im Suff über sich ergehen, wobei er Betty jedoch eins auszuwischen versuchte, indem er maßlos mit Marilyn Monroe flirtete, die ebenfalls nicht ganz nüchtern war. Wenigstens war dieser Abend für Bogart ein kleiner Akt der Genugtuung, denn seine Frau raste, als am nächsten Tag Bilder erschienen, die sie, Bogart und Monroe, zeigten, wobei sich Bogies Blick in den Ausschnitt von Marilyn verirrt hatte.«
Soviel zur Filmliteratur 1996.

Viel Spaß beim Lesen. *Rolf Selas*

## 1. Film-Geschichte und –Theorie, Genre

*Theodor W. Adorno, Hanns Eisler:* **Komposition für den Film.** Europäische Verlagsanstalt, Hamburg.

*Martin Ammon, Eckart Gottwald (Hg.):* **Kino und Kirche im Dialog.** Vandenhoeck & Ruprecht, Göttingen.

*Alfons Arns, Hans-Peter Reichmann (Red.):* **Otto Hunte. Architek für den Film.** Deutsches Filmmuseum, Frankfurt.

*Andreas Balemi:* **Der Neue Taiwanische Film der 80er Jahre.** Verlag Perter Lang, Bern.

*Ines Karin Böhner:* **My Beautiful Laundrette und Sammy And Rosie Get Laid.** Filmische Reflexion von Identitätsprozessen. Verlag Peter Lang, Frankfurt.

*Annette Brauerhoch:* **Die gute und die böse Mutter.** Kino zwischen Melodram und Horror. Schüren, Marburg.

*Peter Buchka (Hg.):* **Deutsche Augenblicke.** (Bilder und Texte zu 100 Jahren deutscher Filmgeschichte). belleville Verlag, München.

*Kirsten Burghardt:* **Werk, Skandal, Exempel.** Tabudurchbrechung durch Willi Forsts Die Sünderin. diskurs film Verlag, München.

*Oliver Denker:* **Star Wars. Die Filme.** Heyne Verlag, München.

*Christel Drawer (Hg.):* **So viele Träume.** DEFA-Film-Kritiken aus drei Jahrzehnten von Heinz Kersten. Vistas Verlag, Berlin.

*Gustav Ernst (Hg.):* **Autorenfilm – Filmautoren.** Wespennest, Wien.

*Cornelia Fleer:* **Vom Kaiser-Panorama zum Heimatfilm.** Kinogeschichten aus Bielefeld und der Provinz Westfalen. Jonas Verlag, Marburg.

*Nils Folckers, Wilhelm Solms (Hg.):* **Komik in Deutschland.** (Kompendium zum Thema auf Grundlage der Komiktage des Marburger Literaturforums.) Edition Tiamat, Berlin.

*Karin Fritsche, Claus Löser (Hg.):* **Gegenbilder.** Filmische Subversion in der DDR 1976–1989. JanusPress, Berlin.

*Andreas Furler, Walter Ruggle, Roland Vogler:* **Kinozeit. 100 Jahre in 50 Filmen.** Werd Verlag, Zürich.

*Guntram Geser:* **Fritz Lang. Metropolis und die Frau im Mond.** Zukunftsfilm und Zukunftstechnik in der Stabilisierungszeit der Weimarer Republik. Corian-Verlag, Meitingen.

*Frieda Grafe (Hg.):* **Nouvelle Vague.** PVS Verleger, Wien.

*Petra Grimm:* **Filmnarratologie.** Eine Einführung in die Praxis der Interpretation am Beispiel des Werbespots. diskurs film Verlag, München.

*Georg Haberl, Michael Omasta, Gottfried Schlemmer (Red.):* **Kinoschriften.** Bd. 4. Lesebuch des Filmischen. Synema, Wien.

*Thomas Hanna-Daoud:* **Die NSDAP und der Film bis zur Machtergreifung.** Böhlau Verlag, Köln.

*Reinhard Hauff (Hg.):* **Momente des Lernens.** (Texte von 69 Autoren zum 30jährigen Bestehen der dffb.) dffb, Berlin.

*Patrick Hörl:* **Film als Fenster zur Welt.** Eine Untersuchung des filmtheoretischen Denkens von John Grierson. UVK Medien/Ölschäger, Konstanz.

*Kay Hoffmann:* **Zeichen der Zeit.** Zur Geschichte der Stuttgarter Schule. (Buch über die Dokumentarfilmabteilung des Süddeutschen Rundfunks.) TR-Verlagsunion, München.

*Friedrich Hollaender:* **Von Kopf bis Fuß.** (Hollaenders erstmals 1965 erschienene Autobiographie zum 100. Geburtstag des Komponisten und Texters, neu aufgelegt und von Volker Kühn interpretiert.) Weidle Verlag, Bonn.

*Günter Jordan, Ralf Schenk (Red.):* **Schwarzweiß und Farbe.** DEFA-Dokumentarfilme 1946–92. Jovis Verlagsbüro GmbH, Berlin.

*Siegfried Kaltenecker:* **Spiegelformen.** Männlichkeit und Differenz im Kino. Stroemfeld, Basel.

*Rebecca Kandler:* **Phantom. Textgenese und Vermarktung.** Ein Roman von Gerhart Hauptmann, ein Film von F.W. Murnau. diskurs film Verlag, München.

*Ernst Karpf, Doron Kiesel, Karsten Visarius (Hg.):* **Im Spiegel der Illusionen.** Arnoldshainer Filmgespräche Bd. 13. Schüren Verlag, Marburg.

*Inge Kirsner:* **Erlösung im Film.** Praktisch-theologische Analysen und Interpretationen. Verlag W. Kohlhammer, Stuttgart.

*Gertrud Koch:* **Kracauer zur Einführung.** Junius Verlag, Hamburg.

*Ingelore König, Dieter Wiedemann, Lothar Wolf (Hg.):* **Zwischen Marx und Muck.** DEFA-Filme für Kinder. Henschel Verlag, Berlin.

*Stefan Kramer:* **Schattenbilder.** Filmgeschichte Chinas und die Avantgarde der achtziger und neunziger Jahre. Projekt Verlag, Dortmund.

*Cilly Kugelmann, Fritz Backhaus (Hg.):* **Jüdische Figuren in Film und Karikatur.** Die Rothschilds und Joseph Süß Oppenheimer. Jan Thorbecke Verlag, Sigmaringen.

*Corinna Müller:* **Frühe deutsche Kinenatographie.** Metzler-Verlag, Stuttgart.

*Hugo Münsterberg:* **Das Lichtspiel.** Eine psychologische Studie (1916) und andere Schriften zum Kino. Synema, Wien.

*Dietrich Neumann (Hg.):* **Filmarchitektur von Metropolis bis Blade Runner.** Prestel Verlag, München/New York.

*Susan Pack:* **Film Posters of the Russian Avant-Garde.** (Dreisprachige Ausgabe). Taschen-Verlag, Köln.

*Judith & Garfield Reeves-Stevens:* **Star Trek. Deep Space Nine.** Die Realisierung einer Idee. Heyne Verlag, München.

*Thomas Rothschild:* **Verspielte Gedanken.** Aufsätze zu Literatur, Film und Medien aus zwei Jahrzehnten. (Enthält u. a. Aufsätze zu Marcel Ophuls und Andrej Tarkovski). Franz Deuticke Verlagsgesellschaft, Wien.

*Hans-Dieter Schaal:* **Learning from Hollywood.** Architektur und Film. (Texte Englisch und Deutsch). Edition Axel Menge, Fellbach.

*Michael Schaudig (Hg.):* **Positionen deutscher Filmgeschichte.** 100 Jahre Kinematographie: Strukturen, Diskurse, Kontexte. diskurs film Verlag, München.

*Gottfried Schlemmer (Hg.):* **Der neue österreichische Film.** Wespennest, Wien.

*Wolfram Schütte (Hg.):* **Bilder vom Kino.** Literarische Kabinettstücke. Suhrkamp Verlag, Frankfurt.

*Georg Seeßlen:* **Clint Eastwood trifft Federico Fellini.** Essays zum Kino. Bertz Verlag, Berlin.

*Georg Seeßlen:* **Natural Born Nazis.** Faschismus in der populären Kultur. Bd. 2. Edition Tiamat, Berlin.

*Viola Shafik:* **Der arabische Film.** Aisthesis Verlag, Bielefeld.

*Curt Siodmak:* **Unter Wolfsmenschen.** Band 1: Europa. Die Erinnerungen des Drehbuchautors an sein Leben in Europa, bevor er nach Hollywood emigrierte. Weidle Verlag, Bonn.

*Annette Strauß:* **Frauen im deutschen Film.** Verlag Peter Lang, Frankfurt.

*Sibylle M. Sturm, Arthur Wolgemuth (Hg.):* **Hallo? Berlin? Ici Paris!** Deutschfranzösische Filmbeziehungen 1918–1939. Ein CIneGraph Buch. edition text + kritik, München.

*Ralph Umbard:* **Film ohne Grenzen.** Das neue Hongkong Kino. Kerschensteiner Verlag, Lappersdorf.

*Mark Cotta Vaz, Shinji Hata:* **Von Star Wars bis Indiana Jones.** Das Beste aus den Lucas-Archiven. Modern Graphics GmbH, Rastatt.

## 2. Handbücher, Nachschlagewerke, Kataloge

*Hans-Michael Bock (Hg.):* **CINEGRAPH.** Lexikon zum deutschsprachigen Film. (Vollständiger Nachdruck des vergriffenen Grundwerks). eidition text + kritik, München.

**Drehbuch Autoren.** Script Guide 96/97. Vistas Verlag, Berlin.

**Fischer Film Almanach 1996.** Filme, Festivals, Tendenzen. Mit TV- und Video-Erstaufführungen. Fischer Verlag, Frankfurt.

*Christian Haderer, Wolfgang Bachschwöll:* **Kultserien im Fernsehen.** Heyne Verlag, München.

*David Howard, Edward Mabley:* **Drehbuchhandwerk.** Techniken und Grundlagen mit Analysen erfolgreicher Filme. Emons Verlag, Köln.

*Lothar R. Just:* **Filmjahrbuch 1996.** Alle Erstaufführungen im Kino, alle TV-Movies und Videoproduktionen Deutschland, Österreich, Schweiz. **Filmlexikon** Heyne Verlag, München.

*Harald Keller:* **Kultserien und ihre Stars.** Bertz Verlag, Berlin.

*Ulrich J. Klaus:* **Deutsche Tonfilme, Band 7.** Jahrgang 1936. Verlag Ulrich J. Klaus, Berlin.

*Dieter Krusche:* **Reclams Filmführer.** 10., neu bearbeitete Auflage. Reclam, Stuttgart.

*Carsten Pfaff:* **Filmstatistisches Taschenbuch 1996.** Spitzenorganisation der Filmwirtschaft, Wiesbaden.

*Lydia Trotz:* **Filmförderung in den neuen Bundesländern.** Vistas Verlag, Berlin.

**tip - Filmjahrbuch.** Daten, Berichte, Kritiken.

## 3. Autobiographien, Biographien, Monographien

### a) Regisseure

*Helmut Bachmeier (Hg.):* **Karl Valentin.** Senkrechter Kurvenflug im horizontalen Dreieck. Piper Verlag, München.

*Lars-Olav Beier:* **Der unbestechliche Blick.** Robert Wise und seine Filme. Bertz Verlag, Berlin.

*Helga Belach, Wolfgang Jacobsen (Hg.):* **Elia Kazan.** Jovis Verlag, Berlin.

*Oskana Bulgakowa:* **Sergeij Eisenstein – drei Utopien.** Architekturentwürfe zur Filmtheorie. Potemkin Press, Berlin.

*Simone Emmelius:* **Fechners Methode.** Studien zu seinen Gesprächsfilmen. Gardez! Verlag, Mainz.

*Wolfgang Jacobsen, Helga Belach, Norbert Grob (Hg.):* **William Wyler.** Argon Verlag, Berlin.

*Derek Jarman:* **Auf eigene Gefahr.** Vermächtnis eines Heiligen. (Autobiographische Texte). PVS Verleger, Wien.

**Derek Jarmans Garten.** Mit Farb- und Schwarzweißfotografien von *Howard Sooley* sowie *Jarman*-Texten. Verlag Volk und Welt, Berlin.

*Andreas Kasprzak:* **Stephen King und seine Filme.** Heyne Verlag, München.

*Roland Keller:* **Karl Valentin und seine Filme.** Heyne Verlag, München.

*Thomas J. Kinne:* **Elemente jüdischer Tradition im Werk Woody Allens.** Verlag Peter Lang, Frankfurt.

*Janet Leigh, Christopher Nickens:* **Psycho.** Hinter den Kulissen von Hitchcocks Kultthriller. Heyne Verlag, München.

*Erwin Leiser:* **Auf der Suche nach Wirklichkeit. Meine Filme 1960 bis 1996.** UVK Medien, Konstanz.

*Malte Ludin:* **Wolfgang Staudte.** Rowohlt Verlag, Reinbek.

*Sidney Lumet:* **Filme Machen.** Hinter der Kamera mit einem großen Regisseur. (Autobiographie). Heyne Verlag, München.

*Gerhard Midding, Frank Schnelle (Hg.):* **Clint Eastwood. Der Konservative Rebell.** Verlag Uwe Wiedleroither, Stuttgart.

*Mauro Ponzi:* **Pier Paolo Pasolini, Rainer Werner Fassbinder.** (Leben und Filme der beiden Regisseure). Europäische Verlagsanstalt, Hamburg.

*Hans Scheugl (Hg.):* **Ex Underground. Kurt Kren – seine Filme.** PVS Verlger, Wien.

*Axel Sütterlin:* **Petronius Arbiter und Federico Fellini.** Ein Strukturanalytischer Vergleich. Verlag Peter Lang, Frankfurt.

*Rolf Thissen:* **Russ Meyer.** Der König des Sexfilms. Heyne Verlag, München.

*Eckhard Weise:* **Orson Welles.** Monographie. Rowohlt Verlag, Reinbek.

*Billy Wilder:* **Der Prinz von Wales geht auf Urlaub.** (Berliner Reportagen, Feuilletons und Kritiken der zwanziger Jahre). Fannei & Walz, Berlin.

## b) Stars

**Filmstars.** Die 100 des Jahrhunderts. Große Stars von Hans Albers bis Mae West. Rowohlt Verlag, Reinbek.

*Rolf Aurich (Hg.):* **Jack Lemmon.** Henschel Verlag, Berlin.

*Lauren Bacall: Die Rollen meines Lebens.* Econ Düsseldorf.

*Brigitte Bardot:* **B. B. – Memoiren.** Lübbe, Bergisch Gladbach.

*Ronald Bergan:* **Katherine Hepburn.** Eine Bildbiographie. Heyne Verlag, München.

*Heiko R. Blum:* **Klaus Maria Brandauer.** Heyne Verlag, München.

*Grace Catalano:* **Brad Pitt – Hot and Sexy.** Portrait eines Stars. vgs, Köln.

*Penelope Dening:* **Das River Phoenix-Album.** vgs, Köln.

*Eberhard Görner (Hg.):* **Der Schauspieler Rolf Hoppe.** Von Dresden in die Welt. Henschel Verlag, Berlin.

*James Haspiel:* **Mythos Marilyn.** Bildband. Henschel Verlag, Berlin.

*Adolf Heinzlmeier:* **Johnny Depp.** Heyne Verlag, München.

*Adolf Heinzlmeier:* **Mel Gibson.** Heyne Verlag, München.

*Shirley MacLaine:* **Glückssterne – mein Leben.** (Biographie). Goldmann Verlag, München.

*Axel Madsen:* **Der Nähkreis – Hollywoods Grösstes Geheimnis.: Die Diven und ihre Liebe zu Frauen.** Kabel-Verlag, Hamburg.

*Barbara Molsen (Hg.):* **Zwischentöne – Gespräche mit Schauspielern und Regisseuren.** (Fernsehinterviews mit »Stars aus dem Osten«). Verlag Das Neue Berlin, Berlin.

*Leonard Nimoy:* **Ich bin Spock.** Heyne Verlag, München.

*Andrea Thain, Michael Huebner:* **Humphrey Bogart. Der Mann hinter der Maske.** Rowohlt Verlag, Reinbek.

*Karsten Prüßmann:* **Brad Pitt.** Heyne Verlag, München.

*Karsten Prüßmann:* **Meg Ryan.** Heyne Verlag, München.

*Anthony Quinn:* **Ein-Mann-Tango.** (Autobiographie). Hoffmann und Campe, Hamburg.
*Sabine Reichel:* **Bad Girls. Hollywoods böse Beauties.** Heyne Verlag, München.
*James Spada:* **Barbra Streisand. Die Biographie.** Heyne Verlag, München.
*Maria Steiner:* **Paula Wessely – Die verdrängten Jahre.** Verlag für gesselschaftskritik, Wien.

## 4. Film und Literatur

*Ingmar Bergman:* **Sonntagskinder.** (Autobiographischer Roman über die Kindheit des Regisseurs). Kiepenheuer & Witsch, Köln.
*John Berendt:* **Mitternacht im Garten der Lüste.** (Clint Eastwood verfilmt den Tatsachenthriller). C. Bertelsmann, München.
*Ennio Flaiano:* **O Bombay!** Zwei Geschichten des bekannten Drehbuchautors. Beck & Glückler, Freiburg.
*Carlos Fuentes:* **Diana oder die einsame Jägerin.** (Autobiographischer Roman des bekannten Romanciers über sein Verhältnis mit Jean Seberg). Hoffmann und Campe, Hamburg.
*Olivia Goldsmith:* **Der Club der Teufelinnen.** (Original-Roman). Heyne Verlag, München.
*Horst Lauinger (Hg.):* **Literarische Streifzüge durch Filmpaläste und Theater.** Anthologie mit Prosastücken u. a. von Jane Austen und Arnold Zweig. ars vivendi Verlag, Cadolzburg.
*Pier Paolo Pasolini:* **Geschichten aus der Stadt Gottes.** Verlag Klaus Wagenbach, Berlin.
*Michael Palmer:* **Extrem ... mit allen Mitteln.** (Roman). Droemer Knaur Verlag, München.
*Gore Vidal:* **Palimpsest.** (Klatsch-Memoiren des bekannten Autors). Hoffmann und Campe, Hamburg.
*Orson Welles:* **Mr. Arkadin.** (Roman). Roger & Bernhard, Hamburg.
*Irvine Welsh:* **Trainspotting.** Roger & Bernhard, Hamburg.

## 5. Das Buch zum Film

### (Drehbücher, Produktionsnotizen, Gespräche, Kommentare)

*Helga Belach, Hans Michael Bock (Hg.):* **Berlin-Alexanderplatz.** Drehbuch von Alfred Döblin und Hans Wilhelm zu Phil Jutzis Film von 1931. edition text + kritik, München.
*Emma Thompson:* **Hinter den Kulissen von Sinn und Sinnlichkeit.** Ein Tagebuch. Heyne Verlag, München.
*Quentin Tarantino, Allison Anders, Alexandre Rockwell, Robert Rodriguez:* **Four Rooms.** (Die Drehbücher zum Film). Rowohlt Verlag, Reinbek.

# Hit-Box: Die 100 erfolgreichsten Filme 1996

Erhebungszeitraum vom 28. 12. 1995 bis 29. 12. 1996

| Titel | Verleih | Besucher ges. | Start |
|---|---|---|---|
| **Independence Day** | Fox | 9 168 599 | 19.09.96 |
| **Werner – Das muß kesseln!** | Constantin | 4 923 339 | 27.06.96 |
| **James Bond – Goldeneye*** | UIP | 4 166 980 | 28.12.95 |
| **Ein Schweinchen namens Babe*** | UIP | 4 067 082 | 07.12.95 |
| **Twister** | UIP | 3 673 065 | 05.09.96 |
| **Dangerous Minds – Wilde Gedanken** | Buena Vista | 3 494 748 | 04.01.96 |
| **The Rock – Fels der Entscheidung** | Buena Vista | 3 418 224 | 11.07.96 |
| **Mission: Impossible** | UIP | 3 305 516 | 8.08.96 |
| **Männerpension** | Delphi | 3 303 880 | 01.02.96 |
| **Der verrückte Professor** | UIP | 2 885 622 | 17.10.96 |
| **Toy Story** | Buena Vista | 2 609 480 | 21.03.96 |
| **Jumanji** | Columbia TriStar | 2 547 953 | 22.02.96 |
| **Hera Linds – Das Superweib** | Constantin | 2 340 003 | 07.03.96 |
| **Der Glöckner von Notre Dame** | Buena Vista | 2 310 101 | 28.11.96 |
| **Agent 00 – Lizenz zum Totlachen** | Buena Vista | 2 209 035 | 25.07.96 |
| **12 Monkeys** | Concorde – CR/T | 2 121 969 | 21.03.96 |
| **Eraser** | Warner | 2 072 499 | 22.08.96 |
| **The Birdcage** | UIP | 1 601 242 | 16.05.96 |
| **Versprochen ist versprochen** | Fox | 1 541 244 | 05.12.96 |
| **Star Trek 8 – Der erste Kontakt** | UIP | 1 533 838 | 19.12.96 |
| **Sinn und Sinnlichkeit** | Columbia TriStar | 1 502 175 | 07.03.96 |
| **Irren ist männlich** | Buena Vista | 1 479 310 | 31.10.96 |
| **Dragonheart** | UIP | 1 377 808 | 21.11.96 |
| **Die Jury** | Warner | 1 321 397 | 07.11.96 |
| **Der Club der Teufelinnen** | UIP | 1 229 401 | 12.12.96 |
| **Echte Kerle** | Buena Vista | 1 214 769 | 30.05.96 |
| **Einsame Entscheidung** | Warner | 1 153 266 | 09.05.96 |
| **Zwielicht** | UIP | 1 082 251 | 20.06.96 |
| **Pocahontas*** | Buena Vista | 1 070 182 | 16.11.95 |
| **Heat** | Warner | 1 066 853 | 29.02.96 |
| **Mel Brook's Dracula** | Columbia TriStar | 1 038 188 | 18.04.96 |
| **Der Goofy-Film** | Buena Vista | 1 024 619 | 15.08.96 |
| **Die Legende von Pinocchio** | Warner | 1 018 224 | 03.10.96 |
| **Lügen haben lange Beine** | Fox | 1 000 296 | 29.08.96 |
| **Operation: Broken Arrow** | Fox | 940 169 | 15.02.96 |
| **Trainspotting – Neue Helden** | Prokino/Central | 925 800 | 15.08.96 |
| **Aus nächster Nähe** | Constantin | 910 971 | 12.09.96 |
| **Striptease** | Concorde – CR/T | 879 264 | 15.08.96 |
| **Sieben*** | Constantin | 824 338 | 23.11.95 |
| **Schnappt Shorty** | UIP | 803 989 | 29.02.96 |
| **Dead Man Walking** | Pandora | 788 597 | 11.04.96 |
| **Eins & eins macht vier** | Concorde – CR/T | 787 324 | 28.03.96 |
| **From Dusk till Dawn** | Scotia | 745 983 | 04.07.96 |
| **Sudden Death** | UIP | 735 330 | 04.04.96 |
| **Abbuzze – Der Badesalz-Film** | Constantin | 718 833 | 18.01.96 |
| **Leaving Las Vegas – A Love Story** | FPV/Prokino | 712 793 | 09.05.96 |
| **Copykill** | Warner | 670 764 | 25.01.96 |
| **Nicht schuldig** | Columbia TriStar | 657 451 | 30.05.96 |
| **Braveheart*** | Fox | 656 071 | 05.10.95 |

| Titel | Verleih | Besucher ges. | Start |
|---|---|---|---|
| **Money Train** | Columbia TriStar | 625 080 | 11.01.96 |
| **Workaholic** | Concorde–CR/T | 617 252 | 11.07.96 |
| **Nach fünf im Urwald*** | Senator | 569 767 | 18.04.96 |
| **High School High** | Columbia TriStar | 560 474 | 12.12.96 |
| **Die Schwanenprinzessin** | Columbia TriStar | 552 612 | 01.02.96 |
| **Casino** | UIP | 526 522 | 14.03.96 |
| **Gestohlene Herzen** | Warner | 487 214 | 04.04.96 |
| **Antonias Welt** | MFA | 465 324 | 05.09.96 |
| **Dunston – Allein im Hotel** | Fox | 454 838 | 04.07.96 |
| **Tödliche Weihnachten** | Constantin | 443 762 | 12.12.96 |
| **Phenomenon** | Buena Vista | 440 667 | 03.10.96 |
| **Ace Ventura – Jetzt wird's wild** | Warner | 436 620 | 14.12.95 |
| **Kondom des Grauens** | Ascot | 433 258 | 29.08.96 |
| **Geliebte Aphrodite** | Kinowelt | 428 858 | 15.08.96 |
| **Mikrokosmos** | Pandora | 425 212 | 31.10.96 |
| **Außer Kontrolle** | Fox | 417 380 | 21.11.96 |
| **Nur aus Liebe** | Warner | 415 940 | 18.04.96 |
| **Mortal Kombat** | CI | 391 361 | 18.01.96 |
| **Alf – Der Film** | Tobis | 391 100 | 09.05.96 |
| **Strange Days** | Jugendfilm | 387 074 | 08.02.96 |
| **Vater der Braut 2** | Buena Vista | 384 708 | 01.02.96 |
| **Familienfest und andere…** | Concorde–CR/T | 379 943 | 22.02.96 |
| **The Quest – Die Herausforderung** | Jugendfilm | 378 552 | 01.08.96 |
| **Last Man Standing** | Constantin | 372 485 | 31.10.96 |
| **Muppets – Die Schatzinsel** | Buena Vista | 368 549 | 11.07.96 |
| **Flucht aus L. A.** | UIP | 355 174 | 31.10.96 |
| **Die Nervensäge (Cable Guy)** | Columbia TriStar | 353 858 | 10.10.95 |
| **Der Postmann*** | Buena Vista | 353 648 | 07.12.95 |
| **Der Indianer im Küchenschrank** | Columbia TriStar | 353 160 | 07.12.95 |
| **Rumble in the Bronx** | Constantin | 348 101 | 17.10.96 |
| **Dead Man** | Pandora | 347 964 | 04.01.96 |
| **Die üblichen Verdächtigen** | Columbia TriStar | 342 417 | 18.01.96 |
| **Mission: Rohr frei!** | Fox | 313 897 | 18.07.96 |
| **Der dritte Frühling** | Warner | 294 041 | 01.05.96 |
| **The Fan** | Constantin | 293 216 | 03.10.96 |
| **Fargo** | Concorde–CR/T | 288 883 | 14.11.96 |
| **The Glimmer Man** | Warner | 276 592 | 14.11.96 |
| **Dem Himmel so nah*** | Fox | 276 131 | 21.12.96 |
| **Blue in the Face*** | Kinowelt | 271 793 | 28.12.96 |
| **Der Engländer, der auf einen…** | Buena Vista | 268 051 | 11.01.96 |
| **Hallo, Mr. President*** | UIP | 266 787 | 14.12.95 |
| **Ein amerikanischer Quilt** | UIP | 262 176 | 01.02.96 |
| **Tin Cup** | Warner | 258 290 | 10.10.96 |
| **Flipper** | UIP | 255 543 | 25.07.96 |
| **Vier lieben Dich** | Columbia TriStar | 247 869 | 31.10.96 |
| **Wallace & Gromit und Schafen** | MFA | 240 336 | 07.03.96 |
| **Stadtgespräch*** | Buena Vista | 238 257 | 26.10.95 |
| **Nessie – Das Geheimnis von Loch Ness** | CI | 237 128 | 26.09.96 |
| **Alaska** | Concorde–CR/T | 234 261 | 26.09.96 |
| **Sabrina** | Constantin | 227 156 | 11.01.96 |
| **Der Hexenclub** | Columbia TriStar | 225 309 | 04.07.96 |

Quelle: © 1997 Entertainment Data GmbH * Start: Nov./Okt. 1995

## Die besten US-Starts 1996

(15. Januar bis 27. Dezember 1996)

| Rang | Titel | Verleih | Start | Einspiel in $ |
|---|---|---|---|---|
| 1 | **Mission: Impossible** | Paramount | 22.05.96 | 56.811.602 |
| 2 | **Independence Day** | Fox | 03.07.96 | 50.228.264 |
| 3 | **Twister** | Warner | 10.05.96 | 41.059.405 |
| 4 | **Kopfgeld** | Buena Vista | 08.11.96 | 34.216.088 |
| 5 | **101 Dalmatiner** | Buena Vista | 27.11.96 | 33.504.025 |
| 6 | **Star Trek – Der erste Kontakt** | Paramount | 22.11.96 | 30.716.131 |
| 7 | **Space Jam** | Warner | 15.11.96 | 27.528.529 |
| 8 | **Der verrückte Professor** | Universal | 28.06.96 | 25.411.725 |
| 9 | **The Rock** | Buena Vista | 07.06.96 | 25.069.525 |
| 10 | **Eraser** | Warner | 21.06.96 | 24.566.446 |

## Top Ten Deutsche Filme

| Rang | Titel | Verleih | Start | Besucher |
|---|---|---|---|---|
| 1 | **Werner – Das muß kesseln!!!** | Constantin | 27.06.96 | 4.923.339 |
| 2 | **Männerpension** | Delphi | 01.02.96 | 3.303.880 |
| 3 | **Hera Linds – Das Superweib** | Constantin | 07.03.96 | 2.340.003 |
| 4 | **Irren ist männlich** | Buena Vista | 31.10.96 | 1.479.310 |
| 5 | **Echte Kerle** | Buena Vista | 30.05.96 | 1.214.769 |
| 6 | **Abbuzze! – Der Badesalz-Film** | Constantin | 18.01.96 | 716.982 |
| 7 | **Workaholic** | Concorde-CR/T | 11.07.96 | 617.252 |
| 8 | **Nach Fünf im Urwald** | Senator | 18.04.96 | 569.767 |
| 9 | **Kondom des Grauens** | Ascot | 29.08.96 | 433.258 |
| 10 | **Nur aus Liebe** | Warner | 18.04.96 | 413.087 |

## Top Ten Europäische Filme

| Rang | Titel | Verleih | Start | Besucher |
|---|---|---|---|---|
| 1 | **Trainspotting – Neue Helden** | Prokino Plus | 15.08.96 | 925.800 |
| 2 | **Antonias Welt** | MFA | 05.09.96 | 465.324 |
| 3 | **Mikrokosmos** | Pandora | 31.10.96 | 425.212 |
| 4 | **Der Engländer, der auf einen …** | Buena Vista | 11.01.96 | 268.051 |
| 5 | **Wallace & Gromit unter Schafen** | MFA | 07.03.96 | 240.336 |
| 6 | **Nessie – Das Geheimnis von Loch Ness** | CI | 26.09.96 | 237.128 |
| 7 | **Nelly und Monsieur Arnoud** | FPF/Prokino | 11.01.96 | 217.247 |
| 8 | **Fisch & Chips** | Concorde-CR/T | 03.10.96 | 199.275 |
| 9 | **Lügen und Geheimnisse** | Pandora | 12.09.96 | 171.138 |
| 10 | **Breaking the Waves** | Pandora | 10.03.96 | 167.700 |

# Verstorbene Filmschaffende 1996

## A

**Abbott, John** (91)
Geb. 5.6.1905.
Gest. 24.5.1996, L. A.
Der englische Schauspieler stand mit Sir Laurence Olivier in *Hamlet* auf einer Bühne. 1937 begann er seine Filmkarriere mit *Fräulein Doktor* und ging 1941 nach Hollywood, wo er in über 100 Filmen mitspielte, aber über kleinere Charakterrollen nicht hinauskam.
Zu seinen bekanntesten Filmen gehören *Anna und der König von Siam, Gigi* und *Die größte Geschichte aller Zeiten.*

**Alea, Tomás Gutiérrez** (67)
Geb. 11.12.1928, Havanna.
Gest. 16.4.1996.
Der kubanische Regisseur hatte schon während seines Jura-Studiums 8mm-Filme gedreht. Eine fundierte Ausbildung erhielt er am Centro Sperimentale in Rom.
Mit seinen Arbeiten *El Mégano* (1955) oder *Historas de la revolución* (1960) zählte er zu den filmischen Avantgardisten des kubanischen Kinos. Mit seinen Filmarbeiten engagierte sich Alea auch politisch und betrachtete in *Die zwölf Stühle* (1962) oder *Erdbeer und Schokolade* (1994) sein Heimatland mit kritischen schwarzhumorigen Blick.
»Alea galt vielen jüngeren Kollegen als geistiger Vater. Während in den 80er Jahren seine eigene Regiearbeit in den Hintergrund rückte, wirkte er inspirierend, leitete Workshops, betreute die Werke anderer dramaturgisch und unterrichtete am ICAIC (Kubanisches Institut für Kunst und Filmindustrie).« (Ralf Schenk, ›film-dienst‹) Bereits schwer krank inszenierte er sein letztes Werk *Guantanamera* in Koregie. Er starb an Lungenkrebs.

**Alton, John** (95)
Geb. 5.10.1901. Gest. 2.6.1996.
Der als Johann Altmann geborene Kameramann begann sich in den 20er Jahren als technischer Assitent in den MGM-Laboren für die Kamerarbeit zu interessieren. Die deutsche Fotographie erschien ihm als vorbildhaft und studierte sie vor Ort. Er ging nach Paris und wurde Chef des Kamera-Departments der Joinville-Studio und zog weiter nach Argentinien und half hier beim Filmaufbau mit, wobei er das erste und letzte Mal Regie in *El Hijo De Papa* führte. 1939, zurück in Hollywood, drehte er Filme in allen Genres, z. B. 1947 drehte er mit Anthony Mann die neuartigen »film noirs« wie *In der Klemme* oder *Geheimagent T.* Altons Markenzeichen: Low-key-Photographie, Tiefenschärfe und tiefstes Schwarz für visuelle Effekte – er malte mit dem Licht. Alton drehte in schnellem Verfahren sehr, sehr viele Filme. Für *Ein Amerikaner in Paris* erhielt er 1951 den Oscar. Auf dem Höhepunkt seines Schaffens quittierte er während seiner letzten Arbeit 1962 für *Der Gefangene von Alcatraz* den Job. Er drehte keinen Film mehr, um die Zeit bis zu seinem Lebensabend in Ruhe verbringen zu können.

**Angus, Robert** (74)
Gest. 5.2.1996, Fountain Valley/ Kalifornien.
Der amerikanische Cutter erntete seine ersten Credits für seine Arbeit mit Howard Hughes. 1969 schnitt Angus *Easy Rider* und arbeitete viel für Fernseh-Serien wie *Dragnet.* Seinen letzten großen Credit erhielt er als Associate Producer für Sir Richard Attenboroughs *... woher der Wind weht.*

**Annabella** (86)
Geb. 14.7.1909 La Varenne.
Gest. 18.9.1996, Neuillysur-Seine.
Die als Suzanne Georgette Charpentier

Geborene Schauspielerin verdankte »ihre europaweite Popularität in den 20er und 30er Jahren vor allem der Standardrolle des Mädchens aus der Nachbarschaft. Sie wurde zum Star [weil sie] die Idealverkörperung des unkomplizierten Mädchens [war], im Gegensatz zu ihren Kolleginnen blieb sie immer authentisch und glaubwürdig.« (Rainer Heinz, ›film-dienst‹) Mit 16 Jahren spielte sie einen kleinen Part in *Napoléon* (1927) und fand neben ihren typischen Figuren in Rene Clairs *Le Million* und *Der 14. Juli* angemessene Rollen für ihr Können. 1935 brillierte Annabella in *Varieté,* 1938 in *Hotel du Nord.* 1936 ging sie nach England und spielte an der Seite von Henry Fonda im ersten britischen Technicolorfilm *Die Zigeunerprinzessin.* 1938 folgte sie dem Ruf Hollywoods, drehte ihren größten Erfolg *Suez* und heiratete Tyrone Power. Ihre Karriere kam ins Stocken und endete mit B-Filmen, woraufhin sie, wieder geschieden, in ihr Heimatland zurückkehrte und in einigen uninteressanteren Filmen auftrat.

**Aurel, Jean**
Geb. 1925. Gest. 24.8.1996
Der französische Drehbuchautor und Regisseur wurde in den 50er Jahren nach dem Besuch der Pariser Filmhochschule IDHEC Redakteur der Kulturzeitschrift »Arts«. Hier schrieb neben vielen jungen Autoren Francois Truffaut seine Rezensionen. Mit dem späteren Meisterregisseur verband Aurel eine langjährige Zusammenarbeit und er schrieb die Drehbücher zu *Die Frau nebenan* und *Auf Liebe und Tod.* Für René Clair verfaßte er *Porte Des Lilas* für Jacques Becker *Le Trou.* Aurel selbst drehte mit *In Freiheit dressiert* oder *Nacht über Europa* in den 60er Jahren vorerst Montagefilme, bis er schließlich mit *Der hemmungslose Mann* (1967) und *Oh, diese Frauen* (1969) selbst Spielfilme mit erotisch-komödiantischen Flair inszenierte. Seine letzte Arbeit war 1984 ein Dokumentarfilm über Stalin.

## B

**Balsam, Martin** (76)
Geb. 4.11.1919, New York.
Gest. 13.2.1996, Rom.
Der 1965 für *Tausend Clowns* Oscar-gekrönte New-York-Actor's-Studio-Schauspieler starb nach einer gut 40jährigen Film-Karriere. Sie begann unter Elia Kazan, mit dem er schon am Theater zusammenarbeitete, in *Die Faust im Nacken* und endete mit *Kap der Angst* als einem seiner letzten Filme. Der auffällige, vornehmliche Nebendarsteller war viel in Hollywood wie New York in Filmen und TV-Produktionen beschäftigt.
In den 70er Jahren spielte Balsam viel in italienischen Filmen wie *Der Clan, der seine Feinde lebendig einmauert.* In den 80er Jahren war er wieder als Nebendarsteller in amerikanischen Filmen und im Fernsehen zu sehen.
Er verewigte sich durch seine Darstellungen in *Psycho* oder *Die zwölf Geschworenen.*

*Martin Balsam*

**Bass, Saul** (76)
Geb. 8.5.1920. Gest. 25.4.1996.
»Er war der Meister des Vorspanns, des Titel-Designs. Er hat diesen vorher kaum beachteten Teil des Films zum Kunstwerk gemacht.« (Michael Omasta, ›epd-film‹) Der geniale Graphikdesigner schuf Filmplakate und Titelsequenzen zu mehr als 40 Filmen, u. a. *Vertigo, Der unsichtbare Dritte* und *Casino.* »Seine Kunst lebte von der Abstraktion des filmischen Sujets und der Klärung der Form. Indem er das Vertraute fremd erscheinen ließ, schuf er Embleme, so prägnant, daß sie untrennbar mit ihrem Gegenstand verschmolzen.« (Daniel Kothenschulte, ›film-dienst‹) Mit Billy Wilder hatte er die Idee, den Zuschauer mit seinem kunstvollen Eingriff auch für den Titelvorspann zu interessieren, mit dem Bass den Film unterstützen wollte. Sein Schaffen hinterließ deutliche Spuren, die in kunstvollen Vorspännen, wie etwa in *Sieben,* Bass' Werk nacheifern und ehren.
Mit dem Science-fiction-Film *Phase IV* inszenierte er 1974 seinen einzigen Film. Ab 1980 arbeitete Bass gemeinsam mit seiner Frau Elaine. Eine langjährige Zusammenarbeit verband ihn mit Martin Scorsese (»die mysteriösen Wasserspiele für *Kap der Angst* und die textile morbide Blütenpracht für *Zeit der Unschuld«* (Kothenschulte)) und Sir Alfred Hitchcock, dessen berühmte Duschszene in *Psycho* von Bass entworfen wurde. Für den Kurzfilm *Why Man Creates* wurde Bass 1968 mit dem Oscar geehrt.

**Baxter, Jane** (87)
Geb. 9.9.1909.
Gest. September 1996, London.
Die in Bremen geborerene irisch-deutsche Schauspielerin spielte in 29 Filmen und trat an der Seite von so bekannten Darstellern wie Charles Laughton, Michael Redgrave und Richard Tauber auf. 15jährig feierte sie ihr Debüt auf einer Londoner Operettenbühne. Ab 1930 spielte sie in britischen Filmen und ging 1934 nach Hollywood, wo sie u. a. *We Live Again* drehte. 1952 zog sie sich aus dem Kinogeschäft zurück und spielte für Theater und Fernsehen.

**Baxter, Les** (73)
Gest. 15.1.1996, Newport Beach/ Kalifornien.
Der Komponist erstellte über 250 Partituren zu Filmen, Fernsehproduktionen und Radioshows, wobei er einen leichten exotischen Big Band-Stil entwikkelte. Er startete seine Musikkarriere in den 40er Jahren als Jazz-Saxophonist in L.A. und arbeitete später im Radio für Bob Hope und Abbott & Costello. Seit den 50er Jahren komponierte er Soundtracks für Kinofilme wie *Collage Papers, Reife Blüten, Der Mann mit den Röntgenaugen* und *Frogs.*

**Berman, Pandro S.** (91)
Geb. 28.3.1905. Gest. 13.7.1996.
»Berman war einer der letzten Überlebenden jener großen Produzenten, die während des goldenen Zeitalters der Hollywoodstudios in den 30er und 40er Jahren eine Schlüsselrolle spielten. Bernams Filme waren bekannt für technische Perfektion, sie boten ambitionierte Unterhaltung.« (›epd-film‹)
Bei RKO arbeitete Berman als Regieassistent und Cutter und produzierte mit *The Gay Diplomat* seinen ersten Film. Mit *Tanz mit mir* entstand mit seiner Beteiligung 1934 das erste von sieben Fred Astaire/Ginger-Rogers-Musicals. 1939 produzierte er mit *Der Glöckner von Notre Dame* seinen größten Erfolg. 1940 wechselte er nach Querelen zu MGM, für die er *Das siebte Kreuz, Der Vater der Braut, Ivanhoe, Telefon Butterfly 8* und *Saat der Gewalt* produzierte. Zu seinen bevorzugten Regisseuren und Stars gehörten George Cukor, Vincente Minnelli, Katherine Hepburn, Bette Davis und Cary Grant.
Nach fast 40jähriger Produzententätigkeit zog er sich 1970 aus dem Geschäft zurück. 1977 erhielt er den Irving-Thalberg-Gedächtnis-Preis.

**Bertino, Albert** (84)
Gest. 18.8.1996, L.A.
Der amerikanische Zeichentrickkünstler arbeitete für Walt Disney und half bei der Kreation von Charakteren wie Bambi, Goofy und Donald Duck. Die Figur des Big Al basierte auf seiner eigenen Idee.

**Biczycki, Jan**
Gest. 18.2.1996, München.
Der polnische Theater-Regisseur und Schauspieler kam von der Theater-Akademie in Warschau, gründete hier 1957 seine eigene Bühne und inszenierte 1965 bei den Salzburger Festspielen. Er konzentrierte seine Tätigkeit auf München, wo er auch als Dozent an der Otto-Falckenberg-Schule lehrte. Seit 1979 war er häufig auf den Leinwänden zu sehen, z. B. in *Imperativ, Rosa Luxemburg, Winckelmanns Reisen, Vergeßt Mozart* und zuletzt 1992 in *Rosen für Afrika.*

**Bissell, Whit(ner)** (86)
Geb. 1919, New York.
Gest. 12.3.1996, Woodlands Hill/ Kalifornien.
Der wandlungsfähige amerikanische Schauspieler verkörperte seit 1943 in *Holy Matrimony* kleine Nebenrollen in Großproduktionen und B-Pictures. Nach seinem Karrierebeginn am Broadway spielte er in einer Reihe von Klassikern wie *Der Schrecken vom Amazonas, Die Dämonischen, Flucht in Ketten, Der Gefangene von Alcatraz* und als böser Wissenschaftler der den Werwolf in *Der Tod hat schwarze Krallen* schuf.
Die Academy of Science-fiction, Fantasy & Horror verlieh Bissell 1994 ihren Preis für sein Lebenswerk.

**Bonner, Priscilla** (97)
Geb. in Washington, D.C.
Gest. 21.2.1996, L.A.
Der Stummfilmstar spielte in den 20er Jahren mit Ray Charles und Will Rogers in über 24 Filmen wie *Homer Comes Home* oder *Honest Hutch.*

**Bowen, Roger** (63)
Gest. 16.2.1996, Florida.
Der Schauspieler und Autor spielte seinen berühmtesten Part als Col. Blake in *Mash.* In den 70er Jahren spielte er hauptsächlich Serien fürs Fernsehen, für das er auch Sketche schrieb. Im Kino war Bowen später u. a. in *Was ist mit Bob?* zu sehen.

**Broccoli, Albert** (87)
Geb. 5.4.1909, New York.
Gest. 27.6.1996, L.A.
Broccoli war der legendäre Produzent der *James Bond 007*-Filme, die kommerziell erfolgreichste Film-Reihe, die 1962 mit *James Bond – 007 jagt Dr. No* begann und 1995 mit *Goldeneye* vorerst ihr Ende gefunden hat.
Broccolis Produzententätigkeit fing mit einer Assistententätigkeit bei 20th Century Fox an. In England gründete er in den 50er Jahren Warwick Pictures dessen Erstling 1953 *Paratroopers* war. Neben den *Bond*-Filmen produziert er 1968 *Tschitti Tschitti Bäng Bäng.* 1976 kam es zum Bruch mit Harry Saltzman, mit dem er Bond ins Leben gerufen hatte. 1982 erhielt er für seine Verdienste den Thalberg-Award.
»Broccolis Verdienst um die Agenten-Serie ist der stete Wechsel zwischen rasanten und ironischen Szenen voller britischen Understatements und die Einführung immer neuer technischer Spielereien.« (›film-dienst‹)

**Buchman, Herman** (75)
Gest. 27.1.1996, Santa Fe, New Mexiko.
Der Make-Up-Künstler arbeitete für das Theater, das Fernsehen und in Filmen wie *Die Zwölf Geschworenen, Licht im Dunkel* und *The Panic in Needle Park.*

**Burns, George** (100)
Geb. 20.1.1896, New York.
Gest. 9.3.1996, L.A.
»Gott ist tot«. So betitelte eine US-Zeitschrift, nachdem bekannt wurde, daß George Burns im biblischen Alter von 100 Jahren verstorben war. »In den

USA war er ein Gigant des Entertainments, dessen teils bissig-boshafte, teils altersweise Philosophien längst in den allgemeinen Sprachgebrauch übergegangen sind.« (Rainer Heinz, ›filmdienst‹).
In der 30er und 40er Jahren spielte der New-Yorker Jude Burns mit seiner Frau Gracie Allen als Komiker-Duo in den Music Halls und Vaudeville-Truppen. Die erfolgreiche Karriere setzten sie im Radio und Fernsehen fort, wobei Burns auf die toternsten Sprachabsurditäten seiner Frau reagierte. Bereits 1929 hatten sie ihren ersten Filmauftritt, 1937 waren sie an der Seite von Fred Astaire in *Ein Fräulein in Nöten* zu sehen.
Nach Gracie Allens Tod 1964 hielt sich Burns für einige Jahre fern vom Showgeschäft. In seiner eigenen TV-Serie wurde er durch Weisheiten, Anekdoten, Zynismen wie auch alten Varieté-Schlagern und seiner nie verglimmenden Zigarre berühmter denn je. Als granteliger Senior in *Die Sunny Boys* (1975) gewann er einen Oscar und spielte in der Titelrolle in *Oh Gott* (1977) – dies jedoch nur, weil er (O-Ton Burns) »schon zu alt war, Seinen Sohn zu spielen«.

## C

**Cammell, Donald** (57)
Gest. 23.4.1996, Hollywood Hills, L. A.
Der schottische Drehbuchautor und Regisseur verdiente sich 1970 seine ersten Sporen als Co-Regisseur und Autor neben Nicholas Roeg für *Performance*, der als wegweisend für die MTV-Ästhetik gilt. In seiner 27jährigen Karriere drehte er nur vier Filme: *Die Saat des Teufels, Das Auge des Killers* und *Wild Side,* der jedoch von seinen Produzenten zu einer für Cammell nicht aktzeptablen Fassung gekürzt wurde. Mehrere Projekte mußte Cammell verwerfen oder scheiterten kurz nach Drehbeginn. Cammell erschoß sich zu Hause.

**Carlin, Edward** (64)
Geb. in Bronx/New York.
Gest. 24.10.1996, L.A.
Der in der Bronx Geborene Produzent und Filmverkäufer absolvierte nach dem Korea-Krieg die UCLA und arbeitete als Art-Director für Millie Braverman. Später produzierte er viele Filme, die meisten davon für Roger Corman, wie *Swinging Barmaids, Bloody Whiskey, Tanya's Island* und *Herrscher im Weltraum.*

**Carné, Marcel** (90)
Geb. 18.8.1906.
Gest. 31.10.1996, Paris.
Carné erlebte die typische französische Filmkarriere: Nach verfaßten Rezensionen, folgte die Assistenzzeit (unter Jacques Feyder und René Clair), nach einem Dokumentarfilm *(Nogent – Eldorado du dimanche*) folgten eigene Spielfilme.
»In jenen für das Kino Frankreichs so ungemein fruchtbaren späten 30er Jahren, einer Epoche, die von Furcht wie auch von Hoffnung geprägt war, drehte Carné seine besten Filme. Er entwik-

*Marcel Carné*

kelte – neben Jean Renoir, seinem großen Antipoden – den poetischen Realismus einer Kunstform, die wie keine andere die Stimmung der Zeit reflektierte. Fatalismus und Melancholie waren Elemente vieler großer Carné-Filme.« (Michael Hanisch, ›filmdienst‹) Carné gelang in dieser Zeit mit Jean Vigo, René Clair, Jean Renoir usw., daß der Film den Rang der Kunst in Frankreich erhielt.
Carné drehte gemeinsam mit dem Autor Jacques Prévert u. a. die *Drole de Dame* und *Hafen im Nebel.* Als die Deutsche Wehrmacht Frankreich besetzte, war Carné der einzige renommierte Regisseur der in Paris blieb. In dieser Zeit schuf er *Kinder des Olymp,* den unsterblichen Klassiker. Die Nouvelle Vague akzeptierte ihn im Gegensatz zu Renoir nicht als Vorbild. »Das mag daran gelegen haben, daß Carné wenig von einem Auteur hatte; seine Filme schienen sich dem Konzept einer politique des auteurs zu widersetzen. [...] Carné und die Nouvelle Vague – ein Verhältnis sehr ähnlich der Beziehung zwischen Staudte und dem Jungen Deutschen Film.« (Hanisch)
*Mörder nach Vorschrift* war 1971 sein letzter Film. Die Produktion von *Mouche* kam 1992 aufgrund von Finanzierungsproblemen zum Erliegen.

**Casarès, Maria** (74)
Geb. 21.11.1922, Gest. 22.11.1996, Lavergne/Frankreich.
Spanische Schauspielerin. »Ihr Filmdebüt sollte ihre bekannteste Rolle bleiben: sie spielte die Frau von Pierrot/Jean-Louis Barrault in *Kinder des Olymp* (1945). Danach konzentrierte sich die Spanierin aufs Theater und wurde als erste Ausländerin ständiges Mitglied der Comédie Francaise. Durch ihre Theaterarbeit blieb wenig Zeit für Filme, doch wenn sie spielte, gelangen unvergessene Auftritte, etwa in der Rolle des Tods in *Orphée* (1950) und *Das Testament des Orpheus* (1960).« (›cinema‹)
Einprägsame Auftritte lieferte sie auch zuletzt 1988 als süchtige Generalin in *Die Vorleserin* und schließlich 1995 als blinde Mutter in *Paradies, Brooklyn.* »In die Filmgeschichte wird sie als eine Frau eingehen, die mehr liebte als geliebt wurde.« (›Der Spiegel‹)

**Cherrill (Martini), Virginia** (88)
Geb. 12.4.1908, Carthage/Illinois.
Gest. 14.11.1996, Santa Barbara/Kalifornien.
Das blinde Blumenmädchen an der Seite des Tramps in Chaplins Meisterwerk *Die Lichter der Großstadt* (1931) – das Debüt der schauspielunerfahrenen Cherrill brachte ihr über Nacht Weltruhm, ohne jedoch weitere Spuren mit 11 Filmen (z. B. *Charlie Chan's Greatest Case)* der Filmgeschichte zu hinterlassen. Chaplin schätzte sie, weil sie »blind aussehen konnte, ohne dabei abstoßend zu wirken.«

**Christine, Virginia** (76)
Gest. 24.7.1996, L.A.
Die amerikanische Charakterdarstellerin debütierte nach ihrem Studium an der UCLA 1943 neben Errol Flynn als Bauernmädchen in *Aufstand in Trollness.* In größeren Rollen trat sie in *Zwölf Uhr Mittags, Die Dämonischen* und *Das Urteil von Nürnberg* von Stanley Kramer, in dessen Filmen sie häufiger mitspielte, auf. Außerdem hatte sie viele Engagements für das Fernsehen, wo sie Credits für *Bonanza* und *Twilight Zone* erhielt.

**Clément, René** (82)
Geb. 18.3.1913, Bordeaux.
Gest. 17.3.1996, Monte Carlo.
Clément ist einer der größten französischen Regisseure der Nachkriegszeit. Nach seinem Architekturstudium entdeckte er die Liebe zum Film und sammelte er Erfahrungen als Kameramann und Regieassistent. Ende der 30er Jahre entstanden erste Dokumentarfilme. Sein Spielfilm-Debüt *Die Schienenschlacht* erhielt 1946 die Goldene Palme und er war ein Hoffnungsschimmer für eine Art französischen Neorealis-

mus. Kommerzielle Kriegsfilme wie *Der friedliche Vater* und *Boot der Verdammten* wiesen ihn, laut Rolf-Ruediger Hamacher als Regisseur ohne (Regie-)Fehler aus, »dem aber auch sehr bald der in seinen frühen Filmen noch spürbare Impetus eines Moralisten verloren ging.« Dem Erfolg seiner Filme wie *Brennt Paris?* (1966) tat dies jedoch keinen Abbruch. Jeder Film bot etwas Neues, »jedes Werk bildete eine isolierte Einheit.«
Der finanzielle Erfolg seiner Filme gab ihm die Freiheit zur Kreativität, seine ästhetischen Ambitionen zu entwikkeln.« (Hamacher) In Filmen wie *Gervaise* (1956) oder *Nur die Sonne war Zeuge* (1959), der Alain Delon zum Star macht, zeigte Clemént wieder andere Seiten seines Talents. Er arbeitete auch viel mit internationalen Stars wie Charles Bronson, Faye Dunaway oder Robert Ryan zusammen. 1975 beendete er frühzeitig seine Karriere mit *Das ganz große Ding. Verbotene Spiele, Treibjagd* und andere Werke brachten ihm den Ruf als »Individualist, böser Beobachter und zynischer Kommentator« (›cinema‹) ein.

**Colbert, Claudette** (92)
Geb. 13.9.1905, Paris.
Gest. 30.7.1996, Barbados
»Mit Frank Capras *Es geschah in einer Nacht* gelang ihr 1934 der Oscar-veredelte Durchbruch in Hollywood. Dort und in weiteren Screwball-Komödien wie etwa Preston Sturges' *Palm Beach Story – Atemlos nach Florida* (1942) etablierte sie den Typ der intelligenten, schlagfertigen Betrügerin mit Charme.« (›cinema‹, 9/96)
Lily Claudette Chauchoin kam als Siebenjährige von Frankreich nach Amerika und feierte als 20jährige erste Broadwayerfolge. Sie spielte 1931 in Ernst Lubitschs *Der lächelnde Leutnant* (in *Blaubarts Achte Frau* (1938) arbeiteten sie erneut zusammen) und für Cecil B. DeMille 1932 in *Im Zeichen des Kreuzes* sowie 1934 in *Cleopatra.* Im selben Jahr war sie ein Broadwaystar mit ent-

*Claudette Colbert*

sprechenden Allüren als sie Capra ihre Komödie par-excellence drehte. »Claudette Colbert, über die man sagte, sie sei eine der scharfsinnigsten Frauen Hollywoods gewesen, arbeitete unermüdlich an ihrem Star-Image.« (›epd-film‹)
»Sie war und blieb in Hollywood immer die Fremde und schlug aus diesem Image Kapital.« (Michael Hanisch, ›film-dienst‹).
1954 spielte sie erstmals in zwei französischen Kinofilmen, in Hollywoodfilmen trat sie nicht mehr auf, kehrte aber an den Broadway zurück. Als 83jährige spielte sie zum letzten Mal vor der (Fernseh-)Kamera in *Society.* In dem Klassiker, *Enthüllungen um Mitternacht* von Mitchell Leisen schleicht sie sich in ein Luxushotel und verwandelt sich in eine angebliche Gräfin, um später ihren »Prinzen« zu kriegen. »Sie war Hollywoods Cinderella, daß heißt, für sie und mit ihr wurden amerikanische Kinoträume Wirklichkeit.« (Fritz Göttler, ›SZ‹)

**Cummings jr., Irving** (77)
Gest. 26.5.1996, Van Nuys/Kalifornien.
Der amerikanische Regisseur, Autor und Produzent begann in den 40er Jahren die Drehbücher für *Yesterday's Heroes* zu verfassen und produzierte den Robert Mitchum-Film *Where Dangers Live*. 1951 drehte er seinen ersten Film, *Doppeltes Dynamit*, mit Frank Sinatra, Jane Russell und Groucho Marx und entwarf später die TV-Serie *Fury*.

## D

**Daniel, (Frantisek) Frank** (69)
Gest. 1996, Palm Springs.
Der tschechische Drehbuchautor schrieb 19 Drehbücher (u. a. *Vater gesucht* (1961). *Diese Mannsbilder* (1962) inszenierte er selbst. In den 60er Jahren leitete er die Prager Filmschule und emigrierte angesichts der politischen Lage 1968 in die USA, wo er mit Milos Foreman die Leitung der Filmabteilung der Universität von Columbia übernahm. Später wurde er Kodirektor des Sundance-Institutes, war als Drehbuchlehrer und -berater gefragt. In seiner Lehrzeit war er Mentor von Studenten wie David Lynch, Paul Schrader oder Terrence Malick.

**David, Saul** (74)
Geb. 1921, Springfield/Massachusetts.
Gest. 7.6.1996, Culver City/Kalifornien.
Der amerikanische Produzent arbeitete seit den 60er Jahren für Columbia, Warner Bros. und 20th Century Fox. Er produzierte *Derek Flint schickt seine Leiche, Die phantastische Reise* und *Flucht ins 23. Jahrhundert*. Außerdem galt David als Entdecker und Förderer von Raquel Welch, Burt Reynolds und James Coburn.

**De Santis, Pasqualino** (69)
Gest. 23.6.1996, Ukraine.
Der italienische Kameramann zeichnete sich durch seine einzigartigen Arbeiten für die großen italienischen Regisseure wie Federico Fellini oder Michelangelo Antonioni aus. Er starb während der Dreharbeiten zu Francesco Rosis *La Tregua*. Seine Kunst wurde 1968 in Franco Zefferellis *Romeo und Julia* mit dem Oscar gewürdigt.

**Deutsch, Eckhart** (69)
Gest. 22.8.1996.
Der Dominkanerpater Eckhart Deutsch betätigte sich lange Jahre als Künstlerseelsorger, war seit 1987 Mitglied der Katholischen Filmkommission und in verschiedenen anderen Bereichen wie der kirchlichen Jury bei den Internationalen Filmfestspielen Berlin engagiert.

**Dru, Joanne** (73)
Geb. 31.1.1923, Logan/West Virgina.
Gest. 10.8.1996, Beverly Hills, L. A.
Die Schauspielerin und das Ex-Mannequin Joanne Dru (geb. LaCock) spielte in vielen Western der 40er und 50er Jahre wie *Red River, Westlich St.Louis* und *Des Teufels Hauptmann*. »Joanne Dru in der Rolle der Olivia kann sich inmitten des Fordschen Männerkosmos als Frau bestens behaupten -und das will angesichts von Partnern wie John Wayne, Victor McLaglen, Ben Johnson und Harry Carey etwas heißen. [...] Sie hat eine Reihe nicht immer guter, aber immer interessanter Filme gemacht«, (Rainer Heinz, ›film-dienst‹) – z. B. *Der Mann, der herrschen wollte, Der Henker saß am Tisch, Im Zirkus der drei Manegen*. Rudolf Worschech resümierte in ›epd-film‹ und schrieb, daß sie keine Postkartenschönheit war und keine Hauptfiguren spielte, aber ein Kraftzentrum darstellte, daß selbst die Westernhelden zur Besinnung brachte, womit sie unsterblich ist.
Frühzeitig zog sie sich von der Leinwand zurück und spielte noch einmal Jahre später neben Terence Hill 1980 in *Der Supercop*.

**Duras, Marguerite** (81)
Geb. 2.4.1914, Giadinh/Vietnam.
Gest. 3.3.1996, Paris.
Die französische Regisseurin begann nach bewegenden Lebensjahren, die

durch Todesfälle in der Familie und den II. Weltkrieg geprägt waren, 1942 als Schriftstellerin tätig zu werden und die Ereignisse (z. B. in *Schmerz)* zu verarbeiteten.
René Clément verfilmte 1957 Duras *Une Barrage contre le Pacifique,* andere ihrer Stoffe dienten in den 60er Jahren als sehr freie Vorlagen für *The Sailor From Gibraltar, 10.30 PM Summer, Moderato Cantabile* und *Der Liebhaber.* Sie selber wurde im Filmgeschäft durch das Schreiben von Drehbücher aktiv, z. B. 1959 für Renais' *Hiroshima mon amour.* Duras inszenierte und schrieb (»Wenn ich Kino mache, schreibe ich.«) 1966 mit *La Musica* den ersten ihrer 19 Filme, deren Abschluß 1984 *Les enfants – Die Kinder* bildete. In ihren oft wortlastigen Filmen arbeitete sie stets mit den besten Schauspielern und Technikern zusammen, was die Bedeutung ihres Namens, der für sich stand und für viel bürgte, aufweist.

## E

**Eckhardt, Fritz** (88)
Geb. 30.11.1907, Linz.
Gest. Jahreswende 1996/97, Klosterneuburg.

*Fritz Eckhardt*

Der österreichische Schauspieler, Regisseur und Autor wurde hauptsächlich durch seine Fernsehrollen, die er meist selber schrieb, bekannt. Zu seinen rund 200 Fernseh-Drehbüchern gehören u. a. *Hallo – Hotel Sacher, Portier* und *Wenn der Vater mit dem Sohne.* In der *Tatort*-Serie war er als Oberinspektor Marek bekannt. Für das Kino spielte er 1926 in *Der Rosenkavalier,* in der Zeit des III. Reich schrieb er in den USA Hörspiele. Nach seiner Rückkehr spielte er im Kabarett und Theater und trat vor allem in den 50er Jahren in Kinofilmen wie *So ein Millionär hat's schwer* auf.

**Edelman, Herb** (62)
Gest. 21.7.1996, L.A.
Edelmans bekannteste Rolle spielte er als Bea Arthurs Ex-Mann in der TV-Serie *Golden Girls.* Auf der Leinwand sah man ihn in *Ein seltsames Paar* oder *Cherie Bitter.*

**Edwards, Vince** (67)
Geb. 9.7.1928, New York.
Gest. 11.3.1996.
Vincent Edward Zoimo, wie er gebürtig hieß, spielte seit 1947 am Broadway. Bekannt wurde er durch die TV-Serie *Ben Casey.* Ab 1951 war er in *Mr. Universe* auf der Leinwand zu sehen, sowie in Genrefilmen wie *Die Todesreiter* oder *Die Nacht ist voller Schrecken.*

**Elder III., Lonne** (69)
Gest. 11.6.1996, L.A.
Der amerikanische Drehbuchautor war Mitglied der Harlem Writers Guild und verbuchte erste Erfolge mit seinen Broadwaystücken. Nach einem Filmstudium schrieb er *Das Jahr ohne Vater* und wurde 1972 für den Oscar nominiert. Außerdem schrieb er noch *Melinda* und *Einmal und nie wieder* mit Richard Pryor.

**Engelmann, Heinz** (85)
Geb. 14.1.1914, Berlin.
Gest. Sept. 1996, Tutzingen.
In über 40 Filmen wirkte der deutsche Schauspieler seit seinem Debüt 1938 in

dem propagandistischen *Pour le Mérite* mit. Er hatte Rollen in mehreren Heimatfilmen wie *Der Jäger von Roteck.* In seinem letzten Leinwanderfolg stand er 1957 neben Hansjörg Felmy in *Haie und kleine Fische.* Danach trat er oft im Fernsehen, z. B. für *Stahlnetz*, und im Theater auf.
Dem Kino blieb seine Synchronstimme für John Wayne, Gary Cooper, William Holden und Errol Flynn erhalten.

**Everson, William K.** (77)
Geb. 8.4.1919, Yeovil/GB.
Gest. 14.4.1996.
»Seine Kenntnis des amerikanischen Films, vor allem der B-Pictures der 30er und 40er Jahre, war universell. Als Sammler, Archivar, Publizist und Vortragender bemühte sich Everson wie kaum ein anderer um die Erschließung des von der Filmohistoriografie bis heute zu wenig beachteten Fundamentes der Filmindustrie, »Hollywood's Other Hall«.« (Brian Taves)
Der in den 40er Jahren nach New York übergesiedelte Engländer sammelte schon früh ausrangierte Filme der großen Studios. Er entdeckte längst verlorengeglaubte Filme wie Griffith' *Sally Of The Sawdust,* Erich Stroheims *Walking Down The Broadway* und Henry Kings *One More Spring.* Außerdem fungierte Everson in vielen Bereichen und veröffentlichte rund 30 Filmbücher. Seinen lange gehegten Wunsch, ein Buch über die Historie des B-Films zu schreiben, konnte er sich nicht mehr erfüllen.

## F

**Fearless Nadia**
Geb. 8.1.19 (?), Perth.
Gest. 9.1.1996, Bombay.
Die australisch-englische Schauspielerin Mary Perth kam in Kindesjahren nach Indien, wo sie als »Fearless Nadia« in der Blütezeit des indischen Kinos in den 30er bis 50er Jahren als »swashbuckling female Zorro« (Uma Da Cunha, ›Variety‹) Filmgeschichte schrieb. *Desh Deepak, Diamond Queen, Hurricane Hansa, Jungle Princess* und *Hunterwali* gehörten zu ihren rund 55 Filmen, von denen in mehreren Abenteuern die großgewachsene, blauäugige, blonde Darstellerin mit dem Muskelmann John Cowas auftrat.
1961 beendete sie ihre Karriere, in der sie nur einmal einen gewöhnlichen Charakter in dem Sozial-Melodram *Mauj* gespielt hatte. Ihr Enkel Riyad Vinci Wadia drehte 1993 die Dokumentation *Fearless – The Hunterwali Story.*
»Nadia wurde geliebt und respektiert als die mysteriöse, maskierte, bemäntelte, mannsgleiche Figur, die unglaubliche Stunts vollführte und im Geheimen für die Guten und für die Armen kämpfte.« (Cunha)

**Foreman, Jack P.** (71)
Gest. 13.1.1996, Brentwood/Kalifornien.
Der Amerikaner Foreman fungierte drei Dekaden als Vize-Präsident und Generalmanager. Er begann 1957 als Filmproduktionsdirektor der CBS-TV-Hollywood. 1960 arbeitete er für Samuel Goldwyn als Generalmanager. 1980, mit dem Aufkauf der Goldwyn-Studios durch Warner, wurde Foreman unter neuer Flagge Generalmanager.

**Fortell, Bert** (71)
Geb. 18.9.1924, Baden/Österreich.
Gest. 27.8.1996, Wien.
Der österreichische Schauspieler machte sich zu Zeiten des Heimatfilms einen Namen, auch wenn er nicht zu der Klasse von Gerhard Riedmann zu zählen ist. »Zur Hochzeit des Heimatfilmes war er jung genug, um den romantischen Helden im Janker publikumswirksam darzustellen, besaß aber gleichzeitig die schauspielerische Ausbildung, um den Klischeefiguren zumindestens eine Spur von Authenzität einzuhauchen.« (Rainer Hein, ›film-dienst‹) Fortell spielte u. a. in *Wetterleuchten um Maria, Gruß und Kuß vom Tegernsee* und *Die fröhliche Wallfahrt.* Bessere Rollen

hatte er in dieser Zeit in Operettenverfilmungen wie *Zar und Zimmermann* und *Der Bettelstudent,* sowie etwas später, 1960, in *Am Galgen hängt die Liebe.* 1970 spielte er in *Josefine Mutzenbacher* und 1972 für Wim Wenders *Die Angst vom Torwart vorm Elfmeter.*

**Friedman, Stephen J.** (59)
Gest. 4.10.1996, Brentwood/ Kalifornien.
Der amerikanische Independent-Produzent und Gründer von »Kings Road Ent.« zeigte sich in seiner Laufbahn für über 30 Filme verantwortlich. Dabei stellte sein Können häufiger in den Dienst der Majors wie 20th Century Fox. Er produzierte z. B. *Solo für Zwei, Enemy Mine-Geliebter Feind, Der große Leichtsinn-The Big Easy, Jack Knife* und seinen größten Erfolg *Die letzte Vorstellung.*

**Fulci, Lucio** (68)
Geb. 17.6.1927, Rom.
Gest. 13.3.1996, Rom.
Zombies!! Der italienische Drehbuchautor und Regisseur des C-Z-Films verschreckte vor allem Kritiker mit blutigen Horrorstreifen namens *Das Haus an der Friedhofsmauer* oder *Ein Zombie hing am Glockenseil* (beide 1980). In den 40er Jahren verdiente er sich als Dokumentarfilmer, Regieassistent und Drehbuchautor. Sein Werk wurde in den 50er Jahren durch Komödien geprägt, wobei er mit Steno und dem Komiker Toto zusammenarbeitete. Mit letzteren drehte Fulci 1959 seinen ersten Film *Jeder Dieb braucht einen Freund.* Danach machte er Filme jeder Genre-Art (*Die Nackte und der Kardinal, Jack London: Wolfsblut)* bis er nach 14 Arbeiten im Horror sein spezielles Genre fand. Hier gelang ihm 1981 *Der New York Ripper* besonders unappetitlich.
Der ›film-dienst‹ attestierte Fulcis Filmen eine »wenig geschlossene Form und eine fahrige Inszenierung, die den Effekt in den Mittelpunkt stellte.« Finanzierungsprobleme und Krankheit verhinderten die alleinige Fertigstellung von *Zombie III* (1988), sein Tod vereitelte die Dreharbeiten zu *Wax Mask.*

## G

**Gagliardi, Guido** (58)
Gest. Juni 1996, Italien.
Der italienische Schauspieler kam als »Topolino« in der Fernseh-Kult-Soup *Lindenstraße* zu bundesweiter Bekanntheit. Das Kinopublikum kannte Gagliardi seit 1980 als Marius Müller Westernhagens Begleiter in *Theo gegen den Rest der Welt.* Außerdem spielte er in *Das Wagnis des Arnold Janssen,* sowie *Sigi, der Straßenkehrer.*

**Garson, Greer** (92)
Geb. 29.9.1908, County Down/Irland.
Gest. 6.4.1996, Dallas/Texas.
Die irisch-amerikanische Schauspielerin war der große MGM-Star der 40er Jahre. 1942 erhielt sie für *Mrs. Miniver* den Oscar und etablierte sich als Darstellerin »distinguierter und intelligenter, attraktiver und edelmütiger, entschlossener und freundlicher Figuren. [...] eine glaubhafte Darstellerin identifikationsfähiger Weiblichkeit« (Rainer Heinz, ›film-dienst‹), mit der sie auch klischeehafte Rollen ansprechend füllen konnte wie in *Das Schicksal der Irene Forsyte* oder *Madame Curie.*
Von den Londoner Bühnen kam Greer zu MGM und gab 1939 ihr Debüt in *Goodbye, Mr. Chips.* Es folgten *Stolz und Vorurteil* nach Jane Austens Roman und *Blüten im Staub,* deren Frauenrolle eines idealen Liebes- oder Ehepaares sie insgesamt achtmal mit Walter Pidgeon verkörperte. Siebenmal wurde sie für den Oscar nominiert.
Früh zog sie sich aus dem Geschäft zurück und kehrte nur für spektakuläre Filme wie *Julius Caesar* oder *Sunrise At Campobello* zurück. Ihren letzten Auftritt hatte sie Anfang der 70er Jahre in einer Episode von *Die Leute von der Shiloh Ranch.*

**Gilles, Guy** (55)
Geb. 25.8.1940, Algerien.
Gest. 3.8.1996, Paris.
Der französische Regisseur debütierte nach seiner Assistentszeit unter Jacques Demy 1963 mit *L'Amour à la Mer.* »Spätere Filme *Au pan coupé* (1967) oder *Clair de terre* (1969) zeugten von seiner Suche nach einer ihm eigenen Ästhetik, die ihm 1973 für die Drogen- und Selbstmordgeschichte *Absences Répétées* von Jean-Vigo-Preis einbrachte«. (›film-dienst‹) In den 80er Jahren beschäftigte sich Gilles mit kontroversen Themen für das französische Fernsehen.

**Glenville, Peter** (82)
Geb. 28.10.1913, London.
Gest. 3.6.1996, New York.
Der renommierte englische Theaterregisseur inszenierte seit den 40er Jahren Erfolgsstücke am Londoner Westend und New Yorker Broadway. In dieser Zeit trat der ehemalige Bühnendarsteller in englischen Filmen auf (z.B. *Madonna der sieben Monde*). Mit *Der Gefangene* hatte er sein Kinodebüt, dem nur sechs Filme wie *Jakobowsky und der Oberst* folgten. Mit *Die Stunde des Komödianten 77* entstand 1967 sein letzter Kinofilm. Seinen Ruhestand verbrachte er in San Miguel/Mexiko.

**Goetz, Dana Hill** (32)
Gest. 15.7.1996, Burbank/Kalifornien.
Als Dana Hill spielte die junge Schauspielerin u. a. 1981 in *Du oder beide* und 1983 in *Cross Creek.* Danach sah man sie hauptsächlich im Fernsehen und im Theater. Sie starb früh an Diabetes.

**Goodman, Miles** (47)
Geb. in L.A. Gest. 16.8.1996, L.A.
Der amerikanische Jazz-Musiker komponierte u. a. die Musikpartituren für Filme wie *Footloose, La Bamba* oder *Zwei hinreißend verdorbene Schurken.*

**Grangier, Gilles** (85)
Gest. 28.4.1996, Paris.
Der französische Regisseur realisierte in der Zeit zwischen 1942 und 1974 rund 40 Filme, »darunter mehrere Stoffe mit Jean Gabin, von denen *Im Kittchen ist kein Zimmer frei* (1959) der populärste ist.
Der Routinier Grangier, ein Handwerker alter Schule, schuf vor allem kommerziell erfolgreiche Genrefilme (u. a. Krimis wie *Kommissar Maigret sieht rot* (1964)), bevor er mit Aufkommen des »neuen« Kinos der Nouvelle Vague zum Fernsehen wechselte.« (›film-dienst‹)

**Grey, Denise** (99)
Geb. 18.9.1896, Turin.
Gest. 13.1.1996, Paris.
Die als Douardine Dunkel geborene »große alte Dame des französischen Theaters« (›film-dienst‹), hatte ihre ersten Auftritte in den Folies-Bergères und wurde später Mitglied der Comédie Francaise und der französischen Ehrenlegion.
Für das Kino spielte sie in rund 80 Filmen wie *Stürmische Jugend, Der Hammel mit den fünf Beinen* und als lebenskluge Großmutter in den beiden *La Boum*-Filmen.

**Green, Joseph** (96)
Geb. April 1900, Lodz.
Gest. 20.6.1996, Long Island/New York.
Der als Grenberg geborene Regisseur verschaffte sich mit nur vier Filmen einen Platz in der Filmgeschichte. Er studierte Theaterwissenschaften in Warschau und Berlin, als er 1920 in die USA ging und Stummfilme mit jiddischen Untertiteln unterlegte.
Mit dem 1936 in Warschau gedrehten musikalischen Komödie *Yidl Mitn Fidl* schaffte er den künstlerischen und kommerziellen Erfolg. Er drehte weiter in Europa bis 1938 *Der Purimspiler, A Brivele Der Mamen* und *Mamele.* Erst 1939 verließ er sein Heimatland und kehrte nach New York zurück. Obwohl seine Filme in Amerika erfolgreich waren, setzte er sein Regiewerk nicht fort und arbeitete als Verleiher und Theaterproduzent weiter.

**Groschopp, Richard** (87)
Geb. 19.2.1909, Kölleda.
Gest. 8.7.1996, Kleinmancho.
Der Defa-Regisseur gehörte zu den Veteranen seines Fachs. Er lernte »das Filmhandwerk von der Pike auf, war seit Ende der 20er Jahre Filmamateur (mit internationalen Preisen), dann Kameramann und Regisseur einer Dresdener Werbefilmfirma.« (›film-dienst‹) Ab 1946 drehte er bei der Defa u. a. für die Wochenschau *Der Augenzeuge*, ab 1950 inszenierte er Spielfilme. Seine bekanntesten Werke sind *Das Stacheltier, Die Glatzkopfbande* und *Chingagook, die große Schlange.*
Im hohen Alter schrieb er noch Bücher zur Weiterbildung von Filmern. 1993 erschien er noch einmal der breiten Öffentlichkeit in dem Groschopp-Porträt *Zwei Schicksale oder Eine kleine Königstragödie* von Lothar Warneke.

## H

**Harell, Marte** (89)
Gest. 12.3.1996, Wien.
Die österreichische Schauspielerin war in den 40er Jahren *der* weibliche Star. In den »gediegen in Szene gesetzten Produkten aus jener Traumfabrik.« (Rainer Heinz, ›film-dienst‹) In der kurz zuvor staatlich errichteten Wien-Film spielte sie in *Rosen in Tirol, Die heimliche Gräfin* oder *Frauen sind keine Engel,* wo Harell »im Milieu ›typisch‹ Wienerischer Volkstümlichkeit [spielte], der sie auf Grund ihrer persönlichen Noblesse und Eleganz zu einer gewissen Kultiviertheit verhalf. [...] Sie hatte Sex Appeal, ohne verludert zu sein, und sie besaß Geschmack, ohne entrückt zu wirken.« (Heinz)
Nach dem Krieg wirkte sie weiterhin als Kassenmagnet für *Erzherzog Johanns große Liebe* oder *Im Prater blühn' wieder die Bäume.* Im reiferen Fach stand sie in *Begegnung in Salzburg* und zum letzten Male 1981 in der zwiespältigen Theaterverfilmung *Der Bockerer* vor der Kamera.

**Hargreaves, John** (50)
Geb. 1945. Gest. 8.1.1996, Sydney.
Der herausragende australische Schauspieler wurde mehrfach für seine Leistungen prämiert, allein den Australian Film Institute Award als bester Darsteller erhielt er dreimal: 1983 für *Careful, He Might Hear You,* 1984 für *My First Wife* und 1986 für *Malcolm.*
Nach dem Abschluß 1970 am Australia's National Institute Of Dramatic Art, spielte er 1974 die Hauptrolle in *The Removalists* und 1976 Bruce Beresfords *Don's Party.* Zu weiteren seiner Filme gehören u. a. *Mad Dog, Trendsetters – Jahrmarkt der Illusionen, Schrei nach Freiheit* und *Linda, John und Cate oder: Rache ist süß!.* Seine letzte Hautprolle hatte er in Richard Franklins *Hotel Sorrento.*

**Helm, Brigitte** (88)
Geb. 17.5.1906, Berlin.
Gest. 11.6.1996, Ascona, Schweiz.
Als junge Frau wurde Brigitte Eva Gisela Schittenhelm zum Mythos. In ihrer Doppelrolle als sensibles wie starkes Arbeitermädchen Maria und Roboter-Vamp überzeugte sie 1926 in *Metropolis.* Mit Rollen in *Alraune* wurde sie weiter auf den männermordenden Vamp festgegelegt.
Mit Ende der Stummfilmära drehte sie erfolgreich in England und Frankreich. Sie arbeitete mit den besten Regisseuren zusammen: mit G.W. Pabst, mit E.A. Dupont, mit Erich Engel und mit Gerhard Lamprecht. Als 1935 ihr Zehnjahresvertrag mit der Ufa auslief, drehte sie nach vorangegangenen Schwierigkeiten mit dem NS-Regime und Querelen mit der Ufa keinen Film mehr.

**Hemingway, Margaux** (41)
Gest.1.7.1996, Santa Monica/
Kalifornien.
Die Enkelin Ernest Hemingways war in den 70ern eines der teuersten Fotomodelle. Im Filmgeschäft landete sie nur Flops, ihre »Karriere« führte ins Tal drittklassiger Filme. Nach dem Debüt

*Margaux Hemingway*

1976 in *Eine Frau sieht rot* spielte sie u. a. *Piranhas II – Die Rache der Killerfische* und *Pleasure Of Flesh.* Die unter Depressionen leidende und mit Alkohol- und Drogenproblemen belastete Margaux Hemingway starb mit 41 Jahren.

**Heyman, Barton** (59)
Geb. in Washington, D.C.
Gest. 15.5.1996, Manhatten/New York.
Der amerikanische Schauspieler wurde durch Shakespeareaufführungen und Filme bekannt. Er spielte in *Der Exorzist, Das Fegefeuer der Eitelkeiten* und in einer seiner letzten Rollen als Gefängnisaufseher, der die titelgebende Worte in *Dead Man Walking* spricht.

**Hirschmeier, Alfred** (65)
Geb. 19.3.1931, Berlin-Pankow.
Gest. 27.3.1996, Potsdam.
Der langjährige Chef-Szenenbildner der Defa, arbeitete zuletzt als Professor an der Hochschule für Film und Fernsehen »Konrad Wolf«.
1948 hatte er als Malervolontär bei der Defa begonnen, mit Abschluß des Bühnen- und Kostümbildstudiums wurde er 1953 Szenograf. Unter Altmeister Willy Schiller lernte Hirschmeier seine Kunstfertigkeit und Schillers Arbeitsethos: »Film als Teamarbeit, was eine Ein- und Unterordnung des Szenografen einschloß.« (Ralf Schenk, ›filmdienst‹) In ausdauernden Partnerschaften arbeitete er mit Regisseuren wie Frank Beyer und Konrad Wolf, sowie den Kameramännern Werner Bergmann und Günter Marczinkowsky und entwickelt mit ihnen seine Spezialität der »optischen Drehbücher«, eine mit dem in Hollywood verbreiteten »Storyboard« verwandte Methode zur szenenvorbereitung.
Hirschmeier wirkte u. a. in Defa-Klassikern wie *Königskinder, Der geteilte Himmel* oder *Solo Sunny* mit. Am liebsten arbeitete er jedoch an opulenten Genrefilmen wie *Der schweigende Stern* oder Orpheus in der Unterwelt. Zuletzt war er in den 80er Jahren für *Der Aufenthalt, Die Grünstein-Variante* und *Kaspar David Friedrich – Grenzen der Zeit* tätig.
Das »Filmband in Gold« für sein Lebenswerk konnte Alfred Hirschmeier nur noch posthum verliehen werden.

**Holm, Claus** (78)
Geb. 4.8.1918, Bochum.
Gest. 21.9.1996, Berlin.
Der ehemalige westfälische Boxmeister hatte seine prägnantesten Auftritte 1966 als Maschineningenieur in der Fernsehserie *Raumpatrouille.* Zum ersten Mal trat der blonde, aufrichtig wirkende Hüne 1943 in *Das Bad auf der Tenne* auf. Nach Kriegsende war er vorerst Intendant in Salzwedel und spielte in Defa-Produktionen wie Kurt Maetzigs *Ehe im Schatten* und *Grube Morgenrot.* Ab 1953 spielte er in West-Deutschland in mehreren Heimatfilmen (z. B. *Das Mädchen vom Moorhof*). Zur selben Zeit sah man ihn auch in Fritz Langs Filmen *Der Tiger von Eschnapur* und *Das indische Grabmal,* sowie Robert Siodmaks *Nachts, wenn der Teufel kommt.*

Mit der Kinokrise der 60er Jahre wandte er sich der Bühne zu, und war, wie erwähnt, zeitweilig mit dem Raumschiff Orion unterwegs.
Jahre später stand er für Faßbinder 1978 in *Die Ehre der Maria Braun* und 1980 in *Berlin Alexanderplatz* vor der Kamera.

**Horn, Camilla** (93)
Geb. 25.4.1903, Frankfurt am Main.
Gest. 14.8.1996, Gilching.
Die Schauspielerin Camilla Horn »war die letzte Repräsentantin des klassischen deutschen Films, deren märchenhafte Karriere noch vor dem Siegeszug des tönenden Zelluloids begonnen hatte.« (Rainer Heinz, ›film-dienst‹) Mit 23 Jahren wurde sie zum Star, als Friedrich Wilhelm Murnau sie für die Rolle des Gretchens in *Faust* (1926) entdeckte. Danach arbeitete sie kurzweilig in den USA mit Ernst Lubitsch 1929 in *König der Bernina* und John Barrymore 1929 in *Wetterleuchten.* International, mit Ausnahme des US-Markts, war sie gefragt, spielte aber vor allem nach ihrer Rückkehr aus den USA unzählige Rollen in deutschen Filmen. Sie avancierte zur typischen 30er-Jahre-Diva, obwohl sie zumeist in zweitklassigen Produktionen spielte »Sie verband Sex-Appeal mit Libertinage und Intelligenz.« (Heinz) *Fünf verfluchte Gentleman, Weiße Sklaven* und *Roman eines Arztes* gehören zu ihren Filmen aus dieser Zeit.
Während der Kriegs- und Nachkriegsjahre hatte sie nur noch wenige Auftritte. Zuletzt war sie 1988 als greise Fürstin mit Marianne Hoppe und Marika Rökk in *Schloß Königswald* auf der Leinwand zu sehen.

**Hunter, Ross** (79)
Geb. 6.5.1916, Cleveland/Ohio.
Gest. 10.3.1996, L.A.
Der Filmproduzent trat kurzzeitig in den 40er Jahren als Schauspieler auf (z. B. in *Lousiana Hayride*) und arbeitete wieder in seinem alten Beruf als Lehrer, bis er 1953, nach Hollywood zurückgekehrt, Melodramen, Komödien und Katastrophenfilme (*Bettgeflüster, Tammy, Airport*) produzierte. Ross arbeitete in den 70er Jahren für Universal, welches er mit Engagement von Größen wie Douglas Sirk vom B-Picture-Image wegführte, Columbia und Paramount.

## J

**Johnson, Ben** (77)
Geb. 13.6.1918, Foraker/Oklahoma.
Gest. 8.4.1996, Mesa/Arizona.
»Seine Biographie ist die eines Cowboys«, schrieb Rainer Heinz im ›film-dienst‹ über einen der markantesten Nebendarsteller Hollywoods. Der ehemalige Viehtreiber und Rodeoreiter arbeitete vorerst in Hollywood »kaum mehr als ein Edel-Komparse und Stuntman« (Heinz) 1948 tauchte er das erste Mal für ein paar Augenblicke in Fords *Bis zum letzten Mann auf.* Danach werden seine Auftritte in über 300 Nebenrollen immer größer: *Spuren im Sand* (1949), *Westlich St. Louis* (1950), *Männer gegen Tod und Teufel* (1957), *Der Besessene* (1959), *Cheyenne* (1964), *Radio Flyer* (1991) und zuletzt *The Evening Star.* Wie selbstverständlich spielte er auch in Sam Peckinpahs *Wild Bunch.*
»Er war ein Darsteller der knappen Gesten, kein Schauspieler im eigentlichen Sinne, sondern sein eigener Typus.« (Heinz) 1971 erhielt er den Oscar für *Die letzte Vorstellung* – in einer Nebenrolle, in der er den Pioniergeist des Westen verkörperte.

**Johnston, Johnny** (81)
Gest. 6.1.1996, Cape Coral.
Der erfolgreiche Sänger der 30er, 40er und 50er Jahre hatte mehrere Rollen in Filmen, u. a. für MGM *Star Spangled Rhythm* (1942), *You Can't Ration Love* (1944) sowie für Paramount *Bezaubernde Lippen* (1946) und zuletzt in *Außer Rand und Band – Rock Around The Clock* (1956).

## K

**Kelly, Gene** (83)
Geb. 23.8.1912. Gest. 2.2.1996, L.A.
Der legendäre Tänzer, Choreograph und Regisseur wurde oft mit dem eleganten Tänzer Fred Astaire verglichen. Doch Kelly war der athletische Akrobat, dessen Hauptbühne die Straße, und nicht wie für Astaire das Parkett, war.
Nach einer kurzen Tanz- und Bühnenkarriere holte David O. Selznick Kelly 1941 nach Hollywood und lieh ihn kurze Zeit später an MGM aus. *For Me And My Girl* ihn als »The Song And Dance Man« oder den »zweiten Astaire« bekannt, obwohl Kelly, einem James Cagney ähnlich, komplette Genrewechsel in dramatische Rollen vollzog (z. B. *Die drei Musketiere*). Kelly blieb bei MGM und spielte u. a. im Cole-Porter-Musical *Du Barry Was A Lady,* für Columbia zeigte er seine originellen Qualitäten neben der Hayworth in *Cover Girl.* In *Anchors Away* spielte er neben Frank Sinatra und Tom & Jerry.
Mit dem Revuenummernartigen *Heut' gehn wir bummeln – Das ist New York* prägten Kelly und Regisseur Stanley Donen das amerikanische Musical und bescherten dem Zuschauer magische Kinomomente. Die 1951 gedrehte Fortsetzung *Du sollst mein Glückstern sein,* besser bekannt als *Singin' In The Rain,* avancierte zum Klassiker des Musicals schlechthin. Kellys heiterer Tanz im Regen: »Das sind Szenen, die so, in ihrer Ausgelassenheit und Poesie, nur im Kino möglich sind: Die Kamera wird zum Akteur, sie tanzt mit.« (Wilhelm Roth, ›epd-film‹)
Im Laufe seiner Karriere drehte Kelly u. a. noch *Ein Amerikaner in Paris* von Vincente Minnelli, mit dem Kelly schon 1954 in *Brigadoon* gearbeitet hatte. Seinen Leinwandabschied feierte er 1967 in dem französischen Musical *Die Mädchen von Rochefort.* Als Regisseur drehte er zuletzt fürs Musical 1968 *Hello, Dolly!* mit Barbara Streisand. In den 80er Jahren war er in Fernsehproduktionen zu sehen und Kelly präsentierte Tanzfilmkompilationen, zuletzt 1994 mit *That's Entertainment III.* Für seine choreographische Leistung und sein Lebenswerk wurde Kelly verschiedenfach geehrt.

*Gene Kelly*

**Kern, August** (94)
Gest. 15.1.1996.
Mit dem Kamermann, Autor, Regisseur, Produzent, Wandervorführer und Verleiher von Informations-, Dokumentar- und Spielfilmen starb mit Kern einer der großen Schweizer Filmpioniere. Mit *Herrgottsgrenadiere* inszenierte er den ersten Schweizer Tonfilm und machte sich in seiner Profession, die er bis in der 90er Jahre ausführte, einen Namen als Bergfilmer.

**Kieslowski, Krzysztof** (54)
Geb. 27.6.1941, Warschau.
Gest. 11.3.1996, Warschau.
Der polnische Meisterregisseur wollte zum Theater, studierte aber Filmregie und begann als Dokumentarist Unfallkliniken, Nachtwächter und Fabrikar-

beiter zu porträtieren. Seit 1974 inszenierte er mit *Das Personal* Spielfilme, in denen in den Alltag der Zufall bzw. das Schicksal einbricht, wobei die Filme immer etwas Konstruiertes und Künstliches innehatten. Kieslowski sah sich nicht als Intellektuellen, sondern lieber als Macher und Handwerker der es liebte, seine Filme locker durch das Auftreten derselben Darsteller zu verbinden, wie insbesondere in seinen Abschlußwerken: »Die *Drei Farben*-Trilogie sollte sein Abschiedsgeschenk an das Kino sein. Danach wollte sich der leidenschaftliche Cineast zur Ruhe setzen und sein Leben genießen. Aber soweit kam es nicht: Mit nur 54 Jahren erlag der Regisseur einem Herzinfarkt.« (›cinema‹)
Berühmt war Kieslowski durch seine zehn einstündigen Filme über die Zehn Gebote geworden, deren *Ein kurzer Film über das Töten* und *Ein kurzer Film über die Liebe* er zu längeren Fassungen ausbaute.
Kieslowski hatten »seinen Ruf als sensibler und kritischer Analytiker

*Krzysztof Kieslowski*

menschlicher Schicksale in der polnischen Gegenwertsgesellschaft.« (Hans Werner Dannowski, ›epd-film‹) »Das Kino der moralischen Unruhe des Krzysztof Kieslowski war bewußt auch ein politisches Kino.« (Michael Hanisch, ›film-dienst‹)

**Kindle, Tom** (46)
Gest. 12.2.1996, L.A.
Nach vielen Broadway-Auftritten sah man Kindle oft in Fernseh-Serien wie *Simon & Simon* und *Cheers* und in Fernseh-Filmen wie *City-Killer.* Auf der Leinwand hatte er kleine Rollen wie in *Rocketeer.* Er starb mittleren Alters an den Folgen von AIDS.

**Kobayashi, Masaki** (80)
Geb. 14.2.1916, Otaru.
Gest. Anfang Oktober 1996.
Der japanische Regisseur inszenierte eine Reihe von Antikriegsfilmen, wobei er seine eigenen Erlebnisse aus dem II. Weltkrieg verarbeitete.
Kobayashi wurde nach seinem Philosophie- und Kunststudium Regieassistent in den Ofuna-Studios. Acht Monate später wurde er zum Kriegsdienst einberufen und geriet 1944 in russische Gefangenschaft. Nach seiner Entlassung 1946 arbeitete er weiter als Assistent und schrieb das Drehbuch zu Kinoshitas bedeutenem Frühwerk *Die zerbrochene Trommel.*
1953 entstand mit *Das aufrichtige Herz* sein erster langer Spielfilm, 1958 wurde er mit dem fast 10stündigen Werk *Barfuß durch die Hölle* weltberühmt. Kobayashi inszenierte u. a. *Harakiri* (1962), *Rebellion* (1964) und *Kaseki* (1974). Mit *Haus ohne Tisch* entstand 1985 sein letzter Film, der Traum von einem Film über frühe buddhistische Klöster blieb unerfüllt.

**Kopecky, Milos** (73)
Geb. 22.8.1922, Prag.
Gest. 16.2.1996, Prag.
Durch Auftritte wie in der Fernsehserie *Das Krankenhaus am Rande der Stadt* gehört Kopecky zu den wenigen außer-

halb der ehemaligen CSSR zur Kenntnis genommenen Schauspielern. Seine Bekanntheit lag aber »vor allem an seiner Vielseitigkeit in mehr oder weniger großen Nebenrollen.« (Rainer Dick, ›film-dienst‹)
Kopecky begann 1941 beim Theater, seit 1952 spielte er viel fürs Kino, wo er in *Der brave Soldat Schweijk* oder *Melde gehorsamst* auftrat. Später spielte er in *Eine Nacht auf Karlstein* (1973), *Das Geheimnis der Burg in den Karpaten* (1981) und Kinderfilmen wie *Sechs Bären und ein Clown* (1972). 1961 war er *Baron Münchhausen.*

**Koremin, Walter Michael** (69)
Gest. 2.6.1996, Baltimore/Maryland.
Der Sänger und Tänzer neben Bühnenauftritten in den 50er Jahren im Kino zu sehen, wie z. B. *Heirates Majorie* und *April in Paris.* Später arbeitete er für Warner und war als Journalist tätig.

## L

**Lamour, Dorothy** (81)
Geb. 10.12.1914, New Orleans/Louisiana.
Gest. 22.9.1996, Hollywood/L. A.
»Die amerikanische Schauspielerin [geb. Mary Leta Dorothy Kaumeyer] prägte vor allem die Gattung jener knallbunten und von jeder Realität meilenweit entfernten Südsee-Abenteuer, deren klischeehafte Exotik sie um ihren eigenen Sex-Appeal bereicherte. Glutvolle Augen, schwarze Locken und eine sinnliche, leicht asiatisch wirkende Lippenpartie prädestinierten sie für all das, was die Traumfabrik Hollywoods mit Südsee-Romantik in Verbindung brachte.« (Rainer Heinz, ›film-dienst‹)
Gleich in ihrem Debüt 1936 war die ehemalige Schönheitskönigin die *Dschungel-Prinzessin.* Die verführerische Schönheit spielte sie weiter in *Dann kam der Orkan, Die Hölle der Südsee, Mabok* und *Der Schrecken des Dschungels.* Sie war eines der populärsten Pin-up-Girls der 40er Jahre, deren

*Dorothy Lamour*

Qualität bestimmt nicht in der Schauspielerei lagen, die aber in ihren Rollen zu überzeugen wußte.
Als Gefährtin von Bing Crosby und Bob Hope fungierte sie 1953 in sieben *The Road To …*-Filmen, die mit *Der Weg nach Singapur* (1942) begann. 1963 stand sie noch einmal mit John Wayne und Lee Marvin in John Fords *Die Hafenkneipe von Tahiti* vor der Kamera, während sie bis ins hohe Alter Fernseh- und Bühnenauftritte lieferte.

**Lang, Jennings** (81)
Gest. 29.5.1996, Palm Desert/Kalifornien.
Der amerikanische Filmproduzent leitete die Entwicklung des »Sensurround«-System für Universal. Lang begann in Hollywood in den 40er Jahren als Agent. Später wurde er im Produktionsbereich tätig, wobei sein Name mit Filmen wie *Indianapolis, Coogan's großer Bluff* oder *Betrogen* genannt wird. In den 70er Jahren wurde er tätig als Executive-Producer für Universal in *Giganten am Himmel-Airport 1975* und

*Erdbeben.* Für Erdbeben sorgte das neuartige Oscar-ausgezeichnete Tonsystem, das mit dem heutigen Surroundsound-System vergleichbar ist, dafür, daß der Zuschauer das Erdbeben nicht nur sehen, sondern auch spüren sollte.

**La Plante, Laura** (92)
Geb. 1.4.1904, St. Louis/Missouri.
Gest. 1.10.1996, L.A.
Mit dem Tonfilm endete die große Ära der amerikanischen Stummfilm-Diva. In »ihrer« Zeit spielte sie in zuerst Slapstickfilmen von Al Christie und eine Reihe von Western wie 1921 in *Big Town Round-Up* neben Tom Mix. »Blond freundlich, mit schalkhaften Augen, einem kurzen Gasconne-Haarschnitt und leicht vorstehendem Kinn wurde sie von der Universal, deren Top-Star sie Mitte 1924 war, als »girl next door« lanciert.« (Rainer Heinz, ›film-dienst‹). Zu ihren Erfolgen zählte *Sporting Youth, Crooked Alley, Spuk im Schloß* und *Around The World In 18 Days.*
1929 schrieb sie Filmgeschichte, als sie in *Show Boat* als erste Hollywood-Schauspielerin tanzte und sang, aber ihre Karriere ging zur Neige. Mit ihrem Ehemann und Produzenten Irving Asher drehte sie in den 30er Jahren in England noch ein paar Filme und verschwand nach sporadischen Auftritten 1956 von der Leinwand.

**LaRue, Lash** (Ende 70/Anfang 80)
Geb. 15.6.1917 (?), Gretna.
Gest. 24.5.1996, Burbank/
Kalifornien.
Der Cowboystar spielte in den B-Western der 40er Jahre, wie *Song Of Old Wyoming* oder *Lassy La Roc, der Mann der Peitsche.* Von den anderen Westernern wie den Singenden Cowboys Roy Rogers oder Gene Autry unterschied ihn sein rauher Stil. Mit dem Aufkommen der Fernseh-Western in den 50er Jahren endete LaRues Kinokarriere, aber er schaffte es auch nicht in TV-Westernserien Fuß zu fassen und zog sich aus dem Geschäft zurück.

**Lausch, Heinz** (76)
Geb. 6.6.1920. Gest. 10.9.1996, Berlin.
Der deutsche Schauspieler Lausch war hauptsächlich in Nebenrollen zu sehen. Er spielte u. a. in dem Propagandawerk *Kolberg.* Nach dem Kriege war er in Heimat- und Reisefilmen zu sehen und beendete mit *Das kunstseidene Mädchen* 1959 seine Leinwandkarriere. Fortan arbeitete er für Theater und Hörfunk, während er in den 50er Jahren Vittorio Gassmann die Stimme lieh.

**Leder, Paul** (70)
Gest. 8.4.1996, L.A.
Der amerikanische Independent-Filmer inszenierte, schrieb und produzierte 23 Low-Budget-Produktionen. Nach seinem Karrierebeginn beim Radio und am Broadway kam er in den 60er Jahren ins Independent-Geschäft und entwickelte Filme wie *Goin' To Chicago, Allison Tate* und *Exiled.*

**Lehn, Georg** (81)
Geb. 7.2.1919, Darmstadt.
Gest. 20.3.1996, München.
»Das Metier des Schauspielers waren schlichte, mitunter wortkarge Menschen aus der Hefe des Volkes.« (Rainer Heinz, ›film-dienst‹)
Der ausgebildete Tonkünstler kam 1939 zur Bühne, dort, im Film und Fernsehen war er in der Nachkriegszeit einer der meistbeschäftigten deutschen Mimen, wobei der dürre, bedächtig sprechende Lehn ein markanter Nebendarsteller war. In den Kriegs- und Landser-Filmen der 50er Jahre ist er vielfach zu sehen, u. a. in *Strafbatallion 999, Die Brücke, Nacht fiel über Gotenhafen.* Nach dieser Phase spielte er in *Nachts, wenn der Teufel kam* oder *Der plötzliche Reichtum armer Leute in Krombach.* Im Fernsehen trat er in *Tatort* oder *Der Alte* wie auch in *Berlin Alexanderplatz* auf.

**Lei, Chao** (68)
Gest. 24.6.1996, Hongkong.
Lei war der populärste Star des Hong-Kong-Mandarin-Kinos. Während der

50er und 60er Jahre. Der mit dem Spitznamen »Der kleine Kaiser« belegte Star, spielte in seinen rund 100 Filmen oft imperiale Rollen in Kostüm-Dramen. Seine bekanntesten Filme sind *The Kingdom, The Beauty* (1959) und *Hsi Shih* (1965).

**Leiser, Erwin** (73)
Geb. 1923, Berlin.
Gest. 23.8.1996, Zürich.
»Er hat Geschichten erzählt«, wünschte sich Leiser als Nachruf. Er war einer der großen Dokumentaristen mit seinen Werken wie *Pimpf war jeder* (1992) oder *Deutschland erwache!* über die Wirkung der Propaganda-Filme der Ufa, mit deren Geschichte er sich bis zu seinem Tode beschäftigte. In *Mein Kampf* (1960), seinem ersten und bekanntesten Film, stellte er präzise dar, wie Hitler an die Macht kam. »Im Mittelpunkt seines Schaffens stand eindeutig die Auseinandersetzung mit dem Nationalsozialismus, wobei es Leiser niemals um eine formale Anklage sondern um eine reine Dokumentation ging.« (Volker Baer, ›film-dienst‹)
Als 15jähriger hatte der jüdische Leiser Deutschland verlassen und zog nach Schweden, wo er Journalist wurde. 1959 wandt er sich dem Film zu. Neben dem Nationalsozialismus und seinen Auswüchsen dokumentierte er in seinen insgesamt 40 Produktionen auch den Schrecken der Atombombe: *Hiroshima* (1985). Leiser »der still, bescheiden, zurückhaltend, überzeugend in der Diskussion, zugleich aber auch überzeugt von sich selbst« (Baer) war, veröffentlichte neben seiner Filmarbeit eine Reihe von Sachbüchern und engagierte sich in vielen Bereichen, so wie ihm auch viele Titel verliehen worden sind und er hat Geschichten erzählt.

**Litto, Maria (Therese)** (77)
Geb. 10.8.1919.
Gest. Ende Oktober 1996, Hamburg.
Die deutsche Solotänzerin und Schauspielerin kam nach Bühnenengagements und Auftritten als Solotänzerin 1943 in *Liebespremiere* zum Film. Nach einer sechsjährigen Pause spielte sie 1950 in *Die verschleierte Maja.* In vielen Filmen wie *Blume von Hawaii* (1953) waren auch wieder ihre Tanzqualitäten gefragt. Zuletzt spielte sie, in der Rolle einer Tänzerin, 1960 in dem Edgar-Wallace-Streifen *Der Rächer.*

## M

**Madison, Guy** (74)
Geb. 19.1.1922, Bakersfield/Kalifornien. Gest. 6.2.1996, Palm Springs/Kalifornien.
Der großgewachsene amerikanische Schauspieler der zweiten Garde verkörperte im »Cowboy«-Film den aufrechten Helden: »Eine heroische und dennoch stets ein wenig knabenhafte Männlichkeit, gepaart mit einer klaren Stärke und einer loyalen wie souveränen Ruhe.« (Rainer Heinz, ›filmdienst‹)
1944 filmte er zum ersten Mal und trat seit den späten 40er Jahren fast ausschließlich in Western wie *Der brennende Pfeil* oder *Draußen wartet der Tod* auf. Für das Fernsehen spielte er mehrere Jahre die Hauptrolle in *Wild Bill Hickok.* In den 60er Jahren ging er mit dem Western-Ausklang nach Europa, um hier in Abenteuer-Filmen wie *Sandokan* und Western wie *Die Satansbrut des Colonel Blake* oder *Old Shatterhand* zu spielen.
Zuletzt trat der, wie eine »jüngere Ausgabe von Gary Cooper« (Heinz) wirkende Darsteller in der TV-Neufassung von *Red River* auf.

**Mastroianni, Marcello** (72)
Geb. 28.9.1924.
Gest. 19.12.1996.
Der Latin-Lover. Das ist das Klischee, das Mastroianni bis an sein Lebensende anhing, aber seine Wirkung auf das weibliche Geschlecht war fraglos immens und Mastroianni wußte diese Wirkung in seine Rolle gut zu pflegen. »In jedem seiner Triumphe war immer

*Marcello Mastroianni*

auch das Scheitern angelegt. Gerade das hat ihn so unwiderstehlich gemacht.« (›Der Spiegel‹)
»Der kleine »latin lover«, der die niederschmetternde Einsicht in die eigene Schäbigkeit immer noch ein wenig hinauszögert, weil ihm das Glück einmal wenigstens in letzter Sekunde hold sein muß. Doch Großartigkeit gelingt diesem Romano nur im scheinbar Lächerlichen: Wenn er das weiße Sacko vor einer Dame über die Pfütze breitet; wenn er unbewegten Gesichts im hellen Sommeranzug durch ein Moorbad watet.
Das sind darstellerische Gratwanderungen, deren Lächerlichkeit nur die größten Schauspieler mit Würde bestehen. Gerade an solchen Szenen, in denen es nicht auf Ausstattung und Ambiente ankommt, weil sich alles Wesentliche in der Mimik und im Augenspiel ausdrückt, konnte man sehen, welch ein komplexer Schauspieler dieser Marcello Mastroianni war.« (Peter Buchka, ›SZ‹) Das typisch amerikanische »method acting« verspottete er und zog schon frühzeitig dem »Rollenstudium das Studium des Lebens vor.« (Buchka) 1954 hatte er den Durchbruch und Ruhm mit *Schade, daß du eine Kanaille bist*, der ihn und Sophia Loren zum Traumpaar machten – eine Paarung die sie in mehreren Filmen fortsetzten. 1959 begann in *Das süße Leben – La dolce vita* die Zusammenarbeit mit Fellini, die viele Meisterwerke hervorbrachte. In über 150 Filmen spielte er außer seiner Paraderolle »den schwermütigen Schwerenöter, den glücklosen Glücksritter, den unbeholfenen Unhold und den spaßigen Spötter« (Buchka) und arbeitete mit den besten Regisseuren Europas zusammen: Visconti, Malle, Antonioni, de Sica, Boormann, Scola, Risi, Polanski, die Tavianis, Ferreri, Tornatore, Angelopoulos usw. Auf die Filmtitel ihrer Werke sei aus Platzgründen verzichtet, bis auf einen, dem Kino zuliebe, *Achteinhalb* von Federico Fellini mit Mastroianni als Fellinis junges Alter ego.

**Mastroianni, Ruggero** (66)
Geb. 7.11.1929. Gest. 9.9.1996.
Der italienische Schnittmeister und Bruder von Marcello arbeitete mit allen bekannten italienischen Regisseuren von Luchini Visconti, Lina Wertmüller bis Marco Ferreri zusammen. Insbesondere mit Federico Fellini und Francesco Rosi verband ihn eine jahrelange Arbeit.

**Mathis, Lee** (44)
Gest. 1.5.1996, New York City.
Der amerikanische Schauspieler wurde als Jon Hanley in der TV-Serie *General Hospital* zu bekannt. Im Kino hatte er Auftritte in *Hinter dem Rampenlicht, Bugsy, Barton Fink* und *Murder in the First.* Er starb an den Folgen von AIDS.

**McDermott, Tom** (83)
Gest. 6.3.1996, New York.
Der vielbeschäftigte amerikanische Darsteller sammelte in seiner 64jährigen Karriere neben Bühnen- und Fern-

sehauftritten Filmkredits in *Ghostbusters, Fame, Jumping Jack Flash* und zuletzt in *The Crucible.*

**Meinrad, Josef** (82)
Geb. 21.4.1913, Wien.
Gest. 18.2.1996, Salzburg.
»Einfachheit, Schlichtheit und Wahrhaftigkeit. Das ist eine hübsche Kurzformel für die noble Darstellungskunst des Josef Meinrad.« (Rainer Dick, ›film-dienst‹)
Der in Österreich und international mit Preisen überhäufte Schauspieler, debütierte als 23 jähriger am Komödienhaus und spielte später »an der Burg«. Der Volksschauspieler spielte für das Kino seit 1947 in *Die Welt dreht sich verkehrt.* In den 50er Jahren drehte er rund 50 Filme wie *Einen Jux will er sich machen, Die Deutschmeister, Die Trapp-Familie* oder den *Sissi*-Filmen, von denen die meisten jedoch, bis auf Meinrads Darstellungen, kaum erwähnenswert sind.
»Der große Träumer Don Quichote wurde für Meinrad zur Traumrolle, die er in unterschiedlichen Inszenierungen in Wien, Berlin und München gestaltete« (Dick), und stellte ihn 1964 für das ZDF-Fernsehen dar. Im Fernsehen spielte er außerdem die Figur des Pater Brown und in Filmen wie *Und die Tuba bläst der Huber.* 1974 trat Meinrad in seinem letzten Kinofilm *Der Räuber Hotzenplotz* als Zauberer Petrusilius Zwackelmann auf.

**Morris, Greg** (61)
Geb. in Cleveland/Ohio.
Gest. 27.8.1996, Las Vegas/Nevada.
Der Schauspieler wurde als Elektronikexperte in der TV-Serie *Kobra, übernehmen sie* bekannt. Weitere Fernsehauftritte hatte er in *Ben Casey, Dr. Kildare* und *The Twilight Zone.*

**Muir, Jean** (85)
Geb. in Manhatten/New York.
Gest. 23.7.1996. Mesa/Arizona.
Die populäre amerikanische Darstellerin der 30er Jahre hatte erste Erfolge am Broadway. Warner Bros. holte sie nach Hollywood und sie spielte in mehr als 30 Filmen des Studios, z. B. *Ein Sommernachtstraum* oder *Stars Over Broadway.* Nach ihrem letzten Film *Liebesleid* war sie noch im Fernsehen und auf der Bühne zu sehen.

## N

**Ngor, Dr. Haing S.** (45/55)
Gest. 25.2.1996, Chinatown/L. A.
Ngor überlebte die Todeslager der Roten Khmer in Kambodscha – sein Schicksal wurde mit seiner Oscar-prämierten Leistung in *The Killing Fields* weltbekannt. Ngor hatte in den 70er Jahren in seinem Heimatland als Arzt gearbeitet. 1980 kam er in die USA und begann eine Karriere als Schauspieler und spielte z. B. in *Zwischen Himmel und Hölle,* während er sich weiterhin in Hilfsorganisationen engagierte. Er wurde in L.A. von Unbekannten erschossen.

## O

**O'Brien, Liam** (83)
Gest. 24.3.1996, L.A.
Der amerikanische Autor und Produzent der TV-Serie *Miami Vice* feierte 1951 seinen ersten Erfolg mit dem Oscar-nominierten Skript zu *Hochzeitparade.* Weitere Bücher wie *Elephantenpfad* oder *Ein charmanter Hochstapler* stammten aus seiner Schreibmaschine.

## P

**Paryla, Karl** (90)
Geb. 12.8.1905, Wien.
Gest. 14.7.1996, Wien.
Der große Wiener Volksschauspieler und (Theater-)Regisseur gab sein Debüt 1935 in *... nur ein Komödiant,* es folgten *Burgtheater* und *Der Pfarrer von Kirchfeld.* Seine Karriere wurde

immer wieder durch die Flucht vor den Nationalsozialisten unterbrochen. Nach seiner Rückkehr 1948 nach Österreich war er 1950 und 1954 in den Defa-Produktionen *Semmelweis – Retter der Mütter* und *Die Unbesiegbaren* zu sehen. Außerdem schrieb und inszenierte er die Filme *Wiener Herzen, Gaspratone* und *Mich dürstet.* Ab den 70er Jahren widmete er sich wieder dem Volkstheater.

**Pascal, Christine** (42)
Geb. 29.11.1953, Lyon.
Gest. 30.8.1996, Paris.
In einer kleinen Rolle debütierte die französische Regisseurin 1973 in Bertrand Taverniers *Die Uhrmacher von St. Paul.*
In Taverniers *Verwöhnte Kinder* schrieb sie am Drehbuch mit. 1978, gerade 24, lieferte sie ihr Regiedebüt *Félice*, es folgten *Das Flittchen, Zanzibar, Le Petit Prince a dit* und letztlich *Seitensprung für Anfänger.* Ihr Drehbuch *Working Class Hero* konnte die »hochtalentierte Filmemacherin« (›filmdienst‹) nicht verwirklichen – während eines freiwilligen Aufenthalts in einer psychiatrischen Klinik beging sie Selbstmord.

**Patten, Luana** (57)
Gest. 1.5.1996, Long Beach/ Kalifornien.
Der amerikanische Kinderstar spielte in den 40er Jahren für Disney in *Onkel Remus' Wunderland* oder *Musik, Tanz und Rhythmus.* Es folgten bis Anfang der 60er Jahre Engagements von Universal und MGM in Filmen wie *Rock'n'Roll, Das Erbe des Blutes* oder *Massaker im Morgengrauen.*

**Pertwee, Jon** (76)
Gest. 20.5.1996, New York.
Der britische Schauspieler wurde durch die 1969 gestartete TV-Serie *Dr. Who* bekannt. In kleinen Filmrollen spielte er in *Totentanz der Vampire* (1969) oder *Wer hat unseren Dinosaurier geklaut* (1975).

**Pistilli, Luigi** (66)
Gest. 21.4.1996, Mailand.
Der italienische Schauspieler wurde in seinem Heimatland durch das Theater und das Fernsehen bekannt. Er konnte in seiner Laufbahn aber auch kleine Auftritte in Klassikern wie *Für ein paar Dollar mehr* oder *Zwei glorreiche Halunken* verbuchen. Nach dem Mißerfolg des Stückes *Tosca* nahm sich Pistilli vor einer der letzten Aufführungen das Leben.

**Prince, William** (83)
Gest. 8.10.1996, Tarrytown/New York.
»Seinen Einstand gab der Darsteller 1937 am Broadway, bevor er nach Hollywood ging. Prince spielte in fast 40 Filmen, darunter *Network* (1970), *Spione wie wir* (1985) und *Schlagzeilen* (1993).« (›cinema‹)

**Prowse, Juliet**
Geb. 25.9.1936, Bombay.
Gest. 14.8.1996, L.A.
Die Schauspielerin und Tänzerin wurde in den 60er Jahren zum populären Bühnen- und Filmstar. Ihre Karriere startete 1959 mit einem kleinen Skandal durch den Film *Can-Can*, der ihr Bild bekannt machte. Zu weiteren Filmen mit ihr gehören in dieser Zeit *Cáfe Europa, Das wilde Land, Schlüsselparty in Texas* und *Ein Fall für Tom Davies.*

## R

**Rapp, Philip** (88)
Gest. 23.1.1996, Beverly Hills/L.A.
Der amerikanische Drehbuchautor schrieb zuerst Radioserien wie *The Bikkersons* und seit den 40er Jahren die Skripte für *Die sündige Stadt, Das Doppelleben des Herrn Mitty* und *Der Wundermann.* In den 50er Jahren schrieb und inszenierte er die beliebte *Topper*-Serie.

**Regan, Phil** (89)
Gest. 11.2.1996, Santa Barbara/ Kalifornien.

Als »Der singende Polizist« wurde er bekannt und spielte nach seinem Weg vom New York City Police Dept. nach Hollywood in den 30er und 40er Jahren und rund zwei Dutzend Warner-Produktionen, u. a. in *Housewife, The Hitparade* und *Drei kleine Worte* mit Fred Astaire.

**Reid, Beryl** (76)
Geb. 17.6.1920.
Gest. Mitte Oktober 1996.
Die englische Schauspielerin stand ab 1936 auf der Bühne und spielte ab den 50er Jahren in englischen und amerikanischen Filmen.
Berühmt wurde die Komödiantin 1969 in Robert Aldrichs *Das Doppelleben der Sister George.* In der Serie *Das geheime Tagebuch des Adrian Mole* erfreute sie sich als Oma großer Beliebtheit beim Fernsehpublikum.
Ihren letzten Kinoauftritt hatte sie 1978 in einer Folge der Klamauk-Reihe *Carry On.*

**René, Norman** (45)
Gest. 24.5.1996.
Der amerikanische Theater- und Filmregisseur erntete ersten Ruhm Anfang der 80er Jahre mit Theaterstücken. Filmischen Ruhm erlangte er durch das 1989 entstandene Schwulendrama *Longtime Companion,* den ersten größeren Film der sich mit Homosexualität und AIDS auseinandersetzte. 1992 entstand mit der Seelenverwechslungkomödie *Zauberhafte Zeiten* nach seinem erfolgreichen Stück sein letzter Film. René starb an den Folgen von AIDS.

**Rettich, Tommy** (54)
Geb. 10.12.1941.
Gest. 15.2.1996, Marina Del Rey.
Als Lassies Herrchen Jeff Miller, den er von 1954-58 verkörperte, wurde der Amerikaner Rettich bekannt. Später spielte er u. a. in *Fluß ohne Wiederkehr*, doch mit zunehmenden Alter blieben Filmangebote aus und er machte lediglich mit Drogengeschichten auf sich aufmerksam.

**Revueltas, Rosaura** (85)
Gest. 30.4.1996, Cuernavaca.
Die berühmte mexikanische Schauspielerin hatte ihren größten Auftritt in dem 1953 entstandenen halbdokumentarischen Minenarbeiter-Drama *Das Salz der Erde.*
Außerdem war sie in den weitgehend unbekannten *Maria's Island* und *Girls In Uniform* zu sehen.
Ende der 50er Jahre zog sie nach Deutschland und arbeitete mit Berthold Brecht zusammen und verdiente sich schließlich als Autorin.

**Richards, E. Claude** (72)
Gest. 4.2.1996, Bronx, New York.
Der amerikanische Schauspieler und Stammesälteste der Huahotecan-Zapotec Indianer aus Südtexas spielte nach dem Kriegsdienst im II.Weltkrieg in *Der Schatz der Sierra Madre* und *Viva Zapata!.*

**Roarke, Adam** (58)
Geb. in Brookly, New York.
Gest. 27.4.1996, Dallas/Texas.
In den »Biker-Movies« der 60er Jahren wurde der amerikanische Schauspieler bekannt. Von seinen 20 Filmen waren Neun »Biker-Movies«, in denen er mit Peter Fonda und Jack Nicholson spielte, ironischer Weise hatte er eine Rolle zu *Easy Rider* abgelehnt. Neben TV-Engagements, z. B. für *Raumschiff Enterprise,* war er in *Eldorado* und *Der lange Tod des Stuntman Cameron* zu sehen.
1982 eröffnete Roarke eine Schauspielschule und inszenierte schließlich in Co-Regie 1986 mit *Die Antwort ist Blei* seinen ersten und letzten Film.

## S

**Schneider, Magda** (87)
Gest. 30.7.1996, Königssee.
In *Ein Mädel wirbelt durch die Welt* avancierte Magda Schneider zum Publikumsliebling, sie spielte »hier ihre Standardrolle des kumpelhaft-herzigen

Mädchens von nebenan.« (Rainer Heinz, ›film-dienst‹)
Ihre Popularität hielt in den Vorkriegs- und Kriegsjahren weiter an, wobei die ausgebildete Operettensängerin auch häufig ihr stimmliches Talent zur Geltung brachte (*Rendezvous in Wien, Ihr Leibhusar, Zwei glückliche Menschen*) – »Sie war schön und apart, und ihre Auftritte (souverän in Spiel und Gesang) waren Schmuckstücke der Ufa-Produktion der 30er Jahre.« (Fritz Göttler, ›SZ‹) – Fernab des Klischees wußte sie in Max Ophüls' *Liebelei* zu überzeugen. Nach 1945 gestaltete sie wieder pragmatisch-optimistische Figuren und spielte mit ihrer 1938 geborenen Tochter Romy in *Wenn der weiße Flieder wieder blüht* (1953), *Die Deutschmeisterin* (1955) und *Sissi* (1955). Zuletzt war sie im ZDF in den Serien *Drei Frauen im Haus* und *Vier Frauen im Haus* als »resolute Kleinbürger-Matriarichin« (Heinz) zu sehen.

**Shaftel, Josef** (76)
Geb. 14.3.1919, Cleveland/Ohio.
Gest. 9.3.1996, London.
Der amerikanisch-britische Produzent reiste als Photograph durch die Welt bis er 1950 mit *Der Mann, der sich selbst nicht kannte* seinen ersten Film produzierte und inszenierte die nächsten Jahre in Doppelfunktion *No Place To Hide* oder *The Great Mouthpiece.* 1959 trat er wieder als Produzent der TV-Serie *The Untouchables* auf und produzierte in den 60er Jahren große Filme wie *Die Platinbande* und *Hausfreunde sind auch Menschen.*

**Shakur, Tupac** (25)
Gest.13.9.1996, Las Vegas/Nevada.
Der kontroverse amerikanische Rapper und Schauspieler (*Poetic Justice, Above the Rhythm*) wurde auf offener Straße erschossen.

**Silliphant, Stirling** (78)
Geb. in Detroit/Michigan.
Gest. 26.4.1996, Bangkok.
Der amerikanische Drehbuchautor schrieb für über 200 Produktionen. Erste Filmkontakte hatte er 1938 bei Disney, doch seine Hollywoodlaufbahn begann erst nach dem II. Weltkrieg mit dem Erfolg seines Romanes *Maracaibo.* Er arbeitete für fast alle großen Studios. Neben vielen Fernseharbeiten wie *Alfred Hitchcock präsentiert,* zeichnete er sich für die Drehbücher zu *Flammendes Inferno, Die Höllenfahrt der Poseidon, Die Killer-Elite,* aber auch *Over the Top* aus. Die Adaption von Truman Capotes *The Grass Harp* war 1995 seine letzte Arbeit, sein größter Erfolg war das 1967 Oscar-gekrönte Drehbuch zu *In der Hitze der Nacht.*

**Simpson, Don** (52)
Geb. 29.10.1941, Seattle/Washington.
Gest. 19.1.1996, L.A.
In achtjähriger Vorstandsmitgliedschaft und als Präsident der Produktionsabteilung der Paramount entstanden unter Simpson Ägide seit den 70er Jahren Hits wie *Ein Offizier und Gentlemen* und *Nur 48 Stunden.* Mit Jerry Bruckheimer bildete er in den 80er Jahren zwölf Jahre lang ein arrogantes wie begehrtes Team mit förmlicher Erfolgsgarantie. Simpson war der Mann für die Geschichten, während sich Bruckheimer um den organisatorischen Ablauf kümmerte. Ihre Blockbuster zielten auf ein junges Publikum, Kritiker verachteten die hochgestylten, rasanten Werke, die von *Flashdance, Beverly Hills Cop, Top Gun* bis letztlich *Dangerous Minds* reichen, *Tage des Donners* gehörte zu den wenigen aber schweren Mißerfolgen.
Sie hatten noch mehrere Projekte im Planungsstadium, als Simpson einem Herzanfall erlag. *The Rock* war der erste Blockbuster den Bruckheimer mit Simpson entwickelt hatte und schließlich allein produzierte. Simpson wurde als ein Niemand geboren und verwirklichte den amerikanischen Traum, wobei er jedoch krankhaft um sein Aussehen kämpfte und in Drogengeschichten verwickelt war, die mutmaßlich zu seinem frühen Tod geführt haben.

»Dieser Bursche mit Liebe und Leidenschaft für Filme ist ein wahrer Verlust für Hollywood«, äußerte sich Simpsons Freund Jeff Kazenberg in tiefer Trauer.

## T

**Takemitsu, Toru** (65)
Gest. 20.2.1996, Tokio.
Der japanische Komponist zählt zu den führenden Vertretern der zeitgenössischen japanischen New Wave. Neben zahlreichen Kompositionen, zeichnete er sich für mehrere Filmsoundtracks aus wie *Ran* oder *Die Wiege der Sonne.*

**Tak-Hing, Kwan** (91)
Geb. 1905, Guangzhou/Canton.
Gest. 28.6.1996, Hongkong.
Der legendäre kantonesische Opern-Darsteller spielte in über 80 Filmen zwischen 1950 und 1960 den martial-arts-Helden Huang Fei-hung, der auf der Leinwand wie auch im Fernsehen auftrat.

**Talbot, Lyle** (94)
Geb. 8.2.1902, Pittsburgh/Pennsylvania.
Gest. 3.3.1996, San Francisco.
Der als Lisle Henderson geborene amerikanische Schauspieler, lernte das Tingeltangel-Geschäft als Zauberer von Kindesbeinen an. In den 30er Jahren spielte er in B-Pictures der Warner-Studios eine führende Rolle, in Warners aufwendigeren Produktionen stellte er meist Unterweltcharaktere dar. Als er der Schauspielergewerkschaft beitrat, fiel er beim Studio in Ungnade. Er trat wieder auf der Bühne auf und war in Fernsehshows zu sehen. Zu zweifelhaften Ruhm in seinen rund 150 Filme umfassenden Leben kam er in den 50er Jahren durch seine Beteiligung in Ed Woods *Glen Or Glenda* und *Plan 9 From Outer Space.*

**Tesich, Steve** (53)
Gest. 1.7.1996, Sydney.
Der jugoslawische Drehbuchautor kam im Alter von 14 Jahren in die USA. Neben Büchern für das Theater schrieb er die Vorlagen für Filme wie *Garp und wie er die Welt sah* oder *Der Augenzeuge.* 1979 wurde Tesich für sein Skript *Vier irre Typen* mit dem Oscar geehrt.

**Toumanova, Tamara** (77)
Gest. 29.5.1996, Santa Monica/Kalifornien.
Die Schauspielerin war ein internationaler Ballettstar als sie 1944 in einer großen Rolle neben Gregory Peck in dem II. Weltkriegs-Drama *Days Of Glory* debütierte und durch ihre dunkle Ausstrahlung überzeugte. Sie führte ihre Ballett- und Kinokarriere parallel fort und hatte Tanzrollen in *Einladung zum Tanz* von und mit Gene Kelly und *Tief in meinem Herzen* von Stanley Donen (beide 1954). In Alfred Hitchcocks *Der zerrissene Vorhang* (1966) und ihrer letzten Rolle in Billy Wilders *Das Privatleben des Sherlock Holmes* (1970) spielte sie jeweils eine Ballettänzerin.

## U

**Uys, Jamie** (74)
Gest. 29.1.1996, Johannesburg.
Nach dem 1974 entstandenen, mit dem Golden-Globe-prämierten *Die lustige Welt der Tiere* erreichte Uys als einer der ersten südafrikanischen Regisseure internationalen Erfolg mit der satirischen Geschichte *Die Götter müssen verrückt sein.*
Seine 1988 gedrehte Fortsetzung konnte sich nicht mit seinem Vorläufer messen.

## V

**Van Fleet, Jo** (76)
Geb. 30.12.1919, Oakland/Kalifornien.
Gest. 10.6.1996, New York.
Gleich für ihr Debüt als Bordellbesitzerin Kate in *Jenseits von Eden* wurde Jo Van Fleet mit dem Oscar als beste

Nebendarstellerin geehrt. Nach dem schnellen Filmerfolg der zuvor gefeierten Bühnendarstellerin wurden ihr in den wenigen – aber wichtigen – Filmen, immer wieder Rollen angeboten, die sie wesentlich älter erschienen ließen, als ihr tatsächliches Lebenalter war. So spielte sie 1966 in *Der Unbeugsame* die Mutter des sieben Jahre jüngeren Paul Newmans und 1976 in *Der Mieter* im Alter von 56 Jahren eine alte schrullige Dame in einer ihrer letzten Rollen.

**Vernon, Howard** (88)
Geb. 14.7.1908, Baden/Schweiz.
Gest. 24.7.1996, Paris.
»Man assoziiert mit seinem Namen eine stattliche, fast bullige Figur, markante Gesichtszüge und eine in den verschiedenen Sprachen seltsam metallische Stimme.« (Rainer Heinz, ›filmdienst‹)
Vernon war international tätig, doch seine Auftritte in *Lemmy Caution gegen Alpha 60, 08/15 in der Heimat, Die tausend Augen des Dr. Mabuse* oder *Zorro, das Geheimnis von Alamo* blieben kaum in Erinnerung. Der in den USA aufgewachsene Vernon spielte seit Beginn seiner Karriere nach Kriegsende oft den häßlichen Deutschen in SS- oder Wehrmachtsuniform (z. B. Melvilles *La Silence de la mer).*
Viele Filme drehte er schlicht, um in dem Beruf zu überleben, was die langjährige Partnerschaft mit Jess Franco erklärt, mit dem er 13 Filme drehte. In französischen Filmen, in denen er vorzugsweise auftrat, fand er, laut Heinz, seine interessantesten Rollen, u. a. in *Laster und Tugend* und *Letzter Sommer in Tanger.*

## W

**Wei, Lo** (76)
Gest. 20.1.1996, Hongkong.
Lo Wei war der Director-Producer vieler Filme der Hongkong-Actionstars Bruce Lee, Jackie Chan und Jet Li. Als Regisseur inszenierte er 1972 die ersten Lee Streifen *DieTodesfaust des Cheng Lee* und *Todesgrüße aus Shanghai.* Chans Durchbruch ist ebenfalls Wei zuzurechnen, mit ihm drehte er 1987 mit *Der Herausforderer* den letzten seiner sieben Filme als Regisseur.

**Weindler, Helge** (48)
Geb. 16.7.1947, Furth im Wald.
Gest. 22.3.1996, Spanien
Der renommierte deutsche Kameramann schloß nach einer Fotographenlehre und Jahren als Journalist sein Regie-Studium in München ab. Nach Wolfgang Bülds Dokumentation *Punk in London* (1977) fotographierte Weindler mit *Theo gegen den Rest der Welt* seinen ersten Spielfilm. Es folgten u. a. *Der Schneemann, Das zweite Gesicht* und *Helsinki-Napoli* die ihn mit den Regiegrößen Peter F. Bringmann, Dominik Graf und Mika Kaurismäki zusammenbrachten.
Mit seiner Ehefrau Doris Dörrie drehte er u. a. *Männer* und *Keiner liebt mich.* Während der Dreharbeiten ihres gemeinsamen Films *Bin ich schön?* starb er nach langjähriger Krankheit an einer Hirnhautentzündung.

**Wendland, Gerhard** (75)
Gest. 21.6.1996, München.
Mit Liedern wie *Das machen nur die Beine von Dolores* war der Berliner Schnulzensänger Wendland ein Star in den Wirtschaftwunderjahren. Seine für klassischen Gesang ausgebildete Stimme brachte ihm kleine Engagements in Filmen und er sang u. a. 1951 in *Der bunte Traum* und 1954 in *Der schräge Otto.*

**Weston, Jack** (71)
Geb. 1925, Cleveland/Ohio.
Gest. 3.5.1996, New York.
Der als Jack Weinstein Geborene amerikanische Schauspieler spielte am Broadway im Fernsehen und drehte ab 1958 in vielen Rollen als Bösewicht fürs Kino u.a. *Cincinatti Kid, Warte, bis es dunkel wird, Thomas Crown ist nicht*

*zu fassen, Die Kaktusblüte* und *Dirty Dancing.*

**Wood, Forrest Benjamin** (76)
Gest. 22.7.1996, L.A.
Der amerikansiche Schauspieler war u.a. in *Soylent Green, Der Omega-Mann* und *Giganten am Himmel-Airport 1975* zu sehen.
Außerdem schrieb er Lieder, wie z.B. »Laura Lee«, das in *Sierra Charriba* Verwendung fand.

## Y

**Yang, Bai** (75)
Geb. 22.4.1920. Gest. 18.9.1996.
Bai Yang war eine der großen Schauspielerinnen des chinesischen Films. Sie prägte entscheidend die »goldenen Jahre« des Filmstudios Shanghai und spielte in einer Vielzahl von Filmen wie *Die Wasser des Frühlingsstroms fließen nach Osten.*

# Fremdsprachige Originaltitel

## C

## D

## E



## F

## M

## T

## U



## V



## W

## X



## Y



## Z

# Personenregister

## Regie, Darsteller, Drehbuch, Musik, Schnitt, Produzenten

## B

## C

## F

## H

## K

## L

## N

## O

## P

## Q



## R

## T

## U

## W

## X



## Y

## Z